HISTOIRE

DE LA VILLE

ET

DE TOUT LE DIOCÈSE

DE PARIS

Exemplaire tiré pour la Bibliothèque

de M

21715   Paris.— Imprimerie et Lithographie Renou et Maulde, rue de Rivoli, 144.

HISTOIRE

DE LA VILLE

ET

DE TOUT LE DIOCÈSE

DE PARIS

PAR

L'ABBÉ LEBEUF

Membre de l'Académie des Inscriptions et Belles-Lettres

NOUVELLE ÉDITION

annotée et continuée jusqu'à nos jours

PAR

HIPPOLYTE COCHERIS

BIBLIOTHÉCAIRE - TRÉSORIER DE LA BIBLIOTHÈQUE MAZARINE

Membre du Comité impérial des Travaux historiques et des Sociétés savantes, Secrétaire de la Commission
de publication du Catalogue général des Manuscrits des Bibliothèques départementales au Ministère
de l'Instruction publique, Membre de la Société impériale des Antiquaires de France,
de la Société de l'École des Chartes , etc., etc.

TOME TROISIÈME

PARIS

AUGUSTE DURAND, LIBRAIRE

9, RUE CUJAS, 9

(ANCIENNE RUE DES GRÉS)

—

1867

HISTOIRE

DE LA VILLE

ET DE TOUT LE DIOCÈSE

DE PARIS

SECONDE PARTIE

CHAPITRE SECOND

DU MONASTÈRE

DIT

L'ABBAYE DE SAINT GERMAIN DES PREZ

Et des Églises qui ont été construites sur son ancien territoire ou qui en ont dépendu:
sçavoir Saint Germain le Vieux, Saint Sulpice, Saint André et Saint Côme.

Nous n'avons de monument qu'on puisse dire sans reproche [1], et qui soit du temps de la fondation de cette Eglise, qu'un seul mot dans la vie de Saint Germain écrite par Fortunat. Il y est fait mention d'un miracle qu'il opera en se transportant à la Basilique de Sainte-Croix, *cum ad Basilicam beatæ Crucis vir Dei procederet.* Quoique cette vie soit composée de 78 articles, il n'y a pas un seul mot sur la fondation de cette Eglise en l'honneur de S. Vincent par le Roi Childebert [2]. On ne peut appuyer constamment l'existence de cette Basilique sous ce dernier titre, que par le 90 Chapitre de S. Grégoire de Tours *de Gloria Confessorum*, où il est dit qu'un paralytique se tenoit ordinairement au portique de la Basilique de S. Vincent, dans laquelle le corps de Saint Germain reposoit; et par le 33 Chapitre du huitiéme livre de son Histoire, où il est marqué que les prisonniers de Paris délivrés miraculeusement, accoururent à cette Eglise. Un monument d'avant le milieu du siècle suivant, qui confirme la dénomination usitée par Gregoire de Tours, est le Testament du Roi Dagobert[a]. Ce Prince ayant eu dessein de s'y faire inhumer, lui donna le village de Combs, et l'appelle pareillement *Basilica Domni Vincentii;* mais le premier qui ait parlé de l'étole de ce Saint Martyr, apportée d'Espagne par Childebert, et mise dans cette Eglise, est l'auteur[b] du *Gesta Regum Francorum*, qui n'a écrit que vers l'an 720.

Par la suite insensiblement le nom de Saint Germain fut employé pour désigner cette Basilique, avec les noms de Ste Croix et de S. Vincent; et à la fin il prevalut, à cause du grand concours qui se faisoit à son tombeau, surtout depuis qu'il eut été tiré du lieu reserré où il étoit, pour être placé dans un endroit plus apparent de la Basilique. Dans les tems où l'on commença à l'appeler simplement l'Eglise de Saint Germain, quelques-uns, pour la distinguer de l'Eglise de Saint Germain l'Auxerrois, l'appellerent le nouveau Saint Germain[c]. Cela se voit dans la convocation des Abbayes tant Seculieres que Regulieres, dont les membres devoient assister à l'anniversaire d'Etienne, Comte de Paris, sur la fin du regne de Charlemagne.

Si Fortunat dans sa longue vie de S. Germain avoit seulement dit un mot du voyage en la Terre-sainte, que l'anonyme continuateur et interpolateur d'Aimoin de Fleury lui attribue, il seroit facile d'en conclure que ce saint Evêque auroit fait un amas considérable de reliques pour son Diocèse, et que l'Eglise de S. Vincent en auroit été participante; mais un voyage de si long cours, qui n'a pu être fait sans que le saint Prélat ait opéré quelque merveille digne d'être rapportée, a été absolument inconnu à cet écrivain, quoiqu'il fasse mention d'un grand nombre d'autres voyages du même Evêque, pour avoir occasion de parler des miracles qu'il

---

[a] *Diplomat. Chartæ*, etc., t. II, p. 38, acte de l'année 605. — [b] Aimoin le copie, liv. II, col. 19. — [c] *Hist. Eccl. Par.*, t. I, p. 304, ad an. 811.

operoit en route. On doit voir par-là que je ne regarde point comme constant tout ce qui a été écrit sur les commencemens et les décorations de l'Eglise de Saint Germain, par Gislemar auteur de la vie de S. Droctovée, qui selon lui en fut le premier Abbé, non plus que ce qu'en a marqué le premier anonyme qui a interpolé et continué Aimoin de Fleury, et qui quelquefois ne s'accorde pas avec Gislemar. Ce dernier écrivain n'a vécu qu'assez avant sous le regne de Philippe 1. J'ai vu un titre écrit de sa main [a], à la fin duquel il y a : *Ego Gislemarus Cancellarius scripsi et subscripsi.* Par cet acte, inconnu à Dom Mabillon quant à cette souscription, nous apprenons que ce Religieux de Saint Germain étoit Chancelier et Secretaire de la Communauté, ou au moins de l'Abbé Robert. C'est un *Cyrographe* de l'an 1070, que l'Abbaye fit avec Geoffroy Evêque de Paris, et dont j'ai donné communication aux deux sçavans Benedictins qui écrivent sur la Diplomatique. On ne trouvera point dans tous les Necrologes de cette Maison publiés par Dom Bouillart, d'autre Gislemar. Son nom est dans le second Necrologe au XV des Calendes de Janvier, immédiatement après celui de l'Abbé Hubert, mort peu d'années auparavant la date de cet acte. Il est vrai qu'on a trouvé un Gislemar dans une liste des Moines de Saint Germain au IX siècle, mais c'étoit un simple Religieux et sans qualité distinctive. Outre cela, Gislemar dans son ouvrage sur S. Droctovée, parle des ravages des Normans comme d'une chose déja très-ancienne, et il fait entendre qu'il y avoit si long-tems que la vie de ce Saint étoit périe dans les incendies causés par ces barbares, que personne ne se souvenoit plus de ses actions, mais que cependant l'on conservoit encore dans les Archives (dont sans doute sa qualité de Chancelier le rendoit dépositaire) quelques volumes très-anciens, où il étoit marqué que S. Droctovée en avoit été le premier Abbé. Outre la différence des tems, ce qui infirme encore le témoignage du premier continuateur et interpolateur d'Aimoin, est qu'étant d'un sentiment contraire touchant la primauté donnée à S. Droctovée dans le rang des Abbés de S. Vincent, par des écrits que Gislemar [b] regardoit comme très-anciens *in tomis antiquissimis*, et l'attribuant à un nommé Authaire, cet interpolateur montre qu'il

[a] *Tab. Ep. Par.* — [b] *Sæc. 1 Ben.*, p. 252.

n'avoit point si exactement fouillé dans les Archives, qu'avoit fait par devoir de sa charge le même Chancelier Gislemar, puisqu'il ne connoissoit pas ces anciens monumens. Mais comme la premiere continuation des Annales d'Aimoin, faite à l'Abbaye de Saint Germain, fut plus commune et plus connue que la vie de S. Droctovée, d'autant qu'elle contenoit le catalogue des Abbés et des Doyens ; delà vint que l'autorité de la vie de ce Saint ne put l'emporter, ni établir la croyance que S. Droctovée eût été le premier Abbé du lieu, à laquelle cependant on est revenu enfin : preuve sensible que les dernieres découvertes servent quelquefois à éclaircir la vérité.

Le principal monument, sur lequel j'ai cru pouvoir appuyer ce que l'on sçait de plus certain touchant l'édifice de l'Eglise de Ste Croix, S. Vincent et S. Germain, est la copie du Martyrologe d'Usuard Moine de cette Abbaye, contemporain de Charles le Chauve à qui il le dédia. Je dis la copie, parce qu'il y a de bonnes raisons, trop longues à déduire ici, pour prouver que ce que l'on a cru longtems être l'original d'Usuard, n'est qu'une copie très-ancienne, et en même temps parce que je l'ai vu qualifié d'une maniere assez incertaine de la main de Dom Mabillon à la tête du manuscrit même *. Quoique je ne puisse regarder ce volume comme l'autographe de l'Auteur, il me paroît cependant infiniment estimable, parce que je ne puis le croire postérieur au X siécle. En le plaçant dans ce siécle-là, ce degré d'antiquité suffit pour me le rendre très-précieux ; et je suis bien trompé, s'il n'auroit pas appartenu à un Religieux nommé Harduin, qui professoit les sciences dans l'Abbaye de Saint Germain, et dont le décès est marqué dans le plus ancien Necrologe de la Maison au 29 Avril, immédiatement avant celui d'Haymon Evêque de Verdun, qu'on sçait être mort en 1024.

Il n'y auroit rien eu d'extraordinaire dans le procédé de ce Harduin qualifié *Magister,* quand il auroit réformé selon ses idées par-

---

* L'avis récent qu'on y voit, commence ainsi : *Monitum de vetustate istius apographi seu potius autographi. Antiquitatis notitia istius apographi petenda est ex subjecto Necrologio, quod eadem manu exaratum est.* Ces derniers mots peuvent être sujets à de grandes discussions. L'auteur de ce *Monitum* avoit mis *Antiquitatis notitia istius apographi;* mais on s'apperçoit que *d'apo* il a depuis été fait *auto;* en sorte même que la queue du p de l'auteur est encore visible en 1749 que j'écris ici.

ticulieres la copie qu'il avoit du Martyrologe d'Usuard, qu'il y eût
raturé certains Saints pour en mettre d'autres, effacé certains éloges
pour les tourner autrement ; ôté certaines annonces étrangeres à la
Maison de Saint Germain, pour y substituer des fêtes locales ; supprimé des feuillets entiers, pour les récrire à neuf, et y faire tenir
des augmentations considerables en pressant davantage l'écriture ;
ce qu'il avoit commencé, a été continué plus simplement par d'autres mains de deux siécles suivans, qui ont écrit à la marge ce
qu'elles ne pouvoient inserer dans le texte.

Après cette notice sommaire de l'apographe d'Usuard, voici ce
que j'ai cru devoir en tirer. Je vais avancer une chose qui pourra paroître surprenante ; c'est que l'Eglise que nous voyons aujourd'hui,
quoiqu'elle paroisse très-ancienne, est néanmoins le troisiéme
ou quatriéme édifice, en comptant celui de la fondation. L'exemplaire du Martyrologe d'Usuard, dont je viens de parler, fait mention
de trois Dédicaces : d'abord dans le corps de l'ouvrage au 22 Décembre on lit : *Parisius, Dedicatio Basilicæ in honore Sanctæ Crucis
et S. Vincentii Martyris*. On est persuadé que c'est la premiere Dedicace faite du vivant de S. Germain, et qu'il s'agit de l'Eglise bâtie
par Childebert I, à laquelle Gislemar, Moine du onziéme siécle, attribue la description poëtique faite par Fortunat, de la Cathédrale de
Paris, immédiatement après celle de son Clergé et dans laquelle
l'interpolateur d'Aimoin de Fleuri a cru sans preuve qu'il y avoit eu
l'usage du chant perpétuel, appellé *laus perennis*[a] : mais voici deux
autres Dédicaces qui sont par addition à la marge du même exemplaire en deux jours différens. Il s'y lit au 21 Juillet, *Dedicatio
Ecclesiæ Sanctæ Crucis et S. Vincentii Martyris* ; et au 19 de Novembre : *Parisius Dedicatio Ecclesiæ in honore Sanctæ Crucis
atque Sanctæ Dei genitricis Mariæ, et Sanctorum Martyrum Stephani, Vincentii et Sancti Confessoris Germani*. On ne peut entendre d'aucune de ces deux dernieres Dédicaces, celle qui fut faite en
1163 par le Pape Alexandre III, puisque son jour fut le 21 Avril :
cette Eglise auroit-elle été rebâtie sous le regne de Pepin, avant que
le corps de Saint Germain y fut transferé ? Pour lors, on en
auroit fait une seconde Dédicace : mais il n'existe aucune preuve de

---

[a] Aimoin, l. IV, c. 33.

cette reconstruction; et si elle étoit arrivée, Usuard en auroit fait mention dans le corps de son ouvrage, au lieu qu'elle n'est que par une addition marginale dans la plus ancienne copie qu'on en ait. Il faut donc plutôt placer cette seconde Dédicace du 21 Juillet immédiatement après que l'on fut tout à fait en paix avec les Normans : comme ils avoient détruit et brûlé cette Basilique, auroit-on resté durant la fin du IX siécle et pendant tout le dixiéme sans aucune Église? Il en fut rebâti plus vraisemblablement une sur les vieux fondemens, et elle fut dédiée le 21 Juillet : c'est celle que Morard, Abbé de cette Maison en l'an 1000, abbattit pour en construire une autre entierement neuve. Cet Abbé décéda en l'an 1014 et avant que l'Eglise fut achevée. Comme il est probable qu'il ne la commença qu'en l'an 1001, lorsqu'on fut revenu de l'opinion commune, que la fin du monde devoit arriver en 1000, il n'eut pas trop de douze où treize ans pour avancer l'entreprise : mais il ne put la conduire à sa fin; et avec un peu d'attention, on reconnoît aisément que ce qui forme aujourd'hui le chœur, les chapelles et le fond depuis les deux petites tours exclusivement, n'est que du milieu ou de la fin du XI siécle.

L'Abbé Morard ne conserva donc de l'ancienne Eglise que la grosse Tour, sous laquelle il fit construire le portail qu'on y voit : tous les piliers de la nef et de ses collateraux jusqu'aux cintres inclusivement, sont de son tems, aussi-bien que les quatre piliers qui supportent chacune des deux petites tours aux côtés du chœur. Les murs où sont enchâssés les vitrages, ont été refaits depuis; les voûtes surtout, en 1653. On a plusieurs exemples de murs ainsi rebâtis sur des piliers qui sont plus anciens de quelques siécles. Ce que Morard avoit pu construire, et qui se trouvoit sans Chapelles, ayant été couvert, il dut en procurer la Dédicace; et je pense que c'est la troisiéme de celles dont le Martyrologe cy-dessus cité fait mention, et qui fut célébrée le 19 Novembre, lequel de son vivant tomboit au Dimanche l'an 1010, ou bien en 1024 si c'est sous l'Abbé Ingon son successeur qu'elle fut faite; elle est écrite à la marge du Martyrologe d'un caractere plus récent que celle du 21 Juillet. J'observe en passant, que cette Dédicace du 19 Novembre est la premiere Dédicace où Saint Germain fut déclaré être l'un des patrons

de cette Eglise ; ce qui est encore une preuve qu'elle est une troisiéme Dédicace.

Il est facile de remarquer, que ceux qui ont continué cet édifice
depuis l'Abbé Morard, n'ont pas suivi le même allignement que celui
de la vieille Eglise, et que le fond est plus tourné au levant d'hiver,
qu'il ne l'auroit été s'ils l'avoient suivi. Le couronnement de la
grosse tour est d'une bâtisse toute semblable à celle des piliers de
la nef, et par conséquent aussi un ouvrage de l'Abbé Morard.
Aussi le continuateur d'Aimoin de Fleury dit-il qu'il bâtit une tour,
et qu'il y plaça une cloche. Quant aux dehors des deux petites tours
situées aux côtés du chœur, ils ne paroissent être que de la fin de
l'onziéme siécle. Ces tours étoient encore inégales, il y a trois ou
quatre cent ans. L'Ordinaire de l'Abbaye écrit alors, dit de l'une
qu'elle est *Turris major*, et marque que dedans il y avoit un autel
de S. Michel : c'étoit la tour méridionale ᵃ. L'autre tour placée au
septentrion avoit alors un étage de moins, et on l'appelloit *Turris
minor ;* il est encore aisé de voir que l'étage supérieur y a été ajouté
depuis, et qu'il est moins régulierement construit que l'étage supérieur de l'autre tour. Le même Ordinaire publié par Dom Bouillart
nous apprend, que la Tour où étoient les cloches que l'on ne sonnoit
qu'aux Grandes Fêtes, étoit nommée *Turris plumbata*, sans doute
parce qu'elle était couverte de plomb. C'est celle du portail, et elle
n'est plus couverte que d'ardoise.

J'ai avoué ci-dessus que le massif de cette grosse tour étoit
du tems de la fondation de l'Abbaye. Je penserois aussi assez
volontiers que certaines arcades et voutes, par ou l'on va de la tour
septentrionale à la Chapelle de la Ste Vierge hors l'Eglise, après
avoir descendu huit marches, peuvent être de ces tems-là ou approchant. Dom Edmond Martene en jugeoit ainsi.

Je ne m'étendrai point sur la belle Chapelle dont je viens de
faire mention. Tous ceux qui ont écrit, en ont parlé comme
d'un chef-d'œuvre gothique du tems de S. Louis, aussi-bien que du
Refectoire et du Chapitre. Mais qu'il me soit permis de faire une remarque sur un endroit de Dom Bouillart. Il assure, sans citer aucun garant, que les cryptes dont le Martyrologe ᵇ qu'il a publié fait

ᵃ *Hist. de l'Abb. S. Germ.,* pr. pag. CLV. — ᵇ Usuard. *Martyrol.,* p. 91.

deux fois mention à l'occasion de leur double Dédicace, étoient à la place où cette grande Chapelle a été construite. Naturellement des cryptes sont pratiquées sous le rond-point des anciennes Basiliques, surtout lorsque le terrain de ces Basiliques a une pente prochaine. Dans cette supposition, ces cryptes de l'Abbaye de Saint Germain auroient pu être sous ce même rond-point que l'Ordinaire de l'Abbaye appellée *Chorea*, et avoir été perdues de vue, comme il étoit arrivé à l'égard de celles de la Cathédrale de Bayeux. Cependant, comme Dom Bouillart peut avoir trouvé quelque ancien titre, qui rappelloit le souvenir de la situation de ces cryptes, j'aime mieux acquiescer à son sentiment, d'autant que je me souviens qu'à l'Abbaye de Joarre en Brie j'ai vu une crypte considérable ailleurs que sous la grande Eglise.

La première Dédicace de ces cryptes de l'Abbaye, en quelque endroit du Monastere qu'on les place fut faite, le premier jour de Juin. C'est dont nous sommes instruits par un feuillet écrit après coup dans la fameuse copie du Martyrologe d'Usuard, dans laquelle il n'en avoit pas été parlé. Cette insertion ou interpolation est remarquable par l'épithete grecque *macharius* pour *beatus*, que l'auteur affecte de donner à S. Denis Evêque de Paris; ce qu'a fait aussi depuis lui Gislemar en sa vie de S. Droctovée, l'un et l'autre se conformant à l'opinion de l'Aréopagitisme de ce Saint, de laquelle Usuard avoit paru fort éloigné. Il est bon aussi d'observer dans cette même Dédicace, que S. Ansbert de Rouen, que le même Usuard n'avoit pas admis dans son Martyrologe, s'y trouve nommé dans le rang des patrons de l'un des cinq autels de ces cryptes. Tout cela fait juger que ces mêmes cryptes avoient été bâties et dédiées après la fin des guerres des Normans. Le besoin demanda qu'on les rebâtit encore depuis, et apparemment un peu après l'an 1000. Elles le furent en effet, et dédiées de nouveau le 10 Juin en l'honneur de tous ces mêmes Saints que l'avoient été les anciennes, entr'autres du *macharius Dionysius;* mais à cela près, qu'au lieu de cinq autels, on n'y en érigea que trois.

Les plus célebres d'entre les anciens Monasteres renfermoient autrefois plusieurs Eglises éloignées les unes des autres, dont les plus petites n'étoient qualifiées que d'Oratoires. C'est ainsi qu'on appelle

le titre de S. Pierre, dont le copiste de l'ouvrage d'Usuard marque la
Dédicace au 9 Juin, comme d'une Chapelle détachée de la Grande
Eglise. Elle étoit alors du côté septentrional; mais étant devenue
incommode au Monastere, et le corps de S. Droctovée en ayant été
tiré, on la rebâtit dans un lieu moins resserré, à l'endroit où depuis
a été construite l'Eglise de la Charité. Elle étoit si caduque en 1557,
que le Légat accorda alors des Indulgences, afin d'engager à faire
des aumônes pour la rétablir[a].

L'Eglise de Saint Symphorien avoit aussi eu sa Dédicace particuliere faite le 19 Avril. Cette Eglise étoit au midi et peu éloignée de la
grande Basilique. Le nom de S. Nicolas Evêque de Myre, dont le
culte n'est devenu commun en France qu'au XI siécle, joint à celui
de Saint Symphorien dans cette cérémonie, fait voir que c'est placer
assez-tôt cette Dedicace, que de la mettre au XI siécle. En effet, l'é-
criture dont elle est marquée à la marge du Martyrologe, ne paroit
être que du douzième. Cette Eglise a été rapprochée du grand portail depuis ce tems-là; et ayant été reconstruite au commencement
du dernier siécle, elle fut consacrée de nouveau le 27 Avril 1619 par
S. François de Sales Evêque de Genève : et depuis ayant été profa-
née, elle fut encore bénite en 1670 par M. Batailler Evêque de
Bethlehem[b]. Avant qu'on l'eût boisée ces années dernieres, on
y voyoit l'inscription ancienne, gravée sur la pierre, pour perpétuer
à la postérité la donation que le Roi Pepin fit à ce Monastere de la
Terre de Palaiscau, lorsqu'on transporta de l'ancien Oratoire de
Saint Symphorien dans la grande Basilique le corps de Saint Germain.

Une quatriéme Eglise comprise dans le territoire du Monastere
avoit été dédiée le 20 Mai sous l'invocation de S. Jean-Baptiste,
S. Laurent et S. Sulpice. Je remets à en parler plus au long à l'article particulier de l'Eglise Paroissiale de S. Sulpice, qui en a retenu
le nom et conservé la mémoire.

Une cinquiéme et derniere Eglise étoit la Chapelle de S. Martin,
où fut fondée en 1278 une Messe pour l'ame d'un des Ecoliers de l'U-
niversité[c], tué par les domestiques de l'Abbaye. Un titre de

---

[a] *Reg. Ep. Por.*, 7 Apr. · · [b] Inscript. qu'on voit sur le bois. — [c] *Hist. Univ. Par.*,
t. III, p. 454.

l'an 1286 l'appelle *Capella vetus S. Martini*[a]. Ainsi dès-lors elle étoit ancienne. Un acte de 1423 la nomme S. Martin des Orges et fait mention de son revenu[b]. C'étoit un titre de bénéfice, puisqu'en 1496 elle fut permutée[c] sous le nom de *S. Martini de Fossatis prope Monasterium S. Germani de Pratis*, conferée par l'Evêque en 1517 et 1518 sous celui de *S. Martini de Ogeriis in Abbatia S. Germani*, ou bien *de Orgeriis*[d]. Ce surnom est fort ressemblant à celui des Orgerils, que porte une Eglise de S. Laurent au faubourg d'Orleans, mais l'origine en est inconnue. Si cette Chapelle de S. Martin fut détruite du tems des guerres des Anglois en 1368, il paroît par ce que je viens de dire, que depuis elle avoit été rétablie. Elle n'existe plus aujourd'hui[3].

Jusqu'ici il y a eu divers sentimens sur l'antiquité qu'il faut donner au portail anterieur de l'Eglise de Saint Germain, et touchant les figures dont il est orné. Dom Mabillon et Dom Ruinart ont eu là-dessus divers sentimens. Un anonyme, qui paroît être l'Abbé des Thuilleries, a eu aussi des idées différentes sur ces points, et en a rabaissé l'antiquité de quelques siécles. De nos jours Dom Urbain Plancher[e], Benedictin de la même Congregation, n'a pas craint de combattre ces différens degrés d'antiquité attribués à cet édifice, il m'a paru avoir rencontré plus juste en reculant l'époque de cette construction jusqu'au regne du Roi Robert, et je ne connois personne qui ait entrepris de le refuter. Je me suis déja déclaré ci-dessus en sa faveur. La forme des habillemens de l'Evêque qui y est représenté, et surtout celle de sa mitre à pendants, aussi bien que son amict à plage ou à collier, n'indique ni le sixiéme ni même le huitiéme siécle. On peut en faire la comparaison avec la figure de S. Remi, gravée dans les Notes de Dom Hugues de Menard sur le Sacramentaire de S. Gregoire, pag. 364. Mais comme Dom Plancher a jugé plus sainement que les autres sur le tems de ce portail, il auroit du aussi examiner de plus pres les statues des Rois et des Reines qui y sont. Les plus sçavans n'ayant pu là-dessus porter un jugement uniforme, l'examen que j'ai fait d'autres portiques m'a fait penser que ces Rois et ces Reines sont comme ailleurs des Rois et

a Sauv., t. III, p. 62 des Pièces. — b *Ibid.*, p. 305. — c *Reg. Ep.*, 13 Apr. — d *Ibid.*, 17 Mart. et 23 Febr. — e *Hist. de Bourgogne*, t. I.

des Reines de l'ancienne Loi, excepté les deux Rois les plus éloignés de la porte. Les raisons en sont déduites dans un Mémoire que j'ai dressé separément[a]. Ce portail me paroît avoir été retouché. Il devoit avoir dans son milieu un trumeau auquel les deux battans de la porte venoient aboutir : et ce trumeau de pierre devoit représenter Jesus-Christ auteur de la nouvelle Loi, de même qu'il est en plusieurs Eglises anciennes, entr'autres à Notre-Dame de Paris : mais comme ce même trumeau nuisoit souvent au passage, il fut ôté de là, il y a plusieurs siécles, et pour supporter le mur, on mit dans le haut une grande pierre traversale, telle apparemment qu'on la voit encore qui représente la Cene, ainsi qu'on en mettoit autrefois au retable des autels. Le trumeau enlevé de cette place, fut probablement appliqué par la suite contre le mur dans l'Eglise dans le côté septentrional de la nef, avec la statue qui y étoit adherente. Je croi pouvoir conjecturer que cette statue déplacée, et dont le visage étoit défiguré par la vétusté, donna occasion à bien des raisonnemens, de même qu'avoit fait un semblable trumeau exposé ci-devant au parvis de la Cathédrale de Paris, et dont j'ai parlé à l'article de Notre-Dame[b]; et il n'est pas étonnant que dans la suite on l'ait pris pour une statue de la Déesse Isis.

Ce trumeau déplacé aura été pris d'autant plus facilement pour cette Déesse, qu'il pouvoit contenir dans le bas la representation de quelques especes de serpens, comme celui du parvis de N. D. Le nom d'Issy qui avoit été le plus prochain village de ce côté là durant plusieurs siécles, aura aidé à cette interprétation ; car on a cru autrefois que la même Isis y avoit été honorée.

Une autre antiquité qui a été négligée de nos jours dans la même Eglise, est le tombeau qui y fut découvert en 1704, à l'endroit où l'on posa les fondations du nouvel autel, et qu'on ne daigna pas ouvrir, quoique les sculptures dont il étoit orné à l'extérieur dussent exciter la curiosité. On laissa ce tombeau à la même place[c].

Le nouvel autel dont je viens de parler, n'a pas succédé immédiatement à celui que le Pape Alexandre III avoit consacré en 1163. Il en avoit été dressé un autre à l'ancienne place en 1557. Depuis il y

<hr>

[a] Mém. de l'Acad. des Inscript. de l'année 1754. — [b] Ci-dessus, pag. 12. — [c] Hist. de l'Abbé S. Germ., p. 311.

avoit eu du changement en 1653 : et un autel reconstruit de nouveau avoit été béni par François Batailler, Evêque de Bethlehem, en 1678. Par tous ces changemens, le grand autel se trouve aujourd'hui au milieu de l'Eglise entre la nef et le chœur. Le tombeau de Saint Germain [a] est enfermé sous cet autel, et la châsse qui renferme son corps est élevée au-dessus [b]. L'autel matutinal, que quatre Evêques de la suite d'Alexandre III avoient consacré au fond du sanctuaire, a été entierement détruit, et le siége Abbatial mis en sa place; en sorte qu'il n'est resté du nom de Saint Germain vers le fond de ce sanctuaire, qu'un puits appellé *le puits de Saint Germain.* Ce puits existoit dés la fin du IX siécle. Abbon, Moine de ce lieu en fait mention dans son Poëme du siége de Paris par les Normans, dont il fut témoin, et il assure que dès-lors on en buvoit de l'eau pour être gueri de la fiévre, comme l'on fait encore. Son ouverture est entre les deux premiers piliers du fond de ce sanctuaire en tirant au côté septentrional. Elle est maintenant cachée par la boiserie.

Les Châsses, qui selon l'ancienne disposition auroient dû rester au fond avec celle de Saint Germain, ont été avancées vers le milieu, et placées autour de six piliers, sçavoir quatre de la croisée et deux du chœur. Elles sont au nombre de huit, et la plupart contiennent des corps saints apportés d'ailleurs.

Après le corps de S. Droctovée, premier Abbé du Monastere de S. Vincent de Paris :

Celui de S. Venant Abbé à Tours, mort au V siécle.

Celui de S. Leufroy Abbé au Diocèse d'Evreux, décédé en 738.

Celui de S. Turiaf, Evêque de Dol, mort en 749. Ces deux derniers avoient été mis en dépôt à Saint Germain à la fin du IX siécle.

Ceux des Saints George et Aurele, et une partie de celui de Ste Natalie, martyrisés en Espagne en 852.

Et enfin des Reliques de S. Amand Evêque de Mastrict, mort en 679, dont le corps fut apporté à Paris du tems des Normans. On m'a dit que l'une de ces huit châsses ainsi élevées n'a point de dénomination.

Je n'ai rien à observer sur ces châsses; sinon que dans une calamité arrivée vers l'an 1490, on résolut à l'Abbaye de porter la

châsse de S. Turiaf dans une Procession solemnelle, et qu'afin que
le Clergé y parût nombreux, l'Evêque de Paris, à la priere de l'Abbé,
enjoignit aux Curés d'Issy, Vanves, Clamart, Meudon, Bagneux et
Fontenet d'y assister le jour que cet Abbé assigneroit [a]. Ce fait sert
à confirmer ce qui se trouve dans le Breviaire de Paris au 13
Juillet.

La châsse du corps de S. Maur d'Anjou, tirée de l'Abbaye de son
nom proche Paris, apportée en cette Eglise en 1750, et conservée
dans le Trésor, attend une place encore plus distinguée que les huit
châsses précédentes, surtout s'il est vrai que le grand nombre de
phalanges et autres petits os qui y sont contenus dans un sac de
toile avec des cendres sépulcrales (et que j'ai vu à découvert), soient
de deux Saints, de la première célébrité, sçavoir de S. Pierre prince
des Apôtres, et de S. Etienne, premier des Martyrs, comme il paroît qu'on le prétend à la page 15 d'un écrit anonyme, imprimé
in-4° dans la même année, sans nom d'Imprimeur.

Les Historiens de cette Abbaye n'ont pas connu un état des Re-
liquaires et autres pièces d'argenterie, aussi bien que des ornemens
qui furent engagés par le Monastere à l'Abbaye de Saint Magloire
au mois d'Août 1346 dans le tems que cette Maison avoit besoin
d'argent, s'étant obérée à l'occasion de ses procès contre l'Université. Ce que j'y ai remarqué de conforme aux anciens rits de l'Eglise
de Paris, est que cette Abbaye avoit comme elles des aubes parées,
c'est-à-dire garnies de plages ou paremens d'étoffes précieuses dans
le bas, devant et derrière et aux poignets. Alors les Grandes Abbayes observoient beaucoup de pratiques semblables à celles des
Cathédrales : Celle de S. Denis en pratiquoit plus qu'aucune.

Lorsqu'on bâtit les maisons des Marchands de la Cour de l'Abbaye vers le commencement du présent siécle, on découvrit en terre
une grande quantité de cercueils de pierre tendre ou de plâtre : ce qui
marque la dévotion qu'avoient eu anciennement les Parisiens de se
faire inhumer aux cimetieres proche les Basiliques où reposoient les
Saints. On en découvrit encore à trois ou quatre pieds en terre au
mois de Mai 1748, beaucoup d'autres semblables proche le portail
de la rue Ste Marguerite à droite en allant à l'Eglise, lorsqu'on bâtit

[a] *Reg. Ep. Par.*, 29 Jul.

les petits logemens qu'on voit du côté du jardin du Palais Abbatial. Ce qui en prouve la haute antiquité, est qu'à la tête de quelques-uns, au côté extérieur, étoit figurée une croix et une colombe sur cette croix. On n'y remarqua point autre chose [6].

La belle Chapelle interieure de Notre-Dame est aussi mémorable par les sépultures qui y sont. Il y a celles des Abbés de Saint Germain qui l'ont fait construire au XIII siécle; celle de Pierre de Montreuil, Architecte, qui l'a bâtie. On y enterre les Généraux de la Congrégation de S. Maur et autres premiers de la Maison. Dom Jean Mabillon y fut inhumé en 1707 proche le mur à droite en entrant [7]. En y faisant un vestibule en 1748, on y a placé plusieurs vieilles tombes dans une situation contraire à leur position primitive, c'est-à-dire les pieds des effigies étendus vers le couchant : ce que j'ai cru devoir observer, afin qu'on n'y soit point trompé dans la suite. Les anciens Benedictins au XIV siecle venoient faire l'Office entier dans cette Chapelle le jour de l'Annonciation, qui était celui de la Grande Fête de la Ste Vierge, conformément à l'ancien esprit de l'Eglise. En 1562, que les Religieuses de l'Abbaye de Chelles se retirerent au Monastere de Saint Germain à cause des troubles, ce fut en cette Chapelle qu'elles chantoient l'office. Il est fait mention de la même Chapelle dans les Registres de l'Archevêché [a], à l'occasion de quelques Sacres d'Evêques qui y ont été faits. Les Religieux y chantent leur Messe conventuelle le premier Mai, pendant que le Clergé de l'Eglise Archipresbyterale de Saint Severin chante sa Messe de Paroisse au Chœur.

Le Catalogue des manuscrits de ce Monastere m'a fourni les Ecrivains suivans; Deux Abbés et quatre Religieux, qui sont dits être de l'Abbaye de Saint Germain des Prez.

Joannis de Precy Abbatis. Traduction Françoise du commentaire de la regle de S. Benoît, par Bernard. num. 963.

Guilelmi Abbatis Commentaria in vetus Testamentum. num. 122.

Gordoni Monachi Comment. in Evangel. S. Joan. num. 681.

Placidi Legerii Monachi sermones. num. 1552.

Rainaudi Gibonii Commentar. in PS. 61.

Petri Pariselli sermones. n. 1332.

a *Reg. Ep.*, 1 Jan. 1606.

Dom Mabillon [a] fait mention de quelques livres de Rétractations, composés avant l'an 1300 par Gislemar Moine de ce même Monastere [b].

J'ai observé à l'article de l'Abbaye de Sainte Geneviéve, qu'en mémoire de la résidence qu'y fit le Pape Eugene II, il y eut à l'enclos de l'abbaye une porte qui fut nommée la Porte Papale. Il en fut de même à Saint Germain par rapport à l'entrée qu'y fit en 1163 le Pape Alexandre III. La Porte Papale étoit située du côté de la rue dite à présent la rue S. Benoît, beaucoup plus bas que celle par laquelle on entre en la Cour de l'Abbaye par la même rue [b].

ÉGLISE DE SAINT-GERMAIN LE VIEUX

OU PLUTÔT

L'ÉVIEUX,
Anciennement dépendante de Saint Germain des Prez.

Tous les Auteurs des descriptions modernes de Paris avancent, que dans le lieu où est cette Eglise, ou au moins dans les environs, il y a eu un Oratoire du titre de S. Jean-Baptiste [c] ; c'est un sentiment dont je n'ai pas intention de m'éloigner. Quelques-uns d'entr'eux ont assuré que cet Oratoire avoit été bâti par Saint Germain de Paris, lorsqu'il résida dans cette Ville avant que d'en être Evêque : mais aucun ne cite d'anciens monumens pour établir ce dernier fait. Il faut donc pour cela en revenir aux Fonts Baptismaux dont j'ai déjà parlé aux pages 20 et 388 et en effet, quoique ce lieu ne touche pas immédiatement à la Cathédrale, la distance dont il en est, n'est pas assez considérable pour empêcher de croire que là étoient les Fonts du titre de S. Jean, où depuis que la Cathédrale fut construite, l'on apporta les enfans de la Cité de Paris pour être baptisés, le voisinage de la riviere étant d'une grande facilité pour avoir de quoi y baptiser par immersion suivant l'ancien usage; car alors le lit de la Seine n'étoit pas retenu par un Quai élevé comme

[a] *Annal.*, l. v, p. 137.— [b] Ancien plan de S. Germ., Bouillart, p. 160.— [c] Du Breul, l. I, p. 74.

aujourd'hui du côté de l'Isle. D'ailleurs nous apprenons par le livre des miracles de Ste Genevieve ᵃ, à l'occasion d'un débordement de cette riviere arrivé dans la Cité sous l'Evêque Incade entre 811 et 832, que la maison où cette Sainte décéda étoit sur le bord de l'eau, voisine de l'Oratoire de S. Jean-Baptiste, lequel étoit même sur son fond, et dans lequel, suivant l'ancien écrivain de sa vie, elle avoit fait rassembler les Dames de Paris pour se mettre en prieres lors du bruit de la venue d'Attila, comme dans un lieu sûr. Ces témoignages venant au secours de la tradition de Saint Germain le Vieux ᵇ, aussi bien que le voisinage de la Chapelle de Sainte Geneviéve nouvellement détruite, m'ont fait penser que c'est en mémoire de l'Oratoire de S. Jean, que le culte en fut transferé depuis avec distinction dans la petite Eglise voisine, que les Religieux de Saint Germain des Prez pouvoient avoir eu du don de quelque Evêque de Paris, pour y mettre à couvert des Normans les reliques ou autres effets de leur Eglise, de même que l'Abbaye de Sainte Geneviéve et le Clergé de Saint Germain l'Auxerrois avoient eu un lieu de refuge dans la Cité. C'est tout ce qu'on peut dire là-dessus de plus vraisemblable; sans aller chercher dans le quartier de la Gréve hors du vrai Paris des choses qui se trouvent toutes avoir été dans la Cité.

Un des fragmens de la Chronique de Saint Germain des Prez du XII siécle, et insérés dans Aimoin de Fleury, marque à l'occasion du retour des Normans à Paris en 886, que le corps de Saint Germain fut porté alors dans la Cité en une Celle ou petit Monastere qui appartenoit à son Eglise du faubourg, et que sa protection servit beaucoup à empêcher l'entrée de ces Barbares. S'il est vrai que ce fut dès le tems auquel ce saint corps fut retiré de cet Oratoire, que les Religieux de l'Abbaye y laisserent un os du bras, il en faut conclurre, que c'est aussi ce qui fut l'occasion de lui donner peu à peu le nom de Saint Germain. Mais le plus difficile est de sçavoir pourquoi on l'auroit surnommé *le Vieux*, puisque c'étoit l'Eglise la plus nouvelle qui fût dans tout Paris entre celles du nom de Saint Ger-

---

ᵃ *Boll.*, t. 1, Jan., p. 148. — ᵇ Je me conforme à l'usage d'écrire *Le Vieux*, quoiqu'il ne soit pas meilleur (comme on va voir) que celui d'écrire *Fauxbourg* au lieu de *Forbourg*. Il est certain qu'encore dans le XIVᵉ siècle, le quartier habité hors la porte Saint-Denis était appellé *Forensis Burgus*. Je l'ai trouvé aussi dans un acte de l'an 1330, qui détermine l'étendue du fief de Térouenne.

main. Il reste un acte autentique de l'année 811, dans lequel sont nommées deux Eglises de Paris comme existantes alors[a]; l'une dite *Sanctus Germanus* tout simplement, qui est Saint Germain l'Auxerrois; l'autre appellée *Sanctus Germanus novus*, qui doit être Saint Germain des Prez, lequel n'avoit pu commencer à être dite de S. Germain que depuis soixante ans, sçavoir dans le tems de la translation du corps de ce Saint, faite en l'an 754. Pourquoi donc auroit-on pu s'aviser raisonnablement d'appeler *S. Germanus vetus*, une Chapelle qui n'a pu commencer à regarder Saint Germain Evêque de Paris comme son patron, qu'après l'an 886. Il est incompréhensible comment on a pu s'accoutumer à appeler l'ancienne Eglise *Sanctus Germanus novus*, et la nouvelle *Sanctus Germanus vetus*. Ainsi on ne doit pas regarder comme recevable la raison que quelques-uns ont donné de ce nom, disant que c'est parce que Saint Germain avoit logé en ce lieu avant son Episcopat, qu'on le nomma vers l'an 900 Saint Germain le Vieux. Peut-être faut-il écarter en cette occasion toute idée de vieillesse ou vétusté, et dire qu'originairement on a eu intention de signifier une Eglise située dans un lieu aquatique et sur le bord de la riviere : Saint Germain l'Aivieux, ou l'Evieux, *Sanctus Germanus Aquosus*, et que c'est la ressemblance de la prononciation qui a fait changer la maniere d'écrire le nom ; en sorte que l'on aura depuis substitué dans les titres latins l'adjectif *Vetus* à celui d'*Aquosus :* ce qui étoit déjà d'usage au XIII siécle[b]. Le nom de *Palus*, qui étoit là avant qu'on eût élevé le terrain, est encore resté au quartier. On dit *le Marché Palu*[9].

Au reste, cette Eglise étoit érigée en Paroisse dès le commencement du XIII siécle. Elle se trouve dans le Pouillé de Paris du même siécle au rang de celles qui étoient de la nomination de l'Abbaye de Saint Germain des Prez, et sous le nom altéré de *Sancti Germani veteris*. Les Religieux céderent ce droit de présentation à l'Université de Paris en 1368, en échange d'une Chapelle de l'Université qui leur convenoit, étant proche de leur jardin[10].

Il ne faut pas croire que cette Eglise ait toujours été élevée comme elle est et environnée des mêmes rues. Les élévations

---

[a] *Parv. Pastorale. Hist. Eccl. Paris.* t. I; — [b] On dit encore Evier et Aivier pour *Aquarium*, et on a dit Eve pour *aqua*. L'Abbé Chastelain a rendu en latin Neaufle-le-vieux par *Nidalfa aquosa*, et il l'écrivoit l'Evieux. *Martyr. Univ.*, p. 1046.

du terrain et les changemens de rue et de place n'étant pas de mon objet, je n'en dirai qu'un mot, et ce sera sur celle de Lormerie. On commença à rebâtir l'Eglise il y a environ six vingt ans. Le Grand autel construit alors, fut béni en 1533 par l'Evêque de Megare, aussi-bien que la Chapelle du Sépulcre, par la permission de l'Evêque de Paris[a]. Ce ne fut qu'en 1544 qu'il fut accordé au Curé et Paroissiens de cette Eglise de faire porter dans la suite une banniere aux Processions selon la coutume des autres Paroisses[b]. La raison pour laquelle elle n'en avoit pas porté anciennement, pouvoit lui être commune avec d'autres qui avoient été à la nomination de l'Abbé de S. Germain. Le portail et le clocher ne sont que de l'an 1560.

Le Pouillé Parisien écrit vers l'an 1450, après avoir marqué la nomination de cette Cure, comme appartenante au Recteur et à l'Université, et avoir ajouté que son ancien revenu est de trente livres, marque qu'il y a aussi en cette même Eglise une Chapellenie du titre de Ste Catherine à la présentation des héritiers de M. Etienne de la Clergerie *de Clergeria*. En 1462, François le Maire épicier y présenta, comme fils de Jacques qui étoit le plus proche parent d'Etienne de la Clergerie, neveu de Guerin fondateur[c].

Le territoire de Saint Germain le vieux commence du côté du Petit-Châtelet, aux maisons qui font face à la porte de l'Hôtel-Dieu sur le Petit-pont; il continue au premier coin à gauche, et comprend toutes les maisons qui sont à la même main : il n'a à la rue du Marché neuf du côté de la rue de la Barillerie, que les deux premieres maisons les plus proches du Marché; mais il a toutes celles du Marché, et autres qui sont proche l'Eglise : le côté gauche de la rue Marché-palu; toute la rue de la Calendre, excepté du côté gauche les deux maisons les plus voisines de la rue de la Barillerie, et du côté droit les quatre ou cinq dernieres maisons du même bout. A l'entrée de la rue S. Eloy par la même rue de la Calendre, il comprend trois ou quatre maisons de chaque côté. A l'entrée de la rue aux Fèves il en a cinq ou six à droite, et trois ou quatre à gauche. Au commencement de la rue de la Juiverie du côté gauche, il a les quatre ou cinq premieres maisons; et à la main droite de la même

---

[a] *Reg. Ep.*, 30 Mart. — [b] *Ibid.*, 26 Maii 1544. *Perm. Joann. Vic. Gen.* — [c] *Tab. Ep. in Spir.*

rue, il a la troisiéme, quatriéme et cinquiéme maison d'après la rue
S. Christophe.

On dit une chose remarquable sur la cinquiéme maison qu'on
trouve à main droite dans la rue de la Calendre, en y entrant par le
coin de celle de la Juiverie. Il est de tradition, que c'est là qu'étoit
celle où S. Marcel Evêque de Paris vint au monde : elle a pour enseigne l'image de ce Saint et de Ste Geneviéve ; le Clergé de N. D.
fait une station devant cette maison le jour de l'Ascension auquel on
porte en procession la châsse du même Saint. Quoiqu'on voye
par une charte rapportée dans Dubreul [a], que le Chapitre de S. Marcel n'a pas toujours eu de droit sur cette maison, et que c'est seulement en 1230 qu'il en eut le cens, par échange avec les Templiers
pour une maison de sa censive de S. Hilaire : néanmoins les Rece-
veurs de cette Collégiale marquoient dans leurs livres dès l'an 1230,
que cette maison voisine de Saint Germain le vieux, par laquelle on
alloit du Petit-pont à la place de S. Michel du Palais, étoit celle *in
qua natus fuit beatus Marcellus patronus noster;* et ils ajoutent que
de leur tems elle avoit pour enseigne *ad galeam* [11].

La rue où est située cette maison, est désignée en ces termes dans
un acte de 1230 : *Via quâ itur à parvo ponte ad plateam S. Michaelis,* cela s'entend de S. Michel du Palais : Ensuite vers l'an 1300,
on appella la moitié orientale du nom de la grande Orberie, parce
que la ruelle dite depuis du Four-basset s'appelloit la petite Orberie.
Mais il faut sçavoir que ce mot *Orberie* étoit une alteration de celui
de Lormerie, qui étoit devenu son nom depuis que les Lormiers [b],
espece d'artisans en fer et en cuivre s'y étoient assemblés [12]. Par la
suite le terme de l'Orberie ayant prévalu lorsque les Lormiers se dis-
perserent, ou qu'ils allerent demeurer dans un autre quartier; s'é-
tant formé en ce lieu une place d'herbiers, on crut que l'Orberie si-
gnifiait l'Herberie, qui fut aussi écrit par quelques-uns l'Arberie.
Mais comme la plupart des rues qui ont des noms de métiers, n'ont
guéres commencé que vers le regne de Philippe-Auguste, je conjecture que cette rue avoit eu primitivement, suivant l'ancien usage, le
nom de l'Eglise qu'on y voyoit [13].

[a] Lib. I, p. 73. — [b] *Gloss.* Cangii *voce* Lormarius.

ÉGLISE DE SAINT SULPICE

Située sur le territoire du Monastère de SAINT VINCENT, dit

SAINT GERMAIN DES PREZ

Ce que j'ai rapporté cy-dessus page 430 du martyrologe d'U-
suard conservé à Saint Germain des Prez touchant la Dédicace d'une
Eglise dont S. Jean-Baptiste étoit le premier Patron et Saint Sulpice
le dernier, m'a frayé le chemin pour penser que cette Eglise qui
devoit être distincte de la grande Eglise de l'Abbaye, et n'en devoit
cependant pas être fort éloignée, a été située au lieu même où est
bâtie celle de Saint Sulpice ou aux environs, et que c'étoit l'Eglise
baptismale du bourg de l'Abbaye : ensorte que ce Bourg auroit eu
son baptistere comme la Cité avoit le sien à Notre Dame dans les
siécles reculés. On sçait que par lettres du Roy de l'an 1297 ce bourg
appellé *Villa Sancti Germani* fut déclaré n'être compris dans les
Fauxbourgs de Paris [a]. Le sentiment de ceux qui croyent que c'é-
toit la Chapelle de S. Pierre occupée aujourd'hui par les Religieux de
la Charité, qui étoit ce baptistere, m'a paru être fondé sur un monument trop récent et trop équivoque, quoique cité par Sauval [b],
pour pouvoir faire foi ; l'auteur qui vivoit vers l'an 1430 faisant le
catalogue des dépendances de l'Abbaye, s'explique en ces termes :
*In Villa Sancti Germani propè Parisios, Ecclesia Sancti Sul-
pitii quæ est Capella Beati Petri in atrio ejusdem Villæ.* Ce
texte est si visiblement corrompu, que Dom Bouillard a cru le devoir
donner d'une autre maniere sur un manuscrit de la fin du XIV siécle [c], où ces deux lieux *Ecclesia Sancti Sulpitii* et *Capella Sancti
Petri* sont distingués l'un de l'autre.

La Chapelle de S. Pierre qu'on a appellé *S. Pere*, comme on
fait encore à Chartres, à Auxerre et en beaucoup d'autres lieux,
et qui a donné son nom à la rue que l'on nomme aujourd'hui
par corruption *des Saints Peres*, avoit toujours été au même
lieu depuis sa premiere construction, elle pouvoit avoir été bâtie en
mémoire de ce que les cryptes de la grande Eglise de Saint Germain

a Du Breul, p. 252. — b T. 1, p. 434. — c *Hist. Saint Germ.*, p. CLXXV.

démolies ou bouchées, avoient été sous l'invocation de S. Pierre. L'église de Saint Jean-Baptiste, Saint Laurent et Saint Sulpice a toujours aussi été dans l'endroit où on la voit, et où elle est connue sous le titre de ce dernier saint. Il peut seulement se faire que pendant quelques années on ait fait les fonctions curiales en cette chapelle de S. Pierre pour une partie du Bourg de S. Germain, pendant qu'on bâtissoit l'Eglise de Saint Sulpice, qui a été dernierement abbatue; et c'est ce qui auroit porté à croire que S. Pierre étoit le premier Patron de la Paroisse de Saint Sulpice.

Le caractere dont est écrite dans le martyrologe d'Usuard l'annonce de la Dédicace de Saint Jean, Saint Laurent et Saint Sulpice au 10 May paroissant être d'environ l'an 1100 ou 1150, l'on peut fixer l'époque de cette Dédicace à la fin du XI siécle : mais insensiblement l'usage qui fait abreger l'énumération des Patrons des Eglises, aura porté à ne conserver ici que le dernier. Quoique le premier Curé de S. Sulpice connu soit Radulfe qui vivoit en 1210 sous lequel l'étendue de la Paroisse fut diminuée du côté de Paris à l'occasion des nouveaux murs de la Ville construits par ordre de Philippe-Auguste, il ne s'ensuit pas qu'il n'y en eut eu aucun auparavant. On voit dans un titre rapporté dans du Breul les relations où étoit avec l'Abbaye ce Prêtre de Saint Sulpice, pour le gouvernement de sa Paroisse. Le détail fait voir combien les choses changent avec le temps.

Les anciennes Eglises Paroissiales dépendantes des Abbayes avoient ordinairement assez près d'elles un cimetiere : et on y enterroit les morts jusques dans le parvis ou *Atrium* de l'Eglise, d'où même l'on croit que le nom d'*Atrium* a signifié souvent un cimetiere. Or c'est dans le parvis de Saint Sulpice qu'ont été trouvés en 1724 deux sépulcres de pierre les pieds tournés vers l'orient, l'un de cinq à six cens ans, l'autre d'environ mille ans. Le premier indiquoit le XII siécle ou environ à en juger par la plaque de cuivre émaillé qu'on y trouva représentant l'histoire d'Elie et de la veuve de Sarepta [a], ce qui denote une sépulture chrétienne. L'autre tombeau de pierre étoit aussi d'un chrétien nommé Herluin, avec une inscription en caracteres du VIII siécle au plûtard, dont voici la

[a] Je conserve ce petit monument parmi mes curiosités.

teneur : *Hîc jacet inclusus Tetopi de stirpe creatus. Herluinus* [a] *comdam vocatus nomine qui obiit L.* Les connoisseurs en ont jugé par la gravure qui est dans un journal [b]. Ainsi on ne peut gueres douter que la destination chrétienne de ce lieu n'ait environ mille ans d'antiquité [14]. L'éloge qu'Usuard fait de S. Sulpice en son martyrologe, suppose que ce saint lui étoit particulierement connu ; et peut-être dès son temps, c'est-à-dire au IX siécle, il étoit patron de l'Oratoire de ce lieu là. Ce dégré d'ancienneté peut servir à prouver que le Prêtre préposé à toute la Paroisse, residoit à Saint Sulpice, et qu'il a seulement pu être autrefois dans l'usage d'aller par droit ou par charge, au nom de l'Abbaye, officier à certains jours dans la Chapelle de S. Pierre, et d'y venir en Procession avec ses Paroissiens, ainsi que le marque un titre de l'an 1380 conservé à l'Abbaye de Saint Germain : et par conséquent la fréquentation de cette Eglise de Saint Pierre n'est point une preuve démonstrative qu'elle ait été l'ancienne Paroisse.

La partie de l'Eglise de Saint Sulpice qui fut abbatue en 1646 étoit la plus ancienne : mais comme il n'en est point resté de dessein [15], on ne peut pas dire précisement de quel siécle elle étoit ; on peut conjecturer seulement qu'elle étoit du XIII siécle, parce que ce fut alors que l'affranchissement accordé aux habitans rendit le bourg plus peuplé. La nef que nous avons vue au commencement du siécle où nous sommes étoit un accroissement qu'on lui avoit donné sous le regne de François I, et comme la voute en étoit fort étroite et fort basse, cela laisse à penser que l'ancienne Eglise n'avoit pas été plus élevée ni plus large. Cet accroissement que j'ai vû dès l'an 1701, étoit assez récemment fait en 1548, lorsque l'Evêque de Megare y bénit un autel avec la permission de l'Evêque de Paris [c].

L'affranchissement dont je viens de parler avoit été accordé en 1247 à tous ceux du bourg de S. Germain qui étoient serfs par l'Abbé Hugues d'Issy et par son successeur, moyennant certaines redevances, du nombre desquelles étoient les pains du lendemain

---

[a] Cet *Herluinus* est peut-être un Comte de ce nom qui a vécu sous le Roi Pepin. *Annal. Bened.*, t. II. La lettre L. qui termine l'épitaphe signifie apparemment *Quinquagenarius*.— [b] Mercure de France, Mai 1724. — [c] *Reg. Ep.*, 11 Mart. 1548.

de Noël, et une redevance de vin, d'autant qu'une grande partie du
territoire de Saint Sulpice étoit en vignes : d'où il est aisé d'inférer
que plusieurs des habitans n'étoient encore que de simples vigne-
rons. On lit aussi dans ces lettres de manumission que les femmes
après la célébration de leur mariage, et après leurs relevailles, con-
tinueroient de se rendre à l'Eglise de l'Abbaye comme à l'Eglise
matrice [a].

Les Religieux de leur côté qui étoient alors dans l'usage de sortir
aux Processions des Rogations, alloient le premier jour à Saint Sulpice ; le second jour à Saint Pierre : le troisiéme jour ils se trans-
portoient au-delà de leur territoire, sçavoir à Notre-Dame des
Champs où sont à présent les Carmelites Fauxbourg S. Jacques [b].

Dès le XIV siécle au moins la Paroisse de Saint Sulpice avoit une
Fabrique, sous le nom de laquelle les actes se passoient. On m'a
fait voir le sceau de cuivre qui a servi à les sceller, et qui a été
trouvé dans un champ à Mont-rouge en cette présente année 1753,
S. Sulpice y est représenté en mitre, tenant une Croix, et benissant
un estropié avec cette inscription autour, en lettres capitales gothiques : S. FABRICE STI SVLPICII PPE PAR.

Un Abbé de Saint Fuscien proche Amiens nommé Audrand a fait
dans la Paroisse de S. Sulpice une fondation vers l'an 1570 [16]. Il a
laissé huit cent livres pour marier tous les ans huit orphelines de la
Paroisse à chacune desquelles on doit donner cinquante livres [c] ; et
vingt francs pour quatre écoliers à chacun desquels pendant cinq
ans on doit donner cent sols pour avoir des livres et pour d'autres
besoins. Et en reconnaissance il imposa l'obligation de célébrer à
Saint Sulpice son anniversaire le lundi dans l'octave de la Fête-Dieu.
On m'a assuré que la fondation subsiste encore quant à l'article des
Filles, et que tous les ans M. le Curé de Saint Sulpice envoye au P.
Prieur de S. Germain pour signer l'exécution de ce legs.

Quant aux personnes inhumées dans cette Eglise ou dans son
cimetiere [17], je me borne à quelques-uns qui sont connus dans la
République des lettres, et dont on n'y voit plus d'épitaphes, au
cas qu'il y en ait eu autrefois. De ce nombre sont l'abbé Bourdelot

[a] Hist. S. Germ. Preuves, p. LX.—[b] Ibid., p. CLI.—[c] Ex Nota D. Du Breul manuscripta.

mort en 1685. Barthelemi d'Herbelot décédé en 1695. Etienne Baluze mort en 1718. Parmi les célèbres Peintres, Roger de Piles et Jean Jouvenet décédés en 1709 et 1717 [18].

Cette grande Eglise étant presque finie en 1745, d'autant qu'il n'y restoit que le haut du portail et des tours à faire, a été dédiée la même année. Je ne puis pas dire le jour, parce qu'on ne l'a point marqué dans aucune des deux inscriptions qui ont été mises pour conserver la mémoire de cette Dédicace et qui sont placées à l'entrée de cette Eglise des deux côtés. Comme c'étoit le temps de la tenue de l'Assemblée du Clergé, la cérémonie fut faite par vingt et un tant Archevêques qu'Evêques.

La nomination à cette Cure appartient à l'Abbé de Saint Germain des Prez. J'ai lû qu'en 1669 le Dimanche 7 Juillet M. de Perefixe Archevêque de Paris y vint officier solemnellement en sa qualité d'Evêque Diocésain [a], M. Raguier de Poussé étant alors Curé.

S'étant élevé sur cette Paroisse quelques difficultés au sujet de la reddition du Pain-béni et de la Quête alternative pour les Pauvres ; sur le refus fait dans quelques maisons, il a été ordonné par Arrêt du Parlement du 12 Avril 1753 que chaque maison rendroit le Pain-béni à son tour lorsqu'on en seroit averti par la présentation du chanteau, à peine d'y être contraint ; et de même sur l'autre chef.

La Paroisse de Saint Sulpice comprend tout le Fauxbourg S. Germain, mais comme les limites de ce Fauxbourg ne sont plus si sensibles depuis qu'il touche à la Ville, et que les murs et les portes de Paris ont été abbatues, il est besoin pour désigner l'étendue de cette Paroisse de marquer ses bornes du côté des Paroisses de Saint Severin, de Saint Côme et de Saint André. D'abord elle touche à celle de Saint Severin dans la rue d'Enfer où elle a quelques maisons proche la porte du Luxembourg et du même côté. Elle en a encore quelques-unes vers le Seminaire de S. Louis. Elle poursuit son terrain dans le côté supérieur de la place S. Michel, puis elle continue dans le côté gauche de la rue des Fossez de M. le Prince en descendant. Elle a ensuite la rue de Touraine des deux côtés ; dans la rue des Cordeliers depuis la seconde maison d'après l'égout, et depuis celle d'après la fontaine jusqu'au Carrefour des anciens

[a] *Tab. Archiep.*

Fossez. Ce qui lui appartient ensuite consiste dans la rue des Fossez de S. Germain, après laquelle elle a quatre ou cinq maisons en entrant dans la rue S. André, tant d'un côté que d'un autre, puis six ou sept maisons à l'entrée de la rue Dauphine tant à droite qu'à gauche. Elle s'étend ensuite dans les deux côtés de la rue Mazarine, et elle prend en passant les trois ou quatre premieres maisons de la rue Guenegaud de chaque côté jusqu'aux restes des vieux murs qui paroissent encore. Elle continue la rue Mazarine jusqu'au College des quatre Nations où finit son territoire inclusivement. Tout ce qui est du côté du couchant, au-delà des limites qui viennent d'être désignées, est réputé Fauxbourg S. Germain, et censé de la Paroisse de Saint Sulpice [19].

On sçait que ce n'est que depuis cent cinquante ou deux cent ans au plus que ce territoire a été couvert de différens Couvens, Hôpitaux, Hôtels de Prince et de gens de qualité. Il renferme plus de vingt Couvens ou Communautés : trois ou quatre Hôpitaux, trois ou quatre Séminaires et deux Colleges.

Je vais en rapporter les noms suivant l'ordre des temps de chaque établissement.

L'Hôpital des Petites Maisons[20], établi en 1557.

L'Hôpital de la Charité [21], rue des Saints Peres ou de S. Pierre, en 1602.

Les Augustins Déchaussés de la Reine Marguerite [22], en 1608 ou 1609.

Le Noviciat des Jesuites [23], rue Pot-de-fer, en 1610.

Les Carmes Déchaux [24], rue Vaugirard, en 1611.

Les Religieuses du Calvaire [25], en la même rue, en 1625.

Les Dominiquains [26], en la rue S. Dominique, en 1632.

L'Hôpital des Incurables [27], rue de Sevre, 1634.

Les Religieuses Chanoinesses du S. Sépulcre [28], Ordre de S. Augustin à Belle-chasse rue S. Dominique, en 1635 ou 1636. Elles étoient venues de Charleville.

Les Bernardines du Precieux Sang [29], 1635.

Les Recollettes [30], rue du Bac, en 1640.

Les Filles de S. Joseph ou de *la Providence*[31], rue S. Dominique, en 1641.

Le Seminaire de S. Sulpice, institué en 1642 ou 45 ou 47. On y conserve dans la Bibliothéque un manuscrit très-précieux. C'est une copie qu'a faite un Prêtre de ce Séminaire de tous les Registres de la Faculté de Théologie de Paris avant qu'un incendie du dernier siécle en eut fait perdre plusieurs. Il avoit eu même l'attention de tirer des Registres du Parlement une copie de ce qui y avoit été déposé et qui se trouvoit avoir été arraché de ces Registres de Sorbonne [32].

Les Théatins [33], établis proche la riviere, quai Malaquet, en 1648.

L'Hôpital des Convalescens [34], commencé en 1642 ou 1652, en la rue du Bac.

Les Filles de N. D. de la Miséricorde [35], rue du vieux Colombier, en 1651.

Les Bernardines de l'Abbaye de N. D. au Bois [36], transferées du Diocése de Noyon, en la rue de Sevre, l'an 1654.

Les Religieuses du S. Sacrement [37], établies dans la rue Cassette, en 1654.

Le College Mazarin [38], fondé en 1661 ou 1663.

Les Prémontrez Reformés ou *de la Croix Rouge* [39], établis en 1661.

La Communauté des Filles de l'Instruction Chrétienne [40], établie en 1662.

Les Benedictines de N. D. de Liesse [41], qui avoient demeuré en divers lieux depuis 1636, fixées au bout de la rue de Sevre vers l'an 1663.

Le Seminaire des Missions étrangeres [42] fondé en 1663 rue du Bac et rue de Babylone, qui est le nom de l'Evêché du Fondateur : Je me suis fort étendu sur cet Evêque de Babylone nommé Duval, dans le second tome de l'Histoire d'Auxerre, à la page 519.

Le Prieuré des Benedictines de N. D. de Consolation [43], rue de Chasse-midi ou Cherche-midi, de l'an 1669.

Hôtel Royal des Invalides [44], fondé en 1670 par le Roy Louis XIV, et dont les bâtimens furent commencés en 1671.

Le Couvent des Bernardines [45], transféré de l'Abbaye de Pantemont au Diocése de Beauvais en la rue de Grenelle, en 1671.

Les Religieuses de la Visitation [46], rue du Bac, établies en 1673.

La Communauté des Filles Orphelines[47], rue du vieux Colombier, établies en 1680.

Le College du Mans[48] transféré en 1662 à l'entrée de la rue d'Enfer de la rue de Reims où il étoit. S. Julien premier Evêque du Mans en est patron.

La Communauté du Bon Pasteur[49] établie en 1688, rue de Chasse-midi.

Le Couvent des Carmelites[50], ancien démembrement de celui du Faubourg S. Jacques, transféré de la rue du Bouloir en la rue de Grenelle l'an 1689.

Le Prieuré des Benedictines de N. D. des Prez[51], transféré du Diocése de Reims et fixé à Paris rue de Vaugirard en 1689.

Le Seminaire de S. Louis[52], institué à l'entrée de la rue d'Enfer, en 1696.

La Communauté des Filles de Ste Thecle[53], établie rue Vaugirard vers l'an 1700.

La Communauté des Filles Pénitentes de Ste Valere[54], établie en 1706, au bout de la rue de Grenelle proche les Invalides.

Les Frères de Saint Yon[55] établis, dit-on, en 1718. Ils sont dans la rue du Regard.

Pendant que M. Languet a été Curé de cette Paroisse, il y a ajoûté une autre Communauté qui est au-delà de la Barriere de la rue de Sevre. C'est celle *de l'Enfant Jésus*[56], où sont élevées trente jeunes filles Nobles de la même maniere que celles de la Maison Royale de S. Cyr.

Pareillement de son temps, c'est-à-dire en 1738, a été bâtie au-delà des Invalides la Chapelle succursale du titre de l'Assomption de la Vierge dans le quartier nommé *le gros Caillou*[57] : on a construit depuis peu proche cette Eglise un clocher assez considérable en forme de Tour. La rue S. Dominique qui commence près la Charité, continue jusqu'au bout de ce hameau. En 1744 les Habitans ont donné occasion à une Sentence de la Prevôté de l'Hôtel, au sujet du rang des Officiers de la Maison Royale aux Processions. Elle est imprimée.

Le Couvent des petites Cordelieres[58] à l'entrée de la rue de Grenelle a cessé en 1750. Le terrain qu'elles occupoient étoit de 3557 toises suivant les ΤΙΕcards affichés pour la vente.

La Paroisse de Saint Sulpice plus étendue que bien des Villes considérables (non pas cependant autant que celle de Saint Germain l'Auxerrois l'avoit été originairement) renfermoit encore du temps de François I, plusieurs rues, qui, quoique peuplées, n'étoient pas encore pavées. Le Parlement ordonna le 30 Mars 1544 de paver la rue de Seine [a]. On ne faisoit que commencer à paver la rue des Buttes près la Porte de Bussy [b] en 1545. On peut juger par là de l'état où étoient toutes celles qui sont plus éloignées. Aussi plusieurs n'ont-elles commencé à avoir des noms que depuis que l'Abbaye de Saint Germain appartint à la Congrégation de S. Maur, laquelle leur a donné des noms de plusieurs Saints connus dans l'Ordre de S. Benoît.

Il y a près du Seminaire de S. Sulpice une rue du nom de laquelle aucun des Historiens de Paris n'a donné l'origine. C'est la rue du Gindre. J'ai trouvé dans le traité de la Panneterie de France par Miraumont page 412, que *Gindre* signifie le Maître-Valet ou plutôt Maître-Garçon d'un Boulanger. Menage a fait la même remarque dans son Dictionnaire, et il pense qu'il vient du latin *gener*.

EGLISE DE SAINT ANDRÉ

Anciennement de la Dépendance

DE SAINT GERMAIN DES PREZ

On ne peut rien avancer de bien certain touchant l'origine de cette Eglise. Ce qui en regarde les commencemens est enveloppé de tant de nuages, que l'on ne peut pas même dire pourquoi elle a été surnommée des *Ass*, des *Arcs* ou des *Arts*. Ce surnom en effet paroît supposer qu'il y auroit eu à Paris deux Eglises du titre de S. André, comme il y en a deux de celui de S. Etienne, deux de S. Martin et deux de S. Germain : mais c'est de quoi il ne reste aucun vestige. Elle n'est point dans le Pouillé de Paris rédigé vers la fin du regne de Philippe-Auguste. On y lit seulement dans une ad-

[a] *Reg. Parl.* — [b] *Ibid.*, 13 Febr.

dition écrite vers l'an 1300, *Abbatis S. Germani Ecclesia S. Andreæ*, sans aucun surnom [a]. Pareillement, dans un acte de l'an 1249, est nommé tout simplement *Johannes Presbyter S. Andreæ Paris* [b]. Sur quoi donc ce surnom est-il fondé. Et pourquoi son origine est-elle si inconnue, que les uns la dérivent du territoire qui s'appelloit Lias pour les As ou Laas, les autres de *Assisiis*, d'autres des arcs ou arcades, ou des arcs, autrement dits arbalêtes, d'autres enfin des Arts? Il est vrai qu'on peut autoriser l'étymologie d'*Assiciis*, qui se trouve dans des actes de 1261 et 1264, en disant que c'est le terme *Arcisterium* altéré; d'autant plus que dans un fragment de titre du IX siécle qui concerne l'Abbaye de Saint Germain [c], on voit *Arcisterium* employé pour *Monasterium;* on y lit par exemple *sine præcepto Abbatis aut arcisterii*. Mais comme les Normans brulerent les dehors de la Cité de Paris, les habitans du quartier qui commençoit vers la rue dite depuis de la Huchette, et qui étoit fort peuplé, purent être appelez *Li ass* (comme ils l'ont été en effet) par la raison qu'ils auroient été brulés : de même que *li arssis* ceux qui étoient voisins de l'Eglise de Saint Merri, lesquels avoient été également exposés anx incendies de ces barbares. *Li* qui venoit du latin *illi*, étoit alors l'article que l'on plaçoit avant *Assi* [59].

On s'est contenté de l'autorité d'une charte attribuée à Childebert, pour avancer que cette Eglise de S. André a succédé à une Chapelle du titre de S. Andeol, laquelle selon cette charte étoit une dépendance de l'Abbaye de S. Vincent, depuis dite de Saint Germain au faubourg de Paris, et qui auroit existé dès le VI siécle. Mais comme il n'est fait aucune mention de cette Chapelle de S. Andeol dans le Martyrologe d'Usuard Religieux de cette Abbaye, quoiqu'il eût apporté à Paris, en revenant d'Espagne, des reliques de ce Saint qu'il avoit eu dans le Vivarez, ni même dans aucune des additions faites à l'apographe très-ancien de ce Martyrologe [d] conservé en la même Abbaye, et qu'on ne peut joindre à la charte de Childebert, qui nomme cet Oratoire, que le seul témoignage de Gislemar Chancelier de l'Abbaye de Saint Germain en 1070, qui en parle dans la vie de S. Droctovée : pour toutes ces raisons je pense

[a] *Chart. S. Dion.*—[b] *Reg. in Ruel.*— [c] *Codex Irminon.* — [d] *Acta Transl. S. Georgii, sæc. IV. Bened.*, p. 2 et 51.

que cette Chapelle, en quelque endroit qu'elle fût, n'est pas d'un temps antérieur au XI siécle, et que comme le nom vulgaire de S. Andeol, qui étoit alors prononcé *Andeu*, ressembloit très-fort à celui de Saint-André qu'on prononçoit aussi alors *Andrieu* : delà put se former l'opinion, que S. Andeu et S. Andrieu étoient le même Saint[60]; et même considérant que la Paroisse de Saint Severin s'étend encore à présent jusqu'au chevet de l'Eglise de S. André, je suis assez porté à croire que la Chapelle S. Andeu avoit été d'abord comprise dans le territoire de cette même Paroisse, et que pour cela le Prêtre de S. Severin y venoit en procession le jour de S. Andeu avec son Clergé. Il est au moins certain que durant qu'on bâtissoit en ce lieu un peu après l'an 1210 une plus grande Eglise, pour servir de Paroisse aux habitans détachés du faubourg de S. Germain par la nouvelle clôture de Paris, l'Archiprêtre de S. Severin avoit alors ces habitans en dépôt, en vertu d'une Sentence arbitrale, en attendant que cette Eglise fût achevée : De sorte que je conjecture qu'il choisit le jour que ses prédécesseurs avoient coutume de venir à la Chapelle de S. Andeu, qui étoit le premier Mai jour du martyre de ce Saint, pour venir, comme il fait encore ce jour-là, en procession à Saint Germain des Prez. Mais maintenant on ne connoit plus S. Andeol dans l'Eglise de Saint André. On n'y conserve aucune relique, et on n'y fait aucune memoire. La Sentence arbitrale que je viens de citer, régla l'étendue de la Paroisse de Saint Severin, laquelle étoit alors limitrophe de celle de Saint Sulpice ; car après la fin des maisons du Bourg Saint Germain, ce n'avoit été qu'une campagne non habitée jusqu'aux dernieres maisons de Saint Severin ; et ce qui le prouve, est qu'en 1210 le Prêtre de Saint Sulpice n'exigea de dédommagement qu'au sujet des dixmes dont il étoit privé par la clôture faite sous Philippe-Auguste, et par l'attribution du territoire renfermé dans les murs à d'autres Eglises qu'à la sienne, et il ne répéta rien du côté des funerailles.

L'Eglise qui fut bâtie sur le territoire de l'Abbaye de Saint-Germain, la plus près qu'il fut possible de celle de Saint Severin, et qui a eu nom *Saint André*, appartint aux Religieux de ce Monastere, dont l'Abbé l'avoit fait construire. C'étoit cet Abbé qui y nommoit les Curez, jusqu'à ce qu'en 1345 il céda ce droit à l'Université de

Paris. Le fond du sanctuaire, à en juger par le dehors et par quelques piliers du chœur au côté septentrional, sont de la construction d'entre les années 1210 et 1220. Le reste est bien postérieur. Le grand portail est du dernier siècle. Les niches et statues qui ornent le dehors de cette Eglise qui est le long de la rue du cimetiere, sont du seizième. On m'a assuré qu'on voyoit il y a soixante ans au milieu de ces statues de Saints, un squelette taillé en pierre fort délicatement, et posé dans une de ces niches. Le soubassement, qui reste chargé de couronnes prouve le dessein qu'avoit eu le Sculpteur de faire penser à la mort, qui est la fin de toutes les grandeurs. A plusieurs dessous de niches sont les armes de ceux qui les ont fait faire avec les Chapelles.

La tour qui tient encore du gothique, paroît avoir été bâtie vers 1490 ou 1500. On y voit au dehors de l'escalier les armoiries de Mrs Simon, dont l'un fut Avocat Général au XV siècle, et étoit pere de Jean Simon Evêque de Paris, décédé en 1502. On y voit du même côté les marques des coups de mousquet qu'elle a essuyé au tems des troubles de Paris.

Cette Eglise est avec Saint Sulpice la seule Paroissiale de Paris qui ne tienne à aucune maison, et qui reste isolée ; en sorte qu'elle est bordée de passages publics par les quatre côtés.

Les Historiens modernes ne font connoître que deux Chapelles dans Saint André, sçavoir celle de Saint Nicolas et de Saint Claude[61], ou de Jacques Coctier Médecin de Louis XI, qui est d'un revenu considérable, et celle de Messieurs de Thou[62]. Il y en a de plus anciennes. Jean de Tnelu, Chanoine de Saint Quentin, y en avoit fondé une du titre de la Magdelene [a], qui étoit à la collation de l'Evêque de Paris sur la présentation de l'Université. Foulques de Chanac Evêque de Paris avoit confirmé cette fondation en 1348 [b]. Avant l'an 1431 Pierre du Perrey Clerc-Notaire du Roi, y avoit fondé celle de S. Michel, et cette fondation fut confirmée par le Cardinal de Chalant Legat en France [c].

La Chapelle de S. Antoine fondée avant 1424 par les exécuteurs du testament de Robert Coissy Clerc des Comptes, fut déclarée par Arrêt du 9 Juin de cette année-là n'être pas à la nomination de

----

[a] *Tab. Ep. Par.* — [b] *Ibid.* — [c] Pouillé du XVe siècle.

l'Université : mais il y eut du changement[63]. Ce fut aussi vers le même tems qu'un nommé Pierre Brunet en fonda une du titre de Ste Marthe[64], ou au moins l'exécuteur de son testament, qui [a] étoit Girard Seguier Conseiller au Parlement [b].

Jean de Ramays avocat, fonda par son testament du 16 Août 1430 la Chapelle de la Ste Vierge[65] (qui quelquefois est appellée de la Conception) voulant que l'Evêque la conférât sur la présentation des Marguilliers. Elle a été divisée en deux parties. Le fondateur marqua aussi que si une fête de Saint arrivoit le Dimanche, la Messe de sa Chapelle seroit du Dimanche et non du Saint, nonobstant, dit-il, l'usage de Paris, Germain de Ganay en avoit été Chapelain, avant d'être élevé sur le siége Épiscopal de Cahors en 1509. Le bien de cette Chapelle étoit sur des maisons avec une rente, que le fondateur avoit acheté de Louis de Challon comte d'Auxerre et Tonnerre sur les Scigneuries de S. Agnan et de Celles en Berry. Une autre Chapelle de la Conception est dite fondée par Jean Ferroul dans des provisions [c] de 1521.

Le vitrage d'une des Chapelles de l'aîle méridionale a cela de singulier, qu'il représente Jésus-Christ foulé comme les raisins par un pressoir, avec cette sentence d'Isaïe en lettres gothiques du XVI siécle : *Quare rubrum est indumentum tuum? Torcular calcavi solus.* La statue de S. Christophe est au-dessus de l'autel; c'étoit apparemment le patron du fondateur. Celle de Ste Barbe et Ste Jacqueline y sont aussi. Dans la maison qui est vis-à-vis cette Chapelle, il y a deux niches, où sont deux semblables statues de S. Christophe et de Ste Jacqueline de hauteur naturelle, et il y a grande apparence que c'étoit la maison du fondateur[66].

Les sépultures les plus remarquables de cette Eglise parmi les anciennes, est celle de Mathieu Chartier Avocat, qualifié *pauperum pater*, et de Jeanne Brinon son épouse. Il mourut en 1359. Entre les nouvelles, sont celles de Madame Anne-Marie Martinozzi, Princesse de Conti décédée en 1672, de Louis-Armand de Bourbon son fils aîné, mort en 1685, et celle de François-Louis de Bourbon son second fils, décédé en 1709. Il y a aussi celle de François de Montholon, Garde des Sceaux, décédé en 1543, de Mrs de Thou et

[a] *Reg. Parl.*, 21 Mart., 1494. — [b] *Ibid.* — [c] *Ibid.*

celles de deux Messieurs Seguier, l'un Président, l'autre Maître des Requêtes. Messieurs Joly de Fleury y ont pareillement leur sépulture dans une Chapelle proche la tour du clocher. Parmi les Auteurs illustres on trouve qu'André Duchene y a été inhumé en 1640. Le Président Gilbert Mauguin en 1674. M. le Nain de Tillemont en 1698. Du nombre de ceux de l'Académie Françoise M. M. Louis Cousin en 1707. Antoine Houdart de la Mothe en 1731[67].

Cette Eglise étant entourée de trois rues et d'un passage public, ne pouvoit avoir un cimetiere contigu. Antoine de Montholon Seigneur de la Plisse, passe pour avoir augmenté l'étendue de celui qu'on voit aujourd'hui et dont la rue porte le nom, en même temps qu'il a donné la maison du Curé. On ajoute même que c'est lui qui est représenté sur la tombe qu'on y voit à droite en entrant, laquelle contient en relief la figure d'un Prêtre en habits sacerdotaux et chasuble à l'antique avec l'aumuce en tête. Mais comme cet Antoine de Montholon n'est décédé qu'en 1694 simple Auditeur des Comptes, tout y répugne ; le temps et l'habillement. Dès lors que c'est un Montholon qui est figuré sur cette tombe, il est naturel de penser qu'elle représente un Ecclésiastique du nombre de ses ancêtres, et que c'est peut-être Jacques de Montholon Chanoine et grand Archidiacre de Chartres, fils du Garde des Sceaux nommé cy-dessus. Ce qui n'empêche pas qu'Antoine n'ait pû y être inhumé plus de cent ans après. Le fameux Jurisconsulte Charles du Moulin mort en 1566 est pareillement inhumé dans ce cimetiere : comme aussi Henry Daguesseau l'un des plus grands Magistrats du dernier siécle, pere de M. le Chancelier Daguesseau.

On voit dans la rue derriere le chevet de cette Eglise à la hauteur de la main une tombe incrustée dans le mur touchant laquelle je n'ai pû rien apprendre. L'inscription est assez recente, et ne dit rien.

L'Église de Saint André est devenue mémorable dans l'Histoire du Roi Louis XI. Jean Cœur archevêque de Bourges avoit refusé à ce Prince de donner un Archidiaconat de son Eglise à un de ses courtisans[a] : Louis XI lui fit défense de retourner dans son Diocése ; ce Prélat s'occupa donc à prêcher le Carême dans la Chaire de

[a] *Gall. Chr.*, t. II, col. 89.

Saint André. Ses sermons furent admirés, et le concours y étoit extraordinaire. Le bruit de ces succès étant parvenu au Roy, il le renvoya à son Eglise.

Trois des plus célèbres Curés de cette Paroisse ont vécu sous le regne de ce même Prince, et sous celui de son successeur; sçavoir Thomas de Courcelles qui a cessé de l'être en 1472. Jean Hue qualifié de Notable Docteur en Théologie dans la Chronique de Louis XI à l'an 1473 : et à l'an 1475 à l'occasion de l'exécution du Connétable de S. Pol, il est dit être Doyen de la Faculté de Théologie [a]. Ambroise de Cambray qui lui succéda en 1489 fut encore plus célébre. Il étoit Curé en 1491. On voyoit autrefois toutes les dignités qu'il avoit eu dans son Epitaphe en la vieille Chapelle de Sorbonne, et celle du Curé y manquoit. Gaguin a laissé de lui un portrait qui n'est point avantageux. Christophe Aubry étoit Curé de Saint André sous le regne d'Henri III, et fut un grand ligueur [b]. Il quitta le royaume en 1595.

Le territoire de la Paroisse de Saint André commence dans la rue Hautefeuille au coin de la rue du Battoir qui est plus proche de l'Eglise : il renferme tout le carré formé par le même côté de ladite rue du Battoir et par la rue des Poitevins qui en est toute entiere. Il continue ce même côté gauche de la rue Hautefeuille jusqu'à l'Eglise : au-delà de laquelle la Paroisse a tout le côté gauche de la rue S. André depuis vis-à-vis le chevet de l'Eglise jusqu'à la place du Pont S. Michel. Elle a de cette Place le côté gauche et le fond qui est en haut, avec la moitié des maisons du même côté gauche du Pont S. Michel. De là pour venir au Quai des Augustins elle a la rue de Hurepoi, puis tout le Quai jusqu'au College des quatre Nations inclusivement. Cet espace comprend la rue Guenegaud que la Paroisse a dans son entier, excepté les deux bouts d'en haut au-delà de l'égout : il renferme aussi les rues de Nevers et d'Anjou en leur entier, la rue Daufine excepté les six ou sept dernieres maisons de chaque côté du bout d'en haut.

Après cela la même Paroisse a la rue Contrescarpe entierement, la rue S. André à commencer vers le bout supérieur à la quatriéme ou cinquiéme maison de chaque côté où finit Saint-Sulpice, et elle

_____

[a] Du Breul, Art. de Sorbonne. — [b] Felib., t. II, p. 1226.

continue jusqu'au chevet de l'Eglise ; ce qui renferme du côté de la rivière la rue Christine, la rue des Augustins, la rue de Savoye, les rues Pavée, de Gillecœur et de l'Hirondelle, et qui emmene avec soi quelques rues situées au midi de ladite rue S. André, qui sont la rue de l'Eperon en entier, avec le cul-de-sac de la Cour de Rouen, et enfin la rue du Cimetiere [68] Saint André [69].

LES GRANDS AUGUSTINS après plusieurs stations en divers lieux de Paris ne se fixerent sur la Paroisse de Saint André que vers l'an 1293. Leur Eglise est sous le titre de Ste Anne[70]. J'ai vû un Calendrier de l'Université écrit au XV siécle [a], dans lequel il est marqué qu'alors le jour du Vendredi Saint au matin on prêchoit dans cette Eglise à la même heure en différens lieux, en Lombard, en Alleman, et en François. Ce fut dans la même Eglise qu'Henri III établit[71] la Confrérie des Pénitens blancs [b]. En 1656 les Musiciens du Roy obtinrent de l'Archevêque de Paris d'y établir une Confrérie de Ste Cecile[c], dont les Statuts furent enregistrés en Parlement [72]. La chûte du tonnerre arrivée le 8 Juin 1747 sur le clocher et sur la couverture a occasionné de changer la tuile en ardoise, et le nouveau clocher est beaucoup moins élevé que n'étoit l'ancien [73].

LE COLLEGE D'AUTUN qui donne dans la rue S. André et dans celle de l'Hirondelle a été fondé en 1337. La Chapelle qui est sous le titre de S. Pierre est un gothique très-bien exécuté dans le temps de la fondation [74].

LE COLLEGE DE BOISSY, rue du Cimetiere S. André, a été établi vers l'an 1354. On m'a dit que la Chapelle est sous le titre de S. Jerôme. La Dédicace de l'ancienne avoit été faite le Dimanche 25 Octobre 1528 par Gui Evêque de Megare [75].

L'HOTEL DES CHARITEZ DE S. DENIS EN FRANCE. Cette inscription se voit sur un marbre au-dessus d'une porte cochere vers le milieu de la rue des Augustins, à gauche en venant du Quai. C'est la maison où demeure le Trésorier de la Mense Abbatiale de S. Denis réunie aux Dames de S. Cyr.

[a] *Cod. MS. S. Genov.* — [b] Sauval, t. II, p. 619. — [c] *Reg. Archiep.*, 15 Maii.

EGLISE DE SAINT COME

Anciennement de la Dépendance

DE SAINT GERMAIN DES PREZ

Il n'est pas facile de découvrir pour quelle raison la seconde Eglise que l'Abbé de S. Germain bâtit vers l'an 1210 sur la partie de son ancien territoire comprise depuis peu dans l'enceinte de Paris, fut bénite sous l'invocation de S. Côme et de S. Damien. On peut seulement conjecturer que comme il y avoit eu dès l'an 1163 un des autels du rond-point de Saint Germain béni sous le nom de ces Martyrs et sous celui d'autres Saints, le peu de reliques qui en fût retiré fut renfermé dans celui de la nouvelle Eglise. On doit aussi observer que cette Eglise aussi bien que celle de Saint André, furent bâties à des carrefours limitrophes de la Paroisse de Saint Severin : cette situation n'a pas été sans dessein ; mais elle a empêché de faire un édifice regulier en construisant l'Eglise de Saint Côme : car il est visible que le fond est de biais, et non en alignement direct. La structure qu'on voit aujourd'hui est la même qui fut commencée vers l'an 1210, à peu de chose près. On n'en fit la Dédicace que long-temps après qu'elle eut été achevée. Ces délais n'étoient pas rares autrefois. On y lit en entrant à main droite sur une pierre gravée en lettres de petit gothique, que cette Dédicace fut faite par le secours de personnes charitables, le Dimanche d'après la S. Luc l'an 1426.

Il y a dans cette Eglise un assez grand reliquaire de bois doré, et qui ne paroît pas ancien, dans lequel on apperçoit qu'est renfermée une machoire inferieure qui est dite être de Saint Côme, avec quelques fragmens d'ossemens : mais le Propre de cette Paroisse, où est marquée une translation de Saint Côme vers la fin du mois de Mai, ne marque ni quand ni comment, ni d'où est venue cette relique.

On reconnoît par quelques tombes qui se voyent dans cette Eglise, qu'on y a fait des inhumations des le XIII siécle. Celles que j'y ai remarquées n'ont rien de notable. Du tems de Du Breul, qui qualifie cette Eglise du titre de Collégiale [76], on y voyoit proche le grand autel le tombeau d'un Abbé Regulier de S. Bavon de Gand, décédé à Paris en 1460.

De notre tems, François Bouthillier de Chavigni, ancien Evêque de Troyes, mort en 1731, y a été inhumé.

On a aussi vu long-temps dans cette Eglise des Epitaphes de la composition du fameux hérétique Théodore de Beze; il les avoit composées en mémoire de Nicolas de Beze son oncle, Conseiller au Parlement de Paris, Archidiacre d'Etampes en l'Eglise de Sens, qui avoit été enterré dans la nef de Saint Côme en 1543.

Parmi les sçavans qui y ont eu leur sépulture, il faut compter Claude Despence grand Théologien, décédé en 1571; et du dernier siécle, il faut compter Messieurs Du Puy : Parmi les grands Magistrats, Messieurs Talon, sçavoir Omer Talon, et Jacques son fils et leurs descendans. La Chapelle où ils reposent a servi depuis de sépulture à Jacques Bazin, Marquis de Bezons, Maréchal de France, et à sa postérité.

Depuis quelques années, le cœur de feu M. de la Peyronnie, premier Chirurgien du Roi, ayant été déposé à Saint Côme, le corps des Chirurgiens a fait élever à l'un des premiers piliers de la nef un monument sur le marbre en mémoire de sa personne [77].

Quoique cette Eglise soit très-resserrée de tous côtés, on n'a pas laissé que d'y ménager un cimetière et des charniers, et un lieu où plusieurs Chirurgiens visitent tous les premiers lundis des mois les pauvres malades de tout âge qui se présentent, et leur assignent les remedes convenables; ce qu'on assure avoir commencé dès le tems de S. Louis en ce même lieu où étoit leur Confrerie [78]; en quoi ils paroissent avoir succédé à l'office charitable qu'exerçoient autrefois à l'entrée de l'Eglise Cathédrale de Paris les Chanoines Médecins, ou Mires, comme on disoit alors. Le petit bâtiment pour le pansement des pauvres fut fait durant l'hiver 1561, à la diligence de Claude Versoris Curé [a]. On voit sous les mêmes Charniers un Mémorial en lettres gothiques au sujet de la rente de 50 livres que Nicolas Langlois, l'un des Prevôts des Chirurgiens, avoit laissé en 1555, pour la continuation de ces charitables Offices, aussi bien qu'une autre grande inscription sur le marbre, pour perpétuer le souvenir de l'Accord passé en 1716, au sujet des bâtimens appartenant à cette Eglise et aux Chirurgiens.

[a] Reg. Parl., Nov.

Jusqu'à l'an 1345, l'Abbé de Saint Germain des Prez a nommé à la Cure de Saint Côme. Il céda alors cette nomination au Corps de l'Université. L'un des Curés illustre de cette Eglise, a été Roland Hebert fait Archevêque de Bourges en 1622. Michel Godeau, autre Curé décédé en 1736. Il est connu par plusieurs poësies latines imprimées.

Il n'est point venu à ma connoissance, qu'aucune Chapelle ait été fondée en cette Eglise [79].

LES CORDELIERS ont été établis sur cette Paroisse peu de tems après qu'elle eut été érigée, c'est-à-dire vers l'an 1230 [80].

Voici les noms des Colléges situés sur son territoire.

LE COLLEGE DES PREMONTREZ, commencé en 1252. L'Evêque de Paris permit le 22 Février 1619 de rebâtir l'Eglise sous le titre de S. Jean-Baptiste et de Ste Anne [81].

LE COLLEGE DE BOURGOGNE, fondé en 1331 dans la rue des Cordeliers [82].

LE COLLEGE MIGNON, fondé vers 1343, dit de Grammont, depuis que le Roi Henri III le donna en 1384 aux Religieux de l'Ordre de Grammont, en place du Prieuré que ces Religieux avoient au bois de Vincennes. La Chapelle a été rebâtie en 1749 beaucoup plus grande que la précédente [a], et l'autel placé à l'occident. *S. Gilles* en est titulaire [83].

LE COLLEGE DE JUSTICE, fondé en 1358 en la rue de la Harpe par les exécuteurs testamentaires de Jean de Justice, Chantre et Chanoine de Bayeux [84].

L'un des bornages de cette Paroisse a été fait le 17 Octobre 1616 par l'Evêque de Paris [b]. C'est celui qui la limite avec celle de S. Benoît. Dans la même année, comme l'on commença à bâtir des maisons sur le rejet des fossés des deux côtés de la porte S. Michel, le sieur Hebert Curé de S. Côme, pour mieux s'assurer du droit de Curé de ces lieux, obtint un decret de M. de Gondi Evêque de Paris, qui les lui accorda depuis le lieu dit anciennement Le *Parloir aux Bourgeois* jusques vis-à-vis la rue de Vaugirard. En 1617 les sieurs Dumont et Soret vinrent habiter ces deux maisons ; et comme ils étoient auparavant de la Paroisse de Saint Sulpice où ils avoient

a Alm. Spir. — b *Reg. Ep.*

leurs bancs, ils refuserent de présenter le pain-béni à Saint Côme, mais ils y furent condamnés le 27 Avril 1617. Les Abbés et Couvent de Saint Germain appellerent du Décret et de la Sentence, disant que leurs titres, et surtout un de l'an 1210, déclaroit que leur justice s'étendoit jusqu'au chemin qui conduit de Paris à Issy, entendant par ce chemin la rue d'Enfer. Le Procès subsistoit encore en 1648. Les productions de ceux de S. Côme contenoient, que la Paroisse s'étendoit autrefois dans les rues de Vaugirard et d'Enfer, que la Reine Marie de Médicis, femme d'Henri IV, logée au Luxembourg, rendoit le pain-beni à Saint Côme : que M. le Duc d'Orleans frere de Louis XIII, y venoit comme à sa Paroisse, et que plusieurs de ses Officiers y sont enterrés : qu'à l'égard de la rue d'Enfer en entrant à droite, les Registres de Saint Côme de 1560 fournissoient les noms d'Olivier Haultier Procureur en Parlement et de ses descendans : que lui Haultier y fut enterré en 1587 : qu'en 1584 M. de Villequier Gouverneur de Paris avoit permis l'ouverture du guichet de la porte de Saint Michel, en faveur des habitans qui vouloient aller à Saint Côme leur Paroisse. Le Curé de Saint Côme pouvoit produire plusieurs preuves qui restraignoient la censive de l'Abbaye de Saint Germain de ces côtés-là : mais par transaction il céda au Curé de Saint Sulpice le Luxembourg, et des maisons de la rue Vaugirard ; plus un Hôtel dont on a fait la rue de Touraine ; et cela pour avoir huit maisons rue des Fossez de M. le Prince. De sorte que la Paroisse est comprise aujourd'hui dans les rues suivantes.

A commencer à l'Eglise dans la rue de la Harpe elle en a le côté droit en montant, excepté le College de Harcourt lequel est de Saint Hilaire, depuis qu'il a passé d'un côté de la rue à l'autre étant auparavant de la Paroisse de Saint Severin. Pour suivre le territoire de Saint Côme après le bout de cette rue, il faut venir à gauche à l'endroit de la fontaine S. Michel, cette Paroisse a la moitié de l'Hôtel S. Michel qui est du côté d'en haut, ce qui suit avec la rue S. Hyacinthe du côté gauche jusques et inclusivement l'angle qui est vis-à-vis du passage du charron, et du côté droit jusqu'au même passage inclusivement. Après ce passage en tournant à droite elle a les deux côtés de la rue S. Thomas, et depuis le coin

d'en bas elle a à gauche dans la rue d'Enfer jusqu'au coin de la
rue S. Dominique, et le côté de la rue Ste Catherine qui y est adossé,
et à droite jusqu'à l'entrée de la rue d'Enfer, où est une maison
faisant le coin marquée S. D. A la Place S. Michel elle a les maisons qui touchent aux dernieres de la rue de la Harpe et qui joi-
gnent celles de la rue des Fossez de M. le Prince. De cette dernière
rue elle a le côté droit jusqu'à la rue de l'Observance qu'elle renferme en entier avec tout le Couvent des Cordeliers. Puis après avoir
tourné à gauche elle a dans la rue des Cordeliers le même côté
gauche jusqu'à la maison d'après l'égout inclusivement au-delà de
la rue de Touraine ; et du côté droit jusqu'à celle qui est proche la
fontaine, et qui fait le coin de la rue du Paon.

De là cette Paroisse passe à ladite rue du Paon qu'elle a toute entiere avec son cul-de-sac. Elle a ensuite la rue du Jardinet en finissant à la porte cochere la plus voisine du cul-de-sac de la Cour de
Rouen. De la rue du Jardinet, elle passe à la rue Mignon dont elle
a les deux côtés. A l'égard de la rue du Battoir qui suit, Saint Côme
en a tout le côté droit en entrant par la rue de l'Eperon, et le
côté gauche depuis la même entrée jusqu'au premier coin de la rue
des Poitevins.

NOTES

ET

ADDITIONS

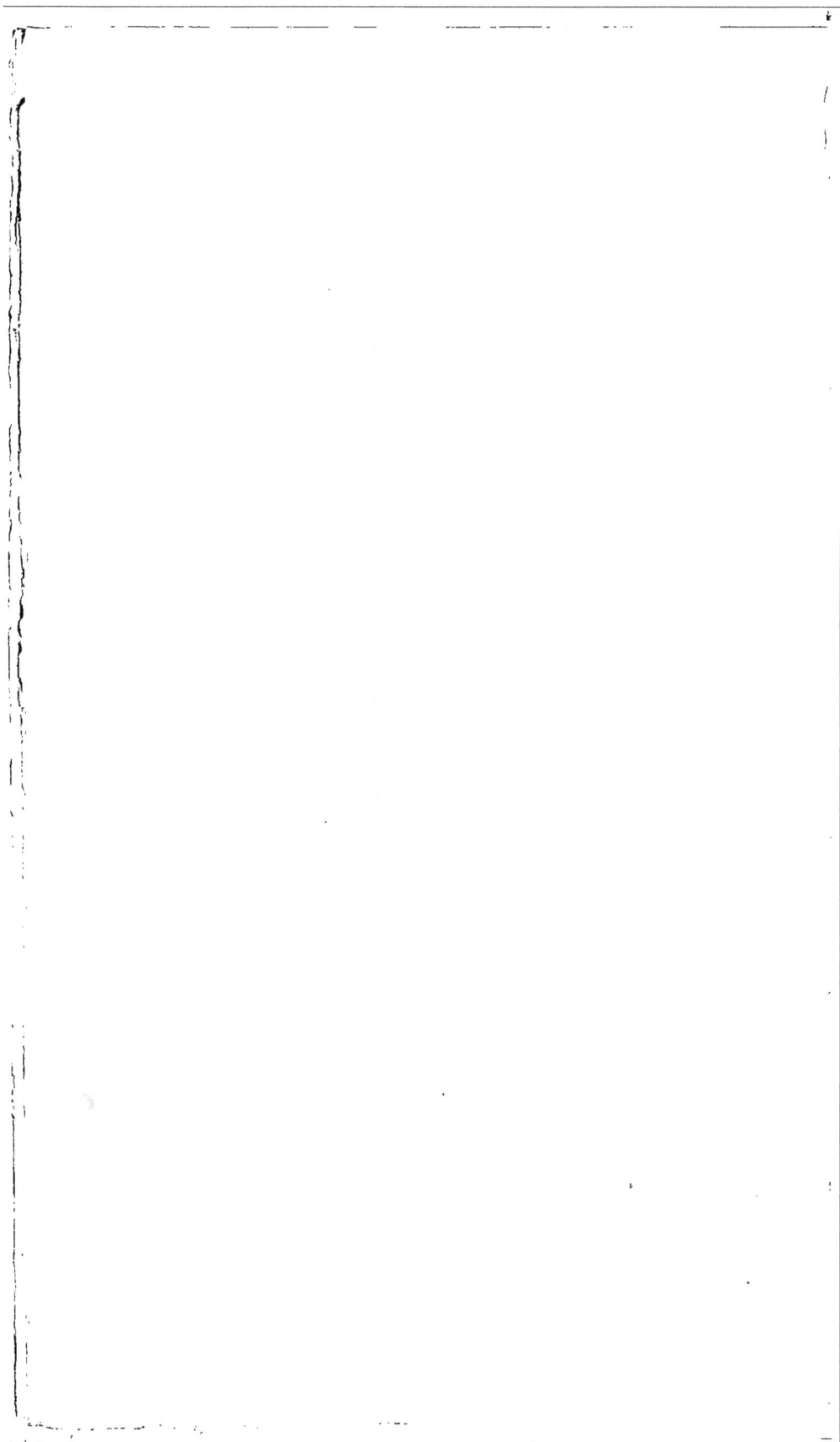

CHAPITRE PREMIER

ABBAYE SAINT-GERMAIN-DES-PRÉS

[1] Lebeuf fait allusion ici à l'acte de fondation de l'église, par Childebert Ier, en 558. On doit placer ce diplôme contrefait au nombre des chartes mérovingiennes forgées, en grande quantité, après l'an 1000. La vie de saint Droctovée par Gislemar est la source où le faussaire a puisé. Ce Gislemar vivait au IXe siècle, et non au XIe, comme l'affirme Lebeuf. Voyez à ce sujet le remarquable mémoire de M. Quicherat, intitulé : *Critique des deux plus anciennes chartes de l'abbaye de Saint-Germain-des-Prés*, mémoire qui termine ainsi : « En ce qui concerne l'histoire particulière de Saint-Germain-des-Prés, les origines de l'abbaye doivent être refaites en prenant le contre-pied de la version suivie jusqu'à présent, car, au lieu qu'on s'est conformé à la charte de fondation sans tirer parti du privilége, c'est de cette dernière pièce qu'il faudra désormais faire usage, et tenir l'autre pour non avenue. »

[2] Il est néanmoins certain que cette église fut fondée par Childebert Ier, et consacrée sous l'invocation de sainte Croix de saint Étienne et de saint Vincent. Voici ce que M. Guérard a écrit, au sujet de cette fondation, dans le tome Ier du *Polyptique d'Irminon* :

On n'est pas d'accord sur l'époque de la fondation de l'abbaye de Saint-Germain-des-Prés. Hadrien de Valois[1], Jaillot[2] et les auteurs de l'*Art de vérifier les dates* la placent vers l'an 543, tandis que D. Bouillart la recule jusqu'à l'an 556; c'est entre ces deux termes extrêmes que se renferment les opinions des autres savants. Quant à la dédicace de l'église, elle eut lieu le 23 décembre 557, selon Félibien; le 23 décembre 558, selon D. Bouillart,

---

[1] Cette opinion d'Hadrien de Valois est surtout exposée dans son livre intitulé : *Disceptationis de Basilicis defensio*, part. I, cap. VI, pag. 53 et 54.

[2] *Rech. sur la ville de Paris*, t. V, quartier Saint-Germain, p. 19.

Jaillot et les éditeurs du second *Gallia christiana*, en 559, selon D. Ruinart; au commencement de 559, selon Baillet; selon D. Rivet, le 23 décembre 559; après la mort ou le jour même de la mort de Childebert, selon presque tous les auteurs, y compris M. Dulaure, à l'exception, toutefois, d'Hadrien de Valois et de l'abbé des Thuileries, qui pensent qu'elle se fit du vivant de ce prince. Mabillon s'est contenté d'indiquer le 23 décembre, en avertissant que l'année était incertaine. Les Bollandistes et l'abbé Lebeuf se sont abstenus d'examiner la question. La discussion de ce point de chronologie n'étant pas étrangère à mon sujet, je l'aborderai. Je traiterai d'abord de la dédicace de l'église, et je m'occuperai ensuite de l'époque de la fondation de l'abbaye.

Dans le *Martyrologe* d'Usuard, sous le X des Calendes de janvier, nous lisons : « Apud Nicomediam, etc. Parisius, dedicatio basilicæ in honore sanctæ Crucis et sancti Vincentii martyris; et depositio domni Childeberti regis[1]. » Ce qui fixe au 23 décembre et la dédicace de l'église et la mort du roi Childebert. Le jour est seul donné ; et les années étant omises dans ce Martyrologe, comme dans tous les autres, et dans les obituaires un peu anciens, on ne saurait dire, avec le seul secours d'Usuard, en quelle année se passèrent les deux événements dont il est fait mention, ni même s'ils eurent lieu dans la même année.

Quant à la mort de Childebert en particulier, elle est placée par Marius sous la dix-septième année du postconsulat de Basile, c'est-à-dire, suivant la manière générale de compter, sous l'an 558 de notre ère. J'ajoute qu'aucun autre document ne la marque d'une manière aussi précise, les diplômes mérovingiens étant d'ailleurs tout à fait insuffisants pour la déterminer. Cette date doit donc être tenue pour la plus certaine. Si Gislemar[2], moine de Saint-Germain, qui florissait, non dans le IXe siècle, comme l'ont cru les Bénédictins[3], mais dans la dernière moitié du XIe, comme l'a prouvé l'abbé Lebeuf[4], écrit que la dédicace fut célébrée par saint Germain, évêque de Paris, le 23 décembre 559, et le jour même de la mort de Childebert, en reculant ainsi d'une année la date de ce dernier événement, son témoignage ne saurait l'emporter sur le témoignage positif et contemporain de l'évêque d'Avenche. Néanmoins, Ruinart[5], Baillet[6] et Rivet[7] se sont fondés sur ce passage de Gislemar, pour renvoyer, comme on l'a vu, la dédicace à l'an 559, sans toutefois qu'aucun d'eux ait osé reculer de même la mort du roi.

L'interpolation faite au texte d'Aimoin[8], de laquelle il résulterait que la dédicace n'eut lieu qu'un an après la mort de Childebert, ne mérite pas plus de confiance : outre qu'elle n'est confirmée par aucune autorité ancienne, elle se trouve en opposition avec le texte même d'Aimoin, qui porte que ce prince fut enterré dans l'église de Saint-Vincent, et qui fait ainsi entendre que l'église était déjà consacrée, car autrement elle n'aurait pu servir de sépulture. De plus, nous lisons dans le même auteur ce passage[9] : « Childe-

---

[1] *Martyrolog. Usuardi*, dans le P. Sollier, p. 760, et dans Bouillart, p. 204. — [2] *Vita S. Droctov.*, n° 13, dans Bouquet, III, pag. 437 et 438. — [3] Voy. Bouillart, *Préf.*, p. 3; Bouquet, III, 436; Rivet, *Hist. litt.*, t. V, pag. 396 et 397. — [4] *Hist. du dioc. de Paris*, t. I, p. 421 de l'ancienne édition, et t. III, p. 3 de la nouvelle.—[5] *De regali abbatia S. Germani a Pratis prope Parisios dissertatio*, dans Bouquet, t. II, p. 722, col. 1. — [6] *Vies des Saints*, t. IV, p. 462 et 463, in-4. — [7] *Hist. litt.*, t. III, p. 311, 661 et 662. — [8] Voy. Bouquet, t. III, p. 61, not. *a*.— [9] *Gest. Franc.*, II, 29; 61 D.

bertus acceptam beati Vincentii stolam Parisius defert, ædificatamque solo tenus basilicam nomini ejusdem sancti levitæ ac martyris dedicari fecit; in qua non minimam vasorum partem, quæ cum a Toleto asportasse supra (C. XIX) memoravimus, cum capsis evangeliorum, cruces quoque mirifici operis, aliaque devotus excellentissima contulit munera. » D'où l'on doit conclure que la dédicace, ayant été faite par l'ordre du roi, eut nécessairement lieu de son vivant.

Il faut avouer que les mots « ædificatamque solo tenus » s'appliqueraient difficilement à une église que l'on dédie en réalité, s'ils signifiaient que cette église n'eût été édifiée alors que jusqu'au niveau du sol; mais, dans la basse latinité, le mot « tenus » a pu être employé dans le sens de « depuis » comme dans celui de « jusque »; et si nous lui donnons cette première acception, nous devrons entendre que Childebert fit consacrer l'église qu'il avait bâtie tout entière depuis le sol, c'est-à-dire depuis les fondations. On aurait encore un autre moyen de lever la difficulté, en prenant le terme « dedicari » dans l'acception « d'imposer un nom »; car rien n'empêche que le roi (comme il le dit lui-même dans son diplôme, dont nous parlerons tout à l'heure) ait placé l'église sous l'invocation de saint Vincent [1] avant même que l'édifice fût élevé au-dessus du sol.

On ne pensera pas d'ailleurs que l'observation faite par D. Tassin [2], au sujet de l'église de Notre-Dame de Paris, dans laquelle on célébra le service divin dès l'an 1182, quoiqu'elle ne fût entièrement construite qu'après le milieu du xiiie siècle, puisse s'appliquer à l'église de Saint-Vincent, dont la construction, parvenue seulement au niveau du sol, n'était pas assez avancée pour qu'un autel y fût consacré, encore moins pour qu'on y célébrât la cérémonie de la dédicace.

On ne peut donc prendre à la lettre le passage d'Aimoin; il faut nécessairement l'interpréter de l'une ou de l'autre manière que nous avons indiquées, et c'est la première interprétation qui paraîtra préférable, si l'on fait attention à la suite du passage, où nous lisons que le roi enrichit de vases, de boîtes, d'évangiles, de croix magnifiques, c'est-à-dire des objets nécessaires au culte; ce qui fait supposer que l'église était déjà construite et toute disposée pour la célébration du service divin.

Mais revenons à des témoignages plus anciens et plus précis, et reprenons le passage d'Usuard, rapporté ci-dessus. Cet écrivain, qui suit naturellement l'ordre des faits, ne parle de la mort de Childebert qu'après avoir raconté ce qui concerne la dédicace de l'église de Saint-Vincent : il ne me semble donc pas permis de placer la dédicace après la mort du roi, c'est-à-dire après le 23 décembre 558. Voyons maintenant si l'on peut la rapporter à une année antérieure. Le diplôme du roi Childebert en faveur de l'église de Sainte-Croix et Saint-Vincent [3] porte la date du 6 décembre de la quarante-huitième année du règne de ce prince, ou de l'an 558 de Jésus-Christ, c'est-à-dire que la date précède de dix-sept jours seulement la mort du roi [4]. Or, Childebert n'y fait

<hr/>

[1] *Gesta franc.*, ibid., II, 20, 57 D.— [2] *Nouv. Traité de dipl* , t. III, p. 662, not. 1.— [3] Dans Brequigny, p. 53.— Le prétendu original de cet acte est conservé aux Archives du royaume. Ce n'est qu'une copie faite au ixe siècle, mais qui n'en mérite pas moins toute notre confiance. — [4] Félibien (*Hist. de Paris*, t. I, p. 29) observe, dans une note, que le 6 décembre de la quarante-huitième année du règne de Childebert appartient à l'an 557; mais c'est une erreur, et lui-même marque l'an 558 à la marge du diplôme de ce prince. (*Ibid.*, t. III, p. 15.)

aucune mention de la dédicace ; et, même, lorsqu'il parle de l'église, il s'exprime en ces termes : « Exortatione sanctissimi Germani, Parisiorum urbis pontificis............ cœpi construere templum........ in honore sancti Vincentii ; » et, dans un autre endroit : « Templum Domini quod nos ædificamus [1], etc. »

Ces expressions, qui seraient certainement impropres si l'église eût été consacrée, prouvent suffisamment qu'elle ne l'était pas encore au jour de la rédaction du diplôme. Mais l'on a conclu de ces passages : 1° qu'alors la construction de l'église n'était que commencée, ou qu'elle était au moins encore très-loin de son achèvement ; 2° que le roi, ayant été exhorté à la bâtir par saint Germain, évêque de Paris, et saint Germain n'ayant été appelé au siége épiscopal de cette ville qu'en 555 ou 556 [2], les fondations de l'édifice dataient, au plus tôt, de cette même époque. Ces conclusions, quelque rigoureuses qu'elles paraissent, ne sauraient toutefois être admises ; il existe, en effet, des témoignages non moins respectables que le diplôme de Childebert, qui les combattent, sans d'ailleurs être en opposition avec ce diplôme.

D'abord, Grégoire de Tours dit positivement dans son Histoire [3] que le roi Childebert fut enterré dans la basilique de Saint-Vincent, qu'il avait bâtie : « Ad basilicam beati Vincentii, quam ipse construxerat, est sepultus. » Ce qui prouve que le « cœpi construere » du diplôme ne doit pas être pris à la lettre, attendu que notre historien parle d'une église construite et non en construction, et que, en outre, il est impossible de supposer, comme on l'a déjà dit, que le roi fût enterré dans une église qui, dix-sept jours avant sa mort, n'eût été que commencée. Ensuite, un autre auteur, également contemporain, Fortunat, rapporte, en parlant de l'église de Saint-Vincent, que ce prince traversait ses jardins ou les jardins de la reine Ultrogothe, sa femme, pour se rendre aux lieux saints où l'on voit maintenant son tombeau ; c'est ce qui est exprimé dans ces vers :

> Hinc iter ejus erat, cum limina sancta petebat,
> Quæ modo pro meritis incolit ille magis.
> Antea nam vicibus loca sancta terebat amatus,
> Nunc tamen assidue templa beata tenet.

---

[1] Dans Bouquet, t. IV, p. 622 D et 623 B ; dans Brequigny, p. 53 et 54. A propos du *cœpi construere templum, templum quod nos ædificamus*, M Quicherat fait cette juste réflexion : « De là ce simple raisonnement : si la construction n'était pas achevée, l'édifice n'était pas consacré. Eh bien, dans l'une des phrases qui contiennent implicitement cette conséquence, nous avons l'affirmation directe du contraire. Le diplôme, à la suite de l'énumération des saints, atteste que les reliques de ceux-ci étaient à leur place dans l'église, qu'elles étaient en état d'y recevoir le culte qui leur était dû : *quorum reliquiæ ibi sunt consecratæ.* En d'autres termes, le service de tous les autels était en activité lorsque l'église n'était pas encore tout à fait construite : absurdité résultant d'une faute d'inadvertance au sujet de laquelle on ne sait de quoi s'étonner le plus, ou qu'elle ait pu être commise ou qu'elle n'ait jamais été aperçue. — Que la grossièreté de cette faute ne nous empêche pas cependant de voir l'intention qui a motivé l'emploi des expressions *cœpi construere, ædificamus.* Le diplôme est daté du 6 décembre, dans la quarante-huitième année du règne de Childebert, ce qui nous reporte au 6 décembre 558. Il en résulte que l'acte de fondation aurait précédé de dix-huit jours seulement le décès du roi, car Childebert mourut le 23 décembre 558 ; et c'est à ce terme extrême qu'il faudrait entendre que la basilique où il devait être inhumé n'était pas encore arrivée à son achèvement. Or, cela nous découvre à quelle source notre faussaire s'est instruit des origines de Saint-Germain. Son guide a été Gislemar, auteur de la vie de saint Droctovée.» — [2] Voyez le *Gallia Christiana*, t. VII, col. 19 et 417 ; Bouillart, p. 4 et 297 ; Mabillon, *Annal.*, t. I, p. 135, etc. — [3] IV, 20.

Il s'agit évidemment ici d'une église entièrement appropriée au service divin; les visites fréquentes dont elle était l'objet de la part de Childebert et l'expression « limina sancta » employée pour la désigner, ne permettent pas de supposer que ce fût seulement un édifice en construction.

On trouverait encore dans Fortunat une autre preuve formelle de l'achèvement par Childebert de l'église de Saint-Germain-des-Prés, si l'on devait appliquer à cette église, et non pas à l'église cathédrale de Paris, la pièce de vers que cet auteur a intitulée : *De ecclesia Parisiaca* [1]. Hadrien de Valois n'hésite pas à rapporter ces vers à la première [2] et le cardinal Luchi soutient, dans ses notes [3] l'assertion de ce savant illustre. Je ferai observer, à l'appui de cette opinion, 1° que la description de l'église de Saint-Germain que nous a laissée Gislemar est entièrement conforme à la description de l'église de Paris que nous lisons dans Fortunat; 2° que, dans un manuscrit du ixe siècle de la Bibliothèque royale [4], le petit poëme en question est intitulé : *Versus in ecclesia nova Parisius* [5], ce qui convient à l'église de Sainte-Croix et Saint-Vincent, ou de Saint-Germain-des-Prés, beaucoup mieux qu'à la cathédrale de Paris, dont la construction n'est attribuée à Childebert par aucun auteur ancien, et dont le titre ou vocable ne paraît pas avoir contenu le nom de la Sainte-Croix, qui se trouve dans le même poëme; 3° que les deux derniers vers semblent indiquer que le roi Childebert fut enterré dans l'église, circonstance qui, si elle était plus clairement exprimée, suffirait pour décider irrévocablement la question en faveur de l'église de Saint-Germain. Voici ces vers :

> Hæc prius egregio rex Childebertus amore
> Dona suo populo non moritura dedit.
> Totus in affectu divini cultus adhærens,
> Ecclesiæ juges amplificavit opes.
> Melchisedech noster merito rex atque sacerdos,
> Complevit laicus religionis opus.
> Publica jura regens, et celsa palatia servans,
> Unica pontificum gloria, norma fuit.
> Hinc abiens, illic meritorum vivit honore,
> Hic quoque gestorum laude perennis erit.

Or, maintenant, si l'on considère que le roi Childebert, suivant le témoignage de Grégoire de Tours [6], mourut d'une maladie très-longue, qui ne lui permit pas de quitter le lit, au moins depuis les premiers mois de l'année 558, et que les démêlés qu'il eut pendant les deux années précédentes avec son frère Clotaire [7], ne lui laissèrent guère alors le loisir de bâtir ni de fréquenter les églises; si, d'un autre côté, l'on songe au temps nécessaire à la construction d'un édifice aussi coûteux, aussi vaste, aussi magnifique que l'abbaye de Saint-Germain [8], dans laquelle cent vingt moines étaient entretenus avant sa dévastation par les Normands , on sera obligé de reconnaître que Childebert en jeta les fondements peu de temps après son expédition d'Espagne de l'an 542, ainsi qu'il est d'ailleurs attesté par Gislemar [10].

[1] *Carm.*, II, 11, dans Brower, et II, 14, dans Luchi.— [2] Voyez la première note de la page 43. — [3] T. I, p. 57. — [4] S. Germ. l. 784.— [5] Voyez *Not. des manusc.*, t. XII, p. 87. — [6] IV, 20. — [7] *Ibid.*, 16 et 17. — [8] Voyez Gislemar, *Vita S. Droctov.*, n. 10; dans Bouquet, III, 437 C. — [9] Voyez le diplôme de Louis le Débonnaire de l'an 829, en faveur de l'abbaye de Saint-Germain, dans Bouquet, t. VI, p. 560 B.— [10] *Vita S. Droctov.*, n. 9; *Ibid.*, III, 437 B. — Dans un manuscrit du xie siècle de la Bibliothèque royale (coté *S. Germ. lat.*, 434), on lit, fol. 119, à la marge des tablettes chronologiques qu'il contient, et, en face de l'an 546, une petite note, également écrite dans le xie siècle, ainsi conçue :

Il ne reste plus qu'à concilier cette opinion avec le diplôme de ce roi; et pour cela, il suffira d'observer que les termes *cœpi construere* se rapportent à un temps de beaucoup antérieur à la date du diplôme, et que le prince, en se servant de cette expression, rappelle seulement, en 558, qu'il a commencé ou entrepris jadis, par exemple en 543, de construire l'église de Saint-Vincent, et ne donne nullement à entendre qu'il ait tout récemment commencé cette construction. Toutefois, on peut douter qu'elle fût entièrement achevée au moment de la rédaction du diplôme, attendu que le roi, pour désigner l'église, dit : « *Templum Domini quod nos œdificamus;* » ce qui suppose qu'il restait encore quelque chose à y faire.

Quant à la circonstance relatée dans la même charte, au sujet de saint Germain, évêque de Paris, qui aurait conseillé la fondation de l'édifice, rien n'empêche qu'il n'eut donné ce conseil avant d'avoir été appelé à l'évêché de Paris, et que le roi lui eut attribué le titre d'évêque de cette ville, non parce que saint Germain le portait le jour où fut fondée l'église de Saint-Vincent, mais parce qu'il en était revêtu le jour de la confection de la charte, et cette observation suffit pour ôter à l'expression toute apparence d'impropriété. J'ajoute encore à l'appui de ce raisonnement, que le diplôme de Childebert est plutôt un acte de dotation qu'un acte de fondation proprement dite; et que si le roi eut recours à l'intervention de saint Germain, ce fut moins pour bâtir une église que pour instituer des religieux dans une abbaye déjà propre à en recevoir: en effet, Gislemar dit que le roi, après avoir doté richement et orné avec magnificence le monastère qu'il avait construit, pria cet évêque d'y établir des moines[1].

On doit donc tenir pour certain : 1° que l'abbaye de Saint-Germain-des-Prés fut fondée peu de temps après l'expédition d'Espagne de 542, peut-être en 543; 2° que des religieux, comme il est dit dans le diplôme, y furent établis du vivant de Childebert; 3° que les bâtiments du monastère furent par lui construits, sinon entièrement achevés; 4° que la dédicace de l'église fut célébrée par saint Germain le jour même de la mort du roi, c'est-à-dire le 23 décembre 558.

[2] Cette chapelle donnait sur une place proche le jardin de l'hôtel de Nesle. Près de cette place, il y en avait une autre, où demeurait le chapelain de la chapelle Saint-Martin. En 1317, l'abbaye de Saint-Germain-des-Prés (Olim, t. II, p. 670, xxiii) plaidait contre le recteur de l'Université, à propos des droits de justice à exercer sur ces places.

[3] Voici l'inscription qu'aurait composée Chilperic pour la tombe élevée à saint Germain, évêque de Paris, dans l'église Sainte-Croix et Saint-Vincent. Suspectée d'interpolation, cette inscription a été, selon Mabillon, corrigée par Aimoin, et, selon Brower et Luchi, à l'avis desquels se

[1] Droctoveus abbas », ce qui indiquait que Droctovée était abbé de Saint-Vincent en 546, et, par conséquent, que le monastère était entièrement construit à cette époque. Toutefois, nous ne pouvons tirer de cette indication un argument bien fort à l'appui de notre opinion, attendu que les notes marginales de ces tablettes sont pleines d'inexactitudes, et que, par exemple, la mort du roi Childebert y est marquée vis-à-vis de l'an 535; celle de saint Germain, évêque de Paris, mort en 576, vis-à-vis de l'an 551, etc.— [1] *Vita S. Droctov.*, n. 12; dans Bouquet, III, 437 D.

range M. Leblant, composée par Fortunat. (Voy. *Inscript. chrét. de la Gaule*, t. 1er, p. 283 et suiv.) :

ECCLESIÆ SPECVLVM PATRIÆ VIGOR ARA REORVM
ET PATER ET MEDICVS PASTOR AMORQVE GREGIS
GERMANVS VIRTVTE FIDE CORDE ORE BEATVS
CARNE TENET TVMVLVM MENTIS HONORE POLVM
VIR CVI DVRA NIHIL NOCVERVNT FATA SEPVLCHRI
VIVIT ENIM NAM MORS QVEM TVLIT IPSA TIMET
CREVIT ADHVC POTIVS JVSTVS POST FVNERA NAM QVI
FICTILE VAS FVERAT GEMMA SVPERBA MICAT
HVIIS [5] OPEM AC MERITVM MVTIS DATA VERBA LOQVVNTVR
REDDITVS ET CŒCIS PRÆDICAT ORE DIES
HVNC VIR APOSTOLICVS RAPIENS DE CARNE TROPHÆVM
JVRE TRIVMPHALI CONSIDET ARCE THRONI.

[5] On lit, au sujet de la châsse de saint Germain, dans le « procès-verbal de l'inventaire et description des effets mobiliers de l'abbaye de Saint-Germain-des-Prés, du 14 septembre 1790 » (*Arch. de l'Emp.*, S. 2866), ce qui suit :

« L'an 1790, le mardi quatorzième jour de ce mois de décembre, dix heures du matin, nous, Le Bon, Joseph, Dacier et Claude Lafisse, officiers municipaux...... Assisté des prieurs et religieux, nous étant transporté dans l'église abbatiale et conventuelle, nous y avons trouvé MM. Gabriel-François Doyen, peintre du roy, demeurant aux Galeries du Louvre ; Louis-Philippe Mouchy, sculpteur du roy, demeurant auxd. galeries...... pour procéder avec nous commissaires aux opérations ci-après.

Dans le chœur de lad. église, au-dessus du maître-autel, nous avons reconnu la châsse de saint Germain, telle qu'elle est décrite dans la déclaration faite à la municipalité le 26 février 1790, par Dom Faverotte, prieur. Cette châsse est longue de deux pieds dix pouces, surmontée d'un clocher, la couverture de lames d'or, le reste en vermeil ; elle est garnie de 260 pierres précieuses, qui, sur le rapport du sr Masson ne nous ont pas parues de grande valeur, et dont il manque quellesques (*sic*) unes, et de 197 perles, dont il manque aussi quelleques unes, attendu la difficulté de descendre ladite châsse, nous ne l'avons point fait peser, nous en rapportant au poids annoncé dans ladite déclaration, laquelle porte qu'il y a été employé 26 marcs 2 onces d'or et 150 marcs d'argent, suivant le marché de février 1408, d'aucuns inventaires portent 250 marcs d'argent, et pour la sûreté de ladite châsse, nous y avons apposé le scellé sur deux bandes de ruban placées aux deux extrémités de ladite châsse du côté du chœur des religieux, etc.

On trouve en tête d'un rôle des recettes du pitancier en 1373 (Arch. de l'Emp., carton, L. 801), une copie des « vers escrips entour la châsse d'or mons. Saint-Germain, nostre glorieux patron et evesque de Paris...

---

[1] Alias NVNC.

T. III.   4 par Messire Jehan Baudouin, bacheler en decrez, vicaire en la ville S. Léonart de Corbigny, le samedi avant la Toussaint, l'an mil ccclxxiiii, lequel jour fu ouverte la dicte chasse. »

[6] Lebeuf aurait pu ajouter qu'en 1643, on découvrit, dans le préau du cloître de l'abbaye de Saint-Germain, un tombeau de pierre avec cette inscription :

TEMPORE NVLLO VOLO HINC TOLLANTVR OZZA HILPERICI
PRECOR EGO ILPERICVS NŌ AVFERANTVR HINC OZZA MEA

A l'exception de Valois, qui voit dans ce monument la tombe du roi Chilperic, tous les érudits s'accordent à reconnaître dans ce Hilpericus un personnage de la cour des rois mérovingiens. La forme du caractère de cette inscription, chargée de ligature, et la présence d'un crucifix dans la tombe, sont deux motifs qui portent mon savant confrère, M. Leblant, à considérer cette inscription comme postérieure au viiie siècle, mais (Voy. *Inscript. chrét. de la Gaule*, t. Ier, p. 288 et suiv.) comme la plus antique des épitaphes peintes qui aient été trouvées en Gaule.

Alexandre Lenoir trouva aussi, à la fin du siècle dernier, une inscription qui est aujourd'hui déposée à l'abbaye de Saint-Denis. Les nombreuses mutilations qu'elle a subies en rendent l'intelligence difficile. Les mots imprimés en italique ont été restitués par notre confrère M. Leblant. (Voy. *Inscript. chrét. de la Gaule*, p. 284 et pl. n° 143.)

. . . . TVMVLVS EROTRVDI. . . .
. . . . LEVTHARDZ PRORRIA GEN. . . . . .
. . . . NNIZ· VIXIT· TRIBVZ ET *Quadraginta*
TERREA POZT· LINQVENZ CÆLE*stia regna petivit*
TRANSITVS EROTRVDIS CÉLE*bratur*. . .

Cette inscription, d'un beau caractère, mais d'une très-basse époque, a été publiée également par Alexandre Lenoir (*Musée des monum. français*, édit. de 1804, t. II, p. 10 et pl. lviii; *Descript. des monum. de sculpture, etc.*, p. 81), et par Albert Lenoir (*Statist. monum. de Paris Monogr. de Saint-Germain-des-Prés*, 1re planche).

[7] On sait que les inscriptions qui couvraient les tombeaux des religieux célèbres étaient d'une concision extrême. On lisait sur une petite pierre carrée : x decembris 1741, c'était la tombe de Bernard de Montfaucon; sur une autre pierre : x aprilis 1756, c'était celle de Dom Vaissète; sur une autre : xxvii decembris 1707, c'était celle de Mabillon. Les trois grands érudits du xviiie siècle étaient enterrés à côté les uns des autres. Lorsqu'on détruisit la chapelle de Notre-Dame pour percer la rue de l'Abbaye, on demanda que les restes de Montfaucon et de Mabillon

fussent recueillis et déposés au Musée des monuments français. La demande en fut faite, le 2 prairial an VII, par une personne nommée *Bouillot, rue des Maçons, n° 25*. L'autorisation fut accordée, le 5 fructidor suivant, par le ministre de l'intérieur, et, le 9 brumaire an VIII, on dressa un procès-verbal de l'exhumation et de la translation des corps (Voy. Alex. Lenoir, *Musée des monum. français*, t. VIII, p. 169), qui furent rapportés, en 1819, dans l'église de Saint-Germain-des-Prés. Quant aux restes de Dom Vaissète, ils n'ont malheureusement pas été recueillis, et l'on ne sait ce qu'ils sont devenus.

Voici, d'après D. Bouillart et les épitaphiers manuscrits, les noms des personnages inhumés dans l'église de Saint-Germain des Prés :

Childebert 1er (23 décembre 558). Ultrogothe, reine (?). Chilpéric 1er (septembre 584). Frédégonde (597). Clotaire II (28 septembre 628). Bertrude (618). Childéric II (septembre 673). Blichilde (septembre 673). Dagobert, son fils (septembre 674). Charibert (?). Chrodesinde, fille de Childebert (?). Chrotberge (?). Geoffroi de Coustures (?). Richard d'Atrie ou de Letré (1387). Hervé de Morillon (1459). Guillaume Martellet, évêque de Bethléem (1402?). Dominique de Gabre, évêque de Lodève (1er fév. 1557). Jean Grolier, trésorier de France (1565). Pierre Danès, évêque de Lavaur (23 avril 1577). Dom Claude Cotton, grand prieur de l'abbaye (16 mars 1660). Charlotte-Louise de Laloë, veuve de Charles de Lusignan, marquis de Saint-Gelais (1er février 1715). Eusèbe Renaudot, prieur de Frossay, membre de l'Académie française (1er sept. 1720). Antoine de Lion, auditeur des comptes, sieur des Landes et de La Motte-Charny (22 avril 1556). Nicolas de Lion, commissaire des guerres, son fils (?). François Thévin, comte de Sorge (23 juin 1637). Henri-Achille de Larochefoucauld, abbé de la Chaise-Dieu (?); Françoise de La Rochefoucauld, sa sœur (13 mars 1708); Henriette de La Rochefoucauld (3 nov. 1721). Jean Froger (1372?); Jacqueline, sa femme (?). Jean, Gabriel et Claude Lhuillier (1647). Claude Grosjean (15 décembre 1667). Jacques Douglas (1645). Robert Douglas, capitaine aux gardes (15 juin 1662). Comtesse de Dumbarthon (25 avril 1691). Georges Douglas, comte de Dumbarthon (20 mars 1692). Guillaume-Mathias Douglas (13 mars 1715). Jacques du Cellier, chanoine de Lille (1398). Madeleine Baron, femme du comte de Jussac (7 juin 1678). Dom Claude Bennet Withe, général des Bénédictins anglais (4 octobre 1655). Olivier, Louis, Charles et François de Castellan (1644, 8 janvier 1683), Ferdinand Egon, landgrave de Furstemberg (6 mai 1696). François de la Mark (18 janvier 1697). François-Henri, prince de la Tour et Tassis, chanoine de Cologne (4 déc. 1700). Guillaume Egon, cardinal (10 avril 1704). N..., comtesse de la Mark (17 août 1704). César, cardinal d'Estrées, évêque d'Albano (18 décembre 1714). Jean de Precy (?). Gérard de Moret, abbé de Saint-Germain (1278). Jeanne Ozanne, mère de Guillaume III, abbé (1405). François de Monceaux, fils de François de Monceaux, chevalier, seigneur de Villeacoubley (1535). François Vindebane, secrétaire d'État de Charles Ier, roi d'Angleterre (12 sept. 1646). Louis Couret, chanoine de Notre-Dame (12 juill. 1760). Robert Racine du Corail (12 décembre 1678). Madeleine Darville de la Grange Palaiseau (9 avril 1686). Marie de la Fontaine (20 mars 1689). Nicolas

Brevant de Roidemont, gouverneur des pages du roi (29 nov. 1743). Hugues d'Issi, abbé (1247). Thomas de Mauléon, abbé (1256). Nicolas de Ladit, abbé (1361). Pierre de Montreuil, architecte (17 mars 1266). Agnès, sa femme (?). Jean de Priguy (juin 1362). Philippe le Harle, écuyer, seign. de Parant, pannetier du roi Charles VI (1430). Jean de Coutures, écuyer (16 mars 1355). Agnès, femme de Raoul de Modferel (1285). Jean Bely, souchantre (1413). P. de Nangis (?). Agnès, sœur de l'abbé Gérard de Moret (12..). Fr.-Jean de Pontoise, chambrier ( ). Fr.-Pierre de Couli, trésorier (4 juin 1358). Frère Robert, chantre (1182). Fr.-Guillaume de Domat (1287). Emmeline de Petit-Pont (1288). Jean Guérin, prévôt de Thiais [de Theodosio] (1300?). Simon de Montellet (?). Jean de Laigle (1317). Renaud de Camps, lieutenant du châtelain et concierge du Louvre (21 avril 1385). Henri de Montchauvet, prévôt de Villeneuve-Saint-Georges (fév. 1296). Adam Medici (décembre 1348) Pierre Herouard (1387). Simon Hay du Châtelet, archid. et chan. du Mans (6 mai 1659). Dom Vincent Marsoles (5 sept. 1681). Dom Benoît Brachet (7 janvier 1687). Dom Arnoul de Loo (9 août 1713). Dom Grégoire Tarisse (24 sept. 1648). D. Bernard Audebert (29 août 1675). D. Claude Boistard (26 mars 1709). D. Simon Bougis (1 juillet 1714). D. Charles de l'Hostallerie (18 mars 1721). D. Athanase Mongin (17 oct. 1633). D. Cyprien Leclerc (25 avril 1646). D. Antoine Durban (18 oct. 1697). D. Hugues Menard (20 janv. 1644). Frère Alexandre (?). Frère Pierre de Gyry (?). Frère Jean de Villemer (?). François Le Bourdais (1634). Claude Pradines, aumônier du roi (30 sept. 1657). Mathurin Langles, docteur en droit (3 juillet 1669). Pierre de Sainte-Marthe, cons. d'Etat (7 juillet 1679). Fr. Guillaume de Barre (?). Fr. Guillaume Poussiarque, prévôt d'Antony (Cal. févr. 1341). Gérard Romain, docteur en droit civil et canon (?). Herbert (?). Guillaume de Pivelas (25 oct. 1404). Étienne de Saclois, trésorier de l'église Saint-Hilaire de Poitiers (1276). ..... de Saclois, chevalier (1273). Simon, abbé (?). Gaultier de Boulay, abbé de Saint-Magloire (12 cal. nov. 1337). Clément, archidiacre de Laon (?). Fr. Ursicin de Coray (28 juin 1695). Paul de Laborie, docteur de Sorbonne (12 oct. 1709). Fr. Olivier Simon (10 janvier 1721). Henri de Bourbon, duc de Verneuil, abbé de Saint-Germain (1682). Louis-César de Bourbon, comte du Vexin et légitimé de France (10 janvier 1683). Catherine de Bourbon (30 décembre 1595). Marie de Bourbon-Conti (21 mars 1620). François de Bourbon, prince de Conti (3 août 1614). Charles de l'Aigle, écuyer (1317). Guillaume de alento, domicellus, du diocèse de Limoges (1308). Juba Alesi, fils de Berault Alesi de Seric (1295). Burguaud de Bellée, jadis chevalier de nostre sire le roy de France et le roy de Navarre (sept. 1313). Simon de Saint-Benoist, trésorier, puis grand-prieur de Saint-Germain-des-Prés (14 août 1437). Guillaume Boullanger, seign. de Vaumesnil, conseiller d'État et premier échanson de M., frère unique du roi Henri III (mars 1590); Clausse, sa femme (9 mai 1581). Regnault de Camps, écuyer, né de Picardie, lieutenant du châtelain et concierge du Louvre, trépassé en l'Hôtel des écoliers de Dainville (21 avril 1385). Eustache de Chambeli, seign. du Val (1341). Comte Chapon, de Sanine-la-Vieille? (1298). Jean de Coustures, écuyer (16 mars 1255). Guillaume de Fougeret (de Fougeretto), professeur de droit, doyen de Nevers, conseiller du duc de Bourbon (1333). Jean Garnier, de châlons, avocat au parlement (10 février 1348).

Je donne plus loin les inscriptions conservées de Dom Mabillon et de Montfaucon, qui ont été rétablies dans l'église de Saint-Germain.

[8] On peut se rendre un compte exact des revenus considérables de cette abbaye par les déclarations faites en 1790. Ces revenus étaient alors divisés en trois parts, celle de la Mense abbatiale, celle du Régime de la congrégation et celle de l'abbaye.

La Mense abbatiale jouissait d'un revenu de 360,326 livres 2 sous, grevé de 124,391 livres 14 sous 2 deniers de charges inhérentes à ce bénéfice; le Régime de la Congrégation recevait 32,802 livres 3 sous, dont il faut défalquer 9,940 livres de rentes à servir; enfin l'Abbaye percevait 222,692 livres 5 sous 5 deniers, mais elle dépensait 118,814 livres 13 sous 10 deniers, ce qui fesait un total général de 615,820 livres 10 sous 5 deniers de revenus, et de 253,146 livres 8 sous de charges. Le revenu net était donc de 362,674 livres 2 sous 5 deniers.

L'importance de ces revenus nécessite quelques détails. Je vais examiner successivement le budget de la Mense abbatiale, celui du régime de la congrégation et celui de l'abbaye.

En 1790, le bénéfice était vacant, et ce fut Isidore-Simon Brière de Mondétour, receveur général des économats, préposé en cette qualité par le roi, à la régie, recette et administration des bénéfices consistoriaux vacants, qui déclara, le 26 février 1790, l'état des revenus et des charges. Cette déclaration est précédée d'observations fort intéressantes, que je transcris ici malgré leur longueur.

OBSERVATIONS PRÉLIMINAIRES
SUR LES DROITS DE JUSTICE, CENSIVE, FOIRES ET MARCHÉS APPARTENANTS A LADITE ABBAYE DANS LA VILLE DE PARIS.

Le fauxbourg Saint-Germain fait partie du fief d'Issy, donné par le roi Childebert à titre de dotation, à l'abbaye de Saint-Germain en 558, avec tous droits de haute, moyenne et basse justice et censive, et tous les autres droits qui lui appartenoient, tant sur l'étendue dudit fief que sur la rivière de Seine et une perche royale des deux côtés, depuis les anciens ponts de Paris jusqu'à la rue de *Seve*, qui fait séparation de ladite rivière avec le seigneur de Saint-Cloud.

Ce fauxbourg formoit une ville séparée de celle de Paris, suivant un arrêt du parlement de l'année 1297.

Par l'édit du roy du mois de février 1674, la haute et moyenne justice dud. fauxbourg a été réunie au Châtelet, et elle a été seulement réservée dans tout l'enclos de lad. abbaye, tant du côté de M. l'abbé que du côté de MM. les religieux; il a aussi été réservé à l'abbaye de Saint-Germain la basse justice foncière pour les rentes, cens et autres redevances des maisons et biens étant dans la censive et fief dépendant de lad. abbaye, situés dans la ville et fauxbourg de Paris, ainsi qu'il est porté par un arrêt du Conseil-d'État du roy, du 21 janvier 1675, confirmé par des lettres patentes du mois de may 1691, enregistrées au grand conseil le 15 dud. mois de mars et par autre arrêt du conseil du 14 février 1693, confirmé par lettres patentes dud. mois de février, enregistrées au parlement le 17 du même mois de février.

En sorte que la haute, moyenne et basse justice dans les enclos de l'abbaye, et la basse justice foncière seulement dans tout le fauxbourg Saint-Germain, est exercée par les officiers au nom de l'abbé et des religieux de ladite abbaye conjointement.

Par la suite des temps il s'est fait plusieurs usurpations de la censive sur plusieurs maisons et héritages dudit fauxbourg Saint-Germain.

La première a été faite par les recteurs, suppôts et université de Paris, lesquels sont en possession de la censive sur le petit Pré-aux-Clercs, sur partie du grand Pré-aux-Clercs.

Le petit Pré-aux-Clercs commence à une maison rue du Colombier, presque devant la grande grille de l'abbaye, où loge une fruitière, traversant en droite ligne par derrière, jusqu'à la rue des Marais, en montant le long de ladite rue des Marais et du Colombier, jusqu'à la rue des Petits-Augustins, y compris les trois maisons qui font le coin de ladite rue des Marais et des Petits-Augustins.

Plus, de quelques maisons rue des Marais à gauche, en entrant par la rue des Petits-Augustins, jusqu'à une maison qui appartenoit ci-devant à M. de Louvencourt, dont la nue-propriété a été acquise par le sieur Pierre-Élie Baraud des Granges, par contrat devant Monnot, n^{re}, le 9 mars 1777, laquelle est la première de ce côté où commence la censive de l'abbaye de Saint-Germain, dont les maisons de ce même côté jusqu'à la rue de Seine sont aussi de la censive de l'abbaye Saint-Germain, ce qui forme six maisons.

De l'autre côté de la rue et (sic) marais en entrant par la rue de Seine à gauche, jusques et compris deux maisons appartenantes à la Visitation, ce qui forme huit maisons, sont aussi de la censive de l'abbaye Saint-Germain.

De l'autre côté de la rue des Petits-Augustins le surplus dudit petit Pré-aux-Clercs reprend à une maison appartenante à l'Hôtel-Dieu, d'où l'on traverse droit dans les jardins des Petits-Augustins, derrière toutes les maisons qui ont été bâties depuis, la susdite maison de l'Hôtel-Dieu, jusqu'au coin de la rue du Colombier, et depuis ladite maison du coin tout le long de la rue Jacob, à main droite jusqu'à la rue des Saints-Pères en entrant à droite jusqu'à deux maisons appartenantes aux Petits-Augustins.

Quant au grand Pré-aux-Clercs, il commence rue Saint-Benoît à droite jusqu'à la rue des deux Anges, dont toutes les maisons des deux côtés sont de la censive de l'Université, ainsi que les maisons à gauche de la rue Jacob et va traverser chez MM. les religieux de la Charité, et comprend une salle neuve qui va rendre vis-à-vis le cimetière cy-devant appelé des Huguenots, et qui appartient à présent auxdits pères de la Charité, dont il y a une petite partie à droite en descendant qui est dudit grand Pré-aux-Clercs, aussi bien que toutes les maisons en descendant depuis ledit cimetière et du même côté jusqu'au coin de la rue des Saints-Pères et de l'Université, qui sont prétendues par lesdits sieurs de l'Université.

Et encore toutes les maisons qui sont dans ladite rue de l'Université à main gauche, depuis le coin de la rue des Saints-Pères, qui vont le long de ladite rue de l'Université à gauche jusqu'au coin de la rue du Bacq, dans laquelle rue du Bacq, à droite il y a deux maisons qui font le second coin de la rue du Bacq, qui aboutissent au passage du jardin de Mme la princesse de Conty, cy-devant appellé l'hôtel de Grimberg, situé rue Saint-Dominique.

Plus, depuis ladite rue du Bacq jusqu'au coin de la rue de Belle-Chasse.

Mais dans cette étendue il y a un hôtel appartenant à M. Feydeau de Brou, qui est la dernière porte cochère avant la rue de Belle-Chasse, qui a été construit sur partie du jardin de l'hôtel de Broglie, sis rue Saint-Dominique, dans lequel hôtel de M. de Brou, qui contient en totalité 282 toises 3 pieds 1 pouce 5 lignes, il n'y en a dans la censive de l'Université que 149 toises 4 pieds 3 pouces 7 lignes, et dans celle de l'Abbaye Saint-Germain, 132 toises 14 pieds 9 pouces 10 lignes.

Il y a encore dans la censive de l'Université deux maisons rue de Belle-Chasse à gauche, dans l'étendue de 16 toises 2 pieds 2 pouces de face qu'ils ont de ce côté.

De l'autre côté de ladite rue de Belle-Chasse à droite, la censive de l'Université a 16 toises 2 pieds 5 pouces de face sur la rue et 16 toises 5 pieds 1 pouce 4 lignes dans le fond du côté de l'hôtel de M. le prince de Chalais.

Et l'Abbaye de Saint-Germain a la censive sur le surplus de ladite rue de Belle-Chasse à prendre depuis lesdites 16 toises qui appartiennent à l'Université jusqu'à la rue Saint-Dominique, des deux côtés de ladite rue de Belle-Chasse.

Plus, il y a encore dans la censive de l'Université le terrein à prendre depuis le second coin de la rue de Belle-Chasse en suivant la rue de l'Université, passant derrière les murs du jardin du couvent de Saint-Joseph jusques près le corps-de-garde où la ligne se termine en pointe à côté du jardin de l'hôtel de Brienne, et le surplus de ce côté de la rue jusques dans la campagne, est de la censive de l'Abbaye Saint-Germain, mais dans cette partie il y a plusieurs hôtels de construits qui sont en partie de la censive de l'Abbaye Saint-Germain et en partie de l'Université.

Plus, l'Université a encore dans sa censive une partie de l'hôtel d'Harcourt situé rue de l'Université à droite, l'autre partie est dans la censive de l'Abbaye Saint-Germain.

Quant aux autres maisons de la rue de l'Université, à commencer du coin de la rue des Saints-Pères à droite jusques dans la campagne, elles sont dans la censive de l'Abbaye Saint-Germain, à l'exception seulement de la portion de l'hôtel d'Harcourt qui est de la censive de l'Université, ainsi qu'il est cy-dessus dit.

L'abbaye de Saint-Germain a encore été traversée par le domaine en 1681. Le roy, par sa déclaration de ladite année, a déclaré de son domaine toutes les maisons bâties sur les fossés, fortifications et contrescarpes qui commencent rue Guénégaud à main droite en y entrant par la rue Mazarine et sont bornés à une maison appartenante à l'Abbaye Saint-Germain, rue Guénégaud, et continue et comprend toutes les maisons et échoppes bâties dessus dans la rue Mazarine à main gauche en retournant vers le carrefour de Bussy, anciennement appellé de Nesle, et comprend les maisons rue Contrescarpe à main droite en entrant par la rue Dauphine, aussi bien que les maisons vis-à-vis ladite rue Contrescarpe rue Dauphine.

De ladite rue Contrescarpe on entre rue Saint-André-des-Arts, pour passer en droite ligne dans la cour du Commerce, autrefois dite Jeu de Boule de Mahus, qui fait le derrière de la rue des Fossés-Saint-Germain, dont toutes les maisons qui sont de ce côté de cette rue, depuis le coin de la rue Saint-André passant vis-à-vis les maisons de la Comédie et vont finir à la fontaine des Cordeliers, sont de la censive du roy.

Toutes les maisons qui sont dans la rue de Touraine et de l'Observance, en tournant et allant jusqu'à la rue des Fossés-Monsieur-le-Prince, paroissent aussi de la censive du roy, à l'exception des maisons du nommé Bêche, sises au coin de la rue des Cordeliers à droite en y entrant par la rue des Boucheries et de celles qui appartiennent aux sieurs Bebin et de la Griffe qui sont même rang, d'une aux Cordeliers au coin de la rue de Touraine, et une au coin de la rue de l'Observance, qui sont de la censive de l'Abbaye Saint-Germain et qui termine les fossés.

En continuant sur la rue des Fossés-Monsieur-le-Prince, à main gauche, jusqu'à la porte Saint-Michel ou devant la fontaine, toutes sont prétendues par le domaine du roy, quoique l'abbaye n'ait jamais été indemnisée par le roy de tout ce terrein à l'exception de sept maisons en entrant par la rue de Condé, à gauche, qui tiennent à la maison du sieur Allain, qui paroissent être de la censive de l'abbaye de Saint-Germain.

On observe ici que tout le terrein qui composoit cy-devant l'ancien hôtel de Condé, rue de Condé, et plusieurs maisons rue de Condé et des Fossés-Monsieur-le-Prince, ont été acquises par le roy, en l'année 1774, pour bâtir la salle de la Comédie-Françoise, et Sa Majesté s'est réservé le droit de disposer du surplus dudit terrein qui ne seroit pas utile à la construction de ladite salle, soit par vente, échange ou autrement.

Que Sa Majesté a vendu à Monsieur, frère du roy, sous le nom de M. Machet de Velye, le 13 juillet 1779, tous les terreins de l'ancien hôtel de Condé, situés le long de la rue du même nom, des rues de Vaugirard et des Fossés-Monsieur-le-Prince, et les maisons et bâtiments adjacents, à l'exception des terreins qui seroient nécessaires pour la construction de ladite salle et des rues et place appartenant à Sa Majesté, sans cependant aucune réunion à son domaine, en vertu des acquisitions qu'elle en avoit faite.

Que MM. les commissaires du roy qui ont fait cette vente ont dit par le contrat, que lesdits terreins seroient possédés par ledit sieur de Vellye en la directe et censive de Sa Majesté, et chargés d'un sol tournois de cens par toise, et ont dispensé ledit sieur de Vellye et ceux qui acquerreroient de lui de payer aucuns droits de lods et ventes, même pour les premières reventes qui seroient faites par lesdits acquéreurs dudit sieur de Vellye, dans l'espace de vingt années.

Que ledit sieur de Vellye a obtenu des lettres-patentes sur ce contrat le 10 août 1779, qu'il a fait enregistrer au Parlement le 7 septembre suivant.

Qu'il a été présenté au parlement une requête par le receveur général des économats, et MM. les prieur et religieux de Saint-Germain, par laquelle ils ont demandé à être reçus opposants à l'enregistrement desdites lettres patentes, et à être maintenus gardés dans la seigneurie directe et censive desdits terreins, et que M. de Vellye fut condamné à payer à l'abbaye Saint-Germain les lods et ventes de son acquisition.

Sur cette requête il est intervenu arrêt, le 29 décembre 1780, qui a permis de faire assigner M. de Vellye.

M. de Vellye a été assigné au Parlement le 5 janvier 1781, en vertu dudit arrêté.

Mais par arrêt du conseil d'État du 11 avril 1781, cette demande a été évoquée au conseil et elle n'est pas terminée.

Outre les anciens fossés prétendus par le domaine, il y a encore le grand et le petit séjour de Nesle qui sont déclarés de la censive du roy, par arrêt du conseil du.....

Ce grand et petit hôtel de Nesle commence de la rue Guénégaud, comprend toutes les maisons des deux côtés de ladite rue, les bâtiments de l'hôtel de la Monnoye et tout le terrein du collège Mazarin, tant sur le bord de l'eau que derrière, rue Mazarine, du côté dudit collège Mazarin, à l'exception de quatorze maisons qui font partie du grand pavillon dudit collège, rue Mazarine, dont ils ont été condamnés de payer l'indemnité à l'abbaye Saint-Germain, suivant ledit arrêt du conseil du....., lesquelles sont par ce moyen de la censive de Saint-Germain.

Le bureau de l'Hôtel-de-Ville de Paris prétend aussi avoir un droit de censive sur une maison, rue du Jardinet, appartenante cy-devant à M. de Leneville, et sur quatre maisons dans la rue du Battoir, à gauche en entrant par la rue Hautefeuille, jusqu'au coin de ladite rue.

Plus sur trois maisons rue des Poitevins, appartenantes cy-devant à M. Dufresne, procureur au Parlement, et aujourd'hui au sieur Pierre Barthelemi-Thomas Lenain, procureur au Châtelet, et à ses cohéritiers.

Il y a encore eu contestation entre l'abbaye Saint-Germain, celle de Sainte-Geneviève et le chapitre Saint-Benoît, au sujet de la censive du grand et petit Luxembourg, et trois maisons, rue d'Enfer, et le petit Calvaire, rue de Vaugirard, et sur d'autres maisons au bout de la rue de Vaugirard, derrière le Luxembourg, dont la censive a été réglée par transaction entre l'abbaye Saint-Germain, l'abbaye Sainte-Geneviève et ledit chapitre Saint-Benoît, devant M⁰ Carnot, notaire, le.... 1691, par laquelle, entre autres choses, il a été convenu que toutes les mutations qui seront faites du grand Luxembourg, Saint-Benoît en auroit un sixième et demi, et à l'égard de trois maisons, rue d'Enfer, en entrant par la porte Saint-Michel à droite, elles sont demeurées en commune censive, tant de l'abbaye Saint-Germain que de Sainte-Geneviève.

A l'égard du petit Luxembourg, la censive appartient pour moitié à l'abbaye Saint-Germain et pour l'autre moitié à l'abbaye Sainte-Geneviève, et à l'égard de la censive sur le terrein du couvent du Calvaire, elle appartient en entier à l'abbaye de Sainte-Geneviève, ainsi qu'il est porté en une transaction passée entre les deux abbayes les 4 et 5 novembre 1691, et le surplus des maisons et héritages, depuis le couvent du Calvaire jusqu'à une treizième borne du bornage fait entre les deux abbayes le 22 novembre 1691 et jours suivants, en exécution de ladite transaction, laquelle borne est placée à l'encoignure du mur de l'enclos du moulin de la Pointe, entre le chemin de Vaugirard et le chemin des Fourneaux, est de la censive de l'abbaye Saint-Germain.

Et en remontant la rue de Vaugirard jusqu'à la rue des Francs-Bourgeois se trouve une censive qui appartient à la Grande Confrairie de Paris, dont la première borne est posée sur ladite rue de Vaugirard, au coin de l'ancien hôtel de la Trémouille, et montant depuis cette borne jusqu'à une autre et dernière borne qui est posée dans la rue d'Enfer.

Et de la susdite dernière borne de la Grande-Confrairie, montant aux Chartreux jusqu'à une cinquième borne posée dans ladite rue, dont la face qui regarde la rue est gravée des armes des deux abbayes, et la face qui regarde les Chartreux pour marquer que la maison au coin de laquelle elle est posée ainsi que les bâtiments et écuries du Luxembourg, rue d'Enfer, sont de la censive desdites deux abbayes.

Et montant toujours vers les Chartreux à une encoignure qui fait coude à ladite rue où passoit autrefois l'ancien chemin de Vanvre, il a été posé une sixième borne, dont la face, regardant la cinquième et l'enclos du Luxembourg, est chargée des armes des deux abbayes, et la face qui regarde l'enclos des Chartreux et la rue d'Enfer a les armes de Sainte-Geneviève seulement.

Et de là, étant dans l'enclos nouveau des Chartreux, suivant les murs nouveaux dits de la Forge qui séparent lesdits Chartreux du Luxembourg jusqu'à douze pieds et demi de longueur, et fait coude en cet endroit ; de là, continuant le long dudit mur, dudit clos de la Forge qui le sépare du jardin de Dom..., coadjuteur, et entrant dans la première cour du couvent des Chartreux, où il a dû être posé une septième borne au coin de la Chapelle aux femmes, continuant le long dudit jardin du père Procureur et de la menuiserie où passoit autrefois ledit ancien chemin de Vanves, allant par deux coudes à une ancienne porte à présent bouchée ; tout ce qui se trouve à droite dans ledit clos des Chartreux, c'est-à-dire dans leur ancien clos, maisons, bâtiments, jardins, cellules, est dans la censive et Dimage de l'abbaye Saint-Germain, et tout ce qui est à gauche est de la censive de l'abbaye Sainte-Geneviève ; depuis ladite sixième borne, compris le clos de la Forge, traversant la susdite cour, entrant dans l'enclos le long des murailles de celle de l'ancien clos, allant gagner la porte bouchée de l'ancien chemin de Vanve.

Au dehors de l'enclos desdits Chartreux, au milieu de la porte bouchée dudit clos des Chartreux où passoit ledit ancien chemin de Vanve, il a été posé une huitième borne, et tout l'emplacement dudit ancien chemin, depuis ledit mur des Chartreux jusqu'à une neuvième borne plantée sur le bord dudit ancien chemin de Vanve et gravée, dans la face qui regarde l'enclos des Chartreux, des armes de l'abbaye Saint-Germain, et la face qui regarde Vanve des armes de l'abbaye Sainte-Geneviève, pour dénoter que les terres qui sont du côté de Paris sont de la censive de l'abbaye Saint-Germain, et tout ce qui est du côté de Vanve de l'abbaye Sainte-Geneviève.

Il est à observer ici qu'il y a eu contestation entre l'abbaye Saint-Germain-des-Prés et l'abbaye Sainte-Geneviève, au sujet de la propriété et seigneurie de l'ancien chemin de Vanve, qui a été supprimé depuis le nouveau boulevard jusqu'à la neuvième borne, et que, par sentence arbitrale du 29 avril 1780, homologuée par arrêt du Parlement du 28 avril 1781, il a été dit que cet ancien chemin appartiendroit pour moitié à chacune desdites abbayes, et qu'il seroit placé huit bornes intermédiaires entre la huitième et neuvième

bornes du procès verbal de bornage de 1691, que ces huit bornes intermédiaires ont été placées et que la dernière desdites huit bornes a été placée
au milieu dudit ancien chemin de Vauve, vis-à-vis la neuvième borne du
bornage de 1691.

Et de ladite neuvième borne tirant en droite ligne le long des terres de
l'Hôtel-Dieu de Paris à 49 perches 1/3 de distance est une dixième borne.

De là tirant vers le chemin de Paris à Vaugirard, à la distance de 27 perches 1/3 de la dixième borne et une onzième borne.

Et de ladite onzième borne [1] on tire en droite ligne jusqu'à la treizième
borne, qui est placée à l'encoignure du mur de l'enclos du moulin de la
Pointe, entre la rue de Vaugirard et le chemin des Fourneaux, dont il est
cy-dessus parlé ; le surplus du chemin de Vaugirard allant à Vaugirard, à
gauche est dans la censive de Sainte-Geneviève.

Toute la rue de Vaugirard à main droite, depuis la rue des Fossés-de-Mon-
sieur-le-Prince jusqu'à une quatorzième borne qui est plantée sur le chemin
de Vaugirard, au coin d'une pièce de terre appartenante aujourd'hui à Julien
Sageret, est dans la censive de l'abbaye Saint-Germain.

Depuis la quatorzième borne, tirant en droite ligne vers la rivière de
Seine, traversant le chemin Blomet, ensuite le chemin de Seve à côté
du clos de la maison de la Folie est une quinzième borne ; de là, tirant aussi
en droite ligne vers la rivière, sur le bord du chemin de la Sablonière, est
posée une seizième borne, laquelle borne s'étant trouvée mutilée, il en a été
fait une neuve qui a été placée de l'autre côté dudit chemin vis-à-vis l'ancienne, dont [dans?] une pièce de terre appartenante à l'École militaire.

De là, continuant toujours à la rivière en droite ligne, est une dix-septième
borne placée dans le fossé du Champ-de-Mars, adossée au mur extérieur
dudit fossé, où elle étoit placée pour empêcher qu'elle ne fût dégradée,
ayant dû être posée de l'autre côté dudit mur extérieur, dans l'avenue au
dehors du Champ-de-Mars.

Et de là, tirant toujours en droite ligne jusqu'à la rivière, est une dix-
huitième borne, aussi placée dans le fossé du Champ-de-Mars, et au bout dudit fossé où elle a été placée pour empêcher son dépérissement, ayant aussi
dû être placée au dehors dudit fossé et sur le bord de la rivière.

De là, tirant le long de la rivière du côté du Gros-Caillou, est une dix-
neuvième borne placée dans un marais avant les premières maisons du
Gros-Caillou, où elle a été placée pour empêcher son dépérissement, mais
qui doit valoir comme si elle eût été placée sur le bord de la rivière.

De la dix-neuvième borne, en montant vers le Gros-Caillou jusqu'à la rue
Saint-Dominique dudit Gros-Caillou, est une vingtième borne posée dans
ladite rue à main gauche en y entrant par le Champ-de-Mars, au coin de la
maison de madame Villiot, veuve Coste.

De ladite vingtième borne traversant ladite rue Saint-Dominique, de l'autre
côté et en descendant il y a une vingt et unième borne posée au coin de la
maison du sieur Binet, charpentier.

Et de là, montant en droite ligne, à main gauche, jusqu'au chemin de

---

[1] Cette onzième borne est placée dans le nouveau mur de la ville, dans lequel a été fait
hache pour le reconnoitre.

l'École militaire, est une vingt-deuxième borne placée dans un marais, sur le bord du chemin des Invalides à l'École militaire.

Il est à observer que le terrein qui est entre les dix-septième, dix-huitième, dix-neuvième, vingtième, vingt et unième et vingt-deuxième bornes, est de la censive de l'École militaire et du dimage de l'abbaye Saint-Germain.

Reprenant de la dix-neuvième borne cy-dessus qui doit être placée sur le bord de la rivière, en suivant ladite rivière jusqu'au pont Saint-Michel, toutes les maisons et terreins qui sont renfermés dans l'enceinte de toutes lesdites bornes cy-dessus mentionnées et depuis icelles jusqu'à la rivière de Seine, depuis ladite dix-neuvième borne jusqu'au pont Saint-Michel, sont de la censive de Saint-Germain, à l'exception seulement des maisons et terreins qui sont dans la censive du roi, de l'Université, de la ville et de la Grande-Confrairie, ainsi qu'il est dit cy dessus et encore à l'exception : 1° Des maisons situées et donnant le pourtour de l'abbaye, à partir de la porte de l'abbaye rue Sainte-Marguerite, revenant par la rue Saint-Benoît jusqu'à la porte abbatiale rue du Colombier, lesquelles maisons sont dans la censive des religieux de ladite abbaye ; 2° d'une maison, rue Notre-Dame-des-Champs, près la rue du Mont-Parnasse, qui a été baillée à titre de cens et rentes par MM. les religieux, au sieur Le Bœuf, charpentier.

Comme jusqu'à présent il n'a été parlé que des maisons du fauxbourg Saint-Germain, dont la directe a été prise en partie par le domaine et usurpée par des particuliers et autres qui en jouissent, on va parler actuellement des maisons dont la censive et directe appartient à l'abbaye Saint-Germain, qui sont dans la ville et hors du fauxbourg.

Rue Saint-Denis.

La maison ayant pour enseigne la *Couronne*, qui est la huitième boutique après la rue Perrein-Gasselin, appartenante au sieur Roudier.

Une autre maison à côté de la précédente, ayant anciennement pour enseigne l'*Échiquier* et à présent le *Roi-de-France*, appartenante à M. de la Roche, avocat, mais dont la censive ayant été contestée par M. l'archevêque de Paris, il est intervenu sentence, en la chambre du domaine, entre M. l'archevêque et M. le comte de Clermont, lors abbé de Saint-Germain, le 9 may 1766, qui adjuge la moitié de la directe de cette maison à l'abbaye de Saint-Germain et l'autre moitié à l'archevêché.

Quai de la Ferraille, au lieu anciennement dit Vallée-de-Misère.

Il y avoit autrefois une maison et échoppe sur le bord de l'eau, vis-à-vis le grand Châtelet, qui appartenoit aux marchands de poisson, que la ville a fait démolir pour faire une place devant le grand Châtelet.

Rue des Marmousets, paroisse Saint-Landry, près le cloître Nostre-Dame.

Deux maisons attenantes l'une l'autre, à main gauche, allant au cloître Nostre-Dame, dont l'une appartient aujourd'hui au sieur André et l'autre aux héritiers et représentans, M. de Baudry de Vilaine.

Rue du Petit-Pont, au coin de la rue de la Bucherie.

Une maison, appartenante aujourd'hui au sieur Philippe Radan, marchand mercier.

Rue de la Huchette, du côté de la rivière en descendant.

1° Une maison dite jadis la *Cloche*, appartenante aujourd'hui au sieur Jean-Louis Rogier, marchand tapissier;

2° Une maison ci-devant, la *Souche-d'Or*, appartenante aujourd'hui au sieur Jean-Louis Rogier;

3° Une autre maison appartenante aujourd'huy audit sieur Rogier;

4° Maison faisant le coin de la rue du Chat-qui-Pêche, appartenante aujourd'huy à Jean-Gui Lathelize;

5° Une maison, dite le *Petit-Cerf*, appartenante aujourd'huy à Joseph Normand, marchand limonadier;

6° Une maison appartenante à l'Hôtel-Dieu;

7° Une autre maison aussi appartenante à l'Hôtel-Dieu.

Rue du Chat-qui-Pêche, par la rivière, à main droite.

Maison faisant le coin de la rue de la Huchette, ayant pour enseigne l'*Y*, appartenante aujourd'huy au sieur Thomas-Charles De Lastre, marchand mercier.

A main gauche.

Deux maisons appartenantes aux héritiers et représentans le sieur Moissière.

Deux autres maisons appartenantes à l'Hôtel-Dieu.

Rue des Trois-Chandeliers.

Une maison appartenante aujourd'huy à Georges Perdreau.

Rue de Hurpoix.

Toutes les maisons qui sont des deux côtés de ladite rue sont de la censive de l'abbaye Saint-Germain.

Place du Pont-Saint-Michel.

L'abbaye avoit droit de mettre tous les ans dans cette place, du côté du fauxbourg, un pressoir à verjus, dont elle retiroit les rétributions à son profit, mais il paroît qu'elle ne fait aucun usage de ce droit qui, sans doute, lui étoit plus onéreux que profitable.

Toutes les maisons qui font face sur la place du Pont-Saint-Michel, depuis la rue Hurpois jusqu'à la rue Saint-André-des-Arts du côté du fauxbourg, sont de la censive de l'abbaye Saint-Germain.

Rue Maçon, par la rue de la Vieille-Bouclerie, à droite.

Les trois premières maisons sont prétendues par la Sorbonne à cause de leur fief de Rosières.

Les deux suivantes relèvent de l'abbaye Saint-Germain.

La sixième, dite l'Hôtel d'Anjou, est prétendue par le Parloir aux Bourgeois.

Et les autres maisons de ce côté jusqu'à la rue Saint-André-des-Arts sont de la censive de l'abbaye Saint-Germain.

Rue Maçon, par la rue de la Vieille-Bouclerie, à gauche.

Toutes les maisons de ce côté sont dans la censive de l'abbaye Saint-Germain.

Rue Poupée.

Toutes les maisons des deux côtés de cette rue sont dans la censive de l'abbaye Saint-Germain.

Rue Percée.

Toutes les maisons de cette rue des deux côtés sont de la censive de l'abbaye Saint-Germain, à l'exception des deux premières maisons en entrant par la rue de la Harpe à gauche, l'une appartenante à la fabrique de Saint-Séverin et l'autre au sieur Dumesnil, prêtre.

Rue Serpente, à droite en entrant par la rue de la Harpe.

Il n'y a que deux maisons qui appartiennent actuellement au sieur Bazan, ainsi que celle du coin de la rue Hautefeuille, qui lui appartient aussi, qui soient dans la censive de l'abbaye.

Et de l'autre côté de ladite rue il n'y a que quatre maisons, qui appartiennent aux Chartreux, qui soient dans la censive de ladite abbaye Saint-Germain.

Rue des Deux-Portes, par la rue de la Harpe, à droite.

Il y a trois maisons, mais l'on n'a aucunes déclarations de ces maisons qui constatent qu'elles soient de la censive de l'abbaye Saint-Germain, cependant il paroît qu'il y en a deux qui dépendent et font partie, et qui forment le derrière des maisons, rue Serpente, appartenantes aux Chartreux, et qu'elles doivent faire partie de la censive de l'abbaye.

Par la rue de la Harpe, à gauche.

Il y a trois maisons, mais on ne voit rien qui constate la censive de l'abbaye sur ces maisons.

Rue Hautefeuille, par la rue Saint-André-des-Arts, à droite.

Toutes les maisons de ladite rue de ce côté, compris l'église de Saint-André-des-Arts jusqu'aux Prémontrés, sont de la censive de l'abbaye Saint-Germain.

L'autre côté de ladite rue.

Les maisons de l'autre côté, à commencer de ladite rue Saint-André-des-Arts, à main gauche, il y a onze maisons jusques et compris les maisons des

Chartreux, qui sont de la censive de l'abbaye Saint-Germain, jusqu'à la maison faisant le premier coin de la rue des Deux-Portes, dont la censive est prétendue par la ville.

Rue des Cordeliers, par la rue de la Harpe, à droite.

Toutes les maisons depuis le second coin de la rue Hautefeuille jusqu'à la rue du Paon, sont de la censive de l'abbaye Saint-Germain.

De l'autre côté par la rue de la Harpe, à gauche.

Tout ce côté est de la censive de l'abbaye, étant observé que l'abbaye Saint-Germain-des-Prés a originairement concédé aux religieux cordeliers le terrein où ils se sont établis dans ladite rue, sous la réserve expresse de la part de ladite abbaye de rentrer dans la propriété dudit terrein dans les cas où lesdits cordeliers ne l'occuperoient plus.

Rue de la Harpe, à main droite, à commencer du coin de l'Église Saint-Cosme.

Toutes les maisons et collèges qui sont dans ladite rue de la Harpe de ce côté, depuis et compris Saint-Cosme jusqu'à la porte Saint-Michel, où il y avoit aussi autrefois un pressoir à verjus, sont de la censive de l'abbaye Saint-Germain.

Des remarques cy-dessus faites de toutes les maisons qui sont dans la censive de l'abbaye Saint-Germain, depuis le bout du pont Saint-Michel jusqu'à la porte Saint-Michel, par le chemin tracé de la rue Saint-André-des-Arts, Hautefeuille, des Cordeliers et de la Harpe, il résulte que toutes les maisons des rues du Hurpoix, de l'Hirondelle, de Saint-André-des-Arts, du Cimetière-Saint-André, des Poitevins, du Battoir, des Cordeliers, du Paon, du Jardinet, Mignon, de l'Éperon, cul-de-sac de la cour de Rouen, Gît-le-Cœur, Pavée, Grands-Augustins, Savoye, Christine, Dauphine, d'Anjou, et autres, qui se trouvent renfermées dans l'enceinte cy-dessus décrites, sont dans la censive de l'abbaye Saint-Germain.

Plus, le roi, par l'arrêt de réunion de la justice de l'abbaye au Châtelet, du 21 janvier 1675, a cédé à l'abbaye Saint-Germain-des-Prés, pour indemnité à elle due à ce sujet, 5 s. sur chaque maison bâtie hors des limites qui lui appartenoient, et ces limites commencent par la grande rue du Bacq, revenant du Pont-Royal à main droite, et suivant toute ladite rue du Bacq et revenant dans ladite rue du Bacq, aussi à droite, et de là à la rue Neuve-Notre-Dame, derrière les Chartreux, et toutes les maisons, par conséquent, tant de la Grenouillère que celles qui se trouvent dans le fauxbourg à droite et celles des Invalides, et des environs, et des maraîchers, au moyen de quoi toutes lesdites maisons doivent lesdits cinq sols, oultre le cens ordinaire.

La Mense abbatiale est en outre propriétaire d'un droit de cens et rentes sur le privilége de 13 étaux à boucherie, dont cinq situés à la Croix-Rouge, appartenants au sieur Jacques-Pierre Hubert, et sont chargés de 51 l. de cens par an.

Les huit autres priviléges d'étaux à boucherie sont situés, savoir : 6 au carrefour de Bussy et deux rue des Boucheries, qui appartiennent au sieur

Henry-Julle Rudemare, ancien marchand boucher, et chargés ensemble de 33 l. 12 s. parisis de cens et redevances.

La Mense abbatiale est encore seigneur foncier du terrein où se tient la foire Saint-Germain et du Préau de ladite foire, il lui appartient d'après les titres des concessions qu'elle en a faites, 3 l. 2 s. 6 den. de cens et rente sur chaque loge de neuf pieds en quarré qui sont construites dans l'enceinte de ladite foire, et le surplus des terreins vagues ainsi que le terrein des rues de ladite foire du Préau d'icelle et du tour d'échelle, appartient en propriété à l'abbaye comme seigneur foncier.

Plus ladite abbaye a droit de foire franche sur ledit terrein pendant 8 jours francs, depuis le 3 février inclusivement, pendant lesquels huit jours les halles de draperie, mercerie, lingerie et filasse de Paris, doivent être fermées, et ladite abbaye a le droit pendant ledit temps de faire apporter tous les draps, étoffes et filasses qui viennent à Paris, et de percevoir sur le tout un droit de 12 s. 6 den. sur le cent pesant de filasse, 4 s. 6 den. sur chaque pièce de drap vendue et 4 s. sur chaque pièce non vendue.

Ce droit particulier fait partie du bail général et sera d'ailleurs évalué cy-après dans le détail des revenus, quant à présent..... Mémoire.

Plus ladite abbaye a droit de marché dans le fauxbourg Saint-Germain, et comme le produit dudit droit sera cy-après porté dans le dénombrement des revenus, il n'en est ici question que pour..... Ordre et mémoire.

D'après tout ce qui précède, la déclaration des droits, domaines et revenus dépendants de ladite Mense abbatiale, a été dressée de la manière et ainsi qu'il suit :

DIOCÈSE DE PARIS.

DANS LA VILLE ET FAUXBOURG.

Premièrement, le censive produit, année commune, d'après les dix dernières années....................................	182,000	»	»
Item, les droits sur les filasses et draperies cy-devant mentionnés, évalués....................................	600	»	»
Item, les droits de marchés dans le fauxbourg Saint-Germain, y compris une maison appellée la Digue, boucherie et étaux affermés, cy....................	38,000	»	»
Item, le droit de Bacq sur la rivière de Seine, vis-à-vis les Invalides, y compris les droits de pêche depuis les Vieux Ponts jusqu'aux rues de Seve, celui de passage sur la rivière à Passy, le tout affermé......................	6,000	»	»
Est observé que le Nouveau-Pont portera préjudice à cette branche de revenus.			
Plus est observé que ladite Mense a la directe sur les isles et islots sur ladite rivière dans la même étendue, sauf sur les isles et islots qui dépendent de la seigneurie d'Issy appartenante à la Mense conventuelle, cy..... Observation.			
A reporter.....	226,600	»	»

Report..... 226.600   »   »

Paroisse Saint-Sulpice.

Item, la maison abbatiale, cour, basse-cour, jardins et dépendances, ne produisent aucun revenu. La compagnie du Centre, les bureaux de M. le garde des sceaux, et quelques autres établissements, occupent le palais abbatial ; les pavillons et basse-cour sont occupés par des personnes qui ont été attachées aux anciens titulaires et que l'on n'a point dépossédées. Cy.....Observation et mémoire.

Item, 23 échoppes adossées au palais abbatial, louées ensemble... 2,400   »   »

Item, 2 maisons réunies dans le marché Saint-Germain. 3,200   »   »

Item, une maison dans le marché Saint-Germain........ 780   »   »

Une ditte... 950   »   »

Une ditte... 750   »   »

Une ditte... 1,400   »   »

Une ditte... 500   »   »

Une ditte... 1,500   »   »

Une maison ditte Préau-de-la-Foire.................... 2,400   »   »

Une ditte, rue Guénégaud............................ 2,000   »   »

Une ditte, rue du Sépulchre.......................... 2,100   »   »

Une ditte, rue des Fossés-Saint-Germain................ 1,200   »   »

Un terrein, rue Guisarde............................. 500   »   »

Gros Cens.

Deux maisons, rue Fustemberg, dans l'enclos de l'abbaye. 492   »   »

Une ditte.. 64   »   »

Une ditte.. 256   »   »

Une ditte dans ledit enclos, rue Cardinal............... 120   »   »

Une ditte.. 120   »   »

Une ditte.. 80   »   »

Une ditte.. 80   »   »

Une ditte.. 128   »   ~»

Une ditte.. 176   »   »

Une ditte.. 80   »   »

Une ditte.. 112   »   »

Une ditte, rue du Four-Saint-Germain................. 440   »   »

Baux Emphytéotiques.

Une maison, rue des Canettes...................... 610   »   »

Une ditte   id................................ 440   »   »

Une ditte   id................................ 460   »   »

Une ditte, rue du Four........................... 960   »   »

Un terrein au Gros-Caillou, en bail emphytéotique, sur lequel il y a plusieurs chantiers et constructions, appellé le Pré-aux-Olives, se montant à.....oy.....Mémoire.

A reporter..... 250,898   »   »

Report	250,898	»	»

Rentes en Indemnité.

Les pauvres Saint-André-des-Arts....................	153	»	»
Belle-Chasse.....................................	172	4	»
La Miséricorde	236	»	»
Recollettes.......................................	104	»	»
Sainte-Valère	85	»	»
Bénédictins (les religieux de ladite abbaye) doivent pour ce qui appartient à la Mense abbatiale dans la portion des bois de Verrier qui relève du Plessis-Piquet.............	350	»	»
Prémontrés........................	224	»	»
Panthemont...	622	16	»
Cordeliers	40	»	»
Hôpital Général...................................	50	»	»
La Charité en 2 contrats..........................	597	3	»
Comédiens françois................................	250	»	»
Fermiers généraux................................	300	»	»
Le clergé en divers contrats.........................	356	»	»
Domaines du roi...................................	839	8	»
Id. de la généralité...........................	133	10	»
Aides et Gabelles en divers contrats..................	3,159	6	»
Etats de Bretagne id........................	2,164	»	»

Paroisse d'Antoni.

1° Par le sieur Paul (rente)........................	100	»	»
2° Par le sieur Ragois (id)......	15	»	»

Paroisse de Berni.

Le château et parc de 75 arpents....................	2,500	»	»
Glacières, enclos d'un arpent.........................	24	»	»
Un quinconce de 40 arpents à 15 l....................	600	»	»
Moulin..	800	»	»
88 arpents de prés à 50 l............................	4,400	»	»

Paroisse de Fresnes.

Les bâtiments de la ferme grands et en bon état, 463 arpents de terres labourables à 25 l..................	11,575	»	»
19 remises plantées sur ledit territoire, composant 10 arpents à 24 l...............................	240	»	»
Prairies et secherons, 12 arpents à 40 l................	480	»	»
Un pressoir..	60	»	»
Maison de la Faisanderie............................	75	»	»
Le Cens. Peu de chose n'y ayant point de terrier, cy. Mémoire.			
Lods et ventes, année commune.....................	500	»	»
La seig^le de Parray ayant haute, moyenne et basse justice. Les bâtiments de la ferme grands et en bon état.			

A reporter.....	82,103	7	»

Report	282,103	7	»
7 arpents plantés en remise à 24 l.	168	»	»
318 arpents de terres labourables.	8,000	»	»
Cens, environ.	30	»	»
Rente foncière.	24	»	»
Lods et ventes, environ.	400	»	»
Dixmes de Paray.	1,800	»	»

Paroisse de Choisy-le-Roy.

Le Bacq.	6,000	»	»
Hôtel de Clermont.	700	»	»

La seigneurie de Villeneuve-Saint-Georges, ayant la haute, moyenne et basse justice.
La ferme, les bâtiments grands et en assez bon état.
Un petit jardin d'environ un quartier et demi.
20 arpents et demi de prés en 12 pièces.
152 arpents de terres labourables.
La dixme sur environ 1,500 arpents.

Paroisse de Valenton.

Le moulin Bannal.	1,500	»	»
Le four Bannal.	600	»	»
Le passage d'eau et la pêche dans la rivière d'Ières. . . .	900	»	»
Cens environ par année.	100	»	»
Nota. Il n'y a qu'un vieux terrier non complet.			
Lods et ventes, année commune.	2,500	»	»
Une rente foncière due par Coiffier, vigneron audit Va-venton, de.	18	»	»
Un autre de 12 l. 15 s. et un boisseau d'orge due par la veuve Matardet, le sieur Noreu, du même lieu.	12	15	»
La dixme, audit lieu, sur 800 arpents, le tout loué. . . .	5,000	»	»

Près Montlhery. Paroisse d'Epinay.

La ferme de Breuilh, par bail emphytéotique possédée actuellement par M. Montrelon, moyennant 170 septiers de bled, année commune.	3,600	»	»
Bail emphytéotique de la ferme de Grefin, tenue par les héritiers Trudaine.	120	»	»

DIOCÈSE DE SENS.

PAROISSE D'EMANS.

La Seigneurie.

La ferme, les bâtiments en mauvais état avec 300 arpents de terre labourable et quelques pâtures.	2,000	»	»
La dixme.	2,400	»	»
Lods et ventes, année commune.	200	»	»
Cens imperceptible n'y ayant pas de terrier.			
A reporter	318,176	2	»

Report..... 318,176 2 »

Fossart.

La ferme, les bâtiments en assez mauvais état.

Terres en dépendantes louées... .. .. 1,200 » »
Le grand et petit moulins loués..................... 2,175 » »

Montmachou.

La grosse, menue et verte dixme.................... 1,000 » »

Paroisse de Samoreau.

325 arpents de bois taillis divisés en 13 arpents de 25 ans
— loués... 3,000 » »
Indépendamment des taillis en coupe réglée, il y a 80 arpents de réserve dont la superficie peut valoir 900 l. l'arpent, cy..... Mémoire.
La ferme dont les bâtiments sont en bon état, terres,
prés et dixmes, et le pressoir loués..................... 800 » »
Lods et ventes, année commune..................... 200 » »

Paroisse de Valvin, près Fontainebleau.

Droit de bac et de pêche........................... 1,600 » »

Paroisse Saint-Germain-Laval.

La seigneurie dud. Saint-Germain donnée à bail emphytéotique et tenue actuellement par M. Thenet........... 4,000 » »

Saint-Germain-Laval et Laval-Saint-Germain.

La grosse dixme et moitié des menues et vertes et la
grange dixmeresse, l'autre moitié des menues et vertes
dixmes appartenante au curé, louée.................... 1,500 » »
Dixmes sur le canton appellé de champagne.......... 100 » »
625 arpents de bois taillis divisés en 25 coupes de chaume.
25 arpents valant 250 l. l'arpent. Cy la coupe annuelle.. 6,250 » »

Saint-Germain-Laval.

Indépendamment des taillis en coupe réglée, il y a 200
arpents de réserve dont la superficie peut valoir 700 livres
l'arpent. Cy.....:.......................... Mémoire

DIOCÈSE DE CHARTRES.

Paroisse de Dammartin.

Seigneurie ayant haute, moyenne et basse justice.
La ferme, dont les bâtiments sont en bon état et considérables, terres labourables et bois taillis en dépendants
loués.... ... . 5,000 » »
Dixmes louées.................................... 7,000 » »

A reporter..... 352,0 1 2 »

Report..... 352,001 2 »

Paroisse de Longne.

Dixmes, champarts et 17 arpents de terres labourables,
maisons et granges audit Longue............................ 6,900 » »

Paroisse de Naufflet.

Dixmes... 1,100 » »
Lods et ventes des deux dites seigneuries................. 200 » »

Fief de la Fillette.

Ne consiste qu'en lods et ventes qui peuvent se compter
pour 25 l. par an, cy.. 25 » »
Le 1/4 du moulin Chauvet.................................... 100 » »

DIOCÈSE DE SAINTES.

Lad. Mense abbatiale à enfin la mouvance des fiefs et seigneuries de Jonsac, Clam et dépendances situés dans le
ressort du baillage de Saintes. On ne peut pas estimer cet
objet. La terre de Clam a été vendue en 1764, 200,000 liv.
Celle de Jonsac n'a pas éprouvé de mutation depuis longtemps, ci, ... Observation et mémoire.
Total............... 360,326 l. 2 »

CHARGES DE LAD. ABBAYE.

Décimes et oblats... 34,650 l. s. d.
Aux religieux pour charges abbatiales....................... » » »
Dédommagement pour les dixmes du Parc....................... 36 » »
Prédicateurs.. 420 » »
Au bureau des pauvres....................................... 200 » »
Dépenses relatives à la fête saint Vincent, premier patron
de lad. abbaye.. 430 » »
Pains bénis, flambeaux et autres dépenses................... 400 » »
Idem à la Fête-Dieu... 400 » »
Rentes à Mlle de Boissy.................................... 4,169 2 8
A la fabrique de Saint-Sulpice.............................. 4,652 4 10
Au curé de Saint-Sulpice.................................... 180 » »
Aux héritiers Le Clerc...................................... 709 14 8
A M^r l'archevêque de Paris .... 90 » »
Aux religieuses de Haute-Bruyère pour redevance en
grains et vin... 696 » »
Au guet de Paris.. 300 » »
A Saint-Jean de Latran...................................... 47 » »
Au chapitre de Saint-Thomas-du-Louvre....................... 7 10 »
Aux religieuses d'Hyères.................................... 15 » »

A reporter..... 17,402 12 2

Report..... 47,402 12 2

Curés, desservants et maîtres d'école.

Au desservant de Montmachon.......................	350	»	»
Maître d'école de l'Enclos de l'Abbaye...............	300	»	»
Celui de Fresnes...........................	100	»	»
Curé de Villeneuve-Saint-Georges, pour son gros.......	600	»	»
Curé de Valenton, pour sa portion congrue..........	700	»	»
Curé de Dammartin, pour supplément...............	50	»	»
Curé d'Esmans, pour abonnement et menues dixmes...	450	»	»
Maître d'école d'Esmans...........................	20	»	»
Curé de Saint-Germain-Laval, pour son gros en argent.	100	»	»
Maître d'école de Dammartin.......................	100	»	»
Curé de Lognes, pour novales	120	»	»
Maître d'école de Lognes...........................	100	»	»
Au curé de Samoreau, pour sa portion congrue.......	700	»	»
Desservant de Saint-Germain-Laval.......	350	»	»
Curé de Nauphlète.................................	300	»	»

OFFICIERS DE JUSTICE

Gages.

Chauffage du bailliage de l'Abbaye..................	340	»	»
A l'huissier dudit bailliage...........................	100	»	»
Au juge de Dammartin.............................	40	»	»
Au procureur fiscal.............................	10	»	»
Au juge d'Emans..................................	25	»	»
Au procureur fiscal.............................	12	10	»
Aux officiers de la justice de Samoreau..............	175	»	»
Au juge de Villeneuve-Saint-Georges.................	250	»	»
Au procureur fiscal.............................	50	»	»
Au procureur fiscal de Fresnes......................	15	»	»
Au procureur fiscal de Parey.......................	25	»	»
Juge de Fresnes et de Parey........................	100	»	»

Gardes et Portiers.

Jacob Perrin, garde de la pêche de Paris à Sève.......	400	»	»
Dufour, garde de Samoireau.........................	150	»	»
Segogne, garde du Bois-Gautier.....................	72	»	»
Garde de Dammartin.............................	250	»	»
Garde de Lognes................................	150	»	»
Portier du Préau de La Foire.......................	600	»	»
Portier de la porte de Bois.........................	600	»	»
Garde de la forêt de Saint-Germain-Laval.............	200	»	»

A reporter..... 55,307 2 2

Report..... 55,307   2   2

Anciennes pensions et charges.

Aux dames Carmélites de Saint-Denis, en grains, environ.	35,000	»	»
Sur ordre du roy aux Missionnaires de Fontainebleau...	6,000	»	»
A M. le comte de Riva............................	4,200	»	»
A M. l'abbé Le Blanc	2,500	8	»
A M. Orsiny..................................	2,083	18	»
A M. l'abbé Le Rat............................	1,000	6	»

Nouvelles pensions et gratiffications.

A M. l'abbé de Polignac, suivant l'arrêt du conseil du
2 novembre 1777....................................: 6,300   »   »

Sur ordre du roy, au nom de Mᵐᵉ de la Rochefoucauld, abbesse. A Mᵐᵉ l'abbesse de Notre-Dame de Soissons, suivant le bon du roy du 3 oct. 1779, pendant vingt années, dont la première a été payée en 1783...................... 12,000   »   »

Sur ordre du roy. A Mʳ l'évêque d'Orléans, suivant le bon du roy du 2 avril 1782, 36,000 l. payable en sept ans, dont six à 5,000 l. et la septième de 6,000 l. (la cinquième année a été payée en 1787). Cy...... mémoire et observation.

BALANCE.

Les revenus s'élèvent à............................ 360,326   2   »
Les charges, tant anciennes que modernes et inhérentes
au bénéfice, s'élèvent à..... .... 124,391 14   2

Reste net........... 235,934 l. 7 10

La présente déclaration ainsi donnée par moi receveur-général en madite
qualité pour satisfaire au decret de l'Assemblée nationale du 13 novembre
dernier, et aux lettres patentes du roy données sur icelui, le 18 du même
mois, au désir desquels décret et lettres patentes j'affirme n'avoir aucune
connoissance qu'il ait été fait quelques distractions des titres, papiers et
mobilier dudit bénéfice.

Fait à Paris, en mon bureau général, rue de Richelieu, paroisse Saint-
Roch, le vingt-six février mil sept cent quatre-vingt-dix. Signé Brière de
Mondétour.

Je, receveur général susdit et soussigné ajoutant à la déclaration par moi
cy-dessus fournie des biens droits et revenus et charges de l'Abbaye Saint-
Germain-des-Prés,

Déclare et observe en outre :

Premièrement, quant aux biens, droits et revenus que les produits qui
ont été portés à la marge de l'état des autres parts sont donnés par évaluation ou d'après les baux particuliers que le fermier général a faits, et que
par conséquent ces produits ne sont point ceux perçus par l'économat.

Que ceux perçus par l'économat, à compter du premier janvier 1790, doivent être ainsi posés :

1° Pour le prix du bail général fait au sieur Dideron, docteur en médecine, ce qui comprend la majeure partie des biens cy-devant détaillés... 176,000 l.

2° Pour le prix du bail du château, terres et prés de Bernis,
fait à Mme la baronne de Saint-Port........................... 9,398

3° Pour le prix du bail de la ferme de Samoireau et bac de Val-
vins fait au sieur Le Clerc du Brillet............... 2,200

Et 4° l'année commune des lods et ventes................. 82,000

En sorte que la totalité des revenus pour l'administration est de 269,598 l.
Le tout sans comprendre les objets portés audit état pour mémoire.

Deuxièmement, quant aux charges de ladite abbaye, il est observé
qu'outre celles détaillées en l'état ci-dessus, et qui se payent par les économats, l'abbaye, ou plutôt la Mense abbatiale, est encore tenue de celles ci-
après, mais que sieur Dideron, fermier général, est tenu d'acquitter sans
diminution et au pardessus du prix de son bail.

*Charges que le fermier général est tenu d'acquitter sans diminution,
et au-delà du prix de son bail.*

Au curé de Parey deux muids de froment pris dans la Grange du cru de
la dixme du terroir, tel qu'il est dû.

Au curé de Villeneuve-Saint-George, quatre muids de vin à fût du cru du
terroir dudit lieu.

Aux Minimes de Vincennes un muid de grain moitié froment, et moitié
avoine du produit des dixmes de Villeneuve-Saint-Georges.

Aux marguilliers en charge de Valenton, le jour de la Mi-Carême de
chaque année, un septier méteil, les deux tiers froment et un tiers seigle
pris à la Grange dixmeresse dudit Villeneuve, pour les miches ou la valeur
en argent sur le prix des mercurialles.

Au curé de Dammartin pour son gros, trente-deux septiers froment et seize
septiers d'orge en grains de dixmes du territoire dudit lieu, suivant et ainsi
que le précédent fermier a acquitté ledit gros.

Aux marguilliers en charge de Villeneuve-Saint-Georges, tous les ven-
dredis-saints une somme de quarante livres pour être remise au vicaire dudit
lieu pour l'abonnement des miches.

Au curé de Mont-Chauvet pour la partie de son gros, douze septiers de
bled, six septiers d'orge et six septiers d'avoine de la qualité accoutumée
d'être payée à la même mesure que pour le gros du curé de Dammartin,
et ainsi qu'il est stipulé par le bail de ladite seigneurie.

Au curé de Lognes, cinquante-six septiers de bled froment et vingt-huit
septiers d'orge en grains de dixmes des biens dudit territoire de la même manière qu'au curé de Dammartin, et ainsi que l'a acquitté le précédent fermier.

Au curé de Nauphlète pour son préciput ou gros, seize septiers de bled
et huit septiers d'avoine, suivant et ainsi qu'ils lui sont actuellement payés.

Au curé d'Emans pour son gros, quatre-vingt-seize bichets de bled froment, quatre-vingt-seize bichets de méteil même nature et quarante-huit
bichets d'avoine, avec un muid et demi de vin du produit des dixmes
d'Emans, payable chaque année, de la manière et au temps accoutumés.

Plus, ledit fermier général est tenu également à faire porter tous les ans
à l'église d'Emans le pain béni de la messe de minuit et du jour de Noël.

Au curé de Saint-Germain-Laval et Laval-Saint-Germain, pour son gros, deux cents bichets de bled froment, cent bichets d'orge et trois muids de vin en fûts de la nature et qualité qu'ils sont dus.

Le fermier général est tenu de faire porter les trois pains bénis aux trois messes de Noël en la paroisse de Samoireau.

Ledit fermier est aussi tenu d'acquitter sans diminution toutes autres en grains qui pourroient se trouver dues par ladite abbaye; si ce n'est ce qui est dû aux dames carmélites de Saint-Denis, que l'économat s'est réservé de payer et acquitter lui-même sur le prix du bail dudit fermier général, ainsi que toutes les autres charges, pensions et rentes en argent qui peuvent ou pourroient être dues ou imposées sur les revenus de ladite Mense abbatiale de Saint-Germain-des-Prés, s'étant réservé par ledit bail, ledit sieur économe, la faculté de faire acquitter par ledit fermier général tout ou partie desdites charges s'il le jugeoit à propos, dont il tiendroit toutefois compte audit fermier général sur le prix de son bail, en rapportant par lui bonnes et suffisantes quittances des charges que ledit économe l'auroit chargé d'acquitter et sans prétendre aucune diminution sur le prix de son bail, ni rétribution quelconque.

Fait à Paris, ledit jour vingt-six février mil sept cent quatre-vingt-dix. Signé Brière de Mondétour.

> « Nous, lieutenant de maire et conseillers administrateurs, certiffions
> « que la présente expédition est conforme à l'original de l'état
> « annexé à la minutte d'une déclaration reçue par nous ce jour-
> « d'hui vingt-six février mil sept cent quatre-vingt-dix.
>   « PITRA. SANTINE. »

Le Régime de la congrégation de Saint-Maur se composait du supérieur général et de cinq religieux. Le dépositaire, Edme Gounot, déclara le 26 février 1790, que le régime de la congrégation percevait les revenus de cinq prieurés : celui de Saint-Maurice-de-Montbron, au diocèse d'Angoulême, celui de Saint-Denis-de-Farguier, au diocèse de Noyon, celui de Notre-Dame-de-Bagneux, au diocèse d'Amiens, celui de Saint-Denis-de-Coudeau, au diocèse de Seez, et celui de Notre-Dame-de-Villefranche, au diocèse de Périgueux. Ces cinq prieurés rapportaient 18,755 livres. Des rentes sur la ville, l'ordre du Saint-Esprit, le clergé, l'abbaye du Val-de-Grâce, l'abbaye de Grammont, le prieuré de la Faye et le collège de Saint-Omer, produisaient 14,047 livres 3 sous, ce qui donnait un revenu de 32,802 livres 3 sous, grevé de 2,250 livres de rentes perpétuelles et de 7,690 livres de rentes viagères.

Le Régime de la congrégation devait 3,222 livres d'arrérages de rentes et 6,452 livres à divers fournisseurs; mais on lui devait une somme de 13,208 livres 13 sous.

Les revenus de l'Abbaye, comme nous l'avons vu plus haut, étaient considérables, bien qu'inférieurs cependant à ceux de la Mense abbatiale. Le prieur, dom Nicolas de Faverolles, en fit la déclaration le 27 février 1790.

D'après cette déclaration, on voit que les revenus de l'abbaye atteignaient le chiffre de 222,692 livres 5 sous 5 deniers. Le tableau suivant fera connaître plus en détail l'état de ces revenus.

RÉCAPITULATION

DES BIENS IMMOBILIERS DES RELIGIEUX DE L'ABBAYE ROYALE DE SAINT-GERMAIN-DES-PRÉS, ORDRE DE SAINT-BENOIT, CONGRÉGATION DE SAINT MAUR, 1790

		liv. s. d.	liv. s. d.
	VILLE DE PARIS { Cour et cloitre extérieur ou enclos des religieux....	48324 19 10	61948 6 8
	Hors l'enclos.............	13623 6 10	
	Issy et Vaugirard.....................	5663 18 4	
	Suresnes.	5231 6 8	
	Paroisse de la Selle. Dîmes abandonnées au curé de Chesnay....................	» » »	
	Paroisse de Chesnay. Dîmes abandonnées au curé de Chesnay	» » »	
	Garges. Rentes sur le moulin à cause de l'échange d'Amblanvilliers.............	3792 » »	
	Gentilly. Cens et lods et ventes..........	6 » »	
	Cachant. Paroisse d'Arcueil	6958 17 8	
	Bourg-la-Reine. Maison........	316 13 4	
Diocèse de Paris. .	Châtillon. La mouvance du fief de Saint-Germain à Châtillon est possédée par le duc de Penthièvre	» » »	57445 11 9
	Fontenay-aux-Roses. La mouvance du fief de Saint-Germain à Fontenay-aux-Roses, possédée par M. de Vins, président en la chambre des comptes, ne produit point de droits de mutation depuis 75 ans........	» » »	
	Antony et Verrières...................	53691 18 »	
	Igny. Terres et prés.................	75 » »	
	Vuissous. Terres....................	236 » »	
	Avrainville	4594 » »	
	Épinay-sur-Orge	1385 6 8	
	Viry. Prés dits de Savigny	182 » »	
	Boissy-Saint-Léger, rente féodale........	12 » »	
	Valenton..................	2300 » »	
Diocèse de Meaux . .	Saint-Germain-sous-Couly........	10952 6 8	16290 6 8
	Bailly................	5338 » »	
	Marolles..............	1728 3 4	
Diocèse de Sens. . .	Bagneaux-sur-Vannes............	7481 2 8	19600 7 »
	Cordon et dépendances, paroisses de Courpalay, d'Aubepierre et de Courthomer...	7857 14 4	
	Villuis................	2533 6 8	
Diocèse de Beauvais.	Thiverny..................	926 13 4	926 13 4
	Longuesse................	3803 6 8	
	Saint-Léger-aux-Bois, paroisse de Villiers-en-Artie........... 1463 68		
Diocèse de Rouen . {	Saint-Léger-aux-Bois et son annexe Notre-Dame-des-Halles, paroisses de Jours......... 526 13 4	1990 » »	31645 6 8
	Magny-en-Vexin français et dépendances, paroisse de Magny, de Saint-Gervais-d'Omerville et de Neucourt.............	25852 6 8	
	Boafle, rente féodale.................	36 » »	
Diocèse de Chartres. {	Septeuil..................	3494 13 4	4162 13 4
	Mont Chauvet..............	629 » »	
	Saint-Martin-de-Dreux................	3 » »	
Diocèse de Poitiers.	Naintré..................	676 » »	676 » »
	Total du revenu des biens immobiliers.....	222695 5 5	222695 5 5

Ce revenu considérable était grevé de 118,814 livres 13 sous 10 deniers de charges, dont voici le détail : 1° pour les rentes foncières et perpétuelles, 823 livres 3 sous 4 deniers ; 2° pour les gros et portions congrues des curés et vicaires, redevances et prestations sur les dîmes, charges des curés primitifs, desserles des églises, prieurés et chapelles, 17,634 l. 16 s. ; 3° pour rentes constituées, 5,955 livres ; 4° pour les pensions viagères, 8,208 livres 5 sous ; 5° pour aumônes réglées en pains, 897 livres ; 6° pour les décimes, 14,679 livres 19 sous 6 deniers ; 7° pour les réparations des bâtiments, 28,100 liv. ; 8° pour les officiers de justice, 152 liv. 10 sous ; 9° pour les casernes, 80 livres ; 10° pour régie, 7,114 liv. ; 11° pour les charges de l'église et du culte, 11,044 livres ; 12° pour les frais et entretiens de la bibliothèque, 2,100 livres ; 13° pour les aumônes à la porte de l'abbaye dans Paris et dans ses dépendances, 3,000 livres ; 14° pour les honoraires des médecins et chirurgiens, et pour les gages des domestiques, 4,100 livres ; 15° pour les charges de la congrégation, 14,926 livres.

En 1790, l'église et le monastère comprenaient les lieux réguliers, le cloître, le chapitre, le réfectoire, les dortoirs, l'infirmerie, l'hôtellerie, la grande chapelle intérieure de la Sainte-Vierge, le jardin de la communauté, le petit jardin de l'infirmerie et les différentes officines : cuisine, cellier, grenier, etc. Il y avait, en outre, le palais abbatial, que l'on voit encore aujourd'hui rue de l'Abbaye, vis-à-vis la rue Furstemberg, et la cour ou cloître extérieur, appelé aussi Enclos des Religieux. Cet enclos renfermait la petite rue Sainte-Marguerite, la rue Childebert, la rue Sainte-Marthe, le passage de la porte Saint-Benoît, la cour du grand portail de l'église, et de plus le passage de l'église à la Cour abbatiale.

Au moment de la Révolution, l'abbaye était composée de quarante-cinq religieux : trente-trois prêtres, sept diacres et cinq sous-diacres étudiants en théologie.

L'église devint paroissiale par la loi du 4 février 1791 et eut pour limites de sa circonscription le quai Malaquais, les rues Mazarine, de Bussy, du Four, de Grenelle à droite jusqu'à la rue des Saints-Pères, ladite à droite jusqu'à la rue de l'Université, cette dernière à droite jusqu'à la rue du Bac, et celle-ci jusqu'au quai Malaquais, point de départ.

Le 13 février 1792, l'abbaye de Saint-Germain-des-Prés fut supprimée et l'église fermée. Le réfectoire qui servait de prison en 1793, et dont une partie avait été convertie en fabrique de salpêtre, fut détruit le 2 fructidor an II (19 août 1794) par une explosion. C'est alors que les religieux, complétement oubliés dans leur propre demeure, se virent contraints de chercher ailleurs un asile. Dom Poirier fut le seul bénédictin qui, comme Cassandre sur les ruines d'Ilion, voulut ne pas abandonner les restes fumants de l'abbaye. Grâce à lui, la bibliothèque qui avait été malheureusement atteinte fut en partie sauvée. Les manuscrits furent complétement préservés, et on les transporta en 1795 à la Bibliothèque nationale. On sait que la bibliothèque de Saint-Germain, ouverte tous les jours au public, ne comptait pas moins de 49,387 volumes imprimés[1] et 7,072 manuscrits[2]. Le cloître, la chapelle de la Vierge, chef-d'œuvre de Pierre de Montreuil, le dortoir, la salle du chapitre furent sucessivement abattus. L'église seule resta debout. Elle était depuis longtemps fermée lorsque le 6 prairial an VII (25 mai 1799), le ministre de l'intérieur autorisa les membres du conseil de conservation des objets de sciences et arts, à y faire des fouilles, afin d'y retrouver le tombeau de Charibert.

« Munis de ces renseignements, écrit Lenoir, à qui j'emprunte ces détails[3], les citoyens Leblond, Poirier (ci-devant religieux de cette abbaye) et tous deux membres du conseil de conservation, et moi, nous commençâmes à faire faire les fouilles en présence du citoyen Aubry, directeur de la manufacture de salpêtre qui y est établie, et le citoyen Jollain, expert du conseil, qui dirigea les ouvriers d'après les renseignements ci-dessus cités. Voici le résultat de nos recherches.

Le 6 prairial an VII, après avoir creusé environ sept pieds au-dessous de la place où était le grand autel, on découvrit un tombeau de six pieds de longueur, dont le couvercle, fait en dos d'âne, orné d'écailles de poisson, de palmettes et d'un cep de vigne s'échappant d'un vase, était celui qui fut découvert en 1704 et dont parle Montfaucon.

Le couvercle ayant été levé (ce tombeau avait déjà été ouvert, puisqu'un fragment du couvercle, qu'on avait brisé probablement en l'ouvrant, s'est trouvé dans l'intérieur, sous la tête du mort et lui servant d'oreiller), nous aperçûmes un squelette vêtu....... Les pieds étaient dirigés vers l'orient; les draperies dont il était couvert formaient deux vêtemens : le premier, assez bien conservé, paraît être un long manteau ample et dessinant de grands plis, dont les chutes descendaient jusqu'au bout des pieds; après avoir examiné l'étoffe, nous reconnûmes que c'était un satin d'un tissu très-fort et à grands dessins; sa couleur, quoique passée, paraît avoir été d'un rouge foncé. Le second vêtement est une tunique longue, de laine, couleur de pourpre brun, orné dans le bas d'une broderie aussi de laine, sur laquelle on avait gaufré des ornemens ; des espèces de pantoufles, d'un cuir noir très-bien tanné, lui servaient de chaussure; ces pantoufles, ou souliers sans oreilles et sans boucles, n'ont qu'une couture placée à l'extérieur du pied, et de la manière qu'au pied droit elle se trouve à droite, et au pied gauche à gauche.

Au côté droit du cadavre, on a trouvé une canne de bois, que l'on croit être de coudrier, d'environ six pieds de longueur, surmontée d'une petite traverse

[1] 9356 in-folios; 11,747 in-quartos; 28,284 in-octavos et in-12.

[2] 634 orientaux; 452 grecs; 1,644 latins; 2,783 français; fonds de Harlay, 1559.

[3] Voy. Lenoir, *Musée des monuments français*, t. 1, p. 158 et suiv.

d'ivoire formant béquille, ouvrage à jour et dont la sculpture peut remonter au VIIIe ou IXe siècle. Cette espèce de tau était fixé sur le bois par une espèce de base de cuivre du même travail. La disposition de ce corps, l'espèce d'étole dont il était revêtu, et principalement la longue canne trouvée près de lui, tout semble caractériser un abbé; car on sait que les premières crosses des évêques ou des abbés commendataires n'étaient que de simples bâtons de bois très-longs dont la partie supérieure se terminait en tau, et désignées, dans les ouvrages de Mabillon sur cette matière, par *baculus*. Ces crosses, depuis, ont été diminuées, et l'on s'en est servi pour s'appuyer. . .

. . . .

En continuant de suite les fouilles dont j'ai parlé plus haut, le 7 suivant, à quatre heures du soir, on a découvert un autre sarcophage en pierre de Saint-Leu, fermé simplement d'une pierre plate et carrée. . . . .

. . . .

Lors de l'ouverture, on a trouvé un squelette vêtu qui avait d'abord été déposé dans un cercueil de bois, dont la légèreté, par sa décomposition, se rapproche de celle du liége, mais en conservant moins d'élasticité. La crosse, composée d'enroulemens et de feuilles de vigne, est aussi de bois et s'est trouvée dans le même état de légèreté, posée à droite et près du cadavre, comme s'il pouvait s'en servir.

Les ossemens, intacts dans leur situation, étaient couverts d'un grand vêtement de taffetas violet foncé ressemblant assez à l'habit des religieux de l'ordre de Saint-Benoît, et offrant exactement les plis que l'on voit dans le dessin que j'en ai fait d'après le naturel. Les pièces qui formaient l'ensemble de ce vêtement ont été assemblées, non par de simples coutures ou par des surjets, suivant notre usage, mais au moyen d'un galon de soie verte étoilé d'une broderie d'or, qui servait à lier les lisières entre elles; en sorte que le galon dessinait les pièces telles qu'elles étaient avant d'être assemblées. Cette espèce de tunique, longue et très-ample, est bordée par une grande bande d'étoffe à grands dessins relevés en dorure sur le fond. La mitre de soie blanche ressemble parfaitement à la moire que nous connaissons. La tête était posée sur un coussin qui avait conservé sa forme, quoique entièrement détruit.

Les gants qu'on lui voit aux mains sont bien conservés, et d'un tissu de soie à jour fait à l'aiguille autour d'une base cylindrique, suivant le savant rapport que le citoyen Desmarest, membre de l'Institut national, nous a donné sur les étoffes que nous avons trouvées dans ces tombeaux. La bague qu'il avait au doigt n'offre rien de curieux ni par la matière ni par la forme; elle es d'un métal composé de cuivre et d'argent mélangé : le chaton, en forme de croissant, renferme une turquoise décolorée. . . . .

La chaussure, parfaitement semblable à nos guêtres, est d'une étoffe de soie d'un violet foncé, ornée de dessins très-variés et du meilleur goût, représentant des polygones ou écus, dans le champ desquels sont tracés des lévriers et des oiseaux en or. Les guêtres étaient serrées du haut et du bas d'une coulisse retenue par un petit cordonnet de soie de la même couleur, et dont la fabrique ressemble parfaitement à la nôtre. »

Lenoir trouva aussi un chapiteau de marbre qui semblait appartenir à la primitive église, et un chapiteau du xe siècle [1].

L'église resta fermée jusqu'au 9 floréal an xi.

Sous la Restauration, on rendit à l'église un baptistère en cuivre rouge, orné de bronze doré, un médaillon en marbre représentant une mère de douleur, une Sainte-Vierge en marbre, sculptée en 1430, une statue de sainte Marguerite, sculptée par Bourlet, une statue de saint François-Xavier, sculptée par Coustou, des statues de Childebert et de la Vierge, le tombeau de Charibert, roi de Paris, le mausolée de Guillaume et de Jacques de Douglas, celui de Casimir, roi de Pologne et l'épitaphe de Bernard Cherin. La partie septentrionale de l'église qui menaçait ruine fut étayée en mai 1820 et complétement refaite par l'architecte Godde. C'est à la suite de ces grands travaux de consolidation que les deux clochers latéraux placés derrière celui qui existe encore ont été abattus. La restauration de Saint-Germain-des-Prés, entreprise en 1845, ne tardera pas à être complétement terminée.

L'intérieur du monument est complétement recouvert de peintures murales. Ces décorations polychromes produisent toujours, à première vue, le plus grand effet. Ces voûtes azurées, ces colonnes teintées, donnent à l'église un air sombre et mystérieux qui réagit sur le visiteur et l'invite au recueillement. Mais, lorsque l'œil est accoutumé à ce clair-obscur, le charme diminue souvent et l'aspect n'est pas aussi harmonieux qu'on se l'était figuré tout d'abord. A Saint-Germain-des-Prés, le plus grand inconvénient que présentent ces décorations est de nuire aux fresques malheureusement inachevées de Flandrin. Cette suite de peintures religieuses demandaient plutôt un cadre brillant qu'une bordure mate et sans éclat.

Saint-Germain-des-Prés renferme encore quelques inscriptions. Dans la chapelle de Saint-Michel, on a placé le mausolée de Jacques Douglas.

Voici l'inscription gravée sur une plaque de marbre noir, placée devant ce mausolée.

DOVGLASIDVM NOVA SPES, PATRIÆ LVX, REGIBVS ORTE

GALLO-SCOTIGENVM DVX JACOBE JACES.

DVM LONGA INNVMEROS LANGVENTES PACE TRIVMPHOS

MAJORVM RECOLIS, DIGNAQVE MARTE GERIS,

ARMAQVÉ DVM PROAVVM REDIVIVO E FVNERE TRACTAS,

HEV CADIS IN MEDIA DIA PROPAGO VIA !

SCILICET HAVD' POTERAT MARS EXVPERARE TVORVM,

SCANDERE NEC TE VVLT INCLYTA FACTA PATRVM.

OCCIDIT PROPE DVACVM XXI OCTOBR. MDCXXXV ÆTATIS XXVIII.

[1] Voy. Lenoir, *Musée des monuments français*, t. II, p. 21.

Au fond de la chapelle du Sacré-Cœur de Jésus, on a déposé les cendres de Mabillon, Montfaucon et Descartes, qui provenaient du musée des monuments français. On a gravé sur une table de marbre noir la triple inscription suivante :

MEMORIÆ	MEMORIÆ	MEMORIÆ
D. JOANNIS·MABILLON	RENATI·DESCARTES	D. BERNARDI·DE·MONTFAVCON
PRESBYTERI·MONACHI	RECONDITIORIS·DOCTRINÆ	NOBILIS·PRIMUM·IN·MILITIA·VIRI
ORDINIS·S.·BENEDICTI	LAVDE	TVM·SÆCVLARIVM·RERVM
ACADEMIÆ·INSCRIPTIONVM	ET·INGENII·SVBTILITATE	TÆDIO
BVMANIORVMQ·LITTERARVM	PRÆCELLENTISSIMI	PRESBYTERI·MONACHI
SOCII	QVI·PRIMVS	INDEQVE
PIETATE·DOCTRINA·MODESTIA	A·RENOVATIS·IN·EVROPA	ACADEMIÆ·INSCRIPTIONVM
ELAPSO·JAM·SÆCVLO	BONARUM·LITTERARVM·STUDIIS	HVMANIORVMQ·LITTERARVM·SOCII
CLARI	RATIONIS·HVMANÆ	IN·CONQUIRENDIS·ILLUSTRANDIS
BIBLIOTHECARVM	JVRA	EDENDIS·CVJVSCVNOVE·GENERIS
TVM·NOSTRATIVM·TVM·EXTERARVM	SALVA·FIDEI·CHRISTIANÆ	PRIORVM·ÆTATVM·MONVMENTIS
DILIGENTISSIMI·INDAGATORIS	AVTORITATE	DE·OMNI·ANTIQUITATE
IN·DIPLOMATVM·SINCERITATE	VINDICAVIT·ET·ASSERVIT	TAM·SACRA·QUAM·PROFANA
DIIVDICANDA	NVNC	OPTIME·MERITI
FACILE·PRINCIPIS	VERITATIS	ARTIS·CRITICÆ
ACTORVM·ANNALIVMQ.	QUAM·VNICE·COLVIT	ARBITRI·PRVDENTISSIMI
ORDINIS·SVI	CONSPECTV	PRÆSERTIM
COLLECTORIS·CONDITORIS.	PRVITVR.	IN·PALÆOGRAPHIA·GRÆCA

QVORVM·CINERES·RELIGIOSE·PRIMVM·LOCVLIS·SVIS·CONDITOS·DEHINC·COMMVNI·FATO·PER·XXV·ANNOS INTER·PROFANA·EXVLES·QVVM·TERRÆ·SACRÆ·RENOVATA·PIARVM·EXEQUIARVM·POMPA·REDDERENTVR REGIA·INSCRIPTIONVM·ET·HVMANIORVM·LITTERARVM·ACADEMIA TITVLIS·ADSCRIPTIS·SERIORIBVS·ÆTATIBVS·COMMENDAVIT·XXVI·FEBV·MDCCCXIX.

Dans la chapelle de Saint-Joseph, on a placé le mausolée de Guillaume Douglas. Voici l'inscription qui s'y trouve gravée :

ADSPICIS HUMANÆ SPECTACULA TRISTIA POMPÆ,
ET VANESCENTIS QUÆ SIT IMAGO BONI
NON SUM QUI FUERAM SATUS ILLE HEROIBUS, INGENS
DUGLASIDUM PRINCEPS AUGUSIÆQUE COMES.
NAM PARS HIC EXTINCTA JACET, PARS SALVA REVOLVIT
FATA, VICES RERUM QUÆ PER OPACA FLUUNT;
VERTOR UT IN CINERES SPECULATUR, ET OCCULOR UMBRIS:
UTQUE ILLIBATÆ DISCUTIUNTUR OPES
QUAS MIHI FATA DABANT, VIRTUS TRANSMISIT AVORUM :
QUAS EGO TRANSMISI FATA DEDERE MEIS:
NIL NISI LINTEOLUM MIHI MANSIT ET ARCULA BUSTI;
QUID QUERAR? HIS OMNES MORS MONET ESSE PARES,
REX UT INOPS MORITUR, SUA CLAUSUS DESERIT ANTRO;
PRORSUS ET IN TUMULO PUTRET UTERQUE SUO.
VIXIT AN. LVII OBIIT V NON. MART. AN. M.DCXI
GULIELMUS F. ANGUSIÆ COMES P. OPT. AMANTISSIMO M. P.

Plus loin, dans la chapelle de Sainte-Marguerite, que l'on restaure en ce moment, on remarque le mausolée sculpté par Girardon pour la famille de Castellan. Sur une table de marbre noir, on a gravé l'inscription suivante, composée par Mabillon :

D.   O.   M.

QUISQUIS, HIC SISTIS, NON MINUS RELIGIONIS ET PIETATIS, QUAM VIRTUTIS BELLICÆ MONUMENTUM
[VIDES ; QUOD AMANTISSIMIS

SUIS PARENTI ET FRATRI, OLIVARIO ET LUDOVICO DE CASTELLAN, CAROLUS ABBAS TESTAMENTO FIERI
[CURAVIT

QUORUM ALTER PRO REGE ET PATRIA , ALTER ETIAM IN CHRISTI CAUSA OCCUBUIT. — QUIPPE OLIVARIUS
[NOBILIS

SIMUS EQUES , POST PRÆCIPUA MILITIÆ SUB LUDOVICO JUSTO , PRÆLUDIA DUPLICIS COHORTIS   DE IN
[SUMMUS IN CASTRIS CELERUM

EQUITUM TRANS ALPES PROEFECTUS, ITALICO IN BELLO FACTIS ILLUSTRIS, DEMUM IN CATALANICO DUCIS
[OFFICIUM STRENUE AGENS,

AD TARRAGONEM INFESTA PILA TRAJECTUS INTERIIT, ANNO SALUTIS MDCXLIV. — LUDOVICUS OLIVARII
[FILIUS, EODEM

ARDORE A TENERIS MILES PARI CONDITIONE DUX, PRIMO UNI PRÆTORIÆ COHORTI PRÆFECTUS, TUM IPSIUS
[LEGIONIS MAJOR ;

TANDEM PEDESTRIUM COPIARUM QUAS LUDOVICUS MAGNUS IN CRETÆ SUBSIDIUM MISIT, TRIBUNUS,.
[ERUPTIONE

IN OTTOMANNOS FACTA, FERALIGLOBULO EXTINCTUS EST.

CAROLUS OLIVARII ITEM FILIUS, S. APRI ET SILVÆ MAJORIS ABBAS, EORUM IN MEMORIAM HÆC MARMORI
[INSCRIBI

CURAVIT ET IN ISTO MAUSOLEO A SE ERECTO SUB QUO IPSE JACET, CORDA OPTIMI PARENTIS, AC FRATRIS
[INCLUDI PRÆCEPIT

ORTUS DIE 28 NOVEMBRIS AN. M.DC.LXXVII.—HIS CORPUS SUUM ADJUNGI OPTAVIT, FRANCISCUS CAROLI
[FRATRUELIS

ATQUE EX ASSE HÆRES ET IPSE MILITARIBUS PRO REGE OFFICIIS, MAXIME IN TURCAS INSIGNIS. QUI
[OBIIT DIE 8 JAN. AN. M.DC.LXXXIII.

La chapelle de Saint-Pierre et de Saint-Paul, placée dans le bas côté gauche, renferme les reliques de saint Modeste, martyr. Au-dessous de la châsse, on a placé contre la muraille une tablette de marbre noir, sur laquelle est gravée cette inscription en l'honneur de Boileau :

HOC · SVB · TITVLO
FATIS · DIV · JACIATI
IN · OMNE · ÆVVM · TANDEM · COMPOSITI
JACENT · CINERES
NICOLAI · BOILEAV · DESPREAVX
PARISIENSIS
QUI · VERSIBUS · CASTISSIMIS
HOMINVM · ET · SCRIPTORVM · VITIA
NOTAVIT
CARMINA · SCRIBENDI
LEGES · CONDIDIT
FLACCI · ÆMVLVS · HAVD · IMPAR
IN · JOCIS · ETIAM · NVLLI · SECVNDVS
OBIIT
XIII MART. MDCCXI
EXEQVIARVM · SOLEMNIA · INSTAVRATA
XIX · JVL · MDCCCXIX
CVRANTE · VRBIS · PRÆFECTO
PARENTANTIBVS · SVO · QVONDAM
REGIA · VTRAQUE
TVM · GALLICÆ · LINGVÆ
TVM · INSCRIPTIONVM
HVMANIORVMQ · LITTERARVM
ACADEMIA,

Enfin, dans le transept de l'église, à gauche de l'autel dédié à saint François Xavier, se trouve le mausolée du roi Casimir, de Gaspard de Marsy. De chaque côté du bas-relief en bronze qui sert de base à ce mausolée, on a gravé l'inscription suivante :

T. III.

D.   O.   M.

ÆTERNÆ MEMORIÆ REGIS CASIMIRI

¹ Place du bas-relief.

HIC, POST EMENSOS VIRTUTUM AC GLORIÆ GRADUS OMNES, QUIESCIT NOBILI SUI PARTE JOANNES CASIMIRUS, POLONIÆ AC SUECIÆ REX; ALTO DE JAGELLONIDUM SANGUINE, E FAMILIA VASATENSI POSTREMUS, QUIA SUMMUS LITTERIS, ARMIS, PIETATE; VULTARUM GENTIUM LINGUAS ADDIDICIT, QUO ILLAS PROPENSIUS SIBI DEVINCIRET.—SEPTEM DECIM PRÆLIIS COLLATIS CUM HOSTE SIGNIS TOTIDEM UNO MINUS VICIT, SEMPER INVICTUS, MOSCOVITAS, SUECOS, BRANDEBURGENSES, TAR- TAROS, GERMANOS ARMIS, COSACOS ALIOSQUE REBELLES GRATIA AC BENEFICIIS EXPUGNA- VIT, VICTORIA REGEM EIS SE PRÆBENS, CLE- MENTIA PATREM. DENIQUE TOTIS VIGINTI IMPERII ANNIS, FORTUNAM VIRTUTE VINCENS AULAM HABUIT IN CASTRIS, PALATIA IN TENTORIIS, SPECTACULA IN TRIUMPHIS. LIBEROS EX LEGITIMO CONNUBIO SUSCEPIT QUEIS POSTEA ORBATUS EST, NE SI SE MAJOREM RELIQUISSET, NON ESSET IPSE MAXIMUS, SIV MINOREM, STIRPS DEGENERARET.

PAR EI AD FORTITUDINEM RELIGIO FUIT, NEC SEGNIUS CŒLO MILITAVIT QUAM SOLO. HINC EXTRUCTA MONASTERIA ET NOSOCONIA VARSO- VIÆ, CALVINIANORUM FANA IN LITHUANIA EXCISA, SOCINIANI REGNO PULSI NE CASIMIRUM HABERENT REGEM QUI CHRISTUM DECEM NON HABERENT;—SENATUS A VARIIS SECTIS AB CATHOLICÆ FIDEI COMMUNIONEM ADDUCTIS, UT ECCLESIÆ LE GIBUS CONTINERENTUR QUI JURA POPULIS DICE RENT; UNDE ILLI PRÆCLARUM ORTHODOXI NOMEN AB ALEXANDRO VII INDITUM. HUMANÆ DENIQUE GLORIÆ FASTIGIUM PRÆTERGRESSUS CUM NIHIL PRÆCLARIUS AGERE POSSET, IMPERIUM SPONTE ABDICAVIT ANNO MDCLVIII. TUM PORRO LACRYMÆ, QUAS NULLI REGNANS EXCUS SERAT, OMNIUM OCCULIS MANARUNT. QUI ABEUNTEM REGEM NON SECUS, ATQUE OBEUNTEM PATREM LUXERE. VITÆ RELIQUUM IN PIETATIS OFFICIIS CUM EXEGISSET, TANDEM AUDITA KAMENECIÆ EXPUGNA TIONE, NE TANTE CLADI SUPERESSET, CARITATE PATRIÆ VULNERATUS OCCUBUIT XVII KAL. JAN. M.DC.LXXII.

REGIUM COR MONACHIS HUJUS CŒNOBII CUI ABBAS PRÆFUERAT AMORIS PIGNUS RELIQUIT,

QUOD ILLI HOC TUMULO MŒRENTES CONDIDERUNT.

¹ Place du bas-relief.

Le clergé de Saint-Germain-des-Prés, succursale de Saint-Sulpice, se compose aujourd'hui d'un curé, de huit vicaires et d'un diacre d'office.

Le revenu de la fabrique dépasse 65,000 francs. Un décret du 22 janvier 1856 a fixé ainsi la circonscription de cette paroisse .

Rue des Saints-Pères, un côté, à partir du quai Malaquais; rue de Grenelle-Saint-Germain, un côté; rue du Four, un côté, rue de l'École-de-Médecine, un côté ; rue de l'Ancienne-Comédie, un côté; rue Dauphine, un côté; quai Conti; place Conti; place de l'Institut; quai Malaquais jusqu'à la rue des Saints-Pères, point de départ.

Les limites actuelles ont amené une diminution dans le nombre des paroissiens; on en compte cependant encore plus de 20,000.

Il serait certainement aisé de faire plus d'un volume si l'on voulait écrire une monographie complète sur Saint-Germain des Prés. La lecture attentive des documents qui seraient à consulter, pour faire l'histoire de cette célèbre abbaye, née près du berceau de la monarchie française et qui ne disparut qu'avec elle, demanderait, elle seule, plusieurs années de travail, et la mise en œuvre ne prendrait guère moins de temps. Les limites que je me suis tracées et que je ne veux pas franchir, m'interdisent non-seulement d'esquisser ce travail, mais même d'aborder certaines questions, trop longues à examiner ici. La juridiction exercée par les religieux dans le faubourg Saint-Germain, la foire Saint-Germain, les droits sur la Seine, etc., etc., demanderaient des développements qui m'entraîneraient trop loin. Je ne terminerai pas cependant sans révéler un fait assez curieux, que Dom Bouillart et l'abbé Lebeuf ne signalent pas, bien qu'il appartienne à l'histoire religieuse : je veux parler de la défaveur marquée dont les congrégations religieuses étaient l'objet, au XVIIe siècle, dans le faubourg Saint-Germain. Il est assez singulier, en effet, de voir, dans un siècle de renaissance monastique, tant d'opposition de la part du gouvernement et des Bénédictins à la création de couvents nouveaux.

Dès 1621, les Dominicaines cherchent en vain à s'établir dans la rue Cassette; l'abbé de Saint-Germain résiste et fait lancer par l'official plusieurs sentences contre la sœur Charlotte de Pommereuil, dominicaine de Poissy, qui avait érigé « un prétendu monastère » dans le faubourg Saint-Germain (Arch. de l'Emp., L. 776). Quelques mois plus tard, Louis XIII encourage cette opposition par une lettre du 17 juillet 1638, qu'il adresse à son frère naturel, Henri de Bourbon, abbé de Saint-Germain, lettre par laquelle il lui enjoint de n'admettre aucun établissement nouveau sans qu'il soit précédemment autorisé par lettres patentes. Conformément aux ordres qu'il avait reçus, le prieur fait supprimer, le 15 septembre 1640, toutes les marques extérieures d'une maison religieuse de la rue de Grenelle, dans laquelle deux cisterciennes de Saint-Aubin, du diocèse de Rouen, avaient fondé un couvent. En 1643, les religieuses de Fervaques ne peuvent obtenir l'autorisation qu'elles sollicitaient d'être admises dans le faubourg. Le 14 janvier 1647, défense est faite à mademoiselle Anne de Laval de transformer son hôtel en maison religieuse; en 1655, les Cisterciennes de Gomerfontaine éprouvent le même échec que celles de Fervaques; le 13 juillet 1659, on défend aux Augustines de Charonne de s'établir rue de Vaugirard, dans une maison située près des Carmes Déchaux. Enfin, en 1662, les religieuses de Saint-Remi et Saint-Georges essuyent le même refus. La seule exception que j'aie rencontrée fut faite en faveur des religieuses du val d'Osne, au diocèse de Châlons. Encore, l'autorisation qu'on leur donna le 4 décembre 1638, de vivre régulièrement dans une maison de la rue des Vaches (rue Rousselet) ne fut-elle que provisoire et subordonnée au temps que l'on mettrait à reconstruire leur couvent, dévalisé par les troupes suédoises.

BIBLIOGRAPHIE

MANUSCRITS

L'abbaye de Saint-Germain-des-Prés a laissé partout des traces de son importance et de ses richesses. Il n'y a pas de bibliothèques, de dépôts d'archives, qui ne renferment quelques documents relatifs à son histoire. Les Archives de l'empire ne possèdent pas moins de deux cents cartons et de sept cent soixante-cinq registres.

Dans la section historique il y a cinquante-huit cartons et cent trente-deux registres.

Le premier carton de la section historique (L. 752) renferme le brouillon du canevas de l'histoire de Saint-Germain-des-Prés, par D. Bouillart, (16 cahiers in-4°) et une attestation de 1592 d'une portion de la côte de saint Leufroy, appartenant à cette chapelle et donnée, depuis sa démolition, à Saint-Germain-l'Auxerrois; le deuxième (L. 753), des pièces concernant l'Église, les tombeaux des rois, les réparations et les décorations, des états de travaux, quittances, etc., aux xviie et xviiie siècles, l'original d'une lettre de Louis XIV approuvant une transaction faite entre l'archevêque de Paris et l'abbaye de Saint-Germain-des-Prés, relativement à la juridiction spirituelle sur le territoire de l'abbaye, en septembre 1668, des bulles et copies de bulles, des actes de prise de possession et serments des abbés, de 1503 à 1737, l'original d'une lettre de J. Castel sur la mort de Denis de Sainte-Marthe, en 1725, un dénombrement rendu au roi en 1384; le troisième (L. 754), un censier de Cachant au xive siècle, un censier d'Antony, un registre des cens dûs à la pitancerie, à Antony, au xve siècle, un cartulaire des îles de la Seine, des Moulins, etc., au xve siècle, 27 chartes, de 768 à 1176, concernant Saint-Germain près Montereau. *Absedo villa in pago*

Sononensi, les droits de formariage entre l'abbaye de Sainte-Geneviève et celle de Saint-Germain-des-Prés, Montchauvet, Saint-Léger-aux-Bois, la vigne de Laas, Saint-Georges-de-Marolles, Baignaux, Villeneuve, Plantis, Flacy et Courgenay, Avrainville, la chapelle de Notre-Dame-des-Halles à Saint-Léger, Saint-Germain-de-Marolles, Dammartin, Nogent-sur-Marne, les Hospitaliers de Saint-Jean de Jérusalem, (1182), le Temple, Tauni, Emans, Bagneux, Mauny, fief de Clain en Poitou, Jonsiac; le quatrième (L. 755), 24 chartes, de 1176 à 1193, relatives à Cotençon, Montigny, le prieuré de la Celle au diocèse de Meaux, Emans, Marolles, prieuré de Bailly, Avrainville, Longpont (S. et O.), Nogent-sur-Marne, Tiverni (diocèse de Beauvais), Bailly, Lognes, la chapelle du château de Chatellerault, Mantes, Dammartin, Naintré, Cachant, les lépreux de Meulant, Viatura de *Pirodio*, Balainvilliers, le couvent de Saint-Pierre-de Chaumes, Montchauvet, Sainte-Marie-aux-Bois, Tauny-sur-le-Vulturne, Villebole, Erablai, Duison, Laas et Mantes; le cinquième (L. 756), 94 chartes, de 1200 à 1229, concernant Samoiseau, Sceaux, Plessis-Saint-Pierre, Clamart, Mathy, Parei, Avrainville, le Déluge, bois d'Arablai, Melun, Notre-Dame-des-Halles, Villeneuve-Saint-Georges, Valenton, Avrainville, Jonzi, prieuré de Bailly, Bretignac, bois du Chesnel, Provins, Meulent, Tiverni, Verrieres, le moulin de Breuil, Lognes, Marolles, Montchauvet, Nogent-l'Artaud, Saint-Germain-Laval près Montereau-Faut-Yonne, Longuesse, le Breuil près Montlheri, Montchauvet, le Déluge, Mantes, Mathy, Dammart n, les bois de Genneville, *Pirodium*, Mantes, les chevaliers de Saint-Jean de Jérusalem; le sixième (L. 757), 44 chartes, de 1230 à 1249, concernant Marolles, la Celle, Montereau, le bois de Fresnières près Montereau, Saint-Germain-Laval, Nogent-sur-Marne, Mantes, Villeneuve-le-Comte, Samoiseau, Parei, Vissoux, Arcueil, Avrainville, la Commanderie du Déluge, Emans, Villeneuve-Saint-Georges, Prunelai, Bailly, Dammartin, Chelles et Cachant, et un règlement fait, le 1er décembre 1240, par Jacques, évêque de Prenesta, légat du Saint-Siège, pour l'administration de l'infirmerie de Saint-Germain, qui n'avait pas de revenus assez considérables; le septième (L. 758), des documents relatifs à Avrinville, Tillet, Valenton, prieurés de Chaufour, de Naintri en Poitou, en un registre des baux à ferme, contrats de vente, etc., des fermes, terres, maisons et jardins, sis à Anthony, Thiais, de 1207 à 1509; le huitième (L. 759), des fragments de compte de 1485 et un recueil de pièces relatives aux droits de pêche, une copie collationnée d'une très-volumineuse enquête faite par l'abbé de Saint-Maixent, commissaire du pape, à la requête des religieux de Saint-Germain-des-Prés, contre frère Eblon de Solere au sujet de la prévôté d'Antony en 1373, une transaction du 9 octobre 1782, passée entre les religieux de l'abbaye et les habitants de Châtenay, Wuissous et

Massy, au sujet des dîmes du vin et de pressurage, etc., etc.; le neuvième
(L. 760), trois dossiers de documents relatifs à l'accord entre le cardinal
de Tournon et l'abbaye, de 1537 à 1590; le dixième (L. 761), 90 chartes
de 1250 à 1301, concernant Jonzac, Cachant, Samoiseau, Melun, Thiais,
Antony, Suresnes, Longuesse, Tiverny, Nogent-l'Artaud, Clamart,
Avrainville, Parei, Martré-la-Celle, Chartres, Septeuil, Le Breuil, Emans,
Melun, Meudon, le prieuré de Tornay, dans le diocèse de Seez; Saint-
Germain près Couilly, le prieuré de Castres, Amblainvilliers, Sceaux, le
prieuré de Bretigny au diocèse de Bourges, Bagneaux; le onzième
(L. 762), 32 chartes de 1302 à 1341 concernant Saint-Germain-Laval-
sur-Montereau, Cachant, Arcueil, la rivière de Bièvre, Dammartin, le fief
de la Tombe à Marolles, Avrainville, le prieuré de Saint-Léger, Parei,
Longuesse, Villebeslain, Le Breuil-lès-Longpont (Seine-et-Oise), Bagneaux, Antony; le douzième (L. 763), 57 chartes et autres pièces,
de 1290 à 1652, concernant Issy, Vanves, Meudon, Thiais, Vaugirard,
Châteaufort, Montreuil près Versailles, les Chartreux; le treizième
(L. 764), un registre en feuilles, intitulé : « C'est le compte de la recepte
de la terre, justice et seigneurie d'Issy et des appartenances en 1485 »,
des censiers et 44 pièces et chartes de 1190 à 1465, concernant les lieux
dits *Vallis Colliaci* et *Lilandri*, Couilly, Montery, et les localités dans
lesquelles le chambrier de Saint-Germain possédait des biens, Valenton,
Villeneuve-Saint-Georges, Saint-Germain-sous-Couilly, Montery, Emans
et Noisy-le-Grand, un cartulaire de l'office de chambrier renfermant des
pièces relatives à Saint-Germain-lès-Couilly et Nogent-l'Artaud, et plusieurs registres concernant Saint-Germain-lès-Couilly; le quatorzième
(L. 765), quatre pièces de 1675 à 1694, relatives à la réunion de la justice
de Saint-Germain-des-Prés au Châtelet de Paris et à la création d'une
haute justice dans l'enclos du couvent; 39 pièces de 1213 à 1379,
concernant Villeneuve-Saint-Georges, l'érection de la chapelle de Crône
en juillet 1234, Valenton, Limeuil, Thiais, Choisy, Grignon et Antony;
le quinzième (L. 766), des pièces concernant les religieux hibernais (Ir-
landais), le noviciat des Jésuites, l'ordre de la milice du Saint-Esprit, les
Dominicaines du tiers-ordre de Saint-Dominique, les Jacobins, la chapelle
Saint-Père, les religieux de la Charité, les Théatins, les Prémontrés de la
Croix-Rouge, les Carmes Déchaux, les Augustins déchaussés, l'hôpital
des frères de la Charité, l'hôpital des Incurables, l'hôpital des Petites-
Maisons et la maladrerie du bourg Saint-Germain-des-Prés; le seizième
(L. 767), des pièces sur les Cordeliers ou frères Mineurs, les religieux de
la Merci et de Sainte-Croix de la Bretonnerie, une correspondance
curieuse à consulter pour l'histoire des mœurs du clergé au xviie siècle,
des pièces de procédure des xiiie et xive siècles; le dix-septième (L. 768),
des pièces relatives à l'institution des prieurs grands-vicaires de Saint-
Germain-des-Prés, au grand-vicariat de Saint-Germain et aux grands-

vicariats étrangers; le dix-huitième (L. 769), des pièces concernant la fabrique de Saint-Sulpice, les pièces d'un procès concernant les biens de cette fabrique, des mémoires, consultations et procédures au sujet des processions depuis la transaction de 1668, des requêtes et mémoires concernant l'érection de nouvelles cures dans l'étendue du faubourg Saint-Germain et l'érection de la cure du Gros-Caillou; le dix-neuvième (L. 770), des pièces concernant les Augustines du Saint-Sépulcre de Bellechasse, les communautés religieuses situées hors le faubourg Saint-Germain, la prison de l'abbaye Saint-Germain, la nomination des geôliers et des chapelains de la geôle, la chapelle du Saint-Esprit, la communauté des Filles séculières, dites de Mlle Cossart, les Filles de l'instruction chrétienne et les Pauvres Filles orphelines de la paroisse Saint-Sulpice, les Filles de la Sainte-Vierge ou de Madame de Saujon, un dossier de pièces concernant les religieuses de Fervaques (1643), Gomer-Fontaine (1655), et Saint-Remi-Saint-Georges (1662), des procès-verbaux de visites dans le couvent de Bon-Secours, au faubourg Saint-Antoine, à l'abbaye du Val-de-Grâce, chez les religieuses anglaises, rue de Charenton, une vérification de reliques reçues par les religieuses anglaises du faubourg Saint-Marceau, rue du Champ de l'Alouette; le vingtième (L. 771), des pièces de procédure relatives à un différend survenu entre Saint-Germain-des-Prés et le seigneur de Nogent-l'Artaud (1259-1303), des actes (1269-1289) concernant Valenton, les Annonciades du couvent des Dix-Vertus, une vérification des reliques de l'Abbaye-aux-Bois, quelques documents sur Notre-Dame de Liesse, un registre de l'office claustral du censier de Saint-Germain des Prés, contenant les cens perçus de 1374 à 1412, un dossier de pièces relatives aux corporations des maîtres serruriers, tissutiers, rubaniers, menuisiers, talmeliers, vinaigriers, moutardiers, établies dans la juridiction de l'abbaye de Saint-Germain, une ordonnance des métiers de Saint-Germain-des-Prés du 17 septembre 1498, enfin, une charte du 26 janvier 1250, par laquelle l'abbé de Saint-Germain accorde pour dix ans à des marchands de Sienne la faculté d'habiter le faubourg exclusivement à tout autre lombard, et leur accorde des franchises de tolte, de taille et de main-morte; le vingt et unième (L. 772), des documents relatifs aux Augustines de Notre-Dame de la Miséricorde, à Notre-Dame de Grâce, aux religieuses de Notre-Dame des Prés et aux Bénédictines de Notre-Dame du Mont-Calvaire; le vingt-deuxième (L. 773), des actes concernant la juridiction spirituelle de Saint-Germain-des-Prés, les religieuses de l'ordre du Précieux-Sang, les lettres de non-préjudice au droit d'exemption de l'abbaye, des procès-verbaux de consécration des églises ou chapelles de la reine Marguerite de Valois, de la maladrerie du faubourg, des Pères de la Charité, du noviciat des Jésuites, des Petits-Augustins, du couvent du Verbe-Incarné, un dossier de pièces relatives aux prétentions respectives du chapitre de Paris et de l'abbaye de Saint-

Germain; le vingt-troisième (L. 774), un dossier de pièces concernant les contestations soulevées entre le chapitre de Paris et l'abbaye pendant les vacances du siége, un registre d'ordinations, des actes de consécrations d'évêques à Saint-Germain, des pièces concernant l'official, le promoteur et les prisonniers de l'abbaye, la vérification des reliques de Sainte-Thérèse, les Carmes déchaussés du Luxembourg, enfin, une autorisation du 9 mai 1636 de marier dans la chapelle des Carmes Antoinette Patriau avec un protestant, Étienne H. d'Avil, écuyer, seign. de Beaulieu; le vingt-quatrième (L. 775), des documents sur les Filles de Saint-Joseph, dites de la Providence, à Bordeaux, Paris et La Rochelle; le vingt-cinquième (L. 776), des pièces concernant les revenus de l'aumônerie de la chambrerie, de la sous-chambrerie, de l'infirmerie, de la prévôté et de la trésorerie de Saint-Germain-des-Prés, des documents relatifs à l'élection d'un grand prieur par la communauté de 1476 à 1507, des arrêts du parlement des 4 juillet 1377 et 12 juillet 1429 qui condamnent le chambrier à fournir les vêtements, chaussures, etc., des religieux de Saint-Germain, des règlements concernant les religieuses du faubourg et interdisant l'établissement de nouvelles communautés, des pièces relatives à la seigneurie directe du Clos-aux-Bourgeois, situé rue d'Enfer et appartenant à la grande confrérie; le vingt-sixième (L. 777), des documents relatifs aux reliques, aux châsses, aux bénédictions et consécrations d'autels, à la dédicace de l'église en 1163, à la réforme de Saint-Germain-des-Prés et à son union à la congrégation de Chezal-Benoît (1513-1579), un arrêt du parlement de septembre 1589 au sujet du livre intitulé : le Martire de fr. Jacques Clément, dans lequel les religieux de Saint-Germain avaient été taxés d'avoir des intelligences avec les ennemis de la religion catholique, des lettres d'association de prières avec les religieuses de Chelles en 1230, la description d'une ancienne tapisserie, les pièces d'un marché pour la châsse de Saint-Germain des 18 février 1408 et 20 août 1409, des attestations de dons des corps des saints faits par l'abbaye à d'autres maisons religieuses et à des particuliers, des pièces relatives à une fonte de cloches, aux religieuses du Saint-Sacrement, rue Cassette, à la chapelle Saint-Symphorien, située dans l'église de Saint-Germain-des-Prés, enfin, des quittances données de 1370 à 1418 par les maréchaux de France, qui étaient tenus d'assister à la grand'messe et à la procession le jour de Saint-Germain, à condition de recevoir pour leurs peines douze pains, douze setiers de vin et douze sous; le vingt-septième (L. 778), des dossiers de pièces relatifs au grand-prieur, à la chambrerie et à la chantrerie, des pièces concernant l'élection du grand-prieur de 1476 à 1507, des états des revenus de l'aumônerie, de la cène, de l'infirmerie, de la prévôté et de la trésorerie de Saint-Germain-des-Prés de 1214 à 1521, des documents relatifs aux charges et droits des chambrier et sous-chambrier, des titres de provision et de prise de possession des offices d'aumônier, cenier, chefcier, infirmier, prévôt et trésorier de 1400 à 1600; le vingt-huitième (L. 779), des titres de cens et rentes, des titres de propriété, d'acquisitions, de dons, d'héritages, etc., 32 chartes de 1250 à 1515, concernant Sceaux, des propriétés sises à Paris, l'église Saint-André-des-Arts, le trésorier, le pitancier, diverses fondations, une copie colla-tionnée le 15 octobre 1515 d'un acte du mois de mars 1297 par lequel Saint-Germain est déclaré ne pas faire partie de la ville de Paris, des pièces concernant l'office du chambrier, la chantrerie, la sous-chantrerie, l'aumônerie, les marchands de Sienne, une lettre de Dom Poirier sur les abords de la rue Mazarine au xvie siècle ; le vingt-neuvième (L. 780), un procès-verbal d'enquête du 1er décembre 1373 avec le rôle d'audition des témoins au sujet d'un procès mû entre l'abbé de Saint-Germain et Eblon de Solere (de Solerio); le trentième (L. 781), les pièces d'un procès in-tenté en 1372 contre un dévolutaire qui voulait posséder la prévôté d'Antony en titre de bénéfice ; le trente-unième (L. 782), 26 pièces de 1304 à 1433, des cens et rentes, un arpentage des maisons, jardins, etc., situés à Grez près Amblainvilliers en 1393, des pièces concernant les seize étaux à boucherie, etc. ; le trente-deuxième (L. 783), des documents divers de 1301 à 1400, parmi lesquels je citerai : le fragment d'un relevé fait en 1372 des cens et rentes dus à l'abbaye de Saint-Germain et des pertes éprouvées par elle pendant la guerre des Anglais, des comptes du pi-tancier, des titres de rentes, des actes de donations ; le trente-troisième (L. 784), des titres de cens et rentes du xve siècle et des documents rela-tifs à la foire Saint-Germain, des titres de procédure, un registre des revenus du cenier, des actes de donation, etc.; le trente-quatrième (L. 785), la concession du droit de conférer aux chapelles de l'église de Saint-André-des-Arcs, des sentences, baux, reconnaissances de cens et rentes, les recettes du pitancier en 1412, les titres d'établissement des foires Saint-Germain; le trente-cinquième (L. 786), des ordonnances, arrêts et autres pièces confirmatives du droit de tenir la foire Saint-Germain, des pièces concernant la croix de Vaugirard et l'île aux Dames ; le trente-sixième (L. 787), des baux à cens et rentes, titres de procédure, un rôle des recettes des cens et rentes du pitancier à Paris, Villeneuve-Saint-Georges, en 1415, des documents touchant les biens à la pitance-rie ; le trente-septième (L. 788), des pièces sur Choisy, un contredit pour Pierre de Lesclat, maître des requêtes de l'hôtel, à l'encontre de l'abbé de Saint-Germain-des-Prés, au sujet de la mouvance prétendue sur une maison sise à Choisy, des titres de procédure contre des particuliers qui voulaient ériger un pressoir à Choisy, des contrats de ventes de maisons sises à Paris ; le trente-huitième (L. 789), des documents relatifs au droit de pêche dans la Seine et à Vaugirard, un registre des cens et rentes dus à l'office du cuisinier de l'abbaye sur les îles et saulsayes de la Seine de-

puis les ponts de Paris jusqu'au pont de Sèvres, un état des redevances de maisons de Meudon, un rôle des recettes du pitancier;
le trente-neuvième (L. 790), des rouleaux renfermant des copies de
titres de propriété, un rouleau des années 1553 et suivantes, contenant
quarante-six pièces de reconnaissance des prévôt et échevins de Paris
des deniers qu'ils ont touchés des cens et rentes dus à l'abbaye de
Saint-Germain, un recueil de pièces relatives à la clôture de sept
arpents de terre, que les religieux voulaient joindre à la muraille de
l'abbaye en 1542; le quarantième (L. 791), des baux, titres nouvels
et contrats, et quelques pièces relatives à la maladrerie de Saint-Germain-des-Prés; le quarante-unième (L. 792), des documents relatifs
au Pré-Crotté, à des terres à Grenelle, un cartulaire renfermant des
notices sur quelques rois de France, une liste d'abbés, des pièces cu-
rieuses sur Issy, des actes de vente et d'achat, un acte d'autorisation
de clôture; le quarante-deuxième (L. 793), des baux, actes de vente et
d'achat, des titres divers, etc.; le quarante-troisième (L. 794), des
titres de propriétés, des baux de pièces de terres situées près le Sanitat,
des sentences et arrêts, une enquête faite vers 1519 à Fontenay-aux-
Roses et à Châtillon au sujet de difficultés mues entre l'abbaye de
Saint-Germain-des-Prés et l'Université pour la dîme du curé; le quarante-quatrième (L. 795), des baux, reconnaissances de cens et rentes,
actes d'acquisitions et de ventes, un registre des comptes de frère Jean
de Muys, pitancier de Saint-Germain en 1482; le quarante-cinquième
(L. 796), des baux et titres de propriétés; le quarante-sixième (L. 797),
des titres de propriétés, un arpentage de plusieurs îles de la Seine en
1530; le quarante-septième (L. 798), des baux, des titres de procédure,
un extrait du procès de collége des Quatre-Nations avec la succession
Mazarin, vers 1675 et années suivantes, auquel se trouve joint un
plan des fossés et murs faits en 1356, du côté de Saint-Germain-des-
Prés, des titres nouvels, un dossier de pièces de 1529 à 1543, relatif
à des terrains situés sur les chemins de la Vieille-Thuillerie et de
Sèvres, autrement rue de la Maladrerie, des pièces concernant le Pré-
aux-Clercs; le quarante-huitième (L. 799), des documents relatifs aux
boucheries, des contrats de rente, baux, conventions, des procès-verbaux de bornage, entre Saint-Germain-des-Prés et Sainte-Geneviève en
1691, de leurs territoires d'Issy et de Vaugirard, une vente de terrains
proche les Invalides, l'acte de prise de possession de l'abbaye par le
cardinal de Furstemberg, un inventaire des titres des cens dus dans le
faubourg Saint-Germain, des pièces relatives au droit de justice de
l'abbé dans l'enclos de l'abbaye (1675-1693), des sentences et autres
pièces; le quarante-neuvième (L. 800), des pièces relatives à la topographie du bourg Saint-Germain, des procès-verbaux de bornage, un mémoire
pour les officiers et fermiers du domaine, des papiers relatifs à une con-

testation élevée au sujet de la mitoyenneté d'un mur de la cour de l'abbaye
attenant à un mur d'une dame Prévost (1785), des mémoires, lettres, un
dossier de pièces qui concernent la chapelle du Gros-Caillou, des papiers
relatifs à la permission accordée à M. de Chamousset de faire construire
deux ponts volants sur la Seine, un mesurage des maisons, lieux et héritages dépendant de la seigneurie de Saint-Germain-des-Prés, le 24 juin
1701, un mémoire au sujet de la prison de Saint-Germain-des-Prés, un
rôle de l'année 1500, contenant les cens et rentes dus à l'abbaye, un
plan particulier du grand et petit Luxembourg et du clos des Chartreux,
une pièce concernant le four banal de Gibart; le cinquantième (L. 801),
des titres de cens et rentes, des titres de propriété des Incurables, un
état des maisons appartenant à l'Hotel-Dieu, situées dans le faubourg
Saint-Germain, des renseignements sur le domaine, des aveux et déclarations, des pièces concernant la prévôté d'Antony, un rôle des recettes
du pitancier en 1373, des titres nouveaux concernant l'Hôtel-Dieu, des
titres de procédure, etc.; le cinquante-unième (L. 802), des pièces concernant des droits divers, une sentence arbitrale de janvier 1210, au
sujet des différends qui existaient entre l'évêque de Paris et le curé de
Saint-Séverin, d'une part, et l'abbaye de Saint-Germain et le curé de
Saint-Sulpice, de l'autre, au sujet des limites du territoire de la juridiction spirituelle respective des parties, une liasse de parchemins de
1221 à 1499, relative aux droits de l'abbaye de Saint-Germain sur des
terrains, maisons, etc., situés dans la censive de l'abbaye, des titres
de propriétés, plans, un titre du xive siècle, relatif au prieur de l'abbaye,
les pièces d'un procès entre le prévôt des marchands et l'abbaye, de
1490 à 1494, un registre de l'état des vignes d'Issy et Vaugirard en 1432,
un cueilleret de Vaugirard en 1360 et 1377, des plans, des pièces concernant l'île Maquerelle, une sentence sur requête du 18 février 1670,
portant permission de montrer un tabernacle surélevé du temple de
Salomon à la foire St.-Germain, des pièces concernant les droits de justice
du prieuré de Baigneaux et des pièces relatives à la foire St.-Germain;
le cinquante-deuxième carton (L. 803), quinze pièces relatives aux
contestations et accords entre l'Université de Paris et l'abbaye Saint-
Germain-des-Prés, au sujet du Pré-aux-Clercs, 1279-1550, des titres de
ventes, acquisitions de rentes, dons et achats, recettes des îles et saulsayes de 1499 à 1521, plans de terrains, pièces relatives à la boucherie;
le cinquante-troisième (L. 804), recueil de chartes diverses, quittances
d'annates et délais accordés pour le paiement des annates exigées par
la Cour romaine des abbés et monastère de Saint-Germain-des-Prés:
« Elles contiennent, dit dom Poirier, dans une note écrite de sa main
sur la couverture de la liasse, les preuves des exactions que le Sacré-
Collége d'Avignon exerçait sur les églises de France aux xive et xve siècles, »
des titres de propriétés, amortissements, plusieurs collations du prieuré

général des moines noirs, étudiants dans l'Université de Paris, par les abbés de Saint-Germain-des-Prés et de Saint-Denis alternativement, une liasse de titres originaux, de 1254 à 1539, concernant les droits de l'abbaye de Saint-Germain sur des maisons et terrains à Paris, une liasse de huit pièces relatives à l'hôtel des Trois-Étaux, en la censive de l'abbaye de Saint-Germain-des-Prés, de 1368 à 1509; le cinquante-quatrième (L. 805), des arrêts de la chambre des comptes qui ordonnent la tenue de la foire Saint-Germain, par provision, nonobstant l'opposition formée par le procureur du roi (1491-1568), des pièces des xiie, xiiie et xive siècles, qui sont fondations d'anniversaire, titres de cens et rentes, titres de propriétés, échanges, pièces relatives aux étaux de boucherie; le cinquante-cinquième (L. 806), des baux à cens, quittances, pièces concernant plusieurs maisons sises à Paris, rue Poupée (1388-1486), achetées par Simon Cramault, évêque de Poitiers, sept chartes attachées ensemble des années 1263, 1298, 1392, 1393, 1320 et 1402, qui sont : 1° une lettre de Thibault, roi de Navarre, par laquelle il déclare avoir acquis en toute propriété une maison sise dans la rue par laquelle on va à l'abbaye; 2° une lettre du roi Philippe le Bel, qui donne à vie à la reine Marie, femme de Philippe le Hardi, une maison et dépendances qu'il possédait par saisie, sur Gui, comte de Flandres, pour cause de rébellion; 3° un vidimus de reconnaissance par la reine Jeanne, femme de Charles le Bel, de rentes envers l'abbaye Saint-Germain; 4° un vidimus des lettres de Philippe le Bel ci-dessus indiquées, d'une lettre de Robert, comte de Flandres, datée de Paris, au mois de mai 1309, par laquelle il donne à la reine Marie la maison du Corbillier autrement dite de Flandres, et d'une lettre de Philippe le Long, qui confirme la donation faite à la reine Marie; 5° les lettres de Charles V, régent du royaume, par lesquelles il confirme le don fait à la reine Jeanne, par Charles le Bel, des hôtels de Navarre et de Reims; 6° un vidimus de la reconnaissance de Louis, duc d'Orléans, touchant la rente due à l'abbaye de Saint-Germain, sur la maison dite le Séjour-d'Orléans autrement l'hôtel de Navarre, et d'une ordonnance de Jean le Flament, intendant dudit duc, pour faire payer les arrérages dus de cette rente; le cinquante-sixième (L. 807), des contrats, des baux, titres de donations, etc.; le cinquante-septième (L. 808), un recueil d'actes contenant l'élection de plusieurs abbés de Saint-Germain, de 1255 à 1464, significations, remontrances, lettres royaux, délégations, etc.; recueil de pièces du xviiie siècle relatives à la foire Saint-Germain, titres relatifs aux droits seigneuriaux exercés par l'abbaye dans le faubourg (1305-1525), lettres d'amortissements, titres de propriétés, baux, etc.; le cinquante-huitième (L. 809), des baux à cens, quelques notes sur les offices claustraux d'armoirier, de chambrier, infirmier, aumônier, des pièces relatives aux boucheries, au droit de batelage de Sèvres

à Paris et de Paris à Sèvres, et l'établissement d'une gaillotte à voile et
tirée par des chevaux pour le service publique (1681-1707), anciennes
notices latines du chartrier de l'abbaye, arrêts du Conseil, notes, mémoires, plans et autres pièces relatives à la foire Saint-Germain.

Il y a dans la section historique 132 registres (LL. 1024, LL. 1155) :

Le premier registre (LL. 1024) est un cartulaire du xiie siècle ; le
deuxième (LL. 1025), un cartulaire, de 1138 à 1271 ; le troisième (LL.
1026), le cartulaire Guillaume, du xive siècle ; le quatrième (LL. 1027),
le cartulaire A. D. de 1174 à 1304 ; le cinquième (LL. 1028), un cartulaire du xve siècle ; le sixième (LL. 1029), un cartulaire du xive siècle,
dit le petit registre ; le septième (LL. 1030), un recueil de baux de 1434 ;
le huitième (LL. 1031), un cartulaire de Saint-Germain-des-Prés, en
1466 ; le neuvième (LL. 1032), un cartulaire, de 1492 à 1529 ; le dixième
(LL. 1033), un censier du bourg Saint-Germain, de 1335 à 1365 ; le
onzième (LL. 1034), un cartulaire du xve siècle ; le douzième (LL. 1035),
un cartulaire de Paris au xvie siècle ; le treizième (LL. 1036), un recueil
de saisines, de 1393 à 1407 ; le quatorzième (LL. 1037), un registre
d'ensaisinements, de 1392 à 1419 ; le quinzième (LL. 1038), un cartulaire, de 1644 à 1649 ; le seizième (LL. 1039), des baux de 1648 à 1659 ;
le dix-septième (LL. 1040), un cartulaire d'Antony, de 1248 à 1529 ; le
dix-huitième (LL. 1041), un cartulaire de Suresnes, de 1070 à 1696 ; le
dix-neuvième (LL. 1042), un cartulaire de Suresnes et Taverny, de 918
à 1713 ; le vingtième (LL. 1043), un cartulaire de Valenton et Châtillon, de 812 à 1715 ; les vingt et unième et vingt-deuxième (LL. 1044-
1045), un cartulaire d'Avrainville, de 1070 à 1740 ; le vingt-troisième
(LL. 1046), un cartulaire de Cachant, de 1265 à 1727 ; les vingt-quatrième et vingt-cinquième (LL. 1047-1048), un cartulaire d'Antony et
Verrières ; les vingt-sixième et suivants (LL. 1049 à 1052), un cartulaire d'Issy et Vaugirard, de 558 à 1687 ; le trentième (LL. 1053), un
terrier d'Antony et Verrières, de 1503 à 1507 ; le trente et unième (LL.
1054), un recueil de dîmes et pressurages en 1530 ; le trente-deuxième
(LL. 1055), un recueil de titres concernant Avrainville, de 1205 à 1229 ;
le trente-troisième (LL. 1056), un recueil de titres concernant Bagneux,
de 1100 à 1400 ; le trente-quatrième (LL. 1057), un cartulaire de Bagneux, en 1469 ; le trente-cinquième (LL. 1058), un cartulaire de Bagneux et Avrainville, de 1621 à 1630 ; le trente-sixième (LL. 1059), un
cartulaire de Breuil, de 1462 à 1521 ; le trente-septième (LL. 1060), un
censier de Cachant, de 1263 à 1289 ; le trente-huitième (LL. 1061), un
cartulaire de la Celle et Suresnes, du ixe au xvie siècle ; le trente-neuvième (LL. 1062), un censier de Dammartin, en 1406 ; le quarantième
(LL. 1063), un registre de recettes, de 1517 à 1519 ; le quarante et
unième (LL. 1064), un cartulaire d'Emans, de 1206 à 1355 ; le quarante-deuxième (LL. 1065), un censier d'Emans, de 1399 à 1400 ; le

quarante-troisième (LL. 1066), un terrier d'Emans en 1458 ; le quarante-quatrième (LL. 1067), un registre de comptes d'Emans en 1488 ; le quarante-cinquième (LL. 1068), un cartulaire de Fontenay et Châtillon en 1551 ; le quarante-sixième (LL. 1069), un cartulaire de Grenelle, de 1489 à 1512 ; le quarante-septième (LL. 1070), un recueil de baux de Vaugirard et d'Issy, de 1211 à 1530 ; le quarante-huitième (LL. 1071), un cueilleret de Vaugirard, de 1325 à 1338 ; le quarante-neuvième (LL. 1072), un registre de comptes d'Issy, de 1485 à 1486 ; le cinquantième (LL. 1073), un censier d'Issy, de 1332 à 1338 ; les cinquante et unième et cinquante-deuxième (LL. 1074-1075), deux cartulaires d'Issy et de Vaugirard au xvie siècle . le cinquante-troisième (LL. 1076), des ensaisinements concernant Issy, Vaugirard et Meudon, de 1366 à 1374 ; le cinquante-quatrième (LL. 1077), un cartulaire de Paris et environs du xiiie siècle ; le cinquante-cinquième (LL. 1078), un cartulaire de Meudon, de 1193 à 1528 ; le cinquante-sixième (LL. 1079), des recettes de Meudon en 1485 ; le cinquante-septième (LL. 1080), un terrier de Meudon, en 1518 ; le cinquante-huitième (LL. 1081), un cartulaire de Montchauvet, en 1263 ; les cinquante-neuvième et soixantième (LL. 1082-1083), un cartulaire de Nogent-l'Artaud, aux xve et xvie siècles ; le soixante et unième (LL. 1084), un censier de Nogent-l'Artaud en 1402 ; le soixante-deuxième (LL. 1085), une enquête contre le curé de Valenton, en 1520 ; le soixante-troisième (LL. 1086), un terrier de Villeneuve-Saint-Georges, en 1330 ; le soixante-quatrième (LL. 1087), un cartulaire de Villeneuve et de Valenton. en 1520 : le soixante-cinquième (LL. 1088) un registre d'exploits de Villeneuve-Saint-Georges, de 1371 à 1373 ; le soixante-sixième (LL. 1089), un registre de recettes de Villeneuve-Saint-Georges, de 1382-1383 ; le soixante-septième (LL. 1090), un censier de Villeneuve-Saint-Georges, en 1255 ; le soixante-huitième (LL. 1091), un cartulaire du bourg Saint-Germain, aux xive et xve siècles ; le soixante-neuvième (LL. 1092), un cartulaire de Saint-Germain-les-Couilly, au xvie siècle ; les soixante-dixième et soixante-onzième (LL. 1093-1094), un cartulaire de la rivière de Seine, de 921 à 1529 et de 1310 à 1530 ; le soixante-douzième (LL. 1095), un registre des cens dus au trésorier de Saint-Germain, de 1233 à 1498 ; les soixante-treizième et suivants (LL. 1096-1098), un cartulaire de la Trésorerie, de 1262 à 1480, 1262 à 1518 et 1262 à 1539 ; le soixante-seizième (LL. 1099), un registre des saisines du trésorier, de 1371 à 1479 ; le soixante-dix-septième (LL. 1100), un registre des ensaisinements du trésorier, de 1393 à 1482 ; le soixante-dix-huitième (LL. 1101), un registre des cens et rentes du trésorier, de 1481 à 1495 ; le soixante-dix-neuvième (LL. 1102), un liber pitanciarum du xiiie siècle au xve siècle ; le quatre-vingtième (LL. 1103), un registre des recettes de la pitancerie en 1372 ; les quatre-vingt-unième et suivants (LL. 1104-1111), les comptes de la pitancerie, de 1418 à 1458, 1423 à 1426, 1434 à 1463, 1462 à 1463, 1472 à 1499, 1475 à 1480, 1483 à 1484, 1509 à 1512; les quatre-vingt-neuvième et suivants (LL. 1112 à 1123), les comptes de l'abbaye, de 1487 à 1488, 1492 à 1494, 1495 à 1496, 1505 à 1506, 1511, 1514 à 1516, 1521 à 1523, 1523 à 1524, 1529 à 1530, 1532 à 1533, 1535 à 1536, 1538 à 1539, 1541 à 1542, 1548 à 1549; les cent troisième et suivants (LL 1126-1130), un cartulaire de la mense conventuelle de 1630 à 1667, en 5 volumes; les cent huitième et suivants (LL. 1131 à 1139), sont des registres concernant la jurisdiction spirituelle de 563 à 1654, 559 à 1662, 569 à 1703, 1210 à 1705, 1623 à 1637, 1637 à 1653, 1640 à 1652, 1652 à 1659; le cent dix-septième (LL 1140), un registre de dépenses, élections, de 1629 à 1659; le cent dix-huitième (LL. 1141), un registre de consécrations, ordinations, de 1658 à 1735; le cent dix-neuvième (LL. 1142), un recueil d'actes de possessions, de 1640 à 1658; le cent vingtième (LL. 1143), un registre intitulé *Mense abbatiale*, de 1418 à 1427; le cent vingt-unième (LL. 1144), un cartulaire de Paris et de l'Université au xiii⁰ siècle; les cent vingt-deuxième et suivants (LL. 1145-1150), un inventaire général des titres; le cent vingt-huitième (LL. 1151), un inventaire abrégé de 1642; le cent vingt-neuvième (LL. 1152), un inventaire des titres en 1688; les cent trentième et cent trente-unième (LL. 1153-1154), un inventaire abrégé; le cent trente-deuxième et dernier (LL. 1155), un inventaire pour le cardinal de Tournon, abbé de Saint-Germain.

Dans cette même section, on a réuni dans des cartons de la série K, des pièces provenant de l'abbaye de Saint-Germain, et relatives à la topographie de Paris. On trouvera sous les cotes K. 173 bis et K. 181 des copies de priviléges accordés à Saint-Germain-des-Prés.

La section administrative renferme, dans la série S., 142 cartons et 234 registres ou portefeuilles; dans la série H, 19 registres ou liasses.

Le premier carton (S. 2834) renferme les minutes censuelles des déclarations au terrier pour la rue des Grands-Augustins, la rue de Savoie, la rue de l'Hirondelle, la rue Pavée, le pont Saint-Michel, la rue de Hurepoix, rue Gilles-Cœur, le quai des Grands-Augustins, des fondations de lits aux Incurables; les second et suivants (S. 2835-2852), les minutes des déclarations censuelles des rues Cristine, Saint-André-des-Arcs, Maçon, Hautefeuille, de l'Éperon, Dauphine, Contrescarpe, d'Anjou (S. 2835), de Nevers, quai Conti, des rues Guénégaud, Poupée, Percée, Serpente, des Deux-Portes, du Cimetière-Saint-André, des Poitevins, du Battoir, Mignon, du Jardinet, du cul-de-sac de la cour de Rouen, de la rue du Paon, du cul-de-sac du Paon, des rues de la Harpe, des Cordeliers, des Fossés-Monsieur-le-Prince et de Touraine (S. 2836), des Fossés-Saint-Germain, de l'Observance, des Cordeliers, Mazarine, de Seine, du quai Malaquais, du quai des Quatre-Nations, des rues des

Marais, des Petits-Augustins, de l'Échaudé, du Colombier (S. 2837), des rues Saint-Benoît, Taranne, du Sépulcre, de la petite rue Taranne, de la rue du Sabot (S. 2838), des rues des Saints-Pères, Saint-Guillaume, de Bussy, Bourbon-le-Château, du Petit-Marché, des Mauvais-Garçons (S. 2839), des rues de la Boucherie, du Cœur-Volant et Sainte-Marguerite (S. 2840), des rues des Ciseaux, de l'Égout, de la cour du Dragon, de la rue du Four et du Préau de la Foire-Saint-Germain (S. 2841), des rues Princesse, Guisarde, des Canettes et Neuve-Guillemin (S. 2842), des rues du Vieux-Colombier, des Aveugles, du Petit-Bourbon, du Petit-Lion, du Brave, des Quatre-Vents, du cul-de-sac des Quatre-Vents, du quai des Théatins, du quai d'Orsay ou de la Grenouillière (S. 2843), des rues de Bourbon, de Beaune, de l'Université, de Verneuil (S. 2844), de l'hôtel de Lassay, de la rue de l'Université, du Palais-Bourbon, des rues du Bac, de Poitiers, de Bourgogne, de Saint-Dominique et du Gros-Caillou (S. 2845), des rues des Rosiers, de Grenelle, de la Chaise, de la Planche, de Varennes, Hillerin-Bertin, de Babylone, Blomet ou Plumet (S. 2846), des rues des Brodeurs, de Sèvres, du Bac et de Saint-Placide (S. 2847), des rues du Bac, Saint-Placide, Saint-Maur, Saint-Romain, du Cherche-Midi et des Vieilles-Thuileries (S. 2848), des rues du Petit Vaugirard, de Bagneux, du Regard, de Vaugirard et de Condé (S. 2849), des rues de Tournon, de Garancières, Palatine, des Fossoyeurs, du Canivet (S. 2850), de la rue Férou, du cul-de-sac Férou, des rues du Pot-de-Fer, du Gindre, Carpentier, Mézières, Honoré-Chevalier, Cassette, d'Enfer, Notre-Dame-des-Champs, du cours ou repart du Midy (S. 2851), du chemin au bord de la rivière venant des Invalides, de la rue de Javelle, du bas de la rue Saint-Dominique, Saint-Jean, Cornette, Gros-Caillou et du chemin des Invalides (S. 2852); le vingtième carton (S. 2853), des pièces relatives au terrier du Gros-Caillou, à l'affaire des Ronsins pour le Gros-Caillou, à l'enclos abbatial, et à un terrier d'emplacements situés près des Invalides; le vingt-unième (S. 2854), des pièces relatives à la rue de Javelle, au bas de la rue de l'Université, les déclarations censuelles du chemin de la Vierge, du bas de la rue Saint-Dominique, du bas de la rue de Grenelle, des rues Saint-Denis, des Marmousets, de la Bûcherie, de la Colombe, de la Huchette, des Trois-Chandeliers, du Chat-qui-Perche; le vingt-deuxième (S. 2855) contient un état des biens acquis par le roi dans la censive de Saint-Germain, des pièces relatives aux priviléges des étaux à boucherie, aux carrefours de la Croix-Rouge et de Bussy, etc.; le vingt-troisième (S. 2856), des pièces relatives au Pré-aux-Clercs et au palais Bourbon; le vingt-quatrième (S. 2857), des pièces concernant les lods et ventes dans la censive de l'abbaye, des déclarations des rues de Bourbon, Bellechasse, etc.; le vingt-cinquième (S. 2858), des pièces relatives au terrier de l'abbaye, la déclaration de 1790; les vingt-sixième et suivants (S. 2859-2861), des minutes de déclarations censuelles, fournies au terrier de l'abbaye, de différentes maisons sises à Paris, de 1733 à 1738, d'autres déclarations fournies par des propriétaires des rues de Sèvres, Rousselet, Traverse, dite des Champs, et d'Olivet; le vingt-neuvième (S. 2862), des baux à cens et rentes et autres concessions, des papiers relatifs à la rue de Bourbon et à la rue des Saint-Pères, reconnaissances à cens et rentes; les trentième et trente et unième (S. 2863-2864), des anciens baux à cens et rentes, des pièces relatives au terrier du faubourg Saint-Germain, au terrier du Gros-Caillou; le trente-deuxième (S. 2865), des pièces relatives à l'aliénation des places dans l'enclos abbatial, des procès-verbaux, devis, marchés et quittances de la construction des bâtiments du palais abbatial, des pièces relatives aux maisons de l'enclos abbatial, au passage de l'enclos, au rachat des boues et lanternes, et à une rente due pour l'ouverture d'une maison de la rue du Colombier, dite l'hôtel de Luynes; le trente-quatrième (S. 2866), des pièces relatives à des maisons situées rues de Bussy, des Canettes, du Vieux-Colombier et du Four, provenant des religieuses de la Miséricorde, à des maisons des rues Taranne, du Sépulcre et Sainte-Marguerite, un procès-verbal de l'inventaire et description du mobilier de l'abbaye, en 1790; le trente-cinquième (S. 2867), des titres de propriété et baux à loyer d'une maison rue de Bussy, et de terrains au lieu dit les Buttes, proche la rivière de Seine; le trente-cinquième (S. 2868), des pièces relatives au marché Saint-Germain; le trente-sixième (S. 2869), des pièces relatives aux boucheries du marché Saint-Germain et de la Croix-Rouge, à l'aliénation des fossés de l'abbaye; le trente-septième et suivant (S. 2870-2871), des pièces relatives à la foire Saint-Germain; le trente-neuvième et suivant (S. 2872-2873), des pièces relatives au terrier de la foire Saint-Germain, les déclarations censuelles des rues de la Lingerie, de Normandie, de Rouen, de la rue de la Chaudronnerie, de la rue de Picardie ou d'Amiens et de la rue de Paris; le quarante-unième (S. 2874), contient les concessions faites par la ville à l'abbaye de plusieurs parties d'eau; le quarante-deuxième (S. 2875), les titres de propriété de maisons acquises des religieuses de la Miséricorde, rue des Cannettes, du Vieux-Colombier et du Four; le quarante-troisième (S. 2876), des renseignements sur la censive des religieux sur les maisons situées rue Sainte-Marguerite, Saint-Benoît et du Colombier, des papiers relatifs au fief de l'Université, un cueilleret de maisons dans vingt-trois rues et quais, des arrêts imprimés; les quarante-quatrième et quarante-cinquième (S. 2877-2878), des états de revenus de l'abbaye et des baux; les quarante-sixième et suivants (S. 2879-2881), les baux à loyer des échoppes de la rue Childebert, et les baux des boutiques de la rue Sainte-Marthe, de la porte Saint-Benoît, de la cour du palais abbatial, de la cour du Grand-Portail, de

la petite rue Sainte-Marguerite, de la rue Childebert; le quarante-neuvième (S. 2882), un état des maisons de la cour conventuelle en 1760,
des baux de maisons des rues de Bussy, Sainte-Marguerite et de l'Hirondelle; le cinquantième (S. 2883), les baux à loyer des maisons de la
rue du Colombier, des titres de propriété de deux maisons de la rue du
Sépulcre, et un accord pour des murs mitoyens des maisons de la rue
Sainte-Marguerite; le cinquante-unième (S. 2884), des titres relatifs au
moulin à vent d'Issy, à la ferme de Cordoue, à Magni, Auteuil, Velaines,
la Tour-de-Fleury, Valenton, Avrainville, Épinay-sur-Orge, Wissous,
Couilly, Saint-Germain-sous-Couilly, Vilhuis, Verrières, Blamecourt,
Thiverny, près Creil, Saint-Martin-de-Villers, Sorbon, Bailly-en-Brie,
Courthomer, Avrainville, Grandvilliers, Longuesse, Fontenay-aux-Roses;
le cinquante-deuxième (S. 2885), des pièces relatives aux îles et attérissements de la Seine, à la pêche dans cette rivière; le cinquante-troisième (S. 2886), à la rivière de Bièvre et à la fontaine du Sante à Antony; le cinquante-quatrième (S. 2887), des pièces relatives au bornage
de la censive de Saint-Germain et de Sainte-Geneviève en 1703; le
cinquante-cinquième (S. 2888), des papiers relatifs aux amortissements,
des aveux et dénombrements du 26 janvier 1384; le cinquante-sixième
(S. 2889), des documents relatifs aux indemnités dues à l'abbaye pour
l'acquisition des biens de main-morte, et des papiers relatifs à la foire
Saint-Germain; le cinquante-septième (S. 2890), des déclarations fournies au terrier d'Antony, de 1674 à 1716, des baux et des titres de terres
sises à Wissous, Bourg-la-Reine, Lay et Chevilly; les cinquante-huitième et suivants (S. 2891-2969), des documents tels que ventes, échanges,
baux, transactions, aveux et dénombrements, quittances, etc., concernant les bois de Verrières et Antony (S. 2891), Amblainvilliers, Antony et
Verrières, Châtenay, le fief Mignaux, relevant de la terre de Verrières,
la ferme du pont d'Antoni (S. 2892), Antony et Verrières, les bois de
Vaupereux (S. 2893), Antony, Amblainvilliers, Wuissous, Verrières;
(S. 2894), la tour d'Antony, les maisons de la Brinde, des Bouleaux et
des Gatines à Antony, Chatenay et Berny, érigées en fief en faveur du
chancelier de Sillery (S. 2895), Antony et Verrières (S. 2896), Wuissous, Châtenay (S. 2897-2899), Avrainville (S. 2900), Avrainville, Amblainvilliers et la rivière de Bièvre (S. 2901), Cachan et la rivière
de Bièvre (S. 2902), Archemont, le fief des Lanterniers (S. 2903),
Berny et Fresnes (S. 2904-2907), le domaine de la Folie, ou Sainte-
Placide, vis-à-vis Choisy, Choisy, l'île aux Vaches, Thiais, les
coches de Choisy à Paris (S. 2908), le fief de la Fosse-aux-Che-
vaux, à Chantilly, le fief de Vaudetar, Issy et Vaugirard (S. 2909),
les îles et attérissements dépendants des terres d'Issy et Vaugirard
(S. 2910), Issy, Meudon, Vanves et Vaugirard (S. 2911), Suresnes
(S. 2912), Suresnes, Nanterre, Rueil, Colombes et Saint-Cloud (S. 2913),

le prieuré de Chauffour (S. 2914-2916), Vernon (S. 2917), la terre de la
Grange-du-Breuil (S. 2918-2920), Igni, les seigneuries du Chenai et de
la Selle (S. 2921), les terres de Dammartin et Lagne (S. 2922-2923), le
prieuré de la Ferté-Aleps (S. 2924), la terre d'Amblainvilliers, Montéclin
(S. 2925), Magni, Velanes-la-Ville, Thiais (S. 2926), Guny, Nucourt,
mouvant de Bouconvilliers (S. 2927), Blamecourt (S. 2928), les fiefs
des Tirans et de Genneville, le fief de Gerville (S. 2929), la terre de
Hoden, Charmont, Hunecourt (S. 2930-2932), le fief de Saint-Luc,
Velannes-le-Bois (S. 2933), Velannes-la-Ville (S. 2934), le prieuré de
Magni, la terre de Parai et le fief de Malabry (S. 2935), Septeuil et Bois-
Robert (S. 2936-2937), Longuesse (S. 2938), la chapelle de Notre-Dame-
des-Halles, située dans la paroisse du Four, le prieuré de Saint-Léger-
aux-Bois (S. 2939), Valenton (S. 2940-2941), Villeneuve-Saint-Georges,
Montgeron, le fief de Gaigni (S. 2942), le prieuré de Mont-Chauvet
(S. 2943), Thiverny (S. 2944), Cordou, Courthomer, la ferme de Pa-
radis (S. 2945-2949), le fief du Bois-Hébert, la terre de Fermeté, Cor-
dou, Courthomer (S. 2950), terre de Cordou et seigneurie de la Grange-
Bleneau, fiefs de Lumigny, de Brunesson, de Champjard, de la Couture, les fiefs Villebert, Tilly, la Cave, Basille, mouvant de la terre de
Cordou (S. 2952), Cordou, Fleury, la Fermeté, Grandvillier, la Hoyeuse,
Le Cormier, Courthomer, etc., la terre de Bagnaux (S. 2953-2956), la
terre de Bagnaux (S. 2957-2958), Samoreau, Pontville (S. 2959), Saint-
Germain-Laval, Fresnières et Égrefin (S. 2959-2960), Saint-Germain-
sous-Couilly et ses dépendances, fief de la Corvée, fief de Giresme,
l'Isle-Audry et le prieuré de Notre-Dame-de-Bailly (S. 2961-2963), la
seigneurie de Saint-Germain-Laval, le fief du Vieux-Marolles, le prieuré
de Marolles, la terre d'Émans (S. 2964-2955), le fief de Saint-Germain,
sis à Bouafle, Crespières, Montéclin, fief de Villejuif, dîmes de Sorbon,
prieuré de Saint-Blaise-de-Machecoul, la seigneurie d'Aussogne, au pays
de Liége, le prieuré d'Arnicourt (S. 2966), les terres de Jonsac et Clam,
(S. 2967), le prieuré de Saint-Patern, de Tournai (Orne), Fontenay,
Avrainville (S. 2968), le prieuré de Naintré, près Chatellerault (S. 2969);
le cent trente-septième (S. 2970), renferme le contrat d'acquisition d'un
fief que l'abbaye de Lagny avait à Vanves, les papiers concernant l'acquisition que les religieux avaient faite du collége de Bourgogne, rue
des Cordeliers, pour l'école de chirurgie, des déclarations, arrêts et règlements, des pièces concernant Thiais, Chauldry, Nogent-l'Artaut;
les cent trente-huitième et suivants (S. 2971-2975) comprennent les
renseignements généraux et des titres de rentes.

Le premier registre de la section administrative (S. 2976) renferme
des aveux, déclarations et amortissements de biens; le second (S. 2977),
des cahiers d'inventaire des titres; le troisième (S. 2978), des fragments
d'inventaires des titres; les quatrième et suivants (S. 2979-2982), des

inventaires des titres généraux; les sixième et suivants (S. 2981-2996), des inventaires des titres de la Mense abbatiale (S. 2981-2984), d'Antony, Cordou et Coudray (S. 2985), de Gerville et dépendances (S. 2986), d'Hodenc (S. 2987-2988), de Larchemont et des fiefs des Lanternes (S. 2989), de Magny et de ses dépendances (S. 2930-2992), de Magnitot, hameau de la paroisse de Saint-Gervais (S. 2993), de Nucourt et des fiefs de Bagot et des Moulins (S. 2994), du fief de Saint-Clair à Romenil (S. 2995), des fiefs de Velanne et le Boel, dans la paroisse de Magny (S. 2996); le vingt-deuxième (S. 2997), des pièces relatives à l'acquisition du général Parfait, à Suresnes; le vingt-troisième (S. 2998), une minute des contrats d'acquisition et à changer par M. le prévost à Issy, Vanves, etc.; le vingt-quatrième (S. 2999), un inventaire des titres de Thiais en 1730; les vingt-cinquième et suivants (S. 3000-3002), trois registres du tabellionage de Thiais, de 1584 à 1679; le vingt-neuvième (S. 3004), un journal des pièces extraites du chartrier et récépissés; les trentième et suiv. (S. 3005-3006) sont des portefeuilles qui renferment quatre registres d'ensaisinements de 1463 à 1564 (S. 3005); quatre registres de 1494 à 1533 (S. 3006), quatre registres de 1535 à 1668; les trente-troisième et suivants (S. 3008-3016), des registres d'ensaisinements de 1664 à 1753; le quarante-deuxième (S. 3017), un registre des ventes dans l'étendue de la seigneurie de Saint-Germain en 1753; le quarante-troisième (S. 3018), un recueil d'ensaisinements de 1773 à 1784; le quarante-quatrième (S. 3019), un portefeuille renfermant quatre registres d'ensaisinements d'Antony et Verrières de 1572 à 1657; les quarante-cinquième et suivants (S. 3020-3022), des registres d'Antony et de Verrières de 1667 à 1786; les quarante-huitième et suivants (S. 3023-3024), des ensaisinements d'Avrainville de 1608 à 1789; les cinquantième et suivants (S. 3025-3028), des ensaisinements de Cachant de 1689 à 1771 et de 1774 à 1790; les cinquante-quatrième et suivants (S. 3029-3032), des registres de Cordou, Courthomer et dépendances, de 1640 à 1786; les cinquante-huitième et suivants (S. 3033-3038), un portefeuille renfermant des registres d'ensaisinements d'Issy, Vaugirard, etc., de 1409 à 1529, de 1543 à 1639 et de 1657 à 1788; le soixante-quatrième (S. 3039) est un ensaisinement de la seigneurie de Saint-Germain-sous-Couilly et dépendances; le soixante-cinquième (S. 3040) est un autre registre de la même seigneurie de 1777 à 1789; les soixante-sixième et suivants (S. 3041-3044) renferment les ensaisinements de Magny de 1764 à 1789 (S. 3041); de Surènes de 1780 à 1790 (S. 3042); de Thiais de 1631 à 1753; de Valenton de 1582 à 1789 (S. 3044); les soixante-dixième et suivants (S. 3045 à 3051) renferment les états des revenus de la Mense conventuelle de 1760 à 1790; le soixante-dix-septième (S. 3052), un état des revenus de Paris en 1743; le soixante-dix-huitième (S. 3053), un sommier de la recette générale du temporel; le soixante-dix-

neuvième (S. 3054) est un censier général; le quatre-vingtième
(S. 3055) est un portefeuille qui renferme quatre censiers, de 1531 à
1544; les quatre-vingt-unième et suivants (S. 3056-S. 3084) sont des censiers de 1744 à 1746 (S. 3056-3057), des cueillerets de 1595 à 1720 (S.
3058-3064), de 1735 (S. 3065-3066), un cueilleret des loges de la foire
Saint-Germain en 1740 (S. 3067), des cueillerets d'Antony et Verrières
de 1673 à 1777, de 1765 à 1783 (S. 3068 à 3071), un cueilleret
d'Avrainville de 1486 à 1491 (S. 3072), deux censiers de Cachant (S.
3073-3074), des anciens cueillerets de Courthomer de 1564 à 1651
(S. 3075), un censier de Cordou et de ses dépendances (S. 3076),
un censier de Fresnes-les Rungis en 1545 (S. 3077), deux anciens cueillerets d'Issy et de Vaugirard (S. 3078), un cueilleret d'Issy et de Vaugirard de 1743 à 1774 (S. 3079), un cueilleret de Nucourt (S. 3080), un
cueilleret de Septeuil (S. 3081), un cueilleret de Suresnes (S. 3082),
deux censiers de Thiais de 1371 et 1395 (S. 3082 *bis* et 3082 *ter*),
un cueilleret du fief des Tournelles en 1770 (S. 3083), des cueillerets de
Villeneuve-Saint-Georges et de Valenton (S. 3084); le cent-dixième
(S. 3085) est un procès-verbal de la fixation de la directe du roi dans le
faubourg Saint-Germain; les cent-onzième et suivants (S. 3086-3095)
sont des portefeuilles renfermant trois anciens arpentages de la seigneurie de Saint-Germain (S. 3086), un arpentage d'Antony et Verrières
(S. 3087), un arpentage d'Avrainville (S. 3088), un relevé du plan de
Cheptainville (S. 3089), un arpentage de Courthomer (S. 3090), les
plan et arpentage du fief de Tourvois et de la ferme de Cottenville à
Fresnes (S. 3091), une légende du plan de Saint-Germain-lez-Couilly
(S. 3092), un arpentage d'Issy et de Vaugirard (S. 3093), un dénombrement de la seigneurie d'Issy en 1742 (S. 3094), des arpentage,
plans et relevés des plans de Thiverny et dépendances (S. 3095); les
cent-vingt-unième et suivants (S. 3096-3202) sont des registres des
déclarations faites par différents censitaires de Paris en 1663 et 1664
(S. 3096), quatre volumes de déclarations d'Antony et Verrières
de 1530 à 1673 (S. 3097-3100), cinq terriers d'Antony et Verrières
de 1549 à 1686 (S. 3101-3105), un terrier d'Antony indicatif des numéros du plan (S. 3106), un terrier de Verrières de 1764 à 1783
(S. 3107), des déclarations d'Avrainville de 1600 à 1664 (S. 3108),
un extrait général des déclarations passées au terrier de 1762 (S. 3109),
sept terriers d'Avrainville de 1540 à 1762 (S. 3110-3116), quatre
registres des déclarations de Bagnaux de 1522 à 1672 (S. 3117), quatre
terriers de Bagnaux de 1522 à 1580 (S. 3118-3121), trois terriers de
Blamecourt et un terrier de Blamecourt et Nucourt de 1598 à 1743
(S. 3122-3125), trois extraits de terriers de Cachant de 1576 et de 1681 à
1684 (S. 3126), trois terriers de Cachant de 1682 à 1778 (S. 3127-3129),
cinq anciens terriers de fiefs dépendants de Cordoue et Courthomer

(S. 3130), cinq terriers de Cordou, Courthomer et dépendances de 1493
et 1585 (S. 3131-3135), trois terriers des mêmes lieux de 1632 et 1742
(S. 3136-3138), deux procès-verbaux d'arpentage concordant avec
les terriers de 1742 (S. 3139-3140), un arpentage et des plans de
Cordou et Courthomer en 1740 (S. 3141), cinq registres de déclarations
des censitaires de Dammartin de 1505 à 1665 (S. 3142-3146), deux terriers de Dammartin et Lognes de 1735 à 1754 (S. 3147-3148), quatre
registres terriers d'Emans et Espiez de 1515 à 1628 (S. 3149), deux
terriers du prieuré de la Ferté-Alep de 1535 et 1685 (S. 3150-3151),
un terrier de la seigneurie de Fresnes en 1699 (S. 3152), deux terriers
du fief des Tyrans, sis à Genainville, de 1598 et 1626 (S. 3153-3154),
deux terriers de la seigneurie d'Hoden de 1563 et 1635 (S. 3155), un terrier d'Hoden de 1742 (S. 3156), sept terriers de la seigneurie de Saint-
Germain-sous-Couilly de 1548 à 1727 (S. 3157-3163), trois anciens terriers de la seigneurie de Saint-Germain-Laval (S. 3164), quatre terriers
de la même seigneurie de 1500 à 1527 (S. 3165), des déclarations au
terrier d'Issy et de Vaugirard de 1472 à 1656, des terriers de 1548
d'Issy et de Vaugirard (S. 3167-3168), des extraits de terriers, tables et
états des censitaires (S. 3169), des terriers d'Issy et de Vaugirard de 1748
à 1761 (S. 3170-3171), un terrier de Marolles de 1603 à 1669 (S. 3172),
trois terriers de Nucourt et Genainville de 1598 à 1668 (S. 3173-3175),
un terrier de la seigneurie de La Selle de 1641 à 1659 (S. 3176), un
terrier de Septeuil de 1623 à 1664 (S. 3177), cinq terriers de Suresnes
de 1647 à 1704 (S. 3178-3182), dix volumes de déclarations censuelles
de Thiais, Choisy et Grignon, de 1413 et 1670 (S. 3183[1] et 3183[2] à 3191),
d'anciens terriers de Thiais, Choisy et Grignon, de 1508 et 1518 (S.
3192), un terrier de 1521 (S. 3193), un terrier de 1531 (S. 3194), des
terriers de 1542, 1550 à 1642, 1627 à 1633, 1641 à 1700, des mêmes seigneuries (S. 3195-3200), deux terriers de la seigneurie de Thiverny de
1759 à 1766 (S. 3201-3202); le deux-cent-vingt-huitième (S. 3203) est
un terrier de la seigneurie de Valenton de 1656 à 1650; les deux cent-
vingt-neuvième et suivants (S. 3204-3209) sont six terriers des seigneuries de Velannes-la-Ville et de Velannes-le-Bois, de 1626 à 1743.

On trouve, dans la même section, sous les cotes H. 2566, des pièces
relatives aux cens et droits supprimés (1667-1758); H. 3700, des titres de
rentes, d'emprunts et des quittances (1743); H. 4274-4287, quatorze registres de comptes de 1660 à 1756; H. 4288, des renseignements sur divers biens; H. 4289-4290, deux registres des pensions dues par l'abbaye
de 1760 à 1780.

On conserve dans la section judiciaire 380 registres ou liasses, ainsi divisées :

Minutes civiles et criminelles des bailliage et prévôté de Saint-Germain-des-Prés de 1433 à 1791 (Z² 3264 à Z² 3483), registres d'audiences

civiles de décembre 1407 au 16 novembre 1790 (Z² 3484-Z² 3586), audiences de police et rapports de 1556 à 1644 (Z² 3587-Z² 3614), registres d'écrou de 1537 à 1671 (Z² 3615-Z² 3620), scellés et inventaires de 1671 à 1785 (Z² 3621-Z² 3626), dépôts et communications de 1657 à 1790 (Z² 3627 à Z² 3630), recueil de pièces produites au xviiie siècle (Z² 3631 à Z² 3635), déclarations des locataires demeurant dans l'enclos de l'abbaye de la première moitié du xviiie siècle (Z² 3636), liste des causes où l'abbaye était intéressée, xvie siècle (Z² 3647), assises du bailli de 1638 à 1719 (Z² 3638 à Z² 3640), un état des sommes reçues par les commis greffiers en 1614 (Z² 3641), des inventaires du greffe de 1612 à 1615 et en 1677 (Z² 3642-3643).

Les archives du département de Seine-et-Marne, à Melun, possèdent une liasse de pièces de 1687 à 1789, relatives à Saint-Germain-des-Prés.

A la bibliothèque de l'Arsenal, à Paris, il y a un manuscrit in-folio (n° 326), intitulé : Répertoire de titres concernant Paris, le territoire de Saint-Germain-des-Prés et la rivière de Seine.

On conserve au département des manuscrits de la Bibliothèque impériale quelques manuscrits relatifs à l'abbaye de Saint-Germain-des-Prés. Dans le fond latin, on trouve des épitres et évangiles (nos 9463, 9464) ayant appartenu à l'abbaye, et un mémoire sur l'authenticité des privilèges de Saint-Germain-des-Prés (n° 11733, Recueil, p. 296). Dans le fond de l'oratoire, il y a un manuscrit (n° 274) intitulé : Concession de l'abbé de Saint-Germain-des-Prés relativement à l'hôtel et au jardin de Nesle, en 1399. On peut consulter aussi le tome LV de la collection Baluze.

IMPRIMÉS

Histoire de l'abbaye royale de Saint-Germain-des-Prez, contenant la vie des abbez qui l'ont gouvernée depuis sa fondation : les hommes illustres qu'elle a donnez à l'Eglise et à l'État : les privileges accordez par les souverains pontifes et par les évêques : les dons des rois, des princes et des autres bienfaicteurs, avec la description de l'église, des tombeaux et de tout ce qu'elle contient de plus remarquable. Le tout justifié par des titres authentiques, et enrichi de plans et de figures, par Dom Jacques Bouillart, religieux benédictin de la congrégation de Saint-Maur. *Paris*, 1724, in-fol.

Voyez sur cette histoire le *Journal des Savants*, avril 1724 ; le *Journal de Verdun*, septembre 1722 ; le *Mercure*, juillet 1722, les *Mémoires de Trévoux*, août 1724.

Jo. Bapt. du Hamel, ecclesiæ Baiocensis cancellarii, dissertatio de privilegiis monasterii Sancti-Germani Parisiensis. *Parisiis*, 1668, in-12. (Bibl. Maz., n° 32031 B.)

Dissertation de M. du Hamel, chancelier de l'église de Bayeux, sur les privilèges de l'abbaye de Saint-Germain-des-Prés, traduite du latin par M. D. H. C. D. B. *Paris*, 1668, pet. in-12. (Bibl. Maz., n° 32031 A.)

Supplementum antiquitatum urbis Parisiacæ, quoad sanctorum Germani a pratis et Mauri Fossatensis cœnobia, auctore patre Jacobo du Breul. *Parisiis*, 1614, in-4°.

Joannis Launoii Parisiensis theologi inquisitio in chartam immunitatis, quam B. Germanus Parisiorum episcopus, suburbano monasterio dedisse fertur. *Lutetiæ Parisiorum*, 1657, in-12.

Privilegium Sancti-Germani adversus J. Launoii doct. Par., inquisitionem propugnatum. Auctore D. Roberto Quatremaires, congregationis S. Mauri monacho benedictino. *Lutetiæ Parisiorum*, 1657, in-12.

Chronicon abbatum Regalis Monasterii Sancti Germani a Pratis; auctore Jacobo du Breul.

Cette chronique est insérée dans l'Histoire d'Aimoin. *Parisiis*, 1603, in-fol.

De regali abbatia Sancti-Germani à Pratis, prope Parisios; D. Theoderici Ruinart dissertatio.

Cette dissertation est imprimée dans les œuvres de Grégoire de Tours. *Parisiis*, 1699, et dans le *Recueil des Historiens de France* de Dom Bouquet, t. II, p. 722.

De ecclesia Sancti-Vincentii, et de ejus fundatione, dedicatione et privilegiis; auctore Gerardo du Bois, Congreg. Oratorii presbytero.

Cette pièce se trouve dans l'Historia Ecclesiæ Parisiensis, du Père du Bois, livre II, chap. vi.

Inquisitionis in chartam immunitatis Sancti-Germani assertio; auctore Joanne Launoii, theologo parisiensi. *Lutetiæ Parisiorum*, 1658, in-8.

VV. CC. Joann. Launoii.... et Joan-Bapt. Hamelii paradoxa domnus Robertus Quatremarius.... recensebat. *Lutetiæ Parisiorum*, 1668, in-4°.

Ce livre a été traduit en français sous ce titre : Les Paradoxes de M. de Launoi, docteur en théologie, et du Hamel, chancelier de l'église de Baïeux, recueillis de leurs écrits, contre les priviléges de Saint-Germain-des-Prés, par Robert Quatremaires. Troisième partie de la défense desdits priviléges. *Paris*, 1668, in-12.

Défense des droits de l'abbaye royale de Saint-Germain-des-Prez, par D. Robert Quatremaires. *Paris*, 1668, in-12.

Regalis Ecclesiæ S. Germani de Pratis, ad sedem apostolicam immediate pertinentis, jura brevi compendio propugnata, auctore D. Roberto Quatremario. *Lut. Par.*, 1668, in-4°.

Polyptique de l'abbé Irminon ou Dénombrement des menses, des serfs et des revenus de l'abbaye de Saint-Germain-des-Prés, sous le règne de Charlemagne, publié d'après le manuscrit de la Bibliothèque du royaume, des prolégomènes pour servir à l'histoire de la condition des personnes et des terres depuis les invasions des Barbares jusqu'à l'institution des communes, par M. B. Guérard, membre de l'Institut. *Paris*, 1836-1844, 3 vol. in-4°.

Mémoire sur les anciennes sépultures nationales et les ornements extérieurs qui, en divers temps, y furent employés; sur les embaumements des rois francs dans la ci-devant église de Saint-Germain-des-Prés, et sur un projet de fouilles à faire dans nos départements, par Legrand d'Aussy, 1799, in-4°.

Extrait des *Mémoires de l'Institut*, classe des sciences morales et politiques, t. II, p. 411.

Anno Domini MDCCXV. *S. n. d. l. n. d.* In-4°.

Commencement d'une inscription relative à la pose d'une première pierre, dans l'abbaye de Saint-Germain-des-Prés, le 11 avril 1715.

Relation de ce qui s'est passé dans la translation d'une portion considérable de la vraie croix, d'un saint clou de Notre-Seigneur, du sang miraculeux, et de quelques reliques apportées de l'hotel de Mme la princesse palatine à l'abbaye de Saint-Germain-des-Prez. *Paris*, 1684, in-12.

Catalogue chronologique contenant les noms, surnoms, qualités et actions mémorables des marguilliers anciens et modernes de la catholique assemblée des illustres nations flamande, allemande, suisse et autres, ci-devant établie dans l'église du glorieux martyr Saint-Hippolyte, sise au faubourg Saint-Marceau, et depuis transférée à l'église abbatiale du royal monastère de Saint-Germain-des-Prés... Exactement recueilli et tiré des anciens registres par le P. A. (Anselme) d'Anvers, prédicateur et directeur des nations susdites. 1691, in-4°.

Explication des deux tableaux exposés à la porte de l'église de l'abbaye royale de Saint-Germain-des-Prés, le 1er jour de mai 1716, et faits pour la même église par MM. Cazes et Verdot. *Paris*, s. d., in-4°.

Mémoire sur les anciennes et nouvelles réparations de l'église de l'abbaye de Saint-Germain-des-Prés, et sur la démolition de l'ancienne prison de ce nom.

Article de Gilbert, inséré dans la *Revue Archéologique*, t. XI, 1854-1855, p. 531.

Procédures faites pour l'union des deux abbayes de Saint-Vincent-du-Mans et de Saint-Germain-des-Prez, membres dépendants de la congrégation de Chezalbenoist à la congrégation de Saint-Maur. *Paris*, 1638, in-4°.

Réponse au mémoire et aux entreprises des officiers du Châtelet, sur l'exercice de la police dans le bailliage de Saint-Germain-des-Prez. *Paris*, s. d., in-4°.

Production au conseil, pour la Mense abbatiale de l'abbaye de Saint-Germain-des-Prés, contre le fondateur du collége des Quatre-Nations.

touchant le droit d'indemnité et l'affranchissement prétendu de l'Hôtel de Nesle, par Paul Pelisson. S. n. d. l. n. d., in-12.

D. O. M. Nicol. Boelæo, etc. *Parisiis*, 1819, in-4°.
Reproduction de l'épitaphe de Boileau dans l'église Saint-Germain-des-Prés, signée Sixto Garcia.

Remarques sur diverses explications que les PP. Mabillon et Ruinart ont données des statuts du grand portail de l'église de l'abbaye royale de Saint-Germain-des-Prés, in-8°.
Insérées dans le *Mercure* du mois de mai 1723, p. 895 à 908.

Lettre en réponse aux dites Remarques, par le P. Bouillart.
Insérée dans le *Mercure* du mois de janvier 1724, p. 24-34.

Examen de la réponse du R. P. Bouillart.
Inséré dans le *Mercure* des mois de mars, p. 472-486, avril, p. 613-624 et mai 1724, p. 826-839.

Dernière réponse de l'auteur de l'Histoire de l'abbaye de Saint-Germain à l'auteur anonyme de l'examen.
Insérée dans le *Mercure* du mois de juillet 1724, p. 1472-1482. Toutes ces remarques, dit le Père Lelong, et les réponses sont pleines de recherches. L'auteur des remarques, Claude de Moulinet, sieur des Thuilleries, soutenait que le portail de Saint-Germain-des-Prés est postérieur de deux siècles à l'opinion ordinaire, et qu'il ne fut bâti que sur la fin du VIIIe.

Réplique à la dernière réponse du R. P. Bouillart, pour la défense de la grande antiquité du portail de l'église de Saint-Germain-des-Prés.
Voy. les *Mémoires de littérature* du père Des Molets. t. XI, p. 120-222.

Arrest de la cour de parlement du 4 mars 1600 par lequel les religieux, abbé et couvent de Saint-Germain-Desprez, sont maintenus en leurs droicts de hautes, moyennes et basses justices et droicts de voirie, en l'estendue de leur seigneurie de S. Germain Desprez lez Paris, et de toutes ses dépendances avec défenses au voyer general des ville, prevosté et vicomté de Paris, et à ses commis de les y troubler et empescher en la jouyssance desdits droicts, ny les officiers et voyers de ladite abbaye. In-4°. 4 p. (Bibl. Maz., n° 18824 H.)
Cet arrêt est suivi des arrêts du 1 juillet 1606, 28 mai 1610 et 24 mars 1611.

Arrest de la cour du 30 décembre 1617 portant défenses au prevost de l'isle de France d'entreprendre sur la jurisdiction des religieux, abbé et couvent de Saint-Germain-Desprez, du samedi 30 décembre 1617, in-4°. 14 p. (Bibl. Maz., n° 18824 H.)

Arrests, reglemens, jugemens et sentences concernant le droit de pêche, appartenant à l'abbaye de Saint-Germain-des-Prés, dans l'étendue de la rivière de Seine, depuis les vieux ponts de Paris jusqu'au ru de Seves; à raison de sept livres que les maîtres pêcheurs à engins de la ville de Paris, qui exerceront la pêche dans ce canton de rivière, sont tenus de payer chacun par chacun an à la dite abbaye, pour la permission d'y pêcher; et la forme en laquelle la perception de ce droit de pêche doit être faite. 30 septembre 1676, in-4°. (Arch. de l'Emp. L. 759.)

Examen de certains privilèges et autres pièces pour servir au jugement du procès pendant entre M. l'archevesque de Paris et les moines de Saint-Germain-Desprez, par Jean de Launoy. *S. n. d. l. n. d.*, in-4° (1657).

Une seconde édition du même ouvrage a été publiée en 1662.

Lettres et actes, par lesquels le droit de monseigneur l'archevesque de Paris sur le territoire du faux-bourg Saint-Germain est reconnu et retably. *Paris*, 1669, in-4°. (Bibl. Maz. n° 18824 E.)

Le faux-titre porte : Transaction entre monseigneur l'archevêque de Paris, monseigneur le duc de Verneuil, abbé de Saint-Germain-des-Prez, et les religieux, prieur et couvent de ladite abbaye, sur leur procès et différent, pour raison de la jurisdiction spirituelle dans l'étendue des faux-bourg et territoires dudit Saint-Germain-des-Prez.

Sentence arbitrale rendue, entre Pierre, évêque de Paris, et le curé de Saint-Sauveur d'une part, et les religieux, abbé et couvent de Saint-Germain-des-Prés, et le curé de Saint-Sulpice, d'autre part, en l'an 1210, sur la jurisdiction spirituelle et détroit des paroisses. *S. n. d. l. n. d.* in-4°. 6 pages.

De negotio illustrissimi ac reverendissimii archiepiscopi Parisiensis, cum abbate et monachis Sancti-Germani à Pratis prope Parisius. *Parisiis*, 1670, in-4°.

Au roy et à nosseigneurs de son Conseil. *S. n. d. l. n. d.* (1689), in-fol. (Arch. de l'Emp., L. 809.)

Requête du cardinal de Furstemberg au sujet de la fondation du collège Mazarin.

Mémoire de l'archevêque de Paris, au sujet de la jurisdiction spirituelle dans le fauxbourg Saint-Germain pendant la vacance du siege, et autres pièces sur ce sujet. *Paris*, 1695, in-fol.

Mémoire du chapitre de Paris au sujet de la jurisdiction spirituelle dans le faubourg Saint-Germain pendant la vacance du siége, *S. n. d. l. n. d.*, in fol. (Arch. de l'Emp., L. 774.)

Répliques du cardinal de Furstemberg, abbé de Saint-Germain-des-Prés, avec les réponses et la transaction de l'archevêque de Paris avec les abbé et religieux de cette abbaye. *Paris*, 1695, in-fol.

Arrest du Conseil d'estat du roy, du cinquieme aoust 1704, qui ordonne que les propriétaires des maisons construites dans l'enclos de l'abbaye de Saint-Germain-des-Prez, payeront les sommes pour lesquelles ils sont employez dans le rôlle arresté le vingt-six aoust dernier, pour le rachapt des taxes pour les boues et lanternes, à peine d'y estre

contraints. Fait deffenses aux locataires de vuider leurs mains de leurs
loyers, à peine de payer deux fois; ordonne qu'ils payeront ledit rachapt à la décharge desdits propriétaires, et à compte du prix de leurs
baux, faute par les propriétaires d'avoir payé. *S. n. d. l. n. d.* In-4°.
(Bibl. Maz., n° 13891 [33].)

Mémoire pour messire Henry de Thiard, cardinal de Bissy, prestre
de la sainte Église romaine, évêque de Meaux, abbé commandataire de
l'abbaye royale de Saint-Germain-des-Prez, commandeur des ordres du
roy, prenant le fait et cause de Jean Pommier, bourgeois de Paris, et
de Nicolas Juliot, écuyer, sieur de Fromont, conseiller-secrétaire du
roy, mary de Marie-Anne Sauze, veuve de Jean-Pierre Pommier;
ledit Jean-Pierre Pommier frère, héritier de Pierre Pommier, et ladite
Marie Sauze, copropriétaire d'une maison située dans la rue Dauphine,
appartenante à la mouvance de l'abbaye de Saint-Germain-des-Prez,
appellant d'une sentence rendue en la chambre du domaine et trésor
du palais, le 18 Juillet 1733, contre messire Laurent Charron, conseiller
du roy, receveur général des domaines et bois de la généralité de
Paris, intimé. *Paris*, 1736, in-fol. (Arch. de l'Emp., L. 800.)

Mémoire pour les sindic et communauté des maîtres passeurs d'eau
de la ville de Paris, demandeurs et deffendeurs, contre Monsieur le cardinal de Bissy, abbé de Saint-Germain-des-Prez, défendeur et demandeur. *S. n. d. l. n. d.*, in-fol. (Arch. de l'Emp., L. 800.)

Mémoire pour le sieur Jean Sorbé, deffendeur, contre le sieur Jacques,
fermier général de l'abbaye de Saint-Germain-des-Prez, sous Monsieur
le cardinal de Bissy, demandeur. *Paris*, 1738. in-f°. (Bibl. Maz., n° 3317 K.)
Jugé le 27 septembre 1738 en faveur de Sorbé.

Memoire signifié pour Antoine Jacques, ci-devant fermier général des
revenus de la Mense abbatiale de l'abbaye Saint-Germain-des-Prez,
demandeur et défendeur contre Sebastien Joseph Galpin, écuyer, président, trésorier de France au bureau des finances de la généralité de Paris,
défendeur et demandeur et encore contre les sieurs de Crussol, défendeurs à la garantie du sieur Galpin, et en présence de Monsieur le
comte de Clermont, princes du sang, abbé commandataire de l'abbaye
Saint-Germain-des-Prez. *Paris*, 1741, in-fol.

Mémoire pour les religieux de l'abbaye de Saint-Germain-des-Prez,
défendeurs, contre Jean de Bayde, escuyer, sieur de Blaye, et la dame
son épouse, demandeurs, et contre monseigneur César, cardinal d'Estrées, abbé de la dite abbaye de Saint-Germain-des-Prez, demandeur
en contre sommation de la demande à luy faite par Jacob du Frenay,
fermier de la Mense abbatiale de la dite abbaye, en dénonciation de
celle des sieur et dame de Blaye, etc. Et encore contre messire Henry de
Guenegaud, chevalier, marquis de Plancy, demandeur et intervenant.
S. d., in-fol. (Arch. de l'Emp., L. 788.)

Observations pour M. le comte de Clermont, prince du sang, abbé de Saint-Germain des-Prez, contre le sieur Galpin, trésorier de France, les sieurs de Crussol et autres. *Paris*, 1741, in-fol.

Jugé le 13 juin 1741 en faveur du comte de Clermont.

Mémoire signifié par M. le comte de Clermont, prince du sang, abbé commandataire de l'abbaye de Saint-Germain-des-Prez, contre Joseph Melet, adjudicataire de la ferme des droits réunis. *Paris*, 1744, in-fol. (Arch. de l'Emp., L. 800.)

Arrest du Conseil d'État du roy, qui ordonne que le mandement des vicaires généraux du chapitre de l'église de Paris, du 5 mai 1746, sera exécuté dans l'église de l'abbaye de Saint-Germain-des-Prés, et dans celles de tout le fauxbourg et territoire de Saint-Germain, ainsi que dans toutes les églises du diocèse de Paris exemtes et non exemtes, même dans celles prétendant avoir jurisdiction comme épiscopale. Fait défenses au prieur de l'abbaye et à tous autres, de publier aucun mandement sur le fait des prières publiques ordonnées par Sa Majesté, jusqu'à ce qu'autrement par elle il en ait été ordonné. Du 21 mai 1746. *S. n. d. l.*, in-4°, placard in-fol. (Arch. de l'Emp., L. 774.)

Requête des religieux de Saint-Germain-des-Prés, au roi. *Paris*, *s. d.* (1766), in-4°.

Requête des supérieurs de la congrégation, et du plus grand nombre des Religieux qui la composent, contre la requête précédente. In-4°.

Mémoire à consulter et consultation pour les religieux bénédictins de l'abbaye royale de Saint-Germain-des-Prés. 1769, in-4°.

Réclamation de tombes et de mausolées, par les curé et administrateurs de l'église de Saint-Germain-des-Prés de Paris, et observation sur l'emplacement le plus convenable aux monuments funèbres. *Paris*, 1817. Brochure in-8°.

Fremin Lebel, peintre. Marché des peintures pour le maître autel de Saint-Germain-des-Prés (Janvier 1557).

Article communiqué par M. Henri Bordier, annoté par M. Anat. de Montaiglon, et inséré dans les *Archives de l'Art français* (t. II, des Documents. *Paris*, 1853, in-8, p. 136.)

Peintures de MM. E. Delacroix et Flandrin à la chambre des pairs et à Saint-Germain-des-Prés, par Gustave Planche.

Article inséré dans la *Revue des Deux-Mondes*, 1er juillet 1846.

Peintures de M. Flandrin à Saint-Germain-des-Prés.

Article de M. Th. Gautier, inséré dans le *Moniteur* du 2 décembre 1861.

Peintures murales de Saint-Germain-des-Prés de M. Hippolyte Flandrin, par Ernest Vinet, in-8°.

Extrait de la *Revue nationale* du 25 décembre 1861.

Des conditions de la peinture en France et des peintures murales de

M. Hippolyte Flandrin dans la nef de Saint-Germain-des-Prés, par M. F. A. Gruyer. *Paris*, 1862, in-8°, pl.

Peintures murales de l'église de Saint-Germain-des-Prés, par M. H. Flandrin. Examen par Aug. Galimard. *Paris*, 1864, in-8°.

L'ordre que haut et puissant prince Monseigneur Henry de Bourbon, evesque de Metz, prince du Sainct Empire et abbé de Saint-Germain-des-Prés, veut estre observé en la descente de la chasse dudit Saint-Germain ; et en la procession générale du clergé de sa ville de Saint-Germain où elle sera portée dimanche 16 de ce mois de juin, avec les autres reliques des Saints, pour les nécessitez publiques. Ensemble les prières pour le mesme sujet. *Paris*, 1652, in-8°, 36 p. (Bibl. Maz., coll. Saint-Victor.)

La magnifique pompe funèbre et le service solennel qui s'est fait dans l'abbaye royale de Saint-Germain-des-Prés, pour le repos de l'âme de très haute princesse Marie-Thérèse d'Autriche, avec l'explication des figures et des devises. *Paris*, 1603, in-4°.

La pompe funèbre et le service solennel qui s'est fait le 16 septembre 1683 dans l'abbaye royale de Saint-Germain-des-Prés pour la reine, avec l'explication des devises. *Paris, s. d.*, in-4°. (Bibl. Maz., n° 10370 S.)

Oraison funèbre de très auguste princesse Marie-Thérèse d'Autriche, reine de France, etc., prononcée dans l'abbaye de Saint-Germain-des-Prés, par le R. P. Dom Antoine Gallois. *Paris*, 1683, in-4°. (Bibl. Maz., n° 10370 T.)

Mandement de haut et puissant prince Monseigneur Henry de Bourbon, evesque de Metz, abbé de l'abbaye Saint-Germain-des-Prez, pour la procession générale et solennelle où sera portée la chasse de Saint-Germain, le dimanche, 16 du présent mois de juin 1652. *S. n d. l. n. d.*, in-4° et placard in-fol. (Arch. de l'Emp., L. 806.)

La descente et procession de la chasse de Saint-Germain, evesque et patron de Paris.

Extrait de la *Gazette* de Th. Renaudot, n° 74, p. 589, année 1652.

L'ordre que haut et puissant prince monseigneur Henry de Bourbon, evesque de Metz, prince du sainct Empire et abbé de Saint-Germain des Prés, veut estre observé en la descente de la chasse du dict saint Germain et en la procession générale du clergé de la ville de Saint-Germain où elle sera portée, dimanche, 16 de ce mois de juin, avec les autres reliques des saints, pour les necessitez publiques. Ensemble les prières pour le mesme sujet. *A Paris*, 1652, in-18. (Arch. de l'Emp., L. 806.)

Dessin du feu d'artifice fait par ordre de Son Altesse Eminentissime Monseigneur le cardinal de Furstemberg, en son abbaye de Saint-Germain-des-Prés, pour la paix entre l'Empereur, la France et l'Empire, le 26 janvier 1698. *S. n. d. l. n. d.*, in-4°.

Quatre soleils vus en France le 25 juin 1704. Dessin de l'appareil et décoration du palais abbatial de Saint-Germain-des-Préz, pour la fête qu'y donne son Eminence Monseigneur le cardinal d'Estrées, à l'occasion de la naissance de Monseigneur le duc de Bretagne, par le P. Menestrier. *Paris*, 1704, in-4°.

Relation de la fête donnée au palais abbatial de Saint-Germain-des-Préz, le quatrième jour d'août 1704, par M. le cardinal d'Estrées, à l'occasion de la naissance de Monseigneur le duc de Bretagne, premier fils de Monseigneur le duc de Bourgogne. *Paris*, 1704, in-4°.

Pièce signée : C. F. M..

Mandement de monseigneur Henry de Bourbon, evesque de Metz, prince du sainct Empire, abbé de Saint-Germain-des-Prez, lez Paris, pour l'observance de la closture ez maisons religieuses dudit Saint-Germain. *S. n. d. l. n. d.* (11 septembre 1637). Placard in-fol. (Arch. de l'Emp., L. 776.)

Mandement de Son Eminence M. le cardinal de Bissy, abbé commandataire de l'abbaye de Saint-Germain-des-Prés... pour ordonner des prières pour l'heureux accouchement de la Reine. 2 aout 1728, in-fol.

Mandement de son Éminence M. le cardinal de Bissy, abbé commandataire de l'abbaye de Saint-Germain-des-Prez, immédiate au Saint-Siége, exerçant la jurisdiction spirituelle dans le faubourg Saint-Germain. *S. n. d. l. n. d.* (1729), in-4°. (Arch. de l'Emp., L. 774.)

Mandement du grand prieur de l'abbaye de Saint-Germain-des-Prez, immédiate au Saint-Siége, au sujet de la déclaration du roy Louis XIII, du 10 février 1638, et des ordres du roy, en date du 1er du présent mois, 1738. Placard in-fol. (Arch. de l'Emp., L. 755.)

Mandement du grand prieur de l'abbaye de Saint-Germain-des-Prez, immédiate au Saint-Siége, au sujet de la paix générale, publiée par ordre du roy, le 1er de juin, 1739. Placard in-fol. (Arch. de l'Emp., L. 775.)

Mandement du grand prieur de l'abbaye de Saint-Germain-des-Près (F.-Jean-Baptiste Bourdet), qui ordonne des prières publiques pour demander à Dieu la prospérité des armes du roi. 9 mai 1744, in-fol.

Mandement du grand prieur de l'abbaye de Saint-Germain-des-Prés (F.-Jean-Baptiste Bourdet), pour faire chanter le *Te Deum* en action de grâces de la prise de la ville d'Ypres. 18 juillet 1744, in-fol.

Mandement du grand prieur de l'abbaye de Saint-Germain-des-Prés (F.-Jean-Baptiste Bourdet), qui ordonne que le *Te Deum* sera chanté en action de grâces du rétablissement de la santé du roi. 12 septembre 1744, in-fol.

Ouï et ce requérant le procureur fiscal, etc. In-fol.,

Ordonnance du comte de Clermont, abbé de Saint-Germain-des-Prés, en date du 21 mai 1745, prescrivant des illuminations pour le dimanche 23 mai, en réjouissance de la victoire de Fontenoy.

Ordonnance de S. A. S. Monseigneur le comte de Clermont, prince du sang, abbé commandataire de l'abbaye royale de Saint-Germain-des-Prez, immédiate au Saint-Siége, 28 mars 1746. Placard in-fol. (Arch. de l'Emp., L. 774.)

Il y a dans le même carton une autre ordonnance du 13 et du 18 mars 1746.

Mandement du grand prieur de l'abbaye royale de Saint-Germain-des-Prez, immédiate au Saint-Siége, qui ordonne, le siége vacant, que le *Te Deum* sera chanté dans toutes les églises du fauxbourg, en actions de grâces du rétablissement de la santé de S. A. S. Monseigneur le comte de Clermont. 1746. Placard in-fol. (Arch. de l'Emp., L. 774.)

Mandement du grand prieur de l'abbaye Saint-Germain-des-Prez, immédiate au Saint-Siége, qui ordonne des prières publiques pour demander à Dieu la cessation du débordement des rivières. 1740. Placard in-fol. (Arch. de l'Emp., L. 773.)

Mandement du grand prieur (J.-B. Bourdet) de l'abbaye royale de Saint-Germain-des-Prés, immédiate au Saint-Siége, pour demander à Dieu, par des prières publiques, la conservation de la personne sacrée du roi et la prospérité de ses armes, 7 mai 1746, placard in-fol. (Arch. de l'Emp., L. 773.)

Ordonnance du grand prieur de l'abbaye royale de Saint-Germain-des-Prez, immédiate au Saint-Siége, exerçant la juridiction spirituelle dans le faubourg Saint-Germain, le Siége vaquant. 4 août 1746. Placard in-fol. (Arch. de l'Emp., L. 774.)

Il y a une autre ordonnance du 3 août 1746 dans le même carton et un mandement du grand prieur, etc., du 21 juillet 1746.

Ordonnance du grand prieur de l'abbaye royale de Saint-Germain-des-Prés, immédiate au Saint-Siége, exerçant la juridiction spirituelle dans le fauxbourg et territoire de Saint-Germain, les siéges archiépiscopal et abbatial vacants. *Paris*, 1781, in-4º. (Arch. de l'Emp., L. 773.)

Il y a une autre ordonnance portant le même titre de 1782 et un mandement de 1781.

Mandement du grand prieur de l'abbaye royale de Saint-Germain-des-Prés, immédiate au Saint-Siége, exerçant la juridiction dans le faubourg-Saint-Germain, pendant la vacance des siéges de Paris et de ladite abbaye, qui permet l'usage des œufs pendant le carême prochain, depuis le mercredi des Cendres exclusivement jusqu'au vendredi de la semaine de la Passion exclusivement. *Paris*, 1782, in-4º. (Arch. de l'Emp., L. 774.)

Factum pour M. le cardinal de Furstemberg, abbé de Saint-Germain-des-Prez, demandeur, contre les soy disans propriétaires des grandes halles, loges couvertes et préau de la foire Saint-Germain, deffendeurs. *S. n. d. l. n. d.*, in-fol. (Arch. de l'Emp., L. 808.)

Copies et extraits des titres de propriété, franchises, droits et priviléges de la foire Saint-Germain-des-Prez, lès Paris. Don fait à l'abbé et religieux de l'abbaye royale de Saint-Germain-des-Prez, lès Paris, de la place et emplassement sur lesquels sont bâties les grandes petites halles et préaux, par Jean, duc de Berry. *S. n. d. l. n. d.*, in-fol. (Arch. de l'Emp., L. 809.)

Mémoire touchant la seigneurie du Pré-aux-Clercs, appartenante à l'Université de Paris, pour servir d'instruction à ceux qui doivent entrer dans les charges de l'Université. *Paris*, 1694, in-4°, 90 p. (Arch. de l'Emp., S. 2876.)

Sermon patriotique, prêché dans l'église de Saint-Germain-des-Prés, le dimanche de Quasimodo, 11 avril 1790, par l'abbé Cassius. *Paris*, 1790, in-8.

Discours prononcés à l'occasion de la translation des cendres de Boileau-Despréaux à l'église paroissiale de Saint-Germain-des-Prés, par MM. les présidents des deux académies dont cet auteur fut membre (MM. Daru et Petit-Radel), le mercredi 14 juillet 1819. *S. n. d. l. n. d.*, in-8°.

Extrait du *Moniteur*.

Pièces justificatives de la maladie de Madeleine-Elisabeth Bailleux (de Beauvais), et de sa guérison opérée par N.-S. J.-C., à l'intercession de saint Maur, le 12 juin 1764 [en l'église de Saint-Germain-des-Prés]. *Paris*, 1765, in-12.

M. Albert Lenoir a publié, dans sa *Statistique monumentale de Paris*, une série de planches, dont voici l'indication : 1° Plan de l'abbaye Saint-Germain-des-Prés au milieu du xvie siècle. *Fac-simile* d'un ancien dessin sur parchemin, 1 pl ; 2° Vêtement d'abbé découvert dans un tombeau en 1799, 1 pl. chromolith ; 3° Etoffes de soie et or, trouvées dans les tombeaux, 1 pl. chromolith ; 4° Chapiteaux de la nef principale, 1 pl. ; 5° Chapiteaux en marbre de l'église primitive. Inscriptions de Pépin, d'Erotrude et d'Hilperic, 1 pl. ; 6° Vue générale de l'abbaye au xviiie siècle, 1 pl. ; 7° Façade occidentale de l'église, 1 pl. ; 8° Porte de l'église ; *fac-simile* d'un ancien dessin, avec un état actuel du bas-relief, 1 pl. ; 9° Façade latérale restituée, 1 pl. ; 10° Abside de l'église restituée, 1 pl. ; 11° Tombeau de saint Germain, 1 pl. chromolith ; 12° Statues de Guillaume et de Jacques Douglas, armoiries de la famille Douglas, 1 pl. ; 13° Charles Quint, par Jean Cousin. Tombeau de Casimir, roi de Pologne, 1 pl. ; 14° Tombeau d'un abbé de Saint-Germain-des-Prés, costume des abbés, xiie et xive siècles, 1 pl. ; 15° Crosses des abbés de Saint-Germain-des-Prés, 1 pl. ; 16° Plan du rez-de-chaussée de l'église de Saint-Germain-des-Prés, 1 pl. ; 17° Plan du premier étage de l'église,

1 pl.; 18° Fragments de la vitrerie; 19° Descente de croix peinte en
1410; le fond représente l'abbaye et le Louvre[1]; 20° Ancienne disposition
du sanctuaire. Tombeaux des rois et des abbés, 1 pl.; 21° Tombeau de
Childebert placé dans le chœur. Statue de Childebert placée dans le réfectoire. 1 pl. chromolith.; 22° Tombeau de Chilperic, 1 pl.; 23° Tombe
de Frédégonde, 1 pl. chromolith.; 24° Tombes de Childeric II, de Clotaire II et de Bertrude; 25° Restes de la chapelle de la Vierge, porte
principale, plans et détails, 3 pl.

M. Albert Lenoir a publié aussi, dans l'*Architecture monastique*, le plan
de l'abbatiale de Saint-Germain-des-Prés (tome II, p. 198), de l'ancienne
sacristie de l'abbatiale (tome II, p. 288), le plan de l'abbaye en 1410
(tome I, p. 30), le plan des autels et de la nuche (tome II, p. 154), et les
modillons de l'abbatiale (tome II, p. 170).

Voyez aussi Jaillot, *Recherches sur Paris*, tome V, quartier Saint-
Germain-des-Prés, p. 19; Piganiol de la Force, *Description de Paris*,
tome VIII, p. 1; Thiery, *Guide de l'amateur*, tome II, p. 507; Lenoir,
Musée des monuments français, tome I, p. 157, 208, tome II, p. 22,
tome IV, p. 195, tome VII, p. 82, 122, tome VIII, p. 183; J.-B. de Saint-
Victor, *Tableau de Paris*, t. IV, 2e part, p. 402; le *Magasin pittoresque*,
tome IV, p. 109, tome VII, p. 198, 259 et suiv., tome VIII, p. 165 et
suiv., tome X, p. 54, tome XI, p. 92 et suiv.); la *Revue universelle des
Arts*, année 1855, p. 203.

La *Bibliothèque historique de la France* du père Lelong et de Fevret
de Fontette, indique (tome I, p. 776, n° 12309 à 12347 et tome IV,
p. 345) une série d'opuscules contenant les vies de S. Droctovée, Usuard,
Aimoin, Abbon, Hugues Menard, Luc d'Achery, L. Bulteau, J. Mabillon,
Th. Ruinart, P. Lamy, Jean Martianay, Aug. Touttée, Mich. Félibien,
P. Constant, Nic Le Nourry, Simon Mopinot, Denys de Sainte-Marthe,
Jean Gellé, Claude de Vic, Edm. Martenne, Bern. de Montfaucon, Gabr.
Brice, D. Jacques Martin, D. Bouquet, René Laneau, qui ont tous appar-
tenu, à des titres divers, à l'abbaye de Saint-Germain-des-Prés.

Mon confrère, M. Léopold Delisle, publie en ce moment dans la *Bibliothèque de l'École de Chartes*, tome XXVI, un Inventaire des manuscrits latins
de Saint-Germain-des-Prés, et M. Quicherat, un Mémoire intitulé *Critique
des deux plus anciennes chartes de Saint-Germain-des-Prés*. M. G. Roulland,
ancien élève de l'École des Chartes, publiera prochainement un volume intitulé : *la Foire Saint-Germain*.

---

[1] Le Musée du Louvre possède un tableau du XVIe siècle qui représente aussi l'Abbaye
de Saint-Germain-des-Prés, au point de vue de l'art national, une des plus précieuses
toiles que nous possédions.

SAINT-GERMAIN-LE-VIEUX

[9] Rien ne prouve, d'abord, que *palu* ait ici le sens de marais. Le marché pouvait avoir pris ce surnom de *palu*, des palissades dont il était entouré, ou bien encore des pieux ou piquets près desquels se tenaient les marchands. Dans tous les cas, la traduction de Saint-Germain-le-Vieux par Sanctus Germanus aquosus est une de ces fantaisies philologiques qui séduisait parfois l'imagination trop brillante du docte abbé. Un extrait du Mémoire de M. Quicherat que je donne plus loin, démontre d'une manière évidente l'inanité de cette hypothèse, et rend à cette église la haute antiquité qui lui a été refusée jusqu'ici.

[10] Cette chapelle n'était pas proche le jardin, mais bien dedans, *infra muros abbatiæ*. Jaillot semble fort choqué de voir Lebeuf qualifier d'échange cette cession par laquelle l'université recevait beaucoup plus qu'elle ne rendait. (Voy. *Recherches sur Paris*, quartier de la Cité, t. I, p. 81.)

[11] Le plan de cette maison a été indiqué par M. Ad. Berty, dans le plan annexé à sa brochure intitulée : *Trois Ilots de la Cité*.

[12] Comme nous l'avons déjà dit (t. II, p. 647), cette rue n'a jamais été appelée de Lormerie. Les lormiers n'ont donc rien à faire ici.

[13] J'ai dit dans une note précédente qu'un mémoire de M. Quicherat, me permettait d'établir l'antiquité de cette église. Voici un long extrait de ce remarquable mémoire, intitulé : *les Trois Saints Germain de Paris*, par lequel mon savant professeur et ami a fait ressortir, avec autant d'érudition que de clarté, l'origine de Saint-Germain-le-Vieux :

Paris a possédé autrefois trois églises du nom de Saint-Germain. Outre Saint-Germain des Prés et Saint-Germain l'Auxerrois, qui subsistent encore, il y en avait une autre appelée Saint-Germain le Vieux, qui fut démolie en 1802. Elle était située dans l'île de la Cité, vers l'emplacement du ci-devant Marché-Neuf, c'est-à-dire à une cinquantaine de pas sur la gauche quand on avait traversé le Petit-Pont.

D'après une conjecture déjà exprimée par Dubreul, Saint-Germain le Vieux aurait commencé par être une petite communauté de religieux bourguignons, établie par l'évêque Germain dans les dépendances du baptistère primitif de Paris. D'autre part, une tradition, qu'on ne peut pas faire remonter bien haut, représente Saint-Germain l'Auxerrois comme une fondation de Childebert à peu près contemporaine de celle de Sainte-Croix et Saint-Vincent. D'un côté comme de l'autre, les preuves font défaut ; de sorte que si l'on veut s'en tenir au témoignage des documents, on n'a rien de plus ancien à placer dans l'histoire de la première de ces églises, que l'inhumation de saint Landry, mort en 656 ; et rien de plus ancien à placer dans l'histoire de la seconde, que la translation des reliques de l'évêque Germain, qui y furent apportées de Saint-Vincent lors du siége de Paris par les Normands, en 885.

Un texte dont je crois qu'on n'a jamais saisi le sens, en m'ouvrant les yeux sur le véritable fondateur de Saint-Germain le Vieux, m'a procuré le moyen de conjecturer avec quelque chance de réussite, je l'espère, quel fut celui de Saint-Germain l'Auxerrois.

Bertchram, évêque du Mans sous Clotaire II, avait été l'un des disciples préférés de saint Germain, évêque de Paris. Il fit son testament en 615. On y lit la clause suivante :

Basilicæ domni et peculiaris patrini mei Germani episcopi, qui me dulcissime nutrivit et sua sancta oratione etsi indignum ad sacerdotii honorem perduxit, si supersistit in basilica domni Vincentii, ubi ejus sanctum corpusculum requiescit, donari jubeo in honorem sepulturæ suæ villam Bobanæ, quæ est in territorio Stampense super fluvio Collæ, quam mihi gloriosissimus domnus Chlotarius rex suo munere contulit. Quod jubeo ea conditione ut, si sanctum corpus ejus in basilica nova, quam inclitus Chilpericus quondam rex construxit, si convenerit ut inibi transferatur, villa ipsa, ubi sanctum ejus corpus fuerit semper ibi deserviat, ut ipse sanctus pontifex, pro meis facinoribus deprecari dignetur. Rogo, abba illustris loci illius, ut nomen meum in libro vitæ recitetur [1].

Je traduis en français :

« A la basilique de mon seigneur et patron particulier l'évêque Germain, qui m'a nourri de ses doux enseignements, et qui, par sa sainte intercession, m'a fait parvenir aux honneurs suprêmes du sacerdoce, s'il reste dans la basilique de monseigneur Vincent, où repose sa sainte dépouille, j'entends donner, en l'honneur de sa sépulture, le domaine de Boba, dans le pays d'Étampes, sur la rivière d'École [2], lequel je tiens de la munificence du très-glorieux roi Clotaire. Ce que je prescris à la condition que, si l'on s'accorde à transférer son saint corps dans la nouvelle basilique que le feu roi Chilpéric a construite, le revenu du domaine y aille également pour toujours, et partout où sera le même corps saint, afin que ledit saint pontife me fasse la grâce d'intercéder pour mes péchés. Illustre abbé du lieu, je vous prie de veiller à ce que mon nom soit porté sur le livre des commémorations. »

Mabillon et l'historien de Saint-Germain des Prés, D. Bouillart, ont entendu ce passage comme s'il n'y était question que d'une seule et même église. Au premier abord, on peut s'en étonner, car l'opposition entre la basilique de Saint-Vincent et une basilique neuve construite par Chilpéric est exprimée aussi clairement que possible; mais il faut savoir que saint Germain n'avait pas été inhumé d'abord dans la basilique même de Saint-Vincent. Le corps, déposé dans une chapelle attenante qui formait un édicule à part sur le flanc méridional de l'église, resta, en cet endroit, jusqu'en 752. C'est sur cette circonstance que les bénédictins ont fondé leur interprétation. Ils ont cru que l'opposition était entre la basilique proprement dite et la chapelle atte-

[1] Pardessus, *Diplomata, chartæ*, etc., *ad res gallo-francicas spectantia*, t. 1, p. 262.
[2] Aujourd'hui Saint-Germain-sous-École (arrondissement d'Étampes, Seine-et-Oise).

nante. Pour Mabillon [1], l'édifice nouveau était une reconstruction de la basilique childebertine, laquelle aurait péri par un accident quelconque à la fin du sixième siècle. Pour D. Bouillart [2], c'était seulement une reconstruction de la chapelle. Mais on objectera à Mabillon que, si la basilique de Saint-Vincent, l'un des plus beaux monuments de la Gaule barbare, avait été détruite du temps de Chilpéric, Grégoire de Tours n'aurait pas manqué de le dire. On objectera à D. Bouillart que, si Bertchram avait eu en vue la reconstruction de la chapelle où fut inhumé saint Germain, il ne se serait pas servi du terme *basilica*, qui désigne toujours une grande église. Enfin, on objectera à tous les deux qu'il s'agit d'un legs dont la condition, tout éventuelle, est de passer d'un établissement à un autre établissement, et que, les choses étant telles qu'ils les ont comprises, l'éventualité n'aurait point été possible, puisque la basilique et la chapelle ne formaient qu'un seul et même établissement.

Dubois, le savant historien de l'Église de Paris, crut sortir de la difficulté par une correction du texte. A *Chilpericus*, il substitua *Childebertus* [3]. C'est ce qui s'appelle recourir en pure perte à un moyen désespéré. Le changement du nom royal n'amène pas l'opposition requise par le sens. Celle-ci fait toujours défaut, s'il ne s'est agi que de retirer le corps de saint Germain de la chapelle extérieure où il reposait, pour le mettre dans la basilique même de saint Vincent.

Jaillot, le premier, comprit qu'il était nécessaire de mettre en présence deux grandes églises [4]. Selon lui, Saint-Germain l'Auxerrois pourrait bien être la *basilica nova* dont a voulu parler l'évêque Bertchram. A cela, il n'y a qu'un mot à répondre. Saint Germain d'Auxerre n'est pas saint Germain de Paris, et c'est à saint Germain de Paris (je le démontrerai dans un instant) que devait être dédiée l'église bâtie par Chilpéric.

L'objection ne perd rien de sa force, parce qu'il a plu à Dulaure d'ériger en fait prouvé la conjecture de Jaillot, ni parce que le conseil municipal de Paris, sur la foi de Dulaure, imposa le nom de Chilpéric à la petite rue qui régnait naguère sur le flanc septentrional de Saint-Germain l'Auxerrois.

Aucun des systèmes suggérés par la clause du testament de Bertchram n'est donc acceptable. Il y a lieu, par conséquent, d'en proposer un autre, et la voie naturelle pour arriver là est de dégager bien nettement toutes les données fournies par le texte.

Les mots qui sont en tête de la clause, *Basilicæ domni Germani episcopi*, impliquent tout d'abord l'éventualité du legs. Ils se rapportent à l'une comme à l'autre des églises qui seront nommées ensuite : d'une part, à Saint-Vincent, propriété du saint évêque, qui, de son vivant, l'avait reçue en don du roi Childebert [5]; d'autre part, à la basilique bâtie par Chilpéric, laquelle ne pouvait être considérée comme basilique de saint Germain, qu'autant qu'elle avait été dédiée à sa mémoire. Une église connue, qui n'était pas sous le vo-

---

[1] *Annales ordinis sancti Benedicti*, t. I, l. VI, n. 69.

[2] Histoire de l'Abbaye de Saint-Germain des Prés, p. 9.

[3] *Historia ecclesiæ parisiensis*, t I, p. 129.

[4] Recherches sur Paris, t. I, *Quartier du Louvre*.

[5] « Inclitus iste princeps Parisius basilicam in honore Sanctæ Crucis et domni Vincenti vel reliquorum Sanctorum in unum membrum construxit.... ac largitatis sue copiam per testamenti sui paginam nobis habere decrevit. » *Privilegium S. Germani*, ann. 566.

cable de saint Germain, et une église inconnue, qui était nécessairement sous ce vocable, sont donc englobées dans le terme général « à la basilique de mon seigneur Germain. »

Passons maintenant à la disposition qui termine la clause. *Abba illustris loci illius* est une invocation qui répond aussi à l'éventualité du legs; elle s'adresse au supérieur, quel qu'il soit, de l'une ou de l'autre église, de la basilique Saint-Vincent ou de la basilique bâtie par Chilpéric. Le latin met *loci illius* au lieu de *alterutrius loci*; mais c'est du latin barbare auquel il ne faut pas demander la précision des termes. Pour les gens du septième siècle, il n'y avait pas à hésiter sur le sens, attendu qu'on n'avait le droit de demander sa commémoration qu'à l'église à qui l'on avait donné quelque chose pour son obit. Le don de Bertchram était conditionnel; il devait accompagner le corps de saint Germain, rester à Saint-Vincent si le corps y restait, passer à la nouvelle basilique si la translation avait lieu; et, comme un abbé est chargé dans les deux cas d'exécuter la volonté du testateur, c'est que la basilique neuve, aussi bien que la basilique Saint-Vincent, était desservie par une communauté de moines.

Ainsi, il s'agit de trouver une église monastique placée sous l'invocation de saint Germain de Paris, et assez ancienne pour qu'on en puisse attribuer la fondation à Chilpéric Ier.

Saint-Germain le Vieux ne remplit-il pas toutes ces conditions? Son surnom est le certificat de son antiquité; son titre fut toujours celui de l'évêque de Paris; le premier texte où cette église soit mentionnée de manière à n'être pas confondue avec ses homonymes, la représente comme une maison d'ascètes, *arcisterium* [1], ce qui, dans le latin barbare, a été la même chose qu'*asceterium* ou *monasterium* [2].

Je me hâte d'ajouter que rien ne s'explique mieux que la construction d'une basilique, accomplie peu de temps après la mort de saint Germain avec l'intention de faire venir son corps dans la cité. L'église Saint-Vincent avait une situation exceptionnelle. Par la richesse de sa dotation, par la magnificence de ses bâtiments, par l'immunité qu'un synode d'évêques lui avait accordée en 566, à la demande de saint Germain lui-même, elle éclipsait déjà la cathédrale de Paris. Posséder la sépulture d'un prélat à qui la sainteté avait été décernée de son vivant devenait pour elle un titre de plus à la faveur du peuple. On conçoit que la cathédrale se soit alarmée; qu'elle ait cherché à tempérer l'excès d'une vogue préjudiciable à ses droits, en revendiquant la dépouille mortelle de son chef défunt; qu'elle ait pris sur son propre fonds (s'il est vrai que ce fut son baptistère même) l'emplacement destiné à contenir ce précieux gage. Chilpéric aura fourni l'argent pour la construction de l'église, et doté les religieux qui devaient la desservir sous la surveillance directe du pasteur diocésain. Enfin, la dédicace put s'effectuer sous l'invocation de saint Germain, n'y ayant eu besoin pour cela que de déposer sous l'autel un objet qui eût été porté par le bienheureux, ou même qui eût touché seulement à ses reliques.

---

1 « Tunc corpus beatissimi Germani in arcisterium ejusdem sancti pontificis, in civitate prædicta situm, ab ipsis monachis delatum fuit. » *Aimonii monachi historia*, l. V, cap 41.

2 Du Cange, v° *arcisterium*.

Les choses, amenées jusque-là, n'allèrent pas plus loin. Le roi mourut sans que les religieux de Saint-Vincent eussent consenti à se dessaisir de la sépulture de leur instituteur. Le testament de Bertchram fournit la preuve que, trente ans après le décès de Chilpéric, la question était encore pendante. Elle ne fut décidée que par le changement de dynastie, lorsque l'un des abbés de Saint-Vincent, fort de la faveur de Pépin le Bref, osa enfin lever le corps de saint Germain, pour le transporter de la chapelle où il était resté jusqu'alors, non pas dans la basilique de la cité, mais dans l'intérieur de sa propre basilique [1].

L'histoire connue de Saint-Germain le Vieux ne commence qu'à une époque où cette querelle était depuis longtemps oubliée. La superbe abbaye, sa rivale, éprouva au neuvième siècle des désastres sans nombre. Appauvrie à la fois par le régime des inféodations et par les ravages des Normands, elle ne figurait plus, du temps de Charles le Gros, que comme un bénéfice réuni à l'évêché. L'évêque était alors Gozlin, l'héroïque défenseur de Paris contre les Barbares. Au premier signal du danger, il avait fait venir dans la cité les moines de Saint-Vincent avec la châsse de saint Germain. Celle-ci fut déposée dans l'église qui avait été préparée pour elle depuis trois siècles [2], ou du moins dans un nouvel édifice qui avait remplacé celui-là, car toutes les églises de Paris furent incendiées en 856. La présence de ces reliques devint un encouragement pour les Parisiens, qui, après la retraite des Normands, attribuèrent au saint le mérite de leur délivrance. La cathédrale paraît avoir payé la reconnaissance des citoyens en abandonnant la possession de Saint-Germain le Vieux à l'abbaye de Saint-Vincent. Saint-Germain le Vieux ayant été plus tard converti en paroisse, Saint-Germain des Prés en conserva le patronage jusqu'en 1368. Depuis lors, le même droit appartint par échange à l'Université de Paris [3].

Revenons à présent sur le surnom de Vieux. Il n'exprime pas seulement l'antiquité, ainsi que je le faisais remarquer tout à l'heure, il implique encore une antiquité relative; car, assurément, on n'a dit Saint-Germain le Vieux que pour distinguer l'un des Saint-Germain d'un autre qui, à l'égard de celui-là, était le neuf. Je trouve effectivement un saint Germain le Neuf mentionné dans la donation que le comte de Paris, Étienne, fit en 811 à la cathédrale, pour la fondation de son anniversaire. L'une des conditions imposées par le donateur est que les chanoines de la cathédrale députeront tous les ans des commissaires pour aller faire célébrer son obit dans plusieurs des grandes églises du diocèse, savoir : à Saint-Denis et à Saint-Germain, ou à Sainte-Geneviève ou à Saint-Marcel, ou à *Saint-Germain le Neuf* ou à Saint-Cloud, et encore à Chelles ou à Saint-Maur des Fossés [4].

L'abbé Le Bœuf a entendu par Saint-Germain le Neuf Saint-Germain des Prés, se fondant sans doute sur ce que, du temps de Charlemagne, il

[1] *Historia translationis sancti Germani*, dans les Bollandistes, 28 mai.

[2] Ci-dessus, p. 117, note 1.

[3] Jaillot, tome I, *Quartier de la Cité*.

[4] Cartulaire de Notre-Dame de Paris, t. I, p. 290 : « Et quando quidem anniversarium nostrum evenerit, missi ex ipsis canonicis partibus Sancti Dionysii et Sancti Germani, vel Sanctam Genovefam et Sanctum Marcellum, vel *Sanctum Germanum novum*, seu ad Sanctum Clodoaldum et ad Kala vel Fossatis, et pro animarum nostrarum commemorare ipsas congregationes faciant. »

n'y avait pas longtemps que l'on avait commencé à donner à Saint-Vincent le nom de Saint-Germain, et, par l'autre Saint-Germain nommé en premier lieu, il a compris Saint-Germain l'Auxerrois [1]. C'est tout le contraire qui doit être fait, selon moi. Il est évident que l'énumération donne aux églises dénommées un ordre hiérarchique. Or, à quel autre Saint-Germain qu'à Saint-Germain des Prés ou Saint-Vincent, le premier rang après Saint-Denis peut-il avoir appartenu? Et si le Saint-Germain nommé d'abord est le Saint-Germain des Prés, celui qui vient après est de toute nécessité Saint-Germain l'Auxerrois, parce qu'il n'est question ici que d'églises situées hors de la Cité. Les dénominations de Vieux et de Neuf sont donc sorties du besoin de distinguer Saint-Germain en la cité d'avec Saint-Germain hors de la cité, en un temps où l'usage n'existait pas encore d'établir la différence en ajoutant au nom de celui-ci l'adjectif *Auxerrois*.

L'abbé Le Beuf, après l'interprétation qu'il avait donnée de Saint-Germain le Neuf, s'est trouvé dans un si grand embarras au sujet de l'opposition des deux surnoms, que, pour en sortir, il a eu recours à la plus étrange conjecture. Il a supposé qu'il n'y avait jamais eu de Saint-Germain le Vieux; que le surnom prononcé de la sorte au moyen âge et rendu dans les actes latins du douzième et du treizième siècle par *vetus* et *vetulus* était une corruption d'*évieux*, *aquosus*, et que le Saint-Germain de la Cité avait été appelé l'évieux à cause de sa proximité de la rivière, qui l'exposait aux inondations [2]. C'est ici le cas de dire *quandoque bonus dormitat Homerus*. En admettant que le mot *évieux* ait jamais existé (ce qui est bien peu probable, car *aquosus* a donné *éveux*), évieux n'aurait pas été confondu avec *le vieux*, qui, dans le plus ancien français, se prononçait *viel* au cas oblique, et au cas direct *viés* ou *viés*.

Li viés ou *le viel* fut incontestablement le surnom du Saint-Germain voisin de Notre-Dame, témoin le *Dit des Moustiers de Paris*, où il y a ces deux vers :

> Aidiez-moi saint Germain li vieux;
> Et saint Sauveres qui vaut miex.

Et cela achève de démontrer combien l'opinion de l'abbé Le Beuf est peu soutenable.

Je le répète, il n'y a que Saint-Germain l'Auxerrois qui a pu être surnommé le Neuf, du moment que Saint-Germain en la Cité fut Saint-Germain le Vieux, et la conséquence est que le premier était d'origine plus récente que l'autre. Or, nous avons vu que Saint-Germain le Vieux datait, selon toute apparence, du règne de Chilpéric Ier; la fondation de Saint-Germain l'Auxerrois doit donc se placer après ce règne.

Mon hypothèse est donc que la fondation de Saint-Germain l'Auxerrois ne remonte pas plus haut que le septième siècle, et qu'elle fut une tentative du même genre que la fondation de Saint-Germain le Vieux. L'une et l'autre auraient eu pour objet de retenir dans le giron de la mère-église de Paris le peuple qui se portait en foule à la basilique de Childebert, soustraite en partie à l'autorité épiscopale.

[1] Histoire de la ville et du Diocèse de Paris, t. I, p. 38 de l'anc. édit. et p. 76 de la nouvelle.
[2] Histoire du Diocèse de Paris, t. II, p. 137 de l'anc. édit. et t. III, p. 15 de la nouvelle.

Je ne saurais mieux terminer ces remarques qu'en essayant de préciser auquel des trois Saint-Germain se rapportent diverses mentions consignées d'une manière obscure dans les plus anciens documents.

Les Bénédictins ont fait honneur à Saint-Germain des Prés et l'abbé Le Beuf à Saint-Germain l'Auxerrois d'une guérison miraculeuse opérée à Paris par saint Éloi « dans la basilique de saint Germain, confesseur » : C'est ainsi que s'exprime l'auteur de la *Vie de saint Éloi* [1].

Les circonstances du miracle sont qu'un boiteux, traîné sur une charrette, ayant aperçu le saint homme à la porte de la basilique en question, le supplia de lui venir en aide. Saint Éloi ordonna aux gens de sa suite de prendre ce malheureux dans leurs bras et de le transporter dans l'église auprès de la balustrade de Saint-Germain, *juxta cancellos præfati sancti Germani.* Lui-même entra. Le boiteux fut guéri par ses prières.

Il est évident que rien de ce qu'il y a dans ce récit ne peut s'appliquer à Saint-Germain des Prés, puisque, du temps de saint Éloi, le corps du bienheureux évêque de Paris ne reposait pas encore dans l'intérieur de la basilique à laquelle il a donné son nom. L'interprétation des Bénédictins n'est donc point acceptable. Celle de l'abbé Le Beuf l'est-elle davantage? Oui, dans l'hypothèse où l'origine de Saint-Germain l'Auxerrois remonterait au sixième siècle, et alors le miracle se rapporterait à saint Germain, évêque d'Auxerre. Mais si l'église de Saint-Germain l'Auxerrois a saint Landry pour fondateur, comme on vient d'en établir la probabilité, il faut mettre Saint-Germain l'Auxerrois hors de cause, aussi bien que Saint-Germain des Prés. Saint Landry devint évêque de Paris seulement en 652, et le miracle de saint Éloi se place sous le règne de Dagobert. C'est donc à Saint-Germain le Vieux qu'il se passa, et, dans la pensée de l'hagiographe, si saint Éloi en avait été l'intercesseur, saint Germain de Paris en était l'auteur.

C'est encore, selon moi, pour Saint-Germain le Vieux que le même saint Éloi fabriqua le tombeau ou la châsse de saint Germain [2], énumérée parmi les ouvrages d'orfévrerie qui contribuèrent à sa renommée avant son élévation à l'épiscopat, c'est-à-dire avant 640. On a toujours compris que cet ouvrage avait été exécuté pour l'église de Saint-Vincent ; mais à Saint-Vincent, comme j'ai déjà eu occasion de le dire plusieurs fois, le corps de saint Germain resta enfoui jusqu'en 752 sous le sol de la chapelle extérieure où on l'avait enterré, et le récit très-détaillé que nous avons de l'exhumation ne mentionne aucun monument d'orfévrerie recouvrant la sépulture. On conçoit, au contraire, qu'une châsse somptueuse, un coffre en forme de tombeau ait contenu la relique qui avait motivé la consécration de l'autel principal de Saint-Germain le Vieux. Moins cette relique avait de prix en comparaison du corps que possédaient les moines de Saint-Vincent, plus on avait dû chercher à éblouir les yeux par la magnificence de son enveloppe. C'est autour de cette châsse et de l'autel, placé vraisemblablement au-dessus, que régnait la balustrade mentionnée dans le miracle du boiteux guéri.

Enfin, je vois une troisième mention de Saint-Germain le Vieux dans le vo-

[1] Cap. 26.
[2] Cap. 32.

cable de la cathédrale de Paris, tel que l'expriment deux chartes du temps de Charlemagne.

Au début de la donation du comte Étienne, dont je me suis servi tout à l'heure, on lit : *Sacrosanctæ Mariæ ecclesiæ Deique genitricis et sancti Stephani prothomartyris seu et domni Germani*, *ubi Inchadus, parisiacæ urbis episcopus, rector præesse videtur, quæ est infra murum Parisii civitate constructus.*

Pour comprendre ce passage, il faut se reporter au régime antique sous l'empire duquel la plupart des cathédrales consistèrent, non point en une seule église, mais en plusieurs églises séparées souvent par de grandes distances. La cathédrale de Paris se trouve ainsi dénommée par les trois sanctuaires de Notre-Dame, de Saint-Étienne et de Saint-Germain, tous les trois formant un seul corps qui était renfermé, ainsi que nous l'indique la formule, dans l'enceinte des murs de la Cité. Dès lors, le Saint-Germain dont il s'agit ne peut pas être un autre que Saint-Germain le Vieux ; car Saint-Germain des Prés et Saint-Germain l'Auxerrois étaient hors des murs.

Le même vocable, plus développé dans un diplôme royal de 795, est ainsi conçu : *Ecclesia Parisiaca, quæ est in honore sanctæ Mariæ matris Domini nostri Jesu Christi et sancti Stephani protomartyris, sancti Dionysii et sancti Germani et sancti Marcelli et sancti Chlodoaldi confessoris, et cæterorum dominorum quorum pignora in ipsa plebe vel in ipsa ecclesia Parisiaca adunata requiescunt* [1]. Comme cette longue énumération ne porte que sur des membres de la cathédrale, il faut tout de suite écarter la présence des grandes abbayes de Saint-Germain des Prés et de Saint-Denis, gratifiées l'une et l'autre de l'immunité. Le titre de saint Denis a été fourni par Saint-Denis du Pas en la Cité, et il contredit formellement l'abbé Le Beuf, qui a nié que Saint-Denis du Pas existât au neuvième siècle, « parce que, dit-il par inadvertance, dans les chartes d'alors, où sont spécifiés les saints diocésains, patrons plus particuliers de la grande église, saint Denis n'y est aucunement nommé [2]. » Quant au titre de Saint-Germain, à première vue, il pourrait être celui de Saint-Germain l'Auxerrois aussi bien que celui de Saint-Germain le Vieux, parce qu'ici le choix n'est pas borné, comme dans l'acte de 811, aux églises contenues dans l'enceinte de Paris ; mais, en y faisant attention, on s'aperçoit que tous les saints nommés appartiennent au diocèse, que ce sont les patrons particuliers de la grande église, pour parler comme l'abbé Le Beuf. Il devient, par conséquent, bien probable que c'est saint Germain de Paris, patron de Saint-Germain le Vieux, qu'on a voulu désigner.

Enfin, Saint-Germain en la Cité, dont les mentions sont très-rares, figure avec son surnom de Vieux dans une bulle de 1177 [3], et les actes postérieurs ne cessent plus de lui appliquer le même déterminatif.

J'ajouterai que cette église, fermée en 1790, fut vendue le 12 fructidor an IV, et abattue peu de temps après. On voyait encore, l'année

---

[1] Cartulaire de Notre-Dame de Paris, t. 1, p. 240.
[2] Histoire du Diocèse de Paris, t. 1, p. 29.
[3] Histoire de l'Abbaye Saint-Germain-des-Prés, preuves, p. XLIV.

dernière, dans une maison de la rue du Marché-Neuf, qui portait le n° 8, des vestiges de ce vieux monument religieux.

Le 27 février 1790, le curé, Claude Coutault, avait déclaré que le revenu de sa cure ne consistait qu'en 637 livres de gros payé par la fabrique et 1,200 livres de casuel.

BIBLIOGRAPHIE

MANUSCRITS

Les Archives de l'Empire ne possèdent pas un grand nombre de documents sur Saint-Germain le Vieux.

Dans la section historique, il y a un carton et treize registres.

Le carton coté L. 650 renferme des titres de rentes constituées, un registre d'anciennes instructions de MM. les marguilliers, un contrat d'échange dressé en 1574, entre des particuliers et les marguillers de Saint-Germain le Vieux, dans lequel le collège de Dainville se trouve intéressé, un inventaire de la sacristie de 1618 à 1690, des mémoires d'ouvriers et de fournisseurs, des quittances, des titres de rentes sur l'Etat.

Les sept premiers registres de la section historique (LL. 733-739) renferment les délibérations de 1610 à 1654, 1610 à 1661, 1661 à 1675, 1675 à 1686, 1686 à 1719, 1719 à 1745, 1745 à 1771; le huitième est un matrologe de 1675 (LL. 740); le neuvième, un registre des revenus de la fabrique, de 1581 à 1601 (LL. 741); le dixième, un registre des comptes de la fabrique, en 1515 (LL. 742); le onzième, un registre de la confrairie de Saint-Germain (LL. 743); les douzième et treizième, deux inventaires des titres en 1581 (LL. 744-745).

Il y a quatre cartons dans la section administrative, le premier carton (S. 3355) contient des titres de propriété de maisons sises à Paris, rue de la Calandre, la déclaration du 27 février 1790; le second (S. 3356) des titres de propriété du presbytère et des maisons situées rues de la Calandre et Saint-Denis; les troisième et quatrième (S. 3357-3358) un inventaire des titres en 1527, des pièces concernant l'ouverture de la rue Neuve-Notre-Dame et de celle qui va au Marché-Neuf, des déclarations censuelles passées pour les maisons de la fabrique, des quittances de rachat des boues et lanternes et des droits d'amortissement, des titres de rentes foncières sur des maisons situées à Paris.

Dans la série H, on trouve sous la cote 3776, des comptes de 1457 à 1487 et des titres remontant au xiv° siècle, la fondation de la chapelle Sainte-Catherine, en 1361, un inventaire descriptif de l'argenterie et des ornements, en 1767. Vingt-cinq registres de la même série, cotés H. 4363 à 4387, renferment les comptes de l'église de 1760 à 1786.

Les trois saints Germain de Paris, par J. Quicherat. *Paris*, 1865, in-8°.

Mémoire pour le sieur Jacques Angiboust, marchand épicier à Paris, plaignant et demandeur, contre les sieurs curé et marguilliers en charge de l'église paroissiale de Saint-Germain le Vieil, accusés, défendeurs. *Paris*, 1766, in-4°.

District de Saint-Severin. Discours prononcé dans l'église Saint-Germain le Vieil, en la Cité, le mardi 13 juillet 1790, anniversaire de la Révolution, devant le bataillon assemblé par Mᵉ Louis-Ferd.-Amable Lambert, premier vicaire de la paroisse. *Paris*, *s. d.* (1790), in-8°.

Paris, 31 janvier 1791, MM., on m'a fait l'honneur dans le bataillon Saint-Severin, etc. *Paris*, *s. d.*, in-8°.

Note en faveur de la nomination de l'abbé Lambert à la cure de Saint-Germain le Vieil. Signé : Franquet.

Martirologe ou Mémoire de toutes les fondations faites dans l'église de Saint-Germain le Vieil, renouvellé et rédigé par messieurs le curé, marguilliers, etc. *Paris*, *s. d.*, in-4°.

ÉGLISE SAINT-SULPICE

[14] Jaillot a combattu l'opinion de l'abbé Lebeuf, et M. Berty, dans ses *Recherches sur les terrains de la Paroisse Saint-Sulpice*, tout en n'admettant pas complétement ce que dit Jaillot, semble considérer l'opinion de l'abbé Lebeuf comme difficile à admettre. Ce qu'il y a de certain, c'est qu'un cimetière du titre de Saint-Pierre, *Atrium S. Petri*, existait en 1265, et que des tombes ont été trouvées, d'après Lebeuf, lors de la construction de la nouvelle église de Saint-Sulpice. Lequel de ces deux cimetières était celui du bourg Saint-Germain, c'est ce qu'il est impossible d'éclaircir.

[15] L'abbé Lebeuf se trompe ici. Il y a une vue de l'ancienne église Saint-Sulpice dans le *Topographia Galliæ*, *Amsterodami*, 1660, in-4°, tome 1, p. 298.

[16] Ce n'est pas en 1570, mais le 18 août 1567, que la fondation de François Audran a été faite.

[17] Lebeuf aurait dû dire *les cimetières*, car l'église Saint-Sulpice a eu plusieurs cimetières, le premier, rue Garancière, le second, rue des Aveugles, et un troisième, rue de Bagneux. Le premier fut béni le 15 juin 1631, le second, béni le 10 juin 1664, servit jusqu'en 1782, et le troisième, ouvert en 1747, ne fut fermé qu'au commencement de l'an-

née 1784. On y avait transporté, en 1747, la terre et les ossements d'un cimetière appelé la Trinité, situé au coin de la rue de Sèvres et de la rue du Bac, que la fabrique de Saint-Sulpice avait établi en 1689, pour recevoir les corps ensevelis dans le cimetière de Sainte-Croix, béni le 14 septembre 1652, et vendu, avec la chapelle qu'on y avait fait construire, par arrêt du Conseil du 12 mars 1686, pour aider à payer les créanciers de la fabrique. En 1783, la fabrique de Saint-Sulpice avait acheté un terrain donnant sur le chemin de Vaugirard pour remplacer les deux cimetières, et elle y fit construire une chapelle. On voyait encore, dans ces derniers temps, à l'angle occidentale de la rue de Bagneux, l'inscription que voici : HIC JACENT AMICI VESTRI. ORATE PRO EIS. 1749. Montesquieu a été, dit-on, enterré dans ce cimetière, sur l'emplacement duquel on avait ouvert, pendant la Révolution, un bal appelé le *Bal des Zéphirs*.

[18] Ajoutons aux noms donnés par Lebeuf, ceux de :

François Blondel, seigneur des Croisettes et de Gaillardon, directeur de l'Académie d'architecture, maréchal des camps et armées du roi (22 janvier 1686). Gaetano-Julio Zumbo, gentilhomme sicilien (22 décembre 1701). Marie-Catherine Le Jumel de Barneville, veuve de François de Lamothe, comte d'Aulnoy (janvier 1705). Élisabeth-Sophie Chéron, peintre (3 septembre 1711). Michel de Marolles, abbé de Villeloin (mars 1681). Louis d'Oger, chevalier, marquis de Cavoye, grand maréchal-des-logis de la maison du roi (3 février 1716); Louise-Philippe de Coetlogon, sa femme (3 mars 1729). Allain-Emmanuel, marq. de Coetlogon, maréchal et vice-amiral de France, etc. (7 juin 1730). Vincent Languet, comte de Gergy, seigneur de La Grange Saint-Jean et autres lieux, gentilhomme ordinaire de la maison du roi, etc. (17 nov. 1734). Philippe de Courcillon, marquis de Dangeau (13 septembre 1720); Philippe Egon, marquis de Courcillon, son fils (20 sept. 1719). Jean-Victor de Besenval, baron de Bronstad, lieutenant-général des armées du roi, etc. (11 mars 1736).

[19] L'église Saint-Sulpice, beaucoup trop moderne pour exciter la curiosité de l'abbé Lebeuf, méritait cependant quelques mots de description. Ce monument religieux est le seul à Paris qui, par sa grandeur et sa disposition intérieure, rappelle les églises d'Italie. Les évolutions du clergé s'y font à l'aise et la largeur des nefs permet de donner une grande majesté aux cérémonies religieuses qui s'y accomplissent.

Au moment de la Révolution, la paroisse Saint-Sulpice avait pour curé Antoine-Xavier Mayneaud de Pancemont, prêtre du diocèse d'Autun. Il déclara à l'Assemblée Nationale, le 24 février 1790, que les revenus de sa cure montaient à 15,814 livres (1° loyer de maisons données par les religieux de l'abbaye de Saint-Germer en échange de la portion congrue qu'ils devaient, 2,800 l.; 2° payé par la fabrique, 800 l.; 3° redevances, 100 l.; 4° rentes dues par les particuliers, 300 l.; 5° casuel évalué 11,814 l.), mais qu'ils étaient très-inférieurs aux charges évaluées à 26,575 livres.

D'après cette déclaration, on voit que les vicaires de Saint-Sulpice vivaient alors en communauté de biens et de tables, qu'ils étaient au nombre de trente-six, et qu'ils possédaient, tant en rentes qu'en casuel, un revenu de 42,815 livres. Ces revenus aidaient la communauté à payer les honoraires des vicaires, des diacres, de deux sous-diacres, de huit chantres et de six enfants de chœur, ainsi que les gages de trois portiers de jour et de nuit, des six domestiques de cuisine, de réfectoire et d'infirmerie, etc., etc.

Un état du 19 janvier 1791 permet de fixer les revenus des pauvres de cette paroisse à 19,968 livres 19 sous 8 deniers. La paroisse de Saint-Sulpice, qui a toujours été dirigée par des curés charitables, avait aussi pour les pauvres un hospice. L'hospice de charité de Saint-Sulpice avait été fondé, par Louis XVI, en 1778, sur la demande du ministre Necker et de sa femme. Cette maison charitable, qui ne possédait aucun bien, occupait le couvent des Bénédictines de Notre-Dame de Liesse. En janvier 1791, M. de Mongolfier en était l'économe séquestre. (Voyez plus loin l'article consacré à *l'Hôpital Necker*.)

La loi relative à la circonscription des paroisses de Paris, décrétée le 4 février 1791, conserva Saint-Sulpice au nombre des nouvelles paroisses et lui donna la circonscription suivante :

Barrière de la rue du Mont-Parnasse ; rue du Mont-Parnasse à gauche ; rue Notre-Dame des Champs à gauche, jusqu'au cul-de-sac ; ledit à gauche en suivant le mur mitoyen des Chartreux et du Luxembourg jusqu'à la rue d'Enfer ; ladite à gauche ; celles des Francs-Bourgeois, des Fossés-Monsieur-le-Prince, des Fossés-Saint-Germain, de Bussy, du Four, de Grenelle, jusqu'aux boulevarts ; lesdits à gauche, jusqu'à la rue de Sèvres ; ladite à gauche, jusqu'à la barrière, suivre les murs jusqu'à la rue du Mont-Parnasse.

Le P. Poiré, supérieur de l'Oratoire de Paris, fut nommé à cette époque curé de Saint-Sulpice à la place de M. de Pancemont, qui avait refusé de prêter le serment de la Constitution civile du clergé. Peu de temps après, l'église fut fermée, et servit de magasin d'approvisionnement. Elle ne rouvrit ses portes que le 11 prairial an IV, et devint, sous l'invocation de la Victoire, l'un des quinze temples accordés au culte théophilanthropique ; c'est à ce titre qu'on y organisa un grand banquet, le 5 novembre 1799, en l'honneur des victoires remportées par le général Bonaparte. Peu d'années après, l'église était rendue au culte catholique, et le pape Pie VII y consacrait les évêques nommés à la suite du Concordat de l'an IX.

Saint-Sulpice, fort embelli depuis la Révolution, est assurément l'église de Paris où les cérémonies religieuses se célèbrent avec le plus de pompe et d'éclat. On y remarque surtout la chapelle des Saints-Anges, peinte par E. Delacroix, et la chapelle de la Vierge ; cette dernière, qui est très-célèbre, a été restaurée avant la Révolution aux frais d'un sulpicien, Henri-François Simon de Boncourt, chargé long-temps de la direction des catéchismes, et à qui l'on doit beaucoup de cantiques. Ce prêtre, fort riche, avança pour l'embellissement de cette chapelle plus de 600,000 livres, qui ne lui furent jamais remboursés[1]. La statue en marbre blanc de la Vierge, qui est éclairée par un jour céleste, est de Pigale et fait peu d'honneur à cet artiste. Elle a remplacé une statue de la Vierge en argent massif, que le curé Languet avait donnée et qui fut convertie en monnaie à la Révolution. Cette Vierge était appelée Notre-Dame-de-Vieille-Vaisselle, en souvenir des couverts d'argent que le curé Languet prenait chez ses paroissiens toutes les fois qu'il y dînait, et qui avaient contribué, avec les offrandes volontaires des fidèles, à l'érection de cette statue. Ce procédé, qui pourrait pa-raître singulier à plus d'un lecteur, et que la morale condamnerait en tout autre circonstance, était souvent employé par le vénérable abbé Languet, qui s'estimait heureux de pouvoir, à l'aide de pieuses fraudes, augmenter les ressources ou diminuer les dettes de son église. L'auteur de *Paris, Versailles et les provinces au dix-huitième siècle* (tome II, p. 186), assure que s'étant présenté chez le prince de Condé pour le prier de se charger du paiement des serrures de son église, le prince accueillit avec bonté la demande du curé, et voulut bien, sur ses in-stances, lui donner un billet de sa main pour ordonner de mettre cet objet sur ses comptes. Le curé, en sortant, ajouta un trait en travers de la première lettre du mot *serrures*, et en fit celui de *ferrures*. Quoique cette supercherie grammaticale formât un supplément de dépenses très-considérable, le prince ne fit qu'en rire, et ordonna de solder les mémoires.

Un monument des plus intéressants et des plus inattendus, car on ne le rencontre pas ordinairement dans une église, est la méridienne tracée par Henri Sully, mort en 1728, et terminée en 1743 par Le Monnier, pour déterminer d'une manière précise l'équinoxe de mars, et par suite le dimanche de Pâques. La fenêtre du transept méridional est close; une ouverture circulaire, placée à 25 mètres de hauteur, laisse passer au midi vrai un rayon solaire qui vient frapper la ligne méridienne. Cette ligne traverse l'église en s'élevant verticalement sur un obélisque de marbre blanc, haut de 18 mètres. Cet obélisque est couvert d'une in-scription, dont quelques lignes ont été grattées et qu'il m'aurait été im-possible de rétablir, malgré mes recherches dans les documents manus-crits et imprimés relatifs à Saint-Sulpice, si M. l'abbé A. Le Hir ne m'avait communiqué un manuscrit du séminaire de Saint-Sulpice, inti-tulé : *Le nouveau Temple de Salomon, ou Description historique de l'Eglise*

---

[1] Voyez dans le journal l'*Intermédiaire* du 10 octobre 1854, p. 254, une note à ce sujet de M. H. de l'Isle, de Maubeuge.

paroissiale de Saint-Sulpice, par M. Simonnet. Paris, 1771 dans lequel (tome 1, p. 141) se trouve une copie complète de cette inscription.

On a scellé dans le sol de l'église, du côté du transept méridional, une plaque de cuivre, sur laquelle on a gravé ce qui suit :

OBLIQUITAS ECCLIPTICÆ MAXIMA

23° 28' 40"

FAIT PAR CLAUDE LANGLOIS, INGÉNIEUR
AUX GALLERIES DU LOUVRE A PARIS.

MDCCXLIV

De cette plaque de cuivre part la ligne méridienne dont j'ai déjà parlé, et qui traverse l'église, en venant aboutir au fond du transept septentrional, où se trouve un obélisque, sur lequel on lit l'inscription suivante :

GNOMON ASTRONOMICUS
Ad Certam Paschalis
Æquinoctii Explorationem.

(1)

QUOD S. MARTYR ET EPISCOPUS HIPPOLYTUS ADORSUS EST. QUOD CONCIL. NICÆNUM PATRIARCHÆ ALEXANDRINO DEMANDAVIT. QUOD PATRES CONSTANTIENSES ET LATERANENSES SOLLICITOS HABUIT. QUOD INTER ROMANOS PONTIFICES GREGORIUS XIII ET CLEMENS XI INCREDIBILI LABORE ADHIBITA PERITIORUM ASTRONOMORUM INDUSTRIA CONATI SUNT. HOC ÆMULATUR STYLUS ISTE CUM SUBDUCTA LIN. MERIDIANA ET PUNCTO ÆQUINOCTIALI CERTIS PERIODORUM SOLARIUM INDICIBUS.

OPUS D. O. M. SACRUM [Regiis auspiciis Ludovici XV, in hanc basilicam munifici, favore præsidioque D. J. Fred. Philippeaux comitis de Maurepas, Regni administri, ejusdem templi ædilui principis, nec non D. Philib. Orri Regni administri, regiorum ærarii ædificiorum præfecti primarii] ELABORAVIT [Regiæ] SCIENTIARUM ACADEMIÆ NOMINE ET CONSILIIS P. C. CL. LE MONNIER EJUSD. ACAD. ET LONDIN. SOCIUS AB ÆQUINOCTIO AUTUMNALI ET IN HIEMALI SOLSTITIO ABSOLVIT AN. REP. SAL. M.DCC.XLII.

Quid mihi est in Cœlo? et a te quid volui super terram? deus cordis mei et pars mea deus in Æternum.

Ecce mensuabiles Posuisti Dies meos et substantia mea tanquam nihilum ante te. PSALM. XXXVIII.

Que dois-je chercher dans le ciel? et qu'est-ce que je puis désirer Sur la Terre? si non vous-même, Seigneur; vous estes le Dieu de mon cœur, et l'héritage que j'espère pour l'éternité. PSALM. LXXII.

C'est ainsi Seigneur que vous avez donné des bornes à nos jours, et toute notre vie est un rien à vos yeux.

(1) Ici l'agneau pascal.

Dans la chapelle de Saint-Jean-Baptiste, on a placé le mausolée du curé Languet de Gergy, qui avait été déposé au Musée des monuments français pendant la Révolution. Voici l'inscription gravée sur le sarcophage :

ICI REPOSE DANS LE SEIGNEUR

JEAN BAPTISTE JOSEPH LANGUET DE GERGY, NÉ EN BOURGOGNE, D'UNE FAMILLE NOBLE,
DOCTEUR DE LA FACULTÉ DE PARIS DE LA MAISON DE SORBONNE,
CURÉ DE LA PAROISSE DE S. SULPICE PENDANT TRENTE-CINQ ANS ;
SUR LA FIN DE SES JOURS, ABBÉ DE SAINTE MARIE DE BERNAY,

IL ÉLEVA CE TEMPLE DANS TOUTE LA GRANDEUR ET LA MAJESTÉ QU'ON Y ADMIRE :
ET TOUTE SA VIE OCCUPÉ A FAIRE ÉCLATER SA FERVEUR ET SA MAGNIFICENCE POUR LE CULTE DE LA MERE DE DIEU.
IL EN CONÇUT LE PROJET SANS AUTRES FONDS QU'UNE SAINTE CONFIANCE ; IL L'EXÉCUTA, GRACES A LA PIÉTÉ GÉNÉREUSE DU SOUVERAIN.
MAIS LA CONSERVATION DES TEMPLES VIVANS DE JÉSUS-CHRIST, FUT LE PREMIER ET LE PLUS CHER DE SES SOINS,
INGENIEUX A DÉCOUVRIR LA MISERE, PRODIGUE POUR LA SOULAGER, IL SECOUROIT LES INDIGENS, INDIGENT LUI-MÊME ;
IL LEUR DONNOIT DES VÊTEMENS ET LUI-MÊME S'EN REFUSOIT, IL LES NOURRISSOIT ET SE PRIVOIT LUI-MÊME D'ALIMENS ;
PROCURANT AUX PAUVRES LES TRÉSORS DES RICHES, AUX RICHES LES PRIÈRES DES PAUVRES :
HEUREUX MÉDIATEUR DE CE COMMERCE TOUT DIVIN, QUI PRODUIT UN INTERÊT IMMORTEL.
DANS LES INONDATIONS, DANS LES INCENDIES, DANS LES DISETTES, IL FUT UN PORT, UN REFUGE, UNE RESSOURCE.
ACTIF, VIGILANT, PROMPT A EXÉCUTER, IL N'Y AVOT SORTE DE BONNES ŒUVRES QU'IL NE SECONDAT PAR DE PUISSANTES LARGESSES,
ET QU'IL N'ENTREPRIT LUI-MÊME PAR UNE HEUREUSE PREVOYANCE.
IL OUVRIT UN AZILE HONORABLE A DE JEUNES VIERGES D'UN SANG NOBLE, QU'IL CONSACRA A JESUS ENFANT ;
IL POURVUT A LEUR SUBSISTANCE, A LEUR EDUCATION. LES GRANDS ONT REGRETTÉ EN LUI UN HOMME D'UN EXCELLENT CONSEIL,
SON TROUPEAU UN GUIDE, UN PÈRE, PARIS UN CITOYEN BIENFAISANT, L'ÉGLISE UN DOCTEUR ET UN MODELE.
SES VERTUS LE FERONT VIVRE ÉTERNELLEMENT AVEC LES ANGES DANS LE CIEL, SES BIENFAITS AVEC NOUS SUR LA TERRE.

IL MOURUT LE XI OCTOBRE DE L'ANNÉE MDCCL, A L'AGE DE SOIXANTE ET SEIZE ANS.

JEAN DULAU D'ALLEMANS, SUCCESSEUR DE CE GRAND HOMME ET LES MARGUILLIERS DE CETTE ÉGLISE,
LUI ONT ELEVE EN VERSANT DES LARMES, CE MONUMENT DE LEUR AMOUR ET DE LEUR RECONNOISSANCE.

Le clergé de l'église Saint-Sulpice se compose : d'un curé, de huit vicaires, de onze prêtres de la communauté de Saint-Sulpice, d'un prêtre-trésorier, d'un diacre d'office et de quatre prêtres habitués. Les revenus de la fabrique dépassent 100,000 francs.

Avant la loi du 12 janvier 1856, cette paroisse possédait une population de 44,323 habitants et un territoire de 209 hectares 23 ares, mais aujourd'hui qu'elle a cédé des paroissiens à Saint-Severin, à la nouvelle paroisse Notre-Dame-des-Champs et à Saint-Jacques-du-Haut-Pas, son territoire est réduit à 87 hectares, dont les limites sont :

Rue du Regard, un côté ; rue du Cherche-Midi, un côté ; rue de Buci, un côté ; rue Saint-André-des-Arts, un côté ; rue de l'Éperon, un côté ; rue Serpente, un côté ; rue Hautefeuille, un côté ; rue de l'École-de-Médecine, un côté ; rue de La Harpe, un côté ; place Saint-Michel, un côté ; rue d'Enfer, un côté, jusqu'à l'entrée du Luxembourg, vis à vis la rue Soufflot ; jardin du Luxembourg, un côté de l'avenue, jusqu'au carrefour de l'Observatoire ; rue de l'ouest, un côté ; rue de Vaugirard, un côté jusqu'à la rue du Regard, point de départ.

On trouvera à la suite de la Bibliographie, l'indication des établissements religieux, omis par Lebeuf, et de ceux qui font aujourd'hui partie de la paroisse de Saint-Sulpice.

BIBLIOGRAPHIE

MANUSCRITS

Les archives de l'Empire renferment un assez grand nombre de documents sur l'église Saint-Sulpice. Il y a trois cartons et treize registres dans la section historique, sept cartons et deux registres dans la section administrative.

Le premier carton de la section historique (L. 710) contient un dossier de pièces relatives à la fondation faite par François Audrand, abbé de Saint-Fuscien et grand vicaire de l'abbaye de Saint-Germain des Prés, en faveur de huit pauvres filles et de quatre pauvres garçons de la paroisse Saint-Sulpice, le 18 août 1567, les quittances des sommes payées pour les pensions des quatre jeunes orphelins de la paroisse de Saint-Sulpice « que l'on fait estudier conformément à la fondation de M. Audrand » ; des titres d'une fondation d'un vicaire et de deux sœurs grises en faveur de la fabrique, par Michel Le Tellier, seigneur de Chaville, en septembre 1670; des quittances des gros de la cure de Saint-Sulpice de 1445 à 1608; des pièces concernant la charité de la paroisse Saint-Sulpice et les limites de la paroisse ; le second (L. 711), des contrats de constitutions de rentes, des contrats de fondations de deux lits aux Incurables et de deux frères de l'École chrétienne ; des titres de rentes, des testaments et legs en faveur des pauvres de la paroisse ; le troisième L. 712), des arrêts, règlements, bulles et titres de rente concernant la confrérie du Saint-Sacrement, un dossier de pièces relatives au projet d'union de la cure de Saint-Sulpice au séminaire, des indulgences, en faveur des membres de la confrérie de Saint-Roch et de ceux qui visitent les autels de Saint-Sulpice, des sentences, arrêts et autres pièces concernant la procession de Saint-Antoine et les confréries de Saint-Antoine, Saint-Roch et Saint-Jacques.

Voici l'indication des treize registres de la section historique : un état des rentes aux XVIe et XVIIe siècles (LL. 947); des comptes du XVIIIe siècle (LL. 948), un état des biens en 1678 (LL. 949), un registre des délibérations de 1784 à 1789 (LL. 950), deux matrologes dont un de 1553 (LL. 951), et un second de 1558 à 1617 (LL. 952), un nécrologe de 1499 à 1744 (LL. 953-954), des registres de fondations au XVIIIe siècle (LL. 955-956), un registre de la confrérie du Saint-Sacrement de 1650 à 1759 (LL. 957), un registre des baptêmes de 1599 à 1604 (LL. 958) et un inventaire de la fabrique (LL. 959).

Dans la même section, il y a deux autres cartons qui renferment quelques documents sur Saint-Sulpice. Le premier (L. 769) contient les pièces d'un procès concernant les biens de la fabrique, des mémoires, consultations et titres de procédure au sujet des processions depuis la transaction de 1668, des requêtes et mémoires concernant l'érection de nouvelles cures dans le faubourg, les titres de l'érection de la cure du Gros-Caillou; le second (L. 776), un titre d'acquisition du 13 août 1692 d'une maison sise rue de Vaugirard pour l'hôpital et maison de charité des pauvres enfants orphelins de la paroisse Saint-Sulpice.

Le premier carton de la section administrative (S. 3510) renferme des titres de propriété de maisons sises à Paris, des titres de terrains à Clamart, Herouville, des titres de rentes, la déclaration de 1790 du curé de Saint-Sulpice, celle du curé du Gros-Caillou pour les pauvres de cette paroisse, quelques pièces relatives à l'hospice de charité de Saint-Sulpice ; le deuxième (S. 3511), des titres de propriété de maisons sises rues Férou et Saint-Sulpice ; le quatrième (S. 3512), les titres de maisons sises rue des Cannettes et du Vieux-Colombier, rue Férou, devant le grand portail sur la place Saint-Sulpice, rue des Fossoyeurs, l'acte de donation faite par le roi d'une place vague de 600 toises, les titres de propriété de terres sises au terroir de Sainte-Geneviève, à Vanves, au lieu dit le Gibet de Grenelle; le cinquième (S. 3513), les lettres patentes confirmatives des acquisitions faites par la fabrique de Saint-Sulpice pour remplacer deux cimetières supprimés dans les rues des Aveugles et de Bagneux, 1783, des pièces relatives à la construction du presbytère, des lettres patentes de février 1760, qui permettent aux curé et marguillier d'accepter la donation d'une maison sise rue Férou, pour en employer l'emplacement à l'usage d'un cimetière; un dossier de titres de propriété du terrain de la rue de Bagneux, qui a servi de cimetière jusqu'au commencement de l'année 1784, des titres de propriété du presbytère et du terrain qui a servi de cimetière jusqu'en 1782, des titres du nouveau cimetière, au chemin de Vaugirard et de la Chapelle y construite, avec plans et dessins; des titres d'une maison sise rue Férou; le sixième (S. 3513 *bis*), les titres de propriété de maisons sises rue des Fossoyeurs, à côté de l'église, un acte de cession faite par la fabrique à l'hôtel des Invalides de deux pieds de terrain à prendre sur toute la longueur d'une ruelle conduisant du chemin de Vaugirard à celui de Sèvres; les septième et huitième (S. 3514-3515), un inventaire des déclarations et autres actes donnant des renseignements sur les biens et revenus, des titres de propriété d'une maison sise rue des Fossoyeurs, des titres de propriété de la moitié d'une maison rue Carpentier et d'une maison rue Férou, aliénée au commencement du xvii° siècle, appartenant à la confrérie du Saint-Sacrement; le neuvième (S. 3515 *bis*), les titres de propriété et de procédure, sans importance pour la plupart, du temps de M. Languet de Gergy.

Le premier registre (S. 3516) renferme les receptes, rentes et héritages de la paroisse en 1613; le second (S. 3517) a pour titre : État général des biens, fondations et revenus de l'œuvre et fabrique de l'église paroissiale de Saint-Sulpice, à Paris, fait et rédigé par M. Bouquet, ancien contrôleur des rentes de l'Hôtel-de-Ville, ancien marguillier et secrétaire de ladite fabrique, année 1747. In-fol.

Dans la série H, on trouve sous les n°ˢ 3813 et 3814 des titres de 1566 à 1792, des comptes de la fabrique en 1790, des titres de rente de la confrérie du Saint-Sacrement en 1645 et des comptes de cette confrérie de 1785 à 1791. Sous les cotes H. 3285-3286², on trouve des comptes et des titres de rente des Écoles chrétiennes de Saint-Sulpice, sises rue Notre-Dame-des-Champs.

Voyez aussi une liasse de pièces conservées aux archives du département de Seine-et-Oise, sous la cote A. 1242.

A la Bibliothèque impériale, on conserve, au département des manuscrits, dans le fonds Baluze, n° 10,395², un manuscrit intitulé : Extrait du registre des délibérations de MM. les marguilliers et paroissiens de l'église de Saint-Sulpice, commencé le 30 octobre 1644 et finissant au 14 juillet 1681. In-4.

J'ai trouvé dans un catalogue de vente la mention de deux manuscrits concernant Saint-Sulpice : le premier était intitulé : « Compte des recettes et dépenses faites par M. Deyeux, en qualité de marguillier comptable de la paroisse Saint-Sulpice dans les années 1789-1790. 2 vol.

in-fol. » Le second avait pour titre : Ordre de la marche pour la procession de la paroisse de Saint-Sulpice le jour de la feste du Très-Saint-Sacrement de l'Autel. 1721. In-fol., manuscrit.

Les archives de l'église Saint-Sulpice ne sont pas considérables, mais elles sont bien classées.

IMPRIMÉS

Remarques historiques sur l'église et la paroisse de Saint-Sulpice, extraites des instructions et prières à l'usage de ladite paroisse. *Paris*, 1773. In-12.

Ces remarques sont, d'après Barbier, de l'abbé Simon de Doncourt.

Notes et observations critiques sur Saint-Sulpice de Paris, par F. C. L. *Paris*, 1782, in-8.

Recherches historiques et topographiques sur les terrains de la paroisse Saint-Sulpice qui étaient encore en culture au xvie siècle.

Articles de M. Berty, insérés dans la *Revue archéologique*, t. XIII, 1856-1857, p. 137-146; 199-217; 416-433; 669-676.

Physionomie des paroisses de Paris. — Saint-Sulpice et Saint-Roch. *Paris*, 1840, in-12.

Détail de la grande révolution arrivée en l'église de Saint-Sulpice, hier, à sept heures du soir, avec l'explication de tout ce qui s'y passe pendant l'office divin, avec le nombre des scélérats qui ont été arrêtés dans l'église et au Luxembour (*sic*). *Paris, s. d.* In-8. 4 p.

Grand détail exact de l'événement malheureux arrivé cette nuit à Saint-Sulpice. *Paris, s. d.* In-8.

Le violement du sanctuaire, ou le sacrilége commis sur le Saint-Sacrement de l'Autel à Saint-Sulpice, avec la réparation d'honneur qui lui a été faite, et tout ce qui s'est passé en la procession générale faite le 6 d'août 1648. *Paris*, 1648, in-4°.

Histoire véritable de tout ce qui s'est fait et passé à la mort d'un des voleurs qui avaient pris le saint ciboire dans l'église Saint-Sulpice et jeté les hosties par terre, lequel a été condamné à faire amende honorable, nu, en chemise, la torche au poing, derrière ladite église, et à être mené au bas de la rue de Tournon, et là à être attaché à un poteau et étranglé, puis brulé, et ses cendres jetées au vent. Ce qui a été fait le 16 juin 1649. *Paris*, 1649, in-4°.

La profanation du Saint-Sacrement réparée par les honneurs qui lui ont esté rendus en l'église Saint-Sulpice. In-4°.

Extrait de la *Gazette du Bureau d'adresse*, n° 120. La pagination commence à 1037 et termine à 1048.

Histoire de la première profanation commise dans l'église de Saint-Sulpice. *Paris*, in-12.

Histoire de la seconde profanation commise dans l'église de Saint-Sulpice. *Paris*, in-12.

Relation (et pièces justificatives) de la maladie et de la guérison miraculeuse opérée (à Saint-Sulpice) par le Saint-Sacrement, le 5 juin 1760, sur damoiselle Rose-Généreuse-Marie Jouot, veuve de François Mesnard. *S. n. d. l.*, 1760, in-12.

A messieurs et mesdames de la paroisse de Saint-Sulpice. *S. n. d. l. n. d.*, in-4°, 28 pages.

Appel aux paroissiens pour construire une nouvelle église.

Description de l'autel principal et de la coupole dans laquelle il doit être placé dans la nouvelle église de Saint-Sulpice de Paris. Expérience singulière faite à cette occasion par M. P.

Article inséré dans le *Mercure de France* du mois de mars 1725, p. 473.

Construction d'un obélisque à l'extrémité septentrionale de la méridienne de l'église de Saint-Sulpice. In-4°.

Mémoires de l'Académie royale des Sciences, année 1743, p. 361.

Sur le gnomon et l'obélisque de la méridienne de Saint-Sulpice. In-4°.

Histoire de l'Académie royale des Sciences, année 1743, p. 142. Une partie de ce rapport a été inséré dans l'Encyclopédie de Diderot.

Description de la ligne méridienne dans la nouvelle église de Saint-Sulpice.

Inséré dans le *Mercure de France*, juillet 1728, p. 1591.

La célèbre cérémonie faite à Saint-Sulpice, au fauxbourg Saint-Germain pour réparation du sacrilège commis contre le Saint-Sacrement. *Paris*, 1665. In-4°.

Extrait de la *Gazette du Bureau d'adresse*, n° 133, n° du 13 novembre 1665.

M. vous êtes prié, etc. *S. n. d. l. n. d.* In-4°.

Lettre d'invitation à la pose de la première pierre de l'église Saint-Sulpice, le 6 avril 1724.

MM. les curés et marguilliers, etc. *Paris, s. d.*, in-4°.

Circulaire de souscription pour l'érection d'une statue d'argent dans la chapelle de la Vierge de l'église Saint-Sulpice, datée du 5 octobre 1731.

Grand portail de Saint-Sulpice. Cérémonie.

Inséré dans le *Mercure de France*, juin 1733, p. 1192.

Cérémonies de la dédicace et consécration de l'église de Saint-Sulpice. *Paris*, 1745, in-fol.

Sentence arbitrale rendue en l'année 1210 entre l'évesque et le chapitre de Paris et le curé de Saint-Séverin, d'une part, et l'abbé et les religieux de Saint-Germain des Prez, et le curé de Saint-Sulpice, d'autre part, au sujet du droit épiscopal et parochial spirituel du territoire de ladite abbaye. *S. n. d. l. n. d.*, in-fol. (Arch. de l'Empire, L. 710.)

Sentence arbitrale rendue entre Pierre, évesque de Paris, et le curé de Saint-Séverin, d'une part, et les religieux abbé et convent de Saint-

Germain des Prez, et le curé de Saint-Sulpice, d'autre, en l'an 1210, sur la jurisdiction spirituelle et retrait des paroisses. *S. n. d. l. n. d.*, in-fol. (Arch. de l'Emp., L. 710.)

Cette sentence est suivie d'un « Mémoire pour servir au jugement du procès pendant en la cour pour messire Henry Baudrand, curé de Saint-Sulpice, et les sieurs marguilliers de la même paroisse, appelans de trois sentences rendues au Châtelet de Paris par deffaut, et par attentat à l'autorité de la cour, demandeurs et défendeurs contre messire Nicolas Matthieu, curé de Saint-André-des-Arcs, et les sieurs marguilliers de la même paroisse, intimés, défendeurs et demandeurs. Dans un autre carton des Archives de l'Empire (L. 771) on trouve une autre édition de cette sentence intitulée : Sentence arbitrale rendue entre Pierre, évêque de Paris, et le curé de Saint-Severin, d'une part, et les religieux, abbé et couvent de Saint-Germain-des-Prez, et le curé de Saint-Sulpice, d'autre. En l'an 1210, sur la jurisdiction spirituelle, et détroit des paroisses. Tirée du trésor de Saint-Germain, collationnée à l'original, parties présentes. *S. n. d. l. n. d.* In-fol.

Ratification faite en l'année 1211 par l'évesque et le chapitre de Paris, de la sentence arbitrale renduë en l'année 1210 entre ledit évesque et le chapitre de Paris et le curé de Saint-Séverin, d'une part, et l'abbé et les religieux de Saint-Germain des Prez, et le curé de Saint-Sulpice, d'autre, au sujet du droit épiscopal et parochial spirituel du territoire de ladite abbaye. *S. n. d. l. n. d.*, in-fol. (Arch. de l'Emp., L. 710).

Le roy Philippe-Auguste confirme en l'année 1211 la sentence arbitrale rendue en l'année 1210 entre l'évesque et le chapitre de Paris, etc. *S. n. d. l. n. d.*, in-fol. (Arch. de l'Emp., L. 710.)

Histoire de la translation des reliques de Saint-Sulpice. *Paris, s. d.*, in-12.

Avis important aux paroissiens de Saint-Sulpice. *Paris, s. d.*, in-fol. pl.

Au sujet de la consécration de l'autel du Sacré-Cœur, le 1er dimanche de septembre 1748.

Mémoire sur l'achèvement du grand portail de l'église de Saint-Sulpice, par M. Patte. *Paris, s. d.* (1767), in-4º.

Description exacte du monument élevé sur la place de Saint-Sulpice, du grand portail de cette paroisse et de l'intérieur de l'église (par J.-P. Cally). *Paris*, 1810, in-12.

Conseil d'Etat, section de l'intérieur et des cultes. Projet de circonscription des paroisses de Paris. Observations du conseil de fabrique de Saint-Sulpice sur la circonscription nouvelle proposée pour cette paroisse. *Paris*, 1855, in-4º.

Arrest de la cour du parlement portant deffences au curé de Saint-Sulpice de procéder à la bénédiction et célébration de mariage entre autres personnes que celles qui sont demeurantes en sa paroisse. *Paris*, 1636, in-18. (Arch. de l'Emp., L. 712.)

Factum pour les curé et marguilliers de Saint-Sulpice appellans comme d'abus d'un bref de monsieur l'archevesque de Paris du 17 octobre 1616 et d'un jugement rendu par son official le 22 avril 1617 et demandeurs en complainte par requeste du 16 mars 1619, les religieux abbé et couvent de Saint-Germain des Prez, intervenants, entre maistre Noël Bry, curé de Saint-Cosme, monsieur l'archevesque de Paris, inthimez deffendeurs et opposants. Les recteur et supposts de l'Université. *S. n. d. l. n. d.*, in-4°. (Arch. de l'Emp., L. 710.)

Arrest de la cour de parlement portant règlement pour les limites d'entre messieurs les curez et marguilliers de la paroisse de Saint-Sulpice, avec messieurs les curez et marguilliers de la paroisse de S. Cosme, du dix-huitième janvier 1677. *S. n. d. l. n. d.*, in-4°. (Arch. de l'Emp., L. 710.)

Arrest rendu le 5 mai 1699 entre les curé et marguilliers de Saint-Sulpice de Paris, d'une part, et les curé et marguilliers de S. Cosme et S. Damien, de l'autre part, réglant les bornes de leurs paroisses. *S. n. d. l. n. d.*, in-fol. (Arch. de l'Emp., L. 771 et L. 710.)

Mémoire pour servir au jugement du procès pendant en la cour, pour messire Henry Baudrand, curé de Saint-Sulpice, et les sieurs marguilliers de la même paroisse, appellans de trois sentences rendues au Chastelet de Paris par deffaut, et par attentat à l'autorité de la Cour, demandeurs et deffendeurs, contre messire Nicolas Matthieu, curé de Saint-André des Arcs, et les sieurs marguilliers de la même paroisse, intimés, défendeurs et demandeurs. *S. n. d. l. n. d.*, in-fol. (Arch. de l'Emp., L. 771.)

Arrest rendu le 7 aoust 1694 entre les curés et marguilliers de S. Sulpice de Paris, d'une part, et les curés et marguilliers de S. André des Arcs, d'autre part, réglant les bornes de leurs paroisses. *S. n. d. l. n. d.*, in-fol. (Arch. de l'Emp., S. 6505.)

Réplique des sieurs curé et marguilliers de Saint-Sulpice, appellans, à la réponse des sieurs curé et marguilliers de Saint-André-des-Arcs, intimés. *S. n. d. l. n. d.* (1 juillet 1694), in-fol. (Arch. de l'Emp., S. 6505.)

Reponse au mémoire imprimé de monsieur le curé et de messieurs les marguilliers de S. Sulpice. *S. n. d. l. n. d.*, in-fol. (Arch. de l'Emp., S. 6505.)

Requeste des curé et marguilliers de Saint-André-des-Arcs, contre les curé et marguilliers de Saint-Sulpice. *S. n. d. l. n. d.*, in-fol. (Arch. de l'Emp., S. 6505.)

Arrest du conseil d'État du roy, concernant la paroisse Saint-Sulpice, du quatrième may 1688, extrait des registres du conseil d'État. *Paris*, 1688, in-4°. (Bibl. Maz., n° 13891 [3].)

Concernant l'acquittement des dettes de la fabrique.

Arrest du conseil d'Estat du roy, Sa Majesté y estant, pour le payement des dettes de l'œuvre de la paroisse Saint-Sulpice, du quatrième janvier 1689. *Paris*, 1689, in-4°. (Bibl. Maz., n° 18824 E.)

Arrest du conseil d'Estat du roy, qui ordonne que dans huitaine pour tout délay, les curé et marguilliers en charge de la parroisse de Saint-Sulpice, seront tenus de mettre entre les mains des directeurs des créanciers de la fabrique dudit Saint Sulpice, tous les titres, contrats et pièces en vertu desquels ladite fabrique a possédé et jouy des maisons, héritages et rentes à elle appartenans, et dont la vente a esté ordonnée par l'arrest du conseil du quatrième janvier 1689, du vingt-unième juillet 1689. *Paris*, 1689, in-4°. (Bibl. Maz., n° 13891 ⁶.)

Estat vérifié sur les pièces produittes es mains de messieurs les commissaires nommez par le roy, justificatives des abus et malversations, qui ont esté commises dans l'administration des biens de l'église et fabrique de la parroisse de Saint-Sulpice, des deniers des questes destenez au bastiment de l'église, et des fonds plusque suffisans pour acquitter les dettes de ladite fabrique, et faire cesser la taxe. *S. n. d. l. n. d.*, in-fol. (Arch. de l'Emp., S. 6505.)

Copie du mémoire donné au roy (le 30 aoust 1691), contenant les moyens pour faciliter non seulement le payement des legitimes créanciers du bastiment de l'église Saint-Sulpice, suivant l'intention de sa majesté, mais encore pour parachever ledit bastiment. *S. n. d. l. n. d.*, in-fol. (Arch. de l'Emp., S. 6505.)

Moyens sommaires d'opposition pour les propriétaires des maisons et héritages du fauxbourg Saint-Germain, contre les arrests du conseil d'Estat des 4 janvier 1689 et 27 février 1692, concernant les dettes de la fabrique de la parroisse de Saint-Sulpice. *S. n. d. l. n. d.*, in-fol. (Arch. de l'Emp., S. 6505.)

Réponse des créanciers de l'œuvre et fabrique de la paroisse de Saint-Sulpice, au mémoire imprimé intitulé MOYENS SOMMAIRES D'OPPOSITION pour les propriétaires des maisons et héritages du fauxbourg Saint-Germain, contre les arrests du conseil d'État des 4 janvier 1689 et 27 février 1692, concernant les dettes de la paroisse de S. Sulpice. *Paris, s. d.*, in-fol. (Arch. de l'Emp., S. 6505.)

Réplique des propriétaires des maisons du fauxbourg Saint-Germain-des-Prez, à la réponse des prétendus créanciers de la fabrique de Saint-Sulpice, contre les moyens d'opposition desdits propriétaires à l'exécution des arrests du conseil des 4 janvier 1689 et 19 février 1692, surpris par lesdits créanciers. *S. n. d. l. n. d.*, in-fol. (Arch. de l'Emp., S. 6505.)

Instruction sommaire, contenant les justes motifs qui obligent les sindics des propriétaires des maisons du faubourg S. Germain à demander d'estre deschargez des sommes ausquelles ils ont esté taxez sous prétexte du bastiment de l'église Saint-Sulpice, et les moïens de paier toutes ces prétenduës dettes, sans taxe pour le recouvrement des effets qu'ils indiquent. *S. n. d. l. n. d.*, in-fol. (Arch. de l'Emp., S. 6505.)

Moyens d'opposition pour l'abbé et les religieux de l'abbaye, les communautés et les syndics des propriétaires des maisons du faubourg S. Germain, contre l'arrest du conseil d'Estat du 4 janvier 1689, concernant les dettes de la fabrique de la paroisse de S. Sulpice. *Paris, s. d.*, in-fol. (Arch. de l'Emp., S. 6505.)

Sentence de monsieur le lieutenant civil portant réglement pour la nomination des marguilliers de la paroisse de Saint-Sulpice, du quartier Saint-Germain-des-Prez-lès-Paris. *S. n. d. l. n. d.* (1697), in-4°. (Arch. de l'Emp., L. 712.)

Requeste des curé et marguilliers de Saint-André-des-Arcs, contre les curé et marguilliers de Saint-Sulpice. *S. n. d. l. n. d.* In-fol. de 23 pag.

Réplique des sieurs curé et marguilliers de Saint-Sulpice appellans, à la réponse des sieurs curé et marguilliers de Saint-André-des-Arcs, intimés. *S. n d. l. n. d.* In-fol. de 8 p. (Arch. de l'Emp., L. 771 et L. 710.)

Relatif à la situation de l'hôtel de Nesle et de l'hôtel de Conty.

Réponse au Mémoire imprimé de M. le curé et de MM. les marguilliers de Saint-Sulpice. In-fol. de 16 p.

Arrest rendu le 7 août 1694, entre les curé et marguilliers de Saint-Sulpice de Paris, d'une part, et les curé et marguilliers de Saint-André-des-Arcs, d'autre part, réglant les bornes de leurs paroisses. *S. n. d. l. n. d.* In-fol. (Arch. de l'Emp., L. 710.)

Mémoire pour servir de défenses à messire J.-B. Languet, curé de l'église et paroisse de Saint-Sulpice, au sujet des demandes qui lui sont faites (par le cardinal de Bissi, abbé de Saint-Germain) de droits de lods et ventes et d'indemnités. *S. n. d. l. n. d.*, in-4°, 31 p.

Mémoire pour les sieurs curé et marguilliers de l'église paroissiale de Saint-Sulpice, contre les sieurs curé et marguilliers de l'église paroissiale et archipresbytérale de Saint-Severin. *Paris*, 1764, in-4°, 177 p.

Mémoire très-important pour l'étude des limites respectives de ces deux paroisses.

Copie du Mémoire donné au roi, contenant les moyens pour faciliter non-seulement le payement de légitimes créanciers du bâtiment de l'église Saint-Sulpice, mais encore pour parachever ledit bâtiment. *S. n. d. l. n. d.* In-fol.

De par le roi, on fait savoir à tous, etc. *S. n. d. l. n. d.* In-fol.

Affiche de vente aux enchères de rentes à prendre sur biens fonds appartenant à la fabrique de Saint-Sulpice de Paris.

Description du mausolée érigé à feu M. Languet de Gergy, curé de Saint-Sulpice, par les soins de M. le curé et de MM. les marguilliers de cette paroisse, avec l'épitaphe latine et la traduction française. *Paris*, 1757, in-4°.

Peintures à fresque, exécutées à Saint-Sulpice, dans la chapelle de Saint-Maurice, par Auguste Vinchon. *Paris*, 1823. In-fol.

Notice sur les peintures à fresque exécutées à Saint-Sulpice, dans la chapelle de Saint-Maurice, par Auguste Vinchon. *Paris*, 1822. In-8°.

Chapelle saint Paul, peintures murales exécutées à la cire dans l'église Saint-Sulpice, par M. Drolling. *Paris*, 1850, in-16.
Article extrait du *Daguerréotype théâtral*, et signé Auguste Galimard.

Eugène Delacroix à Saint-Sulpice, par M. J. Louis Browe.
Article inséré dans *les Beaux-Arts* du 1ᵉʳ décembre 1861.

Les peintures de M. E. Delacroix à Saint-Sulpice, par M. E. Galichon.
Article inséré dans la *Gazette des Beaux-Arts* du 1ᵉʳ décembre 1861. Le texte est orné de deux gravures.

La chapelle des Saints-Anges, à Saint-Sulpice, par M. Eugène Delacroix, par M. Vitet.
Article inséré dans la *Revue des Deux-Mondes* de 1862, t. XXXVIII, p. 703.

Étude sur l'orgue monumental de Saint-Sulpice et la facture d'orgue moderne, par M. l'abbé Lamazou. *Paris*, 1863, in-8°.

Homélie XXVIII, pour le dimanche dans l'octave du Saint-Sacrement, sur la Vieillesse, par M. le curé de Saint-Sulpice de Paris. *Paris*, 1708, in-4°. (Bibl. Maz., n° 10371 K.)

Bref de notre saint Père le pape Clément XI, à M. de la Chetardie, curé de Saint-Sulpice de Paris, du 1ᵉʳ juillet 1713, avec les lettres qui l'ont précédé. *S. n. d. l.*, 1713, in-4°.

Second bref de notre saint Père le pape Clément XI, à M. de la Chetardie... du 15 mai 1714, avec la lettre qui l'a accompagné. *S. n. d. l.*, 1714, in-4°.

Oraison funèbre de très-haut et très-puissant seigneur Louis-Hector, duc de Villars, pair et maréchal de France, etc., prononcée à Paris, dans l'église de Saint-Sulpice, sa paroisse, le 27 janvier 1735, par l'abbé Segny. 1735, in-4°. (Bibl. Maz., n° 10371.)

Oraison funèbre de très-haut, très-puissant et très-excellent prince Monseigneur Louis, dauphin, prononcée en l'église paroissiale de Saint-Sulpice, le 15 mars 1766, par M. l'abbé Clément, prédicateur du roi, etc. *Paris*, 1766, in-4°.

Discours pour la fête de l'anniversaire du 14 juillet, prononcé dans le Temple de la Victoire, le 26 messidor an VII, par le président de la municipalité du 11ᵉ arrondissement (Gauthier). *Paris*, s. d. (1799), in-8°.

Procès-verbal de l'anniversaire de la juste punition du dernier des rois français, célébré à Paris dans le temple de la Victoire, le 2 pluviôse an VII. *Paris, s. d.* (1799), in-4°.

La dédicace de l'église de Saint-Sulpice, motet tiré de l'Écriture, et paraphrasé. *Paris,* 1745, in-4°. (Bibl. Maz., n° 10918 [123].)

Pièce de vers signée : Roy, chevalier de l'ordre de Saint-Michel; et plus bas : la musique latine et françoise de M. Clérambault, organiste de la Maison royale de Saint-Louis, à Saint-Cyr, et de Saint-Sulpice.

Règlemens de la communauté de MM. les prêtres desservant la paroisse de Saint-Sulpice de Paris. *S. n. d. l.,* 1782, in-8°.

Ordre estably dans la parroisse Saint-Sulpice, pour le soulagement des pauvres honteux. *Paris,* 1652, in-18. (Arch. de l'Emp., L. 769 et L. 710.)

On trouve à la fin de ce petit volume, qui renferme trois gravures de Flamen, les « réglemens pour ceux qui visiteront les petites echolles où l'on envoye les pauvreseufans de la paroisse Saint-Sulpice, aux frais de la charité », et « l'ordre à tenir pour la visite des pauvres honteux de la parroisse Saint-Sulpice, par messieurs qui sont nommez pour les sept quartiers du faux-bourg Saint-Germain. »

Supplément à l'ordre d'administration établi pour le soulagement des pauvres de la paroisse de Saint-Sulpice. *S. n. d. l. n. d.,* in-4°. (Arch. de l'Emp., L. 769.)

Règlemens pour la confrairie de la charité établie dans la parroisse Saint-Sulpice, pour la visite et soulagement des pauvres malades. *Paris,* 1653, in-12. (Arch. de l'Emp., L. 769.)

Statuts et règlemens pour les congréganistes de l'assistance de la congrégation établie en la paroisse de Saint-Sulpice, en l'année 1768, accordés à perpétuité par N. S. P. le pape Clément XI. *Paris,* 1773, in-12.

Ordre d'administration pour le soulagement des pauvres de la paroisse de Saint-Sulpice. *Paris,* 1771, in-12.

Ordre d'administration établi, en 1777, pour le soulagement des pauvres de la paroisse Saint-Sulpice, compte de dépenses. *Paris,* 1781, in-12.

Il y a plusieurs volumes; je ne connais que ceux de 1779, 1780 et 1781.

Cantiques, ou Opuscules lyriques, sur différents sujets de piété, avec les airs notés à l'usage des catéchismes de Saint-Sulpice. *Paris,* 1768, in-12.

Première édition des Cantiques de Saint-Sulpice.

Opuscules sacrés et lyriques, ou Cantiques sur différents sujets de piété, avec les airs notés, à l'usage de la jeunesse de Saint-Sulpice, en quatre parties. *Paris,* 1772, in-8° et in-12.

Offices propres de l'église paroissiale de Saint-Sulpice. *Paris,* 1774, in-8°.

Instructions et prières pour remplir dignement les devoirs de la religion chrétienne, à l'usage de la paroisse de Saint-Sulpice. *Paris*, 1774, 3 vol. in-12.

Prières et vêpres à l'usage des catéchismes de la paroisse de Saint-Sulpice, auxquelles on a joint les exercices ordinaires du chrétien. *Paris*, 1772, in-12.

Calendrier historique à l'usage et offices propres de la paroisse de Saint-Sulpice. *Paris*, in-12.

Calendrier spirituel et historique à l'usage de la paroisse de Saint-Sulpice, pour l'année 1777. *Paris*, 1777, in-12.

Explication des cérémonies de la grand'messe de paroisse, par M. Olier, curé de Saint-Sulpice, fondateur et premier supérieur de la communauté des prêtres et du séminaire. *Paris*, in-12.

Homélies, par Lachetardie, curé de Saint-Sulpice. *Paris*, 1707-1710, 3 vol. in-4°.

Nouveau choix de Cantiques de Saint-Sulpice, avec tous les airs en musique. Nouvelle édition, suivie d'une notice des principaux usages des catéchismes de cette paroisse. *Tours*, 1848, in-8°.

Plan de la paroisse Saint-Sulpice, en 1696. *Paris*, chez Roussel, graveur.

Voyez aussi Jaillot, *Recherches sur Paris* (tome V, quartier du Luxembourg, p. 49); Piganiol de la Force, *Description de Paris* (tome VII, p. 310); Thiéry, *Guide de l'Amateur* (tome II, p. 429); Lenoir, *Musée des Monuments français* (tome V, p. 132); J.-B. de Saint-Victor, *Tableau de Paris* (tome IV, part. 1, p. 208); le *Magasin pittoresque* (tome I, p. 131; tome XVIII, p. 301); *les Églises de Paris*, p. 65, article de M. Edouard Lassene.

ÉTABLISSEMENTS RELIGIEUX DE LA PAROISSE SAINT-SULPICE
OMIS PAR LEBEUF.

L'abbé Lebeuf a oublié, dans la liste, très-longue du reste, qu'il a donnée des communautés, hôpitaux, séminaires et collèges établis sur le territoire de la paroisse Saint-Sulpice, les établissements religieux suivants : 1° Annonciades de Notre-Dame de Grâce; 2° Filles de la Sainte Vierge ou de Mme de Saujon; 3° Communauté des Filles séculières dites de Mlle Cossart; 4° Filles de l'instruction chrétienne du faubourg Saint-Germain; 5° Communauté de Saint-Paul; 6° Communauté des Gentils-hommes; 7° Hôpital des Enfants teigneux; 8° Hospice des Cordeliers, 9° Hospice des Religieux hibernais; 10° Hospitalières de Saint-Thomas de Villeneuve; 11° Sœurs des Écoles chrétiennes et gratuites dites de l'Enfant-Jésus.

ANNONCIADES DE NOTRE-DAME DE GRACE

Le couvent des Annonciades des dix Vertus de Notre-Dame, autrement dit le petit couvent de l'Assomption du faubourg Saint-Germain, connu aussi sous le nom de Notre-Dame de Grâce, fut institué dans le diocèse de Troyes en 1628. Nous voyons, par une requête des Annonciades de Saint-Nicolas de Lorraine, que ces religieuses étaient logées en 1636 dans une maison du faubourg Saint-Germain, et qu'il leur fut permis d'y faire dire la messe le 26 janvier de cette année. Quelques mois plus tard, le 4 septembre, les Annonciades reçurent de l'official l'autorisation de s'établir dans la rue Saint-Père, et elles s'installèrent provisoirement le 23 décembre 1637. Sur une requête présentée par la mère Ancelle de l'Annonciade, il fut permis aux religieuses, le 20 juin 1638, d'être transférées « de la rue Saint-Père, où elles étaient comme en dépôt » dans le couvent qu'elles avaient fait bâtir rue du Bouloir-Saint-Germain, c'est-à-dire rue de Sèvres.

En 1654, ces religieuses se dispersèrent, et elles furent remplacées par les religieuses de Notre-Dame-aux-Bois.

BIBLIOGRAPHE

MANUSCRITS

Un carton de la section historique, coté L. 772, aux Archives de l'Empire, renferme un dossier de pièces relatives aux Annonciades. On y trouve des procès-verbaux de visite, une liste des pensionnaires, des états de revenus et une correspondance assez volumineuse.

FILLES DE LA SAINTE-VIERGE

ou

DE MADAME DE SAUJON

La communauté des Filles de l'Intérieur de la très-sainte Vierge, vulgairement connue sous le nom de communauté de Mme Saujon, s'occupait du soin d'instruire les jeunes filles. Lebeuf n'en parle point, et Jaillot, dans les quelques lignes qu'il leur consacre, est, contre son habitude, assez inexact. Il se trompe, en effet, en donnant la rue des Fossoyeurs comme demeure à cette communauté, et l'année 1663 comme date de leur établissement. On voit, par les lettres de l'abbé de Saint-Germain des Prés, conservées aux archives (L. 770), que cette maison existait rue Garancière, et que sa fondation remonte au 30 août 1660. Quatre ans plus tard, une chapelle fut construite et la communauté fut autorisée à la faire bénir par l'évêque d'Evreux, ou, à son défaut, par M. de Bretonvilliers, supérieur du séminaire de Saint-Sulpice. Ce dernier, qui avait donné des sommes considérables pour l'établissement de cette maison, et qui en était regardé comme le fondateur, eut des démêlés avec la supérieure, Mme de Saujon, et, après un procès évoqué au conseil du roi, le couvent fut fermé. Voyez, au sujet de cette communauté, les *Remarques historiques sur l'église et la paroisse de Saint-Sulpice*. Paris, 1773, in-12, pag. 241-250.

BIBLIOGRAPHIE

MANUSCRITS

Le carton de la section historique, coté L. 770, aux Archives de l'Empire, renferme quelques pièces sur les Filles de la Sainte-Vierge. Je m'en suis servi pour rédiger la note ci-dessus.

COMMUNAUTÉ DES FILLES SÉCULIÈRES

DITES

DE MADEMOISELLE COSSART

Lebeuf n'a point parlé de cette communauté, connue sous le nom de Communauté de Mlle Cossart ou des Filles du Saint-Esprit. Sauval dit qu'elle fut établie en 1640; mais je doute beaucoup de l'exactitude de cette date, car l'acquisition de la maison n'est que du 27 mars 1658, le contrat de fondation de la chapelle dite du Saint-Esprit du 22 mai 1666, et l'acte d'érection du 23. Or, il est plus que probable que cette communauté ne se serait pas passée de chapelle pendant plus de vingt-cinq ans. Supprimé en 1670, cet établissement subsista néanmoins jusqu'à l'arrêt du 18 janvier 1707, qui unit ses biens à l'hôpital général. La maison, vendue à Alexandre Cabeau, conseiller au parlement, fut acquise le 16 octobre 1722 par les frères de l'Enfant-Jésus, connus aussi sous le nom de frères des Écoles chrétiennes et de frères de Saint-Yon.

BIBLIOGRAPHIE

MANUSCRITS

Il y a aux Archives de l'Empire, dans un carton de la section historique, coté L. 770, quelques pièces concernant la chapelle du Saint-Esprit et la communauté de Mlle Cossart.

FILLES DE L'INSTRUCTION CHRÉTIENNE
DU FAUBOURG SAINT-GERMAIN

Cette communauté, qu'il ne faut pas confondre avec une autre qui porte le même nom et dont je parle plus loin, a été fondée au mois de mai 1651 par Mme Lé Bret. Aucun historien de Paris n'a fait mention de cette communauté, qui paraît avoir eu une existence des plus éphémères. (Voy. aux Archives de l'Empire le carton L. 770.)

COMMUNAUTÉ DE SAINT-PAUL

La communauté de Saint-Paul fut fondée rue du Cherche-Midi, vis-à-vis le Bon-Pasteur, par François Traullé, vers l'année 1700. Semblable aux quatre communautés de jeunes ecclésiastiques établis en 1675, rue Saint-Jacques, auprès de la Visitation, rue des Maçons, près de la Sorbonne, rue du Pot-de-Fer, près le noviciat des Jésuites et près le séminaire de Saint-Sulpice, cette maison était composée d'une centaine d'étudiants destinés à devenir curés de village, vicaires, chapelains, maîtres d'école, etc., etc. La communauté de Saint-Paul et celles dont je viens de parler furent réunies vers 1715 au séminaire du Saint-Esprit.

COMMUNAUTÉS DE GENTILSHOMMES

Trois communautés de ce nom ont existé dans la paroisse Saint-Sulpice, toutes les trois composées d'anciens militaires, de gens de conditions et de jeunes gens de famille qui venaient de province. Les membres de la communauté payaient pension, suivaient un règlement particulier, visitaient les hôpitaux, les prisons, pansaient les malades et cherchaient surtout à améliorer le sort des familles de pauvres honteux.

La première de ces communautés fut établie vers 1676 par Brenier, directeur du séminaire de Saint-Sulpice. Les membres donnèrent 30,000 livres pour élever la seconde chapelle de l'église Saint-Sulpice, du côté de la rue des Fossoyeurs, aujourd'hui rue Servandoni. Ils habitèrent successivement une maison de la rue du Pot-de-Fer, achetée par les sœurs de l'Instruction; l'hôtel de l'Enfant-Jésus hors la barrière de Sèvres, qui appartenait alors à un sieur Lejeune de Franqueville, puis la maison qu'ils avaient déjà occupée rue du Pot-de-Fer, et qu'ils abandonnèrent peu de temps après en se séparant.

En 1696, il y avait une seconde communauté du même genre rue de Vaugirard et une troisième rue de Sèvres.

On ne sait rien de plus sur ces communautés.

HOPITAL DES ENFANTS-TEIGNEUX

Cet hôpital, situé rue de la Chaise, n'a pas été établi en 1655, comme le dit Sauval, puisqu'il est marqué sur le plan de Gomboust publié en 1652. Il y avait une chapelle bénite sous l'invocation de sainte Reine. Les Enfants-Teigneux ont été réunis aux Petites-Maisons, au coin des rues de Sèvres et de la Chaise.

HOSPICE DES CORDELIERS

Aucun historien de Paris n'a parlé de cet hospice, créé le 14 mai 1660 dans la plaine de Grenelle, pour recevoir les religieux arrivant de la Terre-Sainte. Cette maison, qui avait une chapelle, dont la première pierre fut posée en 1660, avait d'abord été fondée à la Ville-Lévêque, comme on le voit par ce passage d'un document inédit conservé dans le carton L. 766 de la section historique des Archives de l'Empire : « Michel Mauduit de Picauville, y est-il dit, religieux de l'ordre de Saint-François, commissaire général pour la Terre-Sainte en France et supérieur de l'hospice des religieux destinés au service de ladite Terre-Sainte, lequel nous a représenté qu'en exécution des lettres patentes du roi du 16 septembre 1658, il aurait fait ci-devant l'établissement d'un hospice à la Ville l'évesque pour les religieux de son ordre qui vont et viennent de Paris à Hierusalem....., et que depuis ayant remarqué que ce lieu estoit subjet aux innondations et peu commode pour y bastir la chapelle

du Saint-Sépulchre comme elle est en Hierusalem selon l'intention
de S. M. Il auroit esté obligé d'en rechercher un autre plus propre et
advantageux à l'effet d'y construire un si pieux édifice. »

Cet établissement charitable dura peu, et l'hospice fut vendu le
2 mars 1668 aux carmes Billettes qui le transformèrent en maisons particulières « pour y loger des séculiers ».

HOSPICE DES RELIGIEUX HIBERNAIS

DE

L'OBSERVANCE DE SAINT-FRANÇOIS

Lebeuf ne parle pas de ces religieux, quoique Sauval assure qu'ils obtinrent en 1653, de l'abbé de Saint-Germain, la permission d'avoir
un hospice dans le faubourg Saint-Germain et qu'ils l'établirent rue
du Chasse-Midi, aujourd'hui rue du Cherche-Midi. Jaillot avoue qu'il
n'a trouvé aucune mention de ce fait. (Voy. *Recherches sur Paris, quartier du Luxembourg*, p. 27.) Plus heureux que lui, j'ai trouvé dans un
carton des Archives de l'Empire (L. 766) une lettre du 1er juin 1658,
par laquelle le prieur de Saint-Germain autorise le supérieur des religieux hibernais à faire l'office divin dans une chapelle particulière que
ces religieux possédaient dans le faubourg. La date de 1653, donnée
par Sauval et rapprochée de 1658, permet de croire que la chapelle en
question était la chapelle de l'hospice dont parle cet auteur.

HOSPITALIÈRES DE ST-THOMAS DE VILLENEUVE

Il est vraiment extraordinaire que l'abbé Lebeuf ait omis de mentionner
les Hospitalières de Saint-Thomas de Villeneuve, qui, depuis le 16 août
1700, ont établi le chef-lieu de leur institution rue de Sèvres.

Au moment de la Révolution, la maison était chargée de trente à quarante pauvres que les religieuses pansaient régulièrement et à qui elles
donnaient la soupe et la viande. Elles soignaient, comme elles le font
encore aujourd'hui, les malheureux qui se présentaient, et leur fournis-
saient les remèdes, emplâtres, compresses et linges nécessaires.

Le 27 février 1790, la supérieure générale, Marguerite-Scholastique-
Françoise-Olive Walsh de Valois, déclara que le couvent comptait vingt-
quatre religieuses, que les revenus montaient à 20,589 liv. 5 sous, et que
les charges étaient de 17,145 liv. 10 sous. Une somme de 4,983 livres

servait à payer les intérêts d'un emprunt fait pour subvenir aux dépenses qu'entraînait la reconstruction de l'hospice.

La bibliothèque n'avait que 300 volumes.

En 1793, l'établissement charitable des Filles Saint-Thomas faillit subir le sort réservé aux communautés religieuses. Le but essentiellement hospitalier de leur association détourna le coup fatal, et les religieuses ne quittèrent pas un seul instant la maison qu'elles occupent encore.

La chapelle de cette maison possède la célèbre Vierge miraculeuse de Saint-Étienne des Grès dont j'ai déjà parlé (tome II, p. 92), et qui est placée derrière le maître-autel. Une inscription, placée sur le premier pilier gauche, a été gravée en lettres d'or sur une plaque de marbre blanc. Elle est ainsi conçue :

CETTE CHAPELLE A ÉTÉ CONSTRUITE EN
L'HONNEUR DE LA TRÈS S^{TE} VIERGE SOUS LE
TITRE DE N. D. DE BONNE DÉLIVRANCE.

LE 16 MAI 1791 LA STATUE DU MAITRE AUTEL FUT SAUVÉE DES RUINES DE L'ÉGLISE DE S^T ÉTIENNE DES GRÈS A PARIS. C'EST A SES PIEDS QU'A L'AGE DE 16 ANS S^T FRANÇOIS DE SALES FUT DÉLIVRÉ D'UNE AFFREUSE TENTATION DE DÉSESPOIR. CETTE STATUE MIRACULEUSE FUT DONNÉE AUX RELIGIEUSES HOSPITALIÈRES DE S^T THOMAS DE VILLENEUVE, ET APPORTÉE A LEUR COMMUNAUTÉ RUE DE SÈVRES 27 LE 1er JUILLET 1806

S. THOMAS DE VILLENEUVE

16 MAI 1865

Cette chapelle, dont les parois sont couvertes d'inscriptions commémoratives de miracles accomplis par la Vierge noire, est précédée d'un ves-

---

[1] Le saint évêque est représenté en relief, crossé et mitré, ayant près de lui un jeune enfant en costume de notre temps; ce qui paraît assez singulier, saint Thomas de Villeneuve étant mort en 1555.

tibule où se trouve une statue de saint Michel, archange. Ce vestibule est également orné d'inscriptions en marbre blanc. Ces inscriptions rappellent des vœux exaucés par le saint archange, qui paraît être dans ce lieu l'objet d'un culte particulier.

Un tableau, accroché à la droite de la porte d'entrée, renferme cet avertissement au public :

« *Union de Prières contre les Mauvais Livres.*

« Chaque jour, un *Ave Maria* et *Saint Michel archange défendez-nous dans le combat, afin que nous ne périssions pas au jour terrible du jugement.* En retour, vous aurez part à une messe qui se dit à perpétuité le mercredi de chaque semaine dans la cathédrale de Chartres. En outre, si vous faites inscrire votre nom sur le registre d'association, chaque jour *indulgence de 100 jours*, et une fois par mois *indulgence plénière*, accordées par S. S. Pie IX le 22 novembre 1852.

« Le registre se trouve à la communauté de Saint-Paul, à Chartres et à Paris, chez les dames de Saint-Thomas de Villeneuve, rue de Sèvres. »

BIBLIOGRAPHIE

MANUSCRITS

On trouve aux Archives de l'Empire, dans les cartons S. 4760-4762, quelques documents sur les Hospitalières de Saint-Thomas de Villeneuve, entre autres la déclaration du 27 février 1790.

IMPRIMÉS

Histoire de la statue miraculeuse de Notre-Dame-de-Bonne-Délivrance, vénérée dans la chapelle des religieuses hospitalières de Saint-Thomas de Villeneuve à Paris... par un prêtre du clergé de Paris. *Paris*, 1844, in-18.

SŒURS DES ÉCOLES CHRÉTIENNES & GRATUITES

DITES

DE L'ENFANT-JÉSUS

La première maison des Sœurs des Écoles chrétiennes a été fondée à Rouen en 1666 par le père Barré. Vingt ans plus tard, les Sœurs des Écoles chrétiennes tenaient à Paris, dans la paroisse Saint-Sulpice, huit écoles : à Saint-Joseph, rue Saint-Joseph, rue Saint-Dominique, à la Grenouillière et dans les rues de Seine et Saint-Placide. Le chef de leur institut et leur noviciat étaient établis rue Saint-Maur, où elles avaient une chapelle.

D'après une déclaration de Marie-Dorothée Aldebert, supérieure générale de la communauté des Sœurs charitables de l'Enfant-Jésus (Arch. de l'Empire, S. 7031), faite le 26 février 1790, on voit que les revenus de cette communauté se montaient à 8,746 livres 7 s., et que les charges n'étaient que de 5,676 l. 7 s. Le 9 juillet 1793, la supérieure fit une nouvelle déclaration, d'après laquelle les revenus auraient été de 9,342 l. et les charges de 1,884 l. 19 s.; qu'enfin les dettes actives étaient de 14,939 l. 13 s. et les dettes passives de 52 l. 15 s. La situation financière était, comme on le voit, excellente.

La paroisse de Saint-Sulpice renferme, dans sa circonscription actuelle, cinq congrégations religieuses, une chapelle, quatre établissements hospitaliers, quatre établissements d'instruction publique et une Société de bienfaisance.

RELIGIEUSES CARMÉLITES

Ce couvent est situé rue de Vaugirard, n° 86. Les carmélites s'étaient réunies sous Mme de Soyecourt, dans l'ancien couvent des Carmes, en 1797; mais les dépenses qu'entraînait l'entretien de cette résidence, beaucoup trop vaste pour elles, les décida à choisir un lieu plus convenable. Elles vendirent l'ancien couvent des Carmes à l'archevêque de Paris, le 23 juillet 1841, et entrèrent dans la maison qu'elles occupent aujourd'hui, le 23 avril 1845.

CONGRÉGATION DE LA RETRAITE

Cette congrégation, située rue du Regard, n° 15, a été fondée en 1848, à Paris. La maison-mère était auparavant dans les montagnes de l'Ardèche au pèlerinage de Saint-Régis. Elle avait été établie dans ce lieu en 1825. Le nombre des religieuses n'est pas fixe. Elle compte en ce moment une quarantaine de personnes environ. Elle a pour objet spécial d'ouvrir des maisons de retraite spirituelle aux femmes et d'enseigner par des catéchismes les vérités de la Religion à celles qui les ignorent.

COMPAGNIE DE JÉSUS

La résidence du Père Provincial de la province de France est rue de Sèvres, nº 33. Une église construite d'après les plans soumis par un Père de la Compagnie, nommé Tournesac, est ouverte au public depuis 1857. La résidence de la rue de Sèvres est, dit M. Darboy, dans sa *Statistique religieuse du Diocèse de Paris*, surtout destinée au ministère actif, et dès lors réservée aux ouvriers apostoliques, prédicateurs et confesseurs. Cette maison, comme toutes celles de la Compagnie, se suffit à elle-même, sous la direction d'un supérieur immédiat, assisté, pour cette administration particulière, d'un ministre, d'un préfet des choses spirituelles, d'un procureur et de consultants. Le personnel est de vingt-cinq à trente Pères, tous employés dans le ministère, et de six frères pour le service de la maison,

---

COUVENT DES FRÈRES PRÊCHEURS

Le célèbre Père Lacordaire est le fondateur de cette communauté de dominicains, qui s'installa, avec l'autorisation de M. Sibour, archevêque de Paris, le 15 octobre 1849, dans une partie de l'ancien couvent des Carmes, occupée par l'école des hautes études ecclésiastiques, qui céda aux nouveaux religieux la moitié du jardin du côté des maisons de la rue Cassette et l'église tout entière. Les religieux, qui sont au nombre de douze ou quinze Pères de chœur et quatre convers novices, se livrent à la prédication. (Voyez plus loin l'article que je consacre aux Carmes déchaussés.)

BIBLIOGRAPHIE

Le père Lacordaire et son ordre. *Paris*, 1865, brochure in-8º.

COMMUNAUTÉ DES PRÊTRES DE L'ORATOIRE

Les oratoriens sont établis rue du Regard, nº 11, depuis 1853. Ces religieux s'occupent spécialement de prédications et de l'enseignement des sciences et des lettres, dans les diocèses où on veut bien les employer. Ils patronnent l'Œuvre du Catholicisme en Pologne. Leur chapelle, construite récemment dans le genre roman, est assez vaste et ouverte au public.

MAISON DE NAZARETH

La maison de la rue du Regard, nᵒ 14, où cet établissement s'était installé, a été abattue dernièrement.

CHAPELLE DU PALAIS DU LUXEMBOURG

Une chapelle provisoire et incommode existait, en 1830, dans une des salles du rez-de-chaussée de l'aile gauche du palais. Elle a été complétement refaite par M. de Gisors et ouverte au public à la fin de l'année 1844. Décorée avec luxe, on y remarque des peintures de Gigoux, Vauchelet, A. de Pujol et Carlo Maratti. C'est dans cette chapelle que les fils ou les filles des grands dignitaires de la couronne reçoivent la bénédiction nuptiale.

HOSPICE DEVILLAS

Cet hospice de vieillards, élevé dans la rue du Regard, nᵒ 17, d'après les dernières volontés de M. Devillas, exprimées le 16 octobre 1832, a été ouvert le 25 juillet 1835. Quinze hommes et quinze femmes (24 catholiques et 6 protestants), atteints d'infirmités incurables, et inscrits sur le contrôle des pauvres, y étaient logés, nourris et soignés jusqu'à leur mort. Depuis dix-huit mois, cet hospice a été transféré à Issy, à côté de l'hospice des ménages. On peut voir le plan de la nouvelle maison, dans le bel ouvrage de M. Husson : *Étude sur les Hôpitaux*. Paris, 1862, in-4°.

PETITES-SŒURS HOSPITALIÈRES

Les Petites Sœurs hospitalières demeuraient autrefois rue du Regard, nᵒ 18. Elles sont installées aujourd'hui dans l'avenue de Breteuil.

ENFANTS DE LA PROVIDENCE

Cette maison, créée vers 1809, par M¹¹ᵉ Buchère et M. Magnin, alors curé de Saint-Germain-l'Auxerrois, pour recueillir des orphelines, est située rue du Regard, nº 13. Neuf sœurs du Bon-Secours dirigent les enfants, dont le nombre varie, selon les temps ; la maison peut en contenir soixante-quatre ou soixante-cinq.

SOCIÉTÉ DE SAINT-FRANÇOIS-RÉGIS

Le siége de cette Société est rue Garancière, nº 6. On sait qu'elle a été fondée, il y a bientôt quarante ans, pour faciliter le mariage des pauvres qui vivent dans le désordre et la légitimation de leurs enfants naturels.

ÉCOLE DES HAUTES ÉTUDES ECCLÉSIASTIQUES

Cette école, appelée aussi École des Carmes, a été ouverte rue de Vaugirard, nº 76, en 1845. (Voyez l'article que je consacre p. 161, au couvent des Carmes déchaussés.) Un décret du 22 mai 1862 porte qu'à l'avenir le clergé de Sainte-Geneviève (le Panthéon) se composera du supérieur de l'école des hautes études, qui prendra le titre de doyen, et de six chapelains choisis parmi les élèves boursiers de l'école. (Voyez le tome II, p. 623 de cet ouvrage.)

ÉCOLE DE MÉDECINE

L'école de médecine a été établie sur l'emplacement du collége de Bourgogne, réuni, en 1763, à l'Université. Ce monument, dont l'exécution a été confiée à Gondoin, a été commencé en 1769 pour contenir les écoles de chirurgie.

ÉCOLE DES MINES

L'école des mines, fondée en 1783, a été transférée de la rue de l'Université, où elle était primitivement, dans l'hôtel Vendôme, situé rue d'Enfer, n° 34. Depuis l'ouverture du boulevart Saint-Michel, cette école a été reconstruite en partie aux dépens du jardin du Luxembourg.

ÉCOLE PRÉPARATOIRE DES CARMES

Cette école, fondée en 1852 par M. Cruice, lorsqu'il était directeur des hautes études ecclésiastiques, est destinée aux jeunes gens laïques qui se livrent spécialement aux études scientifiques. Elle est établie dans l'une des dépendances de l'ancien couvent des Carmes, et, par conséquent, voisine de l'école des hautes études ecclésiastiques et du couvent des Dominicains.

HOPITAL DES PETITES-MAISONS

AUPARAVANT

MALADRERIE Sᵀ-GERMAIN, depuis HOSPICE DES MÉNAGES

[20] C'est bien en 1557 que cet hôpital fut construit sur l'emplacement de la Maladrerie Saint-Germain. L'abbé Lebeuf n'a point parlé de cette léproserie appelée ordinairement *la Maladerie Saint-Germain*, mais quelquefois aussi *la Maladerie Saint-Thomas*.

L'origine de cette maison est obscure; on sait seulement que, vendue en 1554, elle fut reconstruite pour recevoir les pauvres du faubourg Saint-Germain. Achetée par la Ville, en 1557, on y établit l'hôpital des Petites-Maisons, transformé, par ordonnance du 10 octobre 1801, en Hospice des Ménages. Il y avait deux chapelles, la grande, bénite le 6 avril 1615, et la chapelle de l'infirmerie, bénite le 10 mai 1656. L'abbé de Saint-Germain y installa un curé-vicaire, le 27 août 1665. La grande chapelle de cet hôpital, convertie en orangerie pendant la Révolution, fut rendue à son ancienne destination, par ordonnance du mois de mars 1817. On sait que depuis 1864 l'Hospice des Ménages a été transféré à Issy. L'administration de l'Assistance publique va vendre prochainement cet immeuble devenu vacant, et il est probable que l'on se servira d'une partie du terrain pour prolonger la rue de Babylone jusqu'à la rue de Sèvres.

Le cimetière de la Maladrerie était situé rue Taranne, au coin méridional de cette rue et de celle des Saints-Pères. On l'appelait, en 1523, *Cimetière des Malades de la Maladerie*, et, en 1531, *Cimetière des Malades de Lèpre*. On bâtit sur ce terrain dès 1539. Jaillot a confondu ce cimetière avec celui de la chapelle Saint-Père, située un peu au-dessous de la rue Saint-Guillaume.

BIBLIOGRAPHIE

MANUSCRITS

Dans un carton, coté L. 766, aux Archives de l'Empire, on trouve quelques documents sur l'Hôpital des Ménages, des permissions de bénir les chapelles, l'institution d'un curé-vicaire et des collations du titre d'administrateur de la léproserie de Saint-Germain-des-Prés, en 1525 et 1529. Dans un autre carton, coté L. 773, on conserve l'autorisation, donnée par le prieur de Saint-Germain, de bénir la chapelle de la Maladrerie.

Dans la section administrative, il y a un carton coté F¹⁵. 1681, qui renferme un Mémoire sur cet hôpital et des instructions sur l'établissement du grand bureau des pauvres et de l'hôpital des Petites-Maisons.

IMPRIMÉS

Addition aux anciens règlemens cy-devant faits, concernant la discipline, charges et devoirs des ecclésiastiques habituez en l'hospital des Petites-Maisons. *S. n. d. l. n. d.* (1649), in-4°. (Arch. de l'Emp., L. 766.)

Statuts et règlemens pour la confrairie de Saint-Roch et de Saint-Fiacre, érigée dans l'église des Petites-Maisons. *Paris*, 1695, in-12.

Grand bureau des pauvres. Hôpital des Petites-Maisons, etc. 1782, in-4°, 7 pages.

HOPITAL DE LA CHARITÉ

[21] L'évêque de Paris autorisa les Frères de la Charité à s'établir dans la capitale, le 13 septembre 1602. Ces religieux s'installèrent d'abord dans une maison, occupée plus tard par les Petits-Augustins; puis ils vinrent se fixer rue Saint-Père, auprès de l'ancienne chapelle de ce nom. Protégés par la reine Marguerite, ils obtinrent l'autorisation d'y célébrer le service divin. Les religieux de Saint-Germain-des-Prés leur donnèrent la clef de cette chapelle, après avoir reçu la lettre suivante :

Je, Pierre Lescalopier, conᵉʳ en la court, ayant charge des affaires de la royne Marguerite, confesse que à ma prière, et pour gratifier Sa Majesté, messʳˢ les religieux, prieur et couvent de Saint-Germain, m'ont presté la chapelle de Saint-Père, et m'en ont baillé la clef pour en accommoder les moynes de la Charité, à dire leur service pour deux moys seulement, en attendant que la royne de France, leur fondatrice, leur fera bastir une autre chapelle et prometz rendre lad. chapelle et la clef d'icelle à mesd. s^rs de Saint-Germain à leur première demande, à peine de payer en mon propre et privé nom touts despens dommages et interestz. Faict ce deuxes^me jour d'octobre mil six cens six.   LESCALOPIER.

Le délai de deux mois fut indéfiniment prolongé, et, par une transaction passée, le 27 août 1611, entre l'église Saint-Sulpice et les Religieux de la Charité, ces derniers furent autorisés à jouir de la chapelle et de son cimetière, à condition de l'entretenir et de payer un sol annuel de reconnaissance. Enfin, le 30 août 1659, le curé de Saint-Sulpice se désista, en faveur des Religieux de la Charité, de toutes ses prétentions sur la chapelle Saint-Pierre, qui, du reste, n'existait plus, car elle avait été abattue en 1613 et remplacée par une autre, qui fut consacrée le 11 juillet 1620, sous l'invocation de saint Jean-Baptiste, par l'archevêque d'Embrun. (Arch. de l'Emp., L. 773.)

Le cimetière de cette chapelle, qui existait au coin de la rue Taranne et de la rue des Saints-Pères, vis-à-vis la rue Saint-Dominique, avait été donné, par l'édit de Nantes, aux huguenots, qui s'en servaient déjà depuis quelques temps, en 1598, et qui en furent dépossédés par arrêt du Conseil de l'année 1604. En pratiquant, au mois de juillet 1862, des fouilles rue Taranne, à la hauteur du n° 18, pour la construction d'un four, les ouvriers mirent à découvert une quantité considérable de squelettes humains, disposés par couches superposées. Les ossements recueillis ont été transportés aux catacombes [1].

Pendant la Révolution, l'hôpital de la Charité prit le nom d'*Hospice de l'Unité*, qu'il perdit sous le Consulat, pour reprendre sa précédente dénomination. L'ancienne chapelle de cet hôpital, qui sert aujourd'hui de salle de séances à l'Académie de médecine, va être démolie, pour faire place à des constructions nouvelles ordonnées par l'administration des hospices. La chapelle actuelle n'est que provisoire.

L'hôpital de la Charité renferme aujourd'hui 474 lits, dont 331 de médecine et 143 de chirurgie.

---

[1] Le cimetière de la chapelle Saint-Père possédait la tombe du trésorier général de France, Claude Arnauld, qui appartenait à la religion protestante. Lorsque les huguenots en furent dépossédés, on leur donna un autre emplacement situé rue des Saints-Pères, près la rue Saint-Guillaume, à l'endroit même qu'occupe aujourd'hui la maison portant le n° 30. Voy., au sujet de ce cimetière, un travail fort intéressant de M. Ch. Read, intitulé : *Cimetières et inhumations des huguenots*, etc., qui a paru dans le *Bulletin de la Société de l'Histoire du protestantisme français;* 1863, p. 33 et suiv.

BIBLIOGRAPHIE

MANUSCRITS

Dans la section historique, aux Archives de l'Empire, il y a un carton (L. 766), qui renferme un dossier de quelques pièces relatives aux religieux de la Charité et à la chapelle Saint-Pierre, la lettre du conseiller Lescalopier, que nous avons reproduite plus haut, la transaction du 27 août 1611, celle du 30 août 1659, une opposition du 6 mai 1615 aux constructions faites par les religieux de la Charité, opposition formée par les religieux de Saint-Germain, l'autorisation d'établissement du 13 septembre 1602, les lettres patentes du mois d'août 1628, qui établissent l'hôpital de la Charité, etc., etc.

Dans la section administrative, il y a six cartons (S. 6102-6107), renfermant des déclarations de biens, un état des rentes dues aux ci-devant maisons de l'ordre de la Charité par l'Hospice national de l'Unité, et enfin un grand nombre de dossiers, contenant des aveux et dénombrements et autres pièces concernant la seigneurie du Pré-du-But, Villenauxe, Montaiguyon, les fiefs des Salles et de Rieux, dans la paroisse d'Ecardes.

IMPRIMÉS

Récit véritable de tout ce qui s'est fait et passé dans l'hospital de la Charité, depuis la mort du R.-P. Bernard jusques à présent. Ensemble, le catalogue d'un nombre de personnes qui ont esté guéris. *Paris,* 1641, in 8°.

Factum pour les religieux de l'Hospital de la Charité (sciz ès fauxbourgs Sainct Germain des Prez), appellans comme d'abus d'une part, contre frère Ambroise Perego, soy disant humble serviteur général de l'ordre dudit hospital, et frère Vincent Gerard, estranger, exerçant l'office de prieur en iceluy Hospital, inthimez d'autre. *S. n. d. l. n. d.* (1601), in-4°. (Arch. de l'Emp., L. 766.)

Factum pour les religieux, prieur et couvent de l'hospital de la Charité de cette ville de Paris, légataires particuliers de deffunt M. d'Anglure, maistre des requestes, deffendeurs au principal, et demandeurs en sommation, contre les Pères jésuites de la maison professe de cette ville de Paris, et ceux du collége de Châlons, légataires universels dudit feu sieur d'Anglure, deffendeurs. *S. d.*, in-4° (Arch. de l'Emp., S. 6102.)

A nosseigneurs des requêtes de l'Hotel. *S. d.*, in-fol. (Arch. de l'Emp., S. 6102.)

Supplique des religieux de la Charité relative à la même affaire.

Factum pour les religieux, prieur et couvent de l'hospital de la Charité de Paris, deffendeurs, contre les Pères jésuites de la maison professe de Paris, et du collége de Chaslons, demandeurs. *S. n. d. l. n. d.*, in-fol. (Arch. de l'Emp., S. 6102.)

Factum pour les religieux, prieur et couvent de l'hospital de la Charité, intimez, contre les Pères jésuites de la maison professe de Paris, e les Pères jésuites du collége de Chaslons en Champagne, appelans de la sentence rendue aux requestes de l'Hôtel, le sixième septembre 1688. *S. n. d. l. n. d.*, in-fol. (Arch. de l'Emp., S. 6102.)

Articles présentez à nos seigneurs de la Cour du parlement, contenans un règlement perpétuel pour l'administration spirituelle et temporelle de l'hospital de la Charité, siz ès faulxbourg Saint-Germain lez ceste ville de Paris. *Paris*, 1620, in-4°, 35 pages.

Estat au vray des revenus certains et de la despence ordinaire du couvent et hospital de la Charité de Paris. *Paris*, 1658, in-4°. (Arch. de l'Emp., L. 766.)

Etat au vray des biens et des revenus de l'hospital de la Charité de Paris. *Paris*, 1669, in-4°.

Mémoire pour les religieux du couvent et hospital de la Charité de Paris, intimez, défendeurs et demandeurs, contre les prévost et gardes de la communauté des maistres chirurgiens, appellans, et le sieur Mareschal, premier chirurgien du roy, intervenant. *Paris*, 1718, in-fol.

Mémoires pour les religieux de la Charité contre le premier chirurgien du roi (par M⁰ Doulcet). 1758 et suiv., in-4°.

Apologie et réfutation du libelle diffamatoire imprimé sous le nom d'un nommé Ferrand, soy disant prestre et procureur de l'Hospital de lᵃ Charité. 1621, in-8°,

Placet présenté au roi par les religieux de l'hôpital de la Charité, concernant un revenu annuel de deux mille cinq cens livres. 1630, in-4°.

Factum pour les pauvres malades de la Charité. 1636, in-4°.

Les véritables particularités de la dévote procession que feront les Révérends Pères religieux de la Charité du faubourg Saint-Germain, pour la translation des reliques du bienheureux Jean de Dieu, envoyées à la reine-mère par le roi d'Espagne. *Paris*, 1660, in-4°.

A MM. du grand bureau des pauvres de la ville et faubourgs de Paris. *S. n. d. l. n. d.* (1680), in-fol., pl.

Supplique signée F. Victor Lefebvre, des religieux de l'hôpital de la Charité, au sujet du droit de quête.

Les choses plus mémorables arrivées à la mère du R.-P. Bernard. *Paris*, 1641, in-8°.

Les prières du bienheureux Jean de Dieu, pour gaigner les pardons et indulgences octroyées par nostre sainct père le pape Urbain VII, en l'église des Frères de la Charité. Poésies latines de J. Morel, avec traduction en vers françois, par Guill. Colletet. *Paris*, 1631, in-8°.

AUGUSTINS DÉCHAUSSÉS

ÉCOLE DES BEAUX-ARTS

[22] Le couvent, fondé le 26 septembre 1609, par la reine Marguerite, première femme de Henri IV, pour les Augustins déchaussés, fut occupé quatre ans après (12 avril 1613) par les Augustins de la réforme de Bourges, les premiers religieux ayant déplu à cette capricieuse princesse. Une grande église, dont la première pierre fut posée par la reine Anne d'Autriche, le 15 mai 1617, et qui fut achevée et dédiée, en 1619, à saint Nicolas de Tolentin, remplaça la chapelle primitive, dont la voûte, en forme de coupole, avait excité la curiosité des Parisiens, qui n'en avaient point encore vu. La nouvelle église renfermait le cœur de la reine Marguerite, avec une épitaphe de l'avocat général Servin; le peintre François Porbus (19 février 1622), René de l'Age, chevalier, seigneur de Puy-Laurent, gentilhomme ordinaire de la chambre, Antoine de l'Age, duc et pair de Puy-Laurent, son fils (juillet 1635), César de Romilly, seigneur de la Chesnelaye, chevalier (1632), la famille des le Boulanger, à laquelle appartenait le célèbre petit Père André; Renée, dame de Kergoumadech, femme du marquis de Rosmadec (19 novembre 1643), Sébastien de Rosmadec, lieutenant général de Bretagne (3 novembre 1699), Catherine d'Escorailles, sœur de la duchesse de Fontanges, le peintre Nicolas Mignard (1668), Jean Pontas, sous-pénitencier de l'église de Paris (27 avril 1728), étaient inhumés dans cette église, près de laquelle les religieux ne tardèrent pas à élever un cloître orné de tableaux, et où l'on voyait le tombeau de l'archevêque de Tours, Mathieu Isoré d'Airvaut, mort le 9 juillet 1716.

Le 9 février 1790, François Roblain, prieur des Pères Augustins, déclara en leur nom que le monastère était composé de 22 religieux, qu'ils possédaient un revenu de 43,545 l. 19 s. 9 d. (location des maisons, 39,125 l. 11 s.; rentes : 4,420 l. 8 s. 9 d.), plus des terres à Vaugirard et à Saint-Fargeau, qu'ils faisaient valoir par eux-mêmes, et que les charges montaient à 24,570 l. 6 s. 8 d. (charges réelles : 7,996 l. 18 s.; charges éventuelles : 16,573 l. 8 s. 8 d.).

L'inventaire des meubles du couvent fut fait le 28 septembre 1790, et l'argenterie, portée à la Monnaie, produisit 167 marcs 1 once 4 gros.

On sait que ce couvent fut affecté à cette époque au Musée des monuments français. Voici ce qu'Alexandre Lenoir dit, à ce sujet, dans l'avant-propos de son grand ouvrage sur ce musée :

« L'Assemblée nationale, après avoir décrété que les biens du clergé appartenaient à la chose publique, chargea son comité d'aliénation de veiller à la conservation des monumens des arts qui étaient renfermés dans ces domaines.

« Le philanthrope Larochefoucauld, président de ce comité, fit un choix de savans et d'artistes qu'il réunit pour procéder au choix des monumens et des livres que ce comité voulait conserver.

« La municipalité de Paris, voulant remplir les intentions de l'Assemblée nationale, et chargée de l'exécution du décret, nomma aussi des savans et des artistes d'un mérite reconnu, pour les adjoindre à ceux que le comité d'aliénation avait choisis pour se faire assister par eux dans ses opérations. Ces savans, ainsi réunis, formèrent une commission, nommée *Commission des monumens*. Dès lors, on chercha des lieux convenables pour recevoir les trésors que l'on comptait préserver de la destruction. *Le comité d'aliénation* affecta la maison *des Petits-Augustins* pour les monuments de sculpture et les tableaux; celles des Capucins, rue Saint-Honoré, des grands Jésuites, rue Saint-Antoine, et des Cordeliers, pour les livres, manuscrits, etc. La commission publia une instruction savante sur les moyens de conserver les objets précieux qu'elle se proposait de recueillir.

« Un des membres de cette commission, M. Doyen, dont j'ai été élève pendant quinze ans, me présenta à la municipalité pour être garde du dépôt des monumens des arts, rue des Petits-Augustins. Je fus accepté le 4 janvier 1791, et c'est aux vues sages du président de cette commission que je dois la confirmation de l'établissement et de ma nomination à cette place, par un décret. »

Le musée des Petits-Augustins, ouvert pour la première fois au public, le 15 fructidor an III (1er septembre 1795), et érigé en Musée des monuments français, le 29 vendémiaire an IV (21 octobre 1795), renfermait une collection de monuments classés par siècles, dans autant de salles décorées d'une manière analogue aux siècles qu'elles représentaient. Le jardin du couvent, les cours renfermaient les débris de monuments détruits, les restes de Turenne, de Molière et de Lafontaine.

Si la justice exige que l'on rende hommage au dévouement, à la persévérance et à l'intelligente administration d'Alexandre Lenoir, elle veut aussi que l'on adresse les plus vifs reproches au gouvernement de la Restauration, qui, voyant dans le Musée des monuments français une origine révolutionnaire, s'empressa, par une ordonnance du 18 décembre 1816, de fermer cet établissement national et de disperser les monuments qui y avaient été réunis.

Le Musée des monuments français, désigné, par ordonnance royale du 24 avril 1816, comme devant être transformé en école des Beaux-Arts, subit cette transformation, et le 3 mai 1820, le ministre de l'intérieur posa la première pierre de la nouvelle école, commencée par Debret, et terminée, il y a deux ans à peine, par M. Duban.

BIBLIOGRAPHIE

MANUSCRITS

Les Archives de l'Empire renferment, sur les Augustins de la Reine Marguerite, des documents conservés dans les sections historique et administrative.

Un carton de la section historique, coté L. 766, contient des pièces et mémoires relatifs à l'expulsion des petits Pères de leur maison du faubourg Saint-Germain, pour être remplacés par les Augustins de Bourges, de 1613 à 1711, des bulles, mémoires et autres pièces concernant les Augustins de Bourges, un dossier de documents relatifs à des différends survenus entre le général et ses adhérents, d'une part, et le Père Proust, ex-provincial, de l'autre; un autre carton, coté L. 773, contient l'acte de consécration de l'église et du maître-autel des petits Augustins, le 24 février 1650.

Le premier carton de la section administrative (S. 3641) renferme la déclaration de 1790, des baux, quittances de la taxe des boues et lanternes, des renseignements sur les propriétés du couvent, des procès-verbaux de visites, des titres d'alignements, mémoires, jugements, transactions, des pièces relatives à l'égout qui passe sous le couvent, à la concession de huit lignes d'eau, etc.; le second (S. 3642), les titres de propriété de biens de la succession abandonnée de Pierre Auvray, né à Saint-Fargeau-sur-Seine, acquis par les religieux, par sentence de décret du 8 juin 1672, les titres de propriété de terres sises à Saint-Fargeau, les titres de propriété de biens sis à Vaugirard, acquisitions, échanges, baux, arpentages et plans de 1589 à 1767; le troisième (S. 3643), les copies des dons et fondations de la Reine Marguerite, en faveur des Augustins, donnant des renseignements, tant sur leur établissement que sur leurs propriétés, des états, mémoires, etc., un registre in-4°, intitulé : « État du temporel de ce couvent au dernier chapitre provincial tenu à Angers le 13 mai 1718, » un registre in-folio ayant pour titre : « Mémoires sur l'égout qui traverse le couvent et sur le procès avec MM. du bureau de la Ville de Paris, terminé par transaction en 1739, » des baux à vie, emphytéotiques, à rentes et à loyer, de maisons qui appartenaient au couvent, de 1692 à 1767, des titres de rentes sur héritages à Lagny, des titres de propriété de terrains situés près du couvent.

IMPRIMÉS

Requête présentée au roi, séant en ses conseils, en faveur de la fondation de l'église et couvent.des Augustins réformés du faubourg Saint-Germain faite par feue la reine Marguerite de Valois. *S. n. d. l. n. d.,* in-4°.

Observations sur l'arrêté de la commune de Paris, qui supprime les deux maisons des Augustins. *Paris,* 1790, in-8°.

NOVICIAT DES JÉSUITES

[28] Ce n'est point en 1610, comme le dit Lebeuf, mais en 1612, que les Jésuites établirent leur noviciat dans l'hôtel de Mézières, qui leur fut donné par Mme de Sainte-Beuve. Le brevet du roi est bien de l'année 1610; mais les Jésuites ne mirent leur projet à exécution que deux ans après. L'acte de fondation faite en leur faveur n'est d'ailleurs que du 13 avril 1612. Dans un dossier conservé aux Archives de l'Empire (Section historique, L. 766), on voit que l'abbé de Saint-Germain avait proposé, cette même année 1612, certaines conditions à l'établissement de ce noviciat. On sait qu'en 1630 la première pierre de l'église fondée par l'intendant des finances, François Sublet, seigneur des Noyers, baron de Dangu, secrétaire d'État, fut posée par Henri de Bourbon, abbé de Saint-Germain. Le fondateur y était inhumé, ainsi qu'Hilaire, marquis de Laval et de Lezay, comte de Bigeotière, du Regal et autres lieux, conseiller ordinaire du roi, mort le 12 février 1670. Cette église avait été consacrée le 17 octobre 1642, sous le titre de Saint-François Xavier.

Les bâtiments du Noviciat des Jésuites furent vendus en quatre lots, comme propriétés nationales, le 21 fructidor an v. Ils contenaient une superficie de 3,192 mètres 46 centimètres. La rue de Madame, prolongée par ordonnance royale du 6 octobre 1824, a été ouverte sur une partie des terrains du Noviciat, qui était compris entre les rues Mézières, Cassette, Honoré-Chevalier et Bonaparte.

BIBLIOGRAPHIE

MANUSCRITS

Un carton de la section historique (L. 766), conservé aux Archives de l'Empire, renferme un dossier de pièces peu importantes sur le Noviciat. Ces documents sont relatifs à la juridiction que l'abbaye de Saint-

Germain avait le droit d'exercer sur cette maison. Le carton L. 773 renferme l'acte de consécration de l'église.

Sous le n° 10988 latin, le département des manuscrits de la Bibliothèque impériale conserve un registre du Noviciat des Jésuites, qui est intitulé : *Catalogus rectorum et discipulorum domus probationis parisiensis.* — 1760. La Bibliothèque Mazarine possède un manuscrit in-4° du XVIII° siècle (n° 2424), intitulé : *Instruction pour le noviciat des Jésuites.*

IMPRIMÉS

Mémoire pour les héritiers du sieur Tardif contre les Pères Jésuites du faubourg Saint-Germain, à Paris. *Paris,* 1729, in-fol., 28 pages.

Factum pour les Pères Jésuites du Noviciat de Paris, défendeurs et demandeurs, contre les sieurs Bocquet, inspecteur des manufactures de la généralité de Caen, et Guillaume Tardif, marchand à Caen, héritiers du sieur Tardif, bourgeois de Paris, demandeurs et défendeurs. *Paris,* 1729, in-fol., 18 pages.

Le procès qui a donné lieu à ces deux factums, et que les jésuites ont perdu, avait été intenté à propos d'une collection de tableaux qu'ils avaient pris chez le défunt Tardif.

CARMES DÉCHAUSSÉS

[24] Des lettres patentes du mois de mai 1611, enregistrées au Parlement le 15 juin suivant, autorisaient les carmes déchaussés à s'établir à Paris et à Lyon. Ils s'installèrent aussitôt dans une vaste propriété qui leur avait été donnée le 14 mai 1615 par Nicolas Vivien, maître des Comptes. Quelques jours après, le 20 mai, ils demandèrent à l'abbé de Saint-Germain l'autorisation de célébrer l'office divin dans un lieu propre au choix de l'ordinaire, en attendant que leur chapelle fût construite. Cette autorisation leur fut accordée. Ils improvisèrent immédiatement une chapelle, dans une salle qui avait servi de prêche aux protestants, et, deux jours après, le 22 mai, le nonce la bénit et y dit la messe. On ne tarda pas à construire une chapelle; mais on s'aperçut bientôt qu'elle n'était pas encore assez spacieuse, et on la rebâtit, ainsi que le couvent. Terminée en 1620, elle fut bénite le 19 mars de cette année et dédiée solennellement, le 21 décembre 1625.

Au moment de la Révolution, les carmes étaient au nombre de soixante-quatre religieux, dont quarante-deux prêtres, dix-sept convers, trois donnés, un choriste et un clerc. Le couvent jouissait de magnifiques revenus, je n'ai pas sous les yeux la déclaration faite en 1790; mais j'ai l'état des revenus, charges, dettes actives et passives du couvent, au 30 avril 1781, dont voici le résumé :

REVENUS ANNUELS.

Loyers de	8 maisons dans la rue du Regard..............	36,352¹ 17ˢ	
	1 maison dans la rue du Cherche-Midi........	11,120	
	5 maisons dans la rue Cassette..............	18,418	
	1 terrain au coin des rues du Regard et de Vaugirard................	2,400	
	Total....	68,490¹ 17ˢ	68,490¹ 17ᵉ
Rentes sur l'Hôtel-de-Ville............		10,986¹ 5ˢ	
Ferme en Brie, bon an mal an.........		6,262 17	
Chaises de l'église.................		1,800 »	
	Total....	19,049¹ 2ˢ	19,049¹ 2ᵉ
Eau de Mélisse..................		20,000¹ »	
Sacristie, bon an mal an, durant ce trienne.................		2,064 6ˢ 10ᵈ	
Chapelle du Luxembourg...........		400 » »	
Desserte de Saint-Mandé............		223 » »	
Gratification du roi sur six minots de franc salé................		160 10 6	
Gratification sur l'entrée de cent muids de vin.................		2,400 » »	
Quête du frère Thomas, environ......		800 » »	
	Total....	26,047¹ 17ˢ 04ᵈ	26,047¹ 17ˢ 4ᵈ
	Total général des revenus...............		113,587¹ 16ˢ 4ᵈ

CHARGES ANNUELLES

14,935 messes à 10 sous............	7,467¹	10ˢ	»
Entretien de la sacristie............	2,146	19	7ᵈ
Rentes constituées..............	9,860	18	»
Rentes viagères................	4,146	5	»
Rentes des maisons de la province.....	3,998	15	»
Au clergé pour nos décimes..........	6,334	18	»
Au collége de Pharmacie...........	1,000	»	»
Pour la taxe des logements des soldats, mise sur nos hôtels............	1,047	»	» -
Pour le vestiaire des religieux de la communauté.......	1,892	»	»
À reporter.....	37,894¹	5ˢ	7ᵈ

Report..... 37,894 ^{l} 5 ^{s} 7 ^{d}

Pour la pension de six étudiants et la
gratification aux lecteurs............ 1,850   »   »
Pour la pension du P. Dominique, ma-
lade, à Saint-Aubin..................   350   »   »
Honoraire du médecin et du chirurgien.   300   »   »
Pour la capitation des garçons, leurs
gages et ceux de trois acolythes...... 1,210 10   »
Pour l'entretien de nos hôtels, de notre
couvent et de notre ferme........... 9,708   4   »

TOTAL.... 51,312 ^{l} 19 ^{s} 7 ^{d}

TOTAL GÉNÉRAL des revenus................. 113,589 ^{l} 16 ^{s} 4 ^{d}
TOTAL GÉNÉRAL des dépenses...............   51,312 19 7

RESTE NET....................   62,276 ^{l} 16 ^{s} 9 ^{d}

Les revenus du monastère des Carmes déchaussés produisaient,
comme on le voit, de forts beaux résultats. L'état de leurs dettes actives et passives n'était pas moins satisfaisant. Ils devaient 11,896 livres
13 sous 3 deniers [1], mais il leur était dû 45,734 livres 17 sous 3 deniers [2], ce qui établissait une différence en leur faveur de 33,838 livres
4 sous.

Les Carmes possédaient aussi une assez belle bibliothèque, composée
de douze mille volumes. On y remarquait un fort précieux manuscrit
renfermant la chronique de Flodoart. On voit par une lettre de Gilet de
Bassonville, prieur de la maison de Réunion des Carmes [3], en date du
31 mai 1792, qu'on leur en interdisait alors la jouissance.

[1] A l'architecte, 5,989 l. 11 s. 6 d.; au marchand de toile, 426 l. 12 s.; au
marchand de drap, 255 l. 2 s. 6 d.; au peintre, 851 l. 12 s. 3 d.; au serrurier, 3,000 l. 15 s.; pour 2,746 messes à acquitter, 1,373 livres. Total :
11,896 l. 13 s. 3 d.

[2] Il leur était dû par le duc de Cossé, 2,600 l.; le comte d'Épinai, 1,950 l.;
le chevalier Rome, 45 l.; More, 500 l.; Trusson, 4,750 l.; le comte de
Châlons, 1,572 l. 6 s.; Mme de Chatelus, 450 l.; le prince Robecq, 9,606 l. 6 s.;
le prince Croy, 1,825 l. 2 s. 3 d.; le prince Ferdinand, 16,488 l. 13 s.; l'ambassadeur de Sardaigne, 2,780 l.; MM. de Besance et Tombeuf, 2,200 l.; M. de
Verzure, 67 l. 10 s.; la chapelle du Luxembourg, 900 l. Le total marqué dans
l'état produit par les carmes est de 48,728 l. 4 s. 6 d., et la différence est de
36,831 l. 11 s. 5 d. Ce sont des erreurs qu'il est aussi facile de commettre que
de corriger.

[3] Le couvent des Carmes était appelé *Maison de Réunion*, parce que, conformément à l'article 18 de la loi du 8 octobre 1790, les Carmes-Billettes avaient
été réunis aux Carmes-Déchaussés.

Enfin, les provisions qu'ils avaient amassées dans leur grenier et dans leur cave pouvaient leur permettre d'essuyer quelques années de mauvaises récoltes. On peut en juger par le tableau ci-joint :

PROVISIONS AU 30 AVRIL 1781.

	l	s	d
En bled et farine : 51 muids 4 septiers, à 22 livres....	13,271	6	8
En vin : 100 muids de 1778, et 156 muids de 1780, à 175 livres et à 144 livres le muid[1].................	39,532	16	9
En eau-de-vie : 14 pièces, dont deux de Coignac, estimées..	14,000	»	»
En huile d'olive : environ 315 livres, et en chandelles, 228 livres.................................	469	14	»
En cire façonnée : 250 livres, à 48 sous, et 76 voies de bois, y compris 6 de four.....................	2,340	18	»
TOTAL...	69,584	15	5

Tel était l'état financier des Carmes, quelques années avant la Révolution.

Le 17 août 1789, le prieur des Carmes offrit une partie des dépendances du couvent au comité du district pour y faire une caserne, que l'on construisit immédiatement. Les rapports entre les membres de l'assemblée du district et les religieux furent d'abord convenables ; mais des difficultés de toutes sortes ne tardèrent pas à s'élever, et l'église fut transformée en prison, en attendant qu'elle devînt un lieu de supplice. Dès le 11 août 1792, des prêtres insermentés furent arrêtés par la section du Luxembourg et conduits dans l'église, où cent soixante personnes ne tardèrent pas à s'y trouver réunies. Le 2 septembre, date à jamais néfaste dans les annales de la Révolution, cent dix-sept prisonniers furent égorgés par une bande d'assassins, avides de carnage, qui noyèrent ce jour-là dans le sang la liberté qu'ils avaient l'audace d'invoquer !

Chose singulière ! les carmes, qui étaient restés dans le couvent, profitant de la loi du 17 août qui leur permettait d'y demeurer jusqu'au 1er octobre, ne furent nullement inquiétés ; mais pendant l'envahissement des septembriseurs, les scènes douloureuses dont ils avaient été les tranquilles spectateurs, les engagèrent à s'éloigner d'un lieu qui pouvait devenir le théâtre de nouveaux crimes. Ils quittèrent le couvent

---

[1] J'ai mis ici les chiffres donnés par les religieux, quoiqu'ils soient évidemment faux. En effet, $100 \times 175 + 156 \times 144 = 39,964$. Il faut donc lire 39,964 livres et non pas 39,532 livres 16 sous 9 deniers ; je ne peux expliquer cette différence de 431 livres 3 sous 3 deniers, qu'en supposant que, sur les 256 muids déclarés par les carmes, il y en avait plusieurs entamés, et que les religieux ont établi leur évaluation non pas sur la quantité brut, mais sur les résultats obtenus par le jaugeage.

et six d'entre eux vinrent devant la section du Luxembourg prêter serment et déclarer qu'ils rentraient dans la vie civile.

Le couvent abandonné fut loué, le 5 mars 1793, à un jardinier, moyennant 4,780 livres; une partie du jardin encore humide du sang des victimes fut converti en bal champêtre et devint le bal des Tilleuls. La joie ne pouvait pas fréquenter longtemps ce lieu sinistre, et, le 16 décembre, le couvent fut transformé en maison de détention, où l'on entassa, en moins d'une année (16 décembre 1793 à octobre 1794), près de huit cents personnes, parmi lesquelles on doit citer Joséphine Beauharnais, la duchesse d'Aiguillon, le marquis de Soyecourt, l'amiral de Montbazon-Rohan, le général Hoche, le savant Boucher d'Argis, Santerre, etc., etc.

Après le 9 thermidor, l'église des Carmes perdit ces prisonniers et elle reçut en échange les approvisionnements que la commission des musées nationaux emmagasinait auparavant dans l'église Saint-Sulpice. A cette époque, la caserne construite en 1789, devint le siége de l'imprimerie du Directoire. Enfin, le 8 août 1797 (12 thermidor an xi), l'ancien couvent fut vendu, moyennant 1,041,000 livres à un entrepreneur des bâtiments, nommé Etienne Foreson, à la condition d'ouvrir deux rues sur l'emplacement concédé. La rue d'Assas fut ouverte en 1798, l'autre qui devait aboutir à la place Saint-Sulpice est restée à l'état de projet, Quant à la caserne, devenue imprimerie, elle fut abattue et laissa son terrain à la place d'Assas.

Par des acquisitions successives, faites les 18 fructidor an v (15 août 1797), 17 brumaire an x (8 novembre 1801), et 22 août 1807, Mme de Soyecourt, ancienne carmélite, racheta l'église et le cloître. Elle s'installa aussitôt dans la cellule où son père avait été détenu et qu'il n'avait quittée que pour monter à l'échafaud. Le 24 août 1797, l'ancien curé de Saint-Sulpice, M. de Pancemont, vint dire la messe dans la chapelle Saint-Joseph, et le 29 du même mois, l'évêque de Saint-Papoul procédait à la bénédiction de l'église des Carmes. La communauté des carmélites, formée par Mme de Soyecourt, resta dans l'ancien couvent des Carmes jusqu'au 23 avril 1845, jour où elle s'établit dans une nouvelle demeure, rue de Vaugirard, n° 86.

Le couvent avait été vendu le 23 juillet 1841 à l'archevêque de Paris. Cette acquisition, faite moyennant 600,000 francs, fut approuvée par décret du 26 avril 1849. M. Affre y créa une école de hautes études ecclésiastiques et une maison de prêtres auxiliaires, qui étaient appelés à seconder les curés des diocèses.

La maison des prêtres auxiliaires fut dissoute en 1848; mais l'école des hautes études, ouverte le 4 novembre 1845, existe encore. Elle a dû se restreindre néanmoins en 1849, pour donner une place aux dominicains (voyez plus haut p. 147), qui desservent l'église des Carmes.

On lit aujourd'hui, au-dessus du portail de cette église, cette inscription gravée sur marbre :

CETTE ÉGLISE EST LA PREMIÈRE EN FRANCE
CONSACREE A DIEU
SOUS L'INVOCATION DE S^T JOSEPH EN 1625
LA PREMIÈRE PIERRE EN A ÉTÉ POSÉE EN 1613
PAR LA REINE MARIE DE MÉDICIS.
ELLE A ÉTÉ RESTAURÉE EN 1801
ET LE PORTAIL EN 1819.

Lorsqu'on entre dans l'église, on remarque sur le pilastre du troisième pilier de gauche, une inscription sur marbre blanc, ainsi conçue :

[1]

D. O. M.
HOC · SUB · TUMULO · JACET
LUDOVICUS · FRANCISCUS · DE · BAUSSET
EPISCOPUS · QUONDAM · ALESIENSIS
PRÆSESQ · UNIVERSITATIS · STUDIORUM
UNUS · E · QUADRAGINTA · VIRIS · ACADEMIÆ · GALLICÆ
BASILICÆ · S · DIONYSII · CANONICUS · HONORIFICUS
REGI · SANCTIORIBUS · A · CONSILIIS
ORDINIS · S · SPIRITUS · COMMENDATOR
DUX · ET · PAR · FRANCIÆ
S · R · E · PRESBITER · CARDINALIS

vir
pietate sapientia morum lenitate
sermonum suavitate æque commendatus
religioni regno litteris pariter acceptus

QUI
BOSSUETI · ET · FENELONIS · HISTORIAS
ELEGANTIORI · STYLO · CONSCRIPSIT
EORUM · DOCTRINÆ · VIRTUTIS · INGENIIQUE
DISCIPULUS · NARRATOR · ET · ÆMULUS
NATUS · PONTICERII · XIV · DIE · DECEMBRIS
ANN · M · D · CC · XLVIII
OBIIT · LUTETIÆ · XXI · DIE · JUNII
ANN · M · D · CCC · XXIV

¹ Armoiries du cardinal de Bausset.

On a gravé, sur le pilastre suivant, une inscription en l'honneur du cardinal de la Luzerne, la voici :

[1]

D.   O.   M.

HIC JACET

CESAR GUILLELMUS DE LA LUZERNE,

ANTE REVOLUTIONEM

EPISCOPUS DUX LINGONARUM

FRANCIÆ PAR

METROP . PARISI . ECCL . CANONICUS . HONORIFICUS,

POST RESTAURATIONEM,

SANCT . ECCL . ROM . CARDINALIS SACERDOS,

FRANCIÆ DUX ET PAR,

REG . ORD . SPIRIT . SANCT . COMMENDATOR ,

REGNI MINISTER,

REGI AB INTERIORIBUS CONSILIIS.

NATUS PARISIIS DIE VII JUL.

ANN . DOM . M . D . CC . XXXVIII .

MORTUUS EST IN SENECTUTE BONA

PLENUS DIERUM

DIE XXI JUL . ANN . DOM . M . D . CCCXXI.

Amplexus eum, qui secundum doctrinam est
fidelem sermonem, potens factus est exhortari
in doctrina sana, et eos, qui contradicunt, arguere.

EPIST. B. PAULI APOST. AD TIT. CAP. 1. V. 9.

De chaque côté de l'autel, au fond du transept gauche, se trouve une inscription. La première, celle de gauche, a été écrite en l'honneur de M. de Quélen :

[2]

D.   O.   M.

PIÆ · ET · DVLCI · MEMORIÆ

ILLVSTRISS · ET · REVERENDISS · IN · CHRISTO · PATRIS · D · D ·

HYACINTHI · LVDOVICI · DE · QUELEN

ARCHIEPISCOPI · PARISIENSIS

---

¹ Armoiries du cardinal de la Luzerne.

² Armoiries du prélat.

ELECTVS · ECCLESIÆ · SAMOSATENSIS
SACRAM · PONTIFICATVS · VNCTIONEM
HOC · IN · SANCTVARIO · RECEPIT
ANN · MDCCCXVII
DIE · XXVIII · MENSIS · OCTOBRIS

PAVPERI · DERELICTO
ORPHANO · FACTVS · ADIVTOR
OBIIT
ADMODVM · FLEBILIS
VLTIMA · DIE · ANNI · MDCCCXXXIX
ANNOS · NATVS · LXI · MENSES · II · DIES · XXIII

Celle de droite rappelle la mort de M. Affre :

[1]

D.   O.   M.

HIC · REPOSITVM · EST · COR
ILLVSTRISS · AC · REVERENDISS · IN · CHRISTO · PATRIS · D · D ·
DIONYSII · AVGVSTI · AFFRE
ARCHIEPISCOPI · PARISIENSIS ·
FIDEI · DIVINARVMQVE · LITTERARVM · STVDIO · INCENSVS
HOC · IN · MONASTERIO
OLIM · SANGVINE · MARTYRVM · SACRATO
CLERVM
FORTI · ESSE · ANIMO · COELESTIQVE · POLLERE · SCIENTIA
DOCEBAT

EXEMPLVM · VERBIS · CONSOCIANS
IPSE · BONVS · PASTOR
OCCVBVIT · PRO · GREGE
DIE · XXVII · JVNII · ANNI · M · D · CCC · XLVIII
ANNOS · NATVS · LIV · MENSES · IX · DIES · XIII.

DOCTOR · PASTOR · MARTYR

1 Armoiries du prélat.

Sur le côté droit de l'église, il y a deux inscriptions :

La première, placée sur le troisième pilastre, vis-à-vis l'inscription du cardinal de Bausset, est la pierre tumulaire de François de Bovet :

[1]

✝

HIC · REQUIESCIT
IN · SPE · BEATÆ · RESURRECTIONIS ·
CORPUS
ILLUSTRISSIMI · ET · REVERENDISSIMI · D¹ · D¹ · FRANCISCI · DE · BOVET ·

EPISCOPUS · OLIM · SISTARISENSIS ·
PRO · FIDE · STUDIOQUE · ECCLESIASTICÆ · DISCIPLINÆ · TUENDÆ
EXUL
SEDATIS · TEMPESTATIBUS · IN · PATRIAM
REDUX
AD · ARCHIEPISCOPATUM · TOLOSANUM ·
EVECTUS
MOX · ADVERSA · VALETUDINE ·
SEDE · CESSIT
AB · INFANTIA · SACRIS · LITTERIS · ENUTRITUS
A · JUVENTUTE · DOCTUS · A · DEO
CUJUS · USQUE · AD · SENECTAM · ET · SENIUM · MIRABILLIA
PRONUNTIANS
ECCLESIÆ · GALLICANÆ
UNUS · EX · CONSENIORIBUS · IPSE · SENIOR
PLURIMO · CLERO · ADPRECATUS
OBIIT
DIE · VIᴬ · APRILIS · ANNO · M · D · CCC · XXXVIII, ÆTATIS · VERO · SUO · XCIV

HYACINTHUS LUDOVICI DE QUELEN ARCHIEPISCOPUS PARISIENSIS
CÆSAR MARCHIO DU BOUCHET ET ALEXANDER GUILLEMIN
VIRTUTIS ET AMICITIÆ MEMORIA MEMORES
POSUERE

DE PROFUNDIS.

¹ Armoiries du prélat.

Sur le quatrième pilier, près de la chaire, on a gravé en lettres d'or, sur marbre noir, l'inscription suivante :

ICI

REPOSE LE CORPS

DE M. RENÉ MICHEL

LEGRIS DUVAL

PRÊTRE, PRÉDICATEUR DU ROI

NÉ LE 16 AOUT 1765

MORT LE 18 JANVIER 1819

OMNIUM ME SERVUM FECI

UT PLURES LUCRI FACEREM.

JE ME SUIS FAIT LE SERVITEUR DE TOUS

AFIN DE POUVOIR LES GAGNER TOUS

A J. C.

I. COR. CHAP. IX. V. 19.

Je dois parler maintenant d'un monument beaucoup moins grand que l'église des Carmes, mais tout aussi célèbre. Je veux parler de l'ancien oratoire des Carmes, connu aujourd'hui sous le nom de chapelle des Martyrs, et qui a son entrée place d'Assas, n° 76, au fond de l'allée du jardin de l'École préparatoire.

Cette chapelle où un certain nombre de prêtres ont été massacrés en 1792, conserve encore les empreintes du sang répandu. Mme de Soyecourt la fit bénir au mois de mai 1815, sous l'invocation de saint Maurice et de ses compagnons martyrs, par M. l'abbé d'Astros, grand vicaire de Paris, et depuis archevêque de Toulouse.

Lorsque M. l'abbé Cruice, aujourd'hui évêque de Marseille, devint directeur des hautes études ecclésiastiques, il songea, surtout après l'installation des dominicains, auxquels l'église des Carmes avait été exclusivement réservée, à faire célébrer l'office divin dans cette chapelle et à la rendre accessible aux élèves et aux fidèles qui voudraient y venir prier.

« A cet effet, dit M. A. Sorel, dans son intéressant ouvrage sur le couvent des Carmes, M. l'abbé Cruice fit construire un bâtiment d'environ 15 mètres de profondeur qui se relia à la chapelle et dont l'entrée fut ménagée du côté de l'allée d'acacias, où l'archevêque d'Arles avait été massacré; ce bâtiment est un peu plus large et plus élevé de plafond que l'ancien oratoire. Il est éclairé par six fenêtres cintrées garnies de vitraux de couleur dont trois représentent les armoiries de M. Dulau, archevêque d'Arles, et des deux frères de

Larochefoucauld, évêque de Saintes et de Beauvais. Un troisième est voué à la mémoire des prêtres tués aux Carmes et porte cette inscription (erronée quant au nombre des victimes qui n'est que de 117 et non pas de 170) :

CENTUM SEPTUAGINTA PRESBYTERI OCCUBUERE PRO FIDE DEI
SECUNDA SEPTEMBRIS 1792

Les deux derniers contiennent, l'un, l'écusson de M. Affre, fondateur de l'école, et l'autre celui de M. Sibour, le continuateur de cette œuvre. Au-dessus de la porte d'entrée est suspendu un tableau de bois, sur lequel on lit :

A LA MÉMOIRE
DE REGIS DE VALFONS
CAPITAINE AU RÉGIMENT DE CHAMPAGNE
MASSACRÉ AUX CARMES AVEC SON CONFESSEUR
DONT IL AVAIT VOULU PARTAGER LA CAPTIVITÉ
LE 2 SEPTEMBRE 1792

Cette inscription est surmontée d'un blason qu'on a dessiné en l'honneur de M. Valfons. Il se compose d'un écusson de gueules, à une croix d'argent et une épée d'or. Enfin, sur le mur de droite, on voit cette autre inscription sur marbre blanc :

A LA MÉMOIRE
DE FERNAND BÉCOURT
SOUS-LIEUTENANT AU 7e BATAILLON
DE CHASSEURS A PIED

CAMPAGNE DU MEXIQUE
3 MARS 1864

PRIEZ POUR LUI

Suivie de cette autre inscription, également sur marbre blanc :

A LA MÉMOIRE
D'ANATOLE CHESNEAU
DE LA HAUGRENIÈRE
TUÉ
A LA BATAILLE DE SOLFERINO
1859
PRIEZ POUR LUI

Pieux hommage rendu au patriotisme de deux jeunes officiers, anciens élèves de l'École préparatoire.

Cette nouvelle enceinte n'est séparée de l'ancienne chapelle que par la table de communion, et quand on franchit cette limite sacrée, on éprouve une émotion indéfinissable. A chaque pas que l'on fait, le 2 septembre se dresse tout entier devant vous, et l'aspect du vieil oratoire remplit le cœur tout à la fois d'une indignation profonde contre ceux qui ont commis de tels forfaits, et d'une sainte admiration pour ceux qui en ont été les victimes. Eclairé par un demi-jour, comme pour mieux voiler encore les vestiges terribles qu'il récèle, ce pieux sanctuaire impose par son caractère et sa simplicité.

Les murs sont recouverts de boiserie en chêne d'un style sévère.

Les anciens bancs circulaires ont été conservés tels qu'ils étaient, mais on les a protégés par un revêtement en bois dont une partie se soulève à certaine place et permet ainsi de distinguer des taches de sang imprégné dans le bois. Les dalles ont été également dissimulées sous un parquet de chêne qui est mobile à un endroit teint du sang des prêtres. L'autel placé au fond de la chapelle, sous l'invocation de la Sainte-Vierge, est en harmonie avec le reste du sanctuaire; et des plaques de verre ménagées dans la partie inférieure laissent entrevoir, sur le mur du fond, de sanglantes empreintes.

De chaque côté de l'autel, il existe deux plaques en marbre blanc; sur celle de droite, on a gravé l'inscription suivante :

D. O. M.

ILLUSTRISSIMO ET REVERENDISSIMO

JOANNI MARIÆ DU LAU

ARCHIEPISCOPO ARELATENSI

HIC PRO FIDE CATHOLICA NECATO

DIE SECUNDA SEPTEMBRIS

AN. MDCCXCII

Celle de gauche contient ce qui suit :

D. O. M.

ILLUSTRISSIMIS ET REVERENDISSIMIS

PETRO-LUDOVICO DE LA ROCHEFOUCAULD

EPISCOPO SANTONENSI

ET

FRANCISCO JOSEPHO DE LA ROCHEFOUCAULD

EPISCOPO BELLOVACENSI

HIC PRO FIDE CATHOLICA NECATIS

DIE SECUNDA SEPTEMBRIS

AN. MDCCXCII

Sur les parois latérales de la chapelle sont disposés six panneaux qui renferment inscrits en lettres d'or les noms et prénoms des prêtres massacrés. Ces noms sont dominés par une large inscription :

Hic, PRO FIDE CATHOLICA NECATI SUNT, DIE SECUNDA SEPTEMBRIS M.D.CC.XCII, et de place en place on voit fixé au mur des palmes dorées. Deux autres inscriptions terminent l'ornementation de ce sanctuaire. La première, placée du côté droit, est ainsi conçue : ÆSTIMATA EST AFFLICTIO EXITUS ILLORUM. ET QUOD A NOBIS EST ITER, EXTERMINIUM; ILLI AUTEM SUNT IN PACE. (Sap., III.)

La seconde, qui est située à gauche, en face de la première, nous remet sous les yeux ces versets du livre des Machabées qui semblent avoir été composés tout exprès pour les victimes du 2 septembre :

ELEGERUNT MAGIS MORI ET NOLUERUNT INFRINGERE LEGEM DEI SANCTAM, ET TRUCIDATI SUNT. (I Mach., I.)

Plus loin, au-dessus du cintre qui sépare l'ancienne chapelle de la nouvelle, on a tracé en gros caractères ce passage de l'Évangile : *Beati estis cum maledixerint vobis, et persecuti vos fuerint, et dixerint omne malum adversum vos mentientes, propter me : gaudete et exultate, quoniam merces vestra copiosa est in cœlis; sic enim persecuti sunt prophetas qui fuerunt ante vos.* (S. Matth., V.)

Deux branches de palmiers naturels ombragent cette inscription.

A l'extrémité gauche du sanctuaire se retrouve le petit bâtiment dont l'existence est signalée dans un cahier des charges cité par M. Sorel. Seulement le plancher qui divisait le rez-de-chaussée et l'étage a été démoli, et le tout ne forme plus aujourd'hui qu'une seule pièce servant de sacristie. Enfin, sur la droite, on remarque une espèce de renfoncement d'origine récente et dans lequel se place d'ordinaire un fauteuil en tapisserie de Beauvais ayant appartenu à l'évêque de cette ville.

Telle est la chapelle des Martyrs.

BIBLIOGRAPHIE

MANUSCRITS

Les Archives de l'Empire renferment un grand nombre de documents sur les Carmes déchaussés.

Un carton de la section historique (L. 766) renferme un dossier de pièces sur les Carmes déchaussés. On y trouve beaucoup de lettres, quelques mémoires, et une requête pour être autorisés à dire la messe dans un lieu choisi par l'ordinaire. Un autre carton (L. 774) renferme quelques pièces sur les reliques de sainte Thérèse, conservées chez les Carmes, et l'autorisation du sous-prieur de marier aux Carmes Antoinette Patriau, catholique, avec le sieur de Beaulieu, huguenot, 9 mai 1656. Trois autres cartons de la même section contiennent une biographie des Carmes déchaussés, une gouache représentant la face d'autel des Carmes déchaussés (pièce très-précieuse), des priviléges, règlements et autres pièces relatives aux constitutions des Carmes de la place Maubert (L. 932); des titres de rentes (L. 933) et des pièces relatives aux Carmes de Charenton (L. 934).

Le premier carton de la section administrative (S. 3728) renferme des titres de propriété de maisons, rue du Regard et rue Cassette, dont une fut louée à Jacques-Auguste de Thou, le 23 août 1695; le second (S. 3729), des titres de propriété, baux et renseignements sur la maison de la rue du Regard, une déclaration des biens appartenant aux Carmes; le troisième (S. 3730), des baux de deux maisons rue du Regard, des pièces concernant les mesurages, bornages et alignements des maisons des rues du Regard et Cassette, et un registre in-fol. intitulé : *Inventaire des titres et contrats des acquisitions des enclos du monastère, et des contrats de fondation des chapelles jusqu'en 1665*; le quatrième (S. 3731), des titres de propriété de la ferme de Brie-Comte-Robert, des déclarations censuelles des terres dépendant de cette ferme et des états des revenus des différentes maisons de l'ordre en France.

Le premier registre (S. 3732) a pour titre : « *Registre des procureurs de ce couvent de Saint-Joseph, des Carmes déchaussés de Paris*, contenant les noms des prieurs, sous-prieurs et maîtres, des novices de ce monastère, un état des eaux du roy, de la ville et du Luxembourg, les fondations de messes faites en notre église, les fondations de lampes, de saluts, les droits de chapelle et de sépulture, les chapelles qui sont dans l'intérieur de la maison, etc., etc.; le tout rédigé le 4 septembre 1710 »; le second (S. 3733) est un registre à l'usage du R.-P. prieur. Il renferme à peu de chose près les mêmes renseignements que le précédent; seulement il va jusqu'en 1775.

Dans la série H, on conserve les titres d'une fondation faite en 1674, par le marquis de Montespan, de 100 livres de rente pour des messes, et des sommiers de rentes et de loyers de 1574 à 1723 (H. 3930); des titres de rentes et des comptes de 1732 à 1790 (H. 3924).

La bibliothèque de l'Arsenal possède le catalogue des livres de la bibliothèque des Carmes déchaussés, par le P. Sigismond. 10 vol. in-fol., et le catalogue des manuscrits, 1 vol. in-fol. (n° 389 in-fol).

IMPRIMÉS

Le couvent des Carmes et le séminaire de Saint-Sulpice pendant la Terreur. — Massacres du 2 septembre 1792. — Emprisonnements en 1793. — Liste des détenus. — Documents inédits. — Plans et fac-simile, par Alexandre Sorel. *Paris*, 1863, 1 vol. in-8°.

Notice historique sur le couvent des Carmes déchaussés (rue de Vaugirard, 76), depuis sa fondation jusqu'à nos jours, par l'abbé J.-P.-A. Lalanne. *Paris*, 1856, in-8°.

Cérémonies qui s'observeront (à l'église des Carmes de la rue de Vaugirard), pendant l'octave solennelle de la consécration de Saint-Jean de la Croix, premier Carme déchaussé. *Paris*, 20-28 avril 1727, in-4°.

M. Vous êtes prié de la part des Révérends Pères Carmes déchaussés, rue de Vaugirard, etc. *S. n. d. l. n. d.*, in-4°.

Lettre d'invitation au *Te Deum* chanté le 22 octobre 1731 dans l'église des Carmes, en action de grâces de la promotion de l'évêque d'Arezzo au cardinalat.

Sur le massacre des prêtres aux Carmes, le 2 septembre 1792. Discours prononcé dans l'église des Carmes, le 2 septembre 1828, par l'abbé J.-C.-Emile d'Aulteroche. *Paris*, 1828, in-8°.

C'est dans la chapelle dite des Martyrs, etc. *S. n. d. l. n. d.*, in-8°.

Circulaire de souscription pour la restauration de la chapelle des Martyrs, dans l'ancien couvent des Carmes de la rue de Vaugirard, datée du 10 janvier 1850.

Les anciennes bibliothèques de Paris. — La bibliothèque des Carmes de la place Maubert, par Alfred Franklin.

Article inséré dans le *Bulletin du Bibliophile*, année 1865, p. 18.

M. Albert Lenoir a publié, dans la *Statistique monumentale de Paris* les planches suivantes, relatives aux Carmes déchaussés :

I. Carmes déchaussés. Chapelle d'Hinisdal, arc doubleau et panneau. 2 pl. chromolith.

II. Plans du couvent et de l'église. 1 pl.

III. Façade de l'église. Coupes transversale et longitudinale. 1 pl.

IV. Détail des chapelles. 1 pl.

V. Chapelle d'Hinisdal, développement de la voûte, coupes longitudinale et transversale. 1 pl.

Voyez aussi la *Revue universelle des arts*, 1857, p. 407.

RELIGIEUSES DU CALVAIRE

[25] L'ordre des Bénédictines de Notre-Dame-du-Calvaire fut approuvé par une bulle du 21 mars 1621, et les religieuses entrèrent dans le couvent qu'elles devaient aux libéralités de M. de Lauzon et de la reine Marie de Médicis, le 28 juillet 1622. La chapelle, commencée en mai 1625, bénite en 1631, et dédiée en 1650, fut construite aux frais de la reine.

Voici la liste des personnages qui y étaient inhumés :

La présidente Le Cler, mère du fondateur (novembre 1633). Claude du

Menil, en religion de Saint-Paul, profès du calvaire d'Angers (31 décembre 1637). Renée de Baumont, nièce du fondateur (8 mai 1638). Joseph Le Cler, capucin, fondateur du monastère (18 décembre 1638). Marguerite de Saint-Joseph, une des deux religieuses qui accompagnait l'abbesse de Remiremont, tante de Mme la duchesse d'Orléans (8 septembre 1645). L'abbesse de Remiremont, déposé temporairement (1648). Marquise de Lesco ; le corps fut déterré, le 17 mai 1672, par ordre de l'archevêque, et remis aux Bernardines du faubourg Saint-Germain (6 décembre 1657). Anne du Pré (21 octobre 1659). Marie du Saint-Esprit, directrice (23 janvier 1664). Michelle Guisky, fille du marquis Guisky, pensionnaire de ce monastère (20 décembre 1677). La mère de la princesse Marie-Anne de Wurtemberg (10 août 1679). Jacques-Robert de Lesmeré, chapelain (30 juin 1722). Le prince de Valois, fils unique de S. A. R. M. le duc d'Orléans (18 août 1652), remporté par les Célestins le 30 mai 1656. Mlle de Baraux (2 juillet 1654). Jean-Emmanuel de Rieux, marquis d'Asserac (28 septembre 1657). Claude de Saux-Tavanues, comte de Barault (30 décembre 1661). Pierre de Patris, premier maréchal des logis de S. A. R. M. frère unique du roi Louis XIII, capitaine et gouverneur du comté de Limours, etc. (6 octobre 1671). Compan, bourgeois de Paris (15 avril 1672). Jeanne-Pélagie de Rieux, marquise d'Asserac (24 septembre 1693).

Au moment de la Révolution, les religieuses étaient au nombre de trente-quatre (25 religieuses de chœur et 9 converses). D'après leur déclaration du 27 février 1790, on voit que l'état financier de cette maison était assez prospère. Leurs revenus atteignaient 23,057 l. 5 s. ; (rentes : 9,943 l. 7 s. ; loyers de maisons dans Paris, 5,963 l. 18 s. ; rentes foncières : 1,000 l. ; produit casuel des pensions dues par les pensionnaires, 6,000 l. ; loyer de chaises, 150 l.), et les charges (décimes, entretien des bâtiments, réparations, gages), ne dépassaient pas 7,191 livres 19 sous. La bibliothèque ne renfermait que 774 volumes (18 vol. in-fol. ; 81 vol. in-4° ; 150 vol. in-8° ; 382 vol. in-12 ; 54 vol. in-16 ; 58 vol. de formats non désignés et 26 brochures).

Une partie de ce couvent, devenu propriété nationale, fut vendue les 2 décembre 1790 et 28 juillet 1791. Les bâtiments transformés en caserne, d'abord pour les gendarmes des chasses, ensuite pour les vétérans de service au Luxembourg, devinrent, en 1834, une prison pour les accusés politiques jugés par la Cour des Pairs. Une partie de ces constructions a été abattue en 1840 et le reste en 1852. L'église, qui a été démolie à cette époque, servit quelque temps d'écurie à P. Barras, l'un des cinq directeurs de la République ; plus tard, divisée en deux parties, elle se transforma en magasin de décors du théâtre de l'Odéon et en cuisines du grand chancelier. Le portail, qui ne manque pas d'un certain cachet, a été replacé derrière le cloître qui existe encore et qui fait partie des dépendances du Petit-Luxembourg.

BIBLIOGRAPHIE

MANUSCRITS

Les documents sur les Bénédictines du Calvaire sont conservés aux Archives de l'Empire, dans les sections historique et administrative.

Dans la section historique, il y a deux cartons et deux registres. Le premier carton (L. 772) renferme les bulles et autres pièces relatives à leur établissement, et des admissions de novices; le second (L. 1053), des actes sans importance, tels que : actes de naissances, de professions religieuses, et un registre intitulé : *Les Fondateurs et bienfaiteurs de ce monastère du Calvaire de la Compassion.* Ce volume est intéressant à consulter. Il y a aussi un registre de l'an 1633 des personnes religieuses et séculières enterrées dans l'intérieur du monastère, dans l'église du dehors du Calvaire jusqu'à l'an 1695.

Le premier registre de la section historique (LL. 1660) est intitulé: *Actes capitulaires de 1647 à 1777*; le second (LL. 1661): *Actes capitulaires de 1780 à 1790.*

Le carton de la section administrative, coté S. 4649, renferme les titres de propriété de la maison acquise à Jean Baudouin, valet de chambre de la reine Marguerite, par les religieuses du Calvaire, le 28 septembre 1622, moyennant 9,000 livres; les titres de propriété de la maison occupée par les religieuses, et achetée à Michel Renouard, secrétaire du roi, le 11 avril 1622, pour 48,000 livres, des titres de propriété de maisons, sises rue de Vaugirard, des baux et les titres de la fondation du monastère en 1621, par Marie de Médicis, contenant donation de cinq arpents de terre, près du jardin du Luxembourg, et de 1,000 livres de rente sur le domaine de Dourdan.

IMPRIMÉS

Embellissements de Paris, ancien monastère des Filles du Calvaire, rue de Vaugirard, 23.

Article de M. Troche inséré dans la *Revue archéologique*, t. III, 1846-1847, p. 520.

Pétition au Corps législatif. Paris, (17 fructidor an IV), in-8°.

Pétition au sujet de l'ancien couvent des Filles-du-Calvaire; signé : Huet, Désormeaux, Tardieu.

NOVICIAT DES JACOBINS RÉFORMÉS

AUJOURD'HUI

SAINT-THOMAS-D'AQUIN

[26] C'est bien en 1632 que les Dominicains obtinrent l'autorisation d'établir leur noviciat rue Saint-Dominique ; mais, dès le 15 août 1631,

quatre religieux du couvent de la rue Saint-Honoré s'étaient établis dans la maison qu'ils avaient acquise auparavant d'une dame Lefèvre. La chapelle, qui fut construite et bénite en 1632, fut bientôt trop étroite ; on l'abattit, et, le 5 mars 1682, la duchesse de Luynes, Anne de Rohan-Montbazon, posa la première pierre de cette nouvelle église, qui fut achevée l'année suivante. En 1769, on la restaura et on l'embellit encore [1].

[1] Voici « l'état et prix des ouvrages de sculpture de notre église, faite par M. Butteux, mᵗᵉ sculpteur » tel qu'il est conservé dans un carton des Archives de l'Empire. L. 945 :

AU PORTAIL

Deux candelabres de flammes avec des gauderons sur les panses	40 l.	
Deux vases avec des flammes	20	
Le fronton, orné d'une femme représentant la Religion	500	
Six chapiteaux ioniques	600	
L'ographe de la croisée du portail	40	
Deux fleurs de lys sur les pyramides	30	
Pour dix-neuf metopes	114	
Pour la clef au-dessus de la grande porte de l'église	100	
Pour les deux bas-reliefs de petites portes	600	
Pour vingt-sept modillons	162	
Pour vingt-huit rosettes	112	
Pour soixante-huit pieds d'ornement sur un talon	102	
Pour soixante-huit pieds de perle	27	
Pour quatre chapitaux corinthiens	400	
Pour les deux consoles des arcades des chapelles	80	
Pour les festons avec leurs chutes	240	
Pour la sculpture du dessous des arcades de deux chapelles	400	3,567

ORGUE

Pour la sculpture du buffet d'orgue	2,700	
Pour ornements ajoutés	120	2,820
		6,387 l.

J'ay reçu des R. R.-P. Jacobins, la somme de six mille sept cent douze livres pour sol de conte de toutes les ouvrages de sculpture en pier et bois que j'ay faite, dont je les tien quite, à Paris, ce six octobre mil sept cent soisente et neuf.

BUTEUX.

On y remarquait les sépultures de :

Vivant Baron, dominicain (21 janvier 1674). François Romain, architecte du roi, dominicain (7 janvier 1735). Philippe de Montault, duc de Navailles, maréchal de France (5 fév. 1684). Suzanne de Baudéan de Neuillan de Parabeyre, sa femme (14 fév. 1700). Charles de Lorraine, duc d'Elbeuf (4 mai 1692); Françoise de Montault, sa femme (10 juin 1717); Suzanne de Lorraine, leur fille (10 décembre 1710). Eléonore de Montault, comtesse de Rothelin (30 août 1696). Diane de Montault, duchesse de Langey (1 janvier 1717). Françoise Berteau de Freauville, épouse du marquis de Coetenfao (25 juin 1715). Louis Le Gay (octobre 1732). Maximilien de Bellefourière, marquis de Soyecourt (3 mars 1619). Hyacinthe Serroni, archevêque d'Albi (7 janv. 1687). Jacques de Fieux, évêque et comte de Toul (15 mars 1687). Henriette de Conflans, marquise d'Armantières (14 avril 1712). François René du Bec Crespin Grimaldi, marquis de Vardes, capitaine-lieutenant des Cent-Suisses de la garde, gouverneur d'Aiguesmortes, etc. (3 sept. 1688). Marie de Bellenave, dame d'honneur de feu S. A. R. Madame, veuve de René de Gillier, marquis de Clérembault (25 sept. 1724). Marguerite de Laigue, veuve de Charles Olivier, marquis de Leuville (1700). Geoffroi de Laigue, baron de Laigue et de Chaudieu (mai 1674). Ferdinand, comte de Relingue, lieutenant général des armées navales (7 sept. 1704). François-Amable de Monestay, marquis de Chazeron, lieutenant des gardes-du-corps du roi, gouverneur de Brest, etc. (28 déc. 1719). Artus Poussin, docteur en théologie (23 sept. 1735). Barthélemi Mascrani, maître des requêtes au parlement de Paris (1698). Charles Gigault, seigneur de Bellefond, maréchal des camps et armées, gouverneur du Catelet (20 novembre 1644).

Au moment de la Révolution, le couvent comptait vingt et un religieux. Les revenus, d'après la déclaration faite le 27 février 1790, par Louis Breymand, prieur des Dominicains, étaient de 90,078 livres 4 sous [1], et les charges se montaient à 44,207 livres 8 sous [2]. La bibliothèque contenait douze à treize mille volumes.

Le couvent fut fermé en 1790; mais l'église devint paroissiale sous le titre de Saint-Thomas-d'Aquin, par la loi du 4 février 1791. Les législateurs donnèrent à la nouvelle paroisse la circonscription suivante :

(Extrémité méridionale du Parc-Royal.) Rue du Bac, à droite, jusqu'à celle de l'Université; ladite, à droite, jusqu'à celle des Saints-Pères; ladite, à droite, jusqu'à celle de Grenelle; ladite, à droite, jusqu'aux boulevarts; lesdits, à droite, jusqu'à la rivière; quais de la Grenouillière, d'Orçay, jusqu'à la rue du Bac.

L'église se ferma peu de temps après, et elle ne se rouvrit que pour

---

[1] Voici l'état détaillé des revenus : loyers, 83,700 l.; rentes sur l'Hôtel-de-Ville, 1,048 l. 4 sous; rentes sur les États de Languedoc, 1,530 l.; rentes sur la communauté de Saint-Joseph, 1,000 l.; loyer des chaises, 2,800 livres.

[2] Les charges consistaient en rentes annuelles constituées au profit des Jacobins d'Arras : 200 l.; en imposition des décimes : 8,803 livres 8 sous; en taxe des logements militaires : 1,704 livres; en acquit de 1814 messes : 3,500 livres; en entretien et réparation du couvent : 30,000 livres.

devenir le Temple de la Paix. Elle avait été donnée aux théophilanthropes [1] par la loi du 11 prairial an III. Un décret du 9 floréal an XI, la rendit au culte catholique.

Depuis l'érection de l'église Sainte-Clotilde, Saint-Thomas-d'Aquin, l'une des quatre églises les plus riches de Paris, a perdu, non sans une vive opposition de son conseil de fabrique, plus de neuf mille paroissiens.

Le décret du 22 janvier 1856 lui donne pour limites de sa circonscription :

Quai Voltaire ; rue du Bac, côté impair ; rue de Sèvres, côté impair ; place de la Croix-Rouge ; la partie comprise entre la rue de Sèvres et la rue de Grenelle-Saint-Germain ; la rue de Grenelle-Saint-Germain, côté impair ; la rue des Saints-Pères, côté pair, jusqu'au quai Voltaire, point de départ.

Les constructions qui composaient le Cloître du Noviciat furent converties en Musée d'artillerie. Ce musée avait été formé d'un dépôt d'armes existant à la Bastille, et transporté en 1789 aux Feuillants de la rue Saint-Honoré. On plaça dans le Noviciat, non-seulement ce dépôt des Feuillants, mais les armes qui se trouvaient au Garde-Meuble de la Couronne, dans le cabinet des armures du château de Chantilly et ailleurs. Emballée et transportée en 1814, au-delà de la Loire, cette magnifique collection revint au Musée, pendant les Cent-Jours, et fut prise en 1815 par les Prussiens. Malgré ses richesses actuelles, ce Musée se ressentira toujours de ce pillage.

BIBLIOGRAPHIE

MANUSCRITS

Les Archives de l'Empire renferment quelques documents sur le Noviciat des Jacobins.

Dans la section administrative, il y a deux cartons.

Le premier (S. 4220) contient la déclaration de 1790, le procès-verbal de récollement du 19 mai 1790, le procès-verbal de l'apposition des scellés du 6 décembre 1790, des quittances de rachat des boues et lanternes, des actes de donation, un état de diverses maisons sises rue Saint-Dominique, un acte de vente de plusieurs terrains, des accords relatifs aux servitudes, des ordonnances d'alignement, des baux de mai-

---

[1] C'est dans le temple de la Paix que naquit le schisme des théophilanthropes, qui ne voulurent point reconnaître la suprématie que paraissaient vouloir s'arroger les membres de l'association primitive de l'église Sainte-Catherine. Voyez, à ce sujet, le tome II de cet ouvrage, p. 432.

sons louées à la maréchale de Conflans, à d'Aguesseau de Fresnes, au marquis d'Herbouville, etc., une liasse de pièces relatives au Mont-Valérien et à Nanterre ; le second (S. 4221), des baux et états des lieux de maisons appartenant aux Dominicains, et louées pour la plupart à la grande noblesse, des titres de rente, etc.

La série possède une collection de registres de comptes des années 1671 à 1784. (H. 3970 et 3976.)

Un carton de la section historique, coté L. 946, renferme des titres de rentes sur l'État pour fondations, des pièces concernant l'établissement des Jacobins au Mont-Valérien, près Paris, des pièces concernant les Jacobins et la rue Saint-Honoré, des pièces de procédure, des pièces concernant le legs fait par le duc d'Orléans, le 28 décembre 1749, de sa bibliothèque aux Jacobins de la rue du Bac.

Dans la même section, on conserve un registre (LL. 1537) des vêtures, noviciats et professions de 1736-1778, in-4°.

IMPRIMÉS

Arrest du Conseil d'Estat du roy, qui condamne les Jacobins du fauxbourg Saint-Germain, de payer à Sa Majesté les droits d'amortissemens et de nouveaux acquests, des maisons par eux nouvellement construites, à raison du denier vingt-deux des loyers et revenus d'icelles, etc. Du sixième may 1690. *Paris*, 1690, in-4°. (Bibl. Maz., n° 13891⁶.)

Mémoire signifié pour les prieurs et religieux dominiquains du faubourg Saint-Germain à Paris, appellans et demandeurs, contre François Roumier, maître sculpteur à Paris, intimé et demandeur, in-4°.

Au sujet du devis des sculptures du chœur, du maître-autel et de la nef de l'église des Dominicains.

Adresse des Dominicains de la rue du Bacq à l'Assemblée nationale (12 novembre). *Paris, s. d.* (1789), in-8°.

Extrait du registre de l'Assemblée électorale du district de Paris, séant dans l'église paroisse métropolitaine de Notre-Dame. Discours prononcé dans l'assemblée électorale du district de Paris, le 13 mars 1791, par M. Minée, lors de sa proclamation à la cure de Saint-Thomas-d'Aquin. *Paris*, 1791, in-8°.

Discours en faveur des départements ravagés par la guerre, prononcé à Paris, le 22 février 1815, dans l'église de Saint-Thomas-d'Aquin, par M. l'abbé Le Gris Duval. *Paris*, 1815, in-8°.

Oraison funèbre du Révérendissime Père Antonin Cloche, docteur théol., grand d'Espagne et général de tout l'ordre des Frères Prescheurs prononcée à Paris, le 21 juin 1720, en l'église des R. P. Dominicains du fauxbourg Saint-Germain, par le R. P. D. Laplace, docteur de Paris. *Paris*, 1720, in-4°. (Bibl. Maz., n° 10370 P.).

Le Massacre des Innocents, poëme de Marini, trad. pour la première fois par de Latour, curé de Saint-Thomas-d'Aquin. *Paris*, 1848, in-8°.

HOPITAL DES INCURABLES

[27] Fondé par le cardinal de Larochefoucauld, en 1634, et doté dès son origine par quelques personnes charitables, l'hôpital des Incurables fut confirmé par lettres patentes du mois d'avril 1637. Sa chapelle, consacrée le 11 mars 1640, sous le titre de l'Annonciation de la Sainte-Vierge, avait un chapelain institué en décembre 1653 par l'abbé de Saint-Germain et nommé par lui.

La chapelle des Incurables renfermait autrefois les corps de :

Jean-Baptiste Lambert, conseiller du roi (1644). Jean Perrot, sieur de Chênart, conseiller en l'Hôtel de Ville de Paris, ancien des échevins des colonels d'icelle, l'un des administrateurs de l'Hôtel-Dieu, gouverneur de l'hôpital (3 novembre 1641). Pierre Robineau, prieur commandataire de Saint-Blaise (1650). Marie Ruffe, veuve de Guillaume Henricot (25 août 1653). Marguerite Rouillé, veuve de Jacques le Brest, doyen des conseillers du roi au Chatelet de Paris (16 mai 1652). Mathieu de Morgues, prêtre (17 décembre 1670). Jacques Turgot, chevalier, seigneur de Saint-Clair, conseiller du roi en ses Conseils d'état et privé, et directeur de ses finances (23 mai 1659). François Martin, prêtre, natif de Nantes, chapelain de l'hôpital (1659). Renée du Bel, veuve de Jean-Baptiste Budes, comte de Guébriant, maréchal de France (2 septembre 1659). J.-B. de Budes, comte de Guébriant (24 novembre 1643, le cœur seulement). Le cardinal François de la Rochefoucault (1645). Jean-Pierre Camus, évêque de Bellay (5 cal., mai 1652). Pierre Chandelier, administrateur de l'hôpital (20 décembre 1679).

Depuis 1802, cet hôpital, qui compte six cent trente-six lits, n'a plus que des incurables du sexe féminin.

Aujourd'hui, l'église a subi à l'extérieur une complète restauration ; au-dessous de la rose, on a gravé les lettres D. O. M., et dans le linteau de la porte, on a encadré une plaque de marbre noir, sur laquelle on lit :

FRANC. CARD. DE LA ROCHEFOVCAVLD

AÑO DÑI MD.C.XXXIIII.

L'intérieur de l'église est dans un triste état de délabrement. En entrant, on voit un tableau qui apprend aux visiteurs que le pape Grégoire XVI a accordé à perpétuité, en 1843, des indulgences plénières à toutes les personnes qui habitent cet établissement.

Au centre de l'église, entre les deux transepts, il y a une dalle en marbre noir, sur laquelle on a gravé l'inscription suivante :

D. O. M.

JOANNI PETRO CAMUS
BELLICENSI EPISCOPO
VIRO INGENIO MEMORIA ELOQUENTIA
SCRIPTIS INNUMERIS PIETATE
VITÆ INNOCENTIA CHARITATE
ADMIRABILI
QUI SIBI PAUPER
PAUPERIBUS DIVES
INTER PAUPERES
VIVERE MORI ET HUMARI
VOLUIT
HUJUS NOSOCOMII ADMINISTRATORES
POSUERE
VIXIT
ANNIS LXVIII OBIIT
ANNO SAL. REP.
M. DC. LVII. VI. KAL. MAII

[1]

Près de cette dalle, il y a quelques autres tombes plates dont les inscriptions sont complétement effacées.

Dans le transept gauche, on a gravé, sur un grand tableau de pierre, les noms des bienfaiteurs. Ce tableau est intitulé :

ÉTAT NOMINATIF DES FONDATEURS DE LITS
DANS LES HOSPICES ET HOPITAUX DE PARIS

Cette liste, qui commence en 1632, par le cardinal de La Roche-foucauld et qui s'arrête en 1839, à Mme A. de Serent, duchesse de Narbonne-Pelet, ne compte pas moins de trois cent soixante-neuf noms, parmi lesquels nous avons remarqué, au 14 janvier 1756, celui de l'abbé Jean Lebeuf. Nous faisons des vœux sincères pour que cette liste soit complétée.

Dans le transept droit, vis-à-vis l'autel consacré à la Vierge, on a

(1) Armes du prélat.

dressé le mausolée du fondateur. Derrière et au-dessus du sarcophage, on a gravé sur une plaque de marbre noir, l'inscription suivante :

EMINENTISSIMO S. R. E. CARDINALI

FRANCISCO DE LAROCHEFOVCAVLD

ANTIQVA ET PERILLVSTRI STIRPE ORIVNDO

DOCTRINA PIETATE ET OMNI VIRTVTVM GENERE CELEBERRIMO

PRIMVM CLAROMONTANO DEINDE SILVANECTENSI EPISCOPO

ANTIQVA RELIGIONIS ET ECCLESIASTICÆ DIGNITATIS ACERRIMO DEFENSORI

RERVM ET CONSILIORVM PVBLICORVM IN GALLIA QVONDAM PRÆSIDI ET ADMINISTRA-

[TORI INTEGERRIMO

SVMMO GALLIARVM ELEEMOSINARIO ET OPTIMO PAVPERVM PARENTI

RELIGIOSORVM ORDINVM AMANTISSIMO PATRONO

REGVLARIS CANONICORVM SANCTI AVGVSTINI DISCIPLINÆ VINDICI AC RESTITVTORI

HVIVS DOMVS ABBATI RELIGIOSISSIMO

AC MVNIFICENTISSIMO BENEFACTORI

HOC SVPERSTITIS ET ÆTERNI AMORIS AC OBSERVANTIÆ MONVMENTVM

TRISTI RELIGIONE MOERENTES POSVERVNT

ABBAS ET CANONICI REGVLARES HVIVS ECCLESIÆ

HIC TITVLVM ABBATIÆ QVEM ANTE IPSV. NEMO ISTIVS DOMVS CANONICVS POSSEDERAT

HVIC EIDEM FAMILIÆ RESTITVIT

OSSA EIVS IN SVBTERRANEO SPECV SACELLI INFERIORIS JACENT

OBIIT ANNO D.M. DCXLV. DIE FEBRVARII XVIII ÆTATIS LXXXVII.

REQUIESCAT IN PACE.

On a encastré dans la base, qui soutient le mausolée, une plaque de marbre, sur laquelle on lit :

FRANÇOIS DE LA ROCHEFOUCAULD

MORT EN 1645.

BIBLIOGRAPHIE

MANUSCRITS

On trouve dans le carton L. 766, de la section historique, aux Archives de l'Empire, un dossier de quelques pièces sur l'hôpital des Incurables, telles que : lettres patentes, lettres d'établissement, institutions de vicaires, procès-verbaux de visites, lettres, etc., etc.

Un carton de la section administrative coté F ^{15} 1681, renferme des lettres patentes, un mémoire contenant les noms des fondateurs de l'hôpital des Incurables en 1761, un « extrait d'un manuscrit ayant pour titre : *Mémorial historique sur l'hôpital des Incurables* communiqué par M. Langlard, conseiller administrateur du département des hôpitaux, rédigé par M. Maillet, receveur général et greffier de l'hôpital des Incurables, » et quelques pièces imprimées.

IMPRIMÉS

Lettres patentes du roy portant établissement de l'hospice des Incurables de Paris (avril 1637). *Paris*, 1672, in-4°. (Arch. de l'Emp., F[15] 1681.)

Louis, par la grâce de Dieu, roy de France et de Navarre, etc. *S. n. d. l. n. d.*, in-4°. (Arch. de l'Emp., L. 766.)

Lettres patentes du roi pour l'hôpital des Incurables, avril 1637.

Instruction au public concernant l'hospital des Incurables, et la qualité des malades qui y peuvent estres receus. *S. n. d. l. n. d.*, in-4°. (Arch. de l'Emp., L. 766.)

Extrait des règlemens et délibérations du bureau de l'hospital des Incurables, sur l'âge et les qualités des pauvres malades qui peuvent remplir les lits fondés. *S. n. d. l. n. d.*, in-4°. (Arch. de l'Emp., F[15] 1681.)

Arrest concernant les créanciers de l'hôpital des Incurables, donné à Versailles, le 17 juin 1690. *Paris*, 1690, in-4°. (Bibl. Maz., n° 13891[7].)

Arrest du Conseil d'État du roy, qui exempte et décharge l'Hostel-Dieu et l'hospital des Incurables de cette ville de Paris, du payement des rentes pour raison des francs-fiefs et du franc-aleu, du septième jour de février 1696. *Paris, s. d.*, in-4°. (Bibl. Maz., n° 13891[18].)

Arrest du Conseil d'État du roy, lettres patentes et arrest du Parlement, des 25 juin et 23 juillet 1696, touchant les rentes viagères dues par l'hôpital des Incurables. *Paris, s. d.*, in-4°. (Bibl. Maz., n° 13891[18].)

Oraison funèbre de messire Jean-Pierre Camus, ancien évesque de Belley, prononcée en l'église de l'hôpital des Incurables, le 17e jour du mois de may 1653, en présence des cardinaux, archevesques et évesques, qui se sont trouvez à Paris, par messire Antoine Godeau, évesque de Grasse et de Vence. *Paris*, 1653, in-4°. (Bibl. Maz., n° 10370 I.)

Sermon panégyrique récité à l'honneur du glorieux saint Joseph, en l'église des Incurables à Paris, l'an 1665, la reyne présente, par messire Matthieu de Morgues, sieur de Saint-Germain, le plus ancien des prédicateurs du roy, etc. *Paris*, in-4°. (Bibl. Maz., n° 10370 Z[16].)

CHANOINESSES DU SAINT-SÉPULCRE

ou

AUGUSTINES DE BELLE-CHASSE

[28] C'est en 1635 que le riche partisan Barbier vendit sa maison aux Chanoinesses du Saint-Sépulcre. Le contrat d'acquisition du clos de Bellechasse est du 16 juillet 1635; le brevet de l'abbé de Saint-Germain qui autorise l'établissement est du 22 août de la même année, et les lettres patentes sont du mois de mai 1637. L'église, dans laquelle avait été opéré un miracle, le 21 septembre 1666, fut vendue à la Révolution, ainsi que le couvent. Les membres de la communauté étaient alors au nombre de vingt-quatre religieuses de chœur, de six sœurs converses, deux novices et trois postulantes. L'état financier de ce couvent, fort triste dans les premières années de son développement [1], s'était considérablement amélioré, si l'on s'en rapporte à la déclaration faite le 11 mars 1790 à l'Assemblée nationale, par Jean Bertrand, avocat au parlement, déclaration d'après laquelle les revenus [2] montaient à 30,393 livres et les charges à 13,976 livres 7 sous. Les religieuses devaient, en outre, à différents fournisseurs 12,317 livres 5 sous; mais il leur était dû 21,528 livres 2 sous. Leur actif l'emportait donc de beaucoup sur leur passif. Elles avaient offert, le 21 septembre 1789, en don patriotique, plusieurs pièces d'argenterie, qui furent acceptées par l'Assemblée nationale.

Ce couvent renfermait une bibliothèque de 860 volumes. Devenu propriété nationale, il fut vendu en partie les 13 thermidor an VI (31 juillet 1798), 15 brumaire et 29 prairial an XI (6 novembre 1802 et 18 juin 1803), et 3 prairial an XII (23 mai 1804). Sur l'excédant du terrain réservé, on construisit un magasin de fourrages pour l'armée, qui subsista jusqu'en 1825. Vendu alors par l'État, il fut racheté par la ville de Paris, et le Conseil municipal décida dans ses séances du 16 février 1827 et du 13 mai 1841, qu'on en ferait une place sur laquelle on élèverait une église. (Voyez l'article que je consacre à l'église Sainte-Clotilde.) En 1829, on ouvrit, sur une partie de l'emplacement du couvent, les rues de Bellechasse, de Las-Cases, Martignac et Casimir-Périer.

---

[1] Les revenus n'étaient alors que de 18,420 livres 11 sous 10 deniers, tandis que les dépenses montaient à 26,670 livres 15 sous 1 denier.

[2] Les revenus consistaient en loyers des maisons : 20,733 liv. 4 sous, et en rentes sur les aides et gabelles : 9,660 livres.

BIBLIOGRAPHIE

MANUSCRITS

Les documents relatifs aux religieuses de Bellechasse sont conservés aux Archives de l'Empire, dans les sections historique et administrative.

Un carton, coté L. 1016, renferme des contrats de profession des religieuses de 1637 à 1754 et des titres de rentes ; un second carton, coté L. 1017, un registre de profession des religieuses, de février 1736 à juillet 1743, une transaction entre l'abbé de Saint-Germain-des-Prés et les religieuses de Bellechasse, du 18 mars 1671, par laquelle l'abbé remet aux religieuses les droits d'indemnité à lui dus pour raison de leur acquisition du 16 juillet 1635, des déclarations des biens et revenus en 1667, 1729, 1741, des titres d'alignements et autres pièces concernant la propriété, un contrat de fondation de la duchesse de Croy, du 21 juillet 1636, de 20,000 livres de rente, un brevet de l'abbé de Saint-Germain autorisant l'établissement, le 22 août 1635, des lettres patentes du mois de mai 1637, des lettres de surannation du 26 février 1661, des baux anciens et nouveaux ; un troisième carton, coté L. 770, renferme les titres d'établissement du 20 août 1635, un procès-verbal de vérification de reliques, une donation par les religieuses à Saint-Germain-des-Prés d'un os de saint Vincent, martyr, le 6 octobre 1665, des actes de profession et de vêtures de 1652 à 1660, des procès-verbaux de miracles opérés dans l'église, le 21 septembre 1666, des procès-verbaux de visites, des règlements de visite, des élections de supérieures, des mémoires, etc., une correspondance relative à la conduite de certaines religieuses ; un quatrième carton, coté L. 776, renferme des déclarations de biens et d'héritages en 1692, des pièces de procédure, etc.

Un registre de la même section, coté LL. 1596, contient les procès-verbaux de vêtures et professions, de 1669 à 1732.

Le carton de la section administrative, coté S. 4406, renferme des déclarations de biens et revenus en 1641, des titres de rentes, de devis d'ouvrages de charpenterie, maçonnerie, etc., les titres d'un emprunt fait par les religieuses, d'anciens titres d'acquisition et d'échange antérieurement au 16 juillet 1635, un contrat d'acquisition de l'enclos de Bellechasse, moyennant 90,000 livres, la déclaration de 1790.

Dans la même section, on conserve, sous la cote H. 3496 à 3502, les comptes de ce couvent, de 1738 à 1787.

BERNARDINES DU PRÉCIEUX-SANG

[29] Le brevet d'établissement des Bernardines de la mission de Grenoble, connu d'abord sous le nom de Sainte-Cécile, puis sous celui de Précieux-

Sang, dans la rue du Pot-de-Fer, est du 20 décembre 1635 ; mais les Bernardines ne s'installèrent que le 5 juillet 1636. Obligées d'abandonner la maison qu'elles occupaient à leurs créanciers, les religieuses louèrent d'abord un hôtel rue du Bac, puis, ayant trouvé quelques protecteurs, achetèrent, en 1658, trois maisons de la rue de Vaugirard, qu'elles transformèrent en couvent. Leur état financier paraît n'avoir jamais été prospère, car, d'après la déclaration faite, au nom des religieuses, le 4 mai 1790, par Valery-Ambroise-François Lefebvre du Romerel, bourgeois de Paris, on voit que leurs revenus n'étaient pas assez élevés pour éteindre leurs dettes. En effet, les ressources annuelles[1] montaient à 18,335 livres 12 sous 9 deniers, et les charges n'étaient que de 9,862 livres 19 sous 2 deniers, mais les fournisseurs[2] du monastère réclamaient 46,432 livres 3 sous 4 deniers.

Le couvent était divisé en trente-huit cellules de deux mètres de largeur sur deux mètres cinquante centimètres de longueur. Il y avait, en outre, huit chambres d'infirmerie « avec des vieux meubles du temps du prophète Elie ». Le nombre des cellules était très-supérieur à celui des religieuses ; le 16 mai 1792, elles n'étaient que vingt (quinze religieuses de chœur et cinq sœurs converses), si l'on en croit les commissaires, qui firent ce jour-là une visite domiciliaire dans l'établissement.

Devenu propriété nationale, le couvent fut vendu en deux lots le 4 fructidor an v (21 août 1797) : on prolongea, en 1824, sur son emplacement, la rue de Madame, qui s'arrêtait alors à la rue de Vaugirard.

BIBLIOGRAPHIE

MANUSCRITS

Les Archives possèdent quelques documents sur les Bernardines du Précieux-Sang.

Dans la section historique, il y a deux cartons et un registre.

Le premier carton, coté L. 773, contient le brevet d'établissement, les requêtes, correspondance, émission de nouveaux vœux en août 1661, etc.; un second carton, coté L. 1072, renferme des contrats de fondation et de donation et des titres de rentes sur l'État.

Le registre coté LL. 1708 contient une série d'actes capitulaires de 1668 à 1791.

---

[1] Les revenus consistaient : 1° en loyers de maisons, 11,450 liv.; 2° en vingt-trois parties de rentes perpétuelles sur la ville, produisant 5,167 livres 5 s. 7 deniers ; 3° en rente perpétuelle sur les États de Bretagne, 240 livres ; 4° en rentes sur les têtes de quatre religieuses, 692 l. 7 s. 2 d.; 5° en produit du loyer des chaises, des tribunes et d'indemnité d'entrée du vin, 786 livres.

[2] On devait 13,840 liv. au boucher, 7,238 l. au boulanger, 4,140 liv. au marchand de vin, etc.

Dans la section historique, il y a deux cartons. Le premier (S. 4750) renferme les titres de propriété et les baux de maisons achetées en 1666 à Gilles de Montholon, et situées rue Honoré-Chevalier, des titres de rentes foncières, des déclarations faites par les religieuses en 1672, 1676, 1681, 1687 et 1759, la déclaration de 1790; le second (L. 4751), des titres de propriété, baux à loyer et pièces d'alignement de maisons sises rues Honoré-Chevalier, des Cannettes, Cassette, Vaugirard, etc.

Dans la même section, on trouve réunis, sous la cote H. 4210, des titres de rentes, de 1652 à 1746.

RÉCOLLETTES DE L'IMMACULÉE-CONCEPTION
DE LA SAINTE-VIERGE

[30] Les Récollettes de Sainte-Claire vinrent pour la première fois à Paris en 1627, et, le 8 septembre de la même année, elles obtenaient l'autorisation de construire un oratoire rue de Vaugirard; mais elles ne réussirent point et s'en retournèrent à Verdun, d'où elles étaient parties. Les Récollettes de Tulle, par acte du 18 août 1638, assurèrent aux sœurs qui s'établirent à Paris la nourriture et l'entretien. Ces religieuses obtinrent plus de succès que les premières, et, grâce à la protection de Marie-Thérèse d'Autriche, le pape Alexandre VII leur accorda le droit de s'appeler Religieuses de l'Immaculée-Conception.

Ce couvent, que l'esprit de charité ne semble pas avoir souvent visité, renfermait, au moment de la Révolution, vingt-six religieuses de chœur et six sœurs converses. Les recettes dépassaient de beaucoup les dépenses, puisque les revenus[1] se montaient à 25,730 livres 19 sous 9 deniers, et que les charges[2] n'étaient que de 10,460 livres 4 sous. Cet état prospère n'empêchait pas les religieuses de devoir à leurs fournisseurs et aux diverses ouvrières qu'elles employaient une somme de 40,116 liv. 9 sous.

[1] D'après la déclaration faite, le 12 mars 1790, par Amable Toussaint Delarue, conseiller du roi et notaire au Châtelet, au nom des religieuses, on voit que les revenus provenaient : 1° de la location de divers appartements dans l'intérieur du couvent, 6,500 liv.; 2° de la location de diverses maisons, 12,400 liv.; 3° de rentes sur l'Hôtel de ville, 6,120 liv. 19 s. 9 den.; 4° de rentes sur l'ancien et le nouveau clergé, 110 liv.; 5° d'une gratification annuelle du Trésor royal, 600 liv.

[2] Il y avait 900 livres de rentes viagères à servir; les charges casuelles, les frais du culte, les décimes, la capitation, les traitements des médecins et chirurgiens, les gages, etc., se montaient à 9,560 liv. 4 sous.

Devenu propriété nationale, le couvent fut vendu, les 21 'pluviose et 25 germinal an VI (9 février et 14 avril 1798), et 23 nivôse an VIII (13 janvier 1800). Les maisons 67 à 77 de la rue du Bac proviennent de cette communauté, dont l'église, construite en 1693, fut convertie d'abord en salle de spectacle, sous le nom de *théâtre des Victoires nationales*, et, plus tard, en salle de bal, connu encore aujourd'hui sous le nom de *Salon de Mars*.

BIBLIOGRAPHIE

MANUSCRITS

Les documents manuscrits concernant les Récollettes se trouvent réunis aux Archives de l'Empire, dans les sections historique et administrative.

Dans la section historique, il y a un carton coté L. 1073 qui renferme des contrats de profession des religieuses, des titres de rentes, des pièces concernant les rentes viagères assignées aux religieuses du prieuré de Notre-Dame de Bon-Secours, rue de Charonne, lors de leur fondation, et les titres de fondation de M. Chefdeville en 1703. Un autre carton, coté L. 776, contient les règles, constitutions, pièces de discipline monastique, un procès-verbal de visite en 1655, des contrats, quittances et autres pièces.

Dans la section administrative, il y a deux cartons (S. 4753-4754). Ils renferment la déclaration de 1790, les titres de propriété d'une maison rue des Cannettes, des quittances d'amortissement, des baux et des titres de propriété de maisons situées rue de Varennes, rue de la Planche et rue de Grenelle.

On trouve dans la série H, sous les cotes 4161 à 4163, les comptes de ce couvent, de 1763 à 1790.

FILLES DE ST-JOSEPH OU DE LA PROVIDENCE

[31] Marie Delpech de l'Estang, fondatrice de la Congrégation des Filles-de Saint-Joseph, à Bordeaux, le 3 mai 1638, arriva de cette ville à Paris le 11 février 1639. Elle était avec une sœur de la maison de Bordeaux, nommée Jeanne Godin. Les deux religieuses s'installèrent dès le mois d'avril dans une maison de la rue du Vieux-Colombier, qu'elles louaient moyennant 1,600 livres à Gontier, conseiller du parlement. Au bout de six mois, elles vinrent demeurer près le noviciat des Jésuites, et le nombre des filles était alors de soixante-dix.

La première année, la viande de boucherie leur fut refusée à crédit,

et, comme elles étaient fort pauvres, elles se trouvèrent réduites à se
servir des restes de quelques maisons particulières et « à espessir l'eau
de la marmite seulement des os descharnez qui avoient desjà servy à de
meilleures cuisines. » Cet état de pauvreté dura peu, et, en 1640, elles
pouvaient déjà acheter pour 12,000 livres une maison de la rue Saint-
Dominique, qu'elles agrandirent en 1645 et où elles logeaient six cent
quatre-vingt-six filles. Les constructions qu'avait nécessité ce rapide
accroissement coûtaient alors 110,089 livres 3 sous.

Quelque louable que fût l'objet de cette institution autorisée par l'abbé
de Saint-Germain le 5 juin 1641 et par lettres patentes du 10 mars 1651,
elle ne conserva pas longtemps un nombre considérable de pensionnaires. Le couvent comptait à peine cinquante personnes à la Révolution.
A cette époque, Michel Prevalon, homme d'affaires, procureur de la
supérieure de la communauté des Filles-Saint-Joseph, déclara, le 27 février 1790, que le couvent des Filles de la Providence était composé de
vingt religieuses, de deux novices et une postulante ; que les revenus se
montaient à 42,178 liv. 1 s. (1º loyers de la cour extérieure [1] 30,140 liv. ;
2º loyer des petits appartements intérieurs, 2,600 ; 3º rentes sur l'Hôtel
de Ville, 4,668 liv. 1 s. ; 4º rentes sur particuliers, 800 liv. ; 5º pension
sur le trésor royal, 3,000 liv. ; 6º indemnité sur les entrées des vins,
570 liv. ; 7º pensions viagères, 400 liv.) ; que les charges étaient de
20,758 liv. 17 sous (savoir 8,285 liv. pour l'intérêt de l'argent prêté au
monastère pour la reconstruction du bâtiment neuf, 12,473 liv. 17 s. pour
les dépenses du culte divin, acquit de fondations, décimes, réparations, etc.), et que la somme de 21,419 liv. 4 sous qui restait à dépenser
servait à vêtir, blanchir, chauffer, éclairer et nourrir les religieuses,
tant la communauté que les domestiques, ouvrières et filles externes,
c'est-à-dire au moins cinquante personnes ; qu'en plus il fallait ajouter
20,089 livres de dettes exigibles pour mémoires de différents ouvriers,
fournisseurs, etc.

L'évacuation de la maison eut lieu le 15 septembre 1792, et, le 5 novembre de la même année, le ministre de l'intérieur Roland écrivait aux
administrateurs du département de Paris en faveur de ces religieuses qui
étaient dans la position la plus gênante par suite du retard qu'éprou-
vaient la liquidation et le paiement de leur traitement.

Le couvent de Saint-Joseph, dont une partie avait été vendue le 8 no-

---

[1] Ces appartements de la cour extérieure donnant sur la rue étaient loués
par la noblesse. C'étaient, au moment de la Révolution, le baron de Choiseul,
Mlle de Courson, la marquise de Saint-Aignan, l'évêque de Troyes, la comtesse de Breugnon, le comte Wall, le commandeur de Malte d'Hautefeuille,
le chevalier de Grave, le marquis de Montchenu, le baron d'Angosse, le
marquis de Vibraye, Mme de Saint-Sauveur. Cette dernière dame avait un
appartement qui fut payé par Madame Victoire jusqu'au 8 août 1792.

vembre 1806 à la mère de l'empereur Napoléon Iᵉʳ, est occupé aujourd'hui par le ministère de la guerre.

BIBLIOGRAPHIE

MANUSCRITS

Les documents manuscrits concernant les Filles de Saint-Joseph sont conservés aux Archives de l'Empire dans les sections historique et administrative.

Un carton, coté L. 775, renferme des titres relatifs aux religieuses de Bordeaux, La Rochelle et Paris, une correspondance, des pièces concernant la juridiction, les statuts, règles et constitutions ; un second carton, coté L. 1061, contient des titres de rentes, des contrats de profession, des testaments et donations en faveur du couvent, des documents relatifs à la ferme de Jean Grogne ; un troisième, coté L. 1062, renferme la bulle d'érection accordée par Innocent X, en 1645, les titres d'établissement à Paris, Bordeaux et Saint-Germain, des lettres d'institution et d'établissement par l'archevêque de Paris, du 28 janvier 1642 et des lettres patentes confirmatives de février 1692.

Le premier carton de la section administrative (S. 4734), renferme des titres de propriété de maisons et de terrains situés rue Saint-Dominique, la déclaration de 1790 ; le second (S. 4735), des pièces concernant des créances, des déclarations de revenus, un mémoire touchant l'établissement de la congrégation, des procès-verbaux de visite, des lettres patentes, pièces de procédure et un registre in-4°, contenant une copie de documents relatifs au grand et petit Gengrogne, en 1771. Cette terre de Gengrogne était située dans la paroisse de Fontenay-en-Brie ; les religieuses l'appelaient Saint-Joseph-des-Champs ; le troisième carton (S. 4736) contenait des quittances des boues et lanternes, d'anciens baux des maisons et états de lieux, des titres de pièces concernant la ferme de Bouthervilliers, près Etampes, et deux maisons à la Boissière-en-Brie. Un registre, coté S. 4737, renferme un inventaire des titres.

Dans la même section, on conserve, sous la cote H. 4120, un registre intitulé : Estat et compte que rend Marie Delpech de Lestang, institutrice de la congrégation des Filles de Saint-Joseph, dites vulgairement de la Providence, de 1629 à 1645 ; sous la cote H. 4121, un état de recettes de 1719 à 1757 ; et, sous la cote H. 4128, une « Recette générale des loyers du bâtiment neuf de 1774 à 1785 ». Les titres de rente et les quittances de 1667 à 1792 sont conservés sous la cote H. 4213.

IMPRIMÉS

Constitutions pour la communauté des Filles de Saint-Joseph, dites de la Providence, établies à Paris, au faubourg Saint-Germain (par Dom Claude Bretagne, religieux bénédictin). *Paris*, 1691, in-8°.

Règlemens de la maison et hospital des Filles de la Providence de Dieu. *Paris*, 1657, in-8°.

Panégyrique funèbre de très haute, très puissante et très excellente princesse madame Charlotte-Marguerite de Montmorency, veufve de feu..... Henry de Bourbon, prince de Condé, etc., prononcé le 2 janvier 1651 en l'église des Filles de la Providence, par M. François Hedelin. *Paris*, 1651, in-4°. (Bibl. Maz., n° 10370 Z²⁷.)

SÉMINAIRE DE SAINT-SULPICE

[32] On ne peut être plus vague que l'abbé Lebeuf en cette circonstance, et la liberté qu'il laisse aux lecteurs de choisir entre les années 1642, 1645 et 1647, est une nouvelle preuve de son insouciance à l'égard des établissements religieux de création récente. Les trois dates données par Lebeuf correspondent, chacune, à un épisode important de l'histoire de ce séminaire. En 1642, le célèbre abbé Olier créa le séminaire de Saint-Sulpice à Vaugirard; en 1645, le contrat d'association entre les abbés Olier, Antoine Raguier de Poussay et Antoine Damiens fut signé, et le séminaire de Saint-Sulpice fut établi à Paris, d'abord rue Guisarde, puis rue du Vieux-Colombier. Le contrat est du 6 septembre 1645; l'autorisation de l'abbé de Saint-Germain est du 23 octobre de la même année. Enfin, le 30 décembre 1647, la Chambre des comptes enregistra les lettres patentes d'octobre 1645.

On voit, par la déclaration faite le 5 mars 1790, par Jean-Louis Maury, avocat au Parlement, que le séminaire était divisé en quatre corps de bâtiment : le premier, rue du Vieux-Colombier, était occupé par le grand séminaire; le second, rue Férou, servait de petit séminaire; le troisième, cul-de-sac Férou, était habité par la communauté des Pauvres-Écoliers; le quatrième, rue du Pot-de-Fer, servait à la communauté des Philosophes.

Le séminaire jouissait, en outre, de trois maisons de campagne à Vaugirard.

Les revenus consistaient : en rentes, en maisons sises à Paris, dans différents quartiers, dans la ferme de Champtourtel, paroisse de la Cour-Neuve, près Saint-Denis; en biens ruraux, situés à Grenelle, Issy, Lagny, Concy, Villeneuve, Reuilly, etc., etc. Ils atteignaient, d'après la déclaration rectificative du 10 novembre 1790, le chiffre de 143,366 livres, tandis que les charges ne dépassaient pas 74,967 livres. Le revenu net était donc de 68,399 livres.

La bibliothèque de la Maison de Paris contenait environ 26,000 volumes. Les supérieurs déclarèrent qu'il n'y avait point de manuscrit, ce qui est contraire à ce que dit Lebeuf. Le grand séminaire d'Issy possédait une bibliothèque de 5,000 volumes.

Il y avait dans le séminaire une grande et deux petites basses chapelles. On y avait inhumé les personnes suivantes :

J.-B. Gabriel de Bar, archid. de Sarlat (2 août 1720). J. Philippe Valliers (22 janv. 1722). Jacques de Meritain d'Arros (25 juillet 1723). J.-B. de Charpin de Gennetine (12 septembre 1721). François Guyton, prêtre de Langres (26 janvier 1724). Étienne Cordier, licencié de la maison de Navarre (27 août 1726). Pierre Le Comte de la Martellerie, d'Alençon (29 mars 1723). Pierre Roussille, clerc de Limoges (3 octobre 1686). Jean-Mathieu Joly de Fleury, prêtre (12 janvier 1687). Jean de Seve, prêtre (16 janvier 1674). Pierre d'Espinay de Cerillac (14 juillet 1658). Jean-Jacques Rabache (4 juillet 1719). Jacques Coignet, ancien curé de Saint-Roch (8 février 1680). Pierre Masson, prêtre (12 mars 1684). Joseph-Marie Gallon (7 sept. 1688). Natal Krivoal, de Tréguier (17 avril 1689). Gabriel Souart (8 mars 1691). Nicolas Camusot (4 sept. 1681). Jacques Gay (6 février 1670). Charles Picolé (1er déc. 1679). Gabriel de Quailus (20 avril 1677). François Parnuis (20 avril 1657). Claude-Marie Le Bel de Lesven (3 déc. 1719). Marc-Joseph Payet, de Posnanie en Pologne (25 nov. 1687). Jean Hudon (2 mars 1683). Joseph Molin (19 janvier 1679). Remy Poule de Hautgrenier (2 sept. 1677). René Ropars (8 février 1726). P. François Monnier de Bois-Foucault (24 nov. 1724). Claude Martin de La Motte de Hennes (20 octobre 1730). Jean-François de Montgrand de Mazade (15 sept. 1729). Laurent de Lagarde (28 mars 1722). Antoine-Benoist de Nadrières (20 oct. 1730). René-Jean-Bréart (2 mars 1731). Claude Lasc (11 janv. 1663). Claude Legril (25 mai 1666). Pierre Moet de Précourt (31 mars 1670). Étienne Le Blanc (24 oct. 1670). Claude du Tour (30 oct. 1675). Jean Blaulo (4 avril 1657). Mathurin Baudeau (3 mars 1694). Jacques de Berbisy (26 déc. 1690). Denis Chaliot (12 sept. 1680). Joseph-Gaspar de Rochefort (18 nov. 1677). Jean Danzel de Lignières (24 mars 1666). Frère Jean 18 (mars 1674). Léonard de Saint-Priest (16 octobre 1657). Antoine-François de Monchal, sous-diacre et comte de Lion (2 juillet 1656). Charles Choenne (24 décembre 1658). Jean Gibly (28 avril 1651). Nicolas du Tir (2 septembre 1659). François Taupiol (2 octobre 1659). Jean Portail (22 oct. 1660). Jean Gardiel de Parlages (21 sept. 1662). Jacques Becas (4 avril 1665). Jacques Le Fevre (24 mars 1666). Pierre-Alexandre Hardy (19 mai 1661). François Robert (29 août 1712). J. Joseph Gevry (16 juin 1713). J. François de Tremolet de Montpezat, bachelier de Sorbonne (24 mai 1716). Charles Guenon (11 août 1717). Louis-Joseph Rieche (28 avril 1716). Antoine Perrier (19 déc. 1715). J. François Deshaies (24 août 1717). Ignace Vogel (?). Olivier Girard (4 sept. 1719). Michel Albert de la Marvolière (29 mars 1735). J. Joseph Le Boiteulx (26 juillet 1740). Philibert Parent (1er nov. 1719). Girard Louis Valleau (29 avril 1716). Joseph Darluc (22 août 1691). René Mace (8 mai 1691). Jean-François Lefèvre d'Eaubonne (2 juillet 1676). Antoine Dargnies, doct. de Sorbonne (27 août 1709). M. de Saint-Germain, abbé (1659). De Bretonvilliers, maître des requêtes (1er nov. 1656).

Charles-René Le Vayer (14 juillet 1718). Barthélemi Gaultier du Bois (15 août 1698). Le marquis de Fénelon (8 oct. 1683). Claude Bottu de la Barmondière, ancien curé de Saint-Sulpice (18 sept. 1694). Antoine Raguier de Poussé, ancien curé de Saint-Sulpice (8 juillet 1680). Joachim Trotti de la Chetardie ancien curé de Saint-Sulpice (29 juin 1715). Joseph-Gaspar de Montmorin de Saint-Herem, évêque d'Aire (7 nov. 1723). Jean de Jasses Disse (26 mars 1743). Louis Charles de Chatres (14 nov. 1742). Claude Bouheret (14 nov. 1742). R. F. Auguste Malotau de Villerode (5 avril 1743). Gabriel Hyvert (15 mai 1743). Alexis Roger (2 janv. 1742). Michel La Chevre (7 déc. 1741). Frédéric Duplex (1er déc. 1741). Pierre Burci Regnaud (9 janv. 1744). Hyacinthe-Anne de Boisguehenne (26 avril 1742). René-Charles de Breslay (4 déc. 1735). Thomas Dervieu (22 nov. 1731). Étienne Bouast (9 juillet 1730). François Lelong (3 mai 1735). Fr. Xav. Vincent Boisson de la Sale (21 déc. 1734). Cl. Denis Dervieu (15 sept. 1737). Edme-François Aubert (13 avril 1742). Elie-Joseph Cathuë (16 mai 1743). Jean Chenel (3 oct. 1735). Jean-B. Pays (15 fév. 1730). Guillaume-Charles de Planques (9 oct. 1729). Joseph Madier (29 juillet 1724). Elzear-Placide de Beauvau (21 nov. 1728). François Bidet (14 mai 1728). Michel Lefebvre (31 mars 1731). H. Fr. Xavier de Belsunce (27 nov. 1741). Aug. Coste (8 janv. 1740). Amable Mesranibaud (20 juillet 1732). Ant. Champeau (17 août 1728). J.-B. Romanet, bachelier de Sorbonne (?) Victor Le Court de Saint-Aigne, bachelier de Sorbonne (29 juillet 1724). Jacques Cornaire de Jossan (30 juillet 1724). Guy de Charpin de Genetines (22 mai 1730). Pierre Boscher, doct. de Sorbonne (18 juillet 1726). Ch. Emmanuel-Annibal de Farcy de Cuillé (27 août 1732). J. Jacques Dupuis (8 déc. 1735). L. François de Paul des Galois de la Tour (3 sept. 1739). Jean Vivienne Trepagne (11 mai 1736). François Le Boiteulx (21 fév. 1725). Henri de Fitz-James de Berwick (3 juin 1731). Alexandre Battel (19 mars 1727). Louis de Vernin (31 mars 1711). P. Fr. Magnon, licencié de Sorbonne (7 fév. 1712). Mathieu Guerin (6 juillet 1716). François Bertrand de la Perouze (7 avril 1714). Anne de Fonfroy de Monredon (20 août 1711). Alex. Huvache (14 avril 1712). Alexandre-Charles Séguier (28 sept. 1711). François-Louis de Mouchy (19 nov. 1723). François de la Boulie (1er mai 1714). Charles-Maurice Le Peletier (7 sept. 1731). François Leschassier (19 août 1725). J. Balthasard Dyferand (5 mai 1715). Hyacinthe-Charles Le Mor (5 nov. 1746). Gilbert Repoux (23 déc. 1716). Joseph Benoist, doct. de Sorbonne (3 juillet 1719). Jean Paranteau (14 janvier 1744). P. Claude Delaine (8 nov. 1704). André Aylmer, Hibernois (2 mars 1701). Jul. Sulpice Boucher (27 janv. 1729). Charles de Longueil (17 janv. 1706). Jean Bidault (10 juillet 1709). Isaac Jasserant (17 oct. 1701). Nicolas Tisserant (13 juin 1744). Antoine Gallien de Chabon (16 nov. 1749). Gr. Fr. Martin de l'Ostende (21 avril 1747). René Levesque (12 juin 1703). Claude Lefebvre (14 mars 1744). Guillaume Bourbon (15 nov. 1709). Louis Tronson, supérieur du Séminaire (26 fév. 1700). Antoine Brenier, licencié de Sorbonne (25 août 1714). Olivier Hurard (4 juin 1695). Ant. Ronsard (16 oct. 1695). Jacques Picques (16 août 1697). François Magnien (11 juin 1744). Fr. Joseph Gugger (31 déc. 1691). Pierre Loison (28 déc. 1692). J. Jacques Bavin (19 mars 1696). Jean Thouret (8 février 1694). J. Bapt. Baron (10 juin 1744). Martin de La Mare (30 mai 1711). Pierre Morin (7 oct. 1710). Eustache Morin (11 juillet 1710). Jean Calmine de Balude

(19 février 1704). P. Ern. de Layans (9 octobre 1709). J. Jacques Saget (25 février 1704).

En 1790, le séminaire de Saint-Sulpice servit en partie aux assemblées de la section du Luxembourg. A l'époque des massacres de septembre, M. Emery, supérieur du séminaire, congédia les séminaristes confiés à ses soins et ne tarda pas à être arrêté. Le séminaire fut alors divisé en petits logements, qui furent donnés aux femmes des volontaires, et la chapelle fut transformée en grange. En 1803, M. Emery revint à Paris, et réunit les débris de l'ancien séminaire, d'abord, dans une maison de la rue Saint-Jacques, ensuite rue Notre-Dame-des-Champs, puis rue du Pot-de-Fer, dans l'ancien couvent des Filles de l'Instruction chrétienne. Un décret du 14 février 1810 rétablit le séminaire diocésain dans les bâtiments de Saint-Nicolas-du-Chardonnet, mais à l'exclusion des sulpiciens. M. Emery dut encore quitter le séminaire, et les directeurs ne tardèrent pas à le suivre ; car, dans une dépêche datée d'Utrecht, le 8 octobre 1811, l'empereur Napoléon Ier insistait sur le départ des sulpiciens. « Je ne veux point de sulpiciens dans le séminaire de Paris ; « je vous l'ai dit cent fois, je vous le répète pour la dernière fois. Prenez « des mesures telles que cette congrégation soit dissoute. » L'ordre fut exécuté ; mais une ordonnance royale, du 3 avril 1816, rendit à la compagnie des prêtres de Saint-Sulpice la direction du séminaire, qui fut reconstruit en 1820, sur une partie du terrain occupé par l'ancien séminaire, rasé en 1803, pour former la place Saint-Sulpice. La chapelle actuelle, qui est assez vaste, possède les ossements du cardinal de Bérulle ; au milieu de l'église, on lit sur une plaque de cuivre l'inscription suivante :

[1]

HIC · JACET

S · R · E · CARDINALIS · BERVLLVS

ORATORII · JESV · FVNDATOR

ORDINIS · SACERDOTALIS

EMENDATOR · PRÆCIPVVS

CLERICALIS · IVVENTVTIS · INSTITVENDÆ

IN · GALLIIS · AVCTOR

QVI · DIVVM · VINCENTIVM · A · PAVLO

ET · CONDRENVM

DISCIPVLOS · HABVIT

IPSOS

OLERII · MAGISTROS · PATRESQ ·

POSTREMO

AD · ARAS · DVM · SACRA · FACERET

PRO · IPSIVS · VOTO · MERITISQ ·

ANIMAM · EFFLAVIT

DIE II OCTOBRIS

ANNO · REP · SAL · M · DC · XXIX

ÆTATIS LV

IESVS

MARIA

1 Armes du prélat.

Le séminaire de Saint-Sulpice est aujourd'hui le séminaire diocésain ou grand séminaire du diocèse de Paris. Il est divisé en deux sections, l'une destinée aux élèves de théologie, qui compte quinze directeurs et professeurs; l'autre destinée aux élèves de philosophie, qui compte huit directeurs et professeurs.

BIBLIOGRAPHIE

MANUSCRITS

Les documents manuscrits sur le séminaire de Saint-Sulpice sont conservés aux Archives de l'Empire dans les sections historique et administrative.

Le premier carton de la section historique (M. 206) renferme le contrat d'association entre MM. Olier, Antoine Raguier de Poussay et Antoine Damiens pour l'établissement du séminaire, le 6 septembre 1645, la permission d'établir un séminaire dans la juridiction de Saint-Germain, le 23 octobre 1645, des provisions, arrêt du grand Conseil, lettres patentes d'établissement, du 23 octobre 1645, lettres d'évocation, bulle d'union du prieuré de Reuilly au séminaire de Saint-Sulpice, le 20 août 1697, lettres patentes et autres pièces relatives à cette union, pièces relatives au marché de Reuilly et au pont ; le second (M. 207), des titres de rentes, extraits de testaments, fondations faites en faveur du séminaire, fondations de bourses au profit des pauvres, le don du cardinal de Bissy de 3,333 livres de rente pour l'entretien de 17 pauvres ecclésiastiques, le 3 février 1736, un recueil de copies de pièces relatives à l'union du prieuré de Reuilly (dossier intéressant), des délivrances de legs, des contrats de constitution de rentes, des pièces relatives à la chapelle Saint-Jean, à la tribune et au droit de sépulture dans l'église Saint-Sulpice, dont une lettre de Languet de Gergy, legs pour doter de pauvres filles de la paroisse Saint-Sulpice, un ancien plan des deux petites chapelles basses du grand séminaire de Saint-Sulpice, un autre plan intitulé : Distribution des tiroirs des morts qui sont dans la grande chapelle basse du grand séminaire de Saint-Sulpice, un plan de la grande chapelle basse du grand séminaire; ces plans renferment les noms des personnes enterrées dans ces chapelles.

On conserve dans la même section, sous la cote MM. 553, un registre des fondations, de 1649 à 1737.

Le premier carton de la section administrative (S. 7006) renferme la déclaration de 1790, des procès-verbaux relatifs aux murs mitoyens de diverses maisons du séminaire, des baux des échoppes adossées au séminaire, des titres de propriété de maisons situées rues du Vieux-Colombier

et du Pot-de-Fer, un plan du séminaire et du jardin, un inventaire de la
petite communauté de Saint-Sulpice, dite des Robertins, à Vaugirard, le
22 juin 1790, un mémoire demandé par le comité ecclésiastique au supérieur général, des déclarations de biens de 1728 et de 1756; les deuxième et suivants (S. 7007 à 7013), des titres de propriété de maisons situées
rue Guisarde, rue de Beaune, au coin de la rue de Verneuil (S. 7007);
rues du Pot-de-Fer, du Vieux-Colombier, du Bac, de Verneuil (S. 7008);
rues du Pot-de-Fer et du Petit-Bourbon (S. 7009); rue de Beaune (S. 7010);
rues Sainte-Marguerite et des Ciseaux (S. 7011); quai des Orfèvres et
place Dauphine (S. 7012); rue du Pot-de-Fer (maison des Philosophes),
rue Férou (Petit Séminaire), et cul-de-sac Férou (maison des Pauvres-
Écoliers) (S. 7013); le neuvième (S. 7014), des titres de propriété du
moulin Copeau, situé sur la rivière de Bièvre; le dixième (S. 7015), des
titres de propriété d'une maison et dépendances, situées à Issy, et léguées
par M. de Bretonvilliers, de terres au dit lieu; le onzième (S. 7016), des titres
de propriété de maisons à Vaugirard; les douzième et treizième (S. 7017-
7018), des titres de propriété de la ferme de Concy, paroisse d'Hyères;
le quatorzième (S. 7019), des pièces relatives au moulin bannal d'Hyères;
le quinzième (S. 7020), des pièces relatives à la propriété de cent arpents de bois dans la forêt de Senard; le seizième (S. 7021), une liasse
de pièces relatives à la propriété de la ferme de Chantourtel, située
paroisse de la Cour Neuve, près Saint-Denis; les dix-septième et suivants (S. 7022-7025), des pièces relatives aux propriétés de la ferme
de Saint-Laurent, situées à Lagny, et du clos de la Bretelle, sis audit
lieu; le vingt-unième (S. 7026), trois liasses relatives à la propriété de
maisons, terres, prés, vignes, sis à Lagny-sur-Marne; le vingt-deuxième
(S. 7027), des pièces relatives au moulin Boursier, à maison Raimbault,
au fort du Bois et à d'autres pièces de terre, sises à Lagny; le vingt-
troisième (S. 7028), des contrats de rente sur particuliers, des rentes
foncières à Concy, Hyères et Crosne; les vingt-quatrième et suivants (S.
7029-7030), les titres de la ferme de Villeneuve-Saint-Georges; le vingt-
sixième (S. 7031), une liasse de pièces relatives à l'union du prieuré de
Reuilly au séminaire, et des revenus de ce prieuré au village des Bois-
Saint-Denis; les vingt-septième et suivants (S. 7032-7034), les titres de
propriété de la terre de Neuvy-Paillaux; le trentième (S. 7035), les
titres des terres sises aux terroirs de Villars, Glanville et Angerville;
le trente-unième (S. 7036), une liasse de déclarations de biens, terres
et héritages possédés par le séminaire et des quittances de droit d'indemnité; le trente-deuxième (S. 7037), des titres anciens de propriété
à Villeneuve-Saint-Georges, Pierrefitte, Lagny, Saint-Denis, la Cour-
Neuve, Conches; le trente-troisième et dernier (S. 7038), une liasse de
renseignements sur différentes propriétés appartenant à différents séminaires, entre autres celui de Montréal, au Canada.

Le premier registre (S. 7039) est un inventaire fait par M. de Baluze des papiers du séminaire; le second (S. 7040) est un copie de l'inventaire précédent avec des fragments de l'inventaire fait par M. Le Boiteux; le troisième (S. 7041) contient l'inventaire général des papiers du séminaire et une déclaration des biens et revenus que le séminaire possédait dans le diocèse de Paris.

Sous la cote H. 3262 à 3284, on a réuni des mémoires d'entrepreneurs, des quittances, états de recettes et de dépenses, titres de rente, etc.

Les archives de Seine-et-Oise, à Versailles, conservent un mémoire pour le séminaire de Saint-Sulpice au sujet d'impositions dans la paroisse de Montgeron (A. 1207), et un mémoire sur la ferme de Concy possédée par le séminaire (A. 1267).

La bibliothèque Mazarine possède deux manuscrits : le premier, en cinq volumes in-fol. (n° 1946 A-D.), est intitulé : Bibliothecæ Seminarii S. Sulpitii catalogus triplex, materiarum ordine dispositus; le second (n° 2254), Entretiens sur toutes les actions de la journée pratiquées dans les séminaires de Saint-Sulpice.

IMPRIMÉS

Lettres patentes du roy, contenant évocation générale et attribution au grand Conseil, de tous les procès et différens meüs et à mouvoir, tant en demandant qu'en deffendant, concernant les affaires du séminaire de S. Sulpice de Paris et de toutes les maisons et séminaires qui lui sont ou seront unis, établis ou à établir dans l'étendue de ce royaume, pour y estre diffinitivement jugez et terminez; avec deffenses à tous autres juges d'en connoistre. Données à Versailles, le 10 janvier 1713. Enregistrées au grand Conseil, le 3 février suivant. *S. n. d. l. n. d.*, in-fol. (Arch. de l'Emp., M. 207.)

Le couvent des Carmes et le séminaire de Saint-Sulpice pendant la Terreur, par Alexandre Sorel, 2ᵉ édition. *Paris*, 1864, in-8°.

Vie de M. Emery. *Paris*, 1862, 2 vol. in-8°.

THÉATINS

[33] Ce fut le cardinal Mazarin qui acquit, le 16 mars 1642, une maison du quai Malaquais, pour placer des théatins. Ces religieux vinrent s'y fixer en 1644, et l'abbé de Saint-Germain les reconnut légalement par ses lettres du 1ᵉʳ août 1648. Le 7 du même mois, la chapelle fut bénite et le roi plaça lui-même la croix sur le portail de la maison, qui, suivant ses ordres, fut appelée *Sainte-Anne-la-Royale*. La première pierre de l'église, pour laquelle Mazarin donna 300,000 livres, fut posée par

le prince de Conti, le 28 novembre 1662. Ses fondements avaient été bénis le 7 septembre 1661. Cette église, commencée sur un plan trop vaste, interrompue faute d'argent, fut reprise en 1714, et bénite le 20 décembre 1720. Elle possédait parmi ses reliques le corps de saint Venant, qui fut vérifié par le vicaire général de l'abbaye de Saint-Germain, le 22 mai 1665.

Zacharie Gossard Duquesnay, supérieur des Théatins, déclara, le 16 février 1790, que la maison conventuelle était composée de seize religieux profès, de deux agrégés et de deux postulants, que cinq d'entre eux étaient à Tulle, où ils professaient. Les revenus, qui n'étaient en 1735 que de 16,524 livres 13 sous 9 deniers, montaient, à la Révolution, à 49,289 livres 8 sous 4 deniers[1]. Les charges s'étaient augmentées proportionnellement : au lieu de 14,515 livres, en 1735, elles montaient à 37,488 livres 1 sou[2]. Le couvent devait en outre 136,500 livres, mais cette dette était en partie soldée par un actif de 120,000 livres.

Les théatins étaient encore au nombre de dix, le 20 avril 1791. Les commissaires administrateurs des biens nationaux se rendirent auprès d'eux, et leur annoncèrent, qu'aux termes de la loi du 26 mars 1790, ils devaient, n'étant pas en nombre suffisant, abandonner leur couvent et se retirer soit aux Chartreux, maison qui leur était désignée comme retraite, soit dans d'autres lieux qu'ils jugeraient à propos de choisir.

Le bibliothécaire Ameilhon leva, le 30 avril 1791, les scellés sur la bibliothèque, et fit transporter les livres dans la maison des Augustins de la reine Marguerite. La bibliothèque servait alors au comité militaire et aux assemblées de la section. Le catalogue conservé aux Archives n'indique que 7,903 volumes; mais il y en avait environ 10,000, parmi lesquels on remarquait les œuvres de Voltaire, celles de Piron, deux éditions de Crébillon, etc., etc.

L'inventaire parle d'un « grand pupitre à quatre volants tiré de la bibliothèque du cardinal Mazarin; » ce pupitre doit être celui qui se trouve aujourd'hui à la Bibliothèque de l'Arsenal.

L'église que M. de Pancemont, curé de Saint-Sulpice, avait louée à la municipalité, le 11 avril 1791, pour célébrer le service divin, ne renfer-

---

[1] Voici le détail des revenus : rentes, 2,630 l. 8 s. 4 den.; loyer des chaises et tribunes, 7,300 liv.; loyer des maisons de Paris et de Vaugirard, 39,359 liv. Les maisons des religieux, situées en partie sur le quai, étaient louées fort cher. Le 16 octobre 1789, les religieux conclurent un bail de neuf ans avec la célèbre « Claire-Joseph Le Gris de La Tude Clairon, fille majeure, pensionnaire du roi », pour une maison située quai des Théatins, et précédemment occupée par madame de Montesson.

[2] Voici l'état des charges : rentes perpétuelles, 20,284 liv. 19 s.; rentes viagères, 2,720 l.; impositions, réparations, 14,483 l. 2 s.

mait que des tableaux médiocres. Elle possédait, selon Mouchy, un tombeau de Joseph Durier, chevalier du Terais, mort le 13 juin 1770, qui méritait les éloges de tous ceux qui se connaissaient en sculpture, et « une mauvaise madone antique, sculptée en bois, intéressante, dit-on, parce qu'elle fait des miracles ». Qu'est devenue cette madone, emportée par le père Thibaudier ?

Vers 1800, l'église fut transformée d'abord en salle de spectacle; puis, en 1815, en café, appelé le *Café des Muses*. Cette église, ainsi que les bâtiments du couvent, furent vendus le 19 frimaire an vi (9 décembre 1797), et démolis en 1822.

BIBLIOGRAPHIE

MANUSCRITS

Les documents concernant les théatins sont conservés aux Archives de l'Empire dans les sections historique et administrative.

Un carton de la section historique, coté L. 766, renferme quelques pièces sur les théatins : l'approbation de leur établissement, l'autorisation de poser la première pierre de leur église, et une vérification de reliques. Deux autres cartons de la même section : le premier (L. 960) renferme un état abrégé des fondations, des titres de fondations du duc de Mazarin en 1661, de l'abbé Berty en 1662, de M. de Bérulle en 1705, de la marquise de Clérambault en 1728, de la princesse de Bouillon en 1726, de la marquise de Dangeau en 1724, de M. d'Argenson en 1720, du duc de La Feuillade en 1718, du duc de Ventadour en 1710, et autres personnes; le second (L. 961), des titres primordiaux de l'établissement des théatins à Paris, les lettres patentes d'août 1648, la permission de l'abbé de Saint-Germain du 1er août 1648, etc., etc., des mémoires de serrurerie, de peinture, de carrelage, de pavage, etc.

Les quatre registres de la section historique renferment les délibérations capitulaires de 1643 à 1673 (LL. 1586), 1673 à 1697 (LL. 1587), 1695 à 1740 (LL. 1588), 1741 à 1789 (LL. 1589).

Le premier carton de la section historique (S. 4355) renferme la déclaration de 1790, les inventaires dressés à cette époque, un inventaire de la maison des Théatins à Vaugirard, dressé le 1er juin 1790, des baux de maisons louées par les religieux, des titres de rente, quittances d'amortissement, déclaration des biens en 1735, des quittances de rachat des taxes des boues et lanternes, différents mémoires de maçonnerie et titres de procédure; le second (S. 4356), des titres de propriété de la maison conventuelle, de maisons situées rue de Bourbon, et d'une maison acquise à Vaugirard, le 5 août 1665, les titres de la donation de

Mazarin, des procès-verbaux de visite de maisons rue Saint-Honoré, et un recueil de pièces concernant les Frères-Tailleurs de Paris.

Dans la même section, on conserve, sous le cote H. 4055 à 4059, des titres de rente et quittances de 1729 à 1790, et des comptes.

Le père Lelong indique dans la *Bibliothèque historique de la France* (t. I, p. 860, nos 14080 et suiv.) des manuscrits relatifs à l'histoire des théatins, et qui étaient conservés dans la bibliothèque de cette maison.

IMPRIMÉS

Constitutiones clericorum Regularium. *Parisiis*, 1659, in-16.

Fundatio domus sanctæ Annæ regalis Parisiensis, anno 1647.

Cette histoire de la fondation des théatins à Paris se trouve page 292 et suiv. du tome III de l'*Historia clericorum regularium* de Jos. Silos. *Panormi*, 1666, in-fol. On peut consulter aussi Hélyot, *Hist. des ord. monast.*, t. IV, p. 71-99.

HOPITAL DES CONVALESCENTS

[34] La date de 1642 est une erreur accréditée par Félibien. Le contrat de fondation de l'hôpital, par André Gervaise, ancien chanoine de Reims, est du 30 mars 1652, et la prise de possession du nouvel établissement, ainsi que la bénédiction de la chapelle, sous le titre de *Notre-Dame des Convalescents*, sont du 15 août 1652. Les lettres patentes d'autorisation sont datées du mois d'octobre 1656; elles ont été enregistrées au Parlement, le 21 février 1670.

L'hôpital des Convalescents de la Charité de Paris, situé rue du Bac, était occupé, à la Révolution, par vingt-quatre malades, six religieux, deux aumôniers, un jardinier, un cuisinier et trois domestiques. D'après la déclaration du 20 janvier 1791, on voit que cet hôpital avait 34,310 livres 10 sous de revenu et 1,632 livres 6 sous 8 deniers de charges. Par une singulière exception, les prêtres, les soldats et les laquais ne pouvaient être soignés dans cette maison, qui fut supprimée en 1792, et louée, depuis, par l'État, à différents particuliers.

BIBLIOGRAPHIE

MANUSCRITS

On trouve dans un carton de la section historique, coté L. 766, le contrat de fondation et le procès-verbal de la bénédiction du nouvel établissement.

Dans la section administrative, il y a six cartons. Le premier (S. 6102), contient la déclaration de 1790, des mémoires et titres concernant l'hôpital de la Charité-Notre-Dame, rue Vieille-du-Temple, l'église de Saint-Denis-du-Port, un état des rentes dues aux ci-devant maisons de l'ordre de la Charité par l'hospice national de l'Unité, ci-devant hospice de la Charité, rue des Pères, n. 43, une permission d'abattre un mausolée dans l'église d'Escardes, un recueil de fois et hommages, aveux et dénombrements du fief de Saint-Denis-du-Port, de 1420 à 1642, des pièces concernant le Prè-du-But, Villenauxe, Montaiguillon, etc., des actes de foi et hommage des comtes de Brienne ; les second et suivants (S. 6103-6107) renferment des documents concernant la seigneurie du Pré-du-But, les fiefs et seigneuries des Salles et de Rieux dans la paroisse d'Ecardes.

IMPRIMÉS

Mémoire instructif pour les doyen, chanoines et chapitre de Paris, supérieurs spirituels et temporels de l'Hôtel-Dieu, touchant l'établissement du nouvel hôpital des Convalescens au fauxbourg S. Germain. *S. n. d. l. n. d.*, in-8°.

FILLES DE NOTRE-DAME-DE-LA-MISÉRICORDE

[35] La date de 1651, donnée par Lebeuf, est celle de l'acquisition par la mère Madeleine Martin d'une maison, rue du Vieux-Colombier, dans laquelle elle entra avec sa communauté, le 3 novembre 1651 ; mais, deux ans auparavant, c'est-à-dire le 3 novembre 1649, trois religieuses étaient venues d'Aix avec la mère Madeleine s'établir dans une maison rue Mézières. Il y avait au moment de la Révolution vingt religieuses et dix converses, si l'on en croit la déclaration faite le 27 février 1790, par Jean-Louis-Germain Dauptain ; ces religieuses possédaient un grand bâtiment, avec cour, jardin et dépendances, ayant deux portes cochères, dont l'une servait d'entrée au couvent. Les revenus montaient à 11,397 livres 5 sous, et les charges à 6,910 livres 15 sous. Cette position financière, déjà fort précaire, s'aggravait encore par une dette de 5,313 livres 11 sous 3 deniers, et une autre dette de 13,286 livres dues aux ouvriers qui avaient travaillé à la construction de leurs maisons. Le monastère, devenu propriété nationale, fut vendu le 8 thermidor an IV (26 juillet 1796).

BIBLIOGRAPHIE

MANUSCRITS

Les Archives de l'Empire conservent, dans les sections historique et administrative, les documents relatifs aux Augustines de la Miséricorde.

Un carton coté L. 1070 renferme les lettres patentes d'établissement de septembre 1649, des titres et contrats de rentes, fondations de messes.

Un autre carton, coté L. 772, renferme des pièces concernant l'établissement des religieuses du 3 novembre 1649, le procès-verbal de translation des religieuses rue Cassette et la bénédiction de la chapelle le 3 novembre 1651, un acte par lequel les religieuses reconnaissent la mère Magdelaine de la Sainte-Trinité pour fondatrice, du 18 février 1668, des procès-verbaux de prises d'habits, d'élections de prieures, des lettres, vérifications de reliques et de miracles, etc., etc.; le carton, coté L. 776, contient l'acte de vente de la maison de la rue du Vieux-Colombier, du 17 juin 1651. Un registre de la même section (LL. 1706) contient les contrats et actes de 1649 à 1789

Le premier carton de la section administrative (S. 4747) renferme les titres de propriété des maisons situées rue de la Corne, autrement dite rue Neuve-Guillemin et rue du Vieux-Colombier, des baux, déclarations des revenus, la déclaration de 1790, etc.; le second (S. 4748), des titres de rente, des baux de la ferme Manessier, au Mesnil en France, des déclarations de revenus, des mémoires, des quittances des boues et lanternes, etc.

Dans la même section, on conserve, sous le cote H. 4156-4209, des titres de rentes et des comptes de 1778 à 1790.

IMPRIMÉS

Constitutions des religieuses de la Miséricorde. *Paris*, 1660, in-4°.

Histoire des religieuses de Notre-Dame de la Miséricorde, imprimée dans la *vie du P. Yvan*, de Gilles Gondan. *Paris*, 1662, in-4°, et dans l'*Histoire des Ordres* d'Hélyot, t. IV, p. 385.

Mémoire pour les religieuses, supérieure et couvent de Notre-Dame de la Miséricorde, établies rue du Vieux-Colombier au fauxbourg S. Germain, appellantes de deux sentences des requestes du palais, des 27 juillet 1696 et 26 juin 1714, intimées, demanderesses et défenderesses, contre Marie de Longmont, veuve d'Antoine Barat de Pradines et ses enfants, appellans de la même sentence du 26 juin 1714, au chef qui leur fait préjudice, et intimez. Dame Jeanne-Charlotte Guyot, femme séparée, quant aux biens, des sieurs Margala et Coussons, héritiers de Jean-Baptiste Guyot, notaire au Châtelet de Paris, intimés et encore contre messire Jacques-Joseph Jolly de Menainville, conseiller du roy, ancien maître ordinaire en la chambre des Comptes, défendeur, et Jean Savoye étant aux droits de Jean le Comte, demandeur. *S. n. d. l. n. d.*, in-fol. (Bibl. Maz., n° 3316 B.)

ANNONCIADES DU COUVENT DES DIX-VERTUS

DEPUIS

CISTERCIENNES DE L'ABBAYE DE N.-D.-AUX-BOIS

[36] L'abbé Lebeuf ne dit pas un mot du couvent des Dix-Vertus, fondé par les annonciades de Bourges, en 1640, dans le lieu même que les religieuses de l'Abbaye-aux-Bois achetèrent le 9 mars 1654. Ces annonciades avaient fait construire une chapelle qui fut bénite en 1640. La bénédiction de leur cloître n'eut lieu que le 31 mai 1643. Obligées de se disperser, les religieuses du couvent des Dix-Vertus vendirent leur maison aux cisterciennes de l'abbaye de Notre-Dame-des-Bois, qui cherchaient à se mettre à l'abri des dévastations qui désolaient alors le Soissonnais. Elles étaient sur le point de retourner dans l'antique monastère qu'elles occupaient depuis 1202, grâce à la libéralité de Jean de Nesle, châtelain de Bruges, lorsqu'un incendie dévora l'église et le cloître. Elles se décidèrent alors à rester à Paris, et elles obtinrent du pape la translation du titre et des biens de l'abbaye, que le roi autorisa par lettres patentes d'août 1667.

Cette abbaye jouissait de fort beaux revenus. D'après la déclaration faite, le 27 février 1790, par Jean-Nicolas Adam, directeur de l'Abbaye-aux-Bois, au nom de l'abbesse Marie-Madeleine-Émilie-Victoire de Moreton Chabrillan, on voit que les revenus [1] étaient de 51,951 livres 14 sous, et que les charges [2] ne dépassaient pas 21,475 livres 7 sous 1 denier.

L'abbaye comptait vingt-deux religieuses de chœur et sept sœurs converses. L'enclos, y compris l'église, construite en 1718 et dédié, le 24 octobre 1720, contenait 2 arpents 17 perches. Devenus propriété nationale, les bâtiments du monastère furent vendus le 5 frimaire an VI (25 novembre 1797).

En 1802, l'église, qui n'avait pas été démolie, fut choisie pour servir de première succursale à la paroisse de Saint-Thomas-d'Aquin. Elle conserva ce titre jusqu'au décret du 22 janvier 1856, qui partagea son

---

[1] Ces revenus provenaient principalement de la location des appartements du monastère (7,350 l.), du loyer des hôtels et des maisons hors la clôture (18,033 l. 7 s. 8 den.), de rentes (4,251 l. 13 s.), du fermage des biens de Picardie (14,866 l. 13 s. 4 den.), du fermage des biens de Bièvre (5,450 l.) etc.

[2] Les charges étaient ainsi réparties : rentes constituées (4,671 l. 14 s.), rentes viagères (3,269 l.), rentes au profit des religieux (875 l.), entretien et charges de l'abbaye (9,209 l. 13 s. 9 den.), entretien et charges des biens de Picardie (2,759 l. 19 s. 4 den.), charges des biens de Bièvre (690 l.).

territoire entre les paroisses de Saint-Thomas-d'Aquin et de Saint-Sulpice, et qui créa, aux dépens de cette dernière paroisse, une paroisse nouvelle sous le vocable de *Notre-Dame-des-Champs*. (Voyez plus loin, page 208.)

Le 18 novembre 1827, Charles X autorisa l'établissement, dans l'ancien couvent de l'Abbaye-aux-Bois, des religieuses de Notre-Dame, chanoinesses de Saint-Augustin. La nouvelle communauté, composée de trente-cinq professes de chœur et de sept postulantes, dirige des classes gratuites et un pensionnat, qui compte plus de cinquante élèves. Les religieuses ont établi dans cette église une confrérie du B. P. Fourier, avec l'autorisation de l'évêque de Saint-Dié. Cette association pieuse, qui existe depuis le 7 juillet 1859, a pour but de soulager les âmes du purgatoire, d'assurer aux membres des prières et d'honorer le bienheureux Pierre Fourier. Un tableau, placé à la porte de l'église, ajoute que l'association, qui compte parmi ses membres « des têtes couronnées, plusieurs princes de l'Église, bon nombre d'évêques et des milliers de fidèles, a l'avantage d'être affiliée à l'archiconfrérie de Notre-Dame-du-Saint-Suffrage de Rome. »

La statue de la Vierge, placée au fond de l'église, est honorée particuculièrement sous le titre de Notre-Dame-de-Toute-Aide.

Il n'est pas possible de parler de l'Abbaye-aux-Bois sans rappeler que la célèbre Mme Récamier y demeura de 1814 au 11 mai 1849. Le salon de Mme Récamier était un centre et un foyer littéraires, où se réunissaient, sous une influence charmante, les personnages les plus illustres et les plus divers : Châteaubriand, Mathieu de Montmorency, Adrien et Henri, ducs de Laval, Ballanche, Benjamin Constant, Ampère, le duc de Noailles, Sainte-Beuve, et toutes les célébrités contemporaines.

BIBLIOGRAPHIE

MANUSCRITS

Les documents relatifs à l'Abbaye-aux-Bois sont conservés aux Archives de l'Empire dans les sections administrative et historique.

Dans la section administrative, il y a sept cartons et quatre registres. Le premier carton (S. 4407) renferme des titres de rentes foncières sur des immeubles sis à Thibauville, Offroy, faubourg Saint Léonard à Nesle, Lannoy, Nesle, Behericourt, Libermont, Landevoisin, Cremery, Liancourt et Solente ; un inventaire sommaire des titres trouvés dans les archives de l'Abbaye-aux-Bois en 1762, des pièces de procédure ; le second (S. 4408) des titres de propriété des fermes de Giry et du Val-Profond, situées à Bièvre, près Paris ; des baux à loyer desdites fermes et des bois situés à Bièvre-le-Chatel ; les troisième et suivants (S. 4409-

4411), les titres de propriété des biens situés en Picardie, et dans la maîtrise de Chauny; le sixième (S. 4412), cinq liasses de pièces relatives à la fondation de cette abbaye près Beaulieu, au diocèse de Soissons, à la translation de cette abbaye à Paris, à la propriété de la maison des Annonciades, sur l'emplacement de laquelle a été construite cette abbaye, à un chantier situé rue de Sèvres, aux baux à loyer des maisons sises à Paris; le septième (S. 4413), quatre liasses relatives aux déclarations des biens et revenus de ladite abbaye, à des rentes constituées par cette abbaye, à des quittances de droit d'amortissement, des déclarations censuelles et une transaction passée entre l'abbaye et le curé de Saint-Sulpice, le 31 décembre 1770.

Le premier registre (S. 4414) contient un inventaire des titres dressé de 1711 à 1715; les deuxième et troisième (S. 4415-4416) forment un inventaire sommaire des titres trouvés dans les archives de l'abbaye en l'année 1762; le quatrième et dernier registre (S. 4417) renferme une copie des titres d'acquisition de la maison conventuelle en mars 1654.

Sous la cote H. 3836 à 3844, on a réuni les titres de rentes et les comptes de 1763 à 1790.

La section historique possède quatre cartons et un registre.

Le premier carton (L. 1011) renferme une collection de titres de 1164 à 1250. Ces pièces, émanées des seigneurs de Ham, de Nesle, du Noyonnais et de la Picardie, intéressent l'histoire de l'Abbaye-aux-Bois lorsqu'elle était encore établie près de Beaulieu; le second (L. 1012) contient des pièces de 1251 à 1400, semblables aux précédentes et de même provenance, elles concernent surtout les dîmes de Conchy; le troisième (L. 1013) renferme des documents relatifsaux dîmes de Monchy-Lagache, de Libermont, aux droits de pêche dans les viviers de Nesle et du Grand-Rouy, aux dîmes du Quesnoy et de Damery, aux privilèges de l'abbaye, aux droits de committimus, de franc salé et d'exemption, aux droits d'entrée pour le vin, des actes de profession de sœurs converses, des mémoires de marbrerie, charpenterie, etc., vérifiés par Verniquet.

Un quatrième carton, coté L. 771, renferme quelques pièces relatives aux Annonciades du couvent des Dix-Vertus et un procès-verbal de vérification des reliques du 26 juillet 1670.

Un registre, coté LL. 1594, contient les procès-verbaux des vêtures et professions du couvent de 1722 à 1789.

IMPRIMÉS

Loterie en faveur de l'abbaye royale de Notre-Dame-aux-Bois de Paris (23 février 1726). *Paris, s. d.*, in-fol. plano.

Congrégation de Notre-Dame, premier monastère de l'Ordre, à Paris, fondé en 1632 (Abbaye-aux-Bois). *Paris*, 1855, in-8°.

Réponse de la fabrique de Notre-Dame-de-l'Abbaye-aux-Bois au projet de la limitation nouvelle des paroisses de Paris. Délibération du conseil de fabrique du 9 mai 1854. *Paris, s. d.*, in-4°.

Légende de la statue miraculeuse de Notre-Dame-de-Toute-Aide, honorée dans le monastère des religieuses chanoinesses de S. Augustin, de la congrégation de Notre-Dame (Abbaye-aux-Bois), à Paris. *Paris*, 1853, in-18, et 1859, in-16.

PAROISSE DE NOTRE-DAME-DES-CHAMPS

J'ai dit plus haut (page 206 de ce volume), en parlant de l'abbaye de Notre-Dame-aux-Bois, que l'église de cette abbaye, devenue paroissiale en 1802, avait cessé d'exister en cette qualité par suite du décret du 22 janvier 1856, et qu'une paroisse nouvelle, sous le vocable de Notre-Dame-des-Champs, avait été instituée aux dépens de Saint-Sulpice, qui a été privée, par cette création, d'une population de 12,892 habitants.

La nouvelle paroisse comprend 112 hectares 20 ares, ainsi délimités :

Rue de Vaugirard, côté impair, à partir de l'ancienne barrière de Vaugirard; rue du Cherche-Midi, côté impair; rue du Regard, côté pair; rue de Vaugirard, côté impair; rue de l'Ouest, côté pair; avenue de l'Observatoire, côté ouest; rue d'Enfer, côté pair; de la barrière d'Enfer à celle de Vaugirard, point de départ, en suivant le boulevart extérieur.

Ce vaste territoire, dont la population est encore au-dessous du *minimum*, n'a pas encore d'église paroissiale construite. Une simple chapelle provisoire, située rue de Rennes, lui en tient lieu. L'église paroissiale sera construite sur le boulevart Montparnasse, entre les rues Montparnasse et Stanislas.

On ne compte pas moins de 28 maisons religieuses hospitalières ou d'instruction publique dans sa circonscription. En voici la nomenclature :

CHAPELLE DE NOTRE-DAME-DE-NAZARETH

Cette chapelle, située au coin de la rue Stanislas et du boulevard Montparnasse, a été construite en 1855 par M. Le Prévost, fondateur de la Maison de Nazareth. Le chœur de la chapelle et deux cellules avaient été construits pour les capucins qui sont aujourd'hui rue de la Santé. C'est dans la Maison de Nazareth, où demeurent des vieillards infirmes, qu'est l'œuvre du Patronage des apprentis. La chapelle qui est publique renferme les reliques de saint Tharcisius, qui lui ont été données à Naples, le 23 avril 1858. Cette chapelle n'offre rien de remarquable.

MARIANISTES

Les marianistes, ou membres de la Société de Marie, occupent une maison de la rue du Montparnasse, n° 28, depuis 1864. C'est un collége de jeunes gens laïcs dirigé par des pères.

MARISTES

Les prêtres maristes, membres de la Société de Marie, demeurent rue de Vaugirard, n° 132. Ils avaient occupé précédemment la rue de Fleurus, sous la direction du père Ozanam, frère du célèbre professeur de la faculté des lettres, puis la rue Montparnasse, dans l'hôtel de la princesse de Lamballe, aujourd'hui démoli, pour faire place à la nouvelle église de Notre-Dame-des-Champs.

FRANCISCAINS DE LA TERRE-SAINTE

Le couvent des franciscains est établi rue de Vaugirard, n° 150. L'inauguration de la chapelle des pères, dotée par l'impératrice Eugénie d'un autel et de tous les ornements nécessaires pour la célébration de l'office divin, a été faite le 15 novembre 1856. Ces religieux, qui entretiennent en Orient vingt-trois couvents contenant tous un hospice où les pèlerins sont reçus gratuitement, un hôpital pour les malades, une école pour les enfants, ont formé, à Paris, un commissariat général chargé de régulariser, de centraliser, de diriger même les rapports de la France catholique avec les saints lieux. Les franciscains vont quitter prochainement leur couvent de la rue de Vaugirard pour aller s'établir rue des Fourneaux, à Paris-Vaugirard, où l'on construit en ce moment une fort grande église.

BIBLIOGRAPHIE

Les franciscains de la Terre-Sainte, par M. le marquis de Roys. *Paris*, 1858. In-8°.

Guide des pèlerins en Terre-Sainte, par Ed. Chaulin. *Paris*, 1857. In-18.

Annales du commissariat général de la Terre-Sainte, à Paris, rue de Vaugirard, n° 150. *Paris*, 1860 et années suiv.

On trouvera dans ces annales de très-précieux renseignements sur les services que les franciscains rendent en Terre-Sainte.

RELIGIEUSES DE SAINTE-MARIE-DE-LORETTE

Ce couvent, fondé en 1823 par M. l'abbé de Mallet, rue du Regard, n° 16, a été transféré en 1856, rue de Vaugirard, n° 101. Ces religieuses offrent un asile aux jeunes personnes pauvres de douze à dix-huit ans, exposées à se perdre, fournissent du travail à celles qui en manquent et donnent des leçons de couture et de blanchissage.

DAMES BÉNÉDICTINES DU CALVAIRE

Les religieuses bénédictines de la congrégation de Notre-Dame-du-Calvaire ont été autorisées à établir un couvent rue du Petit-Vaugirard, n° 23, par ordonnance du roi, en date du 30 septembre 1827. Elles sont venues depuis rue du Cherche-Midi, n° 109. Il y a longtemps qu'elles ont quitté cette maison.

DAMES DU BON-SECOURS

L'établissement des sœurs dites du Bon-Secours, sous l'invocation de Notre-Dame-Auxiliatrice, a été autorisé par ordonnance du 17 janvier 1827. Les sœurs étaient déjà réunies en communauté depuis 1823, dans une maison de la rue Notre-Dame-des-Champs, qu'elles quittèrent pour aller s'établir, en 1824, rue Cassette, où l'ordre reçut son organisation définitive. Ces sœurs, gardes-malades, sont établies aujourd'hui rue Notre-Dame-des-Champs, n° 20, depuis 1829. Leur église, construite dans le genre gothique, est une des chapelles conventuelles les plus remarquables de Paris. Elle a été consacrée en octobre 1844.

NOTRE-DAME DE SION

L'origine de la congrégation de Notre-Dame de Sion se rattache à la conversion qui eut lieu à Rome, le 20 janvier 1842. M. de Ratisbonne voulant propager la connaissance de la vérité parmi les israélites, quelques jeunes enfants formèrent le noyau d'un catéchuménat que l'on établit provisoirement à l'ouvroir de la Providence, dirigé par les sœurs de Saint-Vincent-de-Paul, et qui, l'année suivante, fut mis sous le patronage de quelques femmes pieuses ; celles-ci achetèrent en 1845 une vaste maison, dont le régime intérieur prit graduellement la forme, la règle et les traditions de la vie religieuse. La congrégation alors naissante de Notre-Dame de Sion, encouragée par le regrettable M. Affre et par ses

successeurs, MM. Sibour et Morlot, protégée par le souverain pontife
Pie IX, qui, par un décret du 8 septembre 1863, a solennellement approuvé ses règles et ses constitutions, prit de remarquables développements, à dater de 1855. Depuis douze ans déjà, la maison-mère
s'était établie rue Notre-Dame-des-Champs, n° 61 *bis*.

Si le but spécial de cette œuvre est d'élever gratuitement les jeunes filles
israélites appelées à recevoir le baptême, il n'est pas le seul que désire
atteindre la congrégation de Notre-Dame de Sion, légalement reconnue
par un décret du 23 juin 1856.

L'instruction sous toutes ses formes et la propagation des idées religieuses, voilà ce que partout où elles le peuvent, les religieuses de
Notre-Dame de Sion cherchent à répandre avec une ardeur et un zèle
vraiment évangéliques.

La maison-mère est divisée en plusieurs parties complétement isolées
les unes des autres : 1° le catéchuménat, où l'on admet gratuitmeent les
enfants de tous les cultes que l'on élève selon leurs capacités et la position qu'ils sont appelés à occuper dans le monde. Ces enfants ne sont admis que munis du consentement écrit des parents ou tuteurs, qui
peuvent les visiter en tout temps et les reprendre le jour où ils les ré-
clament ; 2° le pensionnat, où l'on donne une instruction complète aux
jeunes filles des classes élevées, de quelque religion qu'elles soient et à
quelque nation qu'elles appartiennent ; 3° un noviciat, où les jeunes
filles qui se destinent à faire partie de la communauté se préparent pendant deux ans à la vie humble, simple et charitable que mènent les
religieuses vouées à l'enseignement.

L'extension rapide que prit la congrégation de Notre-Dame de Sion,
lui permit d'établir, en 1850, dans le département de Seine-et-Oise, un
grand pensionnat à Grand-Bourg, une école et un ouvroir à Evry.

Hors de France, la congrégation compte : à Jérusalem, le monastère
de *l'Ecce-Homo*, élevé, le 20 janvier 1862, sur les ruines du prétoire de
Ponce-Pilate ; en Judée, celui de Saint-Jean in Montana, où l'on recueille
dans l'orphelinat les jeunes victimes des désastres de Syrie ; à Constantinople, un pensionnat et une école gratuite pour les pauvres ; en Chal-
cédoine, un pensionnat et un ouvroir pour les pauvres créés en 1862 ;
enfin, en Angleterre, une grande maison d'instruction publique à
Londres, et un pensionnat, ainsi qu'une école gratuite à Worthing, dans
le Sussex.

J'avoue que je ne me serais peut-être pas bien expliqué la rapide fortune
de cette congrégation en Europe, et même en France, si je n'avais vu
par moi-même les preuves de zèle extrême que les religieuses de Sion
mettent dans l'accomplissement de leur tâche, la beauté de leur établissement, l'amour qu'elles ont pour les enfants, leur inépuisable charité,
et, que leur humilité me le pardonne, leur haute intelligence.

La chapelle actuelle ne tardera pas à être démolie et remplacée par une grande église byzantine, due à M. Daumey, architecte. Cette église, dont la construction est fort avancée, sera le siége de l'archiconfrérie des mères chrétiennes, qui enregistre aujourd'hui plus de quarante mille membres.

J'ajouterai, avant de terminer cette note, que la direction spirituelle des religieuses de Notre-Dame de Sion est confiée à la communauté des pères de Notre-Dame de Sion, instituée canoniquement par l'autorité diocésaine, et que les femmes du monde, qui propagent et protégent l'œuvre sont affiliées à la congrégation, sous le titre de Dames du tiers-ordre de Notre-Dame de Sion.

La maison-mère et le pensionnat de Grand-Bourg comptent quatre-vingt-cinq sœurs.

Cette congrégation n'a aucun rapport avec le couvent de religieuses anglaises, chanoinesses régulières réformées de l'ordre de Saint-Augustin, sous le titre de Notre-Dame de Sion, dont j'ai parlé dans mon second volume (p. 722 et suiv.).

BIBLIOGRAPHIE

IMPRIMÉS

Notice sur la congrégation des religieuses de Notre-Dame de Sion. *Paris*, 1862, in-12.

Annales de l'archiconfrérie des mères chrétiennes, publiées sous la direction des prêtres de Notre-Dame de Sion. *Paris*, 1865, in-8°.

Le premier numéro de ce recueil a paru au mois de mai 1865.

Sanctuaire de Notre-Dame de Sion, siége de l'archiconfrérie des mères chrétiennes.

Sous ce titre, les religieuses ont publié chez M. Bouasse-Lebel, éditeur, rue Saint-Sulpice, 29, une vue extérieure de leur couvent, rue Notre-Dame-des-Champs, et une vue intérieure de l'église, telle qu'elle sera dans quelques années, lorsqu'elle aura été achevée.

CONGRÉGATION DE SAINTE-MARIE DE LYON

Cette congrégation, située rue du Montparnasse, n° 31, a pour but l'enseignement et les travaux du ministère auxiliaire, comme la prédication et les confessions. Elle n'est dans le diocèse que depuis 1846, et l'établissement qu'elle possède à Paris n'est qu'une simple résidence, où se trouvent réunis dix prêtres profès, huit novices ou postulants. La Compagnie, qui avait été fondée rue de Fleurus, n° 3 *bis*, vient de quitter la maison de la rue du Montparnasse, abattue pour faire place à la nouvelle église de Notre-Dames-des-Champs.

DAMES DE LA CONSOLATION

Les dames consolatrices occupent, au nombre de six, une maison de la rue de Bagneux, n° 10. Elles dirigent l'orphelinat de la paroisse Saint-Sulpice, composé de cent enfants. Ces enfants sont logés, nourris, vêtus et instruits par les religieuses, qui subviennent à tous les besoins que nécessite cette œuvre charitable au moyen des bénéfices qu'elles retirent d'une maison de retraite annexée à l'orphelinat, où demeurent des femmes de la haute société, retirées du monde. La communauté des Dames de la Consolation, commencée le 12 avril 1854, avait été, dès son début, protégée par l'ancien ministre de l'intérieur Billault et le cardinal Morlot.

URSULINES

Les sœurs, ou dames ursulines, ont été autorisées, par ordonnance du 10 décembre 1826, à se réunir en communauté rue de Vaugirard, n° 100. Ces religieuses ont quitté cette demeure depuis très-longtemps.

SŒURS SAINT-NICOLAS

Ces sœurs étaient chargées de la lingerie et de l'infirmerie dans l'établissement de Saint-Nicolas. Elles ne servent plus dans cette institution depuis plusieurs années.

DAMES DE LA VISITATION DE SAINTE-MARIE

Ces dames occupent, dans cette paroisse, deux maisons : la première, rue de Vaugirard, n° 140, où elles dirigent un pensionnat depuis 1820 ; la seconde, rue d'Enfer, n° 98, à laquelle est joint un pensionnat assez important depuis le mois de septembre 1841. Ces religieuses étaient auparavant rue Neuve-Saint-Étienne.

Les sœurs de la Visitation-Sainte-Marie avaient été autorisées à s'établir rue de Sèvres, n° 4, par ordonnances des mois de mai et juin 1826.

RELIGIEUSES AUGUSTINES DE SAINTE-MARIE

Les sœurs de Sainte-Marie ont leur maison-mère rue Carnot, n° 8, et rue Notre-Dame-des-Champs, n° 93, depuis 1848. L'ordre a été fondé en 1843, à l'hôpital Cochin, qui, dans les premières années, a servi de maison-mère. Leur but est l'éducation de la jeunesse, le soin des malades et les secours à domicile. Elles dirigent quatre écoles communales de la ville; elles ont des écoles libres pour l'instruction secondaire et plusieurs pensionnats pour l'instruction supérieure, trois bureaux de charité et les infirmeries de l'école polonaise, du collége Rollin et des jeunes aveugles. La communauté compte cent-vingt-deux religieuses professes et vingt-cinq ou trente novices.

SŒURS AVEUGLES DE SAINT-PAUL

Ces sœurs occupent, depuis 1858, une maison de la rue d'Enfer, n° 114. Quarante religieuses administrent cette maison, fondée pour remédier à la triste position des filles frappées de cécité. La communauté, qui se compose de sœurs voyantes et de sœurs aveugles, a été fondée rue des Postes en 1852; elle a quitté cette rue pour aller s'établir d'abord à Vaugirard, en 1853, puis à Bourg-la-Reine, en 1855, et enfin à Paris, où elles dirigent un pensionnat et un ouvroir pour les jeunes filles aveugles et voyantes.

MAISON DES PETITES-SŒURS DES PAUVRES

Fondée impasse Royer-Collard, vers 1854, et installée rue Notre-Dame-des-Champs, n° 45, en 1861, cette maison reçoit des vieillards infirmes des deux sexes. Il y a cinq maisons de ce genre dans Paris, dirigées par les petites sœurs des pauvres. La maison de la rue Notre-Dame-des-Champs ne peut pas recevoir plus de deux cent cinquante infirmes. C'est un magnifique établissement de bienfaisance.

MAISON DES SŒURS DES ÉCOLES CHRÉTIENNES
DE LA MISÉRICORDE

Cette communauté, fondée rue Notre-Dame-des-Champs, n° 42, est, depuis 1862, rue de Constantine, à Plaisance.

ASILE DU SAINT-CŒUR DE MARIE

Cet asile, situé rue Notre-Dame-des-Champs, n° 39, et fondée par Mme de Saisseval en mai 1840, reçoit les jeunes filles sans asile qui sortent de l'hôpital. Il y a quarante-cinq places. La chapelle est moderne, mais antérieure à l'établissement de l'œuvre des convalescentes.

ŒUVRE DES ENFANTS DÉLAISSÉS

Cette œuvre a été commencée en 1803 par deux âmes pleines de foi et de charité. Mme la comtesse de Carcado en fit les règlements encore suivis aujourd'hui; Mme la comtesse de Saisseval s'y dévoua pendant quarante-sept ans; mais son humilité en laissa tout le mérite à son amie : l'établissement ne porte qu'un nom. La reconnaissance réunit désormais les deux fondatrices dans un même souvenir.

Son but est l'adoption *entièrement gratuite* de jeunes orphelines de mère, sans protection et sans appui.

Cent jeunes filles reçoivent, dès l'âge de huit ans, l'éducation chrétienne et modeste la plus convenable à leur condition : lire, écrire, compter, apprendre à gagner honorablement leur vie par le travail manuel, que l'on diversifie selon leur attrait et leurs dispositions ; voilà les ressources de leur avenir.

Ces orphelines trouvent une famille dans les Dames de l'œuvre, qui ne les perdent jamais de vue, et qui continuent à s'occuper d'elles après leur sortie de l'établissement, qui a lieu à l'âge de vingt et un ans. A cette époque, elles s'occupent avec sollicitude de leurs différents placements, elles leur donnent un trousseau et une petite dot lorsqu'elles se marient.

La chapelle a été construite en 1843.

PETIT OUVROIR DE SAINT-VINCENT-DE-PAUL

Cet ouvroir, fondé le 2 février 1848, est situé rue du Cherche-Midi, n° 120. Depuis 1855, il y a cent-vingt enfants, nourris, entretenus et soignés par des femmes laïques. Les lazaristes dirigent spirituellement la maison et viennent en aide à l'œuvre ; il y a une chapelle.

SŒURS DE LA CHARITÉ DE LA PRÉSENTATION
DE LA SAINTE-VIERGE DE TOURS

Les sœurs de la Charité occupent, depuis 1861, une maison de la rue de Vaugirard, n° 134, où était autrefois la communauté de la petite œuvre de Saint-Sulpice. Les religieuses sont au nombre de huit, elles dirigent un orphelinat-ouvroir attenant à la maison. La crèche de Bethléem, rue Servandoni, est tenue par une religieuse de la Présentation. C'est dans cette maison, fondée par Eugénie Roche, devenue sœur Saint-Augustin, qu'est le siége de l'œuvre des demoiselles de commerce. Grâce au dévouement de cette religieuse, les demoiselles de magasin, membres de l'œuvre, viennent chercher dans le couvent un asile quand elles sont sans place ou malades, et s'y réunissent le dimanche pour se reposer des fatigues de la semaine : elles y trouvent un jardin, des salles de jeux et de musique, un réfectoire pour les repas fraternels. L'association des demoiselles employées dans le commerce, fondée le 10 mars 1861, a été reconnue, comme société de secours mutuel, le 27 février 1864. Cette œuvre de charité ne saurait être trop recommandée.

ŒUVRE DES JEUNES FILLES DÉTENUES

L'œuvre des Jeunes-Filles détenues, libérées et abandonnées, a été fondé en 1837 par Mme de Lamartine et Mme de Lagrange, née de Caumont-Laforce. La maison de patronage est située rue de Vaugirard, n° 189.

INFIRMERIE MARIE-THÉRÈSE

L'infirmerie Marie-Thérèse, située rue d'Enfer, n° 116, a été fondée en 1819 par la vicomtesse de Châteaubriand, pour les ecclésiastiques âgés, malades ou infirmes. On peut porter à trente, en moyenne, le nombre des ecclésiastiques qui sont admis dans cet établissement, dirigé par les sœurs de Saint-Vincent-de-Paul.

Derrière le maître-autel de la chapelle de cette infirmerie, on a encastré une plaque de marbre noir, sur laquelle on a gravé l'inscription suivante :

CI-GÎT DAME CÉLESTE BUISSON,
VICOMTESSE DE CHATEAUBRIAND,
DISTINGUÉE PAR L'EXERCICE DES BONNES ŒUVRES
QU'INSPIRE LA RELIGION,
ELLE A VOULU FAIRE A JAMAIS BÉNIR SA MÉMOIRE
PAR SA PIEUSE FONDATION
DE L'INFIRMERIE DE MARIE-THÉRÈSE.
FAITE DE CONCERT AVEC SON ÉPOUX
LE VICOMTE DE CHATEAUBRIAND.
DÉCÉDÉE LE 9 FÉVRIER 1847, A L'AGE DE 73 ANS,
ELLE REPOSE DANS LE CAVEAU DE CETTE CHAPELLE,
SELON LE DÉSIR QU'ELLE EN A EXPRIMÉ.

PRIEZ POUR LE REPOS DE SON AME.

HOSPICE DES ENFANTS ASSISTÉS

L'hospice des Enfants est établi rue d'Enfer, n° 100. Les *Enfants de la patrie*, appelés plus tard *Enfants trouvés*, furent d'abord soignés au Val-de-Grâce, puis à l'abbaye du Port-Royal et à l'ancien Institut de l'Oratoire. Cette dernière maison prit, en 1814, le titre d'Hospice des Enfants trouvés. En 1836, la réunion des orphelins et des enfants trouvés ayant été décidée, on commença la construction des bâtiments destinés à réunir les deux services. Le nouvel établissement, ouvert le 15 septembre 1838, constitue aujourd'hui l'Hospice des Enfants assistés; il renferme cinq cent vingt-quatre lits dont quatre-vingt-cinq berceaux. (Voyez Husson, *Etudes sur les hôpitaux*, p. 307 et suiv.)

ÉCOLE DE LA SAINTE-ENFANCE

Cette école, située autrefois rue de la Grande-Chaumière, n° 4, et rue Notre-Dame-des-Champs, n° 72, est, depuis 1860, dans le faubourg Saint-Antoine.

ŒUVRE DE SAINT-NICOLAS

L'œuvre de Saint-Nicolas, située rue de Vaugirard, n° 112 (ancien 98), a été fondée en 1827 par le comte Victor de Noailles et l'abbé de Bervanger, prélat romain, pour recueillir les jeunes garçons de la classe ouvrière et leur donner, avec une éducation religieuse, une instruction primaire et professionnelle. Cette œuvre a été reconnue d'utilité publique par décret du 22 avril 1862.

On commença par réunir quelques enfants pauvres dans une mansarde du faubourg Saint-Marceau, et, à la fin de l'année 1827, on installa l'établissement naissant dans la maison n° 6, de la Grande-Rue, à Vaugirard. Ce ne fut qu'en 1833 que cet établissement fut transféré à Paris, dans le vaste local qu'il occupe encore aujourd'hui. On y a organisé dix ateliers. Un grand nombre de métiers y sont enseignés aux élèves qui veulent les apprendre, et qui en sortent ayant un état. Avec la succursale située à Issy et l'école de jardinage et d'arboriculture à Igny, près Plaisance, la maison reçoit plus de seize cents enfants. Elle est dirigée, depuis le 12 février 1859, par les frères des Ecoles chrétiennes au nombre de cent six : deux directeurs, deux sous-directeurs, six chefs de division, cinquante-huit professeurs, trois professeurs de dessin, un directeur des archives de Paris, un frère jardinier à Issy, trente frères attachés à divers services, trois frères veilleurs de nuit, un directeur d'Igny, et quelques frères jardiniers.

BIBLIOGRAPHIE

IMPRIMÉS

Notice sur l'établissement de Saint-Nicolas. *Paris*, 1835; broch. in-8°, 3 pages.

Il y en a une autre publiée en 1837.

Règle et constitutions de l'association des Frères et de l'établissement de Saint-Nicolas. *Paris*, 1836 ; in-8°.

Cette brochure est signée : l'abbé de Bervanger, le comte Victor de Noailles.

Œuvre de Saint-Nicolas pour l'éducation des jeunes garçons de la classe ouvrière. — Etablissements à Paris, à Issy (près Paris), et à Igny (Seine-et-Oise). — Séance générale du dimanche 30 avril 1865. Rapport sur la situation morale et financière de l'œuvre (par M. Housset). *Paris*, 1865 ; in-8°.

Le premier rapport a été publié en 1861 par le comte A. de Madre ; le second, en 1862, par M. de Raynal, avocat général à la Cour de cassation ; le troisième, en 1863, par le comte de Mortemart; le quatrième, en 1864, par M. Goffin.

Notice sur M. le comte Victor de Noailles et sur la part qu'il a prise à la fondation de l'établissement de Saint-Nicolas. *Paris*, 1865 ; in-8°.

Instruction sur les devoirs de l'enfance, avec des prières et pensées à l'usage des écoles chrétiennes, et dédiées aux enfants de l'établissement de Saint-Nicolas, par M. le comte Victor de Noailles. *Paris*, 1828 ; in-8°.

PETIT-SÉMINAIRE

Le petit séminaire occupe une maison de la rue Notre-Dame-des-Champs, n° 21, et est dirigé par treize prêtres C'est dans les deux écoles secondaires ecclésiastiques [1] de Paris que se recrutent les sujets du grand séminaire diocésain, autrement dit séminaire de Saint-Sulpice.

COLLÉGE STANISLAS

L'institution de M. Liautard fut érigée en collége le 13 février 1822, dans le magnifique hôtel élevé par l'abbé Terray, ministre des finances de Louis XV et qui fut abattu en 1849 pour faire place à la rue Stanislas. Le collége Stanislas, situé maintenant rue Notre-Dame-des-Champs, est doté d'une chapelle nouvellement construite, et qui a été bénite le jeudi 27 octobre 1862, par le cardinal Morlot.

La chapelle, du style roman, a été construite aux frais de la Société de Marie, sur les plans de M. Breton, architecte.

[1] L'autre petit séminaire est situé rue de Pontoise, n° 30.

MAISON DE SAINT-PIERRE

COMMUNAUTÉ DES PRÊTRES MISSIONNAIRES DE
NOTRE-DAME-DE-SION.

Cette Société ecclésiastique, dont le siége est rue Duguay-Trouin, n° 3, est particulièrement vouée aux bonnes œuvres et aux missions d'Orient. Elle dirige un petit pensionnat à Paris, et un orphelinat de pauvres petits garçons à Grandbourg (Seine-et-Oise).Les israélites qui demandent l'instruction chrétienne sont adressés habituellement à cette communauté qui en est chargée.

RELIGIEUSES DU SAINT-SACREMENT

[37] Les filles du Saint-Sacrement s'établirent à Paris le 14 août 1652, mais elles ne reçurent le consentement de l'abbé de Saint-Germain que le 19 mars 1653, et les lettres patentes, accordées le mois suivant, ne furent enregistrées que le 17 juillet 1654. Placées dans une maison de la rue Férou, le 12 mars 1654, les religieuses n'occupèrent leur couvent de la rue Cassette que le 21 mars 1659. Le chœur et les lieux réguliers avaient été bénis le 11 mars de la même année, et la chapelle fut bénite le 25 par l'évêque de Paris. Les religieuses du Saint-Sacrement provenaient du couvent des bénédictines de la Conception de Notre-Dame de Rambervilliers. Forcées par les guerres qui désolaient alors la Lorraine, elles cherchèrent d'abord un refuge à Saint-Mihel, puis dans l'abbaye de Montmartre, et enfin dans un hospice qu'on leur avait procuré, en 1643, à Saint-Maur. Des circonstances fâcheuses les mirent dans la nécessité d'abandonner cet asile, et elles vinrent, en 1650, occuper une petite maison de la rue du Bac. C'est là que sous la direction de Catherine de Bar [1], elles négocièrent leur établissement définitif à Paris, et dressèrent leur constitution, approuvée en 1676 par Innocent XI, et, en 1705, par Clément XI.

D'après la déclaration faite le 27 février 1790 par Claude-Charles Pointard, avocat au parlement, au nom de Marie de Saint-Joseph, prieur du monastère du Saint-Sacrement, on voit que la communauté

---

[1] Elle était inhumée dans la chapelle de ce couvent, sous le nom de R. M. Mectilde du Saint-Sacrement, première supérieure et institutrice de l'Adoration perpétuelle du Très-Saint-Sacrement. Elle mourut le 6 avril 1698.

était alors composée de vingt-cinq dames de chœur, de dix sœurs converses, de deux novices, d'une postulante de chœur, de deux tourières, d'un commissionnaire, d'un chapelain à demeure, de deux chapelains externes, de deux sacristains et de deux jardiniers. Les revenus [1], qui se montaient à 33,970 livres 2 sous 10 deniers, tandis que les charges n'étaient que de 13,071 livres, semblaient garantir la prospérité du monastère. Malheureusement, il n'en était pas ainsi; les religieuses devaient à leurs fournisseurs 33,428 livres, et aux maçons, charpentiers et autres entrepreneurs qu'elles faisaient travailler, 72,400 livres; ce qui formait un total de 105,828 livres de dettes.

Devenu propriété nationale, le monastère, qui possédait une bibliothèque de 325 volumes, fut vendu en grande partie le 27 prairial an IV (15 juin 1796), puis démoli. Des maisons particulières occupent aujourd'hui l'emplacement de ce couvent.

BIBLIOGRAPHIE
MANUSCRITS

Les Archives de l'Empire conservent, dans les sections administrative et historique, les documents relatifs aux Filles du Saint-Sacrement.

Un carton de la section administrative (S. 4755) renferme la déclaration de 1790, les titres de propriété de la ferme de Bully, près Neufchâtel, le bail d'un marais situé rue Cassette à Lord Stafford, pair d'Angleterre, des titres de propriété, etc.

Un registre in-folio, coté S. 4756, contient les copies des contrats et autres pièces concernant le monastère du Saint-Sacrement.

On a réuni, sous la cote H. 4142 à 4147 et 4212, des titres de rentes et des comptes de 1601 à 1790.

Un carton de la section historique, coté L. 776, renferme les constitutions du couvent, la correspondance, les règlements et les procès-verbaux d'élection. Un autre carton, coté L. 777, renferme un dossier de cent-trente-quatre pièces, des observations sur les constitutions de ce couvent, la correspondance des Etats du temporel adressés au prieur de Saint-Germain-des-Prés, un état des biens en 1698, des procès-verbaux de profession.

Un carton, coté L. 1075, contient des mémoires et papiers concernant le voyage des filles du Saint-Sacrement à Rome en 1702 pour l'établissement d'un monastère de leur ordre dans cette ville, des remarques

---

[1] Voici le détail des revenus : loyers de neuf maisons sises rues Cassette et du Cherche-Midi, 25,550 livres; ferme à Busy, en Normandie, 1,000 liv.; rentes perpétuelles, 3,820 l. 2 s. 10 deniers; loyer des appartements intérieurs de la communauté, 3,600 livres.

du cardinal Gabriel sur les constitutions des dames religieuses bénédictines de l'Adoration perpétuelle du Saint-Sacrement, une correspondance, des bulles et actes de professions religieuses. Le carton, coté L. 1076, renferme des titres de rentes.

Le premier registre (LL. 1709) renferme les récépissés de 1654 à 1679; le second registre (LL. 1710) est un registre de la temporalité en 1670.

IMPRIMÉS

Testament de feuë dame Anne Courtin, marquise de Boves. *S. d.* (6 juin 1653), in-4°. (Arch. de l'Emp., L. 777.)
Ce testament est en partie en faveur des filles du Saint-Sacrement.

Requeste à Son Eminence, en date du 23 sept. 1705, par les religieuses benédictines du premier monastère de l'Adoration perpétuelle du Très-Saint-Sacrement, rue Cassette. Une feuille in-fol. (Bibl. Maz., n° 3318 E.)

Factum pour la communauté des religieuses du Saint-Sacrement du fauxbourg Saint-Germain, appellantes comme d'abus contre sœur Jaqueline Galoys, religieuse de la même communauté, intimée, et monsieur le cardinal de Noailles, intervenant. *Paris*, in-fol., *s. d.* (Bibl. Maz., n° 3318 Z.)

Il s'agissait de savoir si les religieuses avaient le droit d'élire leur supérieure, ou si ce droit incombait aux archevêques de Paris.

COLLÉGE MAZARIN
AUJOURD'HUI
PALAIS DE L'INSTITUT & BIBLIOTHÈQUE MAZARINE

[38] Le collége Mazarin, qui devait s'appeler le collége des Conquêtes, et qui fut connu jusqu'à la Révolution sous le nom de collége des Quatre-Nations, a été construit en 1661 par l'architecte Levau, sur le domaine de Nesle. Devenu collége de l'Unité, du nom donné à la section de Paris, dans laquelle il était situé, le palais des Quatre-Nations fut transformé en maison d'arrêt, et le Comité central de salut public y tint ses séances[1]. Lorsque la loi du 29 frimaire an II proclama la liberté de

---

[1] J'ai vu dans un manuscrit intéressant, intitulé *Heures sauvées*, que j'ai consulté à Fontenay-sous-Bois, chez mon excellent ami, M. Adolphe Dufay, à qui j'en dois la communication, cette singulière affirmation : « On n'a pas cessé, « pendant la Révolution, dit l'auteur, de célébrer la messe dans une chambre « située au-dessus de la salle des séances du Comité révolutionnaire, dont « le nom seul fesait peur. Peu de personnes avaient connoissance de cette

l'enseignement, l'ancien collége Mazarin devint une des quatre écoles centrales supérieures établies à Paris; mais, bientôt après, un décret du 11 octobre 1801 affecta le palais aux écoles des Beaux-Arts. Cette nouvelle attribution n'eut qu'une courte durée, car un autre décret du 10 ventôse an XIII (28 février 1803) ordonna la translation de l'Institut, installé au Louvre, par la loi du 3 brumaire an IV, dans les bâtiments de l'ancien collége Mazarin, qui furent appropriés par Vaudoyer à leur nouvelle destination. L'église, dans laquelle reposaient jadis les cendres de Mazarin, transformée en salle des séances publiques, fut inaugurée le 4 octobre 1806.

Quant à la Bibliothèque Mazarine, elle n'a pas changé de destination. Elle s'est seulement fort augmentée et fort embellie. C'est à mes yeux la seule bibliothèque de Paris qui rappelle le grand siècle dans ce qu'il avait de noble et de véritablement grandiose. Je lui sais gré d'avoir su conserver le cachet de son aristocratique origine. Moins fréquentée que quelques-unes de ses pareilles, elle a cherché à rendre dans sa sphère les services qu'on est en droit d'en attendre. Elle n'offre pas les avantages d'une halle aux livres ou d'un chauffoir public, mais elle n'en a pas les inconvénients. Quant à moi qui l'ai aimée dans ma jeunesse, n'étant encore que simple lecteur, qui, depuis quinze ans, m'honore de lui appartenir, je continuerai à la considérer comme le modèle des bibliothèques, et à soutenir, en toutes circonstances, son rang et sa réputation.

BIBLIOGRAPHIE

MANUSCRITS

Les Archives de l'Empire renferment, dans les sections historique et administrative, un grand nombre de documents sur le collége Mazarin.

Le premier carton (M. 174) renferme un inventaire des titres du collége, les titres concernant l'acquisition des places du collége, une déclaration des biens et revenus, une copie du bref d'Urbain VIII, du 22 avril 1643, plusieurs brefs du même pape, brevet du don de l'abbaye de Saint-Michel en l'Herm ; copies de lettres patentes, etc., des pièces de procédure, correspondance ministérielle, lettres du roi relatives aux professeurs du collége, un mémoire du bibliothécaire et professeur du collége; le second (M. 175) une liste des imprimés qui sont dans les archives du collége, des arrêts du parlement, et autres pièces de procédure imprimées; le troisième (M. 176), des plans, des dessins originaux du portail et autres documents graphiques de la même impor-

---

« église (t. III, p. 12). » J'ai cru devoir rapporter ce fait singulier, que je considérerais comme complètement faux, si le manuscrit où je l'ai puisé ne me paraissait pas écrit avec beaucoup d'honnêteté et de bonhomie.

tance, une vue de l'hôtel de Nesle avant sa destruction. Ce carton est excessivement précieux.

Dans la même section, on conserve cinq registres (MM. 460-464) ; le premier est un inventaire des titres (MM. 460) ; les second et suivants renferment les délibérations de 1661 à 1667 (MM. 461), 1661 à 1668 (MM. 462), 1713 à 1738 (MM. 463), 1739 à 1791 (MM. 464).

Dans la section administrative, il y a sept cartons et un registre.

Les deux premiers cartons (S. 6499-6500) renferment la déclaration des biens et revenus en 1776 (107,887 livres 19 sous), le testament du cardinal, des lettres patentes, arrêts du conseil, les titres d'acquisition et les quittances des maisons vendues par l'établissement du collége Mazarin ; le troisième (S. 6501), des contrats de vente, procès-verbaux de visite et d'estimation, requêtes, mémoires, délibérations, arrêts et autres pièces relatives aux liquidations du prix de divers terrains dépendant de l'hôtel de Nesle et des anciens remparts de la ville. — Expéditions collationnées d'anciens titres de 1210 à 1691 établissant les droits de censive sur cet hôtel, comme sur les anciens murs et remparts ; les quatrième et suivants (S. 6502-6504), des baux des maisons, appartements et boutiques dépendants du collége Mazarin situés tant sur la place depuis l'église que composant le pavillon de la Bibliothèque, ainsi que des maisons sises rues Mazarine, Guénégaud ; les septième et huitième (S. 6605-6506), des titres et renseignements sur plusieurs rentes dues au collége, des mémoires imprimés, requêtes, sentences et arrêts concernant l'imposition assise sur les maisons du faubourg Saint-Germain pour acquitter les frais de la construction de l'église Saint-Sulpice, et un dossier de dépenses faites par le bibliothécaire de la bibliothèque Mazarine pour achat de livres, reliures, etc.

Dans la même série, on a réuni les pièces de comptabilité et d'administration jusqu'à l'an II, sous la cote H. 2549 ; les papiers relatifs au bâtiment de l'an IX à l'an XII, sous les cotes H. 2554 et 2555 ; enfin les comptes de 1751 à 1765, sous la cote H. 2753 ; vingt registres et une liasse de comptes de l'administration du collége jusqu'en 1793 sous les cotes H. 2822 à 2842 et 2562 ; les devis des constructions du collége sous la cote H. 2845 ; enfin, les comptes d'ouvriers et les pièces relatives à la Bibliothèque Mazarine de 1764 à 1777 sous la cote H. 4253.

On conserve à la Bibliothèque impériale, sous le n° 791³, supplément, un recueil de pièces relatives à la fondation du collége Mazarin.

IMPRIMÉS

Les origines du palais de l'Institut. — Recherches historiques sur le collége des Quatre-Nations, d'après des documents entièrement inédits, par Alfred Franklin, de la Bibliothèque Mazarine. *Paris*, 1862, in-8.

Actes de la fondation du collége de Mazarin, à Paris, en 1661, et lettres patentes de 1663. In-4°.

La fondation du collége Mazarini (6 mars 1661). *S. n. d. l. n. d.*, in-4° (Arch. de l'Emp.. M. 175).

La fondation du collége Mazarin. *Paris* (1689), in-fol.

Lettres patentes portant commission pour la construction des nouveaux bâtiments ordonné par Sa Majesté, estre faits vis à vis le chasteau du Louvre, entre la porte de Nesle et la rue de Seine. *S. n. d. l. n. d.* (1662), in-fol. (Arch. de l'Emp , M. 175).

Contract fait entre messeigneurs les executeurs de la fondation du college Mazarini et messieurs de la maison et société de Sorbonne pour l'acceptation de la direction du collége Mazarini. *S. d.*, in-fol.

Concordat fait entre messeigneurs les exécuteurs de la fondation du collége faite par monseigneur le cardinal Mazarini, et les religieux de la congrégation de Saint-Maur pour l'union de l'abbaye de Saint-Michel en l'Herm. *S. n. d. l. n. d.* (1669), in-fol. (Arch. de l'Emp.,M. 175).

Bulla unionis mensæ abbatialis Sancti Micaelis in Eremo, collegio Mazarino. *S. n. d. l. n. d.* (3 août 1671), in-fol. (Arch. de l'Emp., M. 175.)
Voy. aussi *Gallia christiana*, t. II, col. 412, et *Mémoires du clergé*, p. 1931.

Sentence de l'official de Luçon, portant fulmination des bulles d'union de l'abbaye de Saint-Michel en l'Herm, au collége Mazarini. *S. n. d. l. n. d.* (1674), in-fol. (Arch. de l'Emp., M. 175.)

Arrest du conseil d'État du roi, concernant le prieuré conventuel de Saint-Etienne d'Ars, en l'isle de Rhé, dépendant de l'abbaye de Saint-Michel en l'Herm, au collége des Quatre-Nations, dont la disposition appartient au roi, du 9 juillet 1677. *S. n. d. l. n. d.*, in-4°. (Arch. de l'Emp., M. 175.)
Il y a dans le même carton un arrêt du 8 octobre 1677, concernant le prieuré de Saint-Pierre de Mortagne, un autre du 26 novembre 1677, concernant le prieuré de Saint-Nicolas de Grue, un troisième du 8 décembre 1687, concernant le prieuré de Saint-Pierre de Langon, tous dépendants de l'abbaye de Saint-Michel en l'Herm.

Requeste présentée par les grand maistre, principal et professeurs du college Mazarin à monseigneur l'archevesque de Paris. *S. d.*, in-fol. (Arch. de l'Emp., M. 175.)
Si les principaux régents du collége Mazarin doivent avoir part au revenu des messageries.

Memoire pour les grand maistre principal et professeurs du college Mazarin, fondé en l'Université de Paris, pour servir de réponse au mémoire des principaux et professeurs des autres colleges, fondez en la même université. *S. d.*, in-fol.
Au sujet des droits au revenu des messageries.

Mémoire pour les principaux et regens des neuf anciens colleges de la Faculté des arts de l'université de Paris, contre les principal et regens du cöllege Mazarin, présenté à monseigneur l'archevesque de Paris, nommé par le roy pour terminer leurs contestations. *S. d.*, in-fol.

Consultation sur la contestation entre les neuf anciens colleges et le college Mazarin, touchant le droit de participer aux revenus des Messageries. Consultation de monsieur Chardon. *S. d.*, in-fol.

Arrest du conseil d'Etat du neuvième jour de décembre 1699, qui ordonne, suivant l'avis de monseigneur l'archevêque de Paris, que les grand-maistre, principal et professeurs du collége Mazarin, jouiront des revenus des messageries, ainsi que les principaux et régents des autres colléges de l'Université, de plein exercice. *S. n. d. l. n. d.*, in-fol. (Arch. de l'Emp., M. 175.)

Requeste présentée au roy le 31 mars 1672 par les docteurs de la Faculté de théologie en l'université de Paris. *Paris*, 5 avril 1672, in-fol.

De l'usage où est la Faculté de théologie de ne point souffrir qu'on fasse de tentative en carême.

Lettres patentes du mois de mars 1688 portant reglemens pour le college Mazarin. *S. n. d. l. n. d.*, in-fol. (Bibl. Maz., n° 3316 D.)

Mémoire pour le collége Mazarin, touchant la déduction à faire de ce qui a esté donné par ledit collége en rues et places pour la commodité du public (31 juillet 1693). *S. n. d. l. n. d.*, in-fol. (Archives de l'Emp., M. 175.)

Sommaire des titres et des raisons qui prouvent que les murs et les fossez sur lesquels est basty le collége Mazarin n'estoient point des murs et des fossez de la ville de Paris, mais les murs et les fossez de l'hostel de Nesle, lesquels appartenoient en toute propriété aux seigneurs dudit hostel de Nesle. *S. n. d. l. n. d.*, in-fol. (Arch. de l'Emp., M. 175.)

Mémoire pour les inspecteurs, grand-maître et procureur du collége Mazarin, contre Mᵉ Henri de Lautrec, avocat au parlement. *Paris*, 1733, in-fol. (Arch. de l'Emp., M. 175.)

Réponses à deux mémoires imprimez pour le collége Mazarin, contre le sieur de Lautrec. *Paris*, 1733, in-fol. (Arch. de l'Emp., M. 175.)

Mémoire pour monstrer que le collége Mazarin ne doit point payer par provision à l'abbaye de Saint-Germain-des-Prez, les lods et ventes et l'indemnité de certaines maisons que le contrôleur du domaine prouve maintenant clairement, estre de la censive du roy. *S. n. d. l. n. d.*, in-4°. (Arch. de l'Emp., M. 175.)

Mémoire sommaire pour les grand-maistre et procureur du collége Mazarin, touchant la prétention de M. le duc Mazarin d'avoir un logement de droit perpétuel dans ledit collége. *S. n. d. l. n. d.*, in-fol. (Arch. de l'Emp., M. 175.)

Mémoire pour montrer que le collége Mazarin ne doit point être sujet à la taxe commune des amortissements. *S. n. d. l. n. d.*, in-fol. (Arch. de l'Emp., M. 175.)

Memoire pour les inspecteurs, grand maistre et procureur du college Mazarin, auquel est unie la mense abbatiale de l'abbaye de Saint-Michel en l'Herm, demandeurs en partage judiciaire, contre les prieur et religieux de la même abbaye de la congrégation de S. Maur, deffendeurs. *Paris,* 1757. In-fol. (Bibl. Maz., n° 3318 J.)

Exercices au college des Quatre-Nations.

Inséré dans le *Mercure de France,* n° d'octobre 1738, p. 2127.

Instruction pour être admis élève au collége Mazarin. *Paris,* 1789, in-4°. (Arch. de l'Emp., M. 174.)

Fête de S. Charlemagne, roi de France, célébrée au collége des Quatre-Nations.

Voy. *Les Révolutions de Paris* de Prudhomme, n° 186 (26 janvier-2 février 1793) p. 173.

Voici une série de plaquettes rares que j'ai trouvées dans différents recueils de la Bibliothèque Mazarine, et qui sont ici réunies pour la première fois :

Ad collegii Mazarinæi professores sub musarum nomine invitatorium carmen. *Parisiis,* 1688, in-fol. (Bibl. Maz., n° 274, A⁹.)

Pièce signé : Feuardent in collegio Mazarinæo Rhetorum alter.

Theses mathematicæ de geometria elementari tam speculativa quam practica. Propugnabuntur a Petro Rivière, Lemovice, die Jovis 21 julii, anno 1689, a tertia ad vesperam. Arbiter erit Petrus Varignon, e regia scientiarum academia et collegii Mazarinæi Matheseos professor. *In collegio Mazarinæo,* 1689, in-4°. (Bibl. Maz., n° 18824 Z²⁰).

Éloge du roy, par l'Ange protecteur de la France et l'Ange défenseur de la religion, pour servir de prologue à la tragédie du collége Mazarin, 1689. L'Ange de la France à l'Ange de la religion. *Paris,* 28 juillet 1689, in-fol. (Bibl. Maz., n° 274 A¹⁰.)

Pièce signée : Feu Ardent, professeur de rhéthorique au collége Mazarin.

Theses mathematicæ de architectura militari. Propugnabuntur a Claudio Josepho Prevost, Parisino, die dominica VI augusti M.DC.XC a tertia ad vesperam. Arbiter erit Petrus Varignon, e regia scientiarum academia, et matheseos professor. *In collegio Mazarinæo,* 1690, in-4°. (Bibliot. Mazarine, n° 18824 Z²⁰.)

Illustrissimo præfecto, ac nobilissimis ædilibus urbis, cum eorum auspiciis propugnarentur in collegio Mazarinæo, theses mathematicæ de arte oppugnandi et muniendi, die VI augusti M.DCXC. Ode. *S. n. d. l. n. d.*, in-4°. (Bibl. Maz., n° 10877 B.)

Pièce signée : J. Le Comte.

Illustrissimo abbati Camillo Le Tellier de Louvois, regiæ bibliothecæ præposito, in tabulam ab eo regi dedicatam, cum theses philosophicas in collegio Mazarinæo tueretur, anno MDC.XCII. IX cal. septemb. *S. n. d l. n. d.,* in-4°. (Bibl. Maz., n° 10879 I.)

Pièce signée : C. Rollin, regius eloquentiæ professor. Dans un autre volume de la Bibliothèque, coté 10816 N², il y a une traduction de cette pièce signée Bosquillon.

De librorum et scientiarum optimo usu parænetica oratio ad literatos ut publicam Mazarinæam bibliothecam frequentius invisant ob ejusdem bibliothecæ præfecto, cum ad hanc recens accessisset, habita XVI kal. jan. an. M.DC.XCVI. *Parisiis*, 1696, in-4°. (Bibl. Maz., n° 10307 A.)

Serenissimo principi Carolo Ludovico de la Tremoille, principi Tarentino, cum ejus auspiciis in collegio Mazarinæo theses mathematicæ de viribus machinarum propugnarentur, ann. M.DC.XCIX. Ode. *S. n. d. l. n. d.*, in-4°. (Bibl.Maz., n° 10877 B.)

Pièce signée : J. Dupuis.

Ad justitiam, cum ob delatam Philippo duci Andegavensi Ludovici Magni nepoti, Hispanicorum regnorum hereditatem, M. Baltazar Gibert, rhetorum alter, utrique regi oratione publica gratularetur in collegio Mazarinæo, die ultima decembris, ann. 1700. Ode. *S. n. d. l. n. d.*, in-4°. (Biblioth. Maz., n° 10796 A.)

Pièce signée : J. Le Comte, human. lit. professor in collegio Mazarinæo, 1700.

Nobilissimo abbati Nicolao de Saulx de Tavannes, cum theses de universa philosophia pro laurea artium tueretur in collegio Mazarinæo die dominica vigesima quarta mensis junii, ann. M.DCC.VIII. Carmen. *S. n. d. l. n. d.*, in-4°. (Bibl. Maz., n° 10898.)

Pièce signée : J. Dupuis, lit. prof. in tert. schola collegii Mazar.

Præclara institutio. Ode. Cum nobilissimus abbas Nicolaus de Saulx de Tavanes, theses de universa philosophia propugnaret pro laurea artium in collegio Mazarinæo octavo calendas julias. MDCCVIII. *S. n. d. l. n. d.*, in-4" (Bibl.Maz., n° 10898.)

Pièce signée : Ant. Hennegrave, e collegio Mazarinæo.

Illustrissimo abbati Nicolao de Saulx de Tavannes, cum theses philosophicas propugnaret pro laurea artium in collegio Mazarinæo, 8 kal. julii ann. Dom. M.DCC.VIII. Ode. *S. n. d. l. n. d.*, in-4° (Bibl. Maz., n° 10898).

Pièce signée : Franciscus Bidault, humanitatis prof. in Mazarinæo.

Nobilissimo abbati Nicolao de Saulx de Tavannes, cum theses de universa philosophia pro laurea artium in collegio Mazarinæo propugnaret VIII kal. Jun. ann. M.DCC.VIII. Ode. *S. n. d. l. n. d.*, in-4°. (Bibl. Maz., n° 10898.)

Pièce signée : M. Brochard, e collegio Mazarinæo.

Oratio habita calendis octobris anno 1736 Am. Balth. Gibert, celeberr. rhetoricæ professore ampliss., etc., ad scholarum instaurationem in collegio Mazarinæo. *Parisiis*, 1736, in-4°. (Bibl. Maz., n° 10371 A.)

In pacis reditum cum V. C. magister Petrus Fromentin in Mazarinæo eloquentiæ professor, publicam de pace orationem, universitatis nomine, haberet, die 23 julii 1739. Ecloga. *S. n. d. l. n. d.*, in-4°. (Bibl. Maz., n° 10817 A.)

Pièce signée : Christianus Le Roy, e collegio Mazarinæo.

In pacem, cum de ea Petrus Fromentin, rhetorum alter in Mazarinæo universitatis jussu et nomine publicam orationem haberet, die julii 23, 1739. Carmen. *S. l. n. d.* in-4°. (Bibl. Maz., n° 10817 A.)

Pièce signée : Ludovicus Petit, humanitatis professor in Mazarinæo.

Ludovico XV victore pacifico, cum V. C. M. Petrus Fromentin, eloquentiæ in Mazarinæo professor, publicam de pace orationem, universitatis nomine, haberet, die 23 julii 1739. Hendecasyllabi. *S. n. d. l. n. d.*, in-4°. (Bibl. Maz., n° 10817 A.)

Pièce signée : Jacob. Nicolaus Moreau, magister in artibus, e collegio Dormano-Bellovaco.

Serenissimo principi Armando de Rohan-Ventadour, parisiensis universitatis amplissimo rectori, cum V. C. magister Petrus Fromentin, eloquentiæ professor in Mazarinæo publicam de pace orationem haberet jussu et nomine universitatis. In pacem. Ode. *S. n. d. l. n. d.*, in-4°. (Bibl. Maz., n° 10817 A.)

Pièce signée : Offerebat observantiss. et addictiss. in collegio Sorbonæ Plessæo humanitatis professor Franciscus Nicolaus Guérin, 1739.

Serenissimi principis D. D. Philippi Hispaniarum infantis et serenissimæ principis Ludovicæ-Elisabeth Ludovici XV, regis christianissimi filiæ. Epithalamium. *S. n. d. l. n. d.*, in-4°. (Bibl. Maz., n° 10817 A.)

Pièce signée : Christianus Leroy, e collegio Mazarinæo, 1739.

Ludovico victori et redivivo, cum vir clarissimus M. Carolus Le Beau, eloquentiæ professor in Grassinæo, universitatis parisiensis jussu et nomine, restitutam regi valetudinem publica oratione gratularetur. Carmen. *S. n. d. l. n. d.*, (1744), in-4°. (Bibl. Maz., n° 10817 A.)

Pièce signée : Franciscus Maria Coger, e collegio Mazarinæo.

Regi ob restitutam valetudinem. Ode. *S. n. d. l. n. d.* (1744), in-4°. (Bibl. Maz., n° 10817 A.)

Pièce signée : Ludovicus Petit, humanitatis professor, in collegio Mazarinæo.

Oratio de iis quæ ad eloquentiam tum sacri, tum profani codices conferunt præsidiis, habita a Ludov. Petit, humanitatis professor, etc., die Martis vigesima quinta mensis maii, ann. Domini 1745, in aula Mazarinæa. *Parisiis*, 1745, in-4°. (Bibl. Maz., n° 10371 A.)

In auspicatissimas serenissimi Delphini nuptias. Carmen. *S. n. d. l. n. d.* (1745), in-4°. (Bibl. Maz.. n° 10817 A.)

Pièce signée : Franciscus Maria Coger, e collegio Mazarinæo.

Illustrissimo ecclesiæ principi D. D. Jacobo Bonæ Gigault de Bellefont, cum ad ecclesiæ parisiensis regimen accederet. Carmen. 1746, in-4°. (Bibl. Maz., n°18817 A.)

Pièce signée : offerebat Franciscus Maria Coger, parisiensis, e collegio Mazarinæo.

A Summo collegii Mazarinæi moderatore convictores, rhetores, aream ludo pilari commodiorem postulant. *Paris*, 1747, pet. in-fol. (Bibl. Maz., n° 274 A¹².)

Pièce signée : Cum permissu. Die duodecima mensis augusti, anno Domini 1747. Berryer.

In solemnem præmiorum academiæ parisiensis distributionem. Ode. *S. n. d. l. n. d.* (1747), in-4°. (Bibl. Maz. n° 10817 A.)

Pièce signée : Franciscus Maria Coger, e collegio Mazarinæo.

De pace oratio gratulatoria habita à Ludovico Petit, humanitatis professore in collegio Mazarinæo, die sabbati 22ª mensis martii, anno Domini 1749, in aula Mazarinæa. *Parisiis*, 1749, in-4°. (Bibl. Maz., n° 10370 E.)

Musæad supremum senatum, cum fieret solemnis præmiorum academiæ parisiensis distributio, die quarta mensis augusti, anno Domini millesimo septingentesimo quadragesimo nono. *S. n. d. l. n. d.* (1749), in-4°. (Bibl. Maz., n° 10817 A.)

Pièce signée : Antonius Vicaire, e collegio Mazarinæo Il y a dans le même volume une pièce de vers du même auteur, intitulée : Regi pacifico, cum gratulatoriam de pace orationem, universitatis nomine et jussu, haberet, V. C. Carolus Le Bean, in ejusdem univers tatis collegio Grassinæo rhetorices professor, die Jovis 27ª mensis februarii, anno Domini 1749.

Ludovico victori pacifico cum V. C. Ludovicus Petit, in collegio Mazarinæo, humanitatis professor, ibi gratulatoriam de pace orationem haberet, die sabbati 22ª martii, anno Dom. 1749. Ode. *S. n. d. l. n. d.*, in-4°. (Bibl. Maz., n° 10817 A.)

Discours en vers, sur l'éducation des princes, à Monseigneur le Dauphin, par M. Guérin, ex-recteur de l'Université, et l'un des professeurs de rhétorique au collége Mazarin. *Paris*, 1753, in-4°. (Bibl. Maz., n° 10817 A.)

Reginæ post mortem triumphus, carmen in instauratione scholarum collegii Mazarinæi recitatum a Franc. Maria Coger..... die tertia octobris 1768, in-4°.

Ludovico victori pacifico, etc. Ode. (Bibl. Maz., n° 10370 B.)

Pièce de vers signée : Franciscus Maria Coger, e collegio Mazarinæo.

Illustrissimo viro DD. Henrico Balthazari de Fourcy, abbati Sancti Severi, baccalaureo Sorbonico et philosophiæ professori; cum absoluto cursu sederet publicæ disputationis arbiter in Mazarinæo. Ode. *S. n. d. l. n. d.*, in-fol. (Bibl. Maz., n° 274 A¹⁰.)

Pièce signée : B. S. Gibert.

Ludovici decimi quinti de morte triumphus. *S. n. d. l. n. d.*, in-4°. (Bibl. Maz., n° 10817 A.)

Pièce signée : Christianus Le Roy, e collegio Mazarinæo.

Serenissimo principi Armando de Rohan-Ventadour, abbati et principi Murbacensi, universitatis parisiensis ex-rectori, Sorbonæ priori, et gravissimo morbo convalescenti, musa Mazarinæa, in-4°. (Bibl. Maz., n° 10817 A.)

Pièce signée : Observantissimus atque addictissimus Basilius Carouge, e collegio Mazarineo.

Illustrissimo viro D. D. duci de Nivernois, post obitam apud Anglos de pace legationem, cum sub ejus auspiciis nobilis adolescens Moleon de Caussans in collegio Mazarinæo, convictor de litteris publice responderet. *Paris*, in-4°. *S. d.* (Bibl. Maz., n° 10370 E.)

Pièce en vers signée : Antonius Guyot, quarti ordinis professor in collegio Mazarinæo. Le même recueil renferme une pièce de vers du même auteur, intitulée : Nobilissimo adolescenti Ludovico-Adelaïdi-Annæ-Josepho de Montmorenci-Laval, cum de latinis literis responderet in Mazarinæo.

Oraison funèbre de très-haut, très-puissant et très-excellent prince Louis XV, roi de France et de Navarre, surnommé le Bien-Aimé, prononcée le 3 octobre 1774, au collége Mazarin, par M. l'abbé Coger, professeur émérite d'éloquence au même collége. *Paris*, 1774, in-4°. (Bibl. Maz., n° 10371 A².)

David, tragédie, qui sera représentée au collége Mazarin, pour la distribution des prix, le 7ᵉ jour d'aoust 1690, à une heure après midy. *A Paris*, 1690, in-4°. (Bibl. Maz., n° 10879 I.)

Le même recueil possède une autre édition de cette tragédie, jouée une seconde fois le août 1693.

Œdipe, tragédie, accompagnée de musique, sera représentée au collége Mazarin, partie latine, partie françoise, pour la distribution des prix, mercredy quatrième jour d'aoust 1694, à une heure précise. On n'entrera pas sans billet. *A Paris*, 1694. (Bibl. Maz., n° 18824 Z²³.)

Saül, ou la Fausse clémence, tragédie, qui sera représentée au collége

Mazarin, pour la distribution des prix, le 1ᵉʳ jour d'aoust 1691, à une heure après midy. *A Paris*, 1696, in-4°. (Bibl. Maz., n° 18824 Z²³).

Astyanax, tragédie, qui sera représentée en latin et en françois, au collège Mazarin, pour la distribution des prix, jeudy deuxième jour d'aoust 1696, à une heure précise après midy. *Paris*, 1696, in-4°. (Bibl. Maz., n° 18824 Z²³.)

Sedecias, tragédie, sera représentée sur le théâtre du collège Mazarin, pour la distribution des prix, le cinquième jour d'aoust, à une heure après midy. *A Paris*, 1697, in-4°. (Bibl. Maz , n° 10883 A.)

La Mort d Hector, tragédie, sera représentée sur le théâtre du collège Mazarin, pour la distribution des prix, le lundy quatrième jour d'aoust, à une heure précise après midy. *A Paris*, 1704, in-4°. (Bibl. Maz., n° 10883 A.)

Les Allarmes d'Oreste, tragédie, sera représentée sur le théâtre du collège Mazarin, pour la distribution des prix, le lundy deuxième jour d'aoust 1706, à une heure après midy. *A Paris*, 1706, in-4°. (Bibl. Maz., n° 10898.)

Sedecias, tragédie, sera représentée sur le théâtre du collège Mazarin, pour la distribution des prix , le lundy onzième jour d'aoust, à une heure après midy. *A Paris*, 1721, in-4°. (Bibl. Maz., n° 18824 Z²³.)

Jaddus, grand prestre des Juifs , ou Alexandre-le-Grand devant Jérusalem, tragédie, qui sera représentée sur le théâtre du collège Mazarin, pour la distribution des prix , le lundy onzième jour d'aoust 1727, à une heure précise après midy. *A Paris*, 1727, in-4°. (Bibl. Maz., n° 10371 P.)

Ajoutons à cette liste l'indication des ouvrages suivants, relatifs à la Bibliothèque Mazarine :

Mémoire à consulter et consultation pour le sieur Ceard, citoyen actif, garde national, et l'un des gardes de la Bibliothèque Mazarine, 1791, in-4°.

Histoire de la Bibliothèque Mazarine, depuis sa fondation jusqu'à nos jours, par Alfred Franklin, attaché à la Bibliothèque Mazarine. *Paris*, 1860, in-8°.

Recherches sur les monuments cyclopéens et description de la collection des modèles en relief composant la galerie pélasgique de la Bibliothèque Mazarine, par Petit-Radel. *Paris*, 1841, gr. in-8°, fig.

PRÉMONTRÉS RÉFORMÉS DE LA CROIX-ROUGE

[39] Les membres de la congrégation de la Réforme de Saint-Norbert acquirent, le 16 octobre 1661, de Marie Le Noir, veuve de René Chartier, médecin du roi, un terrain situé place de la Croix-Rouge, à l'angle formé par les rues de Sèvres et de Cherche-Midi. Protégés par Anne d'Autriche, ils obtinrent des lettres patentes du mois d'octobre 1662, enregistrées au Parlement le 10 mars 1671. Les chanoines réguliers de la Réforme de l'Etroite-Observance de l'ordre des Prémontrés, comme ils s'appelaient, s'installèrent dans leur couvent le 2 octobre 1662, et, le lendemain, la reine Anne d'Autriche posa la première pierre de leur

église, qui, achevée et bénite le 30 octobre 1663, fut, à cause de son exiguïté, reconstruite en 1719, et dédiée le 17 novembre 1720. On y avait inhumé : Henriette Martinet, native de Rueil (10 septembre 1671). Pierre Robinet (6 août 1671). Jacques Chevillard, marchand épicier (30 octobre 1673). L'abbé de Saint-Germain-des-Prés approuva, le 5 mars 1664, l'établissement d'une confrérie en l'honneur de Jésus, Marie, Joseph, Joachim et Anne, connue sous le nom de Confrérie de la Sainte-Famille de Jésus.

Le 3 mars 1790, Jérôme-François Beuzelin du Hameau, prieur de la communauté des chanoines réguliers Prémontrés de la Croix-Rouge, déclara que la communauté occupait un terrain d'environ 2 arpents, y compris onze maisons bâties autour, et louées 35,417 livres 10 sous, qu'ils jouissaient de 22,498 livres 4 sous de rentes sur les aides et gabelles, sur le nouveau et l'ancien clergé ; que le produit de la location des chaises de l'église est de 4,600 livres, ce qui fait pour les revenus un total de 42,315 livres 14 sous.

Les charges de la communauté consistaient : 1° en 265 livres 4 sous pour indemnité due au roi ; 2° en 2,491 livres de rentes viagères ; 3° en une obligation de 10,400 livres, portant intérêt ; 4° en une autre obligation de 7,500 livres, portant intérêt ; 5° en 8,384 livres dues à différents ouvriers et fournisseurs.

Devenu propriété nationale, le couvent des Prémontrés fut vendu le 1ᵉʳ prairial an v (20 mai 1797), puis démoli.

BIBLIOGRAPHIE

MANUSCRITS

Dans la section historique, il y a un carton (L. 766) qui renferme le procès-verbal d'établissement des Prémontrés, le 12 octobre 1662, les articles de soumission envers Saint-Germain souscrits par les Prémontrés, le 3 juillet 1663, l'approbation de la confrérie de la Sainte-Famille de Jésus. Un autre carton, coté L. 776, contient l'acte d'acquisition de la maison des Thuilleries, au carrefour de la Croix-Rouge, le 16 octobre 1661.

Un autre carton, coté L. 958, renferme des pièces relatives à l'ordre des Prémontrés, des contrats de rente sur l'État et des mémoires de peintures exécutées en 1785.

Les deux cartons de la section administrative (S. 4340-4341) renferment des titres de propriété des Prémontrés ; ceux d'une maison à Palaiseau, une déclaration des biens et revenus en 1740, des baux, des titres de la maison conventuelle, des pièces relatives à la succession de frère Charles Millet, religieux de ladite maison, décédé curé de Nantouillet, près Dammartin, des baux de plusieurs maisons appartenant aux

Prémontrés, des quittances d'amortissement, des titres de propriété de maisons situées rues de Sèvres et de Cherche-Midi, la déclaration de 1790.

Dans la même section, on conserve, sous la cote H. 4060-4063, des états de revenus, des comptes et des titres de rentes, de 1689 à 1760,

IMPRIMÉS

Discours sur la liberté, prononcé en l'église de MM. les chanoines réguliers Prémontrés, à la Croix-Rouge, le 26 septembre 1789, à la bénédiction des drapeaux, par un soldat de la quatrième compagnie, l'un des membres du Comité permanent de ce district. *Paris*, 1789, in-8°.

COMMUNAUTÉ DES FILLES DE L'INSTRUCTION CHRÉTIENNE

[40] Les Filles de l'Instruction chrétienne, appelées quelquefois Filles de la Très-Sainte-Vierge, furent autorisées à se réunir par lettres patentes du mois de septembre 1657. La date de 1662 donnée par Lebeuf est celle de l'enregistrement de ces lettres au parlement. Cette maison, fondée par Marie de Gournai, morte en odeur de sainteté, le 4 août 1688, s'établit d'abord rue du Gindre et fut transférée en 1738 rue du Pot-de-Fer. Je ne serais pas éloigné de croire que la fondation de Marie de Gournai se rattache à celle de Me Lebret, qui n'a eu qu'une existence éphémère (voy. p. 143), mais je n'ai rien trouvé dans les documents que j'ai eus sous les yeux qui pût donner quelque apparence de vérité à mon sentiment.

A l'époque de la Révolution, les religieuses étaient au nombre de vingt-six : dix-neuf de communauté et sept sœurs converses. Le 27 février 1790, Claude-Charles Pointard, avocat au parlement, déclara, au nom de la supérieure, que les revenus montaient à 18,295 l. 1 s., et les charges à 9,539 l. 12 s. 8 d. [1]. Les recettes diminuèrent peu en 1791 (17,484 l. 15 s.); mais, en 1792, les élèves ayant quitté la communauté, les religieuses n'eurent plus que ce que leurs loyers leur rapportaient, c'est-à-dire 11,496 l. 2 s. Elles touchèrent encore les loyers du mois de janvier 1793 (1,531 l. 5 s.), puis elles se dispersèrent. La maison de l'instruction chrétienne ne tarda pas à être démolie, et l'emplacement qu'elle occupait fait aujourd'hui partie des dépendances du séminaire de Saint-Sulpice.

[1] Les revenus s'étaient considérablement augmentés; car, en 1732, ils n'étaient que de 3,158 l. 16 s. 8 den., et les charges montaient alors à 466 l. 2 s.

BIBLIOGRAPHIE

MANUSCRITS

Les documents relatifs aux Filles de l'Instruction chrétienne, conservés aux Archives de l'Empire, sont très-mêlés.

Dans la section administrative, il y a trois cartons. Les deux premiers (S. 4645-4646) renferment une déclaration des biens en 1732; le troisième (S. 7046) contient la déclaration de 1790, des pièces relatives à la maison du Gindre et à la maison de la rue du Vieux-Colombier, et les titres de propriété de la maison de la rue du Pot-de-Fer.

Dans la série H, il y a des comptes des années 1763 à 1793, des états de recettes, de pensions, etc., de 1694-1696 (H. 3701-3703).

Dans la section historique, il y a trois registres des déclarations des années 1683 à 1793 (MM. 559), 1745 à 1789 (MM. 560), et 1783 à 1789 (MM. 561).

BÉNÉDICTINES DE NOTRE-DAME DE LIESSE

AUJOURD'HUI

HOPITAL NECKER

[1] Ces religieuses, chassées par les gens de guerre, de Rhétel, où elles étaient établies depuis 1631, revinrent à Paris en 1636, et s'installèrent provisoirement rue du Vieux-Colombier; le 6 septembre 1644, elles devinrent locataires d'une maison de la rue de Sèvres, située au lieu dit le Jardin d'Olivet, et dans laquelle se trouvait un établissement charitable fondé en 1626, par Marie Brissonnet. Cet établissement, aussi dépourvu de revenus que de protecteurs, car, malgré son utilité, il n'avait pas obtenu de lettres patentes, fut acheté par les Bénédictines, l'année suivante, le 2 septembre 1645. La date de 1663 donnée par Lebeuf est une erreur. Le savant abbé aura pris par mégarde la date de l'érection de la chapelle de cette communauté pour celle de l'acquisition de leur immeuble. D'après les documents que j'ai pu compulser, il m'a semblé que l'établissement des Bénédictines de Notre-Dame-de-Liesse n'avait jamais été très-prospère. Supprimé en 1778, le couvent avait été converti en hospice, grâce à Louis XVI, qui avait accordé, en 1776, une somme de 42,000 livres pour faire l'essai d'un hôpital de cent vingt lits. La maison portait alors le titre d'Hospice des paroisses de Saint-Sulpice et du Gros-Caillou, sous la direction de madame Necker, femme du contrôleur général. Aussi lit-on dans la déclaration faite en 1790 par les sœurs de l'ancien couvent qui s'étaient retirées que « la maison formant jadis le monastère était occupée par l'hospice Saint-Sulpice et louée

au curé 3,600 l. » Une rente de 2,363 l. 16 s. sur l'Hotel-de-Ville complétait ce revenu, qui ne dépassait pas 5,963 livres 16 sous et qui était grevé de 2,994 livres (décimes, 69 livres; fondations, 75 livres; pensions viagères, 2,600 livres; réparations, 250 livres) de charges. Devenu hospice de l'Ouest pendant la Révolution, l'ancien hospice de Saint-Sulpice prit plus tard le titre d'Hôpital Necker. Il compte aujourd'hui 386 lits, dont 234 de médecine, 89 de chirurgie, 28 de nourrices et au besoin d'accouchement, 30 berceaux et 5 lits de reposantes.

BIBLIOGRAPHIE

MANUSCRITS

Il y a fort peu de documents aux Archives de l'Empire sur cette maison religieuse.

Dans la section historique, il y a un carton coté L. 771, qui contient la donation par messire Brissonnet de deux arpents et demi de terre pour former une communauté de filles, le 10 juillet 1626, des procès-verbaux de visite de 1639 à 1684, des lettres patentes, procès-verbaux d'établissement, états et comptes du temporel, pensions hypothécaires, correspondance, statuts et règlements.

Un carton de la section administrative, coté S. 4643-4644, contient l'état des revenus en 1790.

Un manuscrit de la Bibliothèque impériale (n° 1246 anc. fonds) est intitulé : Actes des religieuses de Notre-Dame-de-Liesse à Paris, touchant la signature du formulaire, du 24 avril 1680.

IMPRIMÉS

Mémoire (historique) au sujet des Dames de Liesse, établies (à Paris), rue de Seine, fauxbourg Saint-Germain (depuis 1645 jusqu'en 1730).

Ce mémoire se trouve à la fin du tome III des *Vies intéressantes*, etc., *des Religieuses de Port-Royal*. 1750, in-12.

Factum pour les religieuses bénédictines du monastère de N.-D.-de-Liesse, contre la sœur Marguerite de Saint-Benoît. In-4°.

SÉMINAIRE DES MISSIONS-ÉTRANGÈRES

¹² Le séminaire des Missions-Étrangères a d'abord eu une chapelle bénite sous le nom de Famille de Notre-Seigneur. Elle servit jusqu'en 1683, année où l'on commença à construire celle que nous voyons aujour-d'hui.

Le séminaire jouissait de fort beaux revenus. Il était composé, au moment de la Révolution, de dix prêtres directeurs et de quarante missionnaires, dont six évêques.

Les revenus attachés à ce séminaire se montaient, si l'on en croit la déclaration faite le 5 mars 1790, par Martin Hody, supérieur, à la somme de 117,787 livres 11 sous 11 deniers, savoir : 1° 33,510 livres pour le loyer des maisons situées dans Paris ; 2° 48,057 livres 6 deniers pour les rentes sur le roi et les particuliers ; 3° 19,417 livres 4 sous 3 deniers pour le fermage des biens dépendants du prieuré de Celle ; 4° 6,817 livres pour le fermage des biens situés en Brie ; 5° 9,986 livres 1 sou 2 deniers pour le fermage des biens et revenus de la prévôté de Saint-Benoit-du-Sault, diocèse et généralité de Bourges.

Les charges se montaient à 53,718 livres 6 sous 4 deniers, savoir : 1° 32,397 livres 16 sous, pour les charges des biens de Paris et de l'intérieur du séminaire ; 2° 14,732 livres 3 sous 4 deniers, pour les biens de la Celle et de Brie ; 3° 6,568 livres 7 sous, pour les charges annuelles de la prévôté de Saint-Benoit-du-Sault. Le revenu net était donc de 64,069 livres 5 sous 7 deniers.

La bibliothèque, dans laquelle on remarquait l'Encyclopédie, quelques manuscrits du célèbre Dupin en particulier sur les fiefs, quelques livres chinois et malabares, renfermait à peu près 5,000 volumes. La Bibliothèque Mazarine possède une grande partie de ce fonds, elle n'a malheureusement pas les manuscrits de Dupin.

Supprimé le 5 avril 1792, le séminaire fut vendu comme propriété nationale le 25 vendémiaire an x (16 octobre 1796); mais un décret du 2 germinal an xiii (23 mars 1805) rétablit ce séminaire et autorisa son supérieur, M. de Billière, à accepter des tiers acquéreurs la donation de l'édifice autrefois consacré à ce séminaire, ainsi que les revenus et bois qui y étaient attachés.

Par suite du Concordat, l'église devint la seconde succursale de Saint-Thomas-d'Aquin. Considérée comme insuffisante et mal située, la Ville de Paris décida qu'elle serait abandonnée, et qu'on lui substituerait une église nouvelle, sous le vocable de Saint-François-Xavier.

Malgré les plus énergiques réclamations du Conseil de fabrique, sur les changements nécessités par le création de nouvelles paroisses, la paroisse de Saint-François-Xavier n'obtint rien de ce qu'elle demandait et sa circonscription fut ainsi arrêtée par décret du 27 janvier 1856:

Rue de Varennes, côté impair, à partir de l'angle du boulevart des Invalides ; rue du Bac, côté pair ; rue Sainte-Placide, côté pair ; rue du Cherche-Midi, côté pair ; rue de Vaugirard, côté pair ; de la barrière de Vaugirard à la barrière de l'École-Militaire ; avenue de Lowendal, un côté ; place Vauban, côté sud ; boulevart des Invalides, côté est, jusqu'à la rue de Varennes, point de départ.

L'église des Missions, louée par la ville de Paris, sert toujours d'église paroissiale, mais elle va bientôt cesser d'être ouverte au culte

public, les frères de la Mission ayant manifesté l'intention formelle de ne
pas consentir à une prolongation de bail et de le reprendre. Quant à
l'église nouvelle, elle est placée sur le boulevard des Invalides, près la
rue de Babylone. Les travaux, commencés il y a deux ou trois ans, ont
été tout à coup suspendus et sont restés dans cet état jusqu'au mois
dernier. Il paraîtrait que cet édifice menaçait de se trouver dans de
mauvaises conditions de construction et d'alignement. Ce qu'il y a de
certain, c'est qu'on vient de démolir toute la partie qui était édifiée
et qu'on va, sur le même emplacement, construire une autre église sur
les plans de M. Huillard, architecte de la ville. Par suite de l'expiration
prochaine du bail de l'église des Missions-Étrangères, les travaux paraissent devoir être poussés avec une certaine activité.

Après ma notice bibliographique, je donnerai la nomenclature des
communautés religieuses établies dans la circonscription de la paroisse
de Saint-François-Xavier.

BIBLIOGRAPHIE

MANUSCRITS

Les archives conservent de nombreux documents relatifs au séminaire des Missions-Étrangères.

La section administrative renferme neuf cartons et cent cinq registres.

Le premier carton (S. 6866) renferme la déclaration de 1790, les titres des droits d'amortissement payés par le séminaire pour raison des
acquisitions ou des reconstructions des maisons situées rue du Bac;
une déclaration des biens et revenus en 1728 (15,808 livres; charges :
13,759 livres 10 sous 6 deniers); un état des titres de fondations et donations faites au séminaire; un registre intitulé : Inventaire fait après le décès de Mgr l'évêque de Babilone, Bernard de Sainte-Thérèse, fondateur du
séminaire, mort le 10 avril 1669; des pièces concernant les droits ci-devant
payés par le séminaire à l'abbaye de Saint-Germain-des-Prés, pour raison des acquisitions par lui faites de maisons et terrains dans la censive
de cette abbaye; un mémoire concernant le séminaire des Missions-
Étrangères; des quittances de rachat des impositions; le second (S. 6867),
les baux des maisons situées rue des Vieilles-Thuilleries, de 1716 à 1787,
de la rue de Babylone, des rues des Grands-Degrés, de Grenelle et du Bac,
et des états de plusieurs de ces maisons de 1711 à 1787; le troisième
(S. 6868), les titres d'acquisition de diverses terres sur le territoire de la
Celle que Jean Tremblay a léguées au séminaire, des déclarations annuelles et baux, des baux généraux de revenus du couvent de 1628 à
1695, des pièces concernant le retrait de la ferme de Roussoy, les titres
de propriété de la ferme de Coudray et du domaine de Flamant, de la
ferme de Saint-Blandin et du domaine de Bassin, sis en la paroisse de

Bally-en-Brie ; le quatrième (S. 6869), les titres de propriété, baux et déclarations de la ferme d'Ormeau, sise à la Celle, des bois à la Celle ; le cinquième (S. 6870), des titres de la ferme des Bouleaux, de la ferme du Chemin et de Lessart, en la paroisse de la Celle, des fois et hommages du domaine de la Grande-Bouille, sise aux Loges, paroisse de Bailly, des pièces relatives au legs de M. Tremblay, des pièces concernant les terres de Saint-Blandin, du moulin à Courtalin, de Farmoutier, de la Celle et de Tonquin ; le sixième (S. 6871), les pièces relatives à l'union de la prévôté de Saint-Benoît-du-Sault, dépendant de l'abbaye de Saint-Benoît-sur-Loire et ses revenus au séminaire ; le septième (S. 6872), les pièces concernant le prieuré de Saint-Martin-du-Crécy dont était pourvu le sieur de Querelay, missionnaire, de qui le séminaire a été légataire ; le huitième (S. 6873), des titres et pièces concernant l'abbaye de Saint-Barthélemy de Noyon ; le neuvième (S. 6874), des renseignements sur l'établissement, l'administration et les propriétés du séminaire.

Le premier registre (S. 6875) contient un mémoire sur l'établissement du séminaire, la construction de sa chapelle, etc.; les second et suivants (S. 6876-7878) renferment les titres relatifs aux donations faites par Henri-Jean Tremblay, directeur du séminaire ; les cinquième et suivants (S. 6879-6881), les titres de la succession de Louis Tiberge ; le huitième (S. 6882) est un recueil de titres relatifs à la seigneurie de la Chapelle-Yger ; le neuvième (S. 6883) est un inventaire des titres de propriété des maisons du séminaire ; le dixième (S. 6884) renferme les déclarations aux greffes des gens de main-morte et au bureau du clergé ; les onzième et douzième (S. 6885-6886), les titres des donations et acquisitions des maisons rues du Bac et de Babylone ; les treizième et quatorzième (S. 6887-6888), les titres relatifs à une pièce de terre et à une maison rue du Bac, vendues par les héritiers Courault ; le quinzième (S. 6889), les titres relatifs à la vente d'une pièce de terre en friche, sise rue du Bac ; le seizième (S. 6890), les titres relatifs à l'acquisition faite par le séminaire d'un marais situé rue de Babylone ; le dix-septième (S. 6891), les pièces relatives à l'alignement d'un mur de clôture entre la maison du séminaire et les Incurables ; le dix-huitième (S. 6892), les titres concernant les maisons et marais, situés rues du Bac et de Babylone ; les dix-neuvième et vingtième (S. 6893-6894), les titres de propriété d'une maison située rue de Grenelle ; les vingt-unième et vingt-deuxième (S. 6895-6896), les titres d'une maison située rue Perdue ou des Grands-Degrés ; le vingt-troisième (S. 6897), les titres d'un jardin, situé près la rue de Varennes ; le vingt-quatrième (S. 6898), les titres des rentes dues sur héritages, sis à Argenteuil et à Cormeilles ; les vingt-cinquième et suivants (S. 6899-6911) concernent le prieuré ou prévôté de Saint-Benoît-du-Sault, dans le département de l'Indre. Ils renferment les actes concernant l'union de ce prieuré au séminaire, l'introduction des bénédictines de Saint-Maur dans le prieuré, l'inventaire des titres, les dénombremen:s, foi et hommage de la seigneurie de Montgarnoult, les baux à rente de la vigne de Saint-Civran; les actes de la seigneurie de la Chaise et du bois des Esprains, des mémoires sur la métairie du Terrier, le terrage du Palis et du moulin Brenebault, la forêt de Saint-Benoît et le bois des Éprains; les trente-huitième et suivants (S. 6912-6959) contiennent les titres du prieuré de la Celle, dans le département de Seine-et-Marne, concernant l'union de ce prieuré au séminaire en 1703, les procès-verbaux du partage des biens, les procès-verbaux de visite, l'introduction des bénédictines anglaises, les déclarations, aveux et denombrements des lieux de Pizarches, Toncquin, les Loges, les baux du moulin de la Celle, les contrats d'acquisition de la ferme de la Barrière, un état des terres du fief du Bassin, des pièces concernant les fermes de Lureau et de Saint-Blandin, la Chapelle Yger, la ferme du Coudray, la ferme d'Ormeau, le fief de la Roche, relevant de la seigneurie de la Malmaison, la seigneurie du Roussoy, celle de Villiers-Templon; les quatre vingt-sixième et suivants (S. 6960-6974) renferment les titres du prieuré de Saint-Antoine de Fontmoron, tels que baux, reconnaissances, procès-verbaux de visite, procès-verbaux d'héritages, baux à ferme, rentes, comptes et contrats divers, insinuations de contrats d'acquets et d'échange, baillettes, arpentements, plans, aveux et dénombrements, titres de procédure; les cent-unième et suivant (S. 6975-6976) forment un inventaire des titres de l'abbaye de Saint-Barthélemi de Noyon; les cent-troisième et suivant (S. 6977-6978) sont des terriers de la Celle-en-Brie des années 1500 et 1647; le cent-cinquième et dernier (S. 6979) est un terrier de la prévôté de Fontmoron en 1717.

Dans la section historique, il y a quatre cartons et vingt-six registres. Un carton, coté L. 766, renferme des documents relatifs à la congrégation et à la confrérie de la Propagation de la Foi, les lettres de fondation et d'établissement du séminaire en 1663, une requête par M. de Raconis, évêque de Lavaur et directeur de la Propagation de la Foi, comme grand vicaire, aux fins de pouvoir faire exécuter publiquement le ministère de cet institut, le 12 octobre 1637, le procès-verbal d'établissement d'une confrérie des Saints-Apôtres pour la Propagation de la Foi dans le séminaire des Missions-Étrangères, le 20 mai 1665.

Le premier carton de la série M, coté 203, renferme des bulles, lettres patentes, un registre contenant les principales choses du séminaire des Missions-Étrangères, un règlement du séminaire, des projets de règlements, des documents et une correspondance relatifs à l'administration du séminaire et aux missions dans l'Inde; le second (M. 264), un abrégé des établissements des Missions-Étrangères à Paris, Siam,

Tonquin, Cochinchine, Chine, Perse, Canada et Mississipi; des projets de règlements, des règlements, une correspondance y relative; différents mémoires, des pièces concernant les missions d'Asie (il y a des pièces intéressantes pour l'histoire de ces missions en Orient), un dossier considérable de pièces relatives à l'action politique de la France au Canada (documents très-précieux); le troisième (M. 205), plusieurs pièces imprimées, titres de fondation de places dans le séminaire, et des fondations de bourses.

Les registres de la section historique contiennent des pièces relatives au séminaire de 1657 à 1700 (MM. 501), 1658 à 1698 (MM. 502), 1670 à 1779 (MM. 503), des procurations, testaments, etc., etc., de 1660 à 1698 (MM. 504), 1661 à 1681 (MM. 505), 1663 à 1676 (MM. 506) 1667 à 1776 (MM. 507), 1669 à 1698 (MM. 508), 1669 à 1743 (MM. 509), 1673 à 1679 (MM. 510), 1674 à 1710 (MM. 511), 1677 à 1680 (MM. 512), 1700 à 1762 (MM. 513), 1739 (MM. 514), des exécutions de fondations (MM. 515), des contrats (MM. 516), un inventaire des titres de la fondation Bracquet, de 1720 à 1767 (MM. 517), des délibérations des supérieurs, de 1746 à 1767 (MM. 518), des catalogues des prêtres (MM. 519 et 540), confirmations des supérieurs, de 1663 à 1726 (MM. 526), bourses (MM. 521), procurations (MM. 522), les comptes du séminaire (MM. 523), des consultations et mémoires de 1673 à 1787 et de 1754 à 1781 (MM. 524-525), mémoires divers (MM. 526).

Sous les cotes H. 3309 à 3322, on a réuni des titres de rente et des comptes du séminaire ainsi que des prieurés en dépendant, de 1687 à 1786.

On conserve aux archives du département de Seine-et-Marne à Melun, des registres de mouvance censuelle (G. 141-146) en 1740, 1780, 1781 et 1782, des plans de censives (G. 144) et un recueil de pièces (G. 145-146) relatives aux domaines du séminaire dans ce département.

IMPRIMÉS

Lettres patentes concernant les Missions étrangères. *S. n. d. l. n. d.* (1775), in-4°. (Arch. de l'Emp., M. 205.)

Par devant les conseillers du roi, etc. *S. n. d. l. n. d.*, in-fol.

Fondation de rentes par l'abbé Pierre de Pons, pour l'entretien de cinq prêtres aux Missions étrangères, datée du 23 janvier 1677.

Mémoire signifié et actes primitifs, concernant l'établissement du séminaire des Missions étrangères, sa constitution et la forme de son gouvernement, contre les prétentions nouvelles de M. l'évêque d'Ecrinée. *Paris*, 1750, in-fol. (Arch. de l'Emp., M. 205.)

Actes primitifs concernant l'établissement du séminaire des Missions-Étrangères, la constitution et la forme de son gouvernement contre les prétentions nouvelles de M. Le Martilliat, évêque d'Écrinée. *Paris, s. d.* (1750), in-fol. (Bibl. Maz., n° 3318 C.)

Le séminaire des Missions étrangères, est-il dit dans ce mémoire, a été établi en 1663, au moyen d'une donation faite à cet effet par le R. P. Bernard de Sainte-Thérèse, carme déchaussé, évêque de Babylone. Ce prélat fit donation, le 16 mars 1663, de quelques maisons et emplacements qu'il avait dans la rue du Bacq et dans la rue de la Frenaye, appelée à présent rue de Babylone, etc.

Ce mémoire est suivi de pièces justificatives intéressantes.

Réponses du sieur Saviard à la réflexion particulière, insérée dans les observations non signifiées de la part des supérieur et directeurs du séminaire des Missions-Etrangères sous le nom du sieur Delollière, missionnaire aux Indes. *Paris*, 1735, in-fol. (Bibl. Maz., n° 3318 E.)

Mémoire pour les évêques français, vicaires-apostoliques dans les royaumes de Siam, Tonquin, Cochinchine, etc., leurs co adjuteurs, et missionnaires français en ces royaumes contre les directeurs du séminaire des Missions étrangères, établi à Paris, rue du Bacq, fauxbourg Saint-Germain. *S. n. d. l. n. d.* (1750), in-4°. (Arch. de l'Emp., M. 205.)

Ce volumineux mémoire est couvert d'annotations manuscrites.

Consultation de MM. de Héricourt et le Merre, touchant les prétentions des évêques français, vicaires-apostoliques dans les Indes orientales, et leurs missionnaires, sur le séminaire des Missions étrangères, établi à Paris. *S. n. d. l. n. d.* (1751), in-4°. (Arch. de l'Emp., M. 205.)

Jugement de MM. les commissaires généraux nommés par arrêt du conseil d'État du roi, du 2 août 1751, rendu entre les évêques, vicaires apostoliques français et leurs missionnaires des royaumes de Chine, Tonquin, Cochinchine et Siam, et les supérieurs et directeurs du séminaire des Missions étrangères, établi à Paris, concernant les droits des parties à l'égard dudit séminaire. *S. n. d. l. n. d.* (1751), in-4°. (Arch. de l'Emp., M. 205.)

Mémoire à consulter et consultation pour les missionnaires des Indes occidentales [du séminaire des Missions étrangères de Paris]. *Paris*, 1763, in-4°. (Arch. de l'Emp., M. 205.)

Précis pour les supérieur et directeurs du séminaire des Missions étrangères, entre les sieurs Girard, Manach et les intervenants. *Paris*, 1764, in-4°. (Arch. de l'Emp., M. 205.)

Mémoire pour les supérieur et directeurs du séminaire des Mission-étrangères, intimés : contre les sieurs Girard et Manach, appellants comme d'abus ; et les sieurs Leloutre et Davoust, intervenants. *S. n. d. l. n. d.*, in-4°. (Arch. de l'Emp., M. 205.)

Arrêt du parlement qui déboute M. l'archevêque de Paris de son opposition à l'arrêt d'enregistrement des lettres patentes du mois de mai 1775, concernant les Missions étrangères. *Paris*, 1776, in-4°. (Arch. de l'Emp., M. 205.)

Pièces relatives au procès, intenté par M. l'archevêque de Paris, aux évêques, missionnaires et directeurs du séminaire de Missions étrangères, en opposition à l'arrêt d'enregistrement de leurs lettres patentes, concernant leurs missions. *Paris*, 1776, in-fol. (Arch. de l'Emp., M. 205.)

Précis pour MM. les évêques, missionnaires français, et directeurs du séminaire des Missions étrangères, contre M. l'archevêque de Paris. *Paris*, 1776, in-4°. (Arch. de l'Emp., M. 205.)

Mémoire pour MM. les évêques, missionnaires et directeurs du séminaire des Missions étrangères, contre M. l'archevêque de Paris. *Paris*, 1776, in-4°. (Arch. de l'Emp., M. 205.)

État précis de la question à décider entre M. l'archevêque de Paris et les évêques et missionnaires répandus dans les Indes, et les directeurs du séminaire des Missions étrangères joints à eux. *Paris*, 1776, in-4°. (Arch. de l'Emp., M. 205.)

Arrêt du parlement qui déboute M. l'archevêque de Paris de son opposition à l'arrêt d'enregistrement des lettres patentes du mois de mai 1775, concernant les Missions étrangères. *Paris, 1776*, in-4°. (Arch. de l'Emp., M. 205.)

Consultation pour le séminaire des Missions étrangères, contre les sieurs Blandin et Chaumont, se prétendant députés, l'un par la Mission de Tonquin, l'autre par la Mission de Chine, pour remplir les fonctions de directeurs dans ledit séminaire. *Paris*, 1786, in-4°. (Arch. de l'Emp., M. 205.)

Discours funèbre pour madame la duchesse d'Aiguillon, prononcé à Paris dans la chapelle du séminaire des Missions-Étrangères, par M. de Brisacier, prieur commend. de S. Pierre de Neuvilliers, cons. et prédicateur ord^{re} de la Reyne, le 13 mars 1675, 3e édit. *Paris*, 1675, in-4°. (Bibl. Maz., n° 10370 U.)

Les justes devoirs rendus à la mémoire de très-haute, très-puissante et très-vertueuse princesse Louise-Charlotte de la Tour-d'Auvergne dans la chapelle du séminaire des Missions-Estrangères pour l'anniversaire de sa mort, le 26 avril 1684. *Paris*, 1684, in-4°. (Bibl. Maz. n° 10370 P.)

A M. l'archidiacre de Sainte-Geneviève. *Belleville*, 1859, in-4°. Réclamations du premier vicaire des Missions au sujet des tarifs.

La paroisse de Saint-François-Xavier, autrement dite des Missions-Étrangères, renferme dans sa circonscription un grand nombre de congrégations religieuses et d'hôpitaux.

On ne compte pas moins de six couvents d'hommes, de douze couvents de femmes, de trois hôpitaux. En voici la nomenclature :

FILLES DE SAINT-VINCENT-DE-PAUL

La maison-mère des sœurs de Charité., appelée le Séminaire, est établie rue du Bac, n. 140. Elle compte deux cent trente sœurs revêtues de l'habit religieux et trois cent soixante-dix sœurs dites du Séminaire. Les soixante-huit établissements de Paris confiés à leur sollicitude se divisent en treize hôpitaux ou hospices, et cinquante-cinq maisons de charité, dites Miséricordes, disséminées dans tout Paris, et qui exigent le dévouement de cinq cent quatre-vingt-dix-sept sœurs. On sait que la mission des sœurs de Saint-Vincent-de-Paul est de soigner les malades, de distribuer des secours aux malheureux, de tenir des écoles de filles, des asiles, d'élever des orphelins. On ne saurait trop louer le zèle et l'abnégation des sœurs de Saint-Vincent-de-Paul qui, au nombre de plus de dix mille sœurs, soulagent, dans les deux mondes, les maux de leurs semblables.

DAMES DU SACRÉ-COEUR

Les dames du Sacré-Cœur dirigent, rue de Varennes, n° 41, un pensionnat de jeunes filles, qui est devenu célèbre. Les religieuses de chœur ou sœurs coadjutrices sont au nombre de quatre-vingt-dix.

MONASTÈRE DE SAINTE-THÉRÈSE

Lorsque les carmélites de la rue de Grenelle furent invitées à abandonner leur couvent, le 14 septembre 1792, plusieurs d'entre elles se réunirent dans une maison de la rue Moufftard, où elles continuèrent à suivre leur règle jusqu'au moment de la Terreur. Les religieuses furent alors enfermées à Sainte-Pélagie; la sœur Camille, de l'Enfant-Jésus, fille du marquis de Soyecourt, en faisait partie. Elle ne fut pas longtemps retenue prisonnière, et, après des vicissitudes sans nombre, elle finit par louer une maison de la rue Saint-Jacques, dite la *Vache-Noire*, où elle réunit ses compagnes dispersées. Elle ne quitta cette modeste demeure que pour aller, en 1797, au couvent des Carmes, qu'elle habita jusqu'au 23 avril 1845. (Voyez plus haut, p. 165.) A cette époque, elle changea de résidence, et le couvent des Carmélites fut installé rue de Vaugirard, n° 86; c'est là qu'elle mourut, le 9 mai 1849. Quatre ans plus tard, les religieuses furent obligées d'abandonner leur couvent, exproprié par cause d'utilité publique, et de se retirer à Issy, dans une maison que voulurent bien leur prêter les chanoinesses de la Congrégation Notre-Dame, aux Oiseaux, où elles restèrent pendant seize mois. Au bout de ce temps, le 21 août 1855, elles entrèrent dans le superbe couvent qu'elles faisaient construire, avenue de Saxe, n° 24. La première pierre de l'église avait été posée par M. Riant, bienfaiteur du monastère, le 16 mai 1854. Cette église, construite dans le style du xiii° siècle, renferme de fort précieuses reliques.

Le couvent des Carmélites de l'avenue de Saxe compte en ce moment vingt-cinq religieuses de chœur et cinq converses ou novices.

BIBLIOGRAPHIE
IMPRIMÉS

Vie de Madame de Soyecourt, carmélite, et notice sur le monastère dit de Grenelle, fondation royale de Marie-Thérèse (1664), par l'auteur du mois du Sacré-Cœur. *Paris*, 1851 ; in-12.

Abrégé de la vie de notre révérende mère Thérèse-Françoise-Camille de l'Enfant-Jésus, carmélite professe de l'ancienne communauté de la rue de Grenelle, décédée le 9 mai 1849, dans notre monastère de Sainte-Thérèse, sous la protection de notre père saint Joseph des Carmélites, rue de Vaugirard, à Paris. *Paris*, 1849 ; in-8.

CONGRÉGATION DES FILLES-DE-LA-CROIX
DITES
SŒURS DE SAINT-ANDRÉ

Le couvent est situé rue de Sèvres, n° 90 (ancien 108). Les sœurs y dirigent, depuis 1818, un établissement d'instruction primaire, et une école gratuite pour les pauvres.

DAMES CHANOINESSES DE LA CONGRÉGATION DE N.-D.

Ces religieuses sont établies depuis 1818 dans l'hôtel des Oiseaux, situé rue de Sèvres, n° 106. Cet hôtel avait précédemment servi de prison et on y avait installé provisoirement l'école polytechnique. La maison compte cent professes, tant religieuses de chœur que sœurs converses, et dix novices et postulantes. Il y a un pensionnat, un orphelinat et des classes gratuites. Avant d'habiter la rue de Sèvres, les religieuses avaient été, en 1807, au cloître Saint-Benoit, et, en 1812, dans l'hôtel Torpane, rue des Bernardins.

BIBLIOGRAPHIE

L'église des Oiseaux. *Paris,* 1859, in-8°.

Vie de la révérende mère Marie-Anne-Maria de la Fruglaye, religieuse de la Congrégation de Notre-Dame, chanoinesse régulière de Saint-Augustin au second monastère de Paris, dit des Oiseaux. *Paris,* 1865 ; 1 vol. in-8.

DAMES DU SAINT-ENFANT-JÉSUS
DITES
SŒURS DE SAINT-MAUR

La maison-mère est établie rue Saint-Maur-Saint-Germain, n° 8, depuis 1806. Elle se compose de quarante professes et de soixante-douze novices ou postulantes. Un pensionnat et une école d'enfants pauvres sont annexés à ce couvent, et dirigés par des sœurs de cette congrégation, qui compte trente-huit établissements en France et trois dans la mission de Malaisie, Singapoor, Polopinan et Malacca.

BÉNÉDICTINES DU SAINT-SACREMENT, DITES DU TEMPLE

Les bénédictines du Saint-Sacrement, établies en 1814 dans l'enclos du Temple (voyez *Hist. du Diocèse de Paris,* t. II, p. 471 [1]), sont venues habiter la maison de la rue de Monsieur, n° 20, en 1848. Elles comptent vingt-deux religieuses de chœur, douze converses, cinq novices et dirigent un pensionnat de jeunes filles.

DAMES AUXILIATRICES DES AMES DU PURGATOIRE

Ce couvent, situé rue de la Barrouillère, n° 16, a été fondé le 19 janvier 1856. Les religieuses sont au nombre de quarante-huit, elles soignent les pauvres à domicile.

[1] A ce propos, je crois devoir signaler une erreur que j'ai commise en cet endroit. Ce n'est point *Religieuses Augustines,* qu'il faut lire, mais bien *Religieuses Bénédictines.*

DAMES DE LA CHARITÉ N.-D. DU BON-PASTEUR D'ANGERS

Cette maison religieuse était autrefois située rue Oudinot, n° 33. La maison mère est à Angers. Les dames du Bon-Pasteur dirigent un pensionnat à Conflans, depuis 1853.

INSTITUT DES FRÈRES DES ÉCOLES CHRÉTIENNES

Après la Révolution, les frères de la Doctrine chrétienne se réunirent à Lyon, vers 1803. Le cardinal Fesch en amena de Rome, en 1805, et plaça provisoirement un frère à la tête de la congrégation renaissante.

En 1810, le frère Gerbaut fut nommé régulièrement supérieur général par le chapitre de l'ordre tenu à Lyon, et qui était composé de tous les anciens frères que l'on avait pu réunir pour cette solennité.

Lyon resta le chef-lieu de l'Institut, jusqu'en 1819. Le ministre des cultes, conjointement avec le préfet de la Seine, proposèrent alors au frère Gerbaut de venir s'établir à Paris, et lui offrirent une maison de la rue du Faubourg-Saint-Martin. A dater de cette époque, le siége de l'Institut, qui ne compte pas moins de dix mille membres, est resté établi à Paris.

En 1847, la maison de la rue du Faubourg-Saint-Martin ayant été expropriée, les frères s'établirent dans une vaste maison de la rue Plumet, n° 27, aujourd'hui rue Oudinot.

Cette maison, où réside le supérieur général et son conseil, le procureur, le secrétaire, le noviciat, l'infirmerie, etc., est excessivement vaste, trois cent cinquante membres y habitent. Toutes les autres maisons de l'institut en dépendent, et c'est de là que partent les ordres pour toutes les contrées de l'Europe, de l'Asie et de l'Amérique où se trouvent des frères de la Doctrine.

Dans la chapelle, on conserve plusieurs reliques, parmi lesquelles on remarque des fragments de la vraie croix, du manteau de saint Joseph, du voile de la Vierge. La plus considérable est le corps de Saint Exuperans. Il est couché sur des coussins, en costume de chevalier romain. Le corps, admirablement modelé en cire, renferme les parties conservées, telles que les dents, l'os de l'avant-bras, plusieurs côtes, etc., etc. Il est regrettable seulement que l'inscription antique qui donne les noms et la date du martyre, ait été placée dans l'autel, derrière le corps du saint, de façon à ce qu'elle est presque complétement cachée.

Je ne veux pas terminer cette note sans dire que toutes les indications qu'elle contient m'ont été fournies, avec le plus aimable empressement, par le père Philippe, supérieur général.

BIBLIOGRAPHIE

IMPRIMÉS

Constitutiones Congregationis Doctrinæ christianæ, recognitæ, approb. et receptæ. *Paris*, 1782, in-12.

DAMES DE L'INSTRUCTION CHRÉTIENNE

Les dames de l'Instruction chrétienne ont occupé pendant quelque temps une maison de la rue de Monsieur, nº 13.

SŒURS DES ÉCOLES CHRÉTIENNES DE LA MISÉRICORDE

Cette communauté religieuse avait son siége à Paris, rue Eblé, nº 4. Elle habite aujourd'hui une maison de la rue de Sèvres, nº 77.

MAISON DE LA MISÉRICORDE

Cette maison, créée en 1820, rue Plumet, aujourd'hui rue Oudinot, nº 5, par M. Dufriche-Desgenettes, alors curé des Missions-Étrangères, appartient à la congrégation des Filles de la Charité de Saint-Vincent-de-Paul, par le don que lui en a fait le fondateur. Il a pour but d'élever chrétiennement les pauvres filles délaissées ou misérables ; on les reçoit dès l'âge le plus tendre, et elles n'en sortent qu'à leur majorité. Il y a en ce moment deux cent trente jeunes filles.

L'église a été construite en 1842, aux frais de M. l'abbé Ratisbonne, qui a donné à cette chapelle les reliques de sainte Constance. Ces reliques se trouvent placées dans le maître-autel. Une jeune enfant modelée en cire et recouverte d'une simple tunique représente cette sainte. A ses pieds, on a déposé le reliquaire qui renferme ses restes. Ces reliques avaient été données à M. Ratisbonne par le pape. L'acte authentique de cette donation, qu'a bien voulu me communiquer la supérieure, est signé par le cardinal Patrizzi, en date du 11 mai 1842. On y lit : *Vat. Theod. Ratisbonne, presbytero gallo, corpus S. Constantiæ puellæ martyr. extracta per nos de mandato SS. D. N. pape ex cemeterio S. Agnetæ in via Nomentana die 24 februarii 1842, cum vasculo sanguine tincto et cum inscriptione in tabula marmorea, sic :*

CONSTANTIA		QVE VIXIT
BENE MER.		ANNOS V ET
IN PACE	☧	MENSES VI

Le tableau du maître-autel représente la Vierge telle qu'elle est apparue à M. Ratisbonne, avant sa conversion.

A gauche de l'église, on a placé dans la muraille une plaque de marbre noir, sur laquelle on a gravé en lettres d'or l'inscription suivante :

ICI

EST DÉPOSE LE CŒUR

DE MESSIRE CHARLES ÉLÉONOR

DUFRICHE-DESGENETTES

FONDATEUR DE L'ARCHICONFRÉRIE

DE N. D. DES VICTOIRES

CURÉ DE CETTE PAROISSE

ANCIEN CURÉ DE S. FRANÇOIS XAVIER

DES MISSIONS ÉTRANGÈRES

FONDATEUR

DE LA MAISON DE LA PROVIDENCE

DÉCÉDÉ A PARIS LE 23 AVRIL 1860

DANS SA 82e ANNÉE

R. I. P.

On doit poser de l'autre côté de l'église, et en face de cette inscription, une autre plaque de marbre, en l'honneur de la sœur Madeleine Vigneux, cofondatrice de l'œuvre, et morte au mois de novembre 1864, après être restée pendant quarante-sept ans supérieure de la maison.

CONGRÉGATION DES PRÊTRES DE LA MISSION

DITS

LAZARISTES

Le siége de cette congrégation est établi rue de Sèvres, n. 95. La maison se compose de deux cent quinze membres : cinquante prêtres, cent trente étudiants séminaristes et cinquante frères servants. Le but que se propose l'Institut est d'instruire le peuple par les missions faites au sein des campagnes, d'instruire la jeunesse dans les missions étrangères et de former des clercs aux vertus sacerdotales.

L'église a été construite en 1828. Les reliques de saint Vincent de Paul y ont été transportées en 1830 ; dans le bas-côté de gauche, on lit, sur un marbre placé horizontalement, l'inscription suivante :

ICI

REPOSE

LE

CORPS

DV Vᴮᴸᴱ

JEAN GABRIEL

PERBOYRE

Le corps du père Perboyre a été rapporté en 1859 de Chine, où il avait été martyrisé.

L'église Saint-Vincent-de-Paul est une des chapelles les plus fréquentées du faubourg Saint-Germain.

BIBLIOGRAPHIE

Vie de S. Vincent de Paul, par Menard. *Paris,* 1860, 4 vol. in-8°.

On trouve dans cet ouvrage l'histoire de la Congrégation des prêtres de la Mission de Saint-Vincent-de-Paul.

CONGRÉGATION DES CLERCS RÉGULIERS DE SAINT-PAUL

OU

BARNABITES

Les barnabites occupaient, il y a un an, une maison de la rue de Monsieur, n. 4, depuis 1857. Ils étaient au nombre de dix : quatre prêtres, trois scholastiques et trois frères. Cette maison d'études religieuses, où l'on formait des missionnaires pour la Suède et la Norvége, avait une chapelle publique, dont l'entrée est rue de Babylone. Cette chapelle, qui existait bien avant l'occupation de la maison par les barnabites, a été fondée par les prêtres polonais, à qui avaient succédé les religieuses de Notre-Dame-Réparatrice, aujourd'hui rue Blanche.

FRÈRES HOSPITALIERS DE LA CHARITÉ

DITS

DE SAINT-JEAN-DE-DIEU

La maison de santé des frères hospitaliers de Saint-Jean-de-Dieu, pour le traitement des maladies corporelles, est située rue Oudinot, n. 19, depuis 1841. Elle compte quarante malades.

En 1858, l'Institut a fondé rue de Sèvres, à Paris-Vaugirard, un asile pour des jeunes garçons incurables et indigents. La chapelle de la maison de santé de la rue Oudinot est provisoire. On y conserve des reliques de saint Jean-de-Dieu et de saint Flavien, martyrs.

BÉNÉDICTINS DE L'ABBAYE DE SOLESMES

Les bénédictins de Solesmes avaient autrefois une résidence à Paris, rue de Monsieur, n° 13 *bis*.

SOCIÉTÉ DES PRÊTRES DE LA MISÉRICORDE

Les prêtres de la Miséricorde occupent une maison de la rue de Varenne, depuis 1834. La société compte cinq établissements, dont trois en France et deux en Amérique. La maison à Paris compte douze membres, qui se livrent aux missions à l'intérieur, aux retraites pastorales, aux catéchismes, à l'éducation de la jeunesse dans les petits séminaires, aux missions étrangères.

ÉCOLE DES MEKHITARISTES
OU
COLLÉGE ARMÉNIEN DE SAMUEL MEGUERDITCH MOORAT

Le collége arménien, dirigé par les pères mekhitaristes de Venise, a été fondée, grâce à la libéralité patriotique de Samuel Meguerditch Moorat, en 1834, à Padoue (Italie), et transféré en 1846 à Paris, rue de Monsieur, n° 12. Ce collége ne reçoit que les Arméniens; les riches, au moyen d'une rétribution convenable; les pauvres gratuitement. Il y a une chapelle desservie par les pères mekhitaristes selon le rite arménien.

BIBLIOGRAPHIE
IMPRIMÉS

Programme du collége arménien de Samuel Meguerditch Moorat, Paris, rue de Monsieur, 12. *Venise*, 1864, in-8.

HOSPICE DES ENFANTS MALADES

Cet hospice, situé rue de Sèvres, n° 151, a été installé en 1802 dans l'ancienne maison de l'Enfant-Jésus. (Voyez plus loin l'article que je consacre à la maison de l'Enfant-Jésus, p. 270).

HÔPITAL NECKER

Cet hôpital, situé rue de Sèvres, n° 151, a été fondé en 1779, par Louis XVI, dans l'ancien couvent de Notre-Dame-de-Liesse. (Voy. l'article que j'ai consacré à ce monastère, p. 233 de ce volume.)

INSTITUTION DES JEUNES AVEUGLES

L'institution des Jeunes-Aveugles est située boulevard des Invalides, n° 56, depuis 1844. Elle avait été fondée par Haüy. en 1785, et avait occupé successivement, les Tuileries, en 1786, la rue Notre-Dame-des-Victoires, en 1790, les Quinze-Vingts, en 1801, et l'ancien collége des Bons-Enfants, rue Saint-Victor, en 1815.

Les bâtiments actuels construits sur les plans de M. Philippon, et ornés d'un fronton, sculpté par Jouffroy, sont occupés par l'administration, les ateliers et les élèves qui sont au nombre de deux cent-deux.

BIBLIOGRAPHIE
IMPRIMÉS

Peinture murale. Décoration générale de la chapelle des Jeunes-Aveugles, par Henri Lehmann. *Paris*, 1852, in-16.

Compte-rendu signé par Auguste Galimard, extrait de la *Revue des Beaux-Arts*.

Ministère de l'intérieur. Institution des Jeunes-Aveugles. Inauguration du buste de Louis Braille, exécuté par Jouffroy, le mercredi 25 mai 1853, programme. *Paris, s. d.*, in-8°.

Voy. aussi le *Magasin pittoresque*, t. V, p. 147.

PRIEURÉ
DES
BÉNÉDICTINES DE LA CONSOLATION DU CHASSE-MIDI

[43] La date de 1669 donnée par Lebeuf est inexacte. Les augustines de Laon vinrent s'établir à Paris en 1633. Elles achetèrent, le 13 mai 1634, l'emplacement sur lequel s'éleva leur monastère. L'état financier de cette maison étant des plus compromis, un arrêt du 3 mars 1663 or-

donna la vente du monastère par décret, et les religieuses auraient été obligées de se disperser, si elles n'avaient intéressé en leur faveur Marie-Eléonore de Rohan, abbesse de Malnoüe, qui racheta leur couvent, à condition que les religieuses embrasseraient la règle de Saint-Benoît et se soumettraient à sa direction. Au mois de septembre 1669, des lettres patentes autorisèrent ce changement. Ce sont ces lettres patentes que Lebeuf a prises pour les lettres de fondation.

En 1789, les revenus [1] de cette maison se montaient à 29,830 livres 6 sous 6 deniers. Parmi les revenus, on remarque le produit d'un sirop balsamique composé par ces religieuses, qui paraissent s'être dispersées vers la fin de l'année 1790. Le couvent fut vendu comme propriété nationale les 9 fructidor an IV (27 juillet 1796), 15 brumaire an V (5 novembre 1796), 24 vendémiaire, 25 pluviôse, 6 germinal et 29 prairial an VI (15 octobre 1797, 13 février, 26 mars et 17 juin 1798), et 8 fructidor an VIII (26 août 1800).

C'est sur une partie des terrains dépendant de l'ancien prieuré des bénédictines de Notre-Dame de Consolation qu'on a ouvert la rue d'Assas.

BIBLIOGRAPHIE

MANUSCRITS

Les Archives de l'Empire renferment fort peu de documents sur le prieuré des bénédictines de Notre-Dame de Consolation.

Dans la série H. on conserve des registres de recettes et dépenses (H. 3950-3952) des années 1731 à 1790.

IMPRIMÉS

Oraison funèbre de très-illustre et très-vertueuse princesse madame Marie-Eléonor de Rohan, abbesse de Malnoüe, prononcée à Paris l'onzième jour d'avril 1682, en l'église des religieuses bénédictines du prieuré de Chasse-Midy, où elle est enterrée, par monsieur l'abbé Anselme. *Paris*, 1682, in-4°. (Bibl. Maz., n° 10371 N.)

HOTEL DES INVALIDES

[43] La première pierre des Invalides fut posée le 30 novembre 1670. On sait que cet hôtel, destiné à recevoir les officiers et soldats invalides,

---

[1] Voici le détail de ces revenus : loyers de chambres et appartements, 12,091 liv.; hôtel d'Arras, 6,100 liv.; recettes de l'Hôtel de ville, 739 liv. 6 s. 6 den.; revenus casuels des pensionnaires, 5,400 liv.; rentes viagères, 5,200 liv.; produit du sirop balsamique, 300 liv.

possède une fort belle église, commencée en 1675, dans laquelle sont enterrés les maréchaux et amiraux de France. Le corps de Napoléon Ier ramené de Sainte-Hélène, le 15 décembre 1840, par le prince de Joinville, a été placé dans une crypte située sous le dôme.

L'Hôtel des Invalides est en dehors des circonscriptions paroissiales qui l'entourent. Il touche par ses extrémités aux limites de la paroisse du Gros-Caillou, de celle de Saint-François-Xavier et de celle de Sainte-Clotilde, mais il n'appartient à aucune d'elles.

BIBLIOGRAPHIE

IMPRIMÉS

Arrêt du conseil d'État donné en présence du roi et de la reine-régente, concernant la nourriture et l'entretien des pauvres gentils-hommes, capitaines et soldats estropiés, à prendre sur les deniers des places des religieux lays du royaume de France. *Paris*, 1611, in-8°.

Extrait du procès-verbal de la prisée et estimation des terres contenues dans le dessin de l'Hôtel royal, que Sa Majesté fait bâtir dans la plaine de Grenelle, pour les officiers, soldats invalides et estropiés à son service, fait par les experts nommés par MM. les commissaires députés par Sa Majesté, par son arrêt du conseil d'État du 2 octobre 1671 (23 mai 1676). *S. n. d. l. n. d.*, in-fol.

Réglement pour l'Hôtel royal des Invalides, arrêté au conseil dudit Hôtel, par M. de Chamillart, le 30 mai 1704, in-4°.

Edits, déclarations, ordonnances, arrests et règlemens concernant l'Hôtel royal des Invalides. *Paris*, 1728, in-4°.

Recueil des déclarations et arrests du conseil rendus au sujet des pensions des oblats ou places de religieux lays, attribuées à l'Hôtel royal des Invalides. *Paris*, 1728, in-4°.

Recueil des édits, déclarations, ordonnances, arrêts et règlements concernant l'Hôtel royal des Invalides. *Paris*, 1781, 2 vol. in-4°.

Histoire de l'Hôtel royal des Invalides, où l'on verra les secours que nos rois ont procurés dans tous les temps aux officiers et soldats hors d'état de servir; par M. Jean-Joseph Granet, enrichie d'estampes représentant les plans, coupes et élévations géométrales de ce grand édifice, avec les excellentes peintures et sculptures de l'église, dessinées et gravées par le sieur Cochin. *Paris*, 1736, in-fol.

Histoire de l'Hôtel royal des Invalides, depuis sa fondation jusqu'à nos jours, par Auguste Solard, secrétaire intime du maréchal Oudinot. *Blois*, 1845, 2 vol in-8°.

De l'institution et de l'Hôtel des Invalides, leur origine, leur histoire. Description du tombeau de l'Empereur et de l'intérieur de l'Hôtel des Invalides, par G. de Chamberet. *Paris*, 1854, in-8°.

Histoire des Invalides, par J. M. Cayla. *Paris,* 1852 et 1858, in-4°.

Les Invalides. Grandes Ephémérides de l'Hôtel impérial des Invalides depuis sa fondation jusqu'à nos jours. Description du monument et du tombeau de Napoléon Ier, par le colonel Gérard, ouvrage orné de gravures. *Paris,* 1862, in-8°.

L'Hôtel des Invalides, souvenirs intimes du temps de l'Empire, par Emile Marco de Saint-Hilaire. *Paris,* 2 vol. in-8°.

Fragments historiques et médicaux sur l'Hôtel national des Invalides, par M. F. Hutin. *Paris,* 1851, in-8°.

Description générale de l'Hostel Royal des Invalides, établi par Louis le Grand dans la plaine de Grenelle, près Paris, avec les plans, profils, élévations, coupes et appartenances (par de La Porte, publié par Le Jeune de Boulleneuve). *Paris, l'Auteur,* 1683, gr. in-fol., 18 pl. grav. par J. Marot.

Description historique de l'Hôtel royal des Invalides, par M. l'abbé Pérau; avec les plans, coupes, élévations géométrales de cet édifice, et les peintures et sculptures de l'église, dessinées et gravées par le sieur Cochin. *Paris,* 1756, in-fol.

Description de l'Hôtel royal des Invalides, précédée de quelques réflexions historiques sur ce monument, depuis sa fondation jusqu'à nos jours, et ornée de trois gravures. Publiée avec l'autorisation de S. Exc. le ministre de la guerre. *Paris,* 1823, in-8°.

La troisième édition de cet ouvrage, parue en 1841, est suivie de quelques détails sur la translation des cendres et le tombeau de Napoléon. *Paris,* 1841, in-12.

Description de l'Hôtel royal des Invalides. *Paris,* 1846, in-12.

Hôtel impérial des Invalides. Salle du Conseil. Portraits des maréchaux de France et des gouverneurs de l'Hôtel, ornant la salle. *Paris.* 1855, in-16.

Devis des ouvrages de maçonnerie qu'il convient de faire à neuf, à l'Hôtel royal des Invalides, pour construire et élever la grande église que l'on désire faire bâtir audit Hôtel, suivant le présent devis, depuis le dessus des fondations que l'on fait présentement jusques après le dessus de la première grande corniche du devant de ladite église, sur laquelle les arcs et voûtes d'icelle église prendront leurs naissances et premières retombées. *S. n. d. l. n. d.,* in-fol.

Avis au public. Statues en plâtre qui ont décoré les chapelles du dôme de l'Hôtel royal des Invalides, à vendre. *Paris,* 1788, in-4°.

L'Eglise royale des Invalides, recueil d'estampes dessinées et gravées d'après les tableaux originaux peints à fresque au dôme et aux chapelles de cette église, avec les ornements qui les accompagnent, et une explication de chaque tableau. *Paris, s. d.,* gr. in-fol.

Recueil factice conservé à la réserve de la Bibliothèque impériale.

Description de la nouvelle église de l'Hôtel royal des Invalides, avec un plan général de l'ancienne et de la nouvelle église, par M. Félibien des Avaux. *Paris*, 1706, 2 vol. in-12.

Description de l'Église royale des Invalides, par J. Fr. Félibien. *Paris*, 1702, in-fol. et 2 vol. in-12.

Description du Dôme des Invalides, par le même. *Paris*, 1706, in-fol.

Notice sur l'église Saint-Louis-des-Invalides, par Charles de Riancey. *Paris*, 1843, in-8°.

Extrait des « *Églises de Paris* ».

Description de l'intérieur de l'Hôtel des Invalides et du tombeau de Napoléon. *Paris*, 1853, in-16.

Description de l'Hôtel impérial des Invalides et du tombeau de l'empereur Napoléon Ier (par le colonel Gérard), publiée avec l'autorisation spéciale du ministre de la guerre. *Paris*, 1853, in-12, 1855 et 1863, in-18.

Description du tombeau de l'Empereur, précédée d'une notice sur l'Hôtel des Invalides; par J. Chautard et Th. Lejeune. *Paris*, 1853 et 1855, in-18.

Il existe un extrait de cette brochure publiée en 1854, in-8°.

Description des Invalides et du tombeau de Napoléon. *Paris*, 1855, in-8°.

Description of the imperial Hotel for Invalids an the tomb of Napoleon the first; by colonel Gerard. *Paris*, 1855 et 1856, in-18.

Chapelle Saint-Jérôme aux Invalides; par Ed. Aubert. *Paris*, 1841, in-8°.

Chapelle Saint-Jérôme aux Invalides. *Paris*, *s. d.*, in-12.

Description de la chapelle Saint-Jérôme aux Invalides. *Paris*, 1841, in-12.

Les Drapeaux des Invalides (Souvenirs de 1814), par Auguste Lallemand, archiviste honoraire aux Archives de l'Empire. *Paris*, 1864, in-12.

Chapelle Saint-Jérôme aux Invalides, où est exposé le Tombeau de Napoléon. *Paris*, 1841, in-12.

Le Tombeau de l'empereur Napoléon Ier, érigé dans l'église des Invalides, a donné lieu à un nombre considérable de descriptions plus ou moins complètes, je les indique ici dans l'ordre chronologique de leur publication :

Description du Tombeau de Napoléon le Grand, déposé dans la chapelle ardente de Saint-Jérôme, à l'Hôtel royal des Invalides. *Paris*, 1841, in-12.

Notice sur le tombeau de Napoléon, par Brd. Isabelle. *Paris*, 1841, in-8°.

Description du tombeau de Napoléon-le-Grand. *Paris*, 1841, in-12.

Le Tombeau de l'empereur Napoléon Ier, description raisonnée et détaillée. *Paris*, 1853, in-18.

Description en courant du tombeau de l'empereur Napoléon 1er. *Paris*, 1853, in-16.

Tombeau de Napoléon 1er, érigé dans le dôme des Invalides, par M. Visconti. *Paris*, 1853, in-18.

Le Tombeau de l'Empereur, précédé de Napoléon à Sainte-Hélène (par L. de Chaumont). *Paris*, 1853, in-4°.

A partir de la cinquième édition, cet ouvrage porte le titre suivant : la Description du tombeau de l'Empereur, précédée de Napoléon à Sainte-Hélène. *Paris*, 1853, in-8°.

Précis historique du tombeau de l'Empereur, dans l'église des Invalides. *Paris*, 1853, in-32.

La Description du tombeau de l'Empereur, suivie de fragments historiques (par L. de Chaumont). *Paris*, 1854, in-4°.

Tombeau de Napoléon-le-Grand dans le chœur de la chapelle des Invalides. *Paris*, 1855, in-fol. pl.

Das Grabmal Kaiser Napoleon's I, etc. *Paris*, 1855, in-16.

Description of the Emperor's tomb and of the Hotel des Invalides. *Paris*, 1855, in-12.

Description of the tomb of Napoleon, of the chapel and interior of the hospital of Invalides. *Paris*, 1855, in-8°.

Le Dôme des Invalides, ou Guide du Voyageur au tombeau de S. M. l'empereur Napoléon 1er, par Noël Santini et par J.-B. M. (Mesnard). *Paris*, 1855, in-12.

Le Tombeau de Napoléon 1er, notice par M. Albert Lenoir, orné de 43 gravures sur bois. *Paris*, 1855, in-4°.

Notice descriptive sur le tombeau de l'Empereur, avec détails historiques sur l'Hôtel des Invalides (par Léon de Chaumont). *Paris*, 1855, in-8°.

Hôtel impérial des Invalides. Description du tombeau de Napoléon 1er, par le colonel Gérard. *Paris*, 1855-1856, in-18.

Description du tombeau de l'Empereur, de l'Hôtel et de l'église des Invalides, par Noël Santini. *Paris*, 1846, in-16.

Le Tombeau de Napoléon 1er et son gardien, Noël Santini, suivi de quelques aperçus sur la restauration de l'Empire français et sur la naissance du prince impérial. *Paris*, 1856 et 1857, in-12.

Arrivée des cendres du comte maréchal Bertrand, pour être déposées aux Invalides. *Paris*, 1847, in-fol. pl.

Translation et arrivée des cendres du comte maréchal Bertrand. *Paris*, 1847, in-12.

Translation des restes mortels du général comte Bertrand. *Paris*, 1847, in-fol., pl.

Oraison funèbre de très-haut puissant seigneur, messire Michel Le Tellier, chevalier, chancelier de France, prononcée dans l'église de l'Hôtel royal des Invalides, le 22e jour de mars 1686. par Fléchier, abbé de Saint-Severin. *Paris*, 1686, in-4°.

Oraison funèbre de très-haut, très-puissant seigneur, Charles-Louis-Auguste Fouquet de Belle-Isle, duc de Gisors, pair et maréchal de France, etc., etc., etc.; prononcée dans l'église de l'Hôtel royal des

Invalides, le 10 avril 1764, par le R. P. de Neuville, de la Compagnie de Jésus. *Paris,* 1761, in-4°. (Bibl. Maz., n° 10371 Q.)

Péroraison du sermon prêché par l'abbé de Petity, en l'église de l'Hôtel royal des Invalides, le mercredi des Cendres, 23 février 1757. *S. n. d. l. n. d.,* in-4°.

L'Adoration perpétuelle du Très-Saint Sacrement de l'autel établie en l'église de l'Hôtel des Invalides. *Paris,* 1729, in-16, fig.

L'Eglise des Invalides, poëme de Beloc, valet de chambre ordinaire du roi. *Paris,* 1702, in-fol.

Voyez le *Magasin pittoresque,* tome I, p. 11; tome V, p. 287; tome VI, p. 33 et suiv.; tome X, p. 62.

COUVENT DES AUGUSTINES DU VERBE INCARNÉ

DEPUIS

ABBAYE DES BERNARDINES DE PANTHEMONT

⁴⁴ Les religieuses du Verbe incarné et du Très-Saint-Sacrement s'établirent à Paris, dans une maison dépendante de l'Hôpital général. Elles se destinaient à l'éducation des jeunes filles. En 1643, elles obtinrent des lettres patentes et le prieur de Saint-Germain-des-Prés bénit leur chapelle et les introduisit dans leur monastère le 4 janvier 1644. Supprimées à cause de l'insuffisance de leurs revenus, les religieuses du Verbe incarné furent transférées à la place du Puits-l'Ermite, dans une maison dite la Crèche. Leur maison retourna à l'Hôpital général, qui la retrocéda, en août 1672, aux religieuses de Panthemont, dont l'abbaye, située près de Beauvais, avait été presque détruite par les inondations.

Le 15 février 1790, Jacques-François Frenelet, proviseur du collége de Saint-Bernard et directeur de l'abbaye royale de Panthemont, déclara au nom du couvent que le monastère était composé de dix-sept religieuses de chœur et de dix sœurs converses, que les revenus de ladite abbaye se montaient à 57,821 livres 1 sou (1° biens-fonds de terre, 7,919 l.; 2° cens et rentes seigneuriales, 500 l.; rentes, 12,370 livres, 1 sou; rentes sur particuliers, 1,840 l.; loyer des appartements, 6,200 l.; loyer des tribunes et des chaises, 1,170 livres; loyer des appartements de l'intérieur de la clôture, 15,822 l.; pension accordée par Louis XV, 12,000 liv.), tandis que les charges n'étaient que de 29,459 liv. 6 s. 8 den.

Devenu propriété nationale, le couvent fut vendu en partie les 29 prairial an XI (18 juin 1803) et 25 frimaire an XII (17 décembre 1803), à la charge par les acquéreurs de fournir les terrains nécessaires à l'ouverture d'une rue. La portion de la rue de Bellechasse, comprise entre les rues Saint-Dominique et de Grenelle, fut en effet ouverte vers 1805, sur l'emplacement des terrains provenant de l'abbaye de Panthemont et du couvent de Bellechasse.

Le surplus du domaine invendu fut conservé par l'Etat, et transformé en caserne, qu'occupèrent successivement la garde impériale, les gardes du corps, la cavalerie de ligne, et enfin les cent-gardes. Après avoir longtemps servi de magasin et de dépôt de fournitures militaires, l'église, qui avait été reconstruite en 1755, a été affectée au culte protestant.

La paroisse protestante de Panthemont comprend toute la portion de l'ancien Paris sur la rive gauche, jusqu'aux boulevarts extérieurs.

BIBLIOGRAPHIE

MANUSCRITS

Les documents relatifs aux couvents du Verbe-Incarné et de Panthemont sont conservés aux archives de l'Empire dans les sections historique et administrative.

Dans la section administrative, il y a huit cartons et cinq registres.

Le premier carton (S. 4499) renferme des pièces concernant les biens, cens et rentes que l'abbaye de Panthemont possédait à Oudeuil, Bicourt et Pisseleux, près Beauvais, aux environs de Beauvais, dans la prairie de Frocourt, aux baux généraux et particuliers des biens de l'abbaye; le second (S. 4500) des documents relatifs au droit de censive de l'abbaye sur le terroir et fief de la chapelle Saint-Pierre; le troisième (S. 4501) les titres des fief et seigneurie de Blincourt, les documents relatifs à la translation de l'abbaye de Panthemont à Paris, les titres de l'immeuble de la rue de Grenelle où les religieuses s'établirent; le quatrième (S. 4502) les titres de rentes faites par l'abbaye de maisons situées à Beauvais, et de pièces de terre situées dans les environs, à Marissel, au Champ du Tillé, à Saint-Remy-en-l'Eau, Saint-Symphorien, Troissereux, Moysmont, Goincourt, Laversines, la rivière d'Avalon, la forêt de Bray; le cinquième (S. 4503) des titres de rentes foncières sur la terre de Lihu, sur les vignes du ı arris de Saint-Jean, près Beauvais; sur Fleuquières, entre Ham et Saint-Quentin; sur le moulin de Milly, près Clermont en Beauvoisis; à Incourt, près La Rocheguyon; au terroir d'Argenlieu, près Clermont; à Troussancourt, Savegnies, Montgommery; le sixième (S. 4504) des documents relatifs à l'établissement d'un couvent de religieuses de Saint-Bernard à Argenteuil, l'union du prieuré des bénédictines d'Argenteuil à l'abbaye de Panthemont, en 1745; le septième (S. 4505) des déclarations et états des biens de l'abbaye de Panthemont, des pièces relatives aux constructions faites dans cette abbaye en 1783, des mémoires d'ouvriers, de fournisseurs, des quittances des rentes constituées; le huitième (S. 4506) des pièces de comptabilité et actes administratifs faits par le département de Paris depuis la suppression des maisons religieuses.

Le premier registre (S. 4507) est un recueil de titres, papiers et autres renseignements concernant le temporel de l'abbaye, dressé en 1736; le second (S. 4508) est un inventaire général des titres de l'abbaye, en 1754; le troisième (S. 4509) est un cueilloir des fiefs et seigneuries situés à Oudeuil, Blicourt, Pisseleux, en 1750; le quatrième (S. 4510) est un terrier de la seigneurie de la Chapelle Saint-Pierre fait en 1787; le cinquième (S. 4511) un terrier démonstratif de ladite terre et seigneurie.

Sous la cote H. 4036-4038, on a réuni dans un carton et deux registres des titres de rentes, des comptes, etc., etc.

Un carton coté L. 773 renferme quelques pièces relatives aux religieuses du Verbe incarné.

Un registre côté LL. 1638 contient l'inventaire des titres des augustines du Verbe incarné de la rue de Grenelle, de 1631 à 1669.

Un carton coté L. 1032 renferme : des pièces relatives à l'union du prieuré des bénédictines d'Argenteuil à l'abbaye de Panthemont, en 1745 ; des pièces concernant la translation de l'abbaye, de Panthemont à Paris ; des pièces de procédure relatives à un procès mû entre cette abbaye et les habitants de Sainte-Geneviève, près Beauvais ; un recueil de chartres des XIIIe et XIVe siècle concernant les dîmes d'Auvillers, Bellencourt, Moymont, Sainte-Geneviève, Villers, près Soisy.

Un registre coté LL. 1607 renferme les délibérations capitulaires de l'abbaye de Panthemont, de 1745 à 1746.

IMPRIMÉS

Mémoire instructif, touchant les violences qui ont esté faites aux religieuses du monastère du Verbe incarné, établi rue de Grenelle, au fauxbourg Saint-Germain-des-Prez de cette ville de Paris. *S. n. d. l. n. d.* (1672), in-4°. (Arch. de l'Emp., L. 773.)

Recueil curieux et édifiant sur les cloches de l'église, avec les cérémonies de leur bénédiction, à l'occasion de celle qui fut faite à Paris, le jeudi 3 juin 1756, à l'abbaye de Panthemont, et le mardi 14 septembre suivant, à l'Abbaye aux Bois (par Dom Remi Carré). *Cologne,* 1757, in-12.

RELIGIEUSES DE LA VISITATION

[46] Ce couvent des visitandines fut fondé en 1660, rue Montorgueil, grâce aux libéralités du comte d'Enfreville-Cizei, président à mortier au parlement de Normandie, et de sa femme. Les religieuses achetèrent, en 1673, une autre maison rue du Bac, où elles se transportèrent. Elles

revendirent leur ancienne demeure de la rue Montorgueil le 8 mars 1720, et en 1775, elles élevèrent une nouvelle église, dont Marie-Antoinette posa la première pierre. Au moment de la Révolution elles étaient au nombre de cinquante deux : trente-cinq sœurs vocales, quatre sœurs tourières, et treize autres sœurs. A cette époque les charges (43,810 livres) dépassaient les revenus (43,636 liv.) de 174 livres, d'après la déclaration faite au nom de la communauté, le 13 février 1790, par Jacques-François de Machy, maître en pharmacie.

Devenu propriété nationale, le couvent fut vendu le 5 thermidor an IV (23 juillet 1796), à la charge par l'acquéreur d'ouvrir sur l'emplacement deux rues, dont l'une devait aller de la rue du Bac à la rue de Bellechasse, et l'autre de la rue de Grenelle à la rue Saint-Dominique. L'adjudicataire ne remplit qu'à moitié les conditions qui lui étaient imposées, il ne fit ouvrir la première (rue des Dames-de-la-Visitation-Sainte-Marie) que du côté de la rue de Grenelle, et la seconde (passage Sainte-Marie-Saint-Germain) que du côté de la rue du Bac.

BIBLIOGRAPHIE

MANUSCRITS

Les documents conservés aux Archives de l'Empire, sur les Dames de la Visitation sont peu nombreux.

Il y a un carton dans la section historique, et trois cartons dans la section administrative.

Le carton de la section historique (L. 1079) ne renferme que des titres de rentes sur l'Etat et des documents sur les religieuses annonciades de Paris.

Le premier carton de la section administrative (S. 4785) contient la déclaration de 1790, les titres de fondation du monastère rue Montorgueil, les titres d'acquisition et de propriété de la maison conventuelle de la rue du Bac, l'acte de vente de la maison de la rue Montorgueil, les titres de la concession d'eau; le second (S. 4786), des baux d'appartements dans l'intérieur du monastère, des baux de maisons situées rues Saint-Dominique, du Bac, des quittances de boues et lanternes, des titres de rentes, des pièces relatives à la mitoyenneté des murs des maisons appartenant à ce monastère, des déclarations de biens et revenus; le troisième (S. 4787), des pièces de procédure, les titres de propriété de la maison située rue de Grenelle où demeuraient les visitandines.

Dans la série H, sous les cotes H. 4193 à 4197, on a réuni cinq registres des comptes des années 1740 à 1790, et sous la cote H. 4214, des titres de rentes de 1736 à 1775.

COMMUNAUTÉ DES FILLES ORPHELINES

[47] Ce n'est pas en 1680, comme le dit Lebeuf, mais en 1648, que l'abbé Olier commença à réunir les orphelines de sa paroisse. Les filles furent placées d'abord dans une maison de la rue de Grenelle, donnée au mois de novembre 1656, par M. de Baussancourt, et ensuite dans une maison de la rue du Petit-Bourbon, donnée par Mᵉ de Lesturgeon. Enfin, en 1678, M. Raguier de Poussé réunit les enfants dans une maison de la rue du Vieux-Colombier, qui prit le titre de : *Maison de la Mère de Dieu, pour les pauvres enfants orphelins de la paroisse Saint-Sulpice.* Cet établissement, qui fut confirmé par lettres patentes du mois de mai 1678, enregistrées au parlement, le 24 mars 1679, avait une chapelle sous le titre de l'Annonciation.

Supprimée en 1790, la Maison de la Mère de Dieu fut occupée dans la suite par des sœurs de charité, et transformée depuis 1813 en une caserne de pompiers.

BIBLIOGRAPHIE

MANUSCRITS

On trouve dans un carton de la section administrative (S. 7049), aux Archives de l'Empire, huit dossiers de procédure, à la requête des administrateurs des orphelins de la paroisse Saint-Sulpice, au nom et comme tuteurs de trois enfants mineurs.

Un carton de la section historique (L. 770) renferme quelques pièces relatives à deux maisons de la rue de Grenelle, données aux orphelins par M. de Baussancourt.

COLLÉGE DU MANS

[48] Ce collége, dont j'ai déjà parlé dans le tome II de cette Histoire, p. 39 et suiv., a été transféré rue d'Enfer, en 1683, et non en 1662. Il a été réuni à l'Université en 1764. Je renvoie au tome II, en ajoutant que, dans la série H, aux Archives de l'Empire, on conserve sous la cote H. 2546, 2560, 2889 et 2894, des titres de rentes, bourses, comptes, etc., de 1764 à 1793, relatifs au collége du Mans. Les documents ne m'ayant point été signalés, alors que je m'occupais de cet établissement, j'ai cru devoir les mentionner ici.

COMMUNAUTÉ DU BON-PASTEUR

[10] Cette communauté de Filles Pénitentes a été fondée par le sulpicien François Traullé et une protestante qui avait abjuré, Marie-Madeleine de Ciz, dame de Combé. L'origine est antérieure à l'année citée par Lebeuf, mais ce n'est que le 15 mars 1688, que le roi Louis XIV contribua à cet établissement, en lui donnant une maison confisquée sur un protestant, retiré à Genève. Des acquisitions successives conclues le 28 avril 1689, le 15 mars 1697, le 14 janvier 1713 et la donation faite par Traullé, d'une autre maison contiguë aux immeubles achetés précédemment, permirent à la communauté de s'agrandir, et lorsqu'elle reçut les lettres patentes de confirmation, au mois de juin 1698, elle renfermait déjà deux cents filles repenties.

Le 27 février 1790, Claude-Charles Pointard, avocat au parlement, déclara, au nom de Rose-Marie Perrines de Gènes de Volambère, supérieure de la communauté des Filles du Bon-Pasteur, que les revenus montaient à 24,983 liv. 7 s. 10 den., et que les charges étaient de 10,165 livres 17 sous.

L'actif l'emportait donc sur le passif de 14,817 liv. 10 s. 10 den.

Devenus propriété nationale, les bâtiments de cette communauté servirent longtemps de dépôt au service de la manutention des vivres de la guerre. Ils ont été démolis, et on a élevé sur leur emplacement une prison, qui porte aujourd'hui le n° 38 de la rue.

BIBLIOGRAPHIE

MANUSCRITS

Les documents sur la communauté du Bon-Pasteur, conservés aux Archives de l'Empire, sont en très-petit nombre.

Dans la section administrative, il y a deux cartons (S. 4645-4646) dans lesquels on a réuni les baux de maisons appartenant à la communauté, des titres de propriété et contrats d'acquisition, la déclaration de 1790.

Sous la cote H. 4210, on a réuni les titres de rentes et des quittances de 1714 à 1792.

COUVENT DES CARMÉLITES

[50] Les carmélites de Sainte-Thérèse de Jésus avaient établi en 1656, rue du Bouloi, une maison de retraite, qui ne devait servir qu'aux religieuses du couvent de Notre-Dame-des-Champs et dans laquelle on ne

recevait ni professes ni novices. Des lettres patentes du mois de décembre 1663 érigèrent cette maison de refuge en couvent de Carmélites indépendantes du monastère de Notre-Dame-des-Champs, et la reine, qui avait favorisé cette nouvelle érection, posa la première pierre de l'église le 20 janvier 1664. Le peu d'étendue de ce couvent engagea les religieuses à choisir une demeure plus vaste. Elles achetèrent en 1687 une maison sise rue de Grenelle, et vinrent l'habiter immédiatement. Elles étaient au nombre de quarante (trente-deux de chœur et huit converses). Leurs revenus étaient assez considérables[1]. D'après la déclaration faite le 22 février 1790, par leur fondé de pouvoir, Jean-Louis Maury, avocat au parlement, on voit que leurs recettes montaient à 62,235 liv. 3 s. 6 den., et que leurs dépenses étaient de 18,764 liv. 4 s.

Les carmélites avaient envoyé à la Monnaie la plus grande partie de leur argenterie, qui pesait 81 marcs 3 onces 6 deniers.

Le 14 septembre 1792, deux commissaires vinrent signifier aux religieuses le décret d'expulsion. La supérieure divisa la communauté en six résidences composées chacune de cinq ou six personnes, mettant à la tête de chaque groupe une présidente qui devait correspondre avec elle. Mais la peur, l'exil, l'émigration, l'arrestation et même la mort de plusieurs des religieuses, rompirent cette association secrète. C'est dans le groupe de la rue Mouffetard que se trouvait la sœur Thérèse-Françoise-Camille de l'Enfant-Jésus, plus connue sous le nom de Mme de Soyecourt, qui rétablit le couvent des carmélites après la Révolution. (Voyez plus haut p. 242.)

Devenu propriété nationale, le couvent de Bellechasse servit de caserne à la garde des Consuls et de dépôt de fourrages. Sur les terrains vendus les 3, 4 et 9 juin 1828, on a ouvert la rue de Martignac.

BIBLIOGRAPHIE

MANUSCRITS

J'ai déjà indiqué dans le courant de cet ouvrage les documents relatifs aux carmélites (tome II, page 164). Je ne parlerai ici que des pièces concernant les carmélites de la rue de Grenelle, elles se trouvent dans deux cartons de la section administrative.

Le premier carton (S. 4652) renferme des titres de propriété de maisons, sises rues du Bouloi, Coquillière, et du monastère de la rue de Grenelle, des lettres d'amortissement, des procès-verbaux d'alignements, des legs et donations, des titres nouvels, les déclarations de revenus en 1732

---

[1] Voici le détail des recettes : biens-fonds dans Paris, 47,082 liv.; biens à Saint-Ouen, 240 liv.; rentes, 8,301 liv. 3 s. 6 den.; gratification accordée par le roi, 6,000 liv.; payé pour les frais de médicaments, 100 liv.; indemnité de l'affranchissement du vin, 512 liv.

et en 1790; le second (S. 4653), les baux de trois maisons, sises rue du Bouloi, et qui ont été abattues pour former les bâtiments des fermiers des messageries en 1777, appartenant aux carmélites de la rue de Grenelle, les titres de plusieurs maisons de la rue de Grenelle, de la rue Croix-des-Petits-Champs, des baux, des quittances de droits d'amortissement, des états de dépenses et de revenus, des devis et marchés, des quittances de boues et lanternes.

On a réuni dans la série H., sous les cotes H. 4203-4204, des comptes de l'année 1667 à 1777.

IMPRIMÉS

Vie de Madame de Soyecourt, carmélite, et notice sur le monastère dit de Grenelle, fondation royale de Marie-Thérèse (1664), par l'auteur des Mois du Sacré-Cœur. *Paris*, 1851, in-12.

Panégyrique de Sainte-Thérèse, prononcé devant la reine, en l'église des carmélites de la rue du Boulloy. *Paris*, 1678, in-4°. (Bibl. Maz., n° 10370 Z[16].)

Oraison funèbre de Marie-Térèse d'Austriche, infante d'Espagne, reyne de France et de Navarre, prononcée dans l'église des carmélites de la rue du Bouloy, le 20 décembre 1683, par M. des Alleurs, abbé de la Reau., etc. *Paris*, 1684, in-4°. (Bibl. Maz., n° 10370 T.)

PRIEURÉ DES BÉNÉDICTINES DE NOTRE-DAME-DES-PRÉS

[51] La date de 1689 donnée par Lebeuf n'est pas exacte. Fondé à Mouzon, en Champagne, le couvent fut, à cause des guerres, transféré en 1638 à Picpus. Retournées en 1640 à Mouzon, les religieuses y restèrent jusqu'au moment où les fortifications de cette ville furent démantelées. Grâce à une seconde permission, elles s'établirent en 1675, rue du Bac. En 1685, elles étaient rue du Champ-de-l'Alouette, où on leur bénit une chapelle, et le 28 mai 1689, elles acquirent une maison de la rue de Vaugirard, qu'elles furent obligées, un demi-siècle après, d'abandonner, à cause de leur pauvreté. Les dix religieuses qui restaient furent transférées en 1739, dans d'autres monastères. Le 18 avril 1741, l'archevêque décréta la suppression du monastère, et les corps des religieuses qu'on y avait enterrés furent transportées, au mois d'août suivant, dans un caveau de la croisée méridionale de l'église Saint-Sulpice.

BIBLIOGRAPHIE

MANUSCRITS

Le carton de la section historique, cote L. 772, aux Archives de l'Empire, contient un dossier relatif au prieuré de Notre-dame-des-Prés. Ce dossier renferme des procès-verbaux de visites, des examens de reliques et une correspondance.

SÉMINAIRE DE SAINT-PIERRE & SAINT-LOUIS

[52] La date donnée par Lebeuf est fausse. Ce n'est pas en 1696, mais bien en 1687, que le séminaire de Saint-Louis fut établi rue d'Enfer. Il avait été auparavant installé rue du Pot-de-Fer, dans une maison qui appartenait à François Pingré, sieur de Farinvilliers. Les lettres patentes de confirmation sont du mois de décembre 1696. La première pierre de la chapelle fut posée par le cardinal de Noailles en 1703. Les membres de ce séminaire, fondé par François de Chansiergues, jouissaient d'une maison de campagne à Gentilli, qui leur avait été donnée par le curé de Saint-Jacques-la-Boucherie, M. de Marillac.

Le 26 février 1790, Pierre Poursat, prêtre du diocèse de Limoges, procureur, et l'un des directeurs du séminaire de Saint-Pierre et Saint-Louis, établi rue d'Enfer, déclara que les revenus[1] consistaient en une somme de 10,105 liv. 6 s. 6 den., et que les charges se montaient à 17,520 liv. 2 s. 1 den. Les dettes actives étaient considérables; on devait au séminaire 37,151 liv. 6 s. 11 den., et il ne devait que 10,655 liv. 17 s. 10 den.

La bibliothèque du séminaire fut remise à Ameilhon, le 3 septembre 1791.

Le séminaire, devenu propriété nationale, fut affecté d'abord à la première usine d'éclairage au gaz qu'ait eu Paris, puis à une caserne d'infanterie. Il a été démoli en 1853.

BIBLIOGRAPHIE

MANUSCRITS

Il y a peu de documents manuscrits sur ce séminaire.

Aux Archives de l'Empire, il y a un carton dans la section administrative (S. 6853) qui renferme la déclaration de 1790, des titres de rente, des titres de propriété d'une maison rue d'Enfer, acquise en 1783, les titres de la maison de campagne de Gentilli, des quittances et les documents relatifs au terrain sur lequel a été élevé le séminaire, deux registres de comptes de 1720 à 1790 (H. 3290-3291), et quatre registres dans la section historique qui renferment les noms des séminaristes de 1727 à 1790 (MM. 495), les noms des pensionnaires de 1784 à 1788 (MM. 496), les avances faites à divers de 1719 à 1789 (MM. 497), un état des débiteurs de 1713 à 1783 (MM. 498).

Un manuscrit de la bibliothèque de l'Arsenal (n° 11 ᵛ, jurisp. in-8°), intitulé : Règlements observés dans le séminaire de la Providence, est autrement Saint-Louis, institués par feu M. François Chansiergue, avec la vie de l'instituteur.

---

[1] Fermage de terres labourables à Chevreuse, 50 liv. 10 s.: rentes sur maison audit lieu, 50 liv.; rentes diverses, 10,004 liv. 16 s. 6 d.

IMPRIMÉS

Mémoire instructif pour servir dans la cause de Charles-Antoine Arnould, ecclésiastique, cy-devant procureur et économe du séminaire S. Louis à Paris, et demandeur, contre messieurs Antoine de Lanzy, docteur en théologie, curé de S. Jacques-de-la-Boucherie, à Paris, supérieur en chef dudit séminaire S. Louis, et Jean de Layrac, docteur en théologie, licencier en droit, aussi directeur du même séminaire, deffendeur. *S. n. d. l. n. d.*, in-4°. *Paris.* (Bibl. Maz., n° 10918 [101].)

COMMUNAUTÉ DES FILLES DE SAINTE-THÈCLE

[53] Les Filles de Sainte-Thècle, qui s'appelaient d'abord Filles de Saint-Sulpice, instruisaient les jeunes filles, recevaient les servantes sans place et tenaient quatre écoles gratuites pour la paroisse. La date donnée par Lebeuf est fausse. Ces religieuses demeuraient déjà rue de Vaugirard en 1678, et l'année 1700, indiquée par Lebeuf, est celle de l'acquisition d'une autre maison de la même rue, dans laquelle ces religieuses entrèrent à la place des Filles de la Mort, que le sulpicien de Mony y avait installées vers 1660, et qui ne tardèrent pas à être supprimées.

Les Filles de Sainte-Thècle furent elles-mêmes contraintes de vendre leur maison, pour payer les dettes qu'elles avaient contractées. Le curé de Saint-Sulpice, Languet, acheta leur maison, le 18 juin 1720, dans l'intention d'y placer les orphelins de sa paroisse; mais il changea de projet, et l'ancienne demeure des Filles de Sainte-Thècle fut louée au profit de ces orphelins à différents particuliers.

COMMUNAUTÉ DES FILLES PÉNITENTES
DE
SAINTE-VALÈRE

[54] Cette communauté, due au dominicain Daure, s'installa en 1706 dans une maison construite à cet effet sur un terrain acheté le 30 avril 1704. L'établissement, qui renfermait cinquante-quatre personnes environ, avait été confirmé par lettres patentes du 3 septembre 1717.

A la Révolution, Joseph Brochier, maître en chirurgie, déclara, le 26 février 1790, au nom de Thérèse Beaulieu, religieuse hospitalière de Saint-Thomas de Villeneuve et supérieure de la communauté de

Sainte-Valère, que les revenus de cette maison religieuse étaient de 13,337 liv. 18 s. [1], et les charges de 1,964 liv. 10 sous.

Devenu propriété nationale, le couvent fut vendu les 3 et 8 floréal an III (22 et 27 avril 1795). L'église, qui n'avait pas été abattue, devint, en 1802, la troisième succursale de Saint-Thomas d'Aquin. En 1837, on la démolit, et on transféra le titre parrochial dans une maison de la rue de Bourgogne, dont le rez-de-chaussée fut transformé en chapelle. Cette église n'a été fermée qu'en 1857, au moment de l'ouverture de l'église Sainte-Clotilde.

BIBLIOGRAPHIE

MANUSCRITS

Il y a très-peu de documents, aux Archives de l'Empire, sur les filles de Sainte-Valère.

Un carton de la section administrative (S. 4775) renferme la déclaration de 1790, des titres de propriété et des baux à loyer. Dans la série H, on a conservé, sous la cote 4178 et 4179, deux registres de comptes des années 1777 à 1792.

Dans la section historique, on trouve des contrats de rente dans un carton coté L. 776.

IMPRIMÉS

Souvenirs de conférences, par Landrieux, curé de S. Valère. *Paris*, 1844, 2 vol. in-12.

ÉGLISE DE SAINTE-CLOTILDE

En parlant du couvent des chanoinesses du Saint-Sépulcre, j'ai dit que c'était sur une partie de l'emplacement occupé jadis par cette communauté qu'on a construit l'église de Sainte-Clotilde.

Le faubourg Saint-Germain, que l'on peut considérer à juste titre comme le quartier le plus religieux de Paris, était précisément celui où les églises se faisaient remarquer par l'exiguïté de leur étendue et la petitesse de leur dimension. Sainte-Valère, succursale de la paroisse

---

[1] Le total des recettes donné par le mandataire du couvent est de 13,292 liv. 18 s., mais c'est une erreur. Les rentes sur la ville, 5,138 liv. 18 s., le loyer d'une maison, 4,400 liv., la location des tribunes, 720 liv., des rentes sur particuliers, 3,034 liv., et une action de la Compagnie des Indes, 45 liv., donnent bien un total de 13,337 liv. 18 s. Il est probable que le mandataire des religieuses aura omis dans son compte les 45 liv. de l'action de la Compagnie des Indes.

de Saint-Thomas d'Aquin, était la plus petite chapelle de Paris, et indigne, à tous les points de vue, du titre d'église paroissiale qui lui était donné. La nécessité de remplacer cet oratoire par un monument plus en harmonie avec la majesté du culte et les besoins de la population, décida, en 1825, l'administration municipale à élever un temple sur la place Bellechasse. En 1827, il fut arrêté que l'église serait placée sous l'invocation de saint Charles, patron du roi, et que l'on commencerait les travaux. Ce projet, inexécuté, fut repris par M. de Rambuteau, qui en confia l'exécution, en 1839, à M. Gau, connu par son *Voyage en Nubie* et sa restauration de Saint-Julien-le-Pauvre. Cet architecte soumit alors un plan, qui fut adopté malgré l'opposition du conseil des bâtiments civils. Une somme de quatre millions fut votée par le conseil municipal pour la construction de cette église, et l'adjudication des travaux eut lieu à l'Hôtel de ville, le 17 août 1846.

Cette église devait être appelée alors Sainte-Amélie, en l'honneur de la reine des Français, mais cette vertueuse princesse préféra que le titre de Sainte-Clotilde lui fût donné.

Construit en pierre dure tirée des carrières de Châtillon-sur-Seine, en Bourgogne, l'édifice présente, d'après M. Gilbert, les proportions suivantes :

	Mètres.
Longueur dans œuvre............................	95.00
Largeur totale entre les murs latéraux des bas-côtés....	27.00
Largeur de la nef et du chœur d'un mur à l'autre......	10.20
Longueur de la croisée ou transept..................	34.40
Hauteur des voûtes des bas-côtés..................	12.25
Hauteur des grandes voûtes de la nef et du chœur....	26.00
Hauteur des tours avec leurs flèches, depuis le sol de la place jusqu'à leur extrémité........................	75.00
Largeur de la façade principale.....................	29.70
Superficie intérieure de l'église....................	2082.00

Dans son ensemble, cet édifice se compose d'une façade principale percée de trois grandes portes ou portails donnant entrée à un vestibule ou porche, qui sert de pronaos à l'Église, à laquelle on monte par un perron composé de neuf marches. Cette façade présente au-dessus des portes latérales, au bas de chacune des tours, deux fenêtres géminées et le portail du milieu une grande rose à compartiments trilobés. Deux tours surmontées de flèches en pierre et percées sur chacune de leurs faces de fenêtres géminées, s'élèvent au-dessus des portiques latéraux et complètent d'une manière satisfaisante cette grande façade déjà élevée jusqu'à la naissance des flèches. Sur les faces latérales de cet édifice, disposé en forme de croix latine, se répète le même système de fenêtres géminées pour éclairer les bas-côtés, et d'un autre rang de grandes fenêtres également géminées, disposées dans la partie supérieure de l'édifice pour jeter de la lumière dans la nef et le chœur.

L'intérieur de cette église présente une vaste nef, accompagnée de chaque côté d'une nef latérale plus étroite, éclairée de fenêtres géminées trilobées qui sont vitrées en verre peint. La nef n'a d'autres chapelles que celles des fonts baptismaux et des morts, situées à l'entrée de droite et de gauche. Les extrémités du transept n'offrent aucune grande issue, ni porches à l'extérieur, et sont closes d'un mur percé d'une fenêtre géminée, au-dessus de laquelle s'ouvre une grande rose à compartiments en pierre qui est ornée de vitraux peints; ces deux parties du transept sont destinées à recevoir des chapelles appliquées au mur oriental; en face sont placés des confessionnaux.

' Le chœur, dont l'abside est de forme pentagonale, offre un vaste espace pour la célébration des offices. Il est entouré d'un bas-côté et d'un rang de cinq chapelles demi-circulaires et rayonnant dans son pourtour, ainsi qu'à Saint-Germain-des-Prés, qui a servi en quelque sorte de type pour la disposition du plan. De grands espaces ont été réservés de chaque côté des nefs latérales du chœur pour y établir la sacristie, le revestiaire des chantres, et autres dépendances, telles qu'une salle pour les catéchismes, une autre pour les assemblées de fabrique et une pour les mariages.

Avouons, en terminant, qu'il faut oublier les beaux modèles que nous a légués le moyen âge, pour admirer cette église, qui n'est qu'une triste contrefaçon des monuments auxquels on a voulu qu'elle ressemblât.

L'église Sainte-Clotilde a été consacrée par le cardinal Morlot, le 30 novembre 1857. La circonscription a été réglée ainsi qu'il suit, par décret du 22 janvier 1856 :

Quai d'Orsay; rue du Bac, côté pair; rue de Varennes, côté pair; boulevart des Invalides, côté est; rue d'Iéna, côté est, jusqu'au quai d'Orsay, point de départ.

BIBLIOGRAPHIE

IMPRIMÉS

Église de Sainte-Clotilde sur le terrain de Bellechasse, par A.-P.-M. Gilbert. In-8°.

Extrait de la *Revue archéologique*, tome VII, 1850-1851, p. 637.

Église Sainte-Clotilde de Paris, par Auguste Blanchot. *Paris*, 1857, in-8°.

Description de l'église Sainte-Clotilde. *Paris*, 1857, in-18.

N° 2. Album des Beaux-Arts. Les verrières de Sainte-Clotilde; rapport de M. Gendré, lu à la Société libre des Beaux-Arts, le 21 janvier 1857. *Paris, s. d.*, in-8°.

Vitraux de l'église Sainte-Clotilde, à Paris, photographiés par E. Baldus, d'après les cartons originaux de M. Auguste Galimard.... Compte-rendu extrait des journaux (par Ch. Desolme). *Paris*, 1854, in-18.

Panégyrique de sainte Clotilde, prononcé dans l'église de Sainte-Clotilde, à Paris, le 20 mai 1860, par M. l'abbé Henri Perreyve. *Paris*, 1860, in-8°.

FRÈRES DE SAINT-YON

[55] J'ai dit, page 142, en parlant de la communauté des filles séculières de Mlle Cossart, que les frères de Saint-Yon avaient acheté leur maison le 16 octobre 1722. Cette maison était située rue Notre-Dame-des-Champs, et non rue du Regard, comme le dit Lebeuf. Le transport de l'acquisition du 16 octobre 1722 fut fait aux frères de Saint-Yon de Rouen le 14 août 1725. Les frères des Ecoles chrétiennes, autrement dits de l'Enfant-Jésus, firent de leur nouvelle demeure le chef-lieu de leur institut et y établirent une école.

Le 8 février 1790, Charles-André-Joseph Lépine, dit frère Bertier, déclara, au nom du régime général de l'Institut des frères des Ecoles chrétiennes, que l'Institut avait 26,223 livres 19 sous 9 deniers de revenus, et jouissait d'une bibliothèque de 1,200 volumes. Quelques jours plus tard, le 27 février, le même frère déclara que la maison de la rue Notre-Dame-des-Champs était occupée par quatorze frères, que les revenus montaient à 2,524 livres 13 sous (loyer d'appartements dans la maison, 1,440 livres; rentes, 1084 livres 13 sous) et les charges à 2,500 livres.

Devenu propriété nationale, l'établissement des Ecoles chrétiennes de Saint-Sulpice fut transformé en maison particulière, puis démoli.

BIBLIOGRAPHIE

MANUSCRITS

Les documents relatifs aux frères de Saint-Yon et conservés aux Archives de l'Empire sont réunis dans un seul carton de la section administrative, coté S. 7046. Il renferme les titres de propriété d'une maison située rue Neuve-Notre-Dame, moyennant 6,000 livres, par les frères des Ecoles chrétiennes de la maison de Saint-Yon, à Rouen, d'anciens titres des créances déléguées sur le prix de la vente de la maison du Saint-Esprit, faite à la demoiselle Cossart par la veuve de Charles Le Fevre, par contrat du 1er avril 1658; des baux d'appartements dans la maison des Ecoles en 1766; un contrat de la donation faite le 30 septembre 1731, par Marie-Charlotte Dagarat, à l'Institut des frères des Ecoles chrétiennes de Saint-Yon, à Rouen, de la portion qui restait disponible du jardin de sa maison, rue de Vaugirard, qu'elle avait donnée avec le surplus dudit jardin à l'hôpital des pauvres enfants orphelins de la paroisse Saint-Sulpice, établi à Paris, rue du Vieux-Colombier, des titres de propriétés sises à Paris, Saint-Denis et Rouen, des actes et renseignements sur diverses fondations d'Écoles chrétiennes, et particulièrement sur celles de la paroisse Saint-Sulpice par Mgr le cardinal de Bissy et M. Dulau d'Allemant; des déclarations des biens et revenus des Ecoles chrétiennes de Saint-Sulpice et de la Madeleine, de la Ville-l'Évêque, de Fresnes et de Rungis, et autres actes administratifs de 1790 et 1791, des bulles et pièces imprimées.

COMMUNAUTÉ DE L'ENFANT-JÉSUS

AUJOURD'HUI

HOSPICE DES ENFANTS MALADES

[56] La maison royale de l'Enfant-Jésus avait été fondée par Languet de Gergy en 1718, et confirmée par lettres patentes du mois de décembre 1751, enregistrées le 24 juillet 1752. On y élevait des jeunes filles de la même manière qu'à Saint-Cyr. Le premier dessein qu'avait eu le fondateur de réunir les pauvres femmes et les filles malades de la paroisse dans cette maison, et de leur procurer de la nourriture et de l'ouvrage, fut également exécuté.

D'après la déclaration faite le 27 février 1790 par la supérieure, Marguerite des Molières, on voit que la communauté était composée alors de dix dames, dont deux novices et huit sœurs converses; que les revenus attachés à cette maison se montaient à la somme de 24,130 liv. 14 sous, et que les charges n'étaient que de 8,758 livres 3 sous 4 deniers.

Un rapport du 6 brumaire an III (27 octobre 1794), écrit d'une manière assez brutale, nous apprend que la maison de l'Enfant-Jésus était alors fermée.

« Cette maison ne pouvait subsister, elle a été détruite par le fait. Les ex-religieuses ont été mises en arrestation, ainsi que le citoyen Bro, le seul administrateur qui était resté; les filles nobles ont disparu.

« Le curé de Saint-Sulpice avait fait joindre à son nouvel institut, par forme de bienfaisance, une espèce d'atelier de filature destiné à recevoir des filles et femmes pauvres auxquelles on donnait la soupe, une livre et demie de pain et 3 sous par jour. Cette mesquine aumône a cessé par défaut de matière première et de fonds. Dans cet état de choses, le comité révolutionnaire de la section du Bonnet-Rouge a fait apposer les scellés sur la lingerie et la sacristie. »

Devenue, après la Révolution, propriété de l'administration de l'assistance publique, cette maison prit le nom d'Hôpital de l'Enfant-Jésus, et fut affectée spécialement au traitement des enfants des deux sexes de deux à quinze ans.

Grâce au legs considérable de M. Bilgrain, l'hospice des Enfants-Malades s'est considérablement agrandi. Il y a aujourd'hui six cent quatre-vingt-dix-huit lits : six cents pour la médecine et quatre-vingt-dix-huit pour la chirurgie.

BIBLIOGRAPHIE

MANUSCRITS

Il y a fort peu de documents manuscrits sur l'hospice des Enfants-Malades.

On trouve aux Archives un carton coté F¹⁵ 269, dans lequel on conserve un dossier de pièces de l'époque de la Révolution, relatives à cet établissement hospitalier, et le rapport du 6 brumaire an III, dont je viens de donner un extrait.

Le carton coté S. 7051 renferme la déclaration des biens en 1790, les lettres patentes d'établissement, etc.

IMPRIMÉS

Lettres patentes portant confirmation de l'établissement de la maison de l'Enfant-Jésus, à Paris. *Paris*, 1752, in-fol. de 8 pag. (Arch. de l'Emp., S. 7051 et F¹⁵ 269.)

SAINT-PIERRE DU GROS-CAILLOU

[57] L'étendue considérable de la paroisse Saint-Sulpice détermina l'abbé Olier à établir une succursale dans la partie la plus pauvre[1] et la plus éloignée de l'église. Il en éleva d'abord une dans le quartier de la Grenouillère, mais elle ne subsista pas longtemps, faute de revenus suffisants pour l'entretenir; il eut ensuite le dessein d'en construire une autre sous l'invocation de Notre-Dame de Bon-Secours, entre les rues de Grenelle et de Varennes. Son successeur, M. de Bretonvilliers, s'y

---

[1] D'après la déclaration faite par Bernardin Garat, curé du Gros-Caillou, le 27 février 1790, on voit que les revenus des pauvres de la paroisse se montaient à 4,761 liv. 18 s., mais que les charges étaient de 6,954 l. (Arch. de l'Emp., S. 3510.)

rendit processionnellement, le 14 septembre 1652, planta une croix au milieu du terrain et en bénit une partie, destinée à devenir un cimetière sous le nom de Sainte-Croix. Une chapelle fut érigée, et l'on y dit une messe basse tous les jours; mais la fabrique de Saint-Sulpice ayant été forcée de payer ses créanciers, la chapelle et le terrain furent vendus par arrêt du conseil du 12 mars 1686. Enfin, plusieurs années après ces tentatives, on décida l'érection d'une succursale, rue Saint-Dominique. Les lettres qui en ordonnent l'établissement sont du mois de février 1737, et la bénédiction du terrain fut faite par l'abbé Languet, le 27 janvier 1738. Le 19 mars suivant, la première pierre de l'édifice fut posée, et, le 11 août 1739, l'église terminée fut bénite. Quelques années plus tard (1753), le curé de Saint-Sulpice fit construire un bâtiment pour les catéchismes des garçons, où logeaient des frères des Écoles Chrétiennes, et, en 1762, il donna une autre maison aux sœurs de Charité, chargées de distribuer les aumônes et de tenir les écoles des filles.

L'année suivante, c'est-à-dire en 1763, on posa la première pierre de la nouvelle église, qui n'était pas encore terminée à la Révolution et dont les constructions inachevées furent démolies quelque temps après.

Cette église, bénite sous le titre de l'Assomption de la Sainte-Vierge, que les habitants nommaient Notre-Dame de Bonne-Délivrance, et qui s'appelait officiellement Saint-Pierre du Gros-Caillou, fut mise au nombre des paroisses conservées par la loi du 4 février 1791. Elle avait alors pour circonscription :

Barrière de la rue de Sèvres; les murs de ladite, jusqu'à la rivière; le bord de ladite jusqu'au quai de la Grenouillère; la place des Invalides, le boulevard à droite, jusqu'à la rue de Sèvres; ladite à droite jusqu'à la barrière.

Supprimée peu de temps après, l'église fut vendue le 7 fructidor an VI (24 août 1798), puis démolie.

Une ordonnance royale du 10 avril 1822 autorisa le préfet de la Seine à acheter le terrain sur lequel avait été élevée avant la Révolution l'ancienne église du Gros-Caillou. L'acquisition eut lieu le 15 mai, et, l'année suivante, on éleva, d'après les plans de l'architecte Godde, une nouvelle église, qui devint une succursale de la paroisse Saint-Sulpice.

La paroisse Saint-Pierre du Gros-Caillou, qui a cédé, par la loi du 22 janvier 1856, une notable partie de son territoire, a pour circonscription actuelle :

Rue d'Austerlitz, côté ouest; quai d'Orsay; de la barrière de la Cunette à la barrière de l'École militaire, avenue de Lowendal, un côté, boulevard de la Tour-Maubourg, côté ouest; avenue de la Motte-Piquet, jusqu'à la rue d'Austerlitz, point de départ.

Dans cette circonscription, on remarque deux hôpitaux.

HOPITAL MILITAIRE

L'hôpital de la garde royale, puis de la maison militaire du roi, aujourd'hui hôpital militaire du Gros-Caillou, fut fondé par le duc de Biron en 1765. Il renferme aujourd'hui sept cents lits.

HOSPICE LEPRINCE

Cet hospice, situé rue Saint-Dominique, n° 187, a été fondé en 1819 pour y placer quelques femmes âgées et infirmes. Les femmes apportent leur mobilier et payent une pension très-modique. Elles sont soignées par les sœurs de Charité. Cet hospice n'a pas été signalé par M. Husson.

ÉCOLE MILITAIRE

L'École militaire fut fondée par édit du mois de janvier 1751 pour l'éducation et l'entretien de cinq cents jeunes gentilshommes, tenus de faire preuve de quatre degrés de noblesse du côté paternel. Les travaux de construction commencèrent en 1752, sous la direction de l'architecte Gabriel, et la première pierre de la chapelle fut posée en 1769. Supprimée par arrêt du conseil du 9 octobre 1787, l'École militaire fut destinée à servir d'Hôtel-Dieu. Pendant la Révolution, un décret de la Convention nationale, du 13 juin 1793, ordonna la vente de tous les biens formant la dotation de l'Ecole, qui fut transformée en dépôt de farine et en quartier de cavalerie. La garde royale y remplaça en 1814 la garde impériale, et, depuis cette époque, cet immense édifice a constamment servi de caserne et de parc d'artillerie.

BIBLIOGRAPHIE

MANUSCRITS

On conserve, aux Archives de l'Empire, dans la série O, sept cartons (O. 10988-10994) renfermant des pièces relatives aux charrois et aux carrières de Saint-Leu et de Paris, d'où provenaient les pierres qui ont servi à la construction du monument, et un registre (O. 11320) des délibérations du directeur général du bâtiment La section historique renferme, sous les cotes MM. 656 à MM. 683, une série de vingt-huit registres renfermant les arrêtés du conseil, ceux du bureau, les délibérations, etc., etc.

COUVENT DES PETITES-CORDELIÈRES

[58] Ce n'est pas en 1750, comme le dit Lebeuf, mais bien par décret du 4 juin 1749, confirmé par lettres patentes du mois de juillet suivant, que le monastère des Petites-Cordelières a été supprimé. Ces Petites-Cordelières occupaient l'hôtel de Beauvais depuis le mois d'août 1687. Elles avaient habité auparavant une maison située rues des Francs-Bourgeois et Payenne, où elles s'établirent en 1632, sous le titre de *Religieuses de Sainte-Claire de la Nativité*.

Après la suppression des religieuses, le monastère fut vendu et abattu. On construisit sur son emplacement d'assez beaux hôtels. L'hôtel de Beauvais porte aujourd'hui le n° 15 de la rue de Grenelle.

BIBLIOGRAPHE

MANUSCRITS

Je renvoie, pour la notice des documents manuscrits concernant les Petites-Cordelières, à l'article que j'ai consacré dans mon tome II (page 741) aux Cordelières de la rue de Lourcine.

IMPRIMÉS

Mémoire pour sœur Denise-Elisabeth de Salo, abbesse perpétuelle du monastère des religieuses cordelières de la Nativité, fauxbourg S. Germain, appellante comme d'abus et demanderesse en prise à partie, contre frere Nicolas le jeune, provincial des cordeliers de la province de France, intimé, et encore contre frère Jacques de Sainte-Croix, prêtre, religieux cordelier et promoteur de l'ordre, aussi intimé et pris à partie. *Paris*, in-fol., *s. d.* (Bibl. Maz., n° 3318 E.)

Mémoire pour dame Denise-Elisabeth de Sallo, abbesse des Petites-Cordelières. *Paris*, in-fol., *s. d.* (Bibl. Maz., n° 3318 E.)

Addition de mémoire pour sœur Denise-Elisabeth de Sallo, abbesse perpétuelle des Petites-Cordelières. In-fol., *s. d.* (Bibl. Maz., n° 3318 E.)

Mémoire pour les abbesse et religieuses de la Nativité de Jésus, dites les Petites-Cordelières, établies à Paris, rue de Grenelle, quartier S. Germain des Prez, deffenderesses, contre les abbesse, prieure, tresorière et religieuses de l'abbaye royale de Longchamps, demanderesses. *Paris*, 1736, in-fol. (Bibl. Maz., n° 3318 E.)

SAINT-ANDRÉ–DES-ARS

[59] On ne donne pas toujours un surnom à une église, pour la distinguer d'une autre ; il n'y a donc aucune nécessité de rechercher si Paris a contenu deux églises de Saint-André. Quant à l'origine du surnom, je crois qu'il ne faut le chercher ni dans *assisiis*, ni dans *arcubus*, encore moins dans *arcisterium*, mais tout simplement dans le grand clos de *Laas*, au centre duquel Saint-André a été construit. La terre de Laas qui occupait tout le quartier borné aujourd'hui par le boulevard Saint-Michel, la rue de l'Ecole-de-Médecine, la rue Dauphine et le quai des Grands-Augustins, a conservé pendant très-longtemps, au moyen âge, cette dénomination, et les habitants ont dit, en parlant de leur église construite dans la rue de Laas (aujourd'hui rue Saint-André-des-Ars), Saint-André de Laas, Saint-André des Aas, Saint-André des Ars, comme on dit aujourd'hui Saint-Philippe-du-Roule, Saint-Pierre-de-Chaillot, etc., etc.

Les formes *S. Andreas de arcisterio* ou *de assisiis* ou *de arcubus* sont des formes savantes employées par les scribes qui traduisaient très-sérieusement Sanois par *centum nuces*, sans s'occuper aucunement ou de l'origine du mot, ou de sa forme la plus ancienne.

Quant à l'origine du mot *Laas*, il est fort difficile, pour ne pas dire impossible, de la trouver. En vieux français, *Las* ou *lassière* signifie grange [1], lieu où l'on entasse les gerbes, *lassée* et *lassie*, bas-côtés d'une grange [2]. On a donc pu désigner cette terre, par *laas*, comme on dit la grange. Quant à *Laas*, pour *li ars*, brûlé, rôti, j'avoue qu'elle me satisfait peu, bien que, par une singulière coïncidence, *las* en gaël signifie feu.

[60] Dans l'examen qu'a fait M. Quicherat du diplôme de Childebert Ier, il n'a pas manqué de traiter la question de l'origine de la chapelle Saint-Andéol, et il a développé ainsi l'opinion de l'abbé Lebeuf.

Les bénédictins, dit M. Quicherat, s'accordent à reconnaître que cette chapelle Saint-Andéol est ce qui précéda et motiva l'église paroissiale dédiée plus tard à saint André. Rien n'est plus vraisemblable. Andéol, l'apôtre du Vivarais, était un saint peu connu dans la Gaule septentrionale. Son nom, prononcé *Andéeu* à la romaine, l'aura fait confondre avec *Andrieu*, qui était alors la forme du nom d'André. Mais est-il admissible que la fondation de la chapelle Saint-Andéol ait précédé la fondation de Saint-Germain-des-Prés ? Pour croire cela, il faudrait avoir une mention quelconque de l'existence de la chapelle Saint-Andéol à l'époque

---

[1] D. Jean François, *Dictionnaire Roman*, p. 166.
[2] Comte Jaubert, *Dictionnaire du centre de la France*, t. II, p. 9.

mérovingienne, et n'avoir pas la relation du voyage que le bénédictin Usuard, moine de Saint-Germain-des-Prés, fit en Espagne, en 858, pour aller chercher le corps de saint Georges le Bethléemite, voyage au retour duquel ce religieux s'arrêta au bourg Saint-Andéol et se fit donner des reliques du martyr qui y était vénéré. Or du moment que l'arrivée des reliques de saint Andéol à Saint-Germain est expliquée par un document historique, il n'y a plus à reculer dans la nuit des temps l'origine de la chapelle qui fut dédiée à saint Andéol dans le voisinage de l'Abbaye.

Quant au trafic dont cette chapelle fut l'objet [1], c'est un acte de simonie au premier chef qui n'aurait pas été possible au vi[e] siècle. Une date toute différente lui est assignée par la fréquence des transactions de ce genre dans les chartes du xe et du xie siècle. C'est alors en effet qu'un grand nombre d'églises, aliénées par la précaire ou par l'inféodation, étant usurpées par ceux qui les détenaient, devinrent des propriétés négociables. Il est très-possible qu'un roi ait acheté la chapelle Saint-Andéol pour en faire cadeau à Saint-Germain, mais c'est un roi de la fin de la seconde race et non pas Childebert Ier. (Voy. *Bibliothèque de l'Ecole des Chartes*, tome XXVI, p. 524.)

[61] La chapelle Saint-Nicolas a été fondée le 10 juin 1491.

[62] La chapelle des de Thou était sous l'invocation de saint Augustin.

[63] La chapelle Saint-Antoine a appartenu longtemps à la famille des Seguier. Elle avait été baillée en 1779 à Henri Boulard, écuyer, avocat au parlement et conseiller du roi.

[64] La chapelle de Sainte-Marthe fut fondée par le chanoine de Bourges, Pierre Brunet, le 5 septembre 1482. Elle était desservie au moment de la Révolution par l'abbé Guillaume de Villeneuve qui déclara, le 22 mai 1791, que les revenus de cette chapelle se montaient à 2,223 liv. Les charges n'étaient que de 1,085 liv. 9 s. 3 den.; le produit était donc de 1,147 liv. 10 s. 9 den.

[65] Lebeuf commet ici deux erreurs. La chapelle des Ramets, comme on l'appelait, et la chapelle de la Conception sont deux chapelles distinctes. De plus, la chapelle des Ramets a été fondée le 4 juillet 1433 et non pas en 1430. Cette chapelle possédait 168 livres de revenu en 1728. La chapelle de la Conception qui, à la même époque, avait un revenu de 104 liv. 4 s., était alors à la nomination d'une demoiselle la Bucaille, comme la plus proche parente du feu sieur Féron descendant probablement des fondateurs. Ajoutons qu'il ne faut pas confondre

---

[1] D'après le diplôme de Childebert Ier, ce roi aurait acheté la chapelle Saint-Andéol, argent comptant, de deux individus nommés Hilaire et Cheron, *cum terra et vinea et oratorio in honore sancti Andeoli martiris, que de Elario et Ceraunio dato precio comparavimus.*

la chapelle de la Vierge, autrement dite des Ramets, avec la chapelle Notre-Dame fondée le 20 mars 1516.

[66] Lebeuf aurait pu ajouter à cette nomenclature la chapelle de la Résurrection ou des Gallards, qui fut possédée plus tard par les Joly de Fleury. La chapelle de l'Annonciation, fondée en 1618 par François de Guillon, la chapelle de Saint-Jérôme, fondée, le 24 janvier 1522, par Mathieu Chartier, la chapelle de Saint-Jean-Baptiste, fondée par J. Brinon, le 6 avril 1541, et qui appartint longtemps à la famille du Tillet, la chapelle Sainte-Anne, fondée par Olivier Alligret, le 16 avril 1518, la chapelle Saint-François, fondée par M. de Montholon, le 6 juillet 1619, la chapelle Saint-Laurent, fondée au xvie siècle et dont le monitoire, conservé dans les archives des comités historiques (Voy. *Bulletin des comités historiques*, 1854, p. 164) est du 16 juin 1376. Enfin l'oratoire placé derrière le grand autel et qu'on appelait la chapelle Saint-Mathias, à cause de Mathias Maréchal, avocat au parlement, qui l'avait fondé, le 31 décembre 1612.

Lebeuf aurait dû ajouter aussi que cette église était le chef-lieu de deux confréries : celle de Jésus-Marie-Joseph, instituée par bulle d'Innocent X, le 22 novembre 1658, et celle des Parcheminiers, fondée par Jeanne Volant, veuve d'Antoine Montor, parcheminier, le 24 mars 1659, confirmée par l'archevêque de Paris, le 25 novembre 1676, et honorée de bulles d'indulgence par le pape Clément X, le 23 décembre 1671.

[67] L'église de Saint-André-des-Ars avait perdu, dès le commencement du xviiie siècle, une partie de ces épitaphes; car un arrêt du 18 août 1721 avait autorisé le curé à retirer celles qui étaient placées derrière le chœur. Grâce aux épitaphiers manuscrits conservés dans les Bibliothèques de Paris, et qui sont antérieurs à l'arrêt précité, on peut ainsi compléter la liste donnée par les historiens de Paris. L'église de Saint-André renfermait les tombeaux de :

Anne-Marie Martinozzi, princesse de Conti (4 février 1672). François-Louis de Bourbon, prince de Conti (22 février 1709). Jean-Baptiste Ravot, chev. seigneur d'Ombreval, avocat général à la cour des aides (17 janvier 1699); Geneviève Berthelot, sa femme (?). Gilbert Mauguin, présid. en la cour des monnaies (6 juillet 1674). Claude Le Maistre, fille de Gilles Le Maistre, 1er président en la cour du parlement, seign. de Saint-Cehault, et femme de Claude Berzeau, cons. du roi au grand conseil, seign. de Marcillière (22 sept. 1556). Geoffroy Le Maistre, prévôt de Montlhery (30 juill. 1545); Catherine Fremit, sa femme (1 novembre 1515); Catherine Le Febvre, sa 2e femme (27 .... 1532); Claude Le Maistre, doct. en méd. channe du Mans et de Meaux, prieur de Saint-Denis, en France, et de Chaumont, leur fils (8 déc. 1534). Pierre Le Maistre, not. et secrét. du roi (6 nov. 1562). Martin Couray ou Couvay, cons. et secr. du roi et de ses finances (9 juillet 1598); Augustin Couvay, fils du précédent, avocat (3 ides de nov. 1604). Claude d'Aubray, chev., baron de Bruyères-le-Château, Saint-Sulpice, Mouchamps, Saint-

Cheron, La Repose et le Coudreau (31 mai 1609). Michel de Lauzon, seign. d'Haubervilliers près Meudon, cons. du roi au parl., commissaire aux requêtes (2 nov. 1610); Elisabeth d'Amours, sa femme (30 janvier 1631). Anne de Lauzon, fille unique, femme d'André Potier, seign. de Noiron, cons. du roi et présid. au parlement de Bretagne (15 déc. 1611). Renée de Charnières, dame de Chize (3 avril 1622); Bitaut, seign. de Chize, cons. du roi, maistre des requêtes et intendant de la justice au Bas-Languedoc, son mari (3 avril 1622). Christophe Fouquet, cons. au parl. (1625). Pierre Seguier, président au parl. (25 octobre 1580); Pierre Seguier, marquis d'O, son petit-fils (1638). André du Chesne, historien (30 mai 1640). Olivier Alligret, cons. et avocat du roi, seign. de Clichy et de Charentonneau, édificateur de la chapelle qui porte son nom (23 sept. 1535); Claire Le Gendre, sa femme (10 oct. 1548). Jean Ruzé, seign. du Jau, de Lance-Gilles et du Monceau, cons. du roi, fils de Guillaume Ruzé, cons., et de Catherine Briçonnet, époux de Geneviève Brinon (?). Pierre d'Hozier, généalogiste (1 déc. 1660). Christophe de Thou, 1er présid. du parl. de Paris (1 nov. 1582); Anne de Thou, sa femme (15 kl. 1584); Jean de Thou, seign. de Bonueil, cons. du roi et maître des requêtes, fils aîné de Christ. de Thou (5 août 1579); Jacques-Auguste de Thou, histo_ rien (mai 1617); Marie de Barbançon-Cany (*Barbansoniœ-Caniœ*), fils de François-Michel de Barbançon, lieutenant du roi en Picardie, 1re femme du précédent (5 août 1601); Gasparde de La Châtre, sa 2e femme (1627). Mathieu Chartier, jurisconsulte (15 kl. sept. 1559); Jeanne Brinon, sa femme (3 kl. mai 1553); Geneviève Chartier, sœur du précédent, veuve de François de Montholon, garde des sceaux de France (?). Michel Chartier, docteur en droit, maître de Boissy et curé de Saint-Christophe de Paris (?). François de Montholon (1554). Isabelle Caille, femme de Jean Viole, cons. à la cour. seign. d'Audrezel et d'Aigremont (24 oct. 1532). André des Hayes, avocat (?). Jean des Hayes, avocat en droit canon (?). Etienne des Hayes, chev. (?), Geneviève Le Noir, sa femme (?). Pierre Mauguin, de Clermont, avocat (9 juillet 1627). Suzanne du Lac, sa femme (?). Guillaume de Vielbourg, lieut. au régim. des gardes, chev. seign. de Miennes et de Cours, près Cosne-sur-Loire (1 mars 1631). Agnès Ferroul, femme de Et. Roujault, cons., notaire et secrét. du roi; fille de Joach. Ferroul, seign. d'Esgriselles (25 juin 1604). Pierre Le Maistre, secrét. du roi (1562). Robert Coiffé, greffier en chef de la chambre des comptes, fondateur d'une chapelle de cette église (7 sept. 1407). Henri Sincler, évêq. de Rossem, en Écosse (*episc. Rossensis*) (janvier 1564). Marguerite du Breuil, veuve de Pierre de Hacqueville, cons. du roi et présid. en la chambre des requêtes (?). François de Montholon, présid. au parl. (12 juin 1543); Marie Boudet, sa femme (16 sept. 1...?). Jean Saget (9 mai 1437). Jean Gouje, cons. au parl. (18 juin 1473). Jean Bouchart, conseiller au grand conseil (24 août 1524). Jeanne de Frenière (15 fév. 1534). Jacques de Thou, cons. et avocat du roi (1 oct. 1504). Geneviève Le Moyne, femme du précédent. Marie Chevalier, dame de Grigny et de Saint-Marry, femme de Jean Le Boulenger, chev., seign. de Hacqueville, 1er président au parlem. (25 sept. 1521). François de Loynes, présid. des enquêtes au parl. (30 juin 1524). Geneviève Le Boulanger, sa femme, dame de Grigny (?). Jeanne de Coüarmonne, femme de Pierre Belle, huis. au parl. (1491). Richard d'Elbene, Florentin, seign. de l'Espine et de Bois Espinard, en Brie (20 sept.

1343). Jeanne de Lovan, veuve du précédent (?). Marguerite de Corbie, dame de Gamaches (5 avril 14..?). Philippes Hotman, écuyer, seign. dé Cérmainé, cons. du roi en la prévôté de Paris (26 nov. 1593). Pierre Hotman, són fils, cons. à la prevôté (28 sept. 1624). Jean du Vair, procureur général du duc d'Anjou, en 1568, maître des requêtes (16 juin 1592); Barbare François, sa femme (?). Philippe du Vair, sa fille (?). Robert Nanteuil, graveur du cabinet du roi (décembre 1678). Sébastien-Louis Lenain de Tillemont, historien (30 nov. 1637). Louis Cousin, présid. en la cour des monnaies, membre de l'Académie française (26 fév. 1707). Antoine Houdard de La Mothe, membre de l'Académie française (26 décembre 1731). Charle du Moulin, jurisconsulte (27 déc. 1566). Henri d'Aguesseau, maître des requêtes de l'hôtel, présid. au grand conseil, etc. (17 novembre 1716). Claire Le Picard de Périgni, sa femme (?). Jean-Baptiste-Paulin d'Aguesseau, leur fils (20 janvier 1728). Claude Leger, curé de la paroisse (?). Joli de Fleuri, procureur-général au parlement (?). L'abbé Le Batteux, littérateur (1780).

⁶⁸ C'est dans cette rue, aujourd'hui rue Suger, qu'on établit, sous l'Empire, une synagogue à l'usage des israélites portugais. (Voyez : Discours prononcé, le 7 décembre 1806, avant le *Te Deum*, dans le temple des israélites portugais, à l'occasion de l'anniversaire du sacre de S. M. Napoléon 1er, par J. R. Carcassonne. Paris. *S. d.* (1806) in-8°. — Discours prononcé, avant le *Te Deum*, le 25 janvier 1807, dans le temple des israélites portugais et avignonnais, sis rue Cimetière-Saint-André-des-Arcs, à l'occasion des brillantes victoires remportées par la grande armée sur les Russes; par J. R. Carcassonne, d'Avignon. *S. n. d. l. n. d.* (Paris, 1807), in-8°.)

⁶⁹ Lorsque la Révolution éclata, l'église de Saint-André-des-Ars était à peu près dans le même état que celui où Lebeuf l'avait laissée. Le curé, qui était alors Eléonore-Marie Desbois ¹, déclara, le 22 février 1790, que les revenus de sa cure consistaient en une rente de 5 livres sur le domaine de la ville, en une rétribution annuelle de 612 livres 10 sous 4 deniers, et en un casuel variable, que l'on pouvait évaluer à 6,000 livres, ce qui faisait un total de 6,617 livres 10 sous 4 deniers.

L'église Saint-André-des-Ars, qui n'avait cependant rien de remarquable, fut mise au nombre de celles conservées par la loi du 4 février 1791. On lui donna alors pour circonscription :

Quais des Quatre-Nations, de Conti, des Augustins jusqu'à la place et pont

---

¹ Le curé de Saint-André-des-Ars était resté à Paris pendant la Révolution, et disait la messe dans sa chambre. « J'ai assisté, le 3 mars 1793, dit l'auteur de *Heures sauvées* (t. III, p. 88, ms. appart. à un habitant de Fontenay-sous-Bois), les églises étant fermées, à la messe, dans la chambre de M. le curé de Saint-André des Arts. » Ce curé, avait fondé, dans la petite rue des Poitevins, un hospice consacré aux pauvres malades de la paroisse, et dirigé par quatre sœurs de charité qui enseignaient, en outre, à lire à vingt-cinq petites filles du quartier. Les écoles de charité de la paroisse avaient été fondées le 2 mars 1780, par un bourgeois de Paris, nommé Nicolas Guillaume.

Saint-Michel; ladite place, rue de la Vieille-Bouclerie à droite; celle de La Harpe à droite, jusqu'à la place Saint-Michel; rues des Francs-Bourgeois, des Fossés-Monsieur-le-Prince, des Fossés-Saint-Germain et Mazarine à droite, jusqu'au quai Conti.

L'église ne tarda pas néanmoins à être fermée, et on dressa l'inventaire de ses titres et de ses biens, le 5 floréal an II (24 avril 1794). Sa bibliothèque, composée de huit cent cinquante-cinq volumes avait été vendue en 1779, car l'inventaire que j'en ai trouvé aux Archives me paraît avoir été préparé en vue d'une vente aux enchères. Le mausolée de la princesse de Conti, par Girardon, fut brisé, et celui des princes de Conti, sculpté par Coustou, transporté au musée des Monuments français. L'église, vendue, le 4 fructidor an V (21 août 1797), ne tarda pas à être démolie. L'emplacement, qui appartenait au général Parrein, fut racheté par la ville, le 24 mars 1809, et devint la place Saint-André-des-Ars.

BIBLIOGRAPHIE

MANUSCRITS

Les documents relatifs à l'église Saint-André-des-Ars sont conservés aux Archives de l'Empire, dans les sections historique et administrative.

Dans la section historique, il y a quatre cartons et sept registres.

Le premier carton (L. 630) renferme les pièces d'un procès entre le curé de Saint-André et les religieux augustins; un arrêt du 18 août 1721 relatif aux épitaphes; un bail de la chapelle Saint-Antoine; des titres de fondations de messes, obits; des arrêts rendus sur les droits à percevoir pour les enterrements, mariages, etc., les 10 juillet 1714 et 23 juillet 1762, un inventaire de la Bibliothèque dressé en 1779, le titre de fondation des écoles de charité, en 1780; un inventaire et récollement des effets de la sacristie; un état des fondations en 1728; le testament de Jean-Jacques Durand, libraire, qui établit en 1708 la fabrique sa légataire universelle; des pièces relatives à la confrérie des parcheminiers; le second (L. 631), des titres de fondations d'obits, et un registre des réductions des fondations de services faites à Saint-André depuis 1313 jusqu'en 1699, par Claude Joli, official, le 26 août 1699; le troisième (L. 632), des dossiers de pièces concernant les chapelles de la Résurrection, de l'Annonciation, de Saint-Jérôme, de Saint-Augustin, de Saint-Jean-Baptiste, de la Trinité, Sainte-Anne, Saint-Antoine, Saint-Mathias, des papiers concernant les familles de Thou et du Tillet; le quatrième (L. 633), des dossiers de pièces concernant les chapelles de Vierge, des Fonts, de la Résurrection, Sainte-Marthe, Saint-Pierre,

Saint-François, Saint-Laurent, Saint-Nicolas, et des pièces concernant les chapelles en général.

Les cinq premiers registres renferment les délibérations de 1589 à 1627 (LL. 686), 1657 à 1693 (LL. 687), 1695 à 1719 (LL. 688), 1720 à 1741 (LL. 689), 1741 à 1743 (LL. 690); le sixième (LL. 691) est un registre d'obits de 1621 à 1710; et le septième (LL. 692) est un registre des fondations en 1545.

Les deux premiers cartons de la section administrative (S. 3308-3309) renferment la déclaration des biens des chapelles, la déclaration de 1790, les titres de propriété de maisons sises rues Pavée, de Savoie, Gervais-Laurent, du Chantre, de l'Hirondelle, du Cimetière-Saint-André; des titres de propriété du presbytère, de la maison du suisse, et du passage situé près du portail; un inventaire des Archives des paroisses de Saint-André et de Saint-Côme dressé le 5 floréal an II et jours suivants; le troisième (S. 3310), un dossier de pièces relatives aux droits d'amortissement et de nouveaux acquets; une déclaration des revenus de la fabrique en 1691, 1763 et 1776; un mémoire de travaux de maçonnerie, peinture, faits dans les chapelles, et un très-précieux procès-verbal de visite faite dans l'église par l'architecte Antoine.

Les deux registres cotés S. 3311 et 3312 ont pour titre : Recueil abrégé des lettres, tiltres et enseignemens concernans les maisons, lieux et héritaiges, rentes et revenu ordinaire de l'œuvre et fabrique de Saint-André-des-Arcs, par Jacques Bougon, avocat au Parlement en 1570; 1 vol. in-4º. Un carton coté S. 6155-6156 renferme des registres de recettes et dépenses de la charité des pauvres de la paroisse Saint-André.

Dans la même section, on conserve des pièces de comptabilité (H. 3749-3750) et une série de vingt-six registres des comptes de la fabrique des années 1760 à 1787 (H. 4294-4319).

L'historien Monteil possédait dans sa bibliothèque deux volumes in-folio manuscrits concernant Saint-André-des-Ars. Le premier était intitulé : Compte que rend le sieur Jean de Bure, libraire à Paris, de la recette et dépense par luy faites pendant l'année 1746, des revenus de l'œuvre et fabrique de S. André des Arcs, en qualité de marguillier comptable. Le second avait pour titre : Compte pour l'œuvre et fabrique de l'église S. André des Arcs rendu en 1750, par Henry Boulard, écuyer, avocat au parlement, conseiller du roy, notaire à Paris, en qualité de marguillier comptable de cette paroisse.

IMPRIMÉS

La Sauce-Robert, ou avis salutaires à Mre Jean Robert, grand archidiacre de Chartres (par l'abbé J.-B. Thiers. (S. n. d. l. n. d.) 12 juin 1676 et 14 octobre 1678). 2 pièces in-8º.

Au sujet de la cure de Saint-André des Ars.

La Sauce-Robert justifiée (par l'abbé J.-B. Thiers.) (*S. n. d. l.*) 1679, in-8°.

Principes incontestables opposez aux sophismes de maistre Jean Robert, docteur en théologie, aspirant à la cure de S. André des Arcs. *S. n. d. l. n. d.*, in-4°, 20 p. (Bibl. Maz., n° 18408 A***.)

Factum pour maistre Jean Robert, docteur en théologie de la maison et société de Sorbonne, curé de Saint-André-des-Arcs, contre maistre Nicolas Matthieu, bachelier en théologie, et prétendant droit à la mesme cure. In-4°.

On examine dans cet intéressant mémoire si les chapelles de l'Université sont de véritables titres de bénéfice et sur le tour entre plusieurs copatrons pour la présentation aux bénéfices.

Mémoire pour les curé et marguilliers de la paroisse de Saint-André-des-Arcs, demandeurs, contre les Hermites de Saint-Augustin, appellez vulgairement les Grands-Augustins, défendeurs. *Paris*, 1735, in-fol. (Arch. de l'Emp., L. 633.)

Arrest de la cour du parlement de Paris, pour messire Jacques Labbé, prêtre, curé de Saint-André-des-Arcs, à Paris, et les sieurs marguilliers de ladite paroisse, contre les Hermites de Saint-Augustin, appellez vulgairement les Grands-Augustins, servant de règlement pour la procession du très-saint Sacrement, le jour de la Fête-Dieu. *Paris, s. l. n. d.* (30 mars 1735), in-4°. (Arch. de l'Emp., L. 630.)

Arrêt de la cour du Parlement donné le 2 septembre 1783, portant règlement pour les pains à bénir de la paroisse de Saint-André-des-Arcs. *S. n. d. l. n. d.*, in-4°. (Arch. de l'Emp., L. 636.)

Offices propres de l'église paroissiale de Saint-André-des-Arcs, dressés selon le nouveau bréviaire.... de Paris. *Paris*, 1745, in-12.

Oraison funèbre prononcée en l'église Sainct-André-des-Arcs, et obsèques de feu messire Christofle de Thou, en son vivant chevalier, conseiller du roy nostre sire en son conseil privé et d'Estat, et premier président en sa cour du Parlement, par M. Jean-Prévost, docteur en la faculté de théologie, chanoine théologal et archiprestre de Sainct-Séverin, le 14 novembre 1582. *Paris*, 1583, in-4°. (Bibl. Maz., n° 10317 A.)

Oraison funèbre prononcée dans l'église de Saint-André-des-Arcs, au service solennel, fait, le mercredi 17 juin 1643, pour le très-chrétien roi de France et de Navarre, Louis le Juste, par maître Antoine de Breda, curé de Saint-André-des-Arcs. *Paris*, 1643, in-8°.

Oraison funèbre de madame Anne-Marie Martinozzi, princesse de Conty, prononcée en l'église de Saint-André-des-Arcs, le 26 avril 1672, par messire Gabriel de Roquette, évesque d'Autun. *Paris*, 1672, in-4°. (Bibl. Maz., n° 10370 U.)

Oraison funèbre de très-haut, très-puissant, très-excellent prince, François-Louis de Bourbon, prince de Conty, prononcée dans l'église de Saint-André-des-Arcs, sa paroisse, le 21 de juin 1709, par le père Massillon, prêtre de l'Oratoire. *Paris*, 1709, in-4°. (Bibl. Maz., n° 10370 G.)

Eloge funèbre de messire Claude Léger, curé de Saint-André-des-Arcs, prononcé en l'église de cette paroisse, le 17 août 1781, par messire Jean-Baptiste-Charles-Marie de Beauvais, évêque de Senez. *Paris*, 1781, in-4°. (Bibl. Maz., n° 10371 R.)

Mémoire sur les calamités de l'hiver 1788-1789, lu dans une assemblée tenue à l'hôtel de ville de Paris, le 9 janvier 1789; par M. Eléonore-Marie Desbois de Rochefort, curé de Saint-André-des-Arcs. (Paris,) *au presbytère de Saint-André-des-Arcs* (s. d.), in-8°.

Voyez aussi Jaillot, *Recherches sur la ville de Paris*, t. V, quartier Saint André-des-Arcs, p. 8; Piganiol de la force, *Description historique de la ville de Paris*, t. VII, p. 75; Thiery, *Guide des Amateurs*, t. II, p. 353; J.-B. de Saint-Victor, *Tableau de Paris*, t. III, 2ᵉ partie, p. 617; Lenoir, *Musée des monuments français*, t. VI, p. 47; et un article de M. A. Bonnardot (*Revue universelle des arts*, t. V. 1857, p. 211, article intitulé : *Iconographie du vieux Paris*), dans lequel ce savant cite une gravure de Jean Marot en 1660, et une lithographie de Langlumé, qui a pour sujet la Démolition de Saint-André en 1800.

GRANDS-AUGUSTINS

[70] On la nommait aussi Notre-Dame-de-la-Rive. Douze prélats, tant évêques qu'archevêques, accordèrent, par leurs lettres datées d'Avignon en 1324, quarante jours de pardon à ceux qui la visiteraient.

[71] Lebeuf aurait pu ajouter que le même roi la choisit pour la cérémonie de l'institution de l'ordre du Saint-Esprit, le 1ᵉʳ janvier 1579, que le clergé de France y tenait ses assemblées, et que le Parlement et la Chambre des comptes y tinrent souvent leurs séances.

[72] Il y avait encore la confrérie de la Ceinture du couvent des Augustins, qui fut unie, le 16 août 1634, à l'archiconfrérie de la Ceinture de Bologne.

[73] Les Grands-Augustins, qui habitèrent successivement la rue Montmartre en 1259, dans le clos du Chardonnet, rue Saint-Victor en 1290, prirent possession du couvent des frères de la Pénitence de Jésus-Christ, autrement dits Sachets, en 1293, grâce à la protection de Philippe-le-Bel, et à la toute-puissance de leur abbé, le célèbre Gilles de Rome.

Le couvent des Grands-Augustins, qui était fort vaste, ne renfermait, à la Révolution, que dix-huit religieux profès et quatre frères lais.

Le 9 mars 1790, François Jausion, docteur de Sorbonne et sous-prieur, déclara, au nom du prieur Michel Grise, que le grand couvent et collège général des Augustins jouissait d'un revenu de 65,273 livres 14 sous 8 deniers[1], tandis que les charges ne dépassaient pas 9,674 livres 8 sous [2].

« La bibliothèque, est-il dit dans cette déclaration, est composée de livres que les religieux ont achetés de leur pécule et qu'ils ont laissés en mourant. Il ne faut pas s'étonner qu'il y ait beaucoup d'ouvrages incomplets. Ce défaut en a facilité l'acquisition. Elle consiste en dix-huit mille cinq cent cinquante volumes, y compris quatre cent vingt-six volumes manuscrits, parmi lesquels se trouvent une grande Bible en vélin, qu'on estime être du xiie siècle, et un petit volume très-rare, intitulé : *Conceptiones Bibliæ.* » On sait que c'est à cette bibliothèque que Gilles de Rome avait légué ses livres en 1316, « omnes libros philosophicos, theologicos et juridicos ac omnes alios cujuscumque facultatis existantes quos habebat in domo archiepiscopali Bituricensi seu in domo fratrum Bituricensium [3]. » (Voy. une charte de 1316, S. 3632-3640, pièces retirées). Le 18 mars 1791, on apposa les scellés sur cette bibliothèque, dont une partie se trouve à la bibliothèque Mazarine, et, le 7 octobre suivant, on dressa l'inventaire des objets mobiliers. Les religieux, à l'exception de deux moines incapables d'être transportés à cause de leur âge et de leur maladie, furent conduits dans la maison des Carmes de la place Maubert. On porta l'argenterie à la Monnaie, on vendit sur place les grilles de l'église, et l'on établit dans l'une des cours les presses de Didot pour la fabrication des petits assignats.

L'église des Grands-Augustins renfermait les tombeaux de :

Raoul III de Brienne, comte d'Eu et de Guines (1350) [enterré dans la cour parce qu'il avait eu la tête tranchée].* Jacques de La Fontaine, chev., seign. de Malgeneste (2 oct. 1652). * Louis Boulart, march. (1590); * Toussaint Boulart, Augustin, son frère (1596) * Louis Robin, prêtre habitué au

[1] Les revenus se décomposaient ainsi : loyers des maisons, 61,785 liv. 16 s.; rentes perpétuelles. 3,460 l. 18 s. 8 den.; loyer de deux arpents de terre à Suresnes, 24 l.

[2] Les charges consistaient en 1,193 l. de rentes perpétuelles; 4,533 l. de rentes viagères; 5,141 l. 8 s. de décimes et impositions ecclésiastiques.

[3] La marque de la bibliothèque des Grands-Augustins représentait S. Augustin sur sa *cathedra*, ayant à ses genoux Gilles de Rome. Au-dessus de la tête mitrée de S. Augustin, on lisait : S. AUGUSTINUS, et aux pieds de Gilles de Rome : ÆGIDIUS ROMANUS; autour on lisait : GENERAL. CONVEN. PARISIS. ORDINIS S. AUGUSTINI.

collège d'Autun (1599). * D. Le Chas, trésorier de France (1602). * Henri
Levesque, cons. au parl. (1650). * Jacques Rousseau, march. (1678). * Nicolas Coquet, march. chandelier (1703). * Eustache du Caurroy, du Beauvoisis,
réputé le prince des musiciens (1609). Louis Bourdon, drapier, natif d'Amiens
(25 avril 1618); Catherine Le Maire, sa femme (16..?). Joseph Le Clerc de
Lesseville, seign. de Thun et d'Evesquemont, cons. au parl. (7 sept. 1700).
Nicolas de Grimouville, seign. de Larchant, chev. des ordres du roi, capitaine des gardes des rois Henri III et Henri IV (28 février 1592); Diane de
Vivonne de La Châtaigneraie, sa femme (?). Bernard Cherin, écuyer, généalogiste et historiographe des ordres du roi (21 mai 1785). Jacques Polau,
comte de Vicence, chev. de l'ordre de Saint-Michel (1er nov. 1620). Jérôme
Luillier, proc. gén. à la chambre des comptes (16 sept. 1633). Elisabeth
Dreux, sa femme (24 avril 1619). Charles Brulart de Léon, ambassadeur
(25 juillet 1649). Honoré Barentin, cons. du roi en ses conseils d'État et
privés, secrét. du roi, maison et couronne de France et de ses finances,
seign. de Charonne-lès-Paris, etc. (18 mai 1639); Anne du Hamel, sa femme
(20 nov. 1639). Jacques-Honoré Barentin, chev., vicomte de La Mothe, baron
de Mauriac, etc., cons. du roi, en ses conseils, président en son grand cons.
(février 1639). Françoise Ribeyre, femme de Charles-Honoré Barentin, chev. (25
juillet 1694). Achille Barentin, chev., seign. châtelain de Mons, Sceaux et
autres lieux, cons. au parl. (17 juin 1798). Philippe de Commines, baron
d'Argentan (16 août 1509); Hélène de Chambes, sa femme (15..?); Jeanne,
sa fille, femme de René de Penthièvre (1514). Jacques de Sainte-Beuve,
prêtre, doct. de Sorbonne, profess. de théologie (1676). Gui du Faur, seign.
de Pibrac, poète, présid. à mortier (12 mai 1584); Jeanne de Custos, sa
femme (18 oct. 1602). Remi Belleau (Remigius Bellaqueus), poète (6 mars
1577). Jean-Baptiste Sapin. cons. au parl. de Paris (pendu par les calvinistes
le 2 nov. 1562). Pierre Quiqueran, de Beaujeu. évêque de Senez (17 août
1550). Pierre Dussayez, chev., seign. et baron du Poyet (10 avril 1458).
Charles-Henri de Maison, chev., cons. du roi, doyen et premier maître des
requêtes de son hôtel, seign. de Bercy et autres lieux (30 mai 1676). Engelbert, fils d'Engelbert de Clèves, comte de Nevers, etc. (16 février 1498).
Isabeau de Bourgogne, dame de Neauphle, femme du Pierre de Chambly
(1323). Jeanne de Valois, comtesse de Beaumont-le-Roger, femme de Robert
d'Artois (9 juillet 1363). Gilles de Rome, archevêque de Bourges (22 déc.
1316). Louis Vauceman, évêque de Chartres (1357). Bon de Broé, chev.,
seign. de Marches et de Beaudienville, cons. du roi et président en la 1re
chambre des enquêtes du parl. de Paris (mars 1588). Anne de Bruere (?).
Bon-François de Broé, chev., seign. de Laguette, conseiller du roi, etc. (?);
Madeleine de Haquenville, sa femme (?). Bon-André de Broé, chev., seign.
de Laguette, cons. du roi et maître des requêtes ordin. de son hôtel (?);
Eléonore Le Maître, sa femme (?). Pierre Montchal (1627); Jean de Mont
chal, abbé de Saint-Amand de Boissi; Françoise de Montchal, femme
de Charles de Grasset (25 déc. 1635). Charles de Montchal, archev. de Toulouse (22 août 1651). Pierre de Montchal, maître des requêtes (21 sept. 1651);
Elisabeth Dupré, sa femme (28 août 1655); Catherine de Montchal, leur
fille (27 avril 1753). Charles-Louis de Montchal, avocat général à la cour des
comptes (1686). Diane de Rohan, femme de François de La Tour Landry,

chev. (20 avril 1585); François de Rohan, arch. de Lyon, son grand-oncle (?).
Jean-Baptiste de Gondi, maître d'hôtel des rois Charles IX et Henri III (1580).
Anne d'Est, duchesse douairière de Guise, comtesse de Guise, dame de Montargis (17 mai 1607). Henri de Savoie (10 juillet 1632). Louis Chantereau,
évêque de Mâcon, relig. augustin, cons. du roi (24 sept. 1531) [son cœur seulement]. Barthélemy Spifame, Lucquois (15 sept. 1385); Jeanne de Padolin,
sa seconde femme (11 oct. 1381); Catherine de Honnefleur, sa première femme
(18 sept. 1346). Marguerite de Lyon, femme de Jean Spifame, cons. au parl.
seign. de Bisseaux (10 juillet 1580); Augustin Spifame, leur fils (déc. 1586).
Anne de Marle, femme de Gaillard Spifame, général des finances [1] (9 juin
1529). Gilles Spifame, évêque de Nevers (avril 1578). Antoine de Lyon, cons.
en la grand'chambre, 1er présid. en la cour des monnaies (?). Jean Spifame
(oct. 1590). Nicolas d'Anjou, fils de Nicolas et de Gabriel de Mareuil (26
août 1557). Guy d'Arbalete, seign. de La Rivière, prés. des enquêtes (21 juin
1514); Charlotte de Marle, sa femme (31 déc. 1499). Louis Maroffin, chev.,
seign. de Maroffin, etc. (7 fév. 1568). Guillaume Brousselée, écuyer d'écurie
du duc de Berri (5 août 1407). Florimond Robertet, secrét. d'État (?). René
de Beauveau, écuyer, seign. et baron de Saint-Galien, en Lodunois (25 mars
1510). Jeanne de Cambrai, femme de Jean de Marle, 1er présid. du parl. de
Toulouse (31 nov. 1474). Isabelle de Cambrai, fille du 1er présid. Adam de
Cambrai, chev., et femme de Guillaume Colombel, cons. du roi (14 déc.
1482). Pierre d'Ussayez, chev., baron du Poyet (10 avril 1548). Marie Brosset, femme de Jean Sapin, receveur général du Languedoc (3 février 1533).
Louis Joüan (1er avril 1414). Jacques de Poyenne, chev. (nov. 1609). Henri,
dit Bridoul de Montigny, chev. (1373). Augustin Ysbarre, natif de Lucques
(août 1425). Claude Bazin, cons. et aumôn. du roi, abbé de Saint-Martin de
Laon (30 déc. 1611). Françoise Gilbert, femme de Jean Viole, seign. d'Aigremont, avocat, etc. (27 avril 1515). Benoît Ruspide, seign. de la Bussière, en
Angoumois, mort à la bataille de Saint-Denis (le 10 nov. 1567), à vingt-deux
ans. Antoine du Prat, seign. de Nantouillet, chambellan du roi, prévôt de Paris,
compagnon de guerre du susdit Benoît, lui fit élever ce marbre le 5 déc.
1568. Jean de Charpaignes, maître des req., archid. de Saint-Flour (?). Jean
Alligret, seign. de Clichy et du Plessis-Chalain, cons. et lieut. civil (2 juillet
1583). Guillemette Lhuillier, sa femme (?). Albise d'Elbene, gentilhomme
florentin, habitué à Paris (6 janvier 1503). Louis du Chastel (1326). Beraul
Brisson, licencié ès lois et cons., natif de Valence, en Auvergne (6 nov. 1410).
Alis de Vaubonlon, fille de Jean de Vaubonlon, et femme de Berault
Brisson (?).

---

[1] L'épitaphe, qui est de Clément Marot, commence ainsi :

> Vous qui avez amitié nuptiale,
> Vous qui prisez charité cordiale.

Cette épitaphe a été imprimée dans les œuvres de Clément Marot. La Haye, 1731;
tome III, p. 251.

Tous les personnages appartenant à la famille des Spifame étaient réunis dans une chapelle
dite des Spifame, qui fut refaite et réparée en janvier 1620, par Samuel Spifame, conseiller d'État, au retour d'ambassade en Angleterre, où il était resté cinq ans pour le
service du roi.

L'église renfermait aussi des mausolées, des épitaphes, des marbres, des vitraux et autres objets précieux; ils furent tous transportés au Musée des monuments français. Parmi ces objets, on remarquait un bas-relief, conservé aujourd'hui à l'Ecole des Beaux-Arts, et qui était placé sur la façade septentrionale de l'église, auprès de l'abside. Ce bas-relief rappelait l'amende honorable que firent, en présence des religieux, Jean Bayart, sergent à verge, Gillet, Roland et Guillaume de Besançon, qui avaient tiré violemment du couvent le frère Aimeri, et qui avaient tué Pierre de Gougis, autre religieux.

L'ordre du Saint-Esprit avait fait décorer de sculptures et de peintures les salles de séance. On y voyait les portraits, bustes, écussons, noms et dignités de tous les cardinaux, prélats, commandeurs et chevaliers reçus dans cet ordre depuis son établissement. La plus grande partie fut portée au musée des Petits-Augustins.

Devenu propriété nationale, le couvent fut vendu le 13 ventôse an v (3 mars 1797) et 1er brumaire an vi, puis démoli. On éleva sur cet emplacement le marché à la volaille et au gibier, dont la première pierre fut posée le 17 septembre 1809. La construction en avait été ordonnée par décret du 25 septembre 1807; on l'agrandit en 1813 et en 1814.

BIBLIOGRAPHIE

MANUSCRITS

Les documents relatifs à l'abbaye des Grands-Augustins sont conservés aux Archives de l'Empire, dans les sections administrative et historique.

Dans la section administrative, il y a huit cartons et un registre.

Les deux premiers cartons (S. 3632-3633) renferment la déclaration de 1790, le procès-verbal de visite du 20 avril 1790, le procès-verbal d'apposition des scellés, des pièces concernant les terrains et bâtiments abattus pour faire la rue Dauphine, des pièces de procédure au sujet des servitudes du couvent, à la décharge des eaux pluviales, etc., etc., des états des lieux des maisons appartenant aux Augustins, diverses quittances et décharges; le troisième (S. 3634), des contrats d'adjudication, des titres de rentes, des documents relatifs à la fondation de Philippe de Commines, la donation faite par le célèbre historien d'un moulin sis en la ville de Dreux, des pièces concernant le cimetière de Saint-Jean; le quatrième (S. 3635), des baux de boutiques situées sur le quai des Augustins, des baux et autres pièces concernant les propriétés des Augustins à Paris; les cinquième et sixième (S. 3636-3637), des baux de maisons situées rue Dauphine; les septième et huitième

(S. 3638-3639), des baux de maisons situées sur le quai des Augustins, des pièces relatives au droit d'amortissement, des titres de fondation, un registre intitulé : Le directoire du R. P. procureur du couvent et collège général de Paris de l'ordre des frères Ermites de Saint-Augustin, à Paris, 1655, in-4°, un inventaire des archives, en 1608, des devis et marchés.

Le registre coté S. 3640 est intitulé : Livre II des contracts du grand couvent de Paris de l'ordre des frères Hermites de Saint-Augustin, commencé l'an 1654, in-folio. Ce volume est important à consulter pour l'histoire du couvent.

Dans les pièces retirées (S. 3632-3640), quelques pièces importantes de Gilles de Rome, et des titres de procédure d'une affaire entre l'abbé de Saint-Denis et les religieux, au sujet des eaux pluviales qui se déversaient dans l'hôtel de l'abbé de Saint-Denis.

Dans la section historique, il y a deux cartons et deux registres.

Le premier carton (L. 981) renferme un mémoire des travaux de maçonnerie, charpenterie, etc., exécutés en 1299 et 1300, au couvent des Grands-Augustins. Ce mémoire, assez long, quoique malheureusement incomplet, est curieux à consulter pour le prix de la main-d'œuvre à cette époque ; une lettre datée de Cologne en 1317 qui atteste que le chef de Sainte-Julienne conservé dans le couvent est une relique des onze mille vierges ; une lettre de douze prélats, tant évêques qu'archevêques, donnée à Avignon en 1324, qui accordait quarante jours de pardon à ceux qui visiteraient l'église des Augustins ; des copies de bulles, lettres de la bénédiction faite en 1393 de terres situées entre l'église et la Seine, des lettres de Gilles de Rome, des pièces relatives à la cession faite en 1293 du couvent des frères Sachets, un dossier de pièces de 1259 à 1290, relatives à la première demeure des religieux, rue Montmartre, près Saint-Eustache, des documents relatifs au Clos du Chardonneret ; le second (L. 922), une série de pièces diverses de 1409 à 1490, un état des couvents des Grands-Augustins dans la province de Narbonne, en Bourgogne, un appointement entre les religieux et Saint-Séverin au sujet des sépultures, en 1423, des bulles, des privilèges de 1423, 1486, une bulle de 1490 qui donne au couvent de Paris les reliques de saint Acace et de ses compagnons, l'acte d'union de la confrérie de la Ceinture du couvent des Augustins de Paris à l'archiconfrérie de la Ceinture de Bologne, le 26 août 1634. Cet acte est enrichi de miniatures.

Le premier registre (LL. 1471) est intitulé : Répertoire des titres en 1746 ; le second (LL. 1472) est intitulé : *Orbis Augustinianus*.

IMPRIMÉS

Couvent des Grands-Augustins ; département et district de Paris ; section du Théâtre-Français. Histoire de l'ordre et du couvent, par Aubin Louis Millin. 1791, in-4°.

Cette monographie, insérée sous le n° xxv dans le tome III des *Antiquités nationales* de Millin, est accompagnée de douze planches lithographiées représentant : 1° Vue du couvent : bas-relief du coin de la rue des Grands-Augustins; autre bas-relief au-dessus de la porte d'entrée; 2° Costume des religieux; chaire de saint François d'Assise, de Germain Pilon; 3° Mausolées de La Fontaine et de Jacques Polau; 4° Mausolées de Nicolas Bourdon, de Leclerc de Lesseville et de Pierre Brulard; 5° Mausolées de Larchant et de Bernard Cherin; 6° Mausolées de Jérôme l'Huilier et de son épouse; 7° Mausolées d'Honoré Barentin et de son épouse; 8° Statue de Charles V; mausolée de Philippe de Comines, de sa femme et de sa fille; 9° Ornemens singuliers de la chapelle de Comines; 10° Ancien costume des religieux; grand autel et partie du chœur; 11° Stalle royale, portraits de Henri II et d e Catherine de Médicis, d'après des vitraux; 12° Tombeau de Gilles de Rome et de Louis de Vauceman.

Pétition à l'Assemblée nationale, par les religieux Augustins, près le Pont-Neuf, à Paris. 1790, in-8°.

Les cérémonies tenues et observées à l'ordre et milice du S. Esprit, institué par le tres chrestien roy Henry III, roy de France et de Pologne, en l'église des Augustins, à Paris. *Paris*, 1620, in-8°.

Les cérémonies royales qui se doivent faire à la réception de messieurs les chevaliers de l'ordre du S. Esprit, en l'église des Augustins de Paris, commençantes aux vespres au dernier jour de l'an 1619, et durant le service de la messe et vespres du premier jour de l'an 1620, et le lendemain second jour au service des trespassez. Le tout selon le cérémonial, ordonnances et statuts dudit ordre. *Paris*, 1609, in-8°, orné d'une gravure représentant Louis XIII à cheval.

L'ordre observé en la procession generalle, faicte à Paris (aux Augustins), le 26 octobre 1614. Le roy, la royne, princes et princesses de France y assistans. Pour esmouvoir le peuple à devotion sur l'heureux succez des estats géneraulx, par M. C. Jourdan, huissier des comptes, parisien. *Paris, s. d.*, in-12 (22 p.).

Les statuts de la Congrégation des Pénitens de l'Annonciation de Notre-Dame (aux Augustins), par le commandement et privilége du roy. *Paris*, 1583, in-8°. (Bibl. Maz., n° 34613⁷.)

Lettres patentes du roy, en forme de commission, portant établissement d'une chambre des vacations dans le couvent des Grands-Augustins de Paris, du 27 septembre 1720, registrées en ladite chambre, le 7 octobre 1720. *S. n. d. l.*, in-4°.

La communauté des marchands bouchers de Paris, fera chanter, etc. *Paris*, 1729, in-folio plano.

Affiche annonçant, pour le 20 septembre 1729, au nom de la communauté des marchands bouchers de Paris, un *Salut* et un *Te Deum* dans l'église des pères Augustins, en action de grâce de la naissance du Dauphin.

Monseigneur, nous avons l'honneur de vous inviter, etc. *S. l. n. d.*, in-4°.

Invitation faite aux évêques, le 15 mai 1745, par les agents généraux du clergé de France, de se rendre à la messe solennelle célébrée en l'église des Grands-Augustins pour la conservation du roi Louis XV.

Oraison funèbre prononcée en l'église et monastère des Augustins, aux obsèques et funérailles de M. Guy du Faur, seigneur de Pibrac, conseiller du roy en son privé conseil et d'État, président en sa court de parlement et chancelier de feu Monseigneur frère du roy et de la roine de Navarre, ensemble ses derniers propos tenus avant son trespas, dédié à hault et puissant seigneur monseigneur le duc de Guise, par F. Pierre Pain et Vin, docteur en théologie, religieux profez de l'ordre de Saint-Augustin. *Paris*, 1584. in-8°. (Bibl. Maz., n° 34613⁹.)

Oraison funèbre prononcée dans l'église des Augustins du grand couvent de Paris, au service solennel fait par le clergé de France le premier juin 1643, pour le très chrestien roy de France et de Navarre Louys-le-Juste, par MM. Nicolas Grillie, évesque et comte d'Uzez, seconde édition. *Paris*, 1643, in-4°. (Bibl. Maz., n° 10370 Z²⁴.)

Oraison funèbre pour monseigneur l'archevesque de Bourdeaux (Henry d'Escoubleau de Sourdis), prononcée dans l'église du grand couvent des Augustins, le 14 de juillet de l'année 1645, par M. Denys de la Barde, évêque de Saint-Brieuc. *Paris*, 1646, in-4°. (Bibl. Maz., n° 12499.)

Oraison funèbre pour monseigneur l'évesque de Bazas, prononcée dans l'église du grand couvent des Augustins, le 24 novembre de l'année 1645, par Antoine Godeau, évesque de Grasse, etc. *Paris*, 1646, in-4°. (Bibl. Maz., n° 12499.)

Oraison funèbre prononcée dans l'église des Augustins du grand couvent de Paris, au service solennel fait par l'assemblée générale du clergé de France, le 13 mars 1666, pour la reyne-mère du roy, par Mgr H. Serrony, évesque de Mende. *Paris*, 1666, in-4°. (Bibl. Maz., n° 10370 Z⁵.)

Sermon presché à l'ouverture de l'assemblée générale du clergé de France le 9 nov. 1681, à la messe solennelle du Saint-Esprit, dans l'église des Grands-Augustins, par J.-B. Bossuet. *Paris*, 1682, in-4°.

Oraison funèbre du tres-haut et puissant seigneur, messire Michel Le Tellier, chevalier, chancelier de France, et prononcée à Paris dans l'église des Grands-Augustins le deuxième jour de mars 1686, par M. l'abbé Maboul. *Paris*, 1686, in-4°. (Bibl. Maz., n° 10370 Z.)

Oraison funèbre de très-haut, très-puissant et excellent prince, monseigneur Louis, dauphin, prononcée le 12 mai 1766, devant l'assemblée générale du clergé de France, dans l'église des Grands-Augustins, par messire Jean-Baptiste-Marie Champion de Cicé, évêque d'Auxerre. *Paris*, 1766, in-4°. (Bibl. Maz., n° 10371 A².)

Voyez aussi Jaillot, *Recherches sur Paris*; t. V, quartier Saint-André-des-Arcs, p. 23 ; Piganiol de la Force, *Description historique de la ville de Paris*, t. VII, p. 116 ; Lenoir, *Musée des monuments français*, t. II, p. 123, IV, p. 158 à 163 ; J.-B. de Saint-Victor, *Tableau de Paris*, t. III, 2ᵉ partie, p. 600 ; Thierry, *Guide de l'amateur*, t. II, p. 464 ; le *Magasin pittoresque*, t. XI, p. 160 ; la *Revue universelle des arts*, année 1857, p. 211.

COLLÉGE D'AUTUN

[74] Les maisons achetées en vue de cet établissement furent amorties dès le mois de décembre 1338 ; mais le collége ne fut réellement fondé qu'en 1341. Il devait se composer alors d'un principal, d'un chapelain et de quinze boursiers, dont cinq étudiants en théologie, cinq en droit et cinq en philosophie. Les étudiants étaient au nombre de dix-huit au commencement du XIVᵉ siècle. Un inventaire, que j'ai trouvé dans le carton M. 80 de la section historique, aux Archives de l'Empire, permet de se représenter l'intérieur de ce collége, vers 1462. Les documents de ce genre ne sont pas assez nombreux pour les laisser dans l'ombre. Celui dont je parle renferme, non-seulement l'état mobilier des salles du collége, la liste des joyaux de la chapelle et des ornements sacerdotaux, mais aussi le catalogue des livres de la bibliothèque. Lire le catalogue d'une bibliothèque de collége, c'est s'initier naturellement aux études qui y étaient faites, et entrer plus avant qu'on ne le fait généralement dans la connaissance des auteurs alors en vogue. L'étude d'un semblable document, au point de vue littéraire, pourrait faire naître bien des réflexions ; mais je me réserve de traiter ailleurs la question que pourrait soulever l'examen de ce catalogue, et je me contente de le publier ici, *in extenso*, avec quelques notes qui m'ont paru indispensables pour rappeler au lecteur les noms d'auteurs ou les titres d'ouvrages avec lesquels il pourrait n'être pas familier.

INVENTAIRE DES BIENS MEUBLES TROUVEZ EN LOSTEL DU COLLIEGE DAUSTUN PRES SAINT ANDRE DES ARS A PARIS COMMANCÉ A FAIRE PAR NOUS JEHAN GOUGE ET GUILLAUME DE VIC CONSEILLERS DU ROY NOSTRE SIRE EN LA COURT DE PARLEMENT ET COMMISSAIRES EN CESTE PARTIE LES XXIXᵉ ET XXXᵉ JOURS DU MOYS DE JUILLET L'AN MIL QUATRE CENS SOIXANTE ET DEUX ET ICELLUI AVONS PARACHEVÉ AINSI QUIL APPERT PAR LA CONTINUACION DU DIT INVENTAIRE LES Xᵉ ET XI JOURS DU MOYS DAOUST ENSSUIVANT AU DIT AN MIL CCCC LXII.

Et premierement est assavoir que en la librairie dudit colliege a dix bancs doubles à se seoir d'une part et dautre et ung poupitre, esquelz bancs et poupitre ont esté trouvez enchainez les livres qui s'ensuyvent qui sont intitulez sur la couverture d'iceulx, desquelx le premier s'ensuit :

Questiones libri Phisicorum Alberti de Saxonia 1, commançant ou second fueillet dicellui *accipitur*, et finissant ou penultime *Post remissionem*.

Item, Egidius super libro de Anima[2], commançant ou deuxieme fueillet *ad videnciam*, et finissant ou penultime *Informabit*.

Item, Liber dictarum universalium, commançant ou deuxieme fueillet *Et nature*, et finissant ou penultime *Sinuendi*.

Item, textus Ethicorum[3], commançant ou deuxieme fueillet *pecudum*, et finissant ou penultime *non habet for*.

Item, Priscianus minor[4], commançant ou deuxieme fueillet *versum*, et finis-ant ou penultime *vero li*.

Item, Thomas super posteriorum et de Anima[5], commançant ou deuxieme fueillet *viduacionis*, et finissant ou penultime *est levos*.

Item, Philosophiæ Aristotilis, commançant ou deuxieme fueillet *dictis*, et finissant ou penultime *corporeis*.

Item, Grecismus glosatus[6], commançant ou deuxieme fueillet ou texte *eum igitur*, et finissant ou penultime *querit*.

Item, textus Logices[3], commançant ou deuxieme fueillet *obmissis*, et finis-sant ou penultime *de diffinita*.

Item, textus Logices et textus Ethicorum[3], commançant ou deuxieme fueil-let *omissis*, et finissant ou penultime *minor extremitas* (*non reperitur*).

Item, Albertus super libro Thopicorum[7], commançant ou deuxieme fueillet *eum melite*, et finissant ou penultime *dici ac* (*non reperitur*).

Item, Priscianus minor[4], commançant ou deuxieme fueillet *Super astra vatis ymago*, et finissant ou penultime *ejusdem*.

Item, textus Aristotilis[3], commançant ou deuxieme fueillet *primorum sunt*, et finissant ou penultime *sepe*.

PRIMA BANCA DUPLA A PARTE CAPPELLE.

Primo, Questiones super primum librum Sententiarum[8], incipiens in secundo folio *Taxa*, et finiens in penultimo *eis* (*non reperitur*).

Item, Concordancie Biblie, incipiens in secundo folio *Jose*, et finiens in penultimo *inferos*.

Item, quidem textus Institute sive Glosa, incipiens in secundo folio *Justi-cia*, et finiens in penultimo *de falsis*.

Item, quidem liber de Actibus prophetarum, incipiens in secundo folio *mi-chi*, et finiens in penultimo *Juda*.

tem, Historia scolastica[9], incipiens in secundo folio *tantum*, et finiens in penultimo *resignans*.

---

1 Ouvrage inédit de l'augustin Albert de Saxe.

2 Œuvre de Gilles de Rome.

3 Traités d'Aristote.

4 Titre d'un ouvrage du grammairien Priscien.

5 Voy. les Œuvres de saint Thomas d'Aquin.

6 Ouvrage alors très-répandu et souvent imprimé d'Ebrard de Béthune.

7 Voy. les Œuvres d'Albert-le-Grand.

8 L'un de ces innombrables travaux faits à cette époque sur l'ouvrage de Pierre Lombard.

9 Ouvrage alors en vogue de Pierre Comestor.

Item, liber Job, incipiens in secundo folio *maxime*, et finiens in penultimo *non vincit*.

Item, Epistole Pauli, incipiens in secundo folio *miror*, et finiens in penultimo *autem*.

Item, Actus apostolorum, incipiens in secundo folio *Dei*, et finiens in penultimo *Amen*.

Item, Psalterium glosatum, incipiens in secundo folio *almos*, et finiens in penultimo *cornu*.

Item, Sermo beati Augustini incipiens in secundo folio *lacuis*, et finiens in penultimo *in medio*.

Item, aliud Psalterium, incipiens in secundo folio *bono in se*, et finiens in penultimo *cythara*.

Item, Inventorium Sirurgie[1], incipiens in secundo folio *olivaria*, et finiens in penultimo *scrophulatus*.

Item, textus Sentenciarum[2], incipiens in secundo folio *sed*, et finiens in penultimo *cul*.

Item, Gesselinus de (cassanhis)[3], incipiens in secundo folio *quo casu*, et finiens in penultimo *petito*.

Item, liber intitulatus Aqua super Lucam, incipiens in secundo folio *rend*, et finiens in penultimo *universum*.

Item, Tabula Phisicorum, incipiens in secundo folio *colores*, et finiens in penultimo *credunt*.

Item, liber Historiarum scolasticarum[4], incipiens in secundo folio *posteriora*, et finiens in penultimo *navis*.

Item, tractatus de Jurisdictione temporali et ecclesiastica Petri Bertrandi in papiro, incipiens in secundo folio *Intersunt*, et finiens in penultimo folio *pertinet ad*.

SECUNDA BANCA DUPLA,

SENSUYVENT LES LIVRES TROUVEZ OU SECOND BANC DOUBLE EN SUIVANT.

Primo ung livre appellé prima pars Apparatus super Sexto et Clementis domini Petri Bertrandi[5], commançant ou deuxieme fueillet *dictis*, et finissant ou penultime *ex eventu*.

Item, tercia pars Apparatus domini Petri Bertrandi super Sexto et Clementis, commançant ou deuxieme fueillet *omnino in tex*, et finissant ou penultime *dominus*.

Item, Apparatus domini Mathei super Clementinis et Paulus de Lazaris[6], commançant ou deuxieme fueillet *tas*, et finissant ou penultime *et (non reperitur)*.

---

[1] Probablement de Lanfranc.

[2] Le plus célèbre ouvrage de Pierre Lombard.

[3] Le mot omis dans le ms. doit être, comme je l'ai indiqué, entre parenthèses, de Cassanhis. C'est un commentaire de Gecellini, autrement dit Gencelin de Cassagne, appelé quelquefois Zenzelinus Cassanus, que l'on rencontre souvent dans les bibliothèques.

[4] Autre titre de la Chronique de Pierre Comestor.

[5] Cet ouvrage a été imprimé en 1495 sous le titre de : *De Origine et usu jurisdictionis ecclesiasticœ et sœcularis*.

[6] Le Commentaire de Paul de Liazariis est inédit.

Item, Digeste vieil, commançaut ou deuxieme fueillet du texte *eis*, et fluissant ou penultime *essent*.

Item, ung livre appellé Azo[1], commançant ou deuxieme fueillet *ita*, et finissant ou penultime *valebit*.

Item, la Digeste vieille sans glose, commançant ou deuxieme fueillet *de morati*, et finissant ou penultime *donaverit*.

Item, la Digeste nove, commançant ou deuxieme fueillet *suprascripsit*, et finissant ou penultime *est*.

Item, parvum volumen super Jure civili, commançant ou deuxieme fueillet *labore*, et finissant ou penultime *sacris*.

Item, la Digeste vieille, commançant ou deuxieme fueillet *non vis*, et finissant ou penultime *di (non reperitur)*.

Item, la Digeste nove, commançant ou deuxieme fueillet *Paulus*, et finissant ou penultime *quod*.

Item, Lectura Chini super C 2. commançant ou deuxieme fueillet *nitur*, et finissant ou penultime *ypothecam*.

Item, une Inforsade, commançant ou deuxieme fueillet *sunt*, et finissant ou penultime *probant*.

Item, textus Clementinarum [3], commançant ou deuxieme fueillet *officio*, et finissant ou penultime *cum (non reperitur)*.

Item, encores une Digeste nove, commançant ou deuxieme fueillet *in parte*, et finissant ou penultime *demonstramus*.

Item, Libellus de Blanosco, commançant ou deuxieme fueillet *vo*, et finissant ou penultime *interesse (non reperitur)*.

Item, Rofredus[4], commançant ou deuxieme fueillet *precor*, et finissant ou penultime *Dilectus*.

Item, ung Code cum glosa, commançant ou deuxieme fueillet *nobis*, et finissant ou penultime *accusatore*.

TERCIA BANCA DUPLA.
SENSUYVENT LES LIVRES TROUVEZ OU TIERS BANC.

Primo, Summa Raymundina[5] commançant ou deuxieme fueillet *vigilia*, finissant ou penultime *inquestum*.

Item, Lectura antiqua super Sexto, commançant ou deuxieme fueillet...., et finissant ou penultime *Januarii*.

Item, Lectura Guillermi super Clement.[6], commançant ou deuxieme fueille *XIIa*, et finissant ou penultime *ut supra*.

Item, Summa Confessorum[7], commançant ou deuxieme fueillet *de Inquisitionibus*, et finissant ou penultime *mavi se*.

Item, Summa Lamberti super Decreto[7], commançant ou deuxieme fueillet *Jus naturale*, et finissant ou penultime *supra*.

---

1 C'est le Summa Juris du célèbre jurisconsulte italien Azon.
2 Ouvrage du célèbre Cini, professeur de droit civil à Bologne.
3 On sait que les Clémentines, ou septième livre des Décrétales du célèbre Bertrand de Got, devenu pape sous le nom de Clément V, ont été promulguées par Jean XXII.
4 Somme du professeur italien de droit civil Rofredo.
5 Somme de Raymond de Pennafort.
6 Traité de Guillaume de Londun sur les Clémentines.
7 Elle peut être de Raimond de Pennafort, de Guillaume de Cayeux ou de Jean le Lecteur. Ces trois sommes, qui portaient le même titre, étaient fort répandues toutes les trois.

Item, Notabilia Chini[1], commançant ou deuxieme fueillet *reis*, et finissan ou penultime *urbani* (*non reperitur*).

Item, Henry Bouhic[2], en deux volumes, le premier commançant ou deuxieme fueillet *vel*, et finissant ou penultime fueillet du commentaire *de illa*, et le second volume commançant ou deuxieme fueillet *excusei*, et finissant ou penultime *glosa secunda*.

Item, Johannes Andre[3], en quatre volumes, la premiere partie commançant ou deuxieme fueillet *CI.*, et finissant ou penultime *si;* la seconde partie commançant ou deuxieme fueillet *in famam*, et finissant ou penultime *duplica;* la tierce partie commançant ou deuxieme fueillet *de juda*, et finissant ou penultime *at;* la quarte partie commançant ou deuxieme fueillet *qui*, et finissant ou penultime *Dii.*

Item, Decretum glosatum, commançant ou deuxieme fueillet *quedam*, et finissant ou penultime *refugerta.*

Item, Apparatus domini Guillermi super Clementinas[4], commançant ou deuxieme fueillet *possit*, et finissant ou penultime *notatarum.*

Item, Archidiaconus super Sexto[5], commançant ou deuxieme fueillet *alias*, et finissant ou penultime *in si.*

Item, Lectura Lamberti super Decreto, commançant ou deuxieme fueillet *sub uno*, et finissant ou penultime *Gracianus.*

Item, Compendium Rubricarum, commançant ou deuxieme fueillet *liberum*, et finissant ou penultime *adulter.*

QUARTA BANCA DUPLA.
SENSUYVENT LES LIVRES TROUVEZ OU QUART BANC.

Primo, Speculum juris[6], commançant ou deuxieme fueillet *fides*, et finissant ou penultime *Invidium.*

Item, Apparatus domini Johannis Andree super Sexto, commançant ou deuxieme fueillet *ut*, et finissant ou penultime *fuit* (*non reperitur*).

Item, Questiones mercuriales, commançant ou deuxieme fueillet *multis*, et finissant ou penultime *quis* (*non reperitur*).

Item, Questiones Frederici[7] en papier, commançant ou deuxieme fueillet *Benedicti*, et finissant ou penultime *prebendas.*

Item, Epistole Clementis, commançant ou deuxieme fueillet *In*, et finissant ou penultime *sub.*

Item, Decretum, commançant ou deuxieme fueillet *Tificum*, et finissan ou penultime *omnium.*

Item, Lectura Innocencii, commançant ou deuxieme fueillet *Consuetudo*, et finissant ou penultime *quoniam.*

---

[1] Ouvrage du célèbre Cini, professeur de droit civil à Bologne.
[2] Commentaires de Henri de Bohic sur les Décrétales.
[3] Ouvrage de Jean d'André sur les Décrétales.
[4] Traité de Guillaume de Loudun sur les Clémentines.
[5] C'est la Glose de Gui de Baisio, archid. de Bologne, sur le sixième livre des Décrétales.
[6] C'est le *Speculum judiciale* de Guillaume Duranti.
[7] Ouvrage de Frédéric *de Senis*.

Item, Casus Bernardi[1], commançant ou deuxieme fueillet *uni*, et finissant ou penultime *appellacio*.

Item, Textus tocius juris civilis, commançant ou deuxieme fueillet *nuteria*, et finissant ou penultime *reminiscentibus*.

Item, Summa Raymundi, commançant ou deuxieme fueillet *forte*, et finissant ou penultime *casibus (non reperitur)*.

Item, Apparatus Joannis Andree super Sexto, commançant ou deuxieme fueillet *cum quod ad*, et finissant ou penultime *uti*.

Item, Lectura Archidiaconi super Sexto, commançant ou deuxieme feuillet *non*, et finissant ou penultime *necessarii*.

Item, Lectura Compostellani[2], commançant ou deuxieme feuillet *full*, et finissant ou penultime *sine*.

Item, Lectura autentiquorum, commançant ou deuxieme fueillet *hiis*, et finissant ou penultime *de hoc*.

Item, Lectura Goffredi[3], commançant ou deuxieme fueillet *mago*, et finissant ou penultime *propositum*.

Item, Summa Goffredi[3], commançant ou deuxieme fueillet *erit*, et finissant ou penultime *absolvendus*.

Item, Textus Sexti Decretalium, commançant ou deuxieme fueillet *habere*, et finissant ou penultime *Inis*.

Item, Lectura Innocencii, commançant ou deuxieme fueillet *Inter*, et finissant ou penultime *In sii*.

Item, Libellus Rofredi, commançant ou deuxieme fueillet *ut*, et finissant ou penultime.....

Item, textus sexti libri Decretalium, commançant ou deuxieme fueillet *aqua*, et finissant ou penultime *dignitatum*.

QUINTA BANCA DUPLA.
SENSUYVENT LES LIVRES TROUVEZ OU CINQUIÈME BANC.

Premierement, la lecture Hostiensis[4], en quatre volumes, le premier commançe ou deuxieme fueillet *ut*, et finit ou penultime *statim*; le second volume commançe ou deuxieme fueillet *Sena*, et finit ou penultime *In*; le tiers volume commançe ou deuxieme fueillet *mentem*, et finit ou penultime *fu*; le quatriesme volume commançe ou deuxieme fueillet *salibes*, et finit ou penultime *timeant*.

Item, Summa Hostiensis, commançant ou deuxieme fueillet *Gracie*, et finissant ou penultime *cinus*.

Item, Rosarum super Decreto[5], commançant ou deuxieme fueillet *igitur*, et finissant ou penultime *cuilibet*.

Item, Decretales glosate, commançant ou deuxieme fueillet *prolapsus*, et finissant ou penultime *canonice*.

Item, prima et tercia pars Apparatus domini Petri Bertrandi super Sexto et Clementis, commançant ou deuxieme fueillet *genssimum*, et finissant ou pe-

---

[1] Ce sont les *Casus varii* de Bernard de Compostelle.
[2] Ouvrage de Bernard de Compostelle.
[3] Œuvres de Gaufrède ou Geoffroi de Trano.
[4] Traité alors fort répandu de Henri de Suze, cardinal d'Ostie.
[5] Ouvrage de Gui de Baypho ou de Baisio, archid. de Bologne.

nultime *electis*, et tercia pars commançant ou deuxieme fueillet *gingati*, et finissant ou penultime *dilectus*.

Item, unum Repertorium dudit Pierre Bertrand, en quatre volumes, le premier commançant ou deuxieme fueillet *Diaconum*, et finissant ou penultime *bone*; le second volume commançant ou deuxieme fueillet *non*, et finissant ou penultime *instimavi*; le tiers volume commançant ou deuxieme fueillet *ect*, et finissant ou penultime *ourpice*; le quatriesme volume commançant ou deuxieme fueillet *sacerdoti*, et finissant ou penultime *pastio*.

Item, Lectura Innocencii, commançant ou deuxieme fueillet *denuum*, et finissant ou penultime *Et si*.

SEXTA BANCA DUPLA.
ITEM OU SIXIEME BANC ONT ÉSTÉ TROUVEZ ET INVENTORIEZ LES LIVRES QUI SENSUYVENT.

Premierement, ung livre de theologie appellé Compendium theologie[1], commançant ou deuxieme fueillet *Et 1*, et finissant ou penultime *de confessione*.

Item, ung autre livre appelle Methaphysica et Phisece sancti Thome, commançant ou deuxieme fueillet *qui*, et finissant ou penultime *Ideo*.

Item, la Legende dorée[2], commançant ou deuxieme fueillet *Bria*, et finissant ou penultime *subjugatus*.

Item, Euvangelia Mathei, commançant ou texte du deuxieme feuillet *filii*, et finissant ou penultime *Pontifici*.

Item, Summa Egidii de Roma ...., commançant ou deuxieme fueillet *colorem*, et finissant ou penultime *quum*.

Item, Summa Raymundi, commançant ou deuxieme feuillet *in*, et finissant ou penultime..... (*non reperitur*).

Item, De Regimine principum[3], commançant ou deuxieme fueillet *dictis*, et finissant ou penultime *inmundi*.

Item, Habundancia exemplorum[4], commançant ou deuxieme fueillet *aliquando*, et finissant ou penultime *credebant*.

Item, de Actis et de exilio beati Thome Canturiensis in papiro, commançant ou deuxieme fueillet *existens*, et finissant ou penultime *habundancia*.

Item, Epistole de sompno Pharaonis[5], commançant ou deuxieme fueillet *nemo*, et finissant ou penultime *P. a.*

Item, liber Philosophorum moralium, commançant ou deuxieme fueillet *fui*, et finissant ou penultime *cum*.

Item, Lucas glosatus, commançant ou deuxieme fueillet *scribere*, et finissant ou penultime *de hiis*.

Item, Flores Historiarum[6], commançant ou deuxieme fueillet *Rex*, et finissant ou penultime *tum*.

---

[1] Probablement celui d'Albert-le-Grand.

[2] Ouvrage bien connu de Jacques de Voragine.

[3] Œuvres de Gilles de Rome.

[4] Traité d'Etienne de Bourbon ou de Belleville.

[5] Ouvrage de Jean de Limoges, imprimé par Fabricius dans son *Codex pseudepigraphus*.

[6] Peut-être l'extrait du *Speculum historiale* de Vincent de Beauvais, par Adam, clerc du diocèse de Clermont.

Item, Secunda secunde beati Thome, commançant ou deuxieme fueillet *ad*, et finissant ou penultime *per edificationem (non reperitur)*.

Item, prima Summa de Theologia, commançant ou deuxieme fueillet *quolibet*, et finissant ou penultime *anime*.

Item, de Miseria condicionis humane [1], commançant ou deuxieme fueillet *non*, et finissant ou penultime *in qua*.

Item, Manipulus florum [2], commançant ou deuxieme fueillet *sunt*, et finissant ou penultime *novit*.

Item, Cronice Romanorum pontificum, commançant ou deuxieme fueillet *si*, et finissant ou penultime *mundi*.

Item, Epistole Senece [3], commançant ou deuxieme fueillet *finite*, et finissant ou penultime *que*.

Item, Textus Ethicorum, commançant ou deuxieme fueillet *Aliquid*, et finissant ou penultime *ne*.

Item, Textus Summarum, commançant ou deuxieme fueillet *de trinitate*, et finissant ou penultime *gaudia*.

Item, Questiones Ethicorum, commançant ou deuxieme fueillet *meta tanquam*, et finissant ou penultime *ne*.

Item, Distinctiones Mauricii [4], commançant ou deuxieme fueillet *abissi*, et finissant ou penultime *fruuntur*.

Item, les Sermons saint Bernard, commançant ou deuxieme fueillet *ergo*, et finissant ou penultime *linta (non reperitur)*.

Item, Sermones sancti Jacobi, commançant ou deuxieme fueillet *censu*, et finissant ou penultime *ordines*.

Item, Questiones Phisicorum in papiro, commançant ou deuxieme fueillet *quesitura*, et finissant ou penultime *Innocens*.

Item, Proverbia socratorum, commançant ou deuxieme fueillet *que constans*, et finissant ou penultime *adolescentia*.

Item, Questiones Adam [5], commançant ou deuxieme feuillet *ex*, et finissant ou penultime *tisicabilem*.

Item, Johannes Crisostomus, commançant ou deuxieme fueillet *ille*, et finissant ou penultime *qui sic*.

Item, Tractatus de Abstinencia [6], commançant ou deuxieme fueillet *mortem*, et finissant ou penultime Ll. *in tabula*.

SEPTIMA BANCA.

ITEM, OU SEPTIEME BANC ONT ESTÉ TROUVEZ LES LIVRES QUI SENSUYVENT.

C'est assavoir Primus Sententiarum secundum Egidium de Roma, commançant ou deuxieme fueillet *quum tacte*, et finissant ou penultime *sed mereor ergo*.

Item, Quartus Sentenciarum seu Quolibeta, commançant ou deuxieme fueillet *Ex hoc*, et finissant ou penultime *ejus (non reperitur)*.

1 C'est le c de Contemptu mundi « d'Innocent III.
2 Ouvrage de Thomas de Hibernia.
3 Lettres apocryphes de Senèque le philosophe.
4 Œuvre du frère mineur Maurice.
5 Œuvre du frère mineur Adam d'Irlande.
6 Probablement le Traité de Pétrarque.

Item, prima pars Summe sancti Thome commançant ou deuxieme fueillet *opera*, et finissaut ou penultime *genera*.

Item, une Bible abrégée, Petri Comestoris, commançant ou deuxieme fueilli *que lucem*, et finissant ou penultime *occidentis triplicandum*.

Item, tercia pars Summe sancti Thome, commançant ou deuxieme fueillet *Par ct est ille*, et finissaut ou penultime *operis (non reperitur)*.

Item, de Proprietatibus rerum[1], commançant ou deuxieme fueillet *tine retenta*, et finissaut ou penultime *tatoris*.

Item, Quartus Sententiarum sancti Thome, commançant ou deuxieme fueillet *quod*, et finissant ou penultime *supponitur (non reperitur)*.

Item, Secunda Secunde sancti Thome, commançant ou deuxieme fueillet *humana*, et finissant ou penultime *motu (non reperitur)*.

Item, Itinerarium Clementis pape[2], commançant ou deuxieme fueillet *ac diffuncionis*, et finissaut ou penultime *misterium*.

Item, Sermones Innocencii pape, commançant ou deuxieme fueillet *modo*, et finissant ou penultime *verba*.

Item, Secunda Secunde Thome, commançant ou deuxieme fueillet *lumen*, et finissant ou penultime *judicem (non reperitur)*.

Item, Euvangelia Johannis glosata, commançant ou deuxieme fueillet ou texte *et verbum erat*, et finissant ou penultime ou texte *quid ale*.

Item, Meditationes Bernardi, commançant ou deuxieme fueillet *secundum*, et finissant ou penultime *pulchritudo*.

Item, Tabula circa libros sancti Thome, commançant ou deuxieme fueillet *sar ab*, et finissant ou penultime *vel potentia*.

Item, Manipulus florum, commançant ou deuxieme fueillet *factis*, et finissaut ou penultime *dixi*.

Item, Declarationes difficilium doctorum in theologia, commançant ou deuxieme fueillet *secundum quos*, et finissaut ou penultime *gramatico*.

Item, Dyalogus sancti Gregorii, commançant ou deuxieme fueillet *Venantii*, et finissaut ou penultime *desiderat*.

Item, Textus Sententiarum, commançant ou deuxieme fueillet *utrum*, et finissaut ou penultime *lucem*.

Item, Historia scolastica, commançant ou deuxieme fueillet *de creatione*, et finissaut ou penultime *priora*.

Item, prima pars Summe de Theologie, commançant ou deuxieme fueillet *dignitatem*, et finissaut ou penultime *alimenti (non reperitur)*.

Item, prima Secunde cum Summa contra gentiles[3] in uno volumine, commançant ou deuxieme fueillet *ad septimum*, et finissant ou penultime *per ven*.

Item, Questiones antique super librum Sentenciarum, commançant ou deuxieme fueillet *vel aliquod*, et finissant ou penultime *dispensandum*.

---

[1] Œuvre très-répandue alors de Barthélemy Glanville, franciscain anglais, et dont la traduction française, faite sur l'ordre de Charles V par Jean Corbichon, obtint le plus grand succès.

[2] L'ouvrage intitulé : *Itinerarium predicationis Petri, sive Recognitionum libri X*, attribué à saint Clément, était déjà signalé comme apocryphe dès le temps de saint Jérôme. Imprimé plusieurs fois, il fut mis à l'index par l'Inquisition romaine vers la fin du xvi siècle.

[3] Voyez les œuvres de saint Thomas d'Aquin.

Item, Liber Catholicon[1], commançant ou deuxieme fueillet *auffero, abstuli*, et finissant ou penultime *sic circumspectus.*

Item, quedam lectura Sentenciarum, commançant ou deuxieme fueillet *in foro penitencie*, et finissant ou penultime *quod continuatur in eis sic.*

OTTAVA BANCA,

ITEM, AU HUITIESME BANC ONT ESTÉ TROUVEZ LES LIVRES QUI SENSUYVENT.

C'est assavoir liber Moralium Gregorii super Job, commançant ou deuxieme fueillet *solitarius*, et finissant ou penultime *mata.*

Item, tractatus de Exemptione, commançant ou deuxieme fueillet *eciam monere*, et finissant ou penultime *cum causis.*

Item, Soliloquium Augustini beati cum pluribus aliis tractatibus, commançant ou deuxieme fueillet *paro*, et finissant ou penultime *eligere.*

Item, Expositio Cantique Cantiquorum, commançant ou deuxieme fueillet *sullinus*, et finissant ou penultime *vicare.*

Item, Repertorium beati Gregorii, commançant ou deuxieme fueillet *C°XIX°*, et finissant ou penultime *tenebra.*

Item, Summa Thome contra Gentiles, commançant ou deuxieme fueillet *Consideracio*, et finissant ou penultime *per.*

Item, diversi libri beati Augustini, commançant ou deuxieme fueillet *scire*, et finissant ou penultime *gra.*

Item, Sermones domini Petri Bertrandi, commançant ou deuxieme fueillet *Dilectus*, et finissant ou penultime *Circumveniamus.*

Item, quedam Expositio psalterii ad modum sermonum in parvo volumine usque ad illum psalmum, *qui regis Israel intende*, et incipiens in secundo folio *nominum psalterium* et finiens in penultimo *ita ab uno.*

Item, de Exemplis sancte Scripture[2], commançant ou deuxieme fueillet *Item sanavit*, et finissant ou penultime *Ysaac (non reperitur).*

Item, tercius Summarum Thome, commançant ou deuxieme fueillet *qui sic*, et finissant ou penultime *post (non reperitur).*

Item, Concordancie Biblie, commançant ou deuxieme fueillet *Pharisei consilium*, et finissant ou penultime *Induit rex.*

Item, de Civitate Dei seu Expositio[3], commançant ou deuxieme fueillet *rationum*, et finissant ou penultime *animum.*

Item, Questiones super potestate apostolorum, commançant ou deuxieme fueillet *hiis*, et finissant ou penultime *verum.*

Item, Textus glosatus super Job, commançant ou deuxieme fueillet *erranti* et finissant ou penultime du texte *nobis amen.*

Item, prima pars Speculi historialis[4], commançant ou deuxieme fueillet *Plicandum*, et finissant ou penultime *coma.*

Item, de Civitate Dei Augustini[5], commançant ou deuxieme fueillet *postulat*, et finissant ou penultime *tenuimus (non reperitur).*

[1] Dictionnaire de Jean de Gênes.
[2] Ouvrage de Jean de Hanapes.
[3] Ouvrage de saint Augustin.
[4] Extrait de Vincent de Beauvais.
[5] Œuvre de saint Augustin contre les Manichéens.

Item, Statuta collegii, commançant ou deuxieme fueillet *sic igitur*, et finissant ou penultime *invenitur*.

Item, Johannes Damascenus, commançant ou deuxieme fueillet *sic igitur*, et finissant ou penultime *alium*.

Item, de Trinitate Augustini, commançant ou deuxieme fueillet *lecturas*, et finissant ou penultime *fugit*.

Item, Regule beatorum Benedicti et Augustini, commançant ou deuxieme fueillet *mo*, et finissant ou penultime *obedienciam*.

Item, Aurilii Aug. Gen., commançant ou deuxieme fueillet *de luce*, et finissant ou penultime *nisi me*.

Item, Postilla super Cantica canticorum, commançant ou deuxieme fueillet *sacra scriptura*, et finissant ou penultime *et magis*.

Item, liber de Veritate catholice fidei[1], commançant ou deuxieme fueillet *consideracio*, et finissant ou penultime *per*.

Item, Textus Summarum, commançant ou deuxieme fueillet *facultatem*, et finissant ou penultime *mo*.

Item, Sermones Petri Damiani et Epistole ejusdem in papiro, commançant ou deuxieme fueillet *tunc suscitavit*, et finissant ou penultime *potenciam*.

NONA BANCA
ITEM OU NEUFVIESME BANC ONT ESTÉ TROUVEZ LES LIVRES QUI S'ENSUIENT.

Primo, Milleloquium Augustini, commançant ou deuxieme fueillet *dulce*, et finissant ou penultime *Salomon*.

Item, prima pars Milleloquii Augustini, commançant ou deuxieme fueillet *ecclesiam*, et finissant ou penultime *exponi*.

Item, ung livre appellé *Epistole canonice Jacobi*, commançant ou deuxieme fueillet ou texte *nichil*, et finissant ou penultime *et auge (non reperitur)*.

Item, liber de Doctrina fidei, commançant ou deuxieme fueillet *vitatis* in textu, et finissant ou penultime *qui*.

Item, Epistole Pauli, commançant ou deuxieme fueillet en glose *proprias*, et finissant ou penultime *eoque*.

Item, Concordancie sive Originale Andree de cultili, commançant ou deuxieme fueillet *obedienciam*, et finissant ou penultime *servire*.

Item, de Laudibus Marie cum pluribus, commançant ou deuxieme fueillet *vos autem*, et finissant au penultime *Zaca*.

Item, Genesim glosatam, commançant ou deuxieme fueillet ou texte *celum*, et finissant ou penultime *Tabernaculum*.

Item Sermones beati Augustini, commançant ou deuxieme fueillet *ut erraverit*, et finissant ou penultime *cum contra*.

Item, le premier et le second volume de la Bible, le premier commançant ou deuxieme fueillet *secula*, et finissant ou penultime *mortem*; le second volume commançant ou deuxieme fueillet *corum*, et finissant ou penultime *et men*.

Item, textus Biblie secundum antiquam translationem, commançant ou deuxieme fueillet *apperit*, et finissant ou penultime *vo*.

[1] Œuvre de saint Thomas d'Aquin.

DECIMA BANCA
ITEM ET OU Xe BANC ET DERRENIER ONT ESTÉ TROUVEZ LES LIVRES
QUI S'ENSUYVENT.

Et premierement, *de Lyra* [1] en troys volumes tres beaulx. Le premier volume commançant ou deuxieme fueillet *questionibus*, et finissant ou penultime *execucione;* le deuxieme volume commançant ou deuxieme fueillet *omnia sint*, et finissant ou penultime *satisfacionem;* et le troisieme volume commançant ou deuxieme fueillet *sationis*, et finissant ou penultime *Et di*, et sont touz escrips d'une main.

Item, le Dictionari [2] en troys volumes escrips de lettre courant: le premier volume commançant ou deuxieme fueillet *vi et alibi*, et finissant ou penultime *dominus;* le deuxieme volume commançant ou deuxieme fueillet *facta sunt*, et finissant au penultime *hominum;* et le tiers volume commançant ou deuxieme fueillet *fantibus*, et finissant ou penultime *transeunt.*

Item, textus Sentenciarum, commançant ou deuxieme fueillet *nos enim*, et finissant ou penultime *invenit.*

Item, Formularium litterarum, commançant ou deuxieme fueillet *necesse*, et finissant ou penultime *illam.*

Item de Verbis domini beati Augustini, commançant ou deuxieme fueillet *dixit*, et finissant ou penultime *non credunt.*

Item, Catholicon [3], commançant ou deuxieme fueillet *in T. Desinens*, et finissant ou penultime *ille ab.*

S'ENSUYVENT AUTRES BIENS TROUVEZ EN LA CHAPPELLE DUDIT COLLIEGE
COMME COFFRES, LIVRES D'EGLISE ET AUTRES CHOSES.

Et premierement ung coffre de noyer denviron quatre picz et serrure et sans clefz.

Item, ung autre coffre de chaigne assis empres l'autel à couste senestre long de quatre piez ou environ.

Item, ung autre coffre de noyer derriere l'autel dessus dict assis, ouquel on met le missel et le calice là où on chante chascun jour, lequel coffre a de longueur quatre piez ou environ.

Item, en la dicte chappelle, ont esté trouvez ung breviaire enchesné ou poupitre de la senestre partie de la dicte chappelle, commançant ou deuxieme fueillet du psaultier *corde*, et finissant ou penultime *inestimabiles.*

Item, ung autre Breviaire de demy temps, noté, pareillement enchesné oudict poupitre, commençant ou deuxieme fueillet du psaultier *permanebunt*, et finissant ou penultime *sicut.*

Item, en l'autre poupitre de l'autre cousté de la dicte chappelle ung Breviaire de demy temps, commançant ou second fueillet *miserere*, et finissant ou penultime *manus.*

[1] Œuvre de Nicolas de Lyre.
[2] Probablement le *Repertorium morale utriusque Testamenti* de Pierre Berchoir ou le Bercheur, appelé souvent *Dictionnarium*, sans autre appellation.
[3] Célèbre ouvrage de J. Balbi, imprimé par Guttenberg. Il contenait une grammaire, un traité de rhétorique et un dictionnaire.

Item, un Psaultier glosé enchesné oudict poupitre, commançant ou troisieme fueillet *surgunt impii*, et finissant ou penultime in textu *dominum*.

Item, ung Breviaire noté enchesné, commançant ou deuxieme fueillet du psaultier *audivit*, et finissant ou penultime *requestam*.

Item, ung livre des passions noté, commançant ou second fueillet de la Passion *et illi*, et finissant au penultime *impleretur*.

Item, deux Gres à chanter notez, le premier commançant ou deuxieme fueillet *am*, et finissant ou penultime *con*, et l'autre commançant ou second fueillet *pervenit*, et finissant ou penultime *honestatis*.

Item, ung demy temps d'antiphone noté, commançant ou neuvieme fueillet *pro ut*, et finissant ou penultime *erat in*.

Item, les Cantiques commançans ou troisieme fueillet *in mandatis*, et finissant ou penultime *Vincula*, et n'est pas complet.

Item, ung Psaultier enchesné en l'autre poupitre commançant ou second fueillet *tatem*, et finissant au penultime *cum*.

Item, ung petit missel à fermouers d'argent, commançant ou second fueillet *Et ne*, et finissant ou penultime *ab omni inquiramento*.

Item, ung autre grant missel commençant ou second fueillet *honoribus*, et finissant ou penultime *interna pocius*.

Item, ung psel noté, commançant ou second fueillet *supera*, et finissant ou penultime *provenitur*.

Item, deux chandeliers moyens de cuyvre estans sur ledit autel et servans cothidiennement à icellui.

Item, ung autre petit chandelier de cuyvre.

SENSUYVENT AUTRES BIENS TROUVEZ OU REVETOUER DE LA DICTE CHAPPELLE.

Premierement, ung grant coffre de noyer d'environ sept pieds ravalé devant, fermant à clef que l'on dit appartenir aux executeurs de feu maistre Guillaume Claustre ou intrant.

Item, deux vielz coffres et une huche, l'un de chaisne d'environ six piez de long, l'autre de chaisne d'environ quatre piedz et la huche d'environ cinq piez et demy, que l'on dit appartenir à maistre Estienne Vray (*non reperitur*).

Item, unes aumaires sur lesquelles a une verge de fer et ung chandelier de boys.

Item, quatre coffres en façon de tasses, dont les deux sont couvers de toille et les autres non, esquelz a plusieurs comptes, lettres, papiers et autres du pais de Languedoc, avec quatre sacs esquelz y a plusieurs autres lettres que l'on ne scet à qui elles sont et parlent de plusieurs choses.

Item, unes petites orgues garnies de tuyaulx et de couverture de boys et de soufflez.

Item, une chasuble à diacre et soubzdiacre avecques une chappe, de mesmes tout de boucassin noir semées de fleurs de lys d'or et d'estoilles d'argent doublées les unes de sendal vermeil et les autres de toille vermeille.

S'ENSUIVENT LES OURNEMENS ET VESTEMENS DE L'ÉGLISE TROUVEZ
OUDICT REVETOUER.

C'est assavoir deux chappes de satin noir toutes doublés de sendal vermeil
et toile vermeille, deux paremens d'autel de toille noire en chascun desquelx
a une croix vermeille et sont doublés de toile verte, avecques ung petit
poille de toille noyre, doublé de toile vermeille à une croix rouge.

Item, une chasuble à diacre et soubzdiacre de samy vermeil ardant brodée
à raynceaulx d'arbrez et sur la chasuble a une orfraye à imaiges de plante.
et une estolle avecques le fanon à ymages doublés de sandal vert d'estam.
(Lesdicts estolle et fanon *non reperiuntur.*)

Item, une chappe de veluyau cramoysi brodée à couppes et à imaiges
doublée de toille perse à orfrayes à champ d'or et à viels imaiges.

Item, une autre chappe de diacre blanc semée de anges d'or à une vieille
orfraye de brodeure à champ d'or et à demy images doublés de toille
perse.

Item, deux chappes de baudequin d'Angleterre sur champ vermeil semé de
fueilles blanches et vertes à deux vieilles orfrayes doublés de toille perse.

Item, une chasuble de marraine à une orfraye de bordeure à champ d'or à
grans imaiges doublée de toille perse avecques l'aube et amyt pareil, l'estolle
et fanon d'icelle fait à l'esguille.

Item, ung diacre et soubzdiacre de drap de soye blanche menu ouvrez,
doublés de boucassin noir.

Item, une chasuble de tafetas rayé sendrée avecques l'estolle et fanon dou_
blé de toille noire, aube et amyt pareilz de mesmes.

Item, une vieille chasuble de boucassin blanc doublé de noir qui est (trouée)
à deux endroiz.

Item, une autre chasuble de drap de soye blanche à petiz bezans de brodure d'or et d'asur en maniere de perles peintes d'azur, laquelle est vieille et
doublé de sendal vermeil, estolle et fanon de mesmes.

Item, ung diacre et soubzdiacre de sendal vermeil ardant, doublé de toile
perse.

Item, ung vieil parement d'autel de drap vert doublé de toille vermeille.

Item, une vieille chasuble de drap d'or dessirée, doublé de vieil boucassin
blanc (*non reperitur*).

Item, une autre vieille chasuble de samy violet doublée de taffetas blanc
(*non reperitur*).

Item, ung parement d'autel à une annunciation de brodeure poponné de
veluyau vert et vermeil d'estam, ouquel sont les armes du fondeur dudict
colliege et est le fons brodé à papillons, doublé de toille blanche.

Item, deux paremens d'autel de vieil drap d'or qui fut sur chainx vermeil
brodez de toille vermeille au tour et doublez de toille perse.

Item, deux autres paremens d'autel de toille d'estame ouvrée à liteaux en
maniere de lettres sarazinoises et une couverture d'autel de mesmes doublé
de toille noire.

Item, deux orillées de brodure à sagitaires bien vieilz et sur satin obscur.

Item, quatre aubes de toille avecques quatre amyts de toille parées de plusieurs parements vieilz tant de brodures que d'autres draps. Deux amyts des quatre dessus dicts *non reperiuntur.)*

Item, onze aubes que bonnes que mauvaises et six amyts. (Troys aubes des XI dessusdicts *non reperiuntur.)*

Item, cinq surpeliz que bons que mauvais. (L'un des cinq dessus dict *non reperitur.)*

Item, deux estoles et deux fanons, ung parement doublé tout uni (*non reperiuntur*).

Item, huit nappes d'autel à l'euvre de Paris, une autre à l'euvre de Bourgoingne et les autres plaines tant bonnes que mauvaises, dont une est parée d'un parement de brodeure fait a demyz apostres.

Item, quatre serviettes à essuyer mains (*non reperiuntur*).

Item, deux vieilz lestrains de toille l'un ouvré et l'autre de toille d'estame. (L'un d'iceulx *non reperitur.)*

Item, une bourse de brodeure à champ d'or à ung crucifilz et une annunciacion avecques corporaulx.

Item, une autre bourse de tafetas blanc, plaine de corporaulx.

Item, ung vieil estuy avecques corporaulx.

Item, ung tableau de bois paint d'or et à ymaiges.

Item, ung autre tableau doublé à pignon de bois doré par dedans et à ymaiges. Le crucefilz d'un cousté et nostre Dame tenant son enfant d'autre, tenant ensemble à couplets d'argent et fermant à ung crochet d'argent blanc. (Ledit argent *non reperitur.)*

LES JOYAULX DE LA DITE CHAPPELLE
S'ENSUYVENT AUTRES BIENS TROUVEZ AUDIT REVETOUER EN UNG COFFRE COUVERT DE FER.

Premierement, une croix à ung pié tout d'argent sur quatre lyons, et es quatre coins sur ledit pié sont les quatre euvangelistes esmaillez et les esmails rompus et est la pougnée faicte de maçonnerie à ymaiges esmaillez et sur ladicte pougnée d'ung cousté et d'autre sont notre Dame et saint Jehan esleuez. Et se oste et met ladicte croix en un tuau oudit pié et est icelle croix ronde esmaillée de bleu et y a comme fleurs de violettes dorées par my le dit esmail. Le tout pesant onze marcs cinq onces.

Item, une aultre croix à ung pié doré sur quatre pates de lyon à une pougnée et demye esmaillée, et se oste et met la dite croix en ung tuau estant oudit pié et se ferme à deux chevilles d'argent et en la croix n'a que le crucifilz à quatre esmaulx des euvangelistes et ou diadesme dudict crucifilz a une croix esmaillée et le tiltre dessus esmaillé pesant cinq marcs sept onces.

Item, ung joyau d'argent doré du coronnement nostre Dame ouquel Dieu et nostre Dame sont enlevez et assis en une chaiere assise sur quatre personnaiges d'ommes : icelle chayere esmaillée par embas à l'entour en façon de voyrieres et par en hault par le derriere de la dicte chayere à esmaulx et à petites pierres rouges et bleues et au dessus fait à pilliers en façon de maçonnerie et n'y a point de fons par dessoubz et y fault XII chautons ou il a des pierres telles que dessus, et est la couronne nostre Dame rompue, pesant tout ainsi que divisé est XXXVI marcs moins troys quars d'once.

Item, deux chandeliers d'argent dorez pour eglise, esmaillez sur le pié de six esmaulx, chascun à apostres en l'un desquelz fault l'un des dicts esmaulx et en la pongnée de chascun chandelier a esmaulx et fueillaiges, pesans ensemble treze marcs quatre onces.

Item, un encensier d'argent blanc garny de chaisnes d'argent blanches, pesant troys marcs quatre ounces.

Item, six buretes d'argent de vieille façon, verres ou couvercle ou milieu d'icellui et aussi ez piez d'icelles et sont toutes rem.... sans ences, pesans ensemble troys marcs et demy.

Item, une navecte d'argent à mectre encens verée aux deux boutz et en chascun des dits bouts une teste de serpent, une paix d'argent à un crucifilz aux armes du fondeur vérée à l'entour, tout pesant ensemble deux marcs et demy.

Item, ung calice d'argent doré dedans et dehors esmaillé sur le pié à plusieurs sains tout à l'entour par tourbes, et en la pougnée est esmaillée d'un coronnement nostre Dame et dedans icellui est une petite couronne d'argent de l'ymaige nostre Dame du joyau devant dit, pesant le dit calice comme il est troys marcs sept onces xv esterlins.

Item, ung autre calice d'argent·doré dedans et dehors esmaillé sur le pié qui est ront de trois esmaulx et a la pougnée esmaillée à ymaiges et la plateine d'icellui est aussi esmaillée ou milieu à ung Dieu tenant ung livre et faisant la benediction pesant deux marcs six onces et demye.

Item, ung autre calice doré dehors et dedans et sur le pié a ung esmail de crucifiment de nostre Dame et saint Jehan et la pougnée d'icellui pomonée et esmaillée aux armes de feu monseigneur de Besançon et dessoubz le pié sont hachées les armes du dict feu seigneur à une croix et au milieu de la plateine a ung Dieu en jugement pesant deux marcs xv esterlins.

Item, ung autre calice d'argent doré vieillement et de vieille façon et a le pié ront à une croix faicte à ung burin dont la plateine est ung peu fendue et ou milieu d'icelle a une main faicte au burin hachée, pesant ung marc six onces et demye.

Item, ung autre calice d'argent doré dehors et dedans et sur le pié a une croix hachée et en la pougnée a ung esmail à roses et en la plateine a une croix hachée et une main sans hachée pesant ung marc sept onces.

Item, ung petit coffre d'ivoire garny de ferrure et de tringles d'argent esmaillé duquel fault la cliquette ouquel a deux petites boetes d'yvoire l'une garnie d'argent et l'autre non, en l'une desquelles a ung escripteau escript de ces motz : de sancto Stephano, et y a comme il semble reliques avecques une petite fiolle ronde en ung petit baston d'estain.

Item, une ymaige de nostre Dame estant en ung petit tabernacle tout d'yvore tenant à coupplez d'argent.

Item, une autre petite ymaige d'alebastre de nostre Dame laquelle et son enfant ont les testes rompues, et sont de peu de valeur.

S'ENSUYVENT AUTRES BIENS ET UTENCILLES DE MAISON TROUVEZ
ÉS CHAMBRES DU DICT COLLIEGE.

Premierement en la chambre du maistre dudict colliege ung banc tournis d'environ huit piez de long à perche et ung marche pié du long du dit banc.

Item, deux tables de chaisne, longues d'environ huit piez avecques quatre traiteaux.

Item, ung autre banc d'environ six piez.

Item, un dressouer foncé sans armoire.

Item, deux coffres de noyer fermez à clef longs d'environ cinq piez.

Item, ung chaslit de boys de chaisne.

Item, vng petit chenet de fer.

EN LA SALLE DUDIT COLLIEGE.

Item, en la grant salle, ung grant banc à perche et à marche d'environ XVII piez de long, une table de pareille longueur, deux traiteaux, une forme et un marche-pié, tout de longueur d'environ IX piez.

Item, une autre table de chaisne de longueur d'environ IX piez.

Item, ung banc sans perche.

Item, ung autre banc vieil devers l'entrée de la librayrie.

Item, ung dressouer d'ung fons, ung bassin, ung lavouer et le pié qui tient ledict bassin pour laver les mains.

Item, deux grans chenetz de fer à pommeaulx atachez contre la chemynée à deux petites chaisnes de fer.

Item, une petite cheze pour lire la Bible.

EN LA DESPENCE DU DIT COLLIEGE.

Item, en ladicte despence deux vieilz coffres de noyer chascun de cinq pies de long ou environ, l'un rompu et sans serrures sont lesdicts coffres.

Item, ung chandelier de cuyvre.

EN LA CUYSINE DU DICT COLLIEGE A ESTÉ TROUVÉ CE QUI S'ENSUIT.

Premierement, ung vieil coffre de noyer d'environ cinq piez sans serrure.

Item, cinq potz de cuyvre l'un tenant environ seau et demy et deux autres pots tenans chascun environ demy seau, le quart pot tenant environ demy seau et le quint est plus petit.

Item, deux poisles de fer, une bien petite et l'autre ung peu plus grande.

Item, une lichefrite de fer.

Item, ung mortier doublé de pierre.

Item, ung bassin de cuyvre bien vieil et rompu.

Item, deux quartes.

Item, une grant quarte tenant deux quartes, ung pot tenant troys demys seaux, ung pot à mectre verjust, troys aisguieres desquelles l'une a couvercle, le tout d'estain.

Item, deux platz, sept escuelles, XIII saulsieres et deux salieres, le tout d'estain.

Item, une broche de fer et ung trepiez.

GOUGE.   DE VIC.

EN CE PRESENT INVENTAIRE, ONT ESTÉ MIS PAR NOUS COMMISSAIRES DESSUS DIZ, EN INVENTORIANT LES LIVRES ET AUTRES BIENS DUDICT COLLIEGE EN PLUSIEURS LIEUX ET SUR PLUSIEURS ARTICLES D'ICELLUI INVENTAIRE EN TEXTE, CES MOTS *non reperitur*, PARCE QUE LES LIVRES ET AUTRES BIENS CONTENUZ ESDIZ ARTICLES MONTANS EN NOMBRE XXXVIII ARTICLES N'ONT POINT ESTÉ TROUVEZ EN LA DICTE LIBRAIRIE NE OU DIT COLLIEGE. JAÇOIT CE QUE ICEULX LIVRES ET AUTRES BIENS FEUSSENT DESIGNEZ OU DOUBLE NON SIGNÉ DE CERTAIN INVENTAIRE AUTREFFOIS FAIT DES LIVRES ET BIENS DUDIT COLLIEGE, LEQUEL DOUBLE DE INVENTAIRE AUTREFFOIS FAIT, LEDIST MAISTRE GUILLAUME HERISSON ET AUTRES BOURSIERS DU DIT COLLIEGE AVAIENT BAILLIE A NOUS COMMISSAIRES DESSUS DITS, AFIN D'ENSUIR L'ORDRE QUE AUTREFFOIS AVOIT ESTÉ TENU EN FAISANT L'INVENTAIRE DES BIENS DUDIT COLLIEGE, ET CE NOUS, COMMISSAIRES DESSUS DITS CERTIFFIONS ESTRE VRAY, TESMOINGS NOZ SEINGS MANUELZ CY MIS LES JOUR ET AN DESSUSDIZ.

DE VIC.   GOUGE.

Tel est ce curieux inventaire, qui ne comprend pas moins de deux cent un volumes. Que sont devenus tous ces manuscrits? Il est difficile de le savoir. On peut cependant présumer qu'ils ont été placés dans la bibliothèque du collége Louis-le-Grand, auquel le collége d'Autun fut réuni en 1764. On sait que c'est dans le bâtiment du collége d'Autun que fut placée l'école gratuite de dessin fondée par lettres patentes du 20 octobre 1767 et transférée rue de l'École-de-Médecine en 1776. Les bâtiments furent vendus par l'Etat, le 28 mars 1807.

BIBLIOGRAPHIE

MANUSCRITS

Les documents relatifs au collége d'Autun sont conservés aux Archives de l'Empire dans les sections historique et administrative.

Dans la section administrative, on compte cinq cartons.

Le premier (S. 6346) renferme les titres de propriété d'une maison sise rue Saint-André-des-Arcs, des baux, quittances diverses; les deuxième et suivants (S. 6347-6349), des titres de rentes sur différentes maisons; le cinquième et dernier (S. 6350), des titres de rente, un inventaire des titres du collége d'Autun, et des titres de propriétés sises à Chelles.

Dans la série H, on conserve des comptes de 1397 à 1764 (H. 2987 [1-6], et de 1764 à 1793 (H. 4292).

Dans la section historique, il y a sept cartons.

Le premier (M. 80) renferme un cahier in-12, intitulé : Fondation du collége du cardinal Bertrand, dit d'Autun, en 1341, xviiie siècle. Un inventaire des biens meubles trouvés en l'ostel du collége d'Austun, près Saint-André-des-Ars, à Paris, les 29 et 30 juillet 1462, une copie faite en 1501 de l'acte de fondation du collége le 1er août 1341. — Un recueil de onze quittances d'achats de livres pour la bibliothèque de ce collége; un règlement de collége en 1491, des règlements, visites, arrêts et autres pièces concernant l'administration du collége antérieurement à sa réunion à celui de Louis-le-Grand, 38 pièces de 1468 à 1755, un titre de fondation de trois bourses en 1397, par Oudard de Moulins, président de la Chambre des comptes et chanoine de Paris, des pièces de procédure relatives à un procès entre le collége et l'archevêque de Bordeaux, Blaise Gresle, la fondation et statuts par le cardinal Pierre Bertrand, des fondations d'obits au collége, l'autorisation de l'évêque de Paris de dire la messe dans la chapelle du collége en 1341, des pièces d'un procès entre Jehan Guibert, chevecier de Lisieux, maître du collége d'Autun, contre Mathieu de Monderes, autres actes de fondation d'obits, donations de maisons, la déclaration du cardinal Bertrand sur quel revenu se paieront les bourses du collége d'Autun du 27 mai 1346, des fondations de messes; le second (M. 81), des mémoires, requêtes, etc., au sujet des abus introduits dans le collége ou des contestations survenues entre les membres, des renseignements sur le collége, un registre des délibérations du collége du 1er janvier 1654 au 7 novembre 1751, des pièces concernant l'administration du collége, depuis la réunion, une visite du collége d'Autun en 1583, des fondations d'obits, legs, etc., la fondation d'André de Sausea, évêque de Bethléem, principal du collége d'Autun, mort en 1675; le troisième (M. 82), des fragments de comptes de l'hôtel de Pierre, évêque d'Autun en 1324, 1326, 1327, 1328 et 1331, des fragments de comptes du xive siècle; le quatrième (M. 83), des comptes du collége en 1397, 1406, 1456, 1531, 1534, 1543, 1595, etc., de 1534 à 1545; le cinquième (M. 84), des comptes du collége des années 1619, 1623, 1639 à 1645, 1647, 1648, 1651, 1656, 1673, 1674, 1725; le sixième (M. 85), des pièces de procédure; le septième (M. 86), des pièces de procédure, des comptes, fragments du testament du peintre Coypel et pièces y relatives, des mémoires de serrurerie, maçonnerie, charpenterie.

La Bibliothèque de la Sorbonne possède parmi ses manuscrits (Univ., in-fol. n° 7) des comptes du collége d'Autun.

IMPRIMÉS

Recueil de toutes les délibérations importantes prises depuis 1763 par le bureau d'administration du collége de Louis-le-Grand et des colléges y réunis concernant le collége d'Autun. *A Paris*, 1781, in-4°. (Arch. de l'Emp., M. 81.)

Nécrologe du collége d'Autun. *S. n. d. l. n. d.* (1767), in-4°. (Arch. de l'Emp., M. 81.)

Requête du chancelier de l'église et de l'Université au roi réclamant ses droits à la nomination des bourses des colléges d'Autun et de Boissi, *Paris*, 1768, in-4°. (Bibl. Maz., n° 10371 R.)

On faict à sçavoir que les maisons et logemens dépendens du collége du cardinal Bertrand d'Authun, etc. Un placard in-4°. (Arch. de l'Emp., (M. 86.)

Annonce du bail à loyer, au plus offrant et dernier enchérisseur, des dependances du collége, en 1623.

COLLÉGE DE BOISSY

[75] L'abbé Lebeuf donne la date de la mort du fondateur, Etienne Vidé, de Boissi-le-Sec. Mais il est très-probable que la fondation n'eut son effet que deux ou trois ans après le décès du testateur.

Ce collége a été réuni en 1764 à celui de l'Université, et les bâtiments en ont été vendus peu de temps après.

BIBLIOGRAPHIE

MANUSCRITS

Les Archives de l'Empire renferment quelques documents sur ce collége. Ils sont renfermés dans les sections administrative et historique.

Le premier carton de la section administrative (S. 6370) renferme des pièces concernant l'administration du collége, les amortissements, déclarations censuelles, etc.; le second (S. 6371), des titres de propriété de terres à Vinneuf et à Rubelles près le Jard et à Silly.

Dans la série H, on conserve des comptes de 1407 à 1764 (H. 2813 [1] — [3]).

Dans la section historique, il y a trois cartons et deux registres.

Le premier carton (M. 102) renferme des titres de fondation du collége de Boissy, les statuts, les titres de la fondation de Guillaume Hodey (40 pièces de 1718 à 1724), des titres de fondations pieuses de 1378 à 1729, des statuts et règlements, un état des revenus, la fondation d'un lit aux Incurables, par M. Gervais Lenoir, principal du collége de Boissy; le second (M. 103), une ordonnance rendue le 13 août 1700, qui donne des armoiries au collége de Boissy, des pièces concernant la généalogie qui a été dressée des parents du fondateur; le troisième (M. 104), des rentes constituées, des pièces relatives aux boursiers, des pièces concernant des rentes foncières, des titres de rentes constituées et remboursées, des pièces concernant la nomination des principaux et boursiers , des quittances de rachat des boues et lanternes.

Le premier registre (MM. 367) est un inventaire des titres ; le second (MM. 368) est un catalogue de la Bibliothèque.

IMPRIMÉS

Recueil de toutes les délibérations importantes prises depuis 1763, par le bureau d'administration du collège de Louis-le-Grand et des collèges y réunis, concernant le collège de Boissy. *A Paris,* 1781, in-4°. (Arch. de l'Emp., M. 102.)

Nécrologe du collège de Boissy. In-4°. (Arch. de l'Emp., M. 102.)

Factum instructif des abus qui règnent dans le collège de Boissy, pour Me Mathias Huot, contre Me Guillaume Hodey. *S. n. d. l. n. d.*, in-4°.

Généalogie de la famille des fondateurs de la maison et collège de Boissy, scis à Paris, ruë du cimetière Saint André des Arcs. Enregistrée au grand conseil, le vingt-neuvième jour de juillet 1680. *A Paris,* 1682, in-4°. (Arch. de l'Emp., M. 103 et Bibl. Maz., n° 10371 U*.)

Abrégé cronologique de la fondation et histoire du collège de Boissy, avec la généalogie de la famille de ses fondateurs. 1724, in-fol. grav. avec pl. de blasons. (Arch. de l'Emp., M. 103 et Bibl. Maz., n° 6495 C.)

SAINT-COME

[76] Cette faute, que l'abbé Lebœuf attribue à du Breul, n'existe pas dans l'édition de 1612, qui fut faite sous les yeux de l'auteur.

[77] L'église de Saint-Côme renfermait les tombeaux de :

Quentin de Moy, licencié ès-loix, bachelier en droit canon, conseiller au parlement (4 avril 1403); ses armes de gueule fretté d'or, au lambeau d'argent de trois pièces, prouvent qu'il était cadet de la maison de Mouy, célèbre en Picardie. Jacques de La Vergne (?). Anseaume Griveau, avocat au parlement (9 nov. 1542); Gabrielle Chartelier, sa femme (8 juillet 1531). Françoise Griveau, veuve de Jean Vyon, de Dijon, cons. du roi et l'un des cent gentilshommes de son hôtel (1687). De Boufflut, abbé de Saint-Bavon, de Gand (10 déc. 1460). Aimé Julien, cons. au parlement de Dijon (1549). Nicolas de Bèze, cons. au parlement de Paris, archidiacre d'Etampes en l'église de Sens, prieur de Saint-Éloi de Longjumeau, etc. (29 nov. 1532); son tombeau était enrichi d'une épitaphe en vers latins due à Théodore de Bèze, son célèbre neveu. Agnan Viole, avocat du roi en la cour des aides (?). Jeanne Saget et Catherine Boucher, ses deux femmes (?). François de Ranchicourt, archidiacre d'Arras. Madeleine Grou, femme de Nicolas Le Jay, maître des comptes (3 id. janvier 1628). Charles de Prusselé, chev., baron d'Esneval;

vidame de Normandie, mort à l'hôtel d'Esneval, rue du Battoir (18 avril 1624). Humbert Plarron de Chamousset, cons. du roi, maître ordinaire en sa chambre des comptes (?). François de La Peyronnie, premier chirurgien du roi (24 avril 1747). François de Gouvernain, procureur au gr. cons. (22 déc. 1634); Catherine Chapelier, sa femme (25 sept. 1634). Jeanne Bardon (1694). David de Saint-Clair, écuyer, professeur du roi ès-sciences mathématiques (23 juin 1629); Marthe Carle, sa femme (11 mars 1634), Pierre Pithou, cons. et biblioth. du roi (déc. 1651). Jacob Pithou (novembre 1656), Charles Loyseau, avocat au parl. (oct. 1627); Louise Cartier, sa veuve (1648); Charles Loyseau, leur fils (1687). Marc-Antoine-Léonard de Malpeines, cons. au Châtelet, administ. des hôpitaux (5 mai 1768). Jean-François de Trevegat. chev., seign. de Limoce (2 juin 1737). Omer Talon, avocat au parl., cons. d'État (6 janv. 1618); Suzanne Choart, sa femme (1643). Jacques Talon, cons. du roi (6 mai 1648). Catherine Gueffier (1640). Omer Talon, avocat général au parl. de Paris (29 déc. 1652). Denis Talon, avocat général au parl. (29 mai 1698); Louise-Angélique Favier du Boulay, sa femme (1732). Claude Bazin, seign. de Bezons, cons. d'État, avocat général au grand conseil, intendant de la province de Languedoc, membre de l'Académie française (20 mars 1684). Jacques Bazin de Bezons, maréchal de France, gouverneur de Cambrai (22 mai 1733). Louis-Gabriel Bazin de Bezons, marquis de Maisons, maréchal des camps et armées du roi (20 juillet 1740). Jacques-Étienne Bazin de Bezons, colonel du régiment de Beaujolais (2 février 1742). Armand Bazin de Bezons, abbé commend. de N. D. de la Grasse, archev. de Bordeaux, puis de Rouen, etc. (21 oct. 1721). Jean Dautruy, de Troyes en Champagne, professeur de théologie à la Sorbonne (9 août 1646). Jean Charles-Sébastien Bernard de Cléri, diacre, écuyer, licencié es-loix, avocat au parlement (?). Claude d'Espence, théologien (1571). Charles Faye, d'Espesses (*Carolus Fay Spessœi*), magistrat (5 mai 1628). François Bouthillier de Chavigny (?).

[78] Lebeuf, en parlant de la confrérie des chirurgiens, aurait pu citer la confrérie du Très-Saint-Sacrement, érigée en 1664, et la confrérie de Saint-Joseph, fondée dix ans auparavant par les compagnons charpentiers.

[79] Le 26 février 1790, Jean-François de la Roue, curé de la paroisse de Saint-Côme, déclara que le revenu de sa cure consistait dans le loyer de deux maisons, montant à 1,400 livres, et dans un casuel évalué à 2,000 livres. Les charges attachées à la cure n'étaient que de 686 livres (286 livres de décimes et 400 livres pour faux frais, non-valeurs, etc.). Cette cure, comme on le voit, n'avait pas une grande importance. L'état financier de l'église était encore dans un plus triste état, puisque, d'après une déclaration faite le 12 août 1756 à la chambre ecclésiastique, les marguilliers constataient que les charges dépassaient les revenus. En effet, les recettes se montaient à 8,200 livres 14 sous 8 deniers, et les dépenses à 9,767 livres 3 sous.

Devenue propriété nationale, l'église fut vendue, ainsi que son cimetière, le 12 nivôse an V, à la condition de donner le terrain nécessaire pour l'ouverture d'une nouvelle rue projetée. L'église, qui servit longtemps d'atelier de menuiserie, ne fut abattue qu'en 1836 pour élargir les abords de la rue Racine. En la démolissant, on rencontra des tombes construites en briques, revêtues d'un enduit en plâtre. Ces tombes ont de l'analogie avec celles que M. Jollois a explorées dans les fouilles entreprises lors de l'ouverture de la rue du Pont-Louis-Philippe, et qui ne remontent pas au-delà du xvie siècle. Dans le voisinage des tombes de la chapelle Saint-Côme, et dans ces tombes mêmes, on a trouvé des vases en poterie de grès très-commune, qui contenaient du charbon. Ces vases étaient placés à la tête des morts.

BIBLIOGRAPHIE

MANUSCRITS

Les documents concernant l'église de Saint-Côme sont conservés aux Archives de l'Empire.

Dans la section historique, il y a un carton et six registres.

Le carton L. 634 renferme un registre de baptêmes, mariages et enterrements de la paroisse Saint-Côme, de 1539 à 1733; un extrait de titres originaux de 1190 à 1680, tendant à appuyer les droits et la juridiction de l'église de Saint-Côme et Saint-Damien, contre les curés de la paroisse Saint-Hilaire, au sujet du collège d'Harcourt; un inventaire de la sacristie du 18 mars 1734; des inventaires de l'argenterie, cuivre argenté, etc., en 1783, en 1731; un martyrologe, des pièces concernant la confrérie du Très-Saint-Sacrement, érigée en 1664; l'acte de fondation de la confrérie de Saint-Joseph, fondée par les compagnons charpentiers en 1654; des titres relatifs aux droits de paroisse et limites.

Les cinq premiers registres (LL. 694-698) renferment les délibérations de 1661 à 1729 et de 1729 à 1737; le sixième (LL. 699) est un martyrologe.

Les deux premiers cartons de la section administrative (S. 3318-3319) renferment des contrats de rentes, baux de boutiques, contrats de donations aux pauvres de la Charité de la paroisse Saint-Côme; délibérations de la fabrique du 2 mars 1782, par laquelle le curé et les marguilliers sont autorisés à présenter à l'École royale de dessin deux sujets qui seraient fournis gratuitement de papier, dessins et instruments; un inventaire des titres et papiers de la fabrique; des pièces concernant la construction de la fontaine, rue des Cordeliers; des titres nouvels, fondations, état de la maison presbytérale, baux de maisons appartenant à l'église; déclarations faites aux gens de main-morte; délibérations et arrêts d'homologation concernant l'administration des biens et revenus; les troisième et quatrième (S. 3320-3321), des contrats de rentes, des titres de donation, des pièces relatives à l'entretien des couvertures, des quittances de rachat de la taxe des boues et lanternes, des pièces relatives au droit d'amortissement, des plans et dessins, un plan de l'École de dessin, des pièces relatives aux maisons appartenant à la fabrique, d'une rente de 73 livres léguée par Amador Armand Duplessis Digué de Chivray de Richelieu, acolyte du diocèse d'Angers en 1698; des pièces relatives aux rapports existant entre la fabrique et le corps des chirurgiens jurés; d'anciens titres concernant les chirurgiens.

Dans la série H, on conserve vingt-sept registres de la fabrique (H. 4320 à 4346) et quelques comptes (H. 3752-3753).

IMPRIMÉS

Saint-Côme, département de Paris, section du Luxembourg, par A.-L. Millin. *Paris*, 1791, in-4.

Cette monographie, insérée sous le n° XXXV, dans le t. III des Antiquités de Millin, est accompagnée de deux planches représentant : 1° le portail et le mausolée de La Peyronie ; 2° le mausolée de Claude Espence.

Actes concernant l'origine et la fondation de la cure de S. Cosme et du patronage. *S. n. d. l. n. d.*, in-4°.

Liste des curés de Saint Cosme, présentés par l'Université, depuis qu'elle en a le patronage. *S. n. d. l. n. d.*, in-4°. (Bibl. imp., Recueil Thoisy, tome LXVI.)

Liste de messieurs les curé et marguilliers de la paroisse de S. Cosme en l'année M.DCC.LXX. Placard gr. in-8. (Arch. de l'Emp., L. 634.)

Mémoire abrégé pour le procureur de la nation de France, au sujet de la nomination faite par ladite nation, le 26 avril 1718, à la cure de S. Cosme (par Ch. Rollin). In-4°.

Délibération de la fabrique de S. Côme et S. Damien. *Paris*, 1759, in-4°, 12 p. (Arch. de l'Emp., S. 3318.)

Arrest de la cour du parlement du 4 septembre 1762. *Paris*, 1762, in-4°, 8 p. (Arch. de l'Emp., S. 3318.)

Cet arrêt renferme un règlement de l'administration des biens de la charité, des pauvres honteux et malades de la paroisse Saint-Côme.

Arrest de la cour de parlement, portant reglement pour les limites d'entre messieurs les curez et marguilliers de la paroisse de Saint Sulpice, avec messieurs les curez et marguilliers de la paroisse de S. Cosme, du dix-huitième janvier 1677, in-4°. (Arch. de l'Emp., L, 630.)

Entretiens sur la religion entre un jeune incrédule et un catholique, à l'occasion d'un miracle opéré par le saint Sacrement sur un paralytique à la procession de la paroisse de S. Côme, le jour de la Fête Dieu, 25 mai 1769. *En France*, 1769, in-12.

Ce livre serait de Guidi, ex-oratorien, d'après une note manuscrite qui se lit sur l'exemplaire de la bibliothèque Mazarine.

COLLÉGE DES PRÉMONTRÉS

81 Le collége des Prémontrés était situé rue Hautefeuille, sur l'emplacement de la maison de cette rue qui porte le n° 30.

Le 26 février 1790, Antoine Daniel de la Croix, prieur du collége des Prémontrés, déclara que le collége était composé de neuf chanoines réguliers, dont huit prêtres et un sous-diacre, que le revenu montait à 25,168 livres 13 sous 6 deniers et que les charges atteignaient 4,813 liv. 8 sous 6 deniers.

La bibliothèque du collége ne renfermait que dix-huit cent quatorze volumes (cent vingt-quatre in-folio, deux cent quatre-vingt-dix in-quarto, mille quatre cents in-octavo et in-douze).

Le collége, devenu propriété nationale, fut vendu, le 20 février 1792.

BIBLIOGRAPHIE

MANUSCRITS

Les documents sur le collége des Prémontrés sont conservés aux Archives de l'Empire dans les sections historique et administrative.

Dans un carton coté L. 776, on trouve des pièces de procédure et quelques extraits de l'acquisition concernant la « maison de Sainte-Anne de Prémontré ».

Le premier carton de la section administrative (S. 4342) renferme des pièces concernant la construction de la maison et de l'église de ce collége, rue Hautefeuille, en 1675 et 1676; une déclaration des revenus de ce collége, un état des archives du collége des Prémontrés, rue Hautefeuille; des quittances de rachat des boues et lanternes, des baux d'une maison à Montrouge, un état des biens des Prémontrés de la Croix-Rouge; les second et suivants (S. 4343-4346), des pièces relatives à l'abbaye du Jard, dont la manse conventuelle avait été réunie au collége des Prémontrés; le sixième (S. 4347), des pièces concernant l'abbaye de Joyenval; le septième (S. 4348), des pièces concernant l'abbaye du Jard; les huitième et suivants (S. 4349-4351), des pièces concernant l'abbaye de Grandchamp, dont la mense conventuelle avait été réunie au collége; des pièces concernant le prieuré de Saint-Germain-le-Gaillard, des pièces concernant l'abbaye du Jard et des titres de rentes. Le premier registre (S. 4352) est intitulé : Papier terrier de la seigneurie de Saint-Marcel sous Marly-le-Château; 1575, in-fol.; le second (S. 4353): Inventaire des titres et papiers concernant les biens appartenant au collége des Prémontrés. In-fol.

COLLÉGE DE BOURGOGNE

" Ce collége, réuni en 1764 à l'Université, fut acheté en 1769 par l'Académie royale de chirurgie, qui y plaça l'école, le collége et la bibliothèque des Chirurgiens. C'est aujourd'hui le siége de l'École de médecine, la plus célèbre de toutes les écoles médicales de l'univers.

BIBLIOGRAPHIE

MANUSCRITS

Les documents sur le collége de Bourgogne sont conservés, aux Archives de l'Empire, dans les sections historique et administrative.

Le premier carton de la section historique (M. 107) renferme les titres de fondation du collége de Bourgogne, le 28 août 1331, une copie des statuts et fondations; les titres de la fondation de la 2e chapelle du collége de Bourgogne, le 22 juillet 1350, des fondations pieuses; les titres concernant les officiers et boursiers, un procès-verbal de visite du collége fait le 30 juillet 1589, des statuts de 1652, des délibérations de 1622 à 1626 et de 1710 à 1727, des nominations aux bourses, des plaintes des boursiers, des états des boursiers en 1789, des états des bois, des comptes de 1417, 1656, 1769 et 1787, des pièces de procédure. Le second carton (M. 108), des titres de rentes constituées par le collége et remboursées.

Le premier registre (MM. 369) est un inventaire des titres et papiers du collége; les second et troisième (MM. 370-371) renferment des délibérations de 1731 à 1749, et de 1759 à 1763.

Le premier carton de la section administrative (S. 6382) renferme des baux de maisons sises à Paris, un inventaire des titres, mémoires et délibérations; le second (S. 6383), des titres de rentes dues par l'abbaye de Saint-Lucien de Beauvais, terre à Villecendrier, près Provins (1356-1406), des baux desdites terres, de 1631 à 1779, un aveu de 1673, des papiers terriers desdites terres de 1528 à 1751, des censives, des actes de bornage, mesurage, arpentage et plans de la terre d'Art dans l'Indre. Ces deux premiers registres (S. 6384-6385), des comptes des loyers et autres revenus, de 1764 à 1772; les troisième et quatrième (S. 6386-6387), sont terriers de Villecendrier en 1781; le cinquième (S. 6388) est un cueilleret dressé en 1781; le sixième (S. 6389) est un plan dudit fief.

Statuts de la fondation du collége royal de Bourgogne. *S. n. d. l. n. d.,* in-4°. (Arch, de l'Emp., M. 107.)

Nécrologe du collége de Bourgogne. *S. n. d. l. n. d.,* in-4°. (Arch. de l'Emp., M. 107.)

Recueil de toutes les délibérations importantes prises depuis 1763 par le bureau d'administration du collége de Louis-le-Grand et des colléges y réunis concernant le collége de Bourgogne. *A Paris,* 1781, in-4°. (Arch. de l'Emp., M. 107.)

COLLÉGE MIGNON

[83] Par lettres patentes du 25 juin 1769, ce collége a été réuni à celui de Louis-le-Grand. Devenu propriété nationale en 1790, le monument servit en 1820 de dépôt aux archives du Trésor royal et fut vendu par l'Etat le 12 octobre 1824.

BIBLIOGRAPHIE

MANUSCRITS

Les documents manuscrits relatifs au collége Mignon sont conservés aux Archives de l'Empire dans les sections historique et administrative.

Un carton de la section historique, coté M. 177, renferme les titres de fondation du collége, le contrat d'échange du prieuré de Vincennes pour le collége ordonné par le roi et confirmé par le pape Grégoire XIII, le 1er novembre 1584, des titres de fondations pieuses, des états de boursiers.

Un registre, coté MM. 428, renferme l'Inventaire des titres du collége.

Dans la section administrative, il y a un carton et deux registres. Le premier carton (S. 6311) renferme un bail à vie de la maison appelée le collége de Mignon au sieur Simon par acte du 18 octobre 1769, passé devant Paulmier, notaire à Paris, et pièces y relatives (6 pièces), un contrat de vente faite à M. de Hansy de deux maisons sises rue Mignon, passé le 1er février 1770 devant Gueret et son collègue, notaires à Paris, et pièces y relatives (17 pièces); un contrat de la vente faite à vie aux sieur et dame Martin, d'une maison située au coin de la rue Mignon et de celle du Jardinet, ledit contrat passé le 20 septembre 1770, devant Gueret et son collègue, notaires à Paris, et procédures (15 pièces); des baux d'une maison située rue du Jardinet, de 1689 à 1777, et procédures relatives au bail fait au sieur Mareux, le 12 septembre 1769 (50 pièces); des quittances de cens dus pour le rachat des boues et lanternes (12 pièces); des baux des terres et vignes sises à Bagneux et Châtillon, et déclarations passées aux terriers des seigneuries de Bagneux et Châtillon (8 pièces); des renseignements sur le fief de Machery, vendu le 1er juillet au sieur Bonier, maître des requêtes, et des renseignements généraux (3 pièces), des pièces relatives à la réunion du collége Mignon à celui de Louis-le-Grand, à son administration depuis cette réunion, des inventaires, etc. (10 pièces); des pièces concernant des maisons dont le collége ne jouitplus, procédures relatives à la maison des Carneaux, rue du Jardinet (10 pièces).

Les deux registres (S. 6512 et 6513) sont intitulés : Biens et Revenus du collége Mignon.

Les Archives du département d'Eure-et-Loir à Chartres renferment quelques documents relatifs aux propriétés de ce collége.

IMPRIMÉS

In nomine Domini, amen. *S. n. d. l. n. d.* (Arch. de l'Emp., M. 177.)

Contrat d'échange du prieuré de Vincennes.

Voy. de l'Averdy, *Compte-rendu aux Chambres assemblées*, p. 81.

COLLÉGE DE JUSTICE

[84] L'acte d'amortissement des maisons acquises par Jean de Justice, pour son collége, est du 11 juillet 1354. Ce collége fut réuni à Louis-le-Grand, puis vendu comme propriété nationale, avec le collége d'Harcourt, les 3 nivose an III (23 décembre 1794), 25 thermidor an IV (12 août 1796) et 15 thermidor an XIII (2 août 1805).

L'ancien collége de Justice fut racheté par l'Etat le 21 mars 1812, et annexé à l'ancien collége d'Harcourt pour former le lycée Saint-Louis.

BIBLIOGRAPHIE

MANUSCRITS

Les documents concernant le collége de Justice sont conservés aux Archives de l'Empire dans les sections administrative et historique.

Le premier carton (S. 6452) de la section administrative renferme des titres de propriétés sises à Paris et des baux; le second (S. 6453), des titres de rentes sur la vicomté de Rouen, des inventaires, états, déclarations, relatifs à l'administration du collége depuis sa réunion à celui de Louis-le-Grand, le testament de Pierre Lizet, abbé de Saint-Victor, fondateur de cinq bourses en 1554.

Les deux registres (S. 6454-6455) renferment un état des biens du collége.

On conserve sous la cote H. 2795 [1-7] les comptes de 1433 à 1764.

Le premier carton de la section historique (M. 137) renferme les titres de fondation du collége, les statuts du 15 novembre 1358, la fondation du premier président Lizet (l'inventaire des livres du président par Galliot du Pré en 1550 est intéressant au point de vue bibliographique), des titres de fondations pies, la fondation d'Etienne Haro; le second (M. 138), des pièces concernant les proviseurs et boursiers, et un dossier de pièces relatives à une contestation survenue entre le bureau d'administration et le chapitre de Rouen, au sujet de la place de proviseur, des pièces de procédure; le troisième (M. 139), des pièces de procédure, des titres de rentes constituées et remboursées.

Le premier registre (MM. 411) est un inventaire des titres, de 1249 à 1789; les second et suivant (MM. 412-413) sont un inventaire des titres de la fondation Haro, de 1510 à 1788; les deux derniers (MM. 414-415) renferment les délibérations de 1672 à 1735, et de 1675 à 1762.

La Bibliothèque impériale conserve dans le département de ses manuscrits (nº 1096 fonds de Saint-Victor), les statuts du collége de Justice en 1318.

IMPRIMÉS

Mémoire donné par le bureau d'administration du collége de Louis-le-Grand, en exécution de l'arrêt du 8 février 1765 sur la place de proviseur du collége de Justice. *A Paris*, 1765, in-4º. (Arch. de l'Emp., M. 139.)

Délibérations du bureau d'administration du collége de Louis-le-Grand relativement à la place de proviseur du collége de Justice, et pièces y relatives. *A Paris*, 1765, in-4º. (Arch. de l'Emp., M. 1394.)

Nécrologe du collége de Justice. *S. n. d. l. n. d.*, in-4º. (Arch. de l'Emp., M. 137.)

LES CORDELIERS

[80] Les Cordeliers étaient au nombre de soixante au moment de la Révolution. D'après la déclaration faite à l'Assemblée nationale, le 18 février 1790, par Claude Agreve la Combe, gardien du couvent, on voit que les revenus [1] se montaient à 415,133 livres 14 sous 4 deniers et les charges [2] à 10,441 livres 9 sous. Ce couvent, qui servait de collége aux jeunes religieux, jouissait d'une bibliothèque de vingt-quatre mille volumes.

Interpellés, le 20 avril 1790, sur leurs intentions, huit religieux déclarèrent qu'ils voulaient mourir sous la règle qu'ils avaient embrassée, vingt et un exprimèrent le désir de ne pas s'expliquer sur leurs intentions, et six profitèrent de la liberté que leur donnaient les décrets de l'Assemblée nationale pour quitter l'ordre. On ne connaît pas l'opinion des vingt-cinq autres religieux, absents au moment de la visite des commissaires.

L'église, détruite par un incendie, le 19 novembre 1580, fut réédifiée par les libéralités de Henri III. La confrérie du Saint-Sépulcre y était établie. Les membres prenaient le titre d'officiers de l'archiconfrérie royale des chevaliers palmiers, confrères et voyageurs du Saint-Sépulcre de Saint-Jean de Jérusalem. L'un d'eux s'intitulait : « Administrateur premier comptable de l'ordre royal et archiconfrérie des chevaliers palmiers voyageurs et confrères de dévotion du Saint-Sépulcre de N.-S. Jésus-Christ en Jérusalem dans la terre sainte, érigée par saint Louis l'an 1254, fondée par Louis Hutin en 1316 et établie en l'église du monastère des frères Mineurs, dits Cordeliers du grand couvent de Paris, l'an 1336. » Cette confrérie, qui possédait des reliques de S. Pie, avait reçu le 13 juin 1660 des indulgences du pape Alexandre VII. Le 30 avril 1717, Laurentius à Florentia, gardien du mont sacré de Sion et gardien de la terre sainte, commissaire apostolique *in partibus* d'Orient, lui accorda différents priviléges et immunités.

L'église du grand couvent des Cordeliers renfermait les tombeaux de :

Louis Thizou, fils du chambellan du roi de ce nom (29 juin 1597); Charles de Dormans, conseiller du roi et frère spirituel de l'ordre de Saint-François (18 oct. 1372). Jean Blanchet, secrétaire du roi et du duc de Bourgogne (4 mai 1385); Felice, sa femme (13..). Pierre Blanchet, cons. de Charles VI, maître des requêtes ordinaires de son hôtel, ambassadeur à Londres et mort

---

[1] Voici le détail des revenus : 22,033 liv. pour les loyers des maisons ; 8,655 l. 11 s. 4 den. pour arrérages sur l'Hôtel-de-Ville ; 3,545 liv. de rente sur particuliers ; 100 liv. de fermage, de terres et vignes ; 7,000 liv. pour le produit de la sacristie et des chaises ; 3,800 liv. d'indemnité accordées par les fermiers généraux.

[2] Décimes, frais d'entretien, etc., etc.

dans cette ville (le 18 oct. 1400); Guillemette de Vitry, sa femme (?). Jérôme Auroux, seign. de Bouconvilliers et de Morainvilliers, conseiller au parlement (25 sept. 1595); Jeanne de la Rozière, sa femme (1557). Jean Auroux, seign. de Bouconvilliers, etc., conseiller au parlement (20 août 1598). Pierre Buffière, cons. au parl. (?); N. de Marle, sa femme (24 sept. 1420). Marguerite de Neufville, veuve de Pierre Fraguier (18 août 1547). Jacques Fournier, l'aîné, cons. au parl. (30 fév. 1464); Marie Vivien, sa 1re femme (?); Denise de Vaudetar, sa 2e femme (3 mars 1427); Philippe Fournier, fils des précédents, cons. du roi, doyen de Tournai, et sous-doyen de Chartres (15 août 1500); Marguerite Fournier, sœur du précédent, femme de Michel de Chauron, seign. de la Bourdinière (17 juin 1509); Catherine Fournier, sœur de la précédente, femme d'Étienne Petit, cons. maître en la chambre des comptes (1er juill. 1518); Antoine Petit, le jeune, fils des précédents, secrétaire du roi, auditeur en la chancellerie (15 déc. 1508). Etienne Petit, chev., cons. maître en la chambre des comptes, trésorier de l'ordre de Saint-Michel, seign. de Clerel, etc. (29 avril 1523). Françoise de Besançon, femme de Charles Maynard, cons. au parlem., seign. de Loire, Belle-Fontaine, etc. (30 août 1539). Chrétien de Lamoignon, chev. seign. de Baville, présid. au parl. (18 janv. 1636). Jean de Bailly, cons. au grand conseil (?); Jeanne de Feugerais, sa femme (?). Marie de Rueil, femme de Jacques d'Issonne, avocat au parl. (17 sept. 1511). Jean Arnault, évêque de Sarlat (6 mai 1416). Gilles Le Maistre, 1er présid. au parl., seign. de Montlon-lez-Montlhery? (5 déc. 1562); Marie Sapin, sa femme (22 janv. 1568). Nicolas Le Maistre, cons. au parl., prieur et seign. de Choisy en Brie et de Saint-Georges-lez-Montaigu, en Poitou, chanoine prébendé en l'église de Paris (23 mai 1568).

Ajoutons à cette liste : Pierre de Bourbon, qui légua, le 27 janvier 1342, 500 florins de Florence « pour la tombe de son cuer en l'église des freres Meneurs de Paris, au plus près que l'en pourra bonnement de la tombe de madame Marguerite de Clermont, comtesse de Namur, jadis suer d'icelui. » (Arch. de l'Emp., P. 1371 2.) Et Isabeau de Valois, duchesse de Bourbon, qui, dans son testament du 25 janvier 1380, écrivait « nous eslisons la sepulture d'icelui nostre corps en l'esglise des freres Meneurs de Paris, en la fosse et soubz la tumbe ou sepulture de marbre où le corps de nostre chiere dame et mère que Diex absoille, git; sus laquelle tombe nous voulons et ordenons un ymage d'alabastre fait à nostre semblance estre mis et achetée de nos propres biens. (Arch. de l'Emp., P. 1371 2.)

Ce couvent, dans lequel se tenait le chapitre de l'ordre de Saint-Michel, devint propriété nationale à la Révolution. Une des salles, qui servait d'école aux jeunes religieux, servit au club des Cordeliers, fondé par Camille Desmoulins. On a construit, sur l'emplacement du monastère, la clinique de l'Ecole de médecine. Plusieurs pavillons de dissection ont été établis dans les jardins, et on a installé dans le réfectoire, seule partie du couvent qui ait été conservée, le célèbre musée Dupuytren.

BIBLIOGRAPHIE

MANUSCRITS

Les Archives de l'Empire renferment un grand nombre de documents conservés dans les sections administrative et historique.

Les deux premiers cartons de la section administrative renferment (S. 4161-4162) un inventaire des peintures et tableaux de la maison des Cordeliers, fait par Doyen le 15 décembre 1790, un inventaire des sculptures et des statues (pièce curieuse à consulter), des titres de rentes, des déclarations de biens et revenus en 1733, 1787, etc., des baux, amortissements, des titres de propriétés, des baux à loyers, des titres de concession d'eau, un inventaire du couvent de Belley en Bugey, des titres de fondations; le troisième (S. 4163), des requêtes et pièces relatives à la translation des Cordeliers aux Célestins, des mémoire, état et observations sur les terrains et bâtiments des Cordeliers estimés par l'architecte du roi, le résultat de l'examen qui a été fait par ordre du directeur général des finances de la proposition de faire acquérir par le roi la propriété des Cordeliers, à l'effet de s'assurer si cette opération pouvait être avantageuse au roi, des pièces relatives à la propriété d'une portion des fossés et remparts de la ville donnée aux Cordeliers pour accroître leur enclos en 1269.

Les cartons cotés T. 1489 [1-3] renferment les papiers de l'archiconfrérie de Jérusalem, érigée dans l'école des Cordeliers, pièces de procédure, inventaire des titres, titres de fondations, priviléges, indulgences, etc.

Dans la section historique, il y a plusieurs cartons, et une série de vingt registres.

Le carton coté L. 767 renferme des documents relatifs aux affaires des Cordeliers avec Saint-Germain-des-Prés, des procédures contre ces religieux pour raison de droits d'indemnité d'une place de 443 toises sises proche leur couvent, qu'ils avaient acquise de monseigneur le prince, moyennant 40,930 livres, des pièces relatives à d'autres maisons appartenant aux Cordeliers.

Le carton coté L. 767 renferme des pièces de procédure des xiiie et xive siècles, et l'acte de cession en 1230, d'un terrain paroisse Saint-Côme, à la condition qu'ils n'auraient ni cloches, ni cimetières, ni chapelle consacrée, sous les réserves de la justice temporelle de l'abbaye, et avec cette clause, que si les Mineurs quittaient leur maison, elle reviendrait au domaine du monastère.

Le carton coté L. 776 contient un dossier de titres de rentes appartenant aux Cordeliers du grand couvent.

Un autre carton coté L. 941 renferme des titres et actes concernant la confrérie du Saint-Sépulcre, des statuts du collége de Bourgogne.

les titres de fondation de la chapelle Sainte-Élisabeth, des titres de procédure, un état du temporel en 1664, un inventaire du cabinet des Archives du grand couvent des religieux Cordeliers de Paris, fait par le R. P. Jean-François Burté, religieux conventuel de la maison en 1785; une correspondance, un inventaire des titres et pièces concernant les droits et privilèges de franc-salé accordés à ce couvent; un tableau des rentes et fondations annuelles du couvent; des arrêts et règlements; des lettres patentes sur bref du pape faisant une nouvelle distribution des provinces des frères mineurs Cordeliers de France en 1772; un inventaire des bulles, une gravure grand in-folio plano encadrée par une notice explicative, représentant l'origine, la nature et les trois états de l'ordre des frères et sœurs de la Pénitence, institué par saint François d'Assise, vulgairement dit troisième ordre; un recueil de pièces historiques sur l'ordre de Saint-François. Le carton L. 942 renferme des titres de rentes, des indulgences et des titres de fondations.

Les trois premiers registres (LL. 1508 à 1510) renferment les statuts du couvent au XVIe siècle; les quatrième et suivants (LL. 1511 à 1513) renferment les actes capitulaires de 1562 à 1608, 1667 à 1722, 1770 à 1790; le septième (LL. 1514), les délibérations de 1721 à 1779; les huitième et suivants (LL. 1515 à 1517), les comptes des années 1551 à 1566, 1566 à 1580, et 1572 à 1622; les onzième et suivants (LL. 1518-1522), les titres de fondations, de 1579 à 1665 et du XVIIe siècle; le seizième (LL. 1523) est un registre des recettes au XVIIIe siècle; le dix-septième (LL. 1524) renferme des arrêts et autres pièces de 1717; le dix-huitième (LL. 1525), un nécrologe de 1625 à 1650; les dix-neuvième et suivants (LL. 1526-1527), des listes de gardiens de 1502 à 1767.

IMPRIMÉS

Adresse des religieux cordeliers du grand couvent de Paris à l'Assemblée nationale. *Paris, s. d.* (1790), in-8.

Contredits de productions que met et fournit par devant vous nosseigneurs de Parlement, messire Louis de Bourbon, prince de Condé, premier prince du sang, et premier duc et pair de France, deffendeur en opposition et opposant, contre les religieux cordeliers du grand couvent de Paris, procédant sous l'authorité de messire Jean-Antoine de Mesmes, comte d'Avaux, président en la cour de parlement, protecteur général des religieux cordeliers de France; les sieurs prevost des marchands et eschevins de la ville de Paris, les procureur, proviseur et boursiers du collège d'Harcourt, et monsieur le procureur général prenant le faict et cause de son substitud, tous opposans et deffendeurs en opposition. *Paris, s. d.*, in-fol. (Arch. de l'Emp., L. 741.)

Immortali memoriæ nobilissimi atque piissimi Joannis de Goubis, abbatis de la Rivière, fidei orthodoxæ zelatissimi assertoris et evangelii propagandi ac propugnandi promotoris : ob institutum, ipso procurante, in generali FF. Minorum parisiensium collegio de rebus fidei controver- siarum studium, annuum dicti fratres sui solvunt grati animi argumen- tum quæstio theologica..... Has theses, Deo duce, auspice Deipara et præside S. M. N. E. Carolo de Rocheblanche. sacræ facultatis Parisiensis doctore theologo, provinciæ Turoniæ majoris patre, magni conventus fratrum Minorum parisiens. antiquo guardiano, ac in eodem theologiæ lectore generali, tueri conabitur F. Carolus Bourget Vallonæus, minor provinciæ franco-parisinæ die decima septima mensis novembris A. D. 1699 a primis ad vesperam. Placard in-folio. (Arch. de l'Emp., L. 741.)

Oraison funèbre de tres haute et tres puissante princesse Marie- Thérèse d'Autriche, reyne de France, etc., prononcée dans l'église des RR. PP. Cordeliers du grand couvent de Paris, le 7e jour de septembre de l'année 1683, par le R. P. David, religieux du même couvent, etc. *Paris*, 1683, in-4°. (Bibl. Maz., n° 10370 T.)

Traduction du poëme latin du sieur de Prepetit de Grammont, an- cien recteur de l'Université de Paris, au sujet de la procession solen- nelle que la même Université fit le 15e jour de juillet dernier au grand couvent des RR. PP. Cordeliers, pour remercier Dieu de l'heureuse nais- sance de monseigneur le duc de Bretagne. 1704, in-4°.

Oraison funèbre de tres haut, tres puissant et excellent prince mon- seigneur Louis, dauphin, prononcée dans l'église des Cordeliers du grand couvent de Paris, le 18 d'aoust 1711, par le P. Poisson, cordelier. *Paris*, 1711, in-4°. (Bibl. Maz., n° 10370 M.)

Oratio funebris serenissimi Delphini Ludovici, nomine et jussu univer- sitatis habita in æde sacra FF. Franciscanorum, die mensis Martis decima, anno 1766, a M. Fr. Nic. Guerin, antiquo rectore, syndico, et in coll. Mazar. rhetorum altero. *Parisiis*, 1766, in-4°. (Bibl. Maz., n° 10371 A².)

Oratio funebris Mariæ Polonorum regis filiæ, Gallorum reginæ, no- mine et jussu universitatis habita in æde sacra FF. Franciscanorum, die Martis 29ª novembris, anno 1768, a M. Antonio Maltor, ex-rectore et pro-bibliothecario. *Parisiis*, 1768, in-4°. (Bibl. Maz., n° 10371 A².)

Avertissement aux confrères et sœurs de l'archiconfrerie royale des voyageurs et palmiers du saint sépulcre de Jerusalem, érigée par saint Louis, roy de France, en l'année 1254, pour sçavoir les cérémonies et en quels jours on célèbre la messe en la chapelle du Saint-Sépulcre, dans l'église des RR. PP. Cordeliers du grand couvent de Paris. *S. n. d. l. n. d. (Paris, 1708)*, in-fol. plano. (Arch. de l'Emp., L. 741.)

Voyez aussi Lenoir, *Musée des monuments français*, tomes I, p. 197; II, p. 62; III, p. 52-131; IV, p. 157; de l'Averdy, *Compte-Rendu aux Chambres*, etc., p. 84, col. 2; la *Revue universelle des arts* de 1855, p. 430.

CHAPITRE TROISIÈME

DU MONASTÈRE OU MAISON DES MOINES DU TITRE

DE SAINT LAURENT
HORS PARIS

Depuis réduit en Paroisse, et des démembremens qui en ont été faits.

Il est hors de doute que Saint Laurent est une des Eglises de Paris des premieres fondées. Elle le fut en qualité d'Abbaye dans le sens que ce terme signifie une maison de Moines. Gregoire de Tours écrit que de son tems un saint Abbé Domnole gouvernoit les Moines [a], et qu'il fut fait ensuite Evêque de la ville du Mans, où il mourut l'an 581. Gregoire parle encore de la Basilique de Saint Laurent au sujet des inondations qui arrivoient souvent entre la Cité de Paris [1] et cette Eglise [b]. Et un Diplome de l'an 710 fait mention d'un ancien marché qui se tenoit entre l'Eglise de Saint Laurent et celle de Saint Martin [c].

On ne sçait point par qui avoit été fondée cette Eglise de Saint Laurent : Mais la station que l'Eglise Cathédrale de Paris y a faite de tems immémorial le jour de la fête, devant avoir commencé lorsque le Clergé des Eglises Cathédrales, à l'imitation de celle de Rome, se mit dans l'usage de se transporter dans les principales Eglises voisines le jour des fêtes patronales, pour y célébrer l'Office avec l'Evêque ; cela dénote que ce Monastere subsistoit encore au commencement du IX siécle. Etant situé loin de la Cité, il dut être

---

[a] Gregi monasteriali præfuerat. *Hist. Fr.*, lib. vi, c. IX. — [b] *Ibid.*, lib. vi, c. XXV. Et *vita S. Leobini*, ac. i. Bened.. — [c] *Diplom. Chart. Epist.*, t. II, p. 285. — [d] L'auteur du Calendrier Historique de Paris, imprimé en 1747, avance que S. Lubin, Evêque de Chartres, étant à Paris, logea à S. Laurent : mais c'est une faute.

en proye aux Normans qui survinrent quelque tems après. Il n'y a nulle certitude, que primitivement il eût été bâti dans la même place où est aujourd'hui l'Eglise de Saint Laurent. Les tombeaux de pierre que l'on a trouvés près de cette Eglise sur la fin du dernier siécle, marquent seulement que le cimetiere du Monastere étoit là ; car on n'inhumoit point alors de simples Religieux dans les Eglises.

Après plusieurs siécles, durant lesquels on ne trouve rien sur cette Eglise, on la voit reparoître dans une charte de Thibaud Evêque de Paris d'environ l'an 1150, parmi celles qui appartenoient dès-lors au Prieuré de S. Martin des Champs : Et comme elle n'est point nommée dans les Bulles des Papes qui on précédé cet acte de quelques années seulement, il y a apparence que c'étoit ce même Thibaud qui en avoit fait concession à cette Maison, d'autant qu'il en avoit été Prieur. Ces sortes de donations toutefois ne se faisoient point sans le consentement du Chapitre, qui se conserva dans la possession d'y aller faire l'Office le jour de la fête : ce qui se pratique encore aujourd'hui par les députés que le Chapitre y envoye.

Le Prêtre de Saint Laurent est nommé dans le rang des autres Prêtres qui devoient assister l'Evêque de Paris en qualité de Cardinaux à certaines Messes des Grandes fêtes [b]. Cette dénomination de Cardinal dans un Prêtre qui n'est pas qualifié de Prieur, comme celui de Notre-Dame des Champs et celui de S. Julien le pauvre, fait présumer que l'Eglise de Saint Laurent étoit alors une Cure. Aussi se trouve t'elle dans le Pouillé Parisien du commencement du XIII siécle parmi celles de l'Archiprêtré de Paris; et sa nomination y est dite appartenir au Prieur de S. Martin des Champs. Du Breul et plusieurs Ecrivains depuis lui ont cru que cette Paroisse n'avoit été érigée que vers l'an 1180, environ dans le tems auquel Philippe-Auguste augmenta l'enceinte de Paris, et que ce fut à l'occasion de cette enceinte. Mais il me paroît qu'on ne doit conclure de cette clôture autre chose, sinon que le territoire de cette Paroisse qui avoit été originairement tout entier hors les murs, se trouva coupé en deux par ces mêmes murs, et que l'une des parties qui étoit la moindre pour l'étendue, fut enfermée au-dedans de l'enceinte.

a *Hist. S. Mart.*, p. 186. — b *Chartul. Ep. Paris. in Bibl. Reg.*

Cette partie alloit jusqu'à l'endroit où est l'Eglise de Saint Josse. Ainsi la bizarrerie que l'on apperçoit aujourd'hui, en ce que l'Eglise des Paroissiens situés dans la ville est bâtie dans le fauxbourg, ne vient pas du choix qu'on auroit fait de ce lieu pour y assembler des habitans du dedans de la ville; mais de ce que les nouveaux murs de Paris sont venus à en traverser le territoire.

Il ne faut pas croire non plus que l'Eglise d'aujourd'hui soit bâtie sur les ruines de celle qui subsistoit au VI siécle. Elle est à la vérité sur le territoire de l'ancienne Abbaye, c'est-à-dire à la place où étoit l'Oratoire de son cimetiere. Mais j'entre fort dans la pensée de ceux* qui estiment que celle du VI siécle étoit à l'endroit où est l'Eglise et Prieuré de Saint Lazare, pour deux raisons dont ils n'ont allégué que la derniere. 1° Parce que la véritable et ancienne grande route a été celle qui conduisoit directement du grand Pont de Paris à *Catulliacum*, dit depuis Saint Denis, et que cette Abbaye a du être placée par l'Evêque de Paris, qui probablement en fut fondateur, sur le chemin de la sépulture de Saint Denis, où les Prélats de cette ville alloient alors souvent en Station. 2° C'est que la station que l'Evêque et le Clergé de la Cathédrale alloient faire depuis le IX siécle à Saint Laurent le jour de la fête, ayant été suivie d'un repas que cette Eglise donnoit au Clergé, ainsi que cela se pratiquoit dans les autres Eglises stationales aux jours du Patron, ausquels le même Clergé s'y transportoit, ce repas du jour de Saint Laurent se prenoit en ces derniers siécles dans la Communauté des Chanoines Reguliers située sur le grand chemin de Saint Denis, je veux dire dans le Prieuré de Saint Lazare : charge qui ne pouvoit être retombée sur cette maison, sinon parce qu'elle représente l'ancienne Abbaye de Saint Laurent, et qu'elle en occupe l'emplacement. Ce *paste* ou repas a depuis été commué en argent. Je remets à l'article de Saint Lazare à parler de quelques autres redevances, ausquelles il paroit que ce Prieuré a été assujetti par continuation de ce que devoit l'ancienne Communauté de Saint Laurent.

Les Religieux de Saint Martin qui venoient officier à la Paroisse de Saint Laurent le jour de la fête patronale, conjointement avec ceux qui représentoient le Chapitre de Notre-Dame, n'y viennent

* Du Breul, Sauval, etc.

plus, depuis la Déclaration du Roi de l'an 1726, qui a attribué ce droit au Prieur Titulaire seulement; de sorte qu'il n'y a plus que les Députez de la Métropolitaine qui y viennent chanter la Grand-Messe. Voyez le livre intitulé *Martiniana* sur les autres droits du Prieuré de Saint Martin en cette Eglise.

Le bâtiment de l'Eglise de Saint Laurent qui subsistoit au XII siécle, fut réédifié au commencement du quinziéme; et la Dédicace en fut faite l'an 1429 le 19 Juin par Jacques du Chastelièr Evêque de Paris[a]. Trois ans après Jeanne la Tesseline, veuve de Noble homme Regnaud de Gaillonnel Panetier de Charles VI, habitant de cette Paroisse, y fonda à l'autel de Notre-Dame une Chapellenie, dont elle laissa après son décès la nomination au Curé appellé alors Richard Chrestien et à ses successeurs. Cette Eglise, dans laquelle on avoit fait dès l'an 1548 une augmentation de six Chapelles[b] que l'Evêque de Megare bénit alors, fut rebâtie telle qu'on la voit aujourd'hui, sur la fin de l'avant dernier siécle et vers le commencement du dernier. Elle a double collateral depuis la porte jusqu'à la croisée.

Quoiqu'il fût fort commode pour prouver l'existence de l'Eglise de Saint Laurent en 1136, de dire après Du Breul, comme ont fait plusieurs autres, qu'on y transfera vers cette année la dévotion à S. Hildevert Evêque de Meaux, pour la guérison des phrénetiques, laquelle selon eux étoit auparavant à Sainte-Croix dans la Cité de Paris; néanmoins je soupçonne qu'il y a une erreur et transposition de chiffres, et qu'au lieu de 1136, il faut lire 1316, parce que la dévotion dont il s'agit, n'a pu commencer à Paris que depuis que le corps de ce Saint y passa, et qu'il étoit encore à Meaux à la fin du XII siécle : Outre cela, Du Breul fournit des preuves contre cette époque de l'an 1136, lorsqu'il parle de l'Eglise de S. Laurent comme d'un bâtiment qui avoit lors de cette translation une nef et des Chapelles. Il est constant que cette Eglise bâtic sur l'ancien cimetiere des Moines, n'étoit qu'un très-petit édifice sous le regne de Louis le Gros, n'étant alors que pour un très-petit nombre de Paroissiens. Je n'ai trouvé mention de la Confrerie de S. Hildevert à Saint Laurent, qu'en des actes de 1490 et 1316.

[a] *Hist. S. Martini*, p. 451. — [b] *Reg. Ep. Par.*, 20 Jul. 1548.

Cette Eglise s'est distinguée par un autre endroit dans le tems de la naissance des hérésies du XVI siécle. Le Clergé qui la composoit, obtint du Pape des Indulgences pour ceux qui y assisteroient à la renovation des Hosties tous les Dimanches ; et l'Evêque de Paris en permit la publication [a] l'an 1538.

Dix ans après, l'Evêque de Megare, par commission de celui de Paris, y renferma dans un reliquaire une partie d'une côte de S. Laurent [b]; et dans le dernier siécle la même Eglise a été enrichie d'une relique du corps de Saint Domnole Evêque du Mans, qui en avoit été Abbé. L'approbation donnée le 23 Juillet 1666 par l'Archevêque de Paris, la qualifie *pars metatarsi.*

Un titre de l'an 1328 fait mention de la maison presbyterale de S. Laurent, comme contiguë au territoire de Saint Magloire [2]. Un autre de 1428 parle du don d'une petite piéce de terre, qu'un Paroissien fit à Richard Chretien Curé, située vers la chaussée du Temple. Selon une déclaration du XVI siécle, le Prieur de Saint Lazare devoit au Curé de Saint Laurent dix-huit septiers de méteil, douze d'orge, et deux muids de vin de trente-deux septiers : et le Curé de Saint Josse lui devoit dix livres.

La Paroisse de Saint Laurent s'étend considérablement du côté du septentrion au-delà des Barrieres, et aussi au-delà des bornes qui furent mises sous le regne de Louis XIV pour marquer qu'on ne devoit point bâtir de maisons plus loin du côté du village de la Chapelle : c'est ce que nous apprenons par un Arrêt du Conseil de l'an 1718, qui défendit aux habitans de la Chapelle d'imposer au rolle de leurs Tailles ceux qui demeuroient sur la chaussée entre Saint Lazare et ce village [c], attendu que la Paroisse Saint Laurent ne finit qu'à l'entrée du lieu de la Chapelle, à l'endroit de la croix [d]. Du côté de l'orient, cette Paroisse comprend une partie de la Courtille, et l'Hôpital de S. Louis ou des Pestiférés, et dans les marais ou jardins tenant au nouveau reservoir de la Ville près le Boulevart. D'un autre côté elle revient passer à la Villette, dont les maisons en sont jusqu'à la manufacture de Ste Perrine inclusivement. Mais le côté le plus peuplé est celui du midi, puisqu'il s'étend jusques au-delà

---

[a] *Reg. Ep.*, 23 oct. — [b] *Ibid.*, 20 Jul. 1548. — [c] L'auteur appelle ce canton le fauxbourg *de Gloire.* — [d] Hist. des Paroiss. de Paris par le Mesle 1622, p. 129.

des Portes de S. Denis et de S. Martin dans la Ville même de Paris,
et que Saint Josse en fut d'abord une Aide ou Succursale. Dans la
rue de S. Denis le territoire de Saint Laurent finit à la Communauté
de S. Chaumond qui est à gauche en entrant dans Paris. Quant à la
rue S. Martin, il s'étend en entrant dans la Ville à droite jusqu'à la
troisième maison en deçà de celle qui fait face à la rue de Montmorenci : ce qui lui donne les rues de Ste Apolline, des deux Portes,
de Guerin Boisseau, une portion de la rue Greneta, et de la rue
du Grand Hueleu du côté qu'elles touchent à celle de S. Martin.
C'étoit probablement dans un de ces quartiers-là que le Curé de
Saint Laurent entreprit la construction d'une Chapelle vers les premières années du regne de S. Louis, dont le Prieur et Couvent de
S. Martin s'étant plaint [a], Guillaume d'Auvergne Evêque de Paris
ordonna en 1235 que l'autel qui pouvoit leur préjudicier fût détruit.
Mais avant la fin du même regne, il y eut une Eglise succursale et
même Paroissiale établie au dedans de Paris pour le soulagement et
la décharge de la Cure de Saint Laurent : et trois cens ans après on
établit encore une nouvelle succursale pour la même Paroisse. Ces
deux Eglises sont Saint Josse, et Notre-Dame de Bonne Nouvelle [3].

Voici l'ordre des temps suivant lequel quelques Communautez
ont été établies sur cette Paroisse.

En 1604 les Recollets [4].

En 1608 l'Hôpital S. Louis [5].

En 1632 Messieurs de la Mission [6].

En 1642 les Filles de la Charité [7].

En 1645 les Chanoinesses de Ste Perrine [8].

En 1654 l'Hôpital du nom de l'Enfant Jesus [9].

En 1685 les Dames de Sainche-Aumond *de Sancto Aunemundo*,
que l'on écrit abusivement S. Chaumond [10].

Je me contente de parler en particulier de S. Lazare et de la Communauté de Ste Perrine de la Villette.

[a] *Hist. S. Mart.*, p. 450.

ÉGLISE DE SAINT-LAZARE

DE L'ANCIEN TERRITOIRE

DE SAINT-LAURENT

Un des points les plus difficiles à éclaircir dans l'Histoire de
Paris, sont les commencemens de la Maison de Saint Lazare. Du
Breul qui a parlé assez au long de cette maison, se plaint de la perte
des titres, arrivée dans le tems des guerres des Anglois, et il se
borne à l'envisager comme un Prieuré des Chanoines Reguliers
exerçans l'Hospitalité, surtout envers les Lépreux. C'est sous cet
égard aussi qu'en a parlé depuis le P. Du Bois en son Histoire de
l'Eglise de Paris. Il en est traité dans le nouveau *Gallia Christiana*[a]
de l'an 1744, comme d'une Maison qui a servi de retraite à un certain nombre de Chevaliers de l'Ordre de Saint Lazare établis à Jérusalem, qui accompagnerent en 1179 jusqu'à Paris Louis VII Roi de
France, revenant de la Terre sainte. Mais il est assez difficile
qu'une même maison ait servi à ces deux différens emplois; outre
qu'on ne lit dans le Gallia Christiana rien qui désigne une continuation de jouissance de la Maison de Saint Lazare dans les siécles
suivants de la part de ces Chevaliers, et qu'au contraire on les représente comme fixés à Boigny au Diocèse d'Orléans; il y a lieu
de douter de ce qu'on a écrit récemment sur leur résidence au fauxbourg de Paris sous Louis VII, puisque pour en garantir la vérité,
on ne s'appuye que sur des Registres du Parlement de Paris de l'an
1154 : chacun sçait qu'il n'y en a point de si anciens, et qu'ils
n'ont commencé que fort avant dans le treiziéme siécle.

La Maison de Saint Lazare ne doit donc être selon moi considérée à Paris, que comme une célèbre Leproserie. Autant la ville de
Paris était fameuse, autant sa Léproserie l'étoit en son espece. Ce
fut dans le XII siécle que l'on commença à avoir une attention plus
singuliere de séparer les lépreux d'avec le reste du peuple : De là

[a] T. VII, col. 1043.

l'époque de l'origine de toutes ces maladeries du titre de S. Lazare, dont on voit encore des restes proche une infinité de bourgs et de villages du Royaume. Sauval a assuré que c'est la Reine Adelaïde, épouse du Roi Louis le Gros, qui a bâti l'Hôpital de Saint Lazare, mais il n'en apporte aucune preuve. Le tems n'y repugne point, s'il est vrai que dès l'an 1124 Guillaume de Garlande *Dapifer* fit à cette Maison un don sur son clos de Garlande situé à Paris.

Ce qu'il y a de certain, est que dès le regne de Louis le Jeune, fils de cette Reine, il y avoit entre Paris et S. Denis un Hôpital de Lepreux, qui consistoit dans un assemblage de plusieurs cabanes où ils étoient renfermés. Odon de Dueil, Moine de Saint Denis, écrit qu'il fut temoin comme en l'an 1147 [a] le mercredi onziéme Juin, ce même roi venant prendre l'étendard à Saint Denis avant que de partir pour la croisade, entra dans cet Hôpital situé sur sa route, et prit la peine d'y rendre visite aux Lepreux dans leurs cellules, accompagné seulement de deux personnes. Dans la fondation de cet Hôpital il leur avoit été fait concession de certaines Foires qui se tenoient hors la ville de Paris [b]. Le Roi Philippe-Auguste racheta ce droit, et transporta la Foire ou Marché aux Halles de Champeaux l'an 1183.

Jusqu'ici il n'avoit point encore été fait mention d'Eglise du titre de S. Lazare : mais Rigord, Historien du même Prince, en parle à l'an 1191, disant que le couvent de Saint Denis y vint en procession, nuds pieds, avec une partie des reliques de l'Abbaye[c]. Ce qui reste de cet édifice paroît être de ce tems là, ou à peu près.

Ce fut donc vers les tems dont a parlé Rigord, que cette Léproserie, la plus célèbre de toutes celles du Royaume, fut en état d'avoir un Clergé Regulier qui y faisoit sa résidence, dont les uns étoient pour les fonctions spirituelles, les autres pour le ministere temporel. Ces Religieux étoient de l'Ordre de S. Augustin. Le Prieur et les Freres sont souvent nommés depuis cette époque comme traitans avec leurs voisins [d] sur des droits de dixme, de censives, etc. par exemple, en 1194, 1230 et 1232. Un Chanoine d'York, nommé Maurice, étant décédé à Paris, fut inhumé dans leur Eglise; et ses

---

[a] Odon *de profess. Lud. in Orient*, p. 15. — [b] Duchêne, t. V. — [c] Duchêne, ibid.— [d] Grand Pastoral de l'Egl. de Paris, p. 892 à l'an 1230, et p. 70 à l'an 1240.

exécuteurs testamentaires y fonderent en 1234 une Chapellenie à son intention à l'autel de Saint Denis, moyennant des revenus considerables, à la conservation desquels le Chapitre de Paris étoit chargé de veiller[a]. Gui qu'on qualifioit alors de Prieur, l'étoit encore en 1246. Etienne fut nommé Prieur en 1283 par Renaud Evêque de Paris[b]. L'élection de son successeur excita beaucoup de bruits, qu'on peut voir ailleurs.

Le autres Prieurs que j'ai trouvés depuis lui, sont Jean Binel. Il est connu par les statuts que Foulques Evêque de Paris dressa pour cette maison l'an 1348, et que l'Evêque Audoin confirma. L'un des articles portoit que le Prieur seroit un Frere Donné, et cependant Prêtre ; qu'il seroit Curé des Freres et des Sœurs et Administrateur des biens[c]. Quoiqu'en tout ils ne fussent pas douze Religieux, ils étoient cependant tenus à l'Office Canonial et à chanter une Grand-Messe chaque jour. Les Freres Donnez pouvoient se retirer avec leur bien ; et ils recevoient de la maison trois sols par semaine. Thomas le Bois étoit Prieur en 1364 et en 1379. De son temps on attribua au Couvent la fonction de Chapelain desservant d'une Chapelle S. Jacques, fondée à Saint Laurent par Eustache le Fevre Paroissien. Gui Auscustre étoit Prieur en 1414. Anselme Langlois en 1428. Ancelin en 1450. Il est connu pour avoir nommé à la Cure de la Villette. Jean Cappet en 1475, selon Sauval T. 3. p. 421. Guillaume Laurenceau le fut depuis 1495 jusqu'en 1501. Clement le Tellier son successeur étoit mort dès 1505. Mathieu Berthault nomma à la Cure de la Villette en 1509, et vivoit encore en 1512. Nicolas Du Pont étoit Prieur en 1514. Jean Coulon en 1515[d]. Trois ans après il fut fait Abbé de Livri. De son tems le Roi payoit 300 livres au Prieuré, à cause de la Foire de la Toussaint qui se tenoit à Paris sous le nom de Foire de S. Ladre. Jean Godequin, Prieur, fut nommé en Parlement le 19 Octobre 1538 pour réformer l'Hôtel-Dieu de Paris. Il vivoit encore en 1549. Jean Lievret l'étoit en 1592[e]. Adrien le Bon en 1611 et 1613. Il consentit en 1632 à ce que cette Maison fût annexée à Messieurs de la Mission, lesquels firent une rente aux anciens Religieux, le sieur le Bon étant leur Superieur[f]. Ce qui

---

[a] *Parvum Pastorale.* — [b] *Hist. Eccl. Par.*, t. II, p. 54. — [c] *Tab. Ep. in Spir.* — [d] *Ex varits compotis Prioratus.* — [e] *Comp. ejus.* — [f] *Reg. Ep.*

est arrivé depuis en ce lieu étant fort connu, je le passe sous silence.

En 1521 se fit en cette Eglise l'établissement d'une Confrerie du titre de S. Lazare [a], et l'on composa un Office propre. Dans ces anciens tems on avoit cru que ce Saint avoit prêché la foi dans l'Isle de Chypre, et qu'il y étoit mort [b]. La Prose que l'on y chantoit, le disoit positivement. Elle n'a été abolie que dans le siécle dernier par ceux qui ont succédé aux Chanoines Reguliers [c]. Selon un Inventaire de l'an 1505, il y avoit alors en cette Eglise une Image d'argent qui tenoit un reliquaire, dans lequel étoient deux dents du même Saint. Par le même Inventaire, on voit que ces Religieux suivoient le rit Parisien.

Ces anciens Chanoines ne furent aucunement imbus de toutes les opinions fabuleuses répandues sur Saint Lazare dans la Provence. Ils furent aussi d'une conduite si exemplaire depuis la réforme d'environ l'an 1515, que dans presque toutes les réformes qu'il fut besoin d'ordonner à Paris sous François I, on commit le Prieur de Saint Lazare pour être un des réformateurs [d] ; comme pour celle de l'Hôtel-Dieu de Paris en 1535, 1538, 1543, 1544, et pour celle de l'Abbaye de Montmartre en 1547 [e]. On lit aussi que lorsque les réformateurs de l'Abbaye de Saint Victor voulurent proceder en 1549 à l'exécution de leur commission, ce fut à S. Lazare qu'ils tinrent leurs assemblées [f].

J'ai suffisamment donné à entendre en parlant de l'Eglise de Saint Laurent, que le Monastere du nom de ce Saint Martyr étoit situé à l'endroit où furent depuis construites les loges des Lépreux de Saint Lazare. Aussi on ne trouve point que la Cathédrale de Paris qui visite aux Rogations les anciennes Basiliques se soit arrêté jamais à celle de la Paroisse de Saint Laurent, mais à celle de Saint Lazare qui a succedé à cette ancienne Basilique. De là est venue la redevance du Prieuré qui a succedé à l'Abbaye de Saint Laurent envers les Marguilliers de l'Eglise de Paris à l'heure que son Clergé revenoit de Montmartre le lundi des Rogations, dont un manuscrit [g] d'environ l'an 1490 parle en ces termes : « Les Marguilliers ont

---

a *Reg. Ep. Par.*, 13 Jul.— b *Castellan in Martyrol. MS.*, 17 Dec.—c *Tab. Ep in Spir.* — d *Reg. Parl.* — e Sauv., t. III, p.354. — f *Reg. Parl.*, 7 Jun. 1549. — g *Cod. Bibl. Colb.*, 1903.

« toujours pris le lundi avant l'Ascension quand la Procession
« est retournée de Montmartre à S. Ladre xxi sistreuses de vin
« (chacune sistreuse tenant trois chopines) par les mains des ser-
« gens du Chapitre : lequel vin les Freres S. Ladre payent et li-
« vrent ausdits Sergents. » Ceci nous apprend en passant, qu'autrefois à Paris on disoit *S. Ladre* pour S. Lazare [11].

ABBAYE DE SAINTE PERRINE. Il a existé pendant cent
ans ou environ dans la partie du village de la Villette, qui est de
la Paroisse de Saint Laurent, une Abbaye de Chanoinesses Regulieres, qu'on appelloit Sainte Perrine, c'est-à-dire Sainte Petronille.
Elles avoient été fondées dès le XIII siécle aux environs de Compie-
gne [a] ; et apres avoir souvent changé de demeure dans ces quartiers-là, Simon le Gras Evêque de Soissons avoit consenti à leur
translation à la Villette le 8 Août 1645, et Jean-François de Gondi
Archevêque de Paris les y avoit introduites l'année suivante
dans une maison achetée 35400 livres, dont le Maréchal de Bassompierre avait payé environ la moitié pour la dote de sa fille. On
lit dans Sauval [b] que Louis XIV leur avoit accordé l'an 1657 les
profits de la Halle aux cuirs du Faubourg S. Marceau, mais malheureusement le projet d'ériger cette Halle n'eut point lieu. Ce
même Prince étant informé de leur indigence leur accorda en 1713
une Lotterie où elles étoient comprises avec deux autres Communautés. Enfin leurs biens ne suffisant plus pour les nourrir et entretenir, on pensa vers l'an 1740 à les réunir à l'Abbaye des Chanoinesses de Chaillot qui sont d'une fondation bien plus nouvelle;
et cette réunion a été exécutée vers la fin de l'an 1742. Lors de la
translation de ces Religieuses à la Villette, elles avoient pour Abbesse Charlotte de Harlay à laquelle succeda sa niéce de même
nom : Puis en 1688 Renée Susanne de Longueil qui n'est décédée
qu'en 1733.

Le Pere Echard Dominicain fait observer dans les Ecrivains de
son Ordre [c], que Louise Longueil, Jacobine de Poissy sœur de cette
Abbesse avoit demeuré fort longtemps dans cette Abbaye pour
soulager sa sœur; que comme elle sçavoit le latin, elle y fit quel-

---

[a] *Gall. Chr.*, t. VII, col. 869. — [b] Sauv., t. I, p. 658. — [c] *Script. Ord. Dominic.*,
t. II, p. 850.

ques traductions de latin en françois; que celles des Prieres de l'Eglise dans la cérémonie d'une Profession de l'Ordre des Chanoinesses de S. Augustin imprimée en 1704 in-12, à Paris, a été faite par elle dans ce Couvent de la Villette.

Une des Chanoinesses de cette Maison qui s'est distinguée par la saintete de sa vie, est Antoinette Journel décédée le 5 Octobre 1678. On a imprimé sa vie avec ses lettres l'an 1685.

Depuis que ce Monastere a été dispersé à raison de la diminution de ses revenus, on a établi une manufacture dans les bâtimens qui le composoient; et le lieu continue d'être appellé Sainte Perrine [12].

ÉGLISE DE SAINT-JOSSE

PREMIER DÉMEMBREMENT

DE LA PAROISSE DE SAINT-LAURENT

Après que le Roi Philippe-Auguste eut fait enfermer dans les nouveaux murs de Paris l'extrémité méridionale du territoire de la Paroisse de Saint Laurent, le besoin où l'on fut de faciliter aux habitans de ce quartier les moyens de s'acquitter des devoirs de Paroissien, fit penser à former une espece de succursale au-dedans de ces murs; et pour cela, on jetta la vue sur un lieu qui avoit déjà été honoré de la demeure de quelques Saints, et où plusieurs Pelerins, soit de Rome, soit d'ailleurs, s'étoient autrefois retirés. S. Fiacre, selon quelques-uns, y avoit logé à son arrivée d'Irlande au VII siècle, ainsi que Saint Josse fils d'un Roi de la petite Bretagne, dans l'une des occasions qu'il eut de passer par Paris vers le même tems. Telle est la tradition fondée en partie sur les actes de ce Saint [a], qui parlent de ses passages en cette ville. Comme ce lieu se trouvoit être sur la justice et censive du Prieuré de Saint Martin des Champs, il y a grande apparence que c'est le même où subsistoit encore en l'an 1070 l'Hôpital de Saint Martin [b], dans lequel de-

---

[a] *Vita S. Judoci.* — [b] *Hist. S. Martini à Camp.*, p. 18.

meuroit un Reclus nommé Jean, occupé à retirer les pauvres, et les pélerins qui alloient au tombeau de Saint Martin à Tours, le plus fameux des pélerinages de la France en ces tems-là [13]. Ce même Hôpital venoit d'être doté de quelques biens par les Chanoines de Saint Martin des Champs de Paris, qui étoient sous la conduite de l'Abbé Engelard, et il le fut encore par le Roi Philippe I.

Environ cent quatre-vingt ans après, c'est-à-dire, vers le milieu du XIII siécle, on bâtit à Paris une Chapelle du titre de Saint Josse, dans le lieu de l'Hôpital ci-dessus où l'on croyoit que ce saint Prêtre avoit logé, et cette Chapelle fut une espece de succursale pour Saint Laurent [a]. Mais dès l'an 1260, on érigea en Paroisse cette Succursale en faveur des Paroissiens les plus éloignés de Saint Laurent; et le Curé de Saint Laurent consentit que cet établissement eût lieu aprés son décès : le Prieur de Saint Martin agréa pareillement cette érection, à condition qu'il nommeroit le Curé, de même qu'il nommoit celui de Saint Laurent, et moyennant certaines redevances de la part du nouveau Curé de Saint Josse, tant envers le Curé de Saint Laurent qu'envers le Prieur de Saint Martin.

Cette Cure n'est point marquée dans le Pouillé Parisien du XIII siécle, parce qu'il étoit écrit avant son érection, mais seulement dans celui qui fut redigé vers l'an 1450. On trouve qu'il y avoit aussi dans cette Eglise une Chapelle du titre de Saint Eutrope avec un revenu de seize livres [b]. Dans un Registre de l'an 1499, cette Chapelle porte le nom de S. Eutrope et de S. Didier [c]. et de même dans le Pouillé de l'an 1648. Mais ces listes sont peu exactes, car c'est S. Didier qui est le principal titre [d]. Elle avoit été fondée sous son invocation dès l'an 1303 par Geoffroy de Fleury, qui donna pour dot une maison sise rue des Prêcheurs. Néanmoins, dans des lettres d'amortissement, qu'on trouve lui avoir été accordées par le Roi Philippe de Valois étant le 23 Février 1338 en l'Abbaye Notre-Dame ès Pontoise, il est dit que la fondation est de 25 livres. En 1646 on exposoit à la piété des Fidéles dans cette Eglise Paroissiale une partie d'un petit ossement de Saint Josse, qui avoit été tirée dès l'an 1203 par Thibaud Evêque d'Amiens, de sa châsse con-

---

a *Hist. S. Martini à Camp.*, p. 453. — b *Reg. Ep.*, 3 April. — c *Tab. Ep in Spir.*— d *Propr. de la Par. S. Josse*, 1743, p. 261.

servée en l'Abbaye de son nom en Picardie : Et en 1704 on remit à la même Paroisse la moitié d'un vertebre du même Saint, qui lui avoit été leguée par Etienne Moreau Abbé et Comte de S. Josse, décédé Evêque d'Arras l'an 1670, lequel avoit aussi laissé à la même Eglise la somme de mille livres pour aider aux frais d'une châsse.

Du Breul marque qu'on voyoit de son tems, au coin de la rue où est l'Eglise de Saint Josse, une image de S. Fiacre, apparemment par la raison que ce Saint est regardé de tems immémorial comme l'un des patrons de cette Eglise [a]. Dès l'an 1415, le Roi Charles VI avoit permis qu'on y établit une Confrerie sous le nom de ce Saint, ce que Gerard de Montaigu Evêque de Paris avoit aussi accordé en 1417. La dévotion avoit augmenté à un tel point dans le siécle suivant, que dans la permission que l'Evêque de Paris donna en 1571 de célébrer en cette Eglise les Dimanches et Fêtes la premiere Messe à l'autel de S. Fiacre [b], il est qualifié *primus illius Ecclesiœ patronus :* ce qui suppose que les Paroissiens s'étoient servis de cette expression dans leur requête. En 1671, cette Eglise fut enrichie d'un os de l'épine du dos du même Saint, donné par Marie Duchesse d'Aiguillon [c], laquelle relique lui étoit venue du Cardinal de Richelieu son oncle, à qui le Chapitre de Meaux en avoit fait présent en 1627.

L'édifice de l'Eglise de Saint Josse tel qu'on le voit est très-nouveau et fort petit, et mal orienté; c'est une espece de Chapelle de forme quarrée.

Les maisons de la rue Aubri-le-Boucher et de la rue Quinquempoit qui touchent à cette Eglise, ne sont point de la Paroisse : son territoire comprend un quarré formé par l'autre côté de ces deux rues et par la rue S. Martin ; plus, trois maisons de la rue S. Martin à commencer par celle qui fait l'angle gauche de la rue des Menetriers, et enfin douze ou treize des maisons qui sont à la gauche dans la même rue des Menetriers en y entrant par la rue S. Martin : et qui forme en tout vingt-neuf maisons. Il n'y a aucune Communauté sur ce territoire [d].

---

a Sentence du 19 Mars 1635, *in Reg. Ep.* — b *Reg. Ep. Par.*, 31 Jul. — c *Propr.* de S. Josse, p. 288.

ÉGLISE DE NOTRE-DAME DE BONNES NOUVELLES

SUR UN TERRAIN DÉTACHÉ DE CELUI DE SAINT-LAURENT

Le second démembrement qui a été fait de la Paroisse de Saint Laurent consiste dans l'érection de Notre-Dame de Bonnes Nouvelles en Paroisse. Le quartier où elle se trouve nommée autrefois Villeneuve-sur-Gravois étant devenu peuplé dans l'avant-dernier siécle, on songea à y établir une Chapelle qui pût servir d'Aide à Saint Laurent. Il fut besoin outre le consentement de Guillaume Maunoir Curé de la permission du Parlement comme celle de l'Evêque[a]. Ce dernier défendit qu'on y baptizât, et qu'on y inhumât[b]. Ce n'étoit au reste qu'un très-petit édifice long de treize toises sur quatre de large. Avant qu'il fût béni on l'appelloit la Chapelle de S. Louis et de Sainte Barbe. Elle est désignée sous ce titre dans les Indulgences accordées par le Légat en 1560[c] : mais lorsque Jean-Baptiste Tiercelin Evêque de Luçon en fit la bénédiction en 1563 ce fut sous l'invocation de la Sainte Vierge avec trois autels dont l'un étoit de S. Louis[d]. Ceci servira à rectifier ce que d'autres ont écrit avant moi sur cette Chapelle. Depuis ce temps-là dans les provisions de la Cure de Saint Laurent on ajouta *cum suo succursu de Villanova*[e]. Les guerres de la Ligue étant survenues, on se trouva dans la nécessité l'an 1593 de raser les maisons de ce lieu de Villeneuve, et même la Chapelle, pour construire des fortifications. En 1624 ce quartier s'étant repeuplé, les habitans exposerent à l'Archevêque de Paris qu'à cause de leur éloignement de S. Laurent, étant situés entre les portes de S. Denis et de Montmartre, il étoit à propos de rebâtir la Chapelle de N. D. de Bonnes Nouvelles dont on voyoit encore des restes[f]. Ce qui leur fut permis du consentement de Pierre d'Harvilliers Curé de Saint Laurent. La première pierre fut mise le 18 Mai 1624 par Bernard Duc de la Valette, et bénite par Louis de Guiard Vicaire Général. Environ un an après il fut

---

[a] *Reg. Ep.*, Jul. 1551. — [b] *Reg. Parl.*, 12 Apr. 1551 et Juin 1552. — [c] *Reg. Ep.*, 1 Jan. — [d] *Ibid.*, 23 Dec. 1563. [e] *Ibid.*, 20 Jul. 1580. — [f] *Reg. Ep.*, 18 Maii 1624, 4 Jan. 1625, Mart. 1627.

permis d'y célébrer : L'inscription qui se lit au frontispice marque que l'Eglise a été rétablie en 1626. L'édifice est presque quarré mais bâti à la legere, n'ayant rien de solide que le clocher en forme de tour à côté du portail.

En 1627 les habitans de ce Villeneuve-sur-Gravois se mirent en régle avec le Curé et les Marguilliers de Saint Laurent. La Sainte Vierge est patrone de cette Eglise en tant que recevant de l'Ange la bonne nouvelle de l'Incarnation du Verbe. Les plus anciennes Eglises qui portent le nom de Notre-Dame étoient sous ce titre. En effet c'est le trait de la vie de la Sainte Vierge le plus détaillé dans l'Evangile.

Cette Chapelle enfin fut érigée en Cure l'an 1674 [a] : et la même année, il y eut un réglement entre le Prieur et les Religieux de Saint Martin des Champs, et le Curé et Marguilliers, qu'on peut voir ailleurs [a] [15].

La figure de la Paroisse de Bonne Nouvelle est triangulaire. Lorsqu'on est dans la rue du petit Carreau on trouve son commencement au second coin de la rue de Bourbon. Toutes les maisons à droite qui terminent cette rue du petit Carreau en sont; puis toutes celles de la rue Poissonniere [16] qui sont aussi à main droite. Au bout de cette rue il faut tourner à droite, suivre le rempart jusqu'à la porte S. Denis, où étant, il faut prendre encore à droite jusqu'au premier coin que l'on trouvera de la rue de Bourbon : En suivant cette derniere rue jusqu'à son bout, qui donne dans la rue du petit Carreau, on se trouve avoir fait tout le tour du triangle. Cette Paroisse n'a de la rue de Bourbon que le côté droit selon qu'on vient de procéder : mais ce triangle renferme une moitié de la rue de Clery dans ses deux côtés, la rue de Beauregard, celle de la Lune, et plusieurs autres petites toutes tirées au cordeau étant des rues nouvelles [17].

Il n'y a dans cette étendue de terrain qu'une seule Communauté qui est des Filles de l'Union Chrétienne établies en 1680 ou 1685 dans la rue de la Lune. On l'appelle *La petite Union*, autrement le petit Sainche-Aumond, ce qui vient de *Sanctus Aunemundus*, et on l'écrit par corruption *Saint Chaumond* [18].

a Piganiol, t. III, p. 215.

NOTES

ET

ADDITIONS

CHAPITRE III

ÉGLISE SAINT-LAURENT

[1] Il m'est impossible d'admettre avec l'abbé Lebeuf que c'est de l'église actuelle de Saint-Laurent dont parle Grégoire de Tours, lorsqu'il dit : *Aquæ vero extra solitum invaluerunt : nam tantam inundationem Sequana Matronaque, circa Parisius intulerunt, ut, inter civitatem et basilicam sancti Laurentii, naufragia sæpe contingerent.* (Gesta Francorum, VI. c. 25.)

L'église de Saint-Laurent dont parle Grégoire de Tours ou son continuateur était évidemment à une distance plus rapprochée de la Seine. Nous en avons du reste une preuve dans ce passage de la vie de saint Lubin, où il est question d'un incendie qui se déclara en 547 du côté de Saint-Laurent et ne tarda pas à endommager les maisons qui étaient sur le pont, *a parte basilicæ B. Laurentii, noctu edax ignis exiliens, domos pendulos, quæ per pontem constructæ erant exurere cœpit.* (Voy. *Rec. des Hist. de France*, t. III, p. 431.) Une inondation peut quelquefois couvrir une partie considérable de terre, mais le feu, surtout à cette époque où la rive droite était peu habitée, ne pouvait en aucune façon se déclarer au lieu où était Saint-Laurent et endommager les maisons du pont situé sur la Seine. (Voyez à ce sujet Jaillot, *Recherches sur Paris*, t. II, p. 22 et suiv. et Grégoire de Tours, édition Taranne, t. II. Eclairciss., p. 540.)

[2] On voit dans un document conservé aux Archives (Suppl. S. 3413), une concession faite le 17 sept. 1394 par Regnault de Puiseur, chanoine de l'église de Paris et curé de l'église parrochiale de Saint-Laurent, d'une place et jardin, séant derrière le cymetière de ladite église tenant à la ruelle qui est entre le jardin du presbitaire d'icelle église et la dite place et jardin, parmi laquelle ruelle on fait la procession de ladite église, en la censive de Saint-Laurent de Paris. Ce jardin, dont l'abbé Lebeuf ne

parle pas, et qui avait été donné à la fabrique, fut depuis concédé par elle aux curés de Saint-Laurent moyennant 50 livres par an.

[3] Lorsque la Révolution éclata, Saint-Laurent était administrée par un curé nommé Charles-Alexandre de Moy, qui fut nommé à l'Assemblée nationale. D'après la déclaration qu'il fit à cette Assemblée, le 6 février 1790, on voit que cette cure rapportait 13,969 liv. 8 s. environ (rentes sur les aides et gabelles 1,969 liv. 8 s.; payés par la communauté de Saint-Lazare, 600 liv.; casuel, 11,000 liv. environ; fondations, 400 liv.), et que ses charges n'étaient que de 920 liv. La communauté des prêtres de la paroisse n'avait aucun revenu, les prêtres étant payés par la fabrique; ils possédaient seulement une bibliothèque de neuf cent cinquante trois volumes. Si l'on en juge par un état des revenus de la fabrique en 1757, la position financière de l'église n'était pas brillante, les charges (31,759 liv. 2 s.) excédant les recettes (28,521 liv. 14 s. 6 den.) de 3,437 liv. 7 s. 6 den. La maison de charité de la paroisse ne jouissait d'aucun revenu et ne subsistait qu'au moyen de secours donnés par le curé, de rentes faites aux pauvres, et qui se montaient à 11,129 liv. 10 s. 6 den.

La loi du 4 février 1791, relative à la circonscription des paroisses conserva Saint-Laurent et lui donna les limites suivantes :

Boulevard Poissonnière; le boulevard à gauche, jusqu'à la rue du Faubourg-du-Temple; ladite à gauche, jusqu'à la barrière Sainte-Anne; les murs de la clôture jusqu'à la rue Sainte-Anne; ladite et celle Poissonnière à gauche jusqu'au boulevard.

Fermée peu de temps après, l'église de Saint-Laurent fut concédée au culte théophilanthropique et devint le temple de la Vieillesse. Elle fut ouverte au culte catholique en 1799. On lisait à ce sujet, sur la face intérieure du mur de retraite du grand portail, au-dessus de la petite porte latérale, l'inscription suivante : « Le 17 fructidor an VIII, cette église a été rendue aux catholiques par une lettre du préfet de la Seine. Les réparations ont été commencées sous la direction du citoyen Raymond, architecte, nommé par les administrateurs du culte, et sous la surveillance du citoyen maire du Ve arrondissement de Paris, le 6 brumaire an IX (28 octobre 1800). La réconciliation solennelle en a été faite par M. l'évêque de Saint-Papoul. » En 1847, le chœur de Saint-Laurent a été orné de vitraux de couleur dus à MM. A. Gallimard et L. de Nozau.

Avant le décret du 22 janvier 1856, la paroisse de Saint-Laurent avait un territoire de 133 hectares 65 ares, délimité par le boulevard Saint-Denis, les rues de Lancry, Grange-aux-Belles, le chemin de ronde depuis la barrière du Combat jusqu'à celle de Saint-Denis, la rue du Faubourg-Saint-Denis jusqu'au boulevard Saint-Denis, point de départ.

Depuis ce décret, la paroisse de Saint-Laurent a perdu 52 hectares 48 ares, et son nouveau territoire a été ainsi délimité :

Boulevard Saint-Denis, côté pair; rue du Faubourg-Saint-Martin, côté impair, rue des Vinaigriers, côté pair, quai Valmy, jusqu'à la barrière de Pantin, chemin de ronde depuis la barrière de Pantin jusqu'à la barrière Saint-Denis, rue du Faubourg-Saint-Denis, côté pair, jusqu'au boulevard Saint-Denis, point de départ.

L'église est en ce moment l'objet d'une restauration due à M. Contant Dufeux. La façade construite sur un plan plus élevé que le reste nécessitera la construction d'un escalier de quelques marches qui reliera l'église avec le portail. Cette façade produira un excellent effet.

L'intérieur de l'église n'a rien de remarquable. La chapelle de la Vierge est le siége de l'archiconfrérie de la bienheureuse et immaculée Vierge, mère de Dieu, Notre-Dame-des-Malades. A droite de cette chapelle, dont les parois sont entièrement recouvertes de petites inscriptions votives en marbre blanc, on lit l'inscription suivante, gravée en lettres rouges sur marbre blanc :

LE 12 JUIN 1864

TROIS · CENTS · PÈLERINS

SOUS · LA · CONDUITE · DE · M. · L'ABBÉ · DUQUESNAY

CURÉ · DE · S · LAURENT · A · PARIS

SONT · PARTIS · DE · CE · SANCTUAIRE

POUR · ENTREPRENDRE · LE · PELERINAGE

DE · NOTRE · DAME · DES · ERMITES · (EINSIEDELN, SUISSE)

ET · DE · N · D · DE · LA · PIERRE · (PRÉS BALE)

APRES · AVOIR · HEUREUSEMENT · ACHEVÉ

LEUR · PIEUX · VOYAGE

TOUS · ENSEMBLE · LE · 7 · JUIN · SE · SONT · CONSACRÉS

A · N · D · DES · MALADES

EN · RECONNAISSANCE · DE · LA · PROTECTION · QU'ELLE · LEUR · A · ACCORDEE

ET · LUI · ONT · ÉLEVÉ · CE · MONUMENT

COMME · UN · TÉMOIGNAGE · DE · LEUR · FIDÈLE · GRATITUDE

———

PARMI · LES · PÈLERINS · ON · COMPTAIT · OUTRE · LES · PAROISSIENS · DE · S. · LAURENT

DES · FIDÈLES · D'UN · GRAND · NOMBRE · DE · PAROISSES · DE · PARIS · ET · DE · LA · PROVINCE

OIXANTE CINQ · ECCLESIASTIQUES · APPARTENANT · A · DIX-HUIT · DIOCÈSES · DE · FRANCE

PLUSIEURS · MEMBRES · DU · CERCLE · CATHOLIQUE · ET · UNE · DÉPUTATION

DES · ASSOCIÉS · DE · L'ARCHICONFRÉRIE · DE · N · D · DES · VICTOIRES

QUORUM · OMNIUM · NOMINA · IN · HOC · CORDE · INCLUDUNTUR

SALUS   REFUGIUM

INFIRMORUM   [¹]   PECCATORUM

O · P · N ·   O · P · N ·

¹ Ici on a gravé un cœur enflammé.

L'église de Saint-Laurent est aussi le siége de l'Union du Sacré-Cœur de Jésus érigée canoniquement dans l'église et affiliée par un diplôme du 15 janvier 1838 à la confrérie mère de Rome, fondée dans l'église de Sainte-Marie *ad pineam* et transférée dans l'église de la Paix pour tous les fidèles du monde catholique.

Il y avait autrefois une inscription placée à l'entrée de l'église, et qui est déposée en ce moment dans le bureau de l'agence des travaux de l'église. Elle est ainsi conçue :

DEO · OPT · MAX · · VIRG · [Q · MATRI]
(1)
ANNO · DOMINI · 1621 DIE · 20 · JUNII
HVIVS · ÆDIS · D · LAVRENT · TIT · AMPLIFICANDÆ E[T PERFI]
CIVNDÆ GRATIA LAPIS VESTIBVLI PRIMARIVS POSIT[US EST]
A SERENISSIMA PRINCIPE · D · CAROLOTA MARGARETA M[ONT-]
MORENTIA ILLVSTRISSIMI ET POTENTISS · PRINCIPIS HENRICI
BORBONII CONDÆI VTRIVSQZ MILITIÆ EQVITIS, PRIMI
FRANCLÆ PRINCIPIS AC PARIS DVCIS ANGVIANI BITVRICENSI
ET BORBONIO TRACTV PROREGIS ETC. CONJVGE LECTISSIMA
BENEDICENTE, CONSECRANTE, ET CONLOCANTE · M · PETRO
HARDIVILLERIO PARISINO DOCTORE SORBONICO PAROECO
DICTI PRINCIPIS ELEEMOSYNARIO ET CONCIONATORE ORDINARIO.
(2)   (3)   (4)

BIBLIOGRAPHIE

MANUSCRITS

Les documents concernant l'église de Saint-Laurent sont conservés aux Archives dans les sections historique et administrative.

Le premier carton de la section administrative (S. 3413) renferme les déclarations de 1790, des titres de propriété de maisons à Paris et de terres à la campagne et des baux de maisons appartenant à la fabrique, des baux de 1 arpent 29 perches de terre sis à Bobigny, des quittances de droit d'amortissement, des quittances de rachat des boues et lanternes, un testament du 29 décembre 1597, par lequel Jean Murier, boulanger, donne à la fabrique une maison sise hors la porte Saint-

---

1 Gril de saint Laurent.
2 Armes de France entourées du collier des deux ordres.
3 Gril de saint Laurent.
4 Armes de Montmorency.

Denis, des lettres patentes de janvier 1777 relatives à une échange entre la cure et la fabrique, une donation de terrain derrière le cimetière en 1394, des revenus de la fabrique; les second et troisième (S. 3414-3415) des titres de rentes, des titres de propriété de terrains sis à Pantin, Clichy, Saint-Ouen, Aubervilliers, Montmartre, des baux de maisons, des déclarations aux terriers, des titres nouvels, des pièces de procédure relatives à une rente que devait servir le célèbre marchand de vin Ramponneau, un état des rentes dues à la fabrique et aux pauvres.

Le premier registre (S. 3416) est intitulé : Inventaire des titres et papiers appartenans à l'œuvre et fabrique de Saint-Laurent à Paris; le second (S. 3417) est un registre de fondations; le troisième (S. 3418) un inventaire des titres, contrats, fondations, et papiers, in-fol.; le quatrième (S. 3419), un inventaire des pièces justificatives des amortissements et indemnités concernant l'œuvre et fabrique de la paroisse Saint-Laurent fait à la diligence et par les soins de MM. les marguilliers en charge en l'année 1729, in-fol.; le cinquième (S. 3420), un inventaire des titres de propriété des maisons, marais, terres et rentes sur maisons et particuliers appartenant à l'œuvre et fabrique de la paroisse Saint-Laurent à Paris, 1729, in-fol.; les sixième et dernier (S. 3421), un inventaire des baux des maisons et terres appartenant à l'œuvre et fabrique de la paroisse Saint-Laurent, 1729, in-fol.

Le premier carton de la section historique (L. 671) renferme des rentes remboursables, des titres de rentes, des contrats, des fondations, une sentence de l'officialité portant réduction de diverses fondations, un rôle des fondations, des extraits des fondations ; le second (L. 672), des fondations de messes, des testaments et des titres de rentes.

Les trois premiers registres de la section historique (LL. 815 à 817) renferment les délibérations de 1642 à 1703, 1703 à 1732 et 1732 à 1777; le quatrième et dernier (LL. 818) est un matrologe.

IMPRIMÉS

Notice historique et archéologique sur l'église paroissiale de Saint-Laurent, de la ville de Paris; et examen critique des vitraux historiés dont on vient de décorer cette église.

Revue archéologique, t. IV, 1847-1848, p. 670, article de M. Troche.

Décoration générale du chœur de l'église Saint-Laurent, peinture à la cire et verrières, par Aug. Galimard, in-fol.

C'est une simple demi-feuille donnant l'explication des sujets représentés dans le chœur.

Arrêt du Parlement, entre les dames de Montmartre et les curé et marguilliers de S. Laurent, au sujet de la justice et droits curiaux dans le fauxbourg Sainte-Anne. 1723, in-4°.

Mémoire pour les sieurs curé et marguilliers de l'église paroissiale de S. Laurent, contre les sieurs curé et marguilliers de S. Nicolas-des-Champs. *S. n. d. l. n. d.*, in-fol., 25 p.

Au sujet des terrains sur lesquels on a ouvert les rues de Meslay et de Vendôme.

Mission à Saint-Laurent par les capucins, pour disposer au jubilé; avec permission de monseigneur le duc de Noailles. *Paris, s. d.* in-4°. (Bibl. imp., recueil Thoisy, tome XV, f° 288.)

Le Propre de S. Laurent de Paris. 1691, pet. in-12.

Discours de M. Cotterel, docteur de la maison et société de Sorbonne, curé de S. Laurent, à ses paroissiens, prononcé le dimanche 13 mars 1757, avant que de chanter le *Te Deum,* en action de grâces de la conservation du roi. *Paris,* 1757, in-4°.

Couplet sur la convalescence de monseigneur le Dauphin (par M. Soret, avocat au Parlement). *Paris,* 1752, in-4°. (Bibl. Maz. n° 10817 A.)

On lit en tête de cette pièce de vers : Les mariés par la ville dans la paroisse de Saint-Laurent, à l'occasion de la naissance de Monseigneur le duc de Bourgogne, ayant fait chanter le 15 du mois de septembre 1752 dans leur église paroissiale avec messe solennelle et un *Te Deum* en musique, en action de grâces, de l'heureuse convalescence de Monseigneur le Dauphin, ils eurent l'honneur de lui faire présenter les couplets suivants, etc.

Discours de M. Cotterel, docteur de la maison et société de Sorbonne, curé de S. Laurent, à ses paroissiens, prononcé le 30 janvier 1766, avant la messe solennelle, célébrée pour le repos de l'âme de Mgr le Dauphin. *Paris,* 1766, in-4°. (Bibl. Maz, n° 10370 X.)

Liberté, Egalité. Discours pour l'anniversaire de la fondation de la République, célébré au temple de la Vieillesse; prononcé par le président, le premier vendemiaire an VIII, département de la Seine, canton de Paris, cinquième arrondissement. *Paris,* an VIII, in-8°.

On attribue à de Moy, curé de St. Laurent, qui fut membre de l'Assemblée nationale, un ouvrage intitulé : *Des fêtes, ou quelques idées d'un citoyen français relativement aux fêtes publiques et à un culte national. Paris,* an VII, in-8°.

Dans la circonscription actuelle de la paroisse de Saint-Laurent, on compte un établissement hospitalier et un couvent de femmes.

MAISON MUNICIPALE DE SANTÉ

Cette maison, située rue du Faubourg-Saint-Denis, a été créée par arrêté du 16 nivôse an X (6 janvier 1802) du conseil général des Hospices. Placée originairement dans la maison dite du Nom de Jésus, au faubourg Saint-Martin, elle fut transférée, dit M. Husson (Voyez *Études sur les Hôpitaux*, p. 341), dans l'ancienne communauté des sœurs Grises de la rue du Faubourg-Saint-Denis, le 1er février 1816, et prit à cette époque le titre de Maison royale de santé. Cette maison, connue du public sous le nom de Maison de santé Dubois, vient d'être reconstruite dans la rue du Faubourg-Saint-Denis, n° 200.

MAISON DES RELIGIEUSES DE ST-CHARLES

Ce couvent, établi depuis le mois d'octobre 1859, rue de Lafayette, n° 190, a été fondé en 1851, rue de Meaux, n° 26, à Belleville, par des religieuses de la Maison mère de Nancy. Cette œuvre, dont la première pensée est due au R. P. Chable, a pour but de subvenir aux besoins intellectuels et moraux des enfants de l'Alsace, de la Lorraine et de l'Allemagne. A cet effet, les sœurs de Saint-Charles dirigent un pensionnat, un internat, des écoles gratuites, et une école des dimanches pour les ouvrières. Elles visitent et elles soignent à domicile les pauvres allemands. (Voy. *Notice sur l'œuvre des Sœurs de Saint-Charles.* In-8.)

SUCCURSALES DE LA PAROISSE ST-LAURENT

La paroisse de Saint-Laurent compte aujourd'hui trois succursales :

1° Saint-Vincent-de-Paul; 2° Saint-Joseph; 3° Saint-Martin.

SAINT-VINCENT-DE-PAUL

L'accroissement des habitants, dans le quartier situé entre la rue du Faubourg-Montmartre et la rue du Faubourg-Poissonnière, donna lieu en 1802 à l'érection d'une chapelle dédiée à Saint-Vincent-de-Paul. Cette chapelle, qui était située rue Montholon, n° 6, servit de paroisse succursale, en attendant l'ouverture d'une nouvelle église, dont la première pierre fut posée le 25 août 1824.

La nouvelle église de Saint-Vincent-de-Paul, située place Lafayette, à l'extrémité de la rue Hauteville, fut commencée par l'architecte Lepère, et terminée par M. Hittorf. Elle a été ouverte en 1844. Le bas-relief du fronton est de M. Lemaire, les portes en bronze de Farochon. L'église est très-soignée et très-coquettement tenue, mais elle manque complétement de cachet religieux ; aussi pourrait-elle être facilement transformée en salle de concert, sans perdre beaucoup de sa configuration première. On remarque dans l'intérieur les peintures de Picot et d'Hippolyte Flandrin. Les peintures extérieures du porche consistent dans une suite de sept grands tableaux représentant des sujets de la Bible et de l'Évangile. Ces peintures, exposées en plein air, n'ont cependant rien à redouter du temps ; elles ont été exécutées au moyen d'un procédé inventé en France en 1827, et qui consiste dans l'emploi de couleurs vitrifiables étendues sur des tables de lave et fixées par le feu.

M. Jollivet, peintre d'histoire, auteur de ce travail, a été secondé par M. Hachette, fils de l'un des inventeurs de ce précieux procédé.

La paroisse de Saint-Vincent-de-Paul a un territoire de 82 hectares 97 ares et une population de vingt-cinq mille habitants. Elle a environ 80,000 francs de revenu. Sa circonscription a été établie ainsi, par décret du 22 janvier 1856 :

Rue du Faubourg-Saint-Denis, côté impair, à partir de la rue de Paradis-Poissonnière ; de la barrière Saint-Denis à la barrière Rochechouart ; rue Rochechouart, côté pair ; place Cadet, côté est ; rue Bleue, côté pair ; rue de Paradis-Poissonnière, côté pair, jusqu'à la rue du Faubourg-Saint-Denis, point de départ.

BIBLIOGRAPHIE

L'Eglise de Saint-Vincent-de-Paul. *Paris*, 1844, in-8°.

Description de l'extérieur et de l'intérieur de la nouvelle église de Saint-Vincent-de-Paul, par Halbert (d'Angers). *Paris*, 1844, Brochure in-12.

Description sommaire de l'église de Saint-Vincent-de-Paul et des nouvelles peintures de MM. Picot et Flandrin, inaugurées le 24 juillet 1853. *Paris*, s. d., in-32.

Peintures de MM. Picot et Hippolyte Flandrin, à Saint-Vincent-de-Paul, par Eugène Loudun. *Paris*, 1853, Broch. in-8°.

Voy. aussi dans les *Annales archéologiques* de M. Didron, un article sur les vitraux de Saint-Vincent-de-Paul par M. Maréchal, de Metz, (tome I, p. 476) et un article sur les peintures murales de Saint-Vincent-de-Paul, par M. Cl. Lavergne (tome XIV, 1854, p. 33) ; voyez aussi le bel ouvrage de M. Hittorf, intitulé : *De la Peinture polychrome chez les Grecs*.

HOPITAL LA RIBOISIÈRE

Cet Hôpital, construit de 1846 à 1854, rue Ambroise-Paré, dans la circonscription de la paroisse Saint-Vincent-de-Paul, a été élevé sous la direction de l'architecte Gauthier. Il a été appelé successivement Hôpital Louis-Philippe, Hôpital de la République, Hôpital du Nord et enfin Hôpital de La Riboisière en l'honneur de Mme la comtesse de La Riboisière, qui légua, en 1854, à l'administration de l'Assistance publique une somme de 2,600,000 fr. pour la construction d'un hôpital.

L'hôpital La Riboisière contient plus de six cents lits.

SAINT-JOSEPH

La paroisse Saint-Joseph a été érigée rue Corbeau, n° 26, et inaugurée le 5 mai 1852, et l'église a été construite par les soins du curé, au moyen de souscriptions particulières.

Dans l'origine, son territoire comprenait 72 hectares 57 ares et une population de vingt-deux mille habitants. Le périmètre en était ainsi délimité :

Boulevard Saint-Martin, un côté, à partir de l'angle de la rue de Lancry ; rue du Faubourg-du-Temple, un côté; quai Jemmapes, rue de la Tour, un côté; rue Folie-Méricourt, un côté; rue Fontaine-au-Roi, un côté; rue Saint-Maur, un côté; rue de l'Orillon, un côté; chemin de ronde depuis la barrière Rampouneau jusqu'à la barrière du Combat; rue Grange-aux-Belles, un côté ; rue de Lancry, un côté jusqu'au boulevard Saint-Martin, point de départ.

La nouvelle circonscription donnée aux paroisses de Paris a modifié considérablement ce périmètre. La population a été augmentée et le territoire porté à 103 hectares 67 ares. La fabrique et le clergé de Saint-Joseph ont réclamé énergiquement contre ce changement, qui lui retirait la population aisée habitant en deçà du canal, pour ne lui donner en échange que de pauvres familles, qu'elle ne serait pas en état de soulager. Malgré ces réclamations, la nouvelle circonscription a été maintenue et le décret du 22 janvier 1856 lui a donné pour limites :

Quai Jemmapes, à partir de l'angle de la rue d'Angoulême jusqu'à la barrière de Pantin; la barrière de Pantin jusqu'à la barrière des Trois-Couronnes la rue des Trois-Couronnes, côté impair; la rue Saint-Maur, côté pair; la rue des Trois-Bornes, côté impair; la rue d'Angoulême, côté impair, jusqu'au quai Jemmapes, point de départ.

L'église provisoire sera remplacée par une église défini ive, qu'on élève en ce moment rue Saint-Maur-Popincourt.

BIBLIOGRAPHIE

Mémoire à M. le sénateur préfet de la Seine, par M. le curé et MM. les membres de la fabrique de la paroisse Saint-Joseph, pour être soumis à la commission mixte des édifices religieux (3 avril 1859). *Paris, s. d.*, in-fol.

Mémoire pour obtenir la construction d'une église définitive.

Quelques observations sur l'emplacement à choisir pour la construction de l'église Saint-Joseph (par N. Arnault, curé). *Paris, s. d.* (1er juillet 1862), in-4°.

SAINT-MARTIN

La paroisse Saint-Martin a été érigée par décret du 26 janvier 1855. Elle a été formée au moyen de retranchements opérés sur les quatre paroisses voisines Saint-Laurent, Sainte-Elisabeth, Saint-Joseph et Saint-Nicolas-des-Champs.

La population est de dix-neuf mille soixante-treize âmes et le territoire de 45 hectares 3 ares.

La circonscription suivante lui a été donnée par décret du 22 janvier 1856 :

Quai Valmy, depuis l'angle de la rue d'Angoulême jusqu'à l'angle de la rue des Vinaigriers ; la rue des Vinaigriers, côté impair ; la rue du Faubourg-Saint-Martin, côté pair, depuis l'angle de la rue des Vinaigriers jusqu'au boulevard ; rue Saint-Martin, côté pair, depuis l'angle du boulevard jusqu'à la rue Meslay ; rue Meslay, côté pair ; rue du Temple, côté impair, depuis l'angle de la rue Meslay jusqu'au boulevard ; boulevard du Temple, côté pair, à partir de l'angle de la rue du Faubourg-du-Temple jusqu'à la rue d'Angoulême ; rue d'Angoulême, côté impair, jusqu'au quai Valmy, point de départ.

L'église, construite en 1855, rue des Marais, a été inaugurée le 1er février ; elle n'offre rien de remarquable. C'est un triste échantillon d'architecture religieuse.

RÉCOLLETS

AUJOURD'HUI

HOPITAL MILITAIRE SAINT-MARTIN

Les Récollets, autrement dits frères Mineurs de l'étroite observance de Saint-François, s'établirent en 1603, au faubourg Saint-Laurent. Ils y firent élever une petite église en 1605, qui ne tarda pas à être rem-

placée par une plus grande, dédiée sous le titre de l'Annonciation de la
Sainte-Vierge, par l'archevêque d'Auch, le 30 août 1614, et qui renfermait les sépultures de Guichard Faure, baron de Thisy (1623), Madeleine Brulart, sa femme (1635), Noël de Bullion, président au Parlement de Paris (1670), Françoise de Créqui, femme de Sully (1657),
Louise de Béthune, sa fille (1679), Gaston, duc de Roquelaure (1738),
Marie-Louise de Laval, sa femme (1735).

Au moment de la Révolution, le couvent était composé de trente-
cinq personnes. Le couvent des Récollets était le siége du commissariat général et du syndicat de la Terre-Sainte. Dans une première déclaration, faite le 5 février 1790, Amand Merlin, ancien lecteur de
théologie, gardien des religieux Récollets du faubourg Saint-Laurent
à Paris, affirma que les religieux n'avaient aucune autre propriété que
leur maison conventuelle contenant 9 arpents ou environ, dont il avait
été pris un quart lors de la Révolution pour faire les casernes du district des Récollets, et qu'ils possédaient une bibliothèque de dix-sept
mille six cent soixante-deux volumes (dix-sept mille cinq cents imprimés et cent soixante-deux manuscrits), dont le catalogue existait
en trois volumes.

Dans une seconde déclaration, faite le 25 février 1790, Jean-François
Miet, connu en religion sous le nom de frère Maurice, ancien provincial des Récollets de Paris, et commissaire général de la Terre-
Sainte affirma, en sa qualité de commissaire général, que, par ses éco-
nomies particulières et celles de ses prédécesseurs, l'œuvre de la Terre-
Sainte avait acquis 1,285 liv. 10 s. de rente chargée de 400 liv. de pensions viagères, et d'un anniversaire pour le repos de l'âme de feu
M. Turgot qui coûtait environ 80 livres. Il ajouta que M. Limanton,
syndic général de la Terre-Sainte, avait actuellement en dépôt
13,291 liv. 13 s. 8 den. provenant des aumônes des fidèles, somme
destinée à l'entretien de missionnaires de Terre-Sainte, en Levant et à la
conservation des saints lieux.

Le 10 juin 1790, la municipalité avait été autorisée à faire évacuer le
couvent pour le transformer en hospice en faveur des mendiants; mais
cette décision n'eut pas de suite, car, en 1791, les religieux y étaient
encore et envoyaient le 2 août leur argenterie à l'Hotel des Monnaies ;
cette argenterie pesait 77 marcs 6 onces. En 1795, on réunit les bâtiments de ce couvent à une maison voisine où saint Vincent de Paul
avait établi quarante vieillards; et, en 1802, on transforma le tout en
un hôpital pour les incurables du sexe masculin, qui demeuraient auparavant rue de Sèvres. Au mois de décembre 1860, les Incurables ont
abandonné l'ancien couvent des Récollets et ont été transférés provisoirement rue de Popincourt, dans l'ancienne caserne d'infanterie de
ligne, aménagée pour les recevoir, en attendant que l'hospice définitif,

que l'administration de l'Assistance publique fait construire à Ivry, soit complétement terminé. Quant à l'ancien couvent des Récollets, resté vide par le déplacement des Incurables, il a été transformé en hôpital militaire, qui porte le titre d'Hôpital militaire Saint-Martin.

BIBLIOGRAPHIE

Les Archives de l'Empire renferment dans un carton coté S. 4354 quelques documents sur les Récollets du faubourg Saint-Laurent. Un carton coté L. 959 contient des pièces relatives aux Récollets de Saint-Denis.

HOPITAL SAINT-LOUIS

[5] Le marché conclu pour la construction de l'hôpital est du 20 juin 1607: les bâtiments furent terminés en 1611. Pendant la Révolution, l'hôpital Saint-Louis s'est appelé hospice du Nord. Il renferme aujourd'hui huit cent-dix lits, dont six cent-quatre de médecine, cent-cinquante-six de chirurgie, trente-deux d'accouchement et dix-huit berceaux.

CONGRÉGATION DE LA MISSION

[6] Voyez plus loin l'article consacré à Saint-Lazare.

FILLES DE LA CHARITÉ

[7] L'année 1642 donnée par Lebeuf est celle où Louise de Marillac, veuve de Legras, secrétaire des commandements de la reine Marie de Médicis, s'installa dans une maison vis-à-vis le couvent de Saint-Lazare; mais elle avait habité auparavant une maison à La Villette; et, dès 1633, elle avait formé les éléments de la communauté dans sa propre demeure, proche l'église de Saint-Nicolas-du-Chardonnet. Le couvent fermé à la Révolution, fut vendu, ainsi que la filature que possédaient les religieuses, le 28 germinal an v, et l'année suivante, une rue, dite rue de la Charité fut ouverte sur l'emplacement du monastère. Cette rue a disparu aujourd'hui pour faire place au boulevard de Strasbourg.

On sait que le siége de la communauté des Filles de la Charité est situé rue du Bac, n° 1. (Voyez p. 242 de ce volume.)

CHANOINESSES DE SAINTE-PÉRINE

[8] Voyez plus loin, page 368.

HOPITAL DE L'ENFANT-JÉSUS

[9] Cet hôpital a été fondé par contrat du 29 octobre 1653. C'est peut-être le seul établissement de Paris dont le fondateur ait voulu rester inconnu. Presque tous les historiens de Paris ont gardé le silence sur cet établissement, qui était situé rue du Faubourg-Saint-Laurent, en face la rue du Faubourg-Saint-Martin. La maison de santé, créée par arrêté du conseil général des hospices, en date du 6 janvier 1802, y a été installée au mois de mai 1802. Ce n'est qu'en 1816 que la Maison royale de santé a quitté l'ancien hôpital de l'Enfant-Jésus.

BIBLIOGRAPHIE
MANUSCRITS

Un carton de la section administrative, coté S. 6114-6115, renferme un dossier de quatre-vingt-sept pièces relatives à la vente faite à la congrégation de Saint-Lazare, le 5 septembre 1654, d'une maison hors la fausse porte Saint-Martin et la procédure relative au prix d'acquisition par les prêtres de la congrégation de Saint-Lazare, d'une maison, sise faubourg Saint-Martin, dite du Nom-de-Jésus par arrêt de la cour du Parlement du 13 février 1645, le 2 juin 1646; un dossier de vingt-cinq pièces relatives aux rentes dues à l'hôpital du Saint-Nom-de-Jésus, un livre de recettes et de dépenses de 1689 à 1740, et un livre de dépenses du bâtiment neuf en 1783; enfin une liasse concernant l'Hôtel-Dieu de Saint-Denis.

SAINT-CHAUMOND

[10] Le nom de Saint-Chaumond vient de l'hôtel que les sœurs achetèrent, le 30 août 1683, et qui avait appartenu à Melchior Mitte, marquis de Saint-Chaumond; l'observation de Lebeuf est donc ici hors de saison.

La communauté de Saint-Chaumond, chargée de l'instruction des nouvelles converties et des jeunes filles sans biens, fut fondée par Anne de Croze en 1661, à Charonne. Ce ne fut qu'en 1685 qu'elle vint se fixer à Paris. Au moment de la Révolution, la maison n'était composée que de treize religieuses et de sept sœurs converses.

Le 26 février 1790, Louis de Surmont, avocat, rue Saint-Denis, n° 169, fondé de procuration de la supérieure de l'Union chrétienne du grand Saint-Chaumond, sise rue Saint-Denis, déclara que le monastère jouissait de 41,394 liv. 11 s. 4 den. (1° 24,510 liv. pour le loyer des appartements de l'intérieur du couvent; 2° 10,556 liv. 8 den. de rentes sur les aides et gabelles ; 3° 2,328 liv. 10 s. 8 den. en rentes sur les tailles, le domaine et la ville, l'emprunt d'Alsace, les notaires et l'emprunt national; 4° 4,000 liv. en pensions alimentaires sur le trésor royal). Les charges se montaient à 14,941 liv. 10 s. 8 den. (1,336 liv. 10 s. 8 den., pour acquit d'un legs; 9,750 liv. pour acquit des fondations, 3,855 liv. pour entretien de bâtiments, etc.). La bibliothèque renfermait douze cents volumes.

Interrogées, le 10 juin 1790, les religieuses demandèrent à l'unanimité à rester dans la communauté. Elles avaient donné à la nation leur argenterie pesant 154 marcs 4 onces 9 den.

Le 22 juillet 1793, la supérieure, pour satisfaire à la loi du 18 août 1792, relative à la suppression des congrégations séculières, fit une nouvelle déclaration des revenus et charges de sa communauté, qui fut arrêtée par la commission des biens nationaux, à 16,884 liv. 7 s. 4 den. de revenus et à 725 liv. de charges réelles.

Le couvent, devenu propriété nationale, fut vendu en trois lots, le 8 messidor an III (26 juin 1795). L'église existe encore au coin de la rue de Tracy.

BIBLIOGRAPHIE

MANUSCRITS

Les documents concernant le couvent des dames de Saint-Chaumond sont conservés aux Archives de l'Empire dans les sections historique et administrative.

Un carton de la série L., coté 1056, renferme une « Vie de mademoiselle de Cros, fondatrice et supérieure des sœurs de l'Union chrétienne de Saint-Chaumond », manuscrit d'un ouvrage prêt à être livré à l'impression avec le certificat de lecture du censeur, daté du 10 avril 1751, et signé Tamponnet, docteur, et ancien syndic de la faculté de théologie de Paris; on trouve encore dans ce carton, un contrat de donation de la comtesse de Froullaye, des actes de donations, un registre des fondations, des contrats de fondation, des lettres patentes et des pièces concernant l'établissement des filles de l'Union chrétienne à Charonne.

Le premier carton de la section administrative (S. 4670) renferme la déclaration de 1790, des testaments, comptes d'exécuteurs testamentaires, contrats de vente et d'acquisition, des titres de propriétés sises à Paris, des mémoires, transactions, des titres de procédure relatifs à des droits de servitude, etc. etc.; le second (S. 4671), des pièces de procédure, des titres de rentes, des testaments et des pièces relatives à des successions.

Récit abrégé de l'embrasement arrivé dans la communauté des filles de l'Union chrétienne de Saint-Chaumond, le jeudi 4 oct. 1696. *S. n. d. l. n. d.*, in-4°.

Sermon pour l'année séculaire des filles de l'Union chrétienne, prêché le 17 octobre 1754 aux filles de Saint-Chaumond, rue Saint-Denis, par M. l'abbé de la Tour du Pin. *Paris*, 1754, in-12.

Voyez aussi la *Revue universelle des Arts*, tome VIII, 1858, p. 202.

SAINT-LAZARE

[11] Les origines de Saint-Lazare sont en effet des plus difficiles à éclaircir, et les documents dont on peut disposer ne sont ni assez nombreux ni assez explicites pour décider les questions soulevées à ce sujet. Lebeuf paraît un peu absolu quant à l'organisation essentiellement religieuse qu'il donne à cette maison. Jaillot, qui ne manque pas de reprendre Lebeuf partout où le savant abbé est en défaut, dit à ce sujet [1] :

« L'abbé Lebeuf, après avoir reconnu que les commencements de la maison de Saint-Lazare sont difficiles à prouver, dit que Du Breul et le P. Dubois se sont bornés à l'envisager comme un prieuré de chanoines réguliers, exerçant l'hospitalité, surtout envers les lépreux; et il convient que cette maison existait en 1147; mais il ajoute qu'il n'avait été fait mention de Saint-Lazare qu'en 1183; que Rigord est le premier qui en parle à l'an 1191, et que c'est dans ce temps que cette maison a eu un clergé régulier, composé d'un prieur et de religieux de l'ordre de Saint-Augustin. On doit certainement avoir obligation à l'abbé Lebeuf de ses recherches longues et pénibles, mais il eût été à désirer qu'il les eût mieux approfondies. 1° Je ne me rappelle point que le P. Dubois ait adopté l'opinion de Du Breul touchant la première administration de Saint-Lazare par les chanoines réguliers. 2° Les termes de *prieur* et de *couvent* ne doivent pas toujours être pris dans le sens qu'on leur donne aujourd'hui; le mot *religiosi* ne signifie pas toujours des *religieux*, mais une société de personnes pieuses, engagées dans l'état ecclésiastique, ou vivant en communauté, quoique séculières; telle était la communauté des frères et des sœurs, tant sains que malades, qui composaient la maison dont il s'agit. On voit en effet qu'en 1226, il n'est fait mention que de la *maison* de Saint-Lazare [2], *domus*

[1] *Recherches sur Paris, quartier S. Denys*, p. 32 et suiv.
[2] *Histoire de Paris*, t. V, p. 602.

Sancti-Lazari, et non du *monastère* ou *couvent*; qu'en 1253 c'est le *maître et les frères, tant sains que malades, de la maison de Saint-Lazare*[1] qui traitent avec les Filles-Dieu ; qu'en 1263, Renauld, évêque de Paris, à la prière des frères et des sœurs de la léproserie de Saint-Lazare[2], leur donna pour *maître* Etienne, ci-devant proviseur aes Filles-Dieu; qu'après sa mort, arrivée en 1270, les frères voulurent choisir un d'entre eux à la place de Samson[3] qu'Etienne Tempier, évêque de Paris, venait de nommer, et que, pour le bien de la paix, ce prélat leur donna Simon, prêtre de la Sainte-Trinité de Chateaufort; enfin l'on voit dans les pastoraux de Notre-Dame[4] que cette maison était dans la dépendance du chapitre, et que le maître, nommé par l'évêque, était amovible à sa volonté. A ces traits, on ne reconnaîtra certainement pas une communauté régulière gouvernée par un *prieur* religieux. Si ce terme de *prieur* se trouve dans quelques actes antérieurs ou postérieurs au xmᵉ siècle, si Raoul a souscrit en qualité de *prieur*[5] de Saint-Lazare les lettres de Maurice de Sully pour l'augmentation de la chapelle Saint-Leufroi, en 1191; enfin, si l'on trouve dans les archives de Saint-Lazare un échange fait en 1194 entre Robert, prieur de Saint-Martin-des-Champs, et Daniel, *prieur* de Saint-Lazare, *accensu* CAPITULI *ejusdem domus*, ce titre ne doit s'entendre que de la primauté de la place qu'il occupait; et le parlement était si convaincu que cette maison n'était point une communauté régulière, que, dans ses arrêts, dont je parlerai plus bas, le maître de Saint-Lazare n'est qualifié (quoique alors cette maison fût administrée par les chanoines de Saint-Victor) que de *prétendu* prieur *du soi-disant* prieuré *de Saint-Lazare*.

« 3⁰ Quoique dans les titres anciens il ne soit fait mention que des lépreux de Paris, et qu'ils ne nomment pas la maison de Saint-Lazare, il ne me paraît pas que l'abbé Lebeuf ait eu raison d'en conclure qu'elle n'est connue sous ce nom que par le témoignage de Rigord, qui en parle à l'an 1191. Si, pour en prouver l'existence sous ce nom, l'on ne pouvait produire qu'un arrêt du parlement de 1154, cet auteur serait-il même fondé à le rejeter, sous le prétexte qu'il n'y a point de registres si anciens ? Le défaut de registres au xmᵉ siècle est-il une preuve qu'on ne rendait point alors d'arrêts? Mais, en le supposant, l'opinion que j'embrasse est fondée sur d'autres témoignages. Louis VII fait mention dans plusieurs chartes de la maison de Saint-Lazare, et notamment dans celle de 1164, pour la fondation des religieux de

---

[1] *Hist. de Paris*, t. V, p. 603.

[2] *Hist. ecclés. de Paris*, t. II, p. 454.

[3] *Ibid.*, p. 155.

[4] *Past.*, A., p. 742, B., p. 307, D , p. 285.

[5] *Cartul. S. Germ. Autis.*, fᵒ 20 rᵒ.

Grandmont, au bois de Vincennes [1], auxquels, suivant qu'il est porté
dans ses lettres, les prieur et moines de Saint-Lazare ont cédé le droit
et l'usage qu'ils avaient dans ce bois; et, pour remonter encore plus
haut, la foire accordée par Louis le Gros aux lépreux est appelée *Nun-
dinæ Sancti Lazari Parisiensis* [2].

« Malgré la longue énumération que l'abbé Lebeuf a faite des prieurs
de cette maison, M. Piganiol [3] prétend que, depuis 1232 jusqu'au
xvi⁰ siècle, il n'est plus parlé de prieurs, et que ceux qui gouvernèrent
cette maison pendant cet intervalle se contentèrent de la qualité de
maîtres de Saint-Lazare. Si ce fait était prouvé [4], il ferait au moins soup-
çonner qu'il y aurait eu quelques changements. Quoique les historiens
de Paris et même l'abbé Lebeuf admettent à Saint-Lazare des religieux
Augustins dès le règne de Philippe-Auguste, et avant la fin du xii⁰ siècle,
je n'en trouve aucune preuve décisive; je n'ai vu aucun monument
qui atteste, ni quand ils y sont entrés, ni quand ils en sont sortis. J'ai
déjà dit que je ne pensais pas qu'il fallût prendre à la lettre les mots de
prieur et de *couvent* : comment en effet concilier l'idée d'un couvent
régulier avec les traits qui dans tous les actes caractérisent la maison de
Saint-Lazare ? Dans les communautés régulières, c'est le chapitre général
et particulier qui nomme les chefs et les officiers, qui ordonne les visites,
qui veille sur l'administration temporelle et spirituelle, qui reçoit les
comptes, etc. Dans les ordres réguliers on nomme souvent pour prieurs
d'une maison des sujets qui lui sont étrangers; ici, il devait être pris
dans la maison même. L'abbé Lebeuf a cité les statuts que Foulques de
Chanac, évêque de Paris. fit en 1348, et qui furent confirmés par Au-
douin, son successeur immédiat. Un des articles porte *que le prieur
serait un frère donné et cependant prêtre; qu'il serait curé des frères et
des sœurs, et administrateur des biens.* Or, s'il y eût eu une communauté
régulière de l'ordre de Saint-Augustin, aurait-on choisi pour mettre à
sa tête un frère donné ?................ Ces donnés de la première
classe étaient souvent des ecclésiastiques, et même des prêtres; ainsi il
n'est point étonnant que dans les statuts de Foulques de Chanac, que
j'ai cités, il soit porté que le prieur de Saint-Lazare serait pris parmi les
frères donnés; et cet article seul prouve assez clairement, à ce qu'il me
semble, qu'il n'y avait point de religieux à Saint-Lazare; je ne crois pas
même qu'on y en ait introduit jusqu'au commencement du xvi⁰ siècle;
mais les visites que l'évêque fit dans cette maison, en 1513, l'ayant con-

---

[1] *Du Breul*, p. 1230.
[2] *Ibid.*, p. 868.
[3] Piganiol, t. III, p. 418.
[4] C'est une erreur de Piganiol. Il y a dans le cartulaire de N. D. plusieurs
pièces postérieures à 1232, qui renferment le titre de *prior*. Mais, grâce à
l'acte de 1270, on voit que *prior* est synonyme de *magister*.

vaincu de la nécessité d'une réforme et de la difficulté d'y réussir sans changer la forme d'administration, il usa du droit qu'il avait, et y introduisit en 1515 des chanoines réguliers de Saint-Victor...........
Je ne crois pas devoir réfuter ici l'opinion de l'abbé Lebeuf, qui a cru que cette maison était un hôpital construit en 1070, par frère Jean, reclus à Saint-Martin. Je me suis suffisamment expliqué, si je ne me trompe, sur cet hôpital à l'article de l'église de Saint-Josse (quartier II, p. 8) pour pouvoir assurer qu'il n'était situé dans aucun de ces deux endroits. »

Ce qui est certain, c'est que. d'après l'acte même du 27 avril 1270, *prior* ou *magister* sont synonymes. La question, la seule qu'on doit chercher à résoudre, c'est de savoir à quelle époque le *prior* a cessé d'être *magister*, c'est-à-dire à quel moment la direction de Saint-Lazare est devenue essentiellement ecclésiastique. Cette transformation a dû se faire lorsque Saint-Lazare a perdu son caractère hospitalier, à l'époque où les léproseries ou maladreries n'ont plus eu leur raison d'être, c'est-à-dire dans la première moitié du xvi⁰ siècle. Saint-Lazare n'est donc pas, comme Lemaire et ses copistes l'ont écrit, un prieuré auquel on aurait joint depuis une léproserie, mais bien une léproserie dont le caractère essentiellement hospitalier s'est transformé peu à peu en maison essentiellement religieuse.

La maison de Saint-Lazare fut donnée à Vincent de Paul, par concordat du 7 janvier 1632. Le décret d'union, signé par l'archevêque de Paris, le 31 décembre de la même année, fut approuvé par lettres patentes du mois de janvier 1633, et enregistré le 21 mars suivant. La bulle approbative d'Innocent X ne parut que le 18 avril 1645.

La maison de Saint-Lazare, devenue le chef-lieu de la congrégation, fut destinée aux retraites spirituelles des ecclésiastiques et des séculiers. A l'extrémité de l'enclos, on avait construit une grande maison appelée le séminaire Saint-Charles. Cette dépendance de l'établissement des prêtres de la Mission était occupée par des prêtres convalescents.

Le 27 février 1790, Jean François Daudet, procureur général de la Congrégation de la Mission, résidant dans la maison de Saint-Lazare, déclara le revenu que possédaient en France les maisons françaises de la Congrégation établies à l'étranger :

La mission d'Alger et Barbarie, composée de sept personnes, n'avait, pour le soulagement des esclaves et l'entretien des églises de quatre bagnes, que........................... 9.837 liv. 10 s. 8 d.

La Mission de Constantinople et des Echelles du Levant, formant huit à neuf établissements. 27.482   10

La Mission de Péking en Chine.......... 9.000

Les îles de France et de Bourbon........ 732   5   4

Le séminaire d'Annecy en Savoie........ 1.074   5   4

Ce qui donnait un total de...... 48.126 liv. 11 s. 4 d.

Le 18 mars 1790, Christophe-Simon Rouyer, prêtre de la Congrégation de la Mission, procureur de la maison de Saint-Lazare, fondé de pouvoir de Jean-Félix Cayla de la Garde, supérieur général de la Congrégation de la Mission et supérieur particulier de la maison de Saint-Lazare établi à Paris, faubourg Saint-Denis, déclara que la maison de Saint-Lazare et les terrains adjacents contenaient environ 11 arpents de superficie; qu'en outre, la maison possédait : un clos de 60 arpents environ, en terres labourables, à 60 francs l'arpent, rapportant 3,600 liv. de revenu; 48 arpents de terre labourable, produisant 2,880 livres; 4 autres arpents au-dessus de l'hôpital Saint-Louis, et 3 arpents 1/2 près Sainte-Perrine, à la Villette, estimés à raison de 70 livres l'arpent : 535 livres; des marais aux environs de Paris : 14,165 livres; des maisons acquises ou bâties par les déclarants, produisant un loyer annuel de 44,732 liv.; des censives et dîmes pour 20,017 liv. 7 s.; des rentes foncières pour 27,158 liv. 13 sous; des rentes diverses sur le clergé et le domaine, se montant à 12,675 liv. 10 s. 8 den.; une location des chaises de 288 liv.; des fermes et biens de campagne affermés 56,142 liv., 5 s. 6 den.; ce qui formait un revenu total de 182,330 liv. 3 s. 2 den.

Les dépenses [1] montaient à la somme totale de 67,115 liv.

Le pillage de la maison de Saint-Lazare, le 13 juillet 1789, eut, au point de vue historique et littéraire, de bien tristes résultats. Si l'on en croit l'auteur de la déclaration de 1790, « la Bibliothèque, qui, cy-devant, était composée de dix-huit à vingt mille volumes, fut tellement endommagée, lors du pillage de cette maison, arrivé le 13 juillet 1789, qu'il est impossible d'en fixer l'état, la plupart des ouvrages les plus précieux ayant été enlevés, déchirés ou brûlés. » Heureusement qu'il n'y avait aucun manuscrit précieux; une grande partie des ouvrages imprimés se trouve aujourd'hui à la bibliothèque Mazarine.

« Les titres de tous les biens de ladite maison de Saint-Lazare, dont le nombre est incalculable, ajoute le déclarant, sont dans les archives de cette maison, excepté quelques-uns, mais en petite quantité, qui en ont été enlevés dans le désastre du 13 juillet 1789, ainsi que partie de ceux qui étaient dans le bureau de ladite maison, ensemble vingt gros volumes qui contenaient copies desdits titres, quinze volumes d'ensaisinements anciens, des terriers, cueillerets et plans tant des domaines que des censives, et la plupart des journaux et livres ou registres des comptes anciens et nouveaux de ladite maison qui furent alors enlevés ou incendiés, et dont à peine on a pu recouvrer quelques lambeaux ou fragments. Parmi les titres qui sont aux archives est un cartulaire écrit avant

---

[1] En voici le détail : 1° charges annuelles: 13,687 liv. 4 s.; 2° rentes constituées, 14,954 liv. 16 s.; 3° rentes viagères, 8,633 liv.; 4° charges casuelles, 29,848 liv.

le milieu du XIII° siècle, plus sept terriers nouveaux en parchemin et nombre de chartes. »

On voit, par l'état des biens de la maison de Saint-Lazare, à la Révolution, que ces religieux possédaient de grands domaines ruraux à Saint-Pourçain en Auvergne, à Indreville, paroisse de Coudres, à Saint-Martin de Coudres, Neuilly-le-Réal, Saint-Germain de Salles, en Auvergne; Bezillac, en Auvergne; Fresneville, paroisse de Valpuiseau, près Étampes; à Mespuis, en Beauce, près Étampes; à Attinville, diocèse de Paris; à Gonesse, à Grigny, près Ris; à Rougemont, paroisse de Cevran près Bondy, à Montfermeil, à Saclay, à Vincelotte et à Coulanges-la-Vineuse, au diocèse d'Auxerre.

Une loi du 6 août 1791 avait ordonné l'établissement de l'École des ponts et chaussées dans le couvent de Saint-Lazare; mais cette loi ne fut pas exécutée.

L'église Saint-Lazare, qui avait été épargnée pendant la Révolution[1], s'ouvrit de nouveau au culte catholique et servit de succursale à l'église Saint-Laurent jusqu'en 1823, époque à laquelle elle fut démolie. Quant au couvent, il a été transformé en prison dès 1793, et il a encore aujourd'hui cette destination. Tout le monde sait qu'on y enferme les femmes condamnées à la réclusion et les filles de mauvaise vie.

BIBLIOGRAPHIE

MANUSCRITS

Les documents concernant la maison de Saint-Lazare à Paris sont conservés aux Archives de l'Empire dans les sections historique, administrative et judiciaire.

Dans la section historique, on ne compte pas moins de six cartons et de neuf registres.

Le premier carton (M. 209) renferme un arrêt du Conseil, du 22 juillet 1786, relatif aux cures unies à la Congrégation, un contrat de fondation de la congrégation de la Mission du 17 avril 1625, des bulles de 1191, 1198, 1289 et 1343, confirmant les priviléges accordés au couvent de Saint-Lazare; le second (M. 210), des bulles, arrêts, lettres patentes, et aussi titres de fondation de la congrégation de la Mission, titres de fondations de bourses; la troisième (M. 211), des donations à la congrégation de la Mission, des délivrances de legs, pièces de procédure; le quatrième (M. 212), des pièces relatives à l'union du prieuré de Saint-Lazare à la congrégation de la Mission; le cinquième (M.

---

[1] L'église Saint-Laurent avait reçu de Saint-Lazare, le 25 août 1792, un lutrin en bois doré.

213), des donations, legs, pièces de procédure relatives à la congrégation de la Mission ; le sixième (M. 214), des pièces relatives aux missions
dans l'Inde, l'île de France, Madagascar, etc., etc.

Le premier registre (MM. 534) renferme la liste des fondations en
faveur des missions de Saint-Lazare, de 1625 à 1683; le second (MM.
535) est un abrégé de fondations, de 1625 à 1787; les troisième et suivants (MM. 536 à 539) donne un état des fondations des missions en
France, de 1644-1669; (MM. 536), de 1668-1680; (MM. 537), de 1681-
1707; (MM. 538), de 1706-1787 (MM. 539) ; le septième (MM. 540), un
catalogue des missionnaires, de 1626 à 1763 ; le huitième (MM. 541),
renferme une table alphabétique; et le neuvième (MM. 542), donne
les noms des détenus, de 1692 à 1734.

Le cartulaire de Saint-Lazare est conservé dans la même section,
sous la cote MM. 210. C'est un volume in-8° sur vélin, rempli de chartes des XII⁰ et XIII⁰ siècles, concernant la foire Saint-Laurent ou Saint-
Lazare, les propriétés du couvent à Paris et aux environs : Cevran, Gonesse, Montreuil, Le Bourget, Vincennes, Fontenay-sous-Bois, Rouvray,
près la Villette-Saint-Ladre, Rougemont, Marly-le-Châtel, Groslay,
Drancy, Charonne, Bagnolet, les Prés-Saint-Gervais, Ménilmontant et
la léproserie de Lusarches (*ad calcem*).

La section administrative renferme cent-vingt-huit cartons et trente-
deux registres ou portefeuilles.

Le premier carton de la section administrative (S. 6590) contient
la déclaration de 1790 et les actes y relatifs ; le second (S. 6591), d'anciennes déclarations et des lettres d'amortissement ; le troisième (S.
6532), des pièces relatives à la censive, au bornage, des plans et arrêts;
le quatrième (S. 6593), des déclarations censuelles et autres titres de
censive; les cinquième et suivants (S. 6594-6599), des titres de propriété de terrains à la butte Chaumont et au faubourg Saint-Denis, de diverses terres et moulins, d'une maison dite hôtel de Tulles, des maisons
sises porte et faubourg Saint-Denis, d'une maison dite de la Brasserie et
autres, des maisons dites de l'Annonciation, de la Cloche, de l'Echiquier;
le onzième (S. 6600), des pièces relatives à la censive du prieuré de Lac
Roi ; le douzième (S. 6601), des titres des maisons sises rue Saint-Laurent et de l'hôpital de Jésus ; le treizième (S. 6602), des titres de maisons sises rues de Cléry et de Beauregard ; le quatorzième (S. 6603), les
titres de la censive des faubourg et barrière Saint-Martin ; le quinzième
(S. 6604), les titres d'acquisition de la maison Archambault, faubourg
Saint-Martin; le seizième (S. 6605), les titres de la censive sur plusieurs
maisons, faubourg Saint-Martin ; le dix-septième (S. 6606), une suite
des titres et plans de maisons du faubourg Saint-Laurent ; le dix-huitième (S. 6607), des titres de propriété de la foire Saint-Laurent avec la
lettre de Philippe-Auguste de 1176; le dix-neuvième (S. 6608), des titres

de censive sur la maison des filles de la Charité ; les vingtième et suivants (S. 6609-6612), des titres de la censive de Saint-Lazare ; les vingt-quatrième et suivants (S. 6613-6615), des titres relatifs au Champ-Plaisant, au champ des Vinaigriers ; le vingt-septième (S. 6616), des titres de propriété d'une maison rue du Petit-Pont ; le vingt-huitième (S. 6617), des pièces relatives à l'union du séminaire de Troyes, rue d'Enfer ; le vingt-neuvième (S. 6618), des baux du domaine de Saint-Lazare ; le trentième (S. 6619), des baux des propriétés rurales ; le trente-unième (S. 6620), les titres de censive rues Aubry-le-Boucher et des Lombards ; le trente-deuxième (S. 6621), d'anciens baux et des titres de rentes amorties ; le trente-troisième (S. 6622), des titres de censive sur plusieurs maisons rue Quincampoix, dont une sentence arbitrale touchant le fief de Marly, de l'année 1229 (ce fief était situé rues Quincampoix, Aubry-le-Boucher, Saint-Martin, de Venise et Bertaut-qui-dort) ; les trente-quatrième et suivants (S. 6623-6625), des titres de rentes sur maisons rue Saint-Martin, rue de la Mortellerie, de l'Étoile, etc., au Marais, au val Larronneux, rue Poissonnière, etc. ; le trente-septième (S. 6626), des titres et mémoires relatifs à la propriété des terrains de la clôture ; les trente-huitième et suivants (S. 6627-6628), des titres de rentes rue de la Huchette, des Déchargeurs, rues de la Vannerie, de la Tisseranderie, des Mauvaises-Paroles, etc. ; le quarantième (S. 6629), des titres relatifs à une transaction passée entre l'abbaye de Saint-Denis et MM. de St-Lazare, et à une autre transaction entre le chapitre de Paris et MM. de St-Lazare au sujet du bornage ; le quarante-unième (S. 6630), des titres de censive rues de la Pelleterie, Saint-Merry, des Halles et autres ; le quarante-deuxième (S. 6631), les titres du chapitre de Saint-Laurent, un état des censives, des baux ; le quarante-troisième (S. 6632), des déclarations, états, plans et autres titres de censive ; le quarante-quatrième et suivants (S. 6633-6635), des titres de rentes rue et île Saint-Louis, Halles, rue Poissonnière, rues du Faubourg-Saint-Martin, des Récollets, des titres de rentes dues à la Villette, Chaillot, Cormeilles, Chelles ; le quarante-septième (S. 6636), des titres de la foire Saint-Lazare ; le quarante-huitième (S. 6637), des titres de fondations et de missions extérieures ; les quarante-neuvième et suivants (S. 6638-6640), des titres de rentes à la Courtille et Belleville, à la Villette et au Pré-Saint-Gervais, à Belleville ; le cinquante-deuxième (S. 6641), des titres de censive dans Belleville ; le cinquante-troisième (S. 6642), des titres de propriété d'une maison sise à Pantin ; les cinquante-quatrième et suivants (S. 6643-6645), des titres de censive dans la Villette, avec plans ; les cinquante-septième et suivants (S. 6646-6648), des titres de censive dans la chapelle Saint-Denis, Pré-Saint-Gervais ; le soixantième (S. 6649), des titres de censive à Argenteuil, Franconville et Attainville et au fief des Courtins ; le soixante-unième (S. 6650), des titres du prieuré de Saint-

Germain-de-Salles et de la ferme de Bezillat; le soixante-deuxième
(S. 6651), des titres de propriété et de censive du Bourget et plans; le
soixante-troisième (S. 6652), des titres de la ferme de Drancy; le soixante-quatrième et suivants (S. 6653-6655), des titres du prieuré de
Coudres, de 1483 à 1787; les soixante-septième et suivants (S. 6656-
6659), des titres de la seigneurie de Coudres; le soixante-onzième (S.
6660), des titres d'union du prieuré de Coudres, des aveux et dénombrements; le soixante-douzième (S. 6661), des titres, baux, déclarations
et arpentage de la ferme de Gonnesse; le soixante-treizième (S. 6662),
des titres de propriétés sises à Grigny, Savigny, Aulnay et Bobigny;
le soixante-quatorzième (S. 6663), des titres de propriétés sises à Grigny,
Savigny et Plessis-le-Comte; le soixante-quinzième (S. 6664), des déclarations censuelles de Grigny et Sevran; le soixante-seizième (S.
6665), des titres de propriétés à Grigny, Viry et Longjumeau; le soixante-dix-septième (S. 6666), des titres de propriétés à Fremeville et
Mespuis; le soixante-dix-huitième (S. 6667), des titres de propriété des
fermes des Grand et Petit Fremeville; les soixante-dix-neuvième et
suivants (S. 6668-6669), les titres de propriétés à Fremeville et Mespuis; les quatre-vingt-unième et suivant (S. 6670-6671), les titres de
propriété des biens du prieuré de Lac-Roy et de Lagny; le quatre-
vingt-troisième et suivants (S. 6672-6676), des déclarations censuelles
de Montreuil et de Fontenay-sous-Bois, de Bagnolet; le quatre-vingt-
huitième et suivants (S. 6677-6678), les titres des biens sis à Montfermeil; les quatre-vingt-dixième et suivants (S. 6679-6689), les titres de
biens sis à Orsigny, Plessis-Trappé, Saclay, Villetain, Villedombe, Ma-
riette, Marivault et Rougemont; le cent-unième (S. 6690), des titres
concernant la forêt de Livry; les cent-deuxième et suivants (S. 6691-
6692), des titres du prieuré de Saint-Pourçain uni à la Congrégation et
Neuilly-le-Réal; les cent-quatrième et suivants (S. 6693-6697), les titres
de Vincelottes, bois, îles, îlots et moulins; le cent-neuvième (S. 6698),
des titres de rentes diverses; les cent-dixième et suivants (S. 6699-
6717), des titres d'établissement de plusieurs séminaires et missions à
Aire, Alby, Amiens, Angoulême, Béziers, Bordeaux, Boulogne, Cahors,
Cambrai, Châlons, Chartres, Chaumont, Dijon, Fontainebleau, Fonte-
nay, Langres, Lyon, Luçon, Manosque, Marseille, Metz et Crécy, Mont-
mirail, Nancy, Narbonne, Noyon, Pamiers, Pau, Poitiers, Richelieu,
Rochefort, Saint-Brieuc, Saint-Flour, Saintes, Sarlat, Sedan, Soissons,
Saint-Malo, Saint-Paul de Léon, Sens, Saint-Pourçain, Saint-Cyr, Toul,
Tours, Treguier, Troyes, Val-Fleury, Vannes, Villefranche, l'île de
Corse, Florence, Gênes, Naples, Rome, la Savoie, l'île Bourbon et
Varsovie.

Le premier registre de la section administrative (S. 6718) renferme
des copies collationnées de fondations; le second (S. 6719) est intitulé

Livres des revenus; le troisième (S. 6720), État des revenus et charges; le quatrième (S. 6721) renferme une déclaration des biens de la Congrégation; le cinquième (S. 6722), contient des ensaisinements de 1768 à 1778; les sixième et suivants (S. 6723 à 6727) sont des inventaires des titres de Frenneville et Mespuis (S. 6723); d'Orsigny (S. 6724); des censives et rentes foncières à la Chapelle, Sevran (S. 6725); de la Villette, Belleville, Pré-Saint-Gervais (S. 6726); de Montreuil, Bagnolet et Fontenay (S. 6727); le onzième (S. 6728) renferme les aveux du prieuré de Saint-Martin-de-Coudres; le douzième (S. 6729) est un portefeuille contenant vingt-un registres composant le terrier de la censive de Saint-Lazare dans Paris; les treizième et suivants (S. 6730-6749) forment une série de terriers de la censive dans Paris de 1770 à 1780 (S. 6730); dans les faubourgs (S. 6731); de la censive de Montreuil (S. 6732-6733); de Belleville et des Prés-Saint-Gervais (S. 6734); de la Villette, Sevran, Drancy et Grigny (S. 6735); de la Chapelle Rougemont, Drancy et le Bourget (S. 6736); de Montreuil, Fontenay, Bagnolet, Belleville, etc. (S. 6737-6738); de la Villette, Sevran, Drancy, Grigny et Belleville (S. 6739); du prieuré de Lac-Roy, de 1627 à 1648 et de 1686 (S. 6740-6741); de Montord, annexe de Saint-Pourçain, 1777-1780 (S. 6742); de Neuilly-le-Réal en 1582, 1715 à 1720, 1778 à 1786 (S. 6743-6745); de Saint-Pourçain, de 1772 à 1779, 1779 à 1786, 1716 à 1734 (S. 6746-6748); enfin, de Vincelotte, en 1663 (S. 6749).

On conserve dans la section judiciaire les registres d'audience du bailliage de Saint-Lazare, de 1514 à 1671 (Z² 3680 à Z² 3694), et les registres d'écrou, de 1610 à 1673 (Z² 3695 à Z² 3698).

IMPRIMÉS

Relation de ce qui s'est passé à S. Lazare pendant l'octave solennelle de la canonisation de saint Vincent-de-Paul. *Paris, s. d.* (12 novembre 1737), in-4°.

Remarques sur la motion faite au district Saint-Laurent, relativement à la maison de Saint-Lazare. *Paris*, 1789, in-8.

Mémoire pour le sieur Huvier, clerc tonsuré du diocèse de Meaux, et étudiant en l'Université, contre les supérieurs, directeurs et prêtres de la congrégation de la Mission de S. Lazare. *S. n. d. l. n. d.*, in-4°. (Arch. de l'Emp., M. 205.)

Sentence de la chambre du trésor pour la maison de Saint-Lazare du 7 septembre 1683, in-fol., 28 p. (Arch. de l'Emp. S. 6590.)

Arrest du conseil d'Estat du roy, par lequel Sa Majesté déclare, que son intention n'a point esté de comprendre dans la déclaration du 29 janvier 1686, touchant l'établissement des cures en titre, dans les paroisses desservies par des prestres amovibles, les cures unies à la congrégation de la Mission. *S. d.* (22 juillet 1686), in-4°. (Arch de l'Emp., M. 209.)

Mémoire pour les prestres de la Mission de la maison de Saint-Lazare-lès-Paris, prieurs du prieuré de Saint-Pourçain, demandeurs et défendeurs, contre les religieux de la congrégation de Saint-Maur, établis au mesme prieuré, défendeurs et demandeurs. *Paris, s. d*, in-fol.

Mémoire pour les religieux de Saint-Pourçain contre les prêtres de la maison de Saint-Lazare-lès-Paris, à laquelle est unie la mense prieurale dudit prieuré. *Paris, s. d.*, in-fol.

Charitas captiva et libera, seu S. Paulinus Nolæ episcopus, tragœdia, dabitur in seminario S. Caroli congregationis Missionis propè a domo Sancti-Lazari ad præmiorum distributionem die 5 septembris hora prima post meridiem. *Parisiis*, 1675, in-4°. (Bibl. Maz., n° 10877.)

La charité captive et libre ou S. Paulin, évesque de Nole, tragédie, qui sera représentée au séminaire de S. Charles, de la congrégation de la Mission, proche la maison de Saint-Lazare, pour la distribution des prix le 5e jour de septembre, à une heure après midy. *A Paris*, 1675, in-4°. (Bibl. Maz., n° 10877.)

Ramire ou le vindicatif repentant, tragédie, qui sera représentée au éminaire de S. Charles de la congrégation de la Mission, proche la maison de Saint-Lazare, pour la distribution des prix, le 3 septembre, à une heure après midy. *Paris*, 1676, in-4°. (Bibl. Maz., n° 10877.)

Ramirus vel vindictæ cicurata feritas, tragœdia. Dabitur in seminario S. Caroli Congregationis Missionis, propè a domo Sancti-Lazari ad præmiorum distributionem, die 3 septembris, hora prima post meridiem. *Parisiis*, 1676, in-4°. (Bibl. Maz., n° 10877.)

Adephonse, tragédie, qui sera représentée au séminaire de Saint-Charles de la Congrégation de la Mission, proche la maison de S. Lazare, pour la distribution des prix, le 3 septembre, à deux heures après midy. *A Paris*, 1682, in-4°. (Bibl. Maz., n° 10877.)

Le Martyre des saints Celse et Julien, tragédie chrétienne, qui sera représentée au séminaire de S. Charles, de la congrégation de la Mission, proche la maison de Saint-Lazare pour la distribution des prix, le quatrième septembre, à une heure après midy. *Paris*, 1684, in-4°. (Bibl. Maz., n° 10877.)

Le Triomphe de la foy sur le judaïsme, tragédie chrestienne, sera représentée au séminaire de Saint-Charles, pour la distribution des prix, le jeudy 30 aoust 1685, à une heure précise. *Paris*, 1685, in-4°. (Bibl. Maz., n° 10877.)

MONASTÈRE DE SAINTE-PÉRINE

DEPUIS

COMMUNAUTÉ DE LA SAINTE-FAMILLE

[12] Comme le monastère de Sainte-Périne fut, d'après Lebeuf, dispersé et transformé en manufacture, aucun historien de Paris ne s'est avisé de contrôler l'exactitude du savant abbé. Il y a cependant une observation à faire qui ne manque point d'intérêt.

Dans le temps où les chanoinesses de Sainte-Périne entraient au monastère de Chaillot, la sœur Malo, supérieure de la charité de la paroisse de la Madeleine, faisait de nombreuses visites aux pauvres. Un jour, elle aperçut une jeune fille de treize ans couchée entre son frère âgé de vingt ans et une mère ivre. Elle fit part de cette triste découverte à Mme de Boufflers, qui retira cette jeune fille de l'état de misère où elle était réduite. Bientôt d'autres malheureuses augmentèrent le nombre des pauvres secourues, et la chambre qu'on avait louée ne suffit plus. La sœur Malo elle-même fut obligée de quitter l'habit de fille de la Charité pour s'occuper exclusivement du soin de ces jeunes filles, que l'on plaça rue Montmartre. Au bout de quatre ans, le nombre des enfants augmentant, on loua une maison plus grande rue Saint-Victor, où furent réunis quatre-vingts enfants. Enfin, grâce à la générosité de la comtesse de Marsan, gouvernante des enfants de France, la sœur Malo put acheter en 1757 l'ancienne demeure des chanoinesses de Sainte-Périne, qui prit le titre de Communauté de la Sainte-Famille. Les lettres patentes d'autorisation furent enregistrées au parlement le 21 décembre 1786.

Au moment de la Révolution, la communauté se composait de vingt dames ayant pour supérieure Anne Morel. Ces religieuses faisaient des vœux simples. D'après la déclaration du 27 février 1790, on voit que les revenus montaient à 1,585 liv. 3 s. 5 den., et les charges à 2,677 liv. 10 s. Le déficit était comblé par les pensions et les travaux des enfants recueillis, au nombre de cent quarante environ.

La maison, qui avait une contenance de 9 arpents 1/2 72 toises, avait été donnée à la communauté, à la charge de payer les cens et redevances dus au chapitre de l'église de Paris.

BIBLIOGRAPHIE

Le carton S. 7051, conservé aux archives de l'Empire dans la section administrative, renferme quelques documents sur la communauté de la

Sainte-Famille. Les archives de Sainte-Périne de La Villette sont aujour-
d'hui confondues avec celles de Sainte-Périne de Chaillot.

IMPRIMÉS

Vie d'Antoinette de Jésus, chanoinesse de Sainte-Perrine à La Villette,
proche Paris, avec un abrégé de ses Lettres et la Vie d'Antoinette de
Costerel de Bonneuil, du même ordre. *Paris*, 1685, in-12.

ÉGLISE SAINT-JOSSE

[13] « J'avoue, dit Jaillot, au sujet de l'hypothèse de l'abbé Lebeuf (*Recherches sur Paris*, t. I, *quartier Saint-Jacques-de-la-Boucherie*, p. 9),
que ce jugement ne me paroit pas digne de cet auteur ; car, de ce que
la chapelle de Saint-Josse (supposons même qu'elle fut celle d'un
hôpital), étoit située sur la censive de Saint-Martin-des Champs, et
qu'il y avoit aussi un hôpital sur cette même censive, je ne crois pas
qu'on puisse raisonnablement conclure que l'une et l'autre sont la
même chose. L'abbé Lebeuf n'a sûrement point trouvé cette identité
dans le titre qu'il cite ; c'est une charte de Philippe Ier, de l'an 1070, que
nos historiens ont rapportée. Frère Jean, reclus à Saint-Martin-des-
Champs, s'occupoit des soins de nourrir les pauvres et les pèlerins qui
alloient visiter le tombeau de Saint-Martin, à Tours ; Engelard et ses
chanoines lui avoient donné un four qui étoit *dans leur enclos ;* le roi
lui accorde la propriété de ce four ; il ordonne qu'il ne servira que pour
l'usage des pauvres et des pèlerins, qu'il ne sera point abattu, et que si
l'on en construit un autre, il appartiendra audit hôpital. Philippe lui
donne en outre un moulin sous le grand pont, et lui permet pour l'utilité dudit hôpital, de fermer et faire labourer le chemin qui passoit
derrière l'église de Saint-Martin. Il est aisé de voir par ce diplôme, que
cet hôpital étoit dans l'enclos même de Saint-Martin ; c'étoit un reclus
qui en avoit soin, et qui ne pouvoit sortir de cette enceinte ; c'étoit aussi
là qu'étoit situé le four qu'on lui avoit donné : *in procinctu munitionis
S. Martini ;* c'étoit là qu'il n'étoit pas permis d'en bâtir un autre ;
ou, si la nécessité l'exigeoit, il étoit ordonné qu'il appartiendroit audit
hôpital ; enfin, c'étoit pour renfermer et labourer un chemin qui
régnoit le long de l'enceinte de Saint-Martin, que frère Jean le
demande au roi et l'obtient. Il n'y a certainement dans tout cet énoncé,
rien qui ait la moindre analogie avec la chapelle de Saint-Josse qui en
est éloignée d'environ 2,100 toises. »

[14] L'église Saint-Josse n'avait rien de remarquable. Voici la liste des
personnes qui y étaient inhumées :

Paul Petau, conseiller au parlement (15 kl. oct. 1614); Charles de Villiers, procureur au Parlement (23 juill. 1622); Michel du Vivier, conseiller du roi et de Paris, « lequel pendant sa vie qu'il a conduite en probité et sans reproche envers tous, a rendu tesmoignage sans pareil de sa probité à son Roy et à sa patrie et demeurant constant en icelle de fidélité dedans ceste ville de Paris, pendant cinq années au milieu de la rigueur des plus ardentes flammes et violente rage de la plus séditieuse et aveugle rébellion qui fut oncques, a plusieurs fois eschapé le danger de la mort et la ruyne de sa famille, jusques à l'heureuse et adorable réduction d'icelle ville, entre les mains du feu roy Henry le Grand, de très-bonne et très-recommandable mémoire, son vray et légitime seigneur, en l'année mil cinq cens quatre-vingt et quatorze, le 22 mars, en laquelle réduction après avoir travaillé par plusieurs mois et infinis voyages périlleux vers sa majesté ès villes de Mantes, Senlis et Saint-Denis. Enfin la vigille de cette réduction il exploita en cette ville, au refus de plusieurs obligez subjects, estant lors près de Sa Majesté, les commandements d'icelle plus évidants périls que en nulle autre de ses précédentes actions, dont les archives publiques rendront tesmoignage fidèle à la postérité., etc.» (8 mars 1623). Madeleine Collier, femme de Jacques Le Coq, seign. de Corbeville et des Porcherons, substitut du proc. gén. (12 février 1625). François-Théodore Spifame (1641). Jean Spifame, chev. seign. des Granges et de Bisseaux, cons. et maître d'hôtel du roi (10 avril 1642). Jean Spifame, son fils (3 février 1643). Claude le charron, sa femme (?). Jean de Boussignat, écuyer, seign. d'Aussy (22 juill. 1472), Gilles Le Febvre, conseiller du roi et auditeur de ses comptes (9 déc. 1583). Léonard Hac (16 déc. 1458). Gérard Petit, dit Reyus, orfévre, bourg. de Paris et valet de chambre de Louis, duc de Bourbon (1424). Pierre de Rueil, march. et bourg. de Paris (14 ..?) Catherine Rainse, sa femme (14 ..?.)

Les revenus de la fabrique étaient peu considérables, car d'après une déclaration de 1726, ils ne montaient alors qu'à 1,363 liv., absorbés en partie par des dépenses de 788 liv. 7 s. Les revenus de la cure n'étaient guères moins misérables. Si l'on en croit la déclaration du curé Jean-Baptiste Besson, faite le 26 janvier 1790, les recettes[1] étaient de 1,817 liv. 10 s., tandis que les dépenses[2] atteignaient le chiffre de 430 liv. 19 s. Les pauvres de la paroisse n'étaient guères plus heureux, et leur budget, arrêté au 31 mars 1791, ne marque que 455 liv. 10 s. 7 den. de revenus.

L'église Saint-Josse, fermée à la Révolution, fut vendue comme propriété nationale, le 18 octobre 1791, puis démolie. La maison de la rue Aubry-le-Boucher qui porte le n° 18, et celle de la rue Quincampoix numérotée 1, occupent son emplacement.

[1] Voici le détail des recettes : loyer d'une maison rue Aubry-le-Boucher, 1,000 liv.; rente sur maison, 87 liv. 10 s.; payé par la fabrique de Saint-Josse, 430 liv.; casuel évalué, 300 liv.

[2] Les dépenses consistaient : 1° en 198 liv. 9 s. de décime, etc.; 2° en 820 liv. de rente due; 3° en 12 liv. 10 s. dues annuellement au curé de Saint-Laurent, à cause du droit qu'il avait de se fairere mettre les offrandes, les jours de Pâques et Saint-Josse; 4° en 100 liv. pour le blanchissage du linge de la sacristie.

BIBLIOGRAPHIE

MANUSCRITS

Les Archives de l'Empire renferment quelques documents sur l'église Saint-Josse, dans les sections administrative et historique.

Dans la section administrative, il y a un carton (S. 3409) qui contient des pièces de procédure, des titres de rentes percevables sur deux arpents de terre à Champigny et sur une maison sise à la Queue-en-Brie, des titres d'une maison située rue Aubry-le-Boucher, dépendant de l'église Saint-Josse, et d'une autre maison sise rue Quincampoix, des déclarations de revenus et la déclaration de 1790.

Dans la section historique, on compte deux cartons et six registres. Le premier carton (L. 668) contient l'ordonnance de l'archidiacre de Paris et d'un chanoine délégué par l'évêque, qui érige la chapelle de Saint-Josse en cure, au mois d'avril 1260, un inventaire des titres et papiers de la fabrique, dressé en 1762, des titres de fondations, testaments, etc.; le second (L. 669), des contrats de rentes, un inventaire des effets de la sacristie, le fragment d'un ancien office noté du XIVe siècle.

Les six registres (LL. 806 à LL. 811) renferment les délibérations de la fabrique, de 1652 à 1683, 1683 à 1697, 1697 à 1737, 1736 à 1756, 1757 à 1784 et 1784 à 1791.

IMPRIMÉS

Offices propres de l'église paroissiale de S. Josse. *Paris*, 1743, in-12.

ÉGLISE DE N.-D. DE BONNE-NOUVELLE

[15] C'est une erreur. La chapelle ne fut érigée en cure que le 22 juillet 1673.

[16] Dans la circonscription actuelle de la paroisse Bonne-Nouvelle, il y avait autrefois un fief particulier appartenant à Saint-Magloire, dans l'étendue de la seigneurie de l'archevêché. Le fief du *Clos-aux-Halliers*, appelé aussi *les mazures de Saint-Magloire*, était anciennement hors Paris, renfermé dans un terrain situé entre la rue Neuve-Montmartre, d'un côté, et la rue Poissonnière, de l'autre; tenant d'un bout à un chemin qui allait de la porte Saint-Denis au val Laroneux, d'autre bout à la rue de Cléry. On voit par une sentence du bureau des finances du 17 janvier 1554, que les religieux de Saint-Magloire avaient été assignés en police « pour voir dire que la voyerie du Clos-aux-Halliers n'étoit pas suffisante. » Dans un procès-verbal de 1555, on lit qu'il y avait dans l'étendue de ce Clos-aux-Halliers, *un moulin à vent, fondé et édifié entre le chemin des Poissonniers et le chemin allant à Montmartre*. Ce fief a donné lieu à plusieurs procès importants.

17 D'après la déclaration faite le 7 février 1790, par le curé Jacques-François Favre, les revenus de la cure de N.-D. de Bonne-Nouvelle paraissent avoir été très-faibles. Un produit fixe de 200 liv., payé par la fabrique, 210 liv. payées pour les fondateurs et un casuel de 2,100 liv. environ formaient une recette de 2,510 liv., amoindrie par 150 liv. de redevances envers le curé de Saint-Laurent, et 200 liv. de décimes, à payer chaque année. L'église, qui n'offrait rien de remarquable, fut vendue comme propriété nationale, le 21 floréal an v (10 mai 1797), et démolie peu de temps après. L'emplacement de l'église fut racheté plus tard par la Ville, qui confia à l'architecte Godde le soin d'y reconstruire une nouvelle église. Les travaux commencés en 1823 furent terminés en 1828. Cette église fort ordinaire, à tous les points de vue, est l'une des succursales de Saint-Eustache. Le clergé comprend le desservant, huit vicaires, un diacre d'office et des prêtres habitués. Le décret du 22 janvier 1856 a conservé à cette église son territoire limité ainsi qu'il suit :

Rue Saint-Sauveur, côté pair, à partir de la rue Montmartre; rue Saint-Denis, côté impair; boulevard Bonne-Nouvelle, côté impair; boulevard Poissonnière, côté impair; rue Montmartre, côté pair, jusqu'à la rue Saint-Sauveur, point de départ.

BIBLIOGRAPHIE

MANUSCRITS

Les Archives de l'Empire renferment très-peu de documents sur l'église N.-D. de Bonne-Nouvelle.

Un carton de la section administrative, coté S. 3467, renferme la déclaration du 7 février 1790, les titres de propriété du terrain sur lequel l'église a été construite, des titres de rentes, des baux, un inventaire des rentes et un inventaire des archives de la paroisse.

Le carton de la section historique (L. 691) ne contient que des titres de fondations.

IMPRIMÉS

Mémoire en réponse à celui des curé et marguilliers de la paroisse de Bonne-Nouvelle à Paris, pour les curé et marguilliers de celle de S. Sauveur, par Me Daigreville, avocat. S. d., in-4°.

Sentence de monsieur l'official de Paris, contre le sieur Charles de Lestocq, prestre, vicaire de l'église de Nostre-Dame de Bonnes-Nouvelles à la Ville neuve, succursale de S. Laurens, rendue sur une requeste du sieur curé de Saint-Laurens. Paris, s. d., in-4°. (Bibl. Maz., n° 18824 E.)

Mémoire pour les sieurs curé et marguilliers de la paroisse de Notre-

Dame de Bonne-Nouvelle, intimez, contre Jean-Estienne Caboud de
Saint-Mars, lieutenant-général au bailliage et siége présidial de Besançon, et consorts, héritiers par bénéfice d'inventaire de Jean Caboud,
appellans. *Paris*, 1732, in-fol.

Mémoire sur l'appel pour messire Jean-Estienne Caboud de Saint-
Mars, lieutenant-général au bailliage et siége présidial de Besançon ;
messire Charles-Ferdinand-Léopol de Ponze, chevalier, capitaine de
dragons, et messire François-Patrice de Ponze, chevalier, par représentation de dame Marie-Thérèse Caboud, leur mère, au jour de son
décès, épouse de messire Michel-Hierôme de Ponze, chevalier, conseiller d'État et envoyé de S. A. électorale de Trèves, auprès de M. le
duc de Lorraine, son frère, héritiers par bénéfice d'inventaire, de Jean
Caboud, leur père et ayeul, appellans, contre les curez et marguilliers
de Notre-Dame de Bonnes-Nouvelles et consors, intimez. *Paris*, 1732,
in-fol.

LA PETITE-UNION CHRÉTIENNE

AUTREMENT DITE

LE PETIT-SAINT-CHAUMOND

[18] Ce n'est ni en 1680, ni en 1685, que les filles de l'Union chrétienne
furent établies dans la rue de la Lune ; mais bien le 13 mai 1682. C'est
à cette époque que les propriétaires donnèrent aux filles de l'Union
chrétienne de Charonne, cette maison de la rue de la Lune, qu'ils
avaient fait aménager, pour recevoir cinquante soldats invalides. Le
don de M. et Mme Berthelot fut confirmé par lettres patentes du mois
de février 1685. Cette communauté, due aux soins de l'abbé Le Vachet,
réunit les domestiques sans asile et les converties persécutées par leurs
parents ; elle cessa d'exister à la Révolution. La propriété, devenue
propriété nationale, fut vendue le 7 germinal an III (27 mars 1795). Les
bâtiments ont subsisté jusqu'en 1822 ; ils ont été remplacés par des
maisons particulières.

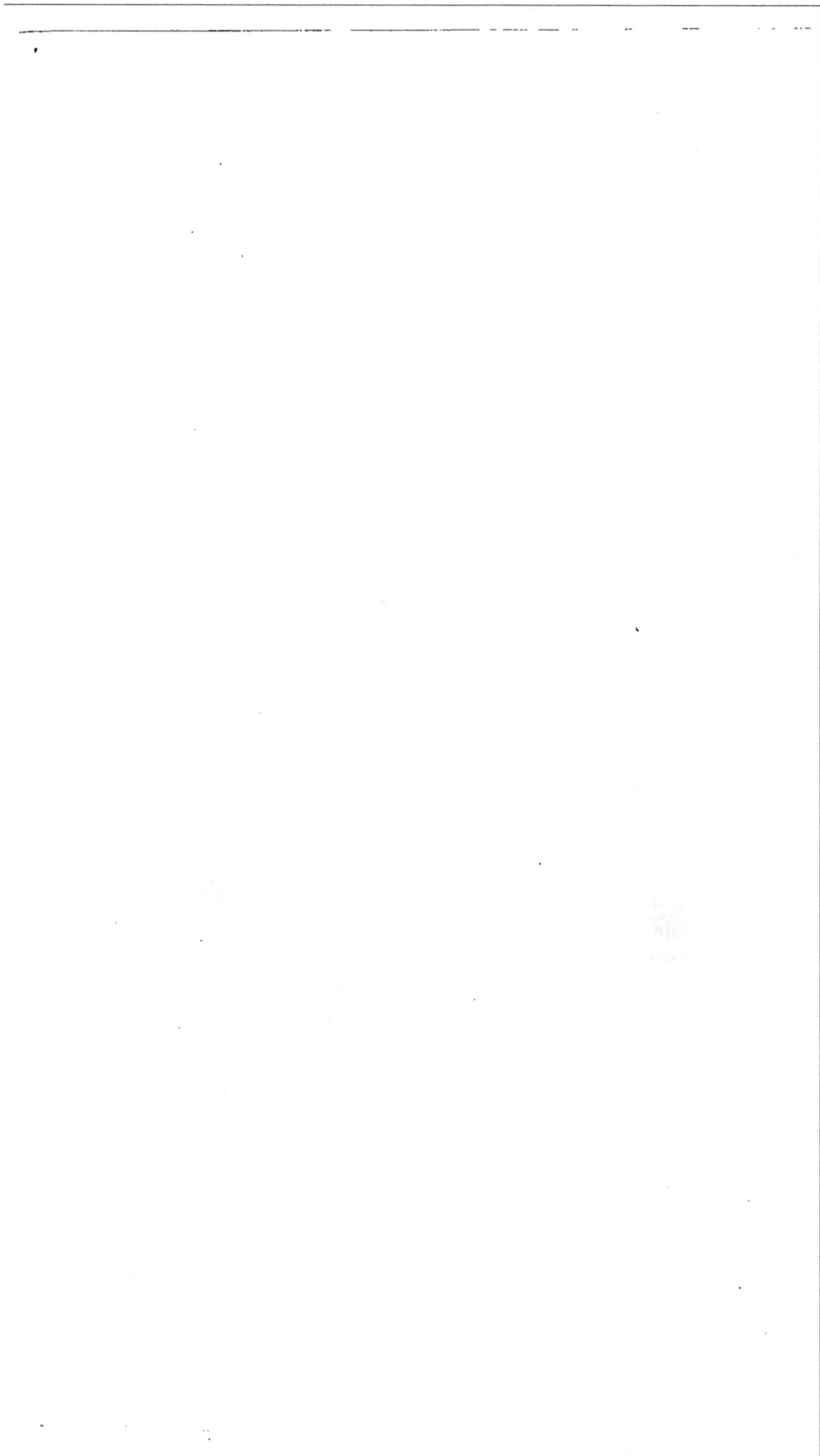

CHAPITRE QUATRIÈME

DU MONASTÈRE DE SAINT MARTIAL

DIT DEPUIS

DE SAINT ÉLOY

Des Églises qui en ont dépendu dans la Cité, sçavoir STE CROIX, S. PIERRE DES ARCIS, S. PIERRE AUX BOEUFS; et hors la Cité, sçavoir STE COLOMBE dite S. BOND. et S. PAUL.

Le texte de la vie de S. Eloy écrite par S. Oüen Évêque de Rouen son contemporain donne à entendre que S. Eloy ne fit que réparer et renouveller une Eglise du titre de S. Martial Evêque de Limoges, d'où l'on conclut qu'elle a existé avant lui, et qu'elle étoit déjà ancienne de son temps ; mais on ignore par qui elle pouvoit avoir été construite. S. Eloy qui étoit né auprès de Limoges, et qui avoit eu du Roy Dagobert une belle maison voisine de cette Eglise, conçut le dessein d'en faire un Monastere de Filles. Il est clair que c'étoit sur le terrain du Fisc, d'autant plus que lorsqu'il fut nécessaire d'augmenter les bâtimens du même Monastere, S. Eloy eut besoin d'une nouvelle concession de terrain de la part du Roy. Au reste il falloit que la maison de S. Eloy fût grande, puisque ce Monastere contenoit trois cent Religieuses. Aussi le quarré qu'elle occupoit dans la Cité, et qu'on a appellé depuis *la Ceinture de Saint Eloy*, s'étendoit-il du midi au Septentrion depuis la rue de la Calendre jusqu'à la rue de la vieille Draperie, et d'occident en orient depuis la rue de la Barillerie jusqu'à la rue aux Fèves ou au Fevre[1]. Si je me sers de ces noms de rues qui n'existoient pas encore, c'est pour me faire entendre. On peut juger en passant combien peu la Cité de Paris étoit peuplée alors, si l'Orfévre du Roy avoit à lui tant de terrein. Je croy aussi que ce logement d'Eloy n'avoit pu avoir la forme d'un quarré que depuis l'incendie presque général de la Cité, arrivé en l'an 586, après lequel temps on put commencer à donner aux rues un nouvel allignement.

Quoique Jonas de Bobio assure que c'étoit la Régle de S. Colomban qui fut donnée à ce Monastere, d'autres pensent que ce fut plutôt celle de Saint Césaire d'Arles, écrite expressément pour des Filles, et pratiquée alors à Sainte-Croix de Poitiers et ailleurs. Mais ne peut-on point dire que les Religieux qui desservoient le Monastére de Saint Martial de Paris, observerent la régle de S. Colomban, et les Religieuses celle de S. Césaire?

On trouve qu'au IX siécle il avoit changé de nom, et qu'on l'appelloit l'Abbaye de S. Eloy. Cela se voit dans un diplome du Roy Charles le Chauve de l'an 871, par lequel à la priere d'Engelvin Evêque de Paris, ce Prince transporte à l'Eglise de Paris tout droit de juridiction sur cette Abbaye; ce que Louis le Bègue confirma en l'an 878. Quelquefois aussi on l'appella de Saint-Eloy et de Sainte-Aure, à cause du corps de cette Sainte, premiere Abbesse du lieu, qui y avoit été rapporté du cimetiere de Saint Paul quelques années après sa mort arrivée en 666.

Cette Communauté étoit dans un grand relachement au commencement du XII siécle. Il n'y avoit que 66 ans qu'il étoit arrivé à Paris un incendie horrible [a], qui est sans doute cause que nous ne sçavons presque rien sur les Abbesses de ce lieu, et que nous n'en connaissons que deux depuis Ste Aure, sçavoir Asceline dont l'obit est marqué au 9 Février dans le Necrologe de cette Maison écrit au XIII siécle, et Hadvise qui est dite vivante en 1102 [b]. A l'égard des Religieux ou Prêtres desservans, on sçait que depuis que l'Abbaye fut sous la dépendance de la Cathédrale, ils étoient tenus d'assister aux Processions de cette Eglise aux Rogations et à l'Ascension, et de même aux inhumations des Chanoines [c]. De son côté le Chapitre de Notre-Dame étoit tenu de venir à S. Eloy en Procession le jour de la Fête, et à l'Eglise Saint Paul pareillement; c'est à ce sujet

---

[a] Incendie de l'an 1034. *Hist. Eccl. Paris.*, t. I, p. 688. — [b] *Gall. Chr.*, t. VII, col. 281. — [c] *Ibid.* in Instrum., col. 43.

qu'il y avoit une *Past* ou distribution qui se faisoit aux Chanoines d'une certaine quantité de chair de porc ou de mouton, de vin et de bled, spécifiée dans une charte de l'an 1107. Ce que je viens de dire des Religieux ou Prêtres desservans et qui est exprimé en latin par *Conventus Monasterii* pourroit absolument être entendu des Religieuses de chœur du Monastere : Il n'étoit pas extraordinaire dans les siécles du moyen âge, de voir les Moniales sortir de leur Cloître, et venir processionnellement dans la Cathédrale de la Ville où elles étoient.

Quoiqu'il en soit, lorsque les Religieuses furent dispersées, et la maison donnée aux Moines de l'Abbaye des Fossés dite autrement de Saint Maur, pour y demeurer, Galon Evêque de Paris les engagea aux mêmes devoirs envers sa Cathédrale, dont les Dames de S. Eloy s'étoient acquittées. Les chartes concernant ce changement sont de l'an 1107 : en sorte que le Chapitre de Paris fut depuis ce temps là avec les Religieux de Saint Eloy le jour de la Fête de ce Saint, comme on le voit encore de nos jours avec ceux de Saint Martin des Champs le jour de la S. Martin d'été[a]. Les mêmes Religieux de Saint Eloy étoient aussi tenus de venir faire à la Cathédrale leur semaine de Grand' Messe; et le Chapitre les poursuivit encore en 1531 pour s'acquitter de ce devoir[b].

Quelques écrivains assurent, que dès le commencement du X siécle l'Eglise de l'Abbaye de Saint Eloy avoit souffert un démembrement; qu'une partie qui en fut détachée, porta le nom de S. Martial, nom primitif du Monastere; et qu'entre cette Eglise et celle de Saint Eloy où les Dames faisoient l'Office, il se forma un passage public. Ce fut delà que put provenir l'origine du dérangement de cette Communauté, aussi-bien que des guerres des Normans qui finirent vers ce tems-là. On peut aussi croire que ce fut peu de tems après l'introduction des Moines de S. Maur à S. Eloy, que la portion de l'Eglise qualifiée du nom de S. Martial devint Paroisse: il est vrai qu'en 1195 l'Evêque Maurice de Sully ne la qualifie que de chapelle; mais il est également vrai qu'alors quelquefois *Capella* signifioit la même chose que *Parochia*, et qu'un Curé étoit quelquefois appellé *Capellanus;* souvent aussi il étoit qualifié simple-

---

[a] *Process. Paris. MSS.* — [b] *Invent. Spir. de l'Evêché*, fol. 187.

ment *Presbyter* ou *Sacerdos*. Ainsi en est-il de S. Martial suivant des lettres de Philippe-Auguste de l'an 1191, où le Curé et le Vicaire de la même Eglise paroissent désignés en ces termes : *Ivo S. Martialis Sacerdos, et Ivo Capellanus ejus* [a].

Ce que l'on peut dire de certain touchant cette Eglise de Saint Martial, est qu'elle eut la primauté sur toutes les Eglises dont le Monastere de Saint Eloy occasionna la construction dans la Cité, et qui furent érigées en Paroisse lorsque la Cathédrale cessa d'en servir à toute la Cité. Ce qui paroît avoir commencé sous le regne de Louis le Gros. La mauvaise gestion des deniers qui arriva quand on voulut la rebâtir en conséquence de la Lotterie que le Roy avoit accordé vers l'an 1715, a été cause qu'on l'a abattue et que les Paroissiens ont été attribués à l'Eglise de Saint Pierre des Arcis [2].

On ne voit presque point d'anciennes Abbayes dans la premiere race de nos Rois, qui n'eussent outre la principale Eglise, des Oratoires détachés, et dispersés en différens lieux de l'Enclos. Ainsi il est très-vraisemblable que les Eglises de SAINTE CROIX DE LA CITÉ et de SAINT PIERRE DES ARCIS, doivent leur commencement à la dévotion de S. Eloi, ou de quelque Abbesse du Monastere de son nom.

Lorsqu'après l'incendie de Paris de l'an 1034, on travailla à réparer les bâtimens et à former de nouvelles rues et de nouveaux alignemens, ces deux Oratoires furent rebâtis dans le voisinage de l'ancienne clôture. Les Religieuses qui avoient cessé d'avoir un enclos aussi étendu qu'il avoit été auparavant, permirent qu'on bâtit sur leur fond des maisons dont les habitans furent attribués aux trois Paroisses nouvellement créées. Il est probable que cette érection avoit été faite vers le tems auquel les Religieuses furent chassées du Monastere, circonstance qui donnoit plus de liberté d'agir. Aussi ces trois Eglises sont-elles nommées dans une Bulle du Pape Innocent II de l'an 1136, comme appartenantes au Monastere de S. Eloy. Je parlerai ci-après plus au long des deux dernieres.

Les Religieux de l'Abbaye Saint Maur ayant été introduits dans le Monastere S. Eloy réduit en Prieuré, y portèrent leurs usages et leur Calendrier, où ils insérerent les Saints particuliers de l'ancienne

[a] *Tab. S. Elig.* Moulins, n. 1.

Abbaye et ses dépendances. Les anciens livres de la maison font foi qu'ils y célébroient la Dédicace de l'Eglise de S. Eloy le 13 Juillet. Ils y sont restés jusques vers l'an 1530, que ce Prieuré fut réuni à l'Evêché de Paris, avec l'Abbaye dont il dépendoit. Depuis ce tems-là l'Office fut célébré par cinq ou six Prêtres séculiers [a] qui étoient payés par l'Evêque de Paris, jusqu'à ce qu'en 1629, sous l'épiscopat de M. Jean-François de Gondi, cette Eglise qui tomboit en ruine fut accordée aux Barnabites qui s'engagerent à la rebâtir. Ils y travaillèrent vers l'an 1640, et renvoycrent alors la confrerie des Maréchaux, qui reconnoissoit S. Eloy pour son patron.

Il y avoit eu dans l'ancienne Eglise une Chapelle fondée en 1339 par Guillaume de Vanves et Sanceline sa femme [b], en l'honneur de S. Jacques et de S. Maur, et à laquelle Guillaume Cerveau Elû des Aides fit du bien en 1417 [c]. Par la suite le Prieur Martin Fumée y fit construire trois autres autels, dont Etienne Evêque de Seez fit la bénédiction le 24 juin 1489, en y plaçant des reliques tirées des châsses du Couvent [d]. En 1409, Hugues Molin, Doyen de la Collégiale de Linas, avoit fait une fondation à l'autel de Ste Aure placé derriere le grand autel, auquel il avoit demandé d'être inhumé [e].

On y conserve beaucoup de reliques, dont les principales sont celles de Ste Aure[3], avec quelques-unes de S. Eloy[4]. M. Piganiol s'est trompé, quand il a écrit qu'on y montroit dans la sacristie le Pseautier de Ste Aure. Le volume à qui l'on donne ce nom est un livre des quatre Evangiles, écrit environ le regne de Charles le Simple, avec une liste des stations des Eglises de Rome[5]. Ce qui y reste de plus ancien dans la Bibliotheque, sont plusieurs livres d'Office à l'usage des Moines du lieu, écrits au XIII et XIV siécle[6]. Quant aux bâtimens, il n'en est resté d'ancien qu'une tour qui sert de clocher, laquelle est fort basse, ayant été bâtie vers l'an 1200, lorsque les maisons des environs n'étoient qu'à un ou deux étages au plus. On voyoit encore en 1447 proche ce Monastere en la rue de la Savaterie, une masure qu'on disoit être des restes du *four de Madame Ste Aure*, et dont il est parlé dans sa vie[7].

Le voisinage du Palais engagea dans ce siécle-ci les avocats à

---

[a] Quittance de 1518. — [b] *Invent. F. 186.* — [c] *Tab. S. Elig.* — [d] *Invent. F. 187.* —
[e] *Tab. S. Elig.*

choisir cette Eglise pour y entendre la Messe après la fin des Plaidoiries. M. le Cardinal de Noailles permit le 23 Avril 1721 qu'on y célébrât en leur faveur une Messe basse à midi [a].

Ce Monastere de S. Eloy ayant été autrefois célébre, il m'a paru qu'un Catalogue des Prieurs qui l'ont gouverné n'étoit point ici de trop, d'autant plus que celui qui est dans le *Gallia Christiana*, n'est pour ainsi dire qu'ébauché.

RAINAUD paroît avoir été le premier Prieur. Etant joint à Thibaud Abbé des Fossez, il obtint du Roi Louis VI en l'an 1114 un privilege [b] pour les maisons bâties sur le terrain qui avoit formé l'ancien enclos du Monastere. On conserve à la Bibliotheque du Roi un volume de Commentaires sur le Pentateuque Josué et les Juges qui est de caractere du XII siécle, et dont le titre écrit de la même main porte ces mots : *Incipit Prologus Rainaldi Prioris S. Eligii Parisiensis in quinque libros Moysi factus ad carum suum Johannem Notarium.*

SAMSON fut le second Prieur. Il l'étoit en 1140 [c]. Après sa mort le Prieur Isembard fit prier pour lui. [d]

HAYMON étoit Prieur en 1170.

ISEMBARD en 1187, et ensuite il devint Abbé des Fossez [8].

H. en 1210. Il obtint alors pour l'Abbaye de S. Maur des Fossez une grange située proche S. Paul [e].

ANSEL fut Prieur entre 1210 et 1214, du vivant de Radulf abbé de S. Maur [9] [f].

GAUCHER a été Prieur vers ces tems-là. Il peut être le même qui siégeoit en 1227, dont le Gallia Christiana ne met que la lettre initiale du nom G, à moins que ce ne soit le suivant [10].

GEOFFROY Prieur amortit en 1243 et 1244 une rente à l'Abbaye de Val profonde, rue de *Veteri-Moneta* [11].

J. étoit Prieur en 1259 : Il est peut-être le même que Jean de Bray Prieur en 1273 et en 1276. Ce qui prouve cependant qu'ils sont différens, est que dans un acte de 1269, l'Abbé de S. Maur dit qu'en cette année il n'y avoit pas de Prieur. [g]

HERVE' mort le 27 Novembre [h].

a *Reg. Archiep.* — b *Tab. S. Elig. in Tab. Ep. Par.* — c *Gall. Chr.*, t. VII, col. 28. -- d *Necrol. S. Elig.* — e Reg. du Tr. des Chart. n. 31, p. 19. — f *Necrol. S. Elig. in Dec.*. — g *Chartul. Fossar. circa fin.* — h *Necr. S. Elig.*

ADAM décédé vers la fin du XIII siécle le 25 Juin [a].

ADAM DE FONTAINES, auparavant Sacriste de S. Maur. On a de lui des baux de 1307 et 1318. Il mourut le 7 Juillet; on ignore l'année [b].

JEAN DE BOOLAY est nommé Prieur dans un Bail de l'an 1323, et en d'autres titres des trois années suivantes. Il fonda un sacristin en son Monastere l'an 1334, fit écrire en 1335, 1336 et 1342 plusieurs livres d'Eglise, que l'on conserve encore. Il mourut le premier Février : le Necrologue ne dit point en quelle année.

PIERRE GREELE [12] est connu par un concordat qu'il fit en 1353 avec le Sacriste de S. Maur [c]. Dans un Bail du 17 Avril 1354, il prend le titre de Chapelain du Saint Siége de Rome [d].

PIERRE BERSEURE, ou Bresseure, ou Bersuyre (car les titres varient sur ce nom) natif du Poitou, paroit avoir été d'abord Religieux à Coulombs Diocèse de Chartres, où il eut quelques mauvaises affaires, au sujet desquelles le Chambrier, nommé Pierre Gresle, le poursuivoit en Parlement en 1354 : mais ils se mirent en arbitrage le 14 mars [e]. On le trouve qualifié Prieur de S. Eloy en des actes de la même année et des suivantes. Il acheta en 1361 de Hugues de la Vergne, Ecuyer, de la Paroisse de Puy de Serre au Diocèse de Maillezais, une maison à Paris rue des murs près la porte Saint Victor, dans la censive du Chapitre de Paris, touchant par derrière aux murs de la ville : On voit qu'il y avoit autrefois fait sa demeure, et depuis lui Jean Mamenart Curé de Saint Paul, qui y étoit décédé. Il fut l'un des célebres écrivains sous le regne du Roi Jean. Ce Prince l'employa à plusieurs traductions. Il est aussi auteur d'un *Reductorium morale*, ouvrage immense, qui a été imprimé, et à l'occasion duquel son nom a été rendu en latin par *Petrus Berchorius*. Il mourut en 1362, et fut inhumé dans l'Eglise du Prieuré. Il resteroit à trouver sur quoi sont fondées les imputations qu'on lit dans Sauval [f], que ce sçavant homme avoit été enfermé à Saint Victor dans une tour où l'on mettoit ceux qui méritoient la correction. Cette tradition auroit pu venir de ce qu'on auroit mal pris sa retraite en sa maison rue des murs près la porte

---

[a] *Necr. S. Elig.* — [b] *Ibid.* — [c] *Chartul. S. Elig.*, f. 47. — [d] *Tab. S.Elig.* — [e] Liasse de Concordats au Palais. — [f] Sauval, t. I, p. 509 et 510.

Saint Victor. Il étoit oncle du Prieur suivant. Sauval dit au même endroit, que plusieurs personnes ont écrit la vie de ce Prieur : cependant on ne la trouve nulle part.

PIERRE PHILIPPEAU, issu de Guillaume Philippeau et de Lorence Bersure, succéda au précédent[a]. Il étoit Prieur dès le 20 septembre 1362. En 1371, il présenta à la Cure de Saint Pierre des Arsis. En 1391, il fit écrire de nouveau le Cartulaire de la maison[b 13]. Il étoit en différend l'an 1400 avec Gui de Chastillon Abbé de S. Maur, touchant la Jurisdiction. De son tems le Couvent refusa la visite de l'Evêque de Paris[c]; et depuis il transigea l'an 1394, promettant de payer quarante sols pour ce droit. En 1402 le 23 Janvier, ce Prieur fit un testament avec la permission du Pape Clement VII. Par cet acte il fonda des Messes pour ses parens, et entr'autres pour Pierre Bersure son oncle et son prédécesseur.

GUILLAUME DE CORBIGNY. On trouve dès l'an 1406 des actes qui lui donnent le titre de Prieur de Saint Eloy. Le plus mémorable est celui par lequel il accepta le 12 Janvier les fondations que Pierre Bidaut, Grand Prieur de Saint Denis, Docteur en Decret. avoit faites à Saint Eloy, avant que d'embrasser l'état mouastique. Le fondateur mû de dévotion envers S. Germain Evêque d'Auxerre, S. Agnan évêque d'Orléans et S. Ninien Evêque de Voiten en Ecosse, dont les images étoient placées en l'Eglise de ce Prieuré, et qu'il qualifie tous trois d'Evêques-Moines, laissa des vignes à Vitry, et depuis des rentes, pour augmenter le degré de la Fête de ces Saints, et établir une Station devant leurs images les 31 Juillet, 17 Novembre et 17 Septembre. Guillaume détacha en 1420 une rente de sa mense, et l'attribua au Couvent pour engager les Religieux à dire le *De profundis* après les Graces du souper; pour avoir de quoi les chauffer durant le Carême, et pour augmenter leur pitance le jour de S. Germain de Paris, à cause qu'il avoit été nourri dans le faubourg du nom de ce Saint. Ce fut aussi lui qui fit faire la châsse d'argent, dans laquelle fut transféré le 3 Avril 1421 le corps de Ste Aure[d], qui étoit auparavant dans

---

a *Cod. MS. El'g.* — b *Ex Apogrâplo isto.* — c *Reg. Parl..* 6 *Apr.* 1388. — d *Vie de S. Aure.*

une châsse de bois. Il fit la même chose à l'égard des autres reliques de l'Eglise. En 1428, l'Evêque d'Albane, Pénitencier du Pape Martin V, lui envoya un Mandat pour veiller sur les mœurs des Religieux de Saint Germain des Prez. Le dernier acte où je le trouve est de l'an 1431.

MICHEL DE LA HOUSSIERE porte le titre de Prieur, en des actes depuis 1441 jusqu'en 1448.

JEAN LE MUNIER, qui d'Abbé de Saint Maur étoit devenu Evêque de Meaux en 1447, fut fait peu de tems après Administrateur perpétuel du Prieuré de Saint Eloy, et Jean Larchier fut Prieur claustral. Cet évêque mourut en 1458.

Le chemin étant ouvert aux Administrateurs perpétuels, ou Prieurs Commendataires, on vit plusieurs Prélats le devenir consécutivement de ce Prieuré, tels que

JEAN LE DENOYS, Evêque du Mans, mort en 1462.

JEAN BALUE, Evêque d'Evreux, l'étoit en 1466.

JACQUES DE CAULERS, Archevêque d'Embrun, l'étoit en 1480.

Durant l'administration temporelle de ces trois Evêques jusqu'en 1481, Thomas Berthe et Henri Benne administrerent le Spirituel : leur mort est dans le Nécrologe du lieu au 6 Décembre et 16 Mai.

MARTIN FUME'E Religieux, leur succéda. Il gouvernoit le tout lui seul en 1488.

JEAN DE FONTENAY Religieux, Professeur en Théologie, frère de Philippe Evêque de Nevers[a]. Il mourut en 1505 le 21 Juin, et fut inhumé proche le grand autel[b]. Il avoit obtenu de Rome des Lettres d'excommunication pour obliger de déclarer les acquisitions faites sur la censive. Le Parlement le force de s'en désister[c].

IMBERT DE PLATIERE, de la maison des Bordes près Nevers, succéda à Dom de Fontenay son oncle, et fut Prieur commendataire, puis Evêque de Nevers. Un acte du 10 Juillet 1508 le qualifie élu Evêque.

FRANÇOIS DE CLEVES eut ce prieuré par résignation du précédent en 1514. Il continuoit d'être Prieur en 1525. Il mourut en 1545, mais il n'étoit plus Prieur, puisque l'on trouve Martin

[a] Vie de S. Aure par Quetif, 1525, p. 82.—[b] Nécrol. S. Elig.— [c] Reg. Parl., 16 Apr. 1500.

Hennequin, Prieur commendataire en 1529, 1530, jusqu'en 1537. Hennequin étoit Conseiller au Parlement de Rouen.

Depuis ce tems-là les Evêques et Archevêques de Paris ont joui de ce Prieuré[14].

DE L'EGLISE SAINTE CROIX DE LA CITÉ

Ancienne dépendance du Monastère

DE SAINT ELOY

Je mets cette Eglise la premiere après celle de Saint Martial ou de S. Eloy, à cause de la noblesse du titre, que je croi venir de quelque fragment du bois de la vraie Croix, que S. Eloy qui a travaillé à tant de tombeaux des Saints, aura obtenu, et dont il aura enrichi l'un des Oratoires renfermés dans l'enclos ou ceinture de son Monastere.

Si Malingre est le premier qui a écrit, que cette Eglise a succédé à une Chapelle du titre de S. Hildevert Evêque de Meaux, il est sûr qu'il a jetté dans l'erreur tous ceux qui l'ont suivi, parce que l'Eglise de Sainte-Croix étoit déja bâtie l'an 1136, et que le culte du saint Evêque de Meaux n'a pu commencer à Paris sur la fin du même siécle, lorsque ses reliques passerent par cette ville. On peut croire qu'alors elles furent déposées dans cette Eglise, qui commença à cette occasion à le regarder comme son second patron. Maurice de Sully, Evêque de Paris, confirmant à l'Abbé des Fossez ses nominations l'an 1195, ne la qualifie que du titre de Chapelle de Sainte-Croix. Dans le Pouillé de Paris rédigé au XIII siécle, elle est dite *Ecclesia S. Crucis de donatione Prioris S. Eligii.* Dans celui du XV *Curatus S. Crucis xiij libras,* avec une Chapelle de S. Jean-Baptiste fondée à l'autel N. D. à la présentation de Jean le Barois, et qui doit être différente de celle qui en 1391 étoit à la nomination du Prieur de Saint Eloy, suivant l'Inventaire de ce Prieuré. On ne voit plus dans cette Eglise aucuns vestiges du bâtiment qui a subsisté durant le XII, XIII et XIV siécles. En 1450 on commença à bâtir le chœur et une partie de la nef. Le tout fut fini en 1529. Dès l'an 1511, l'évêque de Megare en fit la Dédicace le premier Dimanche de Septembre, et y consacra trois autels, dont le principal étoit sous le titre de la Croix, de N. D. de pitié et de S. Hildevert. C'est le premier Monument qui fait mention de ce Saint par rapport à cette Eglise. Mais la liaison qu'il y a de la fête de la Croix avec d'autres fêtes établies dans le siécle précédent, y avoit fait ériger dès l'an 1498 une Confrerie[a] en l'honneur des cinq plaies et de Notre-Dame de pitié : on croit que c'est la premiere Eglise de Paris où cette dévotion fut admise. Les deux Fêtes qui portent ces noms dans le Bréviaire du Diocèse n'ont été admises dans la Cathédrale que par le moyen de deux fondations qui sont du XVI siécle, la première en 1539 et la seconde en 1579.

Les anciens titres ont qualifié cette Eglise simplement du nom de Sainte-Croix. Il n'étoit pas besoin en effet d'y ajouter un distinctif, avant qu'il y eût dans Paris une seconde Eglise appelée Sainte-Croix, qui est celle de la Bretonnerie. Un Jean Boileau, issu d'une très-ancienne famille de Paris en étoit curé en 1455. François Landri qui l'étoit en 1543, ayant donné des marques publiques de son penchant pour les opinions des Novateurs d'alors, les désavoua par une déclaration[b] qu'il donna le 29 Avril de la même année dans l'Eglise de Notre-Dame. Dans le dernier siécle Pierre Danet, auteur de deux Dictionnaires fort connus, a été long-tems Curé de Sainte-Croix.

Le territoire de cette Paroisse comprend tout le quarré ou continent où l'Eglise est bâtie, duquel continent les quatre faces sont la rue Ste Croix, la rue de la Vieille-Draperie, la rue de la Lanterne et la rue Gervais-Laurent. Outre cela elle renferme le côté de la même rue Gervais-Laurent adossé à la rue de la Pelleterie, et le reste de la même rue Gervais-Laurent avec la ruelle située au chevet de Saint Pierre jusqu'à l'angle du tournant : puis dans la rue de la Vieille-Draperie les maisons qui répondent à ce tournant jusqu'au coin de la rue Ste Croix qui en est toute entiere. Cette Paroisse a de plus les deux coins de la rue aux Féves avec trois ou quatre maisons jointes à celles de ces deux coins, et situées dans la rue de la Vieille-Draperie et de ladite rue aux Féves [15].

---

[a] *Tab. Ep.*, 26 janv. 1498. — [b] *Tab. Ep. Par. in Sp'rit.*

EGLISE SAINT PIERRE DES ARCIS

Ancienne dépendance du Prieuré

DE SAINT ELOY

Cette Eglise est l'une de celles qui sont émanées du Prieuré de Saint Eloy, et sur l'origine desquelles l'Abbé Chastelain a pensé le plus juste. Il a cru que le mot *de Arcisiis* usité dans les bas siécles est un abregé de celui *de Arcisteriis*, et non pas qu'elle ait été une Eglise pour les Marchands de Syrie établis à Paris comme le croyoit M. de Launoy, qui pour appuyer son sentiment disoit que du mot *Syriis* on avoit fait *Assyriis*, et *d'Assyriis* le mot françois Arsis. D'autres ont pensé que ce mot d'Arsis pouvoit avoir allusion à quelque incendie, d'autant plus que dans une Bulle d'Innocent II, de l'an 1136 il y a *S. Petri de Arsionibus.* Il est beaucoup plus probable que cette Eglise ou Chapelle ayant été une dépendance de l'Abbaye de Saint Eloy (sur le terrain de laquelle elle fut construite) on lui donna pour la distinguer des autres Eglises de Saint Pierre, le surnom des Arcis, par allusion à l'usage auquel elle avoit servi, soit à l'égard des malades ou des domestiques de l'Abbaye de Saint Eloy, et peut-être même aussi par la suite à l'égard de ceux de l'Abbaye de Saint Barthelemi. *Arcisterium, Archisterium, Asceterium, Monasterium,* ont été autrefois des termes synonimes : comme cette Eglise étoit voisine de deux Monasteres, elle aura pris son nom de là ; mais il ne faut pas croire avec M. de Valois que le nom d'Arcis soit employé pour celui d'Ardens ou brulés [a].

Cette Eglise n'est qualifiée que du titre de Chapelle dans les lettres de Maurice Evêque de Paris, qui en confirment la jouissance à l'Abbaye de Saint Maur l'an 1195. Le Pouillé de Paris écrit vers l'an 1220 l'appelle *Ecclesia S. Petri de Arsiss.*, et la met à la nomination du Prieur de Saint Eloy, ce qui est suivi par celui du XV siécle, où l'on voit que l'ancien revenu étoit de quinze livres. Ce dernier manuscrit la surnomme *de Arcesiis*, et ajoute qu'il y

[a] Dict. de Ménage au mot *d'Arcis.*

a une Chapellenie de vingt livres de rente en la Chapelle de S. Jean-Baptiste fondée par les exécuteurs du testament de Raoul de Pacy, laquelle est à la collation de l'Evêque de plein droit[a]. Un Raoul de Pacy vivoit en 1212. Il y avoit aussi en 1405 dans la même Eglise une Chapelle de S. Sauveur à laquelle nomma Jeanne Lescripvaine veuve de Pierre des Voisins[b]. Cette Eglise ayant été rebâtie vers ce temps fut dédiée le 4 Mai 1424 par Jean de Nant Evêque de Paris[c] [16]. Il ne paroît y rester de l'Eglise précédente que quelques piliers et arcades de la Chapelle du fond de l'aile méridionale.

En 1522 l'Abbaye de S. Magloire vendit une petite portion du terrain de son Prieuré de Saint Barthelemi pour la construction d'une Chapelle ou Sacristie qu'on vouloit faire à Saint Pierre[d]. Ce pourroit être la même Chapelle qui passoit en 1574 pour nouvellement construite en l'honneur de la Sainte Vierge et de Sainte Catherine, et qui fut bénie cette année-là[e] par Aymar Hennequin Evêque de Rennes suivant la permission du 13 Août. En 1437 le Curé de cette Paroisse étoit un célèbre Théologien[f] nommé Guillaume Evrard. Jacques Menard Professeur en Théologie l'étoit en 1573.

Le portique que l'on voit à cette Eglise n'est que du commencement de ce siècle. Vers l'an 1720 les Paroissiens de S. Martial ont été comme je l'ai déja dit réunis à cette Paroisse [17].

Voici l'étendue et la situation des maisons de cette Paroisse, comprises celles qui lui viennent de Saint Martial. Elle a depuis l'Eglise en allant au Palais celles de la rue de la Vieille Draperie tant à droite qu'à gauche, excepté celle qui fait le coin de cette rue, et de la rue de S. Barthelemi. De l'autre côté en allant à la Magdelene, elle a environ la moitié des maisons situées entre le coin proche l'Eglise et le coin de la rue Ste Croix, et autant dan l'autre côté de la rue de la Draperie jusqu'aux maisons appartenantes à Sainte Croix et décrites ci-dessus à l'article de Sainte Croix.

Elle a de plus le coin qui fait l'entrée de la Cour de S. Eloy ; et elle s'attribue les habitans qui ont l'entrée de leurs maisons par

---

[a] Sauval, t. III, p. 58. — [b] Tab. Spir. Ep. — [c] Gall. Chr., t. VII, col. 145. — [d] Tab. S. Magl., Draper., n. 24.— [e] Reg. Ep. — [f] Hist. Univ. Par.

cette Cour quoique leurs boutiques soient dans la rue de la Barillerie. Outre cela Saint Pierre a toutes les cinq branches de la rue de
la Savaterie dite à présent de Saint Eloy avec le cul-de-sac de
S. Martial, en sorte qu'il ne faut en excepter que quelques maisons à
droite et à gauche en y entrant par la rue de la Calendre lesquelles
sont de S. Germain. Son terrain pénétrant par derriere l'ancienne
Eglise de Saint Martial renferme encore quelques maisons situées
environ dans le milieu de la rue aux Féves tant à droite qu'à gauche ; et perçant les mêmes maisons bâties dans le côté de la rue de
la Juiverie, il s'étend jusques dans cette rue où il a cinq ou six
maisons placées entre celles de S. Germain le Vieux et celles de la
Magdelene, du nombre desquelles sont celles où l'on voyoit il n'y a
pas encore long tems un passage qui dans quelques plans de Paris [a]
assez nouveaux est appellé *la rue du Four Basset* [18].

EGLISE DE SAINT PIERRE AUX BŒUFS

Ancienne dépendance du Prienré

DE SAINT ELOY

Il n'est pas aisé de trouver l'origine ou la cause de la dénomination particuliere de cette Paroisse. On voit seulement qu'il faut que
cette Eglise ait eu quelque rapport quant au fond ou à la censive
avec l'Abbaye de Saint Eloy, puisqu'elle lui appartenoit dès le
XII siécle. On l'appelloit alors *Capella S. Petri de Bobus.* C'est le
nom qu'elle a dans la Bulle d'Innocent II, de l'an 1136. L'Evêque
de Paris Maurice de Sully la nomma avant toutes les autres Chapelles dont je viens de parler dans ses lettres de confirmation des
Eglises dépendantes de Saint Eloy données en l'an 1195; mais cela
ne lui attribua aucune primauté. Il est à croire qu'avant l'érection
de la Paroisse de la Magdelene qui est postérieure à toutes celles de
la dépendance de Saint Eloy dans la Cité, il y avoit une suite de
maisons qui faisoient en quelque endroit de la Cité la liaison ou

[a] Dans Piganiol.

contiguité de la Paroisse de Saint Pierre des Arcis ou de celle de
Saint Martial avec celle de Saint Pierre aux Bœufs. Quelques-uns
ont écrit dans ces derniers temps, que le surnom *aux Bœufs* vient
de ce qu'elle a été la Paroisse des Bouchers de Paris, ou de ce
qu'ils y faisoient leur Confrerie : mais il suffit pour les réfuter, de dire
qu'il n'y a aucune apparence que dans les siècles un peu reculés on
ait souffert une Boucherie dans la Cité de Paris, tandis qu'on voit
que partout ailleurs les gens de cette profession étoient placés hors
les portes des Cités, et même pareillement leurs étaux ou boutiques.
On a conclu de ce que l'Evêque de Paris a eu un étal au Parvis
qu'il y avoit aussi eu une Boucherie ou tuerie; mais cet exemple
n'est pas un fondement suffisant. Ainsi les deux Bœufs représentés
à la porte de cette Eglise sont comme des Armoiries qui font allusion au surnom de cette Eglise qu'il faut tirer d'ailleurs. Je croirois qu'elle a été dite *de Bobus,* parce que ce seroient des Bourgeois
de Paris surnommés *Bos,* qui l'auroient fait bâtir sur la censive de
l'Abbaye de Saint Eloy, de même que dans le XII siècle il y avoit
à Rome[a] une Eglise de Saint Sauveur nommée *Johannis Bovis,* et
dans le XIIÏ siécle à Constantinople une Abbaye dite N. D. *de Bu-
coliis* autrement Sainte Marie aux Bœufs[b]. Le nom de Bœuf, ou le
Bœuf, étoit déja usité en plusieurs Villes dès le XII et le XIII siécle,
ce qui seroit trop long à déduire ici[c]. Les Bœufs figurés à la Porte
de cette Eglise étoient peut-être pour désigner le nom de la famille
fondatrice de l'Eglise, et une espece d'armes parlantes dans le temps
que le Blason étoit encore fort nouveau. Il y a eu certainement autrefois une famille surnommée *aux Bœufs.* Un célèbre Prédicateur
Cordelier Confesseur de la Reine Isabeau de Baviere en 1418 se
nommoit Pierre[d] aux Bœufs. On conserve chez les Celestins de
Paris un volume manuscrit de ses sermons prêchés devant le Roy
Charles VI.

Le Pouillé du XIII siécle appelle cette Eglise *S. Petrus de Bobus,*
et dit que le Prieur de Saint Eloy y nomme le Curé. Celui qui fut
écrit vers 1450, met *Curatus S. Petri ad Boves,* et le dit être à la
présentation de S. Maur; mais l'auteur a voulu dire d'un Prieuré

---

[a] *Musæum Ital.,* t. 1, p. 66. — [b] *Chast. Mart. Univ.,* p. 845. — [c] *Hist. Ep. Cenom.
Veter. Necrol. Meld. Remens. et Antiss.* — [d] *Reg. Parl.,* 3 nov. 1418.

réuni à cette Abbaye[19] ; il ajoute que son revenu étoit de trente livres.
Il y place aussi une Chapelle qu'il dit être nouvellement fondée par
Jean Chandelier. J'ai trouvé ailleurs que le surnom de ce fondateur
étoit l'Epicier; qu'il étoit Archidiacre de Troyes et Conseiller du
Roy[a]. Il avoit demandé avec Marguerite de Rieux sa mere une
Messe quotidienne qui devoit être dite à l'Aurore, et ils devoient
tous les deux être inhumés devant l'autel de cette Chapelle. En 1398
Jean y reposoit. L'Evêque et le Prieur de Saint Eloy étoient con-
venus de nommer alternativement à ce bénéfice. L'édifice de cette
Eglise quoique petit a été fort élevé lors de sa bâtisse qui ressent le
XIII siécle. Il n'y avoit dans la longueur que trois arcades : mais
elles étoient surmontées de hautes galeries dont on voit encore les
restes principalement au-dessus de la porte par le dedans. Le livre
des cens de l'Abbaye de Sainte Geneviéve d'environ l'an 1245 pour
désigner un certain lieu de la Cité, dit qu'il étoit devant le Moutier
de Saint Pierre aux Bœufs. *Ante Monasterium S. Petri de Bobus.*
Les Eglises Paroissiales étoient indifféremment appellées alors *Moutier* : d'où est venu cette expression : *conduire l'épouse au Moutier.*

La Paroisse de Saint Pierre aux Bœufs n'est pas d'une grande
étendue. Elle renferme d'abord les deux côtés de la rue qui porte
son nom depuis l'entrée par le parvis de N. D. jusqu'au cul-de-sac
de S. Marine, où elle commence à n'avoir que les maisons du côté
gauche. Puis elle a celles de la rue des Marmouzets tournant à gauche jusqu'au coin de la rue de Perpignan. De plus elle a la rue des
deux Hermites en entier ; De la rue Cocatrix faite en équerre elle en
a les deux côtés qui s'étendent d'orient en occident; mais dans la
partie qui va du nord au midi, elle n'a que la moitié des deux côtés
qui touchent à ce qui précéde. Enfin elle a dans la rue des Marmouzets depuis la rue du Chevet S. Landri jusqu'à la rue de la Colombe [20].

• *Tab. Ep. in Spir.* — b *Fol.* 15.

DE L'EGLISE DE SAINT BOND

PRIMITIVEMENT

SAINTE COLOMBE

Ancienne dépendance du Monastère

DE SAINT ELOY

J'ai publié en 1743 un écrit [a] pour prouver que c'étoit au lieu où est la Chapelle de Saint Bond que subsistoit l'Eglise de Sainte Colombe, dont il est parlé dans la vie de S. Eloy écrite par S. Ouen auteur contemporain ; j'y ai dit que le saint Orfévre ayant travaillé à orner le tombeau de cette sainte Martyre de Sens, les reliques qu'il dut en apporter par dévotion, furent destinées par lui pour l'autel de cette Eglise dont il doit être regardé comme le fondateur de la maniere dont il en a parlé à l'occasion de l'accident qui y arriva [b] : que durant qu'il travailla à Sens un saint *Baldus* grand pénitent étant récemment mort et éclatant en miracles proche la même ville, cela dut lui inspirer la pensée d'en apporter quelques précieux restes qu'il joignit aux reliques de Ste Colombe : que les reliques, à cause des guerres inévitables autour de Paris, ayant été mises en sûreté à l'Abbaye de S. Pierre des Fossés, les religieux ne reporterent depuis à la petite Eglise voisine de la Cité de Paris que celles de S. Bond, qui en retint le nom lorsqu'elle eut été rebàtie comme dépendance du Prieuré de Saint Eloy réuni à cette Abbaye au commencement du XII siécle ; et qu'ils retinrent celles de Ste Colombe que les Chanoines qui leur ont succédé conservent encore : Que ce S. Bond *Baldus* étoit celui de Sens dont le même Prieuré de S. Eloy célébroit le Fête avec distinction le 29 Octob. sans faire jamais aucune mention de S. Bonit ou Bonet Evêque de Clermont ; ce qui se vérifie par les anciens Calendriers et livres Ecclésiastiques de ce Prieuré écrits au XII, XIII et XIV siécles [c]; et que ce n'est que dans les actes civils que les Notaires au lieu d'appeller cette chapelle *Sanctus Baldus,* voyant qu'on prononçoit *Saint Bont* ont rendu cé

---

[a] *Dissert. sur l'Hist. de Paris,* t. III, p. XLIV et suiv. chez Durand. — [b] *Vita S. Elig.,* lib. 1, c. 30. — [c] In Biblioth. PP. Barnabit.

nom en latin par *S. Bonitus*, ce qui a été cause qu'on a laissé dans les derniers temps le saint Pénitent de Sens pour honorer S. Bonet de Clermont [21].

La Chapelle que l'on voit aujourd'hui, et à l'entrée de laquelle il y a beaucoup à descendre, est grossierement bâtie : La Tour qui est au côté meridional du Sanctuaire est une des plus anciennes de Paris et paroît avoir six ou sept cens ans. Ce Bénéfice a eu plusieurs maisons dans Paris, suivant un titre de 1307. Mais jamais il n'a été titré Paroissial quoique l'Auteur du Pouillé écrit vers 1450 l'ait crû. L'Eglise a seulement servi à faire l'Office de quelques confréries [a]. Quelques familles Juives ont autrefois logé dans le voisinage; ce qui fait que dans un titre de l'an 1261 on lit *Judearia S. Boniti* [b].

Cette Eglise ou Chapelle de Saint Bond est revenue en ces derniers temps aux Chanoines de Saint Maur des Fossés, comme ancienne dépendance de celui de Saint Eloy, réuni à l'Abbaye; et ils ont cédé l'usage du bâtiment aux Paroissiens de Saint Merri ; ils ont de plus consenti au don que M. l'Archevêque visitant la châsse de S. Babolen premier Abbé des Fossés au mois d'Août 1750 a fait au Clergé de Saint Merri du *cubitus* droit de ce Saint, pour mettre dans cette même Chapelle [22].

DE L'EGLISE DE SAINT PAUL

Ancienne dépendance Cemeteriale du Monastere de Saint Martial de la Cité de Paris, dit autrement

SAINT ELOY

ET DE SAINTE MARGUERITE

SON DÉMEMBREMENT.

Plusieurs écrivains de nos jours ayant cru qu'on pouvoit suivre à la lettre ce qu'on lit dans la vie de S. Eloy [c] au sujet de l'Eglise de Saint Paul de Paris, je ne prétens point m'écarter absolument de leur sentiment. Quoique je pense que dans cette vie tout n'est pas également autorisé, et qu'il y a eu des additions faites à cet ou-

---

[a] *Reg Ep.*, 15 sept. 1552. — [b] Sauval, t. I, p. 117. — [c] *Spicileg. in fol.*, t. II.

vrage de S. Oüen Evêque de Rouen, je ne laisserai pas de dire sur la
foi de cette vie telle qu'elle est aujourd'hui, que cette Eglise a commencé par une Basilique que S. Eloy fit construire sous le titre de
Saint Paul Apôtre, pour y enterrer dans le cimetiere les Religieuses
du Monastere qu'il avoit construit dans la Cité de Paris. Le reste du
texte attribué à S. Ouen, consiste à dire que « cette Basilique avoit
« une couverture de plomb fort élevée, et que le bienheureux Quin-
« tilien Abbé reposoit dans cette même Basilique », qui sont des
faits où il n'y a rien d'incroyable, mais qui peuvent avoir été insérés par un écrivain plus nouveau que S. Ouen, comme seroit un
des Prêtres qui desservoient le Monastere de S. Eloy de la même
ville, dans le tems qui suivit les guerres des Normans, c'est-à-dire
lorsque ce même Monastere se trouva soumis entierement à l'Eglise
de Paris, en conséquence d'un Diplome de Charles le Chauve de
l'an 871. On y trouve tant de phrases et de périodes tournées dans
le style rimé du X ou XI siécle, qu'il est aisé de s'appercevoir que
vers ces temps-là on a pu amplifier et retoucher l'ouvrage de S.
Oüen [a]. Quelques personnes même ont observé, que dans plusieurs
anciens manuscrits du XII et du XIII siécle, l'Eglise que S. Eloy fit
bâtir est simplement dite avoir été du titre de S. Paul, sans l'addition du titre d'Apôtre ; ces manuscrits sont cités dans le procès-verbal de la découverte du corps du B. Quintilien dressé en 1490. On
infere [b] de là que primitivement l'Eglise de Saint Paul qui étoit dans
la campagne, a pu avoir tiré cette dénomination du vénerable Paul
Evêque de Paris, qui auroit été inhumé là dans un champ, selon
l'usage du IV siécle où il vivoit ; ou bien que le Saint Paul, du nom
duquel était la Chapelle cemeteriale des Religieuses de Ste Aure
dans Paris, a été S. Paul hermite, de même qu'à Joarre, célèbre
Abbaye au Diocèse de Meaux, la Chapelle et Crypte cemeteriale des
Religieuses, construite au même siécle que celle de S. Eloy, est sous
le titre du même Saint Paul hermite ; et cette pensée est d'autant
mieux fondée, qu'il y a preuve que cet Oratoire de S. Paul hermite
a été bâti à Joarre par Agilbert Evêque de Paris [c], qui mourut en
ce Monastere, dont sa sœur étoit Abbesse, et qui fut enterré en

---

[a] Le Père Le Cointe s'est déja apperçù de quelques interpolations faites à cette vie.
Annal. Francor., t. III, p. 175. — [b] Du Breul, liv. III, Art. de S. Paul. — [c] *Gall. Chr.*,
t. VII, col. 27.

cette même Chapelle vers l'an 680, toutes circonstances marquées dans le Cartulaire de cette Abbaye. Or le choix de Saint Paul hermite pour titulaire de la Chapelle d'un Cimetiere de Filles qui ont renoncé au monde, semble être appuyé sur la narration des funérailles de ce Saint anacorette rapportée par S. Jerome; au lieu qu'on ne voit pas clairement pour quelle raison l'Apôtre S. Paul ait pu être choisi pour titulaire d'une Chapelle cemeteriale [23].

Après ce préambule qui m'a paru nécessaire, je suis obligé de reconnoître que nous ne trouvons aucun monument qui nous instruise sur l'état de cette Eglise jusqu'au XII siécle. On peut seulement conclure de la donation que le Roi Charles le Chauve fit en 871 de l'Abbaye de Saint Eloy à l'Eglise de Paris, que de même que les Chanoines allerent faire la station en cette Abbaye au jour de la fête de ce Saint, l'Eglise de Saint Paul fut aussi vers ces tems-là comprise dans le nombre de celles où le Clergé de cette même Cathédrale se transportoit aux jours de la Fête pour y célébrer la Messe suivant que les rites Romains reçus depuis peu le prescrivoient aux Eglises Cathédrales, à l'exemple de celle de Rome. Peut-être même fut-ce alors qu'à cause de l'incommodité d'aller si loin au mois de Janvier, où tombe la Fête de S. Paul hermite, on convint d'y aller le 30 Juin, jour de la Commémoration de S. Paul, et que ce fut ce qui fit perdre le souvenir du saint anacorette. Il falloit que cette Eglise fût déjà un peu considérable au IX siécle, puisque lors de l'établissement de la procession du 25 Avril introduite alors en France avec plusieurs des usages Romains, l'Eglise de Paris la choisit pour la station de ce jour-là. Elle est appellée *Ecclesia Sancti Pauli de campis* dans l'acte de 1212, par lequel le Curé de Saint Gervais fut chargé d'encenser le Clergé de cette procession passant dans la rue de la Mortellerie, et le Curé de Saint Jean chargé de le faire. Une charte de Galon Evêque de Paris [a] de l'an 1107, suppose que dès-lors il étoit de coutume ancienne que le Chapitre de Paris allât à l'Eglise de Saint Paul le jour de la fête; et pour cette raison l'Abbaye de Saint Eloy étoit tenue envers le Chapitre ce jour-là, à une redevance de huit moutons, deux muids de vin mesure du cloitre, trois septiers de froment, six deniers et une

[a] *Gall. Chr.*, T. VII, *Instr.*, p. 43.

obole. Ce titre ne prouve point que Saint Paul fût dès ce tems-là
une Paroisse : mais une Bulle d'Innocent II de l'an 1136, où les
Eglises dépendantes de Saint Eloy sont marquées, l'insinue assez :
on y voit avec quatre autres Eglises de la Cité, dont j'ai parlé ci-
dessus, *Ecclesiam S. Pauli extra civitatem*. Bien plus, le Prêtre de
Saint Paul se trouve dans le Catalogue des Prêtres Cardinaux de
Paris, qui paroît avoir été rédigé d'abord vers le même tems, récrit
et augmenté dans le siécle suivant. On lit *Presbyter S. Pauli Parisiensis*. Il y est nommé le premier : mais l'écrivain de la copie de
ce Catalogue faite vers l'an 1200, n'a pas eu intention d'arranger
les Prêtres-Cardinaux suivant l'antiquité de leur Eglise.

A mesure que Paris s'aggrandit, le nombre des habitans du Bourg
de Saint Paul augmenta, et le territoire de la Paroisse confinant
d'un côté, et entremêlé avec celui de Saint Gervais, s'étendit de
l'autre côté jusques vers Charonne et vers Charenton, comprenant
ce qui a depuis formé la Paroisse de Sainte Marguerite, territoire
où le Prieuré de Saint Eloy avoit de grandes *cultures*, la plûpart
en labourages : de sorte que ni la clôture de Paris faite du tems de
Philippe-Auguste, ni les remparts des derniers siécles ne lui ser-
voient point de barriere.

Le bâtiment de l'Eglise que l'on voit aujourd'hui est au moins
le troisiéme, depuis celui qui fut construit au VII siécle, lequel
avoit été exposé aux insultes des Normans. Ayant été réparé, il put
subsister jusqu'à l'an 1000, auquel tems on rebâtit les Eglises presque partout. L'édifice actuellement existant n'a rien de plus ancien
que le bas de la tour, qui par le dedans est du XIII siécle, ensuite
les trois portiques qui sont d'environ l'an 1350, ou un peu après,
par le bas seulement : ensorte que rien n'empêche qu'on ne croye
que c'est ce devant de l'Eglise dont a voulu parler Christine de
Pisan dans la vie de Charles V, lorsqu'elle dit de ce Prince : « Item
« l'Eglise de Saint Paul empres son Hostel moult fit amender et
« acroistre. » Le reste est d'une structure de la fin du regne de
Charles VII, qui a duré depuis 1422 jusqu'en 1461. C'est un gothique qu'on auroit pu faire paroître plus délicat, en ne rendant
point si massive la galerie qui regne sans interruption des deux
côtés de la nef et du chœur.

Il reste une tradition, que je ne donne pas comme bien assurée; c'est que les Artisans Fouleurs de draps et Tondeurs sont fondateurs de cette Eglise : il y a même sous le clocher du côté de la rue un vitrage où ils sont représentés travaillans de leur métier; et ils sont encore dans l'usage de faire en particulier et avec distinction dans cette Eglise la fête de Saint Paul le premier jour de Juillet, le lendemain que la Paroisse l'a célébrée. Je croirois que cette vitre, qui ne paroît être que du siécle dernier, seroit seulement un mémorial de la contribution considérable qu'auroient faite pour le bâtiment de l'Eglise précédente, c'est-à-dire de celle qui fut bâtie au XIII siécle, ces sortes d'artisans, qui pouvoient être alors en grand nombre sur le territoire de la Paroisse. Il est très-certain qu'au moins ils avoient une place ou marché aux environs de la Porte et de la Place Baudoyer; et comme le Prieuré de Saint Eloy avoit là une censive, ce lieu devoit être de la Paroisse de Saint Paul. En 1270 ces artisans se plaignirent au Roi Philippe le Hardi du tort qu'on leur faisoit de cette place [a]. Pour ce qui est de l'édifice actuel fini du tems de Charles VII, les vitrages du chœur et de la nef garnis partout de fleurs de lys, sont des indices assez certains que ce Prince aura contribué à l'avancement du bâtiment, ou en mémoire de ce que cette Eglise a été la Paroisse du Roi Charles V son ayeul et de Charles VI son pere, lorsqu'ils ont demeuré au Palais dit l'Hôtel Saint Paul. C'est même dans cette Eglise que Charles VI reçut le baptême [b] en 1368.

Ceux qui avant moi ont écrit sur la même Eglise, s'étendent sur les vitrages de quelques Chapelles, et principalement sur ceux des Charniers qui sont d'un travail généralement estimé. Je me contente de faire observer ici, que les vitrages du corps de l'Eglise qui sont gothiques, à la reserve d'un, et chargés d'inscriptions gothiques, contiennent quelques particularités dignes de remarque. Dans la nef par exemple, à l'un de ces vitrages situé dans le côté méridional, presque vis-à-vis le pilier de la chaire du Prédicateur, sont quatre pans ou panneaux; et voici ce qu'ils contiennent. Au premier est représenté Moyse tenant de la main droite un glaive

<hr />

a *Vita S. Lud. per Minoritam.* Miraculo 36, apud *Boll.* — b *Vie de Charles V* par Christine de Pisan.

élevé, et de la gauche les Tables de la Loi : Au second est peint
un jeune homme vêtu de bleu à cheveux blonds, tenant de la
droite un sabre, et de la gauche une tête coupée, qui est sans doute
David : et dans le haut de ces deux panneaux regne cette inscription : *Nous avons défendu la Loy.* Au III panneau est figuré un
homme de moyen âge, vêtu d'un habit court, sur le devant duquel est pendante une grande croix potencée, comme celle du
Royaume de Jérusalem ou du Duché de Calabre, laquelle croix est
attachée à un collier en forme de chaîne. Le guerrier qui paroît
être un Croisé, tient une épée de la gauche, et de la droite le nom
de JHS élevé et en lettres d'or gothiques. Au-dessus de sa tête est
écrit *Et moi la Foy.* Au quatriéme panneau on voit une femme
dont la coeffure est en bleu, les habits en verd. Elle a la main
droite appuyée sur un tapis orné d'une fleur de lys, et de cette
main elle tient une épée : de sa main gauche posée sur sa poitrine,
elle tient quelque chose qu'il n'est pas facile de distinguer. Au-
dessus de sa tête est écrit : *Et moy le Roy.* J'ai pensé que ce devoit
être la Pucelle d'Orleans; et un sçavant Historiographe de la ville
d'Orleans[a], à qui je l'ai fait voir, m'a confirmé dans ce sentiment.
C'est peut être le seul endroit public où soit représentée dans Paris
Jeanne d'Arc, qui rendit de si grands services au Roy Charles VII
contre les Anglois[2]. Il y a apparence que ces vitrages ne furent faits
que depuis l'an 1426, auquel Paris fut repris sur les mêmes Anglois. Pendant qu'ils en étoient encore maîtres en 1431 ou 1432,
l'Eglise de Saint Paul avoit été dédiée le second Dimanche après
Pâques par Jacques du Chastelier Evêque de Paris, qui tenoit pour
le Roi d'Angleterre. Mais on a plusieurs exemples de Dédicaces
d'Eglises faites avant que les édifices en fussent entierement
achevés.

Mon but principal étant de ne rapporter que les inscriptions les
plus anciennes et qui sont peu connues, je me borne à celle-ci de
l'Eglise de Saint Paul : Elle est gravée en petit gothique dans le
mur proche la petite porte méridionale : *Cy devant gist Denisette
la Bertichiere femme Husson de la Bertichiere, Garde-huche de
l'Eschansonnerie du Roy et Lavandiere du corps du Roy nostre*

———
[a] M. Daniel Polluche.

Sire : laquelle décéda le jeudi XXVI du mois d'Octobre de l'an MCCCCXLI. Priez Dieu qu'il ait l'ame d'elle.

Presque tous ceux qui ont écrit sur cette Paroisse, ont marqué qu'elle a servi de sépulture à Robert Cenal, sçavant Evêque d'Avranches, décédé en 1560; à Jean Nicot, Ambassadeur en Portugal, qui en rapporta la plante appellée Nicotiane de son nom, et ensuite Tabac; il mourut vers l'an 1600, à deux célébres Architectes, Pierre Biard et François Mansart, décédés en 1609 et 1666 : à Adrien Baillet et Pierre-Silvain Regis, écrivains fort connus, morts l'un en 1706, l'autre en 1707. La sépulture de la maison de Noailles s'y voit dans la Chapelle de la Communion. Proche les orgues est l'épitaphe et la représentation en marbre de Henri Dumont, Abbé de Silly, Grand Musicien, qui avoit touché dans le siécle dernier l'orgue de cette Eglise durant 45 ans : et sous les charniers, celle de Jacques Phelyppeaux, Abbé du Bourg-moyen, décédé en 1647. François Rabelais Médecin, qui sûrement a été chanoine de Saint Maur des Fossez dans l'avant-dernier siécle, quoiqu'en dise M. Piganiol, repose dans le Cimetiere[a]. Je finis en indiquant deux épitaphes posées dans le même cimetiere au-dehors de la grande sacristie, et qui sont de la composition de M. de Bougainville, avant qu'il fût Secretaire perpétuel de l'Académie des Inscriptions et Belles lettres. L'une est de M. de la Tournelle de Couranci, mort âgé de 22 ans en 1740. L'autre de sa sœur, décédée en 1745 à l'âge de 24 ans[25].

Dans la Chapelle de la Communion bâtie au côté méridional de cette Eglise, vis-à-vis le sanctuaire hors d'œuvre, est un petit autel, où sont peints S. Eloy, Ste Aure et le bienheureux Quintilien. On a placé sous cet autel la caisse qui contient les ossemens de ce bienheureux Abbé. Dubreul a publié le procès-verbal latin du 6 octobre 1490, dans lequel il est dit, que ce jour-là, du tems que Jean Roussel y étoit Curé, comme on démolissoit un autel du titre de S. Eloy et de Ste Aure, qui étoit sous la tribune où l'Evangile avoit coutume d'être chanté aux grandes Fêtes, on découvrit dans cet autel au côté droit une caisse, dans laquelle, après qu'elle eut été ouverte en présence des députés de l'Evêque, on trouva les ossemens d'un corps humain enveloppés d'une étoffe rouge, avec un

[a] Voyez l'article de Saint Maur.

petit bâton ferré par le bout et cassé en trois, et une lame de plomb qui contenoit ces deux mots : *Quintiniani Abbatis* : outre cela, trois actes en parchemin, dont le premier étoit de Richard Curé de Saint Paul en 1295 ; le second de Denis de Saint-Clair aussi Curé de Saint Paul en l'an 1350, et le troisième de Guillaume Pelecque, vicaire de Jean Menard Curé de la même Eglise en 1377, lesquels actes marquoient que ces ossemens avoient été trouvés en cet état dans ces différens tems ; à l'instant ils furent remis dans la caisse : les jours suivants on fit des recherches à Sainte Geneviéve et à Saint Victor, et on y lut dans des Legendaires de trois ou quatre cent ans le passage de la vie de S. Eloy ci-dessus rapporté, faisant mention d'un Bienheureux Quintilien, Abbé, inhumé à Saint Paul. Mais nonobstant le titre de *Beatus* donné par l'auteur de la vie, on n'osa pas le regarder comme Saint, ni placer cette châsse dans un lieu plus éminent : on la laissa au même endroit renfermée entre les pierres, au lieu qu'auparavant elle étoit entourée de plâtre ; et on se contenta d'envelopper ces ossemens d'un nouveau taffetas rouge. De toutes lesquelles choses fut rédigé cet acte dicté par Jean La Pite, Auditeur des Comptes, l'un des Marguilliers. Il eût été à souhaiter qu'on y eût inséré la teneur des billets des trois Curés de Saint Paul. C'est apparemment dans l'un des trois qu'il est marqué que le B. Quintilien étoit décédé le 12 février. L'Abbé Chastelain assure que cette date de jour avoit été trouvée avec son nom, sans dire d'où il a tiré ce fait[a]. Ce sçavant Chanoine de N. D. étoit né sur cette Paroisse le 4 Décembre 1639, et pouvoit en connoître les antiquités plus que personne[b]. L'auteur du Calendrier Historique de Paris[c] s'est trompé, lorsqu'il a avancé que tous les ans on fait à Saint Paul la fête du B. Abbé Quintilien. Pour celle de Ste Aure, elle s'y célebre assez solemnellement le premier Dimanche d'Octobre. Elle y avoit été inhumée en 666, et non dès 655, comme assure le même auteur. Quelques années après, son corps fut reporté en son Monastere ; de sorte qu'il n'en reste que ce que l'on y conserve dans une châsse d'argent.

En 1347, l'Evêque de Megare fit la bénédiction d'une place près

---

[a] Martyr. Univ. *Bimestre*, de Janv. au 12 Fév. — [b] Journal M S. de sa vie. — [c] *Cal. Hist.*, 1 Dec., p. 503.

de Saint Paul et de la Grange S. Eloy, pour l'augmentation de cette Eglise[a]. C'est apparemment le lieu où avoit été durant le regne de Charles V la cellule d'une Recluse; car alors une femme nommée Marguerite eut la dévotion de se faire Recluse à Saint Paul, de même qu'il y en avoit auprès d'autres Eglises de Paris; et ce Prince fit prendre pour lui former une cellule, un coin du jardin de ce qu'on appelloit la Grange de S. Eloy : cela excita les plaintes des Religieux du Prieuré; mais le Roi les appaisa, en leur disant qu'après la mort de cette Recluse, il n'y en auroit point d'autre en sa place : au sujet de quoi il leur fit expédier des Lettres[b] datées de Paris le 14 Juin 1370.

On ne connoît que trois ou quatre Chapelles de cette Eglise qui soient mémorables par quelque endroit[26]. Celle de S. Maur et S. Sulpice, qui est dite à la nomination du Curé. Raoul Pasque, dit *de Justinis*, Curé, y présenta[c] vers l'an 1400. Un autre Curé y nomma en 1481[27]. En voici trois autres sous le vocable de Saints moins connus. Celle de Ste Gemme, dont j'ai vu des provisions des années 1479 et 1539. Celle du nom S. Lubin Evêque de Chartres a été la plus fameuse, attendu qu'elle donna occasion à une célèbre Confrerie qui subsistoit dès l'an 1488, et qui avoit des fonds en maisons. On y admettoit des personnes de tous les états. C'est par rapport à cela qu'on voit dans les Litanies du Jubilé à l'article de Saint Paul, *Sancte Leobine*. La Chapelle du titre de S. Amable, Prêtre d'Auvergne, est venue à ma connoissance, en ce que c'est celle où Jean Hennequin Conseiller au Parlement, est dit avoir été inhumé[d] en 1548. Il y a aussi eu en 1564 une Chapellenie fondée à l'autel de S. Philippe, par Philippe Macé Secretaire du Roi, à la nomination du plus ancien de Messieurs de Bragelongne[e][28].

La Cure de Saint Paul étoit, de même que quatre autres qui sont dans la Cité, à la nomination du Prieur de Saint Eloy, avant que ce Prieuré eût été réuni à l'Evêché de Paris : et ce Prieur regardoit tellement cette Eglise comme l'une de ses dépendances, qu'il étoit exact à y fournir entr'autres choses le boüy pour la procession du jour des Rameaux[f] : ce qui se pratiquoit encore en 1574.

[a] *Reg. Ep. Par.*, 10 Jun. — [b] *Tab. S. Eligii.* — [c] *Tab. Ep. in Spir.* — [d] Hist. des Presid., p. 259. — [e] *Reg. Ep.*, 12 mai. — [f] *Compot. Recept. Ep.*

Outre les Curés de Saint Paul nommés ci-dessus[a], j'ai trouvé Jean
Meynard, qui fit en 1372 un traité avec les Celestins [29]. Le même est
nommé dans les Registres de l'Officialité au 15 Mai 1385, comme
plaidant contre Michel Oger Curé de Noisy le Sec[b]. Charles du Bec
Conseiller au Parlement, lequel eut en 1492 un procès contre les
Religieuses de Ste Claire de sa Paroisse : il mourut en 1501. Hugues
Lesprevier, Curé en 1532. Le célebre Simon Vigor, auteur, qui fut
fait Archevêque de Narbonne en 1574, et qui eut pour successeur
Jacques Du Pré[c].

Jean La Pite, redacteur de l'acte ci-dessus touchant la découverte
du Bienheureux Quintilien, est celui qui en 1498, fonda en cette
Eglise les petites Heures[d]. La tribune ou jubé pour l'Evangile, dont
il est parlé dans le même acte, n'a été abattue que dans le dernier
siécle. M. Arnaud d'Andilli fait mention dans ses Mémoires imprimés en 1734 page 18, d'un Sermon de M. de Cospean Evêque de
Lisieux, qu'il avoit entendu au commencement de ce même siécle,
étant placé dans ce jubé auprès de M. Hurault Archevêque d'Aix.
L'exemple de quelques petites tribunes rétablies dans ce siécle-ci
pour l'honneur dû au livre des Evangiles, pourra inspirer d'en
faire revivre de semblables, et telles qu'elles étoient dans leur origine.

Pour donner une idée de l'enceinte ou contour de la Paroisse de
Saint Paul [30], on peut le commencer à la maison qui fait le coin de
la rue des Nonains-d'Hierre et du Quai de Ormes. De là, suivre jusqu'aux Celestins, puis jusqu'au Mail, y comprendre ensuite l'Arsenal et la Bastille ; et après avoir passé pardevant la porte de Saint
Antoine, y renfermer tout ce qui est au-dedans des remparts, jusqu'à la rue de S. Gilles, qui donne dans la rue de S. Louis.

En ce lieu la Paroisse traverse cette rue de S. Louis, et elle vient
à la rue du Parc-Royal dont elle a le côté gauche : puis en tournant
à la rue des Trois-Pavillons, elle en a pareillement le côté gauche :
ensuite tout le bout de la rue des Francs-Bourgeois qui tend vers
l'orient. Delà elle a la rue Pavée : Après cela son territoire s'étend
dans la rue du Roi de Sicile, dont elle a les deux côtés jusqu'à la

---

[a] Sauv., t. III, p. 468. — [b] *Ibid.*, p. 459 ; *Gall. Chr.*, t. VII, col. 267. — [c] *Tab.
S. Magl.* — [d] *Req. Ey.*, 23 mart.

rue des Juifs. Là elle commence à n'avoir plus que le côté gauche jusqu'à la vieille rue du Temple, où elle a les maisons situées à la main gauche jusqu'à la rue S. Antoine.

Dans cette rue S. Antoine en allant vers la rue de Joüi, à commencer au coin de la vieille rue du Temple d'un côté, et de l'autre côté à commencer à la maison qui fait face à cette même rue du Temple, elle a la plûpart des maisons tant à droite qu'à gauche, et qu'il seroit difficile de désigner ici à cause qu'elles sont entremêlées avec plusieurs de Saint Gervais, surtout à main droite et même dans le cul-de-sac de la Guêpine. Dans la rue de Joui, elle a tout le côté gauche, et il ne lui manque de l'autre côté que les Hôtels de Fourci et d'Aumont, puis elle a les deux côtés de la rue de Fourci et de la rue des Nonains-d'Hieres, au bout de laquelle à droite son territoire renferme le carré de la rue de la Mazure, et s'étend sur le Quai des Ormes ou place aux Veaux jusqu'à la rue du Paon-blanc inclusivement, et dans la rue de la Mortellerie il avance à peu près autant, et cela des deux côtés.

Tel est le grand continent de cette Paroisse, où l'on voit que sont renfermées la rue de Fourci, la rue Percée, les rues du Figuier, des Prêtres, des Barres, des Jardins, de Ste Anastase, de S. Paul l'ancienne et la neuve, des Lions, de Gerard Boquet, des trois Pistolets, de Beautreillis, de Petit-musc, de la Cérisaie, de Lesdigueres, des Tournelles, du Pas de la Mule, du Foin, des Minimes, de Ste Catherine, de l'Egout Ste Catherine, la rue Payenne, la rue des Balets, celle de Cloche-perce et la grande rue S. Antoine.

Il y a quelques cantons détachés. Le plus notable commence vieille rue du Temple au coin de la rue de la Croix-blanche, et s'étend à gauche de ladite rue du Temple jusqu'au premier coin de la rue des Blancsmanteaux où il tourne à gauche, et il continue à cette main jusqu'au coin de la rue du Puits; gagne dans la rue de Sainte Croix de la Bretonnerie à la maison qui est la huitiéme depuis la rue Bourg-Tiboud, et continue jusqu'à cette même rue qu'il a toute entiere, et poursuit dans la rue de la Croix-blanche jusqu'au coin où elle a son commencement.

Les autres écarts de la Paroisse de Saint Paul sont dispersés d'une maniere assez bizarre dans la rue Grenier-sur-l'eau derriere

S. Gervais; de plus dans la rue Geoffroi l'Anier dont plusieurs ou presque toutes les maisons situées dans le côté le plus proche de S. Gervais sont de Saint Paul. Le cul-de-sac Putigneux en est aussi à l'exception du fond ; et même par-delà le bout de cette rue qui conduit à la riviere, la maison où l'on voit une image de la Sainte Vierge, et la maison suivante dite des quatre Vents, sont pareillement de Saint Paul [31].

L'ISLE LOUVIER est comprise dans la Paroisse de Saint Paul. M. Piganiol qui détaille les anciens noms donnés à cette Isle, avoue qu'on ignore la raison du nom qu'elle porte aujourd'hui. Je l'ai trouvée dans un titre du Prieuré de Saint Eloy ; non que ce Prieuré ait eu des droits sur cette Isle; mais c'est que la vente qui en fut faite en 1492, est contenue dans le même acte, par lequel André d'Epinay qualifié Cardinal de Lyon *et de Bourdeaux* fit l'acquisition d'une maison sise rue des Barrez en la censive S. Eloy[a]. Le vendeur du tout étoit Charles de Louvier Seigneur du Chastelet et de Nangis en Brie : il y dit qu'outre cet Hôtel il céde à ce Cardinal une Isle en deux piéces sise devant les murs de la clôture de Paris de devant les Célestins, aboutissante d'un bout à la riviere proche l'Isle aux Vaches, depuis dite de Notre-Dame chargé envers le Sieur ou Dame dont elle meut, de deux chapons et d'une mine de grain. Cet acte est du 13 Septembre. Ainsi il n'y a pas à douter que ce ne soit de Messieurs Louvier qui la possederent au XV siécle qu'elle a eu son dernier nom. Ce nom de Louvier est fort connu dans les Registres du Parlement. Un Charles de Louvier, que je croy avoit été fils de celui dont je viens de parler, y étoit Conseiller en 1541. Il mourut le 18 mars 1545, et fut inhumé à Saint Jean en Gréve. Son éloge se trouve à ce jour-là dans les Registres de cette Cour. Sauval[b] qui a ignoré que l'Isle Louvier eût appartenu à Charles Louvier, dit qu'en 1582 Nicolas Pagevin Maître de la Chambre aux deniers du Duc d'Anjou en étoit propriétaire.

HOTEL DE S. PAUL. Je n'ai pas beaucoup à ajouter à la description que M. Piganiol a donnée à ce vaste Hôtel. On sçait qu'il n'a eu ses commencemens que sous le roi Charles V ; et que cela

---

[a] *Tab. S. Elig*, rue des Barrez, n, 4. — [b] T. I, p. 155.

vient de ce que quand il n'étoit que Régent en 1361 la Ville de Paris lui avoit fait présent de l'Hôtel qu'elle avoit acheté du Comte
d'Etampes[a] : qu'ensuite pour l'augmenter, ce Prince acheta en
1365 de l'Archevêque de Sens l'Hôtel que les Archevêques de cette
Ville avoient dans Paris. Mais on ignore qu'auparavant ce dernier
lieu avoit été rempli de quelques maisons et vergers du Prieur de
Saint Eloy[b] contigus aux murs du jardin qui appartenoit à l'Abbé
de S. Maur : que de plus il y avoit aussi eu dans ces emplacemens
un terrain provenant de Pierre Marcel Bourgeois de Paris, le tout
acheté dès l'an 1306 par Etienne Becard Archevêque de Sens du
consentement de son Chapitre.

La vente faite à Charles V, engagea les Archevêques de Sens à
bâtir dans le même quartier un autre Hôtel situé à la place où est
aujourd'hui l'Hôtel de Sens. Avant ces temps-là sous S. Louis, le
terrain d'entre les Carmes et S. Paul n'étoit qu'une Coulture de
S. Eloy[c], où le Comte d'Eu avoit acheté en 1250 la maison de
Philippe Commin bourgeois. Par la suite nos Rois eurent auprès
de leur Hôtel de S. Paul une espèce de ménagerie, où étoient gardés et nourris des lions pour le plaisir des Princes ; c'est un fait
dont on trouve la preuve vers la fin du même siécle, et dans le suivant jusqu'à l'an 1487[d]. Proche cette maison en étoit une autre qui
devoit au Roi à la Pentecôte de chaque année un chapeau de roses.
L'emplacement de cet Hôtel Royal de S. Paul est à présent rempli
par plusieurs rues ci-dessus nommées, où l'on a bâti des maisons
entre la riviere, l'Eglise Saint Paul, le Couvent des Célestins et la
rue S. Antoine : et il suffit de remarquer que ces rues sont fort
droites pour juger de leur nouveauté. Il y a aussi en ce même
quartier l'Hôtel de la Reine dont il est parlé en des titres de 1466[e],
et qui en 1498 étoit à la garde d'un concierge particulier : on disoit encore en 1536 de certaines maisons, qu'elles touchoient à la
Cour la Reine [32].

LA CHAPELLE DE Ste MARGUERITE, bâtie sur la Paroisse
de Saint Paul au faubourg de Saint Antoine vers l'an 1625, a occasionné le démembrement de tout ce faubourg de la même Paroisse

---

a Mem. de la Chamb. des Compt. — b *Tab. S. Elig.* — c *Ibid.*, — d Sauv., t. III, ad
ann. 1399, 1416, 1461, p. 257, 270, 369, 480. — e *Tab. S. Elig.*

de Saint Paul, sur laquelle on compteroit sans cela un bien plus grand nombre de Couvents ou Communautés, que celui dont je vais donner le dénombrement.

COUVENTS

SITUÉS SUR LA PAROISSE DE SAINT PAUL.

SAINTE CATHERINE DE LA COUTURE, ancien Prieuré de Chanoines Reguliers de l'Ordre du Val des Ecoliers, établi vers l'an 1230 [33].

LES CELESTINS ont été établis en 1352, dans le lieu où les Carmes avaient logé avant eux [34].

LE PETIT SAINT ANTOINE, ainsi dit pour le distinguer de l'Abbaye de Saint Antoine sise au faubourg, est une maison d'Hospitaliers de Saint Antoine en Viennois, qui furent établis en ce lieu vers l'an 1360. Pierre de Maignac, Secretaire du Roi, et Marie Alori sa femme, avoient eu le dessein de fonder une Chapelle en leur Eglise; c'est ce qui fut exécuté en 1454 par Antoinette leur fille, veuve de Guillaume Lamy, Clerc des Comptes [35].

LES RELIGIEUSES DE L'AVE-MARIA furent établies en 1480, à la place des anciennes Beguines, lesquelles avoient eu du Roi l'an 1264, par cession d'Etienne Abbé de Tiron [a], une partie de leur terrain [36].

LES JESUITES DE LA MAISON PROFESSE. Cet établissement est de l'an 1580 [37].

LES MINIMES, établis vers l'an 1611. L'Archevêque de Paris leur permit [b] en 1666 d'exposer à la vénération du peuple la mître de S. François de Sales, tirée de son tombeau en 1641, et donnée par M. de Nucheze Evêque de Challon [38].

LES FILLES DE LA VISITATION SAINTE MARIE, en la rue S. Antoine, dont l'établissement est d'environ l'an 1628 [39].

LES FILLES BLEUES, ou Annonciades Célestes, établies rue Couture Sainte Catherine vers l'an 1630 [40].

[a] Tres. des Chart., cod. 31. — [b] Reg. Ep., 30 jan.

DE L'EGLISE DE SAINTE MARGUERITE

Nouvelle Paroisse demembrée de celle

DE SAINT PAUL

L'Eglise de Saint Paul étant originairement située dans les champs, il convenoit, lorsqu'elle fut érigée en Paroisse, que les habitans de toutes les Coutures ou Cultures qui se trouvoient entre elle et les villages de Charonne et Conflans, la reconnussent pour leur Eglise, d'autant plus que la plûpart de ceux qui cultivoient ces Coûtures, étoient des Hôtes du Prieuré de Saint Eloy, dont les principaux amenoient les produits de leur labourage à une Grange considérable placée proche Saint Paul, et connue encore aujourd'hui sous le nom de Grange de S. Eloy.

C'est ce qui a continué, nonobstant la séparation que les remparts et la construction d'une porte sembloient former. Mais le faubourg Saint Antoine étant devenu fort peuplé, il fut besoin d'y établir une succursale vers l'an 1634 dans une Chapelle de Sainte Marguerite, bâtie neuf ou dix ans auparavant.

Cette Succursale a été érigée en Cure en 1712, et le droit du Prieur de Saint Eloy, qui étoit revenu à M. l'Archevêque par la réunion du Prieuré à sa dignité, a été conservé dans la nomination à cette nouvelle Cure, après plusieurs procédures dont on peut voir ailleurs le détail. Il a paru vers l'an 1740 une petite brochure sur cette Paroisse, que l'on peut consulter. Outre cela, M. Piganiol s'est fort étendu là-dessus, comme aussi sur la nouvelle Eglise, et sur les legs mémorables que M. Jean-Baptiste Goy premier Curé y a fait de ses deux Bibliothéques, par son testament du 26 Novembre 1737; l'une à l'usage des Ecclésiastiques de la Paroisse, l'autre à l'usage des pauvres Paroissiens [1]. Ce qui fut démembré de la Paroisse de Saint Paul pour constituer celle de Sainte Marguerite, consistoit dans toute l'étendue du faubourg Saint Antoine, à commencer à la porte, jusqu'à la rue du Reservoir de la ville, et continuant à droite la rue de Menil-montant, revenant delà aux moulins dudit Menil-montant, et au hameau Mont-Louis dont elle a un côté, rabattant ensuite à Picquepusse jusqu'à la vallée de Fécan et le Petit-Bercy : et delà le long du bord de la Seine [42] jusqu'aux remparts de Paris [43].

COUVENTS ET COMMUNAUTÉS

SITUÉS SUR LA PAROISSE DE SAINTE MARGUERITE

Suivant l'ordre de leur établissement.

L'ABBAYE DE SAINT ANTOINE, qui est de Religieuses de l'Ordre de Citeaux, fondée en 1198. On y conserve une relique de Saint-Antoine, apportée de son Abbaye, chef d'Ordre en Viennois, qui opéra en 1666 sur une Religieuse une guérison qui fit ordonner un *Te Deum* le 30 Septembre par M. de la Brunetiere Vicaire Général [44].

LES PENITENS RÉFORMÉS DU TIERS ORDRE DE SAINT FRANÇOIS, établis vers l'an 1600. On appelle quelquefois ces Religieux du nom de Picquepusses, qui est celui du lieu où ils sont. Ce que j'ai trouvé de plus ancien où ce nom soit spécifié, se voit dans Sauval [a]. Il y est parlé à l'an 1478 d'une vigne siuée à Picquepusse. Un titre du Prieuré de S. Eloy de l'an 1499 nous apprend de plus que ce Prieuré avait alors des vignes *au terroir de la Grande Chambrerie, lieu dit la Grant Picquepusse* [b]. J'ai lu encore que le premier Septembre 1573, l'Evêque de Paris permit à J. B. Tiercelin Evêque de Luçon, de bénir une nouvelle Chapelle de N. D. *in loco de Picquepusse intra fines Parochiæ S. Pauli ;* avec trois autels [c]. C'est apparemment cette Chapelle qui servit pendant quelques années au premier Couvent que les Capucins eurent en France, lequel fut à Picquepusse. J'ai trouvé ensuite qu'en 1588, Emery de Rochechouard Evêque de Sisteron, en considération de Diane de France sœur du Roi, Duchesse d'Angoulême, ayant donné à Robert Richer Ermite de l'Ordre de Saint Antoine, admis au Diocèse de Senlis par l'Evêque, une maison, oratoire et jardin sis à Picquepusse ; Jean Prevost, Vicaire Général de l'Evêque de Paris, lui permit d'y demeurer avec Pierre Richer son frere, pourvu qu'ils n'y

---

[a] Sauval, t. III p. 434. — [b] *Tab. S. Elig.* — [c] *Reg. Ep.*

administrassent point les Sacremens[a]. Enfin j'ai vu une permission[b] donnée par l'Archevêque au mois de Mars 1638, d'établir à Picquepusse des Religieuses de Ste Marie de Mouzon. Un fait remarquable concernant les Pénitens qui ont occasionné cette digression, est qu'en travaillant l'an 1745 à une Chapelle de leur Eglise, on a découvert le corps du Vénérable Antoine Leclerc en son entier[45]. Voyez ce que j'ai écrit sur ce pieux personnage en mes Mémoires sur l'Histoire d'Auxerre, T. 2, p. 509.

LES FILLES DE LA TRINITÉ, que le peuple appelle Mathurines, établies dans la petite rue de Reuilly en 1618[46].

LES FILLES ANGLOISES, ou DE LA CONCEPTION, établies en la rue de Charenton en 1635 et 1655[47].

LES HOSPITALIERES DE LA ROQUETTE, sous la régle de S. Augustin, rue de la Roquette, établies en 1639[48].

LES FILLES DE LA CROIX, établies rue de Charonne en 1639[49].

LE PRIEURÉ DE LA MAGDELENE de Benedictines réformées, venues de Trainel, puis de Melun Diocèse de Sens, et fixées à Paris rue de Charonne en 1644[c]. Madame d'Orleans, Abbesse de Chelles, qui s'y étoit retirée, y a fait présent de quelques reliques de Ste Bathilde, qui ont été reconnues en 1721 par M. de Vintimille[50].

LES CHANOINESSES REGULIERES DE S. AUGUSTIN, établies à Picquepusse en 1647[51].

LE PRIEURÉ DE NOTRE-DAME DE BON SECOURS de Benedictines mitigées, établies rue de Charonne en 1648[52].

LES ANNONCIADES DU S. ESPRIT, rue Popincourt, et par abrégé rue Pincourt, établies en 1654[53].

LA MAISON DES PERES DE LA DOCTRINE CHRETIENNE, établis en 1677 vers la vallée de Fécan dans la rue de Bercy proche une petite Chapelle où le seigneur de Bercy faisoit dire les Dimanches et Fêtes une Messe en faveur des habitans trop éloignés de l'Eglise de Saint Paul, alors leur Paroisse. Leur translation du

---

[a] *Reg. Episc.*, 29 Aug. — [b] *Ibid.* — [c] *Reg. Archiep.*

Bourg-la-Reine en ce lieu qui leur avoit été donnée par Jacques Champion Avocat, fut approuvée à l'Archevêché le 6 Mars 1677, à condition qu'ils indemniseroient le Curé [54].

L'HOPITAL DES ENFANS TROUVÉS, fondée en la grande rue du faubourg, l'an 1677 [55].

LA COMMUNAUTÉ DE N. D. DES VERTUS, établie rue S. Bernard pour l'instruction des filles en 1681 [56].

LES FILLES DE STE MARTHE, établies rue de la Muette en 1719 [57].

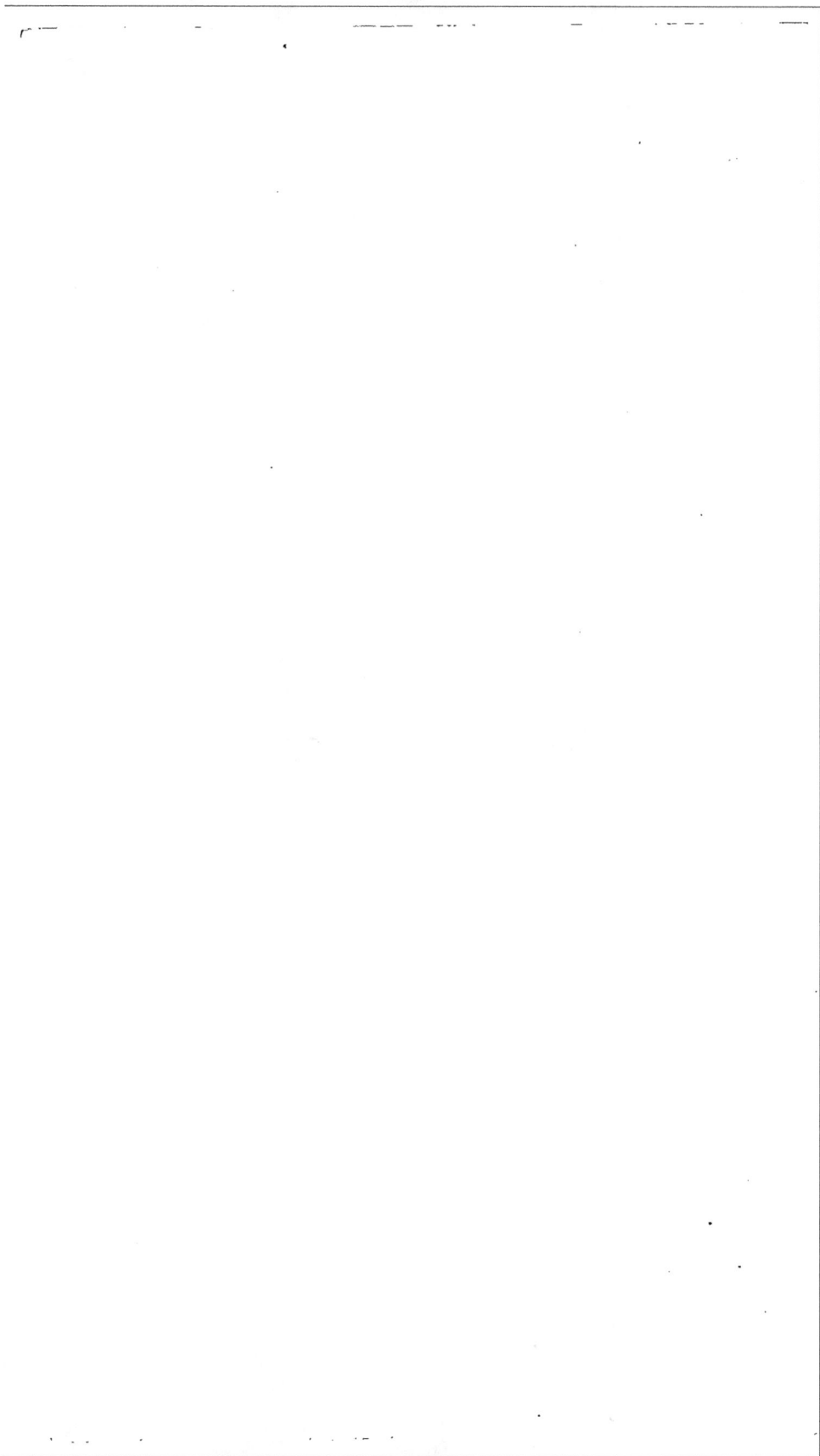

NOTES

ET

ADDITIONS

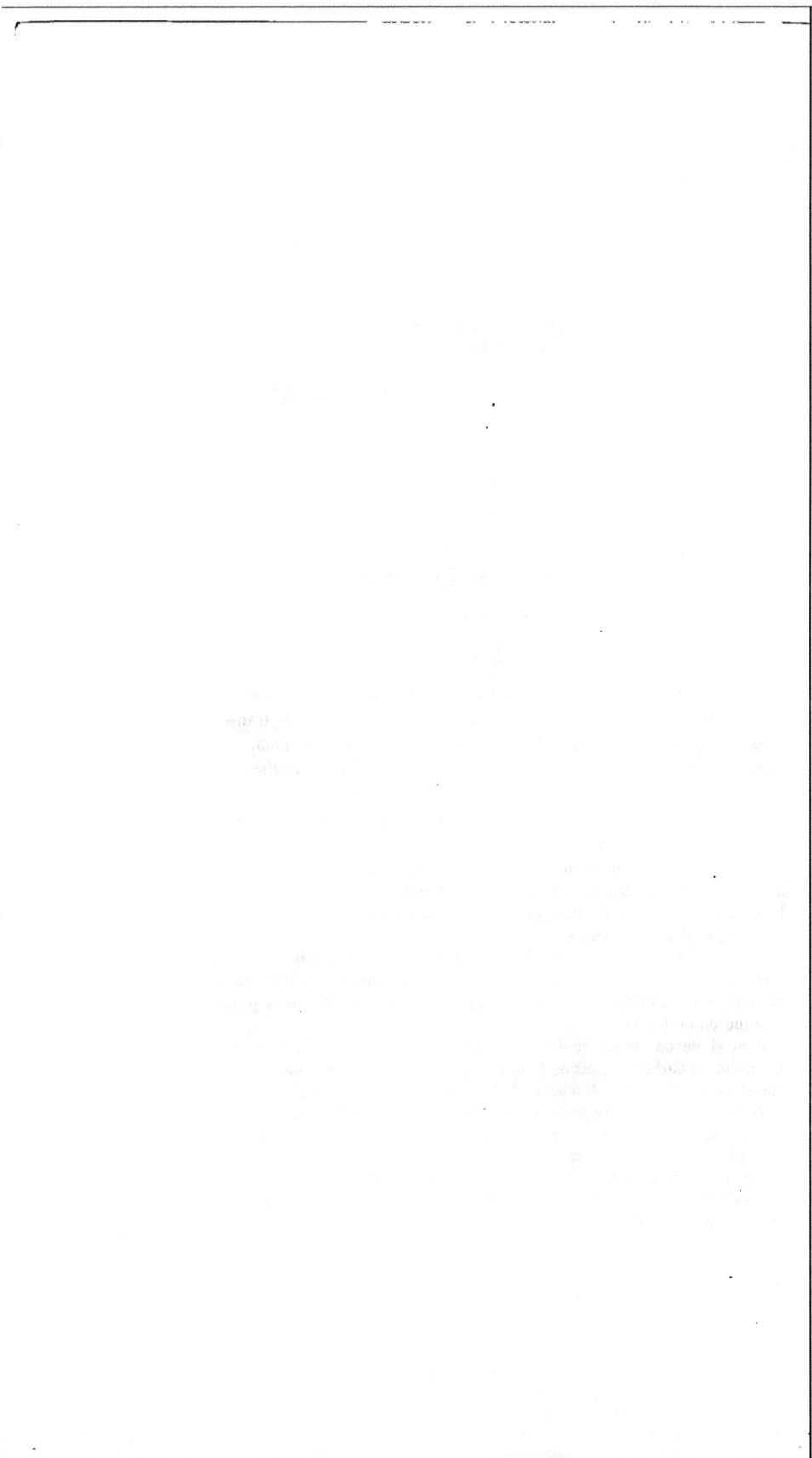

CHAPITRE IV

MONASTÈRE DE SAINT-MARTIAL

DIT DEPUIS

SAINT-ÉLOI

[1] Il ne faut pas confondre cette *ceinture de Saint-Éloi* avec la censive du prieuré qui s'étendait fort loin. Un document du xiiie siècle, transcrit dans le cartulaire de Saint-Éloi sous le titre : « *C'est l'ordenance au prieur de S. Eloy de Paris, comment la terre de S. Pol et dailliers de Paris doibt être esbournée* » nous permet de juger de l'étendue de cette censive, quoique les termes employés pour décrire ces limites soient quelquefois bien vagues et bien indécis :

Premierement lan doit commencier au poissonniers de la porte Baudoier à la meson Jehan des Cremaus, laquelle meson est de Saint Eloy, par laquelle les viez murs de Paris alerent, tout au suivant à senestre jusques à la meson Guillaume d'Arches.

Item si devra aller de la meson Richart le charbonnier laquelle est de Saint Eloy qui joint à la meson Guillaume Roussiau le peletier qui est an lantrée de la meson à la Guespine à mein destre tout ansuivant jusques a la meson de joi.

Item si devon retourner de l'autre part de la voie à mein senestre, à la meson au barbier qui est de saint Eloy, laquelle fait le coingnon de ladicte rue et de la rue Saint Anthoine, tout ansuivant jusques au coingnon de la rue Perciée, à mein senestre jusques à la grant rue Saint Anthoine.

Item de l'autre coingnon de cele rue Perciée, des la meson Nicholas de Biaugrant, laquelle est de saint Eloy qui tient à la grant rue Saint Anthoine, va ensuivant jusques au coingnon de la rue Perciée, et toute la rue Perciée à main destre, an revenant contre mont vers la rue de la posterne saint Pol, jusques au mileu de cele rue à une meson où il a 11 marmousez de pierre.

Item si devon commancier à la posterne des murs si con lan vet au S. Pol à mein senestre tout ansuivant jusques au coingnon qui est devant le devant dit monstier.

Item ci devon commancier à la porte des murs de Barbeel à main destre jusques à Saine, par derrieres en alant vers les barres tout ansuivant jusques au coingnon si com lan avale au Saine et tout jusques à Saine port et arrivage.

Item toute la place wide et le port jusques aus mesons Sainte Genevieve et dillecques sur l'eau jusques au poncel, port et arrivage.

Item des ledit poncel à mein senestre, si comme li rus s'en vet jusques au pont Perrin.

Item si devon commancier au coingnon an alant vers les barres à mein senestre, ouquel coingnon les granches Jaque Boucel sunt jusques au fosse qui est antre la folie Jehan Morel.

Item si devon revenir arreres vers la porte de Barbeel à la meson qui fu Renault le Camus, laquelle est Saint Eloy qui joint à la rue Morteene jusques à la meson qui fet le coingnon, laquelle fut Guibourt qui rampone, laquelle est S Eloy, et de ce coingnon tout ansuivant d'une part et d'autre an alant vers S. Pol tout à destre et à senestre, jusques à la chauciée de la rue S. Anthoine.

Item des le coingnon qui joint à la granche S. Eloy, laquelle meson fut Guillaume Gailliart à main destre tout ansuivant, au alant vers le pont le Perrin jusques au ru qui cuert à Seine.

Item toute la partie le roy de la rue Moitoiene.

Item de l'autre part de la chauciée du pont Perrin an alant vers le val des Escoliers à mein destre de la meson Sance le macon, tout ansuivant jusques à la meson feu Michel le Queu.

Item de la meson Michel Pet de Cerf qui est oudit terrouer, laquelle fait le coingnon de la rue Saint Pol, qui siet sur la chauciée Saint Anthoine à mein senestre tout ansuivant jusques à la porte des murs de Paris.

Item de la dicte porte par dedanz les murs à mein senestre an alant vers la meson docans tout ansuivant, jusques au quarrefour du coingnon ou li Barbiers est, laquelle est du dit terrouer.

Item des la devant dicte porte à mein destre, an alant vers la meson au roy de Sezile, jusques an la porte qui est an la ruele au roy de Sezile, laquelle est de la meson ou li viconte de Melun demeure, laquelle meson est dudit terrouer.

Item des le coingnon de la ruelle qui vet vers la meson au roy de Sezile, ou quel coingnon li Fevres demeure en alant vers legle à mein destre, jusques à la meson ou demeure Thomas li charrons à laquelle la terre Saint Germain l'Aucerras commence.

Item si devon commancier à la ruele derrieres la meson du dit Thomas en retournant vers la meson au roy de Sezile à mein destre tout ansuivant jusques à la meson au devant dit Fevre.

Item an la viez rue du Temple à la meson feu Alere des pollices, qui est oudit terrouer et fet le coingnon de la rue Anquetin le Faucheur et devon aller par celle petite ruelle à main destre tout ensuivant, jusques au coingnon du bourt Thibot, qui est dudit terrouer.

Item de celle meson au devant dit Alere, an la dicte viez rue du Temple, tout en suivant à main senestre jusques au coingnon qui tourne à aler an la Bretonnerie qui est dudit terrouer.

Item de ce meesmes coingnon toute la Bretonnerie à mein senestre jusques au coingnon du bourt Thibot, qui est du dit terrouer.

Item toute la rue du Bourt Thibot à destre et à senestre jusques à la place du viez semetire S. Jehan.

Item des le coingnon du bourt Thibot par devers la Bretonnerie, an alant vers le four du Temple à mein senestre tout en suivant juques à la rue du Franc-Murier qui est Saint-Eloy et des le coingnon de la dicte rue à mein senestre jusques à la meson à l'arcediacre de Châlous, laquelle meson est de Saint Eloy.

Item toute la circuité d'enviran Saint Eloy d'une part et d'autre des lius de l'entrée Saint Eloy qui est devant la court le roy en alant tout autour jusques à cel huis meesmes.

[2] La paroisse Saint-Martial était dans un fort triste état financier bien avant 1715, puisqu'en 1703 la recette ne s'élevait qu'à 2,197 liv. 10 s., tandis que la dépense montait à 2,977 liv. 16 s. 10 den., ce qui donnait un déficit de 780 liv. 6 s. 10 den.

[3] La châsse de sainte Aure, qui était en argent, renfermait le corps de la sainte. Elle fut volée en grande partie et dépouillée aux mois de janvier et de mars 1741. Les Barnabites l'avaient fait rétablir en 1755. Ces religieux possédaient aussi le haut de la crosse de sainte Aure.

[4] La châsse de saint Eloi était en bois doré. Les religieux possédaient aussi un fragment du bois de la vraie croix, une épine de la couronne et un ossement du doigt de saint Fiacre.

[5] Ce manuscrit était relié d'un côté avec une plaque d'argent représentant Notre Seigneur; de l'autre, avec une plaque d'ivoire représentant la Vierge.

[6] Si l'on en croit la déclaration du supérieur des Barnabites, faite en 1790, la bibliothèque des religieux paraissait être dans un triste état : « Il est impossible, dit-il, de fournir un catalogue des livres étant dans « ladite maison; il n'en existe qu'un très-ancien et très-incomplet. Cette « bibliothèque contient 12 à 13,000 volumes dans lesquels il n'y a aucun « manuscrit ou livre rare; je l'ai fait examiner par un habile libraire, « qui a déclaré qu'elle ne serait vendue qu'au poids. » D'après un inventaire sommaire fait par le célèbre de Bure, on voit que la dépréciation du supérieur des Barnabites était exagérée, et que la bibliothèque, quoique sans grande valeur, en avait cependant plus qu'il ne le croyait.

[7] M. Berty a indiqué sur son plan de l'ancien Paris ce four qui faisait le coin oriental de la rue Saint-Eloi et de la rue de la Vieille-Draperie.

[8] Entre Isembard et H., il faut placer un prieur dont le nom n'est connu que par l'initiale G. et qui figure dans un acte publié par les éditeurs du *Cartulaire de N.-D. de Paris* (tome Ier, p. 363).

[9] Ansel était encore prieur en 1218 (voy. *Cartul. de N.-D. de Paris*, t. II, p. 464).

[10] Un acte du mois de décembre 1230, inséré dans le *Cartulaire de Notre-Dame de Paris* (tome II, p. 446) est signé par le prieur G. Est-ce Gaucher ou Geoffroy?

[11] Entre Geoffroy et J., on doit placer PIERRE, choisi au mois de décembre 1254 par l'abbé de Saint-Maur-des-Fossés pour le représenter dans un procès que cet abbé avait à soutenir contre le chapitre de Notre-Dame (voy. *Cartul. de N.-D. de Paris*, t. II, p. 542).

[12] Dans la pièce du 6 mai 1353, transcrite dans le *Cartulaire de Saint-Éloi*, cité par Lebeuf, le nom de ce prieur est Greesle.

[13] Ce cartulaire, conservé aux Archives de l'Empire sous la cote LL. 167, est un petit in-folio sur vélin, à la fin duquel on lit : Anno Domini millesimo trecentesimo nonagesimo primo, prima die mensis Januarii fuit rescriptum istud cartulare et fecit illud cartulare rescribi Homo nobilis optime memorie frater Petrus Philipelli, humilis prior prioratus monasterii S. Eligii parisiensis et illud rescripsit frater Johannes Lathomi monachus dicti prioratus. Orate pro eo, si vobis placuerit.

[14] Comme on peut le voir dans le cartulaire du prieuré de Saint-Eloi, cette maison religieuse possédait des biens assez considérables à Paris [1] et dans les environs. Ces biens retournèrent à l'archevêché de

---

[1] Le cartulaire de Saint-Eloi est un des documents les plus précieux pour l'histoire de la topographie de Paris; j'ai cru devoir extraire de ce manuscrit les principales rubriques qui indiquent l'itinéraire suivi par le receveur du prieuré, pour toucher les cens qui revenaient au monastère. Je regrette que l'espace ne me permette pas de donner *in extenso* ce précieux document. Ce que je publie est néanmoins la partie la plus utile et la plus curieuse. On suit très-bien le percepteur dans sa course à travers les rues, les places et les ruelles, souvent sans nom, de Paris :

TUNC SEQUNTUR CENSUS CAPITALES SIVE FUNDI TERRE SUPER TOTA TERRA PREDICTA IN QUOCUMQUE TERMINO SUNT DEBITI :

Census fundi terre super termino beati Remigii.

Et incipiendum est in introitu parve ruelle veteris cimiterii sancti Johannis prout in eadem ruella intratur a parte dextera ad secundam domum que est in introitu illius ruelle, que domus est bassa et cooperta desiente.

Tunc transeundi sunt illi hucherii et incipiendum est ad domum que facit cuneum vici Anquetini falcatoris ad manum sinistram prout in eodem vico intratur.

Vicus franci mori.

Census vici de jardinis qui solebat vocari vicus medietaneus et debemus incipere versus vicum de posterna, descendendo per dexteram partem ad vicum de Barbello.

Postea revertendum est quasi eundo versus barratos ad manum sinistram,

Paris, et, lorsque les Barnabites vinrent habiter le prieuré en 1631, ils n'eurent aucune part au bénéfice et ne subsistèrent que par le secours des fidèles. L'église qui dépendait de la paroisse de Saint-Pierre-des-Arcis et la maison qu'ils habitaient au moment de la Révolution avaient

et idem redeundo ad manum dexteram versus portam de Barbeello, et inde ascendendo ad manum dexteram per vicum de Jardinis usque ad cuneum superiorem qui est a parte sancti Pauli.

Census fundi terre termini sancti Andree.

Est incipiendum ante portam regis ad domum deffuncti Petri de Cormeliis que est contigua porte nostre.

Tunc eundum est ad alteram partem ejusdem vici, versus ecclesiam Sancti Petri de Arsiciis, ad domum que facit cuneum ad oppositum hostii dicti Sancti Petri de Arsiciis, in qua moratur Stephanus de Corbolio.

Postea revertendum est ad magnam domum contiguam muris parvi virgulti nostri in qua est quidam gradinus se protendens extra domum illam de super calceyam.

Tunc transeundum est usque ad aquatorium platee Sancti Michaelis.

Tunc revertendum ad cuneum vici de Stella et in eodem vico ad manum sinistram eundo versus Parvum Pontem.

Tunc transeunde sunt tres alie domus usque ad Balistam.

Postea revertendum est ante ecclesiam Sancti Petri de Arsiciis ad domum Stephani de Corboliis.

Platea que est ante ecclesiam Sancti Petri de Arsiciis.

Vicus Fabarum.

Domus furni nostri.

Furnus regis.

Tunc transeunda est ecclesia Beate Marie Magdalene et sequitur domus faciens cuneum in qua moratur nunc Dyonisius de Ruollis.

Tunc dimictandus est ille vicus, et ille ordo totus, et transeundum est ad vicum de Marmosetis usque ad magnam domum ad Marmosetos.

Postea revertendum est ad vicum Sancti Petri ad Boves.

Tunc revertendum est ante magnam plateam que est ante ecclesiam Beate Marie que dicitur Puisus.

Juxta ecclesiam Sancte Crucis.

Viciculum qui vocatur vicus Gerousii le Lorrent.

Tunc intrandum est in quadam stricta ruella que est quasi ad oppositum predicte domus (domus que facit cuneum Pelliparie) sicut itur ad Secanam.

Revertendum est ad Pellipariam a parte plancarum [1] Magni Pontis.

Vicus S. Germani Autissiodorensis.

Ad oppositum vici Lotricum.

Ante Carnificeriam ad domum que facit cuneum in quo venduntur pulli et cuniculi, sicut itur ad Sanctum Jacobum.

Carnificeria.

Stricta ruella per quam itur ad domum Laurentii dicti Chat Blanc.

---

[1] Les planches.

été construites de leurs propres deniers, sans que l'archevêché y contribuât pour sa part. Les Barnabites étaient au nombre de dix ou de douze prêtres, sans compter un certain nombre de frères convers. Ces prêtres se consacraient aux fonctions du saint ministère, prêchaient à

Stricta ruella que vocatur vicus Johannis le Conte.

Tunc transeunda est dicta ruella usque ad aliam strictam ruellam ad manum dexteram, que similiter tota transeunda est usque ad cuneum vici qui dicitur la Heaumerie.

Ruella ad oppositum vici Saponarie.

Ad vicum de Mibray.

Avenaria.

Ad domum confratrie Sancti Jacobi de Carnificeria Parisiensis que juncta est capitulo dicte ecclesie.

Tunc eundum est in vicum qui dicitur Estacheria.

Ultra portam Sancti Martini de Campis ad manum sinistram sicut itur ibi ultra viciculum parvum.

Archetum Sancti Mederici.

Vicus S. Boniti.

Vicus des Arsiz.

Vicus de Marinas.

Census fundi terre termini conversionis sancti Pauli.

Vicus Sancti Anthonii.

Vicus à la Guespine.

Vicus Perforatus.

Vicus False Posterne.

Tunc reverti debemus et exire portam S. Anthonii et incipere ad Pontem Perrini.

Vicus Sancti Pauli.

Census fundi terre termini sancti Johannis Baptiste.

Parva ruella per quam itur de vico de Calenda ad Orberiam.

Orberia.

Gravia.

REDDITUS GROSSI

Terminus S. Remigii.

Et incipere debemus in Barillaria.

Totus circuitus prioratus nostri.

Viciculum immundum contiguum ecclesie S. Petri de Arsiciis.

Vicus Marmosetorum.

Vicus Fabarum.

Pelliparia.

Ultra Magnum Pontem ad vicum qui dicitur Vetus Moneta.

Avenaria.

Vicus qui dicitur Britonarum.

Sainte-Pélagie tous les premiers vendredis de chaque mois, et faisaient une exhortation tous les samedis aux prisonniers détenus dans les cachots de la Conciergerie. Leur couvent était le lieu de résidence du provincial et du conseil de la province; il servait de maison de noviciat.

Porta Baldeorum ante licias ubi venduntur pisces.
Ultra aquilam ad furnum S. Pauli.
Falsa poterna S. Pauli.
Vicus S. Pauli.
Ripa Secane ad manum sinistram sicut itur ad Fratres Barratos.
Culture nostre retro Barratos.

Redditus grossi termini Nativitatis Domini.

Vicus Barillarie.
Ad Kalandram.
Vicus S. Petri ad Boves.
Vicus ad Fabas.
Platea ante S. Petrum de Arsiciis.
Ante furnum nostrum S. Auree.
Judearia.
Ultra Magnum Pontem, ultra Pullinariam parvam.
Vicus de Marivas.
Avenaria.
Ad cuneum vici Burgi Tibodi.
Ad cuneum vici Anquetini le Faucheur super veteri vico Templi.
Ante licias Sancti Gervasii ubi venduntur pisces et anseres decoquuntur.
Ultra aquilam ad furnum sancti Pauli.
Vicus qui dicitur Perforatus.
Ultra portam S. Anthonii.
Olliacum.
Grignon.
Villa Nova regis.

Redditus grossi termini Pasche.

In Barillaria.
Ad Kalendram.
Juxta portam nostram per quam intrant quadrige.
Judearia.
S. Marina.
Vicus ad Fabas.
Avenaria.
Britonnaria.
In burgo Tibodi.
Ante licias S. Gervasii.
Ultra portam S. Anthonii.

Redditus grossi termini Nativitatis S. Johannis Baptiste.

Barillaria.

et de maison de repos pour les religieux qui avaient travaillé dans les colléges à l'éducation de la jeunesse.

Le 26 janvier 1790, Don Eusèbe de la Garde, supérieur des Barnabites, déclara que le couvent était alors habité par dix prêtres, y compris le provincial, que les religieux possédaient quatre maisons à Paris, rues Saint-Eloi et de la Calandre, louées 4,250 liv., que les rentes sur le roi montaient à 8,273 liv. 9 s. 9 den., que les rentes sur particuliers étaient de 355 liv., et qu'ils percevaient en outre 158 liv. 12 s. 9 den. comme intérêts de l'argenterie qu'ils avaient déposée à la Monnaie en 1759 et en 1789. Ces recettes qui formaient un total de 13,037 liv. 2 s. 6 den. étaient très-supérieures aux charges qui se montaient à 1,103 liv. 7 s. 6 den

Les scellés furent apposés dans le couvent des Barnabites le 12 janvier 1791, et la maison des religieux, devenue propriété nationale, fut vendue en partie, les 6 prairial, 1er messidor an v (25 mai et 19 juin 1797) et 11 thermidor an vi (29 juin 1798).

L'église qui avait été conservée servait de dépôt général des comptabilités de France. Elle a été abattue en 1862, à l'exception de la façade, que l'on a transportée devant l'église des Blancs-Manteaux. (Voyez le tome I de cet ouvrage, p. 374.)

On sait que le quartier de la Cité, où s'élevait le couvent des Barnabites, a été complétement démoli, et que sur son emplacement on a élevé une caserne.

BIBLIOGRAPHIE

MANUSCRITS

Les Archives de l'Empire renferment dans les sections administrative

Platea S. Petri de Arsiciis[1], etc.

D'après un inventaire fait au mois de juillet 1256 des biens et revenus du prieuré de Saint-Eloy par Jean de Paris, Godefroi, diacre de Paris, et Odon, cardinal-diacre, juges députés à cet effet, on voit que le prieuré possédait des biens aux lieux dits Victriacum, Bretonvilla et Messa, Mesumpitheum et Vallis Putheolorum, Villa nova regis, Greignon, Orliacum, Arcollium, Alnetum in Belsia, Pruvinum, Morteriacum et Berelle ibi prope Nuilliacum.

Le cartulaire de Saint Eloi renferme encore des documents qui prouven que les religieux de Saint-Eloi avaient des biens à la Villette (Villeta S. Lazari), Charonne (Charrona), Pantin (Pantinum), aux lieux dits : de Bello-Campo, Tulleim, Corona, de Valle Augeri, Tricoillet, Clausum Jacquelini, Vallis S. Martini, ante pressorium S. Martini, Plaute, ante Bordellum, en val Bordel, dou Chaudel, au chemin Saint-Denis, Vinea Galteri, Corbon du Courtre, Bafer, Tirebarbe, les Noiers, Saviis, Poitronville, Martinet, Neudon, la Nouelle, les Cornes.

[1] Les noms cités au terme de la Nativité sont les mêmes que ceux indiqués plus haut.

et historique un grand nombre de documents sur le prieuré de Saint-
Eloi et les Barnabites.

Les deux premiers cartons de la section administrative concernant
Saint-Eloi (S. 1182-1183), renferment des contrats de constitution de
rentes, des quittances de rachat des taxes des boues et lanternes, des
baux à loyer, des titres du fief Guillory, qui avait appartenu à la
famille de Thou, des titres de rentes, un recueil de pièces intéressantes,
au point de vue topographique, pouvant servir à limiter la censive
du prieuré de Saint-Eloi, des titres du fief de Bretonvilliers, sis en la
paroisse de Messe-en-Beauce, relevant de l'archevêché de Paris, à
cause du prieuré de Saint-Eloi, son annexe, des titres concernant les
redevances dues à la commanderie du Temple par le prieur de Saint-
Eloi, des pièces de procédures faites au parlement en 1738 et années
suivantes, au sujet de la collation de la cure de Sainte-Marguerite;
le troisième (S. 1184), des contrats de ventes d'héritages, sis à la Villette et à Pantin, dans la censive du prieuré de Saint-Eloi, des procédures et saisies féodales contre certains propriétaires de biens sis à
Belleville, la Courtille, la Villette et Pantin, qui n'avaient pas payé les
cens et droits seigneuriaux, des contrats de ventes faites entre différents
particuliers, propriétaires d'héritages, sis aux terroirs de Belleville et de
la Courtille dans la censive du prieuré de Saint-Eloi, des notes et mémoires instructifs concernant les droits de censive appartenant à l'archevêché de Paris, à cause du prieuré de Saint-Éloi, aux terroirs de Belleville
et de la Courtille, des déclarations et titres nouveaux des cens et rentes
passés par différents particuliers, propriétaires d'héritages sis à Belleville, de 1624 à 1647; le quatrième (S. 1184 *bis*), des extraits d'ensaisinement, des contrats de ventes d'héritages sis à la Villette et Pantin
dans la censive du prieuré de Saint-Eloi, de 1531 à 1704, des baux à
loyer de terres sises à la Villette et à Pantin, de 1594 à 1621, des déclarations à terrier au terroir de Belleville, des années 1534 à 1610, des
déclarations à terrier au terroir de la Courtille, de 1497 à 1646, des
censiers des terres et seigneuries de Belleville et de la Courtille, des
années 1528 à 1540, un registre des recettes des censives de 1302 à
1416; le cinquième (S. 1185), des baux à loyer de la ferme située au
village du Tremblay-en-France, appartenant à l'archevêché, à cause
du prieuré de Saint-Eloy, des titres de procédure à cause des propriétés
du Tremblay, des déclarations des terres dépendantes de la ferme du
Tremblay, un mesurage des terres du Tremblay, une déclaration au
terrier des terres du Tremblay, des observations sur les terres de la
ferme tenue à loyer par le citoyen Chauconin au village du Tremblay
en France, un mesurage des terres du Tremblay, de la ferme seigneuriale de Vitry, des baux à rente, un plan d'une pièce de 8 arpents situés
au Port-à-l'Anglais faisant partie des terres de la ferme seigneuriale de

l'archevêché de Paris à Vitry, une déclaration de terres dépendant de la ferme de Vitry, des procédures au sujet des droits dépendant du prieuré de Saint-Eloi en la paroisse de Vitry, des titres d'une rente sur une terre sise au terroir du Tremblay due par le seigneur du fief des Tournelles, dit Pequigny, situé entre le grand et le petit Tremblay, des titres de propriété de la ferme du Tremblay, des baux à loyer de la ferme seigneuriale de Vitry; le sixième (S. 1186), des titres de rentes, des pièces mêlées concernant Vitry, Belleville, Maisons-en-Beauce, le fief de Bretonvilliers en la paroisse de Messe-en-Beauce, le Tremblay, Grignon, Orly, Villeneuve-le-Roy, des baux à loyer de maisons, des pièces concernant une échoppe au Grand-Châtelet; les septième et huitième (S. 1187-1188), des titres de cens et rentes dues à Paris, des constitutions de rentes; le neuvième (S. 1189), des titres de rentes sur terres et maisons situées au Pont-au-Choux, rue des Amandiers, rue du Roi-de-Sicile, rue du Faubourg-Saint-Antoine, rue de Charonne.

Dans la section historique, il y a deux cartons et un registre.

Le premier carton (L. 612) renferme : 1° un *Rotulus* des procédures et jugements de l'official de Paris qui maintient les prieur et religieux de Saint-Eloi dans le droit de décimes de blé et de vin sur trois arpents de terre sis au-dessous des limites de la paroisse Saint-Paul, près du chemin de Saint-Maur-des-Fossés en la censive desdits religieux et celle du chambrier de France et oblige Alexandre Des Mares à reconnaître ledit droit et à payer les arrérages qu'il devait (12 mai 1423); 2° un fragment de recettes au XIVe siècle; 3° quelques pièces de procédure; 4° une liasse de pièces tendant à prouver la propriété des dîmes en la paroisse de Belleville, vendues au curé de Saint-Merry le 20 juin 1618; 5° des pièces relatives au droit de haute-justice du prieuré, rue Bourgtibourg, en 1493, etc.; le second carton (L. 613) renferme des documents concernant les dîmes de Belleville, cédées plus tard à Saint-Merry, des déclarations, des fondations de messes, des pièces de procédure, des quittances, etc., et un dossier de pièces de procédure de 1488 à 1531 relatives à une dîme située dans la paroisse Saint-Paul et que cette paroisse contestait au prieur de Saint-Eloi qui en était propriétaire.

Le registre coté LL. 167 est le cartulaire dont j'ai parlé plus haut.

Un carton coté L. 684 renferme quelques pièces sur Saint-Martial. Ce sont des fondations de messes des 13 septembre 1468 et 16 juillet 1608, deux baux de maisons et une déclaration générale des revenus en 1703.

Un registre coté LL. 846 renferme les délibérations de Saint-Martial de 1668 à 1696.

Les documents relatifs aux Barnabites sont conservés dans les sections administrative et historique.

La section administrative compte huit cartons et un registre.

Le premier carton (S. 3647) renferme la déclaration de 1790, les quittances de rachat de la taxe des boues et lanternes, des quittances d'amortissement des francs fiefs, un contrat entre l'archevêque de Paris et les Barnabites du 18 juillet 1668, des pièces relatives au cloître de Saint-Éloi et à la propriété de quatre lignes d'eau ; le second (S. 3648) des pièces du xvi° siècle relatives à une maison de la rue de la Vieille-Draperie, à l'enseigne de l'image Saint-Jacques, des dépenses de verrerie, charpenterie, etc., faites dans ladite maison, des titres de propriété et autres, des titres de rachat de rentes sur cette maison ; le troisième (S. 3649), des pièces relatives à la propriété et aux servitudes de la maison dite du Ciedat, rue de la Barillerie, acquise le 26 avril 1664, de M. de Rostrenen, des titres de propriété de la prison de Saint-Éloi sise dans la cour du couvent, acquise, le 18 mars 1777; le quatrième (S. 3650), des pièces relatives aux propriétés des Barnabites et aux servitudes que les religieux peuvent exiger des propriétés voisines, des plans, dessins et autres pièces, des pièces de procédure à cause des propriétés appartenant aux Barnabites, des transactions, arrêts et autres pièces, des mémoires et des titres de propriété d'une maison sise cour Saint-Éloi; le cinquième (S. 3651), des titres de propriété de maisons sises rue de la Calandre; le sixième (S. 3652), des baux d'échoppe, des déclarations de biens depuis 1641 jusqu'en 1647, des baux de maisons, des titres de propriété d'immeubles situés à Paris, rue de la Savaterie, rue Saint-Éloi; le septième (S. 3653), des titres de propriété de la maison dite de la Croix-Blanche, située rue de la Savaterie; le huitième (S. 3654), des pièces relatives aux colléges dirigés par les Barnabites à Dax, Gueret et Montargis, des titres anciens de la maison des Halles à Montargis, des baux de maisons et titres de propriété rues de la Calandre, Saint-Éloi, de la Vieille-Draperie, des procédures relatives aux murs mitoyens et un registre in-4° intitulé : Rentes passives et actives de la maison de Saint-Éloi, à Paris, l'an 1647.

Le registre coté S. 3655 est un in-folio intitulé : Repertoire des titres, R. P. Barnabites, 1735.

Dans la section historique, il y a un carton et quatre registres.

Le carton coté L. 925 contient le permis aux Barnabites d'imprimer l'Abrégé de la vie du bienheureux Alexandre Soli, de juillet 1742, le procès-verbal du vol fait à la chàsse de Sainte-Aure, du 13 mars 1741, une bulle du 27 avril 1542 pour l'aliénation des places de Saint-Éloi, un Inventaire des reliques en 1576, un Inventaire des ornements en 1541, une copie de l'attestation de la chàsse de Sainte-Aure, un mémoire du poids de l'argenterie de Saint-Éloi, l'autorisation de tenir six étaux de boucherie, un recueil d'arrêts et ordonnances relatives à l'ordre des Barnabites, à leurs droits d'établir des colléges en France, un tableau du temporel de l'ordre et les actes du collége de Saint-Éloi de Paris, un recueil de pièces relatives à l'établissement des Barnabites à Paris, des contrats de rente sur l'État pour fondations, des baux d'immeubles, des obligations, etc., etc.

Le premier registre (LL. 1483) est un cartulaire commencé en 1641; le second (LL. 1484) est un autre cartulaire renouvelé en 1673; le troisième (LL. 1485) renferme les fondations des Barnabites de 1631 à 1755; et le quatrième (LL. 1486) est un livre des bienfaiteurs en 1622.

IMPRIMÉS

La vie et les miracles de sainte Aure, abbesse de l'ordre de Saint-Benoit, avec l'antiquité, changement et décadence de son monastère, et fondation des églises de Saint-Martial, de Saint-Éloi, de Saint-Paul et autres antiquités de Paris; par Jacques Quétif, bourgeois de Paris. *Paris*, 1623, et 2e édit., 1625, in-8o,

Voyez aussi la *Vie de S. Aure*, par Fr. Giry, dans le *Recueil des Vies des Saints*, au 4 octobre.

Office de sainte Aure, à Saint-Martial de Paris, avec l'éloge ou abrégé de sa vie. *Paris*, 1729, in-8°.

Statuts et établissement de la confrérie de la charité de la paroisse S. Martial à Paris. *Paris*, 1678, in-12.

Voyez aussi le *Bulletin du Comité, de la langue, de l'histoire et des arts de la France*. *Paris*, 1854, 2e série, t. Ier, p. 414.

SAINTE-CROIX DE LA CITÉ

[15] Le 25 février 1790, Pierre Bitter, curé de Sainte-Croix, déclara que les revenus de sa cure montaient à 800 liv. (200 liv. de gros payé par la fabrique et 600 liv. de casuel). On peut juger par ces revenus du peu d'importance de cette paroisse.

L'église Sainte-Croix[1], fermée en 1790, fut vendue comme propriété nationale, le 2 mars 1792, et abattue en 1797; le portail seul fût conservé, et servit d'entrée à la maison que l'on construisit sur son emplacement, rue de la Vieille-Draperie, n° 4. En démolissant cette maison, en 1846, pour l'achèvement de la rue Constantine, on trouva sous l'ancien sol de l'église, qui avait été respecté, les restes d'une maison romaine, des médailles et des monnaies impériales.

BIBLIOGRAPHIE

MANUSCRITS

Les Archives de l'Empire renferment quelques documents sur l'église de Sainte-Croix de la Cité.

Dans la section historique, il y a un carton et quatre registres.

Le carton coté L. 634 contient un testament de Jean Richard, prêtre, qui lègue en 1575, tous ses biens meubles à l'église Sainte-Croix.

Le premier registre (LL. 700) renferme les délibérations de 1608 à 1724; les deux suivants (LL. 701-702) sont un matrologe fait en 1668, et le quatrième (LL. 703) est un registre des offices en 1724.

Dans la section administrative, il y a un carton et un registre.

Le carton coté S. 3322 renferme des titres de rentes foncières sur maisons à Paris, des titres et pièces concernant une rente de 100 liv. assise sur une maison située rue Saint-Jacques, près le carrefour Saint-Séverin, des titres de procédures contre divers, relatives à la rente de 90 liv., sur héritages sis à Clamart, pour la fondation de Lucas Carpentier, curé de Sainte-Croix, par acte du 15 juin 1650, des procédures relatives à une rente de 33 liv. 6 s. 8 den., assise sur une maison à Chaillot, due par Jean Cochery, valet de pied de la duchesse douairière d'Orléans, et son épouse, par contrat du 31 août 1650, des pièces concernant la fondation de Michel de la Roüe, avocat, pour marier une pauvre fille de la paroisse, le 8 février 1714, des titres d'une rente foncière de 20 liv. sur héritages à Vitry-sur-Seine provenant d'une fondation faite, le 4 juillet 1694, par Jacqueline d'Orléans, veuve Cornu, des procédures à propos d'une rente percevable à Clamart de 1637 à 1648, des fondations, des procédures contre d'anciens marguilliers, des anciens titres de propriété d'une maison appartenant à la fabrique et des pièces relatives à la mitoyenneté du mur du presbytère et à une ruelle située entre l'église et une maison sise en la ruelle Sainte-Croix.

Le registre coté S. 3323 est intitulé : Livre des coppies des anciens titres des biens de Sainte-Croix, depuis l'an 1361, petit in-fol. sur papier, de 175 feuillets.

IMPRIMÉS

Notice historique sur le quartier de la Cité, à Paris, à l'occasion de la démolition des restes de l'église paroissiale de Sainte-Croix. Article de Troche. *Revue archéologique*, t. III, 1846-1847, p. 740.

Oraison funèbre de très-haut et très-puissant seigneur M. Charles de Sainte-Maure, duc de Montausier, pair de France, prononcée dans l'église de Sainte-Croix en la Cité, le 24 aoust 1690, par M. l'abbé Jullard du Jarry. *Paris*, 1690, in-4°. (Bibl. Maz., n° 10370 N.)

On trouve dans la *Statistique monumentale de Paris*, par M. Albert Lenoir, une planche intitulée : Edifice, voie, fragments de l'époque romaine, découverts dans la rue de la Vieille-Draperie, près l'église Sainte-Croix, 1 pl.

Voyez aussi Lenoir, *Musée des monuments français*, t. VI, p. 35.

SAINT-PIERRE-DES-ARCIS

[16] Ce n'est pas le 4 mai, mais bien le 24 mars 1424, que la dédicace eut lieu. On voit par l'acte authentique conservé aujourd'hui aux Archives de l'Empire (L. 701), que cette église comptait cinq autels dédiés à saint Pierre, sainte Marie, saint Barthélemi, saint Jean-Baptiste et saint Yves. L'évêque y plaça des reliques de la Vraie Croix, des ossements de saint Barthélemy et des onze mille vierges.

[17] Ce n'est pas vers 1720, mais bien le 13 août 1722, que la paroisse Saint-Martial a été réunie à celle de Saint-Pierre-des-Arcis.

[18] La paroisse de Saint-Pierre-des-Arcis était l'une des moins importantes de Paris et l'une des plus pauvres. Des déclarations de 1775 (revenu : 9,430 liv. 9 s. 2 den.; — charges : 9,851 liv. 13 s. 7 den.), et de 1747 (revenus : 8,615 liv. 16 s. 1 den.; — dépenses : 9,336 liv. 11 s. 1 den.) montrent que les dépenses étaient toujours plus fortes que les recettes, et la déclaration faite le 3 février 1790 par le curé Roch Damien du Bertrand, témoigne du peu de valeur de la cure, puisque le titulaire ne jouissait que de 1,814 liv. de revenu [1], sur lequel il payait encore 200 liv. de décime.

L'église Saint-Pierre-des-Arcis, devenue propriété nationale, servit de dépôt aux cloches destinées à la fabrication de la monnaie de cuivre. Achetée le 13 ventôse an v (3 mars 1797), elle fut vendue par l'État à la condition d'être démolie et de donner passage à une rue qui fut exécutée en 1812, et qui prit le nom de rue du Marché-aux-Fleurs. Cette rue vient de disparaître pour la reconstruction de l'Hôtel-Dieu.

BIBLIOGRAPHIE
MANUSCRITS

Les documents sur la paroisse Saint-Pierre-des-Arcis sont conservés aux Archives de l'Empire, dans les sections historique et administrative.

Le premier carton de la section historique (L. 701) renferme des titres de rentes sur les aides et gabelles, un acte de la dédicace de l'église du 24 mars 1424, un inventaire des effets en 1774, d'autres inventaires et des contrats de rentes; le second (L. 702), des contrats de fondation, des pièces concernant les pauvres de la paroisse, des testaments, une déclaration de 1747, un titre de fondation de lits aux Incu-

---

[1] Fief sis à Villejuif, près le Tremblay, affermé 200 liv.; portion de terre à Vernoux, rapportant 24 liv.; terre à Belleville, louée 36 liv.; rente sur la seigneurie de Moussy : 20 liv.; maison louée à Paris : 550 liv.; honoraires des messes payées par la fabrique : 649 liv.; casuel : 335 liv.

rables pour la paroisse, l'acte d'établissement de la confrérie de la charité pour les pauvres malades de Saint-Martial, le 8 décembre 1677, une pièce concernant la confrérie du Saint-Sacrement érigée dans l'église du Roule, le 8 juin 1699.

Les deux premiers registres (LL. 912, 913) renferment les délibérations de 1613 à 1708 et de 1709 à 1735; le troisième (LL. 914) contient l'état des rentes dues à la fabrique.

Dans la section administrative, il y a quatre cartons.

Le premier (S. 3482) renferme des titres de rente sur la terre et seigneurie de Moussy-le-Vieil, des titres des biens attachés à la cure, des titres concernant une pièce de vigne à Belleville, des actes de foi et hommage rendus aux religieux de Saint-Denis, à cause du fief de Pomponne, des titres de rentes sur des héritages sis à Vernon, au-dessus de Fontainebleau, des déclarations passées par les censitaires du fief de Pomponne, les titres du fief de Pomponne, les titres d'acquisition de ce fief, des baux de 12 arpents 7 perches de terre composant la moitié du fief de Pomponne; le second (S. 3483), des titres de rentes sur maisons sises à Paris sur terre sise au Carouge, paroisse de Bretigny, des titres d'une maison rue des Marmousets, des titres de propriété de l'église, des procès-verbaux, délibérations et autres pièces concernant l'ancienne maison presbytérale de Saint-Martial et sa reconstruction, des quittances du rachat des boues et lanternes, des titres d'une maison de la rue de la Vieille-Draperie, où pendait pour enseigne la nef d'argent, des baux des maisons sises rue aux Fèves de 1714 à 1777, des baux de la maison rue Saint-Éloi de 1674 à 1778, de la rue de la Vieille-Draperie de 1655 à 1779, de l'emplacement de Saint-Martial de 1735 à 1780, des procès-verbaux de visite, alignements, etc., des rentes sur une maison de la rue de Seine, sur une maison de la rue de la Juiverie, des réductions de messes, des pièces relatives à la réunion de la paroisse Saint-Martial à celle de Saint-Pierre-des-Arcis (13 août 1722), des pièces concernant une chapelle fondée dans l'église de Saint-Pierre-des-Arcis sous le titre de Saint-Jean-Baptiste et particulièrement un titre de rente de 200 liv. constituée en 1673, par le titulaire, sur une maison de la rue des Marmousets; les troisième et quatrième (S. 3484, 3485), des titres de rente, des titres de la maison du Vertbois, rue de la Vieille-Draperie, et des maisons de la rue aux Fèves, de la Saveterie.

IMPRIMÉS

Recueil de plusieurs arrêts, et en particulier de celui rendu pour la paroisse de S. Pierre des Arcis, concernant les logemens et droits des curés, etc., par rapport aux Règlemens des fabriques. *Paris*, 1728, in-4°.

Règlement pour la paroisse S. Pierre des Arcis. *Paris*, 1764, in-4°.

Exhortation pour les mariages de la ville, célébrés en l'église de Saint-Pierre-des-Arcis, le mardi 9 novembre 1751, à l'occasion de la naissance de monseigneur le duc de Bourgogne (par Jean-Charles-Louis Crespeaux, curé de S. Pierre des Arcis). *S. n. d. l. n. d.*, in-4°.

Exhortation faite en l'église paroissiale de Saint-Pierre-des-Arcis, à l'occasion des aumônes du roi, pour inviter les fidèles d'assister à la messe solennelle d'actions de grâces, pour la conservation de la santé de Sa Majesté (par Jean-Charles-Louis Crespeaux). *S. n. d. l. n. d.* (3 février 1757), in-4°.

SAINT-PIERRE-AUX-BŒUFS

[19] La note suivante donne raison à l'auteur du Pouillé de 1450.

[20] Tout ce que Lebeuf dit dans ce chapitre sur l'origine et le surnom de l'église de Saint-Pierre-aux-Bœufs, est dénué de fondements. Si le savant abbé avait consulté une charte de Teudon, vicomte de Paris, du 23 août 925, publiée en partie par du Bois dans son *Historia ecclesiæ Parisiensis*, t. 1, p. 535, et analysée par Mabillon (*Annal. Bened.*, t. III, liv. 42, n° 79, p. 384) et Félibien (*Histoire de la ville de Paris*, t. I, p. 116), il aurait vu qu'une église de Saint-Pierre, alors détruite, avait été donnée aux religieuses de l'abbaye des Fossés, pour y bâtir un lieu de refuge, et il aurait pressenti, j'en suis sûr, que cette chapelle ne pouvait être que l'église primitive, remplacée dans la suite des temps par Saint-Pierre-aux-Bœufs. Maintenant. comment cette chapelle, *cellula*, était-elle devenue la propriété du vicomte de Paris? C'est ce qu'il serait difficile de préciser : il y a lieu de penser cependant, que la chapelle dédiée à saint Pierre avait été, comme beaucoup d'autres, aliénée par la précaire ou l'inféodation, puis usurpée et considérée par les détenteurs comme des propriétés ordinaires, aliénables à volonté. Quoi qu'il en soit, cet acte de donation prouve : 1° qu'une église de Saint-Pierre existait dans la cité dès le ixe siècle, puisqu'elle était déjà détruite en 925 ; 2° que l'église de Saint-Pierre-aux-Bœufs appartenait dès le commencement du xe siècle à Saint-Pierre-des-Fossés, c'est-à-dire deux cents ans avant que le prieuré de Saint-Éloi ne fût donné à cette célèbre abbaye. Ajoutons que ce prieuré de Saint-Éloi n'a peut-être appartenu aux moines de l'abbaye des Fossés, qu'à cause de la chapelle de Saint-Pierre qu'ils possédaient déjà depuis longtemps dans la cité, et qu'il est aussi probable que c'est pour cette raison que l'évêque Maurice de Sully mit Saint-Pierre-aux-Bœufs en tête de la liste des églises dépendantes de Saint-Éloi, en 1195.

Voici ce document précieux que tous les historiens modernes de Paris ont négligé, et qui m'a été signalé dernièrement par mon confrère et ami M. Boutaric, qui l'avait retrouvé avec la mention *ad Boves* dans le *Cartulaire de Saint-Maur-des-Fossés*, du xv⁰ siècle, conservé aux Archives de l'Empire sous la cote LL. 116, fol. 143 :

QUOMODO TEUDO VICECOMES PARISIORUM DEDIT CENOBIO FOSSATENSI ECCLESIOLAM SANCTI PETRI, QUE DICITUR AD BOVES.

In nomine Dei eterni, annuente pietate Dei, Teudo Parisiorum vicecomes, notum fieri volumus omnibus Sancte Dei Ecclesie fidelibus quia quidem venerabilis abbas Adhelneus cenobii Sancti Petri Fossatensis, una cum quibusdam ejusdem cenobii monachis accedens ad nos humiliter, deprecatus est quatinus quamdam aream terre ex nostro beneficio consistentem infra urbem Parisiacam, cum quadam cellula in honore sancti Petri funditus destructa, ad refugium supradictorum monachorum omniumque suorum jure censuali concedere dignaremur. Nos autem rationabilem ejusdem abbatis Adhelnei considerantes petitionem, pro amore Dei sanctique Petri apostolorum principis et peccaminum meorum absolutione, pari assensu domni ac prestantissimi marchionis Hugonis, senioris nostri, seu ejusdem civitatis episcopi Fulradi, predictam aream terre habentem ex uno latere pedes LXIIII, de alio pedes LX, tam prefato abbati quam successoribus ejus simulque monachis ejusdem loci, causa refugii, ut jam dictum est, perpetualiter, jure censuali concessimus, et litteras manus firmitatis exinde fieri jussimus; quod ita et fecimus, eo videlicet ordine ut, omni tempore, idem abbas Adhelneus successoresque ejus, et monachi ejusdem cenobii sancti Petri, predictam aream, cum omni securitate et absque alicujus persone impulsione, ad utilitatem sepe dicti sancti Petri servorumque ejus, teneant atque possideant, nullam etiam inquietudinem ab aliquo homine inibi pacientur nec vigilias civitatis, nec receptionem hospitum faciant. Si quid autem ex possessionibus jam dicti monasterii inibi venundandum est, nullus judex, neque vicarius nec ulla opposita persona ullam rem requirere audeat, sed, sicut mos est, monachorum vitam atque religionem in predicta area ducant, exerceant, pro nobis etiam Domino preces humillimas effundere studeant, omni autem anno in festivitate sancti Petri que evenit III kalendas julii, solidos II tam nobis quam successoribus nostris persolvant; et si negligentes inde extiterint, canonice emendent et quod videntur nullatenus perdant. Imprecamur etiam coram Deo et sanctis ejus omnes successores nostros, ut sicut illorum facta firma et stabilia voluerint perdurare, ita hanc parvulam donationem nostram sinant permanere inviolabilem; et ut hec nostre cessionis cartula firmum et stabilem deinceps obtineat vigorem, manibus domini ac senioris nostri Hugonis, ac prefati episcopi Fulradi seu plurimorum bonorum hominum laicorum roborandam tradidimus.

Actum Parisius sub die x kalendas septembris. Signum Hugonis comitis atque marchionis seu abbatis. Signum Teudonis vicecomitis qui hanc cartulam fieri jussit atque firmavit. Signum Teubaldi vicecomitis. Signum Girmundi vicecomitis et aliorum xx, anno III⁰ regnante Rodulfo rege. Ercamfredus cancellarius scripsit.

L'église de Saint-Pierre, qui n'avait pas primitivement de surnom, fut probablement réédifiée par les moines de Saint-Maur-des-Fossés, puis détruite par l'incendie de l'année 1034. Elle fut alors reconstruite e prit le titre de Saint-Pierre-aux-Bœufs, soit en l'honneur des bourgeois de ce nom qui l'avaient fait élever à leurs frais, soit, ce qui me paraît plus probable, aux bouchers de Paris, qui y avaient établi leur confrérie.

On voyait à Saint-Pierre-aux-Bœufs les tombeaux de Jean de Hangest, écuyer (4 juillet 1484), Jean de Hangest, écuyer, seigneur de Pourclieu, son fils, natif de Montdidier, frère de Claude de Hangest, docteur ; Barbe le Boulenger, sa femme (21 août 1517); Jeanne de Linières, écuyer (27 juin 1501), Pierre Prudhomme, cons. au parl., décédé à Chartres, le 25 octobre 1518.

Le 18 février 1790, Julien Brière, prêtre du diocèse de Seez en Normandie, curé de Saint-Pierre-aux-Bœufs, déclara que les revenus de sa cure consistaient : 1° en une dîme sur les terres d'Attainville près Saint-Denis, affermées 160 liv.; 2° en 824 liv. payées par la fabrique, sur les fondations; 3° dans un casuel annuel de 100 liv. environ. Ce petit revenu était encore diminué par 66 liv. de décime, un acquit de cent treize messes à raison de 20 s. et un acquit de quarante messes à raison de 15 s. On voit, par un état de 1716, que les recettes de la fabrique étaient assez fortes (5,241 liv. 14 s. 6 den.) pour payer les dépenses (4,224 liv. 12 s. 11 den.).

Devenue propriété nationale, l'église Saint-Pierre-aux-Bœufs fut vendue le 8 fructidor an IV, mais on ne la démolit qu'en 1837, pour l'ouverture de la rue d'Arcole. On sait que cette église, qui servit longtemps de magasin de tonneaux, était ornée d'une fort belle façade, que la ville acheta en 1837 et qu'elle appliqua au petit portail de la façade occidentale de l'église Saint-Séverin.

BIBLIOGRAPHIE
MANUSCRITS

Il y a très-peu de documents sur l'église Saint-Pierre-aux-Bœufs conservés aux Archives de l'Empire.

Dans un carton de la section administrative (S. 3486), on trouve la déclaration de 1790, des quittances de droit d'amortissement, des procès-verbaux de visite, des baux de maison et de pièces de terre sises à la Pissotte de Vincennes, à Fontenay et aux environs, des pièces concernant l'église et le presbytère, des quittances de la taxe des boues et lanternes, une transaction de 1602 entre Sainte-Marine et Saint-Pierre-aux-Bœufs, au sujet d'une place « où soullait estre le presbytère de Sainte-Marine, » en échange de 40 liv. tournois de rente à prendre sur l'Hôtel-de-Ville. Un carton de la section historique, coté L. 702, renferme les comptes des marguilliers de la paroisse en 1746. Un registre LL. 915 contient les délibérations de 1625 à 1760.

L'architecte Lassus possédait dans son cabinet de nombreux dessins manuscrits concernant l'église Saint-Pierre-aux-Bœufs.

ÉGLISE SAINT-BON

[21] Rien ne prouve que la chapelle de Saint-Bon ait été construite sur l'emplacement de celle de Sainte-Colombe. D'abord, aucun texte ne vient appuyer cette hypothèse, et, de plus, il est probable que la chapelle réédifiée aurait continué à porter le même nom ou tout au moins à considérer sainte Colombe comme patronne, ce qui n'a pas eu lieu. Lebeuf dit, il est vrai, que les reliques de sainte Colombe ont été mises en sûreté à l'abbaye de Saint-Pierre-des-Fossés, lors des guerres autour de Paris; mais il faut avouer que le lieu était bien mal choisi pour les y renfermer, puisqu'il n'était point à l'abri des incursions redoutées.

Sainte Colombe, si honorée à Sens, a conduit naturellement l'abbé Lebeuf à considérer *Sanctus-Bonitus* comme une mauvaise leçon, et à le remplacer par *Sanctus-Baldus*, en souvenir du prieuré de ce nom, élevé dans la vieille métropole sénonaise. Mais, quoique par corruption Saint-Bon puisse descendre de *Sanctus-Baldus*, ce n'est pas une raison pour admettre que la chapelle de Paris ait été dédiée au saint honoré à Sens, quand tous les textes, même les plus anciens, fournissent sans exception la forme Bonitus.

[22] Saint-Bon fut détruit en 1792, et remplacé par un corps de garde, qui ne tarda pas à être démoli pour faire place à une maison qui a porté le n° 8 de la rue Saint-Bon, et qui a été abattue lors de la reconstruction de cette rue en 1853.

BIBLIOGRAPHIE

Les Archives ne renferment aucune pièce sur la chapelle Saint-Bon. Les documents qui concernent cette chapelle sont peut-être renfermés dans le fonds de Saint-Maur-des-Fossés, mais c'est fort douteux. Si cependant un hasard me les faisait rencontrer, dans la suite de mes recherches, j'indiquerais à la table les renseignements que la lecture de ces pièces m'aurait fournis.

ÉGLISE SAINT-PAUL

[23] Les raisons données par Lebeuf pour proposer saint Paul, ermite, au lieu de saint Paul, apôtre, ne sont guère acceptables. La tradition, le passage de la vie de Saint-Ouen, la station que le clergé de la cathédrale faisait en cette église le 30 juin, jour de la commémoration de l'apôtre, sont des arguments beaucoup plus décisifs en faveur de saint Paul, apôtre, que ceux donnés par Lebeuf en faveur de saint Paul, ermite.

[24] Une vitre d'une vieille salle basse d'une maison de la rue des

Poulies, qui, malheureusement, a disparu, complétait le vitrail dont parle Lebeuf. Il contenait les armoiries de la Pucelle. (Voyez à ce sujet un article de mon ami M. Vallet de Viriville, inséré dans le *Moniteur universel* du 1er avril 1855 et le tome I de la *Topographie historique du vieux Paris* (p. 94), par M. Berty[1].)

²⁵ Je joins, aux noms cités par Lebeuf, la nomenclature suivante, qui a été dressée d'après les épitaphiers manuscrits conservés dans les bibliothèques de Paris :

René de Cœuret, seign. de Verville, page de la chambre de Monseigneur, frère unique du roi, fils de Geoffroy de Cœuret, chev. de l'ordre du roi, gentilh. ord. de sa chambre et seign. de Nelle (15 nov. 1615). Jacques Brizar, seign. des Perrignes, conseiller au parlement (4 fév. 1623). Noel Regnouart, seign. du grand Bouinville et de Challo-Saint-Marc, cons. du roi et correcteur en la chambre des comptes, mort en sa maison, place Royale (14 oct. 1628). Saint Quintinien, abbé (?). Jean de Bellay, chev. (1503). François des Rues, secrétaire de la chambre du roi et receveur général de ses finances en la généralité de Soissons (?). Catherine le Vacher, sa femme (7 avril 1600). Anne des Rues, leur fille (12 mai 1605). Nicolas Reluye, maître tailleur de robes (15 juin 1613). Pierre Seguier, seign. de Saint-Cir, conseiller au parlement et doyen des maîtres des requêtes du palais (5 janv. 1625). Claude Letonnellier, notaire et secrétaire du roi, et trésorier général de ses finances à Orléans (2 septembre 1608). Marie le Charon, sa femme (?). Robert Bouvier, écuyer, seign. des Fenestreaulx[2], conseiller, notaire et secrétaire du roi (26 janv. 1620). Jean Legrand, docteur régent de la Faculté de médecine en l'Université de Paris (18 sept. 1558). Jeanne Maugarny, sa femme (12 avril 1553). Jean Scaron, seigneur de Maudiné, Longnes et Bois-Larcher en Brie, conseiller du roi et sous-doyen du parlement de Paris (29 sept. 1619). Marie Boyer, sa femme (22 août 1617). Claude Viole, seign. de Syresmes, Noyseaux et Soulaire en partie, conseiller au parlement (31 déc. 1581). Jeanne de Piedefer, dame de Saint-Liepard en Beauce, sa femme (?). Jean Nicot, né à Nismes, conseiller d'État et privé, ambassadeur en Portugal et maître des requêtes (10 mai 160?). Philippe-Alphonse Labbé, de Normandie, seign. de la Rocque, des Cajeuls et d'Auvillier, écuyer du roi Louis XIII (17 janv. 1617). Charles Gaillard, seign. du Bocquet, bourg. d'Abbeville (13 août 1584). Augustin Guillain, maître des œuvres, garde et ayant charge des fontaines de Paris, juré du roi, des œuvres de massonnerie (6 juin 1636). Philippe Passart, march. et bourg de Paris (3 sept. 1581). Catherine Texier, sa femme (13 juin 1579). Jean-Baptiste Champin, notaire et secrétaire du roi et de ses finances, seign. de Roissy et les Paillys[3] (3 mai 1500). Guillaume Parfait, march. et ancien échevin de Paris (1er janv. 1592). Marie Jacquemain, sa femme (7 août 1612). Claude Parfait, l'un des marchands ayant eu charge du roi Henri IV pour l'établissement des

---

1 J'avais dit, en parlant de cet ouvrage dans ma préface, il y a quatre ans, que cette topographie serait l'un des travaux les plus remarquables qui aient été publiés depuis longtemps sur Paris. Je suis heureux de constater que je ne m'étais pas trompé, et que le livre de M. Berty, qui vient d'être publié aux frais de la ville, est appelé à rendre les plus grands services aux érudits qui voudront s'occuper des antiquités de Paris.

2 Seign. des Frenctreaulx. Ms. 816 de l'Ars. 3 Les Palis. ms. n° 8217, P. de la Bibl. Imp.

manufactures d'argent et de soie (août 1612). Marguerite Perrochel, sa femme (?).
Jacques Parfait, conseiller du roi et président en sa cour des monnaies
(25 oct. 1629). Madeleine Mallet, sa femme (20 nov. 1612). Pierre Paulmier,
march. et bourg. de Paris (13 août 1521). Jeanne Parfait, sa femme (8 sept.
1527). Barthélemy Altoviti (?). Jeanne de la Robye, sa fille, femme de Me-
deric de Donon, écuyer, seign. de Chatres, conseiller du roi et contrôleur général de ses bâtiments (?). François Legrand, conseiller et receveur général
du taillon en Normandie (1633). Marie Dupré, fille de Jean Dupré, march.,
bourg., épicier et grossier de la ville d'Amiens, et femme de Stafford Grandin,
secrétaire de la chambre du roi (11 mars 1609). Catherine Hérouard, veuve
de Pierre Chastelin, cons. du roi et trésorier général de l'artillerie de France
(1628). Pierre Hérouard, son neveu (1er août 1629). Abel de Bugnons, seign.
dudit lieu, écuyer, cons. du roi et trésorier des ligues Suisses et Grisons
(5 fév. 1608). Anne Goulas, sa femme (oct. 1608). Jean Bardeaux, conseiller
d'État et secrétaire du roi (?). Catherine Payen, femme de Pierre de Crozon,
avocat au parlement (fév. 1615). Marc-Antoine Corvino, gentilhomme napo-
litain, écuyer de la grande écurie du roi (10 juin 1630). Antoine Corvino, son
fils (?). Robert Ceual, évêque d'Avranches (27 avril 1560). Angélique de Ca-
villac, native de Moncalieri en Piémont, demoiselle de chambre de la reine
d'Espagne, fille de France, femme de François de Monthel, seign. de Cavoret,
médecin ord. de la reine Louise douairière de France (8 décembre 1590).
Marguerite Leroy, veuve de Claude de Bernet, écuyer, seigneur des
Trois-Étaux, gentilhomme servant du roi, lieutenant de M. de Blerancourt,
au château de Péronne (13 avril 1637). Denisette de Bertichère, la-
vandière du corps du roi, femme de Husson de Bertichère, garde-huche
de l'échansonnerie du roi[1] (26 oct. 1441). César de Varège, écuyer
du roi et capitaine dans son artillerie (?). Jean Jacquellot, abbé de
Beillerbault, conseiller au parlement (156.?). Nicolas Caillard (163.?).
Agnès de Bailly, sa femme (?). Léonard Goulaz, avocat au parlement (25 mai
1571). Jacques Meraut, bourg. de Paris (11 déc. 1610). Pierre Durano, dit de
Bon-Cœur, écuyer, seign. de Saint-Laurent-des-Grecs en partie en Normandie
et maître d'hôtel du prévôt de Paris (?). Nicolle Cornuel, sa femme (1567).
Pierre Champeaulz, march. et bourg. de Paris (21 nov. 1588). Marie Corque,
sa femme (21 mai 1590). Guillaume de Hugonné, conseill. au parlement (?).
Charles de Gontault, duc de Biron, pair et maréchal de France (31 juill. 1602).
François Lefevre, avocat et conseiller du roi au parlement (?). Elisabeth
Mayence, femme de Dominique Beguin, pâtissier en l'État de S. A. Mme la
duchesse de Lorraine (18 déc. 1638). Jean Valtrain, premier homme de
chambre de la duchesse de Lorraine (20 oct. 1638). Antoine Lefebvre, conseiller, notaire et secrétaire du roi, contrôleur de ses finances (16..). Anne
Vivien, sa femme (1638). J.-B. Champin, bourg. de Paris (mai 1605). François
Monestier, né à Toulouse (2 août 1632). Jacques de Frize, bourg. de Paris
(1 avril 1510). Michel Richer, maître des œuvres de pavé des bâtiments

---

[1] Cette épitaphe que Lebeuf a publiée dans son *Histoire du Diocèse de Paris*, à cause des
fonctions remplies par les deux décédés, me rappelle, par sa curiosité, la mention de ces deux
personnages cités en 1300 dans le cartulaire de Saint-Antoine-des-Champs (Arch. de l'Emp.,
LL. 1595, f° 67 v°) : « Girart Damiens, vallet de la peleterie le roy et Alart, sa femme,
cotiere le roy. »

du roi (26 janv. 1610). Jean Muydorge, seign. de la Maillarde, cons. au parlement (juillet 1580). Madeleine de Lamoignon, sa femme (?). Geneviève Lemoisne, femme de Jean Leschenault (22 fév. 1610). Charles Hotman, seign. et baron d'Archères et Rougemont et des fiefs de Tilloy et Saint-Benoît, cons. du roi et maître ordinaire en la chambre des comptes (26 fév. 1588). Geneviève Perrot, sa femme (22 déc. 1579). Jean Leprevost, seign. de Brevau, Grandville et Malassis, clerc et auditeur du roi en sa chambre des comptes (16 déc. 1514). Julienne Lotin, sa femme (17 juin 1547). Marie Lotin, femme de Jean de Harlu, chev., seig. de Cramaille, premier baron de Valois, seigneur de Nully-Saint-Front et vicomte héréditaire dudit lieu (28 mai 1520). Démétrius Paléologue[1], écuyer, né à Constantinople, pannetier ordinaire du roi, capitaine de son hôtel des Tournelles à Paris (15..). Jeanne de Vitry, dame de Crespiere, sa femme (3 oct. 1554). Antoine de Sully, chev., seign. de Jusson et de Chauvigny, gentilhomme de la maison du Dauphin (4 nov. 1556). Jean Danlezi, chev., seign. de Dunflun, Siseli et Roches, enseigne de cinquante lances, sous la charge du duc de Nevers (18 juin 1549). Martin le Camus, conseiller au parlement (25 juillet 1554). Louise Legrain, sa femme (1er juillet 1578). Charles du Bec, conseiller au parlement, archidiacre et chanoine de Notre-Dame, curé de Saint-Paul (7 juin 1501). Nicole Lecoq, conseiller du roi et président en sa cour des aides, seigneur de Bièvre-le-Chatel, Giry et Villefavreuse (31 août 1528). Jaquette Spifame, sa femme (29 janv. 1542). Jacquette Lecoq, femme de Claude de Dormans, conseiller au parlement, seign. de Belval, Saint-Remi, Vers, Saint-Martin-sur-Barbuise, Bievre-le-Chatel et Giry, etc. (7 juin 1547). Charles de Lamothe, écuyer, seign. de Montbérard en Poitou, cons. au grand conseil (mai 1584). Philippe du Museau, dame de Vaon, Monbrillois et Lourdines en Loudunois, Montretout, la Grange au Bois et Arpanterie en Brie, sa femme (22 mai 1600). Prosper de Lamothe, leur fils, écuyer, conseiller au Châtelet et premier échevin de Paris (10 oct. 1628). Madeleine Muidorge, sa femme, fille de Muidorge, conseiller en la grand'chambre, et de Madeleine de Lamoignon (?). Antoine Disome, notaire et secrétaire du roi, greffier des requêtes de l'hôtel seigneur de Cernoy et du Plessis et marguillier de Saint-Paul (7 janvier 1492). Isabelle de Rofay, sa femme (25 déc. 1485). François Lescolopier, conseiller et correcteur en la chambre des comptes (12 nov. 1572). Madeleine Veau, sa femme, mariée, en secondes noces, à Jean Chevalier, cons. au parl. (16 juin 1602). Anselme Maugarny, docteur en la Faculté de médecine (22 juin 1500). Jean Avin, conseiller au parlement (?). Guillemette de Vic, sa femme (?). Guillaume Hennequin, conseiller au parlement (?). Marguerite Avin, sa femme (?). Chatar Chambon, notaire et secrétaire du roi (?). Antoine Legrouin, chev., baron de Crissé, capitaine de la garde à cheval du roi Charles VII, qui monta le premier à l'assaut de Pontoise contre les Anglais, où il fut blessé, dont il mourut, et par ordonnance du roi fut apporté en cette église le 11 décembre 1441, et après lui, Jean le Grouin, son fils unique, qui mourut servant le roi Louis XI à la journée de Montlhéry. Messire Marc le Grouin, vicomte de la Mothe au Grouin, neveu dudit messire Antoine, a fait mettre le présent écrit le 26 juillet 1518. Nicole Gilles, notaire et secrétaire du roi, clerc et contrôleur de son trésor, qui

---

[1] Dimitre Paillarque. Ms. de l'Ars.

a fait élever à ses frais la chapelle Saint-Louis en l'église Saint-Paul (10 juillet 1503). Marie Turquau, sa femme (7 sept. 1498). Philippe des Courtils, conseiller au parlement (29 mars 1447). Mile de Dampierre, écuyer, seigneur de Plancy et d'Ancy-le-Franc (24 mars 1502). Pierre de Cambray, seign. de la Fosse Sandarville.

> Le dixiesme jour de novembre (1567)
> L'esprit du corps luy fallut rendre
> Et ce fut le jour d'un lundy
> Entre Paris et le Landy
> En débatant la querelle
> De Jésus-Christ et ses fidelles,
> Estant au combat
> Soubz la charge du seigneur et comte de Brissac.
> De son cheval ruez par terre
> Par ses amis retourné guerre
> Pour che céans inhumez
> Priez Dieu pour les trepassez.

Claude de Belloy, conseiller et maître d'hôtel ordinaire du roi, grand maître des eaux et forêts de Picardie, seign. de Rogeau et de Combeaux (sept. 1611). Robert Lotin, seign. de Charny, Vaires, Arcy, etc., cons. au parl. (?). Marie Aguenin Leduc, sa femme (?). Guillaume Lotin, leur neveu, cons. du roi (?). Jeanne Bochart, sa femme (?). Guillaume Lotin, vicomte de Vaulx, chatelain de Chauny, seigneur de Charny, Martilly, Vaire, Arcy, Montecourt-Lizerolles, président au parlement de Paris (?) Madeleine Morin, sa femme (?). Michel Sublet, seigneur de Houdicourt (juin 1603). Lienard Phelippes, bourg. de Paris (20 avril 15..?). Aguès Chesnard, sa femme (29 mai 1597). Guillaume Phelippes, marchand et bourg. de Paris (?). Laurence Thevenin, sa femme (20 fév. ?). Marie Cardin, sa seconde femme (11 août 1607). Etienne Phelippe, son fils, bourg. et march. de Paris (7 oct. 1580). Jeanne Abelye, sa femme (15 août 1557 ?). Spinelli Bencio, évêque de Montepulciano (Politianus episc.), légat du Saint-Siége (4 id. août 1596). Claude Baudouin, Marie Menard, sa femme, et leurs enfants (XVIIe s.). Michel de la Vigne, docteur régent en la Faculté de médecine de Paris (16..?). Louise Leprevost, sa femme (?). Louis Coulon, juré du roi ès-œuvres de charpenterie et bourg. de Paris (?). Louise Thevenard, sa femme (4 déc. 1639). Aubin Gavetici, march., bourg. de Paris (26 nov. 1586). Catherine Simon, sa femme (6 mai 1601). Guillaume Millon, procureur au parlement (7 oct. 1610). Marie Leclerc, sa femme (13 janv. 1611). Marie Millon, leur fille, femme de Pierre Lequain, procureur au parlement (22 janvier 1605). Samson de Saccarssarre, contrôleur d'écurie du roi, seign. de Lamarche-Courvoyes (mars 1557). Marguerite Huot, sa femme (?). Marcelle Morin, femme de Pierre Leroy, march. et bourg. de Paris (13 oct. 1590). Jean Foulley, conseiller au parlement (7 kl. avril 1567). Pierre Foulley (17 juill. 1594). Claude Fontaine, femme de François Lefebvre (26 juin 1529). Marie Hue, veuve de Nicolas Bernard, seign. de Montebize (1639). Antoine Boyer, cons. du roi en ses conseils, secrét. du roi et de ses finances, seign. de Sainte-Geneviève-des-Bois (6 août 1641). Demoiselle de Halluin, fille d'Alexandre de Halluin, marq. de Wailli, et de ...... de Bassompierre (1640). Rauline Maurin, femme de Mesme Rausnay, maître boulanger et bourg. de Paris (23 nov. 1587). Mesme Rausnay (12 mai 1599). Michel Rausnay, leur fils, boulanger et bourg. de Paris (16..?). Geneviève de Hensy, sa femme (4 août 1649). Guillaume Lenoble, conseiller du roi et receveur du taillon de Lyon et trésorier payeur de la gendarmerie de France (29 décembre 1622). Anne de Here, sa femme (5 nov. 1638). Jacques Lutart, bourg. de Paris, marguillier de l'église Saint-Paul, Andrée de Nechaulx, sa femme, et leurs enfants (XVIIᵉ s.). Guillemette Colin, femme de Laurent Testu (?). Payot (?). Jean Bardeaux, seign. de Nogent-les-Vierges et de Vignolles, conseiller d'État et secrétaire du roi et de ses finances (163.). Pierre Mercier, march. de bois et bourg. de Paris (11 nov. 1580). Anne Boutillau, sa femme (28 sept. 1568). Guillaume Larcher, seign. de Langle (1597). Jean Belet, bourg. de Paris et organiste de Saint-Paul (11 janv. 1635). Jacques Lefebvre, parisien, docteur régent en la Faculté de théologie en l'Université de Paris et curé de Saint-Paul 25 (février 1597). Martin de Bragelongue, conseiller du roi, lieutenant particulier de la prévôté de Paris, maître des requêtes de la reine, et conseiller de ville (27 avril 1569). Marguerite Chesnart, sa femme 1569). Philippe Macé, notaire et secrétaire du roi, receveur de la ville de Paris, fondateur de la chapelle de Saint-Philippe, où il fut inhumé (18 août (1557). Jean de Secqueville, march. et bourg. de Paris, marguillier de Saint-Paul (15 mai 1538). Gilles Bourgois, l'un des 24 jurés crieurs de corps et vins de Paris, maître chandelier en suif et bourg. de Paris (11 mars 1627). Marie Piedet, sa femme (6 mai 1635). Gilles Bourgois, leur fils, l'un des 24 jurés crieurs, etc. (29 août 1637). Guillaume Hamery, sergent fieffé, geolier et audiencier en la vicomté et baronnie d'Yvri-La-Chaussée en Normandie, et seign. en partie de Villeneuve en la baronnie de Garaines (23 fév. 1532). Jean Sercellier, secrétaire de la chambre et premier conseiller de Philippe de Castille, conseiller, secrétaire du roi et de ses finances, et receveur général du clergé (1600). François Pinart, maître maçon de l'église Saint-Paul (21 nov. 1622). Jacquette Chardon, sa femme (1623). Pierre Pinart, leur fils, maître maçon de l'église (163.?). Marie Autin, sa femme (?). Thomas de Pilleur, écuyer, seign. et chatelain de Chatou et du fief de Malnoue, conseiller et secrétaire du roi et contrôleur général de ses gabelles (12 avril 1624), Antoine de la Lande, apothicaire, épicier à Paris (12 fév. 1636). Claude Bourgeois, maître chandelier en suif, et l'un des jurés crieurs de corps et de vins de Paris (16..). Marthe Barbier, sa femme (?). Louis Cardinal, march. et bourg. de Paris (8 janvier 16..). Catherine Harauger, sa première femme (28 juillet 1587). Madeleine Groguet, sa deuxième femme (11 janvier 1631). Jean Brullé, marchand (2 août 1537). Catherine Guiot, sa femme (15 août 1557). Mathurin Poirier, mesureur de grains, juré de Paris (18 février 1576). Jeanne Brullé, sa femme (?). Guillaume Firou, marchand (20 décembre 1518). Charles Firon, marchand et bourgeois de Paris (14 avril 1551). Marguerite Lutaulz, sa femme (14 avril 1551). Jean, fils de Jacques Barbel dit de Chastre, sergent d'armes, charpentier du roi pour son royaume (24 novembre 1382.) Janin Guillot, valet du roi en ses écuries (8 janvier 1401). Jean Letellier, charcutier et bourg. de Paris (19 avril 1582). Pasquette Ralot, sa femme (18 août 1596). Jacques Robinot, charcutier et bourg. de Paris (19 oct. 1633). Catherine Roger, sa femme (?). Jean des Ursières, dit Gaudette, fondateur de la chapelle sous les charniers à Saint-Paul, qui fut dédiée par Guillaume Chartier, évêque de Paris le 24 août 1450, conseiller et contrôleur de la chambre aux deniers de Marie d'Anjou, reine de France (21 janvier 1470). Raouline

Voyere, dit Gaudette, sa première femme (24 sept. 1436). Marie Dourdine, sa seconde femme (10 avril 1482). Jean Gaudette, son fils (16 avril 1469). Pierre Gaudette, son frère (13 mai 1473). Jean Turquan, examinateur au Châtelet, seign. de Courcelles en Brie (1er août 1553). Raouline Gaudette, sa femme (13 janvier 1518). Claude de Rabodange, chev., seign. de Thim et de Buirray, conseiller et chambellan du roi, trépassé rue Saint-Antoine (24 sept. 1514). Pierre Biard, maître sculpt., peintre et architecte (17 sept. 1609). Pierre Charlet, procureur au parlement et procureur de l'œuvre et fabrique de l'église Saint-Paul (21 oct. 1505). Thibaut Charlet, procureur au parlement (6 fév. 1500). Pierre Charlet (29 avril 1582). Pierre Charlet, fils de Thibaut, procureur au parlement (31 déc. 1582). Michel le Clerc, notaire et secrétaire du roi et contrôleur de son écurie, seigneur en partie de Maisons-sur-Seine-les-Charenton (22 juin ......?). Madeleine Allard, sa femme (?). Jean Turquan, receveur ordinaire de Paris (6 août 1553). Marguerite le Court, sa femme (?). Philippe Behu, bourg. de Paris, contrôleur de la dépense de l'hôtel du prince Artus, duc de Bretagne et connétable de France (7 juin 1465). Jeanne de Coulongue, sa femme (11 juin 1476). Julien Dallonneau, conseiller à la cour des aides, mort au Mans (4 déc. 1607). Suzanne Bertrand, sa femme (20 juin 1601). Julien Dallonneau, leur fils (10 janv. 1597). Nicole de Corbie, conseiller au parlement, seign. de Mareuil en France (7 mai 1512). Catherine Girard, sa femme (23 mars 1496). Pierre Leclerc, conseiller du roi aux eaux et forêts de Paris (?). Marguerite de Villeneuve, sa femme (?). Guillaume Leclerc, leur fils, conseiller d'État, premier président en la cour des aides (?). Louise Caillier, femme de Jean Charon, conseiller du roi et trésorier général de l'extraordinaire des guerres (11 janv. 1604). Yves du Buisson, contrôleur ordinaire des guerres (7 déc. 1610). Pierre Gasselin, conseiller, notaire et secrétaire du roi, trésorier des cent gentilshommes ordinaires de sa maison (13 déc. 1633). Catherine Baptiste, sa femme (6 janv. 1604). Étienne d'Orgemont, écuyer, seign. d'Arnouville et Magicourt, en Vexin français (4 sept. 1461). Marie de Piedelou, sa veuve (?). Jacques Bourdin, seign. de Villette, notaire et secrét. du roi (6 août 1534). Pinet de Bragelonne, marchand et bourg. de Paris (1er juillet 1455). Françoise...., sa femme (18 avril 1462). Jean Turquan, bourg. de Paris, seign. de ......-sur-Rosny et en partie de Montreuil et de la Pissotte, près du bois de Vincennes (15 sept. 1439). Macé, sa femme (29 sept. 1432). Jean Boulliard, seign. de Fleury et de Forges en Gatinois, cons. et avocat du roi en la chambre des comptes (29 août 1500). Marguerite Aguenin dite Leduc, sa femme (27 juillet 1515). Nicolas de la Chesnaye, conseiller et maître d'hôtel des rois Louis XI, Charles VIII et Louis XII (11 avril 1550). Étiennette Budé, sa femme (30 août 1532). Jacques de La Chesnaye, leur fils (?). Étienne de la Chesnaye, leur fils (?). Geneviève Turquan, femme d'Antoine Juge, seign. de Cottignis, conseiller, trésorier et receveur général des finances de la reine et maître de la chambre aux deniers (3 avril 1557). Marguerite Tronson, femme de Robert Turquan, conseiller au parlement (15 juin 1497). Guillaume de Corbie, seign. de Mareuil et de Saigny en France, conseiller au parlement (21 mars 1490). Jeanne de Longueil, sa femme (?). Jean Colas, seign. de Versailles en partie et de Santenoye, contrôleur des guerres du roi (5 sept. 1510). Marguerite de Foissy, sa femme (14 janv. 1521). Jean Fortin, prêtre, maître d'école (25 avril 1539). Pharon Dobin, march. et bourg. de

Paris (8 juillet 1574). Jeanne de Beurie, sa femme (7 juin 1590). Etienne
Dohin, march. et bourg. de Paris (15. .?). Marie Raffy, sa femme (?). Pierre
de la Salle, march. et bourg. de Paris (30 mars 1569). Nicole Murger, sa
femme (13 oct. 1590). Nicolas le Moyne, leur gendre (8 déc. 1585). Catherine
de la Salle, sa femme (?). Colette Chapelet, femme de Pierre de la Salle,
march. et bourg. de Paris (3 février 1538). Louis de Bure, march. et bourg. de
Paris (2 août 1557). Catherine Chambiche, sa femme (9 juin 1567). Marie
Hervé, veuve de M. Joseph Béjard (9 janvier 1670). Madeleine Béjard, belle-
sœur de Molière (19 février 1672). Jean Colas (25 sept. 1510). Jean Lepreulx
(1607). Samuël Spifame, chevalier, seigneur de Bisseaux, conseiller et ambassadeur en Angleterre (s. d.). Sarra Leclère, sa femme (s. d.). Jacques Bourdin, seigneur de Villette, secrétaire des finances sous les rois Charles VIII
et Louis XII (6 août 1534). François de Maugiron (27 avril 1578). Jacques de
Lévis, comte de Quélus (31 mai 1578). Paul de Stuart de Caussade, comte
de Saint-Mesgrin, assassiné (21 juillet 1578). Charles de Gontaut, duc de
Biron, pair et maréchal de France, décapité (21 juillet 1602). Henriette de
Coligni, comtesse de la Suze (10 mars 1673). Jean Desmarets de Saint-Sor-
lin, contrôleur général de l'extraordinaire des guerres, secrétaire général de
la marine du Levant, l'un des quarante de l'Académie française (28 octobre
1676). Anne, duc de Noailles, capitaine de la première compagnie des
gardes-du-corps (15 février 1678). Louise Boyer, sa femme (22 mai 1697).
Jules Hardouin Mansard, architecte (11 mai 1708). François d'Argouges,
premier présid. du parlement de Bretagne et cons. d'État (1691). Marchiali,
l'homme au masque de fer (26 novembre 1703). Jean le Grand, docteur régent
en la Faculté de médecine de Paris (18 sept. 1558). Simon Amer, seign. de
Villebon, Play et Pleigne (22 janv. 1518). Pierre Bureau, chev., seigneur de
Monglat, cons. et trésor. de France (1492). Eudes Dauvet, sa femme (1492).
Charles Furon, march. et bourg. de Paris (15. ?); Marguerite Luteaux, sa
femme (1542). Anseaume Maussaige, doct. en médecine (22 juin 1505). Jean
Parfait, chevalier, gentilhomme ordinaire de la reine Marie-Thérèse d'Autri-
che, décédé dans sa maison d'Ausoy-la-Ferrière (sic) en Brie (29 mai 1708).
Roger Robineau, seign. de Saint-Pierre et de Maisons, gentilhomme ordinaire
de la chambre (16.?).

Voyez aussi la note relative aux chapelles de l'église servant de
sépulture.

²⁶ Il y avait bien d'autres chapelles que celles citées par Lebeuf.
Voici, d'après M. l'abbé Dufour (*Charnier de l'ancien cimetière Saint-Paul*,
p. 24), le vocable des chapelles de l'église Saint-Paul servant de sépultures de famille :

Chapelle S. Louis, dite de Nicole Gilles, aux Noailles.
—   N.-D. de Pitié ou des Parfait¹, aux... Parfait.
—   S. Jérôme, aux.............. ..... Malbre du Houssay.
—   S. Étienne, aux.................. Foulé de Mortangis.
—   S. Joseph, aux.................. Garnier.
—   de l'Annonciation, aux........... Guénégaud.
—   Sᵗᵉ Geneviève, aux.............. Chenoise.

1 Cette Chapelle avait un revenu de 775 livres.

Chapelle S. Jacques, aux.................... Chaviguy.
— S. Jean-Baptiste, aux.............. Gobelin de Brinvilliers.
— S. Mars et S. Sulpice, aux........ Sully (branche cadette).
— S. Lubin, à.................... l'abbé de Sainte-Croix, puis à
                                    l'abbé de la Plane.
— S. Vincent, aux.... .... Scarron (branche collatérale).
— de la Communion, à............. M. de Lebel.
— Sᵗᵉ Anne, à..................... M. Olier de Verneuil.
— S. Amable d'Auvergne, à......... M. Hennequin (1548).
— S. Roch, aux................... Chambray (1567).

²⁷ Le chapelain de la chapelle Saint-Maur avait un revenu de
150 liv. percevables sur la terre de Bisseuil en Normandie.

²⁸ La chapelle de Saint-Philippe avait un revenu de 150 liv., sur le
roi et l'Hôtel-de-Ville.

En parlant, à propos de la chapelle de Saint-Lubin, de la confrérie de
ce nom, Lebeuf aurait pu ajouter qu'il y avait dans l'église Saint-Paul
d'autres confréries, telles que celle de la Vierge, celle de la Conception-
Notre-Dame, qui possédait, en 1554, la maison de l'Homme sauvage,
celle du Saint-Sacrement, celle de Saint-Roch, celle de la Passion, celle
des Foullons, et celle de Saint-Joseph pour les compagnons charpentiers.

L'abbé Lebeuf aurait pu dire aussi un mot des établissements charitables de la paroisse, tels que la Compagnie de charité pour les
pauvres, les fondations de marmites, etc.

²⁹ Au mois de novembre 1263, on voit un Reginaldus, curé de
Saint-Paul.

³⁰ Un procès-verbal du 18 janvier 1491 (L. 613), dressé en conséquence d'un arrêt du parlement qui met et maintient le prieur de
Saint-Eloi en possession des dîmes de tous les grains et vins, venant et
croissant en toute la paroisse de Saint-Paul, et au dedans des fins et
limites d'icelle, donne ainsi les limites de cette paroisse :

« En commançant à la porte ou barriere de la Bastille Saint Anthoine
estant hors la ville de Paris, et d'illecques le long des faussés, jusques à la
tour et belevart de Billy, et de là en tirant au long de la riviere de Seyne
jusques au ponceau; et du dit ponceau, tirant le long des fossés de la granche
aux merciers jusques à la grant porte, et de là, en tirant par une sente au
travers des vignes de dessus le pré, en descendant contre val jusques au val
de Fesquan, et de là en tirant jusques au vielz chemin du pont de Charenton,
et d'illec en montant le long du dit vielz chemin, en traversant le dit chemin
le long d'une sente, qui fait la séparacion des vignes de la seigneurie de
maistre Estienne Boucher à cause de sa seigneurie du pont de Charenton et
les terres de la chambre de France, et de là en tirant au chemin qui va de
Saint-Denis au chemin de S. Mor, en comprenant toute la pointe de Ruilly,
et du dit chemin, en descendant devers Paris ung traict d'arc ou environ jusques au terrouer Saint Mandé, au lieu de l'Espinette, et d'illec le long des

vignes de Montempouire [1] (?) au terrouer du dit Saint Mandé, jusques à la tourrelle du bois de Vincennes, et d'illecques aux grosses bornes qui sont au chemin de la Pissotte, en traversant deux pièces de terre..... et du dict chemin de la Pissotte au lieu des dictes grosses bournes, en descendant devers Paris jusques à une sente qui traverse les vignes des héritiers Oudin Beauroy, en tirant le long d'icelle sente, jusques au chemin qui va de Paris à Montherenil [2] et en descendant le long du dit chemin, jusques au chemin qui traverse les vignes, appellé le chemin qui va de Saint Denis au pont de Charenton, le long du terrouer de Vignolles; et d'illecques tirant le long du dit chemin jusques à la Croix Faubin, estant sur le chemin de Charroune, et de la dicte Croix Faubin au chemin de Charroune jusques au pressouer de chappitre de Paris, et du pressouer de chapitre de Paris en montant au dessus des carrieres jusques à la Plante Belon la blonde ou jadis soulloit avoir maison, et d'icelle Plante jusques à une bourne estant assise sur le coing d'une Saulsaye au lieu appelé Sur les Noes, et de la dite bourne à une autre bourne en tirant à main senestre estant à deux toises de la ou environ au dessus de la dicte Saulsaye des Noes et de la à une grosse pierre faisant bourne ou jadis soulloit avoir grand chemin passant, et de la une autre grosse pierre faisant bourne estant en ung traict d'arc de la, du coste de l'ostel les Sacys, et d'icelle grosse pierre en descendant les carrieres jusques au carrefour d'un chemin allant à main senestre du pressouer à l'avoyne et d'icellui carrefour jusques à un regard de fontaine appelé sainct Anthoyne, et du dict regard en descendant contre bas jusques à un grant champ appelé la Cousture sainct Eloy et jusques aux foussés de la ville de Paris. »

[31] Au moment de la Révolution, Pierre-Louis Bossu, prédicateur du roi, était curé de Saint-Paul. Il déclara, le 15 février 1790, que les revenus de sa cure montaient à 13,726 liv. [3] et que les charges s'élevaient à 4,984 liv. 18 s. [4]. Il renouvela, le 1er avril 1791, cette déclaration, qu'il data de Trèves, où il avait émigré, laissant son église, à laquelle la loi du 4 février 1791 donnait la circonscription suivante :

(Pont Marie) ; rue des Nonaindières, à droite ; celle Saint-Antoine, à droite ; traverser celle des Ballets ; ladite et celle du Roi-de-Sicile, à droite, jusqu'à

---

[1] Le mot est très-difficile à lire, mais je crois que c'est *Montempoivre* qu'il faut lire. La porte des fortifications dite de Montempoivre est située à la station de Bel-Air (chemin de fer de Paris à Vincennes).

[2] Le chemin de Paris à Montreuil, aujourd'hui Montreuil-sous-Bois.

[3] Voici le détail des revenus : 8 arpents situés à Evry, près Saint-Florentin, affermés 160 liv. ; rentes diverses sur maisons sises à Paris : 310 liv. ; rétribution annuelle payée par la fabrique : 250 liv. ; rente de 5 à 6 liv. due par le domaine ; revenus casuels estimés 13,000 liv.

[4] Voici le détail des charges : décimes, 1,479 liv. 4 s. ; capitation : 25 liv. 14 s. ; cire de l'église : 1,200 liv. ; communauté des prêtres : 1,500 liv. ; prix des catéchismes : 300 liv. ; assemblée de charité : 150 liv. ; porte-dais : 75 liv. ; entretien du presbytère : 150 liv. ; redevance à Notre-Dame : 5 liv. ; à la fabrique pour droit de chapelle : 100 liv.

celle Pavée; ladite et celle Payenne, à droite, jusqu'à celle du Parc-Royal; ladite et la rue Neuve-Saint-Gilles, à droite, jusqu'au boulevart; la rue des Fossés-Saint-Antoine, à droite, jusqu'à la rivière; les bords de ladite et l'île Louviers, jusqu'à la rue des Nonaindières.

Fermée peu de temps après, l'église Saint-Paul fut vendue le 6 nivôse an v (26 décembre 1796), et démolie deux ans après. Les propriétés particulières de la rue Saint-Paul, qui portent les n°s 30 et 34, occupent une partie de l'emplacement de cette église. Le 23 août 1846, lors du terrassement ouvert pour l'assiette des fondations de cette dernière maison, on découvrit des masses d'ossements humains et quarante cercueils de plomb.

BIBLIOGRAPHIE

MANUSCRITS

Les documents sur l'église Saint-Paul sont conservés aux Archives de l'Empire, dans les sections administrative et historique.

Le premier carton de la section administrative (S. 3471) renferme un inventaire des titres et pièces de l'œuvre, un état des produits et charges contenus dans les déclarations faites par les titulaires des chapelles, les titres de la maison de l'Homme sauvage donnée à la confrérie de la Conception en 1554, un contrat entre les marguilliers et les dames de charité de la paroisse, du 10 avril 1713, anciens titres de la maison dite de la Conversion, au coin de la rue des Prêtres, des titres de la grange Saint-Paul servant de premiers titres des maisons bâties près la porte Saint-Pierre, et donnée à cette église par Raimond Raguier, qui l'avait achetée à Guillaume d'Orgemont, qui la tenait de Nicole d'Orgemont, doyen de Tours, des titres de maisons sises rue de Jouy, rue Saint-Antoine, près les Tournelles, pièces relatives au séminaire des enfants de chœur de la paroisse Saint-Paul, baux de maison, devis de travaux à faire dans certaines maisons appartenant à S.-Paul, plans, etc.; le second (S. 3472), un contrat passé avec la ville au sujet du retranchement des maisons rue des Nonnains-d'Hyères et des Prêtres-Saint-Paul, des titres de propriété de maisons sises rues de Jouy, Saint-Antoine et Saint-Gilles, une liasse de titres de propriété de l'hôtel Saint-Paul donné à la fabrique par Louis XI; le troisième (S. 3473), des baux à loyer de maisons sises rues Saint-Antoine, Saint-Paul, des Prêtres, Saint-Gilles, du Figuier et Nonnains-d'Hyères, des quittances de rachat des boucs et lanternes; le quatrième (S. 3474), des baux du fief de la Madeleine situé à la Ferté-Milon, des titres de procédure, d'anciens baux; le cinquième (S. 3475), des titres de rente sur maisons sises à Paris, rues des Jardins, Saint-Antoine, Simon-le-Franc, Saint-Gilles, du Figuier, à Fontenay sous le bois de Vincennes; le sixième (S. 3476), des titres de rentes sur les biens du prince de Soubise, sur maisons sises à Paris, rues de Jouy, des Jardins, des Nonnains-d'Hyères et des titres de propriété de la confrérie du Saint-Sacrement; le septième et dernier (S. 3477), des titres de rente appartenant à la confrérie de la Vierge.

Le premier registre (S. 3478) est un inventaire des titres dressé en 1689; le second (S. 3479) est le double du précédent; le troisième (S. 3480) renferme la table générale, par ordre de matières, de tous les titres appartenant à la fabrique.

Le premier carton de la section historique (L. 694) renferme de nombreux mémoires de maçonnerie, vitrerie, peinture, serrurerie, menuiserie, couverture, charpenterie exécutées à Saint-Paul de 1776 à 1789; le second (L. 695), un extrait des titres de concession des chapelles en l'église Saint-Paul, des pièces imprimées et manuscrites concernant les enterrements des séculiers, pour servir de pièces au procès entre les Minimes et le curé de Saint-Paul, des arrêts y relatifs de 1641 et 1642, des provisions de cure, des comptes de la confrérie du Saint-Sacrement en 1743 et 1745, un registre des délibérations de la fabrique du 25 décembre 1764 au 16 mars 1766, un autre du 21 mars 1758 au 13 décembre 1764, un autre du 16 septembre 1774 au 27 décembre 1776, un devis des ouvrages de menuiserie pour la construction des bancs de l'église Saint-Paul, des mémoires de charpenterie, factures, notes, etc.; le troisième (L. 696), un état des douze officiers de chœur desservant l'église Saint-Paul, des titres des saluts fondés en l'église Saint-Paul, des titres et pièces de fondations faites par la famille Parfait, un règlement concernant les obits et fondations du 5 août 1718, des fondations de messe, un contrat pour la propriété de la chapelle Saint-Nicolas, un registre concernant la fondation du sieur Lecomte, des titres des obits de la paroisse Saint-Paul; un registre sur vélin intitulé : « Sensuivent les obitz fondez en l'église monsieur Saint-Paul à Paris, lesquelz marguilliers de l'œuvre et fabrique de la dicte église sont tenuz faire dire et célébrer par chacun an. » On y remarque les obits de Jean Hebert, en son vivant général de France; Geoffroy Hebert, évêque de Constance; Charles V; Pierre de Fontenay, docteur en théologie, curé de Saint-Paul; Oudette de Daunet, dame de Monglat, veuve de Pierre Bureau; le quatrième (L. 697), un décret de réduction de plusieurs obits, messes et fondations diverses du 6 août 1676, des titres de fondations dues à Martin Parmentier, Anne Cochon, Regnier, Perrette Pichon, Claude Chatelain et Marie Polaillon, sa femme, François Bertaud, Coreaut de Cherigni, Catherine Rambaut, Jean-Jacques Blanquet, Catherine Heren, Marie Regnier, Marie Dupont, de Monglat, Pierre Thevenot, le testament du sieur Perrin, curé, une liasse de papiers concernant le tombeau du bienheureux Quintinien, abbé, et des pièces y relatives de 1350 et années suivantes; le cinquième (L. 698), des pièces relatives à l'établissement des écoles de charité de la paroisse, des titres de fondations de bourses au collège de Navarre et des plans y relatifs qui ne manquent pas d'importance, des titres concernant les compagnies de charité, le lit aux incurables et la fondation des marmites pour les pauvres; le sixième (L. 699), des lettres patentes pour l'établissement d'une communauté de filles séculières (Communauté de Notre-Dame-des-Vertus) au faubourg Saint-Antoine, pour instruire les jeunes filles gratuitement (septembre 1682), l'autorisation épiscopale du 28 juillet 1682 accordée par l'archevêque de Paris, un règlement concernant les obits, pièce concernant la confrérie de la Conception Notre-Dame, une note sur les archives de la fabrique, des titres de fondations de messes, des martyrologes, un procès-verbal de réduction de messes, un inventaire des titres des services, un grand nombre d'inventaires de l'argenterie, des ornements, reliques, un arrêt d'homologation du règlement de Saint-Paul, 29 janvier 1710 et 20 février 1720, le règlement fait par les marguilliers de l'œuvre en 1671; le septième (L. 700), les titres de confréries établies dans l'église, des sentences pour le pain bénit, des contrats de rentes.

Les trois premiers registres (LL. 884 à 886) forment un cartulaire; le quatrième (LL. 887), est un livre du greffe de 1690 à 1708; les cinquième et suivants (LL. 888 à 899) renferment les délibérations de 1662 à 1674, 1672 à 1673, 1688 à 1699, 1699 à 1746, 1709 à 1729, 1709 à 1746, 1729 à 1738, 1738 à 1743, 1738 à 1751, 1751 à 1758, 1758 à 1764, 1766 à 1772; les dix-septième et suivant (LL. 900, 901), sont les registres de la confrérie du Saint-Sacrement de 1726 à 1788 et de 1778 à 1789; les dix-neuvième et suivant (LL. 902, 903) sont les registres de la confrérie de la Conception de 1639 à 1740 et de 1701 à 1786; le vingt-unième (LL. 904) concerne les assemblées de Pâques en 1673; le vingt-deuxième (LL. 905) est un matrologe de 1677; les vingt-troisième et suivant (LL. 906, 907) sont des inventaires d'ornements en 1704 et 1787; les vingt-cinquième et suivant (LL. 908, 909) sont des collectaires; le vingt-septième (LL. 910) est un inventaire des titres; le vingt-huitième et dernier (LL. 911), une copie du précédent inventaire.

Signalons encore des Épîtres et Évangiles manuscrits exécutés en 1500 pour l'église Saint-Paul et conservés à la Bibliothèque impériale, sous les nos 9458 et 9459, et un recueil des épitaphes et inscriptions de l'église de Saint-Paul, par le sieur Toulorge, in-4°, qui faisait partie de la bibliothèque de l'abbé de Rothelin, sous le n° 2949, et dont une copie existe à la Bibliothèque impériale sous le n° 8220, fonds français.

IMPRIMÉS

Le charnier de l'ancien cimetière Saint-Paul. Étude historique par l'abbé Valentin Dufour, du clergé de Paris. *Paris*, 1866, brochure gr. in-8°; pl.

Tiré à 200 exemplaires.

La mort de dix-huit francs, ou récit exact de ce qui s'est passé mercredi 30 septembre 1789, en l'église royale de Saint-Paul, au sujet de l'enterrement d'un garçon de chantier. (Par Lebois.) *Paris, s. d.* (1789), in-8°.

Extraict des registres de l'officialité de Paris, du samedy vingtieme octobre mil six cens quarante, in-4°, 4 p. (Bibl. Maz., n° 18824 E.)

Au sujet du procès entre M. le curé de Saint-Paul et les religieux Minimes de la place Royale.

A messeigneurs du parlement. *S. n. d. l. n. d.*, in-4°, 14 p.

Requête du curé de Saint-Paul au sujet de l'hospice construite, près la place Royale, par les Minimes.

Sentence de messieurs des requestes du palais. Pour les religieux Minimes du couvent de la place Royale à Paris, contre maistre Nicolas Mazure, prestre et curé de la paroisse de Saint-Paul. *S. n. d. l. n. d.* (*Paris,* 15 octobre 1640), in-4°. (Arch. de l'Emp., L. 695.)

Pour Me Nicolas Mazure, prestre, docteur en théologie de la Faculté de Paris et maison de Sorbonne, et curé à l'église parrochiale de Saint-Paul, demandeur aux fins d'une requeste par luy présentée à la cour, le 13 du présent mois d'avril 1641, contre les religieux Minimes de la place Royale de Paris, deffendeurs, in-4°. (Bibl. Maz., n° 18824 E.)

Pour messire Nicolas Mazure, prestre, docteur en théologie, de la maison de Sorbonne et curé de l'église parochiale de S.-Paul, à Paris, demandeur en requeste, suivant l'arrest du Conseil donné le 21 de novembre 1643, contre maistre James Guillard et Edme Tonnellier, nouveaux marguilliers d'icelle paroice, en particulier; et encores en général contre eux et les deux anciens marguilliers, messire Robert Aubry, conseiller du roy en ses conseils d'estat et privé et président en la chambre des comptes et maistre Pierre Raffi, procureur au Chastelet, défendeurs. *S. n. d. l. n. d.*, in-4°, 8 p. (Bibl. Maz., n° 18824 E.)

Acte par lequel monsieur le curé de Saint-Paul s'est désisté de cinq chefs de demandes par luy faites contre messieurs les marguilliers de ladite paroisse, et l'acte par lequel lesdits sieurs marguilliers en conséquence du susdit désistement, se sont pareillement désistez des demandes incidentes faites par eux contre ledit sieur curé. *S. n. d. l. n. d.* (*Paris,* 1648), in-4°, 4 p. (Arch. de l'Emp., L. 698.)

Extraict des registres du conseil privé du roy. *S. n. d. l. n. d.*, in-4°, 6 p.

Relatif à l'affaire susdite.

Lettre d'un advocat de la cour à un conseiller du parlement de Rouen sur ce qui s'est passé dans l'église de Saint-Paul, le 12 du mois d'avril 1654. *S. n. d. l. n. d.*, in-4°, 8 p. (Bibl. Maz., n° 18824 E.)

Au sujet d'un sermon du père de Lingendes, qui déplut fort au curé de la paroisse.

Responsc d'un parroissien de S.-Paul à un conseiller du parlement de Rouen, sur ce qui s'est passé dans l'église de S.-Paul, le douzieme avril. *S. n. d. l. n. d.*, in-4°, 6 p.

Lettre instructive sur ce qui s'est passé entre les pères jésuites et les prêtres de Saint-Paul, le jour de la Saint-Michel de cette présente année 1655. *S. n. d. l. n. d.*, in-4°.

Pièce signée S. L. G.

A monsieur l'official de Paris ou à monsieur le vice-gérant de l'officialité dudit Paris, 1659, in-4°, 4 p.

Requête de Nicolas Mazure, curé de Saint-Paul, au sujet de diffamations d'un prédicateur du roi nommé Claude Morel, à son égard.

Arrest de la cour de parlement contre le curé de S.-Paul et la requeste à Mgr. l'archevêque de Lyon, primat de France. 1 placard in-fol.

A nosseigneurs de parlement, 1660, in-4°, 4 p.

Requête du curé de Saint-Paul, au sujet des marguilliers de la fabrique de cette église qui lui refusaient de délibérer avec eux pour le choix des prédicateurs.

Factum pour Mᵉ Nicolas Mazure, docteur de Sorbonne et ancien curé de Saint-Paul, contre Mᵉ André Hameau, bachelier en théologie et nouveau curé de Saint-Paul. *S. n. d. l. n d.*, in-4°, 8 p.

Extrait des supositions et des artifices des sieurs Berryer et Hameau. *S. n. d. l. n. d.*, in-4°, 14 p.

Récit de ce qui s'est passé entre monsieur le curé de S.-Paul et messieurs les marguilliers, pour servir à régler leurs différends. 1673, in-4°, 14 p. (Bibl. Maz., n° 18824 E.)

Extrait du registre des délibérations de messieurs les marguilliers de l'œuvre et fabrique S.-Paul. *S. l. n. d.* (29 décembre 1717), in-fol.

Décision prise par MM. les curés et marguilliers de Saint-Paul, au sujet des fondations de ladite église (9 septembre 1717).

Harangue funèbre de Louis le Juste, trézième du nom, roy de France et de Navarre, prononcée le mercredy troisieme jour de juin, au dernier service solennel, qui fut fait en l'église parroissiale de Saint-Paul, à Paris, par Mᵉ Mazure, prestre. *Paris*, 1643, in-4°. (Bibl. Maz., n° 10370 Z²⁴.)

A M. le Maire et à MM. les administrateurs des travaux publics. Discours prononcé dans l'église Saint-Paul avant le service célébré en l'honneur de M. de Mirabeau, par M. M. J. de Bras. *Paris, s. d.* (1791), in-8°.

Discours patriotique, prononcé le 6 mai, par M. Brugière, curé de Saint-Paul, sur l'ordonnance de M. Juigné, ci-devant archevêque de Paris, imprimé à la sollicitation de l'assemblée générale de la section de l'Arsenal (9 mars). *Paris*, 1791, in-8°.

Mémoire apologétique de Pierre de Brugière, curé de Saint-Paul ;

suivi de notes et pièces justificatives. *Paris*, 1804, in-8°. *Portrait gravé par Roy*.

Avis au public et en particulier aux paroissiens de Saint-Paul, par Brugière. *Paris*, 1800, in-8°.

Avis aux paroissiens de Saint-Paul, par Brugière. *Paris*, 1800, in-8°.

Justification de M. le curé de S.-Paul et précis simple et fidèle de sa conduite. *S. l. n. d.*, in-8°.

Pièce signée Bossu, curé de Saint-Paul.

Le Pain bénit de M. l'abbé de Marigny, 1673, in-8°.

Réponse au pain bénit du sieur abbé de Marigny, in-8.

Réglemens généraux pour MM. de la Compagnie de charité établie en la paroisse de S.-Paul, dressés par le curé de cette paroisse. *Paris*, 1658, in-8°.

Lettre du P. des Desers, jésuite, par laquelle il prie M. le curé de Saint-Paul d'envoyer ses ecclésiastiques pour assister au service de feu monseigneur de Senlis, dans Saint-Louys, le 13 d'août 1653, et reconnaît que son supérieur est satisfait de la manière dont ledit sieur curé est demeuré d'accord d'envoyer ses ecclésiastiques. *S. l. n. d.*, in-4°.

Oraison funèbre de feu messire Jean-François de Gondy, premier archevesque de Paris, conseiller du roy en ses conseils et commandeur de ses ordres, prononcée par le sieur Mazure, docteur de Sorbonne et curé de l'église parochiale de Saint-Paul, au service solemnel qui se fist en ladite église, le 19 de juin 1654, où officièrent et assistèrent tous messieurs les curez de la ville et faux-bourgs de Paris. *Paris*. 1654, in-4°. (Bibl. Maz., n° 10317 A.)

Discours de la paix, prononcé dans l'église de Saint-Paul, l'onzième jour de mars mil six cens soixante, par le R. P. Jean-François Senault, prestre de l'Oratoire de Jésus. Dédié à Son Eminence. Paris, 1661, in-4°. (Bibl. Maz., n° 10371 D.)

Sermons de la hiérarchie de l'église, prononcés dans l'église de S.-Paul de Paris, par de Lamont. *Paris*, 1682, in-8°.

Compliment à monseigneur l'archevêque de Paris, venant pour la première fois, depuis sa promotion à l'archevêché, dans l'église de Saint-Paul, au service de feu M. le duc de Noailles, son père, le 15 février 1696. *S. n. d. l. n. d.*, in-fol.

Pièce signée Le Sourt, curé.

Harangue de Mr Mazure, curé de S.-Paul, à la reyne de Suède, pour messieurs les curez de Paris. *S. n. d. l. n. d.*, in-4°, 4 p. (Bibl. Maz., n° 10307 A.)

Conveniant doctores omnes, etc. *S. n. d. l. n. d.*, in-4°.

Circulaire adressée par le doyen Et. Fr. Geoffroy, à tous les docteurs de la Faculté de médecine, pour les inviter à assister, le 9 septembre 1729, au *Te Deum* de charité dans l'église de Saint-Paul, à l'occasion de la naissance du Dauphin.

Règlement au sujet des serviteurs de l'église de S.-Paul. *Paris*, 1696, in-8°.

Propre de l'église royale et paroissiale de S.-Paul, lat.-franç. *Paris*, 1732, in-8°, fig.

Office du saint nom de Jésus, titulaire des deux compagnies de charité, établies dans la paroisse de Saint-Paul, à Paris. *Paris*, 1732, in-12.

Amendes honorables devant le Saint-Sacrement dans la paroisse de Saint-Paul, pour la fête du Saint-Sacrement. *S. n. d. l. n. d.*, in-12.

Amendes honorables devant le Saint-Sacrement dans la paroisse de Saint-Paul pour la fête du saint nom de Jésus. *S. n. d. l. n. d.*, pet. in-12.

La femme forte, Judith figure de l'âme généreuse, expliquée en partie dans les sermons de l'Advent, preschés à Paris dans Saint-Paul, l'an 1637, et achevée dans les discours de l'Advent à Saint-Barthelemy, l'an 1644, par M. l'Escalopier. 2 vol. in-8°.

Voyez aussi Jaillot, *Recherches sur Paris*, t. III, quartier Saint-Paul ou de la Mortellerie, p. 30; Piganiol, *Description de Paris*, tome IV, p. 155; Thiéry, *Guide de l'Amateur*, t. 1, p. 693; Lenoir, *Musée des Monuments français*, t. VI, p. 36, 49; VIII, 184; le *Magasin pittoresque*, t. XIV, p. 105, 107, et la *Revue universelle des Arts*, 1855, p. 203, 425.

HOTEL SAINT-PAUL

[32] Je n'ai pas grand'chose à dire sur l'hôtel Saint-Paul; car tous les historiens de Paris en ont parlé très-longuement. La seule chose importante à noter, c'est que l'hôtel de l'archevêque de Sens et celui de Jean d'Hestomenil avaient été payés avec l'argent provenant de l'impôt ordonné pour la délivrance du roi Jean (Voyez plus bas à la bibliographie), ce qui n'avait pas empêché le roi, malgré ce singulier virement, de déclarer dans son édit de réunion du mois de juillet 1364, que son hôtel avait été acheté et édifié de ses propres deniers. Du reste, bien que ce palais fût qualifié, dans l'édit, d'*Hostel solennel des grans esbatemens* et qu'il fût déclaré, qu'incorporé au domaine, *il n'en serait jamais démembré pour quelque cause ou raison que ce put être*, les successeurs de Charles V se gardèrent bien de l'entretenir, et l'*hôtel solennel* ne tarda pas à tomber en ruine, au point que François Ier le qualifiât, en 1516, d'*Hôtel fort vague et ruineux*.

BIBLIOGRAPHIE

MANUSCRITS

Les Archives de l'Empire conservent dans les sections historique et administrative quelques pièces sur l'hôtel Saint-Paul.

Dans la section historique, il y a un carton coté J. 154. Il renferme :
1° Achat d'un manoir situé près de la porte Saint-Antoine, rue du
Petit-Musc, ayant appartenu à Jean de Saint-Marcel, 1353; 2° Acte par
lequel Louis, comte d'Etampes et Jeanne d'Eu, sa femme, donnent à
Charles, fils aîné du roi de France « tout lostel ou manoir qu'ils
avaient lez l'église de Saint-Pol à Paris tout aussi comme il se comporte
par haut et par bas, avecques tous les jardins, préaux, treilles et autres
appartenances et appendances d'icelluy, tenant d'une part au cimetière
de la dicte église et aux jardins de l'arcevesque de Sens »; 8 mai 1361 ;
scell. en cire verte d'une magnifique conservation; 3° Echange de la
maison et du jardin qu'avaient les religieux de Saint-Maur-des-Fossés,
près la propriété du duc, 1362; 4° Bulle du Pape Urbain V qui permet
à l'archevêque de Sens de céder au roi Charles V, une maison près
Saint-Paul, appartenant à son église, pour d'autres biens équivalents;
29 juin 1368 ; 5° Ordre aux « généraux trésoriers à Paris sur le fait des
aides ordenez pour la délivrance » du roi Jean de payer « en recom-
pensation de lostel qui fu de l'arceveschié de Sens que nous avons eu
pour adjoindre avecques le nostre lez saint Pol à Paris » la somme de
uonze mille cinq cenz frans estre pour ce paiée et délivrée, c'est assavoir
pour paier lostel de nostre amé maistre Jehan de Hestomenil séant près
des Beguines à Paris, lequel nous avons acheté du consentement de
nostre dit conseiller pour li estre herbergiez comme dit est mil cinq
cenz franz et pour acroistre ledit hostel et paier les coustemens et missions qui pour ceste cause seront nécessaires dix mille franz »; 30 août
1365 ; les reçus de l'archevêque de Sens, Guillaume de Melun, sont attachés à l'ordre du roi ; 6° Acte d'acquisition de l'hôtel de Roussay, par le
roi, en octobre 1418; 7° Edit de réunion du mois de juillet 1364.

Dans un carton très-précieux pour l'histoire du quartier de l'Arsenal, coté Q. 1268, on trouve des copies d'adjudications de plusieurs
places, de l'écurie de la reine faisant partie de l'hôtel Saint-Paul, sis
rues des Barres et des Lyons, en 1562 et 1564, et des lettres patentes
du roi François Ier, en date de novembre 1516, qui adjugent à Jacques
de Ginouillac, dit Gaillot, chev., grand-maître et capitaine général de
l'artillerie, une portion de l'hôtel Saint-Paul « hôtel fort vague et ruineux
assis près l'église Saint-Paul, auquel nous n'avons accoutumé faire résidence parce que avons en notre bonne ville de Paris plusieurs autres
bons logis et places somptueuses, et que ledit hôtel nous est et à notre dit
domaine de peu de valeur ».

IMPRIMÉS

On peut consulter sur l'hôtel Saint-Paul le tome IV des *Mémoires de
l'Académie des Inscriptions et Belles-Lettres* (p. 558) et une notice extraite du *Magasin Universel* de 1835, contenant la description de l'ancien hôtel Saint-Paul et celle des rues et établissements qui occupent
aujourd'hui l'emplacement de cet ancien palais.

SAINTE-CATHERINE DE LA COUTURE

PRIEURÉ

DE L'ORDRE DU VAL DES ÉCOLIERS

[33] Le couvent de Sainte-Catherine de la Couture paraît avoir été commencé à Paris en 1229. Le relâchement qui s'était introduit dans le monastère décida le cardinal de la Rochefoucauld à y introduire la réforme en 1629, et à y placer des chanoines de la nouvelle réforme de Sainte-Geneviève. Les nouveaux religieux restèrent dans l'ancien couvent des chanoines de la Couture jusqu'au 23 mai 1767. A cette époque, ils allèrent habiter la maison que les Jésuites occupaient rue Saint-Antoine, et l'ancien couvent, qui tombait en ruine, fut abattu pour être remplacé par un marché public appelé marché de Sainte-Catherine, et dont le contrôleur des finances d'Ormesson posa la première pierre, le 20 août 1783.

L'église, dont le portail élevé par Mansard était fort beau, fut démolie en 1783, et, au mois de septembre de cette année, on transporta dans l'église de Saint-Louis, alors appelée Saint-Louis-Sainte-Catherine, les tombeaux et autres monuments qui y étaient conservés.

Les chanoines de Sainte-Catherine de la Couture avaient été transférés dans la maison des Jésuites en 1767. Le lecteur trouvera à l'article du *Noviciat des Jésuites* (Voyez plus loin p. 480 de ce volume) ce qui concerne ces religieux.

Quant à l'église démolie, elle renfermait un grand nombre d'épitaphes. Le père Quesnel, dans ses *Antiquités du prieuré de Sainte-Catherine* (livre III, chapitre 25) a donné la nomenclature de toutes les personnes qui y étaient inhumées. L'abbé Mercier de Saint-Léger a annoté cette liste et l'a publiée en forme d'article dans le *Journal des Savants*, article qui a été reproduit dans la *Revue universelle des Arts*, en 1859. Je regrette que les éditeurs de cette revue aient donné l'article de Mercier de Saint-Léger sans l'avoir corrigé, ou du moins, sans avoir fait ressortir les erreurs évidentes qu'il contenait. Ainsi, on lit *Chantepine* au lieu de *Chanteprime*; on lit dans la même page (p. 210) *Jean de Champrond, seigneur d'Ollé*, etc., et neuf lignes plus bas, *Michel de Champrond, seigneur de Dôle*; or, *Dôle* est tout simplement *Olle*. Du reste, les fautes commises par les copistes sont incalculables, et, au sujet de Jean de Champrond, je peux montrer jusqu'à quel point les mots peuvent se confondre. Dans le manuscrit de l'Arsenal, n° 816, H. F., qui est cependant l'épitaphier le plus exact de tous ceux que l'on connaît, au lieu de Jean de Champrond, seigneur d'Ollé, d'Onville, etc., on lit J. de Champrond, seigneur d'Olledonville. Ainsi, dans Mercier, d'une seigneurie on en fait deux, et, dans le manuscrit de l'Arsenal, de deux seigneuries on en fait une. Les dates elles-mêmes sont souvent fautives, et quand les personnages ne sont pas connus, il est fort difficile, pour ne pas dire impossible, de savoir si la date est fausse ou véritable. J'ai déjà prévenu le lecteur du peu de confiance qu'il devait accorder à ces listes, et, si je me répète, c'est pour qu'il ne se serve de ces documents qu'avec la plus grande réserve.

René, cardinal de Birague, chancelier de France (8 kl. déc. 1583); Valentine Balbiane, sa femme (1572). Pierre d'Orgemont, chancelier de France et de Dauphiné (1389); Marguerite de Voisines, sa femme (28 mars 1380). Amaury d'Orgemont, chev., seign. de Chantilly, maître des requêtes de l'hôtel (1400), Pierre d'Orgemont, seign. de Cerbonne, trésorier de France (18 juin 15..?). Charles d'Orgemont, seign. de Méry, Champs-sur-Marne, Meriel, chambellan du roi et trésorier de France [1] (1502); Jehanne d'Auvest, son épouse (15..?). Pierre d'Orgemont, seign. de Montjay et Chantilly, chambellan du roi, tué à la bataille d'Azincourt (24 oct. 1415). Amaury d'Orgemont, chev., seign. de Montjay, Chantilly, etc., conseiller et maître des requêtes de l'hôtel (11 juillet 1400). Dom Nicole d'Orgemont, natif de Margicourt, prieur et trésorier du couvent de Sainte-Catherine (3 mai 1535). Jean de Voisines, licencié en droit civil et canon, maître des requêtes (19 déc. 1399). François de la Rivière, fils de Jean de la Rivière, chev. (28 juin 1566). Ferry de Mez, conseiller, docteur ès-lois et maître des requêtes (18 déc. 1384). Philippe de Chanteprime, seign. de Dyant, échanson de Charles V (6 oct. 1450); Jeanne Parridet, sa femme (16 oct. 1440 [2]). Joachim de Chanteprime, licencié ès-lois et en droit canon, chanoine de Sens, d'Auxerre, de Péronne et archiprêtre de St-Séverin (14 juin 1413 [3]). Jean de Montmorency, seign. de St-Loup, la Houssaye et Nangis (1379). Guillaume de Montmorency, chev., seign. de St-Loup de Champlevois et de Changy (1387). Jeanne, dame d'Andrezel, femme du précédent (nov. 1395). Marguerite d'Andrezel, femme de Louis de Varennes (16 août 1396). Jean Nervet, né à Villeneuve-le-Roi, près Paris [4], confesseur de Louis XI, etc. (10 nov. 1525). François Cassinel, écuyer, seign. de Romainville et sergent d'armes du roi (23 oct. 1360). Alips les Champs (sic) sa femme (21 oct. 1312). Guillaume Cassinel, chev., seign. de Romainville, de Pomponne et de Ver, maître d'hôtel de la reine, sergent d'armes du roi, fondateur d'une chapelle dans cette église (28 avril 1413). Etienne de Bray, cons. et maître des comptes, chanoine de Sens (10 sept. 1424); Guillemette la Plotte, sa femme (26 fév. 1395). Etienne de Bray, licencié en droit civil, trésorier de la chapelle royale du bois de Vincennes, leur fils (1er oct. 1432). Michel de Champrond, seigneur d'Olledonville, Barouville et d'Espiez, cons. du roi, maître des comptes (1er août 1539). Marie de Paris, femme de Michel de Champrond, écuyer, seigneur de la Boudinière (22 nov. 1536). Jean Perier, avocat général au par-

---

[1] Seigneur de Méry, Éranville, Grilly et Champrond, 9 sept. 1502. Bibl. Imp., ms. n° 8217 fr.

[2] 1442. Ibid.

[3] Joachim Chantepine, 13 nov. 1413, d'après Mercier de Saint-Léger.

[4] Dans la Notice de Mercier de Saint-Léger, il est né à Évreux, en Normandie.

lement de Paris (28 déc. 1413). Pierre le Secourable, natif de Saint-Lô, docteur de la Faculté de théologie de Paris, proviseur du collége d'Harcourt,
grand archidiacre et chanoine en l'église de Rouen (24 nov. 1508). Thibaut de
Bourmont, licencié ès-lois, seigneur de Manicamp, conseiller de Mᵐᵉ Yo-
lande de Flandres, comtesse de Bar, et dame de Cassel (13 avril 1395). Antoine
d'Estrées, abbé du Mont-Saint-Martin en Picardie (9 mai 1568). Guillaume
Douzan, licencié ès-lois et en décret, conseiller du roi, auditeur des causes au
Châtelet de Paris (28 déc. 14..?). Catherine Alexandre, sa femme (20 fév.
1486). Jean du Chastelier (23 avril 1349). Isabelle de Jay, dame de Visenel, sa
femme (13.?). Etienne le Brebier, écuyer, sergent d'armes du roi (15 avril
1309). Henry Allegrin, notaire et secrétaire du roi, audiencier en sa
chancellerie (6 décembre 1420); Jeanne de Chanteprime, sa femme (25 août
1420). Antoine de St-You, docteur régent en médecine, de l'université de
Paris (11 mai 14..); Marie la Malaisée, sa femme (19 mai 1468). Thomas
de Lots hicque [1], sergent d'armes du roi (8 août 1365); Tassine, sa femme
(18 déc. 1380). Oaroy Ernaud d'Espelet [2], sergent d'armes (1281). Jean de
Laval de Nesle (12 kl. oct. 1578). Antoine Sanguin, cardinal de Meudon (1559).
Raoul de Brienne, fils d'Alphonse, comte d'Eu (12..?). Pierre de Meulan, ar-
chidiacre de Châlons (14 sept. 1274). Guillaume le Breton, huissier du roi (1289).
Jean le Chambellan, écuyer (26 sept. 1296). Jean le Chambellan (29 août 1334).
Jean le Chambellan (1335). Philippe, fille de Guy, comte de Flandres (1304).
Lambert de Cuasset, chapelain de Philippe-le-Bel (1309). Guillaume d'Arcuis,
archidiacre de Laon, précepteur de Philippe-le-Bel (1314). Bouchart III de
Montmorency, seigneur de Saint-Leu, Dueil, Nangis, etc. (1340); Jeanne
de Changy, sa femme (1362). Jean de Changy, seigneur de Bournarre
(20 janv. 1361). Jean le Gaulle, chanoine de Bayeux, doyen de Mortagne,
secrétaire de la comtesse d'Alençon (5 nov. 1361). Jean de Coucy-le-Chatel,
médecin du roi (27 août 1363). Augustin des Carrières, maître de la pane-
terie, des arbalétriers et de la cuisine du roi (1365). Jean de Montigny, dit
de Monceaux, premier échanson de Charles V (4 janv. 1365). Jean des
Maretz, avocat général (1382). Dame Guillemette (1379). Jean de Chaalons,
prince d'Orange, chambrier de France (4 déc. 1418). François de Bray,
secrétaire du roi Charles VI (1435). Jean de Bray, docteur en théologie,
prieur de N.-D. de Liège (déc. 1304). Guillaume Allegrain, seign. de Dian (?);
Guillemette de Bonnelles, sa femme (1502). Claude de Marle, femme de
Jacques Allegrain, seign. de Dian (1514). Richard de Dole, aumônier du roi
(1278). Guillaume de Chastillon, chan. de Noyon, aumôn. du roi (10 juill. 1282).
Allerinus de Silly, chan. de Beauvais, aumôn. du roi (27 mai 1287). Guillaume
de Bruyères, aumônier du roi (1290). Simon de Bailleul, chan. d'Evreux,
aumôn. du roi (1298). Henri de Campo-Repulso, chan. d'Oranges ou d'Avranches, aumônier du roi (1320). Roger Baleham, cons. en la chambre des
comptes, aumônier du roi (?). Isaac de Juyé, seign. de Morie, cons. du grand
conseil, maître des requêtes, cons. d'Etat (25 sept. 1651). Jean de Champrond, cons. du roi, seign. d'Ollé, Ouville, Lienneville, etc. (3 août 1658).
Charlot Loyau, seign. de Drachy en Touraine, serg. d'armes (1315). Étienne
le Brebier, écuyer, sergent d'armes du roi (avril 1309).

[1] Thomas Loth de Lucques, manuscrit de l'Arsenal, nᵒ 816 H. F.
[2] Oarcy Ernault Despotet. Ibid.

BIBLIOGRAPHIE

MANUSCRITS

Les documents concernant le prieuré de Sainte-Catherine-de-la-Couture, sont indiqués plus bas (voyez p. 493 de ce volume), à l'article du Noviciat des Jésuites, où ce prieuré avait été transféré avant la Révolution.

IMPRIMÉS

Lettres patentes du roi, en forme de déclaration, qui ordonnent la construction d'un marché dans les terrains et bâtimens du chapitre et communauté des chanoines réguliers du prieuré royal de la Couture, lesquels seront transportés dans la maison et église de Saint-Louis, qu'occupoient les Jésuites, rue Saint-Antoine ; données le 23 mai 1767, et enregistrées le 25. *Paris*, in-4°.

CÉLESTINS

[34] Ce fut par contrat du 10 novembre 1352 que Garnier Marcel donna aux Célestins le terrain que son père Jacques Marcel, bourgeois de Paris, avait acheté aux Carmes, et deux chapelles qu'il y avait fait bâtir. Les secrétaires du roi qui établirent leur confrérie aux Célestins, leur donnèrent chaque mois une bourse pareille à celle qu'on leur distribuait, et les dons de toutes sortes ne tardèrent pas à enrichir ce couvent, qui, d'après un document authentique conservé aux Archives (P. 158, cote XII), possédaient, en 1373, les biens suivants :

« Les religieux Célestins de Paris tiennent admorty soubz le Roy à Parisz leur monastère hostel jardins vingnes si comme tout se comporte.

Item, sur plusieurs maisons de ladicte ville de Paris par an de rente VIII XX L. par.

Item, à Dablon sur Saine II arpens et demy de vingne.

Item, à Dravel sur Saine III arpens que prez que saussoye.

Item, à Bondoffle I hostel et C arpens de terre qui valent par an II mui, de grain.

Item, à Corboeil sur plusieurs maisons VII L. VII. S.

Item, à Berelle en Trie XX. L. par. de rente.

Item, à Chanoy I. hostel qui puet valoir par an XVI. L.

Item, à Sarris I. hostel avec plusieurs terres et XXIIII arpens de boiz qui puet valoir par an III muiz de blé.

Item, en la ville d'Orliens sur plusieurs maisons par an XIX. L.

Item, sur monseigneur Philippe de Savoisy II c L. tourn. de rente.

Item, en la ville de Lairez emprès Meleun I pressoir terres et vingnes qui puet valoir par an X. L. »

Un manuscrit de la bibliothèque Mazarine, intitulé : *Fundationes Cœlestinorum* (n° 1285), et qui renferme les réductions de fondations faites aux Célestins en 1436, permet de compléter le document que nous venons de publier et de suivre les progrès rapides de la fortune des Célestins, de Paris.

Après un avertissement (Prologus in reductionem fundationum hujus monasterii Celestinorum de Parisius) dans lequel on explique la nécessité de réduire les fondations, et où l'on nomme les trois religieux chargés de ce grand travail (Jean Hasson, prieur de la Sainte-Trinité près Mantes, Blanchet Duri, prieur de Marcoussis et Laurent Aussoul, procureur du couvent de Paris), on dresse cette liste des fondations, que nous ne donnons ici qu'en abrégé :

SEQUUNTUR FUNDATIONES HUJUS MONASTERII CUM REDUCTIONIBUS AC
VALORE EARUM PRIMO ET PRINCIPALITER.

Rex Karolus quintus, fundator et constructor ecclesie hujus monasterii extitit, qui plura bona nobis fecit, et inter cetera cc. libr. parisis dedit, que assignate fuerunt super terram de Porchefontaine.

Fundatio duarum missarum quas fundavit Jacobus Marcelli, qui a longo tempore fundaverat quamdam parvam ecclesiam in hoc loco, antequam fratres collocarentur, et partem hujus monasterii construi fecerat; que quidem misse fundate fuerunt in valore XL libr. par. assignatarum super terram de Larres prope Meldunum. Hec terra cum suis pertinentiis a longo tempore nil valuit, et quum tempus pacis redibit, vix poterit valere annuatim IV libr. par. reditus.

Fundatio unius misse pro domino Philippo de Moliuis, quondam episcopo noviomensi.... Pro hiis omnibus, inter cetera que fuerunt ecclesie collata, habemus domum nostram sitam in Phallis, ad signum Galee; item recepimus XL fr. pro fabrica infirmarie; item, habuimus ab executoribus ipsius episcopi XX libr. par. reditus sitas in Picardia supra terram de Mesny prope villam Sancti Quintini.

Fundatio unius misse per ebdomadam, pro magistro Johanne de Coifiaco, qui inhumatus est in introitu ecclesie, a parte claustri, qui dedit duo milia quingentos francos et unam domum cum certis vineis sitis in territorio de Vanves prope Parisius. De hiis omnibus pecuniis empta fuerunt nemora cum staugnis logie de Viermes.

Fundatio unius misse alte in capella domini Philippi de Maiseriis, pro dicto domino Philippo, milite et quondam cancellario regni Cipri, in capitulo nostro sepulto, qui, inter ceteros benefactores nostros hanc religionem miro sepe coluit affectu, et hoc monasterium magnifice in bonis ampliavit. Edificavit intus quamdam domum cum parvo claustro et optima cisterna. Item ibidem quamdam construxit cappellam devotissimam, in honore Beate Marie Virginis, et eam optime depingi et solenniter dedicari fecit; pro quibus edificiis, ultra triamilia francorum exposuit, atque eamdem cappellam, vasis pluribus argenteis et diversis ornamentis, reliquiisque preciosis, decoravit. Insuper, pro dotatione ejusdem octingentos francos solvit, ac pro eadem a domino Karolo rege quinto admortizationem LXXX libr. Item, vineam nostram seu clausum plantari fecit, suis expensis et pro lapidibus murorum dicti clausi et torculari et pro pluribus reditibus, qui supra domum Roberti-Testardi erant adquirendis, pro depositoque et libraria, nostris pluribus que alii sutilibus faciendis, de suis pecuniis ultra VIe franc. exposuit. Derelictoque seculo, in dicta domo vitam multum religiosam usque in finem vite sue duxit. Dimisit etiam nobis plures reditus et multa volumina librorum. Et per amicitiam et notitiam ipsius pie memorie dominus Leo, quondam rex Armenie, fuit intus sepelitus, occasione cujus ultra II^m fr. habuimus pro reditibus emendis. Insuper fundavit in dicta sua cappella et ante majus altare duos cereos de cera alba que dicitur virginea, qui dicuntur cerei pacis. Et pro horum fundatione ac domus sue substantatione, x libr. reditus supra domum dicti Roberti Testardi dedit, et quatuor insulas in fluvio Secane conjunctas nostris quas emit.

Fundatio unius misse pro Johanne Cudoe et uxore sua, qui dederunt nobis certam partem terre quam habebant in clauso vinearum nostrarum de Parisius.

Fundatio unius misse quotidiane pro venerabili Collegio Secretariorum et Notariorum clericorumque domini nostri regis tam vivorum quam mortuorum. Ab hoc venerabili collegio habemus unam bursam, sicut habent ipsi notarii, quam, quolibet mense, recipimus in audientia domini nostri regis, et XXV libr. paris. reditus super heredibus domini Girardi de Monte Acuto. Item, recepimus ab eis ultra mille fr. pro edificiis nostris ac jocalia et ornamenta varia. Item, occasione dicti collegii, a pluribus ipsorum et aliis recepimus in diversis fundationibus et elemosinis ultra x milia franc., omnique anno, in festo sancti Johannis ante portam latinam, conveniunt ad ecclesiam nostram, et faciunt celebrari unam missam solennem pro confraternitate ipsorum, prandentque intus in sua aula, et dant XL s. pro pictantia cum certis tedis et cereis pro luminari, ut moris est.

Fundatio unius misse pro domino Ludovico, duce Aurelianensi, filio predicti domini regis Karoli quinti et ejus consorte, a quo habuimus C libr. par. reditus admortizatas, ac admortizationem et quintum denarium aliarum C libr. par. et ultra II^m franc. cum pluribus jocalibus aureis, scilicet : calice sancti Petri Celestini, et pulcra cruce, aureis et aliis argenteis et pluribus libris et ornamentis de pannis aureis et sericis ecclesiasticis. Fecit que fieri pulcherrimam illam capellam, que est in parte dextra chori nostri; et non solum huic loco plura bona fecit, sed etiam ecclesiam et claustrum de Amberto de novo solenniter reedificavit, ac etiam aliis monasteriis religionis nostre, larga beneficia, tam in reditibus, admortizationibus, jocalibus, ornamentis, pecuniis, quam aliis rebus, impendit. Defunctusque est Parisius, anno Domini M°.CCCC°.VII°, in die sancti Clementis scilicet XXIII die mensis novembris, et predicta cappella sua sepultus.

Fundatio unius misse pro magistro Reginaldo Ruffi, quondam notario domini nostri regis, in introitu chori nostri sepulti, a quo habuimus multa bona ad valorem IIIIe scutor. auri et amplius, nam primitus in vita sua fundavit unum fratrem, intus, demum unam missam quotidianam et pro hiis omnibus dedit II^m scut. auri et XXIIII libr. paris. reditus percipiendas supra domum, ad signum Cometi juxta Parvum Pontem : demum, in suo testamento, pro tercia parte omnium bonorum suorum mobilium et immobilium, suos heredes nos instituit. Item sciendum quod multe pecunie, occasione prefati fundatoris, nobis obvenerint. De illis tamen non constat aliquid expositum in reditibus sive hereditagiis emendis pro stabilitate fundationis sue; quia, pro prefata exoneratione duarum missarum quotidianarum tradidimus II^m v° scut. auri cum predictis xxIIII libr. par. reditus. Residuum autem expensum fuit in relevatione hujus monasterii quod tunc temporis, propter guerras et penuriam victualium, in maxima paupertate degebat.

Fundatio unius misse pro domino Guillelmo Senonensi, archiepiscopo, et domino Adam de Melduno, milite, fratre suo, qui dederunt pro una vice v° fr. et admortizationem xL libr. parisis.

Item, fundatio IIII missarum pro dominis Johanne et Burello de Riparia nobilibusque uxoribus et amicis suis, qui dederunt pro una vice ccc fr., de quibus pecuniis harum duarum fundationum habuimus territorium seu fundum alte vinee hujus monasterii; item, altam justitiam, ac admortizationem dicte vinee et vinee basse ac partis ortorum deintus, una cum aliquali portione claustri et domus domini Philippi de Maiseriis. Item prefate admortizationes assignate fuerunt ad terram de Sarris in Bria et ad decimam nostram de Cerneux.

Item, fundatio duarum missarum pro magistro Roberto de Jussiaco qui dedit ccLx libr. parisis pro reditibus, emendis; de quibus pecuniis empta fuit tercia pars decime magne de Cerneux in Bria, que, bono tempore, extimabatur valere circiter xII lib. parisis. Item, de dictis pecuniis empte fuerunt vIII lib. paris. reditus scilicet vI libr. par. supra domum de Malconseil ante parvum hostium S. Jacobi de l'Ospital, item, xL s. par. supra domum carnificum prope Parvum Pontem. Sciendum tamen quod dicta tertia pars decime de Cerneux, propter guerras, a longuo tempore nichil valuit.

Item, fundatio II missarum pro magistro Francisco de Monte Acuto, qui dedit quandam domum cum jardino et xvIII arpenta terre situata a Bondoufle, in medio vie quo itur de Corbolio ad Castrum Montlcheri. Item, dedit vIII sol. reditus supra quamdam domum sitam in prefato villagio, a longuo tempore, omnes domus dicti villagii, excepta nostra, combuste fuerunt. Item dedit vI libr. reditus supra quamdam domum sitam a Vitry juxta Corbolium...... Hec omnia a longuo tempore, obstantibus guerris, nichil valuerunt, exceptis reditibus sitis Parisius.

Item, fundatio unius misse pro magistro Johanne Olearii, pro cujus fundatione primitus habuimus x lib. par. reditus supra quamdam domum sitam in vico de la Vielle rue du Temple, que certis de causis alienate fuerunt, et loco earum ad istam fundationem assignate fuerunt vII lib. par. supra domum ymaginis Nostre Domine Parisius ante ecclesiam Sancti Liephardi; item xxxIx s. vI den. supra domum ad signum equi nigri in vico de la tennerie, item xx s. par. reditus supra quamdam parvam domum sitam Parisius in vico quo itur de la Morteleric ad ecclesiam S. Johannis in gravia. Sciendum vero que pro presenti prefate vII libre ante sanctum Liephardum sunt pro nobis, quia jam dudum dicta domus demolita fuit auctoritate regia ad ampliationem platee ante Castelletum; que est inter ipsum Castelletum et Secanam, et in recompensationem juris nostri sic deperditi dederat nobis rex alias vIII lib. par. supra domum Bernardi de Lavaine, ad signum de l'Espée in vico Sancti Anthonii, qui fuerant domini Nicolai d'Orgemont, qui ad regem devenerant per confiscationem bonorum dicti domini Nicolai; sed quia mutata sunt tempora, hec confiscatio abolita fuit, et ad successionem dicti domini Nicolai admissi sunt propinqui sui et heredes. Quapropter in illis vii libr. sic recompensatis, amplius nullum jus acclamare ausi fuimus. Item de xxxix sol. vi den. predictis redempti fuerunt xx sol. par. a proprie-tario domus, virtute certarum ordinationum factarum super redemptione reditus ville Parisius. Hos xx sol. sic redemptos alibi assignamus perci-piendos videlicet super quamdam maceriam quam emimus, in qua solebat esse domus fontis de Jouvent, que contigua erat domui nostre galee in phallis.

Fundatio unius misse per ebdomadam pro domicella Johanna de Rully, re-licta honorabilis viri magistri Johannis de Marchia, que dedit pro sua fun-datione pro una vice cc lib. paris. Pro quibus pecuniis assignamus x libr. par. reditus supra duas domos contiguas sitis Parisius, in vico de la Ferronnerie, in quarum una pendet ymago Sancte Catherine et in altera ymago Sancti Michaelis, quarum proprietas pro presente ad nos pertinet, pro quarum reparatione exposuimus plusquam cc libr. par.

Item fundatio duarum missarum pro Nicolas de Ponte et Jaquilina, uxore ejus et suis. A quibus, pro dicta fundatione, habuimus cccc lib. turon. quas exposuimus in constructione domus Fardelli in vico de la Chauverrie.

Fundatio trium missarum pro magistro Guillelmo de Neauvilla, secretario regis, qui dedit pro dicta fundatione vic scuta auri, pro quibus assignamus xxxvi libr. par. admortizatas supra terram nostram de Attainvilla, cum omni-bus suis pertinentiis. Et sciendum quod prefate pecunie per nos date fuerunt fratribus nostris de Columberio, de Castis et de Sancta Cruce, cuilibet: cc scuta auri . . . . Item prefatus magister Guillelmus fundavit intus unum fratrem, pro qua fundatione dedit intus terram du Tronquay in Normannia . . . Insuper, mediante illa terra, fundavit unum obitum anniversarium. Item, fundavit lampadem ardentem in navi coram ymaginee Crucifixi, pro qua fundatione dedit xx libr. reditus supra terram de Ver sitam subtus terram seu castrum Dammartin en Gouelle. Item ad augmentum dicte fundationis dedit semel c fr., que pecunie exposite fuerunt in admortisatione terre nostre de Tournedos.

Celebrabit insuper idem ebdomadarius xxiiii alias missas per annum, et primo quolibet mense, unam missam pro Stephano Chevron, civi paris. qui, pro sua fundatione, dedit cc scuta auri, de quibus empti fuerunt cx s. paris. reditus supra quamdam domum in vico de la Mortelerie ante Capellam Hauldri; item, unam missam pro magistro Nicolao de Plansi qui, pro dicta fundatione, dedit semel xx fr. Pro hiis assignamus ad dictam fundationem xx s. paris. reditus supra maceriam fontis de Jouvent, contiguam domui nostre galee in Phallis; item, unam missam pro domino Johanne de Noviant, milite, qui dedit, pro sua fundatione, semel xx fr. Pro hiis assignamus xx s. paris. supra prefatam maceriam; item, unam missam in anno pro magistro Philippo Augerii, clerico regis Francie, qui fecit fieri, suis expensis, illam vitrariam que est in dextra parte chori hujus ecclesie, in qua est depicta ymago beate Virginis Marie et sanctorum Jacobi et Agnetis; item, unam missam pro domino Alano de Manny et domina de Roya, conjuge ejus, qui dederunt, pro predicta fundatione, x libr. paris. reditus supra terram de Qui-quenpoit et de Hangest, cum suis pertinentiis; item, iv missas pro magistro Hugone Magni, qui dedit vc franc. pro quibus assignamus jus quod habemus supra terras nostras de Borray, Lardi et Cochet en Gastinois, quas predicto precio comparavimus; item, IV missas pro magistro Roberto de Almania, medico, pro qua fundatione dedit C fr. pro quibus assignamus IV libr. paris. supra terram nostram du Petit Plessier prope castrum de Luzarches.

Fundatio unius misse pro Garnerio Marcel, filio Jacobi Marcel, de quo supra, que in prima institutione estimabatur annuatim valere XXX libr. paris. non admortizatas; pro presenti tamen, ex ista fundatione solum proveniunt ecclesie, quolibet anno, XXXVI s. paris. scilicet : XXIIII supra quamdam domum sitam juxta portum Secane in platea Mauberti ; item, supra quamdam petiam insule sitam prope Dravel, XII s. par. etc. Item, ex ista fundatione percipiebantur IV libr. par. supra domum sitam in Phallis subtus pilaria ad signum des Mailles. Hec domus, quia ruinosa erat, proclamata fuit, et pro presenti, proprietas ipsius ecclesie pertinet utilius, tamen, et pro majori dampno evitando, fuisset dictis IV libr. renunciasse, quia de pecuniis ecclesie, tam in reparatione dicte domus quam redemptione reditus, jus nostrum precedentium expense fuerunt CCC libr. par. et ultra quod excedit valorem dicte domus, etc. Item, ad istam fundationem pertinebant VIII libr. par. que percipiebantur supra domum sancti Christofori in vico de la Tennerie, etc. Item, ad istam fundationem primitus spectabant X libr. par. reditus que percipiebantur supra duas domos Parisius sitas quarum una est que non est, nisi quedam maceria ante ecclesiam sanctorum Lupi et Egidii, in vico sancti Dyonisii, alia est situata in vico sancti Christofori in Civitate.

Item, fundatio IV missarum per ebdomadam pro magistro Eustacio de Morsant, qui, pro hac fundatione, dedit duo arpenta cum dimidio vinee in territorio Dablon estimata valere annuatim LXI s. par. reditus, et CC fr. auri de quibus pecuniis empti fuerunt L s. parisis supra domum Cacabi in vico sancti Dyonisii; item, LXXIX sol. par. supra duas domos contiguas sitas in Gravia, in una quarum pendet signum Corvi. Prefati C sol. alienati fuerunt precio C fr., de quibus pecuniis emimus jus proprietatis quod habemus supra domum Mutonis in vico de la Chanverrie, que domus estimatur annuatim valere prefatos C. sol. par.

Item, fundatio misse quotidiane pro Balduino de Cerviaco, civi par. et Maria la Marcaise, sorore sua, qui dederunt X libr. par. reditus in vico Forgier lasnier supra domum in qua pendet signum Angeli. Item dederunt IIII magna candelabra cuprea precio XX fr. Item dederunt IIIᶜ IVˣˣ fr. pro reditus emendis pro quibus assignamus XVI libr. par. supra locagia nostra de Petit Muce.

Item, fundatio misse quotidiane domini Symonis de Junvilla, qui, pro hac fundatione, primo dedit LX s. censuales supra tres domos sitas in Corbolio ante Vetus Castrum dicti loci. Item dedit jus unius oboli cum quinta parte alterius oboli quod habebat supra quodlibet modium salis transeuntis per subtus pontem dicte ville. Prefatum jus seu pedagium pro presenti nichil valet, poterit, tamen, si tempus prosperetur, valere, quolibet anno, LX s. par. reditus vel circa. Item, dedit majorem partem juris quod habemus in terra nostra de Bondoufle. Hec terra a longuo tempore, propter guerras nullius emolumenti fuit; estimatur autem si pax fuerit, annuatim valere VIII libr. par.

Fundatio VI missarum per ebdomadam pro Stephano Canu, civi parisiensi, et uxore sua, pro qua fundatione date fuerunt XXIV libr. par. reditus annue supra certas domos sitas Parisius, videlicet : XII libr. par. supra domum in qua, pro presenti, pendet scutum Burgondie subtus pilaria in Phallis; item, IV libr. par. supra domum que fuit magistri Joh. des Mares, in qua pendent pro presenti ymagines apostolorum Petri et Pauli, in vico de la Mortelerie; item, IV libr. par. supra domum in qua pendet signum Baliste, in qua sunt stuphe, in vico de la Huchette; item, IV libr. par. supra domum sitam in vico de Sacalie, ad ymaginem Angeli.

Item, fundatio IV missarum per ebdomadam pro Alexandra de Besançon, que, pro sua fundatione, dedit XX libr. par. reditus supra domum du Gournault, in vico sancti Dyonisii juxta ecclesiam sancti Maglorii. Sciendum autem quod a longo tempore, jus quod habebamus supra prefatam domum dedimus pro precio LXIV libr. par., eo quod ruinosa esset et eramus in periculo totum perdendi. Pro quibus, assignamus ad hanc fundationem IV libr. par. reditus, quas solebamus habere supra domum Duorum Angelorum, contiguam prefate domui, que pro presenti nostra est, et eam construi fecimus novum.

Item, fundatio unius misse quotidiane pro Johanne Audou et uxore sua. Pro hac fundatione, primitus date fuerunt LXVIII libr. et XIII sol. par. reditus et quia illorum redituum, quasi major pars non erat in terra regis, nec poterant admortizari, alienati fuerunt de illis usque ad sommam XXV libr. paris. vel circa, et de pecuniis exinde provenientibus empta fuerunt nemora de Chartere que sunt inter Meldunum et villam de Campania, prope ripariam Secane. Estimamus illa valere, consideratis temporibus, XX lib. par. reditus. Item, residuum prefatorum redituum ascendentium ad sommam XLIII libr. par. vel circa, pro majori parte deperditum est, quia compulsi fuimus, propter proclamationes factas, virtuti privilegii burgensium ville Parisius, domibus in quibus percipiebantur dicti reditus et juri nostro, renuntiare. Pro presenti, de prefatis reditibus adhuc proveniunt ecclesie annuatim XV libr. par. reditus vel circa, videlicet : supra domum sancti Martini in vico de la Juyrie XXXV s.; item, supra domum sitam retro prefatam domum sancti Martini in vico de la Licorne XXV s. par.; item, supra domum equi nigri in vico de la Saulnerie ante domum Tabule Rolandi IV libr. par.; in principio fundationis, percipiebamus supra prefatam domum VIII libr. par. sed quia ruinosa devenerat, quittavimus proprietario IV lib. par. ut reparationes faceret fieri in prefata domo. Item, supra domum sancti Johannis in Bannaria XL s. par.; item, supra domum sitam à la Tonuelerie juxta portam magnam Phalle bladi, XL s. par. de quibus, a longo tempore nichil recepimus; poterit tamen redire ad pristinum valorem; item, supra domum sitam in platea aux Chas XXVIII s. par ; item, supra duos domos contiguas sitas ultra antiquam portam sancti Honorati in vico Johannis de Sancto-Dyonisio, XL s. par.; item, supra domum sitam in vico Leonis in qua pendet signum de la Souche, XIV s. par.

Fundatio unius misse quotidiane pro magistro Petro de Castro, qui fuit clericus magistri Roberti de Jussiaco, de quo supra, qui dedit pro sua fundatione certos reditus supra terram du Quasnoy et confinia ipsius, in Brya, prope terram de Monglat, que reditus antiquitus estimabantur annuatim valere XII libr. par. non admortizatas. A longo tempore, propter guerras nullius utilitatis fuerunt, nec adhuc sperantur valere, nisi negocia regni prosperentur. Item dedit pro sua fundatione LXVII arpenta nemorum sita a Chailly en Byere, prope terram nostram de Pertes, que nemora estimabantur antiquitus valere annuatim VIII libr. par., sed a longo tempore nil valuerunt.

Item, fundatio trium missarum per ebdomadam pro Petro Coquelet, civi parisiensi, qui, pro sua fundatione, dedit CCXXIV libr. par., de quibus pecuniis emptum fuit jus quod habemus in terra de Berelle in Brya prope Privigniacum, que possessio estimabatur, retroactis temporibus, valere annuatim XXIV libr. par. A longo autem tempore nil valuit, nec adhuc speratur valere nisi tamen X libr. par., si tempus pacis advenerit. Hec possessio admortizata fuit a rege, non de pecuniis dicte fundationis, sed data fuit a dominis de Melduno et de Riparia, de quibus actum est supra in eorum fundatione.

Item, fundatio duarum missarum per ebdomadam pro magistro Eustacio Godrie, qui, pro sua fundatione, dedit LX sol. par. reditus percipiendos Parisius supra quamdam domum sitam in vico Anglicorum prope plateam Mauberti. Item, dedit pro una vice C fr. auri pro reditus emendis quos assignamus super proprietatem prefate domus, quam construi fecimus novam. Pro qua constructione expositi fuerunt plusquam C fr. Et quia dicta domus est in terra ecclesie sancte Genovefe, ne poneremus extra manum nostram, per concordiam factam inter nos et dictos religiosos, terciam partem juris nostri eis dimisimus, et sic nobis admortizaverunt residuum juris nostri. Hec domus debet religiosis de Longchamp XXXIV sol. parisis reditus, a longo tempore nullius autem modice utilitatis extitit ecclesie, hanc tamen estimamus annuatim valere, deductis deducendis, LX s. par. reditus et non amplius.

Item, fundatio unius misse per ebdomadam pro magistro Petro Cramette, pro qua fundatione et uno obitu, dedit C fr. pro redditibus emendis, pro quibus assignatur jus quod habemus supra quamdam domum sitam Parisius in vico Hauquetin le Faucheur, in qua pendet signum rose.

Fundatio duarum missarum quotidianarum pro dominis Ludovico, comite de Stampis, Johanne, fratre ejus, ac domina Maria, eorum matre. Pro qua fundatione primitus habuimus CC libr. tur. reditus admortizatas in terra et pertinentiis de Monglat et Angerre in Brya. Quam terram per cambium tradidimus domino Philippo de Savoysi, et habuimus, ab ipso et domino Karolo, filio suo, terras de Mormans et du Jarriel en Brye, de consensu prefatorum fundatorum. Qui reditus a longo tempore nil valuerunt, nec sperantur valere in futuro.

Fundatio domini Mileti Dangel, quondam decani ecclesie Carnotensis canonicique ecclesie Nostre Domine, Parisius, et domini compotorum Regis, pro salute sua reverendique in Christo patris domini Roberti Dangel, quondam episcopi Nivernensis, germani sui et omnium parentum suorum, videlicet : duorum fratrum incellatorum in dormitorio, ut moris est, et unius misse quotidiane. Pro qua fundatione, dedit nobis terram de Villedavray cum omnibus pertinentiis suis, domus de la Laude, que, ut dicebat, tempore pacis, estimabatur annuatim valere IIIᶜ libr. turon. Verumque ad predictam de difficili nostrum consensum dedimus ob hoc, quia reditus ipsius terre occasione guerrarum ac depopulatione gentium attenuati erant, nec admortizata erat, insuper et propter onera quibus ana stringebamur, consensit tanquam vir prudens et discretus, nolens nos aliquid onus suscipere absque emolumento sufficienti, suo proprio ore exprimendo, quod ad predicta complenda non intendit, nos obligare, nisi referendo singula singulis : hoc est, si fructus terre redeant ad valorem temporis pacis ad ipsam totalem fundacionom tenebimur ; si vero minus valuerunt, consensit nos illud deservire, quod consciencia nostra dictaverit. Insuper ad missam quotidianam cum in tempore illo essent decem et octo ebdomadarii jam diu ãuã fundati non vult nos obligare, nisi numerus fratrum sacerdotum conventualium missam celebrantium excederet XVIII.

Hanc reductionem secundum posse nostrum, dictante conscientia et equitati, redigimus modo et forma superius prenotatis. At vero quia per ignorantiam sepius judicium rationis fallit et decipitur et eo amplius cum sua causa agitur sibi condescendendo. Idcirco nos immunes ab omni suspicione reddere volentes ac potius affectantes magis de onere quam de alleviatione fore redargutos, per modum recompensationis atque additamenti, tanquam si plus justo demimus quam debuimus, statuimus ut a modo in qualibet ebdomada celebrentur tres misse private, pro omnibus benefactoribus nostris superius specificatis, nec non et generaliter, pro omnibus benefactoribus vivis et defunctis hujus monasterii. Ei hec missa dicetur in cappella domini Philippi de Maseriis, habendo specialem memoriam pro dicto domino Philippo, prout superius in fundatione magistri Guillermi de Neauvilla est expressum. Et has missas assignare poterit cantor patri priori.

Acta sunt hoc anno Domini M° CCCC° XXXVI°.

Après cette ordonnance de réduction rendue en 1436 et remplie, comme on a pu s'en convaincre, de détails curieux sur la valeur des biens donnés au couvent, sur la gestion fort habile des moines et sur la dépréciation presque universelle de toutes les valeurs, causée par la guerre, le rédacteur du manuscrit que je viens de transcrire en partie indique encore quelques noms de donateurs, que je crois devoir citer ici, pour compléter le tableau des richesses que les Célestins possédaient au xve siècle :

Honorabilis et discretus vir Johannes Chauvet, quondam burgensis parisiensis, pro fundatione II missarum, qualibet septimam, nobis dedit XL scuta auri, que per manus venerabilium et discretorum virorum magistri Stephani Petit, presbyteri, canonici sancti Germani Autissiodorensis, et Robini Beguin, testamenti dicti defuncti executorum, realiter recepimus anno Domini M. CCCC XLII.

Anno Domini M° CCCC° LII°, venerabilis et discretus vir magister Guillermus Ducis, presidens in parlamento parisius, pro fundatione unius de profundis, dedit nobis realiter XL scuta auri, que expleta sunt in parte reparationis seu relevationis terre nostre de Porchefontaine que prius erat in totali ruina et nullo valere.

Anno Domini M° CCCC° LX°. venerabilis et discretus vir Nicholaus Malingre, civis parisiensis et hostiarius camere compotorum, pro fundatione unius perpetue misse, qualibet ebdomada, pro remedio anime sue et Guilmete, uxoris sue, omniumque liberorum, parentum et amicorum suorum, dedit nobis pro una vice realiter CC francos qui cum trecentis scutis de quibus in articulo immediate sequenti expleti sunt, in constructionem novum domus nostre des Maillets in Phallis.

Anno Domini M° CCCC° LX° nobilis vir Matheus Dauci, pro II missis, dedit nobis CCC scuta auri.

Anno Domini M° CCCC° LXI° illustrissimus princeps Philippus, dux Burgundie, cujus soror, domina Anna, condam uxor ducis Betfordie que intus est inhumata, pro fundatione unius misse cotidiane, dedit nobis realiter et in contentis mille ducenta scuta auri, quorum jam exposuimus quadringenta scuta, tam in emptione partis terre nostre du Plexis juxta Lurarches (*sic*) quam in extructione unius domus et molendini novarum in eodem loco.

Missa bassa perpetua de defunctis, fundata per magistram Johannem Mortis, regium consiliarium in parlamento, pro qua tradidit LX scuta auri.

Tous les historiens de Paris ont donné sans exception la date du 24 mars 1367 comme celle de la pose de la première pierre de l'église. Le père Beurrier, l'historiographe du couvent des Célestins, paraît lui-même fort indécis à ce sujet. Les démolitions, si désastreuses au point de vue archéologique, produisent quelquefois de bons résultats au point de vue historique. Celles qui ont eu lieu en 1847, ont mis à découvert cette première pierre sur laquelle on lit :

> LAN MCCCLXV LE XXIV
> JOUR DE MAY MASSIT
> CHARLES ROY DE FRANCE

C'est donc le 24 mai 1365, que l'église des Célestins a été élevée aux frais du roi Charles V. Elle fut dédiée, le 13 septembre 1370, sous le titre de l'Annonciation de la Sainte Vierge. Elle était fort riche en sculptures et en peintures, qui furent déposées en grande partie au musée des Petits-Augustins. Elle renfermait les tombeaux de :

Jacques Marcel (1320). Etienne Marcel, son frère (1319). Agnès Marcel, femme de Jean Poislevilain (1340). Simon le Grand, seign. d'Ainville. doct. en droit et avocat au parlement (1343). Jeanne Cocatrix, sa femme (1343). Garnier Marcel, échevin de Paris (1352); Eudeline, sa femme (?). Jean Lhuilier, cons. au parl. (1373); Marie Marcel, sa femme (?). Pierre Cunet, seign. de Tournay, secrét. de Charles V, nons. de la comtesse d'Artois (1373). Geoffroy Marcel, écuyer (1397). Hugues le Grand, secrét. du roi (1393). Mathieu d'Aussi, seign. de Villiers, intendant du comte de Tancarville (1400); Marie de Bethisi, sa femme (1400). Nicolas du Pont, cons. du roi (1416); Marguerite Paillard, sa femme (1400). Jacqueline Paillard (?), Etienne de la Charité, secr. du roi (8 nov. 1424); Marguerite Paillard, sa femme (?); Charles de la Charité, leur fils (1424). Odo de Creil, doct. rég. de la faculté de médecine (1466). Charles Horris, trésorier-secrét. du roi (1504). Le neveu de Philibert, grand-maître de l'artillerie de France (1589). Selincourt, grand-maître de l'artillerie de France (1590). Imbert Boutet, bourg. de Paris (20 fév. ?); Madeleine Brocard, sa femme (?). Le Teneur, secrét. du roi et de ses finances (10 octobre 1600). Jean Dupuis, bourg. de Paris, march. de soie (1544). Vincent Dupuis, son fils (?). François Pesloé, not. et secrét. du roi, bailli de l'artillerie et élu de Provins (26 juillet 1573). Pierre Habert, not. et secrét. du roi, valet de chambre ord. du roi et bailli de son artillerie (22 déc. 1597); Denise de Bosmont, sa femme, veuve en premières noces de Fr. Pesloé (4 avril 1622). Jacques Godivet, apothicaire des Célestins (25 juillet 1624); Agnès Maugis, sa femme (6 mai 1623). Louis Seguier (1612). Anne d'Espinay, veuve de François de la Gueulhe (3 sept. 1540). René, baron de Trevelec, chambellan du roi d'Espagne, colonel d'infanterie au régiment de Luxembourg (1773). Louis de La Trémouille, marq. de Noir-

moustier, lieutenant général pour le roi en Poitou (4 sept. 1610). Claude de
Beaune, femme de Claude Gouffier, marquis de Boissy, duc de Rouanez (1564).
Charlotte de Beaune, femme de Louis de la Trémouille (30 sept. 1717).
François de la Trémouille (1616). Guillaume de Rochefort, chancelier de France
(12 août 1492); Guye de Vouviry, sa veuve (1492). Guillaume de Rochefort,
leur fils (1478). Louis de Rochefort (1563). Jacqueline-Philippe de Pontallier,
femme d'Edme de Rochefort (1630). Philippe de Rochefort, sa fille (1611). Leo-
nard de Rochefort, son frère (1630). Charles Maigné, commandant des gardes
de la Porte (?). Sébastien Zamet, baron de Murat et de Billy, capitaine du
château et surintendant des bâtiments de Fontainebleau (14 juillet 1614). Madeleine Leclerc, sa femme (12 mai 1615). Jean Zamet, capit. du château et
surintendant des bâtiments de Fontainebleau, tué d'un coup de boulet reçu au
camp devant Montpellier (8 sept 1622). Jean Zamet, son fils (sept. 1636).
Pierre Zamet, banquier (16 janv. 1635). Anne-Marie Lefébure de la Fero-
nière, femme de François-Martin de Savonnière, chev., marquis de la Roche,
garde du corps du roi (3 avril 1701). François Raffy, parisien (1688). Marie
Chabot, professe de Notre-Dame de Soissons (23 mars 1649). Viriot Copperet,
seign. de Thuris lez Metz (18 sept. 1601). Louis de l'Estang, seign. de Sablon
en Dauphiné (13 sept. 1605). Delfin Daulède (26 août 1746). Gérard Machet,
évêque de Castres, confesseur de Charles VII [1] (1448). Jean Cœur, abbé de
Saint-Sulpice de Bourges, archevêque de Bourges (25 juin 1483). René
Potier, duc de Tresmes, marquis de Gèvres, pair de France, etc., etc.
(1er fév. 1670); Marguerite de Luxembourg, son épouse (9 août 1645). Louis
Potier, marquis de Gèvres, leur fils (1643). Léon Potier, duc de Gèvres, pair
de France, gouverneur de Paris (9 déc. 1704). François de Gèvres, chevalier
de Malte, son fils (1685). Louis de Gèvres, marquis de Gaudelus, son frère
(18 avril 1689). Bernard-François de Gèvres, duc de Tresmes, pair de France,
gouverneur de Paris (12 avril 1739). Louis de Luxembourg (1571). François, duc de Luxembourg et d'Espinay (1613). Charles Potier (1615). Charlotte Potier (1620). Catherine Potier (1617). Marguerite Potier (1620). Louise
Potier (1624). François Potier, mort au siége de Thionville (1643). Henri
Chabot (1655). Philippe Chabot, amiral (1er juin 1543). Les cœurs de
Henri II, de François, duc d'Anjou, de Charles IX, d'Anne de Montmorency.
Louis de France, duc d'Orléans (1407); Valentine de Milan, sa femme (4 déc.
1408). Charles, duc d'Orléans, leur fils (8 janv. 1466). Philippe d'Orléans, leur
fils (1420). Renée d'Orléans, fille de François d'Orléans, duc de Longueville
(23 mai 1525). Cœurs des ducs de Longueville. Timoléon de Cossé, comte de
Brissac, colonel-général de l'infanterie, grand panetier et grand fauconnier de
France (1579). Louis de Cossé, duc de Brissac (16 fév. 1661). Jean-Armand de
Cossé, chev. de Saint-Jean de Jérusalem (13 fév. 1658). Renée Hocquart,
comtesse de Cossé (29 sept. 1779). L'Allemand, écuyer du duc d'Orléans (?).
Jean Galeas Visconti, duc de Milan (?). Jean d'Orléans, comte d'Angoulême
(1467). Jean de Montauban (1407). Bonne de Milan (1408). Arthus de Montauban,
leur fils, archevêque de Bordeaux (1468). Les cœurs de Charles VI, d'Isabelle
de Bavière, de François II, duc de Bretagne, de Marguerite de Foix,
sa femme. Isabelle de France (13 sept. 1409). Marie de Clèves, mère
de Louis XII (1487). Jeanne de Milan (1494). Charles, comte d'Angoulême

---

[1] Tous les épitaphiers l'appellent Manchet et le font mourir en 1446.

(1er janvier 1496). Le cœur d'Anne de Bretagne, de Louis XII. François d'Espinai, seign. de Saint-Luc, grand-maître de l'artillerie, tué au siége d'Amiens (7 sept. 1597); Jeanne de Cossé, sa femme (1602). François de Roucherolle, dit de Manneville (17 mai 1689). Léon de Lusignan, roi d'Arménie (1393). Anne de Bourgogne, femme de Jean, duc de Betbford (14 nov. 1432). Jeanne de Bourbon, femme de Charles V (fév. 1377). Les cœurs de Jean Ier, roi de France, de Jeanne, comtesse de Boulogne, sa femme. Philippe Ier, duc d'Orléans (1er sept. 1375). Henri, fils de Robert, duc de Bar (1398). Les entrailles de Marie d'Espagne, femme de Charles de Valois, comte d'Alençon (19 nov. 1369). Le cœur de Philippe de Bourgogne (1467). Hector de Flavy, seign. de Montauban, comte de Ligny et de Mortimer (1468). Alexandre Stuart, duc d'Albanie (1485). Jean Stuart, duc d'Albanie, son fils (1498). Louis Stuart, son frère (1513). Thibaud Artauld, mari de Jeanne de Milan (1499). Les entrailles d'Henriette de Bassompierre (1609). Charles Robert de la Marc, duc de Bouillon et comte de Maulevrier (30 nov. 1622). Robert de Jussi, chan. de Saint-Germain-l'Auxerrois, secrét. des rois Philippe de Valois et Jean Ier (1363). Bernard Prevost, seign. de Morsan, cons. du roi aux parlements de Paris et de Bretagne, premier président des requêtes du palais, deuxième président en la cour de parlement (22 sept. 1585); Madeleine Potier, sa femme (?). Julius Tuscanus, évêque de Benevent, nonce du pape (1367). François de Montagu, aumônier de Charles V (1372). Le cœur de Jean de Dormans, card. évêque de Beauvais (24 sept. 1373). Guillaume de Melun, archevêque de Sens, seign. de Villiers-sur-Marne et de Marly (1376). Jean Budé, cons. du roi et audiencier de la chancellerie de France (févr. 1501). Catherine le Picard, sa femme (1er août 1506). Guillaume le Duc, présid. au parl. de Paris (20 janv. 1452); Jeanne Porchère, sa femme (1er fév. 1466). Collard de Calleville, cons. et chambellan du roi Charles VI (1418); Blanche de Bonneuil, sa femme (1418). Jean le Grand, cons. secrét. du roi (1432). Christophe Paillard, cons. du roi (1442). Jacques Boyer, cons. du roi (1442). Raimond de Nanclé, cons. du roi (1452). Marc Héron, secrét. du duc d'Orléans (1466). Mathieu d'Aury, écuyer (1466). Jean de Corbon, cons. du roi (1475). Louis de Poissac, gouverneur de Montreuil-sur-mer (1510). Jacques Budé, élu de Noyon (1521). Pierre le Cordelier, chevalier (1401). Oudart de Trigny, conseiller et maître des comptes du roi (7 mai 1407). Guillaume le Grand, conseiller au parlement (1404). Jean Hennequin, conseiller au parl. (1405). Jean d'Ailly, cons. du roi (9 juillet 1408). Robert de Boissay, cons. du roi (1416). Jean de Lus, cons. et secrét. du roi (1416). Jean Colombel, cons. du roi (1417); Marie le Grand, sa femme (1418). Marguerite de Coucy, mère de Louis de Nesle (1427). Catherine Turpin, comtesse de la Roche-Guyon (1478). Guillaume, comte de Laval, chev. (1478). Colombe de Bounai (1480). Jacques Gaillot, grand-maître de l'artillerie de France (1494). L. de Portugal, ambassadeur d'Espagne en France (1558). Jean de Saint-Maure, marquis de Nesle, chev. (1560). Guill. Colombel, cons. du roi et seign. de Dammartin (4 avril 1475); Isabelle de Cambrai, sa femme (14 déc. 1482). Jean le Viste, chev., seign. d'Arcy-sur-Loire, président des généraux sur le fait de la justice des aides (1er juin 1500). Simon de Fizes, baron de Sauve, cons. du roi et premier secrétaire de ses commandements (27 nov. 1579). Marguerite Hurault, comt. de Givry (13 juin 1614). Eustache de Morsan, grand audiencier et secrét. du roi (1373). Guillaume de Neauville, secrét. du roi (1373). Enguerrand de Houdieu, cons. du roi (1390). Guillaume des Plantes (1395). Guillaume comte de Laval, cons. du roi (1395). Regnault de la Chapelle, maître des comptes (1396). Guillaume de La Fons, cons. du roi (1397). Jean de Roussai, cons. du roi (1398)...... seign. des Bordes (1398). Guillaume de Savigni, cons. du roi (1399). Julien¹ de Langée, libr. de l'Université (1399). Paul de Termes, vice-roi d'Écosse, maréchal de France (1562). Charles d'Amboise, seign. de Chaumont, etc., gr.-maître de l'artillerie, maréchal et amiral de France (1568). Philippe-Joseph, comte de Montmajeur, ambass. du duc de Savoie auprès de Charles IX (1570). Jean Côeffy, chan. de Reims et de Langres, contrôleur de l'audience de la chancellerie de France (18 fév. 1403). Jeanne de Sens, femme de Jean d'Ailly, secrét. du roi (1551). Jean de Poncher, maître des comptes (1566). François Le Clerc, secrét. du roi et chan. de Cambrai (28 mai 1386). Hue d'Ailly, cons. du roi et maître des requêtes de son hôtel, archidiacre de Caen, chan. d'Amiens et de Lisieux (fév. 1392). Jean d'Ailly, son frère, conseiller du roi, seign. de Thyemy (9 juillet 1408). Jacques de Toustain, chan. du bois de Vincennes (1404). Jean Canardi, relig. de Saint-Denis, évêque d'Arras et chancel. de Philippe, duc de Bourgogne (1407). Robert Dangel (de Dangueil), évêque de Nevers (22 juill. 1430). Mille Dangel, son frère, doyen de Notre-Dame de Chartres (1418). Regnault Le Roux, secrét. du roi et chan. de Saint-Merry, chapelain de Saint-Bon, à Paris, et familier de Raoul de Coucy, évêque de Noyon (1er nov. 1418). Pierre de Trie, chancel. de France, seign. de Coucy (1433). Philippe de la Rochefoucault, femme de Charles de Melun (1416). Louis de Nesle, fils de Gui de Nesle, seign. d'Offemont (12 juillet 1427). Jean Millet, évêque de Soissons, recteur de l'Université de Paris (5 avril 1053). Germain Paillard, d'Auxerre, évêque de Luçon, secrét. du roi (16 oct. 1418). Philippe Paillard, d'Auxerre, archid. de Noyon, prévôt de Saint-Walburge de Furnes, cons. et secrét. du roi (8 sept. 1418). André d'Epinai, cardinal, archevêque de Lyon et de Bordeaux (10 nov. 1500). Jean Pernant, prévôt de l'église de Poitiers, premier chapelain de Charles VI (1421). Guillaume du Lys, abbé du Gard (1488). Charles de Bourbon, card. de Saint-Martin, archev. de Lyon (1488). Pierre de Foix, cardinal (1496). Jacques-Martin de Belle-Assise, évêque de Vannes (12 janvier 1624?). Guillaume d'Orgemont, chancelier de France (1422). Sarra, comte de Martignard en Bresse (22 avril 1577). Claude Dodieu, évêque de Rennes, ambass. de France à Rome (1558). Jacques de la Madèleine, nommé évêque de Paris (1563). Adrien Gouffier, cardinal de Boissy, évêque d'Albe (déc. 1523). Gabriel de Grandmont, card. de Sainte-Cécile, archevêque de Toulouse (1534). Jean Isambert, professeur de théologie (1419). Nicolas de Pellevé, cardinal (1394). Fabius Myrtus, archevêque de Nazareth, légat du Saint-Siége en France (?). Philippe de Moulins, évêque d'Evreux, puis de Noyon (31 juillet 1409). Jean Bureau, évêque de Beziers (2 mai 1490). Denis le Fèvre, de Vendôme, professeur d'humanités à l'Université de Paris (1538). Philippe de Maizières, chev., chanc. de Chypre, cons. et banneret de l'hôtel du roi de France Charles V (29 mai 1405). Pierre Bard, confesseur de Louis XII (1535). Antonio Perez, cons. de Philippe II (1610). Jacques Le Tenneur, secrét. du roi et de ses finances (15 oct. 1600). Jean le Coq,

¹ Il s'appelait Junien. On possède un inventaire de livres fait par lui, avec la prisée des ouvrages. (Voyez aux Arch. de l'Emp. le carton M. 171.)

cons. du roi (21 août 1515); Madeleine Bochart, sa femme (4 mars 1506);
Jeanne Lecoq, leur fille, veuve de Pierre Perdrier, seign. de Baubigny, secr.
du roi, et femme de Jacques d'Issonne, avoc. au parlement, seign. de Cernay
en Beauvoisis (23 avril 1346). Maximilien de Béthune, marquis de Rosny, fils
naturel de Sully (8 sept. 1632). Jeanne de Sens, femme de Jean d'Ailly, secr.
du roi (1551).... Saint Simon (1399). Jean le Grand, conseiller et secrétaire
du roi (1322). César de Parmaugle, page de Marguerite, duchesse de
Luxembourg, décapité au Châtelet pour avoir blessé un pâtissier (14 janvier 1633). Nicolas de Saint-Denis, maître orfèvre (26 janv. 1634). Jean
Mortis, curé de Saint-Denis de la Châtre, cons. du roi (1404). Humbert Boutet,
bourg. de Paris (26 fév. 1621); Madeleine Brocard, sa femme (?).

Cette liste a été dressée d'après les épitaphiers manuscrits, l'Histoire
du monastère des Célestins de Paris, du père Louis Beurrier, le Sommaire des sépultures de l'église des Célestins, manuscrit du père Beurrier,
conservé à la bibliothèque Mazarine, la notice de Millin, qui, malheureusement, est couverte de fautes d'impression, etc., etc. Nous ren-
voyons, quant à l'exactitude géographique et chronologique des noms
et des dates, aux observations que nous avons faites plus haut à l'article
de Sainte-Catherine-de-la-Couture.

Lorsque les Célestins furent supprimés en 1779, ils furent remplacés
par les Cordeliers; mais ces derniers retournèrent bientôt, par ordre du
gouvernement, dans leur grand couvent. La Révolution était alors im-
minente, et le couvent des Célestins, sans religieux, était régi par un régisseur nommé Gabriel-Louis Gambart, en vertu d'un arrêt du conseil
du 19 octobre 1788.

Le 27 février 1790, ce régisseur déclara que les revenus des Célestins
pouvaient se diviser en quatre classes :

1° Le domaine de Digny en Thimerais, comprenant la ferme du Guay
(aujourd'hui Le Gué), les fermes de la Barre, du Plessis-Belzaize (aujourd'hui le Plessis), du Groualeu (aujourd'hui Grouasleux), de Menainville, du Romphay (aujourd'hui la Romphaye), de la Malgouvern, la grande
Maison, la segneurie de Marolles, située paroisse de Broué, élection de
Dreux, les terres des Plaids, du Boulay, de Grasse-Vache, de Moulin-à-Vent,
des terres et bois à Sarris, entre Lagny et Meaux, l'Ile-en-Brie, le Jariel,
le Mesnil, la Fosse-Arbois, Flagny, la tour d'Orly, le moulin d'Hondevilliers, les étangs, bois, etc.; le tout affermé par bail général au sieur
Duval, moyennant 30,000 liv., bail expiré le 1er juillet 1785, mais
continué jusqu'à la récolte de 1789 : tous ces biens, loués séparément,
devaient rapporter, d'après le régisseur, un revenu de 40,332 liv.,
non compris le moulin de Digny et la ferme des Plaids, qui n'avaient
pas été adjugés;

2° La seigneurie d'Attainville, la ferme et le moulin, la seigneurie du
Plessier-les-Vallées, la seigneurie de Mimorant, le fief de Tournedos en
la paroisse de Mauregard, les terres de Bobigny, Pantin, Drancy,

Gournay près Villejuif, les maisons, terres et vignes à Champagne, près Draveil, la seigneurie du Larré près Sainte-Assize, cens et rentes; le tout affermé à divers 36,950 l. 10 s. 1 den.;

3º Maisons à Paris louées à divers, 59,940 liv. 12 s.;

4º Rentes sur aides et gabelles, l'ancien clergé, les tailles, actions des fermes, sur le domaine de Versailles, sur le vicomté d'Arques, sur les secrétaires du roy, sur maisons sises à Paris et à la campagne et sur la régie des poudres, produisant 19,273 liv. 4 s. 3 den. Ce qui donnait un revenu total de 146,164 liv. 6 s. 4 den.

Les charges consistaient :

1º En 21,148 liv. 6 s. 2 den. de rentes perpétuelles; 2º 12,803 liv. 10 s. de rentes viagères; 3° en une rente due au domaine du roi, 3 liv. 3 s. 2 den.; 4º en décimes, taxe des pauvres et aumônes, 11,238 liv. 11 s.; 5º pensions et vestiaires assignés aux vingt religieux, qui composaient la maison de Paris, 24,900 liv.; 6° acquits de fondations, secours à l'église du Gros-Caillou et aux Sourds-et-Muets, 16,600 liv.

Le sieur Gambart observait encore dans sa déclaration qu'à l'égard du mobilier du couvent, la vente en avait été faite, et qu'à l'égard des effets de la sacristie, ils étaient sous scellés. Enfin qu'il existait une bibliothèque dont les clefs avaient été confiées aux Cordeliers qui avaient habité la maison, et que depuis elles avaient dû être remises à l'archevêque.

Le mobilier avait été vendu, en effet, et la magnifique bibliothèque des Célestins était devenue la propriété du duc de la Vallière et de M. de Paulmy. Les livres qui ont appartenu au duc de la Vallière sont aujourd'hui dispersés, ceux de M. de Paulmy forment le noyau de la bibliothèque de l'Arsenal. Les tablettes de la bibliothèque des Célestins furent données à la Bibliothèque nationale, le 27 septembre 1791.

Le couvent des Célestins, consacré par une loi du 21 juillet 1791 à l'établissement des sourds-et-muets et des aveugles-nés, ne reçut pas cette destination : on en fit une caserne, occupée par la garde de Paris.

Vers la fin du mois de mai 1847, on découvrit un caveau dans lequel gisaient confondus des ossements d'une femme de vingt-huit à trente ans. Grâce à une plaque de plomb, qui se trouvait parmi les débris, on reconnut que ces os appartenaient au squelette d'Anne de Bourgogne, duchesse de Bedford, dont l'effigie, en marbre blanc, avait été transportée des Célestins au musée des Petits-Augustins, et de ce musée à Versailles. On trouva encore un cœur en cuivre, renfermant le cœur de Louis de Luxembourg, comte de Roucy, mort le 11 mai 1571; un cercueil renfermant les restes du marquis d'Aulede de Lestonac (26 août 1748); la pierre tumulaire de Pierre Cunet, seigneur de Tournay, en 1373; deux chapiteaux très-anciens qui présentent les caractères du xııe siècle, d'autres chapiteaux plus modernes, des écussons, quelques peintures murales, antérieures au monument de Charles V, quelques sculptures, des monnaies, des jetons, des poteries. On transporta tous ces objets à Cluny, et les niches qui décoraient la façade de l'église, et dans lesquelles s'abritaient les statues de Charles V et de Jeanne de Bourbon, sa femme, ont été données à Saint-Denis, qui possédait déjà ces statues.

L'église, qui subsistait encore en 1849, fut abattue pour agrandir la caserne, et il n'y a plus aujourd'hui aucune trace de ce monument, fort laid à l'extérieur, mais qui renfermait des chefs-d'œuvre de sculpture.

BIBLIOGRAPHIE

MANUSCRITS

Les Archives de l'Empire renferment un très-grand nombre de documents sur les Célestins de Paris. La section administrative compte cinquante-sept cartons et soixante-douze registres.

Le premier carton (S. 3743) renferme des pièces relatives aux eaux dont jouissaient les Célestins, les eaux des fontaines de Rungis, des titres de fondations et obits, un arpentage des terres, des procédures relatives aux eaux, du 15 mars 1380, les titres de vente des terrains de l'Arsenal, le 20 septembre 1601, un registre sur vélin, intitulé : Modus fundationis conventus Celestinorum; le second (S. 3744), des titres de propriété de maisons situées rue de la Cerisaye, et des amortissements; le troisième (S. 3745), des titres de propriété d'une maison située rue du Petit-Musc, et d'anciens baux; le quatrième (S. 3746), des baux à loyer de maisons sises rue de la Cerisaye; le cinquième (S. 3747), des titres de propriété de maisons sises aux Halles, et d'anciens baux; le sixième (S. 3748), des titres de propriété de maisons sises sous les petits piliers des Halles, rues de la Truanderie, Pirouette, d'anciens baux desdites maisons, un rapport d'expert sur l'état d'une fosse d'aisances; le septième (S. 3749), des titres de propriété de maisons sises rues de Fourcy et de la Vannerie, une sentence relative au titre nouvel d'une rente percevable sur une maison de la rue de Reuilly, des baux de maisons situées quai des Célestins, rues de Fourcy et de la Vannerie; le huitième (S. 3750), des titres de propriété de maisons situées rue de la Verrerie et quai des Célestins, d'anciens baux de ces maisons; le neuvième (S. 3751), des titres de propriété de maisons sises rues de la Cossonnerie, de la Chanvrerie, de la Verrerie et du Marché-Palu, d'anciens baux à loyer; les dixième et onzième (3752-3753), des titres de propriété de maisons sises rues Saint-Denis, des Deux-Portes, Geoffroy-l'Asnier, Porte-Saint-Martin, du Coq, Saint-Honoré et Saint-Bon, d'anciens baux de loyers; le douzième (S. 3754), des titres de rentes sur maisons sises à Paris, rues de la Mortellerie, de la Bûcherie, de la Juiverie, de la Ferronnerie; le treizième (S. 3755), des titres de rentes sur maisons situées rues de la Cerisaye, de la Truanderie, de la Tannerie, aux Halles, au terroir de Picpus, à la porte Saint-Antoine, etc., etc., des titres de propriété d'une boutique à poissons à l'arche Beaufils, les titres du legs d'André d'Epinay ; le quatorzième (S. 3756), des titres de rentes foncières, sur héritages sis à Méninville. Chambly, Villemomble, des baux de terres sises à Saint-Prix, des titres de rentes sur maisons sises à Corbeil : les quinzième et suivants (S. 3757-3760), des titres de propriété de la terre et seigneurie d'Attainville, un inventaire des titres de cette seigneurie, des rentes foncières dues audit lieu ; le dix-neuvième (S. 3761), des titres de rentes à Hondevilliers en Brie, des titres de propriété des biens situés audit lieu, des titres de la ferme de la Grosse-Maison, autrement dit le fief des Bordes, d'une maison à Bassevelle en Brie ; les vingtième et suivant (S. 3762-3763), des titres de la ferme d'Attainville ; le vingt-deuxième (S. 3764), des titres de propriétés situées à Champagne et à Verno ; les vingt-troisième et suivants (S. 3765-3771), des pièces relatives aux terres de Vigny, Ronfay et Grassevache, la Ronce, le Plessis, le Boulay ; le trentième (S. 3772), des titres de propriété de la terre et seigneurie de Flagny-le-Petit, en Brie, de la ferme de la Fosse-Herbois, des actes de vente d'héritages à Ivry et à Vitry ; le trente et unième (S. 3773), des titres de propriété relatifs à Eaubonne, Pantin, Drancy, Bobigny, au fief de Drancy relevant de Livry ; le trente-deuxième (S. 3774), des titres de la ferme du Larré située paroisse de Guerard ; les trente-troisième et suivant (S. 3775-3776), des titres de la ferme de Jariel en Brie, Roussel, Flagny, etc., etc. ; le trente-cinquième (S. 3777), des titres de propriété du fief de Tournedos près Messy, en France, de la ferme du Menil, de terres appartenant aux Célestins dans l'étendue du bailliage de Meaux, de rentes foncières sur héritages à Mauregard et à Tournedos ; le trente-sixième (S. 3778), des baux de Pantin, Bobigny, Drancy, Eaubonne et Romainville ; le trente-septième (S. 3779), des titres de propriété de la terre et seigneurie de Marolles près Dreux ; le trente-huitième (S. 3780), des titres de propriété du grand et du petit Mimorant, paroisse de Perte en Gatinois, des baux à ferme ; le trente-neuvième (S. 3781), des terriers des seigneuries de Montreuil, la Boulie, Villetain, Satory, etc. ; le quarantième (S. 3782), des titres de propriété du fief de la Cour d'Orly en Brie, et de la ferme dudit lieu ; le quarante et unième (S. 3783), des déclarations au terrier d'Attainville, des baux de biens au Plessier-sous-Luzarches, des pièces relatives au cours d'eau sis à Belle-fontaine ; le quarante-deuxième (S. 3784), des titres de propriété des biens du Petit-Plessier près Luzarches ; le quarante-troisième (S. 3785), des titres relatifs au bois de Roussay, aux étangs de l'Isle, à la ferme du Lieu, à la ferme du Pré, à Villeneuve-le-Comte, à des vignes à Sacy-en-Brie, et au presbytère de Hondevilliers ; le quarante-quatrième (S. 3786), des pièces relatives aux fiefs du Tronchet, Cordelle, la Croix-

Verte, le Saussay près Digny; le quarante cinquième (S. 3787), des titres de propriété de la ferme de Sery et de la ferme de Gournay; les quarante-sixième et suivant (3788-89), des déclarations des revenus, amortissements, aveux et dénombrements, contrats de rentes remboursées, etc.; les quarante-huitième et suivants (S. 3790-92), des pièces relatives au domaine de Satory et Sabrevoys. Jouy en Josas, Buc, Ville-d'Avray, Montreuil près Versailles, Saint-Cyr et Villetain; le cinquante et unième carton et suivants (S. 3793-3799), des pièces concernant le domaine de Ville-d'Avray, les fiefs de Chaville et du Grand-Arpent à Meudon, le fief de Clamart, la mouvance de Villetain, des cens et rentes sur plusieurs héritages à Ville-d'Avray, des accensements à Montreuil près Versailles, les fiefs de Satory et de Sabrevoys, des acquisitions faites à Montreuil près Versailles, Sèvres et Versailles.

Voici l'indication des registres :

1° (S. 3800) Cahiers d'inventaires des titres des biens des Célestins de Paris (portefeuille); 2° (S. 3801) Ancien inventaire; 3° (S. 3802) Autre inventaire; 4° (S. 3803) Inventaire de 1668; 5° (S. 3804) Registre des contrats d'acquisitions et autres, 1583; 6° (S. 3805) Registre des dons et acquisitions en 1657; 7° (3806) Copie de divers titres; 8° (S. 3807) Répertoire des acquisitions et aliénations faites par les Célestins; 9° (S. 3808) Registre des amortissements et confirmations de dons; 10° (S. 3809) Registre des amortissements, et titres de propriétés; 11° (S. 3810) Registre des amortissements; 12° (S. 3811) Copie de titres, échanges, partages et transactions; 13° (S. 3812) Lettres passées sous les sceaux des prieurs, 1588; 14° (S. 3813) Inventaire des titres d'Attainville; 15° (S. 3814) Inventaire d'Attainville, Petit-Plessier; 16° (S. 3815) Inventaire des titres du Jariel, Hondevilliers, etc.; 17° (S. 3816) Copie de titres des terres sises en Brie; 18° (S. 3817) Une autre copie des titres précédents; 19° (S. 3818) Copie de baux, transactions, cessions; 20° (S. 3819) Ancien inventaire de Porchefontaine; 21° (S. 3820) Inventaire de Montalin; 22° (S. 3821) Inventaire de Tournedos, Sarris, etc.; 23° (S. 3822) Inventaire de Mimorant; 24° (S. 3823) Inventaire des titres des terres en Brie, 1666; 25° (S. 3824) Copie des titres des terres de Montbrieu, Guérard; 26° (S. 3825) Dénombrement des fiefs mouvants de Porchefontaine; 27°-31° (S. 3826-3830) Procès-verbaux d'évaluation des terres échangées avec le roi : de partie de Nogent-sur-Seine (S. 3826), de la seigneurie de Jaillac et dépendances (S. 3827), de Montreuil, Porchefontaine, Sèvres et Ville-d'Avray (S. 3828); procès-verbal de transport de M. Denis, pour l'évaluation des terres ci-dessus (S. 3829); recueil de titres produits pour l'évaluation (S. 3830); 32° (S. 3831) État des rentes en 1452; 33° (S. 3832) Ancien état des rentes et cens; 34° (S. 3833) État général des revenus en 1535; 35° (S. 3834) Autre état des revenus; 36° (S.

3835) Etat des rentes foncières, et censives ; 37°-39° (S. 3836-3838
Rentes et cens de la seigneurie d'Attainville ; 40° (S. 3839) Registre de
recettes des revenus d'Attainville et Petit-Plessier; 41° (S. 3840) Ancien
censier d'Attainville; 42° (S. 3841) Registre censier de Bezalles, de 1544;
43° (S. 3842) Censier de Jariel, de 1412 ; 44° (S. 3843) Censier du
Petit-Plessier et de Bellefontaine; 45° (S. 3844) Censier du Petit-Plessier ;
46° (S. 3845) Terrier d'Attainville ; 47° (S. 3846) Abrégé des terriers
d'Attainville ; 48°-51° (S. 3847-3850) Terriers d'Attainville en 1565,
1588, 1615 et 1696; 52° (3851) Terrier de Champagne près de Saunois,
en 1536 ; 53° (S. 3852) Terrier de Flavigny en Brie, de 1565 ;
54° (S. 3853) Terrier d'Hondevilliers en 1565 ; 55°-61° (S. 3854-3860)
Terriers de Jariel en 1519, 1546, 1565, 1566, 1615; 62°-64° (S. 3861-
3863) Terriers de Larré en 1578, 1603 et 1630 ; 65°-66° (S. 3864-3865)
Terriers d'Orly en 1556 et 1584; 67° (S. 3866) Terrier du Petit-Plessier
en 1580 ; 68° (S. 3867) Terrier de Sèvres en 1570 ; 69°-70° (S. 3868-
3869) Terrier de Montreuil, Villetain, en 1588 et 1615; 71°-72°
(S. 3870-3871) Terriers de Sèvres en 1615, 1724.

Dans la section historique, on conserve un carton coté L. 936, renfermant un procès-verbal de visite et mesurage du terrain cédé par les
Célestins, au roi, pour la fonte de l'artillerie (cahier sur parchemin, du
13 janvier 1548), et un mémoire pour les Célestins de Paris, concernant
l'aliénation des moulins de Nogent-sur-Seine.

Sous la cote K. 179, on a réuni des copies des priviléges accordés aux
Célestins en 1354, 1358, 1367, 1368, 1370, 1371, 1383 et 1393, tels
qu'amortissements, exemption de dîmes, dons de terrains, etc. Sous la
cote K. 180, on conserve des copies de pièces, des années 1400, 1404,
1409, 1412, 1448 et 1556, telles que confirmation d'échange, de vente,
lettres de non-préjudice, etc.

Il y a, dans la même section, cinq registres :

Le premier (LL. 1503) est intitulé : Actes capitulaires des Célestins
de la province de France, de 1582 à 1622; le second (LL. 1504), Copies
de bulles et autres pièces, de 1294 à 1545; le troisième (LL. 1505),
Fondations à l'église des Célestins de Paris ; le quatrième (LL. 1506),
Comptes des Célestins de Mantes; le cinquième (LL. 1507), Procédures
des Célestins de Marcoussis (miniatures), 1522.

On conserve à Melun, dans les archives du département de Seine-et-
Marne, trois registres, un plan et une liasse de pièces, de 1658 à 1790,
concernant les Celestins.

La bibliothèque de l'Arsenal, en sa qualité de dépôt bibliographique,
voisin de l'ancien couvent des Célestins, possède sur ce couvent quelques manuscrits dont voici la liste :

1° Histoire abrégée de la Congrégation des Célestins. (Manuscrits de l'Arsenal, n° 41 b. H. Fr.)

2° Histoire des Célestins, par Mathieu de Goussencourt. In-fol. (N° 42 H. Fr.)

3° Comptes de dépense des Célestins, 1503. (N° 43 H. Fr.)

4° Compte de la dépense des Célestins de Paris. (N° 44 H. Fr.)

5° Acquisitions des Célestins de 1643 à 1682. (N° 45 H. Fr.)

6° Déclaration du domaine des Célestins à Bondoufle. (N° 46 H. Fr.)

7° Cens des Célestins à Viroflay, in-4°. (N° 47 H. Fr.)

8° Recette des Célestins, 1559 à 1590, in-4°. (N° 48 H. Fr.)

9° Traité de plusieurs aliénations de fiefs, maisons, etc., des Célestins, par Marin Hourlier. In-4°. (N° 49 H. Fr.)

10° Noms des bienfaiteurs du monastère des Célestins de Paris, in-4°. (N° 50 H. Fr.)

11° Catalogue des livres achetés par les Célestins. (N° 839 l. H. Fr.)

12° De ortu Cœlestinorum sub regula S. Benedicti, in-4°. (N° 31 H. Lat.)

13° Historia, ortus et progressus Cœlestinorum, in-4°. (N° 32 H. Lat.)

14° Necrologium Cœlestinorum, in-4°. (N° 33 a et 33 b. H. Lat.).

La bibliothèque Mazarine possède aussi sur ce célèbre couvent des manuscrits qui ne manquent pas d'importance:

Le premier (n° 574) est un obituaire in-folio du xvᵉ siècle.

Le second (n° 1285) est un petit in-folio, intitulé: *Prologus in reductionem fundationum hujus monasterii Celestinorum d° Parisius;* c'est ce manuscrit dont j'ai donné plus haut un long extrait. (Voyez p. 453 de ce volume.)

Dans un portefeuille coté 2979, on trouve un traité du xvıᵉ siècle, intitulé: *De ortu et origine Celestinorum sub regula patris Benedicti militantium.* Le même portefeuille renferme un autre manuscrit intitulé: *Catalogus chronologicus et historicus scriptorum Cœlestinorum congregationis gallicanæ, ordinis sancti Benedicti, cum brevi notitia monasteriorum sub provincialis gallicani obedientia militantium.*

Un second exemplaire de ce manuscrit est intitulé: *Gallicæ Cœlestinorum congregationis ordinis sancti Benedicti monasteriorum fundationes, virorumque vita aut scriptis illustrium elogia historica servato ordine chronologico opus bipartitum exarabat F. Ant. Becquet, parisinus sacerdos, ejusd. ordinis et musei prefectus.* A la fin de ce volume manuscrit, conservé à la Bibliothèque Mazarine sous la cote 2978, on lit: *Completum die 15 martii anno 1718.* Un autre exemplaire de cet ouvrage, avec de nombreuses variantes, est conservé dans la même bibliothèque sous la cote 2978*. Cet ouvrage a été imprimé en 1719, in-4°, sans nom d'auteur. Voyez plus bas aux imprimés.

Un autre manuscrit, conservé sous le n° 3028, est intitulé: Sommaire des royalles sépultures qui ont esté faictes en l'église des pères Célestins de Paris et principalement des ducs d'Orléans et de leurs descendans inhumez en la chapelle d'Orléans, selon l'ordre des années; le tout exactement recoligé des archives des pères Célestins, par le père Louis Beurrier, religieux profès de Paris, 1632.

IMPRIMÉS

Histoire du monastère et Convent des pères célestins de Paris Contenant ses Antiquités et Priviléges, Ensemble les Tombeaus et Épitaphes des Rois, des Ducs d'Orléans et autres llustres Personnes avec le testament de Louys duc d'Orléans, par le Père Louys Beurrier, célestin profez de Paris. *Paris,* 1634, in-4°. (Bibl. Maz., n° 16919.)

Fouilles des Célestins. Rapports à M. le Préfet de la Seine sur les fouilles des Célestins. *Paris,* 1852, br., in-4°.

Commission composée de MM. L. de Laborde, Du Sommerard, A. Lenoir, Thierry, etc.

Sommaire des sépultures royales de l'église des Célestins de Paris. *S. d.,* 1 feuillet gr. in-fol. (Bibl. Imp., Départ. des manusc., n° 3611 fonds français, p. 77.)

Les Célestins. Département de Paris. District de Paris. Section de l'Arsenal. *Paris,* 1790, in-4°.

Cette monographie est insérée dans le tome 1 des *Antiquités nationales* de A. L. Millin.

Supplément et Remarques critiques sur le vingt-troisième chapitre du sixième tome de l'histoire des ordres monastiques (du père Helyot), où il est traité de l'ordre des Célestins, par Ant. Becquet. *Paris,* 1726, in-4°.

Cette note avait déjà paru au mois de mai 1721, dans les Mémoires de Trévoux, p. 858-880.

Gallicanæ Cœlestinorum congregationis, ordinis sancti Benedicti, monasteriorum fundationis virorumque vita et scriptis illustrium elogia historica, servato ordine chronologico, opus bipartitum, auctore Antonio Becquet, sacerdote parisius, ex ordini Cœlestinorum, bibliothecæ domus Parisiensis præfecto. *Paris,* 1719, in-4°.

Tableau des revenus des maisons de Paris et Marcoussis, d'après lesquels ont été établis les comptes, dont les résultats seront donnés ci-après, pendant les années 1785, 1786, 1787 et 1788. *S. n. d. l. n. d.,* in-4°.

Sous la cote LK⁷ 6892, la Bibliothèque impériale possède une série de pièces relatives à la reddition des comptes de Bollioud de Saint-Julien, receveur général du clergé et concernant particulièrement la régie des biens des Célestins de Paris et de Marcoussis, 1785-1789. La première pièce de ce recueil est celle dont nous venons de donner le titre.

Le Couvent et la Caserne des Célestins; par Alphonse Balleydier. *Paris,* 1849, in-16.

Pierre Hanon, architecte. Dépenses faites pour la construction du cloître des Célestins de Paris (1539-1549), annoté par M. A. de Montaiglon.

Article inséré dans les *Archives de l'art français,* t. IV, p. 68.

Extraict des pieces justificatives du droit qu'ont les religieux célestins de Paris de jouyr des mesmes privileges et exemptions que messieurs les conseillers et secrétaires du roy, maison, couronne de France et de ses finances, comme estans de leur corps; avec les arrests et sentences qui les ont confirmé dans ladite jouyssance. *S. n. d. l. n. d.*, in-4°. (Bibl. Maz., n° 18824 H.)

Arrest du Conseil d'estat du roy, qui maintient les RR. PP. Celestins de Paris en la possession et jouissance des privileges dont jouissent les secretaires du roy. Extrait des registres du Conseil d'estat. *S. n. d. l. n. d.*, in-4°. (Bibl. Maz., n° 18824 H.)

Factum pour les religieux, prieur et Convent des Célestins de Paris, du nombre des secretaires du roy, deffendeurs, contre M. François Le Tellier, curé de la paroisse de Champagne en Brie, demandeur. *S. n. d. l. n. d.*, in-4°. (Bibl. Maz., n° 18824 H.)

Factum pour les religieux, prieur, et convent des Celestins, de Paris, seigneurs de Sevre en partie, demandeurs et deffendeurs, contre les sieur et dame de Longueil aussi seigneurs de Sevre en partie, deffendeurs et demandeurs. *S. n. d. l. n. d.*, in-4°, 8 p. (Bibl. Maz., n° 18824 H.)

La vérité pour les pères Célestins, par Nicolas Bernard, célestin. *Paris*, 1615, in-12.

Factum pour les Célestins, sur la requête présentée au roi le 26 novembre 1668. In-4°.

Mémoire à consulter et consultation pour les religieux Célestins, concernant la réforme de la congrégation. *Paris*, 1774, in-4°.

Précis pour les RR. PP. Célestins (par Me Ferauville, avocat). *Paris*, 1775, in-4°.

Lettres patentes concernant l'ordre des Célestins, registrées en parlement le 19 juin 1773. *Paris*, 1773, in-4°.

Mémoire pour Guillaume Sachet, appellant, deffendeur et demandeur, contre la veuve du sieur Desmoulins, intimée et deffenderesse, la veuve et héritière de Guillaume Mercier, intimez et deffendeurs, et les religieux celestins de Paris, demandeurs. *Paris, s. d.* (1705), in-fol.

Oraison funèbre de tres haut et tres puissant prince Charles d'Orleans, duc de Longueville, prince souverain de Neuchastel, prononcée en l'église des Celestins, le mardy 9 aoust 1672, jour de son enterrement, par messire Gilbert de Choyseul, evesque de Tournay. *Paris*, 1672, in-4°. (Bibl. Maz., n° 10370 D.)

Voyez aussi le père Helyot, *Histoire des ordres monastiques*, tome VI, p. 180-191; le père Niceron, *Mémoires*, t. XXIX, p. 257, contenant la Biographie de Nicolas le Comte, célestin de Paris; Lenoir, *Musée des monuments français*, tome II, p. 88, 96, 104, 109, 155; tome III, p. 53, 84, 89, 132; tome IV, p. 94, 108; tome V, p. 3; tome VI, p. 20; Jaillot, *Recherches sur Paris*, tome III, *quartier Saint-Paul*, p. 25; Piganiol de la Force, *Description de Paris*, tome IV, p. 18;

J.-B. de Saint-Victor, *Tableau de Paris*, tome II, 2e partie, p. 935; Lenoir, *Architecture monastique*, tome I, p. 41; tome II, p. 305 et 312; la *Revue universelle des Arts*, année 1857, p. 41; le *Journal des Débats* du 17 février 1852, et la *Bibliothèque de l'Ecole des chartes*, tome XXVI, p. 263, dans laquelle se trouve un article consacré à mon regrettable confrère M. de Freville, et dans lequel mon ami M. Leroux de Lincy donne *in extenso* trois actes de 1393 et 1396 relatifs aux peintures commandées par Louis d'Orléans à Guillemin Loiseau, Pierre Remiot et Collart de Laon, pour orner la chapelle des Célestins.

Le bel ouvrage de M. Albert Lenoir renferme une série de planches sur les Célestins. Voici l'indication des gravures qui ornent la *Statistique monumentale de Paris* :

I. Tombeau de la famille de Cossé, 1 pl. chromolith.

II. Monument d'André d'Espinay, 1 pl. chromolith.

III. Tombeau de Jeanne de Bourbon, 1 pl. chromolith.

IV. Tombeau de Léon de Lusignan, 1 pl. chromolith.

V. Monument du duc de Valois et d'Anne de Chartres, 1 pl. chromolith.

VI. Tombeaux des Zamet, 1er et 2e projets, 2 pl. chromolith.

VII. Tombe en cuivre doré.

VIII. Tombeaux de Renée d'Orléans-Longueville, d'Henri Chabot, duc de Rohan, 1 pl.

IX. Tombeaux de la chapelle d'Orléans et du chœur; tombeaux de Louis et Charles d'Orléans, de Valentine de Milan et de Philippe d'Orléans, de Léon de Lusignan, de Jeanne de Bourbon et de Jeanne de Bourgogne, duchesse de Bedford, 1 pl.

X. Vue du cloître, plan général du couvent, 1 pl.

XI. Statues de Charles V et de Jeanne de Bourbon. Couronnement de ces statues. Décoration peinte des nervures, chapiteaux, 1 pl.

XII. Plan et coupe de l'église et du cloître, 1 pl.

XIII. Façade et coupe de l'église, 1 pl.

XIV. Détails du cloître, 1 pl.

XV. Monuments de la chapelle d'Orléans. Sépultures des cœurs du roi François II, et des rois Henri II, Charles IX et de François duc d'Anjou. Statues de Philippe Chabot, amiral, et de Charles Maigné. Sépulture du cœur d'Anne de Montmorenci. Pyramide de Longueville, 1 pl.

LE PETIT SAINT-ANTOINE

[35] On sait que ce fut au *Petit-Saint-Antoine*, communauté de chanoines réguliers, située entre la rue Saint-Antoine et la rue du Roi-de-Sicile, où est aujourd'hui le passage Saint-Antoine, que Gabrielle d'Estrées, sortant, le jeudi saint de l'année 1599, de dîner chez le financier Zamet, ressentit les premières atteintes de l'empoisonnement qui la fit mourir peu d'heures après.

Les documents conservés aux Archives ne nous permettent pas de donner l'état financier du Petit-Saint-Antoine, au moment de la Révolution; mais on peut s'en faire une idée approximative, en consultant un dénombrement que les chanoines réguliers de l'ordre de Saint-Antoine, situés en France, donnèrent le 4 août 1742, d'après l'état approuvé au chapitre général de l'ordre tenu au mois de mai 1541. On voit (p. 3) que « la maison de Paris est composée actuellement de seize religieux prêtres, savoir : le supérieur, le procureur général de l'ordre en cour de France, le procureur particulier de la maison, un religieux pour servir d'aide, un second au procureur général, le vicaire de la maison, le sacristain, le dépensier, le dépositaire, le bibliothécaire; parmi les sept autres sont compris quelques infirmes et jeunes gens qui aident, en cas de besoin, les officiers de la maison. Tous servent à faire l'office canonial. Les revenus montent à la somme de 12,294 liv. 14 s. 8 den. »

Le Petit-Saint-Antoine, devenu propriété nationale, fut vendu en deux lots, le 7 messidor an VI (25 juin 1798), et on ouvrit en 1806, sur son emplacement, le passage du Petit-Saint-Antoine.

L'église renfermait les épitaphes de :

Jean Piedefer, avocat (1452); Marie Barbery, sa femme (1409). Guillaume de Neauville, seign. de Fresnes-sur-Marne, notaire et secrétaire du roi (6 nov. 1438 ou 1436); Marguerite de Marades, sa femme (12 février 1416). Jean de Saint-Benoist, seign. de Sedan (10 novembre 1502). Pierre de Bar, roi d'armes du roi de Navarre (26 juillet 1415); Lucie de Bar, sa femme (?). Michel Cordelier, écuyer, seign. de Chenevières-sur-Marne, Mont Gasson, la Brosse et la Croix (1er janvier 1590), dans la chapelle du Saint-Esprit, fondée par Robert Cordelier, chevalier ambassadeur du roi Charles V en Espagne. Jeanne Cordelier, veuve d'Auger de Pinterel, cons. au parl. (17 avril 1585). Louis de Languac (Ludo Lauchaico, 9 kl. octobr. 1597). Charles de la Vernade, chev., cons. maître des requêtes (30 novembre 1504); Antoinette Spifaine, sa femme (10 octobre 1520). Pierre de la Vernade, chevalier, seigneur de Brou et de Temericourt, maître des requêtes de l'hôtel (1500); Anne Briçonnet, sa femme (24 juin 1514). Marie Lanne (Maria Lannia) (1528). Marguerite de Donon, femme de Jean Bertrand, avocat du roi en la chambre des comptes (18 nov. 1610). Pierre Manguac, notaire et secrétaire de Charles VI (19 juin 1425); Marie Albire, sa femme (13 mai 1436). Philippe de Beauvais, écuyer, seign. de Marsainhart et de Revillon (?); Louise Poille, dame d'Olinthe, sa femme (3 déc. 1631). Antoine de Gainot, écuyer de Bar-le-Duc (?).

BIBLIOGRAPHIE

MANUSCRITS

Il y a peu de documents sur le Petit-Saint-Antoine, conservés aux Archives de l'Empire.

Un carton de la section administrative, coté F. 5113, renferme d'anciens baux à loyer de maisons dans Paris, un état des bois de la province du Dauphiné appartenant à l'abbaye de Saint-Antoine, avec les plans desdits biens dressés en 1726, un arrêt d'homologation, un registre in-folio intitulé : Dénombrement des biens et domaine, droits et revenus de la terre et seigneurie d'Épineux, appartenant aux chanoines régu-liers de Saint-Augustin, ordre et congrégation de Saint-Antoine, de la commanderie dudit ordre de Paris, tenue et mouvante en plein fief du roi à cause de son comté de Clermont en Beauvaisis, des obligations, des pièces imprimées concernant les chanoines de Saint-Antoine de Viennois, d'un inventaire, des papiers concernant la commanderie de Saint-Antoine de Toulon, diocèse d'Autun, un dénombrement et état des maisons de l'ordre en 1742; enfin, une déclaration des propriétés de la ferme de Saint-Antoine-les-Catenoy, près Clermont en Beauvaisis.

Dans la section historique, il y a deux registres.

Le premier, coté MM. 182, a pour titre : Fondation du Petit-Saint-Antoine.

Le second, MM. 183, est intitulé : Inventaire des titres du Petit-Saint-Antoine.

La Bibliothèque impériale conserve dans ses manuscrits, n° 6993² Baluze, le titre de fondation de la chapelle des rois d'armes et hérauts du royaume de France, en l'église de Saint-Antoine-le-Petit, en 1306.

IMPRIMÉS

M. Bonnardot a consacré au Petit-Saint-Antoine un article spécial dans son *Iconographie du vieux Paris* dans la *Revue universelle des arts*, 1857, t. V, p. 409. Il signale un plan manuscrit de l'église conservé aux Archives de l'Empire (Sect. topogr., IIIᵉ cl. n° 819).

Voy. Jaillot, *Recherches sur la ville de Paris*, t. III, *Quartier Saint-Antoine*, p. 6.

FILLES DE L'AVE-MARIA

[86] Le 22 janvier 1790, Joseph-Théophile Mabile, cordelier, procureur de Louise-Elisabeth Voyez, dite de la Providence, abbesse du monastère de Sainte-Claire, dite de l'Ave-Maria, déclara que la communauté reli-gieuse de l'Ave-Maria était divisée en deux communautés : l'une de quarante-neuf religieuses professes et une agrégée après noviciat, l'autre de dix prêtres religieux cordeliers, trois frères profès et dix frères oblats, que les dames religieuses ne vivaient que d'aumônes et que leur maison conventuelle tenait un tiers d'espace de la rue des Barres, toute la rue des Fauconniers et un tiers de la rue des Prêtres-

Saint-Paul, qu'elles ne possédaient aucun immeuble et qu'elles avaient seulement 7,934 liv. 10 s. 8 den. de rentes sur l'Hôtel-de-Ville, sur particuliers, sur le clergé, l'Hôtel-Dieu, et que différentes confréries devaient 1,089 liv. 18 s., mais que les religieuses devaient elles-mêmes à leurs fournisseurs et à différents ouvriers 32,915 liv. 10 s. [1], plus 3,450 liv. à différents ouvriers pour réparations au monastère.

Le couvent était dans le plus déplorable état de délabrement.

D'après la déclaration faite le 27 février 1792, par les religieuses, on voit que le couvent était déchiré par des querelles intestines et qu'à l'époque de la Révolution les religieuses s'étaient divisées en nationales et en aristocrates, en conformistes et non conformistes.

A la Révolution, le couvent de l'Ave-Maria fut affecté à une caserne d'infanterie. L'église renfermait les épitaphes de :

Charlotte-Catherine de La Trémouille, princesse de Condé (29 août 1629). Cœur de Dom Antonio, roi de Portugal (?). Jacquette Ruzé, dame de Pacy, veuve de Jean Spifame, secrétaire du roi et trésorier de l'extraordinaire des guerres (10 juillet 1525). Marie Ruzé, native de Tours, femme de Jean Bourdelot, procur. gén. du roi, seign. de Montfermeil (25 sept. 1511). Bernardin Pradel (prid. kal. novembr. 1621). Cœur de Jean Nicolay, 1er présid. de la chambre des Comptes, administrateur de l'Hôtel-Dieu et directeur des bonnes filles de l'*Ave-Maria* (31 mai 1624). Louise d'Ognies, épouse de Charles de Cossé, duc de Brissac, chev., etc. (3 mai 1627). Jeanne de Vivonne, dame de Dampierre (?). Claude-Catherine de Clermont, duchesse de Retz (?). Philippe de Hotman, chev., seign. de Montmeliant, Plailly et Mortefontaine (21 fév. 1642). Nicolas de Herberoy, écuyer, seign. des Essarts, commissaire ordinaire de l'artillerie (?); Marie Compans, sa femme (11 mai 1549). Robert Thierselin, chev., seign. de la Chevalerie et Choisy en Brie, gentilhomme ordinaire de la chambre, lieut. du grand-maître de l'artillerie à l'arsenal (28 oct. 1616). Abraham Faber, fils du conseiller, contrôl. de l'artillerie à Metz (9 août 1641). Marguerite Tison, femme de Pierre de Chamboct (13 mai 1546) Jean de Mesgrigny, écuyer, seign. de Villeneuve aux Chesnes, la Loge aux Chevres et Brières en Champagne et des Espoisses en Brie, conseiller du roi (29 décembre 1610); Nicole de Grenué, sa femme (15 juin 1595). Le père Boiteux, lecteur en philosophie et en théologie, prédicateur, etc. (13 déc. 1622). Le frère Jean Regnauld (Joh. Reginaldus), définiteur de l'ordre de Saint-François, etc. (1616). Le père Claude Jenin (1612). Jacques Seguier, contrôleur ordinaire et garde des menus engins de l'artillerie du roi (7 mars 1535). Louise de Stuart, femme dudit (?). Jean Florette, seigneur de Bussy en Maconnais, conseiller du roi (3 février 1585). Anne Gastellier (1591, janvier kl. 3). Guillaume Allart, cons. du roi (11 juin 1559). Toussaint du Pleix, seign. de Saint-Clerc (9 août 1539). Jean de Beaulieu, cons. du roi et auditeur en la chambre des comptes (1er mai 1553). Pierre de Beaulieu, son fils, conseiller, notaire et secrét. du roi, contrôl. gén. de l'audience (3 juill. 1582). Jean de

---

1 Elles devaient, entre autres fournisseurs, au chandelier : 2,316 liv. 1 s.; au marchand de bois : 5,749 liv. 6 s.; au boucher : 3,101 liv. 5 s.; à l'apothicaire : 2,700 liv.; au pâtissier : 679 liv. 8 s.; au marchand de poisson : 1,907 liv. 18 s., etc. etc.

Beaulieu, conseiller du roi et auditeur en la chambre des comptes (1618). Jacques de Beaulieu, conseiller du roi, etc. (25 avril 1631). Marie Pasquier, sa femme (23 mars 1638). Jean de Thoulouson, seign. de Traves, de Larret et de Pousson (14 oct. 1513). Jeanne de Louvière, sa femme (1er janv. 1500). Claire Barillon, veuve de Jacques de l'Hospital, comte de Sainte-Mesme (19 février 1642). Jean Bureau, chanoine de Poissy, seigneur de Saint-Souplets en France (30 juillet 1555). Alemand Lanig, écossais, archer des rois Louis XII et François Ier (22 mars 1517). François Legras, conseiller du roi et correcteur en la chambre des comptes (29 mai 1590). Pierre Lecamus, bourgm. de Paris (5 janv. 1578); Marie Truchon, sa femme. Guillaume-Philippe (?); Geneviève Menant, sa femme (1636, 2 février). Gillette d'Estampes, veuve de Jean de Levis de Château-Morant, chev., etc. (22 juillet 1540). Martin d'Herbelot, not. et secrét. du roi et .... Malingre .... sa femme (?). Jean Le Moyne, bourgeois de Paris (6 déc. 1610); Marguerite de Saint-Martin, sa femme (?). Claude Cordelle, veuve de Bernard de Soumesson (novembre 1599). Philippe Valton, cons. et auditeur des causes du Châtelet, seign. de Saint-Souplex et de Fouvery (26 avril 1578). Jeanne Charlot, sa veuve (7 oct. 1598). Jacques de Boullenc, seign. de Guerambouville et Blancfossé, cons. du roi (21 mars 1529); Françoise Foucquault, sa femme (9 mai 1543). Jean Chambon, cons. et maître des requêtes (8 juin 1490). Marguerite de Rueil, veuve de Robert Hector, avocat (24 oct. 1511). Philippe Aymeray, écuyer, seign. de Fuzelly, capitaine entretenu (8 juillet 1633). Marie Maupeou, veuve de Flamin Fanuche, cons. au cons. d'Etat (18 mai 1631). Pierre Paulle, dit l'Italien, architecte du roi, valet de chambre du roi, contrôleur des bâtiments, concierge des châteaux de Fontainebleau, Moulins et Bourbon-l'Archambault (28 déc. 1637). Pierre-Jean Cousinot, march. et bourg. de Paris (14 mai 1557); Denise d'Aury, sa femme (?). Anne Regnard, veuve de Denis de Héricourt, bourgm. et marchand de Paris (6 mars 1617). François de Hotman, seign. de Mortefontaine et de Fontenay, conseiller du roi et son ambassadeur en Suisse (?); Lucresse Granger, sa femme; Marie Hotman, fille du précédent, femme de Vincent Bouhier, seign. de Beaumarchais, cons. du roi, trésor. de son épargne (?). Hotman, cons. du roi, abbé de Saint-Marc de Soissons, chan. de Paris, seign. de Mortefontaine (?). François Hotman, cons. du roi, seign. de Fontenay, Bertranfosse et Piailly (1638). Louis de Saveuse, cons. du parl., tué dans son carosse d'un coup de pistolet en la vieille rue du Temple (?); Anne de Hellin, sa femme (?). Anne le Febvre, femme de Henri de Bossut, seign. et baron de Sery, tué au siége de Saint-Jean d'Angely en juin 1621, et fille de Louis, seign. de Caumartin, garde des sceaux. Charles de Bossut, baron de Sery, mort devant Roye en 1637. Catherine Grougnet de Vassé, femme du marquis de Lavardin (24 sept. 1638). Claude de Cornuel, contrôleur général des finances (sept. 1638). Michel-Antoine Scarron, seign. de Vavre et de Vaujour (1655). Catherine Thadée, femme du précédent (5 novembre 1658).

BIBLIOGRAPHIE
MANUSCRITS

Les documents concernant les religieuses de l'Ave-Maria sont conservés aux Archives de l'Empire dans les sections historique et administrative.

Dans la section historique, il y a un carton et un registre.

Le carton coté L. 1058 renferme des pièces relatives à la fondation du monastère, des priviléges, sauvegarde, lettres de filiation, des pièces relatives à la foire de Saint-Germain-des-Prés, des contrats de rentes, des fondations et donations, un registre d'actes de vêtures, un extrait et mémoire, des pièces et titres concernant la fondation royale de l'ordre de Sainte-Claire, dit le monastère de l'Ave-Maria de Paris, des pièces relatives à la donation d'une pièce de vigne faite en 1185 par Eléonore, comtesse de Béaumont, à Robert, comte de Chartres.

Le registre de la section historique, coté LL. 1670, est un Sommier des fondations en 1791.

Le carton de la section administrative, coté S. 4642, renferme des fondations, un acte de vente de 4 liv. parisis de rente faite à Nicolas Flamel, percevable sur une maison de la rue de Jouy, 5 mars 1405, un extrait et mémoire des pièces et titres concernant la fondation royale du monastère de l'ordre de Sainte-Claire, dit l'Ave-Maria de Paris, un registre in-4° en parchemin et papier, intitulé : « Inventaire de lectres et tiltres concernant la fondation du couvent de l'Ave-Maria, scis au bout de la rue de la Mortellerye, proche l'hostel de Sens et le port Sainct-Paul fait et institué par les roys de France au lieu et place des Beguines auparavant y establics par le roy S. Louys, roy de France, confirmée par les roys subséquens jusques au roy Louys unziesme qui auroit nommé le dict lieu des Béguines le couvent de l'Ave-Maria et les filles y demeurantes, les filles de l'Ave-Maria sans que jamais le pourpris du dict couvent et lieux deppendans d'icelluy fut mis hors leurs mains pour quelque cause que ce fut; » une copie du mémoire sur l'origine de la maison de l'Ave-Maria, des priviléges, des titres de propriété, des pièces de procédure concernant les Beguines, des bulles, une déclaration au domaine, une sentence de la chambre du domaine, un accord entre l'abbaye de Tiron et les sœurs de l'Ave-Maria du 17 mars 1500, des appointements, des arrêts et autres pièces concernant l'établissement de religieuses de l'Ave-Maria, des procédures avec le curé de Saint-Paul, un état des biens temporels des pauvres religieuses de l'Ave-Maria, des lettres d'amortissement, des titres de propriété de la maison du couvent et d'autres immeubles, des titres de rachat de rentes, des titres de rentes, des actes de fondation.

IMPRIMÉS

Extraits du nécrologe manuscrit des filles de l'Ave-Maria communiqué par M. Jules Cousin.

Archives de l'Art français, tome V, p. 268.

Au nom du Père, du Fils et du Saint-Esprit. *S. n. d. l. n. d.*, in-fol.

Acte par lequel les marchands de grains de Paris s'engagent à payer cent livres tournois chaque année aux religieuses de l'*Ave-Maria*, pour célébrer les fêtes de la Vierge et de Saint-Nicolas; daté du 9 mai 1653.

Mémoire pour François Vatel, sieur de Court, ancien lieutenant de cavalerie, pensionnaire du roi, appellant, contre François Daguinot, maître serrurier à Paris et les Dames religieuses de l'*Ave Maria*, intimez. *Paris* (1728), in-fol.

Sermons panégyriques à l'honneur de Notre-Dame-des-Anges, et du séraphique père Saint-François preschez à Paris par le révérend père François Suarez, carme, docteur en théologie et prédicateur de la reyne. Dédiez à la reyne. *A Paris*, 1639, in-4°. (Bibl. Maz., n° 10352 A.)

Ce recueil, orné des portraits d'Anne d'Autriche et du Dauphin, commence par un « Sermon panégyrique du seraphique pere S. François », presché en l'église des Filles de l'*Ave Maria* de Paris, le quatriesme octobre 1639; les deux sermons suivants ont été prononcés dans l'église des Pères Cordeliers de Paris.

Voyez aussi Lenoir, *Musée des Monuments français*, t. III, p. 128, 139; la *Revue universelle des Arts*, année 1857, p. 213, dans laquelle M. Bonnardot indique un plan géométral du couvent de l'Ave-Maria conservé aux Archives sous le n° 739 de la 3e classe.

NOVICIAT DES JÉSUITES

DEVENU

PRIEURÉ DE SAINT-LOUIS-SAINTE-CATHERINE

AUJOURD'HUI

LYCÉE CHARLEMAGNE

ET

ÉGLISE SAINT-PAUL-SAINT-LOUIS

[37] Nous avons vu plus haut que les chanoines de la Culture-Sainte-Catherine avaient été transférés de leur ancien prieuré au noviciat des Jésuites. Le noviciat prit alors le titre de prieuré de Saint-Louis-Sainte-Catherine ; l'église était même connue sous le titre d'église de la Culture-Sainte-Catherine, car elle porte ce nom dans une lettre officielle du ministre Clavière [1], en date du 15 septembre 1792.

[1] Voyez plus loin la note de la page 483.

Le prieuré était, à la Révolution, composé de douze chanoines et d'un frère. D'après la déclaration faite le 19 février 1790, par Louis Mellier, prieur et visiteur du prieuré de Saint-Louis-Sainte-Catherine, on voit que le total des revenus de la manse priorale était de 14,790 liv. 18 s. 10 den., et que le total des revenus[1] de la manse partageable des chanoines réguliers était de 21,972 liv. 9 den., ce qui fait un total de 36,762 liv. 19 s. 7 den., dont le tiers, selon la jurisprudence du grand conseil, était, pour les chanoines réguliers, de 12,254 liv. 6 s. 3 den.; le revenu provisoirement particulier aux chanoines se montait à 24,504 liv. 12 s. 9 den. Les charges, telles que décimes, cens, capitations, rentes constituées et rentes viagères, se montaient à 20,434 liv. 19 s.

Le 24 février de la même année, Pierre-Guillaume Masson, intéressé dans les affaires du roi, et régisseur du prieuré de Saint-Louis Sainte-Catherine du Val des Écoliers, déclara, comme fondé de pouvoir de Louis-François-Alexandre de Jarente Senas d'Orgeval, évêque d'Orléans et titulaire du prieuré, que les revenus de ce prieuré montaient à 37,172 liv. 6 s. 4 den., dont deux tiers lui appartenaient, l'autre tiers appartenant aux chanoines; que les charges montaient à 14,085 liv. 14 s.

La bibliothèque contenait 8,388 volumes et 200 cartons de mémoires, factums et autres pièces manuscrites. Les Sermons d'Evrard, prieur de Sainte-Catherine en 1267, cités dans le *Gallia christiana*, tome VII. p. 844, faisaient partie de ces manuscrits.

Fermée comme toutes les églises de Paris, l'ancienne église des Jésuites fut ouverte de nouveau au culte catholique, sous l'invocation de Saint-Paul-Saint-Louis.

Grâce à la notice de M. de Hansy, grâce surtout à l'obligeance de M. l'abbé Valentin Dufour, vicaire de cette paroisse, nous pouvons entrer dans quelques détails intéressants.

Les caveaux de cette église, lit-on dans la *Notice historique sur la paroisse royale Saint-Paul-Saint-Louis*, de M. de Hansy, sont par leur destination rangés en deux catégories bien distinctes; les Jésuites s'étaient réservé les caveaux principaux, et abandonnaient à des familles les caveaux des chapelles, indépendants les uns des autres et n'ayant aucune communication avec les cryptes où reposaient les membres de l'ordre.

1. — SÉPULTURES PARTICULIÈRES.

La chapelle des Jésuites comprenait dix chapelles; les trois plus près de l'entrée de l'église, de chaque côté, s'ouvraient par une dalle et on y descendait par une échelle; les deux qui se trouvaient dans les bras de

---

[1] Voici le détail des revenus : 22,092 liv. de loyers de 16 maisons à Paris; 2,332 liv. 2 s. 4 den. de cens et ventes sur maisons; 1,754 liv. de cens et rentes en grains; 3,008 liv. de lods et rentes; 7,994 liv. 4 s., provenant des fermes et bois à Mondétour et au Saullier.

la croix avaient la leur par le caveau principal ; enfin , par derrière le maître-autel, se trouvaient deux escaliers, aujourd'hui condamnés, qui descendaient aux deux caveaux des chapelles latérales.

A droite, en entrant :

Première chapelle, dite des FONTS BAPTISMAUX.

Caveau vide.

Les Génovéfains avaient mis dans la chapelle les monuments des Birague, enlevés seulement en 1835 des Petits-Augustins et transportés à Versailles. Si les cercueils y ont été inhumés, ils ont disparu depuis la grande révolution.

Deuxième chapelle, dite de SAINT-PAUL.

Caveau vide.

Troisième chapelle, sans vocable.

Sépulture des la Tour d'Auvergne, dits de Bouillon ; on y a trouvé : 1° le cercueil de Louis de la Tour d'Auvergne ; 20 janvier 1753 ; 2° le cercueil de Henri de la Tour d'Auvergne ; 7 mars 1753 ; 3° un petit cercueil en plomb ; 4° un petit baril en plomb ; 5° un cœur en plomb et dessus : *Cardinal Duperron* ; 6° un cœur en plomb, avec inscription [1] ; 7° un cercueil en plomb, sans inscription ; 8° un cercueil en plomb, celui d'Élisabeth de la Tour d'Auvergne ; 21 septembre 1725.

A gauche, en entrant :

Première chapelle, dite de la SAINTE-FAMILLE.

Sépulture des d'Orgemont ; contient sept cercueils en plomb, de différents membres de cette maison.

Deuxième chapelle, dite de SAINT-LOUIS.

Sépulture des Champront.

Le caveau renferme douze cercueils en plomb, un seul avec le nom de Michel de Champront, conseiller du Roy ; 19 mars 1647.

Troisième chapelle, sans vocable.

Sépulture des Suramond (de Paris).

Ce caveau renferme quatre cercueils en plomb, ceux de : Marie Chassebras, veuve de Louis de Suramond ; 3 septembre 1670 ; Louis de Suramond, son fils ; 24 août 1653 ; Louis de Suramond, le père, 28 octobre 1647 ; Magdeleine le Royer, veuve de Valentin de Chassebras ; juillet 1633.

[1] Ci est le cœur de feu messire Jacques Duperron, évêque d'Évreux..... décédé le 14e jour de février 1649.

Les travaux du calorifère ayant nécessité l'ouverture de ce caveau, les cercueils furent transportés dans la chapelle des Fonts.

Chapelles de la croisée.

L'entrée des caveaux placés sous ces deux chapelles, appelées, celle de droite, de *Saint-Ignace* ou des Condé, celle de gauche, de Saint-François-Xavier (aujourd'hui de la Vierge), était par le caveau principal de la nef.

Chapelles latérales du chœur.

Enfin, des deux côtés du chœur se trouvent deux dernières chapelles, sans vocable; celle de droite, conduisant à la sacristie, servait à la sépulture des Valençay et renfermait, dans cinq cercueils, les corps de : 1° Jean d'Estampes de Valençay, marquis d'Estampes; 4 février 1671; 2° Philippe de Béthune, comte de Selles; 12 mars 1658; 3° une enfant mort-née; 13 juin 1665; 4° Marie de Gruel, femme de Jean d'Estampes: 11 mars 1656; 5° Claude-Charlotte, leur fille; 11 octobre 1637.

La chapelle de gauche, dite de *Saint-Vincent-de-Paul*, sépulture des la Meilleraye.

Un baril en fonte contenait les entrailles du duc de la Meilleraye, décédé au grand Arsenal, le 8 février 1664.

Le corps de Georges Cadoudal y fut placé après son exécution (1804), et y demeura jusqu'en 1814, où il fut transporté en Vendée.

Des inscriptions apprenaient que les cœurs de Louis XIII, à droite, et de Louis XIV, à gauche, y étaient déposés.

Deux anges d'argent, rehaussés d'ornements en vermeil, soutenaient une boîte qui renfermait le cœur de ces princes, la couronne qui la surmontait, et la boîte également en vermeil. Jacques Sarazin avait exécuté le premier monument, et Coustou le jeune, le second.

Le conseil de fabrique, dans sa séance du 17 août 1806, invita Napoléon 1er à placer dans sa chapelle des Tuileries les quatre anges d'argent de l'église Saint-Louis des Jésuites, déposés jusque-là aux Petits-Augustins [1]; mais cette invitation n'ayant pas été suivie

---

[1] Ces anges, dont on ne connaît plus la destination, devaient être convertis en espèces, comme on peut le voir, par cette lettre, conservée aux Archives de l'Empire (L. 674) :

« Il existe, Messieurs, dans l'église de la Culture-Sainte-Catherine, quatre anges d'argent, qui, aux termes de la loi, doivent être apportés à l'hôtel des Monnaies de Paris, et convertis en espèces. Je vous prie de prendre les mesures convenables pour qu'ils y soient transportés incessamment.

« *Le Ministre des Contributions publiques,*

« CLAVIÈRE. »

d'effet, on les destina à orner la chapelle de Pie VII, à Fontainebleau.

Quant aux cœurs de ces princes, ils avaient été, par ordre de Louis XVI, transportés au Val-de-Grâce, puis enlevés par Petit-Radel du Val-de-Grâce, où ils étaient restés pendant la Révolution pour être remis à M. de Dreux-Brézé, et au comte de Pradel, intendant de la liste civile sous la Restauration.

Voici ces inscriptions restaurées :

La première est dans la chapelle du curé au côté droit du chœur :

Côté gauche.	*Côté droit.*
LUDOVICO MAGNO	REGI SÆCULORUM
JUSTI FILIO	IMMORTALI
PHILIPPUS	LUDOVICUS XIV
AURELIANENSIUM DUX	FRANCIÆ ET NAVARRÆ REX
JUSTI NEPOS	REBUS BELLO ET PACE
IMPERIUM GALLICUM	PER ANNOS TRES ET SEPTUAGINTA
PRO LUDOVICO XV. REGENS	FORTITER ET RELIGIOSE GESTIS
HOC	ORBIS SUFFRAGIO MAGNUS
REGIARUM VIRTUTUM TROPHÆUM	COR SUUM
AD POSTERITATIS	PATERNO EXEMPLO
MEMORIAM ET EXEMPLUM	HAS PIANDAM AD ARAS
DIGNA UTROQUE MUNIFICENTIA	DEPONI MORIENS JUSSIT
CONSECRAVIT	DIE 1 SEPTEMB.
ANNO CHRISTI	ANNO CHRISTI
M. DCC. XX.	M. DCC. XV.
	ÆTATIS LXXVII.

Chapelle à l'entrée de la sacristie. Piliers :

Côté gauche.	*Côté droit.*
SERENISSIMA	AUGUSTISSIMUM
ANNA AUSTRIACA	LUDOVICI XIII
LUDOVICI XIV	JUSTI REGIS
REGIS MATER	BASILICÆ HUJUS
ET REGINA REGENS	FUNDATORIS
PRÆDILECTI	MAGNIFICI
CONJUGIS SUI AMORIS	COR
HOC MONUMENTUM	ANGELORUM
POSUIT	HIC IN MANIBUS
ANNO SALUTIS	IN COELO
M D C XL. III.	IN MANU
	DEI.

Il y a encore une autre inscription sur marbre noir, placée derrière le grand autel :

ARAM.

DIE IX. MAII A. M. DC. XLI. HOC IPSO LOCO.

A. S. ROM. ECCLESIÆ CARDINALI DE RICHELIEU SOLEMNI RITV DEDICATAM

A. M. DCC. XCIII. ACERBITATE TEMPORVM EVERSAM

ÆDILES CVRATORESQVE ECCLESIÆ S. PAVLI S. QVE LUDOVICI

LIB. BARONE MOURRE. CONSILIARIO CURIÆ IMP. PARISIENSIS PRÆSIDE

A. M. DCCC. LVI. IN PRISTINVM STATUM RESTITUERVNT

OPUS CŒPTVM DOM. PETRO GERMANO LAURENTIE

PERFECTVM DOM. AUGUSTINO REBOUL

MVNIA PAROCHIALIA GERENTIBUS.

Dans le pavé du chœur, à gauche, la pierre est sans inscription. A droite, on lit :

✠

HIC

CONDITA SUNT

VISCERA

REVERENDISSIMI IN CHRITO (*sic*) PATRIS

CAROLI FAURE

SANCTÆ GENOVEFÆ PARISIENSIS ABBATIS

CANONICORUM REGULARIUM CONGREGATIONIS GALLICANÆ

PRIMI PRÆPOSITI GENERALIS

QUI DUM VIXIT

FILIOS SUOS INTRA VISCERA CONDIDIT

OBIIT DIE QUARTA NOVEM.

ANNO SALUT. 1644.

ÆT. 50. PROF. 30.

Dans la nef, en face de la chaire, entre les piliers du dôme, sur l'alignement de l'entrée des caveaux, les cinq inscriptions suivantes se lisent sur le sol :

✠	✠
HIC JACET	HIC JACET
F. CLAUD. NICOLAUS	F. JOANNES FRANCISCUS
DE LA MORLIÈRE SACERDOS	LUCE CLERICUS.
CANONICUS REGULARIS	CANONICUS REGULARIS
OBIIT ANNO DNI 1774	OBIIT ANNO DNI 1770
DIE 30 MARTII	DIE 8 MAII
ANNO ÆTATIS 70	ANNO ÆTATIS 71,
PROF. 53.	PROF. 40.
REQUIESCAT	REQUIESCAT.
IN PACE.	IN PACE.

✠

HIC JACET

F. JOANNES JACOBUS

CHENARD SACERDOS

CANONICUS REGULARIS

OBIIT ANNO DNI 1788

DIE 11 SEPTEMBRIS

ANNO ÆTATIS 80

PROF. 70.

REQUIESCAT

IN PACE.

✠

HIC JACET

F. ANTONIUS SERMENTÉ

SACERDOS, CANONICUS REGULARIS

9 DIE 8BRIS OBIIT ANNO DNI 1787

ANNO ÆTATIS 74.

PROFESSIONIS 56.

REQUIESCAT

IN PACE

✠

HIC JACET

R. P. LAURENTIUS DE GIRONDE

SACERDOS CANONICUS REGULARIS

HUJUSCE PRIORATUS PRIOR

OBIIT ANNO DNI 1786.

DIE 5 NOVEMBRIS

ANNO ÆTATIS 64

PROFESSIONIS 39.

REQUIESCAT

IN PACE.

II. — SÉPULTURES DES JÉSUITES.

Entre la chaire et le banc de l'œuvre, une dalle non scellée donne entrée, au moyen d'un escalier en pierre, aux grands caveaux qui servaient de sépulture aux religieux de la Compagnie de Jésus.

Le caveau principal, n° 1, occupe la partie de la nef comprise sous le dôme; deux autres caveaux, nos 2 et 3, s'étendent sous la chapelle de la Sainte Vierge, et deux autres, nos 4 et 5, sous la chapelle qui lui fait face. Une ouverture en forme de puits, à gauche de l'escalier, conduit à deux caveaux parallèles qui s'étendent jusqu'au passage Saint-Louis, nos 6 et 7; dans ce dernier se trouve un escalier sans issue.

Les corps sont en pleine terre, la tête sans doute tournée contre le mur; des plaques de plomb (ou même des ardoises), fixées au mur par un clou, portent au repoussé le nom du religieux et la date de sa mort; le plus souvent ce sont les seules indications qu'elles fournissent.

GRAND CAVEAU.
Mur n° 1.

1. P. Nicolas Lafontaine, 1er janvier 1741. 2. P. Thomas Gouye, 24 mars 1725. 3. P. Louis Saigne, 16 avril 1683. 4. P. Marin, 26 février 1702. 5. P.

Meunier, 12 décembre 1682. 6. P. Jean François-Anjalran, 8 mars 1740. 7. P. Eustache, 1er avril 1716. 8. P. Gaspard Séguiran, 21 novembre 1644. 9. P. François-Xavier de Coëtlogon, 26 janvier 1745. 10. P. Nouët, 21 mai 1680. 11. P. Brossamin, 2 septembre 1702. 12. P. François Annat, 14 juin 1670. 13. F. André Gourdan, 3 mars 1740. 14. F. Etienne Gobert, 24 juillet 1751. 15. P. Hazon, 25 janvier 1717. 16. P. Saint Pierre, 19 juin 1701. 17. P. Jean Philippeaux, 2 août 1643. 18. P. René-Joseph Tournemine, 16 mai 1739. 19. P. Claude Crest, 1668. 20. P. Grave, 7 février 1717. 21. P. François N. Pallette, 7 avril 1670. 22. P. Valois, 12 septembre 1700.

Mur n° 2.

23. P. Jean Luisset, 10 décembre 1670. 24. P. Jean Cornet, 9 mars 1645. 25. P. Guillaume Duménil, 17 février 1650. 26. P. Guillaume Lebrun, 7 mai 1758.

Mur n° 3.

27. P. Desdéserts, 7 juin 1685. 28. F. Jean-Baptiste Chevalier, 26 mai 1754. 29. P. Vigier, 15 décembre 1647. 30. F. Lenain, 6 avril 1718. 31. P. Vertemont, 26 juillet 1686. 32. P. Gabriel Ormangey, 15 mai 1750. 33. P. Sébastien Marchand, 22 juillet 1646. 34. F. Guillaume Drogue, 12 mars 1745. 35. F. Ferry, 12 juin 1701. 36. P. Jean Radominski, 18 janvier 1756. 37. P. Nicolas Lombard, 5 mars 1646. 38. P. François Tacon, 13 mars 1663. 39. F. Louis Mégard, 21 octobre 1745. 40. P. Claude-Nicolas Delamorlière, chanoine de Sainte-Geneviève, 30 mars 1774. 41. F. Claude-François Moineau, 10 avril 1735. 42. P. B. de Montreuil, 15 janvier 1646. 43. P. Anne-Joseph Delaneuville, 4 avril 1750. 44. P. Jobert, 30 octobre 1719. 45. F. Pierre Baynon, 23 janvier 1756. 46. P. Jean-Charles de Couvigni, 19 novembre 1745. 47. P. Robineau, 21 septembre 1702. 48. F. Louis Vatbleq, 12 avril 1735. 49. P. Alexandre Jarry, 2 novembre 1645. 50. P. Hubert du Halde, 6 octobre 1749. 51. P. Guillaume Ségaut, 19 décembre 1748. 52. F. Étienne Valarcher, 24 mai 1756. 53. P. Antoine-François Lefèvre, 16 septembre 1737. 54. P. Labbe, 1er avril 1720. 55. P. Jacques Brisson, 14 décembre 1745. 56. F. Etienne Simonin, 11 janvier 1679. 57. P. Jean Chauveau, 20 avril 1735. 58. P. Voisin, 12 novembre 1687. 59. P. Philippe Lallemant, 24 août 1748. 60. P. Charles de Laistre, 20 octobre 1720. 61. P. François Despares, 27 octobre 1756. 62. P. Louis-François Clavier, 23 janvier 1758. 63. P. Benoise, 27 janvier 1688. 64. P. Edmond Rivière, 5 mai 1746. 65. P. Magnan, 10 décembre 1705. 66. F. Louis Caillé, 22 mars 1749. 67. P. Jacques Audry, 10 décembre 1650. 68. P. Claude-Bertrand de Lynières, 31 mai 1746. 69. F. Nicolas Lemaistre, 22 mars 1759. 70. M. l'évêque d'Avranches (Daniel Huet), 26 janvier 1721. 71. P. Bullioud, 10 mai 1651. 72. P. Joseph-Stanislas Allec, 28 mai 1748. 73. P. Giroust, 19 octobre 1689. 74. P. Alexandre Roger, 17 février 1757. 75. P. Etienne Charlet, 26 octobre 1652. 76. P. Ménestrier, 10 janvier 1705. 77. P. Bertrand Rivals, 27 novembre 1746. 78. P. Nicolas Caussin, 15 juillet 1651. 79. P. Charles-Nicolas Frémont, 5 avril 1739. 80. F. Nicolas Bissaut, 6 février 1652. 81. P. Pierre-Joseph Arthvy, 9 octobre 1723. 82. P. Claude Lingendes, 12 avril 1660. 83. P. Jacques Lambept, 24 mai 1670. 84. P. Jean Delabarre, 10 janvier 1680.

85. P. Duhamel, 21 octobre 1680. 86. P. Bernard Gauvet, 14 décembre 1746. 87. P. Nicolas Saraba, 17 avril 1739. 88. F. Adrien Lapostolle, 16 février 1723. 89. P. François Lefèvre, 14 mai 1757.

Mur n° 4.

90. F. Letanneur, 1er septembre 1723. 91. P. Pierre de Govil, 23 janvier 1758. 92. F. Antoine Lemore, 27 février 1741. 93. F. François Fournier, 3 mars 1651. 94. P. Joseph-Isaac Berruyer, 18 février 1758.

Mur n° 5.

95. P. Michel Rabardeau, 24 janvier 1649. 96. P. François de Paule Bretonneau, 22 mai 1741. 97. P. A. Charpentier, ... 1684. 98. P. Michel Favereau, 16 août 1648. 99. P. Charles Paulin, 12 avril 1653.

CAVEAU N° 2.
Mur n° 1.

100. P. Fontaine, 6 avril 1692. 101. P. Lefort, 24 décembre 1713. 102. P. Louis Roy, 19 avril 1671.

Mur n° 2.

103. P. Etienne Chamillard, 1er juillet 1730. 104. P. Dubois, 21 décembre 1690. 105. P. Jacques Bordier, 17 août 1672. 106. P. Gonnelieu, 28 février 1715. 107. F. Brunet, 25 avril 1691. 108. P. Jean-Baptiste Du Halde, 18 août 1743. 109. P. L. Pise Joseph de Blainville, 12 février 1752. 110. P. Lefort, 14 décembre 1713. 111. P. Henri Ingré, 12 octobre 1672. 112. P. du Trévou, 1er juillet 1729. 113. P. Mouret, 6 avril 1691. 114. P. Quentin, 28 novembre 1712. 115. P. Pierre Forgerays, 14 octobre 1743. 116. P. Jean Bagot, 23 avril 1644 (?). 117. F. Clément Jalladon, 25 juillet 1752. 118. P. Charles-Henri Forget, 3 avril 1729. 119. P. de Goulaine, 31 mars 1691. 120. P. Crasset, 4 janvier 1692. 121. P. Sylvain Pérusseault, 30 avril 1753.

Mur n° 3.
Néant.

Mur n° 4.

122. P. Claude Hardi, 20 février 1661. 123. P. Charles de Montbiers, 8 janvier 1729. 124. P. Charles-Joseph Tainturier, 4 novembre 1753. 125. P. Montescot, 30 janvier 1710. 126. P. André Castillon, 25 mai 1671. 127. P. Gabriel Daniel, 23 juin 1728. 128. F. Suhard, 12 novembre 1666. 129. P. Charles Kennet, 26 avril 1728. 130. P. Damonville, 27 septembre 1709. 131. P. Jean-Baptiste Ragon, 11 décembre 1670. 132. P. Jourdan, 7f février 1692. 133. P. de Brillac, 11 juillet 1709.

CAVEAU N° 3.
Mur n° 1.

134. P. de la Chaise, 20 janvier 1709. 135. P. Georges Savalette, 7 août 1733. 136. F. Morice Walien, 4 août 1762. 137. P. Dozanne, 19 janvier 1709.

138. P. Longueval, 14 janvier 1735. 139. P. Pierre Chamillard, 3 avril 1733.
140. P. Héraut, 15 janvier 1709. 141. P. Proust, 3 novembre 1694.

Mur n° 2.
Néant.

Mur n° 3.

142. P. Nicolas Chatillon, 20 mars 1759. 143. P. Dinville, 10 septembre
1708. 144. P. Borinet, 27 avril 1695. 145. P. Charles Riglet, 7 mars 1733. 146.
P. le Gobien, 6 mars 1708. 147. P. Louis Raffard, 28 août 1759. 148. P. De-
lamèche, 30 octobre 1706. 149. F. Jean-Louis Ancelin, 13 novembre 1760.
150. P. Dutertre, 9 avril 1697. 151. P. Aymeret, 14 juin 1706. 152. P. P.-T.
Pallu, 7 juin 1697. 153. P. J.-B. Duvaurouy, 24 janvier 1739. 154. P. Charles
Amiot, 21 mai 1762. 155. F. Pierre Pailloux, 12 mai 1731. 156. P. Verjus,
16 mai 1706.

Mur n° 4.
Néant.

CAVEAU N° 4.
Mur n° 1.
Néant.

Mur n° 2.

157. P. Delaroche, 26 octobre 1699. 158. F. Gérard Collet, 22 mai 1742.
159. F. F. Grosbois, 29 juillet 1678. 160. P. Jacques de la Baune, 21 octobre
1725. 161. P. Martin Pallu, 21 mai 1742. 162. P. Louis Orry, 19 juillet 1726.
163. P. Jean-Baptiste Geoffroy, 30 octobre 1675. 164. P. Pierre des Champs,
9 septembre 1726. 165. P. de la Bourdonnaye, 27 avril 1699. 166. P. Jean-
Baptiste de Bélingan, 9 mars 1743.

Mur n° 3.
Néant.

Mur n° 4.

167. P. Chennevelle, 5 septembre 1699. 168. F. Jacques Potel, 18 mai 1727.
169. P. Pierre Brumoy, 16 avril 1743. 170. P. Bourdaloue, 13 mai 1704. 171.
P. Louis-François de la Marguerie, 6 février 1742. 172. F. Leclerc, 17 mai
1704. 173. P. Honoré Gaillard, 11 juin 1727.

CAVEAU N° 5.
Mur n° 3.

174. P. Sacadinot, 22 décembre 1663.

Les autres n'ont pas d'inscriptions; dans le caveau sont vingt-trois
cercueils en plomb, la plupart déchirés; cinq portent les épitaphes de :

175. 1° Mʳ Perrault, baron de Milly, 19 avril 1661. 176. 2° Marie-Marguerite de Lorraine d'Elbeuf, 7 août 1679. 177. 3° Catherine-Henriette, légitimée de France, duchesse d'Elbeuf, 20 juin 1663. 178. 4° François Gascoin,
gentilhomme de la chambre du Roy, 15 février 1604. 179. 5° Jeanne Jappin,
veuve de François Chaillou, 20 mars 1703.

CAVEAU N° 6
Mur n° 1.

180. Damoiselle Guillouet, 9 avril 1647. 181. P. Ignace Armand, 8 décembre 1638.

Mur n° 2.

182. P. Etienne-Honoré Desconseils, 30 septembre 1741. 183. F. Thomas Etienne, 24 mai 1740.

CAVEAU N° 7.
Mur n° 3.

184. P. Lemoine, 23 août 1671. 185. M. Roy, 8 novembre 1653.

Une plaque de marbre, contre un pilier du dôme, rappelle que *Bourdaloue* repose dans cette église :

✝

HIC JACET

BOURDALOUE

1632 — 1704

POS. 1843

Une autre plaque, au pilier correspondant, sur laquelle on lit :

✝

HIC JACET

P. D. HVET

ABRINCENSIS EPISCOPUS

1630 — 1721

(1)

indique que *Huet*, comme l'illustre prédicateur, a sa sépulture dans les cryptes, l'un et l'autre au-dessous du marbre. En 1863, Paul-Adrien Bourdaloue, ingénieur civil à Bourges, en souvenir du mariage de sa sœur Camille-Berthe Bourdaloue, avec M. Emile Ditter, célébré à Saint-Paul, a fait placer sur le lieu où repose son arrière-grand-oncle, dans la crypte, une table de marbre gris, sur laquelle on lit :

BOURDALOUE

NÉ A BOURGES LE 20

AOUT 1632

MORT A PARIS LE 10

MAI 1704

—

SES ARRIÈRE-NEVEUX LE 23 AOUT 1860

—

M. REBOUL

ÉTANT CURÉ DE

S.-PAUL-S.-LOUIS

(1) Armoiries.

Dans la sacristie actuelle de Saint-Paul, qui renferme de superbes boiseries en chêne sculpté, on a trouvé derrière, une porte d'armoire, une liste incomplète des Pères Jésuites, avec des numéros que l'on croit ceux de leurs cellules; nous la reproduisons telle qu'elle existe. Cette liste est inscrite sur deux bandes de papier; la seconde commençant au n° 63 :

1. P. Rivière. 3. P. Judde. 4. P. de Allinville. 8. P. Sorel. 10. P. Cathalan. 14. P. Le Camus. 18. P. Lalemant. 19. P. de Longueval. 20. P. Neuton. 21. P. Cottin. 22. P. Clavier. 25. P. de La Neuville. 27. P. de Richebourg. 34. P. Chamillart. 35. P. Provincial. 36. P. Lefèvre. 38. P. Pallu. 40. P. Brisson. 41. P. Compagnon. 43. P. du Halde. 44. P. Amyot. 45. P. de Tournemine. 46. P. de Linière. 47. P. Riglet. 48. P. Cottoney. 51. P. Chauveau. 52. P. de Couvrigni. 53. P. du Halde le jeune. 54. P. Frécourt. 56. P. du Voreuil. 57. P. de Goville. 58. P. de Frémont. 63. P. Bretoneaux. 64. P. Teinturier. 69. P. Ségeaud. 70. P. de Sainte-Marie. 71. P. Ministre. 72. P. Des Conseille. 73. P. de la Marguerie. 74. P. Perrusseau. 75. P. Berruyer.

La même sacristie renferme une curieuse collection de portraits des curés de Saint-Paul et de Saint-Louis. Les neuf premiers ont été donnés en 1806 par M. Desponty de Sainte-Avoye.

Le premier est Messire Charles du Bec Crespin, curé de 1481 à 1501; les suivants sont : François Lavocat, curé de 1628 à 1630; Guillaume Mazure, de 1630 à 1632; Nicolas Mazure, en 1632; Antoine Fayet, en 1634; André Hameau, en 1676; Gilles Lesourd, curé en 171.? Guillaume Bourret, mort en 1721; Nicolas Gueret, curé de 1721 à 1764, qui assista le régicide Damiens à ses derniers moments. P.-L. Bossu, curé en 1791. Cet ecclésiastique, qui avait refusé le serment civique, mourut curé de Saint-Eustache; Joseph Delaleu, de 1802 à 1811; Louis-Joseph Leriche, de 1811 à 1833; Marie-François Roy, de 1833 à 1839, mort curé de Saint-Gervais; Jean-Baptiste Levé, de 1839 à 1848, mort curé de Saint-Gervais; Pierre-Germain Laurentie, de 1848 à 1854, curé de Saint-Nicolas-des-Champs, et Augustin Reboul, curé en exercice depuis 1854.

La fabrique a dépensé depuis quelques années des sommes assez considérables pour embellir l'église de Saint-Paul-Saint-Louis. C'est ainsi qu'elle a payé 35,000 fr. pour le maître-autel, de marbre blanc, marbre qui a été fourni par l'État et pris dans les blocs non utilisés lors de la construction du tombeau de l'empereur aux Invalides. La porte du tabernacle en bronze doré, encaissé derrière l'autel, provient du maître-autel du Val-de-Grâce. Quant à l'ancien maître-autel de Saint-Paul, il a été cédé à l'église de Sainte-Marguerite, moyennant 700 fr.

En 1858, on rétablit les inscriptions commémoratives de Louis XIII et Louis XIV, que j'ai citées plus haut et qui avaient été détruites à la

Révolution. Les archivoltes ont été plaquées la même année de marbre gris. En 1859, on a construit un calorifère et on a acquis pour 240 francs un saint Ciboire en argent repoussé, qui porte cette inscription : M. JEAN CATOIS, PROCVREVR DV ROY AVX EAVX ET FORE. TX (*sic*) DE FALAIZE. 1645. A la fin de cette même année 1859, la ville de Paris plaça une croix en fer poli et doré, de 3 mètres d'élévation, sur la coupole de l'église, pour remplacer celle qui avait été abattue au mois de février 1832. Enfin, en 1861, la ville de Paris fit placer devant la façade les trois statues de sainte Catherine, sainte Aure et saint Louis, par Preault, Etex et Lequesne, à la place des statues de saint Ignace, de saint François-Xavier et de saint Louis, qui avaient été brisées à la Révolution.

Parmi les œuvres d'art conservées dans cette église, je signalerai : 1° un tableau attribué à Philippe de Champagne, dans lequel l'artiste a peint une vue de l'abbaye de Longchamps; 2° un crucifiement assez médiocre, mais curieux en ce qu'il provient de la chapelle de la Bastille, où il servait de tableau de maître-autel. Transférée à l'Arsenal, cette peinture fut donnée à la fabrique en 1816 par M. Lecocq, au nom de l'administration des poudres et salpêtres; enfin, j'indiquerai les deux belles coquilles qui servent de bénitiers et que Victor Hugo a données à l'occasion du baptême de son premier enfant né sur la paroisse.

La cure de Saint-Paul-Saint-Louis est desservie aujourd'hui par un curé, six vicaires, un diacre d'office et des prêtres habitués. Le territoire de la paroisse était de 56 hectares 50 ares; mais le décret du 22 janvier 1856 l'a réduit à 49 hectares 35 ares, délimité ainsi qu'il suit :

Rue des Nonaindières, côté pair; rue de Fourcy, côté pair; rue Saint-Antoine, côté pair; rue Pavée, côté pair; rue Neuve-Sainte-Catherine, côté impair; rue de l'Écharpe, côté impair; place Royale, de la rue de l'Écharpe à la rue du Pas-de-la-Mule; rue du Pas-de-la-Mule, côté impair; boulevard Beaumarchais, côté impair; boulevard Bourdon, côté ouest; boulevard Morland, côté nord-est; quai des Célestins; quai Saint-Paul; quai des Ormes, à partir du quai Saint-Paul jusqu'à l'angle de la rue des Nonaindières, point de départ.

On sait que les bâtiments de l'ancienne maison professe des Jésuites sont occupés par le lycée Charlemagne.

SŒURS GARDES-MALADES DE TROYES

Dans la circonscription actuelle de Saint-Paul-Saint-Louis, il n'existe qu'une maison religieuse, celle des Sœurs Gardes-Malades de Troyes.

Ces sœurs établies depuis 1840, rue Neuve-Saint-Paul, aujourd'hui rue Charles V, n° 12, dépendent de la maison-mère fondée à Troyes.

Cette maison compte sept succursales à Paris, dirigées chacune par une supérieure. Ces succursales sont situées rue Jacob, n° 52, rue du Cloître-Saint-Merry, n° 18, rue de Tournou, n° 31, rue Miromesnil, n° 32, et à Passy, rue de l'Église, n° 4.

BIBLIOGRAPHIE

MANUSCRITS

J'indique ici les documents manuscrits relatifs aux Jésuites et aux chanoines de la Culture-Sainte-Catherine qui les ont remplacés au Noviciat.

Les documents sur la maison professe des Jésuites sont conservés aux Archives de l'Empire dans la section historique.

Il y a dix cartons et huit registres.

Le premier carton (M. 240) renferme des lettres écrites de l'Inde par divers Jésuites en 1761 et 1762; cette correspondance est très-intéressante; des lettres en chiffres avec la clef, un dossier volumineux de pièces concernant la Compagnie des Indes, etc., arrêt du parlement du 29 décembre 1594 contre Jean Chatel, diplômes d'affiliation à l'O.∴ de Jésus, pièces concernant différentes maisons dont le collège de Clermont ne jouissait plus, mémoires relatifs au rétablissement des Jésuites en France, pièces concernant l'histoire de l'ordre, pièces pour et contre les Jésuites, relation de ce qui s'est passé en cour de Rome en 1626, à cause des censures de la Faculté de théologie de Paris; le second (M. 241), des pièces imprimées et manuscrites concernant les Jésuites de Brest, un recueil de lettres du roi et autres pièces de 1585 à 1689 en faveur des Jésuites, parmi lesquels on trouve des documents fort intéressants, pièces concernant l'ordre en Lorraine, pièces relatives à leur suppression, pièce concernant les établissements des Jésuites en Flandre, un recueil de pièces pour servir à l'histoire des Jésuites recueillies par Gilbert des Voisins; le troisième (M. 242), des pièces concernant les possessions des Jésuites au Canada; le quatrième (M. 243), recueil de pièces pour servir à l'histoire des Jésuites en France formé par Léonard de Sainte-Catherine de Sienne, augustin déchaussé en 1698 et années suivantes; le cinquième (M. 244), des pièces imprimées, telles qu'arrêts, lettres patentes, etc.; le sixième (M. 245), des mémoires et plans concernant les collèges d'Amiens, Arras, Aurillac, Angoulême et Auxerre; le septième (M. 246), des pièces concernant les maisons de Billom en Auvergne, de Chaulnes, Clermont-Ferrand, Compiègne, Charleville; le huitième (M. 247), des pièces concernant les collèges d'Eu et la Flèche avec des plans; le neuvième (M. 248), les collèges de Pontoise, la Rochelle, Moulins, Nevers, Orléans, Poitiers, Riom, Rethel, Reims et Roanne; le dixième (M. 249), les collèges de Saint-Omer, Tours et Sens; le dixième (M. 250), le collège des Ecossais, à Paris, le collége des Ecossais de Douai, autrement dit les missions de la Compagnie de Jésus, le collége d'Anchin, à Douai, le collége d'Armentières, réuni à celui d'Anchin, les colléges autrichiens et ceux de la province gallo-belgique.

Le premier registre (MM. 648) renferme une histoire des Jésuites; les second et suivants (MM. 649 à 653) contiennent les serments prêtés à la chapelle de la Vierge de 1631 à 1676, 1676 à 1729, 1729 à 1760, 1756 à 1762, 1762 à 1763; le septième (MM. 654) renferme les quittances du séquestre des Jésuites, et le huitième (MM. 655), une copie des procès-verbaux du collége des Jésuites à Aire en 1762.

Les documents relatifs aux chanoines de la Culture-Sainte-Catherine sont conservés aux Archives dans les sections administrative et historique.

Le premier carton (S. 1013) renferme des titres de cens et rentes de la maison prieurale, des documents relatifs à l'aliénation par adjudication de l'emplacement du vieux réfectoire, des déclarations de revenus du prieuré de 1521 à 1761, des quittances d'amortissement, des priviléges, des bulles parmi lesquelles une concession d'indulgence à ceux qui visiteront l'église Sainte-Catherine, le jour de Saint-Fiacre; des pièces relatives à des legs et à des fondations, des quittances d'amortissement, la déclaration de 1790, les titres de la concession de lignes d'eau; les second et suivant (S. 1014-1015), des pièces relatives à la donation faite aux Jésuites de la maison professe de Saint-Louis, de l'hôtel de la Rochepot, rue Saint-Antoine, et des anciens murs de la ville, à la propriété de différentes maisons sises à Paris, rues de Jouy et Saint-Antoine, au don de la maison professe des Jésuites au prieuré de Saint-Louis de la Culture-Sainte-Catherine; le quatrième (S. 1016), des pièces concernant une transaction passée entre le prieuré commendataire et les religieux, à des réparations faites dans l'enclos du prieuré, à des adjudications faites par l'Hôtel-de-Ville de terrains faisant partie du Petit-Arsenal, à la propriété d'une maison sise rue Saint-Antoine; le cinquième (S. 1017), des titres de propriété de la maison sise rue Gerard-Bosquet et à différentes parties de rentes sur plusieurs maisons rue Saint-Antoine; le sixième (S. 1018), des baux de maisons sises rue Saint-Antoine, et des baux à loyer de différentes maisons; les septième et suivant (S. 1019 et 1020), d'anciens baux à rente de places, maisons et jardins situés en divers endroits, un mémoire sur l'hôtel de la Force; le neuvième (S. 1021), des titres de rentes percevables sur maisons sises à Paris rue Saint-Antoine, et des pièces relatives à la cession du prieuré; le dixième (S. 1022), des baux à rentes foncières sur maisons sises rues Saint-Denis, des Francs-Bourgeois, etc.; les onzième et suivants (S. 1023-25), des déclarations de rente sur maisons sises à Paris, rues Beaurepaire, Pavée, Mauconseil, Sainte-Catherine, Saint-Louis, Neuve-

Saint-Louis, et des Francs-Bourgeois, etc.; les quatorzième et suivant (S. 1026-1027), des titres de rentes foncières sur immeubles sis à Montreuil-sous-Vincennes, Bagneux, Maupertuis près Linas, Ménil-Menillet, Champ-Rosé, Malnoue, Belleville, Longjumeau, Montlhéry, Brie-sur-Marne, Chanois et la Bussière; le seizième (S. 1028), des pièces relatives à la seigneurie d'Orsay, au fief du Vivier sis audit lieu, au moulin d'Aulnay, à d'anciens baux à ferme de la terre de Courtabœuf, à la déclaration des terres sises à Longjumeau; le dix-septième (S. 1029), des baux à ferme des biens et droits sis à Orsay et Mondetour; le dix-huitième (S. 1030), des titres relatifs à la terre et seigneurie de la Salle dit le Saulcier, tels qu'aveux et dénombrements, baux, etc., etc.; le dix-neuvième (S. 1031), des pièces relatives au prieuré de Saint-Georges et à la cure de Villebaugis, à la propriété du domaine des Ulis et à la cure de Saint-Maximin-les-Sens; le vingtième (S. 1032), des pièces relatives à des fondations faites au prieuré, à d'anciens titres de propriété, à la propriété de la forêt de Serquigny, à la concession du pâturage dans la forêt de Bievre, etc., etc.

Le premier registre (S. 1033) renferme la copie d'un arrêt du parlement rendu le 27 avril 1728 entre les chanoines de Sainte-Catherine et le héritiers Carendas; le second (S. 1034) est un inventaire des titres; le troisième (S. 1035) est un compte instructif des biens aliénés en 1441; le quatrième (S. 1036) donne la recette des cens et rentes du prieuré en 1463; le cinquième (S. 1037), la recette du prieuré en 1573, les comptes généraux du revenu en 1591, 1618, d'anciennes déclarations passées au profit du prieuré en 1625; le sixième (S. 1038) est un inventaire général de tous les titres fait en 1634; le septième (S. 1039) donne les revenus du prieuré en 1731; le huitième (S. 1040), les revenus du prieuré de 1675 à 1758; le neuvième (S. 1041) est un état des biens du prieuré en 1768; le dixième (S. 1042) est un sommaire des produits généraux du prieuré de 1778 à 1791; le onzième (S. 1043) est intitulé : Papier terrier, foncier et rentier du prieuré de Sainte-Catherine en 1461; le douzième (S. 1044) donne la déclaration des cens et rentes passés au profit du prieuré en 1657; le treizième (S. 1045) est un papier terrier du prieuré de Sainte-Catherine en 1700.

Dans la section historique il y a un carton et cinq registres.

Le carton de la section historique, coté L. 919, renferme quatre liasses : la première liasse contient une série de pièces de 1230 à 1260, telles que rachat de rentes, titres primordiaux du prieuré, titres d'achat de maisons, pièces relatives à la maison du Val-des-Ecoliers; la seconde liasse, des pièces de 1263 à 1286, concernant l'achat de maisons par les religieux en novembre 1263, d'une pièce de vigne située in territorio quod dicitur Bafer, contiguum chemino S. Dyonisii (août 1280), des acquisitions de terres, des donations diverses; la troisième liasse, des pièces de 1287 à 1309, concernant des dons faits à l'église Saint-Éloy-sous-Chailly près Longjumeau, appartenant à l'ordre du Val-des-Ecoliers, des achats de maisons et de rentes, des actes de fondation d'une messe par Marie, reine de France, au mois de mars 1294, et une feuille de parchemin sur laquelle on a dessiné à la plume trois personnages qui doivent être saint Louis et deux sergents d'armes en costumes différents; ce dessin, d'une certaine finesse, est la reproduction de la pierre de fondation de l'église Sainte-Catherine de la Couture (Voyez à ce sujet la notice de Mercier de Saint-Léger que je cite plus bas); la quatrième liasse, des actes de vêtures et de professions de 1742 à 1789.

Le premier registre (LL. 1457) renferme des actes capitulaires de 1629 à 1675; le second (LL. 1458), les statuts de 1637; le troisième (LL. 1459), les actes capitulaires de 1688 à 1730; le quatrième (LL. 1460), un relevé des inhumations de 1733 à 1789; le cinquième (LL. 1461), un catalogue des novices.

Voyez encore le carton J. 736.

IMPRIMÉS

Factum pour Jeanne Boutin, fille majeure, et Anne Coustart, veuve Jean Proust, marchand, bourgeois de Paris, heritieres par benefice d'inventaire de Marie Poncher, femme séparée de biens de Sébastien de la Rue, son mary, appellantes et demandantes en lettres de révision contre les peres Jesuites du college de cette ville de Paris; Charles Sainfray, notaire au Chastelet; Charles de Bonnieres et autres, intimez et defendeurs, où il est traité des différents vœux des jesuites, et de la maniere qu'ils sont observez en France. *Paris, s. d.*, in-fol.

Au sujet d'une donation faite aux Jésuites en 1665.

Sentence rendue par Monsieur le lieutenant général de police, qui déclare valable la saisie en contravention, faite à la requête des maîtres et gardes apoticaires à Paris, sur les reverends peres Jesuites de la maison professe de la rue Saint-Antoine à Paris, de trois boëtes de thériaque et trois de confection d'Hyacinthe; leur fait défenses, et à toutes communautés seculieres et regulieres, de vendre, débiter et faire vendre aucunes marchandises d'apoticairerie; les condamne en cent livres d'amende et mille livres de dommages-intérêts envers le corps des apoticaires et epiciers-droguistes, et en tous les depens. Du mardi deux septembre 1760. *Paris*, 1760, in-4°. (Bibl. Maz., n° 18824 H.)

Memoire pour les heritiers d'Elisabeth Levacher, contre les R. P. Jesuites de la maison professe de Saint-Louis, rue Saint-Antoine. *Paris, s. d.*, in-fol. (Bibl. Maz., n° 3318 D.)

Eloge funebre de tres haut, tres puissant et tres excellent prince Henri de Bourbon, prince de Condé et premier prince du sang, prononcé à Paris le 10 jour de Decembre 1683, en l'eglise de la maison professe des peres de la Compagnie de Jésus par le père Bourdaloue de la même Compagnie. *Paris*, 1684, in-4°.

Oraison funebre de tres haut et tres puissant prince Louis de Bourbon, prince de Condé, premier prince du sang, prononcé à Paris le 26 jour d'avril 1687 en l'église de la maison professe des peres de la Compagnie de Jesus par le père Bourdaloue, de la même Compagnie. *Paris*, 1687; in-4°. (Bibl. Maz., n° 10371.)

Sermon de discipline ecclesiastique composé et prononcé par Mgr l'evesque comte de Noyon, pair de France, etc., en l'eglise de la maison professe de RR. PP. Jesuites de la ville de Paris, le dimanche de la Quinquagesime en l'année 1694. *Paris*, 1694; in-4°. (Bibl. Maz., n° 10370 Z⁶.)

Oraison funebre de tres haut et tres puissant seigneur François-Henry de Montmorency, duc de Luxembourg et de Piney, pair et mareschal de France, etc., etc., prononcée à Paris dans l'eglise de la maison professe de la Compagnie de Jesus, le 21 d'avril 1695, par le P. Delarue, de la même Compagnie. *Paris*, 1695, in-4°. (Bibl. Maz., n° 10371 Q.)

Octave solennelle de la canonisation des saints Louis de Gonzague et Stanislas Kostka. *Paris*, 1730; in-fol.

Dans l'église de la maison professe des Jésuites, rue Saint-Antoine.

Catalogue des livres de la Bibliothèque de la maison professe des ci-devant soi-disant Jesuites. *Paris*, 1763; in-8°.

Notice des tombeaux et autres monumens transférés, en septembre 1783, de l'église Sainte-Catherine-la-Couture dans celle de S. Louis, rue Saint-Antoine, précédée de la nomenclature des principaux personnages inhumés dans cette église, par M. l'abbé de S. L*** (Mercier, abbé de Saint-Leger de Soissons, ancien bibliothécaire de Sainte-Genevieve), in-4°.

Cette notice, extraite du *Journal des Savants* de l'année 1784, p. 229, a été reproduite dans la *Revue universelle des arts* de 1859, tome X, p. 200.

Notice historique sur les cérémonies funèbres qui ont eu lieu pour les funérailles des victimes de l'attentat du 28 juillet 1835, et leur translation de l'église Saint-Paul à l'Hôtel des Invalides (5 août), etc., etc. *Paris*, 1835, in-8°.

Voyez aussi Lenoir, *Musée des Monuments français*, tome 1er, p. 189 ; tome III, p. 126; tome VIII, p. 3. Douet d'Arcq, *Pièces inédites du règne de Charles VI*, pp. 53, 100, et la *Revue universelle des Arts*, 1857, p. 408.

Paris, ce 1er mai 1839. M., la souscription, etc. *S. d.*, in-4°.

Circulaire relative à la souscription pour l'érection d'un monument en l'honneur de l'abbé Roy, curé de Saint-Paul-Saint-Louis.

COUVENT DES MINIMES

DE LA PLACE ROYALE

[38] Le contrat d'acquisition du terrain sur lequel les Minimes élevèrent leur couvent est du 27 octobre 1609. Les lettres d'approbation sont du mois de janvier 1610, et, le 25 mars suivant, on célébra la messe pour la première fois dans la chapelle des religieux. La date de 1611 donnée par Lebeuf est donc inexacte.

L'église, d'abord consacrée sous le titre de l'Annonciation de la Sainte-Vierge, fut dédiée le 20 août 1679, à saint François-de-Paule, par Léon Bouthiller de Chavigny, évêque de Troyes. Cette église contenait les épitaphes de :

Nicolas Le Jay, premier présid. au parlem. (30 déc. 1640); Madeleine Marchant, sa femme (III non. avril 1625).... Le Jay, religieux trésorier de l'abbaye de Saint-Denis, frère du présid. (14 nov. 1634). Jacques Le Jay, cons. du roi, son frère (5 avril 1640). Charles Marchant, beau-frère du présid. (1610). Diane de France, duchesse d'Angoulême, fille naturelle de Henri II (3 non. janv. 1619). François de Valois, comte d'Alez, décédé au siège de Montpellier, en 1622. Louis de Valois, comte d'Auvergne, décédé au château d'Ecouen, en 1637. Armand de Valois, comte d'Auvergne (nov. 1639). Charlotte de Montmorency, duchesse d'Angoulême, femme de Charles de Valois, duc d'Angoulême et pair de France (1636). Marie Touchet de Belleville, veuve de François de Balzac, seigneur d'Entragues, chevalier des ordres du roi et gouverneur d'Orléans (28 mars 1638). Jean d'Antail, écuyer, capitaine des gardes du duc d'Angoulême et capitaine de cent mousquetaires à cheval pour le service du roi (16..?); Louise de Beaulieu, sa première femme (25 août 1625); Adrienne de Valmorin, sa seconde femme (16..?); Henriette d'Antail, sa fille (?). Louis de l'Hospital, chev., marquis de Vitry, seign. de Coubert, chev. des ordres du roi, mort en Angleterre en 1612; Françoise de Brichanteau, sa veuve (janv. 1640). François de Verthamont, conseiller au parl. (kl. août 1625); Marie Versoris, sa femme (16..?). Madeleine le Prestre, veuve de..... le Beauclair, trésorier gén. de France, à Paris (16..?). Marguerite Alix, femme de Nicolas Boullé, secrét. de la chambre du roi (6 août 1637). Gabriel Tarlet, écuyer, seign. de la Roche, archer du corps du roi (22 août 1629); Marguerite Lagrée, sa femme (24 sept. 1630). Catherine Lybault, femme de Jacques Bordier, seign. des Raincys, conseiller et secrétaire des conseils d'Etat et finances du roi (27 oct. 1642). Catherine Bordier, femme de Thomas Morant, conseiller au grand conseil, seign. d'Encarville et du Mesnil-Garnier (juin 1642). Pierre Jacquet, seign. de Tigery, conseiller du roi (16..?). Jean de la Fosse, conseiller du roi et trésorier de France, seign. de Sainte-Geneviève-des-Bois et de Villemoisson-sur-Orge (16..?); Louise Rochon, sa femme (?). Marie Colbert, femme de Nicolas le Camus, conseiller du roi (1642); Nicolas le Camus, son fils, conseiller du roi et maître des requêtes de son hôtel (1638). Pierre de Castille, conseiller au parl. (1629). Olivier Dallesso, conseiller du roi et correcteur en sa chambre des Comptes, seign. d'Eragny (23 nov. 1638); Marie du Buisson, sa femme (?). Catherine Chaillou, veuve de Frédéric de Versoris, conseiller au parlement (20 avril 1640). Charles, duc de la Vieuville, ministre d'Etat et surintendant des finances (2 janv. 1652); Marie Bouhier, sa femme (7 juin 1663).

Cette église, dit le rédacteur des Annales manuscrites de l'ordre des Minimes, conservées à la Bibliothèque Mazarine sous le n° 2884, est une des plus belles églises de Paris, et il ajoute :

Elle n'est pas d'une grande étendue, n'ayant dans toute sa longueur que 27 toises sur 11 toises de largeur, compris les chapelles qui sont des deux côtés, et qui ont 3 toises de profondeur, la nef, par conséquent, que 5 toises de large.

Il y a 14 chapelles dont 12 sont assez uniformes et fermées de grilles de fer assez bien travaillées et de même symétrie. Les deux dernières sous la voûte n'ont point encore été ornées. Cette voûte est plate de M. Mansart.

Le grand autel, tel qu'il est aujourd'hui, est dû à la libéralité de M. le marquis de la Vieuville, qui a donné 8,000 livres. Il en posa la première pierre le .. mai 1630. Il devait y avoir, selon ses intentions, une petite chapelle derrière le grand autel, ce qui la fait avancer de deux toises; mais il changea cette disposition pour en avoir une dans la nef, comme je le dirai en parlant des chapelles. Le retable est beau, etc., etc.

PREMIÈRE CHAPELLE.

La première chapelle du côté de l'Évangile est dite de Saint-François-de-Paule. Elle fut accordée en 1613 à messire Concino Conchini, marquis d'Ancre, qui a donné 3,900 livres. Il en avait promis 6,000. Elle a été ensuite donnée à M. et Mme de Guise; il ne paraît pas qu'ils aient rien donné. Elle a passé au prince Henri de Bourbon, prince de Condé, qui l'a fait orner de ses armes et de celles de son épouse Marguerite-Charlotte de Montmorency tant aux coins de l'autel qu'à la voûte, à la grille de fer et au vitrage. Le retable est de bois, les colonnes et pilastres cannelés bien peints et dorés sur les filets; dans le haut est la Charité, dans deux niches à côté sont la Foi et l'Espérance, sculptés en bois. Le tableau d'autel est de Simon Vouet, qui représente saint François de Paule qui ressuscite un enfant sur les bras de sa mère. J. Boulanger l'a gravé comme un très-bon tableau. Sur la boiserie, peinte comme l'autel, sont 9 tableaux qui font partie de la vie de saint François de Paule, peints par les élèves de Simon Vouet, sur ses dessins. Dans le fond, au-dessus du lambris, est peint sur la muraille un miracle du même saint. En 1706, M. Mansart nous obtint du roi des carreaux de marbre blanc et noir, de la démolition du perron du palais du Luxembourg, pour la paver, et le V. P. Jacques Du Boys a fait faire en 1712 le petit balustre de fer.

Le prince de Condé a fait orner cette chapelle après un vœu qu'il avait fait à Dieu, par l'intercession de saint François de Paule, pour avoir lignée. Son vœu ayant été exaucé, il fit orner cette chapelle et donna des ornements propres. Il voulut que ses entrailles y fussent déposées le 27 décembre 1646. Henri de Bourbon, premier prince du sang, grand-maître de France, est mort le

26 décembre 1646. Il paraît, par un ornement noir qui sert à la chaire le vendredi saint, qu'il y aurait eu une oraison funèbre pour ce prince dans notre église. Le 6 juillet 1670. Les entrailles du duc de Bourbon, fils aîné du duc d'Enghien, y furent inhumées.

DEUXIÈME CHAPELLE.

La deuxième chapelle a été accordée à plusieurs personnes. Messire de Neufville, seigneur de Villeroy, l'a d'abord possédée et a donné 3,600 liv. M. Porticelle, seigneur d'Emery, l'a eue ensuite de M. de Villeroy en 1634. Il nous a donné le corps de M. Saturnin, martyr en 1641. M. de Châteauneuf, ministre, l'a aussi eue. Elle a passé ensuite à M. Edouard Colbert de Villacerf, surintendant des bâtiments du roi, qui a donné 3,600 fr. et a fait orner cette chapelle. Le tableau d'autel représente saint Michel. C'est une bonne copie que ce monsieur a fait tirer sur celui du sieur Raphaël d'Urbain qui est dans les appartements du roi à Versailles. La châsse de saint Saturnin est placée dans le haut de l'autel. Le tombeau de M. Colbert de Villacerf est en face dudit autel; il y est représenté en marbre (il est mort le 18 octobre 1699 et inhumé le 20) dans un médaillon entouré d'une belle draperie faite par Coustou l'aîné. François l'Espingola a sculpté les armes et les deux licornes qui sont de bronze. M. Colbert de Villacerf, archevêque de Toulouse, y a son épitaphe au-dessous; il est mort le 11 juillet 1710. Les chanoines de la cathédrale dont il était honoraire apportèrent son corps le 13 dans notre église et firent suivant leur droit les cérémonies de l'inhumation. Mme de Villacerf y a été mise le 19 avril 1712; son fils le marquis, maître d'hôtel de la reine, y a son épitaphe à côté : il est mort le 3 mars 1732 et apporté le 5.

TROISIÈME CHAPELLE.

Les Religieux accordèrent à Messire Pierre Bruslart, chevalier, vicomte de Puissieux, cette troisième chapelle, le 5 août 1615, qui leur donna 3,600 fr.

Messire Charles, duc de la Vieuville, ministre d'État et surintendant des finances de France, à qui le roi avait cédé le droit de premier fondateur du couvent le 2 avril 1614, qui avait eu aussi l'agrément de M. Jean Chaillou, par un contrat passé le 8 juillet 1616 pour ce titre d'honneur. Les religieux l'avaient reconnu comme tel. Le Révérendissime P. général Didaco Arias de Varcacel lui en avait envoyé les patentes datées du 2 septembre 1614, pour lui et ses successeurs. Il pouvait faire mettre ses armes au maître-autel. Il voulut avoir une chapelle de la nef. M. le vicomte de Puissieux lui céda celle que les religieux lui avaient accordée. Il demanda ensuite qu'on lui accordât un terrain derrière ladite chapelle, sur le jardin; ce qu'on ne put lui refuser, et dont on lui donna acte le 16 avril 1623, où il était dit qu'il nous remettait celle qu'il voulait construire derrière le grand autel. M. de la Vieuville fit faire les fondements de cette chapelle qui est en octogone et fit pratiquer dessous une cave pour sa sépulture et celle de ses descendants. Cette chapelle est très-belle; le retable, avec ses colonnes, son fronton, sont de marbre (2 anges adorateurs dorés sont sur ce fronton au bas de la croix); l'autel en est aussi. Il y avait un crucifix pour tableau; on y en a mis en 1726 un autre peint par De Pape, qui représente saint François de Sales qui s'entretient avec un ministre qu'il convertit. Du côté de l'épître est un tombeau sur lequel M. de la Vieuville et madame son épouse Marie Bouhier sont en marbre blanc à genoux (elles sont de Guérin) ; leur draperie, qui sont des manteaux d'hermine, est très-belle et attire les regards des connaisseurs. Les quatre Vertus cardinales sont dans les angles très-bien drapées ; elles sont de Desjardins. Au plafond se trouvent les quatre Evangélistes en bas-relief et quatre anges portant les instruments de la Passion. Cette chapelle est d'une très-belle architecture. M. le duc de la Vieuville n'y a rien épargné pour l'orner. Il y a une petite lanterne au haut. Elle était couverte de plomb et les héritiers n'ayant point jugé à propos d'y faire travailler, ils nous ont laissé la liberté de la couvrir d'ardoise, ce que nous avons fait en 1727. Cette chapelle a son vestibule. Le tout fermé de deux grilles de fer. M. le duc de la Vieuville a servi sous Louis XIII et Louis XIV. Il est mort le 2 janvier 1653, et son épouse Marie Bouhier le 7 juin 1663.

QUATRIÈME CHAPELLE.

La quatrième est dédiée à la très-sainte Vierge sous le titre de Notre-Dame de Bon-Secours. Elle fut donnée à Mme Diane de France le 12 octobre 1614, qui en donna 3,600 liv. : elle la fit orner. Cette dame était fille et sœur légitimée de rois, duchesse d'Angoulême, comtesse de Ponthieu, douairière de Montmorency. Elle ordonna par son testament, daté du 11 mai 1616, que son corps fût inhumé dans cette chapelle et qu'on lui érigeât un tombeau de marbre pour lequel elle laissa 9,000 liv. et 300 liv. de rente annuelle à prendre généralement sur tous ses biens et spécialement sur l'hôtel d'Angoulême, scise rue Sainte-Catherine, pour une messe à perpétuité à dix heures le jour de sa mort.

Son héritier, messire Louis de Valois, voulut aussi y être inhumé et laissa, par son testament du 24 janvier 1650, 6,000 liv. pour deux obits : l'un pour lui, l'autre pour Mme Diane de France. Plus il ordonna que cette chapelle fût ornée et achevée : plus il nous légua 18,000 liv. pour une fondation en l'honneur de saint Joseph.

Mme de Nargonne, veuve de Charles de Valois en deuxièmes noces, a aussi fondé une messe à perpétuité pour laquelle elle nous a laissé une rente annuelle de 300 liv. Cette chapelle est bien ornée ; le retable d'autel est beau ; la figure de la très-sainte Vierge, en bois, est du sieur Sarrazin. La confrérie de la Pureté y a été établie. Un religieux a fait faire la table d'autel en forme de tombeau en 1757 ; elle a coûté 467 liv., tout compris. En face de la grille est le tombeau de la susdite Diane de France, fille naturelle d'Henri II. Elle avait été mariée en premières noces à Horace Farnèse, duc de Chartres, et en deuxièmes à François de Montmorency. Sa figure est à genoux devant un prie-Dieu, le tout de marbre blanc : sur le prie-Dieu est une couronne de bronze. Le tombeau sur lequel est la figure est de marbre noir et a pour support deux figures de bronze qui ont des ailes de chauve-souris ; un chérubin de marbre blanc est plus bas au milieu. T. Boudin a fait ce mausolée et l'a posé en 1623. Cette dame est morte âgée de quatre-vingts ans, le .... janvier 1619, comme il se voit dans l'épitaphe qui est à côté. Elle a été inhumée le 19 janvier.

Un autre tombeau plus magnifique en face de l'autel est celui du prince d'Angoulême, Charles de Valois, duc d'Auvergne, fils de Charles IX. Ce tombeau est supporté par deux colonnes d'environ 8 pieds, très-estimées par les veines d'or qui s'y trouvent. La figure du prince est de marbre blanc à demi couché; son casque et ses gantelets sont à ses pieds, et dans le fond un manteau ducal surmonté de ses armes. Ce prince mourut en septembre 1650, âgé de soixante-dix-huit ans. Sa veuve, Mme de Nargonne, lui a fait ériger ce mausolée. Cette dame fit une fondation en 1661 de 300 liv. de rentes. Il y avait en 1708 6,550 liv. d'arrérages dus, compris 2,000 liv. pour une autre fondation qu'elle avait encore faite. Elle a donné un contrat de 8,000 liv. pour le tout en 1708. Cette dame étant morte à son château de Montfort, en Champagne, son cœur y fut apporté en 1714, le 9 août.

Le prince avait épousé en premières noces Charlotte de Montmorency et Mme de Nargonne en deuxièmes.

CINQUIÈME CHAPELLE.

La cinquième chapelle, dite de la très-sainte Trinité, à cause du tableau qui la représente qui est de Lahire. Elle avait été accordée à M. François d'Orléans, comte de Saint-Paul, duc de Fronsac, pair de France, et à son épouse Anne de Caumont. Ils avaient promis 3,600 liv. pour les bâtiments de ce couvent; mais ils jugèrent plus à propos, le 23 avril 1614 de donner un fonds pour celui de Château-Thierry. Le prince ...... a eu cette chapelle, et il a donné 6,000 liv.

M. Nicolas Le Camus demanda cette chapelle conjointement avec son épouse Marie Colbert, avec promesse de nous donner 150 liv. de rentes rachetables de 3,000 liv. Le contrat en fut passé le 1er décembre 1637. Ils nous remboursèrent quelque temps après et nous léguèrent chacun par testament 6,000 liv. pour dire deux messes basses tous les jours durant l'année de leur décès, à cette chapelle, et deux autres le jour de leur mort, à perpétuité. La dame Marie Colbert est morte le 15 mai 1642 et M. Nicolas Le Camus le 12 novembre 1648. Les 12,000 liv. furent reçus comme un bienfait le 23 juillet 1649.

Etienne Le Camus, conseiller du roi, intendant des bâtiments et manufactures de France, nous a légué 1,000 liv. par son testament pour un service le jour de son décès, qui est arrivé le 29 juin 1673. Sa veuve, Mme Magdeleine Colbert, exécutrice de son testament conjointement avec M. Nicolas Le Camus, premier président en la cour des Aides, nous ont délivré les 1,000 liv. le 6 décembre 1673.

Messire Jean Le Camus, maître des requêtes, nous a légué par son testament 8,000 liv. pour une messe basse à perpétuité. Cette somme a été mise en constitution de rentes sur les aides et gabelles le 7 février 1682. Le même nous a légué 3,000 liv. pour prier Dieu pour lui et célébrer pendant dix ans, le jour de son décès, un service avec le *Libera*. Plus il nous a donné un lustre de cristal pour être attaché dans la chapelle, d'y allumer des bougies le jour de Pâques, la Pentecôte, Noël, la Toussaint, le jour des Morts et celui de son décès; plus, il nous a légué 300 liv. pour trois cents messes basses et trois messes hautes. Il paraît qu'il est mort le 31 mai 1677.

En face de l'autel, il y a un tableau qui est celui de M. Le Camus, premier président, assis devant une table sur laquelle il y a une pendule; deux autres plus petits sont à côté qui sont des portraits de la famille.

SIXIÈME CHAPELLE.

Cette chapelle a été accordée à plusieurs personnes. Mme Marie Georgeau, veuve de M. Guillaume-Nicolas le François, payeur de la gendarmerie de France, a donné pour la moitié de cette chapelle, le 30 août 1615, la somme de 720 liv. sur celle de 3,600 liv. qu'elle a promis donner à mesure que cette chapelle s'achèverait. Plus, elle a donné 100 liv. de rente rachetable de 1,600 liv., à la charge d'un annuel de messes après son décès et deux messes par an durant cinquante ans. Plus, par son testament, signé du 19 septembre 1615, cette dame demande à être inhumée dans la cave de cette chapelle et ordonne que la moitié qui lui appartient ne pourra être vendue par son fils qu'au sieur abbé Bonaventure de la Fond, à qui est l'autre moitié. Cet abbé nous céda et transporta ses droits le 10 septembre 1627, sans s'en réserver aucun, ni remboursement des vitres et treillis qu'il avait fait mettre à ses dépens, demandant seulement aux religieux une chambre dans le couvent où il pût s'y retirer aux fêtes solennelles pour se disposer à faire ses dévotions. Cette dame a été inhumée le 6 octobre 1615.

Les héritiers de Mme Georgeau voulant se dispenser des frais qu'il convenait de faire pour la construction, décoration et clôture de ladite chapelle, rétrocédèrent aux religieux de ce couvent tout le droit qu'ils y avaient et la remirent entièrement consentant par écrit que le contrat passé entre la dame Georgeau et nous demeure nul, le 3 juillet 1632.

Cette chapelle nous étant revenue, messire Jean de la Fosse, sieur de Sainte-Geneviève, surintendant et commissaire général des vivres, et dame Louise Rochon, son épouse, nous la demandèrent pour eux et leurs descendants, en échange de celle suivante sous la voûte et que nous leur avions accordée le 15 avril 1621, moyennant 2,400 liv. à prendre sur ce qui lui était dû pour ses appointements par le sieur Fabri, receveur de l'extraordinaire des guerres. Comme ils ne s'en étaient point encore mis en possession, les religieux leur accordèrent cet échange. Ils ont fait accommoder et fermer d'une grille cette chapelle dite de Sainte-Marguerite. Cette sainte y étant représentée au tableau d'autel, qui est beau et du sieur Simon Vouët.

Mme Anne Puget, veuve de M. Claude Margonne, leur héritière, nous a laissé par son testament 4,000 liv. qui ont été placés en rentes sur la communauté des Bonnetiers, qui nous ont été remboursés en papiers en 17.. Ils ont été placés à l'Hôtel-de-Ville au denier 40.

Une dame héritière des susdits y a fait faire un autel en forme de tombeau avec un gradin et marchepied, en 1756.

SEPTIÈME CHAPELLE.

La septième et dernière chapelle de ce côté nous ayant été remise par Messire Jean de La Fosse, comme je viens de le dire. On l'avait accordée le 8 janvier 1722 au sieur Gilles Binot, qui devait nous donner 4,000 liv. ou en faire rente de 200 liv., selon l'intention de madame sa mère Catherine d'Emery, veuve du sieur Nicolas Binot de Touteville, mort le 21 février 1709 et apporté en dépôt le 27. Son épouse Catherine est morte le 4 août 1716 et fut mise en dépôt le 5, laquelle nous avait, outre cela, laissé par son testament 6,000 liv. dont la rente devait être de 300 liv., que son fils Gilles Binot, exécuteur testamentaire, s'était obligé de nous payer et de nous rembourser la somme de 1,000 liv. que nous avions payés pour les frais d'amortissement le 18 janvier 1722, plus 100 liv. pour les 2 s. pour livre, ce qui faisait 1,100 liv., qu'il a été condamné à nous payer avec les frais de justice; mais s'étant trouvé insolvable, nous avons perdu les 1,100 liv. et payé les frais, qui montaient à plus de 300 liv. Les corps de M. et Mme Binot et deux autres ont été mis en dépôt sous la chapelle de Saint-François de Paule, dans de grands coffres de chêne.

LES CHAPELLES DU COTÉ DE L'ÉPITRE.

PREMIÈRE CHAPELLE.

La première, dédiée à saint Nicolas, appartient à la famille de le Jay. Elle fut accordée au sieur Charles Marchand, écuyer, sieur de Chaubuisson, conjointement avec messire Nicolas le Jay, chevalier, sieur de la Maison-Roûge, président au Parlement, et dame Magdeleine Marchand, son épouse, leurs hoirs et successeurs, où ils pourront se faire inhumer dans la cave au-dessous. Le contrat en fut passé avec les religieux le 11 juin 1613, moyennant la somme de 6,000 liv. à prendre sur les loyers des maisons du Pont-Marchand, à eux appartenantes, suivant les ordres qu'ils leur en feront expédier : pour être la dite somme de 6,000 liv. employée à la construction de la chapelle.

Le 31 mars 1629, le sieur de Chaubuisson remit sa part de ladite chapelle aux religieux, ne voulant pas payer ce dont il était convenu. Le président le Jay convint avec nos Pères de la prendre pour lui et ses descendants pour le restant des 6,000 liv. qui était de 4,200 liv. Il céda et transporta pour ce sujet aux Minimes une rente sur la ville de 150 liv. pour la fondation et dotation de ladite chapelle, à condition d'employer à perpétuité au jour de Saint-Nicolas, 60 liv. en achat de livres pour la bibliothèque du couvent.

Le 26 février 1642, messire Charles le Jay, maître des requêtes, paya les 4,200 liv. restant de la somme de 6,000 liv., et 233 liv. 6 s. 8 den. pour une année des intérêts. Plus 2,700 liv. pour le rachat du contrat sur la ville de 150 liv. de rente et 150 liv. pour une année d'arrérages. Il donna en même temps 300 liv. pour l'enterrement, service et annuel du défunt président Nicolas le Jay.

Le 31 décembre 1646, dame Catherine Feydeau, veuve de messire Guillaume de Lesrat, sieur de Laucrau, conseiller d'État, nous a donné 30 liv. de rente rachetable de la somme de 900 liv., pour une messe qui se devait dire durant cinquante ans et deux messes hautes, l'une le 28 octobre, jour du décès du sieur de Lesrat, l'autre au jour de la mort de ladite dame, le tout à cinquante ans.

Dans cette chapelle se trouve, du côté de l'épître, un tombeau soutenu par deux colonnes de marbre noir d'environ huit pieds de haut sur lequel tombeau sont deux figures à genoux représentant messire Nicolas le Jay, premier président du Parlement de Paris, chancelier commandeur des ordres du roi, mort le 30 décembre et inhumé le 1er janvier 1640, âgé de soixante-sept ans, et son épouse Magdeleine Marchand, morte le 1er avril 1625.

Du côté de l'Evangile, au-dessus du lambris, sont deux bustes de marbre blanc, l'un représentant messire Charles le Jay, baron de la Maison-Rouge, mort le 26 novembre 1671, âgé de cinquante-huit ans; l'autre est de Guillaume de Lesrat, seigneur de Lancrau, président du Parlement, mort le 27 octobre en 1644.

Le tableau d'autel est une Descente de croix de Bourdon; il est très-bon.

DEUXIÈME CHAPELLE.

La deuxième est dédiée à saint Charles Borromée, c'est un tableau d'Italie, sur lequel il y a une indulgence attachée : ce tableau a été apporté de Rome par le maréchal de Vitry. Le corps de M. Louis de Vitry a été apporté en 1612 d'Angleterre pour y être inhumé. Cette chapelle est dite de Vitry. Mme de Brichanteau, veuve du baron de Vitry, l'a fait bâtir et y a fondé une messe durant cinquante ans. Elle a donné un contrat sur la ville de 300 liv. de rente le 11 mai 1612.

Mlle Lucrèce de l'Hôpital, fille du maréchal de Vitry, fut inhumée dans la cave de cette chapelle le 8 mai 1645. Cette demoiselle est morte en odeur de sainteté. Elle fut exposée en habit de religieuse minime dont elle était du tiers-ordre, trois jours sans aucune marque de corruption.

TROISIÈME CHAPELLE.

La troisième chapelle fut dédiée à saint Joseph, a appartenu à différentes familles. Elle fut accordée le 20 mai 1613 à messire Sébastien le Hardy, sieur de la Trousse, moyennant la somme de 3,000 liv. dont il a payé 1,500 liv. pour la construction de la chapelle. Plus il nous avait transporté une petite rente de 11 liv. sur la ville; mais ce monsieur nous ayant remis son droit sur cette chapelle, on lui a rendu ce qu'il avait donné, le 30 avril 1629.

Messire Pierre Jacquet, écuyer, vicomte de Corbeil, sieur de Tigery, et dame Anne de Saux, son épouse, demandèrent cette chapelle, qui leur fut accordée le 2 janvier 1624 à condition de faire la menuiserie, porte et grille de fer, conforme aux autres chapelles; plus de donner 4,000 liv. pour son acquisition Après la mort dudit sieur Jacquet, sa veuve Anne de Saux et les héritiers se départirent de leurs droits et les remirent aux religieux qui leur rendirent les 4,000 liv. qui avaient été payés par le défunt pour l'ornement de la chapelle. Ladite veuve et les héritiers ayant reçu les 5,000 liv. le 31 décembre 1641, donnèrent, par un nouveau contrat, aux religieux, 2,000 liv., à la charge de dire une messe basse par mois durant cinquante ans.

Le même jour 31 décembre 1641, messire Pierre Mérault, sieur de Corbeville, maître-d'hôtel ordinaire de la reine-mère, et dame Anne Gluës, son épouse, passèrent contrat avec les religieux pour l'acquisition de ladite chapelle moyennant la somme de 5,000 liv. qu'ils délivrèrent, et s'engagèrent de plus à faire faire le lambris, le tableau d'autel qui y est aujourd'hui et représente saint Joseph endormi et un ange qui lui révèle le mystère de l'incarnation du Verbe éternel; la sainte Vierge est en prière dans un coin du tableau. Il est de Champagne. Ils convinrent de laisser dans la cave les corps du sieur de Tigery et de mademoiselle sa fille, et d'y acquitter les messes qu'ils avaient fondées.

Lesdits sieur et dame Mérault constituèrent aussi une rente annuelle de 260 liv. pour une messe basse tous les jours et deux grandes durant cinquante ans et les Litanies de la très-sainte Vierge le 8 septembre : ladite rente rachetable de 6,000 liv. Ils firent en même temps présent de 300 liv. pour contribuer au passage entre l'église et le cloître. Ils furent depuis compris dans l'article suivant. Ce monsieur et dame Mérault, de plus en plus affectionnés pour les religieux minimes, nous promirent 24,000 liv. pour construire un portail à notre église et s'engagèrent à donner 10,000 liv. dès qu'on leur ferait voir le dessin et le marché fait avec l'architecte dudit portail, plus 8,000 liv. lorsque l'ouvrage serait élevé de douze pieds au-dessus du rez-de-chaussée, et 6,000 liv. restant des 24,000 liv., quand il serait de dix-huit pieds de haut. Ce qu'ils ont exécuté le 17 avril 1657.

Les religieux, en reconnaissance d'un si grand bienfait, se sont engagés à continuer la fondation ci-dessus faite le 31 décembre 1641, qui n'était que pour cinquante ans, de la mettre à perpétuité. De plus ils ont donné les droits de fondateurs et fondatrices audit sieur Mérault et à son épouse, à son frère Nicolas Mérault, maître des comptes, et à son épouse Catherine Cornuel; à messire Pierre Mérault, avocat au parlement, son fils; à messire Jérôme Mérault, son neveu, avocat en parlement; à messire François Gluës, aussi avocat en parlement, et à leurs épouses seulement leur vie durant.

Messire Pierre Mérault étant mort le 7 février 1667, sa veuve Anne Gluës donna 3,000 liv. comptant pour trois messes basses par semaine à l'autel privilégié, et pour une grande messe solennelle le jour de la fête de Dieu, et qu'on fît la procession qui, au retour, viendrait se reposer à ladite chapelle de Saint-Joseph, et ce durant cinquante ans. Le contrat en fut passé le 12 septembre 1671.

Par le testament de Mᵐᵉ Anne Gluës, daté du 12 juillet 1672, cette bonne dame nous donnait 3,000 liv. pour rétablir l'église, mais son héritier étant mort insolvable, son bienfait n'a pas eu lieu. Cette dame est morte en 1674 et fut inhumée le 27 août.

Les héritiers de M. Pierre Mérault passèrent, le 8 mai 1676, un titre nouvel pour la rente de 260 liv. dont il a été parlé au 31 décembre 1641. Cette rente était hypothéquée sur une maison, sise à Paris, rue d'Avignon, qui avait pour enseigne *la Galère*. Cette maison, qui est sur la paroisse de Saint-Jacques de la Boucherie, ayant été vendue au sieur Germain Rousseau, il s'obligea, par un contrat passé le 16 janvier 1684, à payer aux religieux minimes la rente ci-dessus de 260 liv. et y ajouta une rente de 25 liv. 14 s., qui a dû commencer du 1ᵉʳ janvier 1684, en sorte que MM. Mérault, de Sainte-Marthe, etc., ont été déchargés de cette rente. M. Scevole de Sainte-Marthe y est inhumé.

QUATRIÈME CHAPELLE.

La quatrième chapelle est dédiée à la Sainte Famille qui y est représentée dans le tableau d'autel. Le fameux sculpteur Sarrazin l'a peint, aussi bien que quatre médaillons qui sont à la voûte, lesquels sont d'une si grande beauté qu'on les croirait en relief, et de Lesueur.

Mᵐᵉ Anne Nicolaï, dame de Bournonville et de Nantouillet, veuve de messire Louis de Vandetart, seigneur de Pouilly, baron de Persan. Cette dame passa un contrat le 2 juillet 1613 par lequel elle promit païer aux religieux minimes la somme de 3,600 liv. pour l'acquisition d'une chapelle de leur église, pour elle et ses héritiers, dont elle donna comptant 1,500 liv., les 2,100 liv. restant ne devant être payés qu'à mesure que le bâtiment de la chapelle s'avancerait. Plus, elle s'engagea à l'orner, lambrisser, clore, et fermer comme bon lui semblera à ses frais et dépens, lorsque le bâtiment de ladite chapelle sera achevé.

Cette même dame, par son testament du 9 août 1613, demanda à être inhumée en la cave de ladite chapelle et qu'en cas que la chapelle ne soit pas achevé d'être pavée et ornée, elle donne 1,200 liv. pour le faire; plus elle donne au couvent 100 liv. de rente rachetable de 1,600 liv., pour un service tous les ans, le jour qu'elle décédera.

Mlle Henri de Vendetart, sa principale héritière, donna le 25 juillet 1617 les 2,100 liv. qui restaient à payer pour le bâtiment de la chapelle.

Messire Henri du Fresnoy, chevalier et marquis du Fresnoy, et les héritiers de défunte Mme Nicolaï, remirent le 25 octobre 1642, aux religieux minimes cette chapelle qui leur rendirent les 3,600 liv. et les 1,200 liv. qui avaient été donnés pour le bâtiment et ornement de la chapelle. Il ne nous en est resté que les 100 liv. de rente pour un service tous les ans.

Messire Jacques Bordier, intendant des finances, par un contrat passé le même jour 25 octobre 1642 avec les religieux, acquit cette chapelle pour lui, son épouse, ses enfants et successeurs, moyennant la somme de 6,600 liv. qu'il promit payer et à la charge de deux services par an. La rente des 6,600 liv. a été payée sur le pied de 300 liv. Messire Jacques Bordier a été inhumé le 1er octobre 1660.

Messire Hilaire Bordier, président à la cour des Aydes, et dame Denise de Hère, son épouse, voulant participer aux prières et services fondés par messire Bordier, leur père, y ajoutèrent 6,000 liv. aux 600 liv. de l'achat de la chapelle, les 600 liv. étant pour les deux services par an; que, cependant, la rente des derniers 6,000 liv. ne commencerait à courir que du jour du décès du dernier mourant. Le contrat en fut passé le 3 juillet 1682. Messire Hilaire Bordier étant mort le premier, sa veuve nous a délégué à prendre les 12,000 liv. le 22 juin 1691, sur M. Chassepot de Beaumont, acquéreur de la charge de président en la cour des Aydes, dont feu son époux M. Hilaire Bordier était pourvu.

Messire Louis-François de Boufflers, duc et pair, maréchal de France, étant mort à Fontainebleau le 22 août 1711, son corps fut apporté à Paris et inhumé à Saint-Paul, sa paroisse.

Mme la maréchale de Boufflers, sa veuve, fit faire dans notre église un très-beau service avec oraison funèbre; c'est le révérend père de la Rüe qui la prononça, où les seigneurs et dames de la cour assistèrent le 17 décembre 1711. Mme de Boufflers souhaita ensuite d'y avoir une chapelle pour y faire transporter le corps de son mari et celui de son fils, mort le 22 mars 1711, qui était aussi inhumé à Saint-Paul; ce qui s'exécuta le 12 mars 1739. Elle avait acheté cette chapelle de la famille des Bordier, sans nous en rien communiquer. Elle a fait mettre ses armes à la croisée vitrée et fait faire le devant de l'autel, qui est de bois. Mme Marie-Joseph de Boufflers, veuve de M. de Villeroi, duc d'Alincourt, y a été inhumée la première le 2 octobre

1738. Sa mère, Catherine-Charlotte de Gramont, veuve du maréchal de Bouflers, qui avait dessein d'ériger un tombeau au duc son mari, y fut inhumée le 27 janvier 1739, sans l'avoir exécuté. Mlle Joséphine Ulalie, fille du duc Joseph-Marie de Bouflers et de Magdeleine-Angélique de Villeroi, y fut apportée le 9 juin 1742; elle était âgée de quinze ans. Charles-Joseph, duc de Bouflers, âgé d'environ vingt ans, y fut inhumé le 14 septembre 1751. C'est une famille éteinte.

CINQUIÈME CHAPELLE.

Messire Pierre de Castille, intendant et contrôleur des finances, a fait bâtir et orner cette chapelle, les religieux lui ayant offert sous ces seules conditions, après avoir reçu plusieurs bienfaits, le 30 mars 1621.

Elle est appelée de Saint-Pierre à cause du tableau d'autel où est représenté Jésus-Christ qui donne les clefs à cet apôtre; au-dessus est le même apôtre dans un cartouche, qui pleure sa faute. Vis-à-vis l'autel, au-dessus du lambris et sur pierre, est peinte la chute de Simon le magicien à la prière de l'apôtre. Au-dessous, dans un panneau du lambris, saint Pierre guérit le paralytique. A la voûte sont peints les quatre Évangélistes.

A côté de l'autel, en face de la grille, est un tombeau de marbre noir; au-dessus d'une urne de bronze, surmontée d'un cœur enflammé, deux petits Génies en pleurs éteignent leurs flambeaux; ils sont aussi de bronze et très-bien faits. Deux autres figures de bronze soutiennent ce tombeau, et entre les deux un morceau de marbre blanc sculpté représentant une tête de mort couronnée de ...... et entourée d'une thiare, mitre, couronnes renversées, figures des grandeurs du monde.

Mme Charlotte Jeannin a fait faire ce mausolée en mémoire de Pierre Castelle ou de Castille, son époux, qui est mort à Avignon le 17 juin 1622, dans le voyage qu'il faisait pour la troisième fois chez les Suisses, par ordre du roi. Son cœur fut apporté en notre couvent le 22 juillet 1629.

Pierre Jeannin de Castille, son fils, conseiller au parlement, mourut à Paris, le 17 juin 1630, et fut inhumé le 19. Charlotte Jeannin est morte le 18 mai 1640.

En exécution du testament du sieur Pierre de Castille, sa veuve, Charlotte Jeannin, nous a donné 4,000 liv., par lui léguées pour son service, plus une rente de 150 liv. constituée sur un contrat de la ville, qui rapportait 300 liv. pour deux messes à perpétuité. Cette rente nous a été remboursée et placée sur les aides et gabelles.

Messire Henri de Castille, abbé de Saint-Martin-lez-Autun, voulut être inhumé dans cette chapelle et nous légua 5,000 liv. pour une messe tous les jours à perpétuité dans la chapelle. Il est mort le 3 juillet 1670. La somme de 5,000 liv. ne nous a été délivrée que le 3 octobre 1682, et, le 6 novembre, elle fut placée à l'Hôtel-de-Ville.

SIXIÈME CHAPELLE.

La sixième chapelle est appelée de la Passion à cause du tableau de l'autel qui est un crucifix : il est de Nicolas Vouët, frère de Simon Vouët. Elle est aussi nommée de Verthamont. Messire François de Verthamont, conseiller au parlement, ayant demandé cette chapelle pour y être inhumé et pour ses successeurs, nous légua par son testament 6,000 liv., dont 3,600 devaient être

mises en rente pour en tirer annuellement 225 liv., et ce pour une messe tous
les jours à perpétuité, et les 2,400 liv. restant pour la construction de
la chapelle. Ce M. François de Verthamont mourut le .... et fut inhumé
le 2 août 1625. Sa veuve, Marie de Versoris, tutrice de ses enfants messire François de Verthamont et de Marguerite de Verthamont, épouse
de messire Macé Bertrand, seigneur de Courcelles, nous donna les 6,000 liv.
portées par le testament de feu son époux, le 23 décembre 1625.

Messire François de Verthamont et Marie Boucher, son épouse, ajoutèrent
aux 225 liv. ci-dessus 50 autres liv. de rentes annuelles, le 21 février 1657, à
la charge de cinq messes par an, remboursables de 1,000 liv. M. le président
d'Aligre a remboursé ces 1,000 liv. le 17 septembre 1739.

Mme Marie d'Aligre, veuve de M. Michel de Verthamont, maître des requêtes,
tutrice de ses enfants mineurs, donna, le 29 janvier 1661, la somme de
1,000 liv. pour être mises en rentes, à la charge d'une messe par an et d'une
autre tous les mois l'espace de cinquante ans, et que le prêtre nommerait
dans le Memento le nom de Michel de Verthamont et le sien Marie d'Aligre.
Plus, la même Marie d'Aligre augmenta de 25 liv. la rente de 50 liv. provenant des 1,000 liv. ci-dessus le 25 août 1670, ce qui faisait 75 liv. qu'elle promit payer aux religieux : ces deux rentes rachetables de la somme de
1,500 liv., elles le furent, comme je l'ai déjà dit, en parlant des 1,000 liv. le
17 septembre 1739.

SEPTIÈME CHAPELLE.

Cette chapelle n'a point été ornée. Elle fut donnée le 6 octobre 1657
à Mme Anne de Villers, veuve de M. Pierre Girardin, pour lui servir de sépulture et à ses enfants. Elle a donné 6,000 liv., mais elle changea de résolution
le 19 septembre 1684 et remit aux religieux cette chapelle en demandant qu'il
soit célébré une messe tous les jours pour elle, et défunt son mari, durant
soixante ans; qu'elle et ses enfants seraient inhumés dans la cave des religieux ; qu'il serait dit une messe basse tous les dimanches et fêtes à son intention durant son vivant et un service complet l'espace de dix ans, la messe
à soixante ans ne devait commencer que du jour de son décès, et ordonne, à
ses héritiers, par son testament, de nous donner 2,000 liv. incontinent après
sa mort, pour cette fondation.

LE CHŒUR.

Le chœur ou jubé est fort propre ; les fermes, le lambris sont en demi-
cercles d'un beau bois de chêne de Hollande, de même que les portes, un
balustre de belles pierres soutenu par des ...... servent d'appui; un dôme
en fait la voûte. Au milieu, un pupitre de fer ouvragé posé en 1755 à la place
d'un petit de cuivre qui ne pouvait plus servir depuis qu'on chante le plain-
chant; il a coûté 533 liv.; le petit de cuivre a été donné au couvent de Nigeon. Le V. P. Pierre-Eugène de Villers a fait quatre grands et gros livres de
chœur notés en 1756; ils sont fort bien reliés et garnis de plaques et ornements de cuivre. Ils ont coûté chaque volume de reliure 30 et 36 liv. chacun
de garniture, ce qui monte à 234 liv. sans le papier.

Ce chœur est soutenu par une voûte plate qui est admirée. Elle est du célèbre architecte Mansart.

Le coffre ou banquette pour serrer les livres et asseoir les chantres fut fait en 1757. Il y a encore au-dessus et derrière le grand autel un petit chœur qui a servi avant que le portail de l'église fût commencé et achevé. C'est dans cet endroit qu'on a posé l'orgue en 1771. On donne 120 liv. par an à l'organiste, 30 liv. au facteur et 12 liv. au souffleur.

LES DEUX SACRISTIES ET LE CHAPITRE.

Ces trois pièces sont de plain-pied, vastes et belles, fort bien lambrissées; les deux sacristies ont 28 pieds de longueur, le chapitre 46 sur 28 de largeur.

La première sacristie n'a été faite telle qu'elle est qu'en 1721. Le sieur Muidbled, menuisier de l'Hôtel-de-Ville, en a fait le lambris et les armoires, qui sont très-propres. La boiserie a coûté 3,000 liv. Elle est bien pavée de carreaux blancs et noirs et éclairée. Au-dessus sont trois grands tableaux; le premier, de Noël-Nicolas Coypel, fils du grand Coypel. C'est saint François de Paule qui passe sur son manteau avec ses deux religieux le détroit de Messine, un nautonnier lui ayant refusé le passage dans sa barque. Il a été peint en 1723. Celui vis-à-vis est peint en 1725 par de Pape. Il représente notre saint dans son voyage pour se rendre en France auprès du roi Louis XI; il passa par la Provence, Bornes et Fréjus, deux villes qui se trouvaient sur son passage qui lui en refusèrent l'entrée, ces deux villes étant affligées de la peste. Notre saint leur ayant demandé d'ouvrir par charité, que Dieu était avec ceux qui l'accompagnaient, il n'y fut pas plus tôt entré que tous les malades furent guéris. Le troisième est de Jacques Dumont, dit le Romain; il l'a peint en 1730, à son retour de Rome. Il représente l'arrivée de notre saint à Amboise où le roi Louis XI avait envoyé son dauphin pour le recevoir. Sa Majesté y vint ensuite et se mit à genoux devant ce saint ermite, lui demandant la santé. Les deux premiers tableaux ont été donnés par le R. P. J. B. Elie Avrillon. Le troisième a été payé en partie du dépôt dudit père défunt et par le R. P. Pierre de Bierne. Les trois grands tableaux reviennent à 1,600 liv., les cadres chacun à 150 liv.

Il s'en trouve un petit à côté qui représente saint Pierre dans la prison, qui est très-estimé. Les autres n'ont que ce qu'ils représentent.

La deuxième sacristie est beaucoup plus ancienne; les lambris et armoires sont bien travaillés, les chapiteaux sont sculptés. Il s'y trouve un crucifix d'ivoire très-bien travaillé, donné par Mᵐᵉ la marquise de Charost; un tableau ovale de saint Pierre peint par Mignard. Un autre plus grand, qui est l'apothéose ou plutôt la béatification de Saint François de Sales, qui paraît être une esquisse ou une bonne copie du tableau d'autel de sa chapelle dans l'église de Saint-Jean en Grève, qui m'a été donné. Il y a aussi quelques autres petits tableaux.

Dans les armoires, au-dessus des tables, est renfermée l'argenterie, qui consiste en six grands chandeliers d'argent faits en 1733 par le sieur Thibaron; dix plus petits, et les deux des acolytes et deux bras pour les côtés de l'autel; deux encensoirs avec leurs navettes; une croix de la hauteur des six grands chandeliers qui sert aussi pour les processions; un grand soleil de vermeil où sont les quatre Évangélistes, les quatre Pères de l'Église et deux anges avec des palmes, une petite croix de diamant en haut et autour du rond, des perles fines; un autre petit soleil aussi de vermeil; un ciboire de vermeil, un plus grand d'argent, un plus petit d'argent et une coupe pour consacrer; dix calices de vermeil; huit calices d'argent; un très-beau du père Niceron; quatre burettes de vermeil et deux plats; deux figures d'argent, l'une de la sainte Vierge, l'autre de saint François de Paule. Ces deux figures ont été faites par le sieur Thibaron, orfèvre, et livrées le 5 mai 1740. Elles pèsent : la Vierge, 21 marcs 2 onces 5 gros; le saint François de Paule, 5 marcs 1 once 6 gros, ce qui fait 37 marcs 3 onces 6 gros. Les anciennes, qui venaient de la famille de M. Dormesson, pesaient en tout 19 marcs. Les dernières ont été payées 1,530 liv. pour l'augmentation, façon et contrôle.

Une autre figure de vermeil, qui sert à poser le bonnet; une croix de cristal de roche : le pied est de vermeil; quatre lampes d'argent, un bénitier d'argent; un Sébastien d'ivoire; un autre de cuivre doré tiré sur celui d'ivoire. Il y a aussi une figure de la sainte Vierge d'argent qui servait autrefois aux processions des quatrièmes dimanches; un plat uni avec son aiguière d'argent; deux petits bras d'argent à trois branches qui se mettent à côté du Saint-Sacrement; deux paix et un bougeoir d'argent, etc.; une petite croix de vermeil avec son bâton.

Dans les armoires d'en bas sont les ornements pour les grandes messes et pour les basses de première et de seconde classe. Celui d'Ormesson a été brodé et fait par un de nos frères. La reine-mère nous en a donné un de velours ciselé, or et argent. Mme la duchesse douairière d'Orléans nous en a fait présent d'un en 1735, celui de la cour des Bois, rouge à fleurons d'or. Mme la dauphine..... de Bavière envoya une chasuble le jour de Saint-François de Paule, en 1681. M. Bénigne Bossuet, évêque de Meaux, son premier aumônier, nous l'apporta. Mme la duchesse d'Orléans nous en a donné une pareille en 17..; c'est un brocart d'or et d'argent; l'orfroi en point de Hongrie. Quatre tuniques qui servent à porter le dais aux processions sont de brocart d'or et d'argent : elles viennent de Mme la princesse d'Epinois. Ces ornements ont leurs parements d'autel et crédences.

Les chasubles pour les basses messes ont presque toutes leurs pareilles, et les devants d'autel et crédences de toutes couleurs, les unes brodées, d'autres en bandes, en sorte qu'il se trouve peu d'églises qui soient si bien en ornements. Nous n'avons que neuf chappes. Je ne parle point des ornements noirs; celui de M. de La Rivière, évêque de Langres, est complet.

Le chapitre a 7 toises et 4 pieds de longueur sur 28 pieds de largeur; le lambris est semblable à celui de la seconde sacristie. Il y a au fond un autel; au-dessus du lambris sont des camaïeux grisâtres, qui représentent les quinze mystères de Jésus-Christ et de la très-sainte Vierge, ce qu'on nomme le Rosaire; les panneaux du milieu des fenêtres y sont compris, aussi le tableau d'autel et le devant. Ils ont été peints par le sieur Prévôt. Ce vaisseau est si propre qu'il a été choisi plusieurs fois par des évêques pour s'y faire sacrer.

RELIQUES QUI SE TROUVENT DANS L'EGLISE ET 2e SACRISTIE.

Il y a, au bas d'une croix de cristal de roche, un morceau considérable de la vraie croix de N. S. Jésus-Christ et, dans un petit reliquaire qui y est attaché, un autre petit morceau.

Dans un globe de cristal de roche est une vertèbre de saint François de Paule. Cette relique a été approuvée et confirmée par Monseigneur le cardinal de Retz, évêque de Paris, qui permit de l'exposer à la vénération des fidèles et accorda cent jours d'indulgence pour le jour de sa fête. La translation de cette relique de Nigeon à Paris s'est faite le 18 mars 1649.

Nos pères d'Amiens nous ont donné la moitié d'un bonnet double qu'ils ont de saint François de Paule, en 1629. Le 27 mai, Mr l'archevêque de Paris nous a permis de l'exposer.

Nous avons aussi deux petits morceaux du manteau de saint François de Paule. Il y a dans les armoires de la sacristie un tableau de saint François de Paule qu'on dit être miraculeux.

Nous avons aussi eu la permission, en 1651, de Mr l'archevêque de Paris, d'exposer un bois de lit dont se servait saint Charles Borromée dans les visites de son diocèse, que Messire Henri de Sponde avait apporté de Milan, étant évêque de Pamiers. M. Frizon, chanoine de la cathédrale de Reims, nous en a fait présent en 1651, le 19 juin.

Mr l'évêque de Châlons-sur-Saône nous a donné, le 30 juin 1641, la mitre avec laquelle l'évêque de Genève, saint François de Sales, avait été mis en terre et qui y était restée dix ans. Son corps ayant été relevé de terre, elle fut donnée à Mr l'évêque de Châlons-sur-Saône. L'archevêque de Bourges en donna une attestation. Mr l'archevêque de Paris nous permit de l'exposer à la vénération des fidèles dans le temps de sa canonisation. Nous l'avons fait entourer de vermeil pour pouvoir facilement l'exposer dans une chapelle sous son nom en 1666.

Les corps des saints martyrs, saint Jacinthe, Prothais, nous ayant été envoyés de Rome avec celui de sainte Justine, vierge et martyre, et les authentiques, ils furent présentés à Mr l'archevêque qui donna la permission de les transférer dans des châsses qu'on avait fait faire exprès et de les exposer à la vénération. Mr l'archevêque de Rouen en fit la translation en 1649, le troisième dimanche après la Pentecôte, jour auquel nous en faisons l'office.

M. Porticelle, seigneur d'Hemmery, nous a donné en 1641, le corps de saint Saturnin, martyr, pour placer dans sa chapelle, dite aujourd'hui de Saint-Michel. Monseigneur Jean-François de Gondy, archevêque de Paris, en fit faire un procès-verbal le 25 août 1641, et, le 26, il donna une ordonnance pour en faire la fête le 29 novembre et le dimanche d'après la Saint-Louis, de sa translation. Le R. P. François Noël, religieux minime de la province de Tours, nous a envoyé de Rome le corps de saint Maur, martyr, avec les authentiques qui ont été visés par Mr l'archevêque de Paris en 1648.

Nous avons les reliques de saint Marcel, martyr, et de sainte Laurence, dans deux châsses séparées. Nous en faisons la fête le quatrième dimanche après Pâques. Elles furent visées par un grand vicaire de Paris le 12 décembre 1659. Mr l'évêque de Xaintes nous ayant fait présent d'une corbeille d'argent couverte pour en disposer à quelques ornements de notre église, M. Mérault nous en a donné 300 liv. pour que les reliques de sainte Laurence fussent mises dans cette corbeille afin de les exposer dans sa chapelle de Saint-Joseph. Cette translation fut faite par un grand vicaire le 10 septembre 1667.

Nous avons un ossement de saint Zénon que Mme de Marillac nous a donné, avec le certificat de monseigneur le cardinal de La Rochefoucault.

Nos Pères de Dieppe nous ont donné quelques petits ossements de saint Sébastien, martyr, avec l'attestation de M^r l'archevêque de Rouen du 22 juin 1630.

Nos Pères de Toulouse nous ont aussi donné quelques petites parties des reliques du même saint Sébastien, de saint Maurice et de ses compagnons, avec les attestations.

L'abbesse et les religieuses de Saint-Ausony d'Angoulême nous ont fait présent de quelques reliques de saint Ausony, martyr, et premier évêque d'Angoulême.

Mme Charlotte de Mouchy, abbesse de Sainte-Austreberte de Montreuil-sur-Mer, nous a donné des reliques de sainte Austreberte, de sainte Framaltide, mère de Sainte-Austreberte et de sainte Julienne, vierge, religieuse de ce monastère.

L'abbesse de Soissons nous a fait présent de trois ossements : l'un de saint Léger, l'autre de saint Carize, tous deux martyrs, et le troisième, de saint Leudart, confesseur. L'évêque de Soissons en a donné un certificat le 22 avril 1610.

L'évêque de Marseille nous a donné des reliques de saint Loup.

M. de Chérel nous a fait présent de quelques ossements qu'il a eu permission de tirer des catacombes étant à Rome, dont on lui a donné une attestation datée du 26 janvier 1604.

Le R. P. Olivier Chaillou a placé dans ce couvent, le 1er mai 1618, un petit os du doigt de sainte Bone.

Nos Pères du couvent de Vincennes nous ont fait présent de quelques reliques de saint Thomas, apôtre, de saint Denis l'Aréopagite et de saint Antoine.

Nos Pères de Fublines nous ont donné des reliques de saintes Tranquilline, Christine, Cilme et Remédie, vierges et martyres.

Nos Pères de Laon nous ont donné des reliques de saint Nicolas et de saint Blaise.

Nous avons quelques ossements de saint Jean de Dieu que l'on expose dans la chapelle de la très-sainte Trinité, au jour de sa fête, avec permission de M^r l'archevêque.

M. André de Saussay, grand-vicaire de M^r l'archevêque de Paris, ayant visité et examiné les reliques gardées en ce couvent, en donna une attestation datée du 12 septembre 1648. L'archevêque nous donna permission de les exposer et d'en faire une fête le dimanche d'après la Saint-Luc.

Nous gardons pour vénération un manteau et une manche du pourpoint du R. P. Pierre Moreau, décédé à Soissons en odeur de sainteté, le 31 mars 1626. Nos Pères de Soissons nous les envoyèrent avec leurs attestations le 6 octobre 1627. Nous avons aussi une de ses sergettes avec une attestation du 14 juillet 1629.

LE RÉFECTOIRE.

Cette salle est d'une belle grandeur, longue de 81 pieds, large de 27, et d'une hauteur proportionnée. Elle est carrelée en pierres de liais blanches. Quoiqu'elle ne soit éclairée que d'un côté, elle est claire, y ayant dix grandes fenêtres : la chaire du lecteur est propre et placée dans une des croisées; il y a trois tables dans le fond, six dans chaque côté et deux dans l'entrée. Il n'y avait qu'une table dans le haut du réfectoire, trois dans le long, trois du côté de la chaire, une dans le fond, et n'était carrelée que de petits carreaux de terre cuite. En 1741, on coupa les tables et on posa le carreau de pierres de liais. Le lambris est ancien; au-dessus sont de très-beaux paysages peints sur les murailles en tableaux, dans le fond, dans un des côtés et à l'entrée le tout au nombre de quatorze, dont l'un est un plan ou profil du couvent des Minimes de la Trinité, à Rome. Ces paysages ont été peints par le sieur de La Hire en 1649. Les patriarches et fondateurs des ordres religieux, auxquels on a mis en tête Jésus-Christ et saint Jean-Baptiste, sont placés entre ces paysages et les croisées au nombre de dix-huit; ils ont été peints par le sieur Lepautre en 1652. Il y a, à côté, une piscine par où se servent les portions aux religieux; derrière, la cuisine, et une arrière-cuisine.

SALLES DE LA PORTERIE.

Dans le rez-de-chaussée du côté sont trois salles : dans la première sont les portraits en pied de M. de La Vieuville et de monsieur son fils. Celui du père est bien peint.

Dans la seconde, le portrait du président Jeannin, peint par Wandeck.

Dans la troisième, il y a une Descente de croix de M. Jouvenet, peint en 1706. Un miracle de saint François de Paule formant des yeux à une fille qui n'en avait point, peint par Jacques Dumont, dit le Romain, en 1739. Ces deux tableaux ont été mis en 1758 dans la deuxième sacristie. Le parloir est au bout, proche la porterie. Il n'a été fait qu'en 1753. Il a fallu couper cette troisième salle.

LE CLOITRE.

Cette partie du couvent est belle. Ce cloître n'est pas carré; deux côtés ayant 131 pieds ou 19 toises 3 pieds, et les deux autres 106 pieds 1/2 ou 17 toises 4 pieds 1/2. Il y a dix arcades fermées de grilles de fer comprises les deux portes des deux côtés et neuf des deux autres. Le préau ou jardin y est bien entretenu de fleurs des saisons.

Au-dessous du cloître sont les dortoirs ou chambres des religieux au nombre de 57, compris le chauffoir; elles sont des deux côtés des trois corridors. Au-dessous de deux, il y a deux galeries; dans la première, du côté des sacristies, est peinte en optique une sainte Madeleine et, dans la deuxième, un saint Jean l'Évangéliste écrivant l'Apocalypse dans l'île de Pathmos. Elles sont du Père Niceron. Cette dernière est entièrement de lui; il n'a que dessiné la Madeleine; le Père Magnant l'a achevé en 1662. Au-dessous des chambres du dortoir, du côté de la Porterie, d'un côté sont neuf chambres où logent des frères Oblats, et de l'autre, sur le cloître, dix chambres pour les hôtes. Le côté du cloître, du côté de l'église, ce n'est qu'une terrasse pour ne point boucher le jour de l'église; on a été obligé de la couvrir, les pluies gâtant la voûte du cloître; ce qui s'est fait en 1741.

LA BIBLIOTHÈQUE.

Nous n'avons pas pu avoir, jusqu'à présent, un vaisseau capable de pouvoir placer nos livres. On a fait des cloisons dans les deux côtés des tribunes

de l'église. Le nombre des volumes peut se monter à 25,000. Cette biblio
thèque passe pour une des bonnes de Paris, et l'est en effet : il s'y trouve de
quoi satisfaire les écrivains savants et les curieux en tout genre.

Dans le manuscrit que je viens de citer, il y a un chapitre assez intéressant, intitulé : *Remarques de ce qui s'est passé depuis 1614 au couvent
des Minimes de la place roiale.* Il contrôle et complète les renseignements donnés plus haut.

L'extrait qui va suivre peut servir de type, à quelques différences
près, à toutes les annales de couvent. On y voit les moines chercher
toujours l'extension de l'influence de l'ordre, l'amélioration matérielle du
monastère, l'embellissement du sanctuaire, et parvenir à atteindre ces
différents buts par des quêtes incessamment renouvelées, des concessions de sépulture et des participations aux prières des religieux.

28 octobre 1614. — Le R. P. Olivier Chaillou, étant correcteur de Paris,
prétendit avoir le pas dans une procession générale que l'évèque de Paris
avait ordonné, où les maisons de Nigeon, de Vincennes et de Paris devaient
se trouver jointes ensemble. Le R. P. Jean, prieur pour lors provincial, ne
lui voulut accorder que sur le couvent de Vincennes. Le R. P. Chaillou
protesta contre cette décision le 28 octobre 1614.

27 avril 1618. — M. le maréchal de Vitry demanda à faire une saillie à
l'encoignure de notre jardin (c'est un petit escalier dans une petite tourelle),
et promit que si on vendait son hôtel, il nous serait permis de le faire abattre.
Elle y est encore, ceux qui l'ont eu depuis l'ayant demandé par grâce.

16 octobre 1623. — M. le duc de la Viéville ayant dessein de faire bâtir une
chapelle pour le lieu de sa sépulture, demanda un terrain sur notre jardin, ce
qui lui fut accordé volontiers. C'est aujourd'hui la chapelle de S. François de
Sales qui est très-belle.

18 décembre 1641. — On a vendu 700 livres les médailles qui étaient dans
la Bibliothèque.

7 septembre 1644. — M. Richard de Gombrevault, commissaire d'artillerie,
en reconnaissance d'avoir obtenu par l'intercession de S. François de Paule
la guérison d'une infirmité évidente, proposa à nos pères 1,400 livres pour
être inhumé dans notre église, etc.

9 juillet 1645. — On commença à faire une quête chez nos voisins et amis
pour faire faire un lambris et des peintures au chapitre, ce qui s'exécuta. Les
peintures sont les mystères de Jésus-Christ et de la sainte Vierge, dits le Rosaire, peints par le sieur Prévost. Cette quête fut abondante, et engagea, du
surplus, à faire entreprendre celles du réfectoire en y ajoutant 300 livres.
Ces dernières furent commencées en 1648. Ce sont des paisages peints par de
la Hire.

Mars 1647. — On fit un service pour le prince de Condé, mort en décembre
1646, en reconnaissance de ses bienfaits. C'est lui qui a fait orner la chapelle
de S. François de Paule. Ses entrailles y sont.

15 mai 1647. — La reine nous ayant donné du marbre pour faire un balustre à notre sanctuaire, et M. d'Emery 3,000 livres pour le faire travailler,
on le fit exécuter, et nous avons fait mettre aux pilastres les chiffres du roi

et de la reine en bronze doré. On a aussi pavé le sanctuaire en marbre noir et blanc. On a encore fait faire une cave sous le sanctuaire pour y inhumer les religieuses.

Octobre 1648. — On est convenu de vendre plusieurs instruments de mathématiques venant de R. P. Mersenne, entr'autres une pierre d'ayman et une grande lunette d'observation. Une de ces deux pièces a été offerte en présent à notre médecin qui nous servait gratuitement.

1649. — M^{rs} Le Camus nous délivrèrent le legs de M. leur père, qui était de 12,000 livres, avec quelques charges peu onéreuses.

25 décembre 1650. — M. le comte d'Alais ayant obtenu de Rome un bref pour l'érection de la confrairie de la pureté dans notre église, ce bref fut visé par l'archevêque de Paris et publié le jour de Noël 1650.

1650. — M. l'abbé du Bois nous a donné par son testament du 3 novembre 1650, un calice d'argent, des burettes de vermeil, trois chasubles, etc., et 133 livres de rente annuelle ; il demanda à être inhumé dans notre église, etc.

M. Frizon nous donna le bois de lit de saint Charles Borromée.

1656. — On fit une cloison au dessus des chapelles du côté du jardin potager pour y faire une seconde bibliothèque.

23 août 1656. — La figure de la très-sainte Vierge sous le titre de Notre-Dame de Bonne-Foy, qui est dans la chapelle, a été donnée par Mlle Varin. Elle a été sculptée en bois par le sieur Sarrazin, en 1656.

17 avril 1657. — Il y avait longtemps qu'on parlait de faire bâtir un portail à notre église ; M. et Mme Mérault offrirent de nous donner 24,000 livres, à condition qu'on leur accorderait les droits de fondateur pour eux et leurs enfants.

M. Mansart, architecte, avait présenté son plan et dessin d'un portail d'église, on dit qu'il l'avait fait pour l'abbaye du Val-de-Grâce, mais que la reine Anne d'Autriche ne l'ayant pas fait exécuter, Sa Majesté nous le fit présenter et promit 3,000 livres. Le roi nous a donné quelques places sises au bout de la rue Saint-Louis pour employer, en les vendant, ce que nous en recevrions. Elles ont été vendues la toise 60 livres, ce qui a produit la somme de 14,290 livres. Plusieurs particuliers contribuèrent à cet édifice, qui n'a pu s'exécuter entièrement. Il y manque le 3e ordre.

Mai 1657. — M. Mansart étant convenu du prix pour l'exécution du portail, on lui donna 2,000 livres.

Mme la duchesse de Richelieu a donné 300 livres qui ont été employées pour mettre des bornes de pierre le long de nos murailles.

Octobre 1657. — Mme Anne de Villers, veuve de M. Girardin, demanda qu'on lui fît bâtir au bout de l'église une chapelle pour lui servir de sépulture et à ses enfants. Elle a donné 6,000 livres qui ont servi dans le bâtiment du portail.

Juin 1658. — On a acheté les pierres d'un jeu de paume pour carreler les deux sacristies et l'église, et on en a fait venir des noires de Caen. — Nous avons emprunté 20,000 livres pour le portail.

29 avril 1661. — Les arquebusiers de la ville de Paris nous offrirent 80 livres pour une messe basse tous les dimanches et quatre grandes messes par an. On les accepta.

Septembre 1662. — Le R. P. Magnant a peint la figure de sainte Madeleine en perspective que le R. P. Niceron avait tracée. — On a donné 400 livres au frère Dondé, quêteur du couvent, pour faire graver les planches des miracles de saint François de Paule. On lui donna aussi plusieurs exemplaires de sa vie, in-12.

Juin 1663. — On a vendu à MM. Aubry et Vildot les places que le roi nous avait données au bout de la rue Saint-Louis au Marais.

27 avril 1665. — On prit la résolution de mettre de belles pierres de Tonnerre à notre grand autel et d'y changer les marbres qui y étaient, et de vendre le reste des marbres qui nous avaient été donnés par la reine en 1647, plus de faire faire deux figures de belles pierres, l'une de la très-sainte Vierge, l'autre de saint François de Paule à la place de celles qui y étaient et qui étaient très-mal faites. Les nouvelles figures qui y sont, ont été faites par le sieur Guérin, sculpteur, et sont estimées. Elles furent faites en 1668.

Janvier 1666. — M. l'archevêque de Paris nous permit d'exposer à la vénération des fidèles la mitre de saint François de Sales avec laquelle il a été inhumé et qui était demeurée 10 ans en terre.

1666. — Le R. P. général François Navarro, Espagnol, fit défense de manger des macreuses, il était en visite. On en fit faire des plaintes par le commis au chapitre général de 1667.

19 janvier 1667. — Mlle Feret ayant été guérie d'une blessure mortelle par l'invocation de saint François de Paule, demanda qu'il fut fait le vendredi suivant un salut avec exposition du très-saint Sacrement. Ce qui fut accordé par l'archevêque.

29 septembre 1667. — La sœur Madeleine Vigneron étant morte, on lui accorda la sépulture dans notre église, sous le sanctuaire.

Mars 1668. — On commença à nous inquiéter dans la possession de la chapelle de Sainte-Suzanne à Saint-Roch.

4 mai 1668. — La veille de la canonisation de saint François de Paule, dont nous faisons l'office le 4 mai, des voleurs escaladèrent le mur du jardin pour enlever l'argenterie qui était dans sa chapelle, mais ils furent découverts et s'enfuirent.

1670. — Mre Louis de la Rivière, évêque de Langres, mourut le 30 janvier 1670; il avait demandé à être inhumé dans notre église. Mais le curé de Saint-Paul a gardé son corps jusqu'au 29 janvier 1672.

1672. — On a fait la voute de notre chœur.

1673. — Le portail de notre église fut achevé cette année, aussi bien que les figures et ornements, tels qu'ils sont, sous le 3e ordre, par M. Thévenot, architecte.

1674. — On a fait un marché avec M. Thevenot pour faire les balustres des tribunes. Elles furent faites en 1675. On a regratté l'église pour la rendre toute uniforme.

1676. — Les deux anges adorateurs qui sont posés au-dessus des corniches et colonnes du grand autel ont été faits par le sieur Reuilly, sculpteur. On avait pour ce sujet 450 livres, le reste a été pris sur la quête du jour de saint François de Paule. — M. Thévenot fut payé des ouvrages qui s'étaient faits à l'église sous sa direction, et on fit avec lui marché pour bâtir notre infirmerie.

1677. — Les deux bras d'argent qui se mettent au côté du grand autel ont été faits.

11 mars 1677. — M. l'abbé de Launoy, chanoine de la cathédrale de Laon, docteur de la maison de Navarre, fut inhumé en notre église; il nous a laissé 600 livres, tous les rituels qu'il avait recueillis et la moitié de ses autres livres; l'autre au séminaire de la ville de Laon. M. le Camus voulut lui faire mettre une épitaphe. Il s'y trouva de grandes difficultés. Le roi l'empêcha.

1678. — M. Thevenot nous ayant donné un dessin pour faire les chaires du grand chœur, on prit la résolution de les faire exécuter.

20 août 1679. — Notre église étant achevée, Mre Léon Bouthilier de Chavigny, évêque de Troyes, en fit la dédicace sous le titre de Saint-François de Paule, quoiqu'elle eut été érigée sous celui de l'Annonciation de la très-sainte Vierge.

1 mai 1680. — Madame la dauphine Marie-Anne-Victoire de Bavière, épouse de Louis, dauphin, fils unique de Louis XIV, fit dire le 1 mai 1680 qu'elle souhaitait avoir recours à saint François de Paule pour obtenir du ciel, par son intercession, un prince; qu'elle nous priait de faire un treizain pour ce sujet dans notre église. Il fut commencé le 3 mai par une messe à son intention. On exhorta les frères clercs à y communier tous les vendredis, à cette même intention, et qu'il y aurait un religieux qui communierait tous les jours durant les 13 semaines, comme il s'était pratiqué au mois d'octobre 1626; de plus que l'on chanterait tous les jours après Vêpres l'hymne et l'antienne propre de saint François de Paule. S. A. R. Madame la Dauphine commença dans ce tems un ornement qu'elle nous a donné. Il consiste en une chasuble complète, parement d'autel, crédences et coussins, d'une étoffe d'or et d'argent, l'orfray en point de Hongrie qu'elle a elle-même travaillée.

1682. — Nous n'avions fait bâtir que 2 dortoirs sur le cloître; il y avait une plate-forme ou terrasse du côté de l'église, pour ne point en ôter le jour. On avait planté des arbres dans le quatrième côté, qui donne sur la rue dite des Minimes. Notre infirmerie étant achevée, on convint avec M. Thevenot d'y faire un bâtiment égal aux deux autres. Il consiste en quatre salles au rez-de-chaussée, un petit dortoir au-dessus où logent les frères oblats et les hôtes, et un grand dortoir au-dessus, semblable aux deux autres. On a séparé ce bâtiment qui est couvert à la Mansart, par une petite cour, ou allée fermée par la muraille de clôture. La porterie est au commencement de cette petite allée. Deux manœuvres qui travaillaient aux foundemens de ce bâtiment furent ensevelis sous les terres qui s'éboulèrent. Ils furent inhumés le 14 décembre proche le sacrarium.

16 septembre 1683. — Un charpentier est tombé du toit du pavillon proche le portail. Il se tua. Il a été enterré sous le jubé.

1684. — On a aussi fait faire une petite grille de fer, pour mettre à une des arcades du cloître, laquelle a servi de modèle pour les autres qui n'ont pas tardé à se faire par les bienfaits des personnes de qui on y a mis les armes. — Mme la princesse d'Epinay a donné au V. P. Francfort deux morceaux d'étoffe d'or, qui ont servi à faire les quatre tuniques ou dalmatiques qui servent à porter le dais aux grandes fêtes. Le surplus a servi à faire le grand dais en y ajoutant quelques bandes de brocard d'or. — Depuis 1653 on portait aux processions des fêtes de la sainte Vierge et des quatrièmes dimanches des mois, une figure d'argent donnée par les confrères de la confrairie de la Pureté. On jugea plus à propos de porter le Saint Sacrement qu'on laissait à l'autel. — M. Thevenot, architecte, et M. Drouilly sculpteur, proposèrent à la communauté de mettre dans le vestibule de notre chœur une figure de saint Michel terrassant Lucifer. M. Thevenot s'engagea à donner la pierre et le bâti, M. Drouilly de faire la dite figure, ce qui fut accepté. Elle n'a été posée qu'au 22 juin 1685. M. l'abbé Thevenot a été inhumé dans notre église. Il nous a légué 1,000 livres pour une messe basse par semaine à perpétuité.

13 janvier 1687. — M. l'abbé de Montigny nous a fait présent du Recueil des Conciles imprimés par ordre du roi au Louvre, en 37 volumes in-folio; comme nous les avions déjà, nous avons cédé les nôtres à nos pères de Vincennes qui ont acquitté 8,000 messes à la décharge de notre sacristie.

20 février 1687. — M. le marquis de Villacerf nous a fait présent des deux coquilles de marbre qui servent de bénitiers au bas de notre église.

Septembre 1687. — Un religieux (le R. P. Plumier) a fait accommoder la chambre dite des supérieurs.

5 février 1689. — M. le duc Charles de la Vieuville, pair de France, chevalier des ordres du roi, chevalier d'honneur de la feue reine, fut inhumé dans sa chapelle. Il était fils du ministre d'Etat qui l'avait fait bâtir. — Mort en 1653.

1689. — Le sieur Noet, célèbre musicien, demanda la permission de faire chanter dans notre église les Ténèbres en musique; mais comme il devait y avoir des musiciennes, on ne lui accorda qu'à condition qu'il en obtint la permission de M. l'archevêque. J'ai entendu dire que cela s'était exécuté.

Le R. P. Plumier ayant reçu un ordre du roi pour aller à l'Amérique en qualité de botaniste, le R. P. général lui envoya une obédience qui fut lue le 17 mai.

1690. — Le roi Louis XIV ayant à soutenir contre les ennemis une guerre qui l'obligeait à de grandes dépenses, se trouva obligé non-seulement à créer et multiplier plusieurs charges, mais encore à ordonner à toutes personnes de telles qualités qu'elles soient de porter aux hôtels de ses monnaies l'argenterie qu'elles avaient qui excéderaient le poids d'une once, pour être convertie en espèces. Sa Majesté en donna l'exemple, les princes et le peuple le suivirent. Comme cela ne suffisait pas encore, il eut recours aux églises qui avaient quelques argenteries. Les évêques furent chargés d'examiner celles dont on pouvait se passer. M. l'official de Paris fut députe pour faire cet examen dans notre sacristie, par M. l'archevêque le 1 mai 1690. Il marqua six chandeliers d'argent et 6 pots à mettre des bouquets, qui furent livrés le même mois aux officiers de la monnaie, qui dans la suite nous ont rendu la valeur du poids.

28 juillet 1690. — Mre Nicolas Jeannin de Castille, chevalier, seigneur, marquis de Montjeu, conseiller du roi en ses conseils, etc., fut inhumé en sa chapelle.

Avril 1693. — On a acheté à la vente des livres d'un prêtre de la paroisse de Saint-Germain-l'Auxerrois 27 vol. in-fol. intitulés : *Maxima Bibliotheca patrum.* Ils ont coûté 160 livres.

27 août 1693. — M. du Moulinet, de la famille de saint François de Paule, nous a donné une sainte face de Véronique, copiée sur l'original de Rome, qui avait été envoié par le pape Paul V à Bonne-Sforce, reine de Pologne, et que le roi Casimir a depuis apporté en France. Le cadre de ce tableau est de vermeil avec des plaques d'argent. Il donna aussi un autre tableau représentant Notre Seigneur, qu'il avait apporté de Rome. Il demanda la sépulture dans notre église pour lui et son épouse.

10 février 1696. — On a réglé avec M. Thevenot, architecte, pour les derniers bâtiments qu'il nous a fait construire. Nous lui sommes redevables de la somme de 26,600 livres.

20 octobre 1699. — M. Édouard Colbert, marquis de Villacerf, conseiller d'État, premier maître d'hôtel de la feue reine, ensuite de Mme la duchesse de Bourgogne, surintendant des bâtiments du roi, arts et manufactures de France, étant mort le 18 octobre, fut inhumé dans sa chapelle le 20.

24 avril 1700. — Mme Elisabeth Ferrand, veuve de M. Girardin, mort à Constantinople, où il était ambassadeur du roi, son épouse ayant racheté les affaires pour lesquelles S. M. avait envoyé son époux auprès du grand seigneur ; à son retour en France, cette dame nous fit présent d'une pièce de drap d'or que lui avait donné le grand seigneur à son audience. Nous en avons fait faire un parement et les crédences pour le grand autel.

1701. — 1er achat des terres à Juvisy.

1702. — Mlle Gaillard nous a donné les deux petits bras d'argent à trois branches qui se mettent à côté du Saint-Sacrement. Cette demoiselle nous a fait du bien en plusieurs occasions, surtout une année, elle nous a laissé 6,000 livres pour faire la provision de vin. Elle voulut nous donner une maison et vigne à Charonne, mais un religieux lui témoigna que les 6,000 livres ci-dessus nous étaient plus nécessaires. Elle a donné le terrain aux sœurs du Saint-Sacrement à Charonne.

Avril 1703. — M. Thevenot étant mort en 1702, nous lui étions redevables de 18,000 livres. On convint avec ses héritiers d'y faire honneur.

Juin 1704. — La procure a acheté des étoffes pour la première fois, pour fournir les vêtemens à tous les religieux de la province, pour les avoir uniformes et à meilleur compte.

1705. — Une personne, en considération du frère Timothée Chalon, qui avait succédé au père Sergent, mort le 2 juillet 1704, à l'apoticairerie, a donné 4,000 livres pour commencer à faire bâtir une bibliothèque. Cette somme devait être placée à la ville et la rente donnée au fr. Timothée, ou, s'il voulait, elle serait mise au coffre. On a acheté un contrat sur la ville de 3,000 livres qui n'a coûté que 2,250 livres. Le même contrat a été donné aux héritiers de M. Thevenot qui l'ont pris pour 2,000 livres à compte de ce qui lui était dû. Ces héritiers ont fait une fondation de 200 livres pour des messes, et nous sommes demeurés quittes en 1705.

4 mai 1706. — Le tableau de la Descente de croix, qui est dans la salle, est de M. Jouvenet. Plusieurs de nos pères y ont contribué.

28 mai 1706. — Le roi nous a accordé, par la faveur de M. Mansart, des carreaux de marbre blanc et noir provenant de la démolition de la terrasse du palais du Luxembourg, pour carreler la chapelle de Saint-François de Paule. Comme la descente de la cave des morts était dans cette chapelle,

on jugea à propos de la boucher et de faire une ouverture au cul-de-lampe de l'église pour y descendre.

12 juillet 1710. — Mre J.-B. Colbert de Villacerf, archevêque de Toulouse, fut inhumé dans la chapelle de sa famille par MM. les chanoines de la cathédrale, dont il était chanoine honoraire.

1 mars 1711. — On apporte sans beaucoup de cérémonie dans notre église le corps de don Diego Philippe-François de Gusman, marquis de Leganez, comte de Morata, duc de San-Lucar, vicaire général d'Andalousie, grand maître d'artillerie d'Espagne, décédé à Paris, rue des Tournelles, le 28 février 1711, âgé de 64 ans. Ce seigneur avait été fait prisonnier en Catalogne durant la guerre d'Espagne avec l'archiduc Charles dont il avait pris le parti contre Philippe V. Ce seigneur avait été d'abord conduit au château de Vincennes, où il a été plusieurs années. Il eut ensuite permission de demeurer à Paris, où il était censé prisonnier. M. le gouverneur de la Bastille nous procura son corps, l'ayant demandé comme l'un de nos fondateurs en Espagne. Ce seigneur est mort subitement.

Mars 1712. — Le P. Jacques du Bois a fait faire le petit balustre de fer qui est à la chapelle de Saint-François de Paule. Ce religieux a acheté quantité de bons livres qui sont à la Bibliothèque. Il est mort le 12 janvier 1718.

6 octobre 1712. — Mme la présidente de Boismêlé nous a légué gratuitement 6,000 livres, mais M. le duc de la Force et son épouse ont demandé que nous disions tous les lundis à perpétuité une messe par reconnaissance. Cette dame chargea madame sa fille, apparemment la duchesse de La Force, de donner au fr. Timothée Chalon 200 liv. de rente, sa vie durant, pour les services qu'il lui a rendus dans ses maladies.

1718. — On a dédié une thèse à M. l'ancien évêque de Troyes.

12 décembre 1719. — On parlait beaucoup avantageusement de la banque, qu'un certain Law, Anglais, venait d'établir en France, autorisé de M. le duc d'Orléans, régent. Nos amis nous conseillèrent d'y mettre nos fonds ; on les crut, et, en 1720, les actions que nous avions prises furent réduites et nous ont causé une perte considérable. Le 23 octobre, nous avions pour 11,000 liv. de billets de banque.

24 avril 1720. — Une de nos cloches étant cassée, on l'a fait refondre. M. et Mme Melian ont été ce qu'on appelle parrain et marraine.

19 juin 1721. — M. Gueret, curé de Saint-Paul, demanda par une lettre écrite au V. P. Avrillon, correcteur, la permission d'entrer dans notre église le jour de l'octave de la fête de Dieu, et d'y reposer le très-saint Sacrement sur le grand autel ; on lui accorda pour cette année. Les jésuites lui accordèrent aussi l'entrée dans leur église. Notez qu'il était grand vicaire du cardinal de Noailles.

Février 1722. — Le pourvoyeur de la grande écurie du roi a loué notre grenier du côté de l'horloge, pour y mettre de l'avoine, 600 liv. pour une année.

1723. — Le 1er tableau de la 1re sacristie, qui représente saint François de Paule passant la mer sur son manteau, a été donné par le P. Elie Avrillon, il lui a coûté 600 livres, sans le cadre dont il a paié à Petit, menuisier, 150 livres. Il a été posé en 1723. Il est de Noël-Nicolas Coypel, peintre de l'Académie royale.

Octobre 1723. — Une Compagnie des fermiers généraux a loué notre grenier du côté des cloches. Elle nous a donné 4,000 livres argent comptant pour dix années. Elle y a fait mettre des tablettes aux deux côtés et au milieu, pour mettre leurs livres et papiers.

Juillet 1725. — Une autre Compagnie de fermiers généraux, de la Compagnie de Lambert, a loué le grenier du côté des chambres d'hôtes aussi 4,000 livres pour dix ans.

1725. — Le second tableau de la 1re sacristie, qui représente saint François de Paule qui guérit les pestiférés en entrant dans les villes de Bornes et Fréjus, est du sieur Depape, peintre de l'Académie de Saint-Luc; c'est le R. P. J.-B. Elie Avrillon qui l'a paié 500 livres et le cadre 150 livres.

Août 1726. — La couverture de la chapelle de la Viéville, qui était de plomb, dépérissant, on en parla aux personnes de cette famille qui ne voulurent point faire cette réparation. Ils nous permirent d'en ôter le plomb et de le faire rétablir à nos frais et dépens.

12 avril 1729. — Nous avons inhumé dans notre église le corps de M. Montboissier-Beaufort, comte de Canillac, commandant de la seconde compagnie des mousquetaires. Son épouse, Mme Ferrand, veuve en premières noces de M. Girardin, y fut inhumée le 27 mars 1739.

23 août 1729. — M. le premier président du parlement ayant écrit le 22 août aux supérieurs de se trouver le 23, à dix heures, chez lui, le provincial, le correcteur, un collègue, le P. Picquemène, lecteur, s'y rendirent. Ils n'y furent pas plutôt entrés que parurent les gens du roi, savoir : le procureur général, les trois avocats généraux, M. Joly de Fleuri, MM. Gilbert de Voisin, d'Aguesseau et Talon. M. Portail, premier président, dit qu'on lui avait déféré une thèse qui devait se soutenir ce même jour 23 dans notre couvent, que dans les deux dernières positions, il y avait des propositions contraires aux maximes du royaume; que le concile de Florence qui y était cité, n'était pas reçu en France; que l'infaillibilité du pape était insinuée dans la dernière position. Après bien des raisons de part et d'autre, il fut permis de soutenir la thèse, mais que le répondant frère Jacques-François Balinghen avertirait dès le commencement de la thèse qu'il ne répondrait point sur les deux dernières positions, ce qu'il fit en ces termes après son compliment :

« Auditores ornatissimi, monitos vos omnes volo quod super duas ultimas positiones, de ecclesia, neutiquam sim responsurus, eo quod in ipsis, præter intentionem, contineantur aliquæ expressiones quæ possent videri minus accuratæ, nec forsan satis conformes placitis et usibus hujus regni et deliberationibus cleri gallicani factis anno 1682. »

J'oubliais à dire qu'on avait fait signer aux quatre religieux un écrit qui contenait ce que je viens de rapporter en latin et que je rapporte tel qu'il a été signé :

Nous, soussignés, promettons à M. le premier président et à nos seigneurs les gens du roi que dans la thèse qui doit être soutenue ce jourd'hui 23 août dans notre monastere, par le frère Ballinghen, l'un de nous, il ne sera répondu ni disputé sur les deux dernières positions, et qu'il sera déclaré au commencement de la dite thèse, par le soutenant, qu'il ne répondra pas sur les deux dernières positions, parce que, contre son intention, il s'y trouve quelques propositions qui pourraient n'être pas assez exactes par rapport aux maximes du royaume et aux propositions du clergé de 1682. En foy de quoi les quatre religieux signèrent.

1730. — On a commencé à bâtir notre hôtellerie à Juvisy; la première pierre en fut posée le 25 avril.

1730. — Le 3e tableau de la 1re sacristie, qui représente l'arrivée de saint François de Paule à Tours, où le roi Louis XI le reçoit, a été peint par le sieur Jacques Dumont, dit le Romain. Il en a reçu 600 livres provenant en partie du dépôt de feu le V. P. Avrillon, l'autre du P. de Bierne, ex-provincial. Le cadre a été paié 150 livres.

Le R. P. Geoffroi, provincial, les deux correcteurs de Nigeon et Paris furent mandés par M. de Vintimille, archevêque de Paris, au sujet d'une lettre écrite au cardinal de Fleury, premier ministre, par M. Pierre Béranger, avocat général de la cour des Aydes, où il se plaignait de ce que le P. Marcel, religieux du couvent de Nigeon à qui il s'était adressé pour se confesser le 28 juin, veille de Saint-Pierre, avait commencé par lui demander ses sentiments sur la Bulle *Unigenitus*. Ce monsieur lui ayant répondu, « Mon père, vous n'avez point droit de m'interroger là-dessus », et le père lui ayant dit que cette Bulle était une règle de l'Église et de l'État, il était bien aise de s'assurer de ses sentiments sur ce sujet. Mais ce magistrat (ayant été) inflexible, le père se retira. Ce monsieur fit demander le supérieur (c'était le P. Claude Tien) à qui il fit sa plainte; mais n'étant point content de sa réponse, il en porta ses plaintes au cardinal-ministre. Cette affaire n'eut point d'autres suites.

Avril 1733. — Mme la duchesse d'Orléans, douairière du duc d'Orléans, régent, nous a fait présent en faveur du V. P. François Gilbert, son confesseur, d'un ornement complet de damas à fleurs d'or et de soie, qui consiste en une chasuble, un voile, deux tuniques, une chape, un pupitre, parements et crédences, deux oreillers. Quelque temps après, elle nous fit mettre sur son état des aumônes pour 500 livres annuelles qui nous ont été données jusqu'à la mort de cette princesse. Le duc d'Orléans, son fils, nous a continué 200 livres, sa vie durant. Il n'y a plus rien depuis.

1733. — Comme on croyait que le tabernacle du grand autel, qui était de bois couvert d'ébène, était vermoulu, on parla en 1731 d'en faire un de marbre. Le P. François Gilbert, sacristain, offrit pour cette entreprise 2,000 livres. On fit faire un dessin par le sieur Arnould, jeune homme de 26 ans, sans qualité, qui était depuis peu de retour de Rome, et notre voisin. Il fit non-seulement un dessin, mais encore un modèle en plâtre qui, ayant été accepté on convint du prix avec lui pour les marbres de différentes couleurs et qualités marqués dans son dessin, les colonnes, pilastres, bases, chapiteaux et ornemens, plus 2 anges adorateurs, 2 autres à la croix, les quatre évangélistes en bronze ciselés et dorés, comme aussi plusieurs ornemens. Le tout placé moiennant la somme de 4,080 livres. — Le dit sieur Arnould s'associa un marbrier et un sculpteur, ce dernier se nommait la Date; il fit les ornemens, saint Marc et saint Jean; un de ses compagnons, nommé Van der Brougt, fit les deux anges adorateurs, saint Mathieu et saint Luc, qui furent fondus par le sieur Colas, au faubourg Saint-Antoine; il ne s'agissait plus que de les ciseler et dorer. Les marbres avançaient, l'argent vint à manquer par le départ du sieur de la Date pour Turin, à qui le sieur Arnoult avait avancé de l'argent pour payer les ouvriers. Il fallut en avancer jusqu'à ce que l'on put en retirer dudit la Date, par le moyen de la princesse de Carignan. De plus, pour surcroît d'embarras, lorsqu'on vint à poser les marbres, les mesures ne se trouvèrent pas justes, il fallut scier en deux deux corniches sur lesquelles sont posés les deux anges adorateurs et refaire une autre niche dont le marbre était différent des trois autres, ce qui demanda du temps, en sorte que les marbres ne furent finis d'être posés que pour le 3e dimanche d'octobre 1753, les figures et ornements en bronze doré qu'à Noël. Pour ce qui est de l'ancien tabernacle de bois, il se trouva très-sain, les bronzes en ayant été nettoyés et lavés avec du vinaigre chaud; la dorure reparut belle. Nos pères du couvent d'Amiens s'en accommodèrent pour placer sur leur grand autel, et on leur accorda pour la somme de 500 livres, quoiqu'à regret, vu que ce tabernacle était propre et d'un bon goût.

Ces cinq cents livres entrèrent dans la dépense du nouveau, ci.	500 livres.
Le P. Gilbert donna...	2.038 »
Mlle Gaillard, qui en plusieurs occasions nous avait donné quelque somme considérable, donna en celle-ci............	300 »
M. Tiron de Lailly, 8 louis............................	192 »
Le P. Claude Raffron, un louis........................	24 »
M. Godet, un louis.....................................	24 »
Pour vente de vieux galons et ornements de sacristie.......	200 »
Pris au coffre le présent d'église du bail des chaises.......	200 »
Plus tiré du coffre à quatre clefs l'avance qui avait été faite pour la dernière année du bail des chaises de l'église : 1,000 livres, cy..	1.000 »
Total...................................	4.478 livres.

Restaient à payer au sieur Arnoult 60 livres pour avoir fait regratter le bas des colonnes du retable et autres petites dépenses, ce qui monte en total, suivant ce qu'on en a dit, à la somme de 5,000 livres, ci........ 5.000 livres.

Cette même année 1733, le 19 septembre, on fit marché avec M. Thibaron, orfèvre, pour faire 6 chandeliers d'argent pour le grand autel.

1738. — On a fait raccommoder la broderie du parement d'autel, dit d'Ormessan.

14 décembre 1738. — Le feu prit dans l'endroit où est placée l'horloge.

Mars 1739. — Le père J.-F.-D. a fait un tableau représentant le miracle opéré sur une jeune fille qui était venue au monde sans yeux. Les parents ayant eu recours aux prières de saint François de Paule, notre saint prenant un brin d'herbe dont il frotta les endroits où ils devaient être, obtint du ciel deux yeux à cette fille. Dumont le Romain, parent dudit père, l'a peint. Il lui a donné 200 livres. Ce tableau se trouve dans la 2e sacristie, après avoir été longtemps dans la salle. Ce même religieux J. F. D. avait demandé, en 1738, deux figures d'argent fort anciennes et bossuées, et très-mal faites, pour les faire refondre. Ces deux figures pesaient en tout 19 marcs. Les nouvelles en devaient peser 27 à 28. Le chapitre lui accorda. Le sieur Thibaron, orfèvre de la communauté, se chargea de les exécuter sur le pied de 50 liv. le marc, de 20 liv. de façon et de 3 liv. 10 s. pour le contrôle par chaque marc. Il commença par la figure de la Sainte-Vierge, où il est entré 21 marcs

2 onces 5 gros; les 8 autres marcs ne suffisaient pas pour la figure de saint François de Paule, il fallut y ajouter 9 marcs 7 onces 6 gros, ce qui fait 15 marcs 7 onces 6 gros pour achever cette figure. Les deux figures ne furent livrées qu'en 1740. Il fallut lui payer les 9 marcs 7 onces 6 gros d'augmentation de contrôle et consentir à perdre le prix desdits 9 marcs 7 onces 6 gros. Le tout monta à 1,530 livres, qui lui furent payées : le religieux donna 930 livres, suivant ce qu'il était convenu. La maison a payé les 600 liv. restant pour l'augmentation des 9 marcs 7 onces 6 gros.

1741. — MM. les officiers de l'hôtel de ville envoyèrent demander nos greniers pour y mettre du blé. Ils prirent celui du côté de l'horloge et la moitié du suivant. M. le lieutenant de police nous fit donner 4 muids de ces blés en 1742, comme pour loyer; mais n'étant pas bons, on fut obligé de les vendre à vil prix à un aulnonier.

1744. — Nous avons commencé à porter des bas suivant l'ordonnance du Chapitre provincial, où fut élu le R. P. Gabriel Bureau.

1756. — La façade de notre portail était masquée par une muraille qui déplaisait fort. On parla d'y mettre une ferrate, ce qu'on ne pouvait entreprendre sans le secours de nos voisins et amis. Plusieurs s'y prêtèrent. On fit une quête qui a monté à la somme de 2,966 livres. M. Paris de Montmartel nous gratifia de douze milliers six cents livres de fer à prendre dans ses forges de Saint-Dizier qui peuvent s'évaluer à 160 livres le millier, ce qui fait 1,298 livres. Nous en avons payé la voiture 102 livres, l'entrée 114 livres et 3 livres pour la faire décharger près le pont Royal, le serrurier demeurant dans le faubourg de Saint-Germain. M. de Champenelle a donné 700 livres de plomb pour sceller les barres de fer, à 3 s. la livre fait 95 livres, en sorte que le produit de cette quête a été de 4,038 livres, en défalquant ce que nous avons payé pour la voiture et entrée du fer.

On avait commencé le 22 mars à démolir la muraille; on y fit faire en sa place un mur d'appui pour y mettre la grille. Il fallut acheter des pierres, les faire tailler et les poser. Ce qui fut achevé le 22 avril. Cette maçonnerie, compris la démolition, les pierres, plâtres, les manœuvres, fait boucher deux portes à côté de l'église, fait enlever les moellons comme aussi les gravois, le tout a coûté 1,100 livres.

Le marché fait avec le sieur Guillaume, serrurier demeurant à la Croix-Rouge proche les Prémontrés, était de lui fournir seize milliers de fer (il en a fallu 17 milliers) et 2,800 livres de façon, plus à fournir le plomb pour sceller les barres de fer qui a été à douze cents livres pesant, plus à fournir une grue et payer des hommes pour élever les principales parties de la grille et la poser, ce qui n'a pu se finir que le 18 décembre 1756.

1758. — Les deux tableaux des chapelles de saint Michel et de saint Nicolas, ce dernier est une descente de croix peinte par Bourdon; le saint Michel est une bonne copie de Raphaël d'Urbain donnée par M. Colbert de Villacerf. Comme ces deux tableaux étaient fort endommagés, le P. J.-F.-D. a donné 60 livres pour les remettre en état.

Il y eut une difficulté à l'occasion de la procession de la paroisse Saint-Paul; le curé demanda un règlement, on le lui porta; mais il ne l'a pas signé.

Le 24 février 1790, Jean-Etienne Durand, correcteur des Minimes de Paris, déclara que les Minimes de la place Royale, avaient un revenu de 23,550 liv. 7 s.,[1] et dépensaient annuellement 10,997 liv. 2 s.; qu'ils avaient en outre des dettes passives qui se montaient à 24,228 liv. 1 s. 7 den. Trois jours après cette déclaration, Pierre-Hubert Thery, procureur général de l'ordre en France, affirma que les biens et revenus appartenant à la province de France, se montaient à 3,133 liv. 14 s. 4 den., et qu'il y avait de plus en caisse la somme de 15,140 liv. 15 s. 7 den.

Je crois devoir ajouter à ces indications que la province de France ne représentait, géographiquement parlant, qu'une très-petite portion de territoire français. On voit par un *Tableau comparatif des revenus réels et perpétuels de l'ordre des Minimes en France, avec les pensions viagères ordonnées en vertu des décrets de l'Assemblée nationale,* inséré dans une brochure intitulée : *Précis par un Minime du couvent de la place Royale,* que l'ordre des Minimes était divisé, en France, en dix provinces, qu'il possédait cent trente-trois couvents, habités par cinq cent soixante-dix-sept religieux du chœur, prêtres ou étudiants, et quatre-vingt-dix-neuf frères oblats. Le revenu perpétuel provenant d'immeubles, d'après le relevé de chaque couvent, était de 721,205 liv. Dans ce revenu on ne comprenait pas les enclos, bâtiments, couvents, sacristies, bibliothèques, etc. L'enclos des cent trente-trois couvents de France, estimés séparément, suivant la localité et la valeur des biens dans chaque ville, montait à plus de 5 millions, sans compter les sacristies, qui, tant pauvres que riches, évaluées à 6,000 liv. chacune, formaient un capital de 796,000 liv.

Le 16 février 1790, on dressa un état des livres de la bibliothèque qui comptait vingt mille volumes environ; François Courtel en était alors le conservateur. Mouchy inventoria les sculptures du monastère, le 28 décembre 1790 ; Doyen en avait fait autant pour les peintures, huit jours avant.

L'église du couvent des Minimes fut démolie en 1798, pour faciliter le prolongement de la rue de la Chaussée-des-Minimes, effectué en 1805. Les bâtiments du couvent, dont une partie servait encore de dépôt aux Archives, en 1812, avaient été vendus les 16 pluviose, 11 et 13 thermidor an VI (4 février, 29 et 31 juillet 1798). Racheté par l'État, ce couvent, destiné d'abord au collége Charlemagne, fut transformé en caserne et revendu, le 30 octobre 1823, à la ville de Paris, moyennant 241,700 fr., en vertu d'une ordonnance royale du 11 décembre 1822.

La caserne des Minimes, occupée par la garde de Paris, vient d'être

---

[1] Loyer des maisons : 7,970 liv.; fermages : 6,984 liv.; arrérages de rentes : 8,596 liv. 7 s.

récemment abattue. On en construit une nouvelle destinée à la gendarmerie de la Seine.

BIBLIOGRAPHIE

MANUSCRITS

Les documents relatifs aux Minimes sont conservés aux Archives de
l'Empire dans les sections historique et administrative.

Dans la section administrative, il y a sept cartons et deux registres.
Le premier carton (S. 4293) renferme les titres de propriété de maisons
situées à Paris, rue Saint-Honoré, de Glatigny, Marivaux, Saint-Claude
et des Ursins, et les baux de ces maisons; le second (S. 4294), les
titres de propriété de la ferme de Fromenteau près Juvisy; les troisième
et quatrième (S. 4295-4296), les déclarations de 1790, des inventaires
des titres, et des déclarations de biens en 1720, 1730, etc., les aveux et
dénombrements du fief de Garencières, dépendant de la ferme de
Fromenteau près Juvisy, des pièces relatives à l'institution et à l'établissement de l'ordre des Minimes en France, des titres de rentes, une
correspondance, etc.; le cinquième (S. 4297), des titres de propriétés
appartenant aux Minimes de Toulouse, Lille, Nancy, Montmerle, Beauregard, Poitiers, Dieppe, Saint-Paul-de-Léon, Compiègne et Meudon;
le sixième (S. 4298), des documents concernant les Minimes de la
Guiche, Dijon, Roye, Mâcon, Château-Thierry, Amiens, le Pont-Saint-
Esprit, Rheims, Péronne, Rouen, Desiz · et Andrelecy près Bruxelles;
le septième (S. 4299), des documents relatifs aux Minimes de Boulogne-
sur-Mer, Soissons, Abbeville, Douai et Nevers, Brie-Comte-Robert, Agen,
Laon, Guise, Calais, Avalon, Verdun, La Rochelle, Chaslons, etc., etc.
Les deux registres (S. 4300-4301), sont des inventaires des titres en
1676 et en 1727.

Un carton de la section historique, coté L. 955, renferme surtout des
documents sur les Minimes de Vincennes, il contient cependant quelques
pièces sur les Minimes de la place Royale. Ce sont des devis d'ouvrages
de maçonnerie, charpenterie, couverture, exécutés pendant les années
1636, 1640, 1647, 1673, 1674, 1676, 1677, 1678.

On conserve parmi les manuscrits de l'Arsenal (n° 846), un in-folio
de l'année 1730, intitulé : *Index librorum bibliothecæ conventus patrum
Minimorum parisiensium*, et à la Bibliothèque Mazarine, un in-4°
(n° 2881) qui a pour titre : *Annales des Minimes de la province de
France où se trouve l'abrégé de la vie de Saint-François-de-Paule, les
généraux de l'ordre, les vingt-huit couvents de la province de France,
les provinciaux qui les ont gouvernés, et en particulier tout ce qui regarde
le couvent de la Place-Roiale, par le p. G. F. D. R. M.* Nous avons
donné plus haut des extraits de ce manuscrit.

IMPRIMÉS

Vray discours de ce qu'est avenu en l'église des frères Minimes ou Bons Hommes lez Paris. *Paris*, 1578, in-8°.

Discours prononcé le 13 juillet 1578, jour de la dédicace.

Confutation des mensonges controuvées touchant la dédicace de l'église des frères Minimes, dicts Bons Hommes lez Paris ; avec un beau et docte discours en vraye narration de tout ce qui a esté faict en la dicte dédicace, où sont comprinses aucunes histoires fort notables, par f. François Goracens. *Paris*, 1578, in-8°.

Précis par un Minime du couvent de la place Royale. 1790, in-8°.

Oraison funèbre de très-haut et très-puissant seigneur Louis-François duc de Boufflers, pair et mareschal de France, prononcé à Paris dans l'église des PP. Minimes de la place Royale, le 17 décembre 1711, par le p. Delarue, de la compagnie de Jésus. *Paris*, 1712, in-4°. (Bibl. Maz., n° 10370 M.)

Oraison funèbre de très-haut et très-puissant seigneur Louis-François duc de Boufflers, pair et mareschal de France, prononcée à Paris dans l'église des PP. Minimes de la place Royale, le 17 de décembre 1711 par le père Delarue, de la comp. de Jésus. *Paris*, 1712, in-4°. (Bibl. Maz., n° 10370 J.)

Voyez aussi Lenoir, *Musée des Monuments français*, t. III, p. 151.

FILLES DE LA VISITATION SAINTE-MARIE

[39] La date donnée par Lebeuf est l'année de l'acquisition de l'hôtel de Cossé par les Visitandines. Mais ces religieuses demeuraient dans l'hôtel du Petit-Bourbon, qui était contigu à celui de Cossé, depuis le 18 février 1621 ; elles venaient d'une maison sise au faubourg Saint-Michel, où elles s'étaient installées depuis le 1er juillet 1619, en sortant de chez Mme de Gouffier, qui avait accueilli Mme de Chantal, avec ses trois religieuses, à leur arrivée à Paris.

En 1632, l'église fut construite sur le modèle de celle de Notre-Dame-de-la-Rotonde à Rome, et dédiée le 14 septembre 1634, sous le titre de Notre-Dame-des-Anges, par Fremiot, archevêque de Bourges, frère de Mme de Chantal. On voit par un contrat du 8 août 1634 que « Philippe de Colanges, conseiller du roy en ses conseils, demeurant rue Royale, paroisse Saint-Paul » avait fondé la chapelle des Coulanges, dans laquelle devaient être déposés « le cœur de messire Celse-Benigne de Rabutin, baron de Chantal, son gendre, le corps de Marie de Colanges, sa fille, femme du dit sieur et le corps de Marie de Besze, femme du fondateur de la chapelle. »

Au moment de la Révolution, le couvent de la Visitation renfermait cinquante-trois sœurs : trente-sept professes de chœur, treize sœurs converses et trois sœurs professes. Le revenu se montait à 37,057 liv. 6 s. 10 den., et les charges annuelles n'étaient que de 9,999 liv. 1 s. 11 den. Cette situation financière était néanmoins plus belle en apparence qu'en réalité. Car les dettes passives s'élevaient à 104,428 liv. 14 s. 10 den., tandis que les dettes actives ne dépassaient pas 42,653 liv. 14 s. 6 den.

Les religieuses avaient une bibliothèque de deux mille volumes.

Devenu propriété nationale, le couvent fut vendu par lots les 10 mars 1792, 6 juin, 10-25 juillet et 28 août 1796, et sur une partie des terrains vendus on ouvrit la rue Castex.

Quant à l'église, elle fut conservée et servit, pendant la Révolution, de dépôt de livres. C'est là où presque toutes les bibliothèques conventuelles de Paris furent réunies avant d'être dispersées dans les grands dépôts publics de la capitale.

Un arrêté des consuls du 12 frimaire an XI (3 décembre 1802) concéda cette église à la ville de Paris, qui l'affecta à l'exercice du culte protestant.

La paroisse protestante de Sainte-Marie a pour circonscription l'espace renfermé entre le boulevard Sébastopol, le faubourg Saint-Martin, les boulevards extérieurs jusqu'à la barrière de la Rapée et le pont Saint-Michel. Cette paroisse est divisée en deux sections, dirigée chacune par un pasteur.

La première section est bornée au nord par les rues Rambuteau, des Francs-Bourgeois, Neuve-Sainte-Catherine, Pas-de-la-Mule, les boulevards, la rue du Faubourg-Saint-Antoine, de Charonne; à l'est par les boulevards extérieurs jusqu'à la barrière de la Rapée et par la Seine jusqu'au pont Saint-Michel; à l'ouest par le boulevard de Sébastopol.

Dans cette section se trouvent deux écoles protestantes : l'une de garçons et l'autre de filles, passage Pecquay, nº 13, fondées par Étienne Delessert.

La seconde section est bornée à l'ouest par le boulevard de Sébastopol et le Faubourg-Saint-Martin, au nord et à l'est par les boulevards extérieurs jusqu'à la barrière de Fontarabie; au sud par la première section.

Dans cette seconde section, on a institué une école de garçons, faubourg Saint-Antoine, nº 23, et une école de filles, rue Neuve-de-Lappe, nº 23, pour les enfants qui suivaient la confession d'Augsbourg. L'institution des diaconesses a fondé dans la même section, rue de Reuilly, nº 95, une école de filles et une salle d'asile dirigées par des sœurs.

BIBLIOGRAPHIE

MANUSCRITS

Les documents concernant les religieuses de la Visitation sont conservés aux Archives de l'Empire dans les sections administrative et historique.

Un carton de la section administrative, coté S. 4776, renferme la déclaration du 27 février 1790, les titres d'acquisition d'un terrain faisant partie de l'hôtel Lesdiguières, des pièces relatives à des alignements et autres documents concernant la construction de la façade de l'église et de certains bâtiments sur la rue Saint-Antoine, en 1632, des pièces concernant la construction des murs de clôture entre le couvent et l'hôtel de Lesdiguières, des lettres patentes et autres pièces concernant l'établissement de ce monastère, des titres de propriété des maisons et terrains sur l'emplacement desquels le monastère a été construit, les titres d'acquisition de l'hôtel de Cossé, etc.

Voyez aussi dans la section H. les liasses cotées H. 4189 à 4192 et 4214.

Dans la section historique, il y a deux cartons et cinq registres.

Le premier carton (L. 1079) renferme des titres de rentes viagères, des contrats de fondation et de profession, un contrat de fondation de la chapelle de Coulanges passé le 8 août 1634 par « Philippe de Colanges, conseiller du roy en ses conseils, demeurant rue Royalle, parroisse Saint-Paul » où sera déposé « le cœur de messire Celse-Benigne de Rabutin, baron de Chantal, son gendre, et le corps de Marie de Colanges, sa fille, femme du dit sieur de Chantal, et le corps de Marie de Besze, femme de Philippe de Coulanges »; le deuxième carton (L. 1080) ne contient que des titres de rentes et des titres de fondation de messes.

Le premier registre (LL. 1714) renferme les actes capitulaires de 1726 à 1789; les second et troisième (LL. 1715-1716) sont des inventaires de titres de 1619 et 1642; le quatrième (LL. 1717) renferme une liste des monastères de l'ordre; et le cinquième (LL. 1718) contient une liste des religieuses.

IMPRIMÉS

Pratiques et Règlemens de la confrérie du Sacré Cœur de Jésus, établie le 17 octobre 1748, au monastère de la Visitation-Sainte-Marie, à Paris. *Paris*, in-24.

Abrégé de la vie de la Bienheureuse mère J.-Fr. Fremiot de Chantal, fondatrice et première supérieure de l'institut des religieuses de la Visitation-Sainte-Marie. *Paris*, 1752, in-12.

Eloge historique, ou vie abrégée de sainte Fremiot de Chantal, fondatrice et première supérieure de l'ordre de la Visitation de Sainte-Marie. *Paris*, 1768, in-12.

La vie de la vénérable mère Louise-Eugénie de Fontaine, religieuse et quatrième supérieure du premier monastère de la Visitation-Sainte-Marie-de-Paris, composée par une dame de qualité (J.-M. du Plessis). *Paris*, 1694 et 1696, in-12.

Voyez aussi la *Bibliothèque historique* du père Lelong (tome I, p. 922, nos 15,260 à 15,300) qui donne un certain nombre de biographies de religieuses Visitandines.

LES FILLES BLEUES

ou

ANNONCIADES CÉLESTES

40 On voit par les lettres patentes du mois de septembre 1622, que les religieuses de l'Annonciade existaient déjà à Paris. La maison de la rue Culture-Sainte-Catherine, qui avait été louée d'abord, fut achetée en 1626 des héritiers de M. de Vienne, président de la chambre des Comptes et contrôleur général des finances, moyennant 96,000 liv. La date donnée par Lebeuf est donc inexacte.

Le 17 février 1790, Jean-François Didier, chanoine de Sainte-Opportune et ancien avocat, fondé de pouvoir de la supérieure du monastère des Annonciades, déclara que le couvent était composé de vingt-trois religieuses de chœur, cinq converses, trois novices, deux postulantes et une fille donnée, que les Annonciades avaient des maisons sises rue du Jardinet, Saint-Denis, Geoffroy-Langevin, faubourg Saint-Antoine, un étal à boucherie, louées 4,365 liv., des terres à la Folie-Regnault, Charonne et Bagnolet rapportant 140 liv., trente-neuf parties de rentes sur les aides et gabelles montant à 8,049 liv. 14 s, 3 den., plus 510 liv. pour l'entrée des vins, ce qui fait un revenu de 13,064 liv. 15 s. 7 den.

Leurs charges étaient minimes; elles payaient 60 liv. pour le logement des Suisses et le domaine du roy et 3,000 liv. environ pour acquit de fondations, honoraires de chapelains, etc.

Leur bibliothèque possédait deux mille quatre cents volumes, dont soixante manuscrits. Toutes les religieuses interrogées, le 28 juin 1790, sur leurs intentions, déclarèrent désirer vivre et mourir dans leur couvent.

Devenu propriété nationale à la Révolution, le couvent des Annonciades fut vendu, le 29 fructidor an IV (15 septembre 1796), puis démoli; les maisons portant les numéros 25 et 27 de la rue Culture-Sainte-Catherine ont été construites sur son emplacement.

BIBLIOGRAPHIE

MANUSCRITS

Les documents relatifs aux Filles-Bleues ne sont pas très-nombreux.

Un carton de la section historique, coté L. 1040, renferme des pièces concernant les religieuses Annonciades de Saint-Denis, un cérémonial du monastère, une copie de lettres écrites par des religieuses, des lettres d'établissement, un extrait des registres de profession, un volume manuscrit petit in-4°, intitulé « Ordre ,rituel et cérémonies concernant le culte divin et toutes autres qui sont pratiquées par les religieuses de la très-sainte Annonciade, vulgairement dite les Célestes fondées l'année 1604, imprimée à Genne, l'année 1640, »; enfin des contrats de rentes sur l'État pour fondation de messes chez les Annonciades de Popincourt, des titres de rentes au profit des Annonciades célestes de la rue Culture-Sainte-Catherine.

Le premier carton de la section administrative, coté S. 4620, renferme la déclaration des biens et revenus des religieuses Annonciades de la rue Culture-Sainte-Catherine en 1723, des titres de rente sur une maison sise à Montreuil-sous-Bois, des titres relatifs à la propriété du quatrième étal de la Boucherie de Beauveais, des titres de rentes, des quittances de paiement des taxes des boues et lanternes, des titres de propriété de l'échoppe à la halle au blé, un inventaire après décès de Charles Chenard, le 6 avril 1657, les titres de propriété d'une maison de la rue de l'Eperon, d'une maison de la rue Saint-Denis, du monastère lui-même et de la concession de six lignes d'eau ; enfin, la déclaration de 1790; le second (S. 4621), des lettres patentes et autres actes concernant l'établissement des Annonciades, une liasse de pièces concernant des maisons sises rue Geoffroy-Langevin, Saint-Denis et du Jardinet, l'Ordre rituel concernant le culte divin, une liasse de titres concernant d'anciennes rentes et ce que le couvent doit au prieur de Sainte-Catherine-des-Ecoliers.

IMPRIMÉS

Élégie de madame la mareschale de Ransau à M. le comte de Ransau son père, sur sa retraite au couvent de l'Annonciade de Paris. *S. n. d. l. n. d.*, in-4°. (Bibl. Maz., n° 18824 Z²³.)

Vie de Marie-Agnès Dauvaine, l'une des premières fondatrices du monastère de l'Annonciade céleste de Paris, par le père D. L. B. (de La Barre), jésuite. *Paris*, 1675, in-4°.

SAINTE-MARGUERITE

⁴¹ Cette Bibliothèque a été dispersée. La bibliothèque Mazarine possède quelques volumes qui en proviennent. (Voyez le n° 10359 B.)

⁴² C'est au bord de la Seine que les protestants étaient enterrés à Paris au xviiiᵉ siècle. L'inhumation se faisait dans un chantier situé au *port au plâtre* (aujourd'hui *port de la Rapée*), rue Traversière, faubourg Saint-Antoine. Lorsque l'un d'entre eux était décédé, ses parents ou amis se présentaient devant le Commissaire du quartier, et le requéraient de leur permettre de faire enlever le défunt, pour être inhumé *où il plaira à M. le lieutenant général de police*. Le Commissaire en référait à ce magistrat, qui ordonnait la communication de la requête au procureur du roi; et, après que celui-ci avait écrit en marge de la requête, *qu'il n'empêchait*, le lieutenant général de police ordonnait que le cadavre fût *enterré secrètement, sans éclat ni scandale*, dans la grande chaussée du port au plâtre, appartenant au sieur Moreau (appelé aussi chantier Dapoigny). Copies de ces différentes pièces étaient réunies et formaient des registres qui pouvaient servir à établir la preuve du décès des protestants. La première personne dont on ait ainsi conservé la permission d'inhumation est une veuve Perrinet, décédée le 4 août 1737. Ces registres vont jusqu'en 1792, et sont conservés à l'Hôtel de ville. (Voyez *Bullet. de la Soc. de l'hist. du protestantisme français*, 1ʳᵉ année, p. 484.)

⁴³ Le 27 février 1790, Charles Bernardin de Laugier de Beaurecueil, doyen des curés de Paris, déclara que le revenu de sa cure consistait : 1° en 150 liv. de rente perpétuelle sur les Quinze-Vingts et en un casuel estimé 7,000 liv. environ, déduction faite des charges, qui montaient à 3,701 liv. 17 s., d'après une lettre du 13 juillet 1790, dans laquelle le curé ajoutait :

« Voilà, monsieur, en quoi consistent mes charges; j'étais en état d'y subvenir avant la Révolution puisque ma cure me rendait alors année commune plus de 15,500 liv,; depuis cette époque, elle ne m'a rendu que 10,000 et quelques cents liv. J'ai donc été exact dans ma déclaration pour le quart, en portant le revenu de ma cure à 7,150 liv., charges déduites. Aujourd'hui, il me serait impossible de subvenir à ces charges avec les 6,000 liv. qu'on doit me donner annuellement; mais, dois-je avoir de l'inquiétude! L'Assemblée nationale s'occupe de notre sort. Elle saura sans doute que depuis dix-sept ans je suis doyen des curés de Paris, et curé de la même paroisse depuis plus de quarante-huit ans, et que je suis bientôt octogénaire. »

La caisse des pauvres de la paroisse était très-florissante. Son revenu était de 35,325 liv. 13 s. 2 den.

L'église de Sainte-Marguerite fut conservée par la loi du 4 février 1791, qui donna comme circonscription à la paroisse :

(Barrière du Trône); les murs de ladite jusqu'à la barrière de la Folie-Renaud ; ladite rue, celle des murs de la Roquette, celles de la Roquette et du Val, à gauche, jusqu'au boulevard; ledit, à gauche jusqu'à la rue du Faubourg-Saint-Antoine; ladite, à gauche, jusqu'à la barrière du Trône.

L'enlèvement des archives de Sainte-Marguerite eut lieu le 2 janvier 1793.

On sait que c'est un vicaire de l'église Sainte-Marguerite qui donna le premier l'exemple du mariage des prêtres catholiques, et qui présenta sa femme et son beau-père à la barre de l'Assemblée législative. Je ne pense pas que ce soit en mémoire de ce fait singulier, mais alors fort bien accueilli, que l'église de Sainte-Marguerite fut désignée pendant la Révolution, pour servir de Temple de la Liberté et de l'Égalité.

On sait aussi que c'est dans le cimetière de cette église que fut enterré, le 10 juin 1795, à huit heures et demie du soir, le dauphin, fils de Louis XVI, mort au Temple, le 8 juin.

Ouverte de nouveau au culte catholique, le 9 floréal an xi, l'église Sainte-Marguerite avait une circonscription qui présentait un territoire de 296 hectares, ainsi limité :

Rue du Chemin-Vert, à partir du boulevard Beaumarchais, un côté; rue des Amandiers, un côté; le chemin de ronde de la barrière des Amandiers à celle de Reuilly, un côté; rue de Reuilly, un côté; rue du Faubourg-Saint-Antoine, un côté; rue Lenoir, un côté; marché Beauveau, un côté; rue de Cotte, un côté; rue de Charenton, un côté; place de la Bastille, un côté; boulevard Beaumarchais, un côté, jusqu'à la rue du Chemin-Vert, point de départ.

Ce territoire, le plus grand de toutes les paroisses de Paris, était cependant moins grand que celui que Sainte-Marguerite avait reçu avant la Révolution. Mais en l'an xi on avait formé, aux dépens de l'ancien territoire de Sainte-Marguerite, la paroisse de Saint-Antoine dont le titre est attaché à l'église des Quinze-Vingts; et cette distraction laissait encore un territoire trop considérable et qui devait nécessairement être diminué, lors du remaniement des circonscriptions paroissiales de la capitale. Aussi, malgré les énergiques réclamations du clergé de Sainte-Marguerite, cette paroisse céda 6,215 habitants à Saint-Ambroise, 7,288 à Saint-Antoine, 1,545 à Saint-Denis du Saint-Sacrement, et 4,439 à la nouvelle paroisse Saint-Éloi. Son territoire, réduit à 126 hectares, a été, par la loi du 22 janvier 1856, délimité ainsi qu'il suit :

Boulevard extérieur, à partir de la barrière Saint-André jusqu'à la barrière du Trône; rue du Faubourg-Saint-Antoine, côté impair, à partir de la barrière du Trône jusqu'à la place de la Bastille; rue de la Roquette, côté pair; rue Saint-André, côté pair, jusqu'à la barrière Saint-André, point de départ.

Le seul établissement placé dans la circonscription de la paroisse Sainte-Marguerite, est la maison de santé du faubourg Saint-Antoine, située au n° 301, au coin de la rue des Boulets, dans laquelle le général Mallet organisa en 1812 la conspiration qui faillit renverser l'Empire.

BIBLIOGRAPHIE

MANUSCRITS

Les documents concernant la paroisse Sainte-Marguerite sont conservés aux Archives de l'Empire dans les sections administrative et historique.

Dans la section administrative, il y a sept cartons. Le premier (S. 3434) renferme la déclaration de 1790, des titres de rente, un état des terres et maisons appartenant aux pauvres de la paroisse, les titres du terrain sur lequel l'église a été construite, les titres de propriété d'un quartier de terre près le moulin de Bercy, des titres de procédure, des titres de donations, etc.; les second et suivant (S. 3435-3436), les titres relatifs au partage des biens des charités et des écoles de la paroisse Saint-Paul avec la paroisse Sainte-Marguerite, le testament de J.-B. Goy, curé de Sainte-Marguerite, arrêt du conseil du 27 sept. 1723, sur la propriété de la place où était située l'église Sainte-Marguerite, un procès-verbal d'alignement de ladite place, titres de propriété du terrain sur lequel l'église a été construite, des titres de procédures relatifs à des servitudes de l'église, mitoyenneté, vues, murailles, etc., un procès-verbal d'apposition des scellés après le décès du sieur Goy, curé; le quatrième (S. 3437), des baux à rente, titres de fondations, deux copies de l'inventaire de la succession du sieur Goy, curé, le 22 janv. 1732, et pièces y relatives; les cinquième et suivant (S. 3438-3439), des pièces relatives aux legs faits par le curé Goy et Michel Jubinot, des pièces de procédure relatives au terrain situé vis-à-vis l'église de Sainte-Marguerite, une ordonnance des voyers pour l'alignement d'un mur à reconstruire au cimetière situé rue Saint-Bernard, des titres de propriété de maisons et pièces de procédure y relatives concernant les biens des pauvres de la fabrique; le septième (S. 3440), des titres de rentes, des déclarations de revenus, des créances des pauvres-malades de la fabrique de Sainte-Marguerite, des quittances de paiement des droits d'amortissement.

Dans un carton de la même section coté S. 6155-6156, on trouve un inventaire de la communauté des sœurs de la paroisse Sainte-Marguerite et un registre des recettes et dépenses de cette communauté.

Il y a trois cartons et neuf registres dans la section historique. Le premier carton (L. 681) renferme des pièces concernant le conflit de juridiction entre la paroisse Sainte-Marguerite et les religieuses de l'abbaye Saint-Antoine, au sujet de l'érection de l'église Sainte-Marguerite en cure paroissiale en 1739, plusieurs dossiers de pièces relatives à cette érection, un inventaire de l'argenterie, ornements, etc. de l'église, la signification faite à la cure de Sainte-Marguerite relativement à la translation de la chapelle des Quinze-Vingts en la chapelle de la maison des Mousquetaires noirs, le 14 septembre 1780, le règlement de la paroisse Saint-Paul et l'arrêt en faveur des marguilliers de Sainte-Marguerite, des pièces de procédure relatives à des contestations élevées entre les curés et les marguilliers de Sainte-Marguerite, pièce concernant la confrérie de Saint-Honoré érigée en la paroisse Sainte-Marguerite, pièces concernant la confrérie du Saint-Sacrement, la confrérie de la Vierge, celle de Saint-Fiacre, celle de Saint-Roch, concernant les sacristains de l'église, prise de possession de la maison curiale par Laugier de Beaurecueil; le second carton (L. 682), des titres de fondations de messes, des pièces relatives au règlement de la paroisse, des pièces relatives au partage entre les charités des paroisses de Saint-Paul et de Sainte-Marguerite, une délibération du 18 janvier 1739, au sujet de la bibliothèque et des confesseurs des enfants des écoles de charité, des titres de rentes, un arrêt de règlement pour l'administration des biens des pauvres, des contrats de fondations, testaments, fondations d'un lit à l'hôpital de la Roquette, de deux lits aux Incurables, d'une mission pendant six semaines tous les sept ans dans l'église, pour l'instruction des habitants du faubourg Saint-Antoine; le troisième (L. 683), un procès-verbal d'apposition et levée des scellés sur les meubles, après décès de Jean-François Joubert, curé de Sainte-Marguerite, un inventaire des meubles dudit curé, des mémoires d'ouvrages de peinture, de charpente, de maçonnerie, exécutés à Sainte-Marguerite, pièces de procédure, des mémoires et lettres au sujet du droit de présentation et nomination des étudiants d'après la fondation de M. Goy, ancien curé, un procès-verbal de vente des meubles du curé Joubert, le 2 mai 1743, une délivrance de legs, des testaments, pièces relatives à l'exécution du testament.

Les quatre premiers registres (LL. 833-836) renferment les délibérations de 1683 à 1713, 1714 à 1734, 1735 à 1746, 1759 à 1788; le cinquième (LL. 837) est le registre de la confrérie du Saint-Sacrement de 1738 à 1749; le sixième (LL. 838) concerne la confrérie de Sainte-Marguerite de 1717 à 1783; le septième (LL. 839) est le registre des dames de charité de 1719 à 1740; le huitième (LL. 840) est le récit (imprimé) du miracle de la dame de la Fosse (voyez plus loin aux imprimés); le neuvième et dernier (LL. 841) est l'inventaire du curé Joubert en 1743.

IMPRIMÉS

Mémoire curieux, historique et intéressant sur la fondation, le patronage et le droit de nomination à la cure de l'église paroissiale de Ste

Marguerite au faubourg S. Antoine de Paris, prouvée par titres originaux et pièces justificatives. *S. n. d. l.*, 1738, in-12.

Pièce signée : M° Lescuyer.

Arrest de la cour du parlement du 30 may 1718, entre messire Jean-Baptiste Goy, prestre, curé de la paroisse de Sainte-Marguerite, et les sieurs marguilliers de ladite paroisse, portant réglement général pour l'œuvre et la fabrique de la dite paroisse, tant pour les convois, services et enterremens, que pour les fonctions des marguilliers; fondations, nominations des prédicateurs, redditions des comptes de la fabrique, des réparations, achats et les devoirs des bedeaux, suisse, porte-bannière et fossoyeurs, etc. *Paris*, 1718, in-4°. (Arch. de l'Emp., L. 682.)

Factum signifié, pour M. l'archevesque de Paris, contre Madame Marie-Gabrielle-Eléonore de Bourbon-Condé, princesse du sang, abbesse de l'abbaye royale de Saint Antoine lez-Paris, et les Prieure et religieuses de la même abbaye, et contre le sieur David Malloye, prêtre, docteur en théologie, en présence des marguillers de la paroisse de Sainte-Marguerite, au faubourg Saint-Antoine. *Paris*, 1739, in-fol. (Arch. de l'Emp., S. 1182.)

Mémoire signifié pour Madame Marie-Gabrielle-Eléonore de Bourbon-Condé, princesse du sang, abbesse de l'abbaye royale de Saint-Antoine-des-Champs lez Paris, et pour les dames prieure et religieuses de la même abbaye, ordre de Citeaux, contre M. l'archevêque de Paris, et contre les marguillers de la paroisse de Sainte-Marguerite du fauxbourg Saint-Antoine, en présence du S. David Malbosc, docteur en théologie, pourvû de la cure de Sainte-Marguerite sur la présentation de Madame l'abbesse de S. Antoine. *Paris*, 1739, in-fol. (Arch. de l'Emp., S. 1182.)

Second mémoire pour dame Elisabeth-Marie Fayet, veuve de Monsieur Charlet, conseiller en la cour, fondatrice et patrone de l'église Sainte-Marguerite, fauxbourg S. Antoine et pour le sieur Chassepoux, chapelain de cette église, contre les curé et marguilliers de cette paroisse. *Paris*, 1745, in-fol., 44 p.

On trouve dans Piganiol (Description de la ville de Paris, t. V) des détails très-circonstanciés sur les prétentions de la famille Fayet.

Réponse au Mémoire des sieurs curé et marguilliers de la paroisse de S. Paul, contre l'homologation de l'avis de M. l'archevesque de Paris, sur le partage des fondations et des effets concernant les pauvres des paroisses S. Paul et Sainte Marguerite. *Paris, s. d.*, in-fol. (Arch. de l'Emp., S. 3438.)

Description d'une chapelle funéraire nouvellement érigée dans l'église paroissiale de Ste Marguerite. *Paris*, 1762, in-8°.

Règlement pour l'œuvre et fabrique de Sainte-Marguerite au fauxbourg S. Antoine. *Paris*, 1719, in-4°.

Relation du miracle arrivé le 31 mai 1725 au fauxbourg S. Antoine, en la personne d'Anne Charlier, femme de François de la Fosse, ébéniste, dressée sur les procès-verbaux de l'officialité de Paris ; par Charles Robert Berthier, prêtre. *Paris*, 1726, in-4°.

Lettre d'un médecin de Paris (Philippe Hecquet) à un médecin de province, sur le miracle arrivé sur une femme du fauxbourg S. Antoine. 1725, in-4°.

Mandement de Mgr le C. de Noailles, archevesque de Paris, à l'occasion du miracle opéré dans la paroisse de Sainte-Marguerite, le 31 may, jour du S. Sacrement. *Paris*, 1725, in-4°.

Office propre du miracle opéré à la procession du Saint-Sacrement dans la paroisse de Sainte-Marguerite, avec octave. 1761, in-12.

Vie de Madame La Fosse, guérie miraculeusement le 31 mai 1725 à la procession du S. Sacrement de la paroisse Sainte-Marguerite (par le P. Laurent, de l'Oratoire). *En France*, 1769, in-12.

Hymni super patrato in nova Hæmorrhoissa miraculo ; auctore Carolo Coffin. *Parisiis*, 1726, in-8°.

Cantiques spirituels à l'occasion du miracle arrivé le 31 may 1725 à la procession de la paroisse Sainte-Marguerite, au faubourg Saint-Antoine, à Paris, 1726. *S. n. d. l.*, in-12.

Procession solemnelle en action de grâces du miracle opéré sur Madame de La Fosse. *S. n. d. l.*, 1779, in-12.

Recueil d'instructions et de prières, à l'usage de la confrérie du Saint-Sacrement, érigée le 9 août 1690, en la paroisse de Sainte-Marguerite. *Paris*, 1780, petit in-12.

Testament de messire Jean-Baptiste Goy, prêtre, docteur de Sorbonne, curé de la paroisse Sainte-Marguerite, au fauxbourg Saint-Antoine à Paris. *Paris*, 1738, in-fol. (Bibl. Maz., n° 274 A[11].)

Second discours sur la liberté française, prononcé le 31 août 1789, dans l'église paroissiale de Ste Marguerite, en présence des trois districts réunis du faubourg Saint-Antoine, par M. l'abbé Fauchet. *Paris*, 1789, in-8°.

Discours religieux et patriotique, prononcés le 24 août 1815, dans l'église de Sainte-Marguerite, à Paris (par M. Lemercier, curé de la paroisse). *Paris, s. d.*, in-8°. *A la sacristie de Sainte-Marguerite.*

Deux paroisses ont été formées, comme nous l'avons dit plus haut, du démembrement du territoire affecté primitivement à Sainte-Marguerite. Ces deux paroisses sont Saint-Antoine et Saint-Eloi.

SAINT-ANTOINE

Le titre de cette paroisse est attaché, depuis l'an xi, à l'église des Quinze-Vingts, en attendant la construction d'une église définitive.

Avant le décret du 22 janvier 1856, cette paroisse avait un territoire de 182 hectares 91 ares; il n'est plus aujourd'hui que de 109 hectares 52 ares, ainsi limités :

Rue du Faubourg-Saint-Antoine, côté pair, à partir de la Bastille jusqu'à la rue Lenoir; rue Lenoir, côté impair; le marché Beauveau, côté ouest; rue Beauveau, côté impair; rue de Charenton, côté pair; rue de Rambouillet jusqu'au chemin de fer, côté impair; chemin de fer, de la rue Rambouillet jusqu'au boulevard extérieur; boulevard extérieur, depuis le chemin de fer jusqu'à la barrière de la Rapée; quai de la Rapée, jusqu'au boulevard de la Contrescarpe; boulevard de la Contrescarpe, jusqu'à la rue du Faubourg-Saint-Antoine, point de départ.

L'église est située rue de Reuilly.

Dans la circonscription actuelle de cette paroisse, on compte deux établissements hospitaliers : l'hospice des Quinze-Vingts et l'hôpital Sainte-Eugénie.

LES QUINZE-VINGTS

J'ajouterai à la note que j'ai déjà consacrée dans cet ouvrage (t. I, p. 178) aux Quinze-Vingts, l'indication que j'avais omise, des personnes qui étaient enterrées dans l'église de cet hospice, à l'époque où il était situé près des Tuileries. On y remarquait les épitaphes de :

Pierre, cardinal de Gondy (9 kal. mars 1616). Nicolas Viole, seign. de Noizeau en Brie, abbé de N.-D. de la Garde, de Poitiers, cons. et aumônier ordinaire du roi (15 févr. 1573). François Sauvage (?). Marguerite Copin, sa femme (1621). Martin Bocquet, march. de bétail au marché de Paris (16..?). Germaine Bouvot, sa 1re femme (17 mai 1565). Hélène de la Bistrade (?). Jeanne Thibaut de Courville, femme de Helye Le Rosset, contrôleur ordinaire des guerres (1622). Pierre Guillot (1590). Jeanne du Cellier, sa femme (1597), Guillemette Guillot, leur fille, sœur voyante de la maison des 15/20, femme de Pierre Richard, frère aveugle de la dite maison (?). Anne Papon, femme du sieur de la Fautriere (1640). Anne d'Hoey, femme d'Antoine d'Oultrebon, ordinaire de la musique de la chambre du roi, auparavant veuve de Jean-Julien Perichon, joueur de luth ordinaire en la dite chambre (23 avril 1612). Gilles Buet, maître es-art, notaire du roi au Châtelet de Paris, et frère aveugle de l'hôpital de céans (17 juillet 1581). Mery Marchant, maître couvreur (fév. 1500). Antoine Baudichon (1613). Denise Baudichon, veuve de René Canaye (21 avril 1630). Marie Picart, femme de Martin Baudichon

(1635). Jean Roytilliot, frère aveugle (?). Basile, sa femme (?). Vincent Robin (avril 15..?). Jean Dynoceau, commiss. au Châtelet (1574). Jeanne Boulard, sa femme (?). Nicolas du Plastre, maître des Quinze-Vingts de Paris (?). Catherine Cossart, sa femme (?). Raollin, marguillier, bourg. de Paris (5 juillet 1578). Jeanne Fournier, sa femme (?). Madeleine de St-Etienne, femme de Jean Yvonnet, cons. du roi, trésorier provincial de l'extraordinaire des guerres (17 déc. 1640). Patrocle Séguin, seign. de Prequantin, cons. du roi (21 oct. 1642). Denis Lebrun, auditeur des comptes, l'un des gouverneurs de l'Hôpital (25 avril 1623). Germaine Lainé, sa femme (20 juillet 1595). Jean-Baptiste Le Cler, secrét. du roi, du nombre des 54, seign. de la Brosse, né à Sens, mort à Béziers (14 août 1620).

HOPITAL SAINTE-EUGÉNIE

Cet hôpital, situé rue du Faubourg-Saint-Antoine, n° 110, s'appelait avant 1852, l'Hôpital des Orphelins. Voyez plus loin à ce sujet l'article concernant l'Hôpital des Enfants trouvés (p. 568 de ce volume).

SAINT-ÉLOI

La paroisse Saint-Eloi a été formée par le décret du 26 janvier 1856 au moyen de retranchements opérés sur Sainte-Marguerite et Saint-Antoine.

La première de ces paroisses a cédé 4,349 âmes et la seconde 4,904. Le territoire, qui ne comprend pas moins de 168 hectares 190 ares, mais qui est fort peu peuplé, est délimité ainsi qu'il suit :

Boulevard extérieur, à partir de la barrière du Trône jusqu'à la barrière de Charenton; de la barrière de Charenton jusqu'à la démarcation établie par le chemin de fer et jusqu'à la rue de Rambouillet, côté pair; rue de Rambouillet, côté pair; rue de Charenton, côté impair; rue Beauveau, côté pair; marché Beauveau, côté est; rue Lenoir, côté pair; rue du Faubourg-Saint-Antoine, côté pair, à partir de la rue Lenoir jusqu'à la barrière du Trône, point de départ.

Cette paroisse renferme un très-grand nombre de maisons religieuses et hospitalières, dont voici la nomenclature :

ŒUVRE DU SAINT-CŒUR-DE-MARIE

Cette œuvre est dirigée par la communauté des sœurs des Écoles chrétiennes de la Miséricorde, dont la maison mère est à Saint-Sauveur-le-Vicomte (Manche). Cette maison, où quatre cents jeunes filles sont reçues, entretenues et instruites, a été fondée en 1850 rue de Picpus, nº 60, par M. l'abbé Terlaing, avec la coopération de la sœur Placide, supérieure générale de la Congrégation, et agrandie, grâce aux bienfaits de Mᵐᵉ la baronne de Montchoisy, décédée en 1857, et aux soins du comte de Madre, son exécuteur testamentaire.

Un ouvroir interne a été annexé en 1864. Soixante jeunes ouvrières y sont nourries, logées et entretenues, moyennant 25 francs par mois. Je souhaite que cette œuvre, essentiellement philanthropique, continue à trouver de nombreux et puissants bienfaiteurs.

Cette maison a été bénite solennellement par l'archevêque de Paris, le 19 octobre 1863. La chapelle, qui n'a rien de remarquable, renferme le corps d'une fille du comte de Madre, qui y a été enterrée par permission spéciale.

BIBLIOGRAPHIE

Éducation des jeunes filles d'ouvriers. — Œuvre du Saint Cœur de Marie, rue Picpus, nº 60, à Paris. 2ᵉ édition (par le comte Ad. de Madre). *Paris,* 1863, in-8º.

SOCIÉTÉ DES PRÊTRES DE PICPUS
ou
DES SACRÉS CŒURS DE JÉSUS ET DE MARIE

Cette société a été fondée à Poitiers, le 28 octobre 1800, par l'abbé Pierre Coudrin. Elle fut établie à Paris, en 1805, rue de Picpus, près du couvent des dames de la congrégation de l'Adoration perpétuelle, et, peu de temps après, le fondateur, aidé de M. de Chabot, ancien évêque de Saint-Claude, put ouvrir un collège, un séminaire et un noviciat. On y tenait une classe gratuite pour l'instruction primaire des enfants du quartier.

Dévastés en 1831, les bâtiments où logeaient les prêtres de Picpus restèrent près d'une année sans habitants. De nos jours, le couvent de Picpus, rue de Picpus, nº 33, est le siége de la Congrégation; c'est de là que partent les missionnaires destinés à évangéliser les îles Sandwich, l'archipel Gambier, les îles Marquises, l'archipel des îles de la Société, l'île de Pâques, etc., etc. La maison de Paris compte soixante-quinze membres, les autres maisons sont à Poitiers, Mende, Cahors, Laval, le Mans, Seez, Sarlat, Rennes, Tours, Troyes, Mortagne, Sainte-Maure, Alençon, Rouen, Yvetot, Châteaudun, Coussay, Laverpillière, Valparaiso, etc., etc.

DAMES

DE LA

CONGRÉGATION DE L'ADORATION PERPÉTUELLE

DU

TRÈS-SAINT-SACREMENT

ET

DES SACRÉS CŒURS DE JÉSUS ET DE MARIE

Cette congrégation, fondée à Poitiers, le 28 octobre 1800, par l'abbé Pierre Coudrin et Mᵐᵉ Henriette Aymer de la Chevalerie, vint s'établir à Paris, le 3 septembre 1804, dans un appartement de la maison n° 34 de la rue de la place Vendôme. L'exiguïté de l'appartement, qui empêchait le développement de l'établissement, fit chercher aux fondateurs un local plus spacieux et plus commode. Il y avait alors à Paris, dans la rue Picpus, une fosse profonde dans laquelle on avait jeté pêle-mêle toutes les personnes guillotinées sur la place du Trône pendant la Révolution. Cette fosse, acquise par la sœur de l'une des victimes, avait été entourée de murs, et, en 1807, une association se forma pour élever sur ce funèbre enclos une chapelle où venaient prier les parents de ceux qui y étaient enterrés. Près de cette chapelle, ouverte en 1814, un ancien bâtiment, reste de la communauté de Picpus, était encore debout. C'est cette chapelle et cette vieille maison que l'abbé Coudrin et Mᵐᵉ Henriette Aymer crurent devoir louer en 1805 pour y rassembler les filles des Sacrés Cœurs de Jésus et de Marie et en faire le chef-lieu de la Congrégation. La Communauté ouvrit immédiatement une classe gratuite pour les filles du quartier. Enfin, la congrégation de Picpus fut approuvée par une bulle du 17 novembre 1817, renouvelée plus tard par Léon XII, et, en 1840, par Grégoire XVI.

Les religieuses de l'Adoration perpétuelle, qui se destinent aussi aux missions, comptent à Paris plus de cent religieuses et de cinquante novices. Elles dirigent un pensionnat de jeunes filles. La maison qu'elles habitent est fort considérable. La chapelle est spacieuse. Au fond de chaque transept, il y a une grande plaque de marbre sur laquelle on a gravé les noms et qualités de toutes les personnes guillotinées sur la place du Trône et qui sont ensevelies dans le cimetière. En tête de chaque plaque, on lit :

Noms des personnes qui ont péri a la barrière du Trône depuis le 26 prairial an 2 jusqu'au 9 thermidor suivant (juin et juillet 1794) et dont les restes, confondus dans une même fosse, reposent au cimetière de Picpus.

Chaque nom est précédé d'un numéro d'ordre : le dernier est 1307.

Parmi les reliques précieuses conservées dans cette chapelle, on remarque une petite Vierge en bois sculpté de 38 centimètres de hauteur, connue sous le nom de Notre-Dame de Paix. Cette petite statue, conservée dans l'église des Capucins de la rue Saint-Honoré, donnée par le provincial, en 1791, à Mˡˡᵉ Papin, sœur du grand pénitencier de Paris, connue par sa piété, fut confiée en 1792 à Pauline-Sophie d'Albert de Luynes, ancienne chanoinesse de Remiremont, qui en fit constater l'authenticité par l'abbé de Floirac, vicaire général du diocèse de Paris, le 6 avril 1802. Devenue de nouveau la propriété de la famille Papin, Notre-Dame de Paix fut donnée à Mᵐᵉ Henriette Aymer, supérieure générale des sœurs de la congrégation des Sacrés Cœurs de Jésus et de Marie, qui la plaça, le 6 mai 1806, dans une petite chapelle placée derrière le chœur de l'oratoire des religieuses.

BIBLIOGRAPHIE

IMPRIMÉS

Notice sur la congrégation des Sacrés-Cœurs de Jésus et de Marie et de l'Adoration perpétuelle du très-saint sacrement de l'autel, connue sous le nom de Société de Picpus. *S. n. d. l. n. d.* (*Paris*, mars 1843), in-4°, 4 p.

Vie de l'abbé Coudrin, fondateur de la congrégation des Sacrés Cœurs de Jésus et de Marie et de l'Adoration perpétuelle du très-saint sacrement de l'autel, par Augustin Coudrin, son neveu, ancien juge au tribunal de Melun. *Paris*, 1846, in-8°.

Notice historique sur la statue miraculeuse de Notre Dame de Paix, vénérée dans la chapelle des sœurs de la congrégation des Sacrés Cœurs de Jésus et de Marie et de l'Adoration perpétuelle du très-saint sacrement de l'autel, à Paris, rue de Picpus, n° 15; par F.-J. Hilarion, prêtre de Picpus. *Paris*, 1837, pet. in-12.

Près de l'ancien village de Picpus, etc. *Paris*, s. d., in-4°.

Circulaire de souscription pour la construction de la chapelle de Picpus, datée du 5 janvier 1807.

Fondation de la chapelle funéraire de Picpus et liste des victimes immolées à la barrière du Trône et inhumées au cimetière de Picpus, d'après le relevé authentique des jugements du tribunal révolutionnaire pris au greffe de la Conciergerie. *Paris* (1814), in-8°.

Le Tribunal révolutionnaire de Paris, par E. Campardon. *Paris*, 2 vol. in-8°.

Ce qui concerne le cimetière de Picpus se trouve dans le tome Iᵉʳ.

Pèlerinage à Picpus. Tombeau de 1306 victimes de la Terreur, par M. Pinard. *Paris*, 1866, in-8°.

CONGRÉGATION DE LA MÈRE DE DIEU

Cette Congrégation, fondée en 1806, est établie rue de Picpus, nᵒˢ 43, 45 et 47; elle compte vingt-six religieuses professes et trente novices, qui dirigent un pensionnat de quatre-vingt-dix élèves environ. L'établissement de la rue Picpus, qui est fort beau, date de 1825; il sert de maison-mère à la Congrégation, et c'est de là que partent les sujets destinés à la maison d'Écouen et à la maison impériale des Loges.

CONGRÉGATION DE SAINTE-CLOTILDE

Cette Congrégation, établie à Paris, rue de Reuilly, nᵒ 101, dans une magnifique·propriété, par ordonnance royale du 14 mai 1826, compte soixante religieuses qui dirigent un pensionnat de cent soixante élèves.

Une très-jolie chapelle, élevée dans le style du xiiᵉ siècle, ne renferme rien de particulier.

BIBLIOGRAPHIE

Les ordres religieux de femmes. — Esquisses de quelques ordres et congrégations. Ouvrage traduit de l'anglais. *Paris*, 1865, in-12.

L'auteur anonyme de cet ouvrage consacre (p. 213), une notice à la congrégation de Sainte-Clotilde. Il donne par erreur aux religieuses un costume blanc, tandis qu'elles sont en noir, avec une croix en or émaillé, portée en sautoir et tenue par un ruban de soie bleu.

MAISON DE LA SAINTE-ENFANCE

Vis-à-vis la congrégation de Sainte-Clotilde, les religieuses bénédictines de l'Immaculée-Conception dirigent rue de Reuilly, nᵒ 78, et chemin de Reuilly, nᵒ 33, une école de filles qui compte trois cents enfants. La maison a été fondée en 1857, rue de Reuilly, nᵒ 106, puis transférée au lieu actuel.

HOPITAL DE ROTHSCHILD

Cet établissement magnifique est situé rue de Picpus, n°s 74 et 76. Il a été construit aux frais de M. de Rothschild. Une inscription sur marbre blanc, placée au centre des deux grands escaliers, au-dessus du buste du bienfaiteur, rappelle ainsi sa coopération charitable :

HOPITAL ISRAÉLITE

DONNÉ PAR LE BARON

JAMES MEYER DE ROTHSCHILD

A LA COMMUNAUTÉ DE

SIVAN 5612.   PARIS.   MAI 1852.

Cet hôpital, entretenu par un revenu fixe qui s'élève à 40,000 francs, par des donations et des souscriptions, est divisé en deux sections. La première, l'hôpital, renferme soixante-trois lits d'adultes, trente-six lits d'enfants, douze lits de nourrices et onze lits de maladies chroniques ; la seconde, la maison de retraite, renferme trente-six pensionnaires des deux sexes.

Avant d'avoir cette immense propriété, les Israélites de Paris avaient, rue des Trois-Bornes, un petit hôpital de onze à douze lits, créé par M. le docteur Cahen, ancien président du Consistoire. C'est encore à l'initiative de cette généreuse personne que les Juifs doivent le superbe établissement dont ils jouissent aujourd'hui.

PROVIDENCE SAINTE-MARIE

Sous ce titre, les religieuses de Saint-Vincent-de-Paul ont créé, rue de Reuilly, n° 77, un orphelinat de cent cinquante jeunes filles, qui date de 1850, et qui a été construit par la charité publique sur un terrain donné par Mme la duchesse de Narbonne. A cet orphelinat, formé au moment de l'invasion du choléra, les sœurs de Saint-Vincent-de-Paul ont ajouté un orphelinat de deux cent vingt-neuf garçons, un asile de trois cent cinquante petits enfants, cinq classes externes, dans lesquelles douze cents jeunes filles reçoivent gratuitement l'instruction primaire, enfin des classes ouvertes le soir pour les enfants du quartier, employés dans les manufactures de papier peint.

Je me suis assuré par moi-même de la réalité de ces faits, et ce n'est pas sans une vive émotion que j'ai parcouru les salles de cet établissement charitable, dirigé avec tant de zèle et d'amour maternel, par les humbles sœurs de Saint-Vincent-de-Paul.

HOSPICE D'ENGHIEN

Cet hospice, situé rue de Picpus, n° 42, a été fondé en 1819 par la duchesse de Bourbon, en mémoire de son fils le duc d'Enghien, dans les dépendances de l'hôtel qu'elle occupait rue de Varennes et qu'elle légua à Madame Adélaïde. Il ne contenait alors que vingt-huit pauvres, seize convalescents et douze vieilles dames. Transféré rue de Picpus, il fut augmenté de quatre convalescents, de six femmes et de douze vieillards. Aujourd'hui, il ne renferme que vingt-six personnes, toutes attachées autrefois à la maison d'Orléans. Les sœurs de Saint-Vincent-de-Paul qui dirigent cet établissement ont profité de leur séjour dans ce quartier populeux pour créer, rue de Reuilly, n° 77, la Providence-Sainte-Marie qui communique avec l'hospice d'Enghien.

(Voyez plus haut, p. 545.)

HOPITAL SAINT-ANTOINE

Cet hôpital occupe les bâtiments de l'ancienne abbaye Saint-Antoine (Voyez plus loin, p. 547) par décret de la Convention nationale du 17 janvier 1795. L'hôpital Saint-Antoine renferme aujourd'hui 480 lits, savoir : 337 de médecine, 83 de chirurgie, 14 d'accouchement, 16 de nourrices et 30 berceaux.

(Voyez Husson, *Etudes sur les Hôpitaux*, p. 12.)

MAISON EUGÉNIE-NAPOLÉON

Cette maison, établie dans l'ancien grenier à fourrages, construit en 1830, rue du Faubourg-Saint-Antoine, n° 262, a été fondée par l'impératrice Eugénie en 1864, pour l'éducation de jeunes ouvrières.

FRÈRES DE SAINT-JOSEPH

Une Société vient de se former, rue de Reuilly, n° 42, sous le patronage de Saint-Joseph. Les hommes qui en font partie se consacrent au service des malades à domicile. Cette Société de gardes-malades hommes est établie sous la surveillance du curé de Saint-Eloi.

ABBAYE DE SAINT-ANTOINE-DES-CHAMPS

44 La réunion des religieuses eut bien lieu en 1198, mais la chapelle existait déjà depuis plusieurs années.

L'abbaye de Saint-Antoine avait, au xiiie siècle, de grands biens à Paris et dans les environs. Un cartulaire fort précieux, conservé aux Archives de l'Empire (LL. 155) renferme une série de pièces de cette époque, relatives à ces propriétés. Voici la liste des lieux, quartiers, places, rues et ponts cités dans ce cartulaire, avec la date des pièces où ils sont cités. J'ai eu le soin de laisser les noms en latin ou en langue vulgaire, tels qu'ils se trouvent dans les actes :

Le Pont Perrin (1278). Rue Saint-Paul (1281). La Porte Baudoyer (porta Bauderi) et la rue Roger Lanier (1234, 1240, 1241, 1262, 1295). La Mortellerie (1265). Rue des Barres (avril 1239). La Texeranderie (1260, janvier 1269). Vicus de Jardino (déc. 1261). In Magno Vico ab oppositis S. Opportune (juillet 1261). In fundo terre S. Mederici (1218, 1224, 1225, 1247, 1260). La Charronnerie (juin 1262, 1263). Ruella defuncte Agnetis Bucherie, videlicet in ruella que est sine capite (août 1262). Vicus Andriu Malet (1277). Poletaria Magni Pontis (1263). In vico que Judearia dicitur in censiva Camerarie domini regis (1231, sept. 1233). Vicus Sancti Boniti (fév. 1232). Vicus Athacherie versus S. Bonitum, in censiva Camerarie Francie (1275). Prope Graviam in vico Cufariarum, in censiva domini regis (avril 1269). Vicus qui dicitur Pons Perrini (mars 1242). Vicus qui dicitur Marivals[1], in censiva fratrum militie Templi (mars 1242, 1251). Apud S. Anthonium in loco qui dicitur Cloche buef in censiva Camerarie domini regis et ad crucem fractam (mars 1242). Menilium mautenz juxta clausum S. Martini in censiva Guidonis vice comitis de Corbolio (1231). Carnificeria (fév. 1248). Territorium de Rouvres (oct. 1227). Vicus de Marivaz, in censiva Johannis dicti Hermant, clerici (mai 1250). Vicus de Marivaz, in censiva Parisiensis episcopi (fév. 1241). Vicus qui tendit a cuneo vici S. Boniti versus Graviam, in censiva Camerarie Francie (août 1276). Vicus qui vocatur Vetus Moneta (1283). Place de Greve entre Saine et la Tanerie (1302). Salneria retro Castelletum Magni Pontis (mai 1238, 1264, déc. 1278). Apud Planchas Mibrarii in censiva S. Maglorii (sept. 1242). In Corrigiaria parisiense in vico W. Joce (1228). In Antheria[2] (1218). In Faroneria (mai 1229). In vico de la Foreneric in censiva domini regis (1243, 1258). Apud Chatelfestu in Tonnelaria (janv. 1221). Ou bout de la petite Truanderie, en la censive de Thorouanne (1301). In Tonelaria, in censiva domini regis (juillet 1258). Ante alas piscium, in censiva domini regis. In campellis in buco Coçonnerie (1261). Terra arabilis propè Capellam S. Genovefe et vinea sub Pomerilla (mai 1219). In Cavateria (1251). La Truenderie (1227, 1295). Vicus qui dicitur Furnus S. Mederici. Ad portam Parisius super quadam petra ubi venditur piscis. Vicus Johannis Crassi. Apud Torciacum, ad crucem

---

[1] On l'appelle dans le même manuscrit in vico de Mullires.

[2] In Hanteria. Variante.

S. Mauri (mai 1243). In Piscatoria versus Barbeel, in censiva de Tironio (1248). In ripparia Johannis Crassi (1261). In Civitate in vico de Kalendra (7 mai 1268). Ultra Parvum Pontem in Veteri Judearia. Vicus S. Andree de Arcubus (juin 1268). Vicus qui Clausus Mali Vicini vulgariter appellatur, in parrochia S. Genovefe, in censiva domini de Malliaco (mars 1240). Apud Noigentum in territorio quod Angle vulgariter appellatur (mars 1240). Apud Vitriacum, vinea S. Christofori (mars 1240). Ante domum Marmosetorum (1244). Clausum Brunelli (1229). Vicus Scriptorum (1225). Inter Palacium de Termis et S. Germanum de Pratis (1218). Venisiacum. Florigniacum (1219). In vico de Charleron prope domum Hospitalis S. Gervasii (1291). Vicus qui vocatur Chastel Fetu (1291). In Vico de Cuffariis (1290). En l'Escorcerie supra rippariam Sequane (1289). Vicus Andree Malet (1286). Domus de la Huchete sita Parisius ultra Parvum Pontem, in vico per quem itur de Parvo Ponte ad Sanctum Germanum de Pratis. Vicus aus Boudonais (1297). Vicus Theobaldi de Gravia (1273). In Civitate, in vico de Curru Hurrici, in censiva domini Johannis Le Brun de Paletiolo, militis (1298). Villa de Gentilliaco (1300). Vicus de Nigella (1299). A la Croix du Tirouer (1300). Trienniel (1281). Juxta Alars in cuneo Ferronerie ab oppositis Cimiterii Sanctorum Innocentium [en la place aus chars] (1282). Athis-sur-Orge (1301). Beaumont-le-Bois en Gatinais (1301).

L'abbaye de Saint-Antoine avait perdu beaucoup de son importance au xviiie siècle. Elle avait encore d'assez grands revenus ; mais elle avait aussi beaucoup de dettes. Le 28 février 1790, André Guibout, négociant, fondé de pouvoir de Mme Gabrielle-Charlotte de Beauveau-Craon, abbesse de Saint-Antoine-des-Champs, déclara que les revenus de l'abbaye, composée de vingt-quatre religieuses de chœur et de onze sœurs converses, se montaient à 75,285 liv. 15 s. 2 den. (cens et rentes du faubourg Saint-Antoine : 12,954 liv. 5 s. 2 den.; loyer des maisons dans Paris : 16,466 liv.; loyer des étaux de boucherie : 3,680 liv.; redevances en grains : 800 liv.; lods et ventes tant à Paris qu'à Montreuil : 24,200 liv.; rentes viagères : 1,400 liv.) ; et que les charges s'élevaient à 32,119 liv. 11 s. 10 den. (cens et rentes : 179 liv. 12 s. 1 den.; rentes perpétuelles : 224 liv.; rentes viagères : 4,860 liv.; décimes, honoraires du médecin et du chirurgien, etc. : 26,845 liv. 19 s. 9 den.) ; le montant des dettes actives était de 37,635 liv. 5 s.; le total des dettes passives au 1er janvier 1790, était de 115,830 liv. 15 s. En supposant que les dettes actives fussent réalisables, l'abbaye avait encore 78,195 liv. 10 s. de dettes.

Le couvent possédait une bibliothèque de trois mille volumes et de fort belles archives. Ces archives étaient dès le xiiie siècle fort bien classées. On ne peut même s'empêcher de remarquer le soin avec lequel l'auteur du cartulaire de l'abbaye indique la place qu'occupait, dans le chartrier, les actes qu'il transcrit. On y voit souvent cette mention : « Summa que debent esse in primo ergastulo primi raustri loci supe- « rioris a parte ecclesie triginta due littere in decem et octo baculis « posite. » Ou bien : « Super isto contractu invenientur quinque littere

« insimul posite XXIX loco secondi ergastuli primi raustri. » Ou
encore : « Summa litterarum que debent esse in secundo ergastulo
« primi raustri loci superioris viginti quinque littere in quindecim
« baculis posite. »

L'église, qui était fort grande, renfermait les épitaphes de Jeanne,
fille ainée de Charles, fils ainé de France (21 oct 1360), Bonne, 2ᵉ fille
de Charles, sa sœur (7 nov. 1360), Jeanne de Suilly, vicomtesse de
Melun (4 mai 1306), Jacques de la Salle (1611), une abbesse de la
maison de Montfort (?), Marie-Gabrielle-Eléonore de Bourbon-Condé,
princesse du sang, abbesse de Saint-Antoine (28 août 1760), Philippe de
Clérembault, maréchal de France (1665), Louise-Françoise Bouthillier
de Chavigny, sa femme (27 novembre 1722). L'église de Saint-Antoine
fut transformée, par la loi du 4 février 1791, en église paroissiale,
et on lui donna pour circonscription :

(Barrière du Trône); les murs de ladite jusqu'à la Rapée ; les bords de la
rivière jusqu'à la rue des Fossés-Saint-Antoine ; ladite, à droite, jusqu'à celle
du Faubourg ; ladite, à droite, jusqu'à la barrière du Trône.

Fermée peu de temps après, l'église fut vendue le 3 vendémiaire
an v (24 septembre 1796), puis démolie. Son emplacement forma la
petite place située devant l'entrée de l'hôpital Saint-Antoine, qui, par un
décret du 17 juin 1795, fut instituée dans les bâtiments de l'abbaye.
Quant aux terrains adjacents, connus sous le nom de Clos de
l'abbaye, ils avaient été vendus en cinq lots, le 19 messidor an vi
(17 juillet 1798).

(Voyez plus haut la note consacrée à l'hôpital Saint-Antoine.)

BIBLIOGRAPHIE

MANUSCRITS

Les documents concernant l'abbaye de Saint-Antoine-des-Champs
sont conservés aux Archives de l'Empire, dans les sections administrative et historique.

Dans la section administrative, il y a vingt-sept cartons et vingt-deux
registres.

Le premier carton (S. 4357-4358) renferme des actes de liquidation de
rente, des pièces concernant la terre du Plessis-Saint-Antoine, située paroisse de Chennevières en Brie, relevant de l'abbaye de Saint-Antoine à foi
et hommage et droit de quint, des plans intéressants, d'anciennes déclarations des revenus de l'abbaye en 1548, 1684, 1704, une lettre d'amortissement général des biens, des baux des fermes de la Basse-Cour, une
déclaration au terrier de la seigneurie de Saint-Mandé, des pièces
concernant un fief à Belleville consistant en un droit de censive sur

dix quartiers de terre au lieu dit le Pressoir-Saint-Martin, des bornages
de censives, un registre d'ensaisinement pour les censives dans le faubourg Saint-Antoine et aux environs, un état de l'abbaye de Saint-
Antoine en 1771, des baux, table des ensaisinements, état des déclarations par les censitaires en 1767, un procès-verbal de limites et
de bornages entre la seigneurie de Saint-Mandé et celle des dames de
l'abbaye de Saint-Antoine, les 11, 15 et 21 mars 1783, des déclarations
censuelles des héritages étant dans la censive du fief de Montcel, situé
à Anet ; le deuxième carton (S. 4359), des titres de rente, des pièces
concernant le droit de dîme appartenant à ladite abbaye, des pièces concernant la terre du Plessis Saint-Antoine, située paroisse de Chennevières
en Brie, relevant de l'abbaye, une déclaration censuelle du fief de
Moncel situé à Anet, des pièces concernant un fief à Belleville, consistant
en un droit de censive sur dix quartiers de terre ; le troisième (S. 4360),
des terriers, déclarations et autres pièces concernant le fief Saint-Antoine
consistant en un droit de censive sur environ 100 arpents de terre situés
à Louvres en Parisis, les titres d'une rente foncière sur le four banal
de la seigneurie de Massy, des pièces concernant le droit de censive
sur le territoire de Champagne près Beaumont-sur-Oise, vendu au roi,
le 8 juillet 1789, des pièces relatives aux dîmes de certaines paroisses du
duché de Guise ; le quatrième (S. 4361), des titres de propriété de
différents fiefs que l'abbaye possédait sur le territoire de Montreuil,
aliénés en 1775 et 1776 ; les cinquième et suiv. (S. 4362 et 4362 bis),
des papiers terriers et cueilloirs de la seigneurie de Noisy-le-Sec ; le
septième (S. 4363), des pièces relatives à l'hôtel et clos de Gournay
rue de Charenton, au faubourg Saint-Antoine, à l'établissement des
boucheries et du marché, à la construction du portail, des titres de propriété de maisons rue du Grand-Chantier ; le huitième (S. 4364), des
baux de maisons et terrains, rue Saint-Antoine, à Saint-Mandé et à
Vincennes, un arpentage et des baux sur la ferme de la Basse-Cour, les
titres de la ferme d'Anet ; le neuvième (S. 4365), les titres de la ferme
de Chalendray près Montgeron, des titres de 5 arpents de terres et vignes
au Petit-Charonne, de terres à Vanves, à Louvres en Parisis, Epiais,
Mauregard, Brie-sur-Marne, Neuilly-sur-Marne, Bagnolet, Montreuil
et Noisy-le-Sec ; le dixième (S. 4366), les titres de la ferme de Savigny,
paroisse d'Aulnay près Bondi, des titres de terre de Gonesse, Villejuif,
Bercy ; onzième (S. 4367), les titres généraux de la censive de l'abbaye
sur une grande partie du faubourg Saint-Antoine ; le douzième (S. 4368),
des cueilloirs, états, déclarations et mémoires relatifs au droit de censive ;
les treizième et quatorzième (S. 4369-4370), des titres de rente sur maisons
et héritages dans le faubourg Saint-Antoine et à Picpus ; le quinzième
(S. 4371), des titres de rentes sur maisons sises à Paris, rues du Martroy,
du Cimetière-Saint-Jean, de la Mortellerie, de la Coutellerie, de la

Tâcherie, de Marivault, Saint-Jacques-la-Boucherie, Saint-Martin, de la Verrerie, Aubry-le-Boucher et Saint-Denis; le seizième (S. 6372), des titres de rentes sur maisons sises à Paris rues des Prêcheurs, de la Cossonnerie, Montmartre, Boutebrie, de la Huchette, Saint-Jacques, de la Harpe, de la Juiverie, des Noyers, Saint-Séverin et la Grande-Boucherie; le dix-septième (S. 4373), des titres de rentes sur héritages sis à Anet, Bagnolet, Chalendray près Montgeron, Charenton, Charonne, Cressonsac en Beauvaisis, Montfort-l'Amaury, Montreuil, Soisy, Vauves, Vincennes, Houdan, Conflans, etc.; le dix-huitième (S. 4374), des titres de rentes sur héritages sis au comté d'Armainvilliers, la seigneurie de Compans, le domaine de Mitry, la prairie de Neuilly-sur-Marne, Sarcelles; le dix-neuvième (S. 4375), des titres de rentes sur héritages sis à Charonne, la Grange-Batelière, Noisy-le-Sec et Popincourt; les vingtième et suivants (S 4376-4383) renferment les titres de rentes sur maisons situées à Paris, Grande-Rue du faubourg Saint-Antoine (S. 4376), rue de Montreuil (S. 4377), Grande-Rue du faubourg Saint-Antoine (S. 4378), rues Saint-Bernard, Sainte-Marguerite et de Reuilly (S. 4379), rue de Montreuil (S. 4380), Grande-Rue du faubourg Saint-Antoine (S. 4381), rues d'Aligre, Marché-Saint-Antoine, de Bercy, Saint-Bernard, des Charbonniers et de Charenton (S. 4382), rues de Charonne, Cotte, Trouvée, Saint-Nicolas, Lenoir, Picpus, Popincourt et Traversière (S. 4383).

La même section compte vingt-deux registres. Le premier registre (S. 4384), contient un inventaire des titres par Thomas de Plainville, archiviste en 1788; le second (S. 4385) est un inventaire des titres en 1769; le troisième (S. 4386) est un inventaire des titres de rentes et de donations; le quatrième (S. 4387) renferme le dénombrement des terres affermées par l'abbaye à titre de rentes foncières; le cinquième (S. 4388) contient les adjudications des étaux de boucheries depuis 1704; les sixième et suivants (S. 4389-4393) renferment les ensaisinements de 1646 à 1684, 1684 à 1713, 1714 à 1760, 1761 à 1765 et 1767 à 1790; le onzième (S. 4394), les ensaisinements de Montreuil, Noisy-le-Sec, Belleville, Louvres en Parisis, de 1770 à 1789; le douzième (S. 4395) est un répertoire de tous les titres des rentes à percevoir à Paris; le treizième (S. 4396) est un état des revenus temporels de l'abbaye en 1670; les quatorzième et suivant (S. 4397) sont deux cueilloirs des rentes et autres revenus de l'abbaye en 1787; le seizième (S. 4399) est un cueilloir des revenus en 1771; les dix-septième et suivants (S. 4400-4402) sont des terriers de l'abbaye de 1691 à 1712, de Montreuil en 1574 et de 1779 à 1781; le vingtième (S. 4403) renferme les déclarations et anciens terriers de Montreuil; le vingt et unième (S. 4404) renferme le terrier incomplet de 1750 et deux registres d'ensaisinement de 1709 à 1730; le vingt-deuxième et dernier (S. 4405) est un terrier de Noisy-le-Sec.

Le premier carton de la section historique (L. 1014) renferme une lettre de Guillaume, évêque de Paris, qui accorde en mai 1232 une indulgence de vingt et un jours à ceux qui donneront des secours pécuniaires à l'abbaye de Saint-Antoine, une charte de juillet 1232, par laquelle le même évêque atteste l'abandon fait par les frères hospitaliers de Saint-Thomas du Louvre, de leurs dîmes au Pré-Saint-Gervais, des lettres d'indulgence de mai 1233 en faveur des bienfaiteurs de l'abbaye, des chartes de 1204, 1206 et 1208 relatives à l'incorporation de l'abbaye de Saint-Antoine à l'ordre de Cîteaux ; enfin, une série de chartes du XIIIᵉ siècle, concernant les droits de l'abbaye sur 20 arpents de bois à Aunoi (1207-1211), une rente percevable à Saint-Valeri (1241 à 1251), la terre de Fousibout à Louvres (1255-1262), les dîmes d'Ormoy (de Ulmeio) et du vieux Corbeil (1213 à 1244), le moulin de Bene (de Benia) (juin 1239), Mailly (1236-1239), une maison sise à Paris rue des Barres (avril 1239), des rentes percevables à la Ferté-Alais (déc. 1230), des rentes à Lieusaint (mars 1238), des terres à Bernay (1234 à 1238), des vignes à Montreuil (1238), des vignes à Torcy (mai 1236), les dîmes de Louvres (1233), un cens à percevoir sur la boucherie de Saint-Denis (1227), des pièces relatives à Ville-d'Avray (1226), Pont-David (1215), Montreuil (1224), Savigny (1220), une maison à Ersy (1212), Roussy et Montfermeil (Rossiacum et Mons fermel) (1211), Champroux près Ormoy et le vieux Corbeil (1208), une dîme à Wives (1204), Gournay, Saint-Gratien, Louche de Beler (1225) ; le second carton (L. 1015) contient une série de chartes du XIIIᵉ siècle, parfaitement conservées et qui concernent Aunoy (1209 à 1291), Cesseuil (Cessolium) (1251), Ormoy (1253), Corbeil (1256 à 1266), Bernay (1248), une maison de la rue de la Charronnerie, à Paris (1263), Savigny (1256 à 1273), Montreuil (1268-1277), une maison de la rue de la Saulnerie, à Paris (1283-1284), le manoir de la Motte (1283-1284), Bernay-en-Brie (1287), un dossier de pièces concernant les terres et seigneurie de Noisy-le-Sec, un fragment d'un registre d'audience de la justice du petit Saint-Antoine près Montreuil (1402), des pièces concernant la construction du portail de l'abbaye, une copie de la fondation de la chapelle Saint-Pierre, le titre de donation de 10,000 liv. aux pauvres du faubourg Saint-Antoine par M. de Malon, seigneur de Bercy, en 1674, des priviléges donnés par saint Louis en 1258, une estimation faite au nom du roi, le 8 février 1364, par-devant Denis de Neaufle, bailli de Mantes, d'une maison appartenant au couvent de Saint-Antoine, et destinée à être abattue pour compléter certains travaux de fortification, une lettre d'indulgence accordée en 1316 par l'évêque de Paris, à Girard, bourgeois de Paris, qui avait décoré à ses frais la chapelle de Notre-Dame.

On trouvera encore sous la cote K. 181 et 191 des copies de pièces relatives à l'abbaye de Saint-Antoine.

' Sous la cote LL. 1595, les Archives de l'Empire possèdent un précieux cartulaire dont j'ai parlé plus haut.

Dans la section topographique (3ᵉ cl., nº 730), on conserve aux Archives un plan de l'abbaye en 1481, et un autre plan levé par Legendre en 1740.(Voy. *Revue universelle des Arts,* tom. V, 1857, p. 212.)

IMPRIMÉS

Mémoire pour madame Marie-Gabrielle-Éléonore de Bourbon Condé, abbesse, et les prieure et religieuses de l'abbaye royale de S. Antoine des Champs lès Paris, demanderesses, contre les religieuses de Saint-Michel, deffenderesses. *Paris,* 1738, in-fol. (Bibl. Maz., nº 3817 R.)

Second mémoire pour Marie-Gabrielle-Éléonore de Bourbon Condé, abbesse, et les prieure et religieuses de l'abbaye royale de S. Antoine des Champs lès Paris, demanderesses, contre les religieuses de S. Michel, deffenderesses. *Paris,* 1738, in-fol.

Mémoire signifié pour madame Marie-Gabrielle-Éléonore de Bourbon Condé, abbesse, et les prieure et religieuses de l'abbaye royale de S. Antoine des Champs lez Paris, contre les religieuses de S. Michel. *Paris,* 1738, in-fol.

Mémoire signifié pour les dames religieuses du monastère de Saint-Michel, de l'ordre de S. Augustin, defenderesses, contre madame Marie-Éléonore de Bourbon Condé, abbesse, etc., et contre M. l'abbé de Citeaux, intervenant. *Paris,* 1738, in-fol.

Réplique signifiée pour les dames religieuses de S. Michel contre madame l'abbesse et les prieure et religieuses de S. Antoine. *Paris,* 1738, in-fol.

Discours de ce qui s'est passé en la conférence des députez de Paris, avec le roy, en l'abbaye de S. Antoine des Champs, le septiesme jour d'aoust mil cinq cens nonante. *Tours,* 1590, in-8º.

Oraison funèbre de messire Mathieu Molé, chevalier, garde des sceaux de France, prononcée dans l'église de S. Antoine des Champs, le 10 de février de l'année 1656 en présence de plusieurs archevesques et evesques par messire Antoine Godeau, evesque de Vence. *Paris,* 1656, in-4º. (Bibl. Maz., nº 10370 F.)

Oraison funèbre de très-illustre et très-religieuse dame Françoise Molé, abbesse de l'abbaye royale de S. Antoine des Champs lès Paris, prononcée dans l'église de la même abbaye, le 28ᵐᵉ jour de mars 1686, par le R. P. J. de la Boissière, prêtre de l'Oratoire. *Paris,* in-4º. (Bibl. Maz., nº 10370 M.)

Lettre funèbre à la mémoire de très-noble et très-vertueuse dame Marie-Madeleine de Mornay-Monchevreuil, abbesse de l'abbaye royale de Saint-Antoine des Champs lez Paris, ordre de Citeaux, adressée aux communautez d'hommes et des filles du même ordre, par les dames prieure et religieuses de la dite abbaye. *S. d.* (1722), in-4°. (Bibl. Maz., n° 10370 Z [15].)

PÉNITENTS RÉFORMÉS DU TIERS-ORDRE DE St-FRANÇOIS

DITS

DE PICPUS

[45] Les Pénitents réformés vinrent demeurer à Picpus, après les Capucins et les Jésuites qui avaient été sur le point d'y établir leur noviciat. L'église, construite en 1611, en remplacement d'une petite chapelle de Notre-Dame-de-Grâce qui avait servi aux Capucins, renfermait les épitaphes de :

Antoine Le Clerc de la Forest (1628). Gui Aldence, dit le chevalier Chabot (oct. 1646). Judith de Mesmes, marq. de Soyecour (5 mai 1659). Claude de Choiseul, maréchal de France (15 mars 1711). Antoine d'Aumont, chev. (mai 1635). Catherine Hurault, sa femme (1615). Charles d'Aumont, tué au siége de Landau (5 sept. 1644). Roger d'Aumont, évêque d'Avranches. (25 mars 1653). Jean-Jacques d'Aumont (10 mars 1657). César, marquis d'Aumont, gentilh. ordin. de la chambre du roi (20 avril 1661). Louise-Élisabeth d'Angennes de Rambouillet, femme d'Antoine d'Aumont, cons. d'état, etc. (25 nov. 1666). Élisabeth d'Aumont. (28 nov. 1668). Le cardinal du Perron (ses entrailles seulement) (5 sept. 1618). Louise de Maure, marq. de Mortemart (23 juill. 1643). N... de Damas (1er août 1659). Gabriel de Roche-chouard, duc de Mortemart, gouv. de Paris (16..). Gabrielle de Mortemart, marq. de Thianges (13 sept. 1693). Marie-Élisabeth de Rochechouard-Mortemart, marq. de Castries (6 mai 1718). Joseph-François de la Croix, marq. de Castries (le cœur seulement) (26 juin 1728). Adélaïde-Louise de Damas-Thianges, veuve de Louis Conti-Sforce, duc de Segni (3 février 1730). Claude-François, comte de Bussi-Lamet, chev., vicomte de Laon, seign. de Pinon, Anisy-le-Château, etc. (17 déc. 1713). Louis, marq. de la Chastre, lieut. gén. (13 sept. 1730).

Au moment de la Révolution, les religieux étaient au nombre de trente : vingt-deux prêtres, trois clercs et cinq frères lais. Interrogés, le 3 mai 1790, sur leur détermination, ils répondirent qu'ils suspendaient, quant au présent, leurs déclarations. Le 30 décembre de la même année, Doyen avait dressé l'inventaire de leurs tableaux, et Mouchy, celui de leurs sculptures ; l'administration leva les scellés de la bibliothèque le 28 juillet 1791. On sait que cette bibliothèque renfermait des livres qui avaient appartenu au cardinal du Perron et à Helyot.

Dans ce couvent il y avait des appartements très-riches où descendaient les ambassadeurs arrivés nouvellement, qui devaient faire leur entrée publique à Paris. La salle des ambassadeurs renfermait une vingtaine de portraits de diplomates, de souverains et de gens illustres. L'usage de'descendre à Picpus cessa en 1772.

Le 26 février 1790, François Guitteré, prieur des religieux, déclara que les immeubles qu'ils possédaient tant à Paris qu'à Saint-Mandé et ailleurs montaient à 12,518 liv., que les rentes s'élevaient à 8,035 liv. 11 s. 9 den., ce qui formait un total de 10,553 liv. 18 s. 9 den.

Les charges dont était grevé le couvent se montaient à 5,438 liv. 15 s., pour rentes, réparations, entretien de bâtiments, gages de domestiques, sans compter des dettes passives de 20,292 liv., sur lesquelles il fallait retirer 6,821 liv. 12 s. de dettes actives.

Le couvent, devenu propriété nationale, fut vendu le 8 thermidor an IV (26 juillet 1796).

BIBLIOGRAPHIE

MANUSCRITS

Les documents concernant les Pénitents réformés sont conservés aux Archives dans la section administrative.

Dans la section administrative il y a deux cartons et un registre. Le premier carton (S. 4337) renferme des titres de fondation de messes, des pièces concernant la propriété de 22 arpents 18 perches de terre sise au terroir de Chaussy près Magny en Vexin, les déclarations de biens en 1729 et 1790, des titres de rente sur le pont de Charenton, les titres d'une maison située rue de Montreuil, des titres de rentes viagères, des pièces de procédure concernant le passage d'une rue qui menait à la barrière de Reuilly et le pavé de la rue Picpus, un inventaire des titres et papiers, un registre des fondations, d'anciens inventaires, des baux de maisons, etc.; le second (S. 4338), des pièces de procédure, des pièces relatives à des rentes viagères, des pièces de procédure concernant la rue qui conduit à la barrière de Reuilly et à un droit de passage dans une ruelle située près du couvent, d'anciens inventaires.

Le registre coté S. 4339 renferme les recettes et dépenses du couvent, de 1751 à 1787.

FILLES DE LA TRINITÉ

DITES

MATHURINES

[16] L'année 1608 est une fausse date prise dans Sauval et que tous les historiens de Paris ont répétée, à l'exception de Jaillot. C'est en 1703

que les Mathurines se réunirent pour la première fois près du cloître Saint-Marcel, et c'est en 1713 qu'elles s'établirent définitivement dans le domaine de la petite rue de Reuilly, que leur avait cédé Mlle Freard de Chanteloup, après avoir habité successivement le faubourg Saint-Jacques, près de l'Observatoire et la rue du Faubourg-Saint-Antoine, où elles s'étaient transportées dès l'année 1707. C'est le 10 novembre de cette année qu'Alain de Gontaut, grand-chantre de Paris, donna à ces religieuses l'autorisation de tenir école et d'enseigner par charité dans leur maison, proche la barrière du Trône, les jeunes filles des environs.

L'utilité des filles de la Trinité était si universellement reconnue, qu'elles furent conservées pendant les premières années de la Révolution; mais en 1793 elles furent supprimées [1]. Les sœurs, qui visitaient les malades, instruisaient les pauvres et prenaient des pensionnaires, étaient à cette époque au nombre de onze. L'état financier de leur maison était fort triste, car, d'après leur déclaration du 30 mars 1793, elles n'avaient que 1,772 liv. 6 s. 8 den. de revenus fixes, et elles devaient 8,237 liv. 15 s. 5 den. Il est vrai qu'on leur devait 3,386 liv. 10 s.; mais les créances n'avaient pas alors une grande valeur.

Les bâtiments du monastère sont devenus des propriétés particulières.

BIBLIOGRAPHIE

MANUSCRITS

Les documents relatifs aux filles de la Trinité sont conservés aux Archives de l'Empire, dans les sections administrative et historique.

Dans la section administrative, il y a un carton, coté S. 4763, qui renferme des titres de propriété de marais sis rue de Reuilly, des pièces relatives à la maison occupée par la communauté, des testaments, inventaires dressés après décès, actes d'ingression, plan de la chapelle et des dortoirs, déclaration, et autres pièces.

Le carton de la section historique, coté L. 1068, renferme des actes

---

[1] Voici la lettre qui ordonne la suppression de ce couvent :

« Paris, le 12 mars 1793, l'an second de la République.

« Les administrateurs composant la direction du département de Paris aux commissaires à l'agence.

« Nous vous envoyons ci-joint expédition d'un arrêté du neuf de ce mois portant suppression de la maison connue sous le nom du couvent de la Trinité établie petite rue de Reuilly, faubourg Saint-Antoine, ensemble les pièces d'après lesquelles le dit arrêté a été pris, etc. »

d'ingression de plusieurs filles dans la communauté, et des titres de diverses fondations.

IMPRIMÉS

Mémoire pour le sieur Rouxelin d'Acy, lieutenant général de police de la ville du Mans et dame Louise-Victoire de Faury, sa femme et Marguerite-Françoise-Catherine de Faury, épouse non commune en biens du sieur Louis le Gaigneur, chevalier, seigneur de Mongateau contre Marie Mignon et autres connues sous le nom de filles de la Trinité. In-4°.

Intéressant pour l'histoire de la fondation de ce couvent. L'arrêt du 21 août 1755 a été rendu en faveur des Filles de la Trinité.

Règlement en forme de constitutions pour la communauté des filles de la Sainte-Trinité, établie sur la paroisse de Sainte-Marguerite à Paris. *S. l.*, 1777, in-12.

MONASTÈRE DE BETHLÉEM

ou

FILLES ANGLAISES DE L'IMMACULÉE-CONCEPTION

[47] Les dates données par l'abbé Lebeuf sont inexactes. Les religieuses vinrent s'établir à Paris, dans le faubourg Saint-Jacques, en 1658, et elles ne s'établirent que deux ans après dans la rue de Charenton, où elles élevèrent une église, dont la première pierre fut posée le 13 novembre 1679. Cette église en remplaçait une autre qui avait été élevée en 1672.

Les religieuses étaient au moment de la Révolution au nombre de seize religieuses professes, de trois sœurs converses, d'une novice, de huit pensionnaires en classe, d'un jardinier, d'un sacristain et de quatre filles de service. L'abbesse se nommait Winefride Stock. La déclaration du 2 mars 1790 montre qu'elles avaient 23,587 liv. de revenu (biens affermés : 9,194 liv.; rentes foncières, 350 liv.; rentes perpétuelles : 4,584 liv.; pensions viagères et aumônes : 7,454 liv.), et 11,188 liv. 7 s. de charges.

La position exceptionnelle de ces religieuses, qui étaient étrangères, causa de certains embarras au gouvernement. Les religieuses tenaient à leurs propriétés et firent tout au monde pour qu'elles leur fussent conservées. Mises en état d'arrestation dans leur maison le 14 octobre 1793, elles furent transférées rue des Fossés-Saint-Victor le 14 novembre 1794 et mises en liberté le 9 ventôse an III (27 février 1795) par ordre du comité de sûreté générale : on leur rendit même les objets du culte qui leur appartenaient [1]. En attendant que la Convention ait statué sur leurs prétentions, les religieuses recevaient les revenus de leurs biens, qui finirent par rester à l'État. (Voy. une lettre du directeur de l'enregistrement du 8 thermidor an III (26 juillet 1795). Le couvent fut vendu en trois lots les 7 et 17 vendémiaire an VIII (29 septembre et 9 octobre 1799).

La maison qui porte le n° 38 de la rue de Charenton occupe l'emplacement du monastère de Bethléem.

BIBLIOGRAPHIE

MANUSCRITS

Il y a très-peu de documents aux Archives sur les Filles anglaises de la rue de Charenton.

Le premier carton de la section administrative, coté S. 4617, renferme la déclaration de 1790, les titres de propriété, un inventaire du mobilier; le second (S. 4618), des titres de propriété de maisons appartenant aux religieuses anglaises, des pièces de procédure, et quelques actes de l'époque révolutionnaire.

Un carton de la section historique, coté L. 770, contient un procès-verbal de visite en 1683 et des comptes de la communauté à la même époque.

IMPRIMÉS

Oraison funèbre de milord Richard Talbot, duc de Tyrconnel, vice-roy d'Irlande, prononcée à Paris dans l'église des religieuses anglaises du fauxbourg Saint-Antoine, le 22 aoust 1692, par messire M. A. Anselme. *Paris*, 1692, in-4°. (Bibl. Maz., n° 10370 N[1] et n° 10816 N[2].)

HOSPITALIÈRES DE LA ROQUETTE

[48] La date de 1639 donnée par Lebeuf est celle des lettres d'amortissement que les religieuses de la Roquette obtinrent au mois d'octobre de cette année, mais la date de la fondation est 1636, année de l'achat

---

[1] Voici la lettre qui autorise le directeur de l'enregistrement à rendre aux religieuses ce qui leur appartenait.

« Tu voudras bien, citoyen, laisser aux ci-devant religieuses anglaises de la rue de Charenton, sous leur responsabilité, tous les effets dont elles jouissaient avant leur arrestation, même ceux qui sont relatifs au culte.

« Ce neuf thermidor an 3e de la république françoise.

« GUILLOTIN.
« DUCHATEL. »

du terrain de la Roquette par les Hospitalières de la charité Notre-Dame de la place Royale. Ce n'est qu'en 1690 que les Hospitalières de la Roquette se séparèrent des Hospitalières de la place Royale et qu'elles formèrent, chacune, un établissement distinct et complétement séparé.

Le 26 février 1790, Charles-Jean Marchant Duplessis, avocat au parlement, fondé de pouvoirs des religieuses du monastère de la Charité de Saint-Joseph, dites Hospitalières de la Roquette, déclara que la communauté du monastère se composait de dix-huit religieuses de chœur, de six sœurs converses, d'une novice, de trois postulantes, de deux chapelains et d'un sacristain; qu'il y avait en sus six filles de service au tour, à la porte extérieure, à l'apothicairerie et à l'hôpital; seize dames en chambre et vingt-trois malades à l'hôpital. Ce qui faisait un personnel de soixante-dix-huit personnes. Les revenus du monastère consistaient : 1° en 9,270 liv. de loyer de maisons; 2° 5,812 liv. de loyer de 37 arpents de terre en culture; 3° 19,650 liv. de rentes perpétuelles sur les aides et gabelles; 4° 112 liv. de rente sur la taille; 5° 133 liv. 6 s. 8 den. de rente sur gages du parlement; 6° 283 liv. 15 s. d'effets au porteur; 7° 25 liv. d'effets du Canada; 8° 240 liv. sur le clergé; 9° 430 liv. 8 den. de rentes perpétuelles sur l'ancien clergé; 10° 947 liv. 12 s. de rentes sur religieuses; 11° 7,400 liv. de pensions des dames, filles malades; 12° 665 liv. 4 s. d'indemnité du droit d'entrée pour les vins; 13° 500 liv. de loyer des chaises et offrandes, ce qui formait un total de 45,473 liv. 9 s. 2 den. Les charges (décimes, honoraires, fondations de messes, fournitures de cire, etc.), montaient à 45,186 liv. 6 s.

Supprimé pendant la Révolution, le couvent de la Roquette devint la propriété des Hospices, et fut aliéné en huit lots les 16 septembre 1817 et 8 avril 1823. C'est sur l'emplacement de ce couvent que le prolongement de la rue de la Roquette, à partir du n° 103, a été exécuté.

BIBLIOGRAPHIE

MANUSCRITS

Il n'y a que deux cartons aux Archives de l'Empire sur les Hospitalières de la Roquette.

Le premier carton de la section administrative (S. 6149) renferme la déclaration de 1790, un contrat d'acquisition du 30 janvier 1636, par lequel messire Thomas Morant, baron de Mesnil-Garnier et Françoise de Vieuxpont, son épouse, ont vendu à Jacques Bordier, plusieurs corps d'hôtel et dépendances situés à Paris au lieu dit la Roquette et ci-devant la Rochette, moyennant 18,000 liv. tournois, l'acte d'acquisition par

Jacques Bordier, au nom des dames hospitalières de la charité de Notre-Dame, établies près la place Royale, des procédures entamées contre les religieuses à cause de leur acquisition de la maison de la Roquette; le second (S. 6150), des pièces de procédure relatives au décret volontaire de la maison de la Roquette, à une propriété de la rue Traversière et aux revenus de l'hôpital.

IMPRIMÉS

Constitutions des religieuses Hospitalières de la Charité-Notre-Dame, de l'ordre de Saint-Augustin, établies à Paris par l'autorité de messire Jean-François de Gondy, etc. *Paris*, 1635, in-8°, et *Lyon*, 1667, in-4°.

Vie de la mère Françoise de la Croix, institutrice des religieuses Hospitalières de la Charité de Notre-Dame. *Paris*, 1745, in-12.

FILLES DE LA CROIX

⁴⁹ En adoptant la date de 1639, l'abbé Lebeuf a pris la date de l'acquisition de la maison de la rue de Charonne pour celle de l'établissement des religieuses qui eut lieu rue d'Orléans, au Marais, le 6 mars 1627. Les religieuses qui avaient habité successivement, en 1636, un hôtel de la rue Platrière et une maison de la rue Matignon, n'entrèrent dans le couvent de la rue de Charonne qu'au mois d'avril 1641.

L'église renfermait les épitaphes de Cyrano de Bergerac, mort en 1655, de Blaise-François, comte de Pagan, géomètre, mort le 18 novembre 1665, Marie de Pagan, dite de la Croix de Jésus, religieuse professe du monastère, sa sœur (30 nov. 1671), Constance de Bretagne, demoiselle de Clisson (19 décembre 1695), Marie-Marguerite de Jésus, première supérieure du couvent (7 juin 1657), Charlotte-Marie Coiffier Ruzé d'Effiat, fondatrice du couvent (14 août 1692), Catherine-Henriette d'Harcourt de Beuvron, veuve de Louis, duc d'Arpajon (11 mai 1701), Jean, son fils (26 mars 1660), Marie de Balzac d'Entragues, marquise de Clermont, veuve de Jean-Ferdinand de Marchin, chev. de l'ordre de la Jarretière (9 nov. 1691), Ferdinand, comte de Marchin, maréchal de France, son fils (6 sept. 1706).

Le 30 mars 1790, François-Corentin-Marie le Bosset du Cœtlosquet, ancien lieutenant civil et criminel à Pontrieux en Bretagne, député du district de Saint-Marcel, et représentant de la commune de Paris, fondé de pouvoir de Mᵐᵉ Elisabeth Charton de Sainte-Thérèse, prieure du monastère des religieuses dominicaines de Sainte-Croix, rue de Charonne, déclara que la communauté se composait de vingt-cinq religieuses de chœur et de treize sœurs converses; que les revenus consistaient : 1° en contrats sur le roi : 5,986 liv. 8 s. 6 den.; 2° en actions de fermes : 360 liv.; 3° en contrat sur les cuirs : 225 liv.; 4° sur les inspecteurs des vins : 200 liv.; 5° sur l'ancien clergé : 102 liv. 3 s. 6 den. ; 6° contrats sur les états de Bretagne : 2,967 liv. 17 s. 8 den. ; 7° rente perpétuelle due par de Gaulle 200 liv. ; 8° loyer d'une maison rue de Charonne : 2,150 liv.; ce qui formait un total de 12,191 liv. 9 s. 8 den.

Les charges (rentes, décimes, capitations, entretien de bâtiments, acquits de fondation, honoraires, etc.) se montaient à 16,956 liv. 17 s. 10 den. La situation n'était pas, on le voit, des plus florissantes.

La maison contenait trente-six cellules qui étaient meublées toutes pareillement : deux tréteaux et trois ais pour bois de lit, une paillasse, un matelas, un traversin, deux draps de laine, les couvertures, un rideau, une table, un prie-Dieu, deux chaises, un balai et un pot à eau.

Doyen inventoria les peintures, le 11 avril 1791, et le couvent fut évacué. Devenu propriété nationale, le monastère des Filles de la Croix ne fut pas aliéné, et les religieuses rentrèrent, le 17 mars 1817, dans le couvent où elles sont encore.

BIBLIOGRAPHIE

MANUSCRITS

Les documents sur les dominicaines de la Croix ne sont pas nombreux.

Il y a un carton de la section administrative coté S. 4186-4187, qui renferme le procès-verbal de visite du 3 septembre 1790, la déclaration de 1790, des pièces concernant l'établissement de ces religieuses en 1637, titres de propriété des terrains sur lesquels a été construit le monastère, ainsi qu'une maison de la rue de Charonne, située à côté, une déclaration des biens et revenus en 1729, des pièces concernant les droits d'amortissements, concernant la mitoyenneté des murs, etc., etc., le monastère et le couvent des Filles Sainte-Marguerite, des pièces concernant la construction du monastère, le bail emphytéotique d'un terrain faisant partie du monastère, donnant sur la rue de Charonne.

Un carton de la section historique, coté L. 1059, renferme des titres de rentes; un autre carton, coté L. 1055, renferme des actes de vêtures en 1788, des contrats et titres nouvels de rentes, des pièces concernant l'établissement des Filles de la Croix à Brie-Comte-Robert, Vaugirard, etc., en 1642, à Rueil en 1656. Dans un autre carton, coté L. 1059, on trouve des pièces concernant les sœurs de la Croix du cul-de-sac Guéménée, telles que titres de rentes, statuts et titres de rentes.

Les cartons S. 4688 et 4689 renferment les pièces relatives au couvent des Filles de la Croix du cul-de-sac Guéménée, dont Lebeuf n'a point parlé.

Dans la section historique, il y a quatre registres. Le premier (LL. 1671) concerne la fondation des Sœurs de la Croix à Brie-Comte-Robert en 1640 ; le second (LL. 1672) renferme la constitution de la congrégation ; le troisième (LL. 1673) est un journal des acquisitions faites de 1644 à 1664, par les Filles de la rue des Barres, couvent dont, Lebeuf ne parle pas non plus ; enfin, le quatrième (LL. 1674) est un livre des vœux en 1675.

IMPRIMÉS

Cérémonial de la prise d'habit et de la profession des religieuses dominicaines du monastère de la Croix, établi à Paris, rue de Charonne, n° 92. *Paris*, 1851, in-8°.

Je profiterai de l'article que je viens de consacrer aux Filles de la Croix, de la rue de Charonne, pour dire un mot des Filles de la Croix du cul-de-sac Guéménée et des Filles de la Croix, de la rue des Barres, que Lebeuf n'a pas citées dans son histoire.

FILLES DE LA SOCIÉTÉ DE LA CROIX

L'érection de cette société en congrégation est du 13 février 1640. Elle commença à Roie, puis s'établit en 1636 à Brie-Comte-Robert. De Brie-Comte-Robert, la fondatrice, Marie Luillier, dame de Villeneuve-le-Roi, se retira à Vaugirard, puis vint à Paris où elle acheta, au mois d'août 1643, l'hôtel des Tournelles qui appartenait au sieur de Villebousin, et qui était situé impasse Guéménée.

Devenu propriété nationale à la Révolution, le couvent a été vendu le 14 pluviôse an v (2 février 1797).

FILLES DE LA CROIX

Les Filles de la Croix, de la rue des Barres vinrent à Paris en 1664, de Brie-Comte-Robert. La différence qui existait entre elles et les religieuses de l'impasse Guéménée, c'est que les vœux étaient perpétuels chez ces dernières, tandis qu'ils n'étaient que simples chez les premières.

Le couvent des Filles de la Croix fut vendu comme propriété nationale le 16 vendémiaire an iv (8 octobre 1795). Les bâtiments qui existent encore aujourd'hui, portent le n° 12 de la rue des Barres.

PRIEURÉ DE LA MADELEINE DE TRAISNEL

[50] Lebeuf a copié la faute d'impression qui se trouve dans Félibien, en donnant 1644 au lieu de 1654, comme année de la translation des religieuses de Melun à Paris. Encore l'année 1654 n'est-elle que la date officielle, car les religieuses demeuraient depuis 1652 en maisons privées à Paris, où elles étaient venues chercher un refuge.

Le 27 février 1790, Antoine Boyeldieu, avocat au parlement, procureur de Philippe-Angélique de Ségur, prieure perpétuelle du prieuré de la Madeleine du Traisnel, déclara en son nom que les revenus du monastère se montaient à 27,739 liv. 16 s. 2 den. (Loyer des maisons appartenant au monastère : 7,859 liv.; ferme de Traisnel, 7,967 liv.; biens de Dannemarie, 12,079 liv. 6 den.; fief de Laval situé à Lagny-sur-Marne, 600 liv.; rentes sur les aides et gabelles, 8,934 liv. 19 s. 2 den.; rentes sur l'ancien et le nouveau clergé, 1,003 liv. 5 s.; rentes sur les tailles, 20 liv. 19 s.; rentes sur différents particuliers, 75 liv. 10 s. 6 den.), et les charges à 9,833 liv. 13 s. (paiement de rentes perpétuelles et viagères, acquits des fondations, frais d'entretien des bâtiments, frais de sacristie, honoraires de médecins et chirurgiens).

Les religieuses jouissaient d'une bibliothèque de dix mille volumes.

Le couvent, embelli par le garde des sceaux, Voyer d'Argenson, et par la duchesse d'Orléans, existe encore en partie. Il avait été vendu, comme propriété nationale, le 5 brumaire an x (27 octobre 1801).

BIBLIOGRAPHIE

MANUSCRITS

Il y a très-peu de documents aux Archives de l'Empire sur le prieuré de la Madeleine de Traisnel.

Dans un carton de la section administrative coté S. 4593, on trouve la déclaration de 1790, des titres de propriété de maisons situées rue de Charonne, et des pièces concernant les Bénédictines de Conflans.

Dans la section historique, il y a un carton, coté L. 1066, qui renferme des titres de fondations et autres pièces concernant la Madeleine de Traisnel, une permission aux religieuses de s'établir à Paris, des fondations de messes, un acte de suppression du prieuré perpétuel des Bénédictines de Saint-Thomas de Laval lez Lagny, au diocèse de Paris, et union des biens, fruits et revenus dudit prieuré au monastère de la Madeleine de Traisnel, rue de Charonne, le 29 février 1752, des pièces relatives à cette union, des titres concernant la translation du

prieuré Saint-Thomas de Laval lez Dannemarie en la ville de Dannemarie en celle de Lagny-sur-Marne et union de cette dernière à celui
de Sainte-Marie-Madeleine de Traisnel.

NOTRE-DAME DE LA VICTOIRE

ou

CHANOINESSES RÉGULIÈRES DE SAINT-AUGUSTIN
A PICPUS

[51] Lebeuf a pris pour la date de la fondation, la date des lettres patentes qui confirmaient l'établissement des chanoinesses régulières de
Saint-Augustin, fondées par le surintendant des finances Tubeuf,
en 1640.

Ces religieuses avaient été fort bien dotées par leur fondateur, et leur
état financier s'était toujours ressenti de si bons commencements.
En 1771, leur revenu était de 14,605 liv. 1 s. 4 den. tandis que leurs
charges n'étaient que de 2,966 liv. 18 s. 6 den. A la Révolution, les
charges étaient un peu plus fortes (8,456 liv. 13 s. 6 den.), mais elles
étaient encore au-dessous des revenus qui atteignaient, d'après la déclaration faite par Anne-Clément-Félix Champin de Villeneuve, avocat
au Conseil et procureur des religieuses, la somme de 14,939 liv. 16 s.
1 den. [1]. L'argenterie du couvent portée à la Monnaie pesait 86 marcs
6 onces.

Le couvent comptait à la Révolution seize religieuses de chœur et
sept sœurs converses. Le 28 janvier 1792, les chanoinesses déclarèren
abandonner la vie commune et elles évacuèrent leur maison le mercredi
2 mai 1792.

Devenu propriété nationale, le couvent fut vendu le 8 messidor
an IV (26 juin 1796). La chapelle avait été conservée, car, dans un
mémoire manuscrit d'un habitant de Fontenay-sous-Bois, que j'ai déjà
cité (Voy. la note de la p. 221), je lis cette mention : « Le 5 avril 1801,
la messe fut dite pour la première fois à Picpus depuis la Révolution. »
C'est dans cette maison que les religieuses de la congrégation de l'Adoration perpétuelle du Très-Saint Sacrement et des Sacrés-Cœurs de Jésus
et Marie se sont établies en 1805. (Voyez plus haut la note que j'ai consacrée à ce couvent, p. 542.)

---

[1] Voici le détail des revenus : revenus des biens-fonds à Paris, tant à l'intérieur qu'à l'extérieur du couvent, 3,616 liv. ; revenus des terres à Saint-
Mandé et à Vincennes, 110 liv. ; rentes perpétuelles sur le roi, 8,195 liv. 16 s.
1 den. ; rentes foncières, 176 liv. ; revenus éventuels provenant des pensions
payées par es religieuses pour leur entretien, 2,842 liv.

BIBLIOGRAPHIE

MANUSCRITS

Il y a très-peu de documents aux Archives de l'Empire sur les chanoinesses de Picpus.

Un carton de la section administrative, coté S. 4749, renferme des titres de propriété de la maison, du jardin et des terrains qui forment l'enclos du couvent, des lettres d'amortissement, d'anciennes déclarations au domaine du roi, la déclaration de 1790, l'extrait du terrier de la seigneurie de Saint-Mandé, un inventaire et déclarations des biens et inventaires des meubles, effets et argenterie des chanoinesses de Picpus.

Dans la section historique, il y a quatre registres :

Le premier (LL. 1579) renferme les constitutions générales en 1627; le second (LL. 1580) est un inventaire des titres et papiers; le troisième (LL. 1581) est le livre des actes du Discrétoire, 1730-1767; le quatrième (LL. 1582) rappelle les fondations de messes.

PRIEURÉ DE NOTRE-DAME DE BON-SECOURS

[52] Le 27 février 1790, Claude-Charles Pointard, avocat au parlement, demeurant à Paris, rue Pavée-au-Marais, fondé de pouvoir de Jeanne-Françoise de Chambon d'Arbouville, prieure perpétuelle du couvent de Notre-Dame-de-Bon-Secours, rue de Charonne, déclara que le monastère était composé de quinze dames de chœur, d'une novice qui était pour remplir la fondation de M. de Bouchavanne, de neuf sœurs converses, d'un chapelain, de deux tourières, de deux jardiniers et de deux filles de service.

Les revenus de la communauté consistaient en maisons sises à Paris, rue de la Roquette, louée 600 liv., rue de Fourcy, louée 800 liv.; en rentes perpétuelles évaluées 4,612 liv. 14 s.; en rentes sur les tailles, 65 liv. 7 s.; en rentes sur l'ancien clergé, 6,457 liv. 1 s.; en rente sur le prince de Soubise, 400 liv.; en rente sur le domaine, 544 liv.; en rente sur la veuve Salavin, 100 liv.; sur la marquise de Crussol, 30 liv.; en loyer d'appartements, 6,000 liv.; en arrérages de rentes, 15,467 liv. 11 s., ce qui formait un total de 35,076 liv. 13 s.

Les charges de la communauté s'élevaient à 7,222 liv. 5 s., y compris les intérêts de 4,000 liv. dus au sieur Aubry, couvreur. Le couvent devait en outre 40,217 liv. 14 s. à ses fournisseurs. Cette dette s'explique par les nombreuses réparations que les religieuses avaient faites au monastère.

La bibliothèque se composait de mille six cent quatre-vingt-seize volumes. L'argenterie fut portée à la Monnaie le 5 août 1791; elle pesait 107 marcs 7 onces.

Devenu propriété nationale, le prieuré de Notre-Dame-de-Bon-Secours fut vendu en deux lots les 21 floréal an VIII (11 mai 1800) et 5 brumaire an X (27 octobre 1801). C'est dans les bâtiments du monastère que Richard Lenoir monta sa célèbre filature de coton, ruinée en 1814. Pinel Grandchamp y fonda en 1832 une école des arts industriels, transformée un peu plus tard en hôpital militaire, puis en cité ouvrière.

BIBLIOGRAPHIE

MANUSCRITS

Les documents relatifs au prieuré de Notre-Dame-de-Bon-Secours sont conservés aux Archives de l'Empire dans les sections administrative et historique.

Le premier carton de la section administrative (S. 4588) renferme les titres d'une concession de douze lignes d'eau, des titres de propriété acquise en 1712 puis abattue, sur laquelle on construisit le monastère, des pièces concernant l'établissement de ce prieuré en 1646, des déclarations censuelles, des titres de propriété de maisons sises rue de Charonne et données en 1647 pour l'établissement du prieuré, des titres de propriété de maisons sises aussi rue de Charonne, acquise en 1647 et 1659 par Mᵐᵉ Viguier, fondatrice du prieuré, des titres de la maison conventuelle achetée en 1686, des quittances des droits d'amortissements; le second (S. 4589), des titres de maisons sises à Paris, rues Saint-Antoine, de la Muette, de la Roquette, titres de rente; le troisième (S. 4590), une liasse de titres concernant l'abbaye de Malnoue réunie au prieuré de Notre-Dame-de-Bon-Secours, des contrats de constitution de rentes, des quittances de rachat des boues et lanternes, des déclarations informes de revenus du prieuré, des mémoires d'ouvriers et de fournisseurs, des contrats de rentes.

Dans un carton de la section historique, coté L. 770, on trouve des procès-verbaux de visite du prieuré en 1680 et 1681.

ANNONCIADES DE SAINT-ESPRIT

AUJOURD'HUI

PAROISSE SAINT-AMBROISE

[55] Les religieuses Annonciades s'établirent à Popincourt le 12 août 1636. La chapelle, dédiée à Sainte-Marthe, qui existait dans la maison

que les Annonciades venaient d'acquérir, fut remplacée en 1659 par une église, qui portait le titre de Notre-Dame-de-Protection. Cette communauté fut supprimée en 1780, et on ouvrit l'année suivante deux rues sur son emplacement. La chapelle, qui avait été conservée, fut ouverte comme paroisse sous le titre de Saint-Ambroise, le 4 février 1791. Elle avait alors comme circonscription :

(Rue du Faubourg-du-Temple); les boulevarts, à gauche, jusqu'à la rue du Val; ladite, celle de la Roquette, de la Folie-Renaud, à gauche, jusqu'à la barrière; les murs de ladite à celle de la rue du Faubourg-du-Temple; ladite, à gauche, jusqu'aux boulevarts.

Vendue comme propriété nationale le 2 prairial an v (21 mai 1797), elle fut ouverte de nouveau au culte en 1802.

Rachetée par la ville de Paris, le 31 août 1811, moyennant 67,500 fr., restaurée et agrandie par l'architecte Godde et bénite le 15 novembre 1818, l'église Saint-Ambroise est aujourd'hui une succursale de Sainte-Marguerite. Le décret du 22 janvier 1856 a délimité ainsi son territoire :

Quai Jemmapes, à l'angle de la rue d'Augoulême; rue d'Angoulême, côté pair; rue des Trois-Bornes, côté pair; rue Saint-Maur, côté impair; rue des Trois-Couronnes, côté pair; barrière des Trois-Couronnes, jusqu'à la barrière d'Aulnay; rue Saint-André, côté impair; rue de la Roquette, côté impair; place de la Bastille, partie comprise entre la rue de la Roquette et le quai Jemmapes; le quai Jemmapes, jusqu'à l'angle de la rue d'Augoulême, point de départ.

BIBLIOGRAPHIE

Notice sur l'église Saint-Ambroise, érigée à Paris, par L. Gaudreau. *Paris*, 1847, in-8°.

Cette notice fait partie des *Mélanges* de M. l'abbé Gaudreau.

Il n'y a dans cette paroisse qu'un seul établissement que nous devions signaler : c'est l'Hospice des Incurables.

HOSPICE DES INCURABLES-HOMMES

L'Hospice des Incurables-hommes, a été placé dans l'ancienne caserne Popincourt depuis 1862. Il y a quatre cent vingt lits dont vingt-six d'infirmerie. Cet Hospice n'est que provisoire; l'administration des hospices en fait construire un autre à Ivry, où il n'y aura pas moins de deux mille lits.

PÈRES DE LA DOCTRINE CHRÉTIENNE

[54] On trouvera dans le tome II de cet ouvrage (p. 724, note 45), tout ce que j'ai pu trouver sur les Pères de la Doctrine chrétienne.

Voici l'indication de deux plaquettes rares que j'ai retrouvées depuis.

Illustrissimo D. D. Gastoni Joanni Bapt. de Noailles Catalaunensium episcopo et comiti pari Franciæ, etc., cum thesibus rhetoricis præsens adesse non gravaretur, in collegio Victoriacensi P. P. doct. christ. nono calendas julii, 1705. In-4°. (Bibl. Maz., n° 10796 A.)

Pièce signée : Joannes Franciscus Maugras, humanitatis professor.

Bellum grammaticale, Tragœdia dabitur in theatrum collegii Victoriacensis P. P. doctrinæ christianæ a rhetoribus. — Decimo sexto kalendas septembris 1679. A Vitry. S. d., in-4°. (Bibl. Maz., n° 10878 B.)

HOPITAL DES ENFANTS-TROUVÉS

DEPUIS

HOPITAL SAINTE-MARGUERITE

AUJOURD'HUI

HOPITAL SAINTE-EUGÉNIE

[55] Cet hôpital conserva sa destination première jusqu'en 1800, époque à laquelle il fut décidé que l'hospice des Enfants-Trouvés serait transféré rue d'Enfer, dans les bâtiments du noviciat de la congrégation de l'Oratoire.

L'hôpital de la rue du Faubourg-Saint-Antoine fut alors destiné aux orphelins. Ces derniers ayant été réunis aux Enfants-Trouvés en 1838, l'ancien hôpital des Enfants-Trouvés devint une annexe de l'Hôtel-Dieu, sous le titre d'Hôpital Sainte-Marguerite. Un décret de 1853 l'a affecté au service des enfants malades et l'établissement, qui a reçu le nom de l'Impératrice Eugénie, a été inauguré par l'Empereur le 9 mars 1853. L'hôpital Sainte-Eugénie contient quatre cent cinq lits, savoir : trois cent cinq de médecine et cent de chirurgie. (Voy. Husson, *Études sur les Hôpitaux*, p. 18.)

COMMUNAUTÉ DE NOTRE-DAME-DES-VERTUS

[6] Les filles de Notre-Dame-des-Vertus, nommées aussi Filles de Sainte-Marguerite, à cause de leur proximité de cette paroisse, vinrent d'Aubervilliers dans une maison de la rue Basfroi, en 1679. La communauté des filles séculières du faubourg Saint-Antoine, comme on l'appelait, était établie pour instruire gratuitement les jeunes filles. L'autorisation épiscopale du 28 juillet 1682, accordée par l'archevêque de Paris, permettait à Edmée du Rubla, Paule Gautrain et Charlotte de Grou et à leurs associées, au nombre de vingt, qui voulaient s'unir ensemble en manière de communauté séculière, sans faire de vœux de religion, sous la conduite des curés des paroisses où elles seraient établies, de vivre en communauté dans la maison à elles donnée en 1631 par le sieur Mazure, sous la conduite du curé de Saint-Paul. Elles se transportèrent en 1685 dans cette maison située rue Saint-Bernard, mais cinq ans après elles furent forcées de la rendre aux créanciers de leur bienfaiteur. Elles la conservèrent néanmoins, grâce à l'acquéreur, M. de Bragelongne, qui leur fit don de cette maison, qu'il venait d'acheter, et qui y joignit une rente pour l'entretien de sept sœurs.

Le couvent, supprimé à la Révolution, fut vendu comme propriété nationale le 21 vendémiaire an v (12 octobre 1796).

FILLES DE SAINTE-MARTHE

[57] Cette communauté fut instituée en 1713, par Elisabeth Jourdain, veuve du sculpteur Théodon, pour procurer de l'instruction aux jeunes filles pauvres du faubourg Saint-Antoine; mais ce ne fut qu'en 1719, comme le dit Lebeuf, qu'elles vinrent demeurer rue de la Muette. Supprimé à la Révolution, le couvent a été converti en propriété particulière. Il répond au n° 16 de la rue de la Muette.

CHAPITRE CINQUIÈME

ET DERNIER

DE L'EGLISE DE SAINT VICTOR

Où il y a eu un Monastere avant qu'on y bâtit une Maison de Chanoines Réguliers,
et de l'Eglise

DE SAINT NICOLAS

CONSTRUITE SUR SON ANCIEN TERRITOIRE.

On convient que l'Abbaye de S. Victor n'est pas l'une des plus anciennes du Diocèse de Paris ; mais personne ne peut lui refuser l'avantage d'avoir été l'une des plus fameuses, ni celui d'avoir produit beaucoup de grands hommes. Il est assez incertain si l'on doit avoir beaucoup d'égard à ce que dit la Chronique d'Alberic écrite au XIII siécle [a], qu'avant que l'on fondât dans le lieu où elle est une Maison de Chanoines Réguliers, il y avoit eu des Religieux vêtus de noir. L'expression de *Cella vetus* que ce lieu portoit au commencement du XII siécle, signifie qu'il y auroit eu en effet ou un Prieuré ou un Hermitage. La Chronique dite d'Alberic veut qu'il y ait résidé quelques Moines de Marseille : mais ce qu'elle ajoute touchant les Chanoines Réguliers de S. Ruf de Valence, que Maître Hugues dit de Saint Victor y auroit amenés, ne se trouvant dans aucun autre Auteur, étant d'ailleurs contraire aux actes de la fondation, et ne s'accordant pas avec l'Histoire du fameux Hugues de S. Victor, on abandonne communément cette Chronique sur ce dernier article [b]. Cependant comme il est constant qu'il existoit au fau-

---

[a] Alberic ne vivoit pas en 1129 comme on le lit dans M. Piganiol, t. 4, p. 644. —
[b] *Rob. de Monte.*

bourg de Paris du nom de S. Victor une Chapelle du nom de ce même Saint Martyr (sans doute celui de Marseille), il peut se faire que l'origine de cette Chapelle fût déja très-ancienne lorsque le Roy Louis le Gros en choisit l'emplacement pour y construire une Abbaye sous le titre du même Saint. L'Eglise de Paris ayant eu dès le VI siécle du bien en Provence et nommément à Marseille; il n'en fallut pas davantage pour former quelque relation entre le Clergé ou entre les Moines des deux villes [a] : d'ailleurs n'a-t'il pas pû se faire encore, que les Moines qui furent établis en la Basilique de Saint Pierre, sur la montagne proche Paris, fussent des Cassianites qui auroient eu au bas de la montagne une ferme pour leurs terres et leurs prez avec un Oratoire du titre de S. Victor? C'est ainsi que sur la certitude du nom de *Cella vetus* usité dans le XI siécle [b], j'ai cru devoir ne pas rejetter entierement ce que l'Auteur de la Chronique cy-dessus pouvoit avoir lû dans quelques manuscrits qui ont été perdus, outre ce que les guerres des Normans nous ont enlevé touchant l'ancien état du Monastere de Saint Pierre et Saint Paul dit depuis de Sainte Geneviéve.

Quant à l'opinion de quelques modernes qui pensent qu'il y avoit en ce lieu un Reclusoir où se renfermoient quelques personnes de piété, elle n'est point opposée à l'autre, parce qu'il y a eu de ces sortes de Reclus auprès de plusieurs autres Eglises de Paris. Ainsi la nommée *Basilla* qui y mourut dans un Reclusoir [1] et qui y fut inhumée [c] avoit pû avoir sa cellule proche les restes de l'ancien Monastere de Saint Victor, avant que le Roy Louis le Gros jettât les fondemens du nouveau : mais ce qui est de la proposition avancée par M. Piganiol [d] que selon une charte de l'an 1085, il y avoit alors en ce lieu une Communauté de Moines dont le Supérieur nommé Anselme prenoit la qualité d'Abbé de Saint Victor, il sera permis d'en douter jusqu'à ce que l'on produise cette charte que l'on dit être de Philippe I, et que je n'ai vue nulle part.

Ce fut Guillaume de Champeaux Archidiacre de Paris qui choisit ce lieu pour y mettre une Communauté de l'Ordre des Chanoines Réguliers dont l'établissement étoit tout récent : et cette Commu-

---

[a] *Hist. Eccl. Paris.*, t. 1, p. 82. — [b] *Epitaph. Lud. VI.* — [c] *Son Epitaphe.* — [d] Pigan. t. IV, p. 645.

nauté fut dotée par le Roy Louis le Gros. Comme Guillaume fut fait Evêque de Chaalons dès l'an 1113, il ne put la gouverner long-tems. Gilduin son disciple en fut le premier Abbé, et la gouverna plus de quarante ans, pendant lequel temps il fit bâtir l'Eglise et le Monastere dont il ne reste des édifices que la Tour ou clocher [2], l'arcade du portail de l'Eglise et deux arcades de la Chapelle qui est derriere le grand Autel; la Chapelle souterraine qui est sous celle-là, et qu'on appelle de la Vierge; comme aussi l'entrée du Chapitre, c'est-à-dire ce qui en fait la partie occidentale. J'entends par l'arcade du portail de l'Eglise celle qui est au frontispice du bâtiment, et non le portail qui est sur la rue, que M. Piganiol [a] regarde comme l'un des restes des anciens édifices de cette Abbaye, quoiqu'il ne soit gueres que d'environ l'an 1450 ou 1500. Jacques Aleaume célébre Mathématicien du dernier siècle a observé que l'Eglise de Saint Victor est la seule des anciennes de Paris dont le Sanctuaire soit tourné vers l'orient d'été [b]. Il croyoit sur un faux principe, qu'on avoit affecté par une raison mystique de tourner les autres anciennes Eglises de cette ville vers le solstice d'hyver ou approchant.

Le chœur et la nef de cette Eglise n'ont été bâtis tels qu'on les voit aujourd'hui que sous le regne de François I [3]. La premiere pierre en avoit été mise en 1517, Jean Bordier en étant Abbé [4]. Le Refectoire est aussi de son temps, mais non pas le grand Cloître, dont la construction est certainement d'un travail du XIII siécle et de la fin du XII. Il peut seulement l'avoir fait hausser, de même que Nicaise de l'Orme son prédécesseur y ajouta quelques ornemens : on y voit son nom au bas d'une petite croix dans le côté occidental [5]. Le bâtiment de l'Eglise étoit si avancé en 1538, que Jacques Evêque de Calcédoine vint y bénir quatre autels au mois de Juillet [c].

La Chapelle de Saint Denis qui est au fond de cette Eglise, est presque entierement du XII siécle, à la reserve de son Sanctuaire qui a été construit dans l'avant-dernier; c'est le lieu où se trouvent réunis les corps et les épitaphes de *Petrus Comestor* Pierre le Man-

---

[a] *Descript. de Paris*, t. IV, p. 650. — [b] Sauval, t. I, p. 409. — [c] *Reg. Ep. Par.*, 17 Jul. 1538.

geur célébre Théologien décédé en 1185 ; d'Arnou Evêque de Lisieux, qui vers l'an 1177, quitta son Evêché pour mourir dans l'appartement qu'il avoit fait construire à Saint Victor [6] ; et de Guillaume d'Auvergne Evêque de Paris décédé en 1248 ; ces deux Prélats sont connus par leurs ouvrages. Renaud de Corbeil Evêque de
Paris décédé en 1268 y a aussi reçu sa sépulture. On a défiguré cette
Chapelle dans le siécle dernier en la couvrant de trop de peintures.

Quoique le terrain du chœur ait été remué lorsqu'on y a rebâti
il y a plus de deux siécles, on a conservé la sépulture d'Etienne de
Senlis Evêque de Paris qui mourut en 1141 ou 1142. C'est lui qui
a donné aux Chanoines de cette Abbaye une Prébende à Notre-
Dame, une à Saint Marcel, une à Saint Germain l'Auxerrois, une à
Saint Cloud et une à Champeaux, et cinq ou six Eglises Paroissiales de son Diocèse. Son corps avoit été trouvé en entier, lorsqu'on fit les fondemens de la nouvelle Eglise l'an 1515.

Dans le même chœur repose aussi Etienne de la Chapelle Evêque
de Meaux puis Archevêque de Bourges, qui se retira en cette Abbaye et y mourut en 1174. Voici l'épitaphe de cet Evêque que j'ai
trouvée dans un manuscrit de Saint Victor [a], et qui paroît avoir
échappé aux compilateurs qui m'ont précédé :

> *Pax populi clerique decus, patriæque patronus*
> *Stephanus hujus amor urbis et orbis obit.*
> *Meldis Episcopum, Primatum Bituris, ortum*
> *Parisius, tumulum continet iste locus.*
> *Idibus hic Jani terris divisus et astris,*
> *Quæ dederant cælum terraque solvit eis.*

Maurice de Sully fameux Evêque de Paris mort en 1196 est pareillement inhumé dans ce chœur. De même Geoffroy de Tressy Evêque de Meaux qui se retira en cette maison l'an 1213, et y mourut
l'année suivante au mois de Février, après avoir observé durant
l'Avent et le Carême une abstinence très-sévere ; ne mangeant que
trois fois par semaine, et ne buvant jamais durant ces temps-là [b].
Quatre-vingt ans auparavant Burchard autre Evêque de Meaux
s'étoit retiré à Saint Victor pour y mourir. Il y décéda en effet l'an

---

[a] *Cod. Victor.*, 1116. — [b] Rigord *in Vita Phil. Aug.*

1134 vers le commencement de Janvier [a]. Jean Evêque de Paneade en Palestine étant venu à Paris vers l'an 1167, y mourut et fut inhumé à Saint Victor, mais on ne dit point en quel lieu [b]. On a renouvellé dans le dernier siécle en pavant le chœur les épitaphes de quelques-uns des célébres personnages cy dessus nommés, celles de Gilduin premier Prieur et autres.

Dans la Chapelle de Notre-Dame de Bonne-nouvelle est inhumé Odon, qui de Prieur de Saint Victor fut fait premier Abbé de Sainte Geneviéve lorsque la régularité y fut introduite vers le milieu du XII siécle [7].

Il y a au bout du second Cloître une Chapelle dite l'Infirmerie et qui est aussi sous le titre de la Sainte Vierge. Sa construction est du XIII siécle, ainsi qu'il se voit par l'élégance de ses colonnades, et par la façon des vitrages du fond. Deux Evêques de Paris du XIV siécle y ont été inhumés; sçavoir Guillaume Baufet ou d'Orillac mort en 1319, et Guillaume de Chanac décédé en 1348. Plusieurs Evêques ont été sacrés en cette Chapelle sur la fin de l'avant dernier siécle : sçavoir, François de la Guesle Archevêque de Tours le 4 May 1597. Charles de Bourbon Archevêque de Rouen le 28 Décembre suivant [c]. Paul Hurault de l'Hôpital Archevêque d'Aix le 16 May 1599, et Jacques du Sault Evêque d'Acqs le 11 juillet de la même année [8].

Cette Eglise a eu par divers moyens et en différens temps des reliques de S. Victor. 1°. On lit dans l'ancien Martyrologe manuscrit qui y est conservé [d], la maniere dont il lui est venu de Constantinople par le moyen d'un Evêque de Troyes une relique notable de la tête de ce Saint sous l'Abbé Jean le Teutonique qui mourut en 1229. 2°. Le Necrologe de la même Maison [e] écrit après le milieu du XIV siécle ajoute que Jean de Thienville Chantre de Saint-Agnan d'Orleans lui donna en plusieurs morceaux une particule de la tête du même S. Victor qui est conservée dans cette Eglise de Saint-Agnan [9], laquelle particule il avoit eue lorsqu'on en fit la translation d'une châsse en une autre le 21 Juillet 1351. Si la tête

---

[a] *Gall. Chr.*, t. VIII. — [b] *Ibid.*, t. VII, col. 667. — [c] *Reg. Ep. Parl.* — [d] Baillet, 21 Juillet. *Coll. Ampliss.* Martene, t. VI, *ex Cod MS. Victor*, 31. — [e] *Necr. S. Victor. Prid. Id. Jun.*

conservée à Saint Agnan étoit véritablement du Martyr de Marseille, il pourroit se faire que l'autre qu'on croit venue de Troyes, fût de S. Victor d'Arcies au Diocèse de Troyes, et si cette tête fut apportée de Troyes à Sens, comme on le lit dans Baillet, il seroit à craindre qu'on ne l'eut confondue avec ce qui se passe à Sens sous le nom de reliques de S. Victor Martyr de la Légion Thebéenne [10]. 3°. Jean du Pin Prieur de Saint Martin des Champs s'étant trouvé à Marseille lorsque le Pape Urbain V. qui avoit été Abbé de Saint Victor de cette ville y fit la translation du corps de ce Saint[a], en obtint en cette occasion une partie du bras qu'il envoya à cette Abbaye du même nom à Paris avec vingt francs d'or pour l'enchâsser[b]. Enfin Jean Duc de Berry qui avoit obtenu du même Pape le pied droit du Saint Martyr, le donna pareillement à l'Abbaye dont il s'agit [11].

Dans le dénombrement du reste des reliques de cette Eglise rapporté par Du Breul, je ne m'arrêterai qu'à celles des Saints sur lesquelles je puis ajouter quelque chose. On sçait de celle de S. Sebastien, que l'Evêque de Paris la fit visiter l'an 1347 à l'occasion de la peste : qu'elle fut portée en Procession à Sainte Geneviéve au sujet d'une autre peste[c] de l'an 1467, et que quatres Evêques de Paris du XIV et du XV siécles favoriserent de Priviléges [12] la Chapelle où on la conservoit[d]. L'ossement de Sainte Marie Magdelene a été donné par l'Abbé Nicolas [13] décédé en 1474. Un habit de Saint Bernard nommé cuculle conservé avec un cilice qu'on dit avoir été porté par S. Thomas de Cantorberi, mais comme ce dernier habit est accompagné de plusieurs autres choses qui passent pour avoir été à l'usage du même S. Thomas, j'inclinerois fort à croire que le tout a servi au B. Thomas Prieur de cette Abbaye mort 40 ans avant le Saint Archevêque, (je dois m'étendre ci-après sur lui en particulier); cependant c'est sur la pensée que ce cilice vient de l'Archevêque canonizé, que les Chanoines de la Cathédrale de Lucques en Toscane en demanderent une partie aux Chanoines de Saint Victor l'an 1697, et que M. le Cardinal de Noailles accorda le 26 Septembre la permission de leur en donner[e]. Un catalogue

---

a *Id. Necr. Ibid. III. Id.Martii.* — b *Ibid. II cal. Dec.* — c *Gall. Chr.*, t. VII, col. 682 et 686. — *Inv. Ep. Spir.* — d *Gall. Chr.*, t. VII, col. 686. — e *Reg. Ep.*

des reliques de cette Abbaye écrit au XIII siécle, met dans ce nombre une partie du cilice de S. Germain qui auroit été apparemment
tiré du Trésor de Notre-Dame de Paris lors de la Fondation de la
Maison [a]. Mais ce que je trouve de plus autentique parmi les châsses
de cette Eglise, consiste dans ce qui y est conservé des ossemens
de S. Malo, de S. Corentin, S. Ciferien et S. Sinier, tous saints
Evêques de la Bretagne ou des environs, que des soldats pillant
en 1582 le nouveau Monastere de S. Magloire au Faubourg S. Jacques, emporterent dans un sac et laisserent dans l'Abbaye de S. Victor, lorsqu'ils eurent vu qu'il n'y avoit que des os et point d'argenterie. Il y avoit plus de six cens ans que ces reliques avoient été
apportées à Paris. Quoique ces dernieres qui sont très-considéra-
bles eussent dû exciter la devotion des fideles, il ne s'est formé cependant de nos jours de concours à Saint Victor qu'à l'occasion de
quelques fragmens de celles de S. Clair [14] dont Du Breul a fait mention, lequel concours dure huit jours au mois de Juillet avec une
affluence extraordinaire [15].

Je croi pouvoir joindre à la notice des Reliques de cette Eglise,
le corps du B. Thomas Prieur de cette Abbaye, qui est regardé
comme un Martyr de la Justice. Il avoit été inhumé dans le cloître
l'an 1127 ou 1133 : mais le Pape Innocent II passant par Paris,
ordonna qu'on le transportât dans l'Eglise, et il reposa dans le lieu
où on l'avoit mis alors, soit proche la Chapelle de Saint Denis qui
est celle du fond, ou proche celle de Ste Croix, jusqu'à l'an 1667,
qu'il fut transféré au côté septentrional du grand autel. Par la
suite, comme cet autel fut changé de place, le corps du B. Thomas
se trouva dans un passage ; c'est pourquoi M. de Harlay Archevêque permit de l'exhumer, et de le placer proche l'autel, et attendu
que l'Evêque de Leon avoit souhaité en mourant être inhumé près
de ce bienheureux Thomas [b], il permit pareillement de transporter
son corps proche le sien, de maniere cependant qu'ils fussent sépa-
rés, et qu'il y eût un monument qui les distinguât.

Enfin Hugues de Saint Victor peut être mis au nombre des illustres qui sont honorés de quelque culte [16], et cela par la même raison
que le précédent, en ce que ce fut par la permission de Benoît XII

---

[a] Chastelain, *Martyrol. Univ.*, p. 815. — [b] *Reg. Archiep.*, 18 Mart. 1681.

que son corps fut transporté du cloître au côté méridional du grand
autel, où dans certains jours on l'encense *in testimonium ipsius
sanctitatis*[a].

L'Abbaye de Saint Victor devint très-célèbre en tout genre peu
de tems après sa fondation. Il suffit d'en lire les constitutions imprimées, et le sommaire de son gouvernement rapporté par Jacques
de Vitry, qui ne vivoit que cent ans après, pour juger de l'austé-
rité de la regle que l'on y pratiquoit : cette sévérité du gouvernement n'empêcha pas que les études n'y fussent florissantes, et que
cette maison ne fût l'un des lieux qui donna occasion à l'établissement de l'Université de Paris sur la montagne voisine. Je nommerai
ci-après les Ecrivains qu'elle a produit dès son commencement.
Un grand nombre d'Evêques choisirent cette maison pour s'y retirer, et y finir leurs jours. J'en ai nommé ci-dessus quelques-uns en
parlant de leurs sépultures. Cette Abbaye fournit des sujets pour
l'établissement d'une grande quantité d'autres. Au bout de cent
ans, on en comptoit déja quarante, dont Sainte Geneviéve de Paris
étoit une des plus considérables ; et toutes ensemble formoient la
Congrégation de S. Victor [17].

Les usages des Religieux de S. Victor furent proposés à ceux de
l'Ordre de la Trinité dès la fin du XII siécle[b]; à ceux du Val des
Ecoliers au Diocèse de Langres, devenu depuis Chef d'une Congrégation particuliere; et même long-tems après on ne rétablissoit
le bon ordre dans aucune Maison de Chanoines de Saint Augustin,
qu'en y envoyant quelques membres de l'Abbaye de Saint Victor ;
par exemple à l'Hôtel-Dieu de Paris. Ce furent les Chanoines de
Saint Victor et ceux de Saint Lazare qui donnerent l'hospitalité à
ceux de Saint Euverte d'Orleans en 1562 [c], durant les grands troubles des Calvinistes. L'Abbaye de Saint Victor produisit aussi des
Chanoinesses qui en dépendoient. Elles en suivoient la regle avec
d'autant plus de raison, que c'étoit pour des Filles que S. Augustin
avoit dressé la regle que Hugues de S. Victor accommoda à l'usage
des hommes.

Ce qui est encore digne d'attention, est que les Evêques de Paris

---

[a] *Gall. Chr.*, t. VII, col. 682. — [b] *Ibid.*, t. VII, col. 672, 673. — [c] *Reg. Parl.*
11 Aug.

avoient au XIII siècle un appartement à Saint Victor, où ils se retiroient et demeuroient plusieurs jours : On en a la preuve dans des hommages qu'ils y ont reçu, ou autres actes qui sont datés *apud Sanctum Victorem in aula Episcopi*, ou *in domo Episcopi ad S. Victorem*[a].

Les plus célebres entre les Ecrivains de l'Abbaye de Saint Victor, dès le premier siécle de sa fondation, sont Hugues [18], Richard [19] et Adam [20], simples Religieux, décédés en 1140, 1173 et 1192. Leurs ouvrages sont assez connus par les Théologiens. Adam avoit voyagé jusques dans la Grece, et y avoit composé quelques-unes de ses Poësies sacrées[b]. Il existe des Lettres d'Odon Prieur, qui fut tiré de cette maison pour être Abbé de la Colonie transportée à Sainte Geneviéve : quelques sermons d'Achard, second Abbé de Saint Victor [21], fait Evêque d'Avranches en 1162[c]; d'Ervise ou Ernise quatriéme Abbé [22], de Guarin cinquiéme Abbé; d'Absalon huitiéme Abbé [d]; de Jean le Teutonique [23] neuviéme Abbé; de Guillaume de Saint-Lo [24] vingt-deuxiéme Abbé [e].

Les autres Ecrivains de la Maison sont mentionnés dans le catalogue des manuscrits, ou ailleurs : Jonas Chanoine, dont les lettres [25] sont citées au Gallia Christ. T. 7. col. 677. Pierre de Poitiers [f], Jean connu par son mémorial d'Histoires, Gautier premier Prieur [26], qui écrivit contre Abaïlard [g]; on croit que c'est le même qui fut depuis troisiéme Abbé durant fort peu de tems. Garnier souprieur, dont un ouvrage [27] roule sur l'Histoire naturelle [h]. Menendus, Chanoine et Pénitencier de cette Eglise en 1218, connu par sa lettre au Pénitencier du Pape Honorius III, sur l'absolution [i] des écoliers qui se battent en voyage : la réponse de ce Pénitencier est parvenue jusqu'à nous [28]. Robert de Flamesbure, autre Pénitencier de Saint Victor, dont on a des fragmens du Pénitenciel à la fin de celui de Théodore de Cantorberi [29]. Godefroy, dont on a *Microcosmus et Anatomia Corporis Christi* [j] : je me suis fort étendu ailleurs sur cet Auteur [30]. Je ne parle pas de Leonius, attendu que je croi avoir

---

[a] *Chartul. Ep. Par. Bibl. Reg. ad an.* 1249 et 1275, 1276, 1279, fol. 108, 125 et 140, 144. — [b] Chastelain, *Martyr. Univ.* 7 Mai. — [c] *Catal. MS.S. S. Vict.*, p. 3. — [d] *Gall. Chr.*, t. VII, col. 671, 673, 176. — [e] *Cod. MS. Vict.*, 1244. — [f] *Gall. Chr.*, t. VII, col. 677. — [g] *Cod.*, 163, 818. — [h] *Cod.*, 992. — [i] *Cod.*, 1109. — [j] *Cod.*, 1198, 1199, 1208.

prouvé suffisamment dans un écrit particulier[a], qu'il étoit Chanoine de N. D. de Paris, à moins qu'on ne dise qu'il se soit retiré à
Saint Victor pour y mourir[b]. En sa place je joindrai ici Simon *de
Capra aurea*[31], assez bon versificateur du même siécle, et duquel je
croirois que sont toutes les épitaphes de cette Abbaye en distiques
latins non rimés à l'hémistiche, à en juger par celles que j'ai publiées[c], et qui lui sont attribuées dans les manuscrits du XIII siécle.
L'Abbé Pierre le Duc, décédé en 1400, a aussi laissé des Traités de
Théologie et des Sermons conservés dans la Bibliothéque de la Maison[d]. Pendant le cours de l'avant-dernier siécle, Jean de Montholon Chanoine de Saint Victor, Docteur en Droit, fit imprimer un
Breviarium Juris. L'édition est d'Henri Etienne en 1520. Nicolas
Grenier Prieur publia deux ouvrages depuis l'an 1539 jusqu'en
1563, presque tous contre les Calvinistes. Dans le dernier siécle,
Nicolas Coulomp, Prieur, fut auteur de plusieurs écrits de piété; il
décéda en 1626. Jacques de Toulouse, Prieur perpétuel, a laissé
en plusieurs volumes manuscrits l'Histoire de cette Abbaye, que
M. Gourdan Chanoine de la Maison a essayé d'augmenter, la mettant en notre langue. Ce dernier est très-connu parmi les Litur-
gistes, pour le grand nombre de Proses dont il est auteur : mais ce
qu'il a voulu ajouter à M. de Toulouse ne m'a pas paru toujours
bien autorisé. Je finis par M. Jean-Baptiste Santeuil, le plus
fameux des Poëtes latins qu'ait eu la France sur la fin du même
siécle[e][32].

La Bibliothéque de cette Abbaye avoit commencé, comme les
autres du XII siécle, par quelques ouvrages des Peres, ausquels on
avoit joint les écrits des premiers Auteurs de la Maison et quelques
Scholastiques. Jean de la Masse qui en étoit Abbé[f], l'augmenta
d'un grand nombre d'autres livres vers l'an 1448. On touchoit alors
de fort près au tems auquel l'art de l'Impression fut inventé. Cette
Bibliothéque fut pourvue par les soins de l'Abbé Jean Nicolaï, d'un
gros volume des Epitres de S. Jerome, imprimé l'an 1470[g], que lui
donnerent Pierre Scofer et Conrad Heutif Imprimeurs, moyennant

[a] *Dissert. sur l'Hist. de Paris*, t. II, p. 251. — [b] *Ibid.*, p. 267. — [c] *Ibid.*, p. 262. —
[d] Cod., 159 et 705. — [e] Voyez son Epitaphe au Cloître. — [f] *Gall. Chr.*, t. VII, col. 685.
— [g] Il y a ainsi.

douze écus d'or; et en considération du bon marché, on convint de célébrer leur Anniversaire en cette Eglise[a], et celui de Jean Fust aussi Imprimeur. Dans le dernier siécle, Henri du Bouchet, Conseiller au Parlement, a donné ses livres à cette Maison [b]: ce qu'a fait pareillement depuis M. Cousin, Président de la Cour des Monnoies, décédé en 1707. La Bibliothéque est publique trois jours de la semaine [33].

Cette maison est l'une de celles qui a toujours été dans une relation plus particuliere avec la Cathédrale de Paris : Elle en observoit beaucoup de coûtumes, et elle en pratique encore les rits et usages, surtout celui de chanter à minuit l'Office Nocturne (même les trois jours de devant Pâque; ce qui ne se pratique plus à Notre-Dame). Le Chapitre y fait plusieurs stations durant l'année, entr'autres le jour de Saint Victor, où durant qu'il célebre la Grand-Messe, les Chanoines Reguliers occupent le côté gauche du chœur. La Maison envoye aussi un de ses Chanoines pour célébrer à son tour au grand autel de la Métropolitaine la Messe du chœur durant une semaine par chaque année [c]; elle a un Haut-Vicaire qui y réside pour elle, et qui dès le XII siécle faisoit l'Office de Prêtre-Cardinal pour l'Abbé. Les Abbés Reguliers étant élus par les Religieux, devoient être bénis à Notre Dame par l'Evêque de Paris. Ce fut par grace que le Chapitre de Paris accorda que l'Abbé élu au mois de Décembre 1302, fût béni en l'Abbaye de Geneston en Bretagne, où apparemment il se trouvoit alors[d]. Du tems de cet Abbé, appellé Guillaume de Rebais, la Communauté étoit composée de quarante-six Chanoines profès[e]. Ce ne fut que sous le regne de Louis XI, que l'Evêque de Paris consentit que l'Abbé usât de l'anneau et de la mitre, et donnât la bénédiction à la fin des Offices, sur la permission qu'il en avoit eu du Pape[f]. D'où il paroit que l'usage de la mitre par l'Abbé de Saint Victor Bernard de Lindri, aux obseques du Roi Jean à Saint Denis, n'avoit pas été approuvé[g]. On trouve à l'Archevêché les actes des différentes visites que les Evêques et Archevêques de Paris y ont faites pour maintenir la régularité. Les

[a] *Necrol. S. Vict. iij Cal. Nov.*— [b] Voyez son Epitaphe à S. Victor.— [c] *Chart. S. Vict.*, t. VI, Martene, *Ampliss. Collect.*— [d] Sauval, t. III, p. 75. — [e] *Gall. Chr.*, t. VII, col. 681. —[f] *Reg. Ep.*, 13 *Ap.* 1474, et *Reg.*, 1533, fol. 69. — [g] *Gall. Chr.*, t. VII, col. 683.

Prieurs de cette Maison sont triennaux depuis l'an 1641. Les Chanoines de cette Abbaye sont aussi restés dans l'usage de ne faire aucunes Processions hors leur enclos ; ce qui est une suite de l'esprit de retraite et de solitude qu'observoient les anciens. Les mêmes craignant que les Cures dans les Villes ne les dissipassent, ne se soucierent point d'en avoir une à Paris, quoiqu'elle parût être à leur bienséance, étant bâtie sur leur fond. C'est celle de S. Nicolas du Chardonnet, de laquelle je vais parler.

C'étoit entre leur Eglise et celle-là, qu'étoit située une grande piéce de terre labourable, appellée la Terre Aalez, donnée par Louis le Gros leur fondateur, laquelle se trouva par la suite toucher aux murs de Paris, lorsqu'il y en eut de construits de ce côté-là [34]. Les Chanoines de cette maison se plaignirent au Roi en 1411, de ce que pour augmenter les fortifications de la ville de ce même côté, on avoit fait sur cette Terre un double fossé rempli d'eau. Charles VI pour les dédommager, leur accorda la jouissance de la pêche de ces deux fossés [a]. Seroit-ce du nom de la reine Adelaïde femme de ce fondateur, que cette Terre auroit été ainsi appellée ? Il y a grande apparence, attendu qu'Aalez et Adelaïde sont le même nom différemment écrit [35].

ÉGLISE DE SAINT NICOLAS DU CHARDONNET

Sur l'ancien territoire de celle

DE SAINT VICTOR

Il me paroit que plusieurs d'entre les Historiens modernes de Paris se sont trompés, lorsqu'ils ont cru qu'une charte de Pierre Abbé de Saint Victor de l'an 1230, au sujet de la construction d'une Chapelle, et du logis pour un Prêtre séculier au Chardonnet, que Guillaume Evêque de Paris avoit alors dessein de bâtir, regarde l'Eglise de Saint Nicolas, et que le terrain de cinq quartiers de terre que cet Abbé donna pour cela dans sa censive, est celui-là même où elle fut bâtie. Lorsqu'un titre laisse des doutes, c'est prudemment fait de consulter ce qui est écrit au dos, quand l'écriture est du

---

[a] Reg. des Chart., 166, pièce XI.

même tems. Or voici ce qui se lit au revers des Lettres de l'Abbé[a] :
Litteræ concessionis cujusdam peciæ terræ super fundatione Ca-
pellæ S. Bernardi in Cardonetto. Il est donc assez décidé qu'il ne
s'agit pas ici d'une Chapelle du titre de Saint Nicolas, mais de celui
de Saint Bernard, qui a donné occasion de bâtir le College. L'Evêque Guillaume a pu avoir la dévotion de faire porter à une nouvelle Eglise le nom de ce Saint Abbé, de même qu'Eudes de Sulli,
l'un de ses prédécesseurs, avoit eu trente ans auparavant celle d'é-
tablir sa fête dans sa Cathédrale. L'Eglise de Saint Nicolas n'étoit
pas encore bâtie en 1243, puisque dans un traité passé alors il fut
dit que le Prêtre de cette Eglise devoit en alligner les fondemens le
long du bord de la riviere de Bievre [b], qui couloit alors par ce quartier des environs de la place Maubert, où il y avoit aussi un petit
pont pour la passer [36]. Mais il est sûr que quatre ans après, la Paroisse
étoit érigée avec les conditions que tous les auteurs rapportent ; et
l'Abbaye de Saint Victor parut dans cet établissement d'une maniere
fort desinteressée sans y prendre beaucoup de part, quoiqu'elle fût
bâtie dans sa censive. J'ai vu le testament [c] d'une bourgeoise de
Paris de l'an 1247, dans lequel elle laissa à la Fabrique de Saint
Nicolas *in Cardineto* douze deniers. La devotion des bateliers qui
demeuroient entre les deux rivieres de Seine et de Bievre, put déterminer au choix de Saint Nicolas. Il y a apparence que le revenu
de cette nouvelle Cure étoit considérable, puisqu'en 1260 Renaud
de Corbeil Evêque de Paris, voulant à l'exemple du Chapitre de sa
Cathédrale attacher une rétribution suffisante aux Clercs de Matines
de cette Eglise, leur assigna vingt-cinq livres de rentes sur les produits de cette Cure [d], somme alors approchante de 500 livres d'aujourd'hui, qu'il voulut leur être payée, à commencer par le successeur de Bernard alors Curé. Du Breul et Sauval mal informés, ont
cru que la Bulle du Pape qui confirme cette attribution de revenu,
étoit d'Alexandre III, et de l'an 1166, mais elle n'est que d'Alexandre IV et de l'an 1260. Ce que l'on sçait encore d'ancien relativement
au Curé de cette Paroisse, est que celui qui l'étoit en 1356, ayant
voulu étendre sa jurisdiction sur les domestiques de l'Abbaye de

---

[a] *Tab. Ep. Par. et Chartul. min.*, fol. 103. — [b] *Chartul. min. Ep. Par.*, fol. 104. —
[c] *Tab. S. Magl.* — [d] *Gall. Chr.*, t. VII, *Instr.*, p. 111.

Saint Victor au-delà des articles arrêtés dans le tems de l'érection, l'Abbé Pierre de Bruyeres l'arrêta par une sentence de l'Officialité[a].

Cette Eglise bâtie vers 1243, étoit étendue en longueur vers l'orient d'hiver, et non vers le nord-est comme elle est aujourd'hui. Il reste encore trois arcades de celles qui avoient été bâties pour les vitrages de cette ancienne Eglise; et les supports de ces vitrages sont apperçus par ceux qui entrent dans celle d'aujourd'hui du côté de la rue S. Victor. Elle n'avoit été dédiée qu'en 1425 par Jean de Nant Evêque de Paris, à la requête d'Augustin Isembare, que Du Breul a cru être un Curé, parce qu'il n'étoit pas instruit des différens exemples de Dédicace faites aux frais des riches Paroissiens, qui ne les demandoient souvent que long-tems après la consommation des édifices, ce qu'on pourra remarquer plus d'une fois dans les tomes suivans de cet ouvrage. Le bâtiment en fut augmenté en 1545, et l'on y érigea en même temps les Chapelles de N. D., de S. Jean, de S. Jacques et de S. Honoré, ainsi qu'il se voit par la permission [b] accordée le 19 Avril à l'Evêque de Megare, de bénir le tout ensemble. Les modernes ont fait observer que ce fut en 1636 que l'on commença l'édifice tel qu'il est aujourd'hui[37], et qu'il n'a été continué que dans le siécle présent. On voit qu'il y manque encore le grand portail, dont on attend la construction pour faire la Dédicace de cette Eglise. Le clocher en forme de Tour est de l'an 1625. Il a été bâti par Charles Contesse, suivant l'inscription[38] qui s'y lit au bas du côté de la rue.

En 1651, André Du Saussay, Vicaire Général de l'Archevêque de Paris, permit à Hippolyte Feret Curé d'exposer en cette Eglise une petite phiole de l'eau ou manne qui coule des os de Saint Nicolas[c], apportée par Claude de la Croix Prêtre du Séminaire, avec des certificats. Sept ans après il fut permis d'y exposer une autre relique plus remarquable, sçavoir un ossement du saint Evêque, patron de l'Eglise, long de deux pouces et large d'un[d], avec une attestation de Louise de Foix de Candale, abbesse de Ste Glossinde de Metz, qui témoigne que cet ossement vient d'un autre qui est grand comme la main, et qui paroît être de l'humerus, conservé dans une « très-

---

[a] *Gall. Chr.*, t. VII. col. 683. — [b] *Reg. Ep.* — [c] *Reg. Ep.* — [d] Perm. du 10 Dec. 1658. *Reg. Ep.*

« ancienne châsse de l'Abbaye, avec un billet si ancien qu'il est
« difficile de le lire. »

Les sépultures les plus dignes d'attention dans cette Eglise, sont
celles de Jean de Selve, premier Président du Parlement de Paris,
décédé en 1529, de Messieurs d'Argenson, Bignon et Chauvelin. Le
célebre Abbé Bignon y est inhumé auprès de ses ancêtres. Entre les
hommes d'une piété distinguée, Adrien Bourdoise, instituteur du
Séminaire de Saint Nicolas, mort en 1655. Parmi les fameux Artistes, Pierre le Brun, premier Peintre du Roi, qui mourut en 1690 [39].

Cette Cure ne se trouve point marquée dans le premier Pouillé de
Paris écrit vers l'an 1220, parce qu'elle n'étoit point encore érigée ;
mais elle est dans tous les suivans, où on lit que l'Evêque de Paris
y nomme de plein droit. J'ai déjà fait observer ci-devant que les
Chanoines de Saint Victor ne se soucioient point d'avoir des Cures
dans les villes.

L'étendue de cette Paroisse est d'une figure oblongue, qui comprend d'abord toute la rue des Bernardins, et retourne, en laissant
la riviere de Seine à gauche, jusqu'au pont sur la Bievre au-delà de
la porte S. Bernard : Aprés avoir remonté la rue de Seine dont elle
a les deux côtés, et les maisons qui sont au coin d'en haut à main
gauche, sans rien avoir du Jardin Royal, elle reprend à la premiere
maison qui fait le coin de la rue Copeau vis à vis la fontaine de Saint
Victor, continue les deux côtés de la rue en rentrant dans Paris ;
puis elle remonte à la rue des Fossez Saint Victor jusque et inclus
le quarré entier de la rue des Boulangers, et jusqu'à la rue Clopin
exclusivement. Ensuite elle renferme les deux côtés de la rue d'Arras
et la moitié de celle de Versailles qui lui est adossée. Après cette
rue de Versailles, dont elle a le côté droit en descendant, elle laisse
à la Paroisse de Saint Etienne ce qui est à gauche dans la rue Saint
Victor, et continue à droite jusqu'à l'Eglise Paroissiale.

La Porte Saint Bernard, le Château de la Tournelle, et la moitié
du Pont du même nom, sont aussi sur la même Paroisse.

L'Abbaye de Saint Victor comprise dans l'étendue ci-dessus marquée, ne se reconnoît point dépendre de cette Paroisse, puisque c'est
elle qui a fourni le terrain, et qu'il y a une Paroisse particuliere
pour l'intérieur de la maison [40].

COLLEGE DES BERNARDINS. Le voisinage des Eglises Saint Victor et Sainte Geneviéve, qui après la Cathédrale ont occasionné en ces quartiers l'établissement de l'Université, est cause que sur le territoire de Saint Nicolas il y a eu des Colleges fondés d'assez bonne heure. La situation de celui de l'Abbaye de Clervaux a été déterminée par la Chapelle que Guillaume d'Auvergne Evêque de Paris, mu de dévotion envers S. Bernard, avoit fait construire en son honneur un peu après l'an 1230, comme je l'ai dit plus haut. Ce College a depuis été destiné pour tout l'Ordre de Citeaux. On tient y avoir reçu en 1261 le crane de S. Jean Chrysostome que le Pape Alexandre IV avoit envoyé à Clervaux ª. Il y avoit en 1497 une Chapelle de S. Yves qui étoit un titre [41].

COLLEGE DES BONS ENFANS. Quoiqu'en dise M. Piganiol, nous avons quelque chose à son sujet de plus ancien que l'an 1257. Il existoit en ce lieu des Boursiers de ce nom au moins dès l'an 1247. La Dame charitable dite Geneviéve, déjà citée ci-dessus, marque dans son testament de cette année-là *Bonis pueris X solidos*, et pour preuve qu'elle n'entend point par là les Bons-Enfans de S. Honoré, c'est qu'un peu après elle met *Scolaribus S. Honorati V sol.* Un endroit du Nécrologe de N. D. de Paris parle de ce College ou Maison ᵇ, comme située proche la porte Saint Victor, entre les années 1264 et 1268. Je n'ai pas trouvé pourquoi la Chapelle est sous le titre de S. Firmin Evêque d'Amiens. Il y avoit en 1578ᶜ une Chapelle du titre de N. D. qui fut permutée contre la Cure de Chaillot. On sçait que ce College a été uni à la Congrégation de la Mission en 1626, et qu'on y a établi un Séminaire [42].

COLLEGE DU CARDINAL LEMOINE, fondé en 1303. Il s'est distingué pendant plusieurs siécles par ses usages singuliers; sa Chapelle est réputée Paroisse pour le College, sous le titre de S. Jean l'Evangéliste. Personne n'a observé jusqu'ici que cette Cure a été autrefois en patronage laïque ᵈ : qu'un Gentilhomme nommé Richard de Saint Merri, Seigneur de Garcheville et de la Grange Menassier en Brie, y présenta en 1485. Mais en 1556 cette présentation fut disputée à Eustache de Rueil son successeur. Aux sçavans illustres

ª Du Saussay, Suppl. au *Martyr. Gall.* — ᵇ *Ad diem*, 22 sept. — ᶜ *Reg. Ep.*, 5 nov. — ᵈ *Reg. Ep.*

qui ont étudié en ce College vers le regne de François 1, il faut ajouter Amyot Evêque d'Auxerre [a], qui y apprit le Grec sous Jean Evagre [43].

LE COLLEGE D'ARRAS, fondé en 1332, est situé dans la rue d'Arras. Il a été nouvellement rebâti [44].

LE SEMINAIRE DE SAINT NICOLAS établi en 1632 [45].

LA COMMUNAUTE' DES FILLES DE Ste GENEVIEVE, ou MIRAMIONES [46], au Quai de la Tournelle, établies en 1636 et 1665.

LA COMMUNAUTE' DES NOUVEAUX CONVERTIS [47], rue de Seine. Son établissement est de l'an 1656.

Il y a eu aussi dans la rue des Fossez Saint Bernard derriere la Halle au vin une Maladrerie des Chartreux avec une Chapelle, que l'Abbé Chastelain [b] découvrit en 1670, et dont il apprit que le titre étoit S. Ambroise, quoique le peuple l'appellât *Notre-Dame la biennonciée.*

[a] *Gest. Ep. Autiss. Labb.*; t. 1, *Bibl. MSS.*, p. 521. — [b] Journal de sa vie.

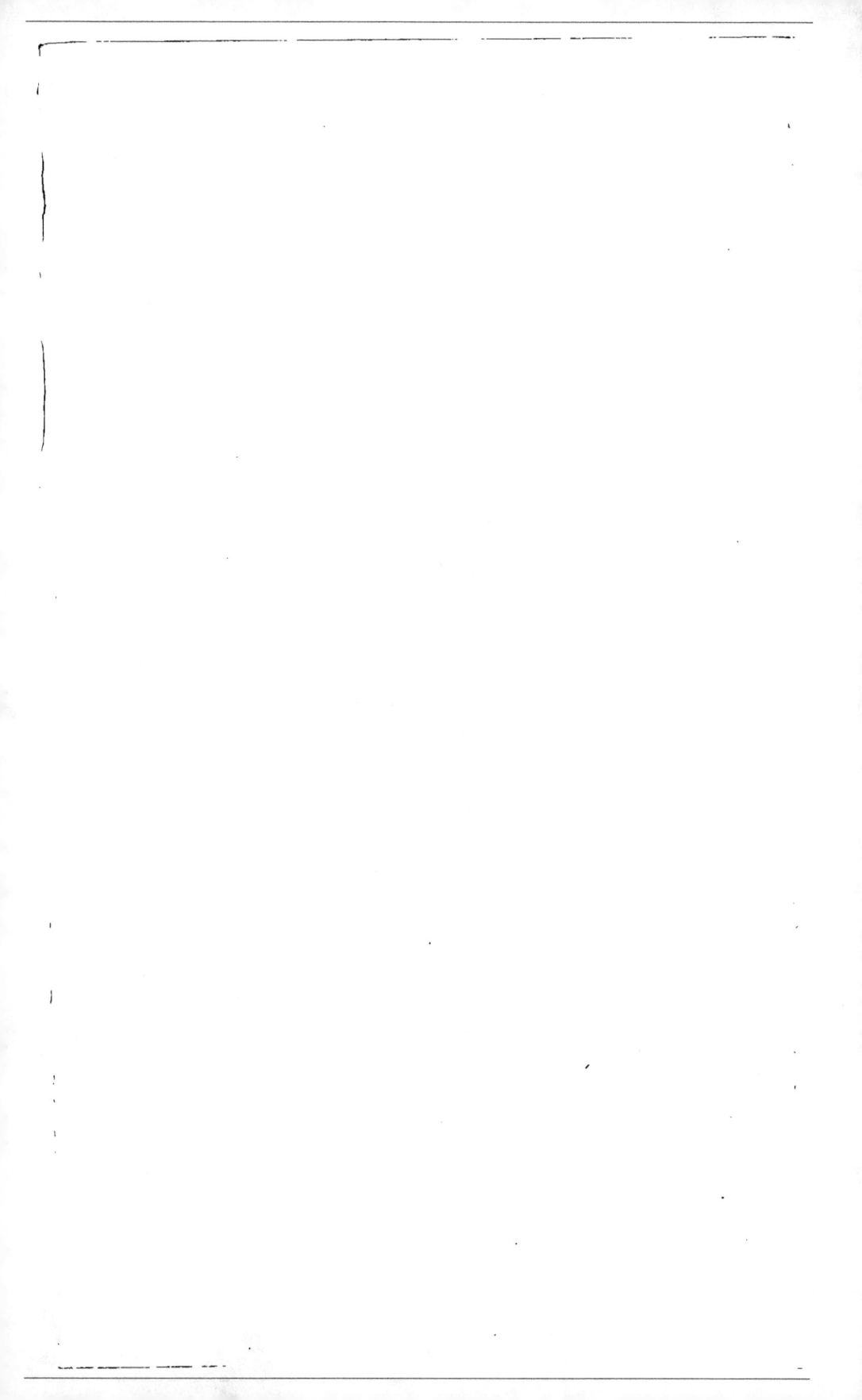

NOTES

ET

ADDITIONS

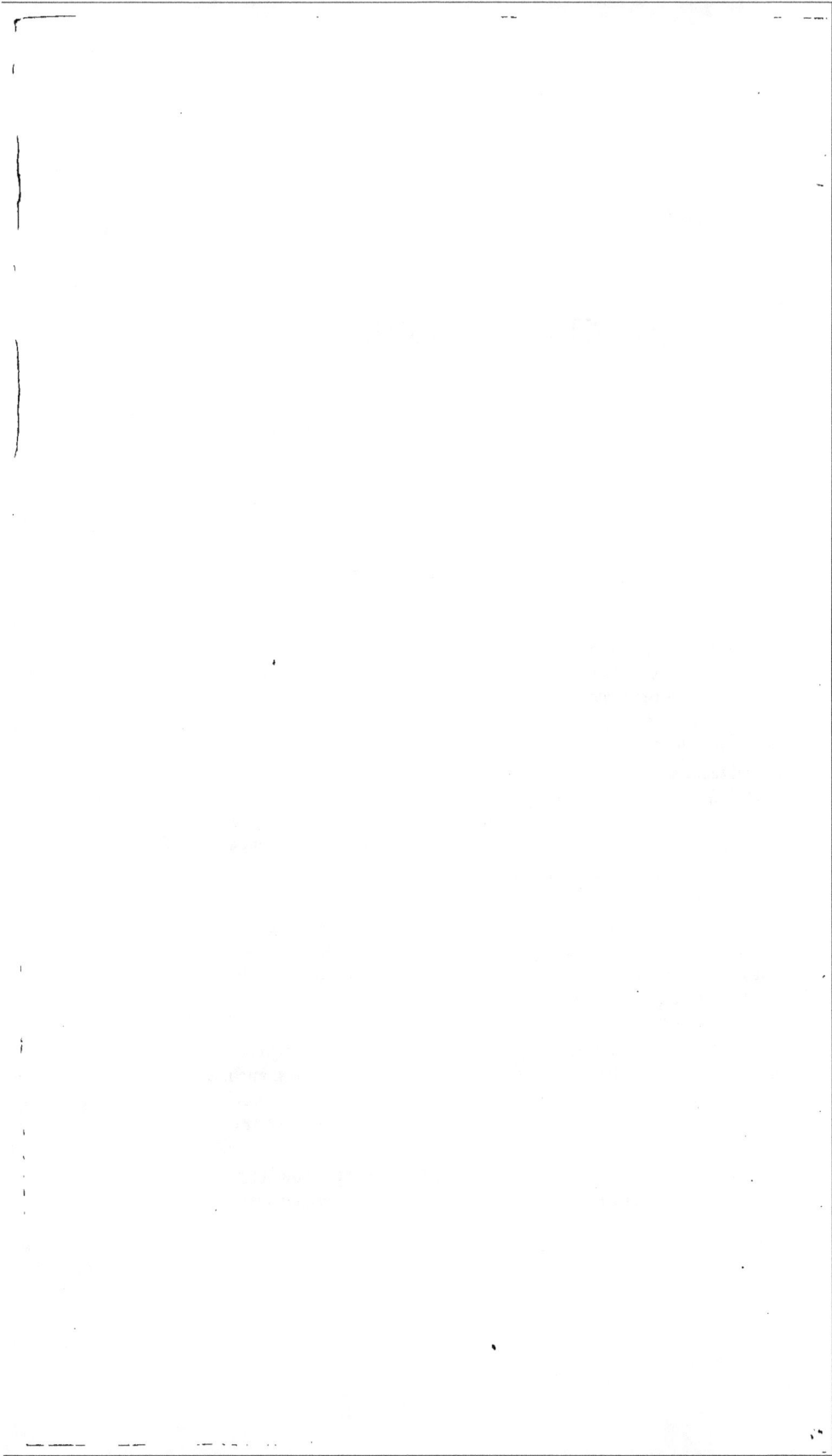

CHAPITRE V & DERNIER

SAINT-VICTOR

[1] Basilla n'est pas la seule recluse de Saint-Victor. Le nécrologe de cette maison mentionne, au 4 janvier, une nommée Alditte, et au 31 octobre une nommée Jeanne.

[2] Cette tour et ce clocher furent construits, ainsi que les lieux réguliers, aux frais de Hugues de Saint-Victor, archidiacre de l'église cathédrale d'Halberstad, oncle du Grand Hugues de Saint-Victor.

[3] La première voûte du chœur avait duré 350 ans. La seconde fut établie en partie aux dépens de Charles VII, sous l'abbé Jean V la Masse. Elle avait écrasé, en tombant, le tombeau de l'évêque de Paris, Etienne de Senlis, qui était situé au milieu du chœur.

[4] La première pierre fut posée le 18 décembre 1517, par Michel Boudet, évêque de Langres. Ce fut également sous cet abbé que le dortoir fut construit en 1522, que pour remédier aux inondations on exhaussa les murs de l'abbaye en 1528, et que l'infirmerie fut bâtie en 1531. Michel de Cologne, chantre de l'église de Paris, contribua en 1529, de ses deniers, à la construction de l'église.

[5] L'abbé Nicaise de l'Orme, fils de Florent de l'Orme, gouverneur de Noyon sous Charles VII, donna en effet de très-beaux ornements, six colonnes pour le maître-autel, des calices, burettes, bassins d'argent, tapis, etc., etc. C'est en 1496 qu'il fit construire une chapelle transformée plus tard en sacristie du chœur.

[6] Arnoul se retira en effet à Saint-Victor, dans un appartement somptueux qu'il avait fait construire à ses frais, *Et perrexit Parisius suos dies dimidiaturus apud S. Victorem in domibus pulcherrimis quas ibi ad opus*

suum construxerat, dit le continuateur de Sigebert à l'année 1182. Bienfaiteur de l'abbaye, à laquelle il avait donné de nombreux ornements, des vases sacrés et des livres, il l'avait aidée dans ses commencements, et il avait été jusqu'à emprunter à son église de Lisieux un autel portatif, deux textes, un cresmier, un encensoir, une chappe et une ceinture, que les moines de Saint-Victor ne songèrent pas à rendre et qu'ils auraient probablement conservés, si le doyen de Lisieux, qui était alors Guillaume de Glanville, n'avait envoyé à Guérin, abbé de Saint-Victor, l'archidiacre de son église, pour reprendre les objets précieux qui lui appartenaient. Voici le texte de la lettre du doyen écrite en cette circonstance et dont l'original, scellé, est conservé aux Archives de l'Empire dans le carton L. 890 :

G. Dei gratia S. Victoris abbati et ejusdem ecclesie conventui, G. decanus Lexoviensis et ejusdem ecclesie capitulum, salutem et orationem in Domino. Misimus ad vos dilectum fratrem nostrum R. archidiaconum, rogantes quatinus per ipsum vobis, quedam que penes vos erant ad ecclesiam nostram pertinentia, reddetis : altare videlicet portatile, duos textus, crismatorium, thuribulum, capam et balteum unum. De cujus receptione jocundo atque benivolo responso vobis gratiarum actiones referimus, tam in obsequio quam in mutue caritatis affectu, devotioni vestre vicem rependere parati. Sane ne quis redivive contentionis scrupulus valeat inter ecclesiam nostram et vestram de cetero suboriri, sub obtentu rerum quas de largitione felicis memorie Ar. quondam episcopi nostri adepti estis, memoratis rebus nobis redditis, contenti residuorum omnium si qua fuerint petitioni et querimonie supersedentes juri nostro, si quod super hiis nobis compecierat, renunciamus, et hoc ipsum sigilli nostri testimonio perficimus. Valete.

[7] Cette chapelle était fort célèbre et considérée comme miraculeuse. L'auteur de l'histoire manuscrite de Saint-Victor cite de nombreux miracles qui s'y seraient produits. Il y avait encore la chapelle de Saint-Jean-Baptiste dont la seconde dédicace se fit le 25 mars 1526 par l'évêque de Langres; on y établit en 1676 une confrérie, à laquelle le pape Innocent XI accorda des indulgences et l'archevêque François de Harlay des statuts. Le règlement de cette confrérie fut publié en 1684. Un chanoine régulier de Saint-Victor, qui devint archevêque de Drontheim en Norwége, lui procura des reliques de saint Olave, roi de Norwége et martyr, et les religieux qui ont fait mémoire de ce saint roi dans leurs offices pendant plus de cinq siècles, au 29 juillet, construisirent une chapelle en son honneur.

[8] Voici la liste des personnes inhumées dans l'église de Saint-Victor, d'après les manuscrits que j'ai consultés. Les épitaphiers donnent fort peu de renseignements sur l'abbaye de Saint-Victor :

Gilduin, abbé de S. Victor (13 avril 1155). Thomas, prieur de S. Victor, assassiné en revenant de l'abbaye de Chelles, par les neveux de l'archidiacre Thibaud, à qui il avait résisté (20 août 1130). Hugues de S. Victor, théologien célèbre (1141). Richard de S. Victor, prieur (10 mars 1173). Adam de S. Victor (8 juillet 1177 ?). Guarin ou Guerin, abbé (19 oct. 1194). Robert, abbé (16 nov. 1197). Jean le Teutonique, abbé (29 nov. 12.. ?). Pierre II de Ferrières, abbé (24 oct. 1289). Guy, abbé (29 nov. 1302). Jean II, dit de Palaiseau, abbé (29 nov. 1329). Bernard II de Lindry et de Mezon, abbé (20 mai 1367). Pierre III, abbé (7 oct. 1383). Pierre IV, le Duc, abbé (12 juin 1400). Jean IV, dit le Boiteux, abbé (28 oct. 1400), Geoffroi Pellegay, maître es arts, abbé (9 août 1432). André II Barré, né à Villiers le Bel, abbé (25 oct. 1448). Jean V la Masse, abbé (31 mai 1458). Jean VI Nicolay, abbé (28 nov. 1474). Germain le moine, abbé (30 sept. 1488). Nicaise de l'Orme, abbé, fils de Florent de l'Orme, gouverneur de Noyon sous Charles VII (6 janvier 1516). Jean VII Bordier, abbé (16 nov. 1543). Jean de Bordeaux, prieur de Vaujours (24 sept. 1587). Claude Huaut, prieur de Vaujours (1556). Jacques Parent, prieur de Vaujours (2 mai 1567). Jacques Duchon, prieur de S. Paul-les-Aulnois, près Chevreuse, prédicateur de la reine Marie de Médicis (28 juillet 1628). Pierre Lizet, abbé commendataire, premier président du parl. de Paris (7 juin 1554). Louis de Lorraine, card. de Guise, abbé commend. (29 mars 1578). Nicolas Grenier, prieur perpétuel, fils d'Imbert Grenier, gentilh. ordin. de Louis XII (Janvier 1570). Guillaume de Bourg-l'Abbé, prieur perpétuel (24 mai 1585). Jean Heurtault, prieur perpétuel (27 mai 1603). Denis le Coulomp, prieur perpétuel (14 nov. 1626). Denis de S. Germain, prieur perpétuel (10 nov. 1652). Jean de Thoulouse, anc. prieur d'Athis, prieur perpétuel (18 déc. 1659). Jean Corrart, portier du monastère (9 oct. 1546). Jean Picard, de Beauvais, auteur d'ouvrages aujourd'hui perdus (15 juin 1615). Denis Huguet, relig. de S. Victor, empoisonné par Antoine Carracciole, abbé de S. Victor (14 juin 1546). Pierre Brulart, relig. (19 novembre 1579). Benoît Favre (3 sept. 1656). Nicole le Maistre, chan. et archidiacre de Melun en l'église de Sens et chan. de Paris, cons. du roi et président es enquêtes de la cour du parlement (8 avril 1535). Nicolas Grenier, grand prieur de l'abbaye de S. Victor (1er janvier 1570). Jacques Parans, prieur de Vaujours (11 mai 1567). Anne Rebours, femme de Joseph Charlot, seign. de Princé (22 janv. 1620). Philibert du Châtelet, seign. de S. Amand (1er déc. 1534); Philibert du Châtelet, son fils, baron de Ciray, seign. de S. Amand, S. Julien, etc., coronel des reistres pour le roi, gentilh. ordin. de la chambre (14 mai 1568). Jean du Châtelet, baron de Ciray, son fils (25 sept. 1640). Godefroi du Châtelet (8 mai 1640). Charles-Antoine du Châtelet, marq. de Pierrefitte, maréchal des camps et armées du roi (18 avril 1688). Etienne, dit de la Chapelle, archev. de Bourges, prem. chan. régul. de S. Victor, frère de Gautier, chambellan de Louis VII (12 janvier 1181). Etienne Ier de Senlis, évêque de Paris, chan. rég de S. Victor (30 juill. 1141). Maurice de Sully, évêque de Paris (11 sept. 1196). Guillaume III d'Auvergne, évêque de Paris (31 mars 1248). Renaud II de Corbeil, de la race des vicomtes de Corbeil, que le nécrologe de S. Spire nomme Mignon, évêque de Paris (7 juin 1268). Adenulf d'Anagnie, neveu de Grégoire IX, évêque de Paris (2 avril 1290). Guillaume IV Beaufet, évêque de Paris (1320). Guillaume V de Chanac, évêque de Paris (12 mai 1348). Foulques II de Chanac, évêque de Paris (25 juillet 1349). Burcard, évêque de Meaux, qui obtint de Thibaud, comte de Champagne, qu'à l'avenir les soldats ne pilleraient plus, selon la coutume, les meubles d'un évêque mort (4 janvier 1134). Geoffroi de Tressi, évêque de Meaux (4 février 1214). Amaury, évêque de Meaux (7 janv. 1222). Arnoul, évêque de Lisieux (31 août 1182). Léon, évêque de ...? (?). Jean Heberge, évêque d'Evreux (28 août 1479). Jean, évêque de Beline ou Bolbac, en Syrie (10 oct. 1167). Hugues, évêque d'Apri, en Thrace (15 oct. 12..?). Jean, évêque de Hereford (10 avril 1410). Hugues, évêque d'Agde (1408). Hugues, archid. d'Alberstad, oncle de Hugues de S. Victor, chan. régul. de S. Victor (17 juin 1115). Pierre Comestor (21 oct. 1178). Girard de Granville, doyen de l'église cathédrale de Beauvais, chan. rég. de S. Victor (22 fév. 1283). Arnou, archid. de Rouen (31 mars ?). Pierre de Condé, archid. de Laon (27 oct. 13..?). Philippe des Bauves, seign. de Rancé, chantre de l'église de Troyes (30 juill. 1530). Obizon, chan. de Paris, médecin de Louis VI (19 fév. 11..?). Jean Beauce, chan. de Paris (?). Uldric, seign. d'Italie (1163). Jean de Montholon, jurisconsulte (10 mai 1528). Jean Pastorel ou Pastoureau, cons. du roi et présid. en la chambre des comptes (18 nov. 1395). Jean Gobert, prêtre donné de S. Victor (30 juin 1582). Guillaume de la Marche, prêtre donné de S. Victor, licencié en droit canon, procureur de la nation de France en 1362, chan. de Toul et fondateur du collége de la Marche (20 avril 1420). Florent Morin, donné de S. Victor (7 janvier 1639). Pierre de Braine, doct. en droit canon, chantre de l'église de Langres, évêque de Beauvais (14..?). Louis Emery Dreux, seign. de Varennes, chanoine diacre de Paris (?). Louise Yvonnet, sa femme (?). Pierre Victor Cahier, doct. en théologie de la maison de Navarre après avoir abjuré le protestantisme (10 mars 1610). François Gautier, doct. de Navarre (18 nov. 1636). Oradour de Vaux, doct. en théol., curé de S. Martin du faub. S. Marcel (23 janv. 1654). Guill. Cauvet, doct. en théol., anc. rect. de l'Université (11 avril 1667). Nicolas Savary, prêtre (5 oct. 1660). Henri du Bouchet, seign. de Bournon-ville, cons. de la gr. chambre au parl. de Paris, connu par la bibliothèque qu'il donna à S. Victor, à la condition qu'elle serait ouverte trois fois par semaine (23 avril 1654). Jean de Montigny, échanson de Philippe-le-Bel, garde de la prévôté de Paris (29 avril 13..?). Antoine Letonnellier, cons., seign. de Voyenne (3 juillet 1655). Claude Favre, surnommé Porte, natif de Lyon, maître ès arts (29 juin 1587). Guill. de la Chapelle, fils d'Adam, seign. de la Chapelle-Gautier, chambellan de France en 1223 (?). Marie de Ruelle, mère de Jean Simon, prieur de S. Victor (23 juin 1529). Elisabeth Martineau (26 juillet 1659). Marie Bonney de Bord (13 fév. 1666).

[9] Ce n'est pas Jean, mais Pierre de Thienville qui donna cette relique de Saint-Victor.

[10] Les reliques de Saint-Victor ne provenaient ni de Sens ni de Troyes. Pierre, aumônier de Garnier, évêque de Troyes, étant à Constantinople, obtint de son évêque une partie du chef de ce saint martyr qui y était gardé dans une église, dont il était le titulaire. Il la donna à Pierre de Corbeil, archevêque de Sens, qui en gratifia cette église, où elle fut reçue le 12 avril vers l'année 1222. Quant à la relique conservée à Saint-Victor de Paris, elle provenait de Saint-Victor de Marseille et avait été donnée aux religieux de Saint-Victor par Charles, fils aîné du roi de Jérusalem et de Sicile.

[11] Le pied de saint Victor fut donné par l'oncle de Charles VI, le 23 juillet 1402. On en célébrait l'anniversaire solennel à Saint-Victor, sous le nom de Fête de la réception du pied de saint Victor.

[12] La lettre de l'évêque Foulques est du 18 novembre 1348. La contagion s'étant renouvelée en 1453, l'évêque Guillaume Chartier attacha des indulgences à l'autel où reposaient le bras et la dent de saint Sébastien. En 1470, le fléau redoublant d'intensité, les reliques du saint furent portées en procession pour la première fois. Le 9 août 1605 le cardinal de Gondy ratifia les indulgences accordées par ses prédécesseurs. Ces reliques avaient été données par Louis VI aux religieux de Saint-Victor, qui les placèrent dans une chapelle souterraine de leur église.

[13] Ce n'est pas l'abbé Nicolas, c'est l'abbé Jean VI Nicolay qui donna le bras de sainte Madeleine.

[14] Les reliques de saint Clair données en 1602 par le cardinal Charles de Bourbon, archevêque de Rouen, avaient été placées dans un reliquaire en forme d'œil, que l'on appliquait, dit-on, avec beaucoup de succès sur les yeux des malades. Elles présentaient par conséquent les mêmes avantages que celles de saint Léger. La fête solennelle avait été établie par un chapitre général tenu en 1608, et une confrérie favorisée d'indulgences avait été créée en son honneur par le pape Urbain VIII.

[15] Lebeuf oublie de parler des reliques des saintes Olive et Elise, compagnes de sainte Ursule, qu'un solitaire, nommé Jean Nouel, avait apportées de Cologne, en 1282, à l'abbé Pierre II de Ferrières. On sait que cet abbé contribua à l'érection d'un monastère d'ermites de Saint-Augustin dans une maison dépendante de Saint-Victor, qui devint dans la suite le collège du cardinal Lemoine.

[16] Lebeuf oublie les reliques de saint Léger, évêque d'Autun. Les religieux de Saint-Victor possédaient un œil et l'anneau pastoral du célèbre conseiller de Childéric II. Dès l'origine de Saint-Victor, le culte de saint Léger y avait été établi. Il y avait une chapelle des plus anciennes qui lui était dédiée. Tous les bréviaires de Saint-Victor marquent sa fête, et celui de 1523 lui donne un office propre. Adam de Saint-Victor en avait composé une prose qui s'est chantée jusqu'en 1622, année où fut inauguré l'usage romain. Divers monuments, tels que vitraux, figures et ornements anciens représentaient saint Léger comme l'un des patrons de l'église; aussi, en dehors du 2 octobre, jour où l'on célébrait la solennité de son triomphe, on exposait plusieurs fois par an ses reliques, fort honorées par tous les gens qui étaient atteints du mal des yeux. En 1355, cette relique, qui était supportée par un ange d'argent, fut volée un jour de son exposition par un écuyer du roi, nommé Michel des Trappes. Les officiers de la justice de Saint-Victor appréhendèrent le voleur, qui ne fut point exécuté grâce à la protection royale. Le cardinal

Henri Cajetan avait accordé, par une bulle du 23 septembre 1590, dix ans d'indulgences à ceux qui visiteraient la chapelle de Saint-Léger.

[17] On choisissait souvent l'église de Saint-Victor pour y faire des processions extraordinaires dans le but d'attirer les grâces célestes ou de remercier Dieu des bienfaits qu'il répandait sur la terre. C'est ainsi qu'en 1449, le 2e dimanche d'après Pâques, on y célébra l'union du pape Nicolas V avec le duc de Savoie. Le 4e dimanche de carême de l'an 1497, on fit une autre procession. Le 7 juillet 1538, on ordonna une procession de toutes les paroisses de Paris qui se rendirent à Saint-Victor pour demander la paix entre le roi de France et l'empereur Charles V. On renouvela cette procession le 15 juillet 1541 pour le même objet. Le 30 avril 1608, la procession du recteur se fit dans cette même église pour l'heureuse délivrance de la reine Marie de Médicis, qui avait mis au monde le duc d'Orléans. Si l'on en croit l'auteur des Antiquités de Saint-Victor, les processions solennelles faites en 1611 et 1615 arrêtèrent une sécheresse qui pouvait amener les plus grandes calamités.

[18] Voyez sur Hugues de Saint-Victor l'*Histoire littéraire de la France*, tome XII, p. 1.

[19] Voyez sur Richard de Saint-Victor l'*Histoire littéraire de la France*, tome XIII, p. 472.

[20] Les œuvres d'Adam de Saint-Victor ont été publiées par M. Léon Gautier dans un ouvrage intitulé : *Œuvres poétiques d'Adam de Saint-Victor, précédées d'un essai sur sa vie et ses ouvrages, première édition complète. Paris*, 1858, in-18. L'épitaphe d'Adam de Saint-Victor est conservée à la bibliothèque Mazarine, où elle est placée dans la salle publique, à droite de la grande porte d'entrée de cette salle. Scellée sur le mur du cloître de l'abbaye de Saint-Victor, à droite de la porte du chœur, elle en fut arrachée à la Révolution et vendue à un fondeur, qui la revendit à M. Petit-Radel, frère de l'administrateur de la bibliothèque Mazarine. Voyez sur Adam de Saint-Victor, l'*Histoire littéraire de la France*, tome XV, p. 40, et tome XVII, *not. suppl.*, p. xxii.

[21] Achard, abbé de Saint-Victor, mort le 29 mai 1171, ne fit pas que des sermons. (Voy. *Histoire littéraire de la France*, t. XIII, p. 453.)

[22] Ervise donna sa démission d'abbé en 1172, et mourut le 13 mai 1177. On a des lettres et des sermons de ce religieux, sur la conduite duquel il semble qu'il y aurait beaucoup à dire. (Voy. *Histoire littéraire de la France*, t. XIV, p. 611.)

[23] Voyez, sur Jean le Teutonique, l'*Histoire littéraire de la France*, tome XVIII, p. 67.

[24] Voyez les *Œuvres poétiques* d'Adam de Saint-Victor, par Léon Gautier, et ce que dit M. Delisle au sujet de l'opinion émise par M. Gautier, dans la *Bibliothèque de l'École des Chartes*, ive série, t. V, p. 197.

²⁵ D. Martène a publié une lettre entremêlée de vers écrite par ce religieux (*ampliss. Collect.*, tome VI, p. 245). (Voy. l'*Histoire littéraire de la France*, tome XIII, p. 578.)

²⁶ Sur Gautier, voyez l'*Histoire littéraire de la France*, tome XIV, p. 549.

²⁷ Je ne sais pas si l'abbé Lebeuf fait ici allusion au *Regimen sanitatis* de Garnier; dans tous les cas, il oublie de mentionner son *Gregorianum* qui a eu les honneurs de deux éditions. (Voy. l'*Histoire littéraire de la France*, tome XIII, p. 409.)

²⁸ Sur Menandus, consulter l'*Histoire littéraire de la France*, t. XVII, p. 400.

²⁹ Sur Robert de Flamesbury, sous-prieur de Saint-Victor vers 1210, et depuis grand-pénitencier, consulter l'*Histoire littéraire de la France*, tome XVII, p. 402.

³⁰ Sur Godefroi, voyez l'*Histoire littéraire de la France*, tome XV, p. 69.

³¹ Voyez, sur Simon Chevre-d'Or, l'*Histoire littéraire de la France*, tome XII, p. 487.

³² Lebeuf aurait pu citer aussi Gilduin, le second abbé de Saint-Victor (*Hist. litt. de la France*, tome XII, p. 476). André, chanoine régulier de Saint-Victor, interprète sacré du XIIᵉ siècle, hébraïsant et helléniste (*Hist. litt.*, t. XIII, p. 408). Nicolas, sous-prieur de Saint-Victor, dont Martène a publié une lettre à Gerebert (*Hist. litt.*, t. XIV, p. 614). Jean Pict, chanoine de Saint-Victor, qui, par une lettre qu'a publiée Martène (*Ampliss. collect.*, t. VI, col. 271), semble s'être occupé de Saint-Victor de Marseille (*Hist. litt. de la France*, t. XXI, p. 788).

Lebeuf n'a pas dit non plus que les évêques de Paris voulurent que les religieux de Saint-Victor prissent leurs degrés universitaires. Il paraît, d'après l'histoire manuscrite de Saint-Victor, que Thibaud, qui devint par la suite le quatorzième abbé, fut le premier qui les reçut. « On choisissait, pour ces exercices, des hommes d'une vertu et d'une maturité éprouvées; et c'est une chose merveilleuse qu'avec les règles exactes qu'on leur présentait sur l'assiduité aux offices et aux observances du chapitre, du réfectoire, du cloître et du dortoir, ils aient pu satisfaire à l'engagement de soutenir des thèses qu'on leur imposait. Ils ne devaient être que quatre. Il y avait un lieu destiné pour leur étude pendant que les autres étaient dans le cloître, auxquels néanmoins ils se devaient joindre pour entrer au chœur, ou pour assister à la lecture devant complies. Ils étaient obligés d'acquitter six messes chaque semaine dans la chapelle de la Transfiguration dite de Lisieux ou des Pastoureaux, pour le repos de l'âme d'Arnou, évêque de Lisieux, qui l'avait fait bâtir, et pour celles de deux personnes de considération et de piété, savoir : Étienne de Compiègne et Jeanne de Morigny, son épouse, qui avaient fait quelques fondations pour fournir aux nécessités de leurs études, l'an 1311, et qui avaient choisi cette chapelle pour leur sépulture. Ils devaient aussi tous les jeudis une messe en l'honneur de saint Denis, pour Jean Pastoureau, président de la chambre des comptes, qui avait fait une pareille fondation l'an 1392. A ces devoirs de piété, ils joignaient l'observation du silence entre eux et avec les personnes du dehors aussi exactement que les autres, ne pouvant parler sans permission, ni amener qui que ce soit dans le cloître, ni sortir *extra metas*, comme on parlait autrefois, c'est-à-dire hors les lieux réguliers, et en un mot n'étant presque absous des régularités, durant leur licence, qu'autant qu'il était nécessaire pour assister aux disputes publiques. » Guillaume IV de Bauset, autrement dit d'Aurillac, évêque de Paris, avait confirmé en 1314, une donation faite en faveur des études par Jeanne de Lornac, fille d'honneur de la reine Marie. En 1329, Guillaume de Bezou donna une maison dont les revenus devaient servir à solder une parti des des dépenses occasionnées par ce doctorat, qui fut supprimé en 1516 par Étienne Poncher, évêque de Paris, et rétabli en 1667 par Hardouin de Perefixe, qui, dans un chapitre solennel tenu à Saint-Victor sous sa présidence, le 24 novembre, élabora un règlement à l'usage des religieux qui voulaient passer leur baccalauréat, leur licence et leur doctorat.

Les premiers docteurs en théologie de la maison de Saint-Victor sont : 1° Thibaud, quatorzième abbé de Saint-Victor; 2° Aubert de Mailly; 3° Guillaume de Saint-Lô; 4° Pierre Leduc; 5° Girard de Grosmenil, vers 1311, que le pape Clément VI attira à Avignon; 6° Nicolas de Morencour, docteur vers 1395, qui mourut prieur de Saint-Guenaut de Corbeil; 7° Henri le Boulanger, docteur vers 1408, qui assista au concile de Constance; 8° André Huais, docteur vers 1460; 9° Jean Berthe vers 1465, connu par des traités sur les Sentences de Pierre Lombard; 10° Jean Caillette, vers 1479; 11° Nicolas de Rueil, vers 1487; 12° Guillaume Roquette, vers 1496; 13° Marc de Grandval, vers 1512, prieur d'Athis, et le dernier des docteurs de Saint-Victor.

On peut joindre à cette liste de savants, aujourd'hui complétement oubliés, celle non moins considérable de tous les personnages qui ont joui dans leur temps d'une certaine notoriété, et qui appartenaient tous à la maison de Saint-Victor :

Yves, card. du titre de Saint-Damase, ami de saint Bernard (21 juin 1143). Hugues, card., évêque de Frascati (21 avril 1148). Jean, card. du titre de Saint-Anastase (en 1155). Pierre, card. du titre de Saint-Chrysogone (1175). Hugues, card. du titre de Saint-Clément, légat du Saint-Siége (1183). Alexis, card. du titre de Sainte-Suzanne, légat du Saint-Siége en Écosse (24 avril 1190). Bernard Chabert, archevêque d'Embrun (1235). Henri, archevêque de Drontheim en Norwége (XIIᵉ s.). Guillaume de Champeaux, évêque de Châlons-sur-Marne (1122). Absalon, évêque de Roschild, en Danemark (?). Pierre Lombard, évêque de Paris (20 août 1160). Yves, évêque de Cracovie (21 juillet

1229). Richard Poore, évêque de Salisbury (15 avril 1237). Eudes de Sulli, évêque de Paris (13 juillet 1208). Étienne, évêque de Tournay (9 sept. 1203). Thierry, évêque de Hammar, diocèse de la province de Drontheim, en Norwége (31 août 1206). Antoine Carracioli, évêque de Troyes (1569). Victor Augustin de Mailly, évêque de Lavaur (24 déc. 1712). Hamelin, évêque du Mans (1218). Jourdain du Hommet, évêque de Lisieux (1214). Elie, premier abbé de N.-D. de la Chaise (?). Baudouin, abbé de Saint-Vincent de Senlis (17 octobre 1220). Raoul, abbé de Saint-Saturne, proche Sancerre (?). Garnier, abbé de Saint-Barthélemy de Noyon (25 octobre 16..?). Roger, abbé de Notre-Dame d'Eu (13 oct. 11..?). Roger, abbé de Saint-Euverte d'Orléans (?). Eudes, abbé de Sainte-Geneviève de Paris (?). Eudes ou Odon, abbé de Saint-Denis de Reims (11..?). Yves, abbé de Saint-Menge-lez-Chalons (8 août 1169?). Michel, abbé de Saint-Martin de Ruricourt (11..). Robert, premier abbé de Notre-Dame du Vœu ou de Cherbourg (11..)). Nicolas, abbé de Notre-Dame de Bourgmoyen, à Blois (8 oct. ...?). Thibaud, abbé de Notre-Dame d'Herivaux (25 déc. 1201?). Athon, abbé de Notre-Dame de Livri (5 août 11..). Guibert, abbé de Notre-Dame d'Eaucourt (2 avril 11..) Guy, abbé de Saint-Martin d'Épernay (19 nov. 120.?). Pierre, abbé de Notre-Dame de Juilly (2 avril 12..?) Marcel, abbé de Saint-Calixte de Cisoin (30 juillet 12..). Jean, abbé de Notre-Dame de Cantimpré (30 janv. 11..?). Guillaume, abbé de Saint-Jean du Gard (20 janv. 11..?). Jean, abbé de Saint-Séverin de Château-Landon (30 août 12..?). Jean, premier abbé de Notre-Dame de la Victoire lez Senlis (7 juin 12..?). Gilbert, premier abbé de Notre-Dame de la Roche (14 sept. 12..?). Anscelin, abbé de Notre-Dame d'Hyverniaux (25 nov. 12..?) Jean Caillette, abbé de Saint-Wulmer de Boulogne (9 février 1503). Nicolas, abbé de Saint-Pierre de Naples (11..?). Absalon, abbé de Notre-Dame de Spinchirbach, au diocèse de Trèves (?). Richard, abbé de Saint-Augustin de Bristol (2 sept. 116.?) André, premier abbé de Wigomor, dans le diocèse d'Hereford (18 fév. 1187). Jean, abbé de Notre-Dame de Boulogne (?). René Hector, abbé de Saint-Jacques de Provins (17 juillet 1598). Henri Bault, abbé de Sainte-Madeleine de Châteaudun (15..?).

[33] La collection bibliographique de Saint-Victor était fort belle. « Aussi Rabelais va-t-il prendre chez eux tous ces merveilleux ouvrages dont il transcrit, en riant, les titres imaginaires. Il y avait, dit M. Leclerc, de regrettable mémoire, des traités fort bizarres dans toute bibliothèque théologique ; mais, nous voyons par ceux qui nous restent des Victorins de Paris, combien ils avaient aussi d'ouvrages sérieux et utiles. Leur règle nous apprend qu'ils savaient les conserver. *L'armarius* doit étiqueter les volumes, les inscrire au catalogue, en faire la revue deux ou trois fois l'an, et prendre garde qu'ils ne soient ni trop serrés, ni dérangés de leur place. En cas de prêt, qu'il enregistre et le titre du livre, et le nom de l'emprunteur, et le gage déposé, au moins d'une valeur égale. Qu'il ne prête aucun ouvrage considérable ou précieux, sans la permission de l'abbé. Il est, comme chez les Bénédictins, chargé de tout ce qui regarde la fourniture du parchemin, des plumes, de l'encre, des canifs, des poinçons, et il choisit

et surveille, en prenant les ordres de l'Abbé, les copistes du dedans et du dehors. Toute espèce d'écriture, soit pour les billets funéraires, soit pour la correspondance, est de son ressort. Il établit ses écrivains dans un lieu tranquille, à l'écart, où l'abbé, le prieur, le sous-prieur auront seuls avec lui le droit d'entrer; il veille à la pureté des textes, à la ponctuation, à la reliure, à l'entretien; il fait exposer, dans un endroit accessible à tous, les livres d'un usage journalier. Bibles avec ou sans gloses, Passionnaires, Vies des saints, homélies; il choisit les ouvrages à lire à table, règle l'ordonnance des processions, et redresse les fautes commises dans la lecture ou dans le chant. » (*Histoire littéraire de la France*, tome XXIV, p. 314.)

Nous compléterons cette citation par une charte inédite de 1392, qui témoigne du soin qu'on apportait dans l'abbaye de Saint-Victor à la conservation des livres.

Cette charte, conservée aux archives de l'Empire, sous la cote 54 dans le carton L. 898, porte au dos cette rubrique : *Excommunicatio contra venditores et alienatores librorum :*

Frater Petrus, humilis abbas monasterii Sancti Victoris juxta Parisius, ordinis sancti Augustini, universis fratribus concanonicis nostris sub obediencia nostra ordinem regularem professis, salutem et sinceram in Domino caritatem. — Cum secundum statuta et consuetudines approbatas dicti monasterii nostri, et ordinis, custodia omnium librorum dicti monasterii spectet ad armarium nostrum quem nunc cantorem communiter vocamus, sic quod nullum librum accomodare debet extraneo sine licencia abbatis, nec aliquos cuiquam fratrum nostrorum tradere, quin statim annotet in brevi quos et quot unicuique tradideritque quidem, quia a longis temporibus non fuerunt bene observata, multos libros perdidimus et plures perdemus, nisi super hoc provideatur de remedio condecenti. Hinc est quod nos, quantum cum deo possumus, ut tenemur, super hoc providere cupientes, districte precipimus dicto armario nostro, in virtute sancte obediencie, quod de cetero omnes libros hujus monasterii diligencius custodiat, et fratribus distribuat secundum ordinis statuta, et sicut in capitulo de officio armarii cavetur, inhibendo eidem, sub pena excommunicationis, ne de cetero cuiquam extraneo aliquem librum accomodet sine nostra licencia speciali, et ne cuiquam fratrum nostrorum aliquem tradat, quin statim annotet in brevi quem librum et cui fratri tradiderit. Ceteris autem fratribus nostris districte precipiendo in virtute sancte obediencie mandamus ac ipsos omnes et singulos per presentes monemus, sub pena excommunicationis quam in ipsos feremus, nisi fecerent quod mandamus, quod infra quindecim dies a data presentium seu noticia ipsarum quorum quinque pro primo, quinque pro secundo et quinque pro tercio et peremptorio termino eisdem assignamus, tradent in scriptis dicto armario quot et quos libros habent penes se, et si aliquos accomodaverint cuiquam seu perdiderint aut qualitercumque alienaverint, infra dictum tempus sub penis predictis nobis revelent, tradendo in scriptis quos et quot libros et quibus personis accomodaverint seu perdiderint aut qualitercumque alienaverint, inhibentes similiter omnibus et singulis, sub penis predictis, ne de cetero aliquos libros sine scitu et consensu nostro vel saltem prioris abbatie nostre extra monasterium nostrum portare presumant, nec etiam cuiquam extraneo accomodare seu tradere sine nostra speciali licentia petita et obtenta, alioquin contra ipsos alias procedemus prout juris fuerit et racionis. Datum et actum in capitulo nostro annuali anno Domini MCCC nonagesimo secundo, decima octava mensis junii, videlicet in crastino susceptionis reliquiarum sancti Victoris causa rationabili protunc celebrato. — In cujus rei testimonium huic presenti nostre monicioni sigillum nostrum una cum sigillo prioris et subprioris dicti nostri monasterii in dicto capitulo et publicatione dicte monicionis personaliter assistentium in testimonium premissorum die dicti capituli duximus apponenda.

[34] Je m'étonne que Lebeuf ait consacré quelques lignes au terrain nommé *Aalez*, et qu'il n'ait rien dit du *Clos des arènes*, qui rappelait un souvenir de l'antiquité gallo-romaine à Paris. Ces arènes, dont le vicomte Héricart de Thury, ancien directeur des travaux de Paris, a vu les fondations, et auxquelles M. Jollois a consacré quelques pages dans son mémoire sur les Antiquités romaines et gallo-romaines de Paris (p. 31 et suiv.) n'étaient point complétement enfouies au moyen âge. Les vers suivants empruntés au *Laus sapientie divine*, d'Alexandre Neckam, mort en 1217 :

Judicat et Circi descriptio magna theatrum
Cipridis; illud idem vasta ruina docet;
Diruit illud opus fidei devotio; Sancti
Victoris prope stat relligiosa domus.

(Manusc. lat. nᵒ 376 S. Germ. de la Bibl. imp.)

font voir que des ruines considérables attestaient encore, au commencement du XIIIᵉ siècle, l'existence d'un cirque, situé près de l'abbaye de Saint-Victor, et qui fut détruit par les Chrétiens. Dans un acte cité par du Boulay (*Hist. universit. Paris*, III. 238) et Valois (*Notitia*, préface), on lit cette mention : *Item tria quarteria vineæ sita in loco qui dicitur les Arennes ante Sanctum-Victorem.* Sauval, Félibien et Jaillot ont pensé que ces arènes étaient situées dans l'espace compris entre les rues Saint-Victor, des Boulangers, des Fossés-Saint-Victor et Neuve-Saint-Étienne, emplacement qui portait aux XVᵉ et XVIᵉ siècles le nom de *Clos des Arènes*. Ce n'est point cependant là, mais au-dessus de la rue Saint-Victor, dans le périmètre compris entre les anciennes rues Clopin et Bordelles, qu'il faut placer ce lieu. Ce clos, coupé par l'enceinte de Philippe-Auguste, dominait Saint-Victor à l'époque où tout le versant de la montagne qui regarde l'est était encore planté de vignes. Un acte de 1307 confirme cette proposition en termes très-précis : « *Tria quarteria vincæ desuper Sanctum-Victorem juxta muros villæ Parisiensis in loco qui dicitur* AD ARAINAS. » C'est donc vers l'emplacement de l'ancien collége de Boncourt, et à la même hauteur que le palais des Thermes, qu'il faudrait chercher les traces des anciennes arènes de Paris. (Voy. deux notes de MM. Delisle et Huillard Breholles, dans le Bullet. de la

Soc. des antiq. de France, 1858, p. 152 et 167.)

[35] Le 11 mars 1790, Antoine Lagrénée, grand-prieur de Saint-Victor, déclara que l'abbaye se composait de vingt et un chanoines réguliers.

Les revenus montaient à 84,523 liv. 3 s., savoir : 1° 47,133 liv. 17 s. 9 den.[1] pour le loyer des maisons de Paris et autres bâtiments; 2° 1,752 liv. 7 s. 9 den. pour les cens et rentes seigneuriales à Paris; 3° 2,480 liv. 17 s. 11 den. pour les rentes foncières sur particuliers, sur le clergé et sur la loterie royale; 4° 29,052 liv. 10 s. pour les fermages des biens de campagne[2]; 5° 4,103 liv. pour les rentes foncières des biens hors Paris[3]. Le grand-prieur déclara, en outre, que les revenus d'église et de la bibliothèque se montaient à 3,587 liv. 4 s. 6 den., savoir : 2,283 liv. 15 s. pour les revenus de l'église, et 1,303 liv. 9 s. 6 den. pour les revenus de la bibliothèque.

Les charges dont l'abbaye de Saint-Victor était grevée se montaient à 28,588 liv. 15 s., savoir : 25,371 liv. 5 s. pour les charges des biens de Paris et de la maison, et 3,217 liv. 10 s. pour les biens de campagne. En outre, l'actif était évalué à 76,814 liv. 13 s. 7 den., et le passif à 88,312 liv. 15 s.

Le 18 février 1790, Claude-François Larousse, bourgeois de Paris, fondé de pouvoirs de François de Fontanges, archevêque de Toulouse, avait déclaré que ledit archevêque était titulaire de l'abbaye de Saint-Victor-lès-Paris depuis le 20 février 1789, que les revenus se montaient à 65,010 liv.; que ces revenus étaient affermés par bail général en vertu d'arrêts du Conseil autorisant les économats à passer un bail de six ans, bail commencé le 1er janvier 1789. Il déclarait, en outre, que les revenus avaient toujours été affermés par bail général par les prédécesseurs dudit abbé.

A la Révolution, le couvent fut fermé; mais l'église, qui n'était qu'abbatiale, devint paroissiale par la loi du 4 février 1791, et eut pour circonscription :

(Rue des Fossés-Saint-Bernard); les bords de la rivière jusqu'à la barrière de la Salpêtrière; les murs de ladite jusqu'à l'avenue du Marché-aux-Chevaux; ladite à droite, jusqu'à la rue du Marché; ladite et celle du jardin du

[1] L'enclos de Saint-Victor rapportait 8,887 liv.; les maisons de la rue Saint-Victor : 12,076 liv. 13 s. 4 den.; les maisons et chantiers du quai Saint-Bernard : 26,170 liv. 4 sous 5 deniers. Total : 47,133 liv. 17 s. 9 den.

[2] Terres au terroir d'Ivry près Paris : 1,850 liv.; ferme à Villeneuve-le-Roi : 2,496 liv.; terres et prés à Palaiseau, Igny et Massy près Paris : 2,180 liv.; terre, seigneurie, justice et fermes d'Orgenoy et Faronville situées sur la route de Fontainebleau à dix lieues de Paris dans le diocèse de Sens : 10,528 liv.; dîmes de Villiers en Bierre près Orgenoy : 500 liv.; dîmes de Courquetaine : 180 liv.; dîmes de Solers en Brie : 300 liv.; terres et dîmes de Villeparisis : 1,694 liv. 10 s.; ferme de Rully située entre Senlis et Crépy-

roi, à droite; la rue Copeau, à droite; celle Mouffetard, à droite, jusqu'à celle des Fossés-Saint-Victor; ladite et celle des Fossés-Saint-Bernard, jusqu'à la rivière.

Peu de temps après, l'église fut fermée, et l'abbaye devint propriété nationale. On éleva sur son emplacement la Halle aux vins, qui coûta près de vingt millions à la ville de Paris, et les terrains qui ne furent pas compris dans l'enceinte de la nouvelle halle furent vendus par la ville les 15 mai et 30 octobre 1838. On ouvrit sur ces terrains les rues Guy-de-la-Brosse et de Jussieu.

Il ne reste plus rien de l'abbaye de Saint-Victor.

BIBLIOGRAPHIE

MANUSCRITS

Les archives de l'Empire renferment un nombre considérable de documents sur l'abbaye de Saint-Victor. La section administrative ne compte pas moins de cent deux cartons et de vingt-huit registres. La section historique renferme vingt-trois cartons et deux registres.

Le premier carton de la section administrative (S. 2069) renferme des renseignements sur la propriété des chantiers, des états des censives, des pièces relatives à la concession d'eau, des amortissements, des baux de marais, etc., etc.; le second (S. 2070), des transactions sur le partage des biens et des bois, des baux de biens à Villiers en Bierre, etc.; le troisième (S. 2071), des titres de propriété de la ferme d'Amblainville, baux, arpentages, plans, etc.; le quatrième (S. 2072), des titres de terres sises à Villeneuve-le-Roi, baux et censives; le cinquième (S. 2073), la suite des titres de Villeneuve-le-Roi, des titres de terres à Ville-en-Parisis, Courquetaine, Ivry, Faronville, Montmorency, Reuilly; le sixième (S. 2074), des titres de terres et prés à Igny, Massy, Palaiseau, Vilaines et Villebon; les septième et suivant (S. 2075-76), des titres de propriété de maisons et terrains situés rues de Seine et Saint-Victor, quai de Saint-Bernard et des Tournelles, concernant les fossés, remparts, etc., le Marché aux chevaux; le neuvième (S. 2077), des titres de rentes sur terrains et maisons, rues de Seine, de Marivaux, quai Saint-Bernard, place Maubert; le dixième (S. 2078), des titres de rente sur maisons sises rues Saint-Victor, des Écrivains, de la Vannerie, des Boulangers, etc.; le onzième (S. 2079), des titres de rentes sur fermes et terres sises à Igny,

en Valois : 2,975 liv.; ferme d'Amblainville entre Pontoise et Meru : 6,349 liv. Total : 29,052 liv. 10 sous.

³ Rente foncière à Gentilly : 40 liv.; fief des Hanots à Montreuil-sous-Vincennes :...?; cens et rentes à Ablon, près Paris : 24 liv. 9 s. 6 den.; autres à Villeneuve-le-Roi : 8 liv.; rentes sur la ferme des Granges à Palaiseau : 325 liv.; cens et rentes à Étampes : 3,600 liv.; rentes à Senlis : 85 liv.; rentes à Chaulnay près Champeaux : 51 liv. Total : 4,103 liv. 9 s. 6 den.

Massy, Palaiseau, Vilaines, Amblainville, Claye et Senonches; le douzième (S. 2080), des titres de rentes sur fermes et terres sises à
Gentilly, Montreuil, Varennes, Ville-en-Parisis et Villeneuve-le-Roi; le
treizième (S. 2081), des pièces relatives aux ventes faites par l'abbaye,
des titres et déclarations de rentes sur maisons à Paris, des terrains
au Roule; les quatorzième et suivants (S. 2082-84), des titres de propriété et titres de rentes du prieuré d'Athis; des terres de Mons
et d'Ablon; les dix-septième et suivants (S. 2085-88), des titres du
prieuré du Bois-Saint-Père et du prieuré de Puiseaux; les vingt-
unième et suivants (S. 2089-98), des titres de propriété des prieuré
et seigneurie de Bray, Rully et Chamicy, tels que titres d'acquisitions, de
ventes, baux, rentes, aveux, arpentage, actes de foi et hommage, etc., de
1202 à 1784; les trente-unième et suivants (S. 2099-2101), des titres de
propriété du prieuré de Bussy-le-Roi, donations, baux, rentes, usages,
de 1113 à 1782; les trente-quatrième et suivants (S. 2102-2104), des
titres de propriété du prieuré d'Amponville, de 1112 à 1786; le trente-
septième (S. 2105), des titres de propriété du prieuré de Villiers-le-Bel,
de 1160 à 1773; le trente-huitième (S. 2106), des titres de propriété de
l'église de Saint-Loup de Roubiers donnée à l'abbaye de Saint-Victor;
les trente-neuvième et suivants (S. 2107-2109), des titres de propriété
du prieuré de Saint-Douin et du canonicat de Champeaux, de 1197 à
1766; les quarante-deuxième et suivants (S. 2110-2114), des titres de
propriété du prieuré de Fleury-Oncy, de 1133 à 1698; les quarante-
septième et suivants (S. 2115-2121), des titres de propriété de l'église
Saint-Guenaud, de maisons, terres et bois à Corbeil et des pièces de procédure pour les vacants de Saint-Spire, de 1109 à 1753; les cinquante-
quatrième et suivants (S. 2122-2124), des titres du prieuré de Mont-
Bron, de 1183 à 1769; les cinquante-septième et suivants (S. 2125-2129),
des titres de propriété du prieuré de Saint-Paul des Aulnois, de 1140 à
1786, des titres de propriété du prieuré de Vaujours, de 1139 à 1786,
et des pièces concernant la fondation d'un prieuré à Châteaudun;
le soixante-deuxième (S. 2130), des titres de propriété du prieuré
d'Oncy, baux, rentes et déclarations, de 1700 à 1786; le soixante-
troisième (S. 2131), des titres de propriété du prieuré de Puiseaux, censiers, baux et déclarations; les soixante-quatrième et suivant (S. 2132-
2133), des titres des revenus et propriétés de la manse abbatiale; le
soixante-sixième (S. 2134), des aliénations et échanges de maisons, terres
et bois tant à Paris que dehors; le soixante-septième (S. 2135), des
titres de donations à l'abbaye de plusieurs héritages sis au terroir
d'Evron; le soixante-huitième (S. 2136), des titres de propriété des héritages sis à Breau, Dannemarie en Beauce; le soixante-neuvième (S. 2137),
des titres de la ferme et des îles de Billancourt près Saint-Cloud, et le
chapitre de Saint-Cloud; le soixante-dixième (S. 2138), des titres de

maisons et fermes sis à Saint-Cloud, Roissy, Coms-la-Ville, Gragny, Montregard; le soixante-onzième (S. 2139), des titres des propriétés de l'abbaye à Montreuil-sous-Bois; les soixante-douzième et suivant (S. 2140-2141), des titres de propriétés de l'abbaye à Fontenay-sous-Bois; le soixante-quatorzième (S. 2142), des titres de la ferme de Beaurose, de celles de Grosbois et de Villemeneux; les soixante-quinzième et suivant (S. 2143-2144), des titres des seigneuries du Jard et du Châtellier, de terres à Orgenoy, Faronville, Petit-Jard, etc.; le soixante-dix-septième (S. 2145), des titres de propriétés à Boulogne, Loucus, Gif; le soixante-dix-huitième (S. 2146), des titres des propriétés de la ferme du Pin; les soixante-dix-neuvième et suivants (S. 2147-2149), des titres de propriétés à Ozouer-le-Voulgis, Bois-Gaultier, Chaudeur et Melun; le quatre-vingt-deuxième (S. 2150), des titres des prieuré et seigneurie de Puiseaux; les quatre-vingt-troisième et suivants (S. 2151-2153), la suite des titres de Puiseaux, Châtillon, Brichanteau et autres annexes; le quatre-vingt-sixième (S. 2154), des titres de rentes sur héritages sis à La Chapelle-la-Reine et Bois-Minard; le quatre-vingt-septième (S. 2155), des titres des biens et rentes à Meudon, Marly, Gonnesse, Meulan, Boulogne, Saint-Denis, etc.; le quatre-vingt-huitième (S. 2156), des titres des biens et rentes à Arcueil, Bagneux, Chevilly, Lay, Orly, Rungis; le quatre-vingt-neuvième (S. 2157), des titres de propriété des fermes et bois d'Ury en Bière; le quatre-vingt-dixième (S. 2158), des titres de propriété des biens à Ivry, Villejuif et Vitry-sur-Seine; le quatre-vingt-onzième (S. 2159), des titres des censives et propriétés au terroir de Saint-Marcel et ès environs; le quatre-vingt-douzième (S. 2160), des titres des censives à Viry-sur-Orge et autres lieux; les quatre-vingt-treizième et suivant (S. 2161-2162), des titres des censives des rues du Parc-Royal, de la Boucherie, Saint-Victor, du fief du Cardonnet et de la rivière de Bièvre; le quatre-vingt-quinzième (S. 2163), des titres des censives du quartier de la Grève, du Petit-Pont, des rues de Beauvais, de Béthisy et de Bar-du-Bec; le quatre-vingt-seizième (S. 2164), des titres des censives des rues Saint-Antoine, Cimetière-Saint-Jean, et de terres hors la porte Saint-Antoine; le quatre-vingt-dix-septième (S. 2165), des titres de censives en la cité, à Aubervilliers, Belleville, Montmartre et lieux circonvoisins; les quatre-vingt-dix-huitième et suivant (S. 2166-2167), des pièces concernant le retrait et l'aliénation de terrains rues Gaillon, de Richelieu, etc.; les centième et suivant (S. 2168-2169), des titres de propriétés sises à Vigneux, Draveil, Champrosay et Montgeron; le cent deuxième (S. 2170), la suite des mêmes titres, des renseignements généraux sur les revenus, et des pièces relatives à l'exemption du chapitre de Saint-Marcel du droit du vacant dû à Saint-Victor.

Voici les titres des registres ou portefeuilles conservés dans cette section :

1° (S. 2171), Inventaire général des titres et papiers de la manse ab-batiale; 2° (S. 2172), Portefeuille contenant sept anciens cueilloirs et un registre d'ensaisinement de 1747; 3° (S. 2173), Portefeuille contenant des ensaisinements généraux de 1546 à 1790 et un recensement des titres et papiers en 1769; 4° (S. 2174), Recueil d'anciens titres de Beaurose, Bray, Combs-la-Ville, Grosbois, Villeneuve-Saint-Georges, etc., etc.; 5° (S. 2175), Cueilloirs de Bois-Saint-Père et de Bussy-le-Roi de 1700 à 1764; 6° (S. 2176), Inventaire des titres de la seigneurie de Saint-Guenaud à Corbeil; 7° (S. 2177), deux inventaires et un registre d'en-saisinement de Fontenay et Montreuil près Vincennes; 8° (S. 2178), sept anciens censiers de Fontenay de 1413 à 1540; 9° (S. 2179), Enquête sur la censive de Fontenay; 10° (S. 2180), Censier et registres des baux et aveux des censitaires du Petit-Jard; 11° (S. 2181), Enquête sur les bois de Saint-Paul des Aulnois; 12° (S. 2182), Portefeuille contenant vingt registres censiers de Puiseaux de 1516 à 1538, et un mesurage d'Avrimont; 13° et 14° (S. 2183-2184), Censiers de Puiseaux de 1729 à 1747; 15° (S. 2185), Terrier de Paris de 1674; Déclaration d'Ampon-ville de 1608, terrier dudit lieu de 1684 à 1686; 16° (S. 2186), Terrier de Bray de 1480; Déclarations et terrier de Bussy-le-Roi de 1553 à 1702; Terrier de Saint-Guenaud; 17° (S. 2187), six cahiers de décla-rations au terrier de Fontenay de 1401 à 1724; 18° (S. 2188), un terrier de Fontenay, deux terriers de Montreuil de 1540 à 1577, deux terriers du Petit-Jard de 1602 à 1744; 19° et 20° (S. 2189-2190), deux terriers du Petit-Jard de 1665 et de 1759; 21° (S. 2191), terrier de Montreuil de 1742; 22° (S. 2192), terrier de la seigneurie d'Oncy de 1602; 23° (S. 2193), terrier d'Ozouer le-Voulgis de 1762; 24° (S. 2194), Déclarations au terrier de Puiseaux de 1482 à 1515; 25° et 26° (S. 2195 et 2196), deux terriers de Puiseaux de 1661 et 1759; 27° (S. 2197), Terrier de la seigneurie d'Ury en 1729; 28° (S. 2198), Procès-verbal de visite de la terre de Vigneux et terrier de Villiers-le-Bel de 1638 à 1658.

Un carton de la même section, coté S. 2069, renferme des pièces relatives aux concessions d'eau faites aux religieuses de Saint-Victor, et des déclarations de cens et rentes de 1534 et 1551.

Dans la série H on conserve une collection de comptes de l'abbaye sous les cotes H 3646 à 3657.

La section historique renferme aussi un nombre considérable de do-cuments précieux pour l'histoire de l'abbaye de Saint-Victor. Elle compte deux registres et vingt-trois cartons.

Le registre coté LL. 1451 contient une copie des actes capitulaires de 1636 à 1762.

Le registre coté LL. 1450 est un magnifique cartulaire du XIIIe siè-cle. L'importance de ce manuscrit mérite que j'en signale ici toutes les rubriques.

Fº 1, de fundatione et dotatione ecclesie nostre, 1113; — fº 2, de justitia Burge regine, 1316; — de annualibus; — fº 3, de termino annualium; — de statione in ecclesia parisiense ; — de annuali cantorie S. Clodoaldi; — fº 10, de compositione inter nos et ecclesiam de Campellis; — fº 11, de Pissiaco; — de Medonta; — de compositione inter nos et beatam Mariam de Corbolio; — fº 13, de Pontisara; — fº 14, de prebenda Stampensi; — de priore S. Salvatoris de Meleduno; — de annualibus templi; — fº 15, de prebenda S. Exsuperii de Corbolio; — fº 16, de annualibus Drocensis ecclesie; — fº 18, de prebenda de Monte morenciaco; — fº 19, de Bevara; — fº 21, de omnibus que possidet ecclesia nostra; — fº 24, de libertate ecclesie nostre; — fº 26, ne aliquis edificet capellam infra parrochias nostras sine assensu nostro; — Bulles; — fº 27, de Athiis, de Sancto Paulo, de Villeti Bello, de Villa Gaii; — fº 28, de Buciaco; — fº 29, de Roberto de Chala; — de commutatione II stallorum panificorum; — de domibus in Civitate; — in charari (in careto aurici) ex dono magistri Alexandri, medici, quondam canonici S. Marcelli; — in vico parvi pontis; — fº 30, de domibus prope crucem Hemonis; — in Garlenda; — ad portam murorum; — de Medonta; — de Pontisara; — de Calvo monte; — fº 31, de domibus de S. Clodoaldo; — Senonis; — fº 32, de domibus in clausura Brunelli; — Aurelianis; — Meleduno ; — de Laiaco; — fº 33, de terra inter Secanam et aquam Beverini; — de Layaco; — apud ulmum de Ivriaco; — fº 34, de terra de Kala; — fº 35, de terra in Cardoneto; — de terra de Fontaneto; — apud Burgum regine; — fº 36, apud Laicum; — de Maciaco; — apud Civiliacum; — fº 39, de molendinis de Stampis; — de Arcolio; — fº 39, de molendino de Genesteio; — de molendino de Arcolio; — fº 41, de vineis aurelianis; — de Monte martyrum; — de Fontaneto; — fº 42, de vineis de Vitriaco; — de Saviis; — de Fontaneto; — de Medonta; — fº 43, de vineis de Mellento; — in Cardoneto; — de Mosterolio; — de Braia; — de Marleto; — de Lubrecher; — fº 45, de vineis de Medonta; — apud Latiniacum (Lagny-sur-Marne); — fº 48 de decimis bladi de Palatiolo; — de Braia, — de Bussin et Orginiaco; — fº 49, de decimis bladi Auree Ville; — de Maciaco; — fº 50, de decimis de Villaribus in Byeria; — de Villa rata; — de Sarcella; — de Gragi; — de Chauneto; — de Vitriaco; — fº 54, de censibus de Layaco; — fº 57, de censibus de S. Marcello; — de censibus de Cardoneto; — fº 58, de censibus de Stampis; — de Fontaneto juxta Balneolos; — fº 59, de censibus de Mosterolio; — de Lambiquinaria; — fº 60, de Haubertiviller; — de Montemorenciaco; — fº 62, de pratis de Rotulo; — de Nogento; — de Savigniaco; — fº 63, de pratis de Orginiaco; — de Palatiolo; — de Maciaco; — fº 64, de pratis de Ygniaco; — de Maciaco; — fº 65, de pratis de Ygniaco; — fº 68, de Vriaco; — fº 71, de Bello robore; — fº 74, de Cons villa; — fº 76, de Grosso nemore; — fº 78, de nemore de Dravel; — de Villanova; — fº 83, de Vignolio; — fº 84, de Capella de Mongisum; — de Vico novo; — fº 87, de Longuegnon; — de Bullencort; — fº 91, de Amblevilla; — de Noisement, de Ambleville et de Valle en goiart; — fº 106, de Bolies; — fº 109, de Gaceio; — fº 114, de Puteolis, de Castellione, de Mesio, de Charuel; — fº 116, de Auxiaco; — de Ferrariis; — de Gilers; — fº 118, de Boissiaco; — de Amponvilla; — fº 121, de Buciaco; — fº 125, de Amberto; — de Egron; — fº 126, de Chaciaco; — fº 128, de Cantolio; — de Maschesio; — fº 129, de Cheriaco ; — de Hyssiaco;

— f° 130, de Brueria; — de Brocea; — f° 132, de Floriaco et la Thoisye; — de Sosiaco super Scolam; — f° 138, de Farunvilla; — de Villaribus; — de Bibercum juxta Orginiacum; — de Orginiaco; — f° 140, de Capella regine; — f° 142, de Sancto Guenaldo de castro Corbolio; — f° 143, de Chourel; — de Corcorona; — de capella de Plesseio; — f° 146, de Athis; — f° 148, de Ablon; — de monachis de Sarneio; — de Savigniaco; — f° 151, de Monte Beon; — de Champigniaco; — f° 160, apud Beignious de sancto Donnino; — f° 173, de sancto Paulo de Alnetis; — f° 178, de ecclesia S. Petri de Nemore; — f° 186, de ecclesia de Villers (Villiers-le-Bel); — f° 188, de ecclesia de Piscop (Pissecoc); — f° 192, de Valle Gaii; — f° 194, de redditibus conventus apud Haubervillers, Macy, Cersay, Montbery, in Cardineto, Flori, Oucines et Chaville, Athis, Palaiseau, Ermont, Athioles, le Mesnilet juxta leprosariam S. Clodoaldi, Corbeil, Cousances; — f° 200, de Bernardinis; — f° 203, Bulle d'Innocent IV; — f° 205, decima de Vinolio; — f° 206, de Fondatione abbatis Beatæ Mariæ de Victoria.

Les cartons de la section historique renferment une série de pièces classées par ordre chronologique. Je vais indiquer sommairement, par cartons, les localités mentionnées dans les actes.

Premier carton (L. 888). Pièces du XIIᵉ siècle, concernant :

Gaceium, Athis, Vilers, Luzarches, Bucy, Campum rose, Notre-Dame de Paris, Etampes, Barra in territorio de Senliceis, Bullencourt, Castrumnantonis, Paris (de domo delenda ad perficiendam viam que fiebat ante ecclesie Parisiensis paravisum), Guingelmont, Lunoz, Bievre, Montmorency, Via que a vico novo ducit ad Dravel, Villa Laci prope Luzarchiam.

Deuxième carton (L. 889). Pièces du xiiᵉ siècle, concernant :

Machi, Puteoli, Amponvilla et Floriacum, Chevreceon, Villa que dicitur Ethmannus et villa que dicitur Sanctus-Germanus, Buciacum, Pontoise, In colle saviarum, Saint-Martin-des-Champs, Tosiacum, Saint-Guenaud-de-Corbeil, Paris, Cons, Saint-Exsupère-de-Corbeil, Buciacum, Macy, villa de Puteolis, altare de Amponivilla, altare de Escagosa.

Troisième carton (L. 890). Pièces du XIIᵉ siècle, concernant :

Villa rata, Athiis, Ecclesia puteoli, Vitry, Mongisun, Paris, Medunta, Platee Obizonis medici ante sanctum Christophorum, Soisias super Scolam, Trusiacum, Ambleville, Ablun, Vincennes, Viri, Nemus de Gunmeth (Gomet), Corbeil, Pontoise et Montlhéri, Hermon, Cons, Terra que dicitur Sanctus-Marcellus sita juxta castrum beati Dionisii, Athiarum ecclesia, Buciacum, Etampes, Braia, Vilers prope Farunvillam, Ecclesia de Villaribus in Byeria, Ecclesia de Gaceio, Dreux, Floriacum, Bullencurten, Etampes, Montlbery, Arteniacum, Cons, Vallis Gaudii, Vilers in Melodunensi pago.

Quatrième carton (L. 891). Pièces du xiiiᵉ siècle, concernant :

Villa blouen, Wignehics, Pontoise, Etampes, Gironmunt, Gragi, Sanctus Domninus, Decima de Tosia in parrochia de Floriaco, Ecclesia sancti

Domnini prope Matricolas et decima inter Miri et Barbet, Amblevilla.

Cinquième carton (L. 892). Pièces du xiiᵉ siècle (1208-1221), concernant :

Etampes, Amblainville, Noisement, Decima de Parisia et Montisalbani,
Sanctus-Martinus de Campellis, Dreux, Decima de Faiaco, Parisius et
Pissiacum, de Medonta et de Salmone qui in bochio de quopepic [1] capitur,
Floriacum, Decima de Fay et Amblainville, Ecclesia de Bobez, Pon-
toise, Decime de Corteri, Vallisgaii et Parisie sive Montisalbani, Gysiacum
et ecclesia de Montebeon, Decima de Faico et de Noisement, Decima de
Vileron, Busciacum, Medunta, Maciacum, carta Gilonis de Versailles,
Prior. de Villaribello, Decima de Parisia, Moncellum S. Gervasii,
Atheiis, Loci de Barbeto et de Miriaco, territorium de Chavecoi, Gar-
landa, Decima de Astiis, Cons, Buciacum, Villa de Villari in Bieria,
Montbeon, Piscop, Terra de Cersei, Villers-le-Bel, territorium de Cha-
nocei inter Barbez et Miriacum, Leprosaria de Nolon, Piscatura in aqua
secane et IV pars gurgitis site in eadem aqua que gurges vocatur Nie-
chevre, N. D. de Corbeil, Saint-Cloud, Val Notre-Dame, Ecclesia sancti
Domnini.

Sixième carton (L. 893). Pièces du xiiᵉ siècle (1222-1236), concernant :

Saint-Cloud, Pontoise, Athis, Paris, La Toisie apud Floriacum in
Bieria, Samesium (Samois), Puteoli in Gastinesio, Limonsin, parrochia
de Sarcleio, Sanctus-Lupus de Bobiez, Chaville, Etampes, Ambleinvilla,
Channai et Chans, Grogi, Maugason, Parisia, La Bièvre (pièce intéressante), Oucines, Poissy, S. Domnin, Flory, Cons, Parisiaca, Noi-
semont, Dampierre, Menecy (manessiacum), Jay, Poissy, Gragi, Bales-
mont et Fayel, Dreux, Le Cardonnet, Montbeon (apud viletam in territorio de Marisiaco-S.-Genovefe), Cosances, Courquetaine, Saint-
Germain-sur-Ecole, Villeneuve-le-Roi, Chaville, Saint-Cloud.

Septième carton (L. 894). Pièces du xiiᵉ siècle (1240-1258), concernant :

Gaccium, Floriacum in Bieria, Ablon et Athis, Seignolles, Mons et
Berneau-en-Brie, Soulevie, Courquetaines, Evry-en-Brie et Mardilly,
Ermenonville, Longpont, Juvisy et Athis, Courtebroie in Monte, Am-
blainville, Chanteloup, Champeaux, Monteclein, Herbaville (Herbau-
divilla), Bray près Montepillois, Pontoise, Montbeon, Chanteloup,
Courquetaine.

Huitième carton (L. 895). Pièces du xiiᵉ siècle (1259-1290), concernant :

Louanz (Loencium), Palaiseau, Amblainville, Champeaux, Athis,
Fleury-en-Bière, Chanteloup, Corbeil, etc.

[1] Il y a une autre pièce, où on lit Coppepei.

Neuvième carton (L. 896). Pièces des xiiie et xive siècles (1292-1340), concernant :

Corbeil, Amblainville, Hangest, Marchais, Massy, le Chapitre-de-Paris, Pontoise, Deuil, Outrevoisin, Saint-Martin-de-Champeaux, l'abbaye de Jumiéges.

Dixième carton (L. 897). Pièces du xive siècle (1341-1370), concernant :

Pontoise, Corbeil, Rouen, Pont-Audemer, Paris, Amponville, Puiseaux, Amblainville, la Rivière de Bièvre, Le Moulin-de-la-Folie, les droits de l'abbé en 1367.

Onzième carton (L. 898). Pièces du xive siècle (1371-1399), concernant :

Puiseaux-en-Gatinais, la Bièvre, Amblainville, le Prieuré de Saint-Donin, les priviléges et exemptions de l'abbaye.

Douzième carton (L. 899). Pièces du xve siècle (1400-1450) :

Statuts, accords, pièces de procédure, arrêt sur Soisy-sur-Ecole, pièces relatives à Saint-Germain de Vitry-sur-Seine, reliques.

Treizième carton (L. 900). Pièces du xve siècle (1452-1490) :

Bray, Fleury-en-Bière. Liste des abbayes associées à Saint-Victor, Pièces de procédure entre Saint-Victor et Saint-Martin-des-Champs, Collége de la Marche, Prieuré de Saint-Donin, Rully, Puiseaux, Courcouronne. Enquête sur la dîme des cochons et oisons à Amponville. Titres de professions ecclésiastiques, Montgiron.

Quatorzième carton (L. 901). Pièces des xve et xvie siècles (1491-1500) :

Prieuré de Bray, abbaye de Jumiéges, Fontenay-sous-Bois, abbaye de la Victoire-les-Senlis.

Quinzième carton (L. 902). Pièces du xvie siècle (1501-1510) :

Loisy, Fleury-en-Biere, rivière d'Orge, Paris, Moulin-d'Allais. Réforme de l'abbaye. (1511-1514.) Rully, Raray, de vers la chaussée de Brunehault. (1515-1520.) Pièces de procédure.

Seizième carton (L. 903). Pièces du XVIe siècle (1521-1530) :

Sentences, arrêts, pièces de procédure. Réformation de l'abbaye. Dîmes de Courcouronne. Un cahier manuscrit intitulé : Joannis Maubueni Stellarium seu corona XII stellarum S. Victoris. Pièces concernant les droits d'annates appartenant à l'abbé de Saint-Victor. Recueil de lettres au sujet du chanoine Gueston, exilé à l'abbaye de Saint-Rufl pour cause de jansénisme.

Dix-septième carton (L. 904). Pièces du xvie siècle (1532-1560) :

Arbitrage. Règlement pour l'office divin et les cérémonies. Accord du curé de Champeaux relatif aux dîmes de Chaulnoy en 1643 avec un plan du temps. Lettres d'obédience. Permission pour absoudre des cas réservés. Athis, Courcouronne, Armont. Réformation de l'abbaye,

Saint-Guenault. Saint-Martin-en-Bière. Défense du 7 avril 1540 d'imprimer la critique d'Erasme sur les œuvres de saint Augustin, concernant la règle des chanoines réguliers. Rully. Pièces de procédure. Abbaye de la Victoire-les-Senlis, Saint-Spire-de-Corbeil.

Dix-huitième carton (L. 905). Pièces du xvie siècle (1561-1600) :

Moulin-d'Allais. Rully. Fondation de cinq boursiers au collège de Justice, par Nicole Maillard. Sentences. Transactions. Pièces de procédure. Saint-Spire-de-Corbeil, Fleury-en-Bierc. Villiers-le-Bel, Corbeil, la Bièvre. Collége de Justice. Chamissy, Saint-Spire-de-Corbeil. Constitution de Saint-Martin-des-Champs en 1594. Lettres de tonsure. Amponville, Melun.

Dix-neuvième carton (L. 906). Pièces du xviie siècle (1601-1629) :

Note des corrections et changements faits au bréviaire de Saint-Victor par le chapitre général. Amponville. Lettre du roi Louis XIII qui exempte les fermes et maisons de Saint-Victor du logement des gens d'armes. Prieuré d'Athis. Armont. Constitution de rente. Lettre par laquelle le roi Louis XIII autorise, le 29 novembre 1619, l'un de ses aumôniers et prédicateurs ordinaires, Jacques Duchon, prieur de Saint-Paul-des-Aulnays près Chevreuse, de porter et tirer de l'arquebuse dans ses terres sur loups, renards, ramiers, bléreaux, canards et autres sortes de gibier, excepté, toutes fois, les bêtes rousses. Règlement du cardinal de Retz pour l'abbaye de Saint-Victor, Saint-Spire-de-Corbeil. Lettres de sauvegarde. Amponville. Prieuré de Saint-Barthélemy-de-la-Chapelle. Saint-Paul-des-Aulnois près Chevreuse. Collége de Justice. Saint-Guenault-de-Corbeil, Fleury-en-Brie, Saint-Spire, Athis.

Vingtième carton (L. 907). Pièces du xviie siècle (1632-1690) :

Bucy-le-Roy, Amponville. Champeaux. Protestation de Jean de Toulouse, grand-prieur, et d'Ant. Desrieux, chambrier, contre la démission de Denis de Saint-Germain. Pièces de procédure. Lettres de cachet du roi, adressées à l'archevêque de Paris, concernant la conduite des chanoines de Saint-Victor. Villiers-le-Bel. Statuts et règlements donnés par l'archevêque de Paris, le 23 février 1639. Remboursement de rente. Titres de procédure. Villiers-le-Bel, Piscop, Athis, Amponville, etc. Sauvegarde. Prise de possession de l'abbaye par M. de Cambout de Coislin. Baux. Titres de rente. Prieuré de Vaujours.

Vingt-unième carton (L. 908). Pièces du xviie siècle (1661-1730) :

Fondations. Provisions de prédicateur et aumônier du roi. Bucy-le-Roi. Pièces de procédure. Contrat avec M. de Lyonne pour les places de la porte de Richelieu. Prieuré de Saint-Donnin. Amponville. Ordonnance de règlement d'Hardouin de Péréfixe. (1673-1690.) Mémoires et pièces de M. de Coislin pour l'indemnité de la suppression de la justice de Saint-Victor à Paris, et concernant la taxe pour les enfants trouvés sur les hauts justiciers de Paris. Corbeil. Amponville. Saint-Paul-des-Aulnois. Saint-Brice. Extraits des chapitres généraux relatifs au cumul des places. Courcouronne. (1691-1699.) Armoiries de Saint-Victor. Pièces de procédure entre le couvent et l'évêque de Paris. Ablon et Athis. Permission d'imprimer les œuvres du père Gourdon. (1700-1710.) Amponville. Procès-verbal de translation des reliques de Saint-Donnin et autres. Vaujours. Donation de rentes pour entretenir le luminaire de la lampe d'argent donné par M. de Gonzagues, duc de Nivernais. (1712-1720.) Sentences et arrêts. Pièces relatives à la donation de M. de Tralage. Vaujours. Villiers-le-Bel. (1721-1730.) Titre nouvel de rente. Amponville. Montgeron. Bulle de la chapelle de Saint-Paul-des-Aulnois.

Vingt-deuxième carton (L. 909). Dossier de pièces relatives à Santeuil. Accord entre les abbayes de Jumiéges et de Saint-Victor. Lettres d'ordination. (1731-1740.) Pièces relatives au prieuré de Puiseaux. Mémoire sur le droit d'annates dû à l'abbaye de Saint-Victor. (1741-1749.) Amponville, Athis, Ablon. Ordonnance de M. de Vintimille. (1751-1759.) Titre nouvel. Nemours. Athis. Saint-Guenault-de-Corbeil. Pièces de procédure. (1761-1770.) Ermont et Cernay. Ville-S.-Jacques. Saint-Paul-des-Aulnois. Prise de possession de l'abbaye de Saint-Victor par l'archevêque de Lyon, le 12 décembre 1764. Mémoire sur la question de savoir si le grand prieur a le droit de donner, seul, la permission de mettre une épitaphe dans l'église. Plan et limite des terroirs et dimages d'Ermont et d'Eaubonne, en 1772. Actes de visite de l'abbaye. Saint-Spire-de-Corbeil. Collége Louis-le-Grand. Un cahier en écriture du XVIe siècle, intitulé : Collectio diversorum statutorum pro varietate temporum et patribus nostre reformate congregationis in diversis capitulis generalibus confirmatorum. Copies des Chartes et priviléges accordés depuis 1112 jusqu'en 1372 au prieuré de Puiseaux.

Vingt-troisième carton (L. 910). Ce carton renferme un dossier de pièces de 1570 à 1770, concernant le collége de Justice, telles que statuts du collége, nominations de boursiers, demandes et démissions de bourses, comptes du collége.

Dans les archives départementales, il y a aussi quelques documents relatifs aux propriétés de l'abbaye de Saint-Victor, à Orléans; j'ai trouvé un « Mémoire au sujet de la justice d'Ury, appartenant à l'abbaye de Saint-Victor » (A. 1285) et un « Compte de la recette de l'abbaye de Saint-Victor, en 1541 » (A. 1344). A Melun, il y a une liasse de pièces concernant l'abbaye, de 1604 à 1789.

Les Bibliothèques de Paris renferment aussi des manuscrits utiles à consulter pour l'histoire du couvent.

La Bibliothèque impériale est le dépôt public qui en conserve le plus grand nombre.

Sous le n° 10979 latin se trouvent les « Constitutions de l'abbaye de Saint-Victor de Paris, 1766. » Dans la collection Baluze (55, f° 257), les mélanges de Clairambault (175, p. 269), on trouve quelques documents relatifs à cette abbaye ; mais c'est surtout le fonds de Saint-Victor qui est riche en manuscrits curieux à connaître pour écrire les annales du célèbre monastère. Cette liste ayant été publiée par M. Alfred Franklin dans son « Histoire de la Bibliothèque de l'abbaye de Saint-Victor » (*Paris*, 1865, in-8°, p. 134), je me borne à renvoyer le lecteur à cet ouvrage.

La Bibliothèque de l'Arsenal renferme, sous le n° 872, un « Catalogue détaillé des cartes géographiques contenues dans les portefeuilles de la Bibliothèque de Saint-Victor. » In-4°.

La Bibliothèque Mazarine conserve parmi ses manuscrits : 1° un in-4°, intitulé « Histoire de l'abbaye de Saint-Victor de Paris », qui comprend en six livres la fondation royale, les vies et les maximes saintes des cardinaux, des archevêques, des évêques et des autres hommes illustres qui en sont sortis, et des prélats qui s'y sont retirés ; sa propagation en France et hors de France comme chef d'ordre ; l'histoire des plus célèbres églises qui s'y sont associées ; les bienfaits des papes, des rois et des princes qui ont honoré sa piété ; et les éloges que lui ont donnés les plus fameux auteurs ecclésiastiques depuis le commencement du XIIe siècle ; le tout tiré des anciens monuments tant imprimés que manuscrits de cette abbaye, des bulles des papes, des patentes des rois, des historiens contemporains, et des chartes les plus authentiques (n° 2873) ; 2° un manuscrit du XVIIe siècle, en 13 vol. in-fol. (n° 1943, A-K), intitulé : « Bibliothecæ abbatiæ S. Victoris Catalogus, materiarum ordine dispositus et secundum auctorum cognominum ordine alphabetico » ; 3° un manuscrit in-4° (n° 1358), intitulé : « Index librorum qui in Bibliotheca cœnobii sancti Victoris, juxta Parisius, continentur, a fratre Claudio collectus, anno 1513. »

IMPRIMÉS

Abbrégé de la fondation de l'abbaye de S. Victor-lez-Paris, succession des abbez, priviléges et singularitez d'icelle ; exactement remarquées par le R. P. Jean de Thoulouse, prieur-vicaire de ladite abbaye. *Paris*, 1640, in-fol., 78 pag.

On lit à la fin : Ce narré a esté donné par l'autheur pour estre inséré es grands antiquitez de Paris, imprimez en 2 vol. in-fol. en l'année 1640, par Pierre Rocolet, Cardin Besongne, Henry Legros et la veuve Nicolas Trabouillet.

Factum pour les religieux, prieur et couvent de l'abbaye sainct Victor lez Paris, appellans comme d'abus contre monsieur le cardinal de Retz, évêque de Paris, intimé. S. n. d. l. n. d. (1618), in-4°. (Arch. de l'Emp., L. 906.)

Arrest de la cour de parlement du unziesme janvier mil six cens vingt. *A Paris*, 1620, in-12. (Arch. de l'Emp.. collect. Rondonneau.)

C'est un arrêt rendu au profit de Henri de Gondy, évêque de Paris, contre les religieux prieur et couvent de l'abbaye de Saint-Victor-lez-Paris.

Factum pour les grand-prieur et chanoines réguliers de l'abbaye royale de Saint-Victor de Paris, prieurs du prieuré du Bois-Saint-Père, prenant le fait et cause pour frère Estienne Favieres, prestre, chanoine régulier, profés en ladite abbaye, commis à l'administration du dit prieuré du Bois-Saint-Père, demandeur. Et encore pour M. l'évêque d'Orléans, abbé commendataire de ladite abbaye, intervenant contre frère Jean Guillot, chanoine régulier, profés dans le prieuré du Mont-aux-Malades, au diocèse de Rouen, prétendant droict au dit prieuré du Bois-Saint-Père, défendeur et demandeur. Et contre les recteur, doyens, procureur et suppots de l'Université de Paris, intervenans. *S. n, d. l. n. d.* (vers 1684), in-4°, 72 p. (Arch. de l'Emp., L. 909.)

Réflexions sommaires sur le factum de frère Jean Guillot, employé sous le nom de l'Université de Paris dans l'instance pendante en la cour entre monsieur l'évesque d'Orléans, abbé de S.-Victor, et les grand-prieur et chanoines réguliers de ladite abbaye de S.-Victor de Paris et le dit Guillot, chanoine régulier, profés dans le prieuré du Mont-aux-Malades de la ville de Rouen. *S. n. d. l. n. d.*, in-4°. (Arch. de l'Emp., L. 909.)

Sentence rendue aux requestes du palais, le deuxième jour de mars mil six cent quatre vingt quatre, au profit des chanoines réguliers de l'abbaye royale de S.-Victor à Paris, qui maintient les senieurs de la chambre de ladite abbaye, en la possession où ils sont de commettre un de leurs chanoines réguliers, profés de la dite abbaye, pour administrer les bénéfices dépendans de leur manse conventuelle, contre frère Jean Guillot, prêtre, chanoine régulier de l'ordre de S.-Augustin. *Paris* (2 mai 1684), in-fol. (Arch. de l'Emp., S. 1536.)

Mémoire pour les chanoines réguliers de l'abbaye de Saint-Victor, appellants et demandeurs contre monsieur et madame de la Grange Trianon, intimez et demandeurs. *Paris*, in-fol. (Bibl. Maz., n° 3318 C.)

Requête des chanoines de Saint-Victor au Parlement contre Gabriel Nicolas de la Reynie, conseiller d'Etat ordinaire. 1702. In-fol. (Bibl. Maz., n° 3318 L.)

Au sujet du legs fait par M. de Tralage, de sa bibliothèque aux religieux de Saint-Victor.

Mémoire pour les grand-prieur et chanoines réguliers de l'abbaye royale de Saint-Victor lez Paris, deffendeurs contre les abbé, prieur et chanoines réguliers de l'abbaye royale de Sainte-Geneviève-du-Mont de Paris, demandeurs. *Paris*, 1736, in-fol.

Mémoire au sujet d'acquisitions faites par les chanoines de Saint-Victor dans la censive de Sainte-Geneviève.

Mémoire pour les abbé et religieux de Saint-Victor de Paris, contre MM. les prévôts des marchands et échevins de la même ville, en présence de M. l'inspecteur général du domaine de la Couronne. *Paris*, 1771. In-4°, 144 p. (Arch. de l'Emp.. L. 909.)

Instructions et prières pour la confrérie de Saint-Jean-Baptiste, en l'église S.-Victor-lez-Paris, avec les statuts, etc., par le P. Gourdan, chanoine régulier. *Paris*, 1648, in-12.

Vita et martyrium magistri Thomæ, prioris S. Victoris parisiensis, à Phil. Gourreau. *Parisiis*, 1665, in-12.

La vie du vénérable père Simon Gourdan, chanoine régulier de Saint-Augustin en l'abbaye de Saint-Victor, à Paris. *S. n. d. l.* (Paris), 1755, in-12.

Lettre à l'auteur de cette vie. *Liége* (Paris), 1756, in-12.

Voy. Fevret de Fontette, t. I, p. 829 et suiv. (n°s 13469 à 13488.)

Tombeau de M. Santeuil, chanoine régulier de Saint-Victor, et son éloge (par Valentin Faydit). *Paris*, 1698, in-4°.

La vie et les bons mots de Santeuil. *Cologne*, 1735, in-12.

Discours funèbre faict à l'heureuse mémoire du R. Père Estienne de Pleurre, religieux de Sainct Victor, aveugle quatorze ans devant sa mort, par le P. Pierre Lescot, son disciple et confrère. *Paris*, 1635. in-8°. (Bibl. Maz., n° 20670 B.)

Discours funèbre fait en l'honneur de monsieur Gourreau, conseiller du roy et général en sa cour des aydes, seigneur de la Proustière et Despaluau, décédé le 24 décembre 1635, par son fils, religieux de Saint-Victor. *Paris*, 1635, in-4°. (Bibl. Maz., n° 10317 A.)

San-Victorina gratitudo musarum lachrymis expressa, in funere illustrissimi viri Henrici Buchetii domini de Bournonville, et in suprema Galliarum curia senatoris integerrimi, in gratiarum actionem sequentes versus perpetuæ illius memoriæ appendit Joan. Bapt. de Santeul, regalis abbatiæ S. Victoris parisiensis canonicus regularis. *Parisiis*, 1654, in-fol. (Bibl. Maz., n° 274, A⁹.)

Voyez aussi Jaillot, *Recherches sur Paris*, t. IV, quartier de la place Maubert, p. 162 ; Piganiol de la Force, *Description historique de la ville de Paris*, t. V, p. 260 ; Thiery, *Guide de l'amateur*, t. II, p. 158 ; Lenoir, *Musée des Monuments français*, t. II, p. 64, t. IV, p. 62 et suiv. ; J.-B. de Saint-Victor, *Tableau de Paris*, t. III, 1re part., p. 472. Le *Magasin pittoresque*, t. IX, p. 67-335.

ÉGLISE SAINT-NICOLAS-DU-CHARDONNET

[36] Le lit de la Bièvre, dont parle ici Lebeuf, était factice ; c'était un canal creusé par les religieux de Saint-Victor, qui, manquant d'eau,

avaient obtenu dès 1148, de l'abbé de Sainte-Geneviève, l'autorisation de détourner la rivière, et de lui faire traverser leurs terrains parallèlement à la Seine qu'elle rejoignait, par un coude à angle droit, à la hauteur de la rue de Bièvre, qui en a conservé le nom et même la direction. Ce ne fut qu'en 1672 que ce bras factice fut détruit et que la Bièvre reprit son ancien lit.

[37] La première pierre fut posée en juillet 1656, par le trésorier de France, Martin. La date de 1636 donnée par Lebeuf est évidemment une erreur typographique. Les bâtiments s'élevèrent sous la direction du peintre Charles Lebrun, qui consacra à sa mère l'une des chapelles de l'église nouvelle, chapelle dont on trouvera une fort bonne description dans l'article que mon confrère J. Cousin a consacré à l'église Saint-Nicolas-du-Chardonnet, dans la *Revue universelle des arts*.

[38] On ne lit plus que ces mots : CHARLES... JURÉ... ET OEUVRES DE MAÇONNERIE A FAIT CE CLOCHER, 1625.

[39] L'église Saint-Nicolas-du-Chardonnet renfermait avant la révolution les tombeaux de :

Louis Buisson, seigneur de Souesme, Sainte-Jullite et Voisins, procureur général de la reine Louise, douairière de France, fameux avocat au Parlement de Paris (1609); Isabeau Landas, sa femme (1612); Louis Buisson, seigneur de Souesme, abbé d'Olivet, conseiller du roi au Parlement, leur fils (5 juin 1621); Jacques Buisson, conseiller au Parlement, son frère (1622); Anne Buisson, écuyer, seigneur de la Mothe, Voisins et de Souesmes en partie, et lieutenant en une compagnie du régiment des gardes du roi, son frère (2 février 1625); Bienvenue Buisson, femme d'Ambé Charton, seigneur de la Douze, baron de Marolle et conseiller au Parlement, sa sœur (?); Jean de Selve, premier président du Parlement de Paris (août 1529); Étienne Chauvelin (octobre 1670); Jérôme Bignon (1650); Marc-René de Voyer de Paulmy d'Argenson (mai 1721); Françoise Roualle, femme de François Gourreau, chevalier, seigneur de la Proustiere (13 mai 1682); Charles Le Brun, peintre (12 février 1690).

[40] L'église de Saint-Nicolas-du-Chardonnet n'a pas changé de physionomie depuis l'année où elle a été visitée par l'abbé Lebeuf. Son portail est toujours dans le même état, bien que, depuis 1763, le conseil de fabrique n'ait cessé de réclamer [1] son prompt achèvement.

[1] Voici un placet remis au roi par les marguilliers de Saint-Nicolas-du-Chardonnet, en 1763 :

« SIRE,

« Le curé et les marguilliers de la paroisse Saint-Nicolas-du-Chardonnet de votre bonne ville de Paris, représentent humblement à Votre Majesté que l'édifice de leur église, commencé en 1661, sur les dessins de M. Lebrun, premier peintre de Louis XIV, repris en 1707, et presque achevé en 1716, souffre extrêmement par le défaut de portail. Une forte charpente travaille sur les piliers qui s'écartent du côté où ils ne trouvent pas de résistance. Il

Le 27 février 1790, Joseph-Marie Gros, curé de Saint-Nicolas-du-Chardonnet, déclara que les revenus de cette cure consistaient : 1° en 350 liv. pour le fermage des terres sises à Wuissous, près Villejuif ; 2° en 495 liv. payées par la fabrique ; 3° en 8 liv. 15 s. payés par le collége de Lisieux ; 4° en 120 liv. payées par la communauté ; 5° en 3,500 liv. pour le casuel, année commune.

Les charges dont était alors grevée la cure se montaient à 738 livres pour frais de catéchismes, honoraires de prédicateurs, acquits d'obits, décimes, etc., etc.

Conservée, par la loi du 4 juin 1791, au nombre des paroisses de Paris, Saint-Nicolas-du-Chardonnet reçut alors la circonscription suivante :

(Rue des Fossés-Saint-Bernard), le bord de la rivière jusqu'à la rue d'Amboise ; ladite à gauche ; place Maubert à gauche ; rue de la Montagne à gauche, jusqu'à celle Traversière ; ladite à gauche ; rue d'Arras à gauche jusqu'à celle Saint-Victor à gauche ; ladite et la rue des Fossés-Saint-Bernard à gauche, jusqu'à la rivière.

Fermée en 1792, l'église devint propriété nationale, et vendue comme telle le 3 vendémiaire an VIII (25 septembre 1799). L'acquéreur ayant manqué à ses engagements, la vente fut résiliée, et l'édifice, qui devait être abattu, fut conservé et remis à l'archevêque de Paris, le 23 fructidor an X (10 septembre 1802), pour être rendu au culte. On lui remit, en 1820, une partie des monuments et des tableaux qui la décoraient avant la Révolution, et que Lenoir avait conservés au musée des monuments français.

La paroisse de Saint-Nicolas-du-Chardonnet, qui est une succursale de Saint-Etienne-du-Mont, a, par la loi du 22 janvier 1856, la circonscription suivante :

Rue de la Bûcherie, côté impair, à l'angle de la rue de l'Hôtel-Colbert ; rue des Grands-Degrés, côté impair, jusqu'au quai de la Tournelle ; quai de la Tournelle, quai Saint-Bernard jusquà la rue Cuvier ; rue Cuvier, côté pair, jusqu'à la rue de Jussieu ; rue de Jussieu, côté pair, et la place Saint-Victor,

y a quelques années que MM. Gabriel et Boisfranc en firent d'office la visite, et ordonnèrent, vu le péril pressant, que sur-le-champ on mettrait à tous les piliers des clefs de fer pour les retenir dans leur assiette, ce qui fut exécuté ; mais ces soutiens ne font qu'un effet passager, et les réparations qu'on est forcé de faire en ce moment montent à des sommes considérables. Dans ces circonstances, les suppliants ont recours aux bontés de Votre Majesté, qui seule peut leur procurer les secours suffisants, par le moyen de quelqu'une des loteries ou de tel autre fonds qu'il lui plaira indiquer pour conserver une église absolument nécessaire, très-belle, d'une parfaite architecture, et dont la clôture fera un embellissement de Paris, rue Saint-Victor, sur le chemin de Fontainebleau. Ils ne cesseront de présenter au ciel des vœux pour la conservation de votre personne sacrée. »

En tête, de la main du roi : « A M. de Sartines. » — Plus bas, écrit par M. de Sartines : « Le roi m'a remis ce placet le 4 mai 1763. »

côté nord; rue des Boulangers, côté pair; rue des Fossés-Saint-Victor, côté pair; rue Clopin, côté pair; rue d'Arras, côté impair; rue Traversine, côté pair; rue du Clos-Bruneau, côté pair; rue des Carmes, côté pair; rue Saint-Hilaire, côté pair; rue Saint-Jean-de-Beauvais, côté impair; rue des Noyers, côté pair; rue des Anglais, côté impair; rue Galande, côté pair; rue de l'Hôtel-Colbert, côté impair, jusqu'à la rue de la Bûcherie, point de départ.

On y a rétabli le tombeau de Bignon, ceux de Santeuil et de Lebrun.

Au-dessous du buste de Bignon, on a encastré une table de marbre noir sur laquelle on lit :

HIERONIMVS BIGNON

SVI SÆCVLI

AMOR DECVS EXEMPLVM

MIRACVLVM.

et au-dessous, au milieu du sarcophage :

JEROME BIGNON

CONSEILLER D'ETAT MORT EN 1656

par Augier et Girardon.

L'église Saint-Nicolas-du-Chardonnet ne reçut les restes de Santeuil que le 16 février 1818. Ce chanoine, empoisonné à Dijon par l'imprudence du duc de Bourbon, avait été transporté à l'abbaye de Saint-Victor, où ses restes avaient été respectés jusqu'au moment où l'Entrepôt des vins fut construit. Déposé provisoirement dans l'église des Jésuites, aujourd'hui Saint-Paul-Saint-Louis, le corps de Santeuil fut définitivement placé à Saint-Nicolas-du-Chardonnet.

Voici l'épitaphe latine due à la plume élégante de Rollin :

QUEM SUPERI PRÆCONEM, HABUIT QUEM SANCTA POETAM

RELLIGIO, LATET HOC MARMORE SANTOLIUS.

ILLE ETIAM HEROAS, FONTESQUE, ET FLUMINA, ET HORTOS

DIXERAT : AT CINERES QUID JUVAT ISTE LABOR?

FAMA HOMINUM MERCES SIT VERSIBUS ÆQUA PROFANIS

MERCEDEM POSCUNT CARMINA SACRA DEUM.

OBIIT ANNO DOMINI M.DC.XCVII. NONIS AUG.

ÆTATIS LXVI, PROFESSIONIS XLIV.

Depuis que l'épitaphe est à Saint-Nicolas, on a ajouté :

QVOD · SANTOLII · TVMVLO · INSCRIPSERAT

VIR · DOCTISSIMVS · ROLLIN

QVODQVE · VNA · CVM · OSSIBVS

E · CLAVSTRO · S. VICTORIS · DETVRBAVERAT

IMPIORVM · TEMPORVM · FVROR

HOC · IPSVMMET · ELOGIVM

QVVM · CHRISTIANI · VATIS · CINERES

TERRÆ · CONSECRATÆ · REDDERENTVR

HVIVSCE · ÆDIS · PARIETI · AFFIGI

ATQVE · REI · MEMORIAM · NOVO · TITVLO · ADSCRIPTO

IN · OMNE · ÆVVM · PROROGARI · CVRAVIT

VRBIS · PRÆFECTVS

COMES · G · CHABROL · DE · VOLVIC

PARENTALIA · INSTAVRANTIBVS

DE · SANTEVL · V · I · PASQUIER · REGI · A · SIGILLIS

LEFEBVRE · HVERNE · CORPS · GVILLEAVME · QVESNEI

Cette inscription est sur marbre noir, encadrée de marbre rouge, veiné de blanc.

Dans la chapelle de Lebrun il y a deux monuments, celui du peintre et celui de sa mère.

Sur la gauche, en entrant dans la chapelle, on voit un sarcophage au-dessous duquel on lit :

CHARLES LEBRUN

A ÉRIGÉ CE MONUMENT A SA MÈRE

IL A ÉTÉ ÉXÉCUTE SUR SES DESSINS

par Tubi et Collignon.

Vis-à-vis l'entrée de la chapelle, au-dessous de l'obélisque qui occupe le centre du monument, on lit, dans un médaillon en marbre noir, l'inscription suivante :

A LA MÉMOIRE DE

CHARLES LEBRUN,

ÉCUYER, SIEUR DE THIONVILLE, PREMIER
PEINTRE DU ROI, DIRECTEUR DES MANUFACTURES
ROYALLES DES GOBELINS, DIRECTEUR-CHANCELIER
DE L'ACADÉMIE ROYALE DE PEINTURE ET SCULPTURE.
SON GÉNIE VASTE ET SUPÉRIEUR LE MIT EN PEU DE
TEMPS AU-DESSUS DE TOUS LES PEINTRES DE SON SIÈCLE.
CE FUT LUY QUI FORMA LA CÉLÈBRE ACADÉMIE DE PEINTURE
ET DE SCULPTURE, QUE LOUIS-LE-GRAND A DEPUIS HONORÉE
DE SA ROYALE PROTECTION, QUI A FOURNI DES PEINTRES ET
DES SCULPTEURS A TOUTE L'EUROPE, OU ELLE A TOUJOURS
TENU LE PREMIER RANG.
L'ACADÉMIE DE DESSIN DE CETTE SUPERBE ROME, QUI AVAIT EU
JUSQU'A PRÉSENT L'AVANTAGE DES BEAUX ARTS SUR TOUTES LES
AUTRES NATIONS, LE RECONNUT POUR SON PRINCE EN 1676 ET EN 1677.
CE SONT SES DESSINS QUI ONT RÉPANDU LE BON GOUT DANS TOUS LES
ARTS ; ET C'EST SOUS SA DIRECTION QUE LES FAMEUSES MANUFACTURES
DES GOBELINS ONT FOURNI LES PLUS PRÉCIEUX MEUBLES ET
LES PLUS MAGNIFIQUES ORNEMENS DES MAISONS ROYALES.
POUR MARQUE ÉTERNELLE DE SON MÉRITE, LOUIS-LE-
GRAND LE FIT SON PREMIER PEINTRE, LUY DONNA DES LETTRES
AUTHENTIQUES DE NOBLESSE, ET LE COMBLA DE SES BIENFAITS.
IL EST NÉ A PARIS, LE 22 MARS 1619, ET Y EST MORT DANS
LE SEIN DE LA PIÉTÉ LE 12 FEBVRIER 1690.
SUZANNE BUTAY, SA VEUVE, APRÈS AVOIR ÉLEVÉ
A SON ILLUSTRE ÉPOUX CE MONUMENT DE SON
ESTIME ET DE SA RECONNAISSANCE, L'A
REJOINT DANS LE TOMBEAU LE 26
JUIN 1699.

Au-dessous de ce médaillon, on a placé cette autre inscription :

LA DITE DAME SUZANNE BUTAY, VEUVE DU S^r LE BRUN, PAR SON TESTAM^t
OLOGRAPHE DU XIII SEPTEMBRE MDCXCVI, RECONNU DEVANT VATRY ET
TORINON, NOTRES LE XXVIII DU MÊME MOIS, ET DÉPOSÉ AUDIT TORINON LE XXIV
JUIN MDCXCIX, A LÉGUÉ AUX PAUVRES HONTEUX ET AUX PAUVRES MALADES DE CETTE
PAROISSE, LA SOMME DE DEUX MIL LIVRES UNE FOIS PAYÉ. PLUS A LÉGUÉ MIL LIVRES DE RENTE
SUR LES AIDES ET GABELLES RACHEPTABLES DE XX MIL LIVRES, POUR ÊTRE LES ARRÉRAGES
DE CETTE RENTE EMPLOYÉS A AYDER A MARIER DE PAUVRES FILLES, ET METTRE EN APPREN
TISSAGE DE PAUVRES GARÇONS NÉS DANS LA PAROISSE, OU QUI S'Y TROUVERONT DEMEURANS
DEPUIS DEUX ANS, LESQUELZ SERONT NOMMÉS PAR MESSIEURS LES MARGUILLIERS, SANS
ÊTRE OBLIGÉS DE RENDRE AUCUN COMPTE. LE TOUT AINSI QU'IL EST PLUS AU LONG PORTÉ AU TESTAMENT DE
LA DITE DAME, ET AU CONTRACT QUI EN A ÉTÉ PASSÉ PAR DEVANT BARBAR ET TORINON, N^{res}, LE XXIV SEPTEMBRE AU DIT AN MDCXCIX.
ELLE A AUSSY LÉGUÉ CONJOINTEMENT AVEC FEU M. LE BRUN, SON ÉPOUX, IV CENTS LIVRES DE RENTES SUR LA VILLE POUR ÊTRE
EMPLOYÉE A LA FONDATION D'UNE MESSE POUR CHAQUE JOUR DE L'ANNÉE EN CETTE CHAPELLE, AUX TERMES DE LEURS TESTAM^{ts}.

Vis-à-vis la chapelle de la Vierge, on a encastré derrière le chœur trois plaques de marbre noir, sur lesquelles on lit :

D · O · M

CHRISTO SACERDOTI ET VICTIMÆ

SACRUM

AC PERENNE FIDEI MONUMENTUM

HOC ALTARE

SUB INVOCATIONE DIVI NICOLAI

EXEGIT ET INSIGNIVIT

HUJUS PAROECIÆ CLERI ET POPULI

PIETAS MUNIFICA

CONSECRANTE

ILL^{mo} AC R^{mo} PARISIENSI ARCHIEPISCOPO

CHRISTOPHORO DE BEAUMONT

PRIDIE NONAS DECEMBRIS ANNO R. S. M. DCC. LXVIII.

HOC ALTARE

CONDIDIT ET EXORNAVIT

BERNARD^{us} PHILIBERT^{us}

BRUYARRE

HUJUS ECCLESIÆ PASTOR

ANNO 1814.

MIRABILI IN SANCTIS SUIS DEO

SACRUM

SUBTUS HOC ALTARE

RECONDITA SUNT

OSSA QUÆDAM

B. B. APOSTOLORUM

JACOBI MAJ. ET BARTHOLOMÆI

AC

BB. MARTYRUM

CRESCENTII ET FIDELIS

INTERFECTORUM PROPTER VERBUM DEI

QUI

PER FIDEM DEFUNCTI ADHUC LOQUUNTUR.

L'église Saint-Nicolas-du-Chardonnet va bientôt être complétement dégagée des maisons qui l'obstruaient. Les travaux de viabilité exécutés depuis peu permettront d'achever le portail et de restaurer les bas-côtés contre lesquels sont encore adossées des échoppes et des masures du plus vilain aspect. L'abside de l'église, qui fait aujourd'hui façade le long du boulevard Saint-Germain, a été refait en 1862.

Lebeuf n'a point parlé d'un établissement sur lequel tous les historiens de Paris se sont tus, et qui devait être dans la circonscription de Saint-Nicolas-du-Chardonnet : je veux parler d'une maison d'éducation pour les nobles, qui nous est connue par une petite plaquette intitulée :

Idée de la famille de Saint-Joseph, établie au fauxbourg Saint-Victor, pour nourrir et établir les enfans des nobles et honnêtes familles ; par Al. Colas de Portmorand, abbé de Pleneselve. *Paris*, 1644, in-8°.

BIBLIOGRAPHIE

MANUSCRITS

Les documents relatifs à l'histoire de l'église Saint-Nicolas-du-Chardonnet sont conservés aux archives de l'Empire, dans les sections administrative et historique.

Les deux cartons (S. 3464-3465) renferment des titres et fondations de messes, des titres de rentes sur immeubles situés à Paris et aux environs : Argenteuil, Lonjumeau et Orly, des baux à loyer, la déclaration de 1790, des titres de propriété de maisons sises à Paris.

Un carton de la section historique (L. 690) renferme des titres de fondations de rentes en faveur de l'église et des pauvres de la paroisse.

La Bibliothèque impériale conserve dans le fonds de Cangé un manuscrit intitulé : Fondation des quarante heures de la quinquagésime, etc., dans l'église de Saint-Nicolas-du-Chardonnet, par Georges Froger, curé de la dite église. In-16.

La bibliothèque de l'Arsenal possède un in-4° (H. F. 324) intitulé :

Mémoire de l'établissement des prebstres de la paroisse Saint-Nicolas-du-Chardonnet, à Paris.

IMPRIMÉS

Archéologie parisienne. — L'église de Saint-Nicolas-du-Chardonnet, par J. Cousin, in-8°.

Cette notice, fort bien faite, est insérée dans la *Revue universelle des arts*, 1862, 2e sem., p. 359.

Mémoire des curé et marguilliers de S. Nicolas du Chardonnet, contre les prêtres de la mission, de la maison des Bons-Enfans, par Me Mey. 1742, in-fol.

On trouve dans ce mémoire l'histoire du séminaire des Bons-Enfants.

Dessein des assemblées de la bourse cléricale établie à S. Nicolas du

Chardonnet pour l'instruction des ecclésiastiques destinez au service des églises paroissiales. *Paris.* 1657, in-12.

Mémoire pour les sieurs curé et marguilliers de l'église de Saint Nicolas du Chardonnet à Paris contre la communauté des prêtres habitués de la même église. *Paris, s. n. d. l. n. d.*, in-fol. (Bibl. Maz., n° 3318 C.)

Mémoire pour les prêtres de la communauté et séminaire de Saint Nicolas du Chardonnet, defendeurs et demandeurs, contre les sieurs curé et marguilliers de la même église, demandeurs. *Paris*, 1751, in-fol.

Sur la promotion de M. de Benjamin, grand vicaire de M. l'archevesque de Paris, à la cure de S. Nicolas du Chardonnet, in-4°. (Bibl. Maz., n° 10877.)

Sonnet signé F. Colletet, et daté de janvier 1677.

Epitaphe de messire Hypolite Ferret, docteur en théologie, cy-devant vicaire général de messeigneurs les archevesques de Paris, et ancien curé de Saint Nicolas du Chardonnet, in-4°. (Bibl. Maz., n° 10877.)

Pièce signée Colletet.

Nous soussignés, Georges Froger, etc. *S. n. d. l. n. d.* (1631). In-4°.

Règlement au sujet des prêtres habitués de l'église Saint-Nicolas-du-Chardonnet de Paris, en date du 26 juillet 1631.

Liste des numéros et noms ou devises auxquels sont échus les lots de la loterie accordée par le roi en faveur du bâtiment de l'église de Saint-Nicolas-du-Chardonnet, tirée dans l'Hôtel de Bourgogne, le mardi 20° jour de juillet 1706. *Paris, s. d.* In-4°.

Paroisse Saint-Nicolas-du-Chardonnet. Bénédiction des cloches par Mgr l'archevêque de Paris, 5 juillet 1856. *Paris, s. d.* In-8°.

Pièce signée Dutot.

Oraison funèbre de monsieur le premier président de Lamoignon, prononcée à Paris dans l'église de Saint Nicolas du Chardonnet, le 11 février 1679, par M. Fléchier, abbé de S. Severin, de l'Académie française. *Paris*, 1679, in-4°. (Bibl. Maz., n° 10370 D.)

Harangue des boulangers du faubourg S. Victor aux notables de la paroisse de S. Nicolas du Chardonnet, pour r'avoir leur cloche. *S. n. d. l. n. d*, in-8°.

Voyez Lenoir, *Musée des monuments français*, t. VIII, p. 185.

COLLÉGE DES BERNARDINS

[41] Ce collège, fondé en 1244, par Etienne de Lexington, abbé de Clairvaux, ne comptait pas un grand nombre d'élèves au moment de la Révolution.

Le 28 février 1790, Jacques-François Pennelet, docteur régent de la faculté de théologie de Paris, supérieur et proviseur du collége de Saint-Bernard, déclara que ce collége était alors composé de six religieux : un proviseur, deux docteurs régents, un procureur, un sousprieur et un sacristain ; que le revenu total de la maison était de 25,301 liv. 17 s. 4 den. (savoir : 1° 10,740 liv. 17 s. 4 den. pour les cens et rentes dépendant du collége; 2° 13,361 liv. en loyer de maison; 3° 1,200 liv. pour les lods et ventes), et que les charges se montaient à 14,151 liv. 19 s. 6 den.) savoir : 1,660 liv. 8. s. pour les décimes; 27 liv. 11 s. 6 den. pour la capitation des domestiques; 3,000 liv. pour le vestiaire des religieux officiers du collége).

La bibliothèque du collége possédait quatre cents volumes in-8° d'auteurs ascétiques et moraux, et deux cents volumes in-fol. de théologie. Il n'y avait que sept manuscrits.

L'église, fermée à la Révolution, renfermait les épitaphes de :

Alberic-le-Riche, archid. d'Arras, médecin du duc d'Orléans, mort à la Faculté de médecine le 13 mai 1405; Antoine de Castillan, abbé de Fondmont (9 février 1529). Raimond de Mornac, bénédictin (1300?). Gabriel de Saint-Belin, abbé de Mormond (19 août 1590). Guillaume de Bruyères, notaire et secrétaire du roi, garde des joyaux dudit seigneur (5 oct. 1418). Françoise du Puy (30 juillet 1559); Jacques du Faur, abbé de la Case-Dieu et prieur de Saint-Orenz, président des enquêtes, maître des requêtes et conseiller d'État (1571). Jean de Therouëne, prefectus ambianorum, puis conseiller (19 mars 1581). Jeanne de Villeberne, dame de Sevre (13..). Tristan Bizet, évêque de Saintes (nov. 1579). Gaston et Charles de Grieu, maître des requêtes et conseiller au parlement (24 janvier 1624). Guillaume du Vair, évêque de Lisieux, garde des sceaux de France (3 août 1621).

Elle fut vendue le 4 messidor an V (22 juin 1797). Les autres bâtiments restèrent propriété de l'Etat jusqu'en l'an XII.

Le réfectoire a servi de dépôt d'huile et de magasin à la ville. La préfecture de la Seine avait placé ses archives dans le dortoir. Tous ces bâtiments ont été depuis transformés en caserne.

BIBLIOGRAPHIE

MANUSCRITS

Les Archives de l'Empire possèdent sur ce collége quelques documents conservés dans les sections administrative et historique.

Dans la section administrative, il y a quatorze cartons.

Le premier (S. 3658) renferme des pièces de procédure, des procès-verbaux de visite, des contrats de vente, une liasse de papiers relatifs à l'étendue de la censive du collége des Bernardins, la déclaration de 1790 ; le second (S. 3659), des procédures relatives à des propriétés de maisons sises à Paris, des pièces relatives à la justice et aux droits

seigneuriaux du collége, une liasse relative à la location du collége
Saint-Bernard en 1675 ; le troisième (S. 3660), des pièces relatives au
jardin du collége, des pièces de procédure, des déclarations censuelles ;
le quatrième (S. 3661), des titres de procédure, des titres d'acquisition
d'immeubles, un procès-verbal *de commodo et incommodo* ; le cinquième (S. 3662), des titres de propriété, des échanges ; le sixième
(S. 3663), des baux à cens et rentes, et titres nouveaux, des pièces relatives aux lods et ventes et indemnités dues au collége par les Miramiones, un plan de l'église, dortoir et autres bâtiments, d'anciens
titres de propriété, un arrêt du Parlement de 1488 concernant l'hôtel
de Bar, depuis l'hôtel de Nesmond ; le septième (S. 3664), des titres de
rentes et de propriétés ; les huitième et suivant (S. 3665-66), plusieurs
liasses relatives à l'établissement de la nouvelle halle aux veaux construite
sur le terrain appelé les marais des Bernardins ; le dixième (S. 3667), une
liasse d'anciens titres relatifs à la propriété du château de Saint-Jean-
de-Laône ; le onzième (S. 3668), des titres relatifs à la terre du Pecq ;
le douzième (S. 3669), des titres relatifs à la propriété du collége des
Bernardins, de 1246 à 1673 ; le treizième (S. 3670), des baux, contrats
de vente, sentences et arrêts touchant une place vendue au profit du
collége, de 1569 ; le quatorzième (S. 3671), des titres relatifs à la terre
du Verger, paroisse de Vauviller, à la ferme de Berneau, des titres de
la vente du collége par l'abbaye de Clairvaux en 1320, une liasse de
déclarations, des lettres d'amortissements et de nouveaux acquêts ; le
premier registre est (S. 3672) un inventaire des titres du collége en
1730 ; le second (S. 3673), un état des loyers des maisons appartenant
au collége ; le troisième (S. 3674), un registre des cens et rentes dus au
collége des Bernardins.

Un carton coté M. 199 renferme des pièces relatives aux propriétés
du séminaire, des priviléges et exemptions, les titres de fondation de
l'école de Champrosay, des constitutions, titres de fondation de bourses,
pièces relatives au séminaire de Laon et un petit volume in-12, intitulé : Recueil des principales délibérations et conclusions touchant la
discipline depuis 1644 jusqu'en 1716.

Un registre coté MM. 366 est intitulé : Cartulaire du collége. xvie
siècle.

Il y a aussi dans la section topographique des plans du collége des
Bernardins levés en 1678 (3e cl., n° 115), 1698 (n° 113), 1743 (n° 114
et 115) et 1779 (n° 117).

IMPRIMÉS

Précis pour les proviseur, procureur et autres officiers du college de
Saint-Bernard, à Paris ; contre les sieurs Haudry de Cintry et consorts,
propriétaires de la nouvelle place aux Veaux ; et contre l'inspecteur-
général des domaines. *Paris*, 1781, in-4°.

Brief estat du gouvernement du collège des Bernardins, à Paris. *S. n. d. l. n. d.*, in-4°. (Bibl. Maz., n° 18408.)

Curieux mémoire.

Apologie pour l'abé de Foucarmont ou brief estat du gouvernement du collège des Bernardins à Paris, duquel il est proviseur, envoyée aux révérends abez de l'ordre de Cisteaux, gardans l'abstinence dans le collège des Bons-Enfans, au dit Paris prez la porte Saint Victor, le 8 décembre 1634. *Paris,* 1634, in-4°. (Bibl. Maz., n° 18408.)

Réponse des religieux de Citeaux à l'abbé de Foucarmont. *Paris,* 1635; in-4°.

Voyez Lenoir, *Musée des monuments français*, t. II, p. 90; la *Revue universelle des arts*, 1857, p. 224.

On trouve dans la *Statistique monumentale de Paris*, par M. Albert Lenoir, plusieurs planches relatives à ce collège :

1° Couvent des Bernardins, plan du réfectoire et des ruines de l'église, 1 pl.;

2° Coupes et façade, façade orientale, 1 pl.;

3° Façade, coupe et détails, 1 pl.

COLLÉGE DES BONS-ENFANTS

[42] Dans les quelques lignes qu'il a consacrées au collége des Bons-Enfants de la rue Saint-Victor, Lebeuf ne parle pas de Jean Pluyette, curé du Mesnil-Aubry, qui devint, en 1460, principal du collége et lui légua une partie de sa fortune pour fonder deux bourses, qui devaient être occupées de préférence par des membres de sa famille ou de son pays. Au sujet de cette fondation, mon confrère et ami, M. Vallet de Viriville, a publié une *Notice sur deux monuments funéraires du quinzième siècle* insérée dans les Mémoires de la Société impériale des antiquaires de France (t. XXV), et qui renferme des détails fort intéressants sur ce personnage et sur les revenus du collége des Bons-Enfants au XIVe siècle.

Lebeuf dit bien que c'est en 1626 que ce collège a été réuni à la congrégation de la Mission, mais il n'ajoute pas que c'est sur la demande de saint Vincent de Paul, l'un des successeurs de Pluyette dans le principalat, que l'archevêque de Paris accorda l'union des biens de ce collége à la communauté naissante. Il ne dit pas non plus qu'en 1632 la congrégation de la Mission fut transférée à Saint-Lazare et que le collége fut transformé en séminaire. Ce séminaire, qui s'appelait le *séminaire Saint-Firmin*, à cause de la chapelle dédiée à ce saint, subsista jusqu'au 21 novembre 1763, date des lettres patentes qui le réunirent au collège Louis-le-Grand.

Pendant la Révolution, le séminaire Saint-Firmin, converti en prison, fut l'un des principaux théâtres des massacres commis au mois de septembre 1792. Les bâtiments vendus le 17 thermidor an ix et le 29 avril 1808 servirent d'abord de filature de coton, puis furent rachetés en 1818 par l'institution des Jeunes-Aveugles, transférée en 1844 au boulevart Montparnasse. Depuis cette époque, l'ancien collége des Bons-Enfants a été transformé en demeures particulières.

BIBLIOGRAPHIE

MANUSCRITS

Les documents concernant le collége des Bons-Enfants sont conservés aux Archives de l'Empire, dans les sections administrative et historique.

Dans la section administrative, il y a cinq cartons et trois registres :

Le premier carton (S. 6373) renferme des titres de propriété, le testament de Jean Pluyette en 1478, les délibérations du bureau du collége; le second (S 6374), des titres de procédure et le procès-verbal de visite des maisons du nom de Jésus; le troisième (S. 6375), des titres de rente et des titres de propriété; le quatrième (S. 6377), des baux à cens et rentes; le cinquième (S. 6378), des quittances, pièces de procédure, des titres de propriété de terres sises au Mesnil-Aubril et à Wissous.

Le premier registre (S. 6379) donne la recette et les dépenses du collége d'octobre 1764 au 24 août 1793; le deuxième (S. 6380) donne des renseignements sur les biens, les revenus et les charges du collége.

Dans un carton de la section administrative, coté S. 6849-6850, on trouve des baux, des déclarations des revenus en 1730, 1785 et 1790 du séminaire de Saint-Firmin établi dans le collége des Bons-Enfants.

Dans la section historique, il y a deux cartons et un registre :

Le premier carton (M. 105) renferme un dossier sur l'origine du collége; le second (M. 106), un dossier de cent quatre-vingt-douze pièces relatives à la réunion du collége des Bons-Enfants à la compagnie des prêtres de la Mission, réunion confirmée par lettres patentes du 22 avril 1773, des comptes de dépenses et de recettes, des pièces imprimées.

Le registre, coté MM. 494, est une liste des pensionnaires dressée au xviiie siècle.

IMPRIMÉS

Mémoire sur le collége des Bons-Enfants, et particulièrement sur les bourses fondées dans ce collége par le sieur Pluyette. *Paris*, 1764, in-4°, 74 p. (Arch. de l'Emp., M. 106.)

Testament de messire Jean Pluyette, de l'année 1478, contenant fondation de deux bourses au collége des Bons-Enfants. *Paris*, 1765, in-4° de 32 pages. (Arch. de l'Emp., M. 106.)

Mémoire signifié pour Jean Deslions père, laboureur à Fontenay-en-France, stipulant pour Jean Deslions, son fils mineur, intimé et défendeur, contre M. Étienne Pluyette, prêtre, appellant d'une sentence du Châtelet, du 12 juillet 1742, et demandeur. *Paris*, 1744, in-fol. (Arch. de l'Emp., M. 106.)

Ce document est relatif à la jouissance d'une bourse.

Règlement du séminaire de Saint-Firmin de la congrégation de la Mission établie au collége des Bons-Enfants. *Paris*, 1722, in-8°.

Couplets religieux agréés par l'administration des Jeunes-Aveugles, rue Saint-Victor, n° 68, à l'occasion de l'inauguration d'un buste du roi, faite le 20 mars 1816, dans la chapelle de l'institution (signés L. PP. Delamare). *Paris*, 1816, in-8°.

COLLÉGE DU CARDINAL-LEMOINE

[13] Le collége du Cardinal-Lemoine, collége de plein exercice, a été fondé en 1302 par le cardinal Lemoine, légat de Boniface VIII en France.

Ce collége, qui compte parmi ses élèves Turnèbe, Buchanan et Muret, fut supprimé à la Révolution, et vendu le 21 messidor an v (9 juillet 1794), à la condition par l'acquéreur de subir le retranchement nécessaire pour un percement de rue. Cette nouvelle voie a été ouverte sous le nom de rue du Cardinal-Lemoine.

BIBLIOGRAPHIE

MANUSCRITS

Les documents sur le collége du Cardinal-Lemoine sont conservés aux archives dans les sections administrative et historique.

Dans la section administrative, il y a dix cartons.

Le premier (S. 6392) renferme les titres des biens et rentes de Nogent-sur-Seine, les baux, accords, jugements, etc., des pièces utiles pour la topographie de Paris; le second (S. 6393), des baux à loyer, cens et rentes, etc.; le troisième (S. 6394), des déclarations, échanges, baux à rente, titres nouvels, etc., des biens sis à Vitry, Pecquigny, des déclarations du temporel du collége, un inventaire des titres de propriété; le quatrième (S. 6395), des titres de propriété des biens situés à Breuil du moulin de Brulé, paroisse de la Croix-sur-Brie, de la seigneurie du Plessis, dit le Bois-des-Ecoliers, paroisse de Signy ; entre Bailly et Villeneuve-le-Comte ; à Champs, à la chapelle Rabelais, Coulommiers, Rizy et Crécy, Fouju, Contrevoust, Amilly, forêt de Crecy et de Dammartin, un papier terrier de la seigneurie de Bruile ; le cinquième (S. 6396), des propriétés à Larchant, Omont, Bréon, Mont de Villière et la Baude, près de Saint-Mathurin de Larchant, Platrières de Signy, Molangis et Volangis, Magny et Signy, Mareuil, Monguillon. Marolles et la Brosse près Provins, Mitry, Mauressart aujourd'hui Mont-Belinière près Crecy, Voisemin, Marolles, Montreuil et Vollaines, Vieux-Champagne ; le sixième (S. 6397), propriétés à Corbeil, Etiole, Etampes, Bouillé, Fresnes, Garges, Mory, Mont de Ville, domaine de Mondonville et la Norville, Montmorency ; le septième (S. 6398), un aveu et ténombrement des fief et seigneurie de Saint-Vallery, sis à Enghien, des titres du fief de la Rouye, situé à Montmorency, des titres de propriété de vignes à Groslay, de terres à Saint-Brice, au Perray, au Plessis-Gassot ; le huitième (S. 6399) des titres de propriété à Sarcelles, les titres d'amortissement du fief de Cautilly à Sarcelles, des titres concernant Villeneuve-le-Comte ; le neuvième (S. 6400), des pièces concernant les fiefs de Vaux, Berne et Champagne; le dixième (S. 6401), des titres des propriétés Assainvilliers.

Le carton de la section historique, coté M. 145, renferme :

1° Vente faite par Jean de la Villeneuve, écuyer, et Mahaut, sa femme, à Jean dit Le Moine, cardinal de Saint-Pierre et de Saint-Marcellin, d'un manoir et terres à Villeneuve-le-Comte (Seine-et-Marne), juillet 1303 ; 2° Vente de 17 arpents 1/2 de terre, à Nogent-sur-Seine, faite au cardinal Le Moine, par Jean, dit le Chauffournier, de Nogent-sur-Seine, 15 mars 1308 ; 3° Vente faite par Ogier Saladin, chevalier, et Guiot, écuyer, d'Anglure-sur-Aube, aux écoliers du collége du cardinal le Moine, d'héritages situés à Amelières (mars 1313) ; 4° Vente faite par Jean de Foinch, écuyer, demeurant à Foinch, paroisse de Courtenot (Aube), aux écoliers du cardinal Le Moine, d'un fief et manoir, dit Foinch (4 nov. 1319) ; 5° Procuration donnée par le prieur Jehan de Rue (5 septembre 1244) ; 6° Clause testamentaire de l'archevêque à Capoue, qui lègue au collége du cardinal Le Moine, sa maison de Foucquevilliers-en-Artois (domum suam de Focovillari) (11 avril 1334) ; 7° Titres de rentes foncières sur une maison de Pierrefitte (1491-1700-1782) ; 8° Pièces concernant la principalité ; 9° Titres de rente foncière sur les terres de Coulommiers en Brie (1690-1773) ; 10° Titres de rente foncière sur trois quartiers de vigne au terroir de Mareuil-sur-Meaux (1716-1771) ; 11° Titres de rente foncière de 20 liv. sur la terre de Baudemondivillers, près Fontainebleau (1753-1771) ; 12° Bail de terre à Verberie (25 août 1482) ; 13° Pièces relatives à la réforme du collége ; 14° Arrêts et règlements ; 15° Délibérations ; 16° Liber conclusionum; 17° Bourses du collége; 18° Pièces relatives au prytanée français, héritier des biens du collége; 19° Etat des revenus.

Sous la cote MM. 446, on conserve un inventaire des titres du collége dressé en 1740.

On trouvera à Melun, aux archives du département, un dossier de pièces concernant les biens du collége du cardinal Le Moine.

La Bibliothèque de la Sorbonne possède un manuscrit in-folio (Univ., n° 6), intitulé : Inventaire du trésor du collége du cardinal.

IMPRIMÉS

Statuta collegii cardinalitii; cum aliquot senatusconsultis, pro eorumdem statutorum interpretatione factis. Quæ quidem magister Emundus Richer, doctor theologus et magnus collegii magister, in certos distinxit articulos; et anno 1627 typis edenda curavit; quo magni magistri et bursarii, quæ sui sunt officii videant; ac pacem et concordiam inter se servare discant. *S. n. d. l. n. d.*, in-4°. (Bibl. Maz., n° 18408.)

Statuta collegii cardinalitii. Editio nova. *Parisiis*, 1738, in-8°.

Au roy et à nos seigneurs de son conseil. *Paris*, 1727; in-fol., 4 p. (Arch. de l'Emp., M. 145.)

Requête présentée au Conseil d'État par le grand maître du collége du Cardinal-Lemoine.

Mémoire et consultation signifiés pour la maison et société du cardinal Le Moine, contre le sieur Baudouin, grand-maître de la même maison. *Paris*, 1763, in-4°.

Réponse pour M. Louis Bauduin, docteur, grand-maître et principal de la maison et du collége du cardinal Le Moine; contre les sieurs de Saint-Paul, curé, Paris, Mercier, Godquin, Brille et Guiard, boursiers-théologiens de la même maison. *Paris*, 1764, in-4°.

Mémoire curieux à consulter pour l'histoire de ce collége.

Raisons du procédé et de la conduite du grand-maître, administrateur du cardinal Le Moyne, à l'égard des boursiers du mesme college, avec un discours pour les prérogatives de la charge de grand-maistre. *S n. d. l. n. d.*, in-4°. (Bibl. Maz., n° 18408.)

De nova Prelleorum institutione orationes quatuor, utrinque, partim apud Cardinalitios, partim apud Prelleos habitæ V idus Novemb. 1550. *Parisiis*, 1550, in-4°. (Bibl. Maz., n° 18408.)

Jacobo secundo, magnæ Britanniæ regi, mausoleum. *Paris*, 1703; in-4°. (Bibl. Maz., n° 10898.)

Pièce de vers signée : Petrus Pestel, eloquentiæ professor in Cardinalitio.

Ecclesiastes seu Concinnatorum catalogus. Carmen ad eminentissimum cardinalem Noallium. *Parisiis*, 1700; in-4°. (Bibl. Maz., n° 10796 A.)

Cette pièce, signée : Petrus Pestel, rhetor in Cardinalitio, renferme un grand nombre de noms de personnes mis ou plutôt défigurés en latin. Un contemporain a eu le soin de rétablir sur les marges de l'exemplaire de la Bibliothèque les véritables noms.

Divi Caroli magni regis Francorum et occidentalium imperatoris laudatio dicta in œde Deo sacra regiæ Navarræ, die martis 28 mensis januarii, anno Domini 1744 à Christ. Le Roy, rhetorices professore in colleg. Cardinalitio. *Parisiis*, 1744, in-4°. (Bibl. Maz., n° 10371 A.)

Qui potissimum in instituendis pueris sublevari possit magistrorum labor, oratio habita pro scholarum instauratione in collegio Cardinalitio à Christ. Le Roy, die lunæ undecima mensis octobris anno 1751. *Parisiis*, 1751, in-4°. (Bibl. Maz., n° 10371 A.)

In mortem reginæ epicedium. *Paris*, 1768, in-4°.

On lit, au bas de la pièce de vers : Cecinit Stephanus Petrus Hamel, deppœus, doctor aggregatus, in collegio Cardinalitio. (Bibl. Maz., n° 10370 E.)

Vie d'Edmond Richer, docteur en théologie et grand-maître du collége du Cardinal-Lemoine, par Adrien Baillet. *Liége*, 1714, in-8°, et *Bruxelles*, 1715, in-12.

Le généreux Désespoir ou la Servitude évitée, tragédie pour estre représentée sur le théâtre du college du Cardinal Le Moyne, le mardy 21 d'aoust 1646, à deux heures. On entrera par la petite porte du quay de la Tournelle. 1646, in-4°. (Bibl. Maz., n° 18824 Z²³.)

Solmone ou la Femme forte, tragédie qui sera représentée sur le théâtre du college du Cardinal Le Moyne, le 16° jour d'aoust 1663, à une heure après midy. In-4°. (Bibl. Maz., n° 18824 Z²³.)

COLLÉGE D'ARRAS

¹¹ Ce collége, situé près Saint-Nicolas-du-Chardonnet, a été fondé en 1332. Il fut réuni au collége Louis-le-Grand en 1763. Les bâtiments devenus, à la Révolution, propriété nationale, furent vendus le 9 germinal an II (29 mars 1794).

BIBLIOGRAPHIE

MANUSCRITS

Un carton de la section historique aux Archives de l'Empire (M. 79), renferme les titres de fondation de ce collége (14 pièces, de 1332 à 1788), et les comptes du collége de 1769 à 1770.

On pourra consulter avec fruit l'article bibliographique que j'ai consacré au collége Louis-le-Grand, dans le tome II de cet ouvrage.

IMPRIMÉS

Recueil de toutes les délibérations importantes prises depuis 1763 par le bureau d'administration du collége de Louis-le-Grand et des colléges y réunis, concernant le collége d'Arras. *Paris*, 1781, in-4°.

Nécrologe du collége d'Arras. *S. n. d. l. n. d.*, in-4°, 4 p. (Arch. de l'Emp., M. 79.)

SÉMINAIRE DE ST.-NICOLAS DU CHARDONNET

[45] Le séminaire de Saint-Nicolas-du-Chardonnet ne fut établi définitivement qu'en 1620, dans une maison voisine de l'église Saint-Nicolas. En 1624, la maison se trouvant trop petite, les séminaristes allèrent s'établir au collége des Bons-Enfants, puis revinrent dans la maison qu'ils avaient précédemment abandonnée. Cette maison, agrandie et restaurée aux frais du curé de Saint-Nicolas-du-Chardonnet, fut érigée en séminaire le 20 avril 1644. En 1730, de nouvelles construction permirent d'augmenter le nombre des élèves, et la communauté fut dirigée par seize membres ecclésiastiques.

Le 18 mars 1790, René-Marie Andrieux, supérieur de la communauté et séminaire de Saint-Nicolas-du-Chardonnet, déclara que la maison du grand séminaire contenait 489 toises de superficie, et que la maison du petit séminaire contenait environ 185 toises. Le revenu consistait : 1° en six maisons situées à Paris, dont les loyers produisaient 15,456 liv.; 2° en biens-fonds situés à la campagne, et rentes sur différents particuliers, produisant ensemble 14,810 liv. 7 s. 6 den.; 3° en rentes sur l'Hôtel-de-Ville, les aides et gabelles, le clergé, les tailles, les Etats de Bretagne, etc., etc., 33,859 liv. 18 s. : ce qui formait un revenu total de 64,126 liv. 5 s. 6 den.

Les charges du séminaire consistaient : 1° en l'acquit de différentes bourses, aumônes, fondations d'églises et autres, se montant à 32,781 liv. 14 s.; 2° en l'acquit de cens, rentes, etc., la somme de 2,453 liv. 5 s. ; 3° et en 10,704 liv. 11 s., à quoi ont été évalués les réparations de maisons, frais de gestion, décimes, honoraires.

L'état financier aurait donc été satisfaisant si la communauté n'avait pas dû à différents fournisseurs, ouvriers, etc., 100,550 liv. 17 s. On lui devait, il est vrai, en arrérages de rentes, pensions non acquittées, etc., 30,756 liv. 8 s.

Le séminaire, supprimé en 1792, fut vendu le 14 prairial an III (2 juin 1795). Il a été rétabli, en 1815, dans la même maison.

BIBLIOGRAPHIE

IMPRIMÉS

Les documents relatifs à l'histoire du séminaire de Saint-Nicolas-du-

Chardonnet sont conservés aux Archives de l'Empire, dans les sections administrative et historique.

Le premier carton de la section administrative (S. 6981) contient huit liasses relatives à des acquisitions faites par le séminaire, à la propriété du grand et du petit séminaire, à la propriété de maisons sises rues Saint-Nicolas-du-Chardonnet et Saint-Victor, à la concession d'eau faite audit séminaire; les second et suivant (S. 6982-6983), des titres de propriété de maisons sises rues Saint-Victor, du Mûrier, Sainte-Anne, butte Saint-Roch, rue l'Évêque; le quatrième (S. 6984), des quittances d'amortissement, des déclarations de revenus et des baux à loyer; le cinquième (S. 6985), des titres d'une propriété d'une maison rue d'Argenteuil, de rentes foncières dues sur des maisons situées à Villejuif, Vuissous, Chevreuse, Villeneuve-le-Comte et Gentilly; les sixième et suivants (S. 6986-6993), des titres de propriété du domaine de Villejuif, des fiefs d'Orsay, Sacaty et d'Amaguès, sis audit lieu (S. 6986-6989), des titres de maisons à Villejuif, à Paris, rue Saint-Victor, et de terrains à Vuissous (S. 6990), des titres du fief de Villeneuve-le-Comte, d'un moulin à vent dépendant dudit lieu de la ferme des Petites-Hernières au terroir de Bailly (S. 6991-6993); le quatorzième (S. 6994), les titres de propriété d'une maison sise rue de la Mortellerie et un inventaire des meubles de la fabrique de Saint-Nicolas fait en 1785.

Un registre coté S. 6995 renferme un inventaire des titres.

Dans la section historique, il y a vingt-deux registres.

Le premier registre (MM. 471) renferme les constitutions du séminaire; le second (MM. 472) est un recueil des titres de 1621 à 1786; les troisième et suivants (MM. 473-475) contiennent les règlements; le sixième (MM. 476) est un coutumier; les septième et suivants (MM. 477 à 480) renferment les délibérations de la communauté de 1644 à 1788, 1649 à 1788, 1710 à 1789 et 1758 à 1798; le onzième (MM. 481) donne les conclusions de la communauté de 1690 à 1787; le douzième (MM. 482) concerne les bourses de 1666 à 1789; le treizième (MM. 483), les bourses particulières de 1717 à 1789; les quatorzième et quinzième (MM. 484-485) concernent les fondations de 1643 à 1718 et de 1664 à 1728; les seizième et suivants (MM. 486 à 489) donnent les fondations des messes de 1647 à 1776, 1654 à 1758, 1660 à 1760 et 1762; les vingtième et suivants (MM. 490-491) donnent des renseignements sur les pensions de 1769 à 1792 et de 1781 à 1789; le vingt-deuxième et dernier (MM. 492) est un règlement de la chapelle.

IMPRIMÉS

Règlement du Séminaire paroissial de Saint-Nicolas-du-Chardonnet. *Paris*, 1763; petit in-8°.

Abrégé du règlement du Séminaire de Saint-Nicolas-du-Chardonnet. *Paris*, 1672; in-8°.

Mémoire pour les prêtres de la Communauté et Séminaire de Saint-Nicolas-du-Chardonnet, défendeurs et demandeurs, contre les sieurs curé et marguilliers de la même église, demandeurs. *Paris*, 1751; in-fol. (Arch. de l'Emp., S. 6980.)

La Vie de M. Bourdoise, premier prêtre de la Communauté et Séminaire de Saint-Nicolas-du-Chardonnet, par Bouchard. *Paris*, 1784; gr. in-12, orné d'un portrait de Bourdoise.

Vie d'Adrien Bourdoise, premier prêtre de Saint-Nicolas-du-Chardonnet (par Philibert Descourreaux). *Paris*, 1714; in-4°.

COMMUNAUTÉ DES FILLES DE STᵉ-GENEVIÈVE
OU
MIRAMIONES

[46] La première date donnée par Lebeuf, celle de 1636, est la date de fondation d'une communauté séculière qui s'établit dans la rue des Fossés-Saint-Victor sous le titre de Filles de Sainte-Geneviève; la seconde date, celle de 1665, est l'époque de la réunion de cette communauté avec une institution toute semblable fondée par Mᵐᵉ de Beauharnais de Miramion et confirmée par lettres patentes du mois de juillet 1661. Ces deux communautés, dont la réunion fut confirmée par lettres patentes du mois de mai 1674, s'établirent sous le titre de Miramiones, au quai de la Tournelle. Les dames ou filles qui s'y agrégeaient ne faisaient que des vœux simples, héritaient de leurs familles, comme leurs familles héritaient d'elles, des biens-fonds qu'elles pouvaient avoir; elles se consacraient au service des pauvres et tenaient journellement trois classes gratuites d'externes. Elles soignaient et pansaient les blessés, faisaient les onguents et drogues nécessaires; elles logeaient et nourrissaient les femmes de la campagne gratuitement pendant les retraites qu'elles faisaient quatre fois par an.

Cette maison, étant séculière et paroissiale, n'avait qu'une chapelle domestique à Paris et une autre à la maison de santé qui était à Ivry-sur-Seine.

Le 2 mars 1790, Marie-Françoise Bailly, économe des Dames religieuses de Sainte-Geneviève, dites Miramiones, établies quai de la Tournelle, et Marie-Jeanne-Mélanie Belin, conseillère, déclarèrent que l'emplacement de leur maison contenait 46 toises de long sur 27 de large, et qu'il y avait sur ce terrain un logement de dames et demoiselles pensionnaires dont les loyers produisaient, année communc, 5,500 liv.; qu'elles étaient, en outre, propriétaires d'une maison de santé sise à Ivry-sur-Seine, contenant 10 arpents, maison, cour, jardin, potager, le tout estimé 660 liv. de revenu, et d'un chantier de bois, quai de la Tournelle, loué 4,700 liv. Elles percevaient encore cinquante-neuf parties de rentes sur l'Hôtel-de-Ville (15,701 liv. 7 s.), le revenu de contrats sur le domaine de la Ville, le clergé, les Etats de Bretagne, de Languedoc, etc. (3,183 liv. 3 s.), 500 liv. sur la cassette du roi, 500 liv. sur le trésor royal, 419 liv. 15 s. sur le séminaire de Saint-Nicolas, les religieux théatins et la communauté des huissiers-audienciers; enfin, une rente de 4,229 liv., constituée par le sieur Desportes. Ce qui faisait un revenu total de 35,393 liv. 5 s.

Les charges se montaient à 21,105 liv. 3 s. (1° fondation et rentes dues à divers : 11,981 liv. 1 s.; 2° charges casuelles, 9,124 liv.)

Les bâtiments du monastère fermé à la Révolution sont occupés aujourd'hui par la pharmacie centrale des Hôpitaux et Hospices civils.

BIBLIOGRAPHIE

MANUSCRITS

Il y a très-peu de documents sur les Miramiones aux archives de l'Empire.

On trouve dans un carton, coté S. 4747, quelques titres de propriété et la déclaration de 1790.

La section historique ne renferme que deux registres de constitutions (LL. 1679 et 1680) et un registre d'instructions (LL. 1681) pour le visiteur.

COUVENT DES NOUVEAUX-CONVERTIS

[47] Le couvent des Nouveaux-Convertis, qui portait le titre de Congrégation de la Propagation de la foi, fut fondé en 1632, autorisé par lettres patentes de l'année 1635. Devenue propriété nationale, à la Révolution, cette maison religieuse, qui était située rue de Seine-Saint-Victor, fut vendue le 30 mars 1793. Une partie de son emplacement a été englobée dans le Jardin des Plantes.

BIBLIOGRAPHIE

IMPRIMÉS

Oraison funebre de tres haut, tres puissant et tres excellent prince Monseigneur Louis, dauphin, prononcée dans la chapelle des Nouveaux-

Convertis, le 17 mars 1766, par M. l'abbé Lecren, chanoine, etc. *Paris*, 1766, in-4°. (Bibl. Maz., n° 10370 X.)

Oraison funebre de tres haute, tres puissante et tres excellente princesse Marie, princesse de Pologne, reine de France et de Navarre, prononcée aux Nouveaux-Convertis, le 9 du mois de novembre 1768, par Sigislart Étienne Coster, prêtre, etc. *Paris*, 1768, in-4°. (Bibl. Maz., n° 10370 V.)

Mémoire pour les abbé et chanoines reguliers de Saint-Victor contre les superieurs et administrateurs de la maison des Nouveaux-Convertis. *Paris*, 1732, in-fol. (Bibl. Maz., n° 3318 K.)

FIN DU TOME TROISIÈME.

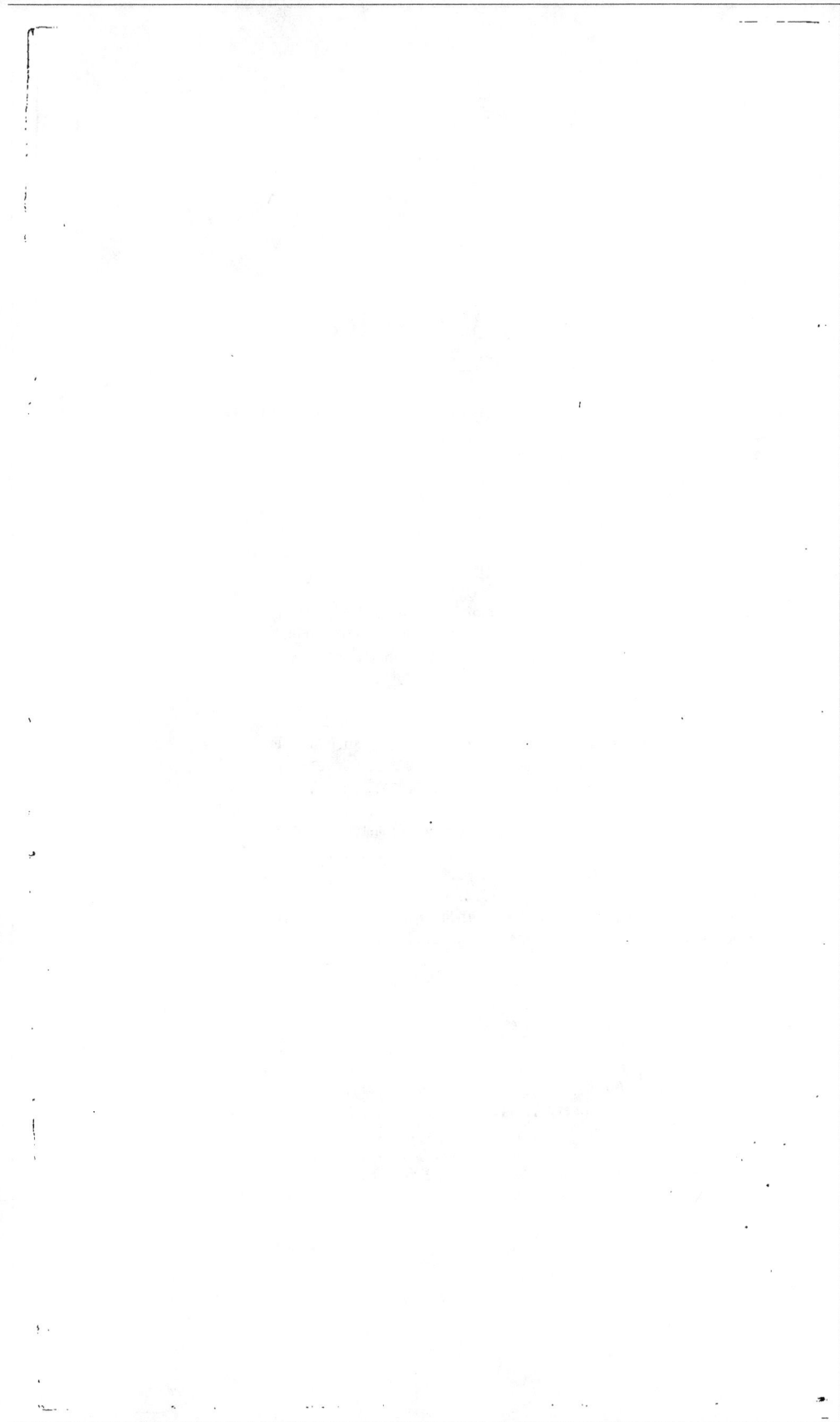

TABLE DES MATIÈRES

LES PARAGRAPHES INDIQUÉS EN ITALIQUE DANS CETTE TABLE FORMENT LA PARTIE SUPPLÉMENTAIRE.

SUITE DE LA SECONDE PARTIE

CHAPITRE II.

Pages

Du Monastère de l'Abbaye de Saint-Germain-des-Prez et des Églises qui ont été construites sur son ancien territoire ou qui en ont dépendu, sçavoir: Saint-Germain-le-Vieux, Saint-Sulpice, Saint-André et Saint-Côme.. 1
Notes et additions. 43
Bibliographie 83
Église de Saint-Germain-le-Vieux, ou plutôt l'Évieux, anciennement dépendante de Saint-Germain-des-Prez.......................... 15
Notes et additions... 114
Bibliographie.. 122
Église de Saint-Sulpice, située sur le territoire du monastère de Saint-Vincent, dit Saint-Germain-des-Prez............................ 20
Notes et additions... 123
Bibliographie.. 129
Établissements religieux de la paroisse Saint-Sulpice, omis par Lebeuf.. 140
Annonciades de Notre-Dame de Grâce............................ 141
Bibliographie.. 141
Filles de la Sainte-Vierge ou de madame de Saujon................ 141
Bibliographie 142
Communauté des Filles séculières, dites de mademoiselle Cossart....... 142
Bibliographie.. 143
Filles de l'instruction chrétienne du faubourg Saint-Germain.......... 143
Communauté de Saint-Paul..................................... 143
Communautés de Gentilshommes................................ 143
Hôpital des Enfants teigneux 144
Hospice des Cordeliers.. 144
Hospice des religieux hibernais de l'observance de Saint-François....... 145
Hospitalières de Saint-Thomas de Villeneuve...................... 145

Bibliographie 147
Sœurs des Écoles chrétiennes et gratuites, dites de l'Enfant-Jésus 147
Congrégations religieuses dépendant aujourd'hui de la paroisse Saint-
    Sulpice... 148
Religieuses Carmélites [1] 148
Congrégation de la Retraite.. 148
Compagnie de Jésus.. 149
Couvent des Frères Prêcheurs... 149
Bibliographie... 149
Communauté des Prêtres de l'Oratoire.. 149
Maison de Nazareth.. 150
Chapelle du palais du Luxembourg.. 150
Hospice Devillas... 150
Petites-Sœurs hospitalières.. 150
Enfants de la Providence... 151
Société de Saint-François-Régis... 151
École des Hautes Études ecclésiastiques.. 151
École de médecine... 151
École des mines... 151
École préparatoire des Carmes... 152
Hôpital des Petites-Maisons, auparavant Maladrerie Saint-Germain,
    depuis Hospice des Ménages... 25
Notes et additions.. 153
Bibliographie 153
Hôpital de la Charité... 25
Notes et additions.. 153
Bibliographie.. 155
Augustins Déchaussés, aujourd'hui École des Beaux-Arts............................ 25
Notes et additions.. 157
Bibliographie 159
Noviciat des Jésuites... 25
Notes et additions 160
Bibliographie 160
Carmes Déchaussés... 25
Notes et additions.. 161
Bibliographie 173
Religieuses du Calvaire... 25
Notes et additions.. 175
Bibliographie.. 177
Noviciat des Jacobins réformés, aujourd'hui Saint-Thomas-d'Aquin..... 25
Notes et additions 177
Bibliographie.. 189
Hôpital des Incurables.. 25
Notes et additions.. 182
Bibliographie.. 184

<hr/>

[1] La note que j'ai consacrée aux Carmélites de la rue de Vaugirard, en cet endroit de mon livre, est incomplète et inexacte. Je l'ai rétablie, telle qu'elle doit être, à l'article du monastère de Sainte-Thérèse, p. 242.

Chanoinesses du Saint-Sépulcre, ou Augustines de Belle-Chasse...... .   25
Notes et additions..   186
Bibliographie..   187
Bernardines du Précieux Sang...................................   25
Notes et additions..   187
Bibliographie..   188
Récollettes de l'Immaculée Conception de la Sainte-Vierge............   35
Notes et additions..   189
Bibliographie..   190
Filles de Saint-Joseph ou de la Providence........................   25
Notes et additions..   190
Bibliographie..   192
Séminaire de Saint-Sulpice......................................   26
Notes et additions..   193
Bibliographie..   197
Théatins..   26
Notes et additions..   199
Bibliographie..   201
Hôpital des Convalescents......................................   26
Notes et additions..   202
Bibliographie..   202
Filles de Notre-Dame de la Miséricorde..........................   26
Notes et additions..   203
Bibliographie..   203
Annonciades du Couvent des Dix Vertus, depuis, Cisterciennes de
    l'abbaye de Notre-Dame-aux-Bois............................   26
Notes et additions..   205
Bibliographie..   206
Paroisse de Notre-Dame-des-Champs............................   208
Chapelle de Notre-Dame-de-Nazareth..........................   208
Marianistes..   209
Maristes...   209
Franciscains de la Terre-Sainte................................   209
Bibliographie..   209
Religieuses de Sainte-Marie-de-Lorette........................   210
Dames Bénédictines du Calvaire...............................   210
Dames du Bon-Secours..   210
Notre-Dame-de-Sion..   210
Bibliographie..   212
Congrégation de Sainte-Marie de Lyon.........................   212
Dames de la Consolation......................................   213
Ursulines..   213
Sœurs Saint-Nicolas...   213
Dames de la Visitation de Sainte-Marie........................   213
Religieuses Augustines de Sainte-Marie........................   213
Sœurs aveugles de Saint-Paul.................................   214
Maison des Petites-Sœurs des Pauvres.....   214
Maison des sœurs des Écoles chrétiennes de la Miséricorde............   214

Asyle du Saint-Cœur de Marie 214
Œuvre des Enfants délaissés 215
Petit ouvroir de Saint-Vincent-de-Paul 215
Sœurs de la Charité de la Présentation de la Sainte-Vierge de Tours ... 215
Œuvre des Jeunes Filles détenues 216
Infirmerie Marie-Thérèse 216
Hospice des Enfants assistés 217
École de la Sainte-Enfance 217
Œuvre de Saint-Nicolas 218
Bibliographie 218
Petit Séminaire 218
Collège Stanislas 218
Maison de Saint-Pierre, communauté des prêtres missionnaires de Notre-Dame-de-Sion 219
Religieuses du Saint-Sacrement 26
Notes et additions 219
Bibliographie 220
Collège Mazarin, aujourd. Palais de l'Institut et Bibliothèque Mazarine. 26
Notes et additions 221
Bibliographie 222
Prémontrés réformés de la Croix-Rouge 26
Notes et additions 230
Bibliographie 231
Communauté des Filles de l'Instruction chrétienne 26
Notes et additions 232
Bibliographie 233
Bénédictines de Notre-Dame-de-Liesse, aujourd'hui Hôpital Necker.... 26
Notes et additions 233
Bibliographie 234
Séminaire des Missions étrangères 26
Notes et additions 234
Bibliographie 236
Paroisse Saint-François-Xavier 241
Filles de Saint-Vincent-de-Paul 242
Dames du Sacré-Cœur 242
Monastère de Sainte-Thérèse 242
Bibliographie 243
Congrégation des filles de la Croix, dites Sœurs de Saint-André 243
Bibliographie 244
Dames du Saint-Enfant de Jésus, dites Sœurs de Saint-Maur 244
Bénédictines du Saint-Sacrement, dites du Temple 244
Dames de la Charité Notre-Dame du Bon Pasteur d'Angers 245
Institut des Frères des Écoles chrétiennes 245
Bibliographie 246
Dames de l'Instruction chrétienne 246
Sœurs des Écoles chrétiennes de la Miséricorde 246
Maison de la Miséricorde 246
Congrégation des prêtres de la Mission, dits Lazaristes 247

Bibliographie 248
Congrégation des clercs réguliers de Saint-Paul des Barnabites 248
Pères hospitaliers de la Charité, dits de Saint-Jean de Dieu 248
Bénédictines de l'abbaye de Solesmes 249
Société des Prêtres de la Miséricorde 249
École des Mekhitaristes, ou collège arménien de Samuel Meguerdith
   Moorat 249
Bibliographie 249
Hospice des Enfants malades 249
Hôpital Necker 250
Institution des Jeunes Aveugles 259
Prieuré des Bénédictines de la Consolation du Chasse-Midi 26
Notes et additions 250
Bibliographie 251
Hôtel des Invalides 28
Notes et additions 251
Bibliographie 252
Couvent des Augustines du Verbe incarné, depuis, Abbaye des Bernar-
   dines de Panthemont 26
Notes et additions 256
Bibliographie 257
Religieuses de la Visitation 26
Notes et additions 258
Bibliographie 259
Communauté des Filles orphelines 27
Notes et additions 260
Bibliographie 260
Collège du Mans 27
Notes et additions 260
Communauté du Bon-Pasteur 27
Notes et additions 261
Bibliographie 261
Couvent des Carmélites 27
Notes et additions 261
Bibliographie 262
Prieuré des Bénédictines de Notre-Dame-des-Prés 27
Notes et additions 263
Bibliographie 263
Séminaire de Saint-Pierre et Saint-Louis 27
Notes et additions 264
Bibliographie 264
Communauté des Filles de Sainte-Thecle 27
Notes et additions 265
Communauté des Filles Pénitentes de Sainte-Valère 27
Notes et additions 265
Bibliographie 266
Église Sainte-Clotilde 266
Bibliographie 268

Frères de Saint-Yon 27
Notes et additions... 269
Bibliographie... 269
Communauté de l'Enfant-Jésus, aujourd. Hospice des Enfants-Malades . 27
Notes et additions 270
Bibliographie.. 271
Saint-Pierre du Gros-Caillou................................... 27
Notes et additions... 271
Hôpital militaire.. 273
Hospice Leprince... 273
Ecole militaire.. 273
Bibliographie.. 273
Couvent des Petites Cordelières................................ 27
Notes et additions... 274
Bibliographie.. 274
Église de Saint-André, anciennement, de la dépendance de Saint-Germain-des-Prez 28
Notes et additions... 275
Bibliographie.. 280
Grands-Augustins.. 35
Notes et additions... 283
Bibliographie.. 287
Collége d'Autun... 35
Notes et additions... 291
Bibliographie.. 308
Collége de Boissy... 35
Notes et additions... 310
Bibliographie.. 311
Hôtel des Charités de Saint-Denis, en France................... 35
Église de Saint-Côme, anciennement de la dépendance de Saint-Germain-des-Prez 36
Notes et additions... 311
Bibliographie.. 313
Les Cordeliers.. 38
Notes et additions... 310
Bibliographie.. 312
Collége des Prémontrés.. 38
Notes et additions... 315
Bibliographie.. 315
Collége de Bourgogne.. 38
Notes et additions... 316
Bibliographie.. 316
Collége Mignon... 38
Notes et additions... 317
Bibliographie.. 317
Collége de Justice.. 38
Notes et additions... 318
Bibliographie... 318

CHAPITRE III.

Du Monastère, ou Maison des Moines du titre de Saint-Laurent, hors
   Paris, depuis réduit en paroisse, et des dénombrements qui en ont
   été faits.. 325
Notes et additions 343
Bibliographie 346
Maison municipale de santé 348
Maison des religieuses de Saint-Charles 349
Succursale de la Paroisse Saint-Laurent 349
Saint-Vincent-de-Paul 349
Bibliographie 350
Hôpital Lariboissière. 351
Saint-Joseph. 354
Bibliographie. 352
Saint-Martin 352
Récollets, aujourd'hui, Hôpital militaire Saint-Martin............... 330
Notes et additions... 354
Bibliographie. 353
Hôpital Saint-Louis.. 330
Notes et additions. 354
Congrégation de la Mission... 330
Notes et additions. 354
Filles de la Charité... 330
Notes et additions 354
Chanoinesses de Sainte-Périne...................................... 330
Notes et additions. 365
Hôpital de l'Enfant-Jésus.. 330
Notes et additions. 355
Bibliographie 355
Saint-Chaumond 330
Notes et additions 355
Bibliographie. 356
Saint-Lazare... 331
Bibliographie. 357
Notes et additions. 362
Monastère de Sainte-Périne, depuis, Communauté de la Sainte Famille. 335
Notes et additions. 368
Bibliographie. 368
Église Saint-Josse... 336
Notes et additions. 369
Bibliographie. 370
Église de Notre-Dame-de-Bonne-Nouvelle............................. 339
Notes et additions. 371
Bibliographie 372
Petite-Union chrétienne, autrement dite le Petit Saint-Chaumond...... 340
Notes et additions. 373

CHAPITRE IV.

Du Monastère de Saint-Martial, dit depuis de Saint-Éloi. Des Églises
 qui en ont dépendu dans la Cité, savoir : Sainte-Croix, Saint-Pierre-
 des-Arcis, Saint-Pierre-aux-Bœufs ; et hors la Cité, savoir: Sainte-
 Colombe dit Saint-Bond, et Saint-Paul......................... 375
Église et Monastère de Saint-Martial ou prieuré de Saint-Éloi........ 375
Notes et additions... 413
Bibliographie... 420
Église Sainte-Croix de la Cité................................... 304
Notes et additions... 424
Bibliographie... 424
Église de Saint-Pierre-aux-Bœufs................................ 388
Notes et additions... 428
Bibliographie... 430
De l'Église de Saint-Bond, primitivement Sainte-Colombe............ 391
Notes et additions... 431
Bibliographie... 431
De l'Église de Saint-Paul, ancienne dépendance cémétériale du monas-
 tère de Saint-Martial de la Cité de Paris, dit autrement, Saint-Éloi
 et de Sainte-Marguerite, son démembrement..................... 392
Notes et additions.. 431
Bibliographie... 441
Hôtel Saint-Paul... 403
Notes et additions... 447
Bibliographie... 447
Sainte-Catherine de la Couture, prieuré de l'Ordre du Val des Écoliers. 405
Notes et additions... 449
Bibliographie... 452
Célestins.. 405
Notes et additions... 452
Bibliographie... 467
Le Petit Saint-Antoine.. 405
Notes et additions... 474
Bibliographie... 475
Filles de l'Ave-Maria... 405
Notes et additions... 476
Bibliographie... 478
Des Jésuites de la Maison Professe, devenue Prieuré de Saint-Louis-
 Sainte-Catherine, aujourd'hui, Lycée Charlemagne et église Saint-
 Paul-Saint-Louis.. 405
Notes et additions... 480
Bibliographie... 492
Les Minimes de la place Royale.................................. 405
Notes et additions... 498
Bibliographie... 527
Les Filles de la Visitation de Sainte-Marie....................... 405

Notes et additions.. 520
Bibliographie.. 530
Les Filles Bleues ou Annonciades Célestes............................ 405
De l'Église de Sainte-Marguerite, nouvelle paroisse démembrée de
    Saint Paul.. 406
Notes et additions.. 532
Bibliographie.. 535
Saint-Antoine.. 539
Les Quinze-Vingts.. 539
Hôpital Sainte-Eugénie... 540
Saint-Éloi... 540
Œuvre du Saint-Cœur de Marie... 540
Bibliographie.. 541
Société des prêtres de Picpus, ou des Sacrés Cœurs de Jésus et de Marie. 541
Dames de la Congrégation de l'Adoration perpétuelle du Très-Saint-
    Sacrement et des Sacrés Cœurs de Jésus et de Marie.............. 542
Bibliographie.. 543
Congrégation de la Mère de Dieu...................................... 544
Congrégation de Sainte-Clotilde...................................... 544
Bibliographie.. 544
Maison de la Sainte-Enfance.. 544
Hôpital de Rothschild.. 545
Providence Sainte-Marie.. 545
Hospice d'Enghien.. 546
Hôpital Saint-Antoine.. 546
Maison Eugénie-Napoléon.. 546
Frères de Saint-Joseph... 546
Abbaye de Saint-Antoine-des-Champs................................... 407
Notes et additions.. 547
Bibliographie.. 549
Pénitents réformés du Tiers-Ordre de Saint-François.................. 407
Notes et additions.. 554
Bibliographie.. 555
Filles de la Trinité, dites Mathurines............................... 408
Notes et additions.. 555
Bibliographie.. 556
Monastère de Bethléem, ou Filles Anglaises de l'Immaculée Conception. 408
Notes et additions.. 558
Bibliographie.. 558
Hospitalières de la Roquette... 408
Notes et additions.. 558
Bibliographie.. 559
Filles de la Croix... 408
Notes et additions.. 560
Bibliographie.. 561
Filles de la Société de la Croix.................................... 562
Filles de la Croix... 562
Prieuré de la Madeleine de Traisnel.................................. 408

Notes et additions... 563

Bibliographie.. 563

Notre-Dame-de la-Victoire, ou Chanoinesses régulières de Saint-Augustin, à Picpus... 408

Notes et additions... 564

Bibliographie.. 565

Prieuré de Notre-Dame-de-Bon-Secours.............................. 408

Notes et additions... 565

Bibliographie.. 266

Annonciades du Saint-Esprit, aujourd'hui, paroisse Saint-Ambroise.... 408

Notes et additions... 566

Bibliographie.. 567

Hospice des Incurables, hommes..................................... 567

Pères de la Doctrine chrétienne.................................... 408

Notes et additions... 568

Hôpital des Enfants Trouvés, depuis, hôpital Sainte-Marguerite, aujourd'hui, hôpital Sainte-Eugénie.................................... 409

Notes et additions... 568

Communauté de Notre-Dame-des-Vertus. 409

Notes et additions... 568

Filles de Sainte-Marthe.. 409

Notes et additions... 569

CHAPITRE V ET DERNIER.

De l'Église de Saint-Victor, où il y a eu un Monastère, avant qu'on y bâtit une maison de Chanoines Réguliers, et de l'Église de Saint-Nicolas, construite sur son ancien terrain............................. 571

Notes et additions... 594

Bibliographie.. 603

Église de Saint-Nicolas-du-Chardonnet.............................. 582

Notes et additions... 615

Bibliographie.. 621

Collége des Bernardins... 586

Notes et additions... 622

Bibliographie.. 623

Collége des Bons-Enfants... 586

Notes et additions... 625

Bibliographie 626

Collége du Cardinal-Lemoine....................................... 586

Notes et additions... 627

Bibliographie.. 627

Collége d'Arras... 587

Notes et additions... 630.

Bibliographie.. 630.

Séminaire de Saint-Nicolas... 587

Notes et additions... 631

Bibliographie.. 631

Communauté des Filles de Sainte-Geneviève, ou Miramiones.......... 587
Notes et additions... 633
Bibliographie.. 634
Communauté des Nouveaux-Convertis........................ 587
Notes et additions 634

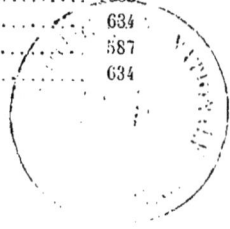

FIN DE LA TABLE DU TOME TROISIÈME.

—————————

Paris. — Imprimerie RENOU et MAULDE, rue de Rivoli, 144.   21715

www.ingramcontent.com/pod-product-compliance
Lightning Source LLC
Chambersburg PA
CBHW060820220326
41599CB00017B/2242